Urban-Crell · Germakowski · Bissels · Hurst
AÜG
Kommentar zum Arbeitnehmerüberlassungsgesetz

Reihe Luchterhand Taschenkommentare
– Arbeitsrecht –
Herausgegeben von Hans-Jürgen Dörner,
Vizepräsident des Bundesarbeitsgerichts a.D.

Urban-Crell · Germakowski · Bissels · Hurst

AÜG

Kommentar zum
Arbeitnehmerüberlassungsgesetz

von

Dr. Sandra Urban-Crell
Rechtsanwältin und Fachanwältin für Arbeitsrecht in Düsseldorf

D. Gudrun Germakowski
Rechtsanwältin und Fachanwältin für Arbeitsrecht in Düsseldorf

Dr. Alexander Bissels
Rechtsanwalt und Fachanwalt für Arbeitsrecht in Köln

Dr. Adrian Hurst
Rechtsanwalt in Bonn

3. Auflage

Luchterhand Verlag 2017

Bibliografische Information der Deutschen Nationalbibliothek

Die Deutsche Nationalbibliothek verzeichnet diese Publikation in der Deutschen Nationalbibliografie; detaillierte bibliografische Daten sind im Internet über http://dnb.d-nb.de abrufbar.

ISBN: 978-3-472-08705-2

www.wolterskluwer.de
www.luchterhand-fachverlag.de

Alle Rechte vorbehalten.
© 2017 Wolters Kluwer Deutschland GmbH, Luxemburger Straße 449, 50939 Köln.

Das Werk einschließlich aller seiner Teile ist urheberrechtlich geschützt. Jede Verwertung außerhalb der engen Grenzen des Urheberrechtsgesetzes ist ohne Zustimmung des Verlages unzulässig und strafbar. Das gilt insbesondere für Vervielfältigungen, Übersetzungen, Mikroverfilmungen und die Einspeicherung und Verarbeitung in elektronischen Systemen.

Verlag und Autor übernehmen keine Haftung für inhaltliche oder drucktechnische Fehler.

Umschlagkonzeption: Martina Busch, Grafikdesign, Homburg Kirrberg
Satz: Innodata Inc., Noida, Indien
Druck und Weiterverarbeitung: Williams Lea & Tag GmbH, München

Gedruckt auf säurefreiem, alterungsbeständigem und chlorfreiem Papier.

Vorwort

Das Recht der Arbeitnehmerüberlassung hat sich mit Inkrafttreten des Gesetzes zur Änderung des Arbeitnehmerüberlassungsgesetzes und anderer Gesetze zum 01.04.2017 grundlegend geändert. Man ist geneigt zu sagen: »Wieder einmal.« Kaum ein anderes Gesetz hat eine derart wechselvolle Geschichte von Regulierungen über De-Regulierungen bis hin zur jüngsten Re-Regulierung durch die AÜG-Reform 2017 erlebt. Das Ergebnis des schwierigen politischen Ringens um die Neuregelung des AÜG und zur Bekämpfung des Missbrauchs von Werk- und Dienstverträgen: Ein leider an vielen Stellen handwerklich schlecht gemachtes Gesetz, das Leiharbeitnehmern einen Bärendienst erweist und den Unternehmen neben Bürokratie vor allem unnötige Auslegungszweifel und damit Rechtsunsicherheit beschert.

Seit dem 01.04.2017 sieht sich die Praxis bei der klassischen Leih- und Zeitarbeit vor gänzlich neue Herausforderungen gestellt, etwa durch die (Wieder-)Einführung einer Überlassungshöchstdauer, durch zwingendes Equal Pay spätestens ab dem 16. Einsatzmonat, ein gesetzliches Verbot des Kettenverleihs, die Pflicht zur Offenlegung von Arbeitnehmerüberlassung zur Eindämmung von Scheinwerk- oder Scheindienstverträgen, die Einführung eines gesetzlichen Verbots von Streikbrechereinsätzen und Änderungen im Bereich der Betriebsverfassung und Unternehmensmitbestimmung. Durch die eingeführte Offenlegungspflicht von Arbeitnehmerüberlassung und den neuen § 611a BGB hat die AÜG-Reform zudem ganz erhebliche Auswirkungen auf Fremdpersonaleinsätze auf Werk- und Dienstvertragsbasis sowie auf die Tätigkeit von Freelancern. Letzteres insbesondere beim Sub-Contracting, eine Gestaltung, die in der Praxis in vielen Bereichen – etwa im IT-Umfeld, im Pflege- und Medizinbereich oder beim Interim Management – zu beobachten ist. Hier sehen sich Unternehmen nach Abschaffung der Vorratserlaubnis vor der häufig unlösbaren Herausforderung, Werk- oder Dienstvertragskonstellationen *eindeutig* von der Arbeitnehmerüberlassung abzugrenzen.

Die Neuauflage des AÜG bringt die Kommentierung auf den aktuellen Rechtsstand vom 01.04.2017. Aufgrund des Umfangs der Gesetzesänderungen war eine Neuvergabe der Randnummern erforderlich. Neben den bis April 2017 veröffentlichten Gerichtsentscheidungen insbesondere der zweiten und dritten Instanz sind die aktuellen Tarifentwicklungen im Bereich

Vorwort

der Leih- und Zeitarbeit sowie die erst Ende März veröffentlichten neuen Fachlichen Weisungen der Bundesagentur für Arbeit zum AÜG (FW AÜG) berücksichtigt. Wir verstehen unser Werk als Kommentar für die Praxis, weshalb es neben vielen Beispielen und Praxistipps weiterhin einen umfangreichen Anhang mit Gesetzesauszügen, den internen FW AÜG, Übersichten zu Bußgeldern und Straftaten, den Adressen der zuständigen Behörden auch Mustervereinbarungen sowie sonstige für den Praktiker wertvolle Arbeitshilfen enthält.

Düsseldorf, Köln, Bonn im Mai 2017

Dr. Sandra Urban-Crell Dr. Gudrun Germakowski
Dr. Alexander Bissels   Dr. Adrian Hurst

Bearbeiterverzeichnis

Bearbeiter	Kommentierung / Bearbeitungsgegenstand
Bissels	Einleitung (C.–E.); § 1; § 6; § 7; § 14 (E.); § 17; § 17a; § 17b; § 17c; § 18a; § 19
Hurst	Einleitung (A., B.); § 3; § 3a; § 8; § 11; § 12; § 13a; § 13b
Germakowski	(in 1. und 2. Auflage:) § 1a; § 6; § 7; § 8; § 11; § 12; § 14 (A.–D.)
Urban-Crell	§ 1a; § 1b, § 2, § 2a; § 4; § 5; § 9; § 10; § 10a; § 13; § 14 (A.–D.); § 15; § 15a; § 16; § 18

Inhaltsverzeichnis

Vorwort... V
Bearbeiterverzeichnis... VII
Inhaltsverzeichnis.. IX
Abkürzungsverzeichnis... XI
Literaturverzeichnis.. XIX

Einleitung... 1

Gesetz zur Regelung der Arbeitnehmerüberlassung (Arbeitnehmerüberlassungsgesetz – AÜG).................. 61

§ 1	Arbeitnehmerüberlassung, Erlaubnispflicht....................	61
§ 1a	Anzeige der Überlassung.....................................	276
§ 1b	Einschränkungen im Baugewerbe................................	284
§ 2	Erteilung oder Erlöschen der Erlaubnis.......................	305
§ 2a	Kosten...	333
§ 3	Versagung..	336
§ 3a	Lohnuntergrenze..	377
§ 4	Rücknahme..	408
§ 5	Widerruf...	415
§ 6	Verwaltungszwang...	426
§ 7	Anzeigen und Auskünfte.......................................	430
§ 8	Grundsatz der Gleichstellung..................................	438
§ 9	Unwirksamkeit..	522
§ 10	Rechtsfolgen der Unwirksamkeit...............................	600
§ 10a	Rechtsfolgen bei Überlassung durch eine andere Person als den Arbeitgeber...............................	638
§ 11	Sonstige Vorschriften über das Leiharbeitsverhältnis.........	642
§ 12	Rechtsbeziehung zwischen Verleiher und Entleiher.............	666
§ 13	Auskunftsanspruch des Leiharbeitnehmers......................	674
§ 13a	Informationspflicht des Entleihers über freie Arbeitsplätze..	685
§ 13b	Zugang des Leiharbeitnehmers zu Gemeinschaftseinrichtungen oder -diensten...	693
§ 14	Mitwirkungs- und Mitbestimmungsrechte.........................	702
§ 15	Ausländische Leiharbeitnehmer ohne Genehmigung...............	786

Inhaltsverzeichnis

§ 15a	Entleih von Ausländern ohne Genehmigung	798
§ 16	Ordnungswidrigkeiten	808
§ 17	Durchführung	839
§ 17a	Befugnisse der Behörden der Zollverwaltung	843
§ 17b	Meldepflicht	845
§ 17c	Erstellen und Bereithalten von Dokumenten	850
§ 18	Zusammenarbeit mit anderen Behörden	854
§ 18a	(aufgehoben)	866
§ 19	Übergangsvorschrift	866

Anhänge

Anhang 1 Gesetze und Verordnungen (Auszüge)	869
Anhang 2 Tarifverträge	920
Anhang 3 Materialien der Bundesagentur für Arbeit	933
Anhang 4 Arbeitshilfen	1032
Anhang 5 Adressen der Erlaubnisbehörden	1078
Stichwortverzeichnis	1081

Abkürzungsverzeichnis

a.	auch
a.A.	anderer Ansicht
a.a.O.	am angegebenen Ort
abl.	ablehnend
ABl.	Amtsblatt
ABlEG	Amtsblatt der Europäischen Gemeinschaften
Abs.	Absatz
Abschn.	Abschnitt
abw.	abweichend
a.E.	am Ende
AE	Arbeitsrechtliche Entscheidungen (Zeitschrift)
a.F.	alte Fassung
AFG	Arbeitsförderungsgesetz
AG	Aktiengesellschaft, Amtsgericht
AGB	Allgemeine Geschäftsbedingungen
AiB	Arbeitsrecht im Betrieb (Zeitschrift)
AktG	Aktiengesetz
allg.	allgemein(e)
Alt.	Alternative
a.M.	anderer Meinung
amtl.	amtlich
Amtl. Begr.	Amtliche Begründung
AN	Arbeitnehmer
Anh.	Anhang
Anl.	Anlage
Anm.	Anmerkung
Anwbl.	Anwaltsblatt
AP	Arbeitsrechtliche Praxis (Entscheidungssammlung)
AR-Blattei	Arbeitsrecht-Blattei (Loseblattausgabe)
ArbG	Arbeitsgericht
ArbGG	Arbeitsgerichtsgesetz
ArbPlSchG	Arbeitsplatzschutzgesetz
ArbuR	Arbeit und Recht (Zeitschrift)
ArbRB	Der Arbeits-Rechts-Berater (Zeitschrift)
ArbZG	Arbeitszeitgesetz
arg.	Argumentum
Art.	Artikel
AuA	Arbeit und Arbeitsrecht (Zeitschrift)

Abkürzungsverzeichnis

Aufl.	Auflage
AÜG	Arbeitnehmerüberlassungsgesetz
AuR	Arbeit und Recht (Zeitschrift)
BA	Bundesagentur für Arbeit
BABl.	Bundesarbeitsblatt (Zeitschrift)
BAG	Bundesarbeitsgericht
BAGE	Amtliche Sammlung der Entscheidungen des Bundesarbeitsgerichts
Banz.	Bundesanzeiger
BarbBl.	Bundesarbeitsblatt
BAT	Bundes-Angestelltentarifvertrag
BB	Betriebs-Berater (Zeitschrift)
BeckRS	Beck online Rechtsprechung
Bd.	Band
BDA	Bundesverband Deutscher Arbeitgeberverbände
BDI	Bundesverband der Deutschen Industrie
Begr.	Begründung
Beil.	Beilage
Bek.	Bekanntmachung
Bem.	Bemerkung
ber.	berichtigt
bes.	besonders
Beschl.	Beschluss
betr.	betrifft
BGB	Bürgerliches Gesetzbuch
BGBl.	Bundesgesetzblatt
BGH	Bundesgerichtshof
BGHZ	Amtliche Sammlung der Entscheidungen des Bundesgerichtshofs in Zivilsachen
Bl.	Blatt
BR-Drs.	Bundesrats-Drucksache
BR-Prot.	Bundesratsprotokolle
Bsp.	Beispiel
BT	Bundestag
BT-Drs.	Drucksache des Deutschen Bundestages
BT-Prot.	Bundestagsprotokolle
Buchst.	Buchstabe
BverfG	Bundesverfassungsgericht
BverfGE	Amtliche Sammlung der Entscheidungen des Bundesarbeitsgerichts
BverwG	Bundesverwaltungsgericht
bzgl.	bezüglich
bzw.	beziehungsweise

Abkürzungsverzeichnis

ca.	circa
DAV	Deutscher Anwaltsverein
DB	Der Betrieb (Zeitschrift)
ders.	derselbe
DGB	Deutscher Gewerkschaftsbund
dgl.	desgleichen
d.h.	das heißt
dies.	dieselben
Diss.	Dissertation
Dok.	Dokument
Drs.	Drucksache
DVBl.	Deutsches Verwaltungsblatt (Zeitschrift)
EG	Europäische Gemeinschaft
e.G.	eingetragene Genossenschaft
EGBGB	Einführungsgesetz zum Bürgerlichen Gesetzbuch
Einf.	Einführung
EinigungsV	Einigungsvertrag
Einl.	Einlage
einschl.	einschließlich
EMRK	Europäische Menschenrechtskonvention
ErfK	Erfurter Kommentar zum Arbeitsrecht
Erg.	Ergänzung
Erl.	Erlass, Erläuterungen
etc.	et cetera
EU	Europäische Union
EuGH	Europäischer Gerichtshof
EuR	Europarecht (Zeitschrift)
EuZA	Europäische Zeitschrift für Arbeitsrecht
EuZW	Europäische Zeitschrift für Wirtschaft
EWiR	Entscheidungen zum Wirtschaftsrecht (Zeitschrift)
e.V.	eingetragener Verein
evt.	Eventuell
EzA	Entscheidungssammlung zum Arbeitsrecht (Loseblattausgabe)
EzBAT	Entscheidungssammlung zum Bundesangestelltentarifvertrag (Loseblattausgabe)
f.	folgende
FA	Fachanwalt Arbeitsrecht (Zeitschrift)
ff.	fortfolgende
FG	Finanzgericht

Abkürzungsverzeichnis

FN	Fußnote
FS	Festschrift
FW AÜG	Fachliche Weisungen zum AÜG (Bundesagentur für Arbeit)
GA AÜG	Geschäftsanweisung zum AÜG (Bundesagentur für Arbeit)
GBl.	Gesetzblatt
GbR	Gesellschaft bürgerlichen Rechts
GBR	Gesamtbetriebsrat
gem.	gemäß
GG	Grundgesetz
ggf.	gegebenenfalls
GmbH	Gesellschaft mit beschränkter Haftung
grds.	grundsätzlich
GS	Großer Senat
h.L.	herrschende Lehre
h.M.	herrschende Meinung
Hrsg.	Herausgeber
Hs.	Halbsatz
i.d.F.	in der Fassung
i.d.R.	in der Regel
i.E.	im Einzelnen
i.e.S.	im engeren Sinne
IHK	Industrie- und Handelskammer
insbes.	Insbesondere
i.S.	im Sinne
i.S.d.	im Sinne des/der
i.S.v.	im Sinne von
i.V.m.	in Verbindung mit
JR	Juristische Rundschau (Zeitschrift)
jurisPR-ArbR	Juris PartnerModul Arbeitsrecht
JW	Juristische Wochenschrift (Zeitschrift)
JZ	Juristenzeitung (Zeitschrift)
Kap.	Kapitel
KBR	Konzernbetriebsrat
KG	Kommanditgesellschaft
KG aA	Kommanditgesellschaft auf Aktien
KJ	Kritische Justiz (Zeitschrift)
krit.	kritisch

Abkürzungsverzeichnis

LAG	Landesarbeitsgericht
LAGE	Entscheidungssammlung (Landesarbeitsgerichte)
LG	Landgericht
lit.	Litera, Buchstabe(n)
max.	maximal
MDR	Monatsschrift für Deutsches Recht (Zeitschrift)
Min.Bl.	Ministerialblatt
Mio.	Million
Mrd.	Milliarde
m.w.N.	mit weiteren Nachweisen
m.z.N.	mit zahlreichen Nachweisen
Nachw.	Nachweise
n.F.	neue Fassung
NJW	Neue Juristische Wochenschrift (Zeitschrift)
NJW-RR	NJW Rechtsprechungs-Report
Nr.	Nummer
n.v.	nicht veröffentlicht
NZA	Neue Zeitschrift für Arbeitsrecht (Zeitschrift)
NZA-RR	NZA Rechtsprechungs-Report
NZBau	Neue Zeitschrift für Baurecht
NZS	Neue Zeitschrift für Sozialrecht (Zeitschrift)
NStZ	Neue Zeitschrift für Strafrecht
NZG	Neue Zeitschrift für Gesellschaftsrecht
o.ä.	oder ähnliche (-es)
o.g.	oben genannte
oHG	offene Handelsgesellschaft
OLG	Oberlandesgericht
Prot.	Protokoll
RAG	Reichsarbeitsgericht
rd.	rund
RdA	Recht der Arbeit (Zeitschrift)
RegBl.	Regierungsblatt
RegE	Regierungsentwurf
RG	Reichsgericht
RGBl.	Reichsgesetzblatt
RGZ	Amtliche Sammlung der Entscheidungen des Reichsgerichts in Zivilsachen

Abkürzungsverzeichnis

RL	Richtlinie(n)
RIW	Recht der internationalen Wirtschaft
Rn.	Randnummer (externer Verweis)
Rpfleger	Rechtspfleger (Zeitschrift)
Rs.	Rechtssache
Rspr.	Rechtsprechung
RVG	Rechtsanwaltsvergütungsgesetz
Rz.	Randziffer (interner Verweis)
s.	siehe
S.	Satz, Seite
s.a.	siehe auch
SG	Sozialgericht
SGG	Sozialgerichtsgesetz
s.o.	siehe oben
sog.	so genannt(-e, -er, -es)
str.	streitig
st. Rspr.	ständige Rechtsprechung
teilw.	teilweise
TV	Tarifvertrag
TVG	Tarifvertragsgesetz
u.	und
u.a.	und andere
unstr.	unstreitig
uv.	unveröffentlicht
Urt.	Urteil
usw.	und so weiter
u.U.	unter Umständen
UWG	Gesetz gegen den unlauteren Wettbewerb
v.	von, vom
Verf.	Verfassung
VerglO	Vergleichsordnung
VersR	Versicherungsrecht (Zeitschrift)
VG	Verwaltungsgericht
VGH	Verwaltungsgerichtshof
vgl.	vergleiche
VglO	Vergleichsordnung
v. H.	vom Hundert
VO	Verordnung

Abkürzungsverzeichnis

VOBl.	Verordnungsblatt
Voraufl.	Vorauflage
Vorb.	Vorbemerkung
wistra	Zeitschrift für Wirtschaft, Steuer, Strafrecht
WO	Wahlordnung
WRV	Weimarer Reichsverfassung
z.B.	zum Beispiel
ZDG	Gesetz über den Zivildienst der Kriegsdienstverweigerer
ZESAR	Zeitschrift für europäisches Sozial- und Arbeitsrecht
ZfA	Zeitschrift für Arbeitsrecht
Ziff.	Ziffer
ZIP	Zeitschrift für Wirtschaftsrecht und Insolvenzpraxis
zit.	zitiert
ZPO	Zivilprozessordnung
z.T.	zum Teil
ZTR	Zeitschrift für Tarifrecht
zust.	zustimmend
zutr.	zutreffend
z. Zt.	zurzeit

Literaturverzeichnis

Ascheid/Preis/Schmidt (Hrsg.) Kündigungsrecht, Großkommentar zum gesamten Recht der Beendigung von Arbeitsverhältnissen, 5. Aufl. 2017 (zit.: APS/ *Bearbeiter*)

BA Studie zur Zeitarbeit in Deutschland, 2012

Becker/Wulfgramm Kommentar zum Arbeitnehmerüberlassungsgesetz, 3. Aufl. 1986 (zit.: *Becker/Wulfgramm*)

Blümich EStG – KStG-GewStG (Loseblatt) (zit.: Blümich/*Bearbeiter*)

Boemke/Lembke Arbeitnehmerüberlassungsgesetz, Kommentar, 3. Aufl. 2012 (zit.: *Boemke/Lembke*)

Böhm/Hennig/Popp Zeitarbeit – Leitfaden für die Praxis, 3.Aufl. 2013 (zit.: Böhm/ Hennig/Popp/*Bearbeiter*)

Däubler/Kittner/Klebe (Hrsg.) Betriebsverfassungsgesetz, 15. Aufl. 2016 (zit.: DKK/ *Bearbeiter*)

Dieterich/Müller-Glöge/Preis/Schaub (Hrsg.) Erfurter Kommentar zum Arbeitsrecht, 17. Aufl. 2017 (zit.: ErfK/*Bearbeiter*)

Düwell (Hrsg.) Betriebsverfassungsgesetz Handkommentar, 4. Aufl. 2014 (zit.: HaKo-BetrVG/*Bearbeiter*)

Erdlenbruch Die betriebsverfassungsrechtliche Stellung gewerbsmäßig überlassener Arbeitnehmer, 1992 (zit.: *Erdlenbruch*)

Etzel/Bader u.a. Gemeinschaftskommentar zum Kündigungsschutzgesetz und zu sonstigen kündigungsschutzrechtlichen Vorschriften, 11. Aufl. 2016 (zit.: KR/*Bearbeiter*)

Fitting/Engels/Schmidt u.a. Betriebsverfassungsgesetz, 28. Aufl. 2016 (zit.: Fitting BetrVG)

Gagel Sozialgesetzbuch III, Arbeitsförderung (Loseblattsammlung), 2016 (zit.: Gagel/*Bearbeiter*)

Grimm/Brock Praxis der Arbeitnehmerüberlassung, 2004 (zit.: *Grimm/Brock*)

Großmann/Schimanski/Dopatka Gemeinschaftskommentar zum Schwerbehindertengesetz (Loseblatt) (zit.: GK-SchwbG/*Bearbeiter*)

Hamann Fremdpersonal im Unternehmen, 5. Aufl. 2017 (zit.: *Hamann*)

Henssler/Grau Arbeitnehmerüberlassung und Werkverträge, 2017 (zit.: Henssler/Grau/ *Bearbeiter*)

Henssler/Willemsen/Kalb (Hrsg.) Arbeitsrecht-Kommentar, 7. Aufl. 2016 (zit.: HWK/ *Bearbeiter*)

Literaturverzeichnis

v. Hoyningen-Huene/Linck Kündigungsschutzgesetz, 15. Aufl. 2013 (zit. v. *Hoyningen – Huene/Linck*)

Hurst Tarifverträge in der Zeitarbeit, 2010

IW Köln, Studie zur Zeitarbeit, 2012

Koberski/Asshoff/Hold Arbeitnehmer-Entsendegesetz, 3. Aufl. 2011 (zit.: *Koberski/Asshoff/Hold*)

Kopp/Ramsauer Verwaltungsverfahrensgesetz, 17. Aufl. 2016 (zit.: *Kopp/Ramsauer*)

Leinemann (Hrsg.) Kasseler Handbuch zum Arbeitsrecht, Bd. 1 und Bd. 2, 2. Aufl. 2000 (zit.: KHK/*Bearbeiter*)

Löwisch/Rieble Tarifvertragsgesetz, 4. Auflage 2017 (zit. *Löwisch/Rieble* TVG)

Meinel/Heyn/Herms Teilzeit- und Befristungsgesetz, 5. Auf. 2015 (zit.: *Meinel/Heyn/Herms*)

Meyer-Ladewig/Keller/Leitherer Sozialgerichtsgesetz, 11. Aufl. 2014 (zit.: Meyer-Ladewig/Keller/Leitherer/*Bearbeiter*)

Niesel (Hrsg.) Kasseler Kommentar zum Sozialversicherungsrecht (Loseblattsammlung), 2016 (zit.: Kasseler Kommentar/*Bearbeiter*)

Palandt (Hrsg.) Bürgerliches Gesetzbuch, 76. Aufl. 2017 (zit.: Palandt/*Bearbeiter*)

Pernicka/Aust, Die Unorganisierten gewinnen, 2007

Preis Der Arbeitsvertrag, 5. Aufl. 2015 (zit.: Preis/*Bearbeiter*)

Rebmann/Säcker/Rixecker (Hrsg.) Münchener Kommentar zum Bürgerlichen Gesetzbuch, Bd. 4: Schuldrecht Besonderer Teil II, (§§ 611–704, EFZG, TzBfG, KSchG), 6. Aufl. 2012 (zit.: MünchKomm/*Bearbeiter*)

Reichold Arbeitsrecht, 5. Auflage 2016

Richardi (Hrsg.) Betriebsverfassungsgesetz, 15. Aufl. 2016 (zit.: Richardi/*Bearbeiter*)

Richardi/Wlotzke (Hrsg.) Münchener Handbuch zum Arbeitsrecht, Bd. 1: Individualarbeitsrecht, 3. Aufl. 2009, Bd. 2: Kollektivarbeitsrecht, 3. Aufl. 2009, (zit.: MünchArbR/*Bearbeiter*)

Sandmann/Marschall/Schneider Arbeitnehmerüberlassungsgesetz (Loseblattausgabe) (zit.: *Sandmann/Marschall/Schneider*)

Schaub Arbeitsrechtshandbuch, 16. Aufl. 2015 (zit.: *Schaub Handbuch-ArbR*)

Schmidt EStG – Einkommensteuergesetz, 35. Aufl. 2016 (zit.: Schmidt/*Bearbeiter*)

Schubel/Engelbrecht Kommentar zum Gesetz über die gewerbsmäßige Arbeitnehmerüberlassung, 1973 (zit.: *Schubel/Engelbrecht*)

Schüren/Hamann Arbeitnehmerüberlassungsgesetz, 4. Aufl. 2010 (zit.: Schüren/Hamann/*Bearbeiter*)

Literaturverzeichnis

Sievers TzBfG – Kommentar zum Teilzeit- und Befristungsgesetz, 5. Aufl. 2015 (zit.: *Sievers*)

Tettinger/Wank Gewerbeordnung, 8. Aufl. 2011 (zit.: Tettinger/Wank/Ennuschat/ *Bearbeiter*)

Thomas/Putzo Zivilprozessordnung, 37. Aufl. 2016 (zit.: *Thomas/Putzo*)

Thüsing (Hrsg.) Arbeitnehmerüberlassungsgesetz, 3. Aufl. 2012 (zit.: Thüsing/ *Bearbeiter*)

Tröndle/Fischer Kommentar zum StGB, 64. Auflage 2017

Ulber Arbeitnehmerüberlassungsgesetz, 4. Aufl. 2011 (zit.: *Ulber*)

Ulrici Arbeitnehmerüberlassungsgesetz, 2017

Urban-Crell/Schulz Arbeitnehmerüberlassung und Arbeitsvermittlung, 2003 (zit.: *Urban-Crell/Schulz*)

Wiedemann (Hrsg.) Tarifvertragsgesetz, 7. Aufl. 2007 (zit.: Wiedemann/*Bearbeiter*)

Wiese/Kreutz/Oetker/Raab/Weber/Franzen/Gutzeit/Jacobs Gemeinschaftskommentar zum Betriebsverfassungsgesetz, Bd. 1 und 2, 10. Auflage 2014 (zit. GK-BetrVG/ *Bearbeiter*) *(Vorauflage: Kraft/Wiese/Kreutz u.a. Gemeinschaftskommentar zum Betriebsverfassungsgesetz mit Wahlordnungen, Bd. I und II, 9. Aufl. 2009)*

Zöller/Geimer Zivilprozessordnung, 31. Aufl. 2016 (zit.: Zöller/*Bearbeiter*)

Einleitung

Übersicht	Rdn.
A. Rechtsgrundlagen.	1
I. Gemeinschaftsrecht.	5
1. Richtlinien	7
a) Richtlinie 2008/104/EG	8
b) Entsenderichtlinie	10
2. Regelungen in anderen Mitgliedsstaaten der EU.	13
II. Grundgesetz	14
III. Tarifverträge	16
1. Geltende Tarifverträge in der Zeitarbeitsbranche; Diskussion um	
Mindestarbeitsentgelt	20
a) Geltende Tarifverträge	20
2. Streikrecht.	22
IV. Einfachgesetzliche Regelungen	24
1. AÜG	24
a) Geltungsbereich des AÜG	27
aa) Räumlich	27
bb) Sachlich	28
b) Gesetzesänderungen.	30
aa) Arbeitsmarktreformgesetze	31
bb) AÜG-Reform 2017.	33
cc) Abschaffung der Personal-Service-Agenturen	34
2. Sondergesetze	38
a) Gesamthafenbetriebe	39
b) Personen- und Güterbeförderung	42
c) Bewachung	43
d) Öffentlicher Dienst	45
B. Rechtstatsachen	46
I. Verbreitung der Arbeitnehmerüberlassung	46
II. Organisationsgrad und Tarifbindung in der Zeitarbeitsbranche	48
C. Grenzüberschreitende Arbeitnehmerüberlassung	49
I. Allgemeines.	49
II. Gewerberechtliche Zulässigkeit.	50
1. Verleih aus Deutschland in das Ausland	53
2. Verleih aus dem Ausland nach Deutschland	55
III. Aufenthaltsrechtliche Zulässigkeit.	59
IV. Internationales Privatrecht	60
1. Leiharbeitsvertrag	61

       a) Rechtswahl (Art. 27 EGBGB; Art. 3 Abs. 1, 8 Abs. 1
          Rom I-VO) 61
       b) Objektive Anknüpfung und Günstigkeitsvergleich
          (Art. 30 EGBGB; Art. 8 Rom I-VO)...................... 62
       c) Ortsrecht (Art. 32 Abs. 2 EGBGB; Art. 12 Abs. 2 Rom I-VO).... 66
       d) Eingriffsnormen (Art. 34 EGBGB; Art. 9 Rom I-VO) 67
    2. Arbeitnehmerüberlassungsvertrag 71
    3. Beschäftigungsverhältnis Entleiher – Leiharbeitnehmer 74
V. Sozialversicherungsrecht 76
    1. Arbeitnehmerüberlassung innerhalb des EU-/EWR-Raums 77
    2. Arbeitnehmerüberlassung außerhalb des EU-/EWR-Raums 85
       a) Überlassung in einen Drittstaat 85
       b) Überlassung aus einem Drittstaat........................ 89
VI. Steuerrecht 90
VII. Illegale Arbeitnehmerüberlassung 95
D. **Sozialversicherungsrecht** 97
I. Legale Arbeitnehmerüberlassung................................... 97
    1. Subsidiärhaftung des Entleihers................................. 98
    2. Unfallversicherung 102
    3. Kurzarbeitergeld 107
II. Illegale Arbeitnehmerüberlassung 109
E. **Steuerrecht** 112
I. Subsidiärhaftung des Entleihers 115
II. Subsidiärhaftung des Verleihers.................................... 122

A. Rechtsgrundlagen

1 Die Arbeitnehmerüberlassung stellt eine besondere Form des Einsatzes von Arbeitskräften innerhalb eines Betriebes dar, die keinen Arbeitsvertrag mit dem Betriebsinhaber geschlossen haben. Arbeitnehmerüberlassung ist damit ein **Unterfall des sog. drittbezogenen Personaleinsatzes**, also der Bereitstellung von Arbeitskräften durch einen Dritten. Durch das Gesetz zur Änderung des Arbeitnehmerüberlassungsgesetzes (AÜG) und anderer Gesetze vom 21.02.2017[1] wurde erstmals eine **Legaldefinition** der Arbeitnehmerüberlassung in das Gesetz aufgenommen. Danach betreiben »*Arbeitgeber, die als Verleiher Dritten (Entleihern) Arbeitnehmer (Leiharbeitnehmer) im Rahmen ihrer wirtschaftlichen Tätigkeit zur Arbeitsleistung überlassen*«,

---

[1] Gesetz zur Änderung des Arbeitnehmerüberlassungsgesetzes und anderer Gesetze vom 21.02.2017, BGBl. I, 258.

Einleitung

Arbeitnehmerüberlassung. Der bisherige Anwendungsbereich des AÜG und die Reichweite der Erlaubnispflicht werden hierdurch nicht verändert.

Ebenfalls neu ist die weitere Definition, wonach »*Arbeitnehmer zur Arbeitsleistung überlassen werden, wenn sie in die Arbeitsorganisation des Entleihers eingegliedert sind und seinen Weisungen unterliegen.*« 2

Die Regelung des Satzes 2 bestimmt entsprechend der Rechtsprechung, unter welchen Voraussetzungen ein Arbeitnehmer überlassen wird und dient damit der **Abgrenzung** zwischen dem Einsatz eines Arbeitnehmers als Leiharbeitnehmer im Rahmen einer Arbeitnehmerüberlassung und als Erfüllungsgehilfe im Rahmen eines Werk- bzw. Dienstvertrages. Entsprechend der Rechtsprechung liegt beim Fremdpersonaleinsatz Arbeitnehmerüberlassung vor, wenn die Leiharbeitnehmerin oder der Leiharbeitnehmer in die Arbeitsorganisation des Entleihers eingegliedert ist und seinen Weisungen unterliegt. Ob dies der Fall ist, ist anhand einer wertenden **Gesamtbetrachtung** aller Umstände des jeweiligen Einzelfalls zu bestimmen.[2]

Bis zum 30.11.2011 war zwischen gewerbsmäßiger und nicht gewerbsmäßiger Arbeitnehmerüberlassung zu trennen. Für Letztgenannte bestanden bis auf wenige Ausnahmen keine Sonderregeln ggü. Normalarbeitsverhältnissen. Für die **gewerbsmäßige Arbeitnehmerüberlassung** waren dagegen zusätzlich zum allgemeinen Arbeitsrecht die speziellen Regelungen des **Arbeitnehmerüberlassungsgesetzes (AÜG) zu beachten**, das den Bereich unter einen grundsätzlichen Erlaubnisvorbehalt stellt. 3

Ab 01.12.2011 wurde das Tatbestandsmerkmal der Gewerbsmäßigkeit durch das Merkmal der **wirtschaftlichen Tätigkeit** ersetzt. Damit hat der Gesetzgeber die abweichenden Vorgaben der EU-Richtlinie über Leiharbeit in deutsches Recht umgesetzt.[3] Nach Art. 1 Abs. 2 der Leiharbeitsrichtlinie erfasst deren Anwendungsbereich alle öffentlichen und privaten Unternehmen, bei denen es sich um Leiharbeitsunternehmen handelt, die eine wirtschaftliche Tätigkeit ausüben, unabhängig davon, ob sie Erwerbszwecke verfolgen oder nicht. Dies gilt zukünftig auch im deutschen Recht. Entscheidend ist daher nur noch, ob eine wirtschaftliche Tätigkeit ausgeübt wird. Daher benötigen auch z. B. konzerninterne Personalservicegesellschaften, die Leiharbeitnehmer

---

2 BT-Drucks. 294/16 vom 02.06.2016, Begründung zu Nr. 1b.
3 Ausführlich unten Rdn. 8 ff.

zum Selbstkostenpreis an Konzernunternehmen überlassen, eine Erlaubnis nach § 1 AÜG.[4]

4 Neben dem vom Gesetzgeber verwendeten Begriff der Arbeitnehmerüberlassung finden sich im allgemeinen Sprachgebrauch **mehrere synonyme Bezeichnungen**. Vonseiten der Verleiher wird zumeist der Begriff der Zeitarbeit favorisiert. Entsprechend hat sich der Begriff der Zeitarbeitsbranche etabliert. Daneben finden sich auch die Bezeichnungen Leiharbeit, Personalleasing, Arbeitskräfteverleih sowie Temporary Employment.

I. Gemeinschaftsrecht

5 Der Regelungsbereich der Arbeitnehmerüberlassung ist stark europarechtlich geprägt. Zwar enthält der **EG-Vertrag** keine speziellen Regelungen zur Arbeitnehmerüberlassung, sie berührt jedoch mehrere von diesem garantierte Freiheiten. So dürfen die Vorschriften zur Arbeitnehmerüberlassung insb. nicht die Grundsätze der **Arbeitnehmerfreizügigkeit** (Art. 39 EG-Vertrag), **Niederlassungsfreiheit** (Art. 43, 48 EG-Vertrag) und **Dienstleistungsfreiheit** (Art. 49 EG-Vertrag) verletzen. Zudem sind die Vorgaben des EWR-Abkommens vom 02.05.1992[5] samt Anschlussprotokollen zu beachten.[6]

6 Maßgebliche Interessenvertretungen der Zeitarbeitsbranche auf europäischer Ebene sind einerseits der Europäische Dachverband der Zeitarbeit »World Employment Confederation – Europe« (vormals: Eurociett), dem 28 europäische Zeitarbeitsverbände angehören, und andererseits die UNI-Europa (UNI Temporary Work Agencies), die dem europäischen Gewerkschaftsbund (EGB) zugeordnet ist.

1. Richtlinien

7 Der Bereich der Arbeitnehmerüberlassung ist durch mehrere Richtlinien geprägt. So hat der deutsche Gesetzgeber mit der Neufassung des Arbeitnehmerentsendegesetzes (AEntG) vom 20.04.2009 die Vorgaben der Entsenderichtlinie erfüllt. Die Leiharbeitsrichtlinie wurde durch das »Gesetz zur Änderung des Arbeitnehmerüberlassungsgesetzes und des

---

4 BT-Drucks. 17/4804, 8.
5 BGBl. II 1993, 266.
6 Vgl. zur grenzüberschreitenden Arbeitnehmerüberlassung Rdn. 50 ff.; ausführlich zum Recht der Arbeitnehmerüberlassung auf internationaler Ebene Schüren/Hamann/*Riederer von Paar* AÜG Einl. Rn. 520 ff.

Schwarzarbeitsbekämpfungsgesetzes« vom 20.07.2011[7] zum 05.12.2011 umgesetzt.

a) Richtlinie 2008/104/EG

Das Europäische Parlament und der Rat der EU haben am **19.11.2008 die Richtlinie 2008/104/EG** erlassen.[8] Die Frist zur Umsetzung der Richtlinie betrug drei Jahre (Art. 11). 8

Da der Gesetzgeber i.R.d. **Hartz-Reform des AÜG** Ende 2002,[9] insb. bei der Einführung des Gleichstellungsgrundsatzes (Equal Treatment), den Entwurf einer europäischen RL über Leiharbeit als Vorbild genommen und im Weg des »vorauseilenden Gehorsams«[10] vorab umgesetzt hatte, ging der 11. Erfahrungsbericht zum AÜG davon aus, die RL sei bereits ganz überwiegend umgesetzt.[11] In der Literatur wurde hingegen größerer **Umsetzungsbedarf** gesehen.[12]

Deutschland hat die Richtlinie zum 01.12.2011 durch das »Gesetz zur Änderung des Arbeitnehmerüberlassungsgesetzes und des Schwarzarbeitsbekämpfungsgesetzes« vom 20.07.2011[13] umgesetzt.

Die Umsetzung der Leiharbeitsrichtlinie[14] beinhaltet, dass die Erlaubnispflicht künftig – anstelle von »gewerbsmäßiger« – für »**im Rahmen einer wirtschaftlichen Tätigkeit**« ausgeübte Arbeitnehmerüberlassung gilt, § 1 Abs. 1 Satz 1 AÜG. Die Änderung in Abs. 1 Satz 1 hat zur Folge, dass das Merkmal »vorübergehend« nicht mehr das entscheidende Abgrenzungskriterium für das sog. **Konzernprivileg** sein kann. Daher erstreckt sich der Anwendungsbereich des Konzernprivilegs künftig ausschließlich auf die Überlassung 9

---

7 BGBl. I, 29.07.2011, 1506.
8 Amtsblatt vom 05.12.2008, ABl. EU Nr. L 327, 9.
9 S. § 8 Rdn. 9 ff.; *Ulber* AuR 2003, 7.
10 So *Lembke* DB 2011, 414 m.w.N.
11 BT-Drucks. 17/464, 7.
12 *Zimmer* NZA 2013, 289 ff.; *Schüren* RdA 2011, 1; *Heuchemer/Schilke* BB 2011, 758; *Hirdina* NZA 2011, 325; *Blanke* DB 2010, 1528; *Boemke* RIW 2009, 177; *Fuchs* NZA 2009, 57; *Giesen* NZS 2010, 476; *Hamann* EuZA 2009, 287; *Lembke* BB 2010, 1539 f.; *Thüsing* RdA 2009, 118; *Ulber* AuR 2010, 10; *Waltermann* NZA 2010, 484 f.; *Wank* RdA 2010, 202 f.
13 BGBl. I, 29.07.2011, 1506.
14 S. zu den nachfolgenden Punkten ausführlich BT-Drucks. 17/4804, 7 ff.

solcher Arbeitnehmerinnen und Arbeitnehmer, die nicht **zum Zweck der Überlassung eingestellt und beschäftigt** werden. Durch die Regelung wird klargestellt, dass bspw. auch **konzerninterne Personalservicegesellschaften**, die Leiharbeitnehmerinnen und Leiharbeitnehmer zum Selbstkostenpreis anderen Konzernunternehmen überlassen, eine Erlaubnis nach § 1 benötigen.

Von der Anwendung des Arbeitnehmerüberlassungsgesetzes ausgenommen ist gem. § 1 Abs. 3 Nr. 2a AÜG künftig auch die Arbeitnehmerüberlassung zwischen Arbeitgebern, sofern sie nur **gelegentlich** erfolgt und der Arbeitnehmer nicht zum Zweck der Überlassung eingestellt und beschäftigt wird. Vor dem Hintergrund des Ausnahmecharakters des § 1 Abs. 3, aber auch im Hinblick auf den Schutzzweck der Norm sind an das Erfordernis einer »nur gelegentlichen Überlassung« strenge Anforderungen zu stellen.

Außerdem wurde in § 1 Abs. 1 Satz 2 AÜG eingefügt, dass die Arbeitnehmerüberlassung »**vorübergehend**« erfolgt. Dabei wird der Begriff »vorübergehend« i.S.d. Leiharbeitsrichtlinie als **flexible Zeitkomponente** verstanden und insb. auf genau bestimmte Höchstüberlassungsfristen verzichtet.

Beim Grundsatz von Equal Treatment (§§ 9, 3 Abs. 1 Nr. 3 AÜG) wird die **Sechswochen-Ausnahme** für zuvor Arbeitslose gestrichen.

Ferner werden die Entleiher in Umsetzung von Art. 6 der Leiharbeitsrichtlinie verpflichtet, den in ihrem Betrieb tätigen Leiharbeitnehmern **Zugang zu den Gemeinschaftseinrichtungen oder -diensten** im Entleiherunternehmen zu gewähren (Art. 6 Abs. 4 Richtlinie, § 13b AÜG) und sie über **Arbeitsplätze im Einsatzunternehmen zu unterrichten**, die besetzt werden sollen (Art. 6 Abs. 1 Richtlinie, § 13a AÜG).

b) Entsenderichtlinie

10 Bereits in nationales Recht umgesetzt wurde die Entsenderichtlinie 96/71/EG durch Inkrafttreten des Arbeitnehmer-Entsendegesetz (AEntG). Das AEntG ist am 01.01.2003 in Kraft getreten und erfuhr seine letzte Änderung durch das Gesetz über zwingende Arbeitsbedingungen für grenzüberschreitend entsandte und für regelmäßig im Inland beschäftigte Arbeitnehmer und Arbeitnehmerinnen vom 23.04.2009.[15]

---

15 BGBl. I 2009, 799.

Die Änderung der Gesetzesbezeichnung spiegelt nun den tatsächlichen Anwendungsbereich des Gesetzes wider. Das **AEntG** gilt weder ausschließlich noch vorrangig für Beschäftigungsbedingungen im Fall der Überlassung von Arbeitnehmern vom Ausland nach Deutschland, sondern erfasst **ebenso rein inländische Sachverhalte**. Die Arbeitgeber der in § 4 AEntG genannten Bereiche sind verpflichtet, ihren Arbeitnehmern tarifliche Mindestarbeitsbedingungen zu gewähren. Durch Rechtsverordnung gem. § 7 AEntG wird die Geltung von Tarifverträgen auf nicht an ihn gebundene Arbeitgeber erweitert. Im Bereich der Leiharbeit sind diese Tarifverträge stets zu beachten, wenn **Leiharbeitnehmer** vom Entleiher mit einer der **in § 4 AEntG benannten Tätigkeiten** betraut werden. Bisher bezieht das AEntG (§ 4 Nr. 1-8) die Branchen des Bauhaupt- und Baunebengewerbes (hier ist bereits die Bereichsausnahme des § 1b AÜG zu beachten), der Gebäudereinigung, der Briefdienstleistungen, der Sicherheitsdienstleistungen, der Bergbauspezialarbeiten auf Steinkohlebergwerken, der Wäschereidienstleistungen im Objektkundengeschäft, der Abfallwirtschaft einschließlich Straßenreinigung und Winterdienst sowie der Aus- und Weiterbildungsdienstleistungen nach dem SGB II und III ein. 11

In der politischen **Diskussion** stand lange die Überlegung an, auch für die **Zeitarbeitsbranche Mindestlöhne** im AEntG festzulegen.[16] Anknüpfungspunkt der Diskussion waren zumeist die im Bereich der Leiharbeit anzutreffenden äußerst arbeitgeberfreundlichen[17] Tarifabschlüsse wie diejenigen der zuletzt als nicht tariffähig eingeordneten CGZP.[18] Die AEntG-Diskussion[19] ist mittlerweile durch die Einführung eines Mindestlohns in Form einer Lohnuntergrenze in § 3a AÜG durch das »Erste Gesetz zur Änderung des Arbeitnehmerüberlassungsgesetzes – Verhinderung von Missbrauch der Arbeitnehmerüberlassung« vom 28.04.2011[20] obsolet geworden. 12

2. Regelungen in anderen Mitgliedsstaaten der EU

In Europa gibt es **zwei Grundmodelle der Arbeitnehmerüberlassung**. Sie stimmen insoweit überein, als sie jeweils die Überlassung eines Leiharbeitnehmers aufgrund eines Vertrages zwischen Verleiher und Entleiher vorsehen 13

---

16 S. § 8 Rdn. 19 ff.
17 *Hurst* Tarifverträge in der Zeitarbeit, S. 26 ff.
18 BAG, 14.12.2010 – 1 ABR 19/10; zur CGZP-Problematik s.u. § 8 Rdn. 95 ff.
19 Vgl. hierzu *Sittard* NZA 2009, 346; *Bayreuther* NJW 2009, 2006; *Löwisch* RdA 2009, 215.
20 BGBl. I, 29.04.2011, 642.

Einleitung

wobei ein Arbeitsverhältnis des Leiharbeitnehmers ausschließlich zum Verleiher besteht. In »**Modell 1**« ist der Leiharbeitnehmer zu den im Entleiherbetrieb geltenden Arbeitsbedingungen beschäftigt und steht lediglich befristet für die Verleihdauer in einem Arbeitsverhältnis zum Verleiher. Die deutsche Regelung entspricht im Grundsatz dem »**Modell 2**«, indem es eine Beschäftigung zu den Bedingungen des Verleihbetriebes vorsieht, gekoppelt mit einer unbefristeten Einstellung beim Verleiher. Mittlerweile hat sich die deutsche Regelung aufgrund des »Equal-Pay- und Equal-Treatment-Grundsatzes«[21] zu einem »**Mischsystem**« gewandelt.[22]

II. Grundgesetz

14 Die Zulässigkeit von Leiharbeit ist grundgesetzlich geschützt. Das bis 1967 geltende grundsätzliche Verbot der – als Arbeitsvermittlung eingeordneten – Leiharbeit verstieß gegen das **Grundrecht der freien Berufswahl des Art. 12 GG**.[23] Das Verbot ist daher heute ausschließlich auf den Bereich des **Baugewerbes** beschränkt. Diese Einschränkung der Zulässigkeit der Arbeitnehmerüberlassung ist mit dem Grundgesetz vereinbar.[24]

15 Die Rolle der Tarifvertragsparteien ist aufgrund der diesen eingeräumten Befugnis, **Ausnahmen vom** »**Equal-Pay- und Equal-Treatment-Grundsatz**« zu schaffen, im Bereich der Arbeitnehmerüberlassung von besonderer Bedeutung. Die vom deutschen Gesetzgeber eingeräumte Freiheit der Tarifvertragsparteien hat ihren Grund in der durch **Art. 9 GG garantierten Tarifautonomie**. Den Tarifpartnern sind auch für den Bereich der Arbeitnehmerüberlassung weder Einschränkungen noch eine Zweckrichtung bezüglich der Abweichung zuungunsten von Leiharbeitnehmern vorgegeben. Diese Regelungsfreiheit führt nach teilweise vertretener Ansicht zu einer **Unvereinbarkeit** mit den Vorgaben der einschlägigen **Richtlinie 2008/104/EG**.[25]

---

21 Vgl. § 3 Rdn. 75 ff.
22 *Behrens/Richter* NZA 2003, 87 unter Verweis auf *Wank* Vortrag zur EIAS-Tagung am 10./11.10.2002.
23 BVerfG, 04.04.1967 – 1 BvR 84/65, BVerfGE 21, 261 = AP AVAVG § 37 Nr. 7.
24 BVerfG, 06.10.1987 – 1 BvR 1086/82, 1 BvR 1468/82, 1 BvR 1623/82, BVerfGE 77, 84 = EzAÜG AFG Nr. 22 = NZA 1989, 28 (zur Vorgängerregelung des § 12a AFG).
25 Vgl. § 8 Rdn. 19 ff.

III. Tarifverträge

In der Zeitarbeitsbranche haben Tarifverträge besondere Bedeutung, da durch sie unmittelbar oder durch die vertragliche Vereinbarung ihrer Geltung der Grundsatz des »Equal Pay« und »Equal Treatment« durchbrochen werden kann. **16**

Der deutsche Gesetzgeber hat mit Schaffung des § 3 Abs. 1 Nr. 3, § 9 Nr. 2 AÜG die **Vergütungsproblematik** im Hinblick auf Leiharbeitnehmer im Wesentlichen **an die Tarifvertragsparteien abgegeben**. Gilt ein Tarifvertrag der Zeitarbeitsbranche im verleihenden Unternehmen, können die dort beschäftigten Arbeitnehmer zu schlechteren Bedingungen als die Stammbelegschaft im Entleihunternehmen beschäftigt werden. Diese Ungleichbehandlung steht nicht im Widerspruch zum allgemeinen **Gleichbehandlungsgrundsatz**. Dieser verpflichtet allein den jeweiligen Arbeitgeber. Stammbelegschaft und überlassene Arbeitnehmer haben indes gerade **unterschiedliche Arbeitgeber**. Den Grundsatz der Gleichbehandlung muss daher lediglich einerseits der Entleiher als Arbeitgeber der Stammbelegschaft innerhalb dieser Gruppe, sowie andererseits der Verleiher innerhalb der Gruppe der entliehenen Arbeitnehmer beachten.[26] **17**

Wegen der so eingeräumten Möglichkeit einer geringeren Bezahlung von Leiharbeitnehmern wird die Arbeitnehmerüberlassung teilweise als Mittel zur »**legalen Tarifflucht**«[27] empfohlen. In der Sache wird die i.d.R. schlechtere Bezahlung der Leiharbeitnehmer meist dadurch gerechtfertigt, dass Leiharbeitnehmer dieses Entgelt auch in einsatzfreien Zeiten, wenn ihre Tätigkeit beim entleihenden Betrieb endet und sich keine unmittelbare neue Tätigkeit anschließt, fortgezahlt erhalten. **18**

Die Geltung eines Tarifvertrages der Zeitarbeitsbranche erlaubt auch dann eine Schlechterstellung der Leiharbeitnehmer, wenn ein Tarifvertrag der Zeitarbeitsbranche durch bloße – wirksame – Bezugnahme im Arbeitsvertrag Anwendung findet. Insoweit ist die neue Rechtsprechung des BAG zu **Bezugnahmeklauseln** sowie die besondere Problematik der Vereinbarung einer **19**

---

26 Vgl. § 8 Rdn. 88 ff. Sowie zur Problematik der Annahme eines Umgehungsverbots bei Bildung einer Personalführungsgesellschaft § 1 Rdn. 364 ff.
27 *Melms/Lipinski* BB 2004, 2409; *Hamann* Anm. zu BAG, 12.11.2002 – 1 ABR 1/02, EzA § 99 BetrVG 2001 Nr. 1; a.A. *Brors/Schüren* BB 2004, 2745; zum Einwand des Rechtsmissbrauchs vgl. § 1 Rdn. 367.

Einleitung

lediglich teilweisen Inbezugnahme von Tarifverträgen der Zeitarbeitsbranche (»**Rosinenpicken**«) zu beachten.[28]

1. Geltende Tarifverträge in der Zeitarbeitsbranche; Diskussion um Mindestarbeitsentgelt

a) Geltende Tarifverträge

20 Seit Inkrafttreten des Ersten Gesetzes für moderne Dienstleistungen am Arbeitsmarkt,[29] welches eine Beschäftigung von Leiharbeitnehmern zu schlechteren Bedingungen als im Entleiherbetrieb üblich allein im Fall der Geltung eines Tarifvertrages der Zeitarbeitsbranche zulässt, hat es in diesem Bereich eine Vielzahl von Tarifvertragsschlüssen gegeben.[30]

21 Die Tarifsituation der Zeitarbeitsbranche war in besonderem Maße durch die Geltung von **Haustarifverträgen** geprägt. Auf Arbeitnchmerseite standen insoweit häufig nicht dem Deutschen Gewerkschaftsbund (DGB) angeschlossene christliche Gewerkschaften. Aufgrund häufig arbeitgebergünstiger Abschlüsse wurde gegen diese Organisationen teilweise der Vorwurf der **fehlenden Tariffähigkeit**, insb. wegen »Gegnerfinanzierung« erhoben.[31] Betroffen hiervon war insb. die Tarifgemeinschaft Christlicher Gewerkschaften für Zeitarbeit und Personal-Service-Agentur (CGZP). Dieser hat das BAG im Verfahren gem. § 97 Abs. 1 AGG die Tariffähigkeit abgesprochen.[32]

2. Streikrecht

22 Wird das verleihende Unternehmen als Arbeitgeber des Leiharbeitnehmers bestreikt, sind Leiharbeitnehmer gemäß den allgemeinen Grundsätzen zur Arbeitsniederlegung berechtigt. Es bestehen insoweit keine Unterschiede zum Normalarbeitsverhältnis.[33] Ein Streikrecht besteht damit für eigene Tarifverträge der Zeitarbeitsbranche.

---

28 Vgl. § 8 Rdn. 67 ff.
29 BGBl. I 2002, 4607.
30 *Hurst* Tarifverträge in der Zeitarbeit, S. 26 ff.; vgl. Übersicht unter § 8 Rdn. 88 ff.
31 *Park/Riederer v. Paar/Schüren* NJW 2008, 3670; a.A. *Lembke* § 9 AÜG Rn. 124 ff.; vgl. § 8 Rdn. 95 ff.
32 BAG, 14.12.2010 – 1 ABR 19/10; zur Bedeutung der Entscheidung vgl. § 8 Rdn. 95 ff.
33 *Melms/Lipinski* BB 2004, 2409 m.w.N.

Soweit der Entleiherbetrieb bestreikt wird, findet für die dort eingesetzten 23
Leiharbeitnehmer die spezielle Regelung des **§ 11 Abs. 5 AÜG** Anwendung.
Diese entbindet den Leiharbeitnehmer von der Pflicht, in einem bestreikten
Betrieb tätig zu sein.[34] Durch die AÜG-Reform 2016 wurde nun ein echtes
Einsatzverbot für Leiharbeitnehmer in bestreikten Betrieben in das **Gesetz**
aufgenommen.[35] Ziel ist es, das »nicht-ausreichende« Leistungsverweigerungsrecht und die »nicht-wirksame« Tarifklausel zu ergänzen bzw. durchzusetzen.
Darüber hinaus soll der grenzüberschreitende Einsatz von Leiharbeitnehmern
zum »Streikbruch« verhindert werden.[36]

IV. Einfachgesetzliche Regelungen

1. AÜG

Das AÜG regelt die Materie der Arbeitnehmerüberlassung **nicht abschließend**. 24

Es baut zum einen auf dem **allgemeinen Arbeitsrecht** sowie – gerade im Hin- 25
blick auf die Beziehungen zwischen Verleiher und Entleiher – auf dem **allgemeinen Zivilrecht** auf. Daneben muss insb. der Verleiher die ergänzenden
gewerberechtlichen und sonstigen **öffentlich-rechtlichen Vorschriften** wie
bspw. das Bundesdatenschutzgesetz (BDSG) und das Gesetz über Ordnungswidrigkeiten (OWiG) beachten.

Keine Regelungen enthält das AÜG zu Einzelfragen des **Sozialversicherungs-** 26
und Steuerrechts. Auch insoweit gelten die allgemeinen gesetzlichen Regelungen.[37]

a) Geltungsbereich des AÜG

aa) Räumlich

Der Geltungsbereich des AÜG ist räumlich auf das Gebiet der BRD begrenzt. 27
Es gilt damit das **Territorialitätsprinzip**. Indes erfasst das AÜG hierbei
auch **staatsübergreifende Sachverhalte**. So ist es nicht nur bei Verleih von

---

34 Vgl. § 11 Rdn. 48 ff.
35 Eingefügt durch das »Gesetz zur Änderung des Arbeitnehmerüberlassungsgesetzes und anderer Gesetze« vom 20.07.2016, BT-Drucks. 18/9232.
36 BT-Drucks. 294/16 vom 02.06.2016, Begründung zu Nr. 7 b.
37 Vgl. Einl. Rdn. 98 ff., 113 ff.

Arbeitnehmern innerhalb Deutschlands anwendbar, sondern auch, wenn entweder ein deutscher Verleiher Arbeitnehmer in das Ausland verleiht oder ein ausländischer Verleiher Arbeitnehmer nach Deutschland oder innerhalb Deutschlands verleiht.[38]

bb) Sachlich

28 Sachlich erfasst das AÜG nicht mehr wie früher die gewerbsmäßige Arbeitnehmerüberlassung, sondern gilt seit dem 05.12.2011 für wirtschaftlich tätige Unternehmen unabhängig davon, ob sie Erwerbszwecke verfolgen oder nicht.

Nicht im Rahmen einer wirtschaftlichen Tätigkeit ausgeübte Arbeitnehmerüberlassung wird mit Ausnahme des § 1 Abs. 2 AÜG und des analog anzuwendenden § 14 AÜG ebenso wenig in den Anwendungsbereich des Gesetzes einbezogen wie sonstige Formen des drittbezogenen Personaleinsatzes (bspw. aufgrund [echter] Werk- oder Dienstverträge[39]).

29 Da das AÜG an die Einordnung der überlassenen Arbeitskräfte als **Arbeitnehmer**[40] anknüpft, unterfallen die Beschäftigung von Selbstständigen sowie – praktisch relevant vor allem im Bereich des Gesundheitswesens – die Gestellung von Ordensleuten nicht unter den Anwendungsbereich des AÜG.[41]

b) Gesetzesänderungen

30 Seit seinem Inkrafttreten am 12.10.1972 wurde das AÜG vielfach geändert. Diese Änderungen waren von praktisch höchst unterschiedlicher Bedeutung.[42]

aa) Arbeitsmarktreformgesetze

31 Von größter praktischer Bedeutung sind die Änderungen zur Höchstüberlassungsdauer, deren zwischenzeitliche Abschaffung und vor allem die Neueinführung 2017 sowie die Einführung des Equal-Pay- und Equal-Treatment-Grundsatzes.

---

38 Vgl. Thüsing/*Thüsing* AÜG Einf. Rn. 25; vgl. zur grenzüberschreitenden Arbeitnehmerüberlassung Einl. Rdn. 50 ff.
39 Zur Abgrenzung vgl. § 1 Rdn. 135 ff.
40 Vgl. zum Arbeitnehmerbegriff MünchArbR/*Richardi* § 24 Rn. 1 ff.
41 Vgl. hierzu § 1 Rdn. 17, 32.
42 Eine Auflistung der Gesetzesänderungen findet sich bei *Urban-Crell/Schulz* Rn. 170.

Einleitung

Durch das **Job-AQTIV-Gesetz vom 10.12.2001** wurde die Höchstüberlassungsdauer zunächst auf 24 Monate erhöht. Das **Erste Gesetz für moderne Dienstleistungen am Arbeitsmarkt vom 23.12.2002** hat auch diese Grenze aufgehoben.[43] Im Gegenzug wurde der zunächst erst ab einer Überlassungsdauer von zwölf Monaten einsetzende Equal-Pay-Grundsatz auf die Gesamtüberlassung angewendet. Ausnahmen galten lediglich für zuvor arbeitslose Leiharbeitnehmer in den ersten sechs Wochen im Fall ihrer erstmaligen Einstellung sowie für Tarifverträge. Das AÜG wechselte in der Wahrnehmung damit vom reinen Schutzgesetz für Leiharbeiter zu einem Gesetz zur Bekämpfung der Arbeitslosigkeit, was einen Paradigmenwechsel bedeutete und teilweise als »Ritterschlag für die Zeitarbeit« gewertet wurde.[44]

Die nach den »Hartz-Reformen« umfangreichsten **Änderungen** hat § 3 AÜG a.F. durch das »Erste Gesetz zur Änderung des Arbeitnehmerüberlassungsgesetzes – Verhinderung von Missbrauch der Arbeitnehmerüberlassung« vom 28.04.2011[45] und das »Gesetz zur Änderung des Arbeitnehmerüberlassungsgesetzes und des Schwarzarbeitsbekämpfungsgesetzes« vom 20.07.2011[46] erhalten.[47]

32

bb) AÜG-Reform 2017

Bereits im Koalitionsvertrag von 2013 hatte sich die neue Bundesregierung in Form einer »Großen Koalition« zum Ziel gesetzt, die Leiharbeit auf ihre **Kernfunktion** hin zu orientieren und den **Missbrauch** von Werkvertragsgestaltungen zu verhindern.[48] Nachdem die Reform des AÜG im Koalitionsvertrag von 2013 festgeschrieben war, hat das BMAS am 16.11.2015 einen ersten »Entwurf eines Gesetzes zur Änderung des Arbeitnehmerüberlassungsgesetzes und anderer Gesetze« erlassen. Nach heftiger Kritik von Politik, Arbeitgeberseite und Gewerkschaften wurde am 17.02.2016 ein deutlich modifizierter Entwurf vom Ministerium vorgelegt. Nach weiterer politischer Diskussion musste das BMAS ein weiteres Mal nachbessern. Erst dieser 3. Entwurf

33

---

43 Zur Übersicht vgl. *Bauer/Krets* NJW 2003, 537.
44 *Körner* NZA 2006, 573 m.w.N.
45 BGBl. I, 29.04.2011, 642.
46 BGBl. I, 29.07.2011, 1506.
47 S. § 3 Rdn. 3 ff.
48 »Deutschlands Zukunft gestalten« Koalitionsvertrag 2013 von CDU, CSU und SPD, S. 49.

konnte umgesetzt und am 01.06.2006 als gemeinsamer Regierungsentwurf vom Bundeskabinett beschlossen werden.[49]

Mit dem Gesetz soll die Funktion der Arbeitnehmerüberlassung als Instrument zur zeitlich begrenzten Deckung eines Arbeitskräftebedarfs geschärft, Missbrauch von Leiharbeit verhindert, die Stellung der Leiharbeitnehmerinnen und Leiharbeitnehmer gestärkt und die Arbeit der Betriebsräte im Entleiherbetrieb erleichtert werden. Zur Orientierung der Arbeitnehmerüberlassung auf ihre Kernfunktion, zur Verhinderung von Missbrauch und zur Stärkung der Stellung von Leiharbeitnehmern war insbesondere die Neueinführung einer **Höchstüberlassungsdauer** sowie ein Anspruch auf gleiche Bezahlung vorgesehen: Leiharbeitnehmer können künftig bis zu einer Überlassungshöchstdauer von 18 Monaten bei einem Entleiher eingesetzt werden und sind nach neun Monaten hinsichtlich des Arbeitsentgelts mit den Stammarbeitnehmern beim Entleiher gleichgestellt (**Equal Pay**).[50] Als Sanktionen wurden neue Bußgeldtatbestände aufgenommen und die Vertragsfiktion bei illegaler Arbeitnehmerüberlassung wurde auf Verstöße gegen die neuen Dokumentationspflichten und auf das Überschreiten der Höchstüberlassungsdauer ausgeweitet.

Die umfangreichsten Änderungen finden sich in § 1 Abs. 1b (Höchstüberlassungsdauer), in § 8 (Gleichstellungsgrundsatz), in § 9 (Unwirksamkeit), in § 11 Abs. 5 (Streikeinsatz), in § 14 Abs. 2 (Mitbestimmung) sowie in § 16 (Ordnungswidrigkeiten).

Der Reform schlägt harsche **Kritik** entgegen. Rechtlich wird insbesondere die fehlende Definition von »Equal Pay« bemängelt, ebenso einen Eingriff in die Tarifautonomie sowie einen Verstoß gegen europäisches Recht aufgrund der Verknüpfung von »Equal Pay« und Höchstüberlassungsdauer. Inhaltlich richtet sich die Kritik gegen das hinausgehen über den Koalitionsvertrag, das Rückgängigmachen erfolgreicher Arbeitsmarktreformen sowie das Fehlen eines Nachweises über die Gesetzesziele, nämlich den Missbrauch oder das Schutzbedürfnis der Leiharbeitnehmer. *Giesen* spricht von einem

---

49 *Oberthür* ArbRB 2016, 109; *Giesen* ZRP 2016, 130; zu den einzelnen Änderungen der drei Entwürfe ausführlich *Bissels/Falter* DB 2016, 534; *dies.* DB 2016, 1444.
50 BT-Drucks. 294/16, 02.06.2016, 1 ff.

»untauglichen Versuch«, *Henssler* von »Überregulierung statt Rechtssicherheit« und *Rieble* sogar vom »Bundesgewerkschaftsministerium«.[51]

cc) Abschaffung der Personal-Service-Agenturen

Das zur Beschäftigungsförderung entwickelte Instrument der Errichtung von **Personal-Service-Agenturen (PSA)** ist **entfallen**. 34

Die Errichtung von Personal-Service-Agenturen war ein mit besonders großen Erwartungen eingeführter Gegenstand des Ersten Gesetzes für moderne Dienstleistungen am Arbeitsmarkt.[52] Gem. § 37c Abs. 1 Satz 2 SGB III a.F. hatten Personal-Service-Agenturen die Aufgabe, Arbeitnehmerüberlassung zur Vermittlung von Arbeitslosen in Arbeit durchzuführen sowie ihre Beschäftigten während der Zeiten, in denen sie nicht verliehen sind, zur Qualifizierung weiterzubilden. Gem. § 37c Abs. 1 Satz 1 SGB III a.F. war jede örtliche Arbeitsagentur verpflichtet, die Gründung einer Personal-Service-Agentur sicherzustellen. Die Personal-Service-Agentur schloss Arbeitsverträge mit Arbeitsuchenden ab, zu dem Zweck, die Arbeitnehmer Dritten zur Arbeitsleistung zu überlassen. Dann wurde die Personal-Service-Agentur als »Verleiher« tätig. Gesetzgeberischer Zweck dieser Konstruktion war indes die **Arbeitsvermittlung**. Die Errichtung von Personal-Service-Agenturen sollte vorrangig durch **Private** erfolgen, möglich war auch eine Errichtung als Public-Private-Partnership, lediglich subsidiär sollte die Errichtung durch die BA selbst erfolgen. 35

Mit dem **Gesetz zur Neuausrichtung der arbeitsmarktpolitischen Instrumente**[53] hat der Gesetzgeber das Institut der Personal-Service-Agentur mit dem Ziel einer Erhöhung der Wirksamkeit und Effizienz der Arbeitsförderung **abgeschafft**. Das Instrument der Personal-Service-Agenturen war bereits vor 36

---

51 *Giesen* DB 2015, 5; *Henssler* RdA 2016, 18; *Rieble* BB 2015, 1; *Bissels/Falter* DB 2016, 534; *dies.* DB 2016, 1444; *Oberthür* ArbRB 2016, 109; *Henning/Bödeker* AuA 2016, 201; *Hamann* ArbuR 2016, 136; *Moderegger* ArbRB 2016, 207; *Kramer/Dreyer* AuA 2016, 204; *Seel* öAT 2016, 27; *Schiefer/Köster* DB 2016, 169; *Giesen* ZRP 2016, 130; *Zimmermann* BB 2016, 53; *Tuengerthal/Andorfer* BB 2016, 1909; *Ulber/Stang* ArbuR 2015, 250; *Däubler* DB 2015, 7; *Hamann* ArbuR 2016, 136; *Lembke* NZA 2017, 1; *Bissels/Falter* ArbRAktuell 2017, 4; dies. ArbRAktuell 2017, 33; *Bayreuther* NZA 2017, 18.
52 BGBl. I, 4607.
53 BGBl. I 2008, 2917; BT-Drucks. 16/10810; vgl. Zusammenfassung *Voelzke*, jurisPR-SozR 5/2009 Anm. 4.

seiner Einführung heftiger Kritik ausgesetzt, durch die Insolvenz des größten PSA-Betreibers im Jahr 2004 erlitt es einen weiteren schweren Imageschaden.[54] Es sollte daher eine Vereinfachung der erfolgreichen arbeitsmarktpolitischen Instrumente unter gleichzeitiger Abschaffung weniger wirksamer und kaum oder wenig genutzter Instrumente erfolgen. Die Personal-Service-Agentur ebenso wie die Förderung zur Weiterbildung und Vertretung (Job-Rotation) wurden im Gesetzgebungsverfahren ausdrücklich als Beispiele wenig wirksamer und kaum oder wenig genutzter Instrumente aufgeführt.[55]

37 Gleichzeitig mit der Abschaffung des § 37c SGB III hat der Gesetzgeber mit §§ 45, 46 SGB III[56] neue Rahmeninstrumente geschaffen. Die für zielführend erachteten Aspekte des § 37c SGB III a.F. wurden in den neu geschaffenen § 46 SGB III überführt. Elemente der Arbeitsvermittlung bzw. der Einsetzung der BA als entleihender Arbeitgeber fehlen in dieser Norm. Zur Steigerung der Vermittlungserfolge soll gem. § 35 Abs. 3 SGB III die Internet-Jobbörse des »Virtuellen Arbeitsmarktes« der Bundesagentur ausgebaut werden.

2. Sondergesetze

38 Trotz der bereits langjährigen Geltung ist das **Verhältnis** der Vorschriften des AÜG zu spezialgesetzlichen Regelungen noch immer in weiten Teilen **nicht geklärt**.[57] Es bestehen erhebliche Unsicherheiten, ob und inwieweit die Vorgaben des AÜG durch solche Regelungen verdrängt werden. Solche Spezialgesetze finden sich insb., jedoch nicht ausschließlich im Bereich des Güterverkehrs, der Personenbeförderung sowie des Bewachungsgewerbes.

▶ Praxistipp:

Bis zu einer ausdrücklichen Klärung durch den Gesetzgeber sollten Verleiher, die in Bereichen tätig werden, für die Spezialgesetze gelten, neben der dort geforderten speziellen Erlaubnis auch die nach § 1 AÜG geforderte Erlaubnis zur Arbeitnehmerüberlassung einholen.

---

54 Ausschuss-Drucks. 16 (11) 1187 vom 21.11.2008, 27.
55 BR-Drucks. 8/755, 3.
56 Fassung vom 02.03.2009, gültig seit 01.02.2009.
57 Schüren/Hamann/*Hamann* AÜG Einl. Rn. 19 m.w.N.

a) Gesamthafenbetriebe

Kein Spannungsverhältnis zwischen spezialgesetzlichen Regelungen und AÜG 39
ergibt sich i.d.R. im Bereich der sog. Gesamthafenbetriebe.

Gesamthafenbetriebe können nach dem Gesetz über die Schaffung eines 40
besonderen Arbeitgebers für Hafenarbeiter vom 03.07.1950[58] durch schriftliche Vereinbarung der zuständigen Arbeitgeberverbände und Gewerkschaften als überbetriebliche Arbeitgeber gebildet werden. Das Gesetz erlaubt diesen, ihre Arbeitnehmer den Hafeneinzelbetrieben für Hafenarbeiten insb. für Verladearbeiten zu überlassen. Nach dem Gesetzeswortlaut ist eine Kollision mit den Regelungen des AÜG von vornherein ausgeschlossen, da § 1 Abs. 1 Satz 2 des Gesetzes die **erwerbswirtschaftliche Betätigung** von Gesamthafenbetrieben ausdrücklich **ausschließt**. Da das AÜG bis auf wenige Ausnahmen lediglich die gewerbsmäßige Arbeitnehmerüberlassung betrifft, stellen sich keine Fragen einer Verdrängung von dessen Vorschriften.

Streitig ist jedoch, ob das Arbeitnehmerüberlassungsgesetz Anwendung findet, 41
wenn ein Gesamthafenbetrieb entgegen der gesetzlichen Zielsetzung Arbeitnehmer **gewerbsmäßig** überlässt. Die wohl h.M. verneint auch in diesen Fällen eine Anwendbarkeit der Vorschriften des AÜG.[59]

b) Personen- und Güterbeförderung

Im Bereich der Personen- und Güterbeförderung sind die Sondervorschriften 42
des **Personenbeförderungsgesetzes (PBefG)** zu beachten. Diese regeln das Vermieten von Kfz mit Fahrern zur Personenbeförderung durch sog. Mietwagenunternehmen (§ 49 PBefG). Der Betrieb eines solchen Unternehmens ist – ebenso wie das Betreiben von Arbeitnehmerüberlassung – genehmigungspflichtig (§§ 2, 9 ff. PBefG). Liegt eine solche **Genehmigung** vor, ist **streitig**, ob es einer **weiteren Erlaubnis** nach den AÜG bedarf.[60]

▶ Praxistipp:

Von der Vermietung von Kfz mit Fahrern zur Personenbeförderung ist der Fall der gewerbsmäßigen Überlassung eines Fahrers an ein Transportunternehmen zu unterscheiden. Letzterer unterliegt unstreitig dem AÜG. Eine

---

58 BGBl. I, 352.
59 *Urban-Crell/Schulz* Rn. 592 m.w.N.
60 Vgl. Darstellung bei *Urban-Crell/Schulz* Rn. 594.

Einleitung

solche Überlassung bedarf der Erlaubnis nach § 1 AÜG und muss schriftlich (§ 12 Abs. 1 AÜG) vereinbart werden.[61]

c) Bewachung

43 Der Einsatz von Wachpersonal stellt regelmäßig **keine Arbeitnehmerüberlassung** dar, sondern ist als Dienstvertrag über Überwachung einzuordnen.[62] Das Wachpersonal wird regelmäßig als Erfüllungsgehilfe des Arbeitgebers tätig. Lediglich soweit Wachpersonal ausgeliehen wird, um mit dem Stammpersonal zusammen eingesetzt zu werden, ist vom Bestehen einer Arbeitnehmerüberlassung auszugehen.[63]

44 Wegen der völlig unterschiedlichen Zielrichtung **ersetzt** die zum Betrieb eines Bewachungsgewerbes notwendige Erlaubnis gem. **§ 34a GewO** in den Fällen, in denen der Einsatz von Wachpersonal ausnahmsweise als Arbeitnehmerüberlassung einzuordnen ist, **nicht** eine erforderliche Erlaubnis gem. § 1 AÜG.[64]

d) Öffentlicher Dienst

45 Im Bereich des Öffentlichen Dienstes soll das AÜG keine Anwendung finden, soweit im Zuge der Erfüllung öffentlicher Aufgaben eine Personalgestellung oder Übertragung des Direktionsrechts vorgesehen ist. Das BAG hat hier in mehreren Entscheidungen (bspw. zum Bereich der Jugendhilfemaßnahmen) einen **Vorrang der insoweit einschlägigen Spezialgesetze** angenommen.[65]

B. Rechtstatsachen

I. Verbreitung der Arbeitnehmerüberlassung

46 Die Zeitarbeitsbranche gehört zu den Wirtschaftszweigen, die von Finanz- und Wirtschaftskrisen besonders hart betroffen sind. Dies hat seine Ursache bereits darin, dass als Reaktion auf die verschlechterte Wirtschaftslage geschlossene

---

61 OLG Karlsruhe, 23.09.2005 – 15 U 16/04, EzAÜG § 9 AÜG Nr. 19.
62 BAG, 31.03.1993 – 7 AZR 338/92, EzA § 10 AÜG Nr. 5.
63 Schüren/Hamann/*Schüren* AÜG Einl. Rn. 20 m.w.N.
64 BAG, 08.11.1978 – 5 AZR 261/77, NJW 1979, 2636.
65 BAG, 11.06.1997 – 7 AZR 487/96, EzA § 1 AÜG Nr. 8; BAG, 05.03.1997 – 7 AZR 357/96, EzA § 1 AÜG Nr. 7; ausführlich KHK/*Düwell* 4.5 Rn. 76a ff.

Einleitung

Sanierungstarifverträge in der Praxis zum Schutz der Stammbelegschaft regelmäßig zunächst den **Abbau von Leiharbeitsplätzen** vorsehen. Zudem gehören derzeit besonders betroffene Branchen wie bspw. die der Automobilzulieferer zu den wichtigsten Kunden von Zeitarbeitsunternehmen. Daher ist die Zeitarbeit ein »Frühindikator« für die deutsche Wirtschaft.[66]

Bis zum Sommer 2008 war die Zahl der in Leiharbeit beschäftigten Arbeitnehmer in den letzten Jahren **erheblich angestiegen**. Seit Inkrafttreten des »Ersten Gesetzes für moderne Dienstleistung am Arbeitsmarkt«[67] vom 22.12.2002 bis zum Sommer 2008 hatte sich die Zahl der durchschnittlich beschäftigten Leiharbeitnehmer von etwas über 300.000 auf fast 800.000 Arbeitnehmer erhöht. Zum Höhepunkt des jüngsten Job-Booms in der Zeitarbeit Anfang 2012 hatten die rund 17.000 deutschen Zeitarbeitsfirmen noch mehr als 900.000 Leiharbeitnehmer unter Vertrag.[68] 47

Die Berechnung des IW-Zeitarbeitsindex vom 21.01.2013 hat ergeben, dass die Zahl der Zeitarbeitnehmer in Deutschland im Oktober 2012 auf rund 823.000 und im November 2012 auf rund 804.000 gesunken ist. Dies entspricht einem Rückgang ggü. dem Vormonat September um rund 3,9 % und noch einmal von Oktober auf November 2012 um 2,3 %.[69]

Im Dezember 2015 gab es in Deutschland 951.000 Leiharbeitnehmer.[70]

II. Organisationsgrad und Tarifbindung in der Zeitarbeitsbranche

Der Organisationsgrad der Arbeitnehmer in Zeitarbeitsunternehmen ist gering. Verlässliche Zahlen existieren indes nicht. **Schätzungen** gehen von einem gewerkschaftlich organisierten Anteil im Bereich der Zeitarbeit von 5 % bis 16 % der Leiharbeitnehmer aus.[71] 48

---

66 IW Köln, Studie zur Zeitarbeit, 2012; BA-Studie zur Zeitarbeit in Deutschland, 2012.
67 BGBl. I, 4607.
68 IW-Zeitarbeitsindex, 03/2012.
69 IW-Zeitarbeitsindex, 01/2013.
70 BA: Der Arbeitsmarkt in Deutschland – Zeitarbeit – Aktuelle Entwicklungen, Stand Juli 2016.
71 Quelle *Pernicka/Aust*, Die Unorganisierten gewinnen, S. 248.

Einleitung

C. Grenzüberschreitende Arbeitnehmerüberlassung

I. Allgemeines

49 Angesichts der zunehmenden **Internationalisierung des Mitarbeitereinsatzes** gewinnt auch die grenzüberschreitende Überlassung von Leiharbeitnehmern an Bedeutung. Haben Verleiher und Entleiher ihren Hauptsitz in unterschiedlichen Staaten, ergeben sich über die allgemeinen Fragestellungen bei einer Arbeitnehmerüberlassung hinaus zusätzliche **kollisionsrechtliche Probleme**. Diese beziehen sich neben der generellen gewerberechtlichen Zulässigkeit des Personaleinsatzes im Entsende- und Einsatzstaat auf aufenthalts-, arbeits- und vertrags- sowie sozialversicherungs- und steuerrechtliche Aspekte.

▶ Praxistipp:

Bei einem vorübergehenden Auslandseinsatz eines Leiharbeitnehmers bleiben **betriebsverfassungsrechtliche Beteiligungsrechte** eines bestehenden Betriebsrats im inländischen Verleiherbetrieb grds. bestehen (z.B. bei Versetzungen und Kündigungen).[72]

Geht der **Inlandsbetrieb** während der Entsendung eines Arbeitnehmers im Wege des Betriebsübergangs nach § 613a BGB auf einen Betriebserwerber über, geht auch das Arbeitsverhältnis des entsandten Arbeitnehmers auf diesen über.[73] Für die Fortsetzung der grenzüberschreitenden Arbeitnehmerüberlassung bedarf der Betriebserwerber einer eigenen Verleiherlaubnis; eine bestehende Erlaubnis verbleibt beim abgebenden Veräußerer.[74]

II. Gewerberechtliche Zulässigkeit

50 Bei **Arbeitnehmerüberlassung mit Auslandsbezug** ist danach zu unterscheiden, ob einerseits der Verleiher Deutscher oder Ausländer ist und andererseits ob der Personaleinsatz von Deutschland (Inland) in das Ausland oder anders

---

[72] Zur Anknüpfung an deutsches kollektives Arbeitsrecht bei Auslandsentsendungen vgl. ErfK/*Schlachter* Art. 9 Rom I-VO Rn. 30 ff.; *dies.* NZA 2000, 57.
[73] LAG Hessen, 15.03.2004 – 16 Sa 1377/03, EzAÜG § 613a BGB Nr. 11; BAG, 14.07.2005 – 8 AZR 392/04, AP BGB § 611 Ruhendes Arbeitsverhältnis Nr. 4 (kein Fall der Arbeitnehmerüberlassung).
[74] S. § 2 Rdn. 57, § 3 Rdn. 76 ff.

Einleitung

herum vom Ausland in das Inland erfolgt.[75] Für den unter dem Schlagwort grenzüberschreitende Arbeitnehmerüberlassung diskutierten Themenkomplex sind folgende **drei Fallgruppen** relevant:
- Verleih von Arbeitnehmern durch einen (deutschen) Verleiher mit Sitz, Hauptverwaltung und/oder Hauptniederlassung in Deutschland (Inland) in das Ausland (**Outbound-Überlassung**);
- Verleih von Arbeitnehmern durch einen Verleiher mit ausschließlichem/r Sitz, Hauptverwaltung und/oder Hauptniederlassung im Ausland nach Deutschland (**Inbound-Überlassung**);
- Beschäftigung eines entsandten Arbeitnehmers in Deutschland, obwohl weder Verleiher noch Entleiher ihren Sitz, ihre Hauptverwaltung und/oder Hauptniederlassung in Deutschland haben.

Maßstab für die Anwendbarkeit des AÜG ist das sog. **Territorialitätsprinzip**.[76] Als Bestandteil des öffentlichen Rechts ist das Gewerberecht Ausfluss der Hoheitsgewalt des Staates. Die gewerberechtliche Zulässigkeit nach deutschem Rechts ist daher immer Voraussetzung, wenn die Arbeitnehmerüberlassung Inlandsbezug hat. Bei **Fallgruppen 1 und 2** ist dies unzweifelhaft. Umstritten ist allerdings, ob die gewerberechtlichen Zulassungsvoraussetzungen grenzüberschreitender Arbeitnehmerüberlassung nach dem deutschen AÜG auch bei **Fallgruppe 3** erfüllt sein müssen. Nach kritisierter Auffassung ist eine Verleiherlaubnis nach dem AÜG nicht erforderlich, wenn der Inlandsbezug allein durch die Beschäftigung des Leiharbeitnehmers in Deutschland begründet wird.[77] Die Ausweitung des deutschen Gewerberechts auf eine Vertragsbeziehung zwischen Verleiher und Entleiher, die sich ausschließlich im Ausland abspiele, sei nicht sachgerecht.[78] 51

Da bei grenzüberschreitender Überlassung aus oder nach Deutschland zwangsläufig die Belange des Einsatz- als auch des Entsendestaates betroffen sind, sind die **gewerberechtlichen Zulässigkeitsvoraussetzungen beider Staaten** zu beachten.[79] 52

---

75 Ausführlich § 8 Rdn. 9 ff.
76 BSG, 29.06.1984 – 12 RK 38/82, EzAÜG § 10 AÜG Fiktion Nr. 31.
77 LAG Hessen, 28.03.1994 – 5 Sa 595/93, ZIP 1994, 1626; Thüsing/*Thüsing* AÜG Einf. Rn. 47; *ders.* NZA 2004, 1303; krit. *Mankowski* AR-Blattei ES 920 Nr. 4; Schüren/Hamann/*Riederer von Paar* AÜG Einl. Rn. 613.
78 So Thüsing/*Thüsing* AÜG Einf. Rn. 47.
79 EuGH, 17.12.1981 – C-279/80, AP EWG-Vertrag Art. 177 Nr. 9; LAG Hessen, 28.08.1981 – 13 Sa 50/81, EzAÜG § 10 AÜG Fiktion Nr. 11 (Verleiher mit Sitz

Einleitung

1. Verleih aus Deutschland in das Ausland

53 Will ein in Deutschland ansässiger Verleiher Arbeitnehmer in das Ausland überlassen, benötigt er hierzu grds. eine Erlaubnis nach dem AÜG (**Fallgruppe 1**). Deutsche und – wegen des in Art. 49 AEUV verankerten Grundsatzes der Niederlassungsfreiheit – auch in Deutschland ansässige Staatsangehörige oder Unternehmen aus EU-/EWR-Mitgliedsstaaten haben Anspruch auf Erlaubniserteilung, soweit kein Versagungsgrund nach § 3 Abs. 1 AÜG vorliegt. Die Erlaubnispflicht nach § 1 Abs. 1 Satz 1 AÜG besteht hingegen nicht bei Sachverhalten, bei denen nur der Entleiher seinen Sitz in Deutschland hat, aber der Einsatz der Leiharbeitnehmer ausschließlich im Ausland erfolgt und sich dort auch der Sitz des Verleihers befindet.[80]

▶ Praxistipp:

Ausnahmsweise nicht erlaubnispflichtig ist die Arbeitnehmerüberlassung in das Ausland unter den Voraussetzungen des § 1 Abs. 3 Nr. 3 AÜG.[81] Ob das Konzernprivileg (§ 1 Abs. 3 Nr. 2 AÜG) bei Auslandsüberlassungen greift, ist umstritten; dies ist aber zumindest zu bejahen, wenn eines der an der Überlassung beteiligten Unternehmen seinen Sitz im Inland hat.[82]

54 In welchem Staat die Leiharbeitnehmer ihre Tätigkeit erbringen sollen, ist unerheblich. Der **Erlaubnisvorbehalt** besteht sowohl für die **Überlassungen in einen Staat des EU-/EWR-Raums** als auch in einen **Drittstaat**.[83] Ob die Erlaubnis erteilt wird, richtet sich allein nach den allgemeinen und besonderen Versagungsgründen des § 3 AÜG.[84] Liegen keine offensichtlichen Rechtsverstöße vor, kann die deutsche Behörde die Erteilung der Erlaubnis nicht aufgrund einer Gesetzeswidrigkeit im ausländischen Einsatzstaat verweigern; die Unterbindung illegaler (grenzüberschreitender) Arbeitnehmerüberlassung

---

im Ausland); BayOLG, 26.02.1999 – 3 ObOWi 4/99, DB 1999, 1019; *Boemke* BB 2005, 266 m.w.N.; Schüren/Hamann/*Riederer von Paar* AÜG Einl. Rn. 644; zu den Zulassungsvoraussetzungen in anderen EU-Mitgliedsstaaten *Kienle/Koch* DB 2001, 922 m.w.N.

80 *Brors* DB 2013, 2087; *Hoch* BB 2015, 1720; vgl. auch GA AÜG (Stand Januar 2016) zu § 1 Nr. 1.1.1 Abs. 2.
81 Dazu § 1 Rdn. 400 ff.
82 Bejahend Thüsing/*Waas* § 1 AÜG Rn. 187; *Urban-Crell/Schulz* Rn. 566; *Hoch* BB 2015, 1718; abl. *Ulber* § 1 AÜG Rn. 358; s.a. § 1 Rdn. 377.
83 *Boemke* BB 2005, 266; ErfK/*Wank* AÜG Einl. Rn. 53.
84 Vgl. hierzu § 3 Rdn. 13 ff., § 8 Rdn. 9 ff.

wegen Fehlens der zulassungsrechtlichen Voraussetzungen im Ausland ist Aufgabe der ausländischen Behörden.[85] Die Erteilung einer Erlaubnis zur Arbeitnehmerüberlassung in Deutschland trifft keine Aussage darüber, ob das Tätigwerden als Verleiher auch nach dem Recht des Einsatzstaates zulässig ist.

▶ **Beispiel:**

Ein Unternehmen mit Geschäftssitz in Deutschland beabsichtigt, mehrere Arbeitnehmer in einen Drittstaat (z.B. Russland, USA) zu überlassen. Dies ist nach deutschem Recht grds. möglich, bedarf aber einer Verleiherlaubnis nach dem AÜG. Ob diese Form des Personaleinsatzes auch im Ausland zugelassen ist, bestimmt sich nach den Rechtsvorschriften im Drittstaat. Eine etwaige – weitere – Erlaubnis ist bei den dortigen Behörden zu beantragen.

2. Verleih aus dem Ausland nach Deutschland

Da die Arbeitnehmerüberlassung nach deutschem Recht unter einem generellen Erlaubnisvorbehalt steht, ist auch jede Überlassung vom Ausland nach Deutschland erlaubnispflichtig (**Fallgruppe 2**). Unerheblich ist dabei, ob die Arbeitnehmerüberlassung im ausländischen Sitz- oder Heimatstaat des Verleihers erlaubnisfrei zulässig ist.[86] Nach der überwiegenden Ansicht fehlt es hingegen an einem hinreichenden Inlandsbezug, wenn ein ausländischer Verleiher Arbeitnehmer einem deutschen Entleiher überlässt, die Leiharbeitnehmer aber ausschließlich im Ausland tätig werden.[87]

55

Gem. § 3 Abs. 2 AÜG ist die Erlaubnis Verleihern zwingend zu versagen, wenn die Überlassung von einem Betrieb oder Betriebsteil aus erfolgen soll, der nicht in einem Mitgliedsstaat der Europäischen Wirtschaftsgemeinschaft oder einem anderen Vertragsstaat des Abkommens über den Europäischen Wirtschaftsraum liegt; **Verleihern aus Drittstaaten** wird **keine Erlaubnis** erteilt. Eine Ausnahme besteht unter den Voraussetzungen des § 3 Abs. 5 AÜG für Angehörige assoziierter Staaten.[88]

56

---

85 BAG, 22.03.2000 – 7 ABR 34/98, EzA § 14 AÜG Nr. 4 m. Anm. *Hamann*; Schüren/Hamann/*Riederer von Paar* AÜG Einl. Rn. 647; Thüsing/*Thüsing* AÜG Einf. Rn. 46 m.w.N.
86 BayOLG, 26.02.1999 – 3 ObOWi 4/99, DB 1999, 1019.
87 *Brors* DB 2013, 2088, *Hoch* BB 2015, 1720.
88 *Sandmann/Marschall/Schneider* Art. 1 § 3 AÜG Rn. 56 nennen dabei Assoziierungsabkommen mit Albanien, Kroatien, Mazedonien, der Türkei und der Ukraine.

Einleitung

▶ **Beispiel:**

Ein Verleiher aus der Schweiz[89] oder den USA plant den Einsatz von Leiharbeitnehmern in Deutschland. Hierfür erteilen die deutschen Behörden keine Verleiherlaubnis.

57 Die Erlaubnis kann ferner versagt werden, wenn eine Gesellschaft oder juristische Person den Antrag stellt, die entweder nicht nach deutschem Recht gegründet ist oder weder ihren satzungsmäßigen Sitz noch ihre Hauptverwaltung noch ihre Hauptniederlassung im Geltungsbereich des AÜG hat (§ 3 Abs. 3 AÜG). Eine Einschränkung gilt allerdings für Staatsangehörige und Unternehmen aus EU-/EWR-Mitgliedsstaaten. Diese genießen Dienstleistungsfreiheit (Art. 56 AEUV). Ihnen wird die Erlaubnis nach dem AÜG daher unter denselben Voraussetzungen wie im Inland ansässigen deutschen Antragstellern erteilt (§ 3 Abs. 4 AÜG).

▶ **Praxistipp:**

Für die Erlaubniserteilung an Verleiher mit Geschäftssitz im Ausland gilt seit dem 01.07.2012 eine besondere Zuständigkeitsverteilung zwischen den Agenturen für Arbeit Düsseldorf, Kiel und Nürnberg. Eine Übersicht ist unter § 3 Rdn. 79, die entsprechenden Adressen sind im Anhang abgedruckt.

58 Weitere Einschränkungen können sich für Verleiher mit Sitz im Ausland ergeben, wenn sie **Arbeitnehmer im Geltungsbereich des AEntG beschäftigen** wollen. Nach § 18 Abs. 3 AEntG muss der deutsche Entleiher die Beschäftigung vor deren Beginn bei der zuständigen Behörde der Zollverwaltung schriftlich anmelden; der Anmeldung ist eine Versicherung des ausländischen Verleihers über die Einhaltung der Mindestarbeitsbedingungen nach § 8 AEntG beizufügen (§ 18 Abs. 4 AEntG).

▶ **Praxistipp:**

Grenzüberschreitende Arbeitnehmerüberlassung vom Ausland in das deutsche **Baugewerbe** ist wegen des sektoralen Verbots des § 1b Satz 1

---

89 Vgl. Thüsing/*Kock* AÜG § 3 Rn. 158.

AÜG regelmäßig verboten.[90] Rechtstatsächlich findet grenzüberschreitender Personaleinsatz – insb. in der Baubranche – zumeist auf der Grundlage **grenzüberschreitender Werk- oder Dienstverträge** statt. Besondere praktische Bedeutung haben in diesem Zusammenhang die sog. Werkvertragsabkommen, die dem ausländischen Unternehmen gestatten, zur Ausführung (echter) Werkverträge eine kontingentierte Anzahl ausländischer Arbeitnehmer in Deutschland einzusetzen.[91]

Werkvertragsabkommen bestehen derzeit zwischen Deutschland und Bosnien-Herzegowina, Mazedonien, Serbien sowie der Türkei (Stand: August 2016[92]).

Über die Zulassungsvoraussetzungen und das Verfahren informiert die BA in ihrem Merkblatt 16 (Arbeitnehmer im Rahmen von Werkverträgen in Deutschland).

Auch die Beschäftigung im Rahmen von Werkvertragsabkommen unterliegt den zwingenden **Mindestarbeitsbedingungen des AEntG** bei grenzüberschreitenden Dienstleistungen.

Werkvertragsabkommen sind rechtspolitisch umstritten. Die Vorwürfe lauten: Lohndumping, Wettbewerbsverzerrung und zusätzliche Belastung des deutschen Arbeitsmarktes.[93] Hinzu kommt häufig eine – beschäftigungspolitisch unerwünschte – illegale Beschäftigung ausländischer Arbeitnehmer unter dem Deckmantel von Scheinwerkverträgen. Verstöße gegen das AÜG (illegale Arbeitnehmerüberlassung) gehen nicht selten mit illegaler Ausländerbeschäftigung und weiteren Straftaten (z.B. § 266a StGB, § 370 AO) einher.[94]

---

90 S. § 1b Rdn. 6 ff., 48 ff.; die Überlassung von Deutschland in das Baugewerbe eines ausländischen Tätigkeitsstaates ist – soweit dies nach den Rechtsvorschriften des ausländischen Staates erlaubt ist – zulässig, vgl. *Ebert* ArbRB 2007, 83.
91 Ausführlich *Urban-Crell/Schulz* Rn. 1165 ff.
92 https://www.arbeitsagentur.de/web/content/DE/BuergerinnenUndBuerger/ArbeitundBeruf/ArbeitsJobsuche/ArbeitinDeutschland/Arbeitsmarktzulassung/Detail/index.htm?dfContentId=L6019022DSTBAI520486.
93 Dazu *Hamann* S. 134; *Urban-Crell/Schulz* Rn. 1165.
94 Thüsing/*Thüsing* AÜG Einf. Rn. 44 m.w.N.

III. Aufenthaltsrechtliche Zulässigkeit

59 Die gewerberechtliche Zulässigkeit der grenzüberschreitenden Arbeitnehmerüberlassung beantwortet noch nicht die weitere Frage, ob und unter welchen Voraussetzungen die **Beschäftigung eines nicht-deutschen Staatsangehörigen** als Leiharbeitnehmer in Deutschland zulässig ist.[95] Es ist wie folgt zu differenzieren:

- **EU-/EWR**[96]**-/EFTA**[97]**-Staaten:** Uneingeschränkte Arbeitnehmerfreizügigkeit (Art. 45 AEUV). Es gelten keine ausländerrechtlichen Beschränkungen; das Recht zum Aufenthalt und zur Ausübung einer Erwerbstätigkeit in Deutschland müssen Schweizer Staatsangehörige dabei regelmäßig durch eine sog. Grenzgängerbescheinigung nachweisen. Staatsangehörige aus den o.g. Staaten können in Deutschland als Leiharbeitnehmer eingesetzt werden. Dies gilt seit dem 01.05.2011 auch für die zum 01.05.2004 der EU beigetretenen mittel- und osteuropäischen Staaten[98] sowie seit dem 01.01.2014 für Bulgarien und Rumänien und seit dem 01.07.2015 für Kroatien.
- **Drittstaaten:** Arbeitnehmer aus Staaten außerhalb des EU-/EWR-Raums benötigen zur Ausübung einer Beschäftigung in Deutschland einen Aufenthaltstitel nach dem AufenthG. Ein Aufenthaltstitel zur Aufnahme einer Tätigkeit als Leiharbeitnehmer wird grds. nicht erteilt (§ 40 Abs. 1 Nr. 2 AufenthG).
  Eine Ausnahme besteht nach dem Inkrafttreten des sog. Integrationsgesetzes[99] am 06.08.2016 durch die Anpassung der Verordnung über die Beschäftigung von Ausländerinnen und Ausländern (BeschV) für Asylsuchende mit Aufenthaltsgestattung oder mit Duldungsstatus (§ 60a AufenthG).[100] Diesen kann eine Zustimmung zur Ausübung einer Beschäftigung – auch als Leiharbeitnehmer – erteilt werden, wenn sie sich seit

---

95 Ausführlich § 3 Rdn. 41 ff., § 15 Rdn. 10.
96 (Alt-)EU-Staaten einschließlich Malta und Zypern (Beitritt zur EU zum 01.05.2004) zuzüglich Island, Norwegen, Liechtenstein.
97 Island, Norwegen, Liechtenstein, Schweiz.
98 Estland, Lettland, Litauen, Polen, Slowakische Republik, Slowenien, Tschechische Republik und Ungarn.
99 BGBl. 2016, 1939.
100 Nicht hingegen für Asylsuchende aus einem sog. sicheren Herkunftsstaat, z.B. Albanien, Bosnien und Herzegowina, Ghana, Kosovo, Mazedonien, Montenegro, Senegal und Serbien.

drei Monaten erlaubt, geduldet oder mit einer Aufenthaltsgestattung im Bundesgebiet aufhalten (§ 32 BeschV). Die BA prüft in diesem Zusammenhang, ob nachteilige Auswirkungen auf den Arbeitsmarkt zu erwarten sind und ob der ausländische Bewerber auf Grundlage gleichwertiger Bedingungen, wie sie ein herkömmlicher Mitarbeiter, der keinen Arbeitsmarktbeschränkungen unterliegen würde, beschäftigt werden soll (sog. Arbeitsmarkt- und Gleichwertigkeitsprüfung). Die BA hat zudem bislang innerhalb der ersten 15 Monate des ununterbrochenen Aufenthalts eine sog. Vorrangprüfung durchgeführt; eine Zustimmung zur Aufnahme einer Beschäftigung wurde nur erteilt, wenn für die maßgebliche Stelle kein Kandidat aus Deutschland, ein EU-Staatsbürger oder Ausländer mit dauerhaftem Aufenthaltsstatus verfügbar ist, der vorrangig vor dem Antragsteller zu berücksichtigen wäre. Diese Vorrangprüfung entfällt zunächst für die nächsten drei Jahre (bis zum 05.08.2019) in Bezirken mit guter regionaler Arbeitsmarktlage, nämlich in 133 von insgesamt 156 Agenturbezirken.[101] Damit können Flüchtlinge zukünftig als Leiharbeitnehmer beschäftigt werden, ohne die bisherige 15-Monatsfrist abwarten zu müssen. Die entsprechenden Anträge sind dabei bei der Agentur für Arbeit zu stellen, in deren Bezirk die tatsächliche Arbeitsleistung in dem Kundenbetrieb des Entleihers erbracht werden soll; nicht maßgeblich ist hingegen der Bezirk, in dem der Verleiher seinen Sitz hat oder die Niederlassung des Verleihers belegen ist, von der der Leiharbeitnehmer administriert wird.[102]

▶ Praxistipp:

Ist die Beschäftigung eines ausländischen Staatsangehörigen in Deutschland aufenthaltsrechtlich verboten, berührt dies die Wirksamkeit eines gleichwohl abgeschlossenen (Leih-)Arbeitsvertrages nicht. Der Arbeitnehmer darf zwar in Deutschland nicht beschäftigt werden, behält aber gleichwohl – auch bei Nichteinsatz – seinen Vergütungsanspruch. Dem Arbeitgeber bleibt nur die Möglichkeit der personenbedingten Kündigung.[103]

---

101 Ausgenommen sind in Bayern Aschaffenburg, Bayreuth-Hof, Bamberg-Coburg, Fürth, Nürnberg, Schweinfurt, Weiden, Augsburg, München, Passau und Traunstein, in Nordrhein-Westfalen Bochum, Dortmund, Duisburg, Essen, Gelsenkirchen, Oberhausen, Recklinghausen sowie ganz Mecklenburg-Vorpommern, vgl. Anlage zu § 32 BschV.
102 Dazu: *Motz* AIP 9/2016, 4.
103 Beschäftigungshindernis aus der Sphäre des Arbeitnehmers ist nach st. Rspr. ein personenbedingter Kündigungsgrund s. BAG, 07.02.1990 – 2 AZR 359/89,

Einleitung

IV. Internationales Privatrecht

60 Die Frage des bei grenzüberschreitender Arbeitnehmerüberlassung auf die Rechtsbeziehungen zwischen Verleiher, Leiharbeitnehmer und Entleiher anwendbaren Rechts bestimmt sich nach den **Grundsätzen des Internationalen Privatrechts**. In Deutschland ist dies für Arbeitsverträge, die bis einschließlich 17.12.2009 abgeschlossen wurden,[104] im **EGBGB** geregelt; für Verträge, die seit dem 18.12.2009 vereinbart wurden, gilt ausschließlich die Rom I-VO.[105]

▶ Praxistipp:

Wesentliche Änderungen ergeben sich durch die Anwendung der Rom I-VO nicht. Da für vor dem 18.12.2009 abgeschlossene Arbeitsverträge zeitlich unbefristet weiterhin die Vorschriften des EGBGB zu beachten sind, wird nachfolgend lediglich auf die Unterschiede der relevanten Vorschriften des EGBGB und der Rom I-VO hingewiesen.

1. Leiharbeitsvertrag

a) Rechtswahl (Art. 27 EGBGB; Art. 3 Abs. 1, 8 Abs. 1 Rom I-VO)

61 Der **Leiharbeitsvertrag** unterliegt grds. dem **von den Parteien gewählten Recht** (Art. 27 Abs. 1 EGBGB; Art. 3 Abs. 1, 8 Abs. 1 Satz 1 Rom I-VO). In der Praxis ist dies zumeist die am Sitz des Verleihers geltende Arbeitsrechtsordnung.[106] Auch eine konkludente Rechtswahl ist möglich,[107] z.B. durch eine Bezugnahme auf tarifliche oder gesetzliche Regelungen eines bestimmten Staates[108], die Einlassung beider Parteien im Prozess auf eine bestimmte

---

NZA 1991, 341 (Fehlen der Arbeitserlaubnis); BAG, 07.12.2000 – 2 AZR 459/99, NZA 2001, 1304 (Verlust der Fluglizenz); allg. APS/*Dörner/Vossen* § 1 KSchG Rn. 246 f., § 626 BGB Rn. 303 ff.

104 Art. 29 Abs. 2 Rom I-VO.
105 Verordnung (EG) Nr. 593/2008 vom 17.06.2008 über das auf vertragliche Schuldverhältnisse anzuwendende Recht, ABl. Nr. L 177/6 v. 04.07.2008.
106 Schüren/Hamann/*Riederer von Paar* AÜG Einl. Rn. 661; *Urban-Crell/Schulz* Rn. 1176.
107 Dazu LAG Rheinland-Pfalz, 02.03.2012 – 9 Sa 633/11, JurionRS 2012, 13338.
108 Vgl. Thüsing/*Thüsing* AÜG Einf. 53.

Rechtsordnung[109] oder auch eine vertragliche Gerichtsstandsvereinbarung, selbst wenn diese unwirksam ist.[110]

▶ Praxistipp:

Um Streitigkeiten über die Frage des anwendbaren nationalen Arbeitsrechts zu vermeiden, sollten die Arbeitsvertragsparteien auf eine **ausdrückliche Rechtswahl** nicht verzichten. Nach deutschem AGB-Recht (§§ 305 ff. BGB) ist die Vereinbarung von Rechtswahlklauseln auch in Formulararbeitsverträgen zulässig.[111]

Fehlt eine Grundlage für die Anordnung eines Auslandseinsatzes im Leiharbeitsvertrag, müssen Verleiher und Leiharbeitnehmer als Ergänzung zum Arbeitsvertrag vor Beginn der Auslandstätigkeit eine zusätzliche Entsendevereinbarung abschließen.[112]

b) Objektive Anknüpfung und Günstigkeitsvergleich (Art. 30 EGBGB; Art. 8 Rom I-VO)

Die Rechtswahl der Parteien darf indes nicht dazu führen, dass dem Arbeitnehmer der Schutz entzogen wird, der ihm durch die zwingenden Bestimmungen des Rechts gewährt wird, das bei **objektiver Anknüpfung ohne Rechtswahl** anzuwenden wäre (**Art. 30 Abs. 1 EGBGB**). Ebenso wie bei gänzlich fehlender Rechtswahl richtet sich das anwendbare Recht dann nach der **objektiven Anknüpfung des Art. 30 Abs. 2 EGBGB**. Kollidieren die kraft Rechtswahl und kraft objektiver Anknüpfung anwendbaren Rechtsordnungen, muss das im Einzelfall einschlägige Recht mittels Günstigkeitsvergleichs bestimmt werden. Der **Günstigkeitsvergleich** ist weder zwischen den kollidierenden Rechtsordnungen an sich noch zwischen einzelnen Rechtsvorschriften, sondern zwischen Gruppen sachlich zusammenhängender Bestimmungen durchzuführen.[113]

---

109 BAG, 23.03.2016 – 5 AZR 767/14, NJW 2016, 2285.
110 LAG Hessen, 12.09.2012 – 12 Sa 273/11, juris; in diesem Sinne auch: BAG, 13.11.2007 – 9 AZR 134/07, NZA 2008, 761.
111 Thüsing/*Thüsing* AÜG Einf. Rn. 53 m.w.N.
112 Zur Vertragsgestaltung bei Auslandsentsendungen *Mastmann/Stark* BB 2005, 1849; Preis/*Preis* II A 140 Rn. 3 ff.
113 H.M. s. ErfK/*Schlachter* Art. 9 Rom I-VO Rn. 19 m.w.N.; MünchArbR/*Oetker* § 11 Rn. 26; *Thüsing* BB 2003, 898.

Einleitung

Im Ergebnis kann das Arbeitsverhältnis dann einem »Mischrecht«[114] zweier Rechtsordnungen unterfallen. Die gleichen Grundsätze ergeben sich im Wesentlichen aus Art. 8 Abs. 1 Satz 2 i.V.m. Abs. 2 bis 4 Rom I-VO.

63 Bei **grenzüberschreitender Arbeitnehmerüberlassung** wird ohne Rechtswahl regelmäßig das am Betriebssitz des Verleihers geltende Recht Anwendung finden.[115] Dies ist in den Fällen unproblematisch, in denen der Leiharbeitnehmer nur ausnahmsweise nicht in seinem Heimatstaat eingesetzt wird (Art. 30 Abs. 2 Halbs. 1 Nr. 1 EGBGB; Art. 8 Abs. 2 Satz 1, 2 Rom I-VO) oder er zwar regelmäßig in verschiedene Staaten überlassen wird, sich der Sitz der einstellenden Niederlassung aber im Entsendestaat befindet (Art. 30 Abs. 2 Halbs. 1 Nr. 2 EGBGB; Art. 8 Abs. 3 Rom I-VO[116]). In diesen Regelfällen gilt – vorbehaltlich Art. 30 Abs. 2 Halbs. 2 EGBGB; Art. 8 Abs. 4 Rom I-VO – das Recht des Entsendestaates.

▶ **Beispiele:**

Ein inländisches Unternehmen überlässt einen Arbeitnehmer nur vorübergehend an einen Kunden in Belgien, ansonsten wird der Arbeitnehmer in Deutschland tätig. Maßgeblich ist deutsches Arbeitsvertragsstatut (Art. 30 Abs. 2 Halbs. 1 Nr. 1 EGBGB; Art. 8 Abs. 2 Satz 1, 2 Rom I-VO).

Das inländische Unternehmen setzt den Arbeitnehmer ausschließlich – in verschiedenen Staaten – im Ausland ein, der Leiharbeitsvertrag wurde mit der deutschen Niederlassung des verleihenden Unternehmens in Düsseldorf geschlossen. Es gilt deutsches Arbeitsrecht (Art. 30 Abs. 2 Halbs. 1 Nr. 2 EGBGB; Art. 8 Abs. 3 Rom I-VO).

---

114 ErfK/*Schlachter* Art. 9 Rom I-VO Rn. 19.
115 Thüsing/*Thüsing* AÜG Einf. Rn. 66, 57; Schüren/Hamann/*Riederer von Paar* AÜG Einl. Rn. 661; *Urban-Crell/Schulz* Rn. 1177 f.
116 Dabei ist – anders als in Art. 30 Abs. 2 EGBGB – vorrangig an den Arbeitsort anzuknüpfen; lediglich hilfsweise kann auf die Niederlassung abgestellt werden. Im EGBGB stehen diese beide Kriterien noch gleichberechtigt im Alternativitätsverhältnis (»oder«) nebeneinander. Unter dem Begriff der einstellenden Niederlassung i.S.v. Art. 8 Abs. 3 Rom-I-VO ist die Niederlassung zu verstehen, die die Einstellung vorgenommen hat, und nicht diejenige, bei der der Arbeitnehmer beschäftigt ist. Die Niederlassung muss keine eigene Rechtspersönlichkeit haben, sondern lediglich eine dauerhafte Struktur aufweisen und integraler Bestandteil des Unternehmens des Arbeitgebers sein, vgl. EuGH, 15.12.2012 – C-384/10, NZA 2012, 227.

Einleitung

Probleme kann die Bestimmung des einschlägigen Arbeitsvertragsstatuts allerdings in Fällen bereiten, in denen der **Leiharbeitnehmer ständig in denselben ausländischen Staat überlassen** wird.[117] 64

▶ **Beispiel:**

Ein inländisches Zeitarbeitsunternehmen setzt einen Arbeitnehmer ausschließlich in Belgien ein.

Eine engere Verbindung zum Einsatzstaat und damit die – in der Praxis seltene – Durchbrechung der Regelanknüpfung mit der Folge, dass das Recht des ausländischen Staates zur Anwendung kommt, kann sich in diesen Fällen nur aus **Art. 30 Abs. 2 Halbs. 2 EGBGB; Art. 8 Abs. 4 Rom I-VO** (sog. **Ausweichklausel**) ergeben.[118] Das Recht am Sitz des Verleihers bleibt anwendbar, wenn die Rechtsbeziehung eine engere Verbindung zu diesem als zum Einsatzstaat aufweist. **Anhaltspunkte** dafür sind etwa der (Familien-)Wohnsitz des Arbeitnehmers, der Sitz des Arbeitgebers, die Staatsangehörigkeit der Parteien, der Ort des Vertragsschlusses sowie die für die Vergütungszahlung vereinbarte Währung, die Steuerpflicht des Arbeitnehmers in einem bestimmten Staat oder die Zugehörigkeit zu dessen Sozialsystem bzw. die Bezugnahme im Arbeitsvertrags auf dort gültige (gesetzliche) Bestimmungen.[119] Dabei hat das erkennende Gericht eine umfängliche Abwägung des Einzelfalls unter Berücksichtigung sämtlicher in Betracht kommender Anknüpfungspunkte vorzunehmen.[120] Im Ergebnis kommt es auch nicht darauf an, welche der möglichen Rechtsordnungen bzw. Vorschriften für den Leiharbeitnehmer günstiger sind.[121] 65

---

117 *Boemke* BB 2005, 266.
118 BAG, 09.07.2003 – 10 AZR 593/02, AP TVG § 1 Tarifverträge: Bau Nr. 261; BAG, 29.10.1992 – 2 AZR 267/92, EzA Art. 30 EGBGB Nr. 2.
119 BAG, 09.07.2003 – 10 AZR 593/02, AP TVG § 1 Tarifverträge: Bau Nr. 261; LAG Rheinland-Pfalz, 02.03.2012 – 9 Sa 633/11, JurionRS 2012, 13338; LAG Hessen, 04.10.2010 – 16 Sa 1982/09, JurionRS 2010, 32640; *Thüsing* BB 2003, 898 m.w.N.
120 Vgl. dazu EuGH, 12.09.2013 – C-64/12, RdA 2014, 118.
121 *Abele* RdA 2014, 122.

Einleitung

c) Ortsrecht (Art. 32 Abs. 2 EGBGB; Art. 12 Abs. 2 Rom I-VO)

66 Soweit das am Sitz des Verleihers geltende Recht Anwendung findet, sind gem. **Art. 32 Abs. 2 EGBGB; Art. 12 Abs. 2 Rom I-VO** für die **Erfüllung der Leistungspflichten** gleichwohl die (ausländischen) Rechtsvorschriften am Ort der Leistungserbringung zu beachten. Entsprechend bestimmt sich bei einer **Überlassung von Deutschland in das Ausland** die Entgeltfortzahlung an Feiertagen nach § 2 EntgeltFZG nach den Feiertagsregelungen im ausländischen Einsatzstaat.[122] Auch sonstige die Art und Weise der Erfüllung des Arbeitsverhältnisses betreffenden Vorschriften (z.B. Arbeitsschutz, Höchstarbeitszeiten) des ausländischen Einsatzstaates genießen Vorrang vor den nationalen Bestimmungen, obgleich der Leiharbeitsvertrag ansonsten dem deutschen Arbeitsvertragsstatut untersteht.[123]

d) Eingriffsnormen (Art. 34 EGBGB; Art. 9 Rom I-VO)

67 Bei grenzüberschreitender Arbeitnehmerüberlassung nach Deutschland ist zudem **Art. 34 EGBGB** zu beachten. Die Vorschrift erlaubt eine Anwendung des deutschen Rechts entgegen dem nach Art. 27, 30 EGBGB ermittelten Arbeitsvertragsstatut, erfasst jedoch lediglich **international zwingende Bestimmungen (sog. Eingriffsnormen)**. Dies sind Normen, die nicht nur dem Individualinteresse der Arbeitnehmer, sondern zumindest auch Gemeinwohlinteressen dienen.[124] Ein **Gemeinwohlbezug** wird indiziert, wenn die Vorschrift als Verbotsgesetz ausgestaltet ist oder ein Verstoß sanktioniert wird (z.B. Bußgeld).[125] Art. 9 Abs. 1 Rom I-VO definiert den Begriff der Eingriffsnorm – anders als Art. 34 EGBGB – nunmehr ausdrücklich. Danach handelt es sich um eine zwingende Vorschrift, deren Einhaltung von einem Staat als so entscheidend für die Wahrung seines öffentlichen Interesses, insb. seiner politischen, sozialen oder wirtschaftlichen Organisation, angesehen wird, dass sie ungeachtet des auf Grundlage der Rechtswahl oder der objektiven Anknüpfungspunkte nach Art. 8 Rom I-VO anzuwendenden Rechts zu beachten ist. Es kommt dabei letztlich darauf an, wie der jeweilige Staat die öffentlichen

---

122 BT-Drucks. 10/504, S. 82; *Boemke/Lembke* AÜG Einl. Rn. 19; Thüsing/*Thüsing* AÜG Einf. Rn. 58.
123 *Schlachter* NZA 2000, 57; Thüsing/*Thüsing* AÜG Einf. Rn. 58 m.w.N.
124 BAG, 12.01.2005 – 5 AZR 617/01, EzA § 1a AEntG Nr. 3; BAG, 12.12.2001 – 5 AZR 255/00, EzA Art. 30 EGBGB Nr. 5; BAG, 24.03.1992 – 9 AZR 76/91, EzA § 61 KO Nr. 14.
125 ErfK/*Schlachter* Art. 9 Rom I-VO Rn. 21 m.w.N.

Interessen und damit das Eingriffsrecht definiert; ein Indiz für eine Eingriffsnorm ist z.B. darin zu sehen, dass die Durchsetzung der Norm durch eine Behörde vorgesehen ist.[126]

Schrifttum und – soweit vorhanden – Rechtsprechung haben bislang lediglich **wenige Vorschriften des deutschen Arbeitsrechts** als **international zwingend** anerkannt.[127] Die Regelungen über Urlaubsanspruch und Urlaubsentgelt nach dem BUrlG gehören ebenso wenig zu den Eingriffsnormen wie die Bestimmungen des Ersten Abschnitts des KSchG (§§ 1 bis 14 KSchG)[128] oder die Betriebsübergangsnorm des § 613a BGB.[129] Gleiches gilt für die Entgeltzahlung an Feiertagen nach § 2 EntgeltFZG[130] oder § 138 BGB (Wucher).[131] Weitgehend anerkannt ist der zwingende Charakter hingegen bei Kündigungs- und Entgeltschutzvorschriften zugunsten (werdender) Mütter oder die Schutzbestimmungen zugunsten schwerbehinderter Menschen.[132] Auch die Vorschriften des AEntG über Mindestarbeitsbedingungen sind international zwingend (§ 8 AEntG).[133] Die Entgeltfortzahlung im Krankheitsfall nach § 3 EntgeltFZG ist nach Ansicht des BAG zumindest dann als Eingriffsnorm i.S.d. Art. 34 EGBGB zu qualifizieren, wenn die betreffenden Arbeitsverhältnisse dem deutschen Sozialversicherungsrecht unterliegen.[134] 68

Welche **Vorschriften des AÜG** zu den Eingriffsnormen zählen, ist im Einzelnen umstritten. Im Schrifttum wird dies für die das Rechtsverhältnis zwischen Verleiher und Leiharbeitnehmer gestaltenden Bestimmungen überwiegend bejaht.[135] Richtigerweise ist danach zu differenzieren, ob die jeweilige 69

---

126 So *Kappelhoff* ArbRB 2009, 344.
127 Ausführlich *Junker* NZA-Beil. 2008 (Heft 2), 59.
128 BAG, 29.10.1992 – 2 AZR 267/92, EzA Art. 30 EGBGB Nr. 2; s.a. LAG Rheinland-Pfalz, 02.03.2012 – 9 Sa 633/11, JurionRS 2012, 13338; LAG Hessen, 04.10.2010 – 16 Sa 1982/09, JurionRS 32640.
129 *Junker* NZA-Beil. 2008 (Heft 2), 59 m.w.N.
130 BAG, 18.04.2012 – 10 AZR 200/11, NZA 2012, 1152.
131 *Franzen* ZESAR 2011, 101; abweichend wohl *Bayreuther* NZA 2010, 1157.
132 Ausführlich ErfK/*Schlachter* Art. 9 Rom I-VO Rn. 24 m.w.N.
133 BAG, 25.01.2005 – 9 AZR 621/03, NJOZ 2005, 4971; BAG, 25.06.2002 – 9 AZR 405/00, EzA § 1 AEntG Nr. 1; *Boemke/Lembke* AÜG Einl. Rn. 20; Thüsing/*Thüsing* AÜG Einf. Rn. 62 m.w.N.
134 BAG, 18.04.2012 – 10 AZR 200/11, NZA 2012, 1152; dazu *Abele* FA 2013, 8 f.
135 Schüren/Hamann/*Riederer von Paar* AÜG Einl. Rn. 675; *Ulber* AÜG Einl. F Rn. 4; krit. Thüsing/*Thüsing* AÜG Einf. Rn. 60 f.

Einleitung

Regelung des AÜG im Gemeinwohlinteresse steht. Dies ist im Wesentlichen eine Wertungsfrage.

70 Bei **§ 8 Abs. 1, 4 AÜG** (Equal-Pay- und Equal-Treatment-Grundsatz) ist dies zweifelhaft. Das Gleichstellungsgebot verfolgt – wie praktisch alle individualschützenden Arbeitsrechtsvorschriften – auch sozialpolitische Zwecke, ein Gemeinwohlbezug tritt allerdings nicht offensichtlich zutage. Überzeugender ist es, den Gleichstellungsanspruch von Leiharbeitnehmern – der restriktiven Anwendung des Art. 34 EGBGB; Art. 9 Rom I-VO durch die Rechtsprechung folgend – nicht als international zwingend zu kategorisieren und diesen nur Art. 30 EGBGB; Art. 8 Abs. 1 Rom I-VO zu unterstellen.[136] Überwiegend akzeptiert wird der zwingende Charakter des **§ 10 AÜG**.[137]

2. Arbeitnehmerüberlassungsvertrag

71 Für den **Vertrag zwischen Verleiher und Entleiher** gelten – mit Ausnahme des auf Arbeitsverhältnisse zugeschnittenen Art. 30 EGBGB; Art. 8 Rom I-VO – **dieselben Grundsätze wie für das Leiharbeitsverhältnis**. Regelmäßig vereinbaren die Parteien im Arbeitnehmerüberlassungsvertrag und/oder in den AGB ausdrücklich die Anwendbarkeit des am Betriebssitz des Verleihers geltenden Rechts (Art. 27 Abs. 1 EGBGB; Art. 3 Abs. 1 Rom I-VO).[138]

72 Haben die Parteien **ausnahmsweise keine Rechtswahl** getroffen, unterliegt der Vertrag dem **Recht des Staates, mit dem dieser die engste Verbindung aufweist** (Art. 28 Abs. 1 EGBGB). Nach der Vermutungsregel des Art. 28 Abs. 2 EGBGB ist dies üblicherweise der Ort der Hauptverwaltung bzw. Haupt- oder Zweigniederlassung des Verleihers, wenn von dort aus die Arbeitnehmer überlassen werden.[139] Ebenso wie bei Art. 30 Abs. 2 EGBGB steht

---

136 Thüsing/*Thüsing* AÜG Einf. Rn. 61; a.A. Schüren/Hamann/*Riederer von Paar* AÜG Einl. Rn. 677.
137 *Hamann* S. 140; Thüsing/*Thüsing* AÜG Einf. Rn. 61; Schüren/Hamann/*Riederer von Paar* AÜG Einl. Rn. 678; i.E. a. OLG Karlsruhe, 05.04.1989 – 7 U 274/87, BauR 1990, 482; BSG, 25.10.1988 – 12 RK 21/87, EzAÜG Nr. 303 = BSGE 64, 145; LAG Hamburg, 26.02.2015 – 7 Sa 73/14, juris; einschr. *Boemke/Lembke* AÜG Einl. Rn. 22, falls die Überlassung nach Deutschland nur vorübergehend erfolgt; überzeugend gegen die Qualifizierung von §§ 9 Abs. 1, 10 Abs. 1 AÜG als Eingriffsnormen: *Hennecke* ZESAR 2017, 63 ff., 117 ff.
138 *Boemke* BB 2005, 266.
139 ErfK/*Wank* AÜG Einl. Rn. 44a; Thüsing/*Thüsing* AÜG Einf. Rn. 64; *Urban-Crell/Schulz* Rn. 1174 f.

dieses Ergebnis unter dem Vorbehalt, dass die Vertragsbeziehung nach den Gesamtumständen des Einzelfalls nicht eine engere Verbindung zu dem anderen Staat aufweist (Art. 28 Abs. 5 EGBGB).[140] Dasselbe Ergebnis wird nach Art. 4 Rom I-VO erzielt: danach unterliegen Verträge, wenn keine Rechtswahl getroffen ist, dem Recht des Staates, in dem der Verleiher seinen gewöhnlichen Aufenthalt hat,[141] es sei denn, dass sich aus der Gesamtheit der Umstände offensichtlich eine engere Verbindung zu einem anderen Staat aufweist.

▶ **Beispiel:**

Ein belgisches Zeitarbeitsunternehmen überlässt Arbeitnehmer vorübergehend an einen deutschen Kunden. Verleihendes und entleihendes Unternehmen haben keine – auch keine konkludente – Rechtswahl getroffen. Da der Vertrag keine »engere Verbindung« nach Deutschland aufweist, gilt für den Arbeitnehmerüberlassungsvertrag belgisches Recht.

Ist das kraft Rechtswahl oder kraft Vertragstatuts anwendbare Recht das eines 73 ausländischen Staates, sind gleichwohl international zwingende **Eingriffsnormen i.S.d. Art. 34 EGBGB; Art. 9 Rom I-VO** zu beachten.[142] Praktisch wird diese Frage nur bei der Überlassung von Arbeitnehmern durch einen ausländischen Verleiher nach Deutschland. Welche **Vorschriften des AÜG** im Verhältnis zwischen Verleiher und Entleiher international zwingend sind, hatte die Rechtsprechung bisher nicht feststellen müssen. Im Schrifttum wird dies für **§ 9 Abs. 1 Nr. 1 AÜG** (Unwirksamkeit des Überlassungsvertrages bei fehlender Verleiherlaubnis) bejaht.[143] Richtigerweise wird dies auch für das sektorale Verbot der Arbeitnehmerüberlassung in das Baugewerbe gelten müssen;[144] bei einem Verstoß gegen § 1b Satz 1 AÜG ist der Arbeitnehmerüberlassungsvertrag nichtig.[145] Demgegenüber dient das Schriftformerfordernis

---

140 Zum Begriff der »engeren Verbindung« s. Einl. Rdn. 65.
141 Vgl. Thüsing/*Thüsing* AÜG Einf. Rn. 64, der allerdings vertritt, dass Art. 4 Abs. 1 Buchst. b) Rom I-VO nicht einschlägig ist, da der Überlassungsvertrag kein Dienstvertrag sei; insoweit sei Art. 4 Abs. 2 Rom I-VO anwendbar. Im Ergebnis kommt es auf die Entscheidung dieser Frage aber nicht an.
142 Dazu bereits Rdn. 67 ff.
143 Thüsing/*Thüsing* AÜG Einf. Rn. 64.
144 *Boemke/Lembke* AÜG Einl. Rn. 24; Thüsing/*Thüsing* AÜG Einf. Rn. 64; Schüren/Hamann/*Riederer von Paar* AÜG Einl. Rn. 698.
145 S. § 1b Rdn. 30; Nichtigkeit bei Auslandsbezug abl. *Boemke/Lembke* AÜG Einl. Rn. 24.

des § 12 Abs. 1 AÜG in erster Linie dem Schutzinteresse des Leiharbeitnehmers; die Vorschrift wird daher zutreffend nicht als international zwingend anerkannt.[146]

3. Beschäftigungsverhältnis Entleiher – Leiharbeitnehmer

74 Bei legaler Arbeitnehmerüberlassung besteht zwischen Entleiher und Leiharbeitnehmer kein Arbeitsverhältnis. Gleichwohl ergeben sich aus dem Beschäftigungsverhältnis »**quasi-**«**arbeitsrechtliche Rechte und Pflichten** für beide Beteiligten. Auf vertragsähnliche Schuldverhältnisse finden **Art. 27 ff. EGBGB; Art. 3 ff., insb. Art. 8 Rom I-VO** ebenfalls Anwendung.[147] Dies gilt nach überwiegender Auffassung auch für die Rechtsbeziehung zwischen Entleiher und Leiharbeitnehmer,[148] selbst wenn in Art. 8 Abs. 1 Rom I-VO nur noch »Individualarbeitsverträge« und nicht mehr – wie in Art. 30 Abs. 1 EGBGB – »Arbeitsverträge und Arbeitsverhältnisse« genannt sind. Eine **Rechtswahl** für das Beschäftigungsverhältnis zwischen Entleiher und Leiharbeitnehmer ist allerdings **ausgeschlossen**.

75 Hinsichtlich der Frage des nach **Art. 30 Abs. 2 EGBGB; Art. 8 Rom I-VO anwendbaren Vertragsstatuts** ist zu differenzieren: Soweit Inhalt und Umfang der arbeitsrechtlichen Weisungsbefugnisse des Entleihers in Rede stehen, handelt es sich um eine originäre Berechtigung aus dem Leiharbeitsverhältnis, die nur an den Kunden »delegiert« wurde. Es gilt mithin das Arbeitsvertragsstatut des Leiharbeitsvertrages.[149] Leitet der Entleiher seine Befugnisse hingegen nicht aus dem Leiharbeitsvertrag, sondern unmittelbar aus der Tätigkeit des Leiharbeitnehmers in seinem Betrieb her, ist regelmäßig auf das am Betriebssitz des Entleihers geltende Recht abzustellen (Art. 30 Abs. 2 Halbs. 1 Nr. 1 EGBGB; Art. 8 Abs. 2 Satz 1 Rom I-VO). Denn insoweit maßgeblich ist der gewöhnliche Arbeitsort des Leiharbeitnehmers während der Auslandsentsendung.[150]

---

146 *Boemke/Lembke* AÜG Einl. Rn. 24; *Urban-Crell/Schulz* Rn. 1175; a.A. Schüren/Hamann/*Riederer von Paar* AÜG Einl. Rn. 694.
147 Thüsing/*Thüsing* AÜG Einf. Rn. 66.
148 ErfK/*Wank* AÜG Einl. Rn. 47; Thüsing/*Thüsing* AÜG Einf. Rn. 66; Schüren/Hamann/*Riederer von Paar* AÜG Einl. Rn. 669.
149 *Boemke/Lembke* AÜG Einl. Rn. 25; Thüsing/*Thüsing* AÜG Einf. Rn. 67; *Urban-Crell/Schulz* Rn. 1182.
150 *Boemke/Lembke* AÜG Einl. Rn. 26; Thüsing/*Thüsing* AÜG Einf. Rn. 67; *Urban-Crell/Schulz* Rn. 1182.

Einleitung

V. Sozialversicherungsrecht

Für die grenzüberschreitende Arbeitnehmerüberlassung gelten in sozialversicherungsrechtlicher Hinsicht keine Besonderheiten. Diese richtet sich **nach den Grundsätzen der Arbeitnehmerentsendung**.[151] Zu unterscheiden ist zwischen grenzüberschreitendem Personaleinsatz innerhalb des EU-/EWR-Raums einerseits und außerhalb des EU-/EWR-Raums andererseits.[152] 76

1. Arbeitnehmerüberlassung innerhalb des EU-/EWR-Raums

Ob für eine **innerhalb des EU-/EWR-Raums** ausgeübte Beschäftigung die Rechtsvorschriften über soziale Sicherheit des Heimat- oder des Beschäftigungsstaates gelten, bestimmt sich ab dem 01.05.2010 nach der »Verordnung (EG) Nr. 883/2004[153] des Europäischen Parlaments und des Rates zur Koordinierung der Systeme der sozialen Sicherheit« vom 29.04.2004 (**VO Nr. 883/2004**),[154] die die bis zu diesem Zeitpunkt geltende »Verordnung über die Anwendung der Systeme der sozialen Sicherheit auf Arbeitnehmer und Selbständige sowie deren Familienangehörige, die innerhalb der Gemeinschaft zu- und abwandern« vom 14.06.1971 (**VO Nr. 1408/71**) ablöste.[155] 77

---

151 EuGH, 26.01.2006 – C-2/05, AP EWG-Verordnung Nr. 1408/71, Nr. 13; so bereits für die nahezu inhaltsgleiche Vorgängerregelung zur EWG-VO Nr. 1408/71 EuGH, 17.12.1970 – 35/70, SozR Nr. 2 zu Art. 13 EWG-VO Nr. 4.

152 Ausführlich *Hamann* S. 135; *Urban-Crell/Schulz* Rn. 1196 ff.; allg. zur Sozialversicherung bei Auslandseinsatz *Werthebach* NZA 2006, 247.

153 Ergänzend dazu wurde die Verordnung (EG) Nr. 987/2009 des Europäischen Parlaments und des Rates vom 16.09.2009 zur Festlegung der Modalitäten für die Durchführung der VO Nr. 883/2004 über die Koordinierung der Systeme der sozialen Sicherheit verabschiedet. Die VOen Nr. 987/2009 und Nr. 883/2004 wurden inzwischen mehrfach angepasst, zuletzt durch die VO Nr. 465/2012 vom 22.05.2012 sowie Nr. 1224/2012 vom 18.12.2012.

154 Zur Anwendung der VO Nr. 883/2004 auf die Schweiz und die Staaten des EWR (Island, Liechtenstein und Norwegen), *Heidenreich* AuA 2012, 481 ff.

155 Ab dem 01.11.2011 wurde die Wirkung der VO Nr. 883/2004 auf alle Arbeitnehmer innerhalb der EU ohne Rücksicht auf deren Staatsangehörigkeit ausgedehnt, sog. Drittstaatenverordnung vom 24.11.2010, VO Nr. 1231/10; dazu: *Heidenreich* AuA 2012, 362; zur übergangsweisen Anwendung der VO Nr. 1304/71, vgl. *Charisse* DB 2010, 1349.

Einleitung

78 Die ohne nationalgesetzliche Umsetzung geltenden Verordnungen koordinieren die verschiedenen nationalen Sozialversicherungssysteme, sie bewirken jedoch nicht deren Vereinheitlichung, sondern dienen insb. der **Vermeidung von Doppelversicherungen**.[156]

▶ Praxistipp:

Die Anwendbarkeit der Verordnungen setzt grds. die **EU-/EWR-Vollmitgliedschaft** der an der Entsendung beteiligten Staaten voraus. Darauf ist insb. bei Überlassungen aus oder in **MOE-Staaten** zu achten. Soweit die Auslandsentsendung bereits vor Aufnahme dieser Staaten als Vollmitglieder der EU erfolgte, finden die Verordnungen keine Anwendung.[157] Unter Umständen ist bei einem solchen Sachverhalt aber ein vor dem Beitritt abgeschlossenes Sozialversicherungsabkommen einschlägig.

Die Verordnungen sind abrufbar unter:

VO Nr. 1408/71: http://eur-lex.europa.eu/LexUriServ/LexUriServ.do?uri= CONSLEG:2004R0883:20120628:DE:HTML

VO Nr. 883/2004: http://eur-lex.europa.eu/LexUriServ/LexUriServ.do?uri= CONSLEG:2009R0987:20120628:DE:HTML[158]

79 Grds. besteht Sozialversicherungspflicht in dem Land, in dem eine unselbstständige und damit sozialversicherungspflichtige Tätigkeit tatsächlich ausgeübt wird (sog. **Beschäftigungsortsprinzip**, Art. 11 Abs. 3a VO Nr. 883/2004). Dieser Grundsatz gilt unabhängig davon, in welchem Staat der Beschäftigte wohnt oder wo sich der Sitz des Arbeitgebers befindet.

▶ Beispiel:

Ein dauerhaft in Deutschland bei wechselnden Entleihern tätiger Leiharbeitnehmer mit Familienwohnsitz in der Schweiz untersteht dem deutschen System der sozialen Sicherheit.

80 Eine von mehreren Ausnahmen von diesem Grundsatz greift bei **Auslandsentsendungen** ein (Art. 12 Abs. 1 VO Nr. 883/2004). Dabei gelten die

---

156 EuGH, 10.02.2000 – C-202/97, ZIP 2000, 468.
157 LSG NRW, 17.01.2005 – L 2 B 9/03 KR ER, EzAÜG SGB IV Nr. 34.
158 Konsolidierte Fassung: http://eur-lex.europa.eu/LexUriServ/LexUriServ.do?uri= CONSLEG:2009R0987:20120628:DE:HTML.

sozialversicherungsrechtlichen Regelungen des Wohnsitzstaates weiter (sog. **Wohnortsprinzip**). Voraussetzung ist:
- Entsendung eines Arbeitnehmers im Rahmen eines in einem Mitgliedsstaat der EU, des EWR oder der Schweiz weiterhin bestehenden Beschäftigungsverhältnisses in einen anderen unter den Geltungsbereich der VO Nr. 883/2004 fallenden Mitgliedsstaat;
- Entsendung ist auf max. 24 Monate befristet und
- Arbeitnehmer löst keinen anderen Arbeitnehmer ab, dessen max. 24-monatige Entsendung abgelaufen ist.[159]

▶ Beispiel:

Ein in Deutschland bei einem Zeitarbeitsunternehmen angestellter Leiharbeitnehmer soll voraussichtlich für 16 Monate bei einem Kunden in Belgien als Planungsingenieur eingesetzt werden. Bei der vorübergehenden Überlassung des Leiharbeitnehmers handelt es sich um eine Entsendung nach der VO Nr. 883/2004. Der Arbeitnehmer ist daher unverändert in Deutschland sozialversicherungspflichtig. Auch die Arbeitnehmerüberlassung unterfällt nach der Rechtsprechung des EuGH dem Entsendebegriff.[160]

In Art. 14 Abs. 1 der Durchführungsverordnung Nr. 987/2009 wird klargestellt, dass eine Entsendung im Sinne von VO Nr. 883/2004 auch möglich ist, wenn der Beschäftigte zwecks einer Entsendung eingestellt wird. Voraussetzung ist allerdings, dass die zu entsendende Person vor Beginn der Beschäftigung den Rechtsvorschriften des Staates, in dem das einstellende Unternehmen seinen Sitz hat, unterliegt. Dies bedeutet, dass der Leiharbeitnehmer, der nach seiner Einstellung sofort im Ausland eingesetzt werden soll, nicht bei dem entsprechenden Verleiher (im Inland) beschäftigt sein muss; ausreichend ist, wenn dieser bei einem anderen Unternehmen im Inland tätig und dabei den Vorschriften des deutschen Sozialversicherungsrechts unterworfen war.[161]

Zudem muss der Verleiher zur Aufrechterhaltung des bisherigen sozialversicherungsrechtlichen Status quo andere nennenswerte Tätigkeiten als reine interne Verwaltungstätigkeiten in dem Hoheitsgebiet des Mitgliedstaats, in dem das Unternehmen niedergelassen ist, unter Berücksichtigung aller Kriterien, die die Tätigkeit des betreffenden Unternehmens kennzeichnen, ausüben; diese

---
159 Dazu *Bayreuther* DB 2011, 708.
160 EuGH, 17.12.1970 – 35/70, SozR Nr. 2 zu Art. 13 EWG-VO Nr. 4.
161 Vgl. *Charisse* DB 2010, 1348 f.

müssen auf die Besonderheiten eines jeden Arbeitgebers und die Eigenart der ausgeübten Tätigkeiten abgestimmt sein.[162]

▶ Praxistipp:

In letzter Konsequenz bedeutet dies, dass die von reinen Auslandsverleihgesellschaften, die ggf. nur gegründet wurden, um das deutsche Sozialversicherungsrecht zu umgehen, in das Inland verliehene Arbeitnehmer dennoch diesem unterfallen – verbunden mit entsprechenden Haftungsrisiken des Entleihers (§ 28e Abs. 2 SGB IV).[163]

81 Um Zweifelsfragen bei der sozialversicherungsrechtlichen Behandlung des grenzüberschreitenden Personaleinsatzes auszuschließen, stellen die zuständigen Behörden des Entsendestaates eine »**Bescheinigung über die anzuwendenden Rechtsvorschriften**« (Vordruck A 1; bis zum 01.05.2010: Vordruck E 101) aus. Die zuständige Behörde entscheidet darüber, ob eine Entsendung i.S.d. VO Nr. 883/2004 vorliegt. Nach der Rechtsprechung kommt der A 1-Bescheinigung grds. die Vermutung der Richtigkeit und Ordnungsgemäßheit zu. Die Bescheinigung ist daher für die Behörden und Gerichte beider Staaten, insb. auch der im Einsatzstaat, bindend.[164] Die Durchführung eines Strafverfahrens wegen Vorenthaltens von Sozialversicherungsbeiträgen (§ 266a StGB) ist ausgeschlossen, solange die A 1-Bescheinigung nicht zurückgenommen wurde.[165] Umstritten ist hingegen, ob eine A 1-Bescheinigung bei einer illegalen Arbeitnehmerüberlassung vor der Fiktion eines Arbeitsverhältnisses zwischen dem eingesetzten Leiharbeitnehmer und dem Entleiher nach §§ 9 Abs. 1 Nr. 1, 10 Abs. 1 AÜG schützt. Dies wird von der überwiegenden Ansicht zurecht bejaht. Durch die A 1-Bescheinigung wird bindend für die Behörden und Gerichte festgestellt, dass ein Arbeitsverhältnis zum Verleiher besteht.[166] Nach Auffassung

---

162 Art. 14 Abs. 2 VO 987/2009.
163 Vgl. *Bayreuther* DB 2011, 708.
164 EuGH, 26.01.2006 – C-2/05, AP EWG-Verordnung Nr. 1408/71, Nr. 13; BGH, 24.10.2006 – 1 StR 44/06, NJW 2007, 233; BayLSG, 27.02.2007 – L 5 KR 32/04, EzAÜG Sozialversicherungsrecht Nr. 47; krit. *Hamann* S. 136; *Urban-Crell/Schulz* Rn. 1200.
165 BGH, 24.10.2007 – 1 StR 160/07, NJW 2008, 595; BGH, 24.10.2006 – 1 StR 44/06, NJW 2007, 233.
166 Vgl. *Tuengerthal/Geißer* AuA 2014, 84; Schüren/Hamann/*Schüren* AÜG Einl. Rn. 831; a.A. *Ulber* ZESAR 2015, 7 ff.

des OLG Bamberg[167] steht die A 1-Bescheinigung jedoch der bußgeldrechtlichen Ahndung einer unerlaubter Arbeitnehmerüberlassung nach § 16 Abs. 1 Nr. 1 AÜG nicht entgegen.

▶ **Praxistipp:**

Zur Klärung bestehender Unsicherheiten im Zusammenhang mit grenzüberschreitenden Tätigkeiten – insb. zur Vermeidung einer doppelten sozialversicherungsrechtlichen Inanspruchnahme und der Strafverfolgung im Inland – sollten Leiharbeitnehmer und/oder (ausländischer) Verleiher, einen **Antrag auf Feststellung der einschlägigen sozialversicherungsrechtlichen Bestimmungen** stellen.

In Deutschland ist die gesetzliche Krankenkasse, bei der der Leiharbeitnehmer versichert ist, für die Ausstellung zuständig. Der **Antragsvordruck A 1 DE** ist abrufbar unter:

https://www.dvka.de/media/dokumente/antraege_av_gme/entsendung/Antrag_101_Online.pdf

Findet das **Sozialversicherungsrecht des ausländischen Entsendestaates** 82 Anwendung, unterfällt das Beschäftigungsverhältnis nicht dem deutschen Recht der Arbeitslosen-, Renten-, Kranken-, Unfall- und Pflegeversicherung.

▶ **Beispiel:**

Bei einer vorübergehenden Überlassung eines Arbeitnehmers aus Frankreich nach Deutschland für sechs Monate bleibt der Leiharbeitnehmer in seinem Heimatstaat sozialversicherungspflichtig. Die deutschen Vorschriften über soziale Sicherheit finden keine Anwendung.

Mangels Anwendbarkeit des deutschen Sozialversicherungsrechts gelten die 83 **Haftungsbeschränkungen in der gesetzlichen Unfallversicherung (§§ 104 ff. SGB VII)** weder zugunsten des aus einem EU-/EWR-Mitgliedstaat oder der Schweiz überlassenen Arbeitnehmers noch zugunsten des inländischen Entleihers.[168] Ebenso wenig trifft den Entleiher in einem solchen Fall die

---

167 OLG Bamberg, 09.08.2016 – 3 Ss OWi 494/16; ablehnend: *Bissels/Heitfeld* ZWH 2016, 362.
168 *Hamann* S. 137; Thüsing/*Thüsing* AÜG Einf. Rn. 77; *Urban-Crell/Schulz* Rn. 1197; dies gilt im umgekehrten Fall der Entsendung von Deutschland in das Ausland auch

sozialversicherungsrechtliche Subsidiärhaftung nach § 28e Abs. 2 SGB IV, da die Bürgenhaftung allein der Sicherung der Ansprüche des Trägers der inländischen Sozialversicherung dient.[169]

▶ Praxistipp:

Grenzüberschreitend tätige inländische Entleiher sollten ihre Haftungsrisiken im Fall der Nichtanwendbarkeit der §§ 104 ff. SGB VII durch den Abschluss einer Zusatzversicherung absichern.[170]

84 In den seltenen Fällen, in denen – ggf. nach erfolgloser Beantragung einer Ausnahmevereinbarung (Art. 16 Abs. 1 VO Nr. 883/2004) – die **grenzüberschreitende Überlassung die höchstzulässige Entsendedauer überschreitet**, gilt vom ersten Tag an das Sozialversicherungsrecht des Tätigkeitsortes.[171]

2. Arbeitnehmerüberlassung außerhalb des EU-/EWR-Raums

a) Überlassung in einen Drittstaat

85 **Grenzüberschreitende Arbeitnehmerüberlassung in Drittstaaten** ist nach den Bestimmungen des AÜG gewerberechtlich zulässig. Die sozialversicherungsrechtliche Behandlung des Personaleinsatzes richtet sich unter den Voraussetzungen des **§ 4 SGB IV** weiterhin nach deutschem Sozialversicherungsrecht (sog. **Ausstrahlung**).

86 Nach § 4 SGB IV gelten die deutschen Vorschriften über die Versicherungspflicht und die Versicherungsberechtigung auch für Personen, die im Rahmen eines im Geltungsbereich des SGB bestehenden Beschäftigungsverhältnisses in ein Gebiet außerhalb dieses Geltungsbereichs entsandt werden, wenn die **Entsendung** infolge der Eigenart der Beschäftigung oder vertraglich im Voraus zeitlich begrenzt ist.[172] Wann der Auslandseinsatz im Sinne dieser Vorschrift »**im Voraus zeitlich begrenzt**« ist, lässt § 4 SGB IV (ebenso wie § 5 SGB IV)

---

für den inländischen Verleiher, soweit das ausländische Sozialversicherungsrecht anwendbar ist – allerdings dürfte dieser Fall in der Praxis nur selten vorkommen.
169 *Boemke/Lembke* AÜG Einl. Rn. 29; Thüsing/*Thüsing* AÜG Einf. Rn. 69; *Urban-Crell/Schulz* Rn. 1198.
170 Dazu *Jercynski/Zimmermann* NZS 2007, 243.
171 *Boemke/Lembke* AÜG Einl. Rn. 27; Thüsing/*Thüsing* AÜG Einf. Rn. 70.
172 BAG, 14.07.2005 – 8 AZR 392/04, AP Nr. 4 zu § 611 BGB Ruhendes Arbeitsverhältnis.

offen. Klare zeitliche Höchstgrenzen gibt es nicht.[173] Die Praxis sollte sich aber an der bei Ausnahmevereinbarungen nach Art. 16 VO Nr. 883/2004 regelmäßig akzeptierten Höchstdauer von fünf Jahren als äußerste Grenze orientieren.

Nach der Rechtsprechung des BSG ist im Fall von **Arbeitnehmerüberlassung** eine Ausstrahlung des inländischen Sozialversicherungsrechts grds. anzunehmen, da das Arbeitsverhältnis zum inländischen Arbeitgeber fortbesteht. Die Entsendung erfolgt daher »im Rahmen eines bestehenden Beschäftigungsverhältnisses«. Nach § 4 SGB IV muss der inländische Verleiher als entsendender Arbeitgeber das Entgelt fortzahlen oder zumindest die Kosten der Arbeitsleistung als Aufwendungen geltend machen; zahlt bei einer **konzerninternen Entsendung** die ausländische Konzerngesellschaft im Einsatzstaat das Arbeitsentgelt, liegen diese Voraussetzungen regelmäßig nicht vor.[174] 87

▶ Praxistipp:

Keine Entsendung ist regelmäßig anzunehmen, wenn der Arbeitgeber des entsandten Arbeitnehmers im Drittstaat keine nennenswerte Geschäftstätigkeit ausübt (»Briefkastenfirma«), der zum Zwecke der Entsendung eingestellte Arbeitnehmer seinen gewöhnlichen Aufenthalt oder Wohnsitz nicht im Entsendestaat hat, illegale Arbeitnehmerüberlassung nach dem AÜG vorliegt oder der Arbeitnehmer seit der letzten Entsendung weniger als zwei Monate im Entsendestaat beschäftigt war.

Zur Vermeidung einer doppelten sozialversicherungsrechtlichen Inanspruchnahme im Einsatz- und Entsendestaat hat die Bundesrepublik Deutschland mit einigen Drittstaaten bilaterale Abkommen über die soziale Sicherheit abgeschlossen. Soweit der sachliche Geltungsbereich dieser **Sozialversicherungsabkommen** nicht alle Versicherungszweige umfasst, gelten die nationalen Rechtsvorschriften (§ 6 SGB IV) weiter. 88

▶ Praxistipp:

Derzeit bestehen Sozialversicherungsabkommen mit Australien, Bosnien-Herzegowina, Brasilien, Chile, China, Indien, Israel, Japan, Kanada, Korea, Kosovo, Kroatien, Marokko, Mazedonien, Montenegro, Quebec,

---

173 Thüsing/*Thüsing* AÜG Einf. Rn. 73 m.w.N.
174 BSG, 05.12.2006 – B 11a AL 3/06 R, SozR 4-2004 § 4 Nr. 1; BSG, 07.11.1996 – 12 RK 79/94, NZS 1997, 372.

Einleitung

Serbien, Türkei, Tunesien, Uruguay und den USA. Diese sind abrufbar auf den Seiten der DVKA unter:

www.dvka.de (Rubrik: Rechtsquellen\Bilaterale Abkommen).

b) Überlassung aus einem Drittstaat

89 **Arbeitnehmerüberlassung aus einem Drittstaat** nach Deutschland ist nach § 3 Abs. 2 AÜG zwingend zu versagen. Eine Verleiherlaubnis nach dem AÜG wird dem ausländischen Verleiher nicht erteilt. Eine gleichwohl – häufig unter dem Deckmantel eines **Scheinwerkvertrages**[175] – durchgeführte Arbeitnehmerüberlassung ist illegal. Die sozialversicherungsrechtliche Beurteilung richtet sich nach den Grundsätzen der **illegalen Arbeitnehmerüberlassung**.[176]

VI. Steuerrecht

90 Die Besteuerung der Einkünfte aus unselbstständiger Tätigkeit im Rahmen des grenzüberschreitenden Personaleinsatzes richtet sich regelmäßig nach zwischenstaatlichen **Doppelbesteuerungsabkommen (DBA)**.[177] Soweit diese nicht abgeschlossen sind oder keine Regelung zur Besteuerung der Einkünfte aus einem abhängigen Beschäftigungsverhältnis enthalten, können die Einkünfte nach Maßgabe des Auslandstätigkeitserlasses (ATE) von der deutschen Einkommensteuer freigestellt werden. Ist das Arbeitsentgelt weder nach DBA noch nach ATE von der inländischen Einkommensteuerpflicht freigestellt, kommt in Einzelfällen auch eine Anrechnung oder ein Abzug der ausländischen Steuer nach § 34c EStG in Betracht.

91 Bei einer **Auslandsentsendung im Rahmen grenzüberschreitender Arbeitnehmerüberlassung** wird das Besteuerungsrecht zumeist beim jeweiligen Ansässigkeitsstaat[178] verbleiben. Besteht zwischen der BRD und dem ausländischen Staat ein dem **OECD-Musterabkommen** entsprechendes DBA, hängt die Frage der Besteuerung unter anderem von der Dauer der Auslandstätigkeit ab

---

175 Zu Scheinwerkverträgen bei grenzüberschreitendem Personaleinsatz LSG NRW, 17.01.2005 – L 2 B 9/03 KR ER, EzAÜG SGB IV Nr. 34.
176 Dazu Rdn. 95 f.
177 Abzurufen auf der Homepage des BMF unter: www.bundesfinanzministerium.de.
178 Zum Begriff der Ansässigkeit vgl. Art. 4 Abs. 1 OECD-MA.

(Art. 15 Abs. 2 Buchst. a) OECD-MA).[179] Hält sich der Arbeitnehmer nicht länger als 183 Tage im Tätigkeitsstaat auf (sog. **183-Tage-Regelung**), sind seine Einkünfte nur im Ansässigkeitsstaat zu versteuern. Die 183-Tage-Regelung führt zu einer **Durchbrechung des Arbeitsortsprinzips** des Art. 15 Abs. 1 Satz 1 OECD-MA. Für die Bestimmung der 183-Tage-Frist kommt es auf die Dauer des tatsächlichen Aufenthalts im Tätigkeitsstaat während eines 12-Monats-Zeitraums an.[180] Die Frist beginnt mit der Einreise und endet mit der Ausreise des Arbeitnehmers.[181]

Bei Leiharbeitnehmern dürfte die zeitliche Grenze von 183 Tagen häufig nicht überschritten werden. Allerdings schließen einige DBA die Anwendung der 183-Tage-Regelung auf Leiharbeitnehmer ausdrücklich aus (z.B. Dänemark, Frankreich, Italien, Norwegen, Schweden, Schweiz); eine Doppelbesteuerung wird insoweit durch **Steueranrechnung nach § 34c EStG** vermieden.[182] 92

▶ Beispiel:

Ein Zeitarbeitsunternehmen mit Sitz in Spanien überlässt für eine Dauer von zwei Monaten im IT-Bereich spezialisierte Leiharbeitnehmer an einen Kunden in Deutschland.

Soweit die Arbeitnehmer ihren Wohnsitz oder gewöhnlichen Aufenthalt in Spanien haben und sich nicht länger als 183 Tage in Deutschland aufhalten, verbleibt die unbeschränkte Steuerpflicht in Spanien. Die beschränkte Steuerpflicht im Tätigkeitsstaat Deutschland führt zu keinem Steuerabzug (§§ 1 Abs. 4, 49 Abs. 1 Nr. 4 EStG); der ausländische Verleiher kann sich beim zuständigen Betriebsstättenfinanzamt von der Verpflichtung zum Lohnsteuerabzug freistellen lassen (§ 41 Abs. 2 Satz 2 Halbs. 2 EStG).

Liegen bei einer Arbeitnehmerüberlassung von Deutschland in das Ausland die Voraussetzungen zur **Besteuerung im ausländischen Tätigkeitsstaat** 93

---

179 Für die Besteuerung der Einkünfte im Ansässigkeitsstaat müssen die Voraussetzungen des Art. 15 Abs. 2 Buchst. a) bis c) OECD-MA kumulativ erfüllt sein; zum Arbeitgeberbegriff i.S.d. Art. 15 Abs. 2 OECD-MA sh. BFH, 04.09.2002 – I R 21/01, RIW 2003, 156; ausführlich *Krawitz/Hick* RIW 2003, 900.
180 *Krawitz/Hick* RIW 2003, 900 m.w.N.; einige DBA stellen abweichend auf das Steuerjahr ab.
181 BFH, 18.07.1990 – I R 109/88, DB 1990, 2570.
182 *Boemke/Lembke* AÜG Einl. Rn. 31; *Krawitz/Hick* RIW 2003, 900; s.a. BMF-Erlass v. 14.09.2006, BStBl. I 2006, S. 532.

Einleitung

ausnahmsweise vor, sind die Einkünfte in Deutschland von der Besteuerung freizustellen (vgl. Art. 23A Abs. 1 OECD-MA). Der **inländische Verleiher** ist dann **nicht zum Lohnsteuerabzug nach §§ 38 ff. EStG verpflichtet**.[183] Eine gesamtschuldnerische Mithaftung des ausländischen Entleihers nach § 42d Abs. 1 und 6 EStG kommt nicht in Betracht. Denn innerstaatliche fiskalische Interessen müssen nur bei bestehender Steuerschuld im Inland geschützt werden.[184]

94 Bei **Arbeitnehmerüberlassung durch einen im Ausland ansässigen Verleiher** an einen Entleiher mit Sitz in Deutschland hat der ausländische Verleiher nach § 38 Abs. 1 Satz 1 Nr. 2 EStG die Lohnsteuer nach § 39 b Abs. 1 EStG einzubehalten und nach § 41a Abs. 1 Nr. 2 EStG an das zuständige Finanzamt abzuführen. Die Verpflichtung zum Lohnsteuereinbehalt besteht allerdings nur, wenn die Einkünfte des Leiharbeitnehmers nach Maßgabe des anwendbaren DBA **ausnahmsweise im Tätigkeitsstaat Deutschland zu versteuern** sind.[185] Für die Abführung der Lohnsteuer haften ausländischer Verleiher und inländischer Entleiher als Gesamtschuldner (§ 42d Abs. 6 Satz 5 EStG); nach Satz 6 wird der ausländische Verleiher vorrangig in Anspruch genommen.[186]

VII. Illegale Arbeitnehmerüberlassung

95 Für die **grenzüberschreitende illegale Arbeitnehmerüberlassung** gelten die allgemeinen Grundsätze.[187] Ist der ausländische Auftragnehmer nicht im Besitz einer Erlaubnis zur gewerbsmäßigen Arbeitnehmerüberlassung nach dem AÜG, fingiert § 10 Abs. 1 AÜG ein Arbeitsverhältnis zwischen dem überlassenen Leiharbeitnehmer und dem inländischen Entleiher. Die **Fiktionswirkung** tritt unabhängig davon ein, ob der Arbeitnehmer aus einem Staat aus dem EU-/EWR-Gebiet oder aus einem Drittstaat nach Deutschland überlassen wurde. Entscheidend ist allein das Fehlen der Verleiherlaubnis.

---

183 Behält der inländische Verleiher irrtümlich Lohnsteuer ein, so kann diese unter den Voraussetzungen des § 41c EStG erstattet werden; vgl. *Krawitz/Hick* RIW 2003, 900.
184 *Boemke/Lembke* AÜG Einl. Rn. 31 a.E.; *Urban-Crell/Schulz* Rn. 1203.
185 BFH, 18.12.2002 – I R 96/01, IStR 2003, 537; FG Münster, 08.10.2001 – 7 K 854/00, IStR 2002, 28.
186 BFH, 24.03.1999 – I R 64/98, IStR 2000, 105.
187 S. zum Sozialversicherungsrecht Einl. Rdn. 109 ff.; zum Arbeitsrecht § 10 Rdn. 1 ff.

Einleitung

▶ **Beispiel 1:**

Ein inländischer Auftraggeber schließt mit einem Unternehmen der Fleisch- und/oder Blechverarbeitung mit Sitz in Ungarn »Werkverträge«, nach denen ungarische Arbeitskräfte in Deutschland eingesetzt werden. Die »Werkverträge« wurden nur zum Schein abgeschlossen, tatsächlich ist illegale Arbeitnehmerüberlassung anzunehmen. Da das ausländische Unternehmen keine Verleiherlaubnis besitzt, kommt es zur gesetzlichen Fiktion eines Arbeitsverhältnisses nach § 10 AÜG mit dem inländischen Auftraggeber.[188]

▶ **Beispiel 2:**

Wie oben, nur werden von einem Unternehmen mit Sitz in Russland russische Arbeitnehmer entsandt. Arbeitnehmerüberlassung ist nach § 3 Abs. 2 AÜG verboten. Mangels Erlaubnis nach dem AÜG werden Arbeitsverhältnisse zum inländischen Auftraggeber fingiert. Da den russischen Arbeitnehmern der erforderliche Aufenthaltstitel zur Tätigkeit als Leiharbeitnehmer in Deutschland fehlt, dürfen diese auch nicht beschäftigt werden. Dem inländischen Unternehmen bleibt nur die (personenbedingte) Kündigung der kraft Gesetzes begründeten Arbeitsverhältnisse.

Illegale grenzüberschreitende Arbeitnehmerüberlassung unterfällt weder dem Begriff der **Entsendung** i.S.d. VO Nr. 883/2004 noch i.S.d. § 5 SGB IV (sog. Einstrahlung).[189] Die Entsendung setzt voraus, dass während der inländischen Beschäftigung das ausländische Vertragsverhältnis fortbesteht.[190] Daran fehlt es bei illegaler (grenzüberschreitender) Arbeitnehmerüberlassung; der Leiharbeitsvertrag ist nach § 9 Nr. 1 AÜG unwirksam. Nach dem in § 3 Nr. 1 SGB IV niedergelegten **Territorialitätsprinzip** findet deshalb **deutsches Sozialversicherungsrecht** Anwendung.[191]

96

---

188 LSG NRW, 17.01.2005 – L 2 B 9/03 KR ER, EzAÜG SGB IV Nr. 34.
189 LSG NRW, 17.01.2005 – L 2 B 9/03 KR ER, EzAÜG SGB IV Nr. 34.
190 BSG, 25.10.1988 – 12 RK 21/87, EzAÜG § 10 AÜG Sozialrecht Nr. 4 = BSGE 64, 145; LSG Hamburg, 20.04.2005 – L 1 KR 16/04, juris.
191 BSG, 25.10.1988 – 12 RK 21/87, EzAÜG § 10 AÜG Sozialrecht Nr. 4 = BSGE 64, 145.

Einleitung

▶ Praxistipp:

Bei illegalem Entleih haftet der inländische Auftraggeber als Arbeitgeber für die (Nach-)Zahlung der Sozialversicherungsbeiträge (§ 28e Abs. 1 SGB IV).[192] Zudem ist er beitragspflichtig in der gesetzlichen Unfallversicherung (§ 150 SGB VII).[193]

D. Sozialversicherungsrecht

I. Legale Arbeitnehmerüberlassung

97 Bei legaler Arbeitnehmerüberlassung ist der **Verleiher alleiniger Arbeitgeber** des Leiharbeitnehmers. Diesen treffen daher die üblichen Arbeitgeberpflichten i.R.d. Sozialversicherung. Der Verleiher hat den Gesamtsozialversicherungsbeitrag für alle Versicherungszweige (Kranken-, Renten-, Arbeitslosen- und Pflegeversicherung, § 28d SGB IV) nach § 28e Abs. 1 SGB IV abzuführen sowie die Beiträge zur gesetzlichen Unfallversicherung zu zahlen (§ 150 SGB VII). Darüber hinaus obliegen ihm die allgemeinen Meldepflichten nach § 28a SGB IV; die Pflicht des Entleihers zur Kontrollmitteilung (§ 28a Abs. 4 SGB IV a.F.) wurde durch das Zweite Gesetz für moderne Dienstleistungen am Arbeitsmarkt[194] zum 01.01.2003 aufgehoben.

1. Subsidiärhaftung des Entleihers

98 Für die Zahlung des **Gesamtsozialversicherungsbeitrages**[195] sowie für die **Beiträge zur Unfallversicherung** haftet der legale Entleiher nach § 28e Abs. 2 Satz 1 SGB IV und § 150 Abs. 3 SGB VII wie ein selbstschuldnerischer Bürge. Bei nicht vollständiger Abführung des Sozialversicherungsbeitrages durch den Verleiher erstreckt sich die Subsidiärhaftung des Entleihers auf den Unterschiedsbetrag. Die Haftung nach **§ 28e Abs. 2 SGB IV** greift bei jeder

---

192 LSG Niedersachsen, 15.05.1985 – L 4 Kr 50/83, EzAÜG § 631 BGB Werkvertrag Nr. 9.
193 BSG, 27.08.1987 – 2 RU 41/85, EzAÜG § 631 BGB Werkvertrag Nr. 17; BSG, 18.03.1987 – 9 b RU 16/85, NZA 1987, 500.
194 BGBl. I 2002, 621.
195 Haftung für den Arbeitgeber- und Arbeitnehmeranteil bejahend OLG Hamm, 01.06.2006 – 27 U 200/05, FD-InsR 2007, 245941.

Form der Arbeitnehmerüberlassung, auch bei nichtgewerbsmäßiger[196] Überlassung von Leiharbeitnehmern.[197]

Eine Subsidiärhaftung des Entleihers wegen Nachforderungen an den Verleiher wegen der Tarifunfähigkeit der CGZP ist hingegen abzulehnen: § 28e Abs. 2 Satz 1 SGB IV ist unter Berücksichtigung der gesetzgeberischen Zielsetzung teleologisch zu reduzieren; zudem können gegen eine Inanspruchnahme verfassungsmäßige Bedenken angemeldet werden, da eine hinreichende Verantwortungsbeziehung des Entleihers zu dem die Haftung auslösenden Tatbestand fehlt.[198]

▶ Praxistipp:

In der Praxis wird der Entleiher zumeist bei Insolvenz des verleihenden Unternehmens auf Nachzahlung nicht oder nicht vollständig abgeführter Sozialversicherungsbeiträge in Anspruch genommen. Angesichts ihrer (subsidiären) Haftungsrisiken sollten Entleiher ihren Vertragspartner sorgfältig auswählen.

Fehlendes Verschulden des Entleihers schließt – anders als bei der Generalunternehmerhaftung im Baugewerbe (§ 28e Abs. 3a SGB IV) und der Lohnsteuerhaftung nach § 42d Abs. 6 Satz 3 EStG – die **Subsidiärhaftung nicht aus**. Der Entleiher kann die Zahlung nur verweigern, solange die Einzugsstelle den Verleiher nicht unter Einhaltung einer angemessenen Frist gemahnt hat und die Mahnfrist nicht abgelaufen ist (§ 28e Abs. 2 Satz 2 SGB IV). Angemessen ist i.d.R. eine Frist von einer Woche.[199] Auf § 28e Abs. 2 Satz 2 SGB IV kann sich der Entleiher nicht berufen, wenn über das Vermögen des Verleihers das Insolvenzverfahren eröffnet wurde.[200] Er trägt also das **Insolvenzrisiko des Verleihers**. Dieses Risiko wird dadurch weiter erhöht, dass abgeführte Arbeitnehmeranteile zur Sozialversicherung insolvenzrechtlich anfechtbar sind.[201] 99

---

196 Auf die Gewerbsmäßigkeit der Überlassung kommt es nicht mehr an; ausreichend ist bereits, dass diese im Rahmen der wirtschaftlichen Tätigkeit erfolgt, vgl. § 1 Abs. 1 Satz 1 AÜG.
197 Thüsing/*Thüsing* AÜG Einf. Rn. 75; *Urban-Crell/Schulz* Rn. 1261; *Vor* EuroAS 2002, 177.
198 Ausführlich dazu *Faust/Rehner* DB 2013, 878 ff.
199 *Schubert* AuA 2007, 680 m.w.N.
200 BSG, 07.03.2007 – B 12 KR 11/06 R, DB 2007, 153.
201 BGH, 08.12.2005 – IX ZR 182/01, NJW 2006, 1348.

Einleitung

▶ Praxistipp:

Die Vorlage einer von der zuständigen Einzugsstelle ausgestellten Unbedenklichkeitsbescheinigung über die ordnungsgemäße Abführung der Sozialversicherungsbeiträge durch den Verleiher in der Vergangenheit befreit den Entleiher nicht von seiner Haftung.

100 Die **Bürgenhaftung** des Entleihers bei Nichtzahlung des Verleihers besteht nur, »soweit« ihm der Arbeitnehmer überlassen wurde (§ 28e Abs. 2 Satz 1 Halbs. 2 SGB IV). Die Haftung umfasst daher nicht den gesamten für den Leiharbeitnehmer zu entrichtenden Sozialversicherungsbeitrag, sondern beschränkt sich auf den auf den **jeweiligen Überlassungszeitraum** des Arbeitnehmers entfallenden Anteil.

▶ Praxistipp:

Wegen der drohenden sozialversicherungsrechtlichen Subsidiärhaftung sollten Entleiher **Vorsichtsmaßnahmen** ergreifen. Praktisch wirksamstes Mittel ist die Gewährung einer **Bankbürgschaft** durch das verleihende Unternehmen. Aufgrund des bürokratischen und finanziellen Aufwandes scheuen die meisten Verleiher derartige Sicherheitsleistungen allerdings.[202]

Alternativ kommt der **Einbehalt eines angemessenen Anteils des Überlassungsentgelts für Sozialversicherungsbeiträge** in Betracht. Tragfähig ist diese Vorgehensweise indes nur außerhalb der Insolvenz. Anderenfalls kann der Insolvenzverwalter die einbehaltenen oder bereits an die Krankenkasse gezahlten Beiträge als restliches Überlassungsentgelt herausverlangen.[203]

Ein **Regress des Entleihers** nach tatsächlicher Inanspruchnahme aus seiner sozialversicherungsrechtlichen Subsidiärhaftung ggü. dem Verleiher hat wegen bestehender Zahlungsschwierigkeiten oder gar Insolvenz des Verleihers kaum Aussicht auf Erfolg.[204]

---

[202] Zur Problematik der Bestimmtheit einer Sicherungsvorausabtretung im Überlassungsvertrag s. OLG Zweibrücken, 10.12.2002 – 8 U 70/02, EzAÜG SGB IV Nr. 28.
[203] BGH, 14.07.2005 – IX ZR 142/02, NZA 2006, 375; BGH, 02.12.2004 – IX ZR 200/03, NJW 2005, 254.
[204] Dazu LG Bochum, 19.02.2002 – 17 O 1/02, ZInsO 2002, 334.

Einleitung

Bei Inanspruchnahme des Entleihers als Bürge ist der **Rechtsweg zu den Sozialgerichten** (§ 51 SGG) eröffnet. 101

2. Unfallversicherung

Gem. § 2 Abs. 1 Nr. 1 SGB VII sind sämtliche Beschäftigten kraft Gesetzes in der gesetzlichen Unfallversicherung versichert. Die **Beiträge zur gesetzlichen Unfallversicherung** trägt der Verleiher als Arbeitgeber (§ 150 SGB VII), der Entleiher haftet subsidiär (§ 150 Abs. 3 SGB VII). 102

▶ Praxistipp:

Die Beiträge zur gesetzlichen Unfallversicherung werden nach Ablauf des Kalenderjahres, in dem die Beitragsansprüche dem Grunde nach entstanden sind, im Wege der **Umlage** festgesetzt (§ 152 Abs. 1 Satz 1 SGB VII). Berechnungsgrundlagen für die Beiträge sind grds. der Finanzbedarf (Umlagesoll), die Arbeitsentgelte der Versicherten und die Gefahrenklassen (§ 153 Abs. 1 SGB VII). Regelmäßig werden die Arbeitgeber zu **Abschlagszahlungen** herangezogen.

Bei Arbeitsunfällen des Leiharbeitnehmers ist die für das verleihende Unternehmen zuständige **Berufsgenossenschaft** entschädigungspflichtig. Die sachliche Zuständigkeit für die Arbeitnehmerüberlassung nimmt die **Verwaltungs-Berufsgenossenschaft (VBG)** gem. § 3 Abs. 1 ihrer Satzung für sich in Anspruch. Die Rechtsprechung hat dies bislang gebilligt.[205] Die Auffangzuständigkeit der VBG gilt nicht für Mischunternehmen. Diese sind regelmäßig Mitglied in einer Fachberufsgenossenschaft, die dann auch bei Arbeitsunfällen von Leiharbeitnehmern eintritt.[206] 103

▶ Praxistipp:

Nach § 157 Abs. 1 Satz 1 SGB VII hat die VBG für Unternehmen der Leiharbeitsbranche einen eigenen Gefahrtarif festgesetzt. Dies ist nach der Rechtsprechung des BVerfG verfassungsgemäß.[207]

---

205 *Blüggel* jurisPR-SozR 23/2007 Anm. 1 m.w.N.
206 ErfK/*Wank* AÜG Einl. Rn. 37; ausführlich *Urban-Crell/Schulz* Rn. 1258 m.w.N.
207 BVerfG, 03.07.2002 – 1 BvR 1696/03, NZS 2008, 144.

Einleitung

104 Für den Leiharbeitnehmer gelten sowohl die **Unfallverhütungsvorschriften** des Verleih- als auch des Entleihbetriebs (§ 16 Abs. 1 SGB VII). Dies trägt den Besonderheiten der Tätigkeit von Leiharbeitnehmern i.R.d. Arbeitnehmerüberlassung Rechnung. Die Überwachung kann im Entleiherbetrieb durch die Berufsgenossenschaften beider Unternehmen erfolgen (§ 17 Abs. 2 SGB VII). In der Praxis wird diese jedoch zumeist auf die für den Betrieb des Entleihers zuständigen Unfallversicherungsträger übertragen (zur Zusammenarbeit vgl. § 17 Abs. 2 Satz 2 SGB VII).[208]

105 Im Fall eines **Arbeitsunfalls** ist der Verleiher nach § 193 SGB VII zur **Anzeige bei der Berufsgenossenschaft** unabhängig davon verpflichtet, ob sich dieser Unfall im eigenen Betrieb oder – wie üblich – im Betrieb des Entleihers ereignet hat. Dem Entleiher obliegt ggü. dem Verleiher eine unverzügliche Unfallmeldepflicht.[209] Auf Verlagen ist dieser ggü. der Berufsgenossenschaft zudem zur Auskunft verpflichtet (§ 192 Abs. 3 SGB VII).

106 Die **Haftungsprivilegierungen der gesetzlichen Unfallversicherung gem. §§ 104 ff. SGB VII** gelten nicht nur im Verhältnis zwischen Verleiher und Leiharbeitnehmer, sondern auch zwischen Entleiher und Leiharbeitnehmer. Der Leiharbeitnehmer ist ähnlich wie jeder Stammarbeitnehmer in den Entleiherbetrieb eingegliedert. Dies rechtfertigt die Anwendung der Privilegierungsvorschriften auch im Beschäftigungsverhältnis dieser Parteien, obwohl der Entleiher nicht Arbeitgeber des Leiharbeitnehmers ist.[210]

▶ Praxistipp:

Finden bei **grenzüberschreitender Arbeitnehmerüberlassung** die deutschen Bestimmungen des Sozialversicherungsrechts keine Anwendung, können sich weder der ausländische Leiharbeitnehmer noch der inländische Entleiher auf eine Haftungsbeschränkung nach §§ 104 ff. SGB VII berufen.[211] Zur Absicherung gegen Haftungsrisiken sollten inländische Entleiher deshalb eine private Zusatzversicherung gegen Sach- und Personenschäden abschließen.

---

208 LSG Niedersachsen-Bremen, 29.09.2005 – L 6 U 38/02, BeckRS 2005, 43606.
209 *Hamann* S. 63.
210 BAG, 11.02.1969 – 1 AZR 280/68, EzAÜG Sozialversicherungsrecht Nr. 1; BAG, 15.02.1974 – 2 AZR 57/73, EzAÜG Sozialversicherungsrecht Nr. 3; BAG, 23.02.1978 – 3 AZR 695/76, EzAÜG § 611 BGB Haftung Nr. 5.
211 Vgl. dazu Einl. Rdn. 83.

3. Kurzarbeitergeld

Grds. erhalten Leiharbeitnehmer in Zeiten der Nichtbeschäftigung **kein** **Kurzarbeitergeld** nach § 95 SGB III, da der Arbeitsausfall branchenüblich i.S.d. § 96 Abs. 4 Satz 2 Nr. 1., 1. Alt. SGB III ist. Dies ist Folge des dem Verleiher obliegenden Beschäftigungs- und Wirtschaftsrisikos.[212]

107

Dieser Grundsatz wurde aufgrund der konjunkturell schwachen Zeiten aufgrund der Weltwirtschaftskrise – zumindest für eine Übergangszeit bis zum 31.12.2011 – durch den zum 01.02.2009 **neu eingefügten § 11 Abs. 4 Satz 3 AÜG** durchbrochen.[213] Auch Leiharbeitnehmern konnte Kurzarbeitergeld gewährt werden, wenn der Arbeitsausfall nicht nur Ausdruck einer kurzfristigen Auftragsschwankung, sondern eines voraussichtlich zur betriebsbedingten Kündigung berechtigenden dauerhaften Arbeitsausfalls i.S.d. § 1 Abs. 2 KSchG ist. Nach der internen Verwaltungsanweisung der BA war die Betriebsbedingtheit anhand der vom BAG im Urteil vom 18.05.2006[214] aufgestellten Grundsätze zu ermitteln. Auf Grundlage der aktuellen Gesetzeslage und der Geschäftsanweisungen der BA ist die Gewährung von Kurzarbeitergeld gegenwärtig – zumindest faktisch – ausgeschlossen.[215] Der Arbeitsausfall von Arbeitnehmern in einem Betrieb der Arbeitnehmerüberlassung ist nach Ansicht der BA branchenüblich; er gilt deshalb regelmäßig als vermeidbar, sodass kein Kurzarbeitergeld gezahlt werden kann.[216]

108

II. Illegale Arbeitnehmerüberlassung

Nach § 28e Abs. 1 Satz 1 SGB IV hat der Arbeitgeber den Gesamtsozialversicherungsbeitrag sowie nach § 150 SGB VII die Beiträge zur gesetzlichen Unfallversicherung zu zahlen. Kraft gesetzlicher Fiktion gilt ein Arbeitsverhältnis zwischen Entleiher und Leiharbeitnehmer als zustande gekommen, wenn der Arbeitnehmer ohne Erlaubnis an den Entleiher überlassen worden

109

---

212 BAG, 01.02.1973 – 5 AZR 382/72, AP BGB § 615 Betriebsrisiko Nr. 29.
213 BGBl. I, 416; ausführlich § 11 Rdn. 47 ff.; dazu auch: BSG, 21.07.2009 – B 7 AL 3/08 R, NZA-RR 2010, 216; LSG Hessen, 18.03.2011 – L 7 AL 21/08, NZS 2011, 678.
214 BAG, 18.05.2006 – 2 AZR 412/05, EzA § 1 KSchG Betriebsbedingte Kündigung Nr. 146 = AP AÜG § 9 Nr. 7.
215 Vgl. *Sandmann/Marschall/Schneider* AÜG Art. 1 § 11 Rn. 26a.
216 GA Kurzarbeitergeld (Stand: Juni 2013) § 2.8.1. Abs. 8 unter Verweis auf BSG, 21.07.2009 – B 7 AL 3/08 R, NZA-RR 2010, 216.

war (§ 9 Nr. 1, § 10 Abs. 1 Satz 1 AÜG). Der **illegale Entleiher** ist in einem solchen Fall **alleiniger Arbeitgeber** des Leiharbeitnehmers.[217]

▶ Hinweis:

Dies gilt seit dem 01.04.2017 auch bei einer Verletzung der gesetzlichen Offenlegungs- und Konkretisierungspflicht sowie der Überschreitung zulässigen **Höchstüberlassungsdauer** (§ 9 Abs. 1 Nr. 1a und 1b AÜG).

Er haftet daher für die Abführung des Gesamtsozialversicherungsbeitrages und die Entrichtung der Beiträge zur Unfallversicherung. Darüber hinaus treffen ihn alle sonstigen sozialversicherungsrechtlichen Pflichten. Als Arbeitgeber ist der illegale Entleiher auch in der gesetzlichen Unfallversicherung beitragspflichtig.[218] Dies gilt nach Ansicht des BSG[219] auch bei der grenzüberschreitenden illegalen Arbeitnehmerüberlassung, selbst wenn der illegale Verleiher im Ausland Sozialversicherungsbeiträge an die ausländische Sozialversicherung abgeführt hat. Der illegale Entleiher haftet für die Sozialversicherungsbeiträge, die nach Maßgabe des nicht zur Disposition der Beteiligten zwingenden Sozialversicherungsrechtes an die inländische Sozialversicherung hätten abgeführt werden müssen.

110 Soweit der **illegale Verleiher** den vereinbarten Arbeitslohn oder Teile davon an den Leiharbeitnehmer zahlt, liegt ungeachtet der Unwirksamkeit des Leiharbeitsvertrages nach § 9 Nr. 1 AÜG zwischen Verleiher und Leiharbeitnehmer ein entgeltliches Beschäftigungsverhältnis im sozialversicherungsrechtlichen Sinne vor (§§ 7 Abs. 1, 14 Abs. 1 SGB IV).[220] Für die Beiträge zur

---

217 LSG Niedersachsen, 15.05.1985 – L 4 Kr 50/83, EzAÜG § 631 BGB Werkvertrag Nr. 9.
218 BSG, 18.03.1987 – 9 b RU 16/85, NZA 1987, 500; BSG, 27.08.1987 – 2 RU 41/85, EzAÜG § 631 BGB Werkvertrag Nr. 17.
219 BSG, 29.06.2016 – B 12 R 8/14 R; abweichend noch die Vorinstanz: LSG Rheinland-Pfalz, 28.05.2014 – L 4 R 148/13, ZESAR 2015, 436; zustimmend: *Thuengerthal/Geißer* BB 2014, 2875 f.; ablehnend hingegen: *Hamann* jurisPR-ArbR 34/20145 Anm. 2; *Ulber* ZESAR 2015, 444 mit dem Hinweis, dass der illegale Verleiher im Ausland einen Rückforderungsanspruch gegen die ausländische Sozialversicherung hat, da keine Doppelversicherung, sondern lediglich ein Fall der fehlerhaften Beitragszahlung vorliegt.
220 LSG Berlin, 29.01.2003 – L 9 KR 32/00, juris; Kasseler Kommentar/*Seewald* § 7 SGB IV Rn. 3, 9, 126, 140 ff.

Sozialversicherung haftet der illegale Verleiher neben dem illegalen Entleiher als **Gesamtschuldner** (§ 28e Abs. 2 Satz 3 und Abs. 4 SGB IV, § 10 Abs. 3 Satz 2 AÜG). Gleiches gilt für die Beitragspflicht zur gesetzlichen Unfallversicherung (§ 150 Abs. 3 SGB VII i.V.m. § 28e Abs. 2 und 4 SGB IV).

▶ Hinweis:

Mit Wirkung zum 01.04.2017 wurde der Anwendungsbereich des § 28e Abs. 2 Satz 3 SGB IV erweitert. Erfasst wird nunmehr nicht nur der illegale Verleih, sondern auch die übrigen Fälle, in denen der Gesetzgeber eine Fiktion eines Arbeitsverhältnisses zwischen dem Entleiher und dem Leiharbeitnehmer angeordnet hat, nämlich bei der Verletzung der Offenlegungs- oder Konkretisierungspflicht (§ 9 Abs. 1 Nr. 1a i.V.m. § 1 Abs. 1 Satz 5, 6 AÜG) sowie bei der Überschreitung der maßgeblichen Höchstüberlassungsdauer (§ 9 Abs. 1 Nr. 1b i.V.m. § 1 Abs. 1 Satz 4, 1b AÜG).

Wird das unwirksame Leiharbeitsverhältnis nicht (mehr) durchgeführt, d.h. zahlt der Verleiher weder das vereinbarte Arbeitsentgelt oder Teile des Entgelts an den Leiharbeitnehmer, entfällt die gesamtschuldnerische Haftung des illegalen Verleihers. Der illegale Entleiher haftet dann nach § 28e Abs. 1 Satz 1 SGB IV und § 150 Abs. 1 SGB VII. **111**

▶ Praxistipp:

Die sozialversicherungsrechtliche Haftung ist bei illegaler Arbeitnehmerüberlassung häufig schärfer als bei der legalen Arbeitnehmerüberlassung. Im Normalfall verjähren Ansprüche auf Sozialversicherungsbeiträge in 4 Jahren nach Ablauf des Kalenderjahres, in dem sie fällig geworden sind (§ 25 Abs. 1 Satz 1 SGB IV). Im Fall vorsätzlicher Beitragsvorenthaltung gilt hingegen eine Verjährungsfrist von 30 Jahren (§ 25 Abs. 1 Satz 2 SGB IV). Bei illegaler Arbeitnehmerüberlassung werden Auftragnehmer und Auftraggeber unter dem Deckmantel eines Scheinwerk- oder Scheindienstvertrages häufig kollusiv zusammenwirken.[221]

E. Steuerrecht

Den Arbeitgeber treffen die üblichen Steuerabzugs- und Steuereinbehaltungspflichten nach dem EStG (§ 38 Abs. 1 Satz 1 Nr. 2 und Abs. 3, § 41a Abs. 1 **112**

---

[221] Zu den sozialversicherungsrechtlichen Risiken allg. *Reipen* NZS 2005, 407.

Einleitung

EStG). Für nicht einbehaltene oder abgeführte Lohnsteuer haftet er nach § 42d Abs. 1 EStG. Die **Lohnsteuerhaftung bei Arbeitnehmerüberlassung** wird umfassend in § 42d Abs. 6 bis 8 EStG geregelt.[222]

113 Der arbeits- und **lohnsteuerrechtliche Arbeitgeberbegriff** sind nicht identisch. Nach der finanzgerichtlichen Rechtsprechung ist die Fiktionswirkung des § 10 Abs. 1 Satz 1 AÜG für die Frage, ob Verleiher oder Entleiher Arbeitgeber im steuerrechtlichen Sinne sind, ohne Bedeutung. Entscheidend ist allein, wer im eigenen Namen und für eigene Rechnung die Vergütung (unmittelbar) an den Leiharbeitnehmer zahlt.[223] Dies ist – gemäß der überlassungsrechtlichen Terminologie – bei legaler Arbeitnehmerüberlassung stets, bei illegaler Arbeitnehmerüberlassung jedenfalls während der Durchführung der Dreiecksbeziehung regelmäßig der Verleiher.[224]

114 Unter den Voraussetzungen des § 42d Abs. 6 EStG haftet der **Entleiher** bei legaler und zumeist auch bei illegaler Arbeitnehmerüberlassung i.S.d. AÜG als Gesamtschuldner für die Haftungsschuld des Verleihers. Sofern der Entleiher bei illegaler Überlassung ausnahmsweise als wirtschaftlicher Arbeitgeber zu qualifizieren ist, haftet der **Verleiher nach § 42d Abs. 7 i.V.m. Abs. 6 EStG** subsidiär.

I. Subsidiärhaftung des Entleihers

115 Nach § 42d Abs. 6 Satz 1 EStG haftet der Entleiher bei Arbeitnehmerüberlassung akzessorisch für eine Haftungsschuld des Verleihers.

▶ Praxistipp:

Die Subsidiärhaftung nach § 42d EStG setzt eine **Arbeitnehmerüberlassung** im Sinne des § 1 Abs. 1 AÜG voraus. In den privilegierten Fällen des § 1 Abs. 3 AÜG scheidet eine solche nach dem ausdrücklichen Wortlaut des § 42d Abs. 6 Satz 1 EStG aus.[225]

116 Unter den Voraussetzungen des § 42d Abs. 6 Satz 2 und 3 EStG ist eine **Mithaftung des Entleihers ausgeschlossen**. Der Haftungsausschluss nach § 42d

---

222 Ausführlich Blümich/*Wagner* § 42d EStG Rn. 216 ff.; *Reinhart* BB 1986, 500; Schmidt/*Krüger* § 42d EStG Rn. 66 ff.
223 BFH, 24.03.1999 – I R 64/98, NZG 2000, 331.
224 In diesem Sinne a. LStR 2008 R 42d.2 Abs. 1.
225 Schmidt/*Krüger* § 42d EStG Rn. 68.

Abs. 6 Satz 2 EStG greift nach dem Gesetzeswortlaut bei legaler Arbeitnehmerüberlassung mit Verleiherlaubnis nach § 1 AÜG ein, soweit der Entleiher nachweist, seinen Mitwirkungspflichten nach § 51 Abs. 1 Nr. 2 Buchst. d) EStG nachgekommen zu sein. Die Nachweispflicht hat keine praktische Bedeutung, da die Bundesregierung von der Ermächtigung zum Erlass einer Rechtsverordnung bisher keinen Gebrauch gemacht hat.[226] § 42d Abs. 6 Satz 2 EStG gilt auch im Nachwirkungszeitraum nach § 2 Abs. 4 AÜG.[227]

▶ Praxistipp:

Auch bei einer legalen Arbeitnehmerüberlassung mit Erlaubnis nach § 1 AÜG ist die subsidiäre Lohnsteuerhaftung des Entleihers möglich (§ 42d Abs. 6 Satz 2 EStG).

Deshalb sollten Auftraggeber stets darauf bedacht sein, nur mit Auftragnehmern zusammenzuarbeiten, die im Besitz einer Verleiherlaubnis sind. Bei den auf Basis des AÜG stets unerlaubten Personaleinsätzen im Baugewerbe (vgl. § 1b Satz 1 AÜG) empfiehlt sich zum Schutz des Auftraggebers – ebenso wie bei der sozialversicherungsrechtlichen Subsidiärhaftung nach § 28e Abs. 2 SGB IV – die Vereinbarung einer Sicherheitsleistung.[228]

Weiter haftet der Entleiher – anders als bei § 28e Abs. 2 SGB IV – nicht, wenn er über das Vorliegen einer Arbeitnehmerüberlassung **ohne Verschulden** irrte (§ 42d Abs. 6 Satz 3 EStG). Praktisch bedeutsam wird dieser Befreiungstatbestand, wenn die Parteien das Vertragsverhältnis aufgrund der im Einzelfall häufig schwierigen Abgrenzung zur Arbeitnehmerüberlassung fehlerhaft als erlaubnisfreien Fremdpersonaleinsatz, etwa auf der Grundlage eines **Werk- oder Dienstvertrages**, eingeordnet haben und deshalb eine Verleiherlaubnis fehlt.[229] Ein schlichter (Tatbestands-)Irrtum über das Vorliegen einer tatsächlich fehlenden, aber erforderlichen Erlaubnis nach § 1 AÜG befreit den Entleiher nicht.[230] Für das Eingreifen des Ausschlussgrundes trägt der Entleiher die Feststellungslast.[231]

117

---

226 Blümich/*Wagner* § 42d EStG Rn. 225; Schmidt/*Krüger* § 42d EStG Rn. 70.
227 LStR 2008 R 42d.2 Abs. 4.
228 S. bereits Einl. Rdn. 100 (Praxistipp).
229 BT-Drucks. 10/4119, 8.
230 Blümich/*Wagner* § 42d EStG Rn. 226.
231 LStR 2008 R 42d.2 Abs. 4.

Einleitung

▶ Praxistipp:

Seine Unkenntnis über das Fehlen einer erforderlichen Verleiherlaubnis ist dem Entleiher stets vorzuwerfen, wenn dieser die Erklärung des Verleihers über das Vorliegen einer Erlaubnis gem. § 12 Abs. 1 AÜG nicht durch Nachfrage bei der zuständigen Erlaubnisbehörde überprüft hat.[232]

118 Die Haftung beschränkt sich auf die **Lohnsteuer für die Zeit, für die dem Entleiher der Arbeitnehmer überlassen** worden ist (§ 42d Abs. 6 Satz 4 EStG). Da der Verleiher – vorbehaltlich einer abweichenden Vereinbarung im Arbeitnehmerüberlassungsvertrag – bei Ausfall des Arbeitnehmers (z.B. Urlaub, Krankheit) eine Ersatzkraft stellen muss, ist der Arbeitnehmer dem Entleiher in dieser Ausfallzeit nicht überlassen.[233] Hat der Verleiher einen Teil der einbehaltenen Lohnsteuer abgeführt, haftet der Entleiher nur i.H.d. Differenzbetrages.

119 Ist die tatsächliche Lohnsteuer für den Überlassungszeitraum nicht oder nur schwer zu ermitteln, gestattet § 42d Abs. 6 Satz 7 EStG eine **Lohnsteuerpauschalierung** i.H.v. 15 % des zwischen Verleiher und Entleiher vereinbarten Entgelts ohne Umsatzsteuer; der Entleiher kann eine geringere Haftungsschuld glaubhaft machen.

120 Soweit die Haftung des Entleihers reicht, sind Verleiher, Entleiher und Leiharbeitnehmer **Gesamtschuldner** (§ 42d Abs. 6 Satz 5 EStG). Nach § 42d Abs. 6 Satz 6 EStG darf der Entleiher im Verhältnis zum Verleiher nur nachrangig in Anspruch genommen werden, wenn die Vollstreckung in das inländische bewegliche Vermögen des Verleihers fehlgeschlagen ist oder keinen Erfolg verspricht. Diese Subsidiarität gilt allerdings nicht ggü. dem Leiharbeitnehmer; im Haftungsbescheid muss das Finanzamt deshalb regelmäßig seine nach pflichtgemäßem Ermessen getroffene Entscheidung begründen, warum der Leiharbeitnehmer als Steuerschuldner nicht vorrangig in Anspruch genommen wird.[234]

---

232 LStR 2008 R 42d.2 Abs. 4.
233 Schmidt/*Krüger* § 42d EStG Rn. 72; *Urban-Crell/Schulz* Rn. 1277.
234 Blümich/*Wagner* § 42d EStG Rn. 232 f.; Schmidt/*Krüger* § 42d EStG Rn. 73; s.a. LStR 2008 R 42d.2 Abs. 6.

▶ Praxistipp:

Bei Arbeitnehmerüberlassung ohne Auslandsbezug ist das **Betriebsstättenfinanzamt des Verleihers** zuständig (§ 42d Abs. 6 Satz 9 EStG). Bei grenzüberschreitendem Personaleinsatz durch einen Verleiher mit Betriebssitz im Ausland gilt der Ort der Arbeitsleistung im Inland, d.h. der Einsatzort in Deutschland als Betriebsstätte. Zuständig ist dann das Betriebsstättenfinanzamt des Entleihers (§ 41 Abs. 2 Satz 2 Halbs. 2 EStG).

Das zuständige Finanzamt kann ggü. dem Entleiher nach Ermessen notwendige **Maßnahmen zur Sicherung des Steueranspruchs** anordnen (§ 42d Abs. 8 EStG). Die Sicherungsanordnung kann mündlich und in den Fällen ohne Begründung ergehen, in denen der Sicherungsbetrag max. 15 % des zwischen Verleiher und Entleiher vereinbarten Entgelts beträgt (§ 42d Abs. 8 Satz 1 Halbs. 2, Satz 2 und 3 EStG).[235]

121

II. Subsidiärhaftung des Verleihers

Trotz fehlender Arbeitgeberstellung des illegalen Verleihers (§ 9 Nr. 1 i.V.m. § 10 Abs. 1 Satz 1 AÜG) bleibt er im lohnsteuerrechtlichen Sinne Arbeitgeber, soweit er das Arbeitsentgelt an den Leiharbeitnehmer zahlt.[236] In diesem Fall haftet er für die Steuerschuld neben Leiharbeitnehmer und illegalem Entleiher als Gesamtschuldner (§ 42d Abs. 1, Abs. 3, Abs. 6 Satz 5 EStG).

122

Zu einer **Subsidiärhaftung des Verleihers nach § 42d Abs. 7 EStG** kommt es nur in den Fällen, in denen der Entleiher die Vergütung an den Leiharbeitnehmer zahlt und damit steuerrechtlich als Arbeitgeber behandelt wird. Faktisch werden diese Voraussetzungen nur bei illegaler Arbeitnehmerüberlassung erfüllt sein.[237] Die Haftung des Verleihers entspricht der Entleiherhaftung nach § 42d Abs. 6 EStG.[238]

123

---

235 S. dazu Schmidt/*Krüger* § 42d EStG Rn. 74.
236 BFH, 24.03.1999 – I R 64/98, NZG 2000, 331; BFH, 18.01.1991 – VI R 122/87, NJW 1992, 261.
237 Schmidt/*Drenseck* § 42d EStG Rn. 75.
238 Blümich/*Wagner* § 42d EStG Rn. 235; *Reinhart* BB 1986, 500.

Gesetz zur Regelung der Arbeitnehmerüberlassung (Arbeitnehmerüberlassungsgesetz – AÜG)

in der Fassung der Bekanntmachung vom 3. Februar 1995 (BGBl. I S. 158), das zuletzt durch Artikel 1 des Gesetzes vom 21. Februar 2017 (BGBl. I S. 258) geändert worden ist.

§ 1 Arbeitnehmerüberlassung, Erlaubnispflicht

(1) [1]Arbeitgeber, die als Verleiher Dritten (Entleihern) Arbeitnehmer (Leiharbeitnehmer) im Rahmen ihrer wirtschaftlichen Tätigkeit zur Arbeitsleistung überlassen (Arbeitnehmerüberlassung) wollen, bedürfen der Erlaubnis. [2]Arbeitnehmer werden zur Arbeitsleistung überlassen, wenn sie in die Arbeitsorganisation des Entleihers eingegliedert sind und seinen Weisungen unterliegen. [3]Die Überlassung und das Tätigwerdenlassen von Arbeitnehmern als Leiharbeitnehmer ist nur zulässig, soweit zwischen dem Verleiher und dem Leiharbeitnehmer ein Arbeitsverhältnis besteht. [4]Die Überlassung von Arbeitnehmern ist vorübergehend bis zu einer Überlassungshöchstdauer nach Absatz 1b zulässig. [6]Verleiher und Entleiher haben die Überlassung von Leiharbeitnehmern in ihrem Vertrag ausdrücklich als Arbeitnehmerüberlassung zu bezeichnen, bevor sie den Leiharbeitnehmer überlassen oder tätig werden lassen. [7]Vor der Überlassung haben sie die Person des Leiharbeitnehmers unter Bezugnahme auf diesen Vertrag zu konkretisieren.

(1a) [1]Die Abordnung von Arbeitnehmern zu einer zur Herstellung eines Werkes gebildeten Arbeitsgemeinschaft ist keine Arbeitnehmerüberlassung, wenn der Arbeitgeber Mitglied der Arbeitsgemeinschaft ist, für alle Mitglieder der Arbeitsgemeinschaft Tarifverträge desselben Wirtschaftszweiges gelten und alle Mitglieder auf Grund des Arbeitsgemeinschaftsvertrages zur selbstständigen Erbringung von Vertragsleistungen verpflichtet sind. [2]Für einen Arbeitgeber mit Geschäftssitz in einem anderen Mitgliedstaat des Europäischen Wirtschaftsraumes ist die Abordnung von Arbeitnehmern zu einer zur Herstellung eines Werkes gebildeten Arbeitsgemeinschaft auch dann keine Arbeitnehmerüberlassung, wenn für ihn deutsche Tarifverträge desselben Wirtschaftszweiges wie für die anderen Mitglieder der Arbeitsgemeinschaft nicht gelten, er aber die übrigen Voraussetzungen des Satzes 1 erfüllt.

(1b) [1]Der Verleiher darf denselben Leiharbeitnehmer nicht länger als 18 aufeinander folgende Monate demselben Entleiher überlassen; der Entleiher darf denselben Leiharbeitnehmer nicht länger als 18 aufeinander folgende Monate tätig werden lassen. ²Der Zeitraum vorheriger Überlassungen durch denselben oder einen anderen Verleiher an denselben Entleiher ist vollständig anzurechnen, wenn zwischen den Einsätzen jeweils nicht mehr als drei Monate liegen. ³In einem Tarifvertrag von Tarifvertragsparteien der Einsatzbranche kann eine von Satz 1 abweichende Überlassungshöchstdauer festgelegt werden. ⁴Im Geltungsbereich eines Tarifvertrages nach Satz 3 können abweichende tarifvertragliche Regelungen im Betrieb eines nicht tarifgebundenen Entleihers durch Betriebs- oder Dienstvereinbarung übernommen werden. ⁵In einer auf Grund eines Tarifvertrages von Tarifvertragsparteien der Einsatzbranche getroffenen Betriebs- oder Dienstvereinbarung kann eine von Satz 1 abweichende Überlassungshöchstdauer festgelegt werden. ⁶Können auf Grund eines Tarifvertrages nach Satz 5 abweichende Regelungen in einer Betriebs- oder Dienstvereinbarung getroffen werden, kann auch in Betrieben eines nicht tarifgebundenen Entleihers bis zu einer Überlassungshöchstdauer von 24 Monaten davon Gebrauch gemacht werden, soweit nicht durch diesen Tarifvertrag eine von Satz 1 abweichende Überlassungshöchstdauer für Betriebs- oder Dienstvereinbarungen festgelegt ist. ⁷Unterfällt der Betrieb des nicht tarifgebundenen Entleihers bei Abschluss einer Betriebs- oder Dienstvereinbarung nach Satz 4 oder Satz 6 den Geltungsbereichen mehrerer Tarifverträge, ist auf den für die Branche des Entleihers repräsentativen Tarifvertrag abzustellen. ⁸Die Kirchen und die öffentlich-rechtlichen Religionsgesellschaften können von Satz 1 abweichende Überlassungshöchstdauern in ihren Regelungen vorsehen.

(2) Werden Arbeitnehmer Dritten zur Arbeitsleistung überlassen und übernimmt der Überlassende nicht die üblichen Arbeitgeberpflichten oder das Arbeitgeberrisiko (§ 3 Abs. 1 Nr. 1 bis 3), so wird vermutet, dass der Überlassende Arbeitsvermittlung betreibt.

(3) Dieses Gesetz ist mit Ausnahme des § 1b Satz 1, des § 16 Absatz 1 Nummer 1f und Absatz 2 bis 5 sowie der §§ 17 und 18 nicht anzuwenden auf die Arbeitnehmerüberlassung
1. zwischen Arbeitgebern desselben Wirtschaftszweiges zur Vermeidung von Kurzarbeit oder Entlassungen, wenn ein für den Entleiher und Verleiher geltender Tarifvertrag dies vorsieht,
2. zwischen Konzernunternehmen im Sinne des § 18 des Aktiengesetzes, wenn der Arbeitnehmer nicht zum Zweck der Überlassung eingestellt und beschäftigt wird,

2a. zwischen Arbeitgebern, wenn die Überlassung nur gelegentlich erfolgt und der Arbeitnehmer nicht zum Zweck der Überlassung eingestellt und beschäftigt wird,
2b. zwischen Arbeitgebern, wenn Aufgaben eines Arbeitnehmers von dem bisherigen zu dem anderen Arbeitgeber verlagert werden und auf Grund eines Tarifvertrages des öffentlichen Dienstes
   a) das Arbeitsverhältnis mit dem bisherigen Arbeitgeber weiter besteht und
   b) die Arbeitsleistung zukünftig bei dem anderen Arbeitgeber erbracht wird,
2c. zwischen Arbeitgebern, wenn diese juristische Personen des öffentlichen Rechts sind und Tarifverträge des öffentlichen Dienstes oder Regelungen der öffentlich-rechtlichen Religionsgesellschaften anwenden, oder
3. in das Ausland, wenn der Leiharbeitnehmer in ein auf der Grundlage zwischenstaatlicher Vereinbarungen begründetes deutsch-ausländisches Gemeinschaftsunternehmen verliehen wird, an dem der Verleiher beteiligt ist.

Übersicht		Rdn.
A.	Allgemeines	1
B.	Arbeitnehmerüberlassung – Abs. 1 Sätze 1 bis 2	4
I.	Arbeitnehmerüberlassung	4
	1. Begriff	6
	a) Onsite-Management	11
	b) Kirchliche Arbeitgeber	15
	2. Beteiligte Personen	18
	a) Verleiher	19
	aa) Begriff	20
	bb) Mischbetriebe	22
	aaa) Anwendbarkeit des AÜG	23
	bbb) Fallgruppen	26
	b) Entleiher	28
	c) Leiharbeitnehmer	31
	3. Rechtsbeziehungen	40
	a) Leiharbeitsvertrag	40
	aa) Pflichten des Verleihers	43
	aaa) Beschäftigungspflicht	45
	bbb) Nebenpflichten/Obliegenheiten	47
	ccc) Aufwendungsersatz	49
	bb) Pflichten des Leiharbeitnehmers	51

		aaa)	Weisungsrecht des Verleihers.....................	52
		bbb)	Leistungs-, Erfüllungs-, Arbeits- und Einsatzort.......	54
	cc)	Schwerbehindertenrecht...............................		63
	dd)	Entgeltfortzahlungspflichten...........................		65
		aaa)	Entgeltfortzahlung im Krankheitsfall...............	66
		bbb)	Entgeltfortzahlung an Feiertagen..................	69
b)	Arbeitnehmerüberlassungsvertrag............................			71
	aa)	Inhaltliche Ausgestaltung.............................		75
		aaa)	Hauptpflicht des Verleihers.......................	76
		bbb)	Hauptleistungspflicht des Entleihers...............	82
	bb)	Nebenpflichten......................................		86
	cc)	Pflichtverletzungen...................................		87
c)	Beschäftigungsverhältnis Entleiher – Leiharbeitnehmer..........			89
	aa)	Aufspaltung der Arbeitgeberfunktionen.................		92
	bb)	Haftung des Entleihers...............................		97
		aaa)	Schädigung des Leiharbeitnehmers.................	98
		bbb)	Haftung für nicht abgeführte Abgaben.............	100
	cc)	Haftung des Leiharbeitnehmers........................		102
		aaa)	Ansprüche des Entleihers........................	103
		bbb)	Freistellungsansprüche...........................	104
		ccc)	Rechtsweg.....................................	105

II. I.R.d. wirtschaftlichen Tätigkeit – Abs. 1 Satz 1 106
  1. Einleitung.. 106
  2. Wirtschaftliche Tätigkeit....................................... 107
  3. Gewerbsmäßigkeit – Altfälle 111
    a) Begriff... 111
    b) Nichtgewerbsmäßige Arbeitnehmerüberlassung.............. 114
    c) Merkmale 117
      aa) Selbstständigkeit..................................... 118
      bb) Auf Dauer angelegt.................................. 121
      cc) Gewinnerzielungsabsicht.............................. 124
        aaa) Begriff... 125
        bbb) Mittelbarer Gewinn............................. 128
III. Präventives Verbot mit Erlaubnisvorbehalt......................... 131
IV. Abgrenzungsfragen... 135
  1. Allgemeines.. 138
    a) Indizien für das Vorliegen faktischer Arbeitnehmerüberlassung.... 141
    b) Abgrenzung zum Gemeinschaftsbetrieb..................... 142
    c) Prozessuale Situation 147
      aa) Darlegungs- und Beweislast 148
      bb) Verwirkung... 150
  2. Werkvertrag.. 153

		a) Vertragspflichten und Vertragszweck	156
		b) Unschädlichkeit von Anweisungen gem. § 645 Abs. 1 Satz 1 BGB	158
		c) Spezifische Abgrenzungsmerkmale.........................	161
		aa) Ausgestaltung des Vertragsinhalts zwischen Besteller und Werkunternehmer..	163
		bb) Ausgestaltung des Vertragsinhalts zwischen Werkunternehmer und Arbeitnehmer	165
		cc) Urlaub, Arbeitszeiten	167
		dd) Arbeitsausrüstung.....................................	169
	3.	Bedienungspersonal...	171
	4.	Dienstvertrag...	174
		a) Vertragliche Ausgestaltung...................................	175
		b) Spezifische Abgrenzungsmerkmale.........................	177
		aa) Ausgestaltung des Vertragsinhalts	177
		bb) Überlassung von Arbeitsmaterialien/Visitenkarten	180
		cc) Gruppenbildung.......................................	181
		dd) Sonstige Indizien......................................	182
	5.	Geschäftsbesorgungsvertrag.......................................	184
	6.	Sonderfall: Interim-Management	186
	7.	Mischverträge	189
	8.	Arbeitsvermittlung	194
	9.	Identifikation von Scheinwerk- und Scheindienstverträgen........	196
	10.	Praxis und Geschäftsanweisung der BA...........................	197
B.	Kettenverleih – Abs. 1 Satz 3		199
C.	Vorübergehende Arbeitnehmerüberlassung – Abs. 1 Satz 4, Abs. 1b		204
I.	Allgemeines...		204
II.	Vorübergehender Einsatz		206
	1.	Rechtslage ab dem 01.04.2017.....................................	206
		a) Gesetzliche Überlassungsdauer – Satz 1	208
		b) Anrechnung vorheriger Überlassungen – Satz 2.................	225
		c) Tarifgebundene Entleiher – Satz, 3, 5	234
		d) Nicht tarifgebundene Entleiher – Satz 4, 6	247
		e) Repräsentativitätsprinzip – Satz 7	254
		f) Kirchen und öffentlich-rechtliche Religionsgemeinschaften – Satz 8..	258
		g) Rechtsfolgen	259
	2.	Rechtslage vor dem 01.04.2017 – Altfälle.......................	265
III.	Rechtsfolgen...		267
	1.	Fiktion eines Arbeitsverhältnisses	268
	2.	Zustimmungsverweigerungsrecht des Betriebsrats.................	273
C.	Offenlegungs- und Konkretisierungspflicht – Abs. 1 Sätze 5 und 6		277
I.	Offenlegungspflicht		279

II.	Konkretisierungspflicht	291
D.	**Abordnung zu einer Arbeitsgemeinschaft – Abs. 1a**	297
I.	Voraussetzungen für Arbeitgeber mit Sitz im Inland	298
II.	Voraussetzungen für Arbeitgeber in anderen Mitgliedsstaaten	301
E.	**Vermutete Arbeitsvermittlung – Abs. 2**	303
I.	Allgemeines	303
II.	Voraussetzungen	305
	1. Nichtübernahme der Arbeitgeberpflichten und des Arbeitgeberrisikos	305
	2. Widerlegbarkeit	306
III.	Rechtsfolgen	309
	1. Vermutete Arbeitsvermittlung bei Verleih mit Verleiherlaubnis	310
	a) Rechtsbeziehungen zwischen Leiharbeitnehmer und Entleiher	311
	b) Rechtsbeziehungen zwischen Verleiher und Leiharbeitnehmer	312
	c) Rechtsbeziehungen zwischen Verleiher und Entleiher	313
	d) Sonstige Sanktionen	314
	2. Vermutete Arbeitsvermittlung bei Verleih ohne Verleiherlaubnis	318
	3. Verwaltungszwang	321
F.	**Ausnahmetatbestände – Abs. 3**	323
I.	Einleitung	323
II.	Arbeitsplatzsichernde Arbeitnehmerüberlassung – Abs. 3 Nr. 1	327
	1. Praktische Bedeutung	328
	2. Voraussetzungen	329
	a) Arbeitgeber desselben Wirtschaftszweiges	330
	b) Vermeidung von Kurzarbeit und Entlassungen	332
	c) Geltung eines Tarifvertrags für Entleiher und Verleiher	336
III.	Konzerninterne Arbeitnehmerüberlassung – Abs. 3 Nr. 2	338
	1. Anwendungsbereich und Reichweite des Konzernprivilegs	339
	2. Voraussetzungen	341
	a) Eingreifen des sektoralen Verbots des § 1b Satz 1 AÜG	342
	b) Konzernunternehmen	343
	c) Nicht zum Zweck der Überlassung eingestellt und beschäftigt	347
	d) Vorübergehende Arbeitsleistung – Altfälle	350
	aa) Festlegung des Rückkehrtermins und zeitliche Höchstgrenze	351
	bb) Wiederaufnahme der Tätigkeit	353
	cc) Gewerbsmäßigkeit	355
	3. Sonderfall: Personalführungsgesellschaften	357
	a) Gesetzgeberischer Wille	358
	b) Vorübergehender Einsatz	359
	c) Rechtsmissbrauch durch Überlassung im Konzern	362
	aa) Umgehung durch geplante langfristige Überlassung	363
	bb) Umgehung durch Zweckrichtung der Lohnkostenreduktion	364

			aaa) Kein generelles Verbot der Schlechterstellung	365
			bbb) Unterlaufen von Gesetzes- und Tarifnormen.	367
		cc)	Strohmannkonstruktionen	369
	4.	Betriebsübergangsproblematik.		372
	5.	Grenzüberschreitende konzerninterne Arbeitnehmerüberlassung		377
	6.	Arbeitsrechtliche Erfordernisse		378
		a)	Individualrechtlich.	380
		b)	Kollektivrechtlich.	382
IV.	Gelegentliche Überlassung – Abs. 3 Nr. 2a			383
	1.	Allgemeines.		383
	2.	Gelegentlich		384
	3.	Nicht zum Zweck der Überlassung eingestellt und beschäftigt		386
V.	Personalgestellung – Abs. 3 Nr. 2b			387
	1.	Allgemeines.		387
	2.	Voraussetzungen		389
		a)	Verlagerung von Aufgaben.	389
		b)	Personalgestellung	390
VI.	Juristische Personen des öffentlichen Rechts – Abs. 3 Nr. 2c			396
	1.	Allgemeines.		396
	2.	Voraussetzungen		397
		a)	Juristische Person des öffentlichen Rechts	397
		b)	Anwendung der Tarifverträge des öffentlichen Dienstes.	398
		c)	Anwendung der Regelungen der öffentlich-rechtlichen Religionsgemeinschaften	399
VII.	Auslandsverleih – Abs. 3 Nr. 3			400
	1.	Allgemeines.		400
	2.	Voraussetzungen		402
		a)	Eingreifen des sektoralen Verbots des § 1b Satz 1 AÜG.	402
		b)	Deutsch-ausländisches Gemeinschaftsunternehmen	403
			aa) Keine Notwendigkeit eines Konzernbezugs.	405
			bb) Auf Grundlage zwischenstaatlicher Vereinbarung	406
VI.	Rechtsfolgen			408

A. Allgemeines

§ 1 AÜG hat durch das Gesetz zur Änderung des Arbeitnehmerüberlassungs- 1
gesetzes und anderer Gesetze vom 21.02.2017[1] mit Wirkung zum 01.04.2017
erhebliche und für die Praxis bedeutsame Änderungen erfahren. Der Gesetzgeber definiert, wann eine Arbeitnehmerüberlassung vorliegen soll (§ 1 Abs. 1

---

1 BGBl. I, 258.

Satz 1, 2 AÜG). Dabei kommt es maßgeblich auf die weisungsgebundene Eingliederung des Leiharbeitnehmers in die Betriebsorganisation des Entleihers an.

2 Auf Grundlage der Festlegungen im Koalitionsvertrag wird das streitbefangene Merkmal des »vorübergehenden« Einsatzes in § 1 Abs. 1 Satz 4 AÜG konkretisiert, indem eine gesetzliche **Höchstüberlassungsdauer** von 18 Monaten in das Gesetz aufgenommen wird, die allerdings u.a. tarifdisponibel ausgestaltet ist (§ 1 Abs. 1b AÜG).

3 In § 1 Abs. 1 Satz 5, 6 AÜG werden besondere Offenlegungs- und Konkretisierungspflichten von Verleiher und Entleiher begründet. Der Privilegierungstatbestand nach § 1 Abs. 3 AÜG wird ausgeweitet und insbesondere die im öffentlichen Dienst weit verbreitete Personalgestellung von der Anwendung der wesentlichen Vorschriften des AÜG ausgenommen.

B. Arbeitnehmerüberlassung – Abs. 1 Sätze 1 bis 2

I. Arbeitnehmerüberlassung

4 Die Arbeitnehmerüberlassung stellt eine Form des **drittbezogenen Personaleinsatzes** dar, bei dem Arbeitskräfte zum Einsatz in einen fremden Betrieb zur Verfügung gestellt werden. Dem AÜG liegt eine Dreieckskonstellation zugrunde, in der einem Dritten, dem **Entleiher**, von einem Arbeitgeber, dem **Verleiher**, Arbeitnehmer, **Leiharbeitnehmer**, zur Arbeitsleistung überlassen werden, die der Entleiher entsprechend seinen betrieblichen Erfordernissen weisungsgebunden in seinem Betrieb einsetzt.

5 Neben der vom Gesetzgeber verwendeten Bezeichnung als Arbeitnehmerüberlassung finden sich im allgemeinen Sprachgebrauch mehrere Synonyme für diesen Begriff. Durchgesetzt haben sich die Bezeichnungen Zeitarbeit, Leiharbeit, Personalleasing sowie Temporary Employment.

1. Begriff

6 Das Gesetz enthielt bis zum 01.04.2017 **keine Legaldefinition** der Arbeitnehmerüberlassung, sondern setzte den Begriff voraus. Mit Wirkung zum 01.04.2017 ist § 1 Abs. 1 Satz 1 AÜG um eine solche ergänzt worden,[2] ohne

---

[2] Gesetz zur Änderung des Arbeitnehmerüberlassungsgesetzes und anderer Gesetze vom 21.02.2017, BGBl. I, 258.

allerdings – so dürfte die Gesetzesbegründung zu verstehen sein – den bisherigen Anwendungsbereich und die Reichweite der Erlaubnispflicht ändern zu wollen.³ Danach ist für eine Arbeitnehmerüberlassung im Sinne von § 1 Abs. 1 Satz 1 AÜG erforderlich, dass Arbeitgeber als Verleiher Dritten (Entleiher) Arbeitnehmer (Leiharbeitnehmer) im Rahmen ihrer wirtschaftlichen Tätigkeit zur Arbeitsleistung überlassen. Arbeitnehmer werden zur Arbeitsleistung überlassen, wenn sie in die Arbeitsorganisation des Entleihers eingegliedert sind und seinen Weisungen unterliegen (§ 1 Abs. 1 Satz 2 AÜG).

Die Arbeitnehmerüberlassung erforderte dabei bislang eine **Vereinbarung** zwischen dem **Vertragsarbeitgeber** (Verleiher) und einem **Dritten** (Entleiher), nach der mindestens ein **Arbeitnehmer** (Leiharbeitnehmer) aufgrund der damit eingegangenen Verpflichtung seines Arbeitgebers bei dem Dritten zur Förderung von dessen – also fremden – Betriebszwecken tätig wird und es zu einer vollständigen **Eingliederung** des Arbeitnehmers in den Betrieb des Entleihers kommt.⁴

Zweifelhaft ist vor diesem Hintergrund, ob das gesetzgeberische Ziel, nämlich den bisherigen Anwendungsbereich des AÜG nicht zu ändern, unter Berücksichtigung der ab dem 01.04.2017 geltenden Fassung von § 1 Abs. 1 Satz 1, 2 AÜG tatsächlich realisiert werden kann. Nach der Gesetzesbegründung soll diese Regelung auf Grundlage der Rechtsprechung bestimmen, unter welchen Voraussetzungen ein Arbeitnehmer überlassen wird; sie soll damit der Abgrenzung zwischen dem Einsatz eines Arbeitnehmers als Leiharbeitnehmer im Rahmen einer Arbeitnehmerüberlassung und als Erfüllungsgehilfe im Rahmen eines Werk- bzw. Dienstvertrages dienen, nicht aber die Rechtslage ändern.⁵ Entsprechend der Rechtsprechung liegt beim Fremdpersonaleinsatz Arbeitnehmerüberlassung vor, wenn der Leiharbeitnehmer in die Arbeitsorganisation des Entleihers eingegliedert ist und dessen Weisungen unterliegt. Ob dies der Fall ist, ist anhand einer wertenden Gesamtbetrachtung aller Umstände des jeweiligen Einzelfalls zu bestimmen.⁶ Problematisch ist, dass der Gesetzge-

---

3 BT-Drucks. 18/9232, 19.
4 BAG, 18.01.1989 – 7 ABR 21/88, BAGE 61, 7 = AP BetrVG 1972 § 9 Nr. 1; zum deckungsgleichen Begriff im Sozialversicherungsrecht BSG, 24.04.2003 – B 10 LW 8/02 P, NZS 2004, 43.
5 BT-Drucks. 18/10064, 13 f.
6 Vgl. BT-Drucks. 18/9232, 17 f.

ber lediglich beabsichtigte die Rechtsprechung nachzuzeichnen, dies aber mit Blick auf die Formulierung von § 1 Abs. 1 Satz 2 AÜG – unter Berücksichtigung des konkreten Wortlautes der gesetzlichen Bestimmung – nicht bzw. nicht hinreichend gelungen ist. Nach Ansicht des BAG liegt nämlich eine Arbeitnehmerüberlassung vor, wenn dem Entleiher Arbeitskräfte zur Verfügung gestellt werden, die **voll** in dessen Betrieb eingegliedert sind und ihre Arbeit **allein** nach dessen Weisungen und in dessen Interessen ausführen.[7] § 1 Abs. 1 Satz 2 AÜG sieht allerdings eine »volle« Eingliederung und eine »alleinige« Weisungsunterworfenheit gerade nicht vor.[8]

▶ Hinweis:

Es bleibt im Ergebnis abzuwarten, wie die Praxis, insbesondere die Erlaubnisbehörden und der Zoll, auf die Anpassung von § 1 Abs. 1 Satz 2 AÜG reagieren werden.[9] Unter Berücksichtigung der Erwägungen in der Gesetzesbegründung dürfte nicht davon auszugehen sein, dass sich die von der Rechtsprechung entwickelten Voraussetzungen für eine Arbeitnehmerüberlassung gem. § 1 AÜG ändern werden. Vielmehr sind die entsprechenden Kriterien (»volle« Eingliederung und eine »alleinige« Weisungsunterworfenheit) im Wege der Auslegung weiterhin in § 1 Abs. 1 Satz 2 AÜG hineinzulesen, so dass ein bisher als Werkvertrag durchgeführter Fremdpersonaleinsatz auf Grundlage der geänderten gesetzlichen Vorschriften und Definitionen nicht in eine Arbeitnehmerüberlassung »umdeklariert« werden kann. Dabei ist zu beachten, dass der Leiharbeitnehmer selbst als ausführende Person und nicht nur der Arbeitsprozess, in dem er eingesetzt wird, in die Arbeitsorganisation des Entleihers eingebunden werden muss.[10]

9 Zudem ist zu berücksichtigen, dass die Begriffe »Leiharbeitnehmer« und »Leiharbeitsunternehmen« letztlich auch die die insoweit einschlägige Leiharbeitsrichtlinie geprägt werden; die nationalgesetzliche Definition der

---

7 BAG, 30.01.1991 – 7 AZR 497/89, NZA 1992, 19; BAG, 13.08.2008 – 7 AZR 269/07, juris; vgl. *Tuengerthal/Andorfer* BB 2016, 1911 m.w.N.
8 Kritisch zu § 1 Abs. 1 Satz 2 AÜG auch *Thüsing* DB 2016, 2663 f.
9 Kritisch zu der Änderung: *Tuengerthal/Andorfer* BB 2016, 1911 ff.; in diesem Sinne ebenfalls: *Siebert/Novak* ArbR 2016, 391; *Thüsing/Schmidt* ZIP 2016, 58.
10 Vgl. BAG, 05.03.1991 – 1 ABR 39/90.

Arbeitnehmerüberlassung muss sich letztlich an den Vorgaben des EuGH[11] in diesem Zusammenhang messen lassen.

In den Gesetzesmaterialien wird ausdrücklich darauf hingewiesen, dass die Vorschrift von § 1 Abs. 1 Satz 1, 2 AÜG nicht darauf abziele, die unternehmerische Tätigkeit beispielsweise von Beratungsunternehmen einzuschränken. Die Neuregelung solle dem sachgerechten Einsatz von Werk- und Dienstverträgen in den zeitgemäßen Formen des kreativen oder komplexen Projektgeschäfts nicht entgegenstehen, wie sie z.B. in der Unternehmensberatungs- oder IT-Branche in Optimierungs-, Entwicklungs- und IT-Einführungsprojekten anzutreffen seien. Auch für solche Einsätze und für die Tätigkeit von Beratern sollen die allgemeinen Grundsätze zur Abgrenzung zwischen Dienst- und Werkleistungen auf der einen und Arbeitnehmerüberlassung auf der anderen Seite weiterhin zur Anwendung kommen. Dabei solle z.B. eine für die Tätigkeit eines Beraters typische Bindung hinsichtlich des Arbeitsorts an eine Tätigkeit im Betrieb des beratenen Unternehmens allein regelmäßig keine persönliche Abhängigkeit gegenüber letzterem begründen. Vielmehr solle entsprechend der bisherigen Praxis eine wertende Gesamtbetrachtung vorgenommen werden, ob unter Berücksichtigung aller maßgebenden Umstände des Einzelfalls eine Eingliederung in den Betrieb des Auftraggebers erfolge.[12] Soweit daraus – mitunter pauschal und verallgemeinernd – abgeleitet worden ist, dass »der Gesetzgeber mit der neuen Regelung ausdrücklich klargestellt [hat], dass die Tätigkeiten von Unternehmensberatern nicht als Zeitarbeit zu bewerten sind«,[13] ist diese Betrachtung in dieser allgemeinen Form freilich unzutreffend. Auch für in der Begründung genannten Branchen ist nach den von der Rechtsprechung entwickelten Kriterien im Einzelfall abzugrenzen, ob eine Eingliederung in den Betrieb des Entleihers vorliegt. Beraterische Tätigkeiten können sich – ggf. auch ungewollt – als Arbeitnehmerüberlassung darstellen. Dies gilt im Übrigen auch auf für die in der Gesetzesbegründung genannten IT-Dienstleistungen. Dort wird lediglich klargestellt, dass diese – wie auch nach der alten Rechtslage – im Rahmen von Werk- oder Dienstverträgen – erbracht werden können. Ob dies tatsächlich der Fall ist, hängt jedoch von der tatsächlichen Durchführung der Vereinbarung ab.

---

11 Vgl. EuGH, 18.06.2015 – C-586/13, NZA 2015, 925 – Martin Meat; EuGH, 10.02.2011 – C-307/09, C-308/09, C-309/09, NZA 2011, 283 – Vicoplus.
12 BT-Drucks. 18/10064, 13 f.
13 Vgl. Stellungnahme des Bundesverbands Deutscher Unternehmensberater v. 09.11.2016, abrufbar unter: http://www.presseportal.de/pm/9562/3478570.

Nicht abschließend geklärt war, ob die Voraussetzungen für eine (erlaubnispflichtige) Arbeitnehmerüberlassung bei einer Personalgestellung im öffentlichen Dienst[14] erfüllt sind;[15] bezweifelt wurde bereits, dass eine »wirtschaftliche Tätigkeit« i.S.v. § 1 Abs. 1 S. 1 AÜG vorliegen soll.[16] Diese Streitigkeit hat sich mit Wirkung zum 01.04.2017 erledigt, da der Gesetzgeber in § 1 Abs. 3 Nr. 2b AÜG einen weiteren Ausnahmetatbestand geschaffen hat, durch den die Anwendung der wesentlichen Vorschriften des AÜG auf die auf Grundlage des TVöD durchgeführte Personalgestellung ausgeschlossen wird.[17]

a) Onsite-Management

11   I.R.d. Arbeitnehmerüberlassung trifft man in der Praxis häufig auf das Schlagwort des **Onsite-Managements**. Dieser Begriff bezeichnet die Bereitstellung eines Ansprechpartners und **Koordinators** des Verleiher in dem Betrieb des Entleihers.

12   Der praktische Vorteil einer solchen Gestaltung liegt in der größeren Sachnähe des Verleihers mit Blick auf die individuellen Bedürfnisse des einzelnen Entleihers. Das Onsite-Management soll die unmittelbare Möglichkeit vermitteln, die ggf. **wechselnden Anforderungen**, die sich beim Entleiher ergeben, zu beurteilen und diese sowohl dem Verleiher als auch den überlassenen Arbeitnehmern mitzuteilen. Das Onsite-Management hat sich damit im Sinne einer lediglich hinsichtlich der **praktischen Ausgestaltung** speziellen Form der Arbeitnehmerüberlassung als Folge der Abschaffung der

---

14 § 4 Abs. 3 TVöD lautet auszugsweise: »Werden Aufgaben eines Beschäftigten zu einem Dritten verlagert, ist auf Verlangen des Arbeitgebers bei weiterbestehendem Arbeitsverhältnis die arbeitsvertraglich geschuldete Arbeitsleistung bei dem Dritten zu erbringen.«.
15 Bejahend: *Löwisch/Domich* BB 2012, 1408; im Ergebnis auch: LAG Düsseldorf, 26.07.2012 – 15 Sa 1452/11, BB 2012, 2112; abweichend: *Ruge/von Tiling* ZTR 2012, 263.
16 Vgl. *Ruge/von Tiling* ZTR 2012, 265; a.A. *Gerdom* öAT 2011, 151.
17 Dazu vertiefend: Rdn. 387 ff.

Höchstüberlassungsdauer mit Wirkung zum 01.01.2003 herausgebildet. Rechtliche Besonderheiten bestanden nicht. Zwar wurde zum 01.04.2017 (wieder) eine gesetzliche Höchstüberlassungsdauer (18 Monate) eingeführt (§ 1 Abs. 1 Satz 4, Abs. 1b AÜG), jedoch wird diese aufgrund der arbeitnehmer- und nicht arbeitsplatzbezogenen Bestimmung[18] nicht dazu führen, dass ein Onsite-Management zukünftig nicht mehr darstellbar ist. Vielmehr ist lediglich dafür Sorge zu tragen, dass die Leiharbeitnehmer mit dem Erreichen der Höchstüberlassungsdauer bei dem Entleiher aus dem Einsatz »herausrotieren« und gegen andere Leiharbeitnehmer ausgetauscht werden.[19] Nach einer Unterbrechung von mehr als drei Monaten können diese wieder zu dem betreffenden Entleiher »zurückrotieren«.[20] Der Koordinationsbedarf durch einen Onsite-Manager vor Ort dürfte sich durch diese gesetzliche Änderung eher noch steigern als abnehmen. Vor diesem Hintergrund dürfte auch die zum 01.04.2017 erfolgte Anpassung des AÜG zumindest keine negativen Auswirkungen auf die rechtlich-faktische Realisierbarkeit und die Durchführbarkeit eines Onsite-Managements beim Entleiher haben.

b) Master-Vendor-Modell

Kann – in der Praxis oftmals, aber nicht zwingend im Rahmen eines zwischen dem Verleiher und dem Entleiher vorgesehenen Onsite-Managements – der betreffenden Verleiher die Personalanforderungen des Entleihers nicht oder über die Zeit nicht hinreichend decken, kann zwischen dem Verleiher und dem Entleiher vereinbart werden, dass weitere Verleiher ihre Leiharbeitnehmer an den Entleiher überlassen; zur Koordination und Administration der Überlassungen und sonstigen Dienstleistungen schließt der »Hauptverleiher« (Master) mit weiteren Verleihern (Co-Partner) einen Kooperations- und Dienstleistungsvertrag ab.[21] Der Master vermittelt sodann von den Co-Partnern bediente Überlassungen an den Entleiher, der – vor dem Hintergrund des Verbotes der Kettenüberlassung (§ 1 Abs. 1 Satz 3 AÜG) – seinerseits eigene, vom Master mit dem Co-Partner und dem Entleiher abgestimmte und geprüfte (Einzel-)Arbeitnehmerüberlassungsverträge abschließt. Sollte

---

18 Dazu: Rdn. 211.
19 Vgl. Rdn. 215 ff.
20 Dazu: Rdn. 215 ff.
21 Ausführlich dazu: *Dahl/Dreyer/von der Planitz/von Rundstedt*, Personaldienstleister in Deutschland, S. 81 ff.

der Master die wirtschaftlichen Rahmenbedingungen der Überlassung mit dem Entleiher verhandeln, z.B. einen einheitlichen Verrechnungspreis, wird die Konstruktion als »Master-Vendor-Modell« bezeichnet, durch die der Master auch die betriebswirtschaftliche Verantwortung übernimmt.[22] Ziel derartiger Master-Vendor-Verträge ist es, dem Entleiher mit dem Master einen einheitlichen Ansprechpartner – insbesondere im Rahmen eines Onsite-Managements – zur Verfügung zu stellen, der den benötigten Bedarf des Fremdpersonals – unter Einbindung der Co-Partner – organisiert, koordiniert und administriert. Die jeweiligen Co-Partner sollen bei derartigen Konstruktionen – soweit rechtlich möglich – im Hintergrund bleiben.[23]

14 Beschäftigungspolitisch wurden gerade aufgrund der nicht selten über Jahre unveränderten Zusammensetzung der eingesetzten Gruppen die überlassenen Arbeitnehmer häufig als »**zweite Belegschaft**« des Entleihers bezeichnet.[24] Derartige Formen der Arbeitnehmerüberlassung mit einer dauerhaften Substituierung von Dauerarbeitsplätzen beim Entleiher sind unter Berücksichtigung des an sich nur »vorübergehenden« Einsatzes von Leiharbeitnehmern und der nunmehr vorgesehenen gesetzlichen **Höchstüberlassungsdauer** (§ 1 Abs. 1 Satz 4, Abs. 1b AÜG) nur noch eingeschränkt möglich, aber aufgrund des Personenbezugs bei der Bestimmung der zulässigen **Höchstüberlassungsdauer** nicht ausgeschlossen.[25]

▶ Beispiel:

Der Entleiher betreibt ein Call-Center. Der Verleiher stellt regelmäßig Leiharbeitnehmer als »Call-Center-Agents« zur Verfügung, die für den Entleiher Angebote dessen jeweiliger Auftraggeber am Telefon anbieten. Die einzelnen Leiharbeitnehmer werden dabei maximal bis zur zulässigen Höchstüberlassungsdauer bei dem Kunden eingesetzt und dann gegen einen anderen Leiharbeitnehmer ausgetauscht. Ebenfalls innerhalb des Call-Centers eingesetzt ist ein

---

22 Vgl. *Dahl/Dreyer/von der Planitz/von Rundstedt*, Personaldienstleister in Deutschland, S. 81 ff.
23 *Dahl/Dreyer/von der Planitz/von Rundstedt*, Personaldienstleister in Deutschland, S. 81 ff.
24 *Böhm* NZA 2005, 554.
25 S. dazu auch: Rdn. 211 ff.

Arbeitnehmer des Verleihers, der dem Entleiher als Ansprechpartner zur Verfügung steht und die entliehenen »Call-Center-Agents« bei jedem Auftrag eines Neukunden (des Entleihers) in dessen Angebotsportfolio, die jeweils gewünschte Art der Ansprache etc. einweist.

c) Kirchliche Arbeitgeber

Das Institut der Arbeitnehmerüberlassung ist mittlerweile auch bei kirchlichen Arbeitgebern anerkannt – wenngleich nur eingeschränkt.

Die Limitierung besteht jedenfalls für den Bereich der evangelischen Kirche. Ihren Grund findet diese Einschränkung im kirchlichen Grundsatz des **Leitbildes von der Dienstgemeinschaft**.[26] Eine auf Dauer angelegte Beschäftigung von Leiharbeitnehmern, insb. eine (mittelbare) Ersetzung von Mitarbeitern der Stammbelegschaft durch diese, stehe zu diesem Grundsatz im Widerspruch. Ein geplanter **dauerhafter Einsatz** von Leiharbeitnehmern ist nach der Rechtsprechung des Kirchengerichtshofs der evangelischen Kirche daher mit dem **Kirchenarbeitsrecht** nicht vereinbar. Für die katholische Kirche fehlt es bisher an einer korrespondierenden Entscheidung.

Keine Arbeitnehmerüberlassung i.S.d. AÜG liegt im Fall sog. **Gestellungsverträge** vor. Hierbei handelt es sich um eine Form des Tätigwerdens Betriebsfremder in einem Betrieb, bei denen Ordensangehörige Kraft eines Vertrages zwischen religiösem Orden und »Entleiher« in dessen Betrieb tätig werden. Die Anwendbarkeit des AÜG scheitert in diesen Fällen regelmäßig an der Arbeitnehmereigenschaft der Ordensangehörigen,[27] wohl aber nicht mehr an der fehlenden Gewerbsmäßigkeit der Überlassung selbst, wie dies zu § 1 Abs. 1 Satz 1 AÜG a.F. vertreten wurde,[28] da nunmehr bereits die Überlassung i.R.d. wirtschaftlichen Tätigkeit ausreichend ist. Das BAG hat den EuGH

---

26 Kirchengerichtshof der evangelischen Kirche in Deutschland – Senate für mitarbeitervertretungsrechtliche Streitigkeiten 2. Kammer, 09.10.2006 – II-0124/M35-06, NZA 2007, 761.
27 BAG, 06.07.1995 – 5 AZB 9/93, NZA 1996, 33; LAG Düsseldorf, 26.08.2015 – 12 TaBV 48/15, ZTR 2015, 720 m.w.N.; LAG Düsseldorf, 30.10.2008 – 15 TaBV 245/08, juris m.w.N.; LAG Hessen, 30.07.2009 – 5 Sa 225/09; differenzierend: *Boemke/Lembke* § 1 AÜG Rn. 30.
28 *Schaub* HandbuchArbR, § 120 Rn. 24; ausführlich zur Frage der Gewerbsmäßigkeit bei der Personalüberlassung gemeinnütziger Körperschaften, insb. kirchlicher Einrichtungen *Münzel* KuR 2008, 78.

angerufen, um zu klären, ob die Leiharbeitsrichtlinie und darauf aufsetzend das AÜG in diesen Fällen auf DRK-Schwestern Anwendung findet.[29] Die zuständige Generalanwältin hat diese Frage in ihren Schlussanträgen bejaht.[30] Inzwischen hat auch der EuGH bestätigt, dass (Vereins-)Mitglieder einer Schwesternschaft des DRK, die im Rahmen eines Gestellungsvertrags in einer Klinik eingesetzt werden sollen, als Arbeitnehmer im Sinne der Leiharbeitsrichtlinie anzusehen sein können, obwohl sie nach deutschem Recht keine Arbeitnehmer sind.[31] Ein »Hintertürchen« lässt der EuGH dem BAG jedoch noch: der Anwendungsbereich der Leiharbeitsrichtlinie sei nur erschlossen, sofern das Mitglied aufgrund der bei dem entleihenden Unternehmen hauptberuflich und unter dessen Leitung gegen eine Vergütung erbrachten Arbeitsleistung in dem betreffenden Mitgliedstaat geschützt sei, wofür im konkreten Fall – so der EuGH[32] – viel spreche. Dies müsse aber das vorlegende Gericht prüfen.[33] Wenn auf Grundlage des vom EuGH aufgegebenen Prüfprogramm die Leiharbeitsrichtlinie einschlägig wäre, kann dies aufgrund der damit im Zweifel Anwendung der limitierenden Bestimmungen des AÜG zu erheblichen Auswirkungen auf die bisher praktizierten Geschäftsmodelle haben, die bislang auf eine Erlaubnisfreiheit und einen zeitlich unbegrenzten Einsatz der DRK-Schwestern aufgesetzt haben.

Inzwischen hat das BAG[34] auf Grundlage des Urteils des EuGH[35] entschieden, dass es sich bei der Gestellung von DRK-Schwestern sich um eine Arbeitnehmerüberlassung handelt. Aufgrund der gebotenen unionsrechtskonformen Auslegung liegt diese auch dann vor, wenn ein Vereinsmitglied gegen Entgelt bei einem Dritten weisungsabhängig tätig ist und dabei einen Schutz genießt, der – wie bei den DRK-Schwestern – dem eines Arbeitnehmers entspricht.

---

29 BAG, 17.03.2015 – 1 ABR 62/12 (A), ZTR 2015, 400; kritisch dazu: *Ulrici* jurisPR-ArbR 33/2015 Anm. 2; *Thüsing* DB 2016, 2667.
30 EuGH, Schlussanträge vom 06.07.2016 – C-216/15, juris.
31 EuGH, 17.11.2016 – C-216/15, juris (Ruhrlandklinik).
32 EuGH, 17.11.2016 – C-216/15, juris (Ruhrlandklinik).
33 Vgl. EuGH, 17.11.2016 – C-216/15, juris (Ruhrlandklinik).
34 BAG, 21.02.2017 – 1 ABR 62/12, juris; a.A. dazu noch: BAG, 06.07.1995 – 5 AZB 9/93, NZA 1996, 33; vgl. dazu auch: BAG, 17.03.2015 – 1 ABR 62/12 (A), ZTR 2015, 400; *Ulrici* jurisPR-ArbR 1/2017 Anm. 1; *Mestwerdt* ArbR 2017, 8; ausführlich auch: *Schmitt* ZESAR 2017, 167 ff.
35 EuGH v. 17.11.2016 – Rs. C-216/15, NZG 2016, 1432.

▶ Hinweis:

Der Beschluss des BAG[36] hat für die Praxis bedeutsame Auswirkungen, waren die dauerhaften Personalgestellungen von DRK-Schwestern, die bisher außerhalb des Anwendungsbereichs des AÜG vollzogen worden konnten, ein wesentlicher und nicht wegzudenkender Pfeiler der Gewährleistung eines ordnungsgemäßen Betriebs eines Krankenhauses. Die Entscheidung des 1. Senats hätte zur Folge, dass für den Einsatz von DRK-Schwestern ab dem 01.04.2017 nunmehr die gesetzliche Überlassungshöchstdauer (§ 1 Abs. 1 Satz 4, Abs. 1b AÜG) von 18 Monaten einzuhalten und nach dem neunten Einsatzmonat (§ 8 AÜG) Equal Pay zu zahlen wäre. Nach dem bisherigen Verständnis des BAG[37] wäre die Personalgestellung von DRK-Schwestern von den Verschärfungen der AÜG-Reform nicht betroffen worden; dies würde sich durch den Beschluss des BAG vom 21.02.2017 nunmehr ändern, wenn die Politik nicht eingreifen würde. Bereits am 17.02.2017 verständigte sich BMAS mit dem DRK – wohl in Vorwegnahme der erwarteten Entscheidung des BAG – zur »*Einigung zum Erhalt der Schwesternschaften vom DRK*« auf eine Gesetzesänderung, durch die weiterhin der dauerhafte Einsatz von Rotkreuzschwestern in Krankenhäusern gewährleistet werden soll; in einer außerhalb des AÜG geregelten Bereichsausnahme, nämlich im DRK-Gesetzes, soll die Anwendung der Überlassungshöchstdauer ausgeschlossen werden. Das zum 01.04.0217 reformierte AÜG soll damit durch die »Hintertür« erneut angepasst werden. Unklar ist, ob ergänzende (gesetzliche) Ausnahmebestimmungen geschaffen werden sollen, durch die die Anwendung von weiteren Vorschriften des AÜG dispensiert werden sollen, z.B. die zwingende Anwendung des Equal-Pay-Grundsatzes nach dem neunten Einsatzmonat.

Unabhängig davon, wie die angekündigte Gesetzesänderung ausfallen wird, ob nur die Anwendung der Überlassungshöchstdauer bzw. darüber hinaus gehend weiterer zwingender Vorschriften des AÜG ausgeschlossen werden, wird das Verhältnis von AÜG zum bisherigen Modell der DRK-Schwesternschaft streitbefangen sein. Es ist davon auszugehen, dass die entsprechenden Ausnahmebestimmungen im DRK-Gesetz einer gerichtlichen Überprüfung zugeführt werden und letztlich der EuGH das letzte Wort

---

36 BAG, 21.02.2017 – 1 ABR 62/12, juris.
37 BAG, 06.07.1995 – 5 AZB 9/93, NZA 1996, 33.

haben wird. Für die Praxis ist aufgrund der Ankündigungen des BMAS davon auszugehen, dass das bisher praktizierte Modell der DRK-Schwesternschaft und entsprechender Gestellungen (zunächst) weiter »dauerhaft« aufrechterhalten werden kann.

2. Beteiligte Personen

18 Die Arbeitnehmerüberlassung erfordert begrifflich die Beteiligung mindestens dreier Personen, des **Verleihers**, des **Entleihers** sowie des **Leiharbeitnehmers**.

a) Verleiher

19 Der Verleiher ist der Arbeitgeber des Leiharbeitnehmers. Wegen der mit der Arbeitnehmerüberlassung einhergehenden Aufteilung der Arbeitgeberstellung, die einen teilweisen Übergang des Direktionsrechts auf den Entleiher beinhaltet, wird der Verleiher zur Klarstellung häufig als **Vertragsarbeitgeber** des Leiharbeitnehmers bezeichnet.

aa) Begriff

20 Um eine missbräuchliche Nutzung der Möglichkeiten der Arbeitnehmerüberlassung auszuschließen, wird die Definition des Verleihers in der Literatur teilweise **enger** gefasst. Abgestellt wird insoweit darauf, dass der Verleiher als Arbeitgeber des Leiharbeitnehmers das **Betriebs- bzw. Arbeitgeberrisiko** trage.[38] Diese Voraussetzung soll lediglich dann als erfüllt anzusehen sein, wenn der Verleiher am Markt auftritt und seine Leiharbeitnehmer nicht nur einem (konzerninternen) Unternehmen, sondern an eine Vielzahl von Entleihern überlässt. Diese Ansicht hat sich aber nicht durchsetzen können. Auch konzerninterne Überlassungsmodelle sind anerkannt und im Grundsatz nicht rechtsmissbräuchlich.

21 Die Pflichten des Verleihers im Dreiecksverhältnis der Arbeitnehmerüberlassung ergeben sich einerseits aus dem Arbeitnehmerüberlassungsvertrag mit dem Entleiher[39] sowie andererseits aus dem mit dem Leiharbeitnehmer geschlossenen Arbeitsvertrag.[40] Aufgrund des Letztgenannten treffen den Verleiher als (alleinigen) Arbeitgeber die üblichen, aus dem Arbeitsverhältnis

---

38 *Brors/Schüren* BB 2004, 2745.
39 Vgl. hierzu § 12 Rdn. 12 ff.
40 Vgl. hierzu § 11 Rdn. 11 ff.

erwachsenden Verpflichtungen. So obliegt es ihm, den Leiharbeitnehmer zu vergüten, diesen zur Sozialversicherung anzumelden und die Sozialversicherungsbeiträge auf das gezahlte Entgelt abzuführen.

bb) Mischbetriebe

Neben reinen Zeitarbeitsunternehmen, die ausschließlich Arbeitnehmerüberlassung betreiben, gibt es sog. **Mischbetriebe**, die neben einem anderen Betriebszweck, der meist den **Hauptzweck** bildet, auch Beschäftige an andere Unternehmen überlassen.[41] Für die Frage der Erlaubnisfähigkeit und -pflichtigkeit ist es ohne Belang, ob Unternehmen vorrangig Arbeitnehmerüberlassung betreiben möchten oder der eigentliche Geschäftszweck nicht die Arbeitnehmerüberlassung ist, es aber dennoch regelmäßig oder in Einzelfällen zur Überlassung von Beschäftigten an andere Betriebe kommen soll.

▶ Beispiel:

Das Unternehmen C betreibt einen Cateringservice. Hierbei übernimmt es im Rahmen von Dienst-/Werkverträgen vorrangig die Bewirtung von Gästen im Rahmen großer Veranstaltungen, insb. bei Messen. Findet keine Messe statt, kommt es häufig zu einem Auftragsmangel. In diesen Zeiten überlässt das Unternehmen C seine Servicemitarbeiter an andere Gastronomiebetriebe. Die Servicemitarbeiter werden dort als Krankheitsvertretungen oder zur Verstärkung des vorhandenen Personals wie eigene Arbeitnehmer eingesetzt.

aaa) Anwendbarkeit des AÜG

Die Anwendung des AÜG in Mischbetrieben hängt nach der zum 01.12.2011 in Kraft getretenen Anpassung des Gesetzes nicht mehr von der Gewerbsmäßigkeit ab. Entscheidend ist nunmehr, dass die Arbeitnehmerüberlassung i.R.d. wirtschaftlichen Tätigkeit (§ 1 Abs. 1 Satz 1 AÜG) erfolgt. Dabei ist unerheblich, ob die Überlassung für einen Betrieb Haupt- oder Nebenzweck ist oder die Arbeitnehmer sowohl in der eigenen Betriebsstätte beschäftigt als auch bei sich bietender Gelegenheit Dritten zur Arbeitsleistung überlassen werden (sog. Mischbetriebe). Der **Umfang**, in dem Arbeitnehmer in der jeweiligen betrieblichen Sparte eingesetzt werden oder welche Umsätze mit

---

41 BT-Drucks. 15/6008, 14.

der Arbeitnehmerüberlassung in Relation zu den übrigen betrieblichen Tätigkeiten erzielt werden, soll **unerheblich** sein.[42]

24 Problematisch bei Mischbetrieben ist, ob diese durch die wirksame **Inbezugnahme von Tarifverträgen** der Zeitarbeitsbranche die Anwendbarkeit des **Equal-Pay-** und **Equal-Treatment-Grundsatzes** ausschließen können; dies ist im Ergebnis zu bejahen.[43] Die BA bestimmte anhand der jeweiligen überwiegenden betrieblichen Gesamtarbeitszeit der Arbeitnehmer, ob ein Mischbetrieb vom Geltungsbereich eines Tarifvertrages erfasst wird.[44] Diese Ansicht dürfte nach einer Entscheidung des BSG überholt sein.[45] Das Gericht stellte fest, dass die Klägerin als Mischunternehmen mit nicht überwiegender Arbeitnehmerüberlassung nicht von der im AÜG eröffneten Möglichkeit der Bezugnahme auf Tarifverträge ausgeschlossen sei. Es komme allein auf den durch die Tarifvertragsparteien bestimmten Geltungsbereich des jeweiligen Tarifvertrages an. Dass das AÜG darüber hinaus die überwiegende Arbeitnehmerüberlassung in einem Mischunternehmen voraussetze, könne der Auslegung der Norm nicht entnommen werden: der Wortlaut des § 3 Abs. 1 Nr. 3 S. 3 AÜG knüpfe – anders als § 6 AEntG – nicht an ein Überwiegen an. Auch Sinn und Zweck des AÜG geböten nicht die Geltung des Überwiegensprinzips für nicht tarifgebundene Mischunternehmen. Ferner sei die Klägerin nicht vom Geltungsbereich der konkret in Bezug genommenen Tarifverträge ausgeschlossen gewesen, denn auch deren Geltungsbereich setze kein Überwiegen der Arbeitnehmerüberlassung voraus. Ob das Überwiegensprinzip als Auslegungsgrundsatz nach Aufgabe der Rechtsprechung zum Grundsatz der Tarifeinheit noch weiterhin heranzuziehen sei, sei umstritten, könne aber dahinstehen. Denn wenn einem Tarifvertrag das Industrieverbandsprinzip erkennbar nicht zugrunde liege, könne nicht angenommen werden, dass er auf den gesamten Betrieb Anwendung finden solle.

---

42 So die inzwischen nicht mehr anwendbare DA-BA (Stand Oktober 2004) zu § 1 Nr. 1.1.3.
43 Ausführlich dazu: *Bissels/Khalil* BB 2013, 315 ff. m.w.N.; LSG Hamburg, 23.09.2015 – L 2 AL 64/13, juris; dazu auch § 8 Rdn. 71 ff.
44 FW AÜG zu § 3 Nr. 3.1.8 (5).
45 BSG, 12.10.2016 – 11 AL 6/15 R, juris.

► Hinweis:

Der Entscheidung des BSG[46] lagen die die BZA/DGB-Tarifverträge zugrunde. Die entsprechende Argumentation ist aber übertragbar auf die von dem BAP als Rechtsnachfolger des BZA und dem iGZ mit den DGB-Gewerkschaften abgeschlossenen Tarifverträge.

In der Rechtsprechung ist darüber hinaus gehend anerkannt, dass Mischbetriebe auch vor dem Urteil des BSG[47] wirksam auf die Tarifverträge der Zeitarbeit Bezug nehmen können, wenn die Arbeitnehmerüberlassung über eine eigenständige, räumlich und organisatorisch abgrenzbare Einheit (Betriebsabteilung) mit den dieser zugeordneten Mitarbeitern vollzogen wurde.[48] Das BSG[49] ermöglicht nunmehr Mischunternehmen, die insbesondere keine organisatorisch getrennte Betriebsabteilung für die Arbeitnehmerüberlassung gebildet haben oder aufgrund ihres Geschäftsmodell nicht bilden können, durch die arbeitsvertraglich mit dem Mitarbeiter vereinbarte Bezugnahme auf die Tarifverträge der Zeitarbeit wirksam vom Equal-Pay/Equal-Treatment-Grundsatz abzuweichen. Dies gibt entsprechenden Unternehmen eine größere Flexibilität, ohne Änderung der betriebsorganisatorischen Strukturen und sodann ohne die Beachtung von Equal Pay/Equal Treatment »aus einer Hand« Arbeitnehmer einerseits im Rahmen von Werk-/Dienstverträgen sowie andererseits als Zeitarbeitnehmer einzusetzen. Die bislang von der BA vertretene Ansicht wird sich vor diesem Hintergrund nicht mehr aufrechterhalten lassen. Inzwischen hat die Behörde anerkannt, dass auch in Mischbetrieben bei Anwendung bzw. Inbezugnahme des BAP/DGB- oder iGZ/DGB-Tarifwerks wirksam vom Gleichstellungsgrundsatz abgewichen werden kann. Die FW AÜG sind insoweit angepasst worden.[50]

bbb) Fallgruppen

Häufig handelte es sich bei Mischbetrieben um Unternehmen, die die notwendige Erlaubnis zur Arbeitnehmerüberlassung lediglich **vorsorglich** zur rechtlichen Absicherung beantragten, falls ihre Tätigkeit im Rahmen eines

---

46 Vgl. BSG, 12.10.2016 – 11 AL 6/15 R, juris.
47 BSG, 12.10.2016 – 11 AL 6/15 R, juris.
48 BAG v. 11.09.1991 – 4 AZR 40/91, AZR 40/91.
49 Vgl. BSG, 12.10.2016 – 11 AL 6/15 R, juris.
50 Vgl. FW AÜG zu § 8 Nr. 8.5 (5).

Werk- oder Dienstvertrages aufgrund der tatsächlichen Durchführung als Arbeitnehmerüberlassung eingeordnet werden sollte (sog. Vorratserlaubnis).

27 Als **typisches Beispiel** nennt ein Bericht der Bundesregierung hier ausdrücklich Fälle, in denen es bei der **Ausführung eines Werkvertrages** dazu kommt, dass die Beschäftigten des Mischbetriebs im Betrieb des Kunden – mehr als zunächst beabsichtigt – eingegliedert werden und Anweisungen überwiegend direkt von Mitarbeitern des Kunden entgegennehmen.[51] Wegen der erheblichen Risiken, die das Vorliegen einer illegalen Arbeitnehmerüberlassung auch für den Entleiher bedeutete, diente die vorsorgliche Beantragung einer Verleiherlaubnis in diesen Fällen nicht nur der eigenen Absicherung, sondern auch den **Interessen der Kunden**.[52] Aufgrund der zum 01.04.2017 erfolgten Gesetzesänderungen, durch die insbesondere eine ausdrückliche Offenlegungspflicht (§ 1 Abs. 1 Satz 5 AÜG) Eingang in das Gesetz gefunden hat, dürfte die oben beschriebene Fallgruppe – wie gesetzgeberisch intendiert – an Bedeutung verlieren. Auch die vorratsweise eingeholte Arbeitnehmerüberlassungserlaubnis schützt nämlich nicht mehr vor den nicht gewollten Folgen eines »Scheinwerkvertrages«. Wird nämlich die Offenlegungspflicht nach § 1 Abs. 1 Satz 5 AÜG verletzt, hilft auch eine vorsorgliche Arbeitnehmerüberlassungserlaubnis den beteiligten Unternehmen nicht weiter. Es wird in diesem Fall ein Arbeitsverhältnis zu dem vermeintlichen Besteller und faktischen Entleiher fingiert (§§ 9 Abs. 1a, 10 Abs. 1 AÜG). Dies gilt zumindest, wenn zudem gleichzeitig die Konkretisierungspflicht nach § 1 Abs. 1 Satz 6 AÜG verletzt wird.[53] Die betroffenen Unternehmen müssen sich also vor Beginn der Abwicklung des Vertragsverhältnisses entscheiden, ob eine Arbeitnehmerüberlassung durchgeführt wird (dann ist diese auch in den betreffenden Vertrag als solche zu bezeichnen, um sich vor der Fiktion eines Arbeitsverhältnisses trotz bestehender Arbeitnehmerüberlassungserlaubnis zu schützen) oder nicht. Im Zweifel wird sich vor diesem Hintergrund die Anzahl der rein vorsorglich eingeholten Erlaubnisse in Mischbetrieben erheblich reduzieren.

---

51 BT-Drucks. 15/6008, 14.
52 Vgl. zu den Risiken illegaler Arbeitnehmerüberlassung § 10 AÜG.
53 Dazu Rdn. 284.

b) Entleiher

Entleiher ist derjenige, in dessen Betrieb auf der Grundlage des mit dem Verleiher abgeschlossenen Arbeitnehmerüberlassungsvertrages Leiharbeitnehmer tätig sind. Der Entleiher setzt die überlassenen Leiharbeitnehmer entsprechend seiner betrieblichen Zielvorgaben **wie eigenes Personal** ein. Für die Dauer der Überlassung steht ihm trotz seiner vertraglichen Stellung als **Dritter** ein arbeitsplatzbezogenes Direktionsrecht zu. Der Entleiher wird hierdurch jedoch nicht Arbeitgeber des Leiharbeitnehmers. Eine vertragliche Beziehung besteht lediglich zwischen Entleiher und Verleiher, der Arbeitgeber des Leiharbeitnehmers ist und auch bleibt. Nach Ansicht das BAG[54] kann dabei ein Jobcenter kein Entleiher i.S.d. AÜG sein; die diesem vom Gesetzgeber gem. § 44d Abs. 4 SGB II eingeräumte Rechtsfähigkeit beinhaltet nämlich gerade keine Arbeitgeberfähigkeit. 28

Die mit der Leistungserbringung des Leiharbeitnehmers im Betrieb des Entleihers zwingend verbundene **Eingliederung** in den Betrieb des Entleihers führt jedoch dazu, dass den Entleiher Teile der Arbeitgeberpflichten treffen.[55] Die Tätigkeit des Leiharbeitnehmers bei dem Entleiher unterliegt gem. § 11 Abs. 6 AÜG den in dessen Betrieb geltenden öffentlich-rechtlichen Arbeitsschutzvorschriften.[56] 29

Nicht vom Anwendungsbereich des AÜG erfasst sind Fälle des sog. »**Selbstverleihs**«. Ein solcher liegt vor, wenn nicht an einen Dritten überlassen wird, sondern ein Arbeitgeber einen Arbeitnehmer lediglich in eine andere Betriebsstätte (seines Unternehmens) entsendet. In diesen Fällen besteht kein Dreiecksverhältnis, also kein Hinzutreten eines Dritten, sondern eine bloße Vereinbarung zwischen Arbeitgeber und Arbeitnehmer über die Veränderung des Arbeitsortes. 30

▶ **Beispiel:**

Ein Einzelhandelsunternehmen setzt Arbeitnehmer als »Springer« in verschiedenen – unternehmenseigenen – Filialen ein.

---

54 BAG, 23.06.2015 – 9 AZR 261/14, FA 2015, 19.
55 Vgl. zur »Aufspaltung der Arbeitgeberstellung« Rdn. 92.
56 Vgl. hierzu Rdn. 80 ff.

c) Leiharbeitnehmer

31 Leiharbeitnehmer ist, wer aufgrund eines Arbeitsvertrages seine **Arbeitsleistung im Betrieb** eines Dritten in der Art erbringt, dass er nach dessen Weisungen die **Betriebszwecke des Dritten** verfolgt und hierbei in den fremden Betrieb eingegliedert ist (vgl. § 1 Abs. 1 Satz 1, 2 AÜG).

32 Der Anwendungsbereich des AÜG erstreckt sich ausschließlich auf den Verleih von **Arbeitnehmern** (§ 1 Abs. 1 Satz 1, 2 AÜG). Maßgeblich sind insoweit der allgemeine Arbeitnehmerbegriff und die gesetzliche Konkretisierung des Arbeitsvertrages, die dieser mit Wirkung zum 01.04.2017 in § 611a erfahren hat. Nicht dem AÜG unterfallen demnach Dienst- und Werkleistungen Selbstständiger sowie von Beamten. Nicht abschließend geklärt ist, ob auch Auszubildende als Leiharbeitnehmer qualifiziert werden können.[57] Das AÜG ist auch nicht anwendbar auf freie, aber wirtschaftlich abhängige Mitarbeiter; der Gesetzgeber hat zwar in zahlreichen Vorschriften arbeitnehmerähnliche Personen Arbeitnehmern gleichgestellt.[58] Eine solche Regelung ist im AÜG für den Bereich des freien/selbständigen, aber wirtschaftlich abhängigen Mitarbeiters aber unterblieben.[59]

33 Das LAG Schleswig-Holstein[60] hat entschieden, dass der Geschäftsführer einer »Ein-Personen-GmbH« mit einer Erlaubnis nach § 1 AÜG aus Rechtsgründen nicht von diesem Unternehmen an einen Entleiher überlassen werden kann. Dieser Ansicht kann – zumindest in dieser pauschalisierenden Betrachtung – nicht zugestimmt werden. Zumindest Fremd- oder Gesellschaftergeschäftsführer ohne sozialversicherungsrechtlich relevante Beteiligung am Kapital oder umfassende Sperrminorität sind als Arbeitnehmer im Sinne des AÜG zu qualifizieren, so dass diese auch an einen Entleiher überlassen

---

57 Vgl. zum Meinungsstand Thüsing/*Waas* § 1 AÜG Rn. 34 m.w.N.
58 Vgl. § 2 Abs. 2 Nr. 3 ArbSchG, § 12 a Abs. TVG; § 6 Abs. 1 Satz 1 Nr. 3 AGG; § 2 Satz 2 BUrlG, § 138 SGB IX, § 5 Abs. 1 Satz 2 ArbGG.
59 LAG Düsseldorf, 21.07.2015 – 3 Sa 6/15, juris. Die beim BAG anhängige Revision (Az. 9 AZR 403/15) ist nicht streitig entschieden worden; die Parteien haben sich vielmehr verglichen.
60 Vgl. LAG Schleswig-Holstein, 01.12.2015 – 1 Sa 439 b/14, juris; kritisch: *Lunk* ArbRB 2016, 75; zustimmend hingegen: *Hamann* jurisPR-ArbR 9/2106 Anm. 1.

werden können.[61] Inzwischen hat das BAG[62] klargestellt, dass die Überlassung des Alleingesellschafters und alleinigen Geschäftsführers einer Verleiher-GmbH nicht dem Anwendungsbereich des AÜG unterliegt. Anders als das LAG Schleswig-Holstein[63] noch in der Berufungsinstanz annahm, kommt nach Ansicht des BAG[64] ohne Hinzutreten weiterer Umstände jedoch kein Arbeitsverhältnis zwischen dem vermeintlich überlassenen Gesellschaftergeschäftsführer und dem Einsatzunternehmen zu Stande. Dies soll hinsichtlich der auf einer selbstbestimmten und autonomen Auswahlentscheidung der Verleiher-GmbH beruhenden »Selbstüberlassung« ihres Alleingesellschafters und alleinigen Geschäftsführers zur weisungsgebundenen Arbeitsleistung jedenfalls dann gelten, wenn die GmbH über eine Erlaubnis nach § 1 Abs. 1 AÜG verfügt und als Verleiherin Dritten auch Leiharbeitnehmer im Rahmen ihrer wirtschaftlichen Tätigkeit zur Arbeitsleistung überlässt.

Mit Wirkung zum 01.04.2017 hat der Gesetzgeber in § 611a Abs. 1 BGB[65] den »Arbeitsvertrag« definiert.[66] Durch diesen wird der Arbeitnehmer im Dienste eines anderen zur Leistung weisungsgebundener, fremdbestimmter Arbeit in persönlicher Abhängigkeit verpflichtet (§ 611a Abs. 1 Satz 1 BGB).[67] Das Weisungsrecht kann Inhalt, Durchführung, Zeit und Ort der Tätigkeit betreffen (§ 611a Abs. 1 Satz 2 BGB).[68] Nach der Gesetzesbegründung soll dies jedenfalls gelten, soweit sich aus dem Arbeitsvertrag, den Bestimmungen einer Betriebs- oder Dienstvereinbarung, eines anwendbaren Tarifvertrages oder einer anderen gesetzlichen Vorschrift nichts anderes ergibt; § 106 Gewerbeordnung bleibt unberührt.[69] Weisungsgebunden ist, wer nicht im Wesentlichen frei seine Tätigkeit gestalten und seine Arbeitszeit bestimmen kann

34

---

61 So überzeugend: *Hoch* BB 2016, 1660 f.; differenzierend auch: *Lembke* NZA 2013, 1314 f.; ablehnend: Schüren/Hamann/*Hamann* § 1 AÜG Rn. 38.
62 BAG, 17.01.2017 – 9 AZR 76/16, juris.
63 LAG Schleswig-Holstein, 01.12.2015 – 1 Sa 439 b/14, juris.
64 BAG, 17.01.2017 – 9 AZR 76/16, juris.
65 Vgl. *Henssler* AE 2017, 5 ff.; *ders.* RdA 2016, 18 ff., der sich kritisch mit dem im Ausgangsgesetzesentwurf noch vorgesehenen Kriterienkatalog zur Abgrenzung von Arbeitsverträgen von anderen Vertragsverhältnissen befasst; dazu auch: *Thüsing* NZA 2015, 1478; *Gaul/Hahne* BB 2016, 58 f.; *Richardi* NZA 2017, 36.
66 Gesetz zur Änderung des Arbeitnehmerüberlassungsgesetzes und anderer Gesetze vom 21.02.2017, BGBl. I, S. 258.
67 Vgl. BAG, 15.02.2012 – 10 AZR 301/10, NZA 2012, 731.
68 BAG, 15.02.2012 – 10 AZR 301/10, NZA 2012, 731.
69 BT-Drucks. 18/9232, 30 f.

(§ 611a Abs. 1 Satz 3 BGB). Der Grad der persönlichen Abhängigkeit hängt dabei auch von der Eigenart der jeweiligen Tätigkeit ab (§ 611a Abs. 1 Satz 4 BGB).[70] Die Vorschrift soll einen Umkehrschluss aus der Vorschrift des § 84 Absatz 1 Satz 2 HGB enthalten.[71] Für die Feststellung, ob ein Arbeitsvertrag vorliegt, ist eine Gesamtbetrachtung aller Umstände vorzunehmen (§ 611a Abs. 1 Satz 5 BGB). Durch eine solche soll den Besonderheiten des Einzelfalls Rechnung getragen werden. Hierbei sind auch solche Besonderheiten oder Eigenarten einer Tätigkeit zu berücksichtigen, die sich etwa in Branchen und Bereichen ergeben, die Spezifika auf Grund grundrechtlich geschützter Werte aufweisen (wie z.B. auf Grund der Rundfunk-, Presse- oder Kunstfreiheit).[72] Zeigt die tatsächliche Durchführung des Vertragsverhältnisses, dass es sich um ein Arbeitsverhältnis handelt, kommt es auf die Bezeichnung im Vertrag nicht an (§ 611a Abs. 1 Satz 6 BGB). Der Arbeitgeber ist nach § 611a Abs. 2 BGB zur Zahlung der vereinbarten Vergütung verpflichtet.

▶ Hinweis:

§ 611a BGB ist auch auf Leiharbeitsverhältnisse uneingeschränkt, aber unter Berücksichtigung der Besonderheiten, die durch die Eingebundenheit des Leiharbeitnehmers in den Entleiherbetrieb und der gespaltenen Arbeitgeberrechte zwischen Verleiher und Entleiher entstehen, anwendbar.

35 Nach dem gesetzgeberischen Willen sollen durch die Einführung von § 611a BGB missbräuchliche Gestaltungen des Fremdpersonaleinsatzes durch vermeintlich selbstständige Tätigkeiten verhindert und die Rechtssicherheit der Verträge erhöht werden. Dazu legt die Vorschrift des § 611a BGB unter wörtlicher Wiedergabe der Leitsätze der höchstrichterlichen Rechtsprechung fest, wann ein Arbeitsvertrag vorliegt und vor diesem Hintergrund die Arbeitnehmereigenschaft erfüllt ist. Soweit andere Rechtsvorschriften eine abweichende Definition des Arbeitnehmers, des Arbeitsvertrages oder des Arbeitsverhältnisses vorsehen, um einen engeren oder weiteren Geltungsbereich dieser Rechtsvorschriften festzulegen, bleiben diese unberührt.[73]

---

70 Vgl. BAG, 15.02.2012 – 10 AZR 301/10, NZA 2012, 731.
71 BT-Drucks. 18/9232, 30 f.
72 Vgl. BT-Drucks. 18/9232, 30 f.
73 BT-Drucks. 18/9232, 30 f.

> Hinweis:
>
> Die gesetzliche Regelung bezieht sich ausdrücklich nur auf Zwei-Personen-Verhältnisse. Vor diesem Hintergrund ist die Zielsetzung der Neuregelung, nämlich den Missbrauch beim Einsatz von Fremdpersonal, zu verhindern, kaum realisierbar, da die in diesem Zusammenhang relevanten Drei-Personen-Verhältnisse (Arbeitnehmerüberlassung oder Tätigkeit eines Arbeitnehmers als Erfüllungsgehilfe im Rahmen eines Werk-/Dienstvertrages) von § 611a BGB nicht ausdrücklich erfasst und geregelt werden.

Nach den gesetzgeberischen Vorstellungen sollen folgende drei Kriterien maßgeblich für die Arbeitnehmereigenschaft sein, nämlich die Weisungsgebundenheit, die Fremdbestimmtheit sowie die persönliche Abhängigkeit (§ 611a Abs. 1 Satz 1 BGB). In § 611a Abs. 1 Satz 2 BGB geht es dann allerdings nicht um eine Weisungsgebundenheit, sondern um ein Weisungsrecht, das »Inhalt, Durchführung, Zeit und Ort der Tätigkeit betreffen kann.« Zunächst ist festzustellen, dass sich diese Regelung in Widerspruch zur Definition des Weisungsrechts des Arbeitgebers in § 106 GewO setzt. Dort heißt es nämlich: »Der Arbeitgeber kann Inhalt, Ort und Zeit der Arbeitsleistung nach billigem Ermessen näher bestimmen.« Es findet sich in der geltenden Definition in § 106 GewO also nur die Leistungspflicht nach Zeit, Ort und Art wieder. Das Kriterium »Durchführung ist darin nicht enthalten. Warum § 611a BGB darüber hinausgeht, ist nicht nachvollziehbar. Abgesehen davon ist vollkommen unklar, wie sich die »Durchführung« vom »Inhalt« der Arbeitsleistung unterscheiden soll. Unverständlich ist ebenfalls § 611a Abs. 1 Satz 4 BGB, wenn es dort heißt es: »der Grad der persönlichen Abhängigkeit hängt dabei auch von der Eigenart der jeweiligen Tätigkeit ab.« In diesem Zusammenhang soll anscheinend das in § 611a Abs. 1 Satz 1 BGB genannte Merkmal »persönliche Abhängigkeit« definiert werden. Es bleibt dabei aber völlig offen, ab welchem Grad der persönlichen Abhängigkeit von der Eigenschaft als Arbeitnehmer ausgegangen werden kann. Abgesehen davon ist erstaunlich, dass sich der Gesetzgeber darauf beschränkt, inhaltliche Erwägungen des BAG[74] – mitunter wörtlich – »abzuschreiben« und diese in ein Gesetz gießt. Letztlich muss man sich fragen, was tatsächlich durch die Anpassung des BGB gewonnen wird, wenn sich im Wesentlichen darauf zurückgezogen wird,

---

74 BAG, 14.03.2007 – 5 AZR 499/06, NZA-RR 2007, 424; BAG, 20.05.2009 – 5 AZR 31/08, NZA-RR 2010, 172.

Urteile des BAG wörtlich wiederzugeben[75], und in der Gesetzesbegründung ausdrücklich klargestellt wird, dass sich mit Blick auf die vor Inkrafttreten von § 611a BGB bei der Abgrenzung maßgeblichen Kriterien und Wertungen im Ergebnis keine Änderungen ergeben sollen.[76] Die Vorschrift ist – wenn man es denn gut meinen sollte – schlichtweg überflüssig und sollte bei nächster Gelegenheit wieder gestrichen werden.

▶ Hinweis:

Die nunmehr in § 611a BGB vorgesehene Definition des Arbeitsvertrages ist erst auf der Zielgeraden in das Gesetz aufgenommen worden.[77] Bis zu diesem Zeitpunkt stellte der Gesetzesentwurf[78] auf den »Arbeitnehmer« selbst ab. Gegenüber der ursprünglichen Fassung sollte die Vorschrift an die Systematik des BGB angepasst werden. In dem in Rede stehenden Abschnitt regelt das BGB die Vertragstypen. Deshalb wird nicht mehr auf den Arbeitnehmer, sondern auf den Arbeitsvertrag Bezug genommen und dieser als Unterfall des Dienstvertrages definiert.[79] Inhaltlich ist damit zur Entwurfsfassung keine Änderung verbunden, da die Begriffsbestimmung zum Arbeitsvertrag den Arbeitnehmer als dessen Vertragspartei umfasst.[80] Außerdem wurde die Vorschrift sprachlich gestrafft. Dabei wird das Weisungsrecht nach § 611a Abs. 1 Satz 2 BGB in Übereinstimmung mit der Vorschrift in § 106 GewO ohne das in der Ausgangsfassung noch enthaltene Merkmal »Dauer« umschrieben.[81] Zur Vervollständigung und systematischen Anpassung wird mit § 611a Abs. 2 BGB eine Bestimmung zur Vergütungspflicht aufgenommen. Die Regelung in § 84 Abs. 1 Satz 2 HGB bleibt auch durch die Neufassung unberührt.[82]

37 Aus § 611a Abs. 1 Satz 6 BGB soll sich nach der Gesetzesbegründung[83] ergeben, dass für die rechtliche Einordnung als Arbeitsverhältnis für den Fall, dass

---

75 Kritisch dazu: *Trasch/Bissels* AuA 2016, 206.
76 Dazu: *Tuengerthal*, BB 2016, 2876.
77 Durch BT-Drucks. 18/10064 v. 19.10.2016.
78 Vgl. BT-Drucks. 18/9232, 30 f.
79 BT-Drucks. 18/10064, 16.
80 Vgl. BT-Drucks. 18/10064, 16.
81 Diese Änderung war folgerichtig, war doch unklar, wie in dem Ausgangsentwurf das Merkmal »Dauer« von der »Zeit« abzugrenzen ist.
82 BT-Drucks. 18/10064, 16.
83 BT-Drucks. 18/9232, 30 f.

sich der Vertrag und seine tatsächliche Durchführung widersprechen, die tatsächliche Durchführung des Vertragsverhältnisses maßgebend ist.[84] Dies gibt die bisherige Rechtsprechung des BAG[85] allerdings nur verkürzt wieder. Danach bestimmt sich der jeweilige Vertragstyp aus dem wirklichen Geschäftsinhalt. Die zwingenden gesetzlichen Regelungen für Arbeitsverhältnisse können nicht dadurch abbedungen werden, dass die Parteien ihrem Arbeitsverhältnis eine andere Bezeichnung geben. Der objektive Geschäftsinhalt ist den ausdrücklich getroffenen Vereinbarungen und der praktischen Durchführung des Vertrags zu entnehmen. Widersprechen sich Vereinbarung und tatsächliche Durchführung, ist Letztere maßgebend.[86] Durch die Zusammenschau von § 611a Satz 5 BGB mit der Gesetzesbegründung wird allerdings klar, dass sich an den bisher vom BAG entwickelten Grundsätzen nichts ändern soll. Die tatsächliche Durchführung eines Vertrages soll sich dabei auch zukünftig nicht über das vertraglich Vereinbarte hinwegsetzen, sondern nur über die abweichende tatsächliche Bezeichnung des Vertrages.[87]

Für die Praxis ist mit § 611a BGB dennoch kein Mehrwert verbunden, da 38 durch die verwendeten abstrakten Rechtsbegriffe weiterhin eine am konkreten Sachverhalt durchzuführende Einzelfallbewertung durchgeführt werden muss, ohne dass sich aus dem Gesetz Anhaltspunkte ergeben, wie diese ausfallen soll. Im Ergebnis ist die Regelung vollkommen überflüssig und gibt dem Rechtsanwender gerade keine damit gesetzgeberisch intendierte Rechtssicherheit.[88] Gerade in »klassischen« Leiharbeitsverhältnissen dürfte die Anwendung von § 611a BGB allerdings keine besonderen Schwierigkeiten bereiten, ist der Status der eingesetzte Mitarbeiter als »Arbeitnehmer« in der Regel unproblematisch erfüllt.

▶ Hinweis:

Der Arbeitnehmerbegriff kann beim Fremdpersonaleinsatz aber insbesondere im Rahmen sog. Contracting-Modelle eine besondere Rolle spielen, um abgrenzen zu können, ob eine verdeckte oder gar illegale

---

84 In diesem Sinne: BAG, 14.07.1983 – 2 AZR 549/81, juris; BAG, 29.08.2012 – 10 AZR 499/11, NZA 2012, 1433.
85 BAG, 14.07.1983 – 2 AZR 549/81, juris; BAG, 29.08.2012 – 10 AZR 499/11, NZA 2012, 1433.
86 St. Rspr. vgl. BAG, 15.02.2010 – 10 AZR 301/10, NZA 2012, 731 m.w.N.
87 *Wiesenecker* ArbRB 2016, 118.
88 Kritsch ebenfalls: *Baeck/Winzer/Hies* NZG 2016, 416.

Arbeitnehmerüberlassung vorliegt. Unter »Contracting« wird die Bereitstellung von freien Mitarbeitern (»Freelancern«) durch einen Personaldienstleister (Auftragnehmer) verstanden; der Einsatz der Freelancer in dem Unternehmen des Auftraggebers erfolgt dabei regelmäßig auf der Grundlage von Rahmen- und/oder Projekteinzelverträgen (Dienstverschaffungsvertrag). Die Verpflichtung des Personaldienstleisters beschränkt sich in diesem Fall auf die »Vermittlung« bestimmter Freelancer.[89] Wesentlich ist dabei, dass zwischen dem Freelancer und dem Auftraggeber, bei dem dieser letztlich tätig wird, keine (ausdrückliche) vertragliche Vereinbarung besteht. Denkbar ist aber auch, dass der Auftragnehmer den Freelancer zur konkreten Erbringung einer werk- oder dienstvertraglichen Leistung bei dem Auftraggeber einsetzt, sog. »Subcontracting«; in Betracht kommen neben dem Abschluss von Dienstverschaffungsverträgen somit auch Werk- oder Dienstverträge.[90]

39 Handelt es sich bei dem (vermeintlich) eingesetzten Freelancer tatsächlich um eine scheinselbständige Person und wird dieser in die Betriebsorganisation des Auftraggebers eingegliedert, wird de facto von dem Personaldienstleister eine Arbeitnehmerüberlassung betrieben. In der Praxis ist dies insbesondere zu beobachten, wenn die Einsätze längerfristig geplant und vor Ort bei dem jeweiligen Auftraggeber stattfinden sollen, z.B. im Rahmen von IT-Projekten, die oftmals in agilen Arbeitsformen (u.a. Scrum[91]) in gemischten Teams von eigenen Mitarbeitern des Kunden und Fremdkräften durchgeführt werden.[92] Ohne eine Erlaubnis nach § 1 AÜG ist diese illegal mit der Folge, dass ein Arbeitsverhältnis zu dem Einsatzunternehmen (also »Quasi-Entleiher«) entsteht.[93] Um dieses Risiko auszuschließen, haben sich Dienstleister in der Vergangenheit oftmals eine »Vorratserlaubnis« beschafft, die vor der Fiktion eines Arbeitsverhältnisses schützte, wenn und soweit mit der eingesetzten scheinselbständigen Person tatsächlich eine (insoweit dann verdeckte)

---

89 *Niklas/Schauß* BB 2014, 2807.
90 Vgl. *Niklas/Schauß* BB 2014, 2807; dazu: SG Köln, 10.01.2014 – S 23 R 834/12, nv.
91 Vgl. dazu: *Heise/Friedl* NZA 2015, 129 ff.; *Hengstler* ITRB 2015, 217 ff.
92 Vgl. LSG Baden-Württemberg, 10.06.2016 – L 4 R 3072/15, juris; *Lanzinner/Nath* NZS 2015, 256 f.
93 LSG NRW, 28.01.2015 – L 8 R 677/12, n.v.

Arbeitnehmerüberlassung praktiziert wurde.[94] Diese »Lösung« wird ab dem 01.04.2017 vor dem Hintergrund der dann zu beachtenden Offenlegungs- und Konkretisierungspflicht nach § 1 Abs. 1 Satz 5, 6 AÜG grds. nicht mehr in Betracht kommen ist mit nicht unerheblichen Risiken verbunden. Verleiher und Entleiher haben die Überlassung von Leiharbeitnehmern in ihrem Vertrag ausdrücklich als Arbeitnehmerüberlassung zu bezeichnen, bevor sie den Leiharbeitnehmer überlassen oder tätig werden lassen; zudem ist dieser vor dem Einsatz namentlich zu konkretisieren. Ansonsten ist der Arbeitsvertrag mit dem Leiharbeitnehmer unwirksam; es wird ein Arbeitsverhältnis mit dem Entleiher fingiert (§§ 9 Abs. 1 Nr. 1a, 10 Abs. 1 AÜG).[95]

3. Rechtsbeziehungen

a) Leiharbeitsvertrag

Der Leiharbeitsvertrag ist ein ausschließlich zwischen dem Verleiher und dem Leiharbeitnehmer geschlossener Vertrag. Durch diesen kommt ein **Arbeitsverhältnis** zwischen dem Leiharbeitnehmer und dem Verleiher zustande (vgl. § 11 AÜG).[96] Dogmatisch wird der Leiharbeitsvertrag zumeist als echter[97] oder unechter[98] Vertrag zugunsten Dritter qualifiziert. Die unterschiedliche Einordnung ist in der Praxis allerdings regelmäßig ohne besondere Relevanz. 40

Bei dem Leiharbeitsvertrag handelt es sich um ein Arbeitsverhältnis, das den Leiharbeitnehmer zur Arbeitsleistung und den Verleiher zur Zahlung der vertraglich vereinbarten Vergütung verpflichtet. Die Besonderheit ggü. sonstigen Arbeitsverhältnissen besteht darin, dass der Leiharbeitnehmer zur Erbringung der **Arbeitsleistung außerhalb des Betriebs** seines Arbeitgebers, des Verleihers, verpflichtet ist. 41

Seit dem Inkrafttreten des Ersten Gesetzes für moderne Dienstleistung am Arbeitsmarkt am 01.01.2004 ist der Abschluss eines Leiharbeitsvertrages auch 42

---

94 Bayer. LSG, 14.4.2016 – L 7 R 377/15; SG München, 21.11.2013 – S 15 R 1528/11, juris; LSG Baden-Württemberg, 09.04.2014 – L 5 R 2000/13, ArbR 2014, 594; vgl. auch: LSG Baden-Württemberg, 29.09.2015 – L 11 R 2901/14, juris; kritisch: *Hamann* jurisPR-ArbR 24/2016 Anm. 3; siehe auch: *Lanzinner/Nath* NZS 2015, 255.
95 Dazu im Einzelnen: Rdn. 284.
96 Vgl. zu Form- und Vertragspflichten auch Kommentierung zu § 11 AÜG.
97 Vgl. *Hamann* EzA § 9 BetrVG 2001 Nr. 2.
98 *Urban-Crell/Schulz* Rn. 5.

dann möglich, wenn bereits zuvor ein Arbeitsverhältnis zwischen dem Verleiher und dem Leiharbeitnehmer bestand. Das ursprünglich geltende **Wiedereinstellungsverbot** des § 3 Abs. 1 Nr. 4, § 9 Nr. 3 AÜG a.F., das eine Wiedereinstellung durch den Verleiher nach Kündigung oder Auslaufenlassen eines befristeten Arbeitsvertrages untersagte, soweit nicht seit dem Vertragsende drei Monate vergangen waren, ist **abgeschafft**. Es ist aber die sog. Drehtürklausel (§ 8 Abs. 3 AÜG) zu beachten.

aa) Pflichten des Verleihers

43 Den Verleiher treffen als Arbeitgeber die üblichen Arbeitgeberpflichten. Als Hauptleistungspflicht schuldet er dem Leiharbeitnehmer die Zahlung des vereinbarten Entgelts. Diese Pflicht trifft ihn gleichermaßen in einsatzfreien Zeiten, wie in Zeiten, in denen der Leiharbeitnehmer bei einem Entleiher eingesetzt ist. Das unternehmerische Risiko trägt insoweit der Verleiher.

44 In Anknüpfung an seine **Entgeltzahlungspflicht** als Arbeitgeber ist der Verleiher zur Einbehaltung und Abführung der Lohnsteuer, zur Zahlung des Gesamtsozialversicherungsbeitrags (§ 28e Abs. 1 Satz 1 SGB IV) und des Beitrags zur gesetzlichen Unfallversicherung (§ 150 Abs. 1 Satz 1 SGB VII) verpflichtet.[99]

aaa) Beschäftigungspflicht

45 Angesichts der Besonderheiten der Arbeitnehmerüberlassung stellen sich Probleme in Bezug auf das Bestehen einer Beschäftigungspflicht des Verleihers als Arbeitgeber. Diese wird in »klassischen« Arbeitsverhältnissen als gewichtige, häufig sogar als Hauptleistungspflicht des Arbeitsverhältnisses des Arbeitgebers eingeordnet.[100] Bereits rein faktisch kann eine Pflicht zur **tatsächlichen Beschäftigung** zwischen Verleiher und Leiharbeitnehmer allerdings lediglich begrenzt bestehen, da Zeiten des vorübergehend fehlenden Beschäftigungsbedarfs bei dem Verleiher das Leiharbeitsverhältnis gerade typisieren.[101] Nicht geklärt ist jedoch, ob oder inwieweit der Verleiher bei der Auswahl der überlassenden Arbeitnehmer aus einem bei ihm vorhandenen Pool zu einer »**ausgewogenen**« **Berücksichtigung** der einzelnen Arbeitnehmer bei der Zuweisung von Einsatzmöglichkeiten verpflichtet ist. Es ist jedoch davon auszugehen,

---

99 Vgl. Einl. Rdn. 98 ff.
100 ErfK/*Preis* § 611 BGB Rn. 563 ff.
101 Zum Streit, inwieweit eine solche Pflicht den Entleiher trifft, s. *Ulber* § 12 AÜG Rn. 29.

dass der Verleiher bei der Erbringung seiner vertraglichen Verpflichtung ggü. dem Entleiher grds. frei in der Auswahl der jeweiligen Arbeitnehmer bleiben muss, es sei denn, Verleiher und Entleiher haben insgesamt eine abweichende Vereinbarung getroffen, indem z.B. die konkret einzusetzenden Leiharbeitnehmer namentlich genannt werden.

Für die Praxis bedeutsam wird die Frage der »Einsatzgerechtigkeit«, wenn sich 46 die Arbeitnehmerüberlassung (noch) stärker in Bereichen des Arbeitsmarktes durchsetzt, in denen hoch qualifizierte Tätigkeiten erbracht werden und die Arbeitnehmer im Fall längerer Zeiten der Nichtbeschäftigung den Verlust ihrer Qualifikation befürchten müssen.

bbb) Nebenpflichten/Obliegenheiten

Auch im Verhältnis zwischen Leiharbeitnehmer und Verleiher besteht gem. 47 § 241 Abs. 2 BGB die Nebenpflicht zur **Rücksichtnahme** auf die berechtigten Interessen des Vertragspartners. Nach höchstrichterlicher Rechtsprechung soll aus dieser Norm eine Hinweispflicht des Verleihers als Arbeitgeber folgen, wenn die bestehende **Qualifikation** des Leiharbeitnehmers nicht ausreicht, um ihn zukünftig in neuen Aufträgen einsetzen zu können und damit eine Kündigung droht.[102]

Als Arbeitgeber ist der Verleiher schließlich zur Meldung eines Arbeitsunfalls 48 nach § 193 SGB VII unabhängig davon verpflichtet, ob sich der **Arbeitsunfall** in den eigenen Räumlichkeiten oder im Betrieb des Entleihers ereignet hat.[103] Als Arbeitgeber ist der Verleiher dem Leiharbeitnehmer zum Ersatz eines **Personenschadens**, den ein Versicherungsfall verursacht hat, nur verpflichtet, wenn der Verleiher den Versicherungsfall vorsätzlich oder auf einem nach § 8 Abs. 2 Nr. 1-4 SGB VII versicherten Weg herbeigeführt hat. Dies ergibt sich aus der Anwendbarkeit der Haftungsprivilegierung des § 104 Abs. 1 Satz 1 SGB VII. Dasselbe **Haftungsprivileg** genießen gem. § 105 Abs. 1 Satz 1 SGB VII die beim Verleiher beschäftigten (Leih-)Arbeitnehmer, sofern sie durch eine betriebliche Tätigkeit einen Versicherungsfall eines Arbeitskollegen verursachen. Davon erfasst sind auch die Stammbeschäftigten des Entleihers.

---

102 BAG, 18.05.2006 – 2 AZR 412/05, AP AÜG § 9 Nr. 7.
103 Vgl. auch für den Einsatz nur innerhalb eines bestimmten Gewerbezweiges LSG Niedersachsen-Bremen, 29.09.2005 – L 6 U 38/02, EzAÜG SGB VII Nr. 38.

ccc) Aufwendungsersatz

49 Wesenstypisch für die Tätigkeit eines Leiharbeitnehmers ist, dass dieser an zahlreiche Entleiher mit unterschiedlichen Arbeitsorten überlassen wird. Nicht abschließend geklärt ist, ob diese »Einsatzwechseltätigkeit« dazu führt, dass der Leiharbeitnehmer gegen den Verleiher einen Anspruch auf Erstattung der Fahrtkosten zu den unterschiedlichen Einsatzorten gem. § 670 BGB analog hat. Eine Entscheidung des BAG dazu, liegt – soweit ersichtlich – nicht vor. Die Instanzrechtsprechung ist uneinheitlich. So wird von der wohl überwiegenden Ansicht vertreten, dass der Leiharbeitnehmer einen grundsätzlichen Ersatz der Fahrtkosten zum Einsatzort (abzüglich der vom Wohnort zum Verleiher entstehenden fiktiven Kosten) gem. § 670 BGB verlangen kann.[104] Zu den vertraglichen Verpflichtungen eines Leiharbeitnehmers gehöre, an den Orten zu arbeiten, an denen ihm der Verleiher Arbeiten zuweise. Deshalb stelle das Reisen für diesen einen Teil seiner übernommenen Arbeitspflicht dar; die entstehenden Aufwendungen seien vom Verleiher zu übernehmen.

50 Dieser Auffassung ist nicht zu folgen.[105] Dem Leiharbeitnehmer steht kein Anspruch auf die Erstattung der Fahrkosten zu den auswärtigen Arbeitsstellen zu. § 670 BGB bezieht sich grds. auf den Geschäftsbesorgungsvertrag und findet im Arbeitsverhältnis nur entsprechende Anwendung, so dass eine restriktive Anwendung geboten ist. Was zur selbstverständlichen Einsatzpflicht des Arbeitnehmers bei der Arbeit gehört, wird bereits durch das ausdrücklich vereinbarte Entgelt ausgeglichen. Nur wer im Interesse des Arbeitgebers und auf dessen Wunsch Aufwendungen macht, die nicht durch Vergütung abgegolten werden, kann deren Ersatz verlangen.[106] Diese Voraussetzungen liegen bei einem Leiharbeitsverhältnis aber ersichtlich nicht vor. Zu den Verpflichtungen des Leiharbeitnehmers gehört es, an wechselnden Einsatzorten tätig zu sein, so dass dieser auch die damit verbundenen Kosten

---

[104] Vgl. LAG Hamm, 13.01.2016 – 5 Sa 1437/15, AA 2016, 90; LAG Hamm, 30.06.2011 – 8 Sa 387/11, AiB 2011, 691; LAG Köln, 24.10.2006 – 13 Sa 881/06, NZA-RR 2007, 345; LAG Köln, 15.11.2002 – 4 Sa 692/02 AiB 2003, 513; im Ergebnis auch: LAG Baden-Württemberg, 15.08.2001 – 12 Sa 50/01, juris; weitergehend: LAG Düsseldorf, 30.07.2009 – 15 Sa 268/09, FA 2010, 23; differenzierend: *Boemke/Lembke* § 9 AÜG Rn. 124.

[105] In diesem Sinne auch: LAG Hamm, 16.07.2008 – 2 Sa 1797/07, AE 2008, 273; LAG Rheinland-Pfalz. 08.09.2009 – 1 Sa 331/09, AuA 2010, 378; *Fleddermann* ArbR 2011, 546; *Bissels* jurisPR-ArbR 20/2016 Anm. 6.

[106] St. Rspr.: BAG, 16.10.2007 – 9 AZR 170/07, NJW 2008, 1612.

nicht erstattet verlangen kann. Die Aufwendungen für Fahrten vom Wohnort zur Arbeitsstätte hat damit grds. der Leiharbeitnehmer selbst zu tragen.[107] Der insbesondere vom LAG Hamm[108] zur Herleitung eines Anspruchs herangezogene Vergleich mit der Versetzung eines »normalen« Mitarbeiters ist insoweit wenig ergiebig, setzt dieser doch auf der schlichten Fiktion auf, nach der die Zuweisung eines anderen Arbeitsortes immer dauerhaft erfolgt. Dass dies in der heutigen flexiblen Arbeitswelt nicht immer oder nicht regelmäßig der Fall ist, dürfte auf der Hand liegen.

▶ Praxistipp:

Um Konflikte über die Erstattung von Fahrtkosten zu vermeiden, sollte im Interesse von Verleiher und Leiharbeitnehmer eine klare vertragliche Abrede getroffen werden, ob und – wenn ja – in welchem Umfang eine solche in Betracht kommt. Der vollständige Ausschluss kann – wie das Urteil des LAG Hamm[109] verdeutlicht – AGB-rechtlich kritisch sein. Das LAG Niedersachsen[110] hat in diesem Zusammenhang entschieden, dass eine Regelung zur Fahrtkostenerstattung, die eine solche in Höhe von 0,30 EUR pro Entfernungskilometer ab dem 21. Entfernungskilometer bezogen auf die Strecke zwischen dem Wohnort des Arbeitnehmers und dem Entleiherbetrieb beinhaltet, einer der AGB-Kontrolle gem. §§ 305 ff. BGB standhält. An diesem »Kompromiss« könnte sich die Praxis bis zu einer Entscheidung des BAG im Sinne einer »Konfliktvermeidung« und zur Minimierung von Prozessrisiken orientieren.

bb) Pflichten des Leiharbeitnehmers

Der Leiharbeitnehmer schuldet den Einsatz seiner **Arbeitskraft**. Im Unterschied zum herkömmlichen Arbeitsverhältnis wird er jedoch nicht im Betrieb seines Arbeitgebers, des Verleihers, sondern in dem eines Dritten, des Entleihers, tätig. Er ist hierbei nicht Erfüllungsgehilfe, sondern erbringt im Fremdbetrieb unmittelbar seine dem Arbeitgeber geschuldete Arbeitsleistung. Die grundsätzliche Regelung des **§ 613 Satz 2 BGB**, nach dem der Anspruch auf 51

---

107 Vgl. LAG Rheinland-Pfalz. 08.09.2009 – 1 Sa 331/09, AuA 2010, 378; *Bissels* jurisPR-ArbR 50/2011 Anm. 6.
108 Vgl. LAG Hamm, 13.01.2016 – 5 Sa 1437/15, AA 2016, 90.
109 LAG Hamm, 13.01.2016 – 5 Sa 1437/15, AA 2016, 90.
110 LAG Niedersachsen, 20.12.2013 – 6 Sa 392/13, AE 2014, 65.

die Dienste des Arbeitnehmers durch den Arbeitgeber im Zweifel nicht übertragbar ist, findet somit i.R.d. Leiharbeitsvertrages keine Anwendung.[111]

aaa) Weisungsrecht des Verleihers

52 Obwohl der Leiharbeitnehmer nach der Natur der Arbeitnehmerüberlassung im Betrieb des Entleihers tätig wird und dieser daher für die Zeit der Überlassung »faktischer Arbeitgeber«[112] ist, verbleibt ein Teil der Direktionsbefugnis dauerhaft beim Verleiher. In der Praxis relevant ist insb. das **Weisungsrecht in (arbeits-)zeitlichen Belangen**. Nicht nur der Einsatzort, sondern auch die Lage der Arbeitszeit ist Gegenstand des arbeitgeberseitigen Weisungsrechts des Verleihers.[113] Dieser ist bei deren Festlegung grds. frei, sofern keine davon abweichende Regelung, insbesondere im Leiharbeitsvertrag, getroffen wurde. Auch soweit ein Leiharbeitnehmer über einen erheblichen Zeitraum **stets zu bestimmten Zeiten** eingesetzt wurde, tritt hierdurch grds. **keine Konkretisierung** ein.

▶ Beispiel:

Der Leiharbeitnehmer L war über 15 Monate lang im Betrieb des Entleihers E in der Tagesschicht eingesetzt. Ende April weist der Verleiher L an, ab sofort bei dem als Kunden neu gewonnenen Entleiher K in Frühschicht tätig zu sein.

53 Ob eine Erweiterung des Direktionsrechts durch Tarifvertrag möglich ist, ist höchstrichterlich bisher nicht entschieden.[114]

bbb) Leistungs-, Erfüllungs-, Arbeits- und Einsatzort

54 Gerade im Bereich der Arbeitnehmerüberlassung werden die Begriffe des Leistungs-, Erfüllungs-, Arbeits- und Einsatzortes häufig uneinheitlich verwendet. Die Bezeichnungen sind aber nicht als Synonyme zu verstehen, überschneiden sich jedoch häufig.[115] Dies führt in der Praxis nicht selten zu Schwierigkeiten.

---

111 *Boemke/Lembke* § 11 AÜG Rn. 5 m.w.N.
112 Vgl. zur Rechtsbeziehung Entleiher-Leiharbeitnehmer Rdn. 89 ff.
113 LAG Schleswig-Holstein, 07.11.2007 – 4 Sa 361/07, juris.
114 LAG Schleswig-Holstein, 10.02.2005 – 4 Sa 477/03, EzAÜG § 1 TVG Tarifverträge Nr. 9.
115 Vgl. hierzu *Francken/Natter/Rieker* NZA 2008, 377 m.w.N.

Arbeitnehmerüberlassung, Erlaubnispflicht **§ 1 AÜG**

(1) Begriffe

Bei dem gem. § 11 Abs. 1 Satz 1 AÜG i.V.m. § 2 Abs. 2 Satz 2 Nr. 4 NachwG anzugebenden **Arbeitsort** handelt es sich um den Sitz des Verleihers. Dieser ist regelmäßig nicht deckungsgleich mit dem Ort der tatsächlichen Leistungserbringung, da charakteristisch für den Leiharbeitsvertrag die Verpflichtung des Arbeitnehmers zur Erbringung der Arbeitsleistung in einem Fremdbetrieb ist.[116] Die Leistungserbringung erfolgt dabei regelmäßig an wechselnden Orten. Der Arbeitsort i.S.d. § 11 AÜG ist damit nicht deckungsgleich mit dem **Ort der Leistungserbringung**. 55

Das Problem der Begriffsabgrenzung ist kein spezielles der Arbeitnehmerüberlassung. Es stellt sich ganz ähnlich auch bei Außendienstmitarbeitern. Dort gibt es ebenfalls keine einheitliche Rechtsprechung dazu, wann ein einheitlicher **Erfüllungsort** festzustellen ist. Dies gilt gerade im Fall des Fehlens einer betrieblichen Organisation.[117] 56

(2) Gerichtsstand des Arbeitsortes

Bisher nicht geklärt ist, wonach sich für Streitigkeiten im Leiharbeitsverhältnis – insb. für Kündigungsschutzklagen des Leiharbeitnehmers – die örtliche Zuständigkeit der ArbG[118] bestimmt. Die Neufassung des **§ 48 ArbGG** zum 01.04.2008[119] hat diese Unsicherheit nicht beseitigt. 57

Rechtssicherheit besteht insoweit, als nach den allgemeinen Regeln jedenfalls das ArbG am **Sitz des Verleihers** örtlich zuständig ist. Fraglich ist, ob im Fall der Arbeitnehmerüberlassung wegen der regelmäßigen Leistungserbringung außerhalb der Betriebsstätte(n) des Verleihers noch eine **weitere Zuständigkeit** eines anderen Gerichts besteht. Eine solche könnte aus § 48 Abs. 1a ArbGG folgen. Ist § 48 ArbGG einschlägig, kann der Arbeitnehmer zwischen dem allgemeinen Gerichtsstand (§§ 13 und 17 ZPO) und dem nach § 48 58

---

116 Schüren/Hamann/*Schüren* § 11 AÜG Rn. 36.
117 Vgl. hierzu *Reinhard/Böggemann* NJW 2008, 1263 m.w.N.
118 Macht ein Leiharbeitnehmer gegenüber dem Entleiher vertragliche Ansprüche auf Zahlung einer Prämie auf Grundlage eines dort geltenden Prämienplans klageweise geltend, ist hingegen nicht der Rechtsweg zu den Arbeitsgerichten (§ 2 Abs. 1 Ziff. 3a ArbGG), sondern zu den allgemeinen Zivilgerichten (§ 13 GVG) eröffnet, vgl. LAG Hamm, 09.07.2015 – 2 Ta 673/14, ArbRB 2015, 296; *Bissels* jurisPR-ArbR 36/2015 Anm. 3.
119 BGBl. I, 444.

ArbGG wählen. Ein sich nach § 48 Abs. 1a ArbGG im Bereich der Leiharbeit ergebender Gerichtsstand träte somit neben den am Sitz des Verleihers.

59 Gem. **§ 48 Abs. 1a ArbGG** ist (zusätzlich) das ArbG zuständig, in dessen Bezirk der Arbeitnehmer gewöhnlich seine Arbeit verrichtet oder zuletzt gewöhnlich verrichtet hat (Satz 1). Ist ein gewöhnlicher Arbeitsort i.S.d. Satz 1 nicht feststellbar, ist das ArbG örtlich zuständig, von dessen Bezirk aus der Arbeitnehmer gewöhnlich seine Arbeit verrichtet oder zuletzt gewöhnlich verrichtet hat (Satz 2). Die Vorschrift stellt auf den Arbeitsort als denjenigen Ort ab, an dem der Arbeitnehmer gewöhnlich den **wesentlichen Teil seiner Tätigkeit** erbringt.[120] I.R.d. Arbeitnehmerüberlassung ist der Arbeitsort also nicht ein Betrieb des Verleihers.

60 Typischerweise werden Leiharbeitnehmer in **wechselnden Betrieben** eingesetzt. Aufgrund seiner Auffangfunktion liegt es nahe, ein Eingreifen des § 48 Abs. 1a Satz 2 ArbGG bereits dann anzunehmen, wenn Tätigkeiten vertragsgemäß in mehreren Gerichtsbezirken zu erbringen sind.[121] Danach wäre bei entsprechendem Einsatz des Leiharbeitnehmers das ArbG örtlich zuständig, »von dessen Bezirk aus der Arbeitnehmer gewöhnlich seine Arbeit verrichtet oder zuletzt gewöhnlich verrichtet hat.« Unklar bleibt jedoch, ob der Leiharbeitnehmer im Sinne dieser Vorschrift von seinem **Wohnsitz** oder vom Sitz des Verleihers aus tätig wird.[122] Die Gesetzesbegründung spricht dagegen, hier auf den Wohnsitz des Leiharbeitnehmers abzustellen.[123] Es verbliebe dann bei der Zuständigkeit des Gerichts am Ort des **Geschäftssitzes des Verleihers**.

61 Zumindest in den Fällen, in denen ein Leiharbeitnehmer zumindest weit überwiegend bei einem bestimmten Entleiher eingesetzt wird, spricht mit Blick auf den Gesetzeszweck viel dafür, nach § 48 Abs. 1a Satz 1 ArbGG eine (zusätzliche) Zuständigkeit des ArbG anzunehmen, in dessen Bezirk der Entleiherbetrieb liegt.

---

120 Zur Auslegung vor dem Hintergrund der Rechtsprechung des EuGH vgl. *Francken/Natter/Rieker* NZA 2008, 377.
121 In diesem Sinne *Düwell* jurisPR-ArbR 13/2008 Anm. 6 zu Änderungen des ArbGG zum 01.04.2008.
122 Ähnlich – allerdings nicht zum Bereich der Arbeitnehmerüberlassung – *Bergwitz* NZA 2008, 443; *Francken/Natter/Rieker* NZA 2008, 377.
123 BT-Drucks. 16/7716, 24: der Gesetzgeber stellt danach darauf ab, ob vom Wohnsitz aus eine Planung erfolgt.

▶ **Beispiel:**

Der Leiharbeitnehmer wird von einem Verleiher mit Sitz in Düsseldorf überwiegend an einen Automobilbauer in Köln überlassen. Lediglich während der Werksferien erfolgt gelegentlich ein Einsatz bei anderen Entleihern. Hier kommt eine zusätzliche Zuständigkeit des ArbG Köln – neben dem ArbG Düsseldorf – in Betracht.

Für die Annahme einer zusätzlichen Zuständigkeit spricht, dass der Gesetzgeber das ArbGG ausdrücklich insoweit für Arbeitnehmer günstiger gestalten wollte, als diese wahlweise auch vor dem ArbG Klage erheben können sollen, in dessen Bezirk sie regelmäßig ihre Arbeitsleistung erbringen.[124] 62

▶ **Praxistipp:**

Bis zu einer höchstrichterlichen Klärung kann der Leiharbeitnehmer eine Frist wahrende Klage grds. nur durch deren Erhebung beim örtlich zuständigen ArbG am Sitz des Verleihers sicherstellen.

Der Verleiher kann sich indes nicht auf eine Versäumnis der Klagefrist wegen Anrufens des unzuständigen Gerichts verlassen, wenn die Klageerhebung beim Gericht des Wohnortes des Leiharbeitnehmers oder der Betriebsstätte des Entleihers erfolgt, bei dem der Leiharbeitnehmer regelmäßig eingesetzt war.

cc) **Schwerbehindertenrecht**

Der Verleiher ist Vertragsarbeitgeber des Leiharbeitnehmers. Diesen treffen daher die sich aus dem Schwerbehindertenrecht ergebenden Pflichten. Auf das verleihende Unternehmen ist auch abzustellen, soweit der Anteil der mit schwerbehinderten Menschen zu besetzenden Arbeitsplätze gem. **§§ 71 ff. SGB IX** festzustellen ist. Der Verleiher wird entsprechend bei fehlender Erfüllung der Beschäftigungspflicht mit der **Ausgleichsabgabe** gem. § 77 SGB IX belastet. Dies hat das BVerwG bestätigt, obwohl der Verleiher regelmäßig nicht mit der Beschäftigungspflicht in natura belastet sein kann.[125] Für die Anrechnung des Arbeitsplatzes nach § 73 Abs. 1 SGB IX komme es nicht 63

---

124 BT-Drucks. 16/7716, 14.
125 BVerwG, 13.12.2001 – 5 C 26/01, BVerwGE 115, 312 = EzAÜG SGB IV Nr. 25: noch zum früheren Schwerbehindertengesetz, die Entscheidung ist jedoch auf die Neufassung der Vorschriften im SGB IX übertragbar.

darauf an, ob der Arbeitnehmer im eigenen Betrieb oder außerhalb tätig werde. Abzustellen sei allein auf die Person des Arbeitgebers. An diesen richte sich die Verpflichtung zur Beschäftigung schwerbehinderter Arbeitnehmer.

64 Offen gelassen hat das BVerwG, ob eine **Mehrfachanrechnung** schwerbehinderter Leiharbeitnehmer – also eine Anrechnung sowohl beim Ver- als auch beim Entleiher – erfolgen kann. In der Literatur wird dies wegen der Aufspaltung der Arbeitgeberfunktion auf mehrere Betriebe teilweise für angemessen gehalten.[126] Andere lehnen eine Mehrfachanrechnung mit dem Hinweis ab, lediglich der Verleiher könne als Arbeitgeber Adressat der Pflichten aus §§ 73 Abs. 9, 81 Abs. 1 SGB IX sein. Es sei daher an ihm, Arbeitsplätze mit schwerbehinderten Arbeitnehmern zu besetzen.[127]

dd) Entgeltfortzahlungspflichten

65 Der Verleiher ist als Arbeitgeber Schuldner der Entgeltfortzahlungsansprüche des Leiharbeitnehmers. Ob und inwieweit er berechtigt ist, seinerseits Rückgriff auf den Entleiher zu nehmen, ist gesetzlich nicht geregelt und daher vorrangig eine Frage der vertraglichen Gestaltung des Arbeitnehmerüberlassungsvertrages.

aaa) Entgeltfortzahlung im Krankheitsfall

66 Gem. § 3 Abs. 1 EntgeltFZG ist der **Verleiher** zur **Entgeltfortzahlung im Krankheitsfall** verpflichtet. Insoweit folgen aus der »untypischen« Ausgestaltung des Arbeitsverhältnisses bei einer Arbeitnehmerüberlassung keine Besonderheiten. Soweit Leiharbeit in Form von **Abrufarbeit** geleistet wird, darf dies nicht zur Umgehung von § 3 Abs. 1 EntgeltFZG missbraucht werden, indem der Verleiher Krankheitszeiten während eines Arbeitseinsatzes durch Nichtabruf in »Freizeit« umwandelt. Der Arbeitnehmer ist so zu stellen, wie er gestanden hätte, wäre er gesund geblieben. Es ist hierbei auf den **regelmäßigen Einsatz** des Arbeitnehmers abzustellen. Ggf. sind Krankheitszeiten nach dem Durchschnittsprinzip zu errechnen.[128] Regelmäßig finden sich Vorschriften zur Entgeltfortzahlung an Krankheitstagen im Rahmen flexibler Arbeitszeitmodelle in den einschlägigen Tarifverträgen der Leiharbeit.

---

126 GK-SchwbG/*Großmann* § 7 AÜG Rn. 55.
127 *Edenfeld* NZA 2006, 126.
128 Schüren/Hamann/*Schüren* AÜG Einl. Rn. 213.

Lediglich hinsichtlich der **Unterrichtungsobliegenheit** des Arbeitnehmers 67
über die Arbeitsunfähigkeit (§ 5 Abs. 1 Satz 1 EntgeltFZG) ist dem Umstand
der Aufspaltung der Arbeitgeberfunktion Rechnung zu tragen. Da der Leiharbeitnehmer vereinbarungsgemäß seine Leistung im Betrieb des **Entleihers** zu
erbringen hat, muss er diesen – **neben dem Verleiher** als seinem (Vertrags-)
Arbeitgeber – ebenfalls unverzüglich über eine Erkrankung unterrichten.

Geht die Arbeitsunfähigkeit auf einen Arbeitsunfall zurück, den der Entlei- 68
her oder seine Mitarbeiter verschuldet haben, sind ein Regress des Verleihers
und ein Forderungsübergang nach § 6 Abs. 1 EntgeltFZG regelmäßig ausgeschlossen.[129] Dies folgt aus den **Haftungsbeschränkungen** gem. §§ 104, 105
SGB VII.[130]

bbb) Entgeltfortzahlung an Feiertagen

Hinsichtlich der **Entgeltfortzahlung** an Feiertagen (§ 2 Abs. 1 EntgeltFZG) ist 69
ebenfalls der Verleiher als Arbeitgeber der alleinige Schuldner des Anspruchs
des Leiharbeitnehmers.

Zu beachten ist jedoch, dass es für die Bestimmung der gesetzlichen Feiertage 70
stets auf die **Feiertagsregelung des Einsatzortes** ankommt.[131] Maßgeblich ist
danach allein die Feiertagsregelung in dem Gebiet, in dem der Betrieb des
jeweiligen Entleihers liegt, bei dem der Leiharbeitnehmer gerade eingesetzt ist.
Ohne Belang ist dagegen die Feiertagsregelung am Sitz des Verleihers.

b) Arbeitnehmerüberlassungsvertrag

Notwendiger Inhalt des Arbeitnehmerüberlassungsvertrages ist die Verpflich- 71
tung des Verleihers, dem Entleiher zur Förderung von dessen Betriebszweck
Arbeitnehmer zur Verfügung zu stellen. Der Entleiher wiederum verpflichtet
sich ggü. dem Verleiher, diesem als Gegenleistung ein Entgelt zu zahlen.[132]

Für den Arbeitnehmerüberlassungsvertrag gilt gem. § 12 Abs. 1 Satz 1 AÜG 72
ein **strenges Schriftformerfordernis**, nach dem alle wesentlichen vertraglichen
Abreden in einer Urkunde enthalten sein müssen.[133] Die Schriftform richtet

---

129 Schüren/Hamann/*Schüren* AÜG Einl. Rn. 214.
130 BAG, 27.05.1983 – 7 AZR 1210/79, EzAÜG § 611 BGB Haftung Nr. 7.
131 ErfK/*Dörner/Reinhard* § 2 EntgeltFZG Rn. 5 m.w.N.
132 BAG, 03.12.1997 – 7 AZR 764/96, AP AÜG § 1 Nr. 24 m.w.N.
133 Vgl. § 12 Rdn. 3 ff.

sich nach § 126 BGB. Die elektronische Form nach § 126a BGB ist gleichfalls möglich,[134] jedoch hat sich diese wegen der technischen Anforderungen an die Notwendigkeit einer qualifizierten elektronischen Signatur nach dem Signaturgesetz in der Praxis (noch) nicht durchgesetzt. Ein Verstoß gegen die Schriftform führt gem. § 125 Satz 1 BGB zur **Nichtigkeit** des Vertrages.

73 Hauptleistungspflicht des Entleihers ist die **Zahlung der vereinbarten Vergütung** für die Überlassung der Arbeitnehmer.

74 Hauptleistungspflicht des Verleihers ist die **Bereitstellung** von für den Betriebszweck des Entleihers **geeigneten Arbeitnehmern**.

aa) Inhaltliche Ausgestaltung

75 Die oben umrissenen Pflichten bestehen grds. über die gesamte Laufzeit des Vertrages.

aaa) Hauptpflicht des Verleihers

76 Mit der Verpflichtung, dem Entleiher Arbeitnehmer zur Verfügung zu stellen, endet die vertragliche Pflicht des Verleihers ggü. dem Entleiher. Stellt der Verleiher dem Entleiher geeignete Arbeitnehmer zur Verfügung, hat er seine Leistungspflicht so lange erfüllt, wie die Arbeitnehmer **vereinbarungsgemäß** ihre Arbeit leisten. Der einzelne Leiharbeitnehmer muss seine Arbeitsleistung hierzu im Betrieb des Entleihers erbringen; dieser muss seinerseits den Arbeitnehmer nach seinen Vorstellungen und Zielen in seinem Betrieb wie einen eigenen Mitarbeiter einsetzen. Der Arbeitnehmer muss in den Betrieb eingegliedert sein, insb. muss er den Weisungen des Entleihers und dessen Repräsentanten hinsichtlich der **Arbeitsausführung** unterliegen.[135]

77 Voraussetzung einer Pflichterfüllung durch den Verleiher ist zudem, dass der überlassene Leiharbeitnehmer gemäß dem im Vertrag zwischen Verleiher und Entleiher vereinbarten Zweck geeignet ist. Er muss über **sämtliche geforderten Qualifikationen** verfügen. Insoweit gilt für den Arbeitnehmerüberlassungsvertrag der Rechtsgedanke des **§ 243 BGB**. Sobald der Entleiher berechtigt erklärt, der überlassene Arbeitnehmer sei i.S.d. vereinbarten Vertragszwecks nicht geeignet, und daher die Überlassung eines anderen Leiharbeitnehmers verlangt, ist der Verleiher zur (erneuten) Leistung verpflichtet. Gleiches gilt,

---

134 *Boemke/Lembke* § 12 AÜG Rn. 10.
135 BAG, 28.06.2000 – 7 AZR 45/99, BB 2001, 98.

wenn der Leiharbeitnehmer die Arbeit beim Entleiher einstellt. Das Risiko, qualifizierte Mitarbeiter in ausreichender Zahl für die Zeit der Vertragsdauer bereitzustellen, ist Betriebsrisiko des Verleihers.[136] Überlässt dieser keine zur Erbringung der vereinbarten Arbeitsleistung fähigen und willigen Leiharbeitnehmer oder stellt er nicht rechtzeitig geeignete Arbeitnehmer zur Verfügung, verliert er seinen Anspruch auf die vereinbarte Überlassungsvergütung und kann sich zudem i.R.d. § 280 BGB ggü. dem Entleiher schadensersatzpflichtig machen.[137]

(1) Keine Konkretisierung

In diesem Sinne bedeutet die Überlassung eines geeigneten Leiharbeitnehmers **keine Konkretisierung** der Leistungspflicht des Verleihers nach § 243 Abs. 2 BGB. Im Fall des Ausfalls eines Leiharbeitnehmers tritt daher auch **keine Leistungsbefreiung** nach § 275 Abs. 1 BGB ein. Der Verleiher muss dem Entleiher vielmehr einen anderen qualifizierten Arbeitnehmer überlassen.[138] Er kann sich dieser Verpflichtung nicht mit der Begründung entziehen, der konkret ausgewählte Arbeitnehmer stehe bspw. aufgrund Krankheit oder Ausscheidens aus dem Unternehmen nicht mehr zur Überlassung zur Verfügung. Etwas anderes kann lediglich im Fall der vereinbarten Überlassung eines im Arbeitnehmerüberlassungsvertrag namentlich benannten Leiharbeitnehmers gelten, wenn es gerade auf den Einsatz diesen Mitarbeiters ankommt und eine Ersetzungsbefugnis des Verleihers nicht besteht.

78

(2) Austauschrecht/Ersetzungsbefugnis

Korrespondierend mit seiner bis zum Ende der Vertragslaufzeit bestehenden Pflicht zur Überlassung entsprechend den vertraglichen Vorgaben qualifizierter Arbeitnehmer ist der Verleiher im Grundsatz jederzeit berechtigt, seine Leiharbeitnehmer gegen andere, vergleichbare Mitarbeiter auszutauschen. Dieses zumeist als **Austauschrecht** oder **Ersetzungsbefugnis** bezeichnete Recht gilt jedoch nicht schrankenlos.

79

---

136 *Ulber* § 12 AÜG Rn. 19. Zu den Anstrengungen, die der Verleiher zur Erfüllung der Beschaffungspflicht tätigen muss, vgl. die Darstellung bei *Boemke* BB 2006, 997.
137 *Boemke* BB 2006, 997.
138 *Boemke* BB 2006, 997; Schüren/Hamann/*Schüren* AÜG Einl. Rn. 106, 310 ff.; *Boemke/Lembke* § 12 AÜG Rn. 36 ff.

80 Zum einen kann ein Austausch von Leiharbeitnehmern durch eine vertragliche Vereinbarung zwischen Verleiher und Entleiher **ausdrücklich ausgeschlossen** werden. Zum anderen kann die beliebige Entziehung im Einzelfall nach § 242 BGB treuwidrig sein. Ein solcher Sonderfall wird angenommen, wenn der Leiharbeitnehmer zur Erbringung von Leistungen überlassen wurde, die speziellen Kenntnisse, insb. eine **längere Einarbeitungszeit**, erfordern. In diesem Fall würde ein Abberufen und Ersetzen von – eingearbeiteten – Leiharbeitnehmern den Zweck des zwischen Verleiher und Entleiher geschlossenen Vertrages gefährden.

81 Auch soweit eine Ersetzungsbefugnis besteht, kann die Art und Weise von ihr Gebrauch zu machen, Einschränkungen unterliegen. Eine solche kann aus § 241 Abs. 2 BGB folgen, der den Verleiher verpflichtet, die berechtigten Interessen des Entleihers so wenig wie möglich zu beeinträchtigen. Dies kann vor dem Austausch eines Leiharbeitnehmers insb. die Einhaltung einer angemessenen Ankündigungsfrist erforderlich machen.[139]

bbb) Hauptleistungspflicht des Entleihers

82 Der Entleiher ist ggü. dem Verleiher zur Zahlung der nach dem Arbeitnehmerüberlassungsvertrag geschuldeten Vergütung verpflichtet. Diese Verpflichtung besteht für die vereinbarte Laufzeit des Vertrages grds. unabhängig von der konkreten Beschäftigungssituation.

83 Hat der Entleiher während des laufenden Arbeitnehmerüberlassungsvertrages **keine Verwendungsmöglichkeit** mehr für die zur Verfügung gestellten Leiharbeitnehmer, bleibt er dennoch zur Erbringung der Gegenleistung verpflichtet. Durch das im Bereitstellen der Leiharbeitnehmer liegende tatsächliche Angebot (§ 294 BGB) wird der Entleiher in diesen Fällen in **Annahmeverzug** gesetzt. Entsprechend den oben genannten Anforderungen an ein ordnungsgemäßes Leistungsangebot scheidet das Vorliegen von Annahmeverzug jedoch aus, wenn der Entleiher berechtigt auf eine **Unzumutbarkeit der Beschäftigung** des Leiharbeitnehmers wegen dessen Schlechtleistung hinweist. Als Kriterium zur Feststellung dieser Zumutbarkeit greift die Literatur auf die i.R.d. Kündigungsschutzes für Stammarbeitnehmer entwickelten Grundsätze zurück.[140]

---

139 *Ulber* § 12 AÜG Rn. 23.
140 *Boemke* BB 2006, 997 m.w.N.

▶ Hinweis:

Lässt sich der Entleiher darauf ein, im Arbeitnehmerüberlassungsvertrag »Garantieeinsatzzeit« für die überlassenen Arbeitnehmer an den Verleiher zu vergüten, ist dieser daran gebunden, selbst wenn die vertragliche vereinbarte Mindestabnahmezeiten aus Gründen nicht erbracht werden konnten, die der Entleiher selbst zu vertreten hat, z.B. weil die regelmäßige wöchentliche Arbeitszeit und/oder die Dauer der Schichten mit dem vereinbarten Einsatzvolumen nicht kompatibel sind.[141] Es gilt insoweit der Grundsatz »pacta sunt servanda« – Verträge und vertragliche Vereinbarungen sind einzuhalten. Der Entleiher kann durch die Hintertür nicht geltend machen, dass er das vereinbarte Arbeitszeitvolumen nicht abgerufen habe und die entsprechenden Stunden vor diesem Hintergrund nicht vergüten müsse. Letztlich müssen sich Entleiher an den Vereinbarungen festhalten lassen, die diese akzeptiert haben. Im Zweifel dürfen eben keine »Garantieeinsatzzeiten« vorgesehen werden. Im Arbeitnehmerüberlassungsvertrag kann nämlich festgelegt werden, dass eine Vergütung nur bei Abruf eines Einsatzes eines Leiharbeitnehmers erfolgt. Im Zweifel kann der Entleiher auf eine entsprechende Anpassung der Vereinbarungen hinwirken, dann aber auch entsprechend dokumentiert und unter Wahrung des Schriftformerfordernisses (§ 12 Abs. 1 Satz 1 AÜG).

Eine **Pflicht** zur tatsächlichen Beschäftigung der überlassenen Leiharbeitnehmer trifft den Entleiher – anders als ggü. seiner Stammbelegschaft – nach herrschender Meinung nicht.[142]

84

Kommt es zu einer Verletzung eines Leiharbeitnehmers im Betrieb des Entleihers, greifen die Haftungsprivilegien gem. § 104 Abs. 1, § 105 SGB VII zugunsten des Entleihers und zugunsten anderer, im Betrieb tätiger Arbeitnehmer ein.[143]

85

bb) Nebenpflichten

Die Pflicht des Verleihers, für die Leiharbeitnehmer **Sozialversicherungsbeiträge abzuführen**, stellt demgegenüber keine Hauptleistungspflicht, sondern

86

---

141 OLG Hamm, 13.04.2016 – 12 U 125/15, ZIP 2016, 1604.
142 *Urban-Crell/Schulz* Rn. 247 m.w.N.; a.A. *Becker/Wulfgramm* § 12 AÜG Rn. 27; *Ulber* § 12 AÜG Rn. 29.
143 Schüren/Hamann/*Schüren* AÜG Einl. Rn. 756 m.w.N.

lediglich eine Nebenpflicht aus dem Arbeitnehmerüberlassungsvertrag dar.[144] Diese Ansicht wird von Teilen der Literatur mit dem Hinweis kritisiert, der Entleiher habe ein eigenes Interesse daran, dass die Überlassung unter Beachtung der sozialversicherungsrechtlichen Vorschriften erfolge und der Verleiher die Beträge tatsächlich entrichte. Dieses ergebe sich aus der Vorschrift des § 28e Abs. 2 Satz 1 SGB IV, nach der der Entleiher wie ein selbstschuldnerischer Bürge für die Erfüllung der Zahlungspflicht des Verleihers hafte.[145] Aufgrund dieses erheblichen Haftungsrisikos liege es nahe, die Pflicht zur Abführung von Sozialversicherungsbeiträgen nicht nur als bloße Neben-, sondern als eine Hauptpflicht aus dem Arbeitnehmerüberlassungsvertrag zu qualifizieren.

▶ Praxistipp:

Da der Entleiher im Fall der Zahlungsunfähigkeit des Verleihers ggü. den Sozialversicherungsträgern gem. § 28e Abs. 2 Satz 1 SGB VII als selbstschuldnerischer Bürge haftet, empfiehlt es sich, im Arbeitnehmerüberlassungsvertrag eine Sicherheitsleistung, z.B. durch eine Bankbürgschaft, zu vereinbaren.

cc) Pflichtverletzungen

87 Die Leiharbeitnehmer sind in dem zwischen Verleiher und Entleiher bestehenden Vertragsverhältnis **keine Erfüllungsgehilfen**. Der Verleiher schuldet dem Entleiher nicht die Arbeitsleistung der von ihm überlassenen Leiharbeitnehmer. Seine Hauptleistungspflicht liegt in der vertragsmäßigen Überlassung selbst.[146] Aus diesem Grund sollen sich Schadensersatzansprüche gegen den Verleiher lediglich aus einer fehlerhaften Auswahl der überlassenen Leiharbeitnehmer (sog. Auswahlverschulden) oder der fehlenden Bereitstellung einer ausreichenden Menge von solchen ergeben können.[147]

88 Im Fall der Nichterfüllung der Überlassungspflicht kommen Ansprüche des Entleihers auf Schadensersatz gem. **§ 275 Abs. 4 i.V.m. § 280 Abs. 1 und 3, § 283 Satz 1 BGB** in Betracht. Im Fall eines Auswahlverschuldens hinsichtlich

---

144 BGH, 02.12.2004 – IX ZR 200/03, NJW 2005, 884.
145 S. Einl. Rdn. 99 ff.
146 Vgl. Rdn. 76 ff.
147 Schüren/Hamann/*Schüren* § 1 AÜG Rn. 76; ausführlich *Dahl/Färber* DB 2009, 1650 unter Berücksichtigung von BGH, 13.05.1975 – VI ZR 247/73, NJW 1975, 1695.

der gestellten Leiharbeitnehmer ist eine Schadensersatzpflicht oder Haftung des Verleihers gem. **§§ 280 Abs. 1 Satz 1, 241 Abs. 2 BGB** möglich.

c) Beschäftigungsverhältnis Entleiher – Leiharbeitnehmer

Die Arbeitnehmerüberlassung i.S.d. § 1 Abs. 1 AÜG ist durch das **Fehlen einer arbeitsvertraglichen Beziehung** zwischen Leiharbeitnehmer und Entleiher gekennzeichnet.[148] Allein für den Fall der Unwirksamkeit des Leiharbeitsverhältnisses wegen fehlender Erlaubnis, der Überschreitung der Höchstüberlassungsdauer oder der Verletzung der Offenlegungs- und Konkretisierungspflicht[149] fingiert §§ 9 Abs. 1 Nr. 1, 1a, 1b i.V.m. 10 Abs. 1 AÜG aus Gründen des Arbeitnehmerschutzes ein Arbeitsverhältnis zwischen dem Entleiher und dem Leiharbeitnehmer.[150] 89

Der Leiharbeitnehmer wird bei dem Entleiher tätig, um damit seine sich aus dem Arbeitsvertrag mit dem Verleiher ergebende Verpflichtung zu erfüllen. Ausschließlich sein Vertrag mit dem Verleiher verpflichtet den Leiharbeitnehmer, seine Arbeitsleistung im Organisationsbereich des Entleihers zu erbringen. In Abweichung von dem gesetzlichen Leitbild des § 613 Satz 2 BGB wird ein Leiharbeitnehmer damit ausschließlich aufgrund seiner **Einwilligung zur Übertragung des Anspruchs auf seine Dienste** auf einen Dritten tätig.[151] 90

Dogmatisch ist weiterhin umstritten, ob zwischen Entleiher und Leiharbeitnehmer ein – vom Bestehen eines Arbeitsverhältnisses zu trennendes – **Schuldverhältnis** besteht, das dem Entleiher ein Forderungsrecht auf die Arbeitsleistung gewährt und aus dem bei einer Pflichtverletzung Schadensersatzansprüche abgeleitet werden können oder ob der Anspruch auf die Arbeitsleistung vom Verleiher an den Entleiher abgetreten wird oder ein Vertrag zugunsten Dritter anzunehmen ist.[152] 91

---

148 BAG, 03.12.1997 – 7 AZR 764/96, BAGE 87, 186 = AP AÜG § 1 Nr. 24; BAG, 25.10.2000 – 7 AZR 487/99, BAGE 96, 150 = AP AÜG § 10 Nr. 15.
149 Ggf. auch in Zusammenhang mit einer unzulässigen Kettenüberlassung nach § 10a AÜG.
150 BT-Drucks. VI/2303, 13, vgl. § 10 Rdn. 3 ff.
151 *Boemke/Lembke* § 11 AÜG Rn. 5; Schüren/Hamann/*Schüren* § 1 AÜG Rn. 82.
152 LAG Hamm, 04.08.2003 – 2 Ta 739/02, NZA-RR 2004, 106 m.w.N.

aa) Aufspaltung der Arbeitgeberfunktionen

92 Während seines Einsatzes bei dem Entleiher unterliegt der Leiharbeitnehmer dessen **fachlichen und zeitlichen** – nicht jedoch disziplinarischen – **Weisungen**. Die Arbeitnehmerüberlassung führt zu einer tatsächlichen Eingliederung des Leiharbeitnehmers in den Betrieb des Entleihers, der diesen seinen Vorstellungen und Zielen gemäß innerhalb seiner Betriebsorganisation wie einen eigenen Arbeitnehmer zur Förderung seiner Betriebszwecke einsetzt und ihm ggü. hinsichtlich der konkreten Arbeitsausführung weisungsbefugt ist.[153]

93 Dadurch kommt es bei einem Leiharbeitsverhältnis zu einer Aufspaltung der Arbeitgeberfunktionen zwischen dem Verleiher als dem Vertragsarbeitgeber und dem Entleiher als »**faktischem Arbeitgeber**«.[154]

94 Dieser Besonderheit und dem daraus folgenden erhöhten Schutzbedürfnis des Leiharbeitnehmers trägt der Gesetzgeber Rechnung, indem er den Entleiher als faktischen Arbeitgeber neben dem Vertragsarbeitgeber bezüglich der Einhaltung der **öffentlich-rechtlichen Arbeitsschutzvorschriften** in die Pflicht nimmt (§ 11 Abs. 6 AÜG) und ihn als selbstschuldnerischen Bürgen für die Erfüllung der sozialversicherungsrechtlichen Beitragspflichten haften lässt (vgl. § 28e Abs. 2 SGB IV, § 150 Abs. 3 SGB VII).[155] Mit Rücksicht auf die tatsächliche Eingliederung des Leiharbeitnehmers in den Betrieb des Entleihers billigt § 14 Abs. 2 Satz 2 und 3 AÜG Leiharbeitnehmern schließlich einzelne betriebsverfassungsrechtliche Rechte im Entleiherbetrieb zu.[156]

95 Die schutzwürdigen Belange des Entleihers berücksichtigt das Gesetz dadurch, dass dieser als Arbeitgeber i.S.d. Gesetzes über **Arbeitnehmererfindungen** gilt, wenn der Leiharbeitnehmer während der Dauer seiner Tätigkeit bei dem Entleiher eine Erfindung oder einen technischen Verbesserungsvorschlag macht (§ 11 Abs. 7 AÜG). Der Entleiher gilt auch im Anwendungsbereich des AGG als Arbeitgeber des Leiharbeitnehmers (§ 6 Abs. 2 Satz 2 AGG).

---

153 BAG, 18.01.1989 – 7 ABR 21/88, BAGE 61, 7 = AP BetrVG 1972 § 9 Nr. 1; BAG, 28.06.2000 – 7 AZR 45/99, BB 2001, 98.
154 BAG, 18.01.1989 – 7 ABR 21/88, BAGE 61, 7 = AP BetrVG 1972 § 9 Nr. 1; BAG, 22.03.2000 – 7 ABR 34/98, BAGE 94, 144 = AP AÜG § 14 Nr. 8.
155 S. Einl. Rdn. 99 ff.
156 BVerwG, 13.12.2001 – 5 C 26/01, BVerwGE 115, 312 = EzAÜG SGB IV Nr. 25 unter Hinweis auf BAG, 18.01.1989 – 7 ABR 21/88, BAGE 61, 7.

Streitig ist, ob der Entleiher dem Leiharbeitnehmer ggü. zur **Beschäftigung** 96
verpflichtet ist.[157] Wegen der fehlenden Arbeitgeberstellung des Entleihers ist
eine solche Pflicht abzulehnen.

bb) Haftung des Entleihers

Arbeitgeber des Leiharbeitnehmers ist ausschließlich der Verleiher. Dennoch 97
treffen den Entleiher Pflichten aus der tatsächlichen Beschäftigung des Leiharbeitnehmers.[158]

aaa) Schädigung des Leiharbeitnehmers

Der Entleiher ist gem. § 11 Abs. 6 AÜG – unbeschadet der Pflichten des 98
Verleihers – selbst verpflichtet, eigene öffentlich-rechtliche Arbeitgeberpflichten zu erfüllen.[159] Der privatrechtliche Umfang der dem Entleiher obliegenden **Fürsorgepflichten** erfasst darüber hinaus alle Schutzpflichten, die mit
der Intergration des Arbeitnehmers in den betrieblichen Ablauf und seiner
Arbeitsleistung verbunden sind. Dies soll insb. für die arbeitsrechtlichen Haftungsbeschränkungen zugunsten des Arbeitnehmers für Schäden des Entleihers bei der Ausübung betrieblich veranlasster Tätigkeiten gelten.[160]

Die **Haftungsprivilegierung** gem. §§ 104 Abs. 1, 105 SGB VII greift auch 99
zugunsten des Entleihers und seiner im Betrieb tätigen (Stamm-)Beschäftigten
ein, wenn sie den Leiharbeitnehmer verletzen.[161] Erleidet ein Leiharbeitnehmer im Betrieb des Entleihers einen Arbeitsunfall, ist der Entleiher – neben
dem Verleiher – verpflichtet, den **Arbeitsunfall** der zuständigen Berufsgenossenschaft zu melden (§ 193 SGB VII).[162] Im Fall der Beschädigung eigener
Sachen des Leiharbeitnehmers im Rahmen seiner Tätigkeit im Interesse des

---

157 Vgl. zum Meinungsstand *Ulber* § 12 AÜG Rn. 29 m.w.N.
158 S. Rdn. 97 ff.
159 Vgl. § 11 Rdn. 26 ff., 57 ff.
160 LAG Hamm, 04.08.2003 – 2 Ta 739/02, NZA-RR 2004, 106; LAG Düsseldorf, 04.10.1990 – 5 Sa 377/90, LAGE § 670 BGB Nr. 7 = EzAÜG § 823 BGB Nr. 5.
161 Schüren/Hamann/*Schüren* AÜG Einl. Rn. 756 m.w.N.; zu Besonderheiten bei Wegeunfällen OLG Hamm, 14.04.2000 – 9 U 3/00, NZA-RR 2000, 648.
162 Vgl. auch für den Einsatz nur innerhalb eines bestimmten Gewerbezweiges LSG Niedersachsen-Bremen, 29.09.2005 – L 6 U 38/02, EzAÜG SGB VII Nr. 38.

Entleihers haftet dieser analog § 670 BGB auf den Ersatz des Schadens.[163] Zuständig sind die Gerichte für Arbeitssachen.[164]

bbb) Haftung für nicht abgeführte Abgaben

100 Im Fall unzureichender Lohnzahlungen durch den Verleiher an den Leiharbeitnehmer kann der Entleiher sowohl bezüglich der auf die Entgeltdifferenz entfallenden **Lohnsteuer** als auch für die auf die darauf abzuführenden **Sozialversicherungsbeiträge** und die Beiträge zur Unfallversicherung herangezogen werden (vgl. § 42d Abs. 6 EStG, § 28e Abs. 2 SGB IV, § 150 Abs. 3 SGB VII).[165]

101 Risiken ergeben sich für den Entleiher vor allem im Fall der **Insolvenz** des Verleihers. Grds. besteht bei Nichtabführung der Sozialversicherungsbeiträge durch den Verleiher gem. § 28e Abs. 2 Satz 2 SGB IV ein Leistungsverweigerungsrecht des Entleihers – zumindest so lange die Einzugsstelle den Arbeitgeber nicht gemahnt hat und die Mahnfrist nicht abgelaufen ist. Nach Eröffnung des Insolvenzverfahrens über das Vermögen des Verleihers kann der Entleiher indes auch ohne eine solche Mahnung anstelle des Verleihers in Anspruch genommen werden. Nach der Rechtsprechung des BSG soll das Leistungsverweigerungsrecht nach § 28e Abs. 2 Satz 2 SGB IV den Entleiher vor einer Inanspruchnahme lediglich insoweit bewahren, wie die Nichterfüllung der Zahlungspflicht des Verleihers hinreichend sicher feststeht. Deren Geltendmachung sei im Fall der Insolvenz nicht mehr möglich. Insoweit kommt es weder auf die Gründe der fehlenden Erfüllung noch auf die Erfolglosigkeit der Zahlungsvollstreckung gegen den Arbeitgeber an. Mit der Eröffnung des Insolvenzverfahrens über das Vermögen des Verleihers ist dessen Zahlungsunfähigkeit und/oder Überschuldung festgestellt. Er scheidet daher als Adressat der individuellen Rechtsverfolgung aus.[166] Dem Entleiher stehen in der Insolvenz des Verleihers zudem keine Aufrechnungsmöglichkeiten zu, wenn der Verleiher seine vertragliche Pflicht, die Lohnnebenkosten an die Einzugsstelle

---

163 ErfK/*Wank* AÜG Einl. Rn. 35; vgl. ArbG Essen, 23.04.2015 – 5 Ca 41/15, n.v.: zur Haftung des Entleihers bei einem Diebstahl von im Eigentum des Leiharbeitnehmers stehenden Gegenständen.
164 Vgl. BAG, 15.03.2011 – 10 AZB 49/10, NZA 2011, 653 (Anspruch aus § 15 Abs. 2 AGG); LAG Köln, 18.04.2011 – 4 Ta 78/11, AE 2012, 59 (Anspruch aus § 13 AÜG).
165 S. Einl. Rdn. 99 ff.
166 BSG, 07.03.2007 – B 12 KR 11/06 R, DB 2007, 1870.

abzuführen schuldhaft verletzt und der Entleiher die entsprechenden Beiträge nach Eröffnung des Insolvenzverfahrens an die Einzugsstelle zu entrichten hat.[167] Eine Aufrechnung ist in diesen Fällen gem. § 95 Abs. 1 Satz 1 und 3 InsO ausgeschlossen. Hat der Entleiher vor Eröffnung des Insolvenzverfahrens an die Einzugsstelle noch keine Zahlung erbracht, steht ihm in der Insolvenz des Verleihers weder ein insolvenzfestes Leistungsverweigerungsrecht (§ 51 Nr. 2 und 3 InsO) noch eine insolvenzbeständige Aufrechnungs- oder Verrechnungsposition (§§ 94 bis 96 InsO) zu. Eine Umwandlung gem. § 250 BGB des auf Befreiung von der Verbindlichkeit gerichteten Schadensersatzanspruchs vor Eröffnung des Insolvenzverfahrens in einen Zahlungsanspruch, mit dem der Entleiher nach Eröffnung des Insolvenzverfahrens gem. § 94 InsO noch aufrechnen könnte, widerspricht nach der Rechtsprechung des BGH schuld- und insolvenzrechtlichen Grundsätzen.[168]

cc) Haftung des Leiharbeitnehmers

Hinsichtlich der Haftung des Leiharbeitnehmers ist zu beachten, dass dieser gerade nicht dem Entleiher, sondern allein dem Verleiher die – gemessen an seinen Fähigkeiten bestmögliche – Erbringung der Arbeitsleistung schuldet. 102

aaa) Ansprüche des Entleihers

Ob der Entleiher ggü. dem Leiharbeitnehmer Schadensersatzansprüche geltend machen kann, hängt maßgeblich von der noch immer nicht abschließend entschiedenen Frage ab, ob der Leiharbeitsvertrag (zwischen Verleiher und Leiharbeitnehmer) als Vertrag zugunsten Dritter einzuordnen ist. Aufgrund der tatsächlichen Beschäftigung des Leiharbeitnehmers im Entleiherbetrieb und der damit identischen Gefährdungslage müssen in jedem Fall Haftungsbeschränkungen, etwa die Grundsätze über den innerbetrieblichen Schadensausgleich berücksichtigt werden. Die wohl überwiegende Ansicht hält es angesichts der für die Arbeitnehmerüberlassung typischen Dreieckskonstellation für sachgerecht, den Vertrag zwischen Verleiher und Leiharbeitnehmer zugunsten des Entleihers und den Arbeitnehmerüberlassungsvertrag zwischen Verleiher und Entleiher zugunsten des Leiharbeitnehmers (zumindest) als Vertrag mit Schutzwirkung zugunsten Dritter anzusehen.[169] Vor 103

---

167 BGH, 14.07.2005 – IX ZR 142/02, NJW 2005, 3285.
168 BGH, 14.07.2005 – IX ZR 142/02, NJW 2005, 3285 m.w.N.
169 *Urban-Crell/Schulz* Rn. 498.

diesem Hintergrund kommt eine Haftung des Leiharbeitnehmers ggü. dem Entleiher nach §§ 280 Abs. 1 und 3, 283, 286 BGB entweder direkt oder aus einem Vertrag mit Schutzwirkung zugunsten Dritter in Betracht.[170]

bbb) Freistellungsansprüche

104 Im Fall der Schädigung eines Dritten durch einen (Leih-)Arbeitnehmer bestehen auch im Rahmen betrieblich veranlasster Tätigkeiten keine Haftungsprivilegien. Der Arbeitnehmer ist diesem nach den allgemeinen haftungsrechtlichen Grundsätzen zum Schadensersatz verpflichtet. Indes kann der Arbeitnehmer seinerseits ggü. dem Arbeitgeber einen Anspruch auf Freistellung von den Schadensersatzansprüchen des Dritten haben.[171] Im Fall der Arbeitnehmerüberlassung handelt der Leiharbeitnehmer im unternehmerischen Interesse des Entleihers. Aus diesem Grund richtet sich der Freistellungsanspruch des Leiharbeitnehmers richtigerweise grds. gegen den Entleiher.[172]

ccc) Rechtsweg

105 Obwohl kein Arbeitsverhältnis besteht, ist für Schadensersatzansprüche des Entleihers gegen den Leiharbeitnehmer der Rechtsweg zu den **Gerichten für Arbeitssachen** eröffnet. Für die Zuordnung spricht die besondere Qualität des Leiharbeitsverhältnisses als »gespaltenes Arbeitsverhältnis«, das einerseits durch das Bestehen arbeitsvertraglicher Beziehungen und andererseits durch die Aufspaltung der Arbeitgeberfunktion zwischen Verleiher und Entleiher charakterisiert wird.[173] Insoweit existieren auch arbeitsrechtliche Beziehungen zwischen dem Leiharbeitnehmer und dem Entleiher, der das Weisungsrecht ausübt und demgegenüber der Leiharbeitnehmer haftet.[174] Die am Sinn und Zweck orientierte Ausdehnung der Zuständigkeitsnorm gebietet es nach der Rechtsprechung, bürgerlich-rechtliche Streitigkeiten, die in einer greifbaren Beziehung zum Arbeitsvertrag stehen, prozessual durch die ArbG entscheiden zu lassen.[175]

---

170 ErfK/*Wank* AÜG Einl. Rn. 34.
171 S. zu den Grundsätzen der Arbeitnehmerhaftung *Waltermann* JuS 2009, 193.
172 *Urban-Crell/Schulz* Rn. 400 m.w.N.
173 LAG Hamm, 04.08.2003 – 2 Ta 739/02, NZA-RR 2004, 106.
174 LAG Hamm, 04.08.2003 – 2 Ta 739/02, NZA-RR 2004, 106 m.w.N.
175 BAG, 23.08.2001 – 5 AZB 11/01, NZA 2002, 230.

II. I.R.d. wirtschaftlichen Tätigkeit – Abs. 1 Satz 1

1. Einleitung

Regelungsgegenstand des AÜG war bis zum 30.11.2011 die gewerbsmäßige Arbeitnehmerüberlassung (§ 1 Abs. 1 Satz 1 AÜG a.F.). Auf die nicht gewerbsmäßige Arbeitnehmerüberlassung fanden die Vorschriften des AÜG dagegen grds. keine Anwendung. Seit dem 01.12.2011 stellt das AÜG nicht mehr auf das Kriterium der Gewerbsmäßigkeit ab. § 1 Abs. 1 Satz 1 AÜG n.F. knüpft nunmehr ausschließlich daran an, dass die Arbeitnehmerüberlassung im Rahmen einer wirtschaftlichen Tätigkeit erfolgt. Da der Begriff der Gewerblichkeit für Altfälle noch von Bedeutung sein kann, wird dieser nachfolgend ebenfalls dargestellt.

106

2. Wirtschaftliche Tätigkeit

Der Begriff der »wirtschaftlichen Tätigkeit« ist weit zu verstehen. Der Gesetzgeber wollte mit dieser Änderung von § 1 Abs. 1 Satz 1 AÜG mit Wirkung zum 01.12.2011 den Vorgaben der Richtlinie 2008/104/EG vom 19.11.2008 über Leiharbeit[176] gerecht werden.[177] Dementsprechend ist der in § 1 Abs. 1 Satz 1 AÜG verwendete Begriff der wirtschaftlichen Tätigkeit europarechtskonform nach dem Verständnis der Richtlinie auszulegen.[178] Diesem hat sich auch das BAG angeschlossen.[179] Nach deren Art. 1 Abs. 2 findet diese für öffentliche und private Unternehmen Anwendung, bei denen es sich um Leiharbeitsunternehmen oder entleihende Unternehmen handelt, die eine wirtschaftliche Tätigkeit ausüben, unabhängig davon, ob sie Erwerbszwecke verfolgen oder nicht. Nach der Rechtsprechung des EuGH[180] ist eine wirtschaftliche Tätigkeit jede Tätigkeit, die darin besteht, Güter und Dienstleistungen auf einem bestimmten Markt anzubieten. Ist diese Voraussetzung

107

---

176 ABl. Nr. L 327 S. 9.
177 BT-Drucks. 17/4804, 8.
178 LAG Düsseldorf, 26.07.2012 – 15 Sa 1452/11, BB 2012, 2112; LAG Düsseldorf, 26.07.2012 – 15 Sa 336/12, juris; ArbG Krefeld, 15.05.2012 – 1 Ca 2551/11, juris.
179 BAG, 20.01.2016 – 7 AZR 535/13, juris; LAG Bremen, 12.07.2016 – 1 Sa 70/15, juris; LAG Baden-Württemberg, 11.02.2016 – 3 TaBV 2/14, AuA 2016, 370; LAG Thüringen, 23.11.2016 – 6 Sa 283/15, juris.
180 EuGH, 01.07.2008 – C 49/07, EuZW 2008, 605; EuGH, 17.11.2016 – C-216/15, juris (Ruhrlandklinik).

erfüllt, steht der Umstand, dass eine Tätigkeit ohne Gewinnerzielungsabsicht erfolgt, der Qualifizierung als wirtschaftliche Tätigkeit nicht entgegen. Aus Sicht des EuGH ist eine Abgrenzung der wirtschaftlichen Tätigkeit lediglich ggü. einer hoheitlichen Tätigkeit erforderlich.

▶ Praxistipp:

Damit wird nach der neuen Rechtslage eine durch oder zugunsten von gemeinnützigen Gesellschaften durchgeführte Arbeitnehmerüberlassung als wirtschaftliche Tätigkeit i.S.d. § 1 Abs. 1 Satz 1 AÜG neuer Anwendungsbereich des AÜG erfasst.[181]

108 Auch konzerninterne Personalführungsgesellschaften üben eine wirtschaftliche Tätigkeit aus.[182] Eine restriktive Auslegung des Begriffs dahin gehend, dass konzerninterne oder quasi-konzerninterne Arbeitnehmerüberlassungen mangels externen »Marktes« nicht von § 1 Abs. 1 Satz 1 reguliert werden,[183] ist mit dem im Gesetzgebungsverfahren ausdrücklich geäußerten Willen des Gesetzgebers nicht vereinbar. Nach der Gesetzesbegründung[184] sollten durch die Einführung des Begriffs der »wirtschaftlichen Tätigkeit« gerade auch konzerninterne Personalservicegesellschaften, die Leiharbeitnehmer zum Selbstkostenpreis an andere Konzernunternehmen überlassen, erlaubnispflichtig sein. Der Wille des Gesetzgebers ist i.R.d. Auslegung des § 1 Abs. 1 Satz 1 AÜG insb. vor dem Hintergrund, dass es sich noch um ein sehr junges Gesetz handelt, maßgeblich zu berücksichtigen.[185]

109 Die Ansicht, nach der Unternehmen, die »ausschließlich« gemeinnützige, karitative, wissenschaftliche, künstlerische oder sonstige ideelle Zwecke

---

181 LAG Düsseldorf, 26.07.2012 – 15 Sa 1452/11, BB 2012, 2112; LAG Düsseldorf, 26.07.2012 – 15 Sa 336/12, juris; ArbG Krefeld, 15.05.2012 – 1 Ca 2551/11, juris; ErfK/*Wank* § 1 AÜG Rn. 31; *Ulber* § AÜG 1 Rn. 202 ff.; *Thüsing/Thieken* DB 2012, 348 ff.; *Huke/Neufeld/Luickhardt* BB 2012, 965; *Leuchten* NZA 2011, 609; *Böhm* DB 2012, 918 f.
182 LAG Düsseldorf, 26.07.2012 – 15 Sa 1452/11, BB 2012, 2112; LAG Düsseldorf, 26.07.2012 – 15 Sa 336/12, juris; ArbG Krefeld, 15.05.2012 – 1 Ca 2551/11, juris.
183 So aber *Rieble/Vielmeier* EuZA 2011, 480.
184 BT-Drucks. 17/4804, 8.
185 LAG Düsseldorf, 26.07.2012 – 15 Sa 1452/11, BB 2012, 2112; LAG Düsseldorf, 26.07.2012 – 15 Sa 336/12, juris; ArbG Krefeld, 15.05.2012 – 1 Ca 2551/11, juris; *Thüsing/Thieken* DB 2012, 350.

verfolgen, vom Anwendungsbereich des § 1 Abs. 1 Satz 1 AÜG ausgeschlossen seien, ist abzulehnen.[186] Diese Einschränkung ist mit Art. 1 Abs. 2 der Richtlinie 2008/104/EG[187] nicht zu vereinbaren und widerspricht dem Willen des Gesetzgebers. Denn ein Änderungsantrag des Bundesrates dahin gehend, dass für gemeinnützige Einrichtungen eine Ausnahmeregelung in das AÜG eingefügt wird, ist i.R.d. Gesetzgebungsverfahrens zur Neuregelung des AÜG im Jahr 2011 nicht umgesetzt worden. Daraus kann nichts anderes als die bewusste Entscheidung des Gesetzgebers entnommen werden, dass auch gemeinnützige Einrichtungen, selbst wenn diese ausschließlich soziale, kulturelle, künstlerische, sportliche oder sonstige ideelle Ziele verfolgen, unter den Anwendungsbereich des AÜG fallen sollen, soweit keine hoheitliche, sondern eine wirtschaftliche Tätigkeit im Zusammenhang mit der Arbeitnehmerüberlassung vorliegt.[188]

▶ Praxistipp:

Die Anpassung von § 1 Abs. 1 Satz 1 AÜG mit Wirkung zum 01.12.2011 führt zu einer erheblichen Ausweitung der Erlaubnispflicht bei der Arbeitnehmerüberlassung. Bislang ohne eine entsprechende behördliche Erlaubnis tätige Entleiher, insb. gemeinnützige Gesellschaften, ist zu empfehlen, eine solche zu beantragen. Ein allgemeiner Vertrauensschutz auf den Fortbestand der bisherigen Rechtslage mit einer erlaubnisfrei möglichen Arbeitnehmerüberlassung kommt nicht in Betracht.[189] Das BAG erkennt allerdings an, dass § 2 Abs. 4 Satz 4 AÜG, nach dem im Falle der Nichtverlängerung einer Arbeitnehmerüberlassungserlaubnis diese für die Abwicklung der nach § 1 AÜG erlaubt abgeschlossenen Verträge maximal zwölf Monate als fortbestehend gilt, entsprechend anzuwenden ist, wenn die bisher erlaubnisfreie Arbeitnehmerüberlassung infolge einer Gesetzesänderung (hier: wegen der Einfügung des Merkmals »wirtschaftliche Tätigkeit« in § 1 Abs. 1 Satz 1 AÜG mit Wirkung zum 01.12.2011) erlaubnispflichtig wird und der Antrag des Verleihers auf Erteilung einer

---

186 LAG Bremen, 12.07.2016 – 1 Sa 70/15, juris; LAG Baden-Württemberg, 11.02.2016 – 3 TaBV 2/14, AuA 2016, 370; *Hamann* RdA 2011, 323; ders. NZA 2011, 71; *Hold* NWB 2011, 2962.
187 ABl. Nr. L 327 S. 9.
188 LAG Düsseldorf, 26.07.2012 – 15 Sa 1452/11, BB 2012, 2112; LAG Düsseldorf, 26.07.2012 – 15 Sa 336/12, juris; ArbG Krefeld, 15.05.2012 – 1 Ca 2551/11, juris; *Leuchten* NZA 2011, 609.
189 *Hamann* jurisPR-ArbR 39/2012 Anm. 2.

Überlassungserlaubnis abgelehnt wird bzw. dieser keinen entsprechenden Antrag stellt, weil eine entsprechende Erlaubnis von vornherein nicht hätte erteilt werden können.[190] Wichtig ist, dass dieser »Bestandsschutz« nur die Durchführung der bereits abgeschlossenen Verträge, nicht aber deren Neuabschluss oder deren Fortführung über die zwölf Monate hinaus ermöglicht.

110 Zu beachten ist auch, dass eine im Nachhinein dem Verleiher erteilte behördliche Erlaubnis keinen Einfluss auf den Bestand eines zwischen dem Leiharbeitnehmer und dem Entleiher kraft gesetzlicher Fiktion gem. §§ 9 Abs. 1, 10 Abs. 1 Satz 1 AÜG bereits zuvor begründeten Arbeitsverhältnisses hat. Dieses kann lediglich nach den allgemeinen arbeitsrechtlichen Regelungen oder durch Fristablauf gem. § 10 Abs. 1 Satz 2 AÜG enden, wenn die Tätigkeit des Leiharbeitnehmers bei dem Entleiher nur befristet vorgesehen war und ein die Befristung des Arbeitsverhältnisses sachlich rechtfertigender Grund vorliegt.[191] Eine nachträglich eingeholte Erlaubnis verhindert damit lediglich, dass bei anschließend neu eingestellten und sodann überlassenen Arbeitnehmern die Fiktionswirkung eintritt, nicht hingegen, dass bereits in der Vergangenheit fingierte Arbeitsverhältnisse mit dem Entleiher automatisch aufgelöst werden.

3. Gewerbsmäßigkeit – Altfälle

a) Begriff

111 Für § 1 Abs. 1 Satz AÜG a.F. gilt der allgemeine gewerberechtliche Begriff der Gewerbsmäßigkeit. Dieser setzt Gewinnerzielungsabsicht und Wiederholungsabsicht voraus und erfordert damit eine selbstständige sowie nachhaltige, planmäßige und nicht nur gelegentliche oder zufällige Tätigkeit.[192] Das entscheidende Kriterium der Gewerbsmäßigkeit ist die Gewinnerzielungsabsicht.[193]

---

190 BAG, 23.07.2014 – 7 AZR 853/12, NZA 2015, 46; *Boemke* jurisPR-ArbR 4/2015 Anm. 4.
191 LAG Schleswig-Holstein, 19.07.2012 – 5 Sa 474/11, GWR 2012, 476.
192 ErfK/*Wank*, 11. Aufl. 2011, § 1 AÜG Rn. 31 m.w.N.
193 BAG, 25.01.2005 – 1 ABR 61/03, BAGE 113, 218 = AP BetrVG 1972 § 99 Nr. 48 Einstellung m.w.N.

Nach der Rechtsprechung des BAG spricht bei Tätigkeit von Wirtschafts- 112
unternehmen »möglicherweise« eine **Vermutung** für das Vorliegen einer
Gewerbsmäßigkeit.[194] Es lasse sich ohne Weiteres unterstellen, dass, wenn
derselbe Arbeitnehmer über mehrere Jahre andauernd an denselben Entleiher
überlassen werde, mit dem Einsatz die Erzielung eines Gewinns angestrebt
werde. Eine **lange Verleihdauer** stehe der Annahme entgegen, Arbeitnehmer
seien lediglich zum Ausgleich oder zur Minderung von Personalkosten überlassen worden, weil der Vertragsarbeitgeber keine eigenen Einsatzmöglichkeiten hatte.[195]

Unerheblich für die Beurteilung der Frage der Gewerbsmäßigkeit ist, ob die 113
Arbeitnehmerüberlassung für einen Betrieb Haupt- oder nur Nebenzweck
ist.[196]

b) Nichtgewerbsmäßige Arbeitnehmerüberlassung

Eine nichtgewerbemäßige Arbeitnehmerüberlassung liegt vor bei **Unentgelt-** 114
lichkeit der Arbeitnehmerüberlassung,[197] Hilfe in Katastrophenfällen sowie
im Fall der Gemeinnützigkeit.[198] Gleiches kann bei spontanem Verleih eines
Arbeitnehmers aufgrund einer Sondersituation gelten.

Wurde einer Einrichtung von den Finanzbehörden gem. **§ 52 AO** eine 115
Gemeinnützigkeit zuerkannt, geht die BA grds. nicht von einer Gewerbsmäßigkeit aus, wenn dieses Unternehmen Arbeitnehmer überlässt.[199] Die Aufnahme der Gemeinnützigkeit in die Satzung des Verleihers genügt demgegenüber nicht. Zudem muss sich die Anerkennung der Gemeinnützigkeit (auch)
auf den Aspekt der Überlassung von Arbeitskräften beziehen. Die Anerkennung sonstiger Tätigkeiten einer Gesellschaft als gemeinnützig ist demgegenüber nicht entscheidend.

---

194 BAG, 18.02.2003 – 3 AZR 160/02, EzA § 10 AÜG Nr. 11; anders in einer
 Entscheidung zum Bereich der Tätigkeit der früheren Treuhandanstalt: BAG,
 24.08.2006 – 8 AZR 317/05, AP KSchG 1969 § 1 Betriebsbedingte Kündigung
 Nr. 152.
195 BAG, 18.02.2003 – 3 AZR 160/02, EzA § 10 AÜG Nr. 11.
196 FW AÜG zu § 1 Nr. 1.1.3.
197 Zum Sonderproblem bei Vorliegen von Konzernsachverhalten vgl. Rdn. 362 ff.
198 Vgl. BAG, 02.06.2010 – 7 AZR 946/08, DB 2011, 479.
199 BAG, 02.06.2010 – 7 AZR 946/08, DB 2011, 479; LAG Hessen, 29.10.2012 –
 21 Sa 303/12, juris.

▶ Beispiel:

Trotz der Gemeinnützigkeit einer Gesellschaft liegt eine gewerbsmäßige Arbeitnehmerüberlassung vor, wenn die Gesellschaft auch Arbeitnehmerüberlassung als ein besonderes Betätigungsfeld betreibt und dieses aus Sicht der Finanzbehörden als steuerpflichtiger wirtschaftlicher Geschäftsbetrieb qualifiziert wird.

116 Auch die **Selbsthilfeorganisationen** im Bereich der Land- und Fortwirtschaft (Maschinen- und Betriebshilfsringe MR) handeln bei der Bereitstellung von Betriebshelfern nicht in Gewinnabsicht und damit nicht gewerbsmäßig, soweit die Gemeinnützigkeit in der jeweiligen Satzung verankert ist. Dies gilt ebenfalls für die Fälle, in denen land- und fortwirtschaftliche Betriebe Betriebshelfer Mitgliedern eines solchen Maschinenrings zu den jeweils festgelegten Verrechnungssätzen zur Verfügung stellen. Ob Betriebe der Land- oder Forstwirtschaft zuzuordnen sind, ist im Rahmen einer Gesamtschau zu ermitteln.[200]

c) Merkmale

117 Nach der Rechtsprechung des BAG ist das Merkmal der Gewerbsmäßigkeit i.S.d. AÜG a.F. bei jeder nicht nur gelegentlichen, sondern auf eine **gewisse Dauer** angelegten und auf die Erzielung unmittelbarer oder mittelbarer **wirtschaftlicher Vorteile** gerichteten **selbstständigen** Tätigkeit, die auf die Teilnahme am allgemeinen wirtschaftlichen Verkehr gerichtet ist, zu bejahen.[201]

aa) Selbstständigkeit

118 Der Begriff der Selbstständigkeit entspricht demjenigen des Gewerberechts. Diese setzt danach eine Tätigkeit im eigenen Namen bzw. für eigene Rechnung unter Tragung des Unternehmensrisikos voraus.[202]

---

200 *Ulber* § 1 AÜG Rn. 191 m.w.N.
201 BAG, 21.03.1990 – 7 AZR 198/89, BAGE 65, 43, 51 m.w.N.; *Ulber* AÜG § 1 Rn. 180; *Boemke/Lembke* § 1 AÜG Rn. 46, Schüren/Hamann/*Schüren* § 1 AÜG Rn. 244 ff.
202 Tettinger/Wank/Ennuschat/*Ennuschat* § 1 GewO Rn. 27 f.

119 Wie im Gewerberecht kommt es auf das Bestehen von Selbstständigkeit auch i.R.d. § 1 AÜG a.F. insoweit an, als es um die Erlaubniserteilung geht. Nur an der tatsächlich verantwortlichen und entscheidenden Person kann die Bewertung der Erlaubnisfähigkeit der Arbeitnehmerüberlassung sinnvoll anknüpfen.

120 Das Merkmal der Selbstständigkeit soll gewährleisten, dass nur derjenige die Erlaubnis erhält, der das Unternehmen tatsächlich führt und nicht eine vorgeschobene Person im Sinne eines Strohmannes oder ein Dritter, der lediglich als Handelsvertreter Arbeitnehmerüberlassungsverträge abschließt.[203]

bb) Auf Dauer angelegt

121 Die Voraussetzung einer auf Dauer angelegten Tätigkeit soll die Fälle gewerbsmäßiger Arbeitnehmerüberlassung **lediglich** von denen der unplanmäßigen, einmaligen Überlassung eines Arbeitnehmers **abgrenzen**.

122 Das Merkmal stellt weder auf die Dauer der einzelnen Überlassungen, noch auf den Umfang des Überlassungsgeschäfts hinsichtlich der Zahl der Arbeitnehmer ab. Ebenso wenig maßgeblich sind zeitliche Dichte der Verleihfälle oder -dauer.[204]

123 Streitig ist, ob eine **einmalige Überlassung** eines Arbeitnehmers bereits als auf Dauer angelegt und damit gewerbsmäßig anzusehen ist, wenn sie in **Wiederholungsabsicht** erfolgte.[205] Da die Arbeitnehmerüberlassung grds. bereits von ihrem Beginn an lediglich von Verleihern betrieben werden soll, die eine entsprechende Erlaubnis besitzen, spricht viel dafür, bereits bei der ersten Überlassung – selbst wenn sich dieser im Nachhinein keine weiteren anschließen – aufgrund der ursprünglichen Planungen eine auf Dauer angelegte, gewerbsmäßige Arbeitnehmerüberlassung anzunehmen.

▶ **Beispiel:**

Ein Arbeitgeber entschließt sich, eine der drei von ihm betriebenen Autowerkstätten zu schließen. Da er in den verbliebenen Werkstätten keinen Beschäftigungsbedarf für den einzigen von der Schließung betroffenen Meister hat und mit dessen Einsatz wieder Gewinn erzielen möchte,

---

203 ErfK/*Wank* § 1 AÜG Rn. 32; vgl. ferner § 3 Rdn. 29 ff.
204 HWK/*Kalb* § 1 AÜG Rn. 34.
205 So Schüren/Hamann/*Hamann* § 1 AÜG Rn. 258 m.w.N.

überlässt er diesen an ein Konkurrenzunternehmen. Nachdem Nachverhandlungen über die Höhe der für die Überlassung geschuldeten Vergütung scheitern, erscheint dem Arbeitgeber der sich aus der Überlassung ergebende Gewinn als zu gering, weshalb er dem Meister kündigt und auch keine weiteren Arbeitnehmer mehr überlässt.

cc) Gewinnerzielungsabsicht

124 Das Merkmal der Gewinnerzielungsabsicht ist ebenso wie das der Selbstständigkeit vorrangig als Gegenbegriff und **Abgrenzungsmerkmal** zu verstehen. Es soll Fälle insb. gemeinnütziger Tätigkeit vom Anwendungsbereich des AÜG ausnehmen.

aaa) Begriff

125 Der Begriff der Gewinnerzielungsabsicht ist weit auszulegen. Der Wortbestandteil »Gewinn« ist nicht wörtlich zu verstehen; vielmehr genügt ein unmittelbarer oder mittelbarer wirtschaftlicher Vorteil. Selbst dieser muss nicht tatsächlich eintreten. Entscheidend ist allein die »**Absicht**«, diesen zu erzielen.[206]

126 Für die Gewinnerzielungsabsicht reicht es aus, wenn mit der Arbeitnehmerüberlassung lediglich ein **mittelbarer Gewinn** angestrebt wird.[207] Streitig ist, ob eine Gewinnerzielungsabsicht bereits dann vorliegt, wenn der Verleiher die Arbeitnehmer zum Ausgleich oder zur **Minderung eigener Kosten** überlässt.[208] Hierfür wird überzeugend angeführt, dass auch der Ausgleich oder die Minderung der eigenen Kosten per Saldo eine Verbesserung der Vermögenslage und damit wirtschaftlich einen Gewinn darstellt.[209]

127 Grds. zu verneinen ist eine Gewinnerzielungsabsicht, falls das Überlassungsentgelt lediglich die **Selbstkosten** des Verleihers deckt.[210] Ebenfalls zur Annahme einer Gewinnerzielungsabsicht nicht ausreichend ist es, wenn die Arbeitnehmerüberlassung **im bloßen Interesse** des Verleihers erfolgt. Danach

---

206 BAG, 02.06.2010 – 7 AZR 946/08, DB 2011, 479 m.w.N.
207 BAG, 21.03.1990 – 7 AZR 198/89, EzA § 1 AÜG Nr. 2 m.w.N.
208 Vgl. BAG, 01.06.2010 – 7 AZR 946/08, DB 2011, 479; bejahend *Ulber* § 1 AÜG Rn. 188; Schüren/Hamann/*Hamann* § 1 AÜG Rn. 270.
209 Bei einer konzerninternen Überlassung kann allerdings eine abweichende Bewertung erfolgen: Rdn. 129 f.
210 BAG, 20.04.2005 – 7 ABR 20/04, NZA 2005, 1006.

liegt auch keine mittelbare Gewinnerzielungsabsicht vor, wenn ein Arbeitgeber seiner Ehefrau eine Arbeitnehmerin für deren Betrieb unentgeltlich überlässt, damit diese sich der Pflege des gemeinsamen Kindes widmen kann. Das Anstreben eines solchen Vorteils ist nicht mit einer Gewinnerzielungsabsicht gleichzusetzen.[211]

bbb) Mittelbarer Gewinn

Die Vermutungsregel des BAG, nach der bei Wirtschaftsunternehmen grds. davon auszugehen sei, dass diese aus der Arbeitnehmerüberlassung wirtschaftliche Vorteile ziehen wollten, ist auf den Bereich der Arbeitnehmerüberlassung im Konzern nicht ohne Weiteres übertragbar.[212] Im Fall konzerninterner vorübergehender Abordnungen sowie bei konzernangehörigen Personalführungsgesellschaften fehlt es regelmäßig an einer Absicht, mit der Arbeitnehmerüberlassung einen eigenen Gewinn zu erzielen. Das BAG hatte daher zunächst ausgeführt, eine im Konzern zur Vereinheitlichung der Arbeitsrechtsbeziehungen gebildete **Personalführungsgesellschaft** sei jedenfalls dann **nicht auf Gewinnerzielung angelegt**, wenn sie als eine Serviceagentur und ausgelagerte Personalabteilung auf Selbstkostenbasis betrieben werde, um die angeschlossenen Konzernunternehmen bei der formalen Abwicklung von Arbeitsverträgen zu unterstützen.[213] Auch eine von den entleihenden Konzernunternehmen zu zahlende **5 %ige Umlage** lasse nicht auf eine Gewinnerzielungsabsicht des Arbeitgebers schließen. Eine Umlage in dieser Höhe diene regelmäßig allein dazu, die beim Verleiher für die Arbeitnehmerüberlassung anfallenden Verwaltungskosten (Büromiete, Büropersonal, Kosten für Buchführung und Führung der Telefon- und sonstiger Betriebskosten) zu decken, nicht jedoch dazu, Gewinne zu erzielen.[214] 128

Die nachfolgende **Instanzrechtsprechung** hat demgegenüber vereinzelt eine Gewinnerzielungsabsicht bereits dann angenommen, wenn der Vertragsarbeitgeber nicht die Absicht hatte, eigene Gewinne zu erzielen. Teilweise erfolgte hierbei eine Bejahung einer Gewinnerzielungsabsicht über einen 129

---

211 LAG Berlin, 08.12.2006 – 6 Sa 1230/06, EzA-SD 2007, Nr. 2, 8.
212 Vgl. zu Personalführungsgesellschaften Rdn. 357 ff.
213 BAG, 20.04.2005 – 7 ABR 20/04, NZA 2005, 1006 unter Verweis auf *Becker/Wulfgramm* Einl. Rn. 27a.
214 BAG, 20.04.2005 – 7 ABR 20/04, NZA 2005, 1006.

§ 1 AÜG Arbeitnehmerüberlassung, Erlaubnispflicht

Konzerndurchgriff.[215] Nach diesen Entscheidungen soll auch auf die Gewinnerzielungsabsicht der Konzernmutter bzw. -schwester abzustellen sein, die von der Existenz des Verleihunternehmens profitierten.[216] Eine solche **mittelbare Gewinnerzielungsabsicht** reiche zur Bejahung dieses Merkmals aus.

130 Diese Rechtsprechung hat das BAG[217] inzwischen bestätigt. Insb. nach dem Sinn und Zweck des § 1 AÜG a.F. sei es geboten, in den Fallgestaltungen, in denen der wirtschaftliche Vorteil der Arbeitnehmerüberlassung bei einem anderen Konzernunternehmen eintreten solle, von einer Gewinnerzielungsabsicht auszugehen. Diese und damit eine Gewerbsmäßigkeit der Arbeitnehmerüberlassung liege deshalb vor, wenn zwischen dem Verleiher und der Konzernmutter ein Gewinnabführungsvertrag bestehe; Gewinnabführung setze eine Gewinnerzielung voraus. Von einer Gewinnerzielungsabsicht sei aber auch dann auszugehen, wenn ein konzernzugehöriges Unternehmen Arbeitnehmer einstelle, um sie an andere Konzernunternehmen zu Bedingungen zu überlassen, die für diese Gesellschaften mit geringeren Kosten verbunden seien, als wenn sie die Arbeitnehmer selbst einstellen würden.[218] Im Hinblick auf die Schutzbedürftigkeit der überlassenen Arbeitnehmer mache es keinen Unterschied, ob der Gewinn erst bei dem Verleiher ausgewiesen und dann abgeführt werde, oder ob er sogleich bei der Konzernmutter oder einem anderen entleihenden Konzernunternehmen entstehe.[219]

▶ Hinweis:

Durch die »Kehrtwende« in seiner Rechtsprechung hat das BAG mit seinen Entscheidungen vom 09.02.2011[220] und 18.07.2011[221] die gesetzge-

---

215 LAG Schleswig-Holstein, 18.06.2008 – 3 TaBV 8/08, EzA-SD 2008, Nr. 22, 15; LAG Schleswig-Holstein, 18.06.2008 – 3 TaBV 12/08, DB 2008, 2428; LAG Schleswig-Holstein, 03.07.2008 – 4 TaBV 13/08, 4 TaBV 9/08, n.v.; ArbG Düsseldorf, 11.08.2004 – 4 BV 90/04, EzAÜG § 14 AÜG Betriebsverfassung Nr. 59; ähnlich wohl LAG München, 26.10.2006 – 4 Sa 1324/05, EzAÜG § 10 AÜG Fiktion Nr. 115.
216 Vgl. LAG Hamm, 06.05.2011 – 7 Sa 1583/10, AuA 2011, 610.
217 BAG, 21.10.2014 – 9 AZR 1021/12, juris; BAG, 09.02.2011 – 7 AZR 32/10, NZA 2011, 791; BAG, 18.07.2011 – 7 AZR 451/11, NZA 2012, 1369; in diesem Sinne auch LAG Sachsen, 11.10.2012 – 6 Sa 384/11, juris.
218 BAG, 18.07.2011 – 7 AZR 451/11, NZA 2012, 1369.
219 BAG, 09.02.2011 – 7 AZR 32/10, NZA 2011, 791.
220 BAG, 09.02.2011 – 7 AZR 32/10, NZA 2011, 791.
221 BAG, 18.07.2011 – 7 AZR 451/11, NZA 2012, 1369.

berische Intention, die Erlaubnispflichtigkeit bereits an die Überlassung i.R.d. wirtschaftlichen Tätigkeit (§ 1 Abs. 1 Satz 1 AÜG n.F.) und nicht mehr an die Gewerbsmäßigkeit zu knüpfen, bereits umgesetzt, bevor die entsprechende Anpassung des AÜG zum 01.12.2011 tatsächlich in Kraft getreten ist.

III. Präventives Verbot mit Erlaubnisvorbehalt

Aufgrund der erhöhten Gefahren, die der Gesetzgeber bei einer i.R.d. wirtschaftlichen Tätigkeit erfolgenden Arbeitnehmerüberlassung vermutet, ist diese unter ein **präventives Verbot mit Erlaubnisvorbehalt** gestellt. 131

Damit ist die Arbeitnehmerüberlassung grds. verboten, wobei sich dieses Verbot nicht auf diejenigen Verleiher erstreckt, die eine **Erlaubnis** nach § 2 AÜG besitzen. Auf diese wiederum besteht grds. ein **Anspruch**, soweit keine Versagungsgründe (§ 3 AÜG) eingreifen.[222] 132

Die Erlaubnispflicht der Arbeitnehmerüberlassung nach § 1 Abs. 1 Satz 1 AÜG gilt hierbei nicht nur für die Arbeitnehmerüberlassung innerhalb Deutschlands, sondern auch für die Arbeitnehmerüberlassung von Deutschland aus in das Ausland.[223] Unerheblich ist, dass der Verleiher eine Arbeitnehmerüberlassung neben anderen Tätigkeiten betreibt. Die Erlaubnispflicht nach dem AÜG entsteht – bei Vorliegen der sonstigen Voraussetzungen – auch dann, wenn es sich bei der Arbeitnehmerüberlassung um eine von mehreren Aktivitäten des Arbeitgebers handelt. Andernfalls wäre der Schutzzweck des Gesetzes nicht erreicht.[224] 133

Zuständig für die Erteilung der Erlaubnis auf Arbeitnehmerüberlassung sind seit dem 01.07.2012 ausschließlich die Agenturen für Arbeit Düsseldorf,[225] Kiel[226] und Nürnberg[227] (bis zum 30.06.2012: Regionaldirektionen).[228] 134

---

222 Vgl. hierzu § 2 Rdn. 3 ff. und § 3 Rdn. 13 ff.
223 *Boemke* BB 2005, 266 m.w.N. näher Einl. Rdn. 48 ff.
224 BAG, 20.01.2016 – 7 AZR 535/13, juris.
225 Zuständig für Hessen und Nordrhein-Westfalen.
226 Zuständig für Berlin, Brandenburg, Bremen, Hamburg, Mecklenburg-Vorpommern, Niedersachsen, Sachsen, Sachsen-Anhalt, Schleswig-Holstein und Thüringen.
227 Zuständig für Baden-Württemberg, Bayern, Rheinland-Pfalz und das Saarland.
228 S. Anhang.

IV. Abgrenzungsfragen

135 Die Arbeitnehmerüberlassung unterscheidet sich von sonstigen Erscheinungsformen des drittbezogenen Personaleinsatzes, auf die das AÜG keine Anwendung findet, durch die **Eingliederung des Leiharbeitnehmers** in den Betrieb des Entleihers. Im Unterschied zu allen anderen Gestaltungen setzt im Fall der Arbeitnehmerüberlassung der Entleiher den fremden Arbeitnehmer gemäß seinen Vorstellungen und Zielen innerhalb seiner Betriebsorganisation **wie einen eigenen Mitarbeiter** zur Förderung seiner Betriebszwecke ein.[229]

136 Ob der Vertrag zwischen dem Arbeitgeber und dem Dritten, in dessen Betrieb der Arbeitnehmer eingesetzt werden soll, rechtlich als Arbeitnehmerüberlassungsvertrag oder als andere Form des drittbezogenen Personaleinsatzes, insb. als Werk- oder Dienstvertrag, zu qualifizieren ist, in dessen Rahmen der Arbeitnehmer lediglich als Erfüllungsgehilfe seines Arbeitgebers in dem Betrieb des Dritten tätig wird, ist im Rahmen einer **Gesamtschau** der (tatsächlichen) vertraglichen Beziehung zu ermitteln.

137 Über die rechtliche Einordnung eines Vertrages entscheidet hierbei allein die **inhaltliche Ausgestaltung** und nicht die von den Parteien gewünschte **Rechtsfolge**. Insb. kommt es grds. nicht auf die **Bezeichnung** des Vertrages an, soweit dieser nicht dem **tatsächlichen Geschäftsinhalt** entspricht. Dieser kann sich sowohl aus den ausdrücklichen Vereinbarungen der Parteien als auch aus der praktischen Durchführung des Vertrages selbst ergeben. Widersprechen sich vertragliche Vereinbarungen und tatsächliche Durchführung des Vertrages, ist die Durchführung maßgebend.[230] Es kommt somit darauf an, wie die Beschäftigung der Fremdarbeitnehmer im Betrieb tatsächlich gelebt wird (vgl. § 12 Abs. 1 Satz 2 AÜG).

▶ Hinweis:

Durch die mit Wirkung zum 01.04.2017 in das Gesetz eingefügte Offenlegungspflicht nach § 1 Abs. 1 Satz 5 AÜG wird von diesem Grundsatz insoweit eine Ausnahme gemacht, dass sich die Parteien auf die legitimierende Wirkung einer Arbeitnehmerüberlassung nur berufen sollen können, wenn sie die Überlassung von Arbeitnehmern in ihrem Vertrag ausdrücklich als solche bezeichnen, bevor sie die Leiharbeitnehmer überlassen oder tätig

---

229 BAG, 18.01.2012 – 7 AZR 723/10, NZA-RR 2012, 455; BAG, 03.12.1997 – 7 AZR 764/96, BAGE 87, 186 = EzA § 1 AÜG Nr. 9 m.w.N.
230 LAG Rheinland-Pfalz, 03.05.2006 – 10 Sa 913/05, JurionRS 2006, 25390.

werden lassen. Die tatsächliche Durchführung des Einsatzes spielt insoweit keine Rolle mehr.

1. Allgemeines

Die Grenzen zwischen der Arbeitnehmerüberlassung und anderen Formen des Einsatzes von Fremdpersonal sind fließend. Dies gilt vor allem für den Einsatz von Arbeitnehmern auf Grundlage eines Werk-, Dienst-, Geschäftsbesorgungs- oder Mischvertrages. Die nicht nur kurzfristige Tätigkeit unternehmensfremder Arbeitnehmer im Betrieb birgt in der Praxis häufig das Risiko, als (illegale) Arbeitnehmerüberlassung qualifiziert zu werden. Dies gilt auch bei ursprünglich klarer vertraglicher Regelung und praktischer Planung. Gerade im Fall eines längerfristigen Einsatzes von Fremdpersonal erfolgt i.R.d. tagtäglichen Zusammenarbeit zwischen Eigen- und Fremdpersonal nicht selten eine **Verschiebung der Art des Personaleinsatzes**. Hervorzuheben sind Fälle, in denen Arbeitnehmer, die zunächst aufgrund eines Werkvertrages im Betrieb tätig waren, **faktisch zunehmend in den Betrieb eingebunden** werden. So erfolgen bspw. fachliche Weisungen im Laufe der Vertragsdurchführung nicht mehr durch den externen Vertragsarbeitgeber, sondern durch Verantwortliche innerhalb des Betriebs.[231]

138

▶ Beispiel:

Ein Unternehmen, das eine Internetseite betreibt, auf der Sportartikel bestellt werden können, entschließt sich, das Verpacken der Ware nicht durch eigene Arbeitnehmer durchzuführen, sondern hiermit ein Logistikunternehmen zu beauftragen. Diesem stellt es auf seinem Betriebsgelände Räumlichkeiten zur Verfügung. Nach mehrjähriger Tätigkeit des Logistikunternehmens in dem Betrieb des Internetanbieters gehen dessen Angestellte dazu über, entgegen den vertraglichen Regelungen mit dem Logistikunternehmen, jedoch mit Wissen des Geschäftsführers Mitarbeiter des Logistikunternehmens Anweisungen zur schnelleren Bearbeitung der Aufträge zu geben und sie bei Bedarf im Betrieb des Internetanbieters mit Hausmeistertätigkeiten und der Entgegennahme von Anrufen zu betrauen.

---

231 Zur Abgrenzung zwischen Arbeitnehmerüberlassung sowie Dienst-/Werkvertrag zuletzt instruktiv: *Becker/Tuengerthal* BB 2016, 2229 ff.

139 Die hierdurch entstehenden **Risiken** sind erheblich.[232] Wird eine verdeckte bzw. illegale Arbeitnehmerüberlassung praktiziert, drohen zivil-, sozialversicherungs-, gewerbe-, steuer- und evtl. sogar straf- oder zumindest ordnungswidrigkeitsrechtliche Sanktionen.[233] Die starke **Einzelfallabhängigkeit** macht eine exakte Risikoprognose für den Fall einer Überprüfung des Fremdeinsatzes regelmäßig kaum möglich.

▶ Praxistipp:

Die Grenzziehung zur Arbeitnehmerüberlassung lässt sich häufig nicht zweifelsfrei vornehmen. Aus diesem Grund wurde insb. bei einem geplanten längerfristigen Einsatz von Arbeitnehmern eines anderen Unternehmens im Betrieb empfohlen, stets – also auch beim Abschluss von Werk- oder Dienstverträgen – einen Vertragspartner zu wählen, der eine Erlaubnis zur Arbeitnehmerüberlassung besitzt (sog. Fallschirmlösung). Diese Empfehlung ist seit der ab dem 01.04.2017 geltenden Rechtslage überholt.[234]

140 Die Wahl eines Vertragspartners mit **Arbeitnehmerüberlassungserlaubnis** konnte indes schon nach der alten Rechtslage nicht vor sämtlichen Risiken schützen. Da das Fremdpersonal regelmäßig nicht dieselbe Vergütung erhält wie die Stammbelegschaft, konnten die nachträglich als i.S.d. AÜG überlassenen Arbeitnehmer gem. § 8 Abs. 4 AÜG (vormals: § 10 Abs. 4 AÜG) Differenzansprüche aufgrund der Verletzung des »Equal-Pay- und Equal-Treatment-Grundsatzes« geltend machen. Schuldner dieser Ansprüche war zwar ausschließlich das überlassende Unternehmen, daneben ist jedoch auch eine Haftung des Entleihers möglich.[235] Zudem war der faktisch gelebte Arbeitnehmerüberlassungsvertrag gem. § 12 Abs. 1 AÜG nach § 125 Satz 1 BGB regelmäßig **formnichtig**.[236] Der Auftraggeber hatte daher mangels vertraglicher Grundlage im Fall der Schlechterfüllung **keinerlei Gewährleistungsansprüche**. Eine Schlechtleistung der »Erfüllungsgehilfen« wurde dem Auftragnehmer nicht gem. § 278 BGB zugerechnet.

---

232 Vgl. Einl. Rdn. 109 ff. und § 9 Rdn. 12 ff.
233 *Hamann* jurisPR-ArbR 24/2008 Anm. 2.
234 Dazu ausführlich: Rdn. 277 ff.
235 Vgl. § 10 Rdn. 83 ff.
236 Vgl. § 12 Rdn. 8 ff.

> **Hinweis:**
>
> Durch die ab dem 01.04.2017 geltenden Offenlegungs- und Konkretisierungspflichten (§ 1 Abs. 1 Sätze 5, 6 AÜG)[237] hat der Gesetzgeber der sog. Fallschirmlösung einen Riegel vorgeschoben. Die nur auf Vorrat eingeholte Arbeitnehmerüberlassungserlaubnis vermag zukünftig vor dem Risiko der Fiktion eines Arbeitsverhältnisses zwischen dem Entleiher und dem eingesetzten Mitarbeiter nicht mehr zu schützen, wenn sich ein so bezeichneter Dienst-/Werkvertrag nachträglich als eine verdeckte Arbeitnehmerüberlassung herausstellen sollte.[238]

a) Indizien für das Vorliegen faktischer Arbeitnehmerüberlassung

Bei der **Einzelfallbetrachtung** zur Abgrenzung der Arbeitnehmerüberlassung von anderen Formen des Einsatzes von Fremdpersonal im Betrieb hat sich ähnlich der Situation zur Abgrenzung i.R.d. Scheinselbstständigkeit ein **Indizienbündel** herausgebildet. Wie stets liegt die Bewertung der einzelnen Indizien weitgehend im Ermessen des Gerichts. Für die Prüfung durch die Behörden sind die Vorgaben der fachlichen Weisungen in der Praxis entscheidend.[239] Eine Arbeitnehmerüberlassung indizieren folgende – keineswegs als abschließend zu verstehende – Umstände:[240]   141

– Das Fehlen einer eigenen **Betriebsorganisation** beim Vertragsarbeitgeber (keine weisungsberechtigten Vorgesetzten, kein Personalbüro oder vergleichbare Einrichtung);[241]

---

237 Dazu: Rdn. 277 ff.
238 Ausführlich: Rdn. 277 ff.
239 FW AÜG zu § 1 Nr. 1.1.6.
240 Vgl. Übersicht in LAG Hessen, 19.11.2007 – 16 Sa 569/07, EzAÜG § 10 AÜG Inhalt Nr. 3 m.w.N.; zuletzt mal: BAG, 20.09.2016 – 9 AZR 735/15, NZA 2017, 49; LAG Thüringen, 23.11.2016 – 6 Sa 283/15, juris.
241 In diesem Sinne LSG Baden-Württemberg, 16.10.2012 – L 11 KR 19/11, IBR 2013, 150; LSG Baden-Württemberg, 09.07.2013 – L 11 KR 279/12, juris (»reine Briefkastenfirma«).

- Verrichten derselben Tätigkeiten sowohl durch eigene Beschäftigte als auch durch Fremdarbeitnehmer, insb. im Fall des **arbeitsteiligen Zusammenwirkens**[242] der Mitarbeitergruppen;[243]
- Verrichten von Tätigkeiten durch einen Fremdmitarbeiter, die dieser vormals bei dem Auftraggeber, an den dieser nunmehr überlassen werden soll, als Arbeitnehmer wahrgenommen hat[244];
- Erteilung von **Anweisungen** durch Mitarbeiter der Stammbelegschaft ggü. den Fremdarbeitnehmern;[245]
- Ausfüllungsbedürftige, lediglich skizzenhafte Beschreibung der Arbeitspflicht der Fremdarbeitnehmer im zugrunde liegenden Vertrag bei **Konkretisierung des Tätigkeitsinhalts** durch Weisungen der Stammbelegschaft;
- Wahrnehmung von Aufgaben, die nicht von einem abgeschlossenen Rahmenvertrag umfasst waren;[246]
- Aufnahme der Fremdarbeitnehmer in gemeinsame **Urlaubspläne** mit der Stammbelegschaft (Einsatz als »Urlaubsvertretung«).[247]

b) Abgrenzung zum Gemeinschaftsbetrieb

142 Vor dem Hintergrund der erheblichen gesetzlichen Regulierung der Leiharbeit, insbesondere durch die (Wieder-)Einführung einer gesetzlichen **Höchstüberlassungsdauer** und der zwingenden Gewährung von Equal Pay nach neun Monaten stellt sich wieder verstärkt die Frage, wie die Arbeitnehmerüberlassung von einem i.R.d. unternehmensübergreifenden, aber gesetzlich nicht nach Maßgabe des AÜG regulierten Personaleinsatz in einem **Gemeinschaftsbetrieb abgegrenzt werden kann.**[248]

---

242 S. zu den Besonderheiten bei »Scrum«: *Heise/Friedl* NZA 2015, 129 ff.; *Hengstler* ITRB 2015, 217 ff.
243 SG Hamburg, 23.11.2004 – S 13 AL 5/99, EzAÜG § 1 AÜG Gewerbsmäßige Arbeitnehmerüberlassung Nr. 39.
244 Vgl. LAG Berlin-Brandenburg, 05.11.2015 – 21 Sa 2326/14, juris.
245 LAG Rheinland-Pfalz, 03.05.2006 – 10 Sa 913/05, n.v.
246 LAG Berlin-Brandenburg, 05.11.2015 – 21 Sa 2326/14, juris.
247 ArbG Freiburg, 30.01.2007 – 3 Ca 174/06, ArbuR 2007, 182 m.w.N.
248 Gemeint sind hier selbstverständlich lediglich Gemeinschaftsbetriebe von Auftraggeber und Auftragnehmer, nicht der Einsatz von Arbeitnehmern bei einem Unternehmen, das zusammen mit einem Dritten einen Gemeinschaftsbetrieb betreibt; dazu: *Niklas/Schauß* BB 2014, 2809 f.; *Koller-van Delden/Gallini* DStR 2017, 208; *Seel* öAT 2017, 49.

Maßgebliches Unterscheidungskriterium ist insoweit der – im Gegensatz zur Arbeitnehmerüberlassung – bei einem Gemeinschaftsbetrieb vorliegende **gemeinsame Betriebszweck**. Arbeitnehmerüberlassung liegt vor, wenn der Vertragsarbeitgeber des Arbeitnehmers dem Entleiher den Mitarbeiter überlässt, um diesen zur Verfolgung des betrieblichen Zwecks des Entleihers einzusetzen.[249] Ein Gemeinschaftsbetrieb von Vertragsarbeitgeber und »Entleiher« liegt dagegen vor, wenn ein gemeinsamer Betriebszweck beider besteht. Der Arbeitnehmer wird somit nicht zur Verfolgung eines »fremden« Betriebszwecks, sondern zu dem Betriebszweck »auch seines Arbeitgebers« eingesetzt. Um das Vorliegen von Arbeitnehmerüberlassung zu verneinen, ist es ausreichend, wenn der Arbeitnehmer bei der Erfüllung seiner Arbeitsleistung unter anderem auch für seinen Vertragsarbeitgeber bei der Erfüllung von dessen Aufgaben tätig wird.[250] Entgegen der Definition der Arbeitnehmerüberlassung wird der Arbeitnehmer ferner nicht im Betrieb eines Dritten tätig, wenn der **Beschäftigungsbetrieb ein Gemeinschaftsbetrieb** von Vertragsarbeitgeber und Drittem ist. Es handelt es sich gerade nicht um einen »fremden«, sondern um einen »gemeinsamen« Betrieb der beteiligten Unternehmen.[251]

143

Dass mehrere rechtlich selbstständige Arbeitgeber einen Betrieb gemeinsam führen, ist nach der ständigen Rechtsprechung des BAG anzunehmen, wenn die in einer Betriebsstätte vorhandenen **materiellen und immateriellen Betriebsmittel** für einen einheitlichen arbeitstechnischen Zweck zusammengefasst, geordnet und gezielt eingesetzt werden und der Einsatz der menschlichen Arbeitskraft von einem **einheitlichen Leitungsapparat** gesteuert wird.[252] Die beteiligten Unternehmen müssen sich zumindest stillschweigend zu einer gemeinsamen Führung rechtlich verbunden haben. Hierbei muss sich die einheitliche Leitung auf die wesentlichen Funktionen des Arbeitgebers in personellen und sozialen Angelegenheiten erstrecken. Eine lediglich unternehmerische Zusammenarbeit genügt nicht. Vielmehr müssen die **Funktionen des Arbeitgebers institutionell einheitlich** für die beteiligten Unternehmen wahrgenommen werden. Entscheidend ist

144

---

249 Dazu BAG, 28.04.2011 – 8 AZR 709/09, JuionRS 2011, 21295; BAG, 23.09.2010 – 8 AZR 567/09, FA 2011, 153; ArbG Osnabrück, 17.03.2015 – 1 Ca 174/14, ZMV 2016, 48.
250 BAG, 22.06.1994 – 7 AZR 850/94, NZA 1995, 462; BAG, 25.10.2000 – 7 AZR 487/99, NZA 2001, 259.
251 *Schönhöft/Lermen* BB 2008, 2515 m.w.N.
252 BAG, 10.11.2011 – 8 AZR 538/10, JurionRS 2011, 35143; BAG, 11.12.2007 – 1 AZR 824/06, NZA-RR 2008, 298 m.w.N.

insoweit, ob ein arbeitgeberübergreifender Personaleinsatz praktiziert wird, der für den normalen Betriebsablauf charakteristisch ist. So genügt die mit einem Konzernverhältnis verbundene Beherrschung eines Unternehmens durch ein anderes nicht, um das Vorliegen eines gemeinsamen Betriebes zu bejahen. Dies gilt auch dann, wenn das herrschende Unternehmen einem beherrschten Unternehmen Weisungen erteilt. Das herrschende Unternehmen wird dadurch nicht zusammen mit dem beherrschten Unternehmen Inhaber eines gemeinsamen Betriebes. Es fehlt an der hierzu erforderlichen Einbringung von Betriebsmitteln und Arbeitnehmern.[253] Eine gemeinsame Personalabteilung indiziert einen Gemeinschaftsbetrieb noch nicht, wenn sich ihre Tätigkeit im Wesentlichen auf Unterstützungs- und Beratungsleistungen beschränkt.[254] Entscheidend für einen gemeinsamen Betrieb ist, dass für die maßgeblichen Personalfragen, wie Einstellung, Versetzung, Kündigung oder Lage der Arbeitszeit bzw. Gewährung von Urlaub, eine einheitliche Leitung zuständig ist, die diese Fragen – unabhängig von der Unternehmenszugehörigkeit der in dem Betrieb tätigen Mitarbeiter – entscheidet.[255]

▶ **Beispiel:**

Unternehmen A und B betreiben zusammen einen großen Hotelbetrieb. Als Küchenpersonal sind Arbeitnehmer des Unternehmens A eingesetzt, während die Bedienung der Restaurantgäste ebenso wie den Service im Hotelbetrieb Arbeitnehmer des Unternehmens B leisten. Sämtliche im Hotel tätigen Arbeitnehmer unterliegen der Weisungsbefugnis einer einheitlichen Hotelleitung.

In diesem Fall besteht ein Gemeinschaftsbetrieb.

145 Anders als im Fall der Arbeitnehmerüberlassung unterliegt der Arbeitnehmer im Gemeinschaftsbetrieb nicht dem **Weisungsrecht** eines anderen Arbeitgebers. Das Weisungsrecht wird vom einheitlichen Leitungsapparat der am Gemeinschaftsbetrieb beteiligten Unternehmen ausgeübt.

---

253 BAG, 11.12.2007 – 1 AZR 824/06, NZA-RR 2008, 298 m.w.N.
254 BAG, 13.08.2008 – 7 ABR 21/07, EzA-SD 2008, Nr. 26, 14 = DB 2009, 184; LAG Hessen, 19.02.2009 – 9 TaBV 202/08, juris.
255 LAG Düsseldorf, 15.01.2009 – 15 TaBV 379/08, EzA-SD 2009, Nr. 17, 16.

Problematisch, jedoch nicht zwingend als Arbeitnehmerüberlassung zu qua- 146
lifizieren sind Fälle, in denen eines der am Gemeinschaftsbetrieb beteiligten
Unternehmen lediglich Personal, jedoch keine sachlichen Betriebsmittel einbringt. Hierzu wird darauf verwiesen, dass der Begriff des Gemeinschaftsbetriebs nicht festlege, in welchem Umfang und ob überhaupt von beiden
Unternehmen jeweils ein Teil der Betriebsmittel eingebracht werden müsse.
Ausreichend sei die gemeinsame Nutzung von Betriebsmitteln zur Verfolgung
der arbeitstechnischen Zwecke. Aus diesem Grund soll ein Gemeinschaftsbetrieb auch unter **Beteiligung einer reinen Personalführungsgesellschaft**
entstehen können.[256] Ausgeschlossen sei das Vorliegen eines Gemeinschaftsbetriebes dagegen, wenn eines der beteiligten Unternehmen gar kein eigenes
Personal habe. Nach der Rechtsprechung des BAG soll ein Gemeinschaftsbetriebs dagegen regelmäßig nicht vorliegen, wenn Unternehmenszweck eines
von zwei Unternehmen allein die Personalgestellung ist.[257] Maßgeblich soll
nach Ansicht des BAG sein, dass auch das die Mitarbeiter stellende Unternehmen an der Leitung des Betriebs beteiligt ist und dabei sämtlichen beteiligten
Unternehmen Entscheidungs- und Weisungsrechte bei der Ausgestaltung des
Gemeinschaftsbetriebs gewährt werden.[258]

▶ Praxistipp

Der von den beteiligten Unternehmen getroffene Entschluss, einen
gemeinsamen Betrieb zu gründen, sollte in einer entsprechend schriftlich abzuschließenden Führungsvereinbarung manifestiert werden, aus
der sich ergibt, dass eine gemeinsame Willensbildung in den wesentlichen
personellen und sozialen Angelegenheiten stattfindet. Dieser gemeinsame
Wille sollte sich optimalerweise in einer gemeinsam genutzten Personalabteilung niederschlagen, die für sämtliche in dem Gemeinschaftsbetrieb
tätigen Arbeitnehmer zuständig ist und die entsprechenden Arbeitgeberfunktionen in den wesentlichen personellen und sozialen Fragen wahrnimmt.

c) Prozessuale Situation

Besteht Streit darüber, wie die Beschäftigung eines Arbeitnehmers einzuord- 147
nen ist, und macht dieser geltend, als Leiharbeitnehmer eingesetzt worden zu

---

256 *Schönhöft/Lermen* BB 2008, 2515.
257 BAG, 16.04.2008 – 7 ABR 4/07, NZA-RR 2008, 583.
258 Vgl. BAG, 28.04.2001 – 8 AZR 709/09, juris; *Schönhöft/Oelze* BB 2016, 567.

sein, ist es grds. an ihm, das Vorliegen von Arbeitnehmerüberlassung darzulegen und zu beweisen. Hierbei sind jedoch die Grundsätze der **abgestuften Darlegungs- und Beweislast** zu beachten.[259] Vom Arbeitnehmer lässt sich lediglich ein Vortrag über diejenigen Umstände und Tatsachen verlangen, von denen er Kenntnis hat oder zumindest haben kann.[260]

aa) Darlegungs- und Beweislast

148 Der Arbeitnehmer muss darlegen, dass eine – die Arbeitnehmerüberlassung kennzeichnende – **Verlagerung des arbeitsbezogenen Weisungsrechts** von seinem Vertragsarbeitgeber hin zum behaupteten Entleiher vollzogen worden ist.[261] Zur Erfüllung dieser **Darlegungslast** reicht es nicht aus, wenn er einzelne Fälle von »Fremdweisungen« vorträgt. Sein Vorbringen muss sich auf die gesamte Einsatzdauer erstrecken. Der klagende Arbeitnehmer muss darlegen, im Einsatzbetrieb nach den Weisungen des Inhabers oder seiner dazu autorisierten Mitarbeiter tätig geworden zu sein, während sich sein Vertragsarbeitgeber auf die Funktion eines bloßen Personalgestellers beschränkte. Dieser Nachweis darf sich nicht auf **untypische Einzelfälle** beschränken; die Darlegungen des Arbeitnehmers müssen vielmehr beispielhaft die Erscheinungsform einer **durchgehend geübten Vertragspraxis** belegen.[262] Zudem obliegt es dem Arbeitnehmer darzulegen und zu beweisen, dass diese jeweils **berechtigten Personen** des Entleihers und des Verleihers bekannt gewesen oder von ihnen zumindest geduldet worden ist, da anderenfalls eine den schriftlichen Vereinbarungen widersprechende Vertragsdurchführung nicht als Ausdruck des wirklichen Geschäftswillens der Vertragspartner angesehen werden kann.[263]

149 Als ebenfalls nicht ausreichend zur Darlegung einer Arbeitnehmerüberlassung wurde der Vortrag eines Arbeitnehmers qualifiziert, nach dem dieser seine Arbeitsleistung in einer aus Fremdarbeitnehmern und Mitarbeitern der

---

259 Zu Änderungsvorschlägen hinsichtlich der Darlegungs- und Beweislast zugunsten des betroffenen Fremdmitarbeiters: *Francken* NZA 2014, 1064 ff.; kritisch dazu: *Thüsing* ZfA 2015, 462 f.; s. auch: *Ulrici* NZA 2015, 456 ff.
260 BAG, 15.04.2015 – 3 AZR 395/11, juris.
261 Dazu *Timmermann* BB 2012, 1729.
262 Vgl. LAG Niedersachsen, 19.01.2015 – 8 Sa 643/14, juris: Testfahrer; LAG Mecklenburg-Vorpommern, 30.09.2014 – 2 Sa 76/14, juris.
263 LAG Hessen, 19.11.2007 – 16 Sa 569/07, EzAÜG § 10 AÜG Inhalt Nr. 3 unter Verw. auf BAG, 30.01.1991 – 7 AZR 497/89, BAGE 67, 124 = AP AÜG § 10 Nr. 8.

Stammbelegschaft **gemischten Gruppe** erbracht hatte.[264] Die Darstellung wurde als zu pauschal verworfen. Den Arbeitnehmer treffe bei einem solchen Vortrag die Obliegenheit, sowohl die **Personen** als auch die **Arbeitsweise** der Gruppe zu konkretisieren. Ebenso wenig genügt insoweit der bloße Hinweis auf eine erfolgte Urlaubsabstimmung mit der Stammbelegschaft den an die Darlegungs- und Beweislast gestellten Anforderungen. Das Vorliegen einer **Urlaubsabstimmung** kann lediglich dann eine Indizwirkung für eine Arbeitnehmerüberlassung entfalten, wenn die Darstellung ausreichend konkret ist, um eine Eingliederung in den Betrieb des vermeintlichen Entleihers nahezulegen. Dies ist bspw. anzunehmen, wenn der fremde Arbeitnehmer als Urlaubsvertretung für Mitarbeiter der Stammbelegschaft eingesetzt wurde.[265]

bb) Verwirkung

Eine Verwirkung des Rechts zur Geltendmachung des Zustandekommens eines fingierten Arbeitsverhältnisses durch eine illegale Arbeitnehmerüberlassung (§§ 9 Abs. 1 Nr. 1, 10 Abs. 1 AÜG) kommt unter den **allgemeinen Voraussetzungen** des Verwirkungstatbestandes in Betracht. Dies gilt auch für die Fiktion eines Arbeitsverhältnisses (nach §§ 9 Abs. 1 Nr. 1a, 1b, 10 Abs. 1 AÜG). Neben dem Zeitmoment bedarf es danach eines Umstandsmoments.[266] Das BAG stellt dabei auf den Einzelfall ab.[267] 150

Der Arbeitnehmer muss den Eindruck erwecken, sein Recht nicht mehr geltend machen zu wollen. Regelmäßig **nicht ausreichend** ist, dass der Leiharbeitnehmer in einem Rechtsstreit mit dem illegalen Verleiher einen Vergleich über das mit ihm streitige Arbeitsverhältnis abgeschlossen hat[268] oder weil er arbeitsrechtliche Ansprüche auch gegenüber dem Verleiher geltend macht.[269] Ein Aufhebungsvertrag zwischen Verleiher und Leiharbeitnehmer soll auch ein fingiertes Arbeitsverhältnis zwischen Entleiher und Arbeitnehmer beenden, 151

---

264 LAG Düsseldorf, 27.08.2007 – 17 Sa 864/07, 17 Sa 270/07, LAGE § 10 AÜG Nr. 4; ArbG Freiburg, 30.01.2007 – 3 Ca 174/06, ArbuR 2007, 182.
265 LAG Düsseldorf, 27.08.2007 – 17 Sa 864/07, 17 Sa 270/07, LAGE § 10 AÜG Nr. 4; ArbG Freiburg, 30.01.2007 – 3 Ca 174/06, ArbuR 2007, 182.
266 Dazu: LAG Berlin-Brandenburg, 05.11.2015 – 21 Sa 2326/14, juris; ausführlich § 10 Rdn. 65 ff.
267 BAG, 24.05.2006 – 7 AZR 365/05, EzAÜG § 10 AÜG Fiktion Nr. 114.
268 LAG Köln, 28.11.1986 – 4 Sa 918/86, DB 1987, 2419.
269 LAG Berlin, 25.07.1988 – 12 Sa 9/88 u. 10/88, EzAÜG § 10 AÜG – Fiktion Nr. 63.

wenn sich der Arbeitnehmer bis zum Zeitpunkt des Abschlusses des Aufhebungsvertrages nicht auf die Fiktion berufen hat.[270] Deren Folgen werden aber jedenfalls nicht ohne weiteres durch einen Arbeitsvertrag aufgehoben, der im unmittelbaren Anschluss an das Leiharbeitsverhältnis zwischen Entleiher und Leiharbeitnehmer abgeschlossen wird und ein aktuelles Datum für den Beginn des Arbeitsverhältnisses vorsieht. Eine solche die Fiktion ausschließende Vereinbarung kommt allenfalls dann in Betracht, wenn die Arbeitsvertragsparteien ihren hierauf gerichteten einvernehmlichen rechtsgeschäftlichen Willen zweifelsfrei zum Ausdruck gebracht haben.[271]

152 Soweit es um die Feststellung des (Fort-)Bestehens eines Arbeitsverhältnisses gehe, ist das Zeitmoment einer Prozessverwirkung nach Ansicht des BAG bereits bei Zeiträumen von wenigen Monaten bis zu einem Jahr **nach Beendigung der Tätigkeit** des Arbeitnehmers als erfüllt anzusehen. Das Interesse der Rechtssicherheit und -klarheit rechtfertige es, der Zeitspanne, in der der Vertrauenstatbestand für die Nichterhebung einer auf die Feststellung des Arbeitsverhältnisses gerichteten Klage geschaffen werde, zeitlich enge Grenzen zu setzen. Der Arbeitgeber habe ein berechtigtes Interesse daran, dass **baldmöglichst Klarheit** darüber geschaffen werde, ob das Arbeitsverhältnis (fort-)bestehe oder ob dies nicht der Fall sei und er über den Arbeitsplatz anderweitig disponieren könne.[272] Dies kommt auch in den gesetzlich normierten Klagefristen in § 4 KSchG, § 17 Satz 1 TzBfG zum Ausdruck. Dieses Bedürfnis soll jedoch **nicht in gleicher Weise** bestehen, wenn lediglich mit dem Ziel, hieraus noch finanzielle Ansprüche für die Gegenwart und Zukunft geltend zu machen, der Bestand eines bereits beendeten Arbeitsverhältnisses festgestellt werden soll.[273]

2. Werkvertrag

153 Entsprechend den allgemeinen Grundsätzen kommt es für die Abgrenzung zwischen Arbeitnehmerüberlassung und Werkvertrag weder auf die von den Parteien gewünschte Rechtsfolge noch die von ihnen gewählte Bezeichnung,

---

270 LAG München, 07.09.1998 – 10 Sa 130/98, EzAÜG § 10 AÜG – Fiktion Nr. 95.
271 BAG, 18.02.2003 – 3 AZR 160/02, EzA § 10 AÜG Nr. 11; BAG, 17.01.2007 – 7 AZR 23/06, DB 2007, 1034; BAG, 13.08.2008 – 7 AZR 269/07, juris.
272 BAG, 24.05.2006 – 7 AZR 365/05, EzAÜG § 10 AÜG Fiktion Nr. 114 m.w.N.
273 BAG, 24.05.2006 – 7 AZR 365/05, EzAÜG § 10 AÜG Fiktion Nr. 114.

sondern auf den **tatsächlichen Geschäftsinhalt** an (vgl. § 12 Abs. 1 Satz 2 AÜG).[274] Maßgeblich ist damit nicht die Vertragsbezeichnung, sondern der objektive Geschäftsinhalt sowie die tatsächliche Vertragsausführung.[275] Im Bereich des Werkvertragsrechts ist daher nicht von einer Arbeitnehmerüberlassung auszugehen, wenn der Auftragnehmer als »echter **Subunternehmer**« tätig ist oder mit dem Auftraggeber unternehmerisch zusammenarbeitet.

Schwierigkeiten der Abgrenzung zwischen Arbeitnehmerüberlassung und Werkvertrag[276] ergeben sich insb. aus atypischen Gestaltungsformen. Dies gilt vor allem, wenn der Werkunternehmer statt eines einzelnen konkreten Gewerks eine **Reihe von Einzelwerken** aufgrund eines Rahmenvertrages anbietet. Gleiches gilt, wenn die zu leistende Vergütung des Bestellers nach **zeitlichem Aufwand** und nicht nach dem Erfolg bemessen wird.[277] Dies bedeutet indes nicht, dass in solchen Fällen stets vom Vorliegen von Arbeitnehmerüberlassung auszugehen ist. 154

Nach den Umständen des Einzelfalls können auch langfristig angelegte Vertragsbeziehungen zwischen Auftraggeber und Auftragnehmer, die die Einzelleistung jeweils zu den Bedingungen des abgeschlossenen **Rahmenvertrages** abrufen, rechtlich als Werkvertrag einzuordnen sein.[278] Dies gilt bspw. im Fall **wiederkehrender Wartungsarbeiten** an Einrichtungen und Geräten, die der 155

---

274 BAG, 15.04.2015 – 3 AZR 395/11, juris; LAG Berlin-Brandenburg, 05.11.2015 – 21 Sa 2326/14, juris; LAG Berlin-Brandenburg, 03.09.2015 – 14 Sa 1941/14, juris; inzwischen in der Sache aufgehoben und zurückverwiesen durch: BAG, 20.09.2016 – 9 AZR 735/15; BGH, 21.01.2003 – X ZR 261/01, NZA 2003, 616.
275 Von diesem Grundsatz wird seit dem 01.04.2017 eine Ausnahme gemacht. Wegen der Offenlegungspflicht nach § 1 Abs. 1 Satz 5 AÜG kann sich nur noch derjenige auf die legitimierende Wirkung einer Arbeitnehmerüberlassungserlaubnis berufen, wenn die Arbeitnehmerüberlassung in dem zwischen Verleiher und Entleiher zu schließenden Vertrag auch als solche bezeichnet wird.
276 Ausführlich zu Werkverträgen in der Fleischwirtschaft: *Tuengerthal/Rothenhöfer* BB 2013, 53 ff.
277 LAG Düsseldorf, 10.03.2008 – 17 Sa 856/07, EzAÜG § 10 AÜG Fiktion Nr. 120.
278 LAG Hamm, 09.11.2006 – 15 Sa 789/06, EzAÜG § 611 BGB Abgrenzung Nr. 11.

Erfüllung des Betriebszwecks des Bestellers dienen.[279] Abhängig vom Einzelfall kann ein Werkvertrag auch dann noch anzunehmen sein, wenn der Fremdarbeitnehmer gebeten wird, **Urlaub** mit dem Auftraggeber abzustimmen, sowie dann, wenn ihm durch die **Teilnahme an Kursen** eines Werkbestellers Kenntnisse vermittelt werden, damit er die ihm obliegenden Tätigkeiten i.R.d. von seinem Arbeitgeber abgeschlossenen Werkvertrages ordnungsgemäß erfüllen kann.[280] Das Risiko einer Einstufung als Arbeitnehmerüberlassung steigt jedoch, je weiter sich die Vertragsgestaltung vom eigentlichen Grundfall des Werkvertrages entfernt.

a) Vertragspflichten und Vertragszweck

156 Notwendiger Inhalt eines Arbeitnehmerüberlassungsvertrages ist die Verpflichtung des Verleihers ggü. dem Entleiher, diesem zur Förderung von dessen Betriebszwecken Arbeitnehmer zur Verfügung zu stellen. Im Gegensatz zum Werkvertrag endet die Vertragspflicht ggü. dem Entleiher, wenn der Verleiher den Arbeitnehmer ausgewählt und diesen dem Entleiher zur Verfügung gestellt hat.[281] Abweichend davon wird beim Werkvertrag **ein Unternehmer für einen anderen tätig**. Der Werkunternehmer organisiert die zur Erreichung eines wirtschaftlichen Erfolgs notwendigen Handlungen selbst und bleibt für die Herstellung des geschuldeten Werkes ggü. dem Besteller verantwortlich.

157 Hinsichtlich des **Vertragszwecks** hat das BAG ausdrücklich offen gelassen, ob es der Annahme einer Arbeitnehmerüberlassung entgegensteht, wenn Vertragsarbeitgeber und Auftraggeber eine **zukünftige unternehmerische Zusammenarbeit** planen. Für eine ausschließende Wirkung spricht, dass beide Unternehmen aufgrund der bestehenden Erwartungen zur künftigen Entwicklung eigene unternehmerische Zwecke außerhalb der Überlassung der Arbeitnehmer verfolgen. Verfolgen die beteiligten Arbeitgeber im Rahmen einer unternehmerischen Zusammenarbeit mit dem Einsatz ihrer Arbeitnehmer **jeweils ihre eigenen Betriebszwecke**, ist grds. gerade kein Fall der

---

279 ArbG Freiburg, 30.01.2007 – 3 Ca 174/06, ArbuR 2007, 182 unter Verweis auf BAG, 13.05.1992 – 7 AZR 284/91, NZA 1993, 357.
280 LAG Hamm, 09.11.2006 – 15 Sa 789/06, EzAÜG § 611 BGB Abgrenzung Nr. 11.
281 BAG, 03.12.1997 – 7 AZR 764/96, EzA § 1 AÜG Nr. 9; BAG, 19.01.2000 – 7 AZR 6/99, EzS 15/62; BAG, 24.05.2006 – 7 AZR 365/05, EzAÜG § 10 AÜG Fiktion Nr. 114; vgl. i.Ü. Rdn. 76 ff.

Arbeitnehmerüberlassung anzunehmen, da letztere durch die Überlassung von Arbeitnehmern für den Betriebszweck des Entleihers gekennzeichnet ist.[282] Die Instanzrechtsprechung hat dagegen teilweise eine erlaubnispflichtige Arbeitnehmerüberlassung bejaht, wenn der Einsatz von Arbeitnehmern dazu diente, neue Kunden zu gewinnen, mit denen eine künftige unternehmerische Zusammenarbeit geplant war.[283] Der Gesetzeszweck des AÜG gebiete es, das Verbot der Arbeitnehmerüberlassung ohne Erlaubnis auch auf solche Fälle anzuwenden, in denen die Überlassung der **Akquise künftiger Kunden** gelten soll.

▶ Beispiel:

Eine Gärtnerei erhält einen Anruf des neuen Pächters eines Biergartens. Dieser bittet um Bereitstellung zweier Gärtner, um das verwilderte Grundstück vor Neueröffnung des Biergartens wieder instand zu setzen. Ohne Kenntnis von Beschaffenheit und Größe des Grundstücks oder der Art der gewünschten Arbeiten vereinbart die Gärtnerei mit dem Pächter einen Stundensatz für den Einsatz seiner Arbeitnehmer in der Hoffnung, künftig die regelmäßige Pflege der Außenanlagen des Biergartens zu übernehmen.

b) Unschädlichkeit von Anweisungen gem. § 645 Abs. 1 Satz 1 BGB

Die zur Ausführung des Werkvertrages tätigen Arbeitnehmer unterliegen ausschließlich den Weisungen des Werkunternehmers. Sie sind als dessen Erfüllungsgehilfen eingesetzt. Im Gegensatz zur Arbeitnehmerüberlassung findet **keine Aufspaltung der Arbeitgeberfunktionen** statt. Das zeitliche, hierarchische und auch fachliche **Weisungsrecht** übt allein der Werkunternehmer als Arbeitgeber aus. Von diesem zu unterscheiden ist das Recht des Bestellers aus § 645 Abs. 1 Satz 1 BGB. Danach ist dieser berechtigt, dem Werkunternehmer selbst oder dessen Erfüllungsgehilfen Anweisungen für die **Ausführung des Werkes** zu erteilen.[284] 158

Anders als das allgemeine Weisungsrecht des Arbeitgebers (§ 106 GewO) ist das Anweisungsrecht des Werkbestellers gegenständlich auf das **konkrete** 159

---

282 *Reiserer/Koller-van Delden* EWiR § 1 AÜG 1/03, 611 unter Hinweis auf BAG, 25.10.2000 – 7 AZR 487/99, EzA § 10 AÜG Nr. 10 m.w.N.
283 OLG Koblenz, 16.01.2003 – 5 U 885/02, EWiR § 1 AÜG 1/03, 611.
284 BAG, 19.03.2003 – 7 AZR 267/02, AP AÜG § 13 Nr. 4 m.w.N.; BAG, 24.05.2006 – 7 AZR 365/05, EzAÜG § 10 AÜG Fiktion Nr. 114.

Bissels

Werk bezogen. Fehlt es in einem abgrenzbaren, dem Werkunternehmer als eigene Leistung zurechenbaren und abnahmefähigen Werk, liegt hierin ein **deutliches Indiz** für eine Arbeitnehmerüberlassung. Gegen das Bestehen eines Werkvertrages spricht in diesen Fällen, dass der Besteller erst durch seine Anweisung den Gegenstand der von dem Arbeitnehmer zu erbringenden Leistung überhaupt bestimmt und damit Arbeit und Einsatz für ihn bindend organisiert.[285] Zwar sei eine »**wenig präzise**« **Beschreibung** der geschuldeten Gesamt- und Einzelleistungen mit einem Werkvertrag nicht unvereinbar, sie passe jedoch jedenfalls ebenso gut zu einer mengenbezogenen Vergütung für die Arbeitsleistung überlassener Arbeitnehmer.[286]

160 Üben nicht nur ganz gelegentlich, sondern regelmäßig allein oder vorrangig Mitarbeiter des Bestellers das über § 645 BGB hinausgehende arbeitgeberseitige Weisungsrecht aus, ist jedoch von Arbeitnehmerüberlassung auszugehen.[287]

▶ Praxistipp:

Das geschuldete Werk sollte jeweils möglichst präzise vertraglich festgelegt werden. Im Fall der Bestellung einer Vielzahl von Einzelgewerken lässt sich dies mit einer katalogisierenden Zusammenstellung erreichen, z.B. in einem Lasten- und Pflichtenheft. Sind bei der nachfolgenden Leistungserbringung Anweisungen notwendig, sollte sich der Besteller ggü. den von dem Werkunternehmer eingesetzten Arbeitnehmern stets auf die niedergelegte Werkbeschreibung berufen. Soweit praktisch möglich, ist der Werkbesteller selbst (nicht aber dessen Arbeitnehmer) als Ansprechpartner zu wählen bzw. vertraglich festzulegen.

c) Spezifische Abgrenzungsmerkmale

161 Die Frage der Abgrenzung des Werkvertrages von der Arbeitnehmerüberlassung erfordert stets eine Gesamtbetrachtung. Die von Rechtsprechung und Literatur herausgearbeiteten Indizien können lediglich dazu dienen, die daraus folgenden Risiken zu reduzieren.

---

285 BAG, 09.11.1994 – 7 AZR 217/94, EzA § 10 AÜG Nr. 8.
286 BGH, 21.01.2003 – X ZR 261/01, NZA 2003, 616.
287 BAG, 06.08.2003 – 7 AZR 180/03, AP AÜG § 9 Nr. 6 m.w.N.; Schüren/Hamann/*Hamann* § 1 AÜG Rn. 172.

Es wäre jedoch verfehlt, den Einsatz von Fremdarbeitnehmern im Betrieb 162
aufgrund eines Werkvertrages als ständig an der Schwelle zur Arbeitnehmerüberlassung stehend einzuordnen. Die Rechtsprechung kommt der Praxis zumindest insoweit entgegen, als sie »**gelegentliche Ausrutscher**« bei der Vertragsdurchführung duldet. Kommt es bspw. lediglich in Ausnahmefällen unter Abweichung vom normalen Tagesablauf auch zu arbeitsrechtlichen Weisungen eines Werkbestellers, führt dies noch nicht zur Annahme einer (unerlaubten) Arbeitnehmerüberlassung.[288] Vom Normalfall abweichende **Einzelfälle** sind nicht geeignet, eine Tätigkeit insgesamt als Arbeitnehmerüberlassung zu qualifizieren.[289]

aa) Ausgestaltung des Vertragsinhalts zwischen Besteller und Werkunternehmer

Für das Vorliegen eines Werkvertrages spricht, wenn der zugrunde liegende 163
Vertrag **technische Regelungen** über die Erstellung des Werkes oder **Preisvereinbarungen** enthält, die sich nicht (allein) auf den Einsatz von Arbeitnehmern, sondern auf die Fertigstellung des Werkes an sich beziehen.

▶ Beispiel:

Im Vertrag über das Pflastern eines Kundenparkplatzes wird ein Quadratmeterpreis vereinbart.

Ebenfalls für das Vorliegen eines Werkvertrages spricht das Bestehen von 164
Haftungsregelungen im Leistungsverzeichnis. Die Übernahme eines eigenen Unternehmerrisikos, zu dem **Haftung und Gewährleistung** gehören, ist typisch für einen Werk-, nicht hingegen für einen Arbeitnehmerüberlassungsvertrag.[290] Für einen Werkvertrag kann insbesondere angeführt werden, dass aufgrund einer Leistungsstörung die entsprechenden Gewährleistungsrechte durch den Besteller auch tatsächlich ausgeübt worden sind.

Gegen einen Werkvertrag kann sprechen, dass sich die vom Werkunternehmer zu erbringenden Leistungen nach dem Bedarf des Bestellers richten. Es fehlt

---

288 LAG Düsseldorf, 27.08.2007 – 17 Sa 864/07, JurionRS 2007, 44461; LAG Mecklenburg-Vorpommern, 30.09.2014 – 2 Sa 76/14, juris.
289 BAG, 06.08.2003 – 7 AZR 180/03, AP AÜG § 9 Nr. 6; BAG, 30.01.1990 – 7 AZR 497/89, AP AÜG § 10 Nr. 8.
290 LAG Mecklenburg-Vorpommern, 30.09.2014 – 2 Sa 76/14, juris; Schüren/Hamann/*Hamann* § 1 AÜG Rn. 115 f.

insofern an einem abgrenzbaren, dem Werkunternehmer als eigene Leistung zurechenbarem und abnahmefähigem Werk und deutet auf eine Arbeitnehmerüberlassung hin, wenn der Besteller durch seine Anweisungen den Gegenstand der von dem Arbeitnehmer des Werkunternehmers zu erbringenden Leistungen erst bestimmt.[291]

bb) Ausgestaltung des Vertragsinhalts zwischen Werkunternehmer und Arbeitnehmer

165 Kein Indiz für das Vorliegen einer Arbeitnehmerüberlassung stellt das **Fehlen eines Hinweises auf § 613 Satz 2 BGB** im Vertrag zwischen Werkunternehmer und seinen Arbeitnehmern dar.[292]

166 Hierzu fehlt es bereits an einer gesetzlichen Grundlage. Eine Analogie zu § 10 Abs. 1 Satz 1 AÜG ist nicht möglich, da keine ungewollte Regelungslücke vorliegt. Der Gesetzgeber hat das Problem einer fehlenden Vereinbarung zur Überlassung im Arbeitsvertrag gesehen. Dies belegt die Regelung des § 613 Satz 2 BGB. Eine Rechtsfolge entsprechend § 10 Abs. 1 Satz 1 AÜG hat der Gesetzgeber jedoch nicht für erforderlich gehalten.

cc) Urlaub, Arbeitszeiten

167 Dass ein Arbeitnehmer seinen Urlaub mit Mitarbeitern der Stammbelegschaft abzustimmen hat, kann ebenso wie eine Koordination der **Lage der Arbeitszeit** durch Art und Inhalt der zu erbringenden Dienst- oder Werkleistung bedingt sein und indiziert damit nicht notwendig eine Arbeitnehmerüberlassung.[293]

168 Gleiches gilt für die **Erfassung von Arbeitszeiten** der Fremdarbeitnehmer. Gegen eine solche Indizwirkung spricht die im Werkvertragsrecht durchaus übliche Praxis der **Aufwandsberechnung**. Die Dokumentation von Arbeitszeiten deutet vor diesem Hintergrund nicht stets auf eine Eingliederung des Arbeitnehmers in den Betrieb des Bestellers hin, sondern kann auch lediglich Grundlage für eine werkvertragliche Abrechnung sein. Noch deutlicher gegen

---

291 LAG Berlin-Brandenburg, 12.12.2012 – 15 Sa 1217/12, juris; ablehnend: *Hamann* jurisPR-ArbR 11/2013 Anm. 1.
292 LAG Düsseldorf, 27.08.2007 – 17 Sa 270/07, LAGE § 10 AÜG Nr. 4.
293 LAG Rheinland-Pfalz, 03.05.2006 – 10 Sa 913/05, n.v. unter Verweis auf BAG, 30.01.1991 – 7 AZR 497/89, BAGE 67, 124 = AP AÜG § 10 Nr. 8.

eine Indizwirkung spricht es, wenn der vermeintliche Entleiher mit der Zeiterfassung lediglich bestehende **gesetzliche Verpflichtungen** erfüllt.[294]

dd) Arbeitsausrüstung

Das **Bereitstellen von Werkzeugen und Schutzkleidung** durch den Besteller hat in der neueren Rechtsprechung als Indiz für das Vorliegen von Arbeitnehmerüberlassung an Bedeutung verloren.[295] 169

Werden Fremdarbeitnehmer allerdings **täglich** vor Aufnahme der Arbeiten von Arbeitnehmern der Stammbelegschaft **eingewiesen und mit Material und Werkzeugen** versorgt, spricht dies für eine Eingliederung in den Betrieb, die das Vertragsverhältnis als Arbeitnehmerüberlassung qualifiziert.[296] Dies gilt insbesondere, wenn das beauftragte Unternehmen nicht über eine eigene Betriebsorganisation und die zur vertragsgemäßen Erfüllung der zugesagten Leistungen erforderlichen Betriebsmittel verfügt.[297] 170

3. Bedienungspersonal

Wird **Bedienungspersonal** für zum Gebrauch überlassener Maschinen oder Geräte gestellt, liegt keine Arbeitnehmerüberlassung vor, wenn der Schwerpunkt eines Vertrages nicht in der Überlassung der Arbeitnehmer, sondern in der Gebrauchsüberlassung der Maschine oder des Gerätes liegt. 171

Die Gebrauchsüberlassung muss hierbei prägendes Element des Vertrages sein. Das BAG hat einen solchen Schwerpunkt bei der **Vermietung von Baumaschinen** sowie der **Gebrauchsüberlassung eines Flugzeugs** einschließlich 172

---

294 LAG Düsseldorf, 27.08.2007 – 17 Sa 864/07, JurionRS 2007, 44461.
295 LAG Düsseldorf, 15.01.2009 – 15 TaBV 379/08, EzA-SD 2009, Nr. 17, 16; LAG Düsseldorf, 27.08.2007 – 17 Sa 864/07, juris unter Hinweis auf Schüren/Hamann/*Hamann*, 3. Aufl. 2007, § 1 AÜG Rn. 127 ff., 131 f. und 147 ff., jeweils m.w.N.; a.A. SG Hamburg, 23.11.2004 – S 13 AL 5/99, EzAÜG § 1 AÜG Gewerbsmäßige Arbeitnehmerüberlassung Nr. 39; BAG, 15.06.1983 – 5 AZR 111/81, AP AÜG § 10 Nr. 5.
296 BGH, 21.01.2003 – X ZR 261/01, NZA 2003, 616 m.w.N.
297 Vgl. LSG Baden-Württemberg, 09.07.2013 – L 11 KR 279/12, juris (»reine Briefkastenfirma«); zum sog. Koppelbaas-Modell auch: *Diepenbrock* jurisPR-ArbR16/2014 Anm. 5.

des fliegenden Personals (sog. Wet-Lease) angenommen und eine Anwendbarkeit des AÜG daher verneint.[298]

173 Keine Arbeitnehmerüberlassung i.S.d. AÜG liegt ferner vor, wenn ein Unternehmen, das **technische Produktionsanlagen**, Einrichtungen oder Systeme herstellt und eigenes Stammpersonal zu einem Betreiber derartiger Anlagen, Einrichtungen oder Systeme entsendet, um typische Instandhaltungs-, Inbetriebnahme-, Änderungs-, Erweiterungsarbeiten oder Ingenieurleistungen daran durchzuführen, soweit das entsendende Unternehmen Träger des **Unternehmerrisikos und der -freiheit** ist.[299]

4. Dienstvertrag

174 Der Dienst- und der Arbeitnehmerüberlassungsvertrag liegen hinsichtlich ihrer Ausgestaltung noch näher beieinander als der Arbeitnehmerüberlassungs- und Werkvertrag. In beiden Fällen ist nämlich – anders als beim Werkvertrag – kein Erfolg geschuldet.

a) Vertragliche Ausgestaltung

175 Bei der Abgrenzung zwischen Dienstvertrag und dem Vorliegen einer Arbeitnehmerüberlassung soll nach Ansicht des BGH der Grundsatz einer nach beiden Seiten **interessegerechten Auslegung** Anwendung finden. Danach ist im Zweifel zwar einer Auslegung der Vorzug zu geben, die nicht zur Nichtigkeit des angestrebten Vertrages führt. Dies würde aber bei fehlender Einhaltung des Schriftformerfordernisses des § 12 AÜG gegen eine Auslegung der vertraglichen Vereinbarung als Arbeitnehmerüberlassung sprechen.[300]

176 Inhaltlich ist zur Abgrenzung zwischen Arbeitnehmerüberlassung und Dienstvertrag hauptsächlich darauf abzustellen, inwieweit der Arbeitnehmer in die Betriebsorganisation des Auftraggebers eingegliedert ist und wer die jeweiligen arbeitsrechtlichen Weisungen erteilt. Ebenso wenig wie bei der Abgrenzung

---

298 BAG, 17.02.1993 – 7 AZR 167/92, AP AÜG § 10 Nr. 9; BAG, 31.01.1996 – 2 AZR 68/95, AP KSchG 1969 § 1 Personenbedingte Kündigung Nr. 17; BAG, 16.06.1982 – 4 AZR 862/79, AP TVG § 1 Tarifverträge: Bau Nr. 41; LAG Köln, 21.01.2016 – 7 Sa 858/15, juris.
299 FW AÜG zu § 1 Nr. 1.1.6.5 (3).
300 BGH, 02.02.2006 – III ZR 61/05, EzAÜG § 611 BGB Abgrenzung Nr. 10 m.w.N.

zum Werkvertrag führt hierbei die Erteilung allenfalls **fachlicher Weisungen** zur Annahme einer Arbeitnehmerüberlassung.[301]

b) Spezifische Abgrenzungsmerkmale

aa) Ausgestaltung des Vertragsinhalts

Hauptleistungspflicht eines Dienstvertrages ist das Erbringen einer Tätigkeit, wobei der Auftragnehmer für diese verantwortlich ist. Entscheidend für die Abgrenzung zwischen Arbeitnehmerüberlassung und Dienstvertrag ist die **Bestimmbarkeit der Dienstleistung**.[302] Wie beim Werkvertrag spricht eine vertragliche Gestaltung, die die geschuldeten Dienste möglichst genau beschreibt, für das Vorliegen eines Dienstvertrages. 177

Hat der Fremdarbeitnehmer Dienste in dem vom Auftraggeber angefragten Umfang eigenständig zu erbringen und handelt es sich um abgrenzbare und im Vertragsangebot hinreichend beschriebene Leistungen, liegt eine **ausreichend konkrete Ausgestaltung** vor. In diesem Fall ist es unschädlich, wenn dieses Leistungspaket nach Vorgaben eines Verantwortlichen des Auftraggebers bearbeitet wird.[303] 178

Ist die Beschreibung im Vertrag dagegen so vage, dass die eingesetzten Mitarbeiter erst im Fremdbetrieb von Arbeitnehmern des Auftraggebers erfahren, welche Leistung sie erbringen sollen, liegt i.d.R. eine Arbeitnehmerüberlassung vor. Ebenso ist die Grenze überschritten, wenn der Auftraggeber nicht nähere Anforderungen an die vereinbarte Dienstleistung stellt, sondern **losgelöst** von dieser den Einsatz der Fremdarbeitnehmer bestimmt. 179

▶ **Beispiel:**

Ein Chemieunternehmen schließt mit einem Reinigungsunternehmen einen Dienstvertrag über die Reinigung von Laborräumen. Das Reinigungsunternehmen setzt hierzu Reinigungskräfte ein. Diese sind auch dann als Erfüllungsgehilfen ihres Arbeitgebers einzuordnen, wenn Mitarbeiter des Chemieunternehmens ihnen genaue Anweisungen dazu

---

301 LAG Düsseldorf, 10.03.2008 – 17 Sa 856/07, EzAÜG § 10 AÜG Fiktion Nr. 120.
302 *Steinau-Steinrück/Paul* NJW Spezial 2006, 81; vgl. LAG Niedersachsen, 28.08.2014 – 7 TaBV 83/12, AE 2015, 86: Tätigkeiten an der Pforte eines Krankenhauses bestätigt durch: BAG, 08.11.2016 – 1 ABR 57/14, NZA – RR 2017, 134; dazu: *Bissels* ArbR 2015, 59.
303 LAG München, 07.12.2004 – 6 Sa 1235/03, JurionRS 2004, 32490.

geben, welche Bereiche des Labors mit welchen Mitteln und in welcher Intensität gereinigt werden dürfen. Geht das Chemieunternehmen jedoch mit Wissen des Arbeitgebers der Reinigungskräfte dazu über, diese auch anzuweisen, nach Abschluss der Reinigungsarbeiten die im Labor gehaltenen Mäuse zu füttern und die ausgehende Post einzuwerfen, überschreitet dies die Grenze zur Arbeitnehmerüberlassung.

bb) **Überlassung von Arbeitsmaterialien/Visitenkarten**

180 Die Überlassung von **Arbeitsmaterialien** kann regelmäßig nicht als Indiz für das Vorliegen von Arbeitnehmerüberlassung herangezogen werden.[304] Selbstverständlich ist dies abhängig von den Besonderheiten des jeweiligen Einzelfalls. Dies soll mit Einschränkungen selbst bei der Verwendung von **Visitenkarten** des Auftraggebers gelten. Auch wenn der Arbeitnehmer im Rahmen seiner Aufgabenerledigung nach Außen im Namen des Drittunternehmens auftritt, soll dies nicht zwingend einen Rückschluss auf Arbeitnehmerüberlassung zulassen. Verwendet der Fremdarbeitnehmer die Visitenkarte des Drittunternehmens, soll dies zumindest gelten, sofern der Vertragsarbeitgeber des Arbeitnehmers ebenfalls auf der Visitenkarte vermerkt ist[305] oder ein sonstiger Hinweis auf dieser vorgesehen ist, dass es sich bei dem betreffenden Mitarbeiter um eine Fremdkraft handelt.

cc) *Gruppenbildung*

181 Wichtiges Indiz zur Abgrenzung einer Arbeitnehmerüberlassung von einem Dienstvertrag ist die Gruppenbildung der eingesetzten Arbeitnehmer. Für das Vorliegen von Arbeitnehmerüberlassung spricht, wenn **Stamm- und Fremdarbeitnehmer** in einer Gruppe **zusammenarbeiten**.[306] Sind dagegen in einer Kolonne ausschließlich Fremdarbeitnehmer zusammengefasst, dürften diese hingegen allein als Erfüllungsgehilfen ihres Vertragsarbeitgebers tätig werden. Insoweit ist es für die Annahme des Vorliegens eines Dienstvertrages unschädlich, wenn die Fremdarbeitnehmer dieser Gruppe lediglich im

---

304 LAG Düsseldorf, 10.03.2008 – 17 Sa 856/07, EzAÜG § 10 AÜG Fiktion Nr. 120 für den Bereich Bergbau.
305 LAG Berlin, 27.05.2005 – 6 Sa 1499/04, NZA-RR 2005, 516; nachgehend BAG, 24.08.2006 – 8 AZR 317/05, AP KSchG 1969 § 1 Betriebsbedingte Kündigung Nr. 152, abstellend allein auf die fehlende Gewerbsmäßigkeit.
306 SG Hamburg, 23.11.2004 – S 13 AL 5/99, EzAÜG § 1 AÜG Gewerbsmäßige Arbeitnehmerüberlassung Nr. 39.

Rahmen **fachlicher Notwendigkeiten** Unterstützung durch Mitarbeiter der Stammbelegschaft erhalten.[307]

▶ Praxistipp:

Aufgrund der erheblichen Rechtsunsicherheit, die gerade in Bezug auf die Abgrenzung zwischen Dienst- und Arbeitnehmerüberlassungsvertrag besteht, sollte keine Vermischung der externen Arbeitnehmer mit eigenen Beschäftigten im Sinne einer übergreifenden Gruppenbildung erfolgen.

dd) Sonstige Indizien

Gegen die Annahme von Arbeitnehmerüberlassung spricht, wenn die **Termine** der zu erbringenden Dienstleistungen nicht vom Auftraggeber gesetzt werden, sondern sich aus dem Auftrag selbst ergeben und es dem Auftraggeber im Wesentlichen auf die termingerechte Erledigung der Arbeiten zu dem festgelegten Zeitpunkt und nicht auf die vom Fremdarbeitnehmer hierzu aufgewendeten Arbeitszeiten ankommt.[308]

Ebenso indiziert eine **Rückbelastung des Auftragnehmers** für den Fall, dass Arbeitsergebnisse des Fremdarbeitnehmers nachgearbeitet werden müssen oder der Fremdarbeitnehmer auf zunächst vom Auftraggeber angeregten Schulungen oder Einweisungen Kosten verursacht, einen Dienstvertrag.[309]

5. Geschäftsbesorgungsvertrag

Keine Arbeitnehmerüberlassung liegt bei einem Geschäftsbesorgungsvertrag (§ 675 BGB) vor. Eine solche scheitert bereits an der fehlenden Eingliederung eines Arbeitnehmers in eine fremde Arbeitsorganisation.

Ein Geschäftsbesorgungsvertrag i.S.d. § 675 BGB setzt eine **selbstständige Tätigkeit wirtschaftlicher Art im fremden Interesse** voraus.[310] Da der Beauftragte damit zwingend Selbstständiger ist, kommt eine Arbeitnehmerüberlassung bereits unter diesem Aspekt nicht in Betracht. Nichts anderes gilt, wenn der Selbstständige sich zur Erbringung seiner Leistung Erfüllungsgehilfen bedient. Typische Fälle für Geschäftsbesorgungsverträge sind

---

307 LAG Düsseldorf, 10.03.2008 – 17 Sa 856/07, EzAÜG § 10 AÜG Fiktion Nr. 120.
308 LAG München, 07.12.2004 – 6 Sa 1235/03, JurionRS 2004, 32490.
309 LAG München, 07.12.2004 – 6 Sa 1235/03, JurionRS 2004, 32490.
310 BGH, 17.10.1991 – III Z 352/89, NJW-RR 1992, 560.

die Tätigkeiten eines Rechtsanwalts oder eines **Architekten** sowie allgemeine **Bankverträge**.

6. Sonderfall: Interim-Management

186 Der Begriff des Interim-Management bezeichnet in Deutschland die **befristete Beschäftigung externer Führungskräfte** im Unternehmen. Im Unterschied zur Leistung von Unternehmensberatern werden die Interim-Manager nicht nur von außen beratend und konzeptionell tätig. Ihre Aufgabe ist auch die Einführung und Umsetzung von Konzepten sowie die Steuerung und Begleitung des täglichen operativen Geschäfts.[311]

187 Nach einer Erhebung des »Arbeitskreises Interim Management Provider« (AINP) arbeiten in Deutschland derzeit mehr als 10.000 Manager auf Zeit, bei einem Geschäftsumsatz der Branche von ca. 1,33 Mrd. €.[312] Seit einigen Jahren gibt es mit der Dachgesellschaft Deutscher Interimmanager e.V. (DDIM) und dem Bundesarbeitskreis Interim Management (BIM) sowie der Bundesvereinigung Rekrutierung, Sanierung und Interimsmanagement e.V. (BRSI) organisierte Interessenvertretungen der Interim-Manager bzw. der entsprechenden Agenturen.

188 Ein Dreiecksverhältnis der Vertragsbeziehungen,[313] die den Grenzbereich zur Arbeitnehmerüberlassung berühren können, entsteht, wenn Interim-Manager über eine **Agentur** vermittelt wurden. Da es beim Einsatz eines Interim-Managers gerade darum geht, dem Auftraggeber das Know-how und die Arbeitskraft im Interesse des **Hinwirkens auf den Betriebszweck** des Auftraggebers zur Verfügung zu stellen, liegt bei dem Einsatz von Interim-Managern i.d.R. eine Arbeitnehmerüberlassung vor, sofern der Interim-Manager nicht selbstständig, sondern abhängig tätig wird.[314] Im Bereich des Interim-Managements stellt sich daher in besonderem Maße die Abgrenzungsfrage zwischen einer abhängigen Beschäftigung und einer **Scheinselbstständigkeit**.[315] Die Eigenart der Tätigkeit, die typischerweise eine weitgehende Weisungsfreiheit voraussetzt, spricht grds. für eine Selbstständigkeit von Interim-Managern

---

311 Vgl. zur Definition *Dahl* DB 2005, 1738.
312 Quelle: agenda Handelsblatt, 18.02.2009, Nr. 34 Rn. 8.
313 Zur Vertragsgestaltung *Buschbaum/Klösel* NJW 2012, 1482 (einschließlich Mustervertrag).
314 *Dahl* DB 2005, 1738.
315 Zum allgemeinen Problem der Scheinselbstständigkeit: vgl. Rdn. 141 ff.

und damit gegen die Annahme von Arbeitnehmerüberlassung. In diesem Zusammenhang ist aber stets eine Einzelfallbetrachtung vorzunehmen.

7. Mischverträge

Abgrenzungsfragen zur Arbeitnehmerüberlassung entstehen im Fall des drittbezogenen Personaleinsatzes, bei dem der Arbeitgeber einem Kunden Maschinen, Geräte oder Softwareprogramme mit Bedienungspersonal zur Verfügung stellt[316] und der Dritte deren Einsatz nach seinen eigenen betrieblichen Erfordernissen bestimmt und organisiert. 189

Nach der Rechtsprechung werden derartige Mischverträge von den Vorschriften des AÜG nicht erfasst, wenn der Schwerpunkt des Vertrages nicht in der Überlassung der Arbeitnehmer, sondern in der Gebrauchsüberlassung der Maschine, des Gerätes oder eines Softwareprogramms liegt, diese Gebrauchsüberlassung also prägendes Element des Vertrages ist. Maßgeblich ist danach, ob die Personalgestellung nur in dem Sinne dienende Funktion hat, dass sie **den Einsatz des Gerätes erst ermöglichen** soll oder ob den Schwerpunkt des Vertrages die Beschaffung der Arbeitsleistung selbst bildet. Auf den **wirtschaftlichen Wert** der Überlassung oder des Geräts soll es nicht ankommen. 190

Was prägendes Element des Vertrages ist, lässt sich mitunter kaum feststellen. Gerade soweit es um **hochspezielle Maschinen**, Geräte oder Programme geht, ist häufig auch der Einsatz **hoch spezialisierter Fachkräfte** beim Kunden essenziell. Die Abgrenzungsschwierigkeiten in der Praxis liegen auf der Hand. 191

Nach der fachlichen Weisungen der BA[317] ist die Entsendung von Stammpersonal zur Entwicklung, Erprobung und Herstellung der Nutzbarkeit von **Softwareprogrammen** beim Kunden regelmäßig keine Arbeitnehmerüberlassung. Demgegenüber soll die kontinuierliche Anwendung eines Programms durch Fremdkräfte i.d.R. einen Fall der Arbeitnehmerüberlassung darstellen. 192

Ein Indiz gegen einen auf der Arbeitnehmerüberlassung liegenden Vertragsschwerpunkt ist dann gegeben, wenn das Personal lediglich in der **Anfangsphase** der Maschinennutzung oder zur Einweisung in die Maschinentechnik zur Verfügung gestellt wird.[318] 193

---

316 S. hierzu bereits Rdn. 171 ff.
317 FW AÜG zu § 1 Nr. 1.1.6.5 (4).
318 HWK/*Kalb* § 1 AÜG Rn. 29.

▶ Praxistipp:

Als grobe Daumenregel[319] lässt sich eine Abgrenzung danach vornehmen,
- ob der Kunde lediglich entscheidet, wann, wo und wie die Maschine oder das Gerät nutzbar sein soll (= Schwerpunkt Gebrauchsüberlassung) oder
- ob der Kunde (auch) entscheidet, wann, wo und wie die Arbeitnehmer an der Maschine tätig sein sollen (= Schwerpunkt Arbeitnehmerüberlassung).

8. Arbeitsvermittlung

194 Insbesondere nach dem Wegfall des Synchronisationsverbotes sowie der seit 2002 bestehenden Freiheit der privaten Arbeitsvermittlung hat die Abgrenzung zwischen Arbeitnehmerüberlassung und Arbeitsvermittlung **an Bedeutung verloren**.

195 Praktisch ergibt es für einen Verleiher **keinen Sinn mehr**, das mittlerweile zulässige Geschäft der Arbeitsvermittlung im Gewand der Arbeitnehmerüberlassung als ein damit **erlaubnispflichtiges Scheingeschäft** zu betreiben.[320]

9. Identifikation von Scheinwerk- und Scheindienstverträgen

196 Die Identifikation von Scheinwerk- und Scheindienstverträgen erfolgt im Rahmen einer **Gesamtschau** anhand der oben[321] dargestellten Abgrenzungsmerkmale. Für die Praxis von hoher Bedeutung sind insoweit die umfangreichen Ausführungen der BA in den fachlichen Weisungen zum AÜG.[322]

10. Praxis und fachliche Weisungen der BA

197 Die BA ist gem. § 17 Abs. 1 AÜG für die Überwachung der Arbeitnehmerüberlassung zuständig. Die entsprechenden fachlichen Weisungen der BA zum AÜG ist daher praktisch von erheblicher Bedeutung. Dass sie **keine rechtliche Bindungswirkung** entfalten, ändert hieran nichts. Denn die Verwaltungspraxis der zuständigen örtlichen Agenturen für Arbeit bestimmt sich streng nach diesen Weisungen. Besonders hoch ist die **praktische Bedeutung** insb. für die Abgrenzung der Arbeitnehmerüberlassung von anderen Formen des drittbezogenen Personaleinsatzes.

---

319 *Hamann* S. 86 ff.
320 Böhm/Hennig/Popp/*Böhm* Rn. 75.
321 Vgl. für Werkverträge Rdn. 161, für Dienstverträge Rdn. 177.
322 FW AÜG, vgl. Anhang 3.

Derzeit maßgeblich sind die fachlichen Weisungen zum Arbeitnehmerüberlassungsgesetz (FW AÜG) vom 20.03.2017. 198

B. Kettenverleih – Abs. 1 Satz 3

Mit Wirkung zum 01.04.2017[323] wurde § 1 Abs. 1 Satz 3 AÜG in das Gesetz eingefügt. Danach ist die Überlassung und das Tätigwerdenlassen von Arbeitnehmern als Leiharbeitnehmer nur zulässig, soweit zwischen dem Verleiher und dem Leiharbeitnehmer ein Arbeitsverhältnis besteht.[324] 199

Mit der Regelung soll klargestellt werden, dass Leiharbeitnehmer nur von ihrem vertraglichen Arbeitgeber verliehen werden dürfen.[325] Der Gesetzgeber schafft damit Rechtsklarheit hinsichtlich der bislang umstrittenen Frage, wie bei einem Ketten-, Zwischen- oder Weiterverleih von Arbeitnehmern zu verfahren ist.[326] Dieser bezeichnet eine Konstellation der Arbeitnehmerüberlassung, in der ein Vertragsarbeitgeber Arbeitnehmer an ein Unternehmen verleiht, das seinerseits den Arbeitnehmer als bei ihm beschäftigtes Fremdpersonal an einen »Endentleiher« (weiter-)verleiht. Streitig war dabei insbesondere, ob im Fall eines Kettenverleihs eine Erlaubnispflicht nach § 1 AÜG lediglich für den (Erst-)Verleiher besteht oder aber zwei getrennte Arbeitnehmerüberlassungen vorliegen und deshalb auch eine Erlaubnis des »Zwischenverleihers«, der gleichzeitig »Erstentleiher« ist, vorliegen muss.[327] Die BA ging schon vor der Änderung der Rechtslage mit Wirkung zum 01.04.2017 von einer grundsätzlichen Unzulässigkeit des Kettenverleihs von Arbeitnehmern aus.[328] Der Weiter-/Zwischenverleiher werde nicht Arbeitgeber der Leiharbeitnehmer, 200

---

323 Gesetz zur Änderung des Arbeitnehmerüberlassungsgesetzes und anderer Gesetze vom 21.02.2017, BGBl. I, 258.
324 Kritisch dazu: *Lembke* NZA 2017, 2.
325 BT-Drucks. 18/9232, 18.
326 Für die Zulässigkeit *Boemke/Lembke* § 1 AÜG Rn. 14; *Schüren/Hamann* AÜG Einl. Rn. 331; *Hamann* jurisPR-ArbR 15/2016 Anm. 3; a.A. Sandmann/Marschall/*Schneider* AÜG Einl. Rn. 3; *Ulber* § 1 AÜG Rn. 20; BeckOK ArbR/Kock § 1 AÜG Rn. 30 f.
327 Dafür: *Boemke/Lembke* § 1 AÜG Rn. 14; vgl. *Hamann* jurisPR-ArbR 15/2016 Anm. 3 zu den Rechtsfolgen der Kettenüberlassung bei einer nicht geschlossenen Kette von Arbeitnehmerüberlassungserlaubnissen.
328 GA AÜG (Stand Januar 2016) zu § 1 Nr. 1.1.2 Abs. 11, 12; s. dazu jetzt: FW AÜG zu § 1 Nr. 1.1.2 (11, 12).

§ 1 AÜG   Arbeitnehmerüberlassung, Erlaubnispflicht

könne daher die Vorschriften des § 3 Abs. 1 AÜG nicht einhalten und verstoße gegen § 1 Abs. 2 AÜG. Da Leiharbeitnehmer nur »zur Arbeitsleistung überlassen« werden dürften, müsse der Entleiher in der Lage sein, die Arbeitsleistung selbst entgegen zu nehmen. Er müsse also im Regelfall über einen eigenen Betrieb verfügen. Andernfalls könne er den Leiharbeitnehmer nicht »zur Arbeitsleistung« einsetzen. Lasse der Entleiher den Leiharbeitnehmer im Betrieb eines fremden Betriebsinhabers für diesen arbeiten, liege, unzulässiger Kettenverleih vor. Bei einem illegalen (Ketten-)Verleih träten die Rechtsfolgen der §§ 9, 10 AÜG ein (Fiktion eines Arbeitsverhältnisses), während dieser bei Erlaubnisinhabern (»Erstverleiher«) nur über die Unzuverlässigkeit des § 3 Abs. 1 Nr. 1 AÜG (Widerruf, Versagung) geahndet werden könne.[329]

201   § 1 Abs. 1 Satz 3 AÜG soll entsprechend der bisherigen Verwaltungspraxis der BA – zumindest ab dem 01.04.2017 – klarstellen, dass ein Ketten-, Zwischen- oder Weiterverleih untersagt ist.[330] Dies gilt sowohl für die offene als auch für die verdeckt durchgeführte Kettenleihe. Letztlich soll durch die gesetzliche Regelung für den Leiharbeitnehmer erkennbar sein, wem gegenüber er zur Erbringung der Arbeitsleistung verpflichtet ist.[331]

202   § 1 Abs. 1 Satz 3 AÜG knüpft dabei daran an, dass »die Überlassung und das Tätigwerdenlassen« von Arbeitnehmern als Leiharbeitnehmer nur aufgrund eines Arbeitsverhältnisses zwischen Leiharbeitnehmer und Verleiher zulässig ist. Die beiden genannten Kriterien »Überlassung« und »Tätigkeitwerdenlassen« werden gleichberechtigt nebeneinandergestellt. Da dem »Tätigwerdenlassen« ein faktisches Moment anhaftet, liegt ein Verstoß gegen § 1 Abs. 1 Satz 3 AÜG erst vor, wenn der Leiharbeitnehmer in einer Kette bei einem anderen Unternehmen als dem Vertragsarbeitgeber de facto eingesetzt, sprich tätig wird. § 1 Abs. 1 Satz 3 AÜG bezweckt daher nicht, den bereits auf eine offene oder verdeckte Kettenüberlassung gerichteten Vertrag zu verhindern oder ein »Gesinnungsunrecht« zu sanktionieren, das sich bereits in dem Abschluss einer auf eine Kettenüberlassung gerichteten Vereinbarung manifestiert.

▶ Hinweis:

Durch § 10a AÜG wird sichergestellt, dass die in §§ 9, 10 getroffenen Regelungen im Drei-Personen-Verhältnis (Leiharbeitnehmer/Verleiher/

---

329   So FW AÜG zu § 1 Nr. 1.1.2 (11, 12).
330   BT-Drucks, 18/9232, 19.
331   Vgl. BT-Drucks, 18/9232, 19.

Entleiher) auch im Mehrpersonenverhältnis (Leiharbeitnehmer/Erstverleiher/Zweitverleiher/Entleiher) gelten. Die Regelung dient dazu, missbräuchliche Gestaltungen des Fremdpersonaleinsatzes zu vermeiden. Es wird sichergestellt, dass die Rechtsfolgen des §§ 9, 10 AÜG nicht umgangen werden können, indem ein anderes Unternehmen ohne arbeitsvertragliche Beziehung zum Leiharbeitnehmer zwischengeschaltet wird und seinerseits den Mitarbeiter überlässt. Soweit beim (Weiter-) Verleih durch einen über keine Arbeitsnehmerüberlassungserlaubnis gem. § 1 Abs. 1 AÜG verfügenden Zwischenverleiher vorliegt, die Überlassungshöchstdauer nach § 1 Abs. 1 Satz 4, Abs. 1b AÜG überschritten wird oder die Arbeitnehmerüberlassung unter Verstoß gegen § 1 Abs. 1 Satz 5, 6 AÜG verdeckt erfolgt, greifen die Schutzbestimmungen des AÜG. Das Arbeitsverhältnis der Leiharbeitnehmer zum Erstverleiher, d.h. zum Vertragsarbeitgeber, ist unwirksam. Es wird ein Arbeitsverhältnis zum »Einsatzarbeitgeber« fingiert, bei dem die Leiharbeitnehmer ihre Arbeitsleistung tatsächlich erbringen (»Letztentleiher«).[332] Der Leiharbeitnehmer kann dem Übergang des Arbeitsverhältnisses nach Maßgabe von § 9 AÜG widersprechen, so dass das Arbeitsverhältnis beim Erstverleiher verbleibt.[333] Allein der Verstoß gegen den Kettenverleih nach § 1 Abs. 1 Satz 3 AÜG löst dagegen die Fiktionswirkung nicht aus.

Verstöße gegen § 1 Abs. 1 Satz 3 AÜG können darüber hinaus erlaubnisrechtliche Folgen bis zum Widerruf der Arbeitnehmerüberlassungserlaubnis haben. Zudem wurde mit Wirkung zum 01.04.2017 mit § 16 Abs. 1 Nr. 1b AÜG ein neuer Ordnungswidrigkeitstatbestand in das Gesetz aufgenommen, der für die Missachtung von § 1 Abs. 1 Satz 3 AÜG eine Geldbuße von bis zu 30.000,00 Euro vorsieht. Zudem wird vertreten, dass der Verstoß gegen § 1 Abs. 1 Satz 3 AÜG zur Unwirksamkeit des Arbeitnehmerüberlassungsvertrages führt.[334]

---

332 Vgl. *Lembke* NZA 2017, 3; *Hamann* AuR 2016, 140; *Oberthür* ArbRB 2016, 109; so auch schon zur Rechtslage vor dem 01.01.2017: LAG Berlin-Brandenburg, 15.12.2015 – 7 Sa 387/15, BB 2016, 756; ablehnend: *Hamann* jurisPR-ArbR 15/2016 Anm. 3; a.A. *Baeck/Winzer/Hies* NZG 2016, 417, nach denen ein Arbeitsverhältnis zum »Zwischenverleiher« fingiert werden soll; dies gibt der Wortlaut von § 10a AÜG allerdings nicht her und ist auch unter Berücksichtigung von Arbeitnehmerschutzgesichtspunkten nicht geboten.
333 S. dazu BT-Drucks. 18/9232, 19, 27.
334 *Lembke* NZW 2017, 3.

§ 1 AÜG Arbeitnehmerüberlassung, Erlaubnispflicht

▶ Hinweis:

Aufgrund der insbesondere von der Erlaubnisbehörde[335] »traditionell« vertretenen Ansicht, dass eine Kettenüberlassung nach der vor dem 01.04.2017 geltenden Rechtslage bereits unzulässig gewesen sein soll, haben sich in der Praxis keine Modelle – zumindest nicht flächendeckend – verbreitet, die auf einen Weiterverleih aufgesetzt haben, so dass die gesetzliche Regelung nur begrenzt praktische Bedeutung erlangen wird. Dies lässt sich schon daran erkennen, dass kaum gerichtliche Entscheidungen existieren, die sich mit der überlassungsrechtlichen Problematik eines bewussten und absichtlichen Kettenverleihs (vor dem 01.04.2017) auseinandersetzen.[336]

C. Vorübergehende Arbeitnehmerüberlassung – Abs. 1 Satz 4, Abs. 1b

I. Allgemeines

204 Durch das Erste Gesetz zur Änderung des Arbeitnehmerüberlassungsgesetzes – Verhinderung von Missbrauch der Arbeitnehmerüberlassung vom 28.04.2011 wurde mit Wirkung zum 01.12.2011[337] § 1 Abs. 1 Satz 2 AÜG a.F. neu in das Gesetz eingefügt. Danach hat die Überlassung von Arbeitnehmer an Entleiher **vorübergehend** zu erfolgen. Durch die Vorschrift soll laut Gesetzesbegründung[338] Art. 1 Abs. 1, 3 Abs. 1 der Richtlinie 2008/104/EG vom 19.11.2008 über Leiharbeit[339] in das AÜG implementiert und gleichzeitig klargestellt werden, dass das deutsche Modell der Arbeitnehmerüberlassung den europarechtlichen Vorgaben im Sinne einer vorübergehenden Überlassung entspricht. Wann eine Arbeitnehmerüberlassung noch vorübergehend sein sollte und welche Rechtsfolgen bei einem Verstoß gegen § 1 Abs. 1 Satz 2 AÜG a.F. verbunden waren, regelte das AÜG hingegen nicht; in der Gesetzesbegründung gab es – wohl bewusst – dazu keine Vorgaben. Dort hieß es lediglich, dass der Begriff »vorübergehend« i.S.d. Leiharbeitsrichtlinie als flexible

---

335 GA AÜG (Stand Januar 2016) zu § 1 Nr. 1.1.2 (11, 12); jetzt: FW AÜG zu § 1 Nr. 1.1.2 (11, 12).
336 Vgl. dazu: LAG Berlin-Brandenburg, 15.12.2015 – 7 Sa 387/15, BB 2016, 756: der Kettenverleih war jedoch von den Beteiligten ersichtlich nicht planerisch vorgesehen.
337 BGBl. I, 642.
338 BT-Drucks. 17/4804, 8.
339 ABl. Nr. L 327 S. 9.

Zeitkomponente verstanden und insb. auf genau bestimmte Höchstüberlassungsfristen verzichtet werden sollte.[340]

Auch vor dem Hintergrund der sich an die Auslegung des Merkmals der »vorübergehenden« Überlassung entzündenden Diskussionen und Rechtsstreitigkeiten wurde das AÜG mit Wirkung zum 01.04.2017 konkretisiert und eine gesetzliche Höchstüberlassungsdauer von grds. 18 Monaten eingeführt.[341] In § 1 Abs. 1 Satz 4 AÜG n.F. heißt es nun, dass die Überlassung von Arbeitnehmern vorübergehend bis zu einer Überlassungshöchstdauer nach § 1 Abs. 1b AÜG zulässig ist. Da die Auslegung des Begriffs »vorübergehend« auf Grundlage von § 1 Abs. 1 Satz 2 AÜG a.F. für Altfälle nach wie vor Bedeutung haben kann, wird nachfolgend auch die alte Rechtslage dargestellt. 205

II. Vorübergehender Einsatz

1. Rechtslage ab dem 01.04.2017

Nach § 1 Abs. 1 Satz 4 AÜG ist die Überlassung vorübergehend bis zu der in § 1 Abs. 1b AÜG geregelten **Höchstüberlassungsdauer** zulässig. Im Umkehrschluss bedeutet dies, dass ein Einsatz über die in § 1 Abs. 1b AÜG vorgesehene Überlassungshöchstdauer unzulässig und damit rechtswidrig ist. 206

In § 1 Abs. 1b AÜG werden in einem komplexen Regelungsgefüge die Einzelheiten festgelegt, wie die gesetzlich zulässige **Höchstüberlassungsdauer** im konkreten Fall zu bestimmen ist. Abweichungen von dieser sind in Tarifverträgen oder in aufgrund von Tarifverträgen geschlossenen Betriebs- oder Dienstvereinbarungen möglich. Wesentlich dabei ist, dass die Gestaltungshoheit ausschließlich den Tarif- bzw. Betriebspartnern der Einsatzbranche des Entleihers obliegt. Die Tarifvertragsparteien der Leiharbeit oder – ohne eine tarifliche Grundlage – die Verleiher selbst bzw. deren Betriebsparteien sind hinsichtlich der vorgesehenen Möglichkeiten, eine von der gesetzlichen **Höchstüberlassungsdauer** abweichende Regelung zu treffen, ausgeschlossen. 207

---

340 BT-Drucks. 17/4804, 8.
341 Gesetz zur Änderung des Arbeitnehmerüberlassungsgesetzes und anderer Gesetze vom 21.02.2017, BGBl. I, 258.

§ 1 AÜG Arbeitnehmerüberlassung, Erlaubnispflicht

▶ Hinweis:

Der EuGH[342] hat zuletzt die Frage offen lassen können, ob die Leiharbeitsrichtlinie 2008/194 EG den längerfristigen Einsatz von Leiharbeitnehmern verbietet. Die EU-Kommission[343] vertritt die Ansicht, dass sich aus der Leiharbeitsrichtlinie keine Beschränkungen der Dauer einer Arbeitnehmerüberlassung ableiten lassen. Auch soll sich aus dieser nicht ergeben, dass die Mitgliedsstaaten verpflichtet sind, eine Höchstüberlassungsdauer gesetzlich zu fixieren. Im Ergebnis hat der deutsche Gesetzgeber aus rein politischen Motiven (wieder) eine **Höchstüberlassungsdauer** in dem AÜG eingefügt, die aus europarechtlicher Sicht nicht erforderlich gewesen wäre. Ob diese im Umkehrschluss als europarechtswidrig anzusehen ist, ist offen.[344] Im Zweifel wird der EuGH in diesem Zusammenhang das letzte Wort haben. Gegen die gesetzliche **Höchstüberlassungsdauer** werden zu Recht auch verfassungsrechtliche Bedenken geltend gemacht.[345] Es erscheint vor diesem Hintergrund nicht ausgeschlossen, dass sich am Ende (auch) das BVerfG mit dieser gesetzlichen Bestimmung wird befassen müssen.[346]

---

342 Vgl. EuGH, 13.03.2015 – C-533/13 (AKT), NZA 2015, 423; dazu: *Temming* jurisPR-ArbR 25/2015 Amm. 1; *Boemke/Sachadae* EuZA 2015, 313 ff.
343 Stellungnahme der EU-Kommission zu Az. CHAP(2015)00716.
344 Dagegen: *Hamann* AuR 2016, 138; *Brors* AuR 2013, 111; *Willemsen/Mehrens* NZA 2015, 898; zweifelnd hingegen: *Seel* öAT 2016, 26 f.; *Franzen* RdA 2015, 149 f.; kritisch zumindest in Zusammenschau mit der Verpflichtung, zwingend Equal Pay nach dem 9. Einsatzmonat zu gewähren: *Franzen* ZfA 2016, 35 f.; *Happ/van der Most* BB 2015, 570: »europarechtlich zumindest bedenklich«.
345 Vgl. Stellungnahme der Bundesrechtsanwaltskammer Nr. 14/2016 aus Juni 2016 zum Regierungsentwurf eines Gesetzes zur Änderung des Arbeitnehmerüberlassungsgesetzes und anderer Gesetze (BR-Drucks. 294/16 v. 02.06.2016), S. 3: »Die Begrenzung der Überlassungsdauer auf (grds.) höchstens 18 Monate erscheint verfassungswidrig, erstens weil diese Maßnahme des Gesetzgebers gemessen an den gesetzgeberischen Zielen (Schutz der überlassenen Arbeitnehmer oder der »Stammbelegschaft«) bereits ungeeignet ist, zweitens ist die Maßnahme aber auch nicht erforderlich und unverhältnismäßig und greift deshalb verfassungswidrig in die Grundrechte der unternehmerischen Freiheiten ein.«; *Thüsing* DB 2016, 2667.
346 *Thüsing* DR 2016, 2666 f.

a) Gesetzliche Überlassungshöchstdauer – Satz 1

§ 1 Abs. 1b Satz 1 AÜG konkretisiert § 1 Abs. 1 Satz 4 AÜG und legt fest, dass der Verleiher denselben Leiharbeitnehmer nicht länger als 18 aufeinander folgende Monate demselben Entleiher überlassen darf (Halbsatz 1); der Entleiher seinerseits darf denselben Leiharbeitnehmer nicht länger als 18 aufeinander folgende Monate tätig werden lassen (Halbsatz 2). Die Regelung ist folglich an beide Parteien des Arbeitnehmerüberlassungsvertrages gerichtet: der Verleiher darf nicht über einen Zeitraum von 18 Monaten hinaus einen Leiharbeitnehmer an einen Entleiher überlassen, der seinerseits nicht berechtigt ist, diesen länger als 18 Monate bei sich einzusetzen.[347] **208**

▶ **Hinweis:**

Die Beschränkung der **Höchstüberlassungsdauer** gerade auf 18 Monate ist sachlich nicht begründbar. Diese scheint weniger an die tatsächlichen Notwendigkeiten oder Erfordernissen orientiert zu sein, sondern eher einen ausschließlich politischen Kompromiss darzustellen, ist diese doch das arithmetische Mittel zwischen der Forderung der SPD nach einer Begrenzung der Leiharbeit auf zwölf Monate und der Union auf 24 Monate im Bundestagswahlkampf des Jahres 2013.

Mit der **Überlassungshöchstdauer** sollen laut der Gesetzesbegründung[348] bestehende tarifvertragliche Vereinbarungen aus der betrieblichen Praxis aufgenommen werden, die die Einsatzdauer von Leiharbeitnehmern zeitlich begrenzen bzw. den Arbeitgeber verpflichten, der Leiharbeitskraft nach einer bestimmten Einsatzdauer einen Arbeitsvertrag anzubieten. Hierdurch sollen Leiharbeitnehmer geschützt werden, weil sie nur für einen klar begrenzten Zeitraum eingesetzt werden können. Einer dauerhaften Substitution von Stammbeschäftigten soll entgegengewirkt werden. Gleichzeitig bleiben den Unternehmen flexible Einsatzmöglichkeiten erhalten, die zur Deckung von Auftragsspitzen genutzt werden können.[349] **209**

---

347 Vgl. *Henssler* RdA 2016, 18, der zu Recht darauf hinweist, dass eine fixe Obergrenze praxisfremd ist und sich international in anderen Rechtsordnungen nicht durchgesetzt hat.
348 BT-Drucks. 18/9232, 20 f.
349 Vgl. BT-Drucks. 18/9232, 20 f.

▶ **Hinweis:**

Eine gesetzliche **Höchstüberlassungsdauer** ist dem AÜG nicht fremd. Eine solche war im Gesetz bis zum 01.01.2003 vorgesehen und wurde von zunächst drei Monaten schrittweise schließlich auf 24 Monate verlängert,[350] bis diese im Rahmen der Hartz-Reformen in Gänze wegfiel.[351] In Zusammenschau mit der Verpflichtung des Verleihers, dem Leiharbeitnehmer nach einer Überlassung von neun Monaten an einen Entleiher equal pay zu gewähren (§ 8 Abs. 1, 4 AÜG), zeigt sich, dass die an sich zum Schutz des Leiharbeitnehmers wieder eingeführte **Höchstüberlassungsdauer** für diesen nachteilig wirken kann. Der Leiharbeitnehmer ist grds. spätestens nach 18 Monaten bei dem Entleiher abzuziehen und muss bei einem anderen Kundenunternehmen eingesetzt werden. Dies dürfte in der Regel mit (erheblichen) Verdiensteinbußen einhergehen, da der Leiharbeitnehmer bei dem Erstentleiher nach neun Monaten bereits nach Equal Pay entlohnt wurde; bei dem neuen Entleiher fällt dieser wieder zurück auf die arbeitsvertraglich vereinbarten bzw. tariflich vorgesehenen Arbeitsbedingungen, die im Zweifel unter dem bereits gewährten Equal Pay liegen dürften.

210 Die gesetzliche Höchstüberlassungsfrist von 18 Monaten ist dabei arbeitnehmer- und nicht arbeitsplatzbezogen zu bestimmen.[352] Dafür spricht klar die gewählte Formulierung in § 1 Abs. 1b Satz 1 AÜG (»derselbe Leiharbeitnehmer«), durch die eindeutig an Personenbezug hergestellt wird.[353] In der Leiharbeitsrichtlinie wird der Begriff »vorübergehend« immer in einem Kontext zu der Tätigkeit des Leiharbeitnehmers und nicht zu einem bei dem Entleiher

---

350 Vgl. dazu den Überblick bei: *Happ/van der Most* BB 2015, 565.
351 Erstes Gesetz für moderne Dienstleistung am Arbeitsmarkt (Hartz I) v. 23.12.2012, BGBl. I, 4607.
352 In diesem Sinne auch: *Bissels/Falter* DB 2016, 1444; *dies.* ArbR 2017, 4 f.; *Giesen* ZRP 2016, 131; *Seel* öAT 2016, 26 f.; *ders.* FA 2017, 4; *Siebert/Novak* ArbR 2016, 392; *Hamann* AuR 2016, 138; *Baeck/Winzer/Hies* NZG 2016, 417; *Besgen* B+P 2016, 381; *Zimmermann* BB 2016, 53; *Schiefer/Köster/Borchard/Korte* DB 2016, 548; *Siebert* öAT 2017, 45; *Hamann/Rudnik* NZA 2017, 209 f.; *Lembke* NZA 2017, 4; vgl. FW AÜG zu § 1 Nr. 1.2.1 (1); zweifelnd: *Grimm/Heppner* ArbR 2016, 112 f.
353 So auch die Antwort der Bundesregierung vom 22.09.2016 auf eine Kleine Anfrage, BT-Drucks. 18/9723, 6.

vorgehaltenen Arbeitsplatz verwendet.³⁵⁴ Für die arbeitnehmerbezogene Ausgestaltung wird zudem geltend gemacht, dass eine generell-abstrakte Regelung notwendig ist, die für alle Überlassungen und in der Arbeitswelt auftretenden Arbeitsplatzgestaltungen gilt und zu gleichwertigen Ergebnissen führt; auch die BA hat sich als zuständige Kontrollbehörde für die im Gesetzentwurf vorgesehene arbeitnehmerbezogene Ausgestaltung der Überlassungshöchstdauer ausgesprochen.³⁵⁵

Der Gesetzgeber löst damit eine zu § 1 Abs. 1 Satz 2 AÜG a.F. höchststreitig diskutiert Frage³⁵⁶ im Erstgenannten Sinne, nämlich arbeitnehmerbezogen.³⁵⁷ Dies bedeutet, dass es nicht darauf ankommen kann, dass ein bei dem Entleiher verfügbarer Arbeitsplatz über einen Zeitraum von 18 Monaten mit einem oder mehreren Leiharbeitnehmern besetzt wird, sondern dass dem Entleiher ein konkreter Leiharbeitnehmer nicht über einen Zeitraum von 18 Monaten hinaus überlassen werden kann. Es ist folglich möglich, Leiharbeitnehmer vor Erreichen der **Höchstüberlassungsdauer** bei dem Entleiher »herauszurotieren« und diesen durch einen anderen Leiharbeitnehmer zu ersetzen. Dies ermöglicht damit auch nach neuer Rechtslage die dauerhafte Besetzung eines Arbeitsplatzes des Entleihers mit (verschiedenen) Leiharbeitnehmern – bis jeweils die gesetzliche **Höchstüberlassungsdauer** für den eingesetzten Mitarbeiter

211

---

354 Vgl. *Grimm/Heppner* ArbR 2016, 112 f.; *Willemsen/Mehrens* NZA 2015, 898.
355 Vgl. die Antwort der Bundesregierung vom 22.09.2016 auf eine Kleine Anfrage, BT-Drucks. 18/9723, 6; FW AÜG 2 § 1 Nr. 1.2.1 (1).
356 Für eine arbeitnehmerbezogene Betrachtung: LAG Rheinland-Pfalz, 14.03.2016 – 3 Sa 476/15, juris; LAG Hamburg, 23.09.2014 – 2 TaBV 6/14, juris; LAG Hamburg, 29.08.2013 – 1 TaBV 3/13, AE 2014, 36; LAG Berlin-Brandenburg, 21.08.2014 – 10 TaBV 671/14, juris; LAG Berlin-Brandenburg, 09.01.2013 – 24 TaBV 1868/12, juris; ArbG Cottbus, 15.04.2014 – 7 TaBV 2194/13, juris; ArbG Darmstadt, 17.09.2015 – 7 BV 2/15, juris; *Hamann* jurisPR-ArbR 43/2014 Anm. 2; dazu auch: *Bissels* jurisPR-ArbR 20/2015 Anm. 2 m.w.N; für eine arbeitsplatzbezogene Betrachtung hingegen: LAG Berlin-Brandenburg, 22.05.2014 – 14 TaBV 184/14, juris; LAG Düsseldorf, 02.10.2012 – 17 TaBV 38/12, juris; LAG Hamburg, 04.09.2013 – 5 TaBV 6/13, juris; LAG Hessen, 20.11.2014 – 9 TaBV 108/14, juris; in diesem Sinne auch: LAG Saarland, 18.12.2013 – 2 TaBV 2/13, juris; differenzierend: LAG Schleswig-Holstein, 08.01.2014 – 3 TaBV 43/13, juris: sowohl personen- als auch aufgabenbezogene Betrachtung.
357 *Lembke* NZA 2017, 4; *Neighbour/Schröder* BB 2016, 2869.

ausgeschöpft worden ist.[358] Praktische Schwierigkeiten können dabei entstehen, wenn es sich um höher qualifizierte Tätigkeiten handelt, die eine nicht unerhebliche Einarbeitungszeit in Anspruch nehmen, oder der Einsatz in langfristigen Projekten beim Entleiher erfolgt, in dem nicht zuletzt das Erfahrungswissen des Leiharbeitnehmers von Bedeutung ist. Entsprechende »Rotationen« können hingegen im geringer qualifizierten Bereich, insbesondere im Helfersegment, in der Regel problemlos und ohne erhebliche betriebsorganisatorische Störungen durchgeführt werden.

▶ Hinweis:

Nicht vorhersehbar ist, ob die Rechtsprechung einer ggf. erfolgenden dauerhaften Substituierung von Stammbeschäftigten durch ein derartiges »Rotationsmodell« Grenzen setzen wird. In der Literatur wird insoweit auf die Judikatur zum institutionellen Rechtsmissbrauch bei Befristungsketten verwiesen.[359] Auch werden europarechtliche Bedenken angemeldet.[360] Ob das BAG dem folgen wird, bleibt aber abzuwarten. In § 1 Abs. 1b Satz 4 AÜG sind diese zumindest nicht angelegt, zumal nach der Gesetzesbegründung Einsatzzeiten zum Ausschluss von Umgehungsstrategien weiterhin berücksichtigt werden, wenn die Unterbrechung nicht mehr als drei Monate andauert (§ 1 Abs. 1b Satz 2 AÜG),[361] so dass es schwer fallen dürfte, bei entsprechenden »Karussell-Konstruktionen« tatsächlich eine Gesetzesumgehung oder gar einen Rechtsmissbrauch feststellen zu können.[362] Der Gesetzgeber hat das Problem der »Rotationsmodelle« erkannt und darauf mit einer insoweit abschließend zu verstehender Anrechnungsregelung reagiert.

212 Die Fristberechnung zur Bestimmung der Überlassungsdauer erfolgt grds. nach §§ 186 ff. BGB.[363] Die nach Monaten bestimmte Frist beginnt mit dem ersten Tag der Überlassung und endet mit Ablauf desjenigen Tages des

---

358 So auch: *Seel* öAT 2016, 26 f.; *Besgen* B+P 2016, 381; *Zimmermann* BB 2016, 53; *Siebert/Novak* ArbR 2016, 392.
359 Vgl. *Hamann* AuR 2016, 138.
360 *Schüren/Fasholz* NZA 2015, 1474.
361 Dazu: Rdn. 255 ff.
362 Vgl. *Giesen* ZRP 2016, 131 f.
363 Vgl. zu § 3 Abs. 1 Nr. 6 AÜG a.F.: *Boemke/Lembke*, DB 2002, 894; zur Rechtslage ab dem 01.04.2017: *Bissels/Falter* ArbR 2017, 5; *Lembke* NZA 2017, 4; *Hamann/Rudnik* NZA 2017, 210; FW AÜG zu § 1 Nr. 1.2.1 (1).

letzten Monats, der dem Tag vorhergeht, der durch seine Benennung oder seine Zahl dem Anfangstag der Frist entspricht. Beginnt die Überlassung z.B. am 03.04.2017, ist diese unter Beachtung der grundsätzlichen Überlassungshöchstdauer von 18 aufeinanderfolgenden Monaten bis zum Ablauf des 02.10.2018 zulässig.[364] § 191 BGB[365] ist dabei nicht anzuwenden.[366] Wird die Überlassungshöchstdauer auch nur um einen Tag überschritten, liegt ein relevanter Verstoß vor. Die für die Überlassungshöchstdauer maßgebliche Frist von 18 Monaten beginnt erst mit dem tatsächlichen Einsatz des Leiharbeitnehmers,[367] selbst wenn zwischen Verleiher und Entleiher ein anderer Zeitpunkt vereinbart worden ist. Unschädlich ist hingegen, wenn im Arbeitnehmerüberlassungsvertrag eine die **Höchstüberlassungsdauer** überschreitende Einsatzzeit für den Leiharbeitnehmer bei dem Entleiher vorgesehen ist, wenn die Überlassung mit Ablauf der zulässigen 18 Monate beendet wird. Für den Verleiher ist es darüber hinaus unkritisch, wenn der Leiharbeitnehmer nach der formalen Beendigung des Einsatzes und des Arbeitnehmerüberlassungsvertrages die Tätigkeit bei dem Entleiher über die Überlassungshöchstdauer hinaus eigenmächtig (ohne oder gar gegen den Willen des Verleihers)[368] oder aufgrund einer mit dem Entleiher getroffenen Vereinbarung fortsetzt. Es liegt nämlich keine zwischen Verleiher und Entleiher vereinbarte Arbeitnehmerüberlassung (mehr) vor.[369]

Eine Verlängerung der gesetzlichen Höchstüberlassungsdauer von 18 Monaten hinaus ist nur nach Maßgabe der § 1 Abs. 1b Sätze 4 bis 7 AÜG möglich. Dies gilt auch für den Fall, dass bei dem Entleiher ein längerfristiger, den Zeitraum von 18 Monaten überschreitender Bedarf besteht, z.B. für eine 213

---

364 So das Beispiel in FW AÜG zu § 1 Nr. 1.2.1 (1).
365 Die Vorschrift lautet: »Ist ein Zeitraum nach Monaten oder nach Jahren in dem Sinne bestimmt, dass er nicht zusammenhängend zu verlaufen braucht, so wird der Monat zu 30, das Jahr zu 365 Tagen gerechnet.« Wäre diese Bestimmung anwendbar, hätte dies erhebliche Auswirkungen auf die Berechnung der **Höchstüberlassungsdauer**. Diese wäre nach Maßgabe von § 191 BGB – ausgehend vom 01.04.2017 – erstmals bereits am 22.09.2018 und nicht erst mit Ablauf des 30.09.2018 erreicht.
366 Vgl. *Bertram* AIP 3/2017, 20; *Bissels/Falter* ArbR 2017, 362; *Lembke* NZA 2017, 4; *Bayreuther* NZA 2017, 19; a.A. *Pütz* DB 2017, 425 f.
367 Vgl. zu § 9 Nr. 1 a.F.: BAG, 20.01.2016 – 7 AZR 535/13, NZA 2016, 1168.
368 *Boemke/Lembke* § 1 AÜG Rn. 35.
369 Vgl. zu dem inzwischen aufgehobenen § 3 Abs. 1 Nr. 6 AÜG a.F.: *Boemke*, AÜG, 1. Aufl. 2002, § 3 Rn. 96.

Elternzeitvertretung für die Dauer von 24 Monaten. Der Entleiher muss die überlassene Ersatzkraft nach 18 Monaten abmelden und einen anderen Leiharbeitnehmer anfordern, der (weiterhin) auf der betreffenden Stelle eingesetzt werden kann, wenn und soweit nach den gesetzlich vorgesehenen Möglichkeiten in § 1 Abs. 1b Sätze 4 bis 7 AÜG keine längere Überlassung zulässig ist.

214 Die faktische Verlängerung der gesetzlichen Höchstüberlassungsdauer kann auch nicht dadurch erreicht werden, dass der betreffende Leiharbeitnehmer auf einen anderen Arbeitsplatz des Entleihers – ggf. in einem anderen Betrieb – überlassen wird. Darauf kommt es nach dem Wortlaut der gesetzlichen Regelung nicht an (»derselbe Entleiher«). Gemeint ist damit der Entleiher, der als natürliche oder juristische Person Vertragspartner des Verleihers wird, ohne dass relevant ist, auf welchem Arbeitsplatz oder in welchem Betrieb des Entleihers der Leiharbeitnehmer eingesetzt wird.[370] Der Entleiherbegriff ist folglich rechtsträgerbezogen zu verstehen.[371] Die insoweit abweichende Ansicht, nach der es maßgeblich auf den Einsatz im jeweiligen Betrieb des Entleihers ankommen soll, ist abzulehnen.[372] Diese Auffassung findet im Wortlaut des Gesetzes keine Stütze; es kann letztlich nur auf den Rechtsträger als Vertragspartner ankommen, der den Mitarbeiter entleiht, da ein Betrieb als solcher nicht rechtsfähig ist und daher nicht Träger von Rechten und Pflichten nach dem AÜG sein kann. Insoweit bleibt aber die weitere Entwicklung in der Rechtsprechung abzuwarten.

---

370 In diesem Sinne auch: *Giesen* ZRP 2016, 131; *Zimmermann* BB 2016, 53; a.A.: *Lembke* NZA 2017, 4.
371 So auch: *Bissels/Folter* ArBR 2017, 5 f.; *Hamann/Rudnik* NZA 2017, 210; *Pütz* DB 2017, 427; vgl. auch: FW AÜG zu § 1 Nr. 1.2.1 (1); *Neighbour/Schröder* BB 2016, 2869; in diesem Sinnen zu dem inzwischen aufgehobenen § 3 Abs. 1 Nr. 6 AÜG a.F.: ArbG Berlin, 17.04.1996 – 94 Ca 39517/95, n.v.; *Boemke/Lembke* DB 2002, 893; *Bauer* BB 1990, 1266 f.; *Ulber*, AÜG, 2. Aufl. 2002, § 3 Rn. 119 m.w.N.; *Boemke*, AÜG, 1. Aufl. 2002, § 3 Rn. 93.
372 Vgl. *Lembke* NZA 2017, 4; Stellungnahme der BDA zum Gesetzesentwurf BT-Drucks. 19/9232 aus Oktober 2016, 6; so auch FW AÜG (Stand Januar 2016) zu § 1 Nr. 1.1.2 Abs. 4: »Als Entleiher ist der Betrieb anzusehen, der aufgrund Aufgabenbereich und Organisation eigenständig handelt und zur selbständigen Einstellung und Entlassung von Arbeitnehmern der überlassenen Art berechtigt ist.«; vgl. zu § 3 Abs. 1 Nr. 6 AÜG a.F.: *Schubel* BB 1990, 2118.

▶ **Beispiel:**

Die E-GmbH ist ein metallverarbeitendes Unternehmen in der Automobilzulieferindustrie mit Sitz in Köln. Diese beschäftigt 2.500 Arbeitnehmer und verfügt über betriebsorganisatorisch selbständige Produktionsstandorte in Köln, Stuttgart und Hamburg. Die V-GmbH überlässt den Leiharbeitnehmer L, der ab dem 01.07.2017 zunächst für einen Zeitraum von 18 Monaten von der E-GmbH als Industriemechaniker in Köln eingesetzt wird. Eine Verlängerung der Überlassung ist ausgeschlossen, wenn L über die 18 Monate hinaus in einem anderen Betrieb der E-GmbH (also in Stuttgart oder Hamburg) – möglicherweise in einer anderen Funktion (z.B. als Helfer) – verliehen wird. Wesentlich ist, dass sich der Entleiher (hier: E-GmbH) nicht ändert. Sollte der Entleiherbegriff hingegen betriebsbezogen bestimmt werden[373], kann die **Höchstüberlassungsdauer** in einem anderen Betrieb der E-GmbH in Stuttgart oder Hamburg – ohne Unterbrechung von mehr als drei Monaten – nahtlos erneut voll ausgeschöpft werden.

Kommt es für den Entleiherbegriff auf die Rechtspersönlichkeit bzw. den Vertragspartner an, könnte ein Gemeinschaftsbetrieb bzw. dessen Bildung auf Seite des Entleihers bzgl. der **Höchstüberlassungsdauer** eine weitere Flexibilität schaffen, indem eine »Rotation« des Leiharbeitnehmers zwischen den am Gemeinschaftsbetrieb beteiligten entleihenden Unternehmen erfolgt. 215

▶ **Beispiel:**

Wie oben, nur dass die E-GmbH mit der F-GmbH in Köln einen Gemeinschaftsbetrieb bildet. Nach Ablauf der 18 Monate, während dessen L für die E-GmbH als Industriemechaniker eingesetzt worden ist, kann dieser an die F-GmbH als neben der E-GmbH am Gemeinschaftsbetrieb in Köln beteiligtes Unternehmen als neuer Entleiher wiederum für weitere 18 Monate überlassen werden, ohne dass sich der Arbeitsplatz und/oder die sonstigen Umstände des Einsatzes von L ändern. Voraussetzung ist lediglich, dass ein neuer Arbeitnehmerüberlassungsvertrag mit der F-GmbH bei gleichzeitiger Beendigung des Einsatzes und des Arbeitnehmerüberlassungsvertrages bei/mit der E-GmbH geschlossen wird. Nach Ablauf der 18 Monate bei der F-GmbH kann L wieder an die E-GmbH »zurückrotieren«. Die Vorüberlassungszeiten bei der E-GmbH werden aufgrund

---

373 Ablehnend unter Rdn. 214.

der Unterbrechung des Einsatzes um mehr als drei Monate (§ 1 Abs. 1 Satz 2 AÜG) nicht angerechnet. Sollte der Entleiherbegriff hingegen betriebsbezogen bestimmt werden[374], kann eine »Rotation« zwischen den am Gemeinschaftsbetrieb beteiligten Unternehmen nicht stattfinden: die Überlassung erfolgt immer in einen Betrieb, so dass die **Höchstüberlassungsdauer** von 18 Monaten nur einmal ausgeschöpft werden kann, wenn der Einsatz nicht mehr als drei Monate unterbrochen wird.

216 Ob die Rechtsprechung dieses Modell mittragen wird, ist aber unter Berücksichtigung von Umgehungstendenzen nicht abschließend vorhersehbar, so dass dieses mit gewissen Risiken behaftet ist mit der Folge, dass die Zeiten bei den formal unterschiedlichen Entleihern im Gemeinschaftsbetrieb zusammengerechnet werden könnten.[375] Dies gilt insbesondere, wenn nur zum Zweck der faktischen Verlängerung der Überlassungshöchstdauer ein Gemeinschaftsbetrieb – gerade zwischen Konzerngesellschaften oder in zeitlichem Zusammenhang mit dem Inkrafttreten der gesetzlichen Änderungen im AÜG mit Wirkung zum 01.04.2017 – gebildet wird.

▶ **Beispiel:**

Wie oben, nur dass die E-GmbH den Bereich »Climate« an die V-GmbH ausgelagert hat; die Klimasteuerungsgeräte werden von der V-GmbH mit eigenen Arbeitnehmern auf Grundlage eines Werkvertrags auf dem Betriebsgelände der E-GmbH in Köln an deren Maschinen produziert. L wird zunächst vom 01.04.2017 für 18 Monate an die E-GmbH als Leiharbeitnehmer in den Bereich »Electronics« überlassen. Sodann wird L von der V-GmbH als deren eigener Mitarbeiter für einen Zeitraum von mehr als drei Monaten im Bereich »Climate« eingesetzt[376] und wechselt sodann wieder als Leiharbeitnehmer zur E-GmbH in das Segment »Electronics«. Die **Höchstüberlassungsdauer** von 18 Monaten kann für den zweiten Einsatz bei der E-GmbH – ohne Anrechnung des Vorüberlassungszeitraums – wieder voll ausgeschöpft werden (§ 1 Abs. 1b Satz 2

---

374 Ablehnend unter Rdn. 214.
375 Kritisch zu diesem Modell zu § 3 Abs. 1 Nr. 6 AÜG a.F.: *Bauer* BB 1990, 1266; *Boemke* AÜG, 1. Aufl. 2002, § 3 Rn. 94; *Boemke/Lembke* DB 2002, 893; *Ulber* AÜG, 2. Aufl. 2002, § 3 Rn. 120; zur Rechtslage ab dem 01.04.2017: *Hund/Weiss* DB 2016, 2805; kritisch dazu: *Hamann/Rudnik* NZA 2017, 213 f.
376 Zu den Anforderungen an einer nach § 1 Abs. 1b Satz 2 AÜG relevanten Unterbrechung des Einsatzes: Rdn. 225.

AÜG), da eine Unterbrechung von mehr als drei Monaten stattgefunden hat. Dabei ist es unbeachtlich, dass L de facto während der Tätigkeit für die V-GmbH weiterhin auf dem Betriebsgelände der E-GmbH tätig geworden ist. Wesentlich ist dabei nur, dass dies bei einer anderen Gesellschaft, nämlich für den Vertragsarbeitgeber von L (V-GmbH), erfolgte, und es sich um einen »echten Werkvertrag« handelt.[377]

»Rotationen« auf der Kundenseite unterbrechen im Grundsatz – auch im Konzern – die jeweilige entleiherspezifisch zu bestimmenden Höchstüberlassungsdauer. Der Gesetzgeber hat keine der sog. Drehtürklausel entsprechende oder vergleichbare Regelung (vgl. § 8 Abs. 3 AÜG) aufgenommen, so dass durch den Austausch des Entleihers und den Wechsel von einem (Konzern-)Unternehmen zu einem anderen die jeweilige **Höchstüberlassungsdauer** immer von Neuem anläuft (sog. »Entleiherrondell«).[378] 217

▶ Beispiel:

Wie oben, nur dass der Standort in Stuttgart von der F-GmbH, einer 100%igen Tochtergesellschaft der E-GmbH, betrieben wird. L kann nach Ablauf der 18 Monate bei der E-GmbH in Köln bis zur (erneuten) Ausschöpfung der Höchstüberlassungsdauer bei der F-GmbH in deren Betrieb in Stuttgart eingesetzt werden. Dabei kommt es nicht darauf an, in welcher Funktion er dort tätig wird oder wie L von der E-GmbH in Köln eingesetzt wurde (als Industriemechaniker oder als Helfer). Entscheidend ist ausschließlich, dass sich der Entleiher ändert (von der E-GmbH zu der F-GmbH).

War der Leiharbeitnehmer vor der Überlassung an den Entleiher bei diesem als »eigener« Arbeitnehmer tätig, werden die entsprechenden Vordienstzeiten des mit dem Entleiher vormals bestehenden Arbeitsverhältnisses auf die gesetzliche Höchstüberlassungsdauer ebenfalls nicht angerechnet. Dies gilt auch für den Fall, dass der Leiharbeitnehmer bei dem Einsatz bei seinem vormaligen Arbeitgeber auf derselben Stelle, die er vorher im Rahmen des Arbeitsverhältnisses besetzt hat, eingesetzt wird, oder mit gleichen oder vergleichbaren Tätigkeiten auf einer anderen Stelle befasst wird. 218

---

377 Zur Abgrenzung von Werkvertrag und Arbeitnehmerüberlassung: s. Rdn. 135 ff.
378 Vgl. *Zimmermann* BB 2016, 53; *Neighbour/Schröder* BB 2016, 2869; *Siebert/Novak* ArbR 2016, 392.

> **Beispiel:**
>
> Wie oben, nur dass L vor der Beschäftigung als Leiharbeitnehmer bei der V-GmbH vom 01.03.2014 bis zum 30.06.2017 in einem Arbeitsverhältnis zu der E-GmbH stand und von dieser als Industriemechaniker an deren Standort in Köln tätig war. Die bei der E-GmbH von L geleisteten Vordienstzeiten vom 01.03.2014 bzw. vom 01.04.2017 bis zum 30.06.2017 werden im Hinblick auf die ab dem 01.07.2017 beginnende Arbeitnehmerüberlassung der V-GmbH an die E-GmbH nicht berücksichtigt, selbst wenn L (weiterhin) in Köln als Industriemechaniker tätig wird. Die Überlassungshöchstdauer ist frühestens ab dem 01.10.2018 erreicht.

219 § 1 Abs. 1b Satz 1 AÜG sieht vor, dass die Überlassung nicht länger als 18 »aufeinander folgende« Monate erfolgen darf. In diesem Zusammenhang stellt sich die Frage, wie dieser Terminus zu verstehen ist. Klar ist, dass die **Höchstüberlassungsdauer** erreicht ist, wenn der Leiharbeitnehmer 18 Monate ununterbrochen bei einem Entleiher eingesetzt wird.[379] Unklar ist aber schon, wann die 18 Monate tatsächlich überschritten werden, wenn der Leiharbeitnehmer beispielsweise jeweils nur einen Tag in einem Monat für einen Entleiher tätig wird, dies aber 18 Monate in Folge. Nach 18 Monaten, obwohl der Leiharbeitnehmer nur 18 Tage (18 x 1 Tag im Monat) an den Entleiher überlassen wurde, oder bis die faktischen Einsatztage – dann nach erst nach mehreren Jahren – das Gesamtvolumen von insgesamt 18 Monaten erreicht haben? Unzweifelhaft steht fest, dass eine Unterbrechung des Einsatzes von mehr als drei Monaten dazu führt, dass die Höchstüberlassungsdauer von 18 Monaten erneut ausgeschöpft werden kann (§ 1 Abs. 1b Satz 2 AÜG). Wie aber werden Zeiten von drei Monaten oder weniger qualifiziert, die den Einsatz zwar unterbrechen, aber diesen nicht »nullen«? Werden diese als Einsatzzeiten bei den 18 Monaten berücksichtigt oder dürfen diese »herausgerechnet« werden mit der Folge, dass sich das Erreichen der **Höchstüberlassungsdauer** zeitlich nach hinten verschiebt, diese also »gehemmt« wird. Zu dieser für die Praxis bedeutsamen Frage schweigt sich das Gesetz und auch die Gesetzesbegründung aus. Nach dem Wortlaut von § 1 Abs. 1b Satz 1 AÜG wäre auch der o.g. Einsatz von 18 Tagen in 18 Monaten von der **Höchstüberlassungsdauer** erfasst, da der Leiharbeitnehmer 18 Monate hintereinander bei dem Entleiher im Einsatz

---

379 »Aufeinander folgend« stets und immer mit »ununterbrochen« gleichzusetzen, dürfte allerdings nur schwerlich mit dem Wortlaut von § 1 Abs. 1b Satz 1 AÜG in Einklang zu bringen sein, so: *Ulber*, AÜG, 2. Aufl. 2002, § 3 Rn. 117 zu dem inzwischen aufgehobenen § 3 Abs. 1 Nr. 6 AÜG a.F.

war (»nicht länger als 18 aufeinander folgende Monate«). Diese Auslegung berücksichtigt aber den Sinn und Zweck der gesetzlichen Regelung zur Einführung einer **Höchstüberlassungsdauer** nicht hinreichend: nach der Gesetzesbegründung gehört zur Kernfunktion der Arbeitnehmerüberlassung, dass sie vorübergehend erfolgt. Der dauerhafte Einsatz von Leiharbeitnehmern kann hingegen zu der Verdrängung von Stammarbeitnehmer im Einsatzbetrieb führen. Dem soll künftig gesetzlich entgegengewirkt werden. Hierzu soll – so die Gesetzesbegründung[380] – eine Überlassungshöchstdauer von 18 Monaten eingeführt werden. Durch den Einsatz eines Leiharbeitnehmers an 18 Tagen in 18 aufeinander folgenden Monaten wird jedoch augenscheinlich nicht der Zweck verfolgt, Stammbeschäftigte durch Leiharbeitnehmer zu substituieren.

Vor diesem Hintergrund ist zunächst davon auszugehen, dass eine Unterbrechung des Einsatzes von drei Monaten oder weniger bei der Bestimmung der **Höchstüberlassungsdauer** zunächst herausgerechnet wird; die Höchstüberlassungsfrist wird für den Zeitraum der Unterbrechung gehemmt und ist folglich auf Grundlage der geleisteten Tage zu berechnen.[381] Dies gilt grds. unabhängig davon, aus welchem Grund der Einsatz unterbrochen wird. Wesentlich ist dabei zunächst, dass der Leiharbeitnehmer nicht mehr im Sinne von § 1 Abs. 1b Satz 1 AÜG von dem Verleiher »überlassen« werden bzw. der Entleiher diesen nicht mehr bei sich »tätig werden lassen« kann. Nicht von Relevanz ist dabei, ob das Leistungshindernis aus der Sphäre des Verleihers, des Entleihers und/oder des Leiharbeitnehmers stammt. Erfasst wird dabei nicht nur die Beendigung des Arbeitnehmerüberlassungsvertrages[382] oder die Abmeldung des Leiharbeitnehmers durch den Entleiher bzw. der (vertragsbrüchige) Abzug durch den Verleiher bei einem fortlaufenden Arbeitnehmerüberlassungsvertrag, sondern insbesondere auch der Einsatz des Leiharbeitnehmers bei einem anderen Kunden, dessen krankheits-, urlaubs- oder feiertagsbedingte Abwesenheit[383], der Abbau von Plusstunden auf dem Arbeitszeitkonto, die Inan-

220

---

380 BT-Drucks. 18/9232, 20.
381 Vgl. LAG Hessen, 15.04.2015 – 3 Sa 537/14, juris: taggenaue Bestimmung der Einsatzdauer zur Bestimmung der Höhe der tariflichen Branchenzuschläge nach dem TV BZ Chemie; zustimmend: *Bissels* jurisPR-ArbR 9/2016 Anm. 5.
382 Insbesondere durch eine einvernehmliche Aufhebung oder die (formfrei mögliche) Kündigung durch den Verleiher oder Entleiher; so aber: *Hamann/Rudnik* NZA 2017, 211; in diese Richtung auch: FW AÜG zu § 1 Nr. 1.2.1 (2).
383 Anders in den Tarifverträgen zu den Branchenzuschlägen: vgl. nur § 2 Abs. 2 S. 2 TV BZ ME i.V.m. Protokollnotiz 2: »Dagegen erhöht sich die Einsatzdauer für die Zeit des laufenden Einsatzes, wenn der Einsatz im jeweiligen Kundenbetrieb

spruchnahme von Elternzeit oder von unbezahltem Urlaub oder das unentschuldigte Fehlen.[384] Dafür spricht bereits die Legaldefinition in § 1 Abs. 1 Satz 2 AÜG, nach der eine Überlassung erfordert, dass die Leiharbeitnehmer in die Arbeitsorganisation des Entleihers eingegliedert sind und dessen Weisungen unterliegen. Dies ist aber in keiner der o.g. Konstellationen der Fall. Es ist insoweit an einen materiellen Überlassungsbegriff anzuknüpfen.[385] Diese Ansicht wird durch § 1 Abs. 1b Satz 2 AÜG bestätigt; dort wird geregelt, dass vorherige Überlassungen angerechnet werden, wenn zwischen den »Einsätzen« nicht mehr als drei Monate liegen. Zwar geht es in § 1 Abs. 1b Satz 2 AÜG um die Anrechnung von Voreinsatzzeiten und nicht um die Bestimmung der **Höchstüberlassungsdauer** bzw. deren Hemmung, dennoch lassen sich die Wertungen aus der Vorschrift übertragen. Unter einem »Einsatz« wird »das Verwenden oder Einsetzen einer Person oder einer Sache zur Erfüllung einer bestimmten Aufgabe«[386] bzw. »der Vorgang, dass jemand die mit seinem Beruf verbundene Funktion oder Tätigkeit ausübt«,[387] verstanden. Der Einsatz knüpft demzufolge an ein faktisches Moment an, dass nämlich der

---

    wegen Feier- und Urlaubstagen sowie Krankheitstagen innerhalb der gesetzlichen Entgeltfortzahlung unterbrochen wird.« Da der Gesetzgeber diese tariflichen Regelungen bei der Änderung des AÜG kannte und auf diese ausdrücklich Bezug genommen hat (vgl. BT-Drucks. 18/9723, 5), aber im Ergebnis darauf verzichtete, eine entsprechende oder vergleichbare Bestimmung in das Gesetz aufzunehmen, kann daraus e contrario abgeleitet werden, dass derartige Zeiten gerade nicht als für die Bestimmung der **Höchstüberlassungsdauer** relevant anzusehen sind.

384 Vgl. *Tschöpe/Hiekel*, Anwalts-Handbuch Arbeitsrecht, 3. Auf. 2003, Teil 6 D Rn. 54.

385 Dagegen können nicht die Ausführungen in BT-Drucks. 18/9723, 5 und 7 angeführt werden. Dort heißt es, dass »die Einsatzdauer […] weder durch Einsatzunterbrechungen von bis zu drei Monaten um den Wechsel des Arbeitgebers der Leiharbeitskraft auf Null gesetzt werden [kann]«, und »dass die vorgesehene Regelung zur Berechnung der Überlassungsdauer ausdrücklich sowohl einen Wechsel des Verleihers als auch Unterbrechungen des Einsatzes von bis zu drei Monaten für unbeachtlich erklärt«, da sich diese eindeutig darauf beziehen, wann die **Höchstüberlassungsdauer** wieder neu ausgeschöpft werden kann, nicht hingegen darauf, welche Zeiträume bei der Bestimmung der Überlassungsdauer überhaupt zu berücksichtigen sind; in diesem Sinne: Bissels/*Falter* ArbR 2017, 6; *Henssler/Grau/Mehrens* § 5 Rn. 87 f.; a.A. *Bertram* AIP 3, 2017, 4; *Lembke* NZA 2017, 4: zumindest für den Fall, dass der Leiharbeitnehmer nach Krankheit/Urlaub wieder beim Entleiher am selben Arbeitsplatz tätig wird, abweichend auch: *Pütz* DB 2017, 427 f.

386 So die Definition im Duden, vgl. http://www.duden.de/rechtschreibung/Einsatz.

387 https://www.google.de/?gws_rd=ssl#q=%22Einsatz%22.

Leiharbeitnehmer bei dem Verleiher tatsächlich tätig wird, sprich dort seine Arbeitsleistung de facto erbringt. Für dieses Verständnis spricht ebenfalls § 1 Abs. 1 Satz 2 AÜG; die Vorschrift knüpft – wie auch § 1 Abs. 1b Satz 2 AÜG – gerade an eine von einer Eingliederung in die Betriebsorganisation des Entleihers und eine Weisungsunterworfenheit geprägte »Überlassung« und nicht an eine »Nichtüberlassung« an, bei der der Leiharbeitnehmer nicht in die Betriebsorganisation bei dem Entleiher integriert und keinen Weisungen unterworfen ist. Vor diesem Hintergrund liegt kein auf die Überlassungsdauer anrechenbarer Einsatz (mehr) vor, wenn der Leiharbeitnehmer – unabhängig vom Grund – keine Tätigkeit mehr für den Entleiher ausübt bzw. ausüben kann. Die BA scheint hingegen eher von einem formalen Einsatzbegriff auszugehen, in FW AÜG zu § 1 Nr. 1.2.1 (2) heißt es, dass die vertragliche Vereinbarung der Überlassung zwischen Verleiher und Entleiher maßgeblich ist, um die Überlassungsdauer zu bestimmen.

Nach der Rechtsprechung zu dem mit Wirkung zum 31.12.2002 aufgehobenen § 3 Abs. 1 Nr. 6 AÜG a.F. (zuletzt mit einer Höchstüberlassungsdauer von 24 Monaten) sollte für die Ermittlung der Überlassungsdauer im Einzelfall eine Unterbrechung des Einsatzes bei demselben Entleiher unbeachtlich sein, wenn zwischen dem vorangegangenen und dem nachfolgenden Einsatz des Leiharbeitnehmers ein enger sachlicher Zusammenhang besteht; dabei sollte es auf die Umstände des Einzelfalls, insbesondere auf Anlass und Dauer der Unterbrechung sowie auf die Art der Weiterbeschäftigung, ankommen.[388] Geringfügige krankheits- oder urlaubsbedingte Unterbrechungen sollten unbeachtlich sein mit der Folge, dass die Zeiten der Unterbrechung auf die Höchstüberlassungsdauer anzurechnen sind, insbesondere wenn der Leiharbeitnehmer im Anschluss – wie geplant – bei dem Entleiher wieder an denselben Arbeitsplatz eingesetzt wird.[389] Diese Ansicht ist allerdings inzwischen überholt und kann auf die gegenwärtige Rechtslage nicht übertragen werden, sieht das AÜG in der aktuellen Fassung eine gesonderte Regelung vor, wann Voreinsatzzeiten anrechenbar sind (§ 1 Abs. 1b Satz 2 AÜG). Zudem knüpft das AÜG inzwischen an andere Parameter hinsichtlich der Bestimmung der Überlassungszeiten an (Begriff des »Einsatzes«).

221

---

388 Vgl. zu einer Unterbrechung der Höchstüberlassungsdauer nach § 3 Abs. 1 Nr. 6 AÜG a.F.: BAG, 23.11.1998 – 7 AZR 34/88, NZA 1989, 812; LAG Köln, 15.10.1987 – 8 Sa 1236/86, NZA 1988, 843; *Boemke/Lembke*, DB 2002, 894 m.w.N.
389 *Boemke/Lembke*, DB 2002, 894; *Boemke*, AÜG, 1. Aufl. 2002, § 3 Rn. 98.

▶ Hinweis:

Zeiten des Nichteinsatzes sind daher – unabhängig von der Ursache – bei der Bestimmung der Höchstüberlassungsdauer nicht zu berücksichtigen. Dies gilt auch während der krankheits- oder urlaubsbedingten Abwesenheit des Leiharbeitnehmers. Die **Höchstüberlassungsdauer** wird entsprechend gehemmt.

▶ Beispiel:

Der Leiharbeitnehmer L wird von der V-GmbH ab dem 01.04.2017 an die E-GmbH überlassen. In der Zeit vom 01.06.2017 bis zum 15.06.2017 ist L arbeitsunfähig erkrankt, in der Zeit vom 16.06.2017 bis zum 30.06.2017 befindet sich L in Urlaub. Vom 01.07.2017 bis zum 31.07.2017 wird L von der V-GmbH bei der E-GmbH (bei fortbestehendem Arbeitnehmerüberlassungsvertrag) mit deren Zustimmung abgezogen und bei der F-GmbH eingesetzt. Ab dem 01.08.2017 wird L wiederum an die E-GmbH überlassen. Die Höchstüberlassungsdauer von 18 Monaten endet mit Ablauf des 30.11.2018; die Zeiten der urlaubs- und krankheitsbedingten Abwesenheit (insgesamt: 1 Monat) sowie der Einsatz bei der F-GmbH (1 Monat) werden nach dem materiellen Einsatzbegriff »herausgerechnet«; die **Höchstüberlassungsdauer** wird in diesen Zeiträumen gehemmt mit der Folge, dass diese nicht mit Wirkung zum 01.10.2018 (ausgehend vom 01.04.2017), sondern erst mit Wirkung zum 01.12.2018 abläuft. Eine nach § 1 Abs. 1b Satz 2 AÜG relevante Unterbrechung von mehr als drei Monaten liegt nicht vor, so dass die **Höchstüberlassungsdauer** nicht »genullt« wird.

222 Ob die Rechtsprechung diesem materiellen Einsatzbegriff folgen wird, kann nicht mit Sicherheit vorausgesagt werden. »Konservativere« Verleiher könnten vor dem Hintergrund der bestehenden Rechtsunsicherheit zur Risikominimierung auch von einem formellen Einsatzbegriff[390] ausgehen, nach dem die Überlassung des Leiharbeitnehmers erst mit der jeweiligen Beendigung des Arbeitnehmerüberlassungsvertrages ausläuft. Dies gilt insbesondere für den Fall des nur tageweisen, aber regelmäßig stattfindenden Einsatzes von Leiharbeitnehmern (z.B. 18 Tage in 18 Monate auf Grundlage von jeweils abgeschlossenen Einzelarbeitnehmerüberlassungsverträgen; Folge: die Zeiträume der Unterbrechungen zwischen den Einsätzen werden nicht auf die Höchstüberlassungsdauer

---

390 In diesem Sinne dürfte *Bertram* AIP 11/2016, 4, zu verstehen sein; in diesem Sinne wohl auch: FW AÜG zu § 1 Nr. 1.2.1 (2).

angerechnet, sondern im Gegenteil von den 18 Monaten abgezogen). Nachteilig an dieser Lösung ist allerdings, dass der Arbeitnehmerüberlassungsvertrag bei einer Fortführung der Tätigkeit unter Wahrung des Schriftformerfordernisses (§ 12 Abs. 1 AÜG) neu abgeschlossen werden muss. Dies ist aber weniger ein rechtlicher als eher ein praktischer Hemmschuh.

▶ **Beispiel:**

Wie oben, nur dass mit Kenntnis der Erkrankung bzw. mit Antritt des Urlaubs bzw. vor Beginn des anderweitigen Einsatzes bei der F-GmbH der zwischen der V-GmbH und der E-GmbH abgeschlossene Arbeitnehmerüberlassungsvertrag einvernehmlich beendet und vor der erneuten Arbeitsaufnahme von L bei der E-GmbH (nämlich nach dem Urlaub und nach Beendigung des Einsatzes bei der F-GmbH) neu (schriftlich!) zwischen der V-GmbH und der F-GmbH abgeschlossen wird. Auch in dieser Konstellation läuft die Höchstüberlassungsdauer von 18 Monaten erst mit Wirkung zum 01.12.2018 ab; die zwei Monate der Abwesenheit des L im Betrieb der E-GmbH aufgrund von Urlaub und Krankheit sowie der Überlassung an die F-GmbH werden auch auf Grundlage des formellen Einsatzbegriffs (Beendigung des Arbeitnehmerüberlassungsvertrages) »herausgerechnet«. Die **Höchstüberlassungsdauer** wird entsprechend gehemmt.

Als »Zwischenlösung« zwischen dem formellen und materiellen Einsatzbegriff 223 kann auch eine Abmeldung oder eine Abberufung des Leiharbeitnehmers erfolgen, die den faktischen Einsatz beendet, den Arbeitnehmerüberlassungsvertrag aber unberührt lässt.

Die zur Bestimmung der **Höchstüberlassungsdauer** maßgeblichen Einsatz- 224 zeiten des Leiharbeitnehmers zählen auf Grundlage der Übergangsregelung in § 19 Abs. 2 AÜG erst ab dem 01.04.2017, selbst wenn der Mitarbeiter an den konkreten Entleiher schon vor diesem Zeitpunkt überlassen wurde. Die **Höchstüberlassungsdauer** kann – ausgehend von diesem Zeitpunkt – frühestens ab dem 01.10.2018 erreicht werden.[391]

b) Anrechnung vorheriger Überlassungen – Satz 2

§ 1 Abs. 1b Satz 2 AÜG sieht eine grundsätzliche Anrechnung von Zeiten 225 vorheriger Überlassungen durch denselben oder einen anderen Verleiher an denselben Entleiher vor; keine Anrechnung soll erfolgen, wenn zwischen den

---

391 Dazu vertiefend: § 19 Rdn. 4 ff.; s. auch: FW AÜG zu § 1 Nr. 1.2.

Einsätzen mehr als drei Monate liegen. In diesem Fall wird die bisherige bei dem Entleiher erbrachte Einsatzzeit »genullt«; die **Höchstüberlassungsdauer** kann für den betreffenden Leiharbeitnehmer bei dem Entleiher erneut voll ausgeschöpft werden.

226 Laut Gesetzesbegründung[392] sollen mit dieser Regelung mögliche Umgehungsstrategien vermieden werden. Sog. (konzerninterne) »Verleiherrondelle« sollen grds. nicht möglich sein, sofern die gesetzliche »Karenzfrist« unterschritten wird. Eine Unterbrechung zwischen zwei Überlassungen zu demselben Entleiher wird nicht berücksichtigt, wenn diese drei Monate nicht übersteigt; in diesem Fall werden die vorangehenden Überlassungen bei der Berechnung der Überlassungshöchstdauer mitgezählt. Dies soll auch gelten, wenn Arbeitsverhältnisse während der Überlassungen zu verschiedenen Verleihern bestanden haben.[393]

227 Der Begriff des Verleihers ist – korrespondierend zum Entleiher[394] – dabei rechtsträger- und nicht betriebsbezogen zu verstehen. Es kommt also auf die natürliche oder juristische Person an, die auf der Seite des Verleihers den Arbeitnehmerüberlassungsvertrag mit dem Entleiher geschlossen hat, der letztlich die Basis für die konkrete Überlassung des Leiharbeitnehmers darstellt. Eine Unterbrechung wird folglich nicht bewirkt, wenn der Leiharbeitnehmer einer anderen Niederlassung des Verleihers zugeordnet wird, wenn dieser auf Grundlage des bisher schon bestehenden Arbeitnehmerüberlassungsvertrages zwischen dem Verleiher und dem Entleiher weiterhin bei dem Letztgenannten eingesetzt wird.

▶ **Beispiel:**

Der Leiharbeitnehmer L ist bei der V-GmbH angestellt. Diese verfügt über mehrere Niederlassungen in Deutschland, u.a. in Köln und in Düsseldorf. Das Arbeitsverhältnis des L wird aus Köln disponiert. L ist aufgrund eines zwischen der V-GmbH und der E-GmbH abgeschlossenen Arbeitnehmerüberlassungsvertrages seit dem 01.07.2017 als Helfer bei der V-GmbH in Bonn eingesetzt. Wird das Arbeitsverhältnis des L ab dem 01.08.2017 nicht mehr aus Köln, sondern aus Düsseldorf disponiert, führt dies zu keiner relevanten Unterbrechung des Einsatzes, da sich der Verleiher als Rechtspersönlichkeit nicht ändert.

---

392 BT-Drucks. 18/9232, 20.
393 Vgl. BT-Drucks. 18/9232, 20.
394 Dazu Rdn. 214.

Mit § 1 Abs. 1b Satz 2 AÜG sollen »Rotationen« auf der Verleiherseite aus- 228
geschlossen werden, die zu keiner Unterbrechung des Einsatzes führen, wenn
der Zeitraum von drei Monate nicht überschritten wird. Der Austausch des
Verleihers führt also nicht zwingend dazu, dass auch die gesetzliche **Höchstüberlassungsdauer** wieder voll ausgeschöpft werden kann, wenn der Leiharbeitnehmer von dem neuen Verleiher bei einem Entleiher eingesetzt wird, bei
dem dieser über seinem alten Verleiher schon im Einsatz war.

▶ Beispiel:

Wie oben, nur dass L den Verleiher wechselt und ab dem 01.09.2017 ein
Arbeitsverhältnis mit der F-GmbH begründet, die diesen wiederum ab
diesem Zeitpunkt an die E-GmbH überlässt. In diesem Fall werden die
Überlassungszeiten, die L seit dem 01.07.2017 bei der E-GmbH über die
V-GmbH abgeleistet hat (zwei Monate), auf die gesetzliche **Höchstüberlassungsdauer** angerechnet; diese läuft daher am 31.12.2018 ab, obwohl L an
sich erst 16 Monate bei der F-GmbH in einem Arbeitsverhältnis beschäftigt ist (2 Monate + 16 Monate = 18 Monate).

▶ Hinweis:

Aufgrund der Formulierung des § 1 Abs. 1b Satz 2 AÜG muss die Unterbrechung jedenfalls mehr als drei Monate betragen, d.h. 3 Monate und
mindestens 1 Tag angedauert haben, um die Voreinsatzzeiten zu »nullen«.
Bei kürzeren Unterbrechungszeiten werden die tatsächlich erbrachten
Vordienstzeiten – selbst wenn diese bei einem anderen Verleiher abgeleistet wurden – zu den Zeiten der Überlassung an den Entleiher bei einem
Folgeeinsatz addiert. Zeiten der Unterbrechung von drei Monaten oder
weniger zählen aber grds. nicht wie Einsatztage und bleiben folglich bei
der Bestimmung, wann die Überlassungshöchstdauer konkret erreicht
wird, unberücksichtigt (sog. Hemmung).[395] Der Gesetzgeber hat insoweit
darauf verzichtet, in das Gesetz eine Fiktion aufzunehmen, dass Zeiten von
drei Monaten oder weniger als maßgebliche Einsatzzeiten gelten.[396]

---

395 Dazu ausführlich: Rdn. 219 ff.
396 Vgl. die Tarifverträge zu den Branchenzuschlägen, insbesondere § 2 Abs. 2 S. 2
TV BZ ME i.V.m. Protokollnotiz 2: »Unterbrechungszeiten von weniger als drei
Monaten führen nicht zu einer Erhöhung der Einsatzdauer.«.

Bissels

229 Die Bestimmung, wann eine relevante Unterbrechung der Überlassung im Sinne von § 1 Abs. 1b Satz 2 AÜG vorliegt, ist mit gewissen Schwierigkeiten verbunden, da das Gesetz dies nicht definiert und diesem und dessen Begründung keine konkreten Anhaltspunkte zu entnehmen sind, wann »Einsätze« vorliegen, zwischen denen mehr als drei Monate liegen müssen, wenn eine Anrechnung von vorherigen Überlassungen ausgeschlossen sein soll. Insbesondere ist nicht klar, ob Urlaubs- und/oder Krankheitstage noch zu einem »Einsatz« zählen oder ob diese Zeiten eine solchen gerade unterbrechen. Auch in diesem Zusammenhang ist von einem materiellen Einsatzbegriff auszugehen.[397] Zeiten, in den der Leiharbeitnehmer bei dem Entleiher nicht tätig werden kann, stellen eine Unterbrechung nach § 1 Abs. 1b Satz 2 AÜG dar; dies ist insbesondere bei einer Abmeldung des Leiharbeitnehmers durch den Entleiher bzw. bei dem Abzug durch den Verleiher bei einem fortlaufenden Arbeitnehmerüberlassungsvertrag, dem Einsatz des Leiharbeitnehmers bei einem anderen Kunden, einer krankheits-, urlaubs- oder feiertagsbedingten Abwesenheit, einem Abbau von Plusstunden auf dem Arbeitszeitkonto, bei einer Inanspruchnahme von Elternzeit oder von unbezahltem Urlaub oder einem unentschuldigten Fehlen der Fall. Auf die formelle Beendigung des Arbeitnehmerüberlassungsvertrages kommt es dabei nicht an (str.).[398]

▶ **Beispiel:**

L ist von der V-GmbH als Leiharbeitnehmer (Helfer) von dem 01.04.2017 bis zum 31.08.2017 (fünf Monate) an die E-GmbH überlassen worden und sodann von dem Kunden abgemeldet worden, ohne dass der Arbeitnehmerüberlassungsvertrag mit der V-GmbH beendet worden ist. Vom 01.09.2017 bis zum 31.10.2017 (zwei Monate) wird L bei der F-GmbH eingesetzt. Sodann erfolgt ab dem 01.11.2017 eine erneute Überlassung an die E-GmbH. Der Zeitraum vom 01.09.2017 bis zum 31.10.2017 führt nicht zu einer relevanten Unterbrechung nach § 1 Abs. 1b Satz 2 AÜG, da diese weniger als drei Monate andauerte. Die Voreinsatzzeiten bei der E-GmbH werden im Rahmen der nachfolgenden Überlassung folglich angerechnet (fünf Monate), so dass – ausgehend vom 01.11.2017 – die Höchstüberlassungsdauer von 18 Monaten mit Ablauf des 30.11.2018 (nach weiteren 13 Monaten) erreicht sein wird. Die Überlassung an die F-GmbH vom 01.09.2017 bis zum 31.10.2017 (zwei Monate) wird bei der Bestimmung

---

397 Dazu ausführlich: Rdn. 220 ff.
398 A.A. wohl: *Bertram* AIP 11/2016, 4.

des Erreichens der **Höchstüberlassungsdauer** herausgerechnet, da es sich um keinen materiellen Einsatz bei der E-GmbH, sondern bei der F-GmbH gehandelt hat (sog. Hemmung). Die gleiche Bewertung muss auf Grundlage des materiellen Einsatzbegriffs übrigens erfolgen, wenn L in der Zeit vom 01.09.2017 bis zum 31.10.2017 ununterbrochen arbeitsunfähig erkrankt ist, Urlaub genommen und Ausgleich aus dem Arbeitszeitkonto erhalten hat.

▶ **Gegenbeispiel:**

Wie oben, nur dass der Einsatz bei der F-GmbH vom 01.09.2017 bis zum 31.12.2017 andauerte (vier Monate); nach der Abmeldung durch die F-GmbH wird L ab dem 01.01.2018 wieder an die E-GmbH überlassen. Die Voreinsatzzeiten bei der E-GmbH vom 01.04.2017 bis zum 31.08.2017 (fünf Monate) verfallen, da die Unterbrechung des Einsatzes über drei Monate andauerte. Die **Höchstüberlassungsdauer** bei der E-GmbH beginnt ab dem 01.01.2018 neu und endet folglich nach 18 Monaten mit Ablauf des 30.06.2019.

Die BA führt hinsichtlich der Unterbrechung des Einsatzes nach § 1 Abs. 1b Satz 2 AÜG folgende Beispiele an:[399]

▶ **Beispiele:**

Verleiher V möchte den Leiharbeitnehmer L ab dem 01.04.2018 an Entleiher E überlassen (Einsatz 1). Wie lange ist eine Überlassung unter Beachtung der grundsätzlichen Überlassungshöchstdauer von 18 Monaten möglich?

Variante 1a:

L war im Zeitraum 01.12.2017 bis 31.03.2018 weder über V noch über einen anderen Verleiher bei E eingesetzt. Damit ist ausgeschlossen, dass anrechenbare vorherige Überlassungszeiten vorliegen. V kann L für volle 18 Monate an E überlassen (bis zum 30.09.2019).

Variante 1b:

V hat L bereits vom 01.10.2017 bis 31.01.2018 an E überlassen (Einsatz 2). Zwischen Einsatz 1 und Einsatz 2 liegt ein Zeitraum von zwei

---

399 FW AÜG zu § 1 Nr. 1.2.1 (3). Die BA geht dabei von einer (eingeschränkten) Anwendung von § 191 BGB aus, ablehnend dazu: Rdn. 212.

Monaten. Die vorherige Überlassungszeit des Einsatzes 2 von vier Monaten ist damit auf die Überlassungsdauer anzurechnen. V kann L noch für 14 Monate an E überlassen.

Variante 1c:
V hat L bereits vom 01.10.2017 bis 31.01.2018 an E überlassen (Einsatz 2). Zuvor wurde L vom 01.03.2017 bis 31.08.2017 über einen anderen Verleiher an E überlassen (Einsatz 3). Der Zeitraum 01.03.2017 bis 31.03.2017 bleibt aufgrund der Übergangsregelung des § 19 Abs. 2 AÜG unberücksichtigt. Da zwischen den Einsätzen 1 und 2 sowie zwischen den Einsätzen 2 und 3 jeweils nicht mehr als drei Monate liegen, ist die vor der Unterbrechung zurückgelegte Einsatzzeit, der Zeitraum 01.04.2017 bis 31.08.2017 (5 Monate) mit der nach der Unterbrechung, der Zeitraum 01.10.2017 bis 31.01.2018 (4 Monate) zusammenzuzählen. V kann L damit noch für 9 Monate an E überlassen.

Variante 2:
V hat L bereits vom 01.10.2017 bis 31.01.2018 (Einsatz 2) und vom 01.04.2017 bis 31.05.2017 (Einsatz 3) an E überlassen. Da zwischen den Einsätzen 1 und 2 nicht mehr als drei Monate liegen ist die Überlassungszeit des Einsatzes 2 von vier Monaten auf die Überlassungsdauer anzurechnen. Zwischen den Einsätzen 2 und 3 liegen dagegen mehr als drei Monate. Die Überlassungszeit des Einsatzes 3 bleibt unberücksichtigt. V kann L noch für 14 Monate an E überlassen.

Variante 3:
V hat L bereits vom 01.10.2017 bis 15.01.2018 (Einsatz 2) an E überlassen. Da zwischen den Einsätzen 1 und 2 nicht mehr als drei Monate liegen, ist die Überlassungszeit des Einsatzes 2 (drei volle Monate – 01.10.2017 bis 31.12.2017 – und 15 Tage bzw. ein Teilmonat 15/30 – 01.01.2018 bis 15.01.2018) auf die Überlassungsdauer anzurechnen. V kann L noch für 14 Monate und 15 Tage an E überlassen.

Variante 4:
V hat L bereits vom 20.01.2018 bis 15.02.2018 (Einsatz 2) und vom 12.06.2017 bis 24.11.2017 an E überlassen (Einsatz 3). Da zwischen den Einsätzen 1 und 2 sowie zwischen den Einsätzen 2 und 3 jeweils nicht mehr als drei Monate liegen, sind sowohl Einsatz 2 (27 Tage bzw. ein Teilmonat 27/30) als auch Einsatz 3 (fünf volle Monate – 12.06.2017 bis

11.11.2017 – und 13 Tage bzw. ein Teilmonat 13/30 – 12.11.2017 bis 24.11.2017) und damit insgesamt ein Zeitraum von sechs Monaten und 10 Tagen zu berücksichtigen. V kann L noch für 11 Monate und 20 Tage an E überlassen.

Die Unterbrechung der Überlassung darf dabei nicht gegen Treu und Glauben verstoßen. Das ist der Fall, wenn eine solche nur den Zweck hat, in rechtsmissbräuchlicher oder willkürlicher Art und Weise eine relevante Unterbrechung herbeizuführen, um die **Höchstüberlassungsdauer** von 18 Monaten bei dem Entleiher erneut voll ausschöpfen zu können.[400] 230

▶ Praxistipp:

Vor dem Hintergrund der bestehenden Rechtsunsicherheit bei der Auslegung des Merkmals »Einsatz« in § 1 Abs. 1b Satz 2 AÜG kann es empfehlenswert sein, die Unterbrechung der Überlassung durch eine formelle Beendigung des Arbeitnehmerüberlassungsvertrages nach außen zu dokumentieren.[401] Dieser muss bei einem Folgeeinsatz jedoch – unter Beachtung des Schriftformerfordernisses (§ 12 Abs. 1 AÜG) neu geschlossen werden.

In Zusammenhang mit § 1 Abs. 1b Satz 2 AÜG ist es unerheblich, dass der Leiharbeitnehmer – nach einer Unterbrechung, die nicht mehr als drei Monate andauerte – möglicherweise in einem anderen Betrieb des Entleihers eingesetzt oder die Funktion in dem ursprünglichen Einsatzbetrieb geändert wird.[402] Dieser Umstand führt zu keiner zu berücksichtigenden Unterbrechung der Überlassung, wenn der Entleiher – also die Rechtspersönlichkeit, die mit dem Verleiher den Arbeitnehmerüberlassungsvertrag geschlossen hat – identisch bleibt und der Zeitraum von drei Monaten und einem Tag unterschritten wird; dies ist letztlich auch die Konsequenz daraus, dass die Höchstüberlassungsdauer arbeitnehmer- und nicht arbeitsplatzbezogen zu bestimmen ist.[403] 231

▶ Praxistipp:

Um festlegen zu können, wann die gesetzliche Überlassungshöchstdauer erreicht wird, sollte ein Verleiher den Leiharbeitnehmer bei der Begründung des Arbeitsverhältnisses bzw. der Zuweisung eines Einsatzes

---

400 Zum Rechtsmissbrauch auch: *Hamann/Rudnik* NZA 2017, 211 f.
401 Dazu schon ausführlich oben: Rdn. 222.
402 Vgl. Besgen B+P 2016, 381.
403 Dazu: Rdn. 210, 214.

zumindest befragen, ob dieser in den letzten vier Monaten von einem anderen Verleiher an den vorgesehenen Entleiher überlassen worden ist. Die Beantwortung der Frage sollte schriftlich erfolgen und in der Personalakte dokumentiert werden. Die entsprechende Information sollte mit Angaben, die der Verleiher von dem Entleiher erfragt, abgeglichen und validiert werden.[404] Sollte der Leiharbeitnehmer unbewusst falsche Angaben gemacht oder sogar bewusst die Unwahrheit mitgeteilt haben, dürfte zumindest ein Verschulden des Verleihers ausgeschlossen sein, so dass tatbestandlich bei der Überschreitung der Höchstüberlassungsdauer zumindest keine Ordnungswidrigkeit (§ 16 Abs. 1 Nr. 1e AÜG) verwirklich wird. Auch kann das mangelnde Verschulden geeignet sein, erlaubnisrechtliche Schritte zu verhindern. Die Fiktion eines Arbeitsverhältnisses zwischen dem Entleiher und dem Leiharbeitnehmer (§§ 9 Abs. 1 Nr. 1b, 10 Abs. 1 AÜG) wird dagegen nicht ausgeschlossen, da die Vorschriften nicht an ein Verschulden bei der Überschreitung der Höchstüberlassungsdauer anknüpfen.

▶ **Hinweis:**

Unterbrechungszeiten sollten von dem Verleiher ebenfalls schriftlich dokumentiert werden, um nachweisen zu können, dass die gesetzliche Überlassungshöchstdauer eingehalten wurde. Auch der Entleiher hat ein Interesse daran, die Unterbrechung zu erfassen, kann dieser doch mit dem Begehren eines vermeintlich unter Missachtung der gesetzlichen Überlassungshöchstdauer eingesetzten Leiharbeitnehmers konfrontiert werden, es sei ein Arbeitsverhältnis zwischen dem Entleiher und dem Leiharbeitnehmer entstanden (vgl. §§ 9 Abs. 1 Nr. 1b, 10 Abs. 1 AÜG).[405]

232 Die Unterbrechung des Einsatzes von mehr als drei Monaten nach § 1 Abs. 1b Satz 2 AÜG führt im Übrigen nicht nur dazu, dass die Höchstüberlassungsdauer erneut voll ausgeschöpft werden kann, sondern bedingt zugleich, dass der Verleiher wiederum von dem zwingenden Equal-Pay-Grundsatz nach einem Einsatz von neun Monaten abweichen kann, z.B. durch die Anwendung der Tarifverträge der Zeitarbeit oder eine entsprechende arbeitsvertragliche Bezugnahme auf diese (vgl. § 8 Abs. 4 Satz 3, 4 AÜG).

---

404 Vgl. zur Feststellungspflicht des Verleihers: FW AÜG zu § 1 Nr. 1.2.3 (1, 2).
405 Zu den Rechtsfolgen eines Verstoßes gegen die gesetzliche Überlassungshöchstdauer ausführlich: Rdn. 259 ff.

Auch etwaig von dem Verleiher schon vor Ablauf der Frist von neun Monaten 233
zu gewährende tarifliche Branchenzuschläge sind nach einer Unterbrechung
von mehr als drei Monaten nicht mehr zu zahlen.[406] Deren Berechnung unterliegt aber einem besonderen tariflichen System, so dass die obigen Erwägungen nicht ohne weiteres übertragen werden können.

c) Tarifgebundene Entleiher – Satz, 3, 5

§ 1 Abs. 1b Satz 3 AÜG lässt die Abweichung von der gesetzlichen Überlassungshöchstdauer von 18 Monaten für tarifgebundene Entleiher durch eine 234
tarifliche Regelung zu. Diese ist folglich tarifdispositiv. Um das Instrument
der Arbeitnehmerüberlassung weiterhin flexibel und bedarfsgerecht einsetzen
zu können, ist in § 1 Abs. 1b Satz 3 AÜG – so die Gesetzesbegründung[407] –
vorgesehen, dass für tarifgebundene Entleiher durch Tarifverträge der Einsatzbranche die grundsätzliche Überlassungshöchstdauer von 18 Monaten verkürzt oder verlängert werden kann.

Im Tarifvertrag der Einsatzbranche bzw. in einer aufgrund eines Tarifvertrages getroffenen Betriebs- oder Dienstvereinbarung soll unter Bezugnahme auf 235
die Gesetzesbegründung[408] nach einer im Schrifttum vertretenen Ansicht[409]
eine eigene Regelung zu der **Höchstüberlassungsdauer** vorgesehen werden
müssen, um den vorübergehenden Charakter der Arbeitnehmerüberlassung
zu gewährleisten. Ausgeschlossen ist damit, dass die Tarifvertragsparteien der
Einsatzbranche einen unbefristeten Einsatz von Leiharbeitnehmer vereinbaren; in der Gesetzesbegründung heißt es dazu ausdrücklich, dass dem dauerhaften Einsatz von Leiharbeitnehmern, der letztlich zu einer Verdrängung von
Stammbeschäftigten führt, durch die Einführung einer gesetzlichen **Höchstüberlassungsdauer** entgegengewirkt werden soll.[410] Eine zeitlich maximale
»Deckelung« der Höchstüberlassungsdauer ist aber weder im Gesetz vorgesehen
noch dort angelegt. Die zuständigen Tarifvertragsparteien der Einsatzbranche

---

406 Vgl. nur § 2 Abs. 2 TV BZ ME; § 2 Abs. 1 TV BZ Chemie: dort wird jeweils ebenfalls auf eine Unterbrechung des Einsatzes von drei Monaten abgestellt.
407 BT-Drucks. 18/9232, 20.
408 Vgl. BT-Drucks. 18/9232, 20 f.
409 *Zimmermann* BB 2016, 54; *Grimm/Heppner* ArbRB 2016, 114; *Henssler* RdA 2016, 23.
410 Vgl. BT-Drucks. 18/9232, 15; in diesem Sinne auch die Antwort der Bundesregierung vom 22.09.2016 auf eine Kleine Anfrage, BT-Drucks. 18/9723, 9.

haben insoweit also ein weites Gestaltungsermessen.[411] Es bedarf auch keines Sachgrunds, durch den die Abweichung von der gesetzlichen Überlassungshöchstdauer von 18 Monaten gerechtfertigt werden muss.[412]

236 Es sprechen im Übrigen gute Argumente dafür, dass der Tarifvertrag der Einsatzbranche die Überlassung von Leitarbeitnehmern nicht ausschließlich zeitlich, sondern im Zweifel auch nach deren Zweck befristen oder an einen sonstigen Sachgrund anknüpfen kann[413], insbesondere an einen zeitlich noch unbestimmten Vertretungsbedarf, z.B. bei einer Dauererkrankheit, oder an sonstige rein arbeitsplatzbezogene Merkmale, z.B. Personalbedarf im Rahmen eines Projekts.[414] Der Wortlaut von § 1 Abs. 1b Satz 5 AÜG kann zumindest zwanglos so ausgelegt werden; auch in der Gesetzesbegründung[415] wird auf die Möglichkeit der Flexibilisierung der Dauer des Einsatzes durch das Vorliegen von Sachgründen verwiesen. Dafür spricht außerdem, dass der Gesetzgeber ergänzende tarifliche Bestimmungen, z.B. zu Übernahmeangeboten oder Differenzierungen nach Einsatzzwecken/-bereichen,[416] ausdrücklich zulässt. Vor diesem Hintergrund muss neben der zeit- auch eine zweck- oder sachgrundbefristete Höchstüberlassungsdauer tariflich regelbar sein.[417] Ob die Tarifvertragsparteien derartige Tarifverträge abschließen und ob diese sodann einer gerichtlichen Prüfung Stand halten werden, bleibt abzuwarten.

▶ Hinweis:

Wesentlich ist, dass nur in einem Tarifvertrag der Einsatz-, nicht hingegen der Leiharbeitsbranche eine von der gesetzlichen **Höchstüberlassungsdauer** abweichende Regelung enthalten sein kann. Werden die

---

411 Vgl. So auch die Antwort der Bundesregierung vom 22.09.2016 auf eine Kleine Anfrage, BT-Drucks. 18/9723, 9.
412 Vgl. *Grimm/Heppner* ArbRB 2016, 113.
413 *Henssler/Höpfner*, Tarif- und verfassungsrechtliche Zulässigkeit einer auf die Sozialpartner der Einsatzbranche begrenzten Tariföffnungsklausel zur AÜG-Höchstüberlassungsdauer, Gutachten 2016, S. 11 f.; Stellungnahme der BDA zum Gesetzesentwurf BT-Drucks. 19/9232 aus Oktober 2016, S. 6; *Bissels/Falter* ArbR 2017, 7; a.A. *Zimmermann* BB 2016, 54; *Grimm/Heppner* ArbRB 2016, 114; auch noch: *Henssler* RdA 2016, 23.
414 Für ein hohes Maß an Gestaltungsspielraum auch die Antwort der Bundesregierung vom 22.09.2016 auf eine Kleine Anfrage, BT-Drucks. 18/9723, 8 f.
415 BT-Drucks. 18/9232, 21.
416 BT-Drucks. 18/9232, 21.
417 A.A. wohl: FW AÜG zu § 1 Nr. 1.2.2 (6).

zuständigen Tarifvertragsparteien nicht tätig, verbleibt es bei der Ausgangsregelung mit einer **Höchstüberlassungsdauer** von 18 Monaten. Der Ausschluss der Tarifvertragsparteien der Leiharbeit[418] hinsichtlich der Möglichkeiten, das Merkmal »vorübergehend« durch eine tarifliche Abrede zu gestalten, wird zu Recht von der Literatur kritisiert, da die Arbeitsbedingungen von den sachnäheren Tarifvertragsparteien der Leiharbeit nicht geregelt werden könnten, obwohl es um die Arbeitsbedingungen der Arbeitnehmer ihrer Verbandsmitglieder gehe. Tatsächlich ist darin ein erheblicher Eingriff in die grundrechtlich geschützte Tarifautonomie zu sehen, mit dem sich voraussichtlich früher oder später das BVerfG befassen werden wird.[419] Zudem ist die negative Koalitionsfreiheit (Art. 9 Abs. 3 GG) betroffen, da der Entleiher – möchte er sich auf die Öffnungsklausel nach § 1 Abs. 1b Satz 5 AÜG berufen – eine normative Tarifbindung herstellen muss.[420]

---

418 Beachte die nach wie vor bestehenden Zweifel an der Tarifzuständigkeit der DGB-Gewerkschaften für die Leiharbeitsbranche: vgl. *Rieble* BB 2012, 2177; *Fischer* RdA 2013, 326.
419 Vgl. *Henssler* RdA 2016, 23 f.; Stellungnahme der Bundesrechtsanwaltskammer Nr. 14/2016 aus Juni 2016 zum Regierungsentwurf eines Gesetzes zur Änderung des Arbeitnehmerüberlassungsgesetzes und anderer Gesetze (BR-Drucks. 294/16 v. 02.06.2016), S. 3: »Die für die Höchstüberlassungsgrenze vorgesehene Öffnungsklausel erscheint ebenfalls verfassungswidrig in der aktuellen Fassung. Denn die Öffnungsklausel ist nach den bisherigen arbeitsrechtlichen Regeln bereits untauglich, weil die Arbeitsverhältnisse der Zeitarbeitnehmer von Tarifverträgen oder Betriebsvereinbarungen der Entleiherbranche bzw. Kunden nicht erfasst werden können. Unabhängig davon verstößt die Öffnungsklausel deshalb gegen Grundrechte, weil sie die Tarifpartner der Zeitarbeit von der Tariföffnung ausschließt und außerdem auch die verschiedenen Gruppen der Kundenbetriebe ungerechtfertigt ungleich behandelt.«; *Zimmermann* BB 2016, 54; *Grimm/Heppner* ArbRB 2016, 113: »schwerlich verfassungsrechtlich zu rechtfertigen«; *Bertram* AIP 12/2015, 3: »verfassungsrechtlich bedenklich«; *Schüren/Fasholz* NZA 2015, 1474, die zu Recht darauf hinweisen, dass eine kollektive Interessenvertretung nur im Interesse der betroffenen Leiharbeitnehmer funktioniere, wo ein Mandant dahinter stehe; dies sei aber nicht der Fall, wenn die Höchstüberlassungsdauer durch die Einsatzbranche erfolge, die im Zweifel ausschließlich die Interessen der Stammbeschäftigten verfolgt; kritisch dazu auch: *Giesen* ZRP 2016, 131; a.A. *Hamann* AuR 2016, 138.
420 Vgl. *Seel* öAT 2016, 27.

237 Bei dem von der gesetzlichen **Höchstüberlassungsdauer** abweichenden Tarifvertrag der Einsatzbranche kann es sich um einen herkömmlichen Flächentarifvertrag (Parteien: Arbeitgeberverband und Gewerkschaft) handeln; auch ein firmenbezogener Verbandstarifvertrag (Parteien: Arbeitgeberverband und Gewerkschaft für ein konkretes Unternehmen) oder ein Firmen-/Haustarifvertrag (Parteien: Arbeitgeber und Gewerkschaft)[421] sind eine taugliche Rechtsgrundlage, um von der gesetzlichen **Höchstüberlassungsdauer** abzuweichen. Bei einem Firmentarifvertrag handelt es sich bei den Beteiligten um »Tarifvertragsparteien der Einsatzbranche«; dies wird durch § 2 Abs. 1 Var. 2 TVG für das einzelne Unternehmen ausdrücklich anerkannt. Die Begrifflichkeit »Tarifvertragsparteien der Einsatzbranche« soll im Sinne einer Zuständigkeitszuweisung nur eine Abgrenzung zu den insoweit unzuständigen »Tarifvertragsparteien der Leiharbeitsbranche« bewirken,[422] aber nicht ein Unternehmen der Einsatzbranche ausschließen, einen Tarifvertrag zur Abweichung von der gesetzlichen **Höchstüberlassungsdauer** abschließen zu können. Entscheidend ist dabei, dass der betreffende Tarifvertrag den Entleiher durch eine entsprechende Tarifbindung[423] unmittelbar und zwingend im Sinne von § 3 Abs. 3 TVG bindet; eine schlichte Anwendung entsprechender Tarifverträge durch den Entleiher, z.B. durch Bezugnahmeklausel, ist nicht ausreichend. Dieser kann in diesem Fall nur aufgrund der Vorschriften nach § 1 Abs. 1b Satz 4, 6 AÜG von der gesetzlichen **Höchstüberlassungsdauer** abweichen. Auch eine sog. DT-Mitgliedschaft des Entleihers in einem Arbeitgeberverband ist für eine Tarifbindung nach § 1 Abs. 1b Satz 3 AÜG nicht ausreichend.

238 Der Tarifvertrag der Einsatzbranche muss wirksam sein. Dies bedeutet insbesondere, dass das Schriftformerfordernis gewahrt werden muss (§ 1 Abs. 2 TVG) und die Tarifvertragspartner für den abzuschließenden Tarifvertrag

---

421 *Grimm/Heppner* ArbRB 2016, 1143; *Seel* öAT 2016, 27; FW AÜG zu § 1 Nr. 1.2.2. (1).
422 Vgl. Stellungnahme der BDA zum Gesetzesentwurf BT-Drucks. 19/9232 aus Oktober 2016, 6.
423 Mitgliedschaft im Arbeitgeberverband oder unmittelbare Beteiligung des Unternehmens als Partei am Tarifvertragsabschluss (Firmentarifvertrag).

tarifzuständig[424] und tariffähig[425] sind. Hier liegt es insbesondere an den beteiligten Gewerkschaften, eine entsprechende Tarifzuständigkeit für die Einsatzbranche zu begründen. Auch ein Tarifvertrag in der Fort- oder Nachwirkung (§§ 3 Abs. 3, 4 Abs. 5 TVG) stellt einen Tarifvertrag der Einsatzbranche im Sinne von § 1 Abs. 1b Satz 3 AÜG dar.

Für die Geltung des Tarifvertrages zu einer **Höchstüberlassungsdauer** soll es ausreichend sein, dass der Entleiher tarifgebunden ist (Betriebsnorm gem. § 3 Abs. 2 TVG); nicht maßgeblich für die Anwendung der von der gesetzlichen Regelung abweichenden **Höchstüberlassungsdauer** sei, dass die im Entleiherbetrieb eingesetzten Leiharbeitnehmer Mitglied der an dem Tarifvertrag beteiligten Gewerkschaft seien.[426] An der Qualifikation als Betriebsnorm werden jedoch berechtigte Zweifel angemeldet: *Henssler/Höpfner*[427] weisen insoweit zu Recht darauf hin, dass dieser Annahme das arbeitnehmerbezogene Konzept der **Höchstüberlassungsdauer** entgegenstehe, das gerade nicht auf den Beschäftigungsbedarf bei dem Entleiher, sondern allein auf die Person des Leiharbeitnehmers abstelle. Eine tarifliche Einsatzhöchstdauer müsse nicht wegen einer »evident sachlogischen Unzweckmäßigkeit« notwendig betriebseinheitlich geregelt werden. Insoweit sei die Rechtslage vergleichbar mit tarifvertraglichen Übernahmepflichten des Entleihers, zu denen das LAG Baden-Württemberg[428]

239

---

424 Vgl. LAG Hessen, 04.09.2014 – 9 TaBV 91/14, juris: »Von den DGB-Mitgliedsgewerkschaften der Tarifgemeinschaft Zeitarbeit DGB waren zum Zeitpunkt des Abschlusses des Änderungstarifvertrages vom 09.03.2010 die Gewerkschaften IG BCE, IG Bau, NGG und GEW für den Bereich der Arbeitnehmerüberlassung jedenfalls nicht außerhalb ihres Organisationsbereichs tarifzuständig, die Gewerkschaft IG Metall jedenfalls innerhalb ihres Organisationsbereichs tarifzuständig, die Gewerkschaft GdP überhaupt nicht tarifzuständig und die Gewerkschaft ver.di auch außerhalb ihres Organisationsbereichs tarifzuständig.«; kritisch auch: *Rieble* BB 2012, 2177; *Fischer* RdA 2013, 326.
425 Dazu jüngst: LAG Hamburg, 04.05.2016 – 5 TaBV 8/15, BB 2016, 1204: Tariffähigkeit der DHV bejaht; LAG Hessen, 09.04.2015 – 9 TaBV 225/14, NZA-RR 2015, 482: Tariffähigkeit der NAG abgelehnt.
426 So *Hamann* AuR 2016, 138; *Lembke* NZA 2017, 5.
427 *Henssler/Höpfner*, Tarif- und verfassungsrechtliche Zulässigkeit einer auf die Sozialpartner der Einsatzbranche begrenzten Tariföffnungsklausel zur AÜG-Höchstüberlassungsdauer, Gutachten 2016, S. 30.
428 LAG Baden-Württemberg, 18.06.2015 – 6 Sa 52/14, juris; dazu: *Bissels* jurisPR-ArbR 33/2015 Anm. 3.

und inzwischen auch das BAG[429] noch entschieden hat, dass die in § 4.1 TV LeiZ vorgesehene Pflicht des Entleihers zur Prüfung der Übernahme und zum Unterbreiten eines Vertragsangebots an den Leiharbeitnehmer keine Betriebsnorm darstelle, da die Regelung nicht notwendig betriebseinheitlich gelten müsse.[430] Auch könnten die Tarifvertragsparteien der Einsatzbranche nicht durch eine tarifliche Inhaltsnorm eine normativ geltende Einsatzhöchstdauer vereinbaren; das Arbeitsverhältnis zwischen Verleiher und Leiharbeitnehmer sei von vornherein der Regelungsbefugnis der Tarifvertragsparteien der Einsatzbranche entzogen.[431] Zusammenfassend lässt sich folglich hinsichtlich einer tariflichen Abweichung von der gesetzlichen **Höchstüberlassungsdauer** formulieren, dass die Tarifvertragsparteien der Leiharbeitsbranche dies könnten, aber gesetzlich nicht dürfen, die Tarifvertragsparteien der Einsatzbranche es zwar gesetzlich dürften, aber nicht können. Eine (wirksame) tarifliche Abweichung von der gesetzlichen **Höchstüberlassungsdauer** nach § 1 Abs. 1b AÜG scheide – so *Henssler/Höpfner*[432] – daher aus, so dass der Einsatz nicht über 18 Monate hinaus verlängert werden könne.

▶ Hinweis:

Ob die möglicherweise in der Einsatzbranche abgeschlossenen Tarifverträge wirksam sind und welche »Rechtsqualität« die einzelnen dort getroffenen Normen haben, wird die Rechtsprechung noch zu klären haben.

240 Anerkannt ist, dass Verleiher mit Sitz im EU-/EWR-Ausland bei einer grenzüberschreitenden Arbeitnehmerüberlassung durch die Anwendung eines

---

429 BAG, 12.07.2016 – 9 AZR 359/15, juris; abweichend: LAG Hamm, 18.01.2017 3 Sa 1831/15, juris.
430 So *Henssler/Höpfner*, Tarif- und verfassungsrechtliche Zulässigkeit einer auf die Sozialpartner der Einsatzbranche begrenzten Tariföffnungsklausel zur AÜG-Höchstüberlassungsdauer, Gutachten 2016, S. 30 f.
431 *Henssler/Höpfner*, Tarif- und verfassungsrechtliche Zulässigkeit einer auf die Sozialpartner der Einsatzbranche begrenzten Tariföffnungsklausel zur AÜG-Höchstüberlassungsdauer, Gutachten 2016, S. 31 ff.
432 Vgl. *Henssler/Höpfner*, Tarif- und verfassungsrechtliche Zulässigkeit einer auf die Sozialpartner der Einsatzbranche begrenzten Tariföffnungsklausel zur AÜG-Höchstüberlassungsdauer, Gutachten 2016, S. 34 f.; die Autoren plädieren für die Aufnahme einer subsidiären tariflichen Regelungsbefugnis zugunsten der Tarifvertragsparteien der Leiharbeitsbranche, falls in der Einsatzbranche kein von § 1 Abs. 1b Satz 1 AÜG abweichender Tarifvertrag existiert; dieser Vorschlag hat allerdings keine Aufnahme in das Gesetz gefunden.

ausländischen Tarifvertrages auf die Arbeitsverhältnisse der im Inland eingesetzten Leiharbeitnehmer grds. vom Equal-Pay-/Equal-Treatment-Grundsatz abgewichen werden kann.[433] Hinsichtlich der gesetzlichen **Höchstüberlassungsdauer** dürfte sich die Frage stellen, ob auch ausländische Tarifverträge wirksam eine davon abweichende Regelung vorsehen können.[434] Dies dürfte zu verneinen sein. Vorliegend kommt es auf die Tarifverträge der Einsatzbranche (also der Entleiherseite) an; es dürfte dabei in der Regel bereits an einem hinreichenden grenzüberschreitenden Bezug fehlen, der es ermöglichen würde, einen ausländischen Tarifvertrag überhaupt im Inland zur Anwendung zu bringen. Dieser dürfte sich bereits räumlich nicht auf das Territorium der Bundesrepublik Deutschland erstrecken, so dass die entsprechenden Tarifverträge nicht »einschlägig« sein dürften. Anders als bei der Abweichung vom equal Equal-Pay-/Equal-Treatment-Grundsatz durch ausländische Tarifverträge werden bei der **Höchstüberlassungsdauer** nicht unmittelbar die Arbeitskonditionen der eingesetzten Leiharbeitnehmer durch (ausländische) Tarifverträge des Arbeitgebers geregelt; es sollen vielmehr die Überlassungsbedingungen außerhalb des Arbeitsverhältnisses der Leiharbeitnehmer bei dem jeweiligen Kundenunternehmen in der Einsatzbranche im Inland bestimmt werden. Dies ist Tarifvertragsparteien aus dem Ausland aber grds. nicht möglich sein. Dies dürfte auch gelten, wenn ein inländisches Unternehmen einen Haustarifvertrag mit einer ausländischen Gewerkschaft abschließt.

Die Tarifvertragsparteien können die Verlängerung der zulässigen Einsatzzeiten näher ausgestalten, indem sie z.B. nach bestimmten Einsatzzwecken und -gebieten differenzieren, die Verlängerung mit Prüfungen und Angeboten zur Übernahme in die Stammbelegschaft oder mit Höchstquoten verknüpfen, die einen bestimmten Anteil der Leiharbeitskräfte an der Gesamtbelegschaft festschreiben.[435] Möchte sich ein im Einsatzbetrieb tätiger Leiharbeitnehmer auf den tariflich vorgesehenen Anspruch auf Übernahme in ein Arbeitsverhältnis bei dem Entleiher berufen, ist erforderlich, dass dieser Mitglied der an dem Tarifvertragsschluss beteiligten Gewerkschaft ist (Abschlussnorm); erforderlich ist dabei eine kongruente Tarifbindung von Entleiher und Leiharbeitnehmer.[436] Die durch § 1 Abs. 1b Satz 3 AÜG gewährte Flexibilisierung für die 241

---

433 Vgl. *Boemke* BB 2005, 270.
434 Ablehnend auch: Henssler/Grau/*Bertram* § 5 Rn. 365.
435 BT-Drucks. 18/9232, 20 f.
436 Vgl zum TV LeiZ: BAG, 12.07.2016 – 9 AZR 359/15, juris; LAG Baden-Württemberg, 18.06.2015 – 6 Sa 52/14, juris; *Bissels* jurisPR-ArbR 33/2015 Anm.

Tarifvertragsparteien kann dabei u.a. auch durch eine tarifvertragliche Regelung erfolgen, nach der etwa bei Vorliegen von Sachgründen die beabsichtigte Dauer des jeweiligen Einsatzes dem Betriebsrat des Entleihers im Rahmen des Verfahrens nach § 99 BetrVG mitgeteilt und dokumentiert wird.[437]

▶ Hinweis:

Der Gesetzgeber dürfte für die gesetzlichen Regelungen bzw. deren Begründung die Bestimmungen des in der M+E-Industrie geltenden Tarifvertrag Leih-/Zeitarbeit der Metall- und Elektroindustrie (TV LeiZ)[438] als »Blaupause« genommen haben, in dem in Betrieben ohne eine die Leiharbeit regelnde Betriebsvereinbarung eine grundsätzliche **Höchstüberlassungsdauer** von 24 Monaten vorgesehen ist, die aber durchbrochen werden kann, wenn ein Sachgrund dafür vorliegt und dies dem Betriebsrat im Rahmen des Verfahrens nach § 99 BetrVG mitgeteilt wird; im Rahmen der im Jahr 2017 erfolgten Neuverhandlung des TV LeiZ soll eine Übergangsdauer von bis zu 48 Monaten ermöglicht werden.

242 Gerade wenn ein Verleiher die Leiharbeitnehmer in verschiedene Branchen überlässt, kann es – je nach Einsatzbereich – zur Anwendung von verschiedenen Tarifverträgen kommen, die unterschiedliche Regelungen zur konkret einzuhaltenden Überlassungshöchstdauer vorsehen. Die maßgeblichen Bestimmungen sollten von dem Verleiher bei dem Entleiher vor dem Einsatzbeginn abgefragt und dokumentiert werden.

▶ Praxistipp:

Die gesetzliche Regelung führt folglich zu einer weiteren organisatorischen Belastung des Verleihers und verkompliziert die ohnehin in der Praxis oftmals nur schwer handhabbaren Vorschriften des AÜG ohne Not weiter. Dieses Problem wäre nicht entstanden, wenn den Tarifvertragsparteien der Leiharbeit eine gesetzlich zugewiesene Kompetenz zur Regelung der **Höchstüberlassungsdauer** zugebilligt worden wäre. Dies schien aber politisch nicht opportun gewesen zu sein.

243 Nach § 1 Abs. 1b Satz 5 AÜG kann durch eine Betriebs- oder Dienstvereinbarung, die aufgrund einer entsprechenden tarifvertraglichen Regelung

---

3 m.w.N.; *Gussen* FA 2014, 365 f., der aber bereits die Wirksamkeit der Abschlussnorm bezweifelt.
437 Vgl. BT-Drucks. 18/9232, 21.
438 Abrufbar unter: http://www.bw.igm.de/tarife/tarifvertrag.html?id= 52608.

der Einsatzbranche mit den/dem tarifgebundenen Entleiher/n geschlossen wurde, von der gesetzlichen Überlassungshöchstdauer abweichende Abreden getroffen werden. Voraussetzung hierfür ist, dass der Tarifvertrag der Einsatzbranche eine Öffnungsklausel enthält, die eine abweichende Regelung in einer Betriebs- oder Dienstvereinbarung zulässt.[439] Auch in diesem Zusammenhang wird ausdrücklich keine Möglichkeit für eine Öffnungsklausel in den Tarifverträgen der Leiharbeitsbranche zugelassen. Der Gesetzeswortlaut in § 1 Abs. 1b Satz 5 AÜG ist dabei verunglückt. Dort heißt es, dass »in einer aufgrund eines Tarifvertrags von Tarifvertragsparteien der Einsatzbranche getroffenen Betriebs- oder Dienstvereinbarung« eine von § 1 Abs. 1b Satz 1 AÜG abweichende **Höchstüberlassungsdauer** festgelegt werden kann. Die Tarifvertragsparteien der Einsatzbranche können allerdings keine Betriebs- oder Dienstvereinbarung schließen; § 1 Abs. 1b Satz 5 AÜG ist daher so auszulegen, dass der tarifgebundene Arbeitgeber der Einsatzbranche mit dem Betriebs- oder Personalrat aufgrund eines Tarifvertrags von Tarifvertragsparteien der Einsatzbranche eine Betriebs- oder Dienstvereinbarung abschließen muss.

Das AÜG sieht folglich vor, dass die Tarifvertragsparteien der Entleiherbranche deren gesetzlich zugewiesene Regelungskompetenz zur Abweichung von der gesetzlichen **Höchstüberlassungsdauer** auf die Betriebspartner des jeweiligen Entleihers delegieren können. Hierbei müssen diese den von den Tarifvertragsparteien gesetzten Rahmen beachten; denkbar ist aber auch, dass die Tarifvertragsparteien den Betriebsparteien keine Beschränkungen auferlegen und diesen – unter Beachtung der gesetzlichen Grenzen – eine umfängliche Gestaltungshoheit zuerkennen.[440] Die Betriebspartner können, müssen jedoch nicht von der entsprechenden Zuständigkeitsübertragung Gebrauch machen. Wird die durch den Tarifvertrag an sich zugelassenen Regelungsmöglichkeit durch den Abschluss einer Betriebs- oder Dienstvereinbarung nicht genutzt, verbleibt es bei den einschlägigen tarifvertraglichen und ersatzweise bei den gesetzlichen Bestimmungen. Eine entsprechende Öffnungsklausel ist dabei regelmäßig geboten, um betriebliche Lösungen vor Ort zu ermöglichen, die den konkreten Gegebenheiten beim Fremdpersonaleinsatz Rechnung tragen. Man denke dabei nur an Entwicklungsprojekte, z.B. in der Automobilindustrie, deren Durchführungszeiten in der Regel weit über 18 Monate hinausgehen. Es liegt aber an den Tarifvertragsparteien der Einsatzbranche,

244

---

439 BT-Drucks. 18/9232, 21.
440 Kritisch dazu: *Hamann* AuR 2016, 139: Verhandlungsparität soll nicht ohne Weiteres gegeben sein.

solche Gestaltungsspielräume durch die Aufnahme entsprechender Öffnungsklauseln in den Tarifverträgen vorzusehen.

▶ Hinweis:

Die vom Entleiher aufgrund eines Tarifvertrages abgeschlossene Betriebsvereinbarung zur Abweichung von der gesetzlichen **Höchstüberlassungsdauer** muss wirksam sein. Dabei muss insbesondere das Schriftformerfordernis gewahrt werden (§ 77 Abs. 2 Satz 1, 2 BetrVG). Besteht in dem Entleiherbetrieb kein Betriebsrat oder ist dieser nicht bereit, eine entsprechende Betriebsvereinbarung abzuschließen, ist eine Abweichung von den tarifvertraglichen Vorgaben zur **Höchstüberlassungsdauer** nicht möglich. Der Entleiher kann eine solche nicht durch eine Einigungsstelle erzwingen, da es sich um eine freiwillige Betriebsvereinbarung handelt (§ 88 BetrVG). Dies ergibt sich aus dem Wortlaut von § 1 Abs. 1b Satz 5 AÜG: ein Regelkönnen ist kein Regelmüssen (»kann« und nicht »muss«).[441] Ein zwingendes Mitbestimmungsrecht ergibt sich auch nicht aus arbeitszeitrechtlichen Fragen nach § 87 Abs. 1 Nr. 2, 3 BetrVG. Eine Ausnahme besteht hinsichtlich der Erzwingbarkeit einer Betriebsvereinbarung zu einer **Höchstüberlassungsdauer**, sofern sich der Betriebsrat mit der Errichtung einer Einigungsstelle einverstanden erklärt und sich beide Betriebsparteien im Falle des ausbleibenden Verständigung deren Spruch unterwerfen. Dies ist in der Praxis allerdings der seltene Ausnahmefall.

245 Aufgrund der Freiwilligkeit der abzuschließenden Betriebsvereinbarung besteht keine zwingende Verpflichtung zur Abgrenzung, welches betriebsverfassungsrechtliches Gremium für den Abschluss einer entsprechenden Betriebsvereinbarung tatsächlich zuständig ist (Einzel-, Gesamt- oder Konzernbetriebsrat gem. §§ 50 Abs. 1, 58 Abs. 1 BetrVG).[442] Dies wäre lediglich bei einer erzwingbaren Betriebsvereinbarung Wirksamkeitsvoraussetzung. Bei einer freiwilligen Betriebsvereinbarung kann der Entleiher daher einseitig den zuständigen betriebsverfassungsrechtlichen Ansprechpartner festlegen. Bei einer konzernweit, einheitlichen Geltung einer von der gesetzlichen **Höchstüberlassungsdauer** abweichenden Regelung wäre dies der

---

441 *Bissels/Falter* ArbR 2017, 7.
442 In der Regel wird der Einzelbetriebsrat, nicht hingegen der Gesamt- oder gar der Konzernbetriebsrat zuständig sein, da es sich bei der Festlegung einer **Höchstüberlassungsdauer** um eine Materie handelt, die im Wesentlichen die konkreten Verhältnisse des Betriebs und nicht des Unternehmens oder des Konzerns betrifft.

Konzernbetriebsrat, bei einer unternehmenseinheitlichen Regelung der Gesamtbetriebsrat und bei einer »nur« betriebsbezogenen Anwendung der Einzelbetriebsrat/die jeweiligen Einzelbetriebsräte.[443]

▶ Hinweis:

Auch eine nur noch nachwirkende Betriebsvereinbarung (§ 77 Abs. 6 BetrVG) reicht aus, um von der maßgeblichen tarifvertraglichen **Höchstüberlassungsdauer** abzuweichen. Bei einer freiwilligen Betriebsvereinbarung muss diese von dem Betriebspartner ausdrücklich vereinbart werden.

Eine Modifikation der tariflichen Regelung zur **Höchstüberlassungsdauer** 246 durch eine abweichende arbeitsvertragliche Abrede ist sowohl bei dem Verleiher als auch bei dem Entleiher nicht wirksam möglich.

d) Nicht tarifgebundene Entleiher – Satz 4, 6

In § 1 Abs. 1b Satz 4 AÜG wird eine Regelung für nicht tarifgebundene 247 Entleiher geschaffen, sich eine tarifliche Regelung zur Abweichung von der gesetzlichen **Höchstüberlassungsdauer** nutzbar zu machen. Es wird festgelegt, dass die tarifvertraglichen Bestimmungen zur Überlassungshöchstdauer im Geltungsbereich eines solchen Tarifvertrages der Einsatzbranche in Betrieben oder Dienststellen nicht tarifgebundener Entleiher durch eine Betriebs- oder Dienstvereinbarung inhaltsgleich übernommen werden können.[444] Der Tarifvertrag müsste – eine Tarifbindung des Entleihers unterstellt – insbesondere räumlich, fachlich und zeitlich einschlägig sein; die tarifvertragliche Regelung soll regelmäßig eine nicht teilbare Einheit darstellen, die nur im Ganzen ohne Änderungen angewendet werden kann.[445]

▶ Hinweis:

Tarifgebundene und nicht tarifgebundene Entleiher werden durch die Übernahmemöglichkeit der tariflichen Regelungen folglich gleich behandelt.

Nach § 1 Abs. 1b Satz 4 AÜG wird den Betriebsparteien des nicht tarifge- 248 bundenen Entleihers kein eigenes Gestaltungsermessen mit Blick auf eine von der gesetzlichen **Höchstüberlassungsdauer** abweichende tarifliche Regelung

---

443 Vgl. zu freiwilligen Leistungen: *Fitting* BetrVG, § 58 Rn. 11.
444 Vgl. BT-Drucks. 18/9232, 20.
445 BT-Drucks. 18/9232, 20 f.

gewährt. Diese können – sofern der Betrieb des Entleihers bei einer hypothetischen Tarifbindung von dem Geltungsbereich des Tarifvertrages der Einsatzbranche erfasst wäre – diesen folglich in eine Betriebsvereinbarung übernehmen, indem der Text der tariflichen Bestimmungen wortwörtlich »abgeschrieben« oder auf den maßgeblichen Tarifvertrag Bezug genommen wird.[446] Nach der Gesetzbegründung soll es grds. ausgeschlossen sein, dass nur Teile des maßgeblichen Tarifvertrages in einer Betriebsvereinbarung überführt werden, z.B. eine verlängerte Höchstüberlassungsdauer, aber nicht etwaig bei deren Erreichen gleichfalls vorgesehene Verpflichtungen, dem betroffenen Leiharbeitnehmer ein Angebot zur Übernahme in ein Arbeitsverhältnis zu machen. Damit soll verhindert werden, dass der nicht tarifgebundene Entleiher im Vergleich zu den tarifgebundenen Unternehmen durch den Abschluss einer Betriebsvereinbarung begünstigt wird, indem in dieser nur die aus Sicht des Entleihers bzw. des Verleihers günstigen Regelungen, nicht aber etwaige sonstige, im Zweifel belastende Pflichten übernommen werden. Um bestimmen zu können, welche tariflichen Regelungen in die Betriebsvereinbarung überführt werden müssen, ist ein Sachgruppenvergleich vorzunehmen. Letztlich müssen sämtliche mit der **Höchstüberlassungsdauer** in einem unmittelbaren inhaltlichen Zusammenhang stehende Bestimmungen aus dem Tarifvertrag der Einsatzbranche in die bei dem nicht tarifgebundenen Entleiher abzuschließende Betriebsvereinbarung übernommen werden.[447]

249 Schwierigkeiten kann bei der Anwendung von § 1 Abs. 1b Satz 4 die Bestimmung des einschlägigen Tarifvertrages bereiten. Dies gilt gerade in Schnittstellenbereichen, wie der Kontraktlogistik. Auch das vom Gesetzgeber als vorrangig bei der Abgrenzung heranzuziehende Repräsentativitätsprinzip (§ 1 Abs. 1b Satz 7 AÜG)[448] trägt nicht zu mehr Rechtssicherheit bei. Das Risiko, einen »falschen« Tarifvertrag als maßgeblich anzusehen, betrifft unter Berücksichtigung der Rechtsfolge der Überschreitung der zulässigen (tariflichen) **Höchstüberlassungsdauer** sowohl den Entleiher als auch den Verleiher (wegen der Fiktion eines Arbeitsverhältnisses gem. §§ 9 Abs. 1 Nr. 1b, 10 Abs. 1 AÜG);[449] der Verleiher ist jedoch ungleich härter betroffen. Dies liegt insbesondere daran, dass die Missachtung der **Höchstüberlassungsdauer** im Zweifel auch erlaubnisrechtliche Konsequenzen haben kann (vgl. § 3 Abs. 1

---

446 *Lembke* NZA 2017, 5.
447 FW AÜG zu § 1 Nr. 1.2.2 (2).
448 Dazu: Rdn. 254 ff.
449 Zu den Rechtsfolgen: Rdn. 259 ff.

Nr. 1 AÜG) und eine Ordnungswidrigkeit darstellt (§ 16 Abs. 1 Nr. 1c AÜG). Zudem kann er die Angaben des Entleihers und die Entscheidung bzgl. des als einschlägig bezeichneten Tarifvertrages nur eingeschränkt überprüfen. Hier ist es geboten, bei dem Entleiher die maßgeblichen Informationen abzufragen, entsprechend zu dokumentieren und – soweit möglich – diese zu verifizieren.

▶ Hinweis:

> Ein firmenbezogener Verbands- oder ein Firmentarifvertrag kann von einer dritten, nicht am Abschluss beteiligten Partei nicht Grundlage für eine von der gesetzlichen **Höchstüberlassungsdauer** abweichende Betriebsvereinbarung sein. Der Tarifvertrag ist auf ein bestimmtes Unternehmen zugeschnitten; dieser ist unter Berücksichtigung des sachlichen Geltungsbereiches für einen Dritten nicht einschlägig i.S.v. § 1 Abs. 1b Satz 4 AÜG.

Die den Tarifvertrag übernehmende (freiwillige) Betriebs- oder Dienstvereinbarung muss zur Abweichung von den tariflichen Vorschriften zur Überlassungshöchstdauer wirksam sein. Das Schriftformerfordernis ist zu beachten (§ 77 Abs. 2 Sätze 1, 2 BetrVG). Im Übrigen gelten die obigen Ausführungen zur Zuständigkeit der betriebsverfassungsrechtlichen Organe (Einzel-/Gesamt- oder Konzernbetriebsrat) und zur Nachwirkung im Zusammenhang mit § 1 Abs. 1 Satz 5 AÜG entsprechend.[450] 250

§ 1 Abs. 1b Satz 6 AÜG ermöglicht nicht tarifgebundenen Entleihern von einer tarifvertraglichen Öffnungsklausel für Betriebs- oder Dienstvereinbarungen Gebrauch zu machen. Für diese gelten grds. in gleicher Weise wie für tarifgebundene Entleiher die Vorgaben des Tarifvertrages. Der Entleiher müsste – eine Tarifbindung unterstellt – dabei von dem tariflichen Geltungsbereich erfasst sein, der die Abweichung von der Überlassungshöchstdauer im Rahmen einer Öffnungsklausel vorsieht.[451] Mit der Möglichkeit, eine von der gesetzlichen Regelung abweichende Überlassungshöchstdauer durch oder aufgrund Tarifvertrag festzulegen, soll die Gestaltungsfreiheit der Tarifvertragsparteien gestärkt werden. Nicht tarifgebundene Entleiher können die tarifvertraglichen Regelungen nur nutzen, wenn sie hierüber eine Betriebs- oder Dienstvereinbarung schließen; bei einer tarifvertraglichen Öffnung für Betriebs- oder Dienstvereinbarungen ist diese Möglichkeit aber auf eine Überlassungshöchstdauer von maximal 24 Monate begrenzt, wenn der Tarifvertrag keine von § 1 Abs. 1b Satz 1 AÜG abweichende Überlassungshöchstdauer für Betriebs- oder 251

---

450 Dazu bereits: Rdn. 244 f.
451 BT-Drucks. 18/9232, 20.

Dienstvereinbarungen festlegt. Für tarifgebundene Entleiher gilt diese Begrenzung nicht. So soll nach der Gesetzesbegründung ein weiterer Anreiz zur Tarifbindung gesetzt werden.[452]

252 Im Ergebnis bedeutet dies, dass nicht tarifgebundene Unternehmen, die aufgrund einer in einem Tarifvertrag vorgesehenen Öffnungsklausel in einer Betriebs- oder Dienstvereinbarung eine abweichende Regelung zur **Höchstüberlassungsdauer** festlegen wollen, je nach Ausgestaltung des maßgeblichen Tarifvertrages beschränkt werden können: wird die Kompetenz zur Regelung der **Höchstüberlassungsdauer** durch die Öffnungsklausel ohne weitere Begrenzungen auf die Betriebspartner übertragen, kann die in dem nicht tarifgebundenen Betrieb abzuschließende Betriebs- oder Dienstvereinbarung maximal eine Höchstüberlassungsdauer von 24 Monaten vorsehen; eine derartige Beschränkung ist für eine Öffnungsklausel, auf die sich tarifgebundene Entleiher stützen können, nicht vorgesehen. Diese können folglich eine auch weit über die 24 Monate hinausgehende **Höchstüberlassungsdauer** in einer Betriebs-/Dienstvereinbarung vorsehen.[453]

▶ Hinweis:

Die entsprechende Begrenzung auf 24 Monate und die darin liegende Benachteiligung von nicht tarifgebundenen Entleihern ist verfassungsrechtlich bedenklich und dürfte im Ergebnis noch das BVerfG beschäftigen.[454]

▶ Beispiel:

Zwischen dem zuständigen Arbeitgeberverband Metall und der IG Metall wird in einem Tarifvertrag »Leiharbeit M+E« keine zeitliche Höchstgrenze für eine Überlassung vereinbart. Vielmehr wird festgelegt, dass die Betriebsparteien des Entleihers eine Betriebsvereinbarung dazu abschließen können, um diese zu konkretisieren. Tarifgebundene Entleiher können in dieser eine die gesetzliche Höchstüberlassungsdauer von 18 Monaten überschreitende Frist vereinbaren; wesentlich ist, dass eine solche in der Betriebsvereinbarung fixiert wird, z.B. bei 36 Monaten. Nicht tarifgebundene Entleiher der M + E Industrie können sich zwar ebenfalls auf die tarifliche

---

452 Vgl. BT-Drucks. 18/9232, 21.
453 Undifferenziert und wohl fälschlicherweise von einer allgemeinen geltenden Deckelung der Überlassungshöchstdauer durch eine Betriebsvereinbarung in nicht tarifgebundenem Entleiherbetrieb ausgehend: *Neighbour/Schröder* BB 2016, 2870.
454 Vgl. *Hamann* AuR 2016, 139.

Öffnungsklausel berufen, eine in der Betriebsvereinbarung vorgesehene Überlassungshöchstdauer ist in diesem Fall aber auf 24 Monate begrenzt, selbst wenn die Betriebsparteien bereit wären, darüber hinaus zu gehen.

Werden in dem Tarifvertrag hingegen von den Tarifvertragsparteien Vorgaben zur **Höchstüberlassungsdauer** gemacht, z.B. eine Bandbreite oder eine über 18 Monate hinausgehende Maximalgrenze, können diese von dem nicht tarifgebundenen Entleiher – wie auch von den tarifgebundenen Entleihern – innerhalb der tariflichen Begrenzungen ausgeschöpft werden.[455]

253

▶ **Beispiel:**

Wie zuvor, nur dass in dem Tarifvertrag »Leiharbeit M+E« bestimmt wird, dass die Betriebspartner eine von der gesetzlichen **Höchstüberlassungsdauer** von 18 Monaten abweichende Frist vorsehen können, maximal aber 36 Monate. Die Betriebspartner des tarifgebundenen Entleihers können diesen Rahmen voll nutzen und eine **Höchstüberlassungsdauer** von 0 bis zu 36 Monate in der Betriebsvereinbarung vorsehen. Auch die Betriebspartner des nicht tarifgebundenen Entleihers können den tariflich vorgesehenen Spielraum ausschöpfen und ebenfalls eine **Höchstüberlassungsdauer** von 0 bis maximal 36 Monate festlegen. Eine »Deckelung« auf 24 Monate erfolgt in diesem Fall nicht.

▶ **Hinweis:**

Nicht tarifgebundene Entleiher können nur von der gesetzlichen **Höchstüberlassungsdauer** abweichen, wenn für die Einsatzbranche ein insoweit einschlägiger Tarifvertrag abgeschlossen worden ist, der durch eine Betriebs- oder Dienstvereinbarung übernommen werden kann oder der eine Öffnungsklausel für den Abschluss einer Betriebs- oder Dienstvereinbarung enthält. Ausgeschlossen ist, dass der nicht tarifgebundene Entleiher – ohne Anknüpfung an einen entsprechenden Tarifvertrag – eine Betriebs- oder Dienstvereinbarung abschließt, die von der gesetzlichen Überlassungshöchstdauer abweicht. Existiert bei einem nicht tarifgebundenen Entleiher kein Betriebsrat, ist dieser trotz eines hypothetisch einschlägigen Tarifvertrages der Einsatzbranche – an die gesetzlichen Bestimmungen zur **Höchstüberlassungsdauer** gebunden. Er kann von dieser

---

455 Vgl. *Siebert/Novak* ArbR 2016, 392; *Bauer* BD 6/2016, 9.

nicht abweichen.[456] Dies soll verfassungsrechtlich unbedenklich sein.[457] Eine arbeitsvertragliche Regelung oder eine Bezugnahme auf abweichende Tarifverträge ist sowohl für den Entleiher als auch für den Verleiher nicht wirksam möglich.[458] Dies gilt auch, wenn mangels eines Betriebsrats keine Abweichung von der **Höchstüberlassungsdauer** erfolgen kann.

e) Repräsentativitätsprinzip – Satz 7

254 § 1 Abs. 1b Satz 7 AÜG sieht eine Kollisionsregelung für den Fall vor, dass der Betrieb des nicht tarifgebundenen Entleihers bei Abschluss einer Betriebs- oder Dienstvereinbarung gem. § 1 Abs. 1b Satz 4, 6 AÜG den Geltungsbereichen mehrere Tarifverträge unterfällt. Danach ist auf den für die Branche des Entleihers repräsentativeren Tarifvertrag abzustellen. Die ordnungsgemäße Bestimmung des für den nicht tarifgebundenen Entleiher maßgeblichen Tarifvertrages ist von besonderer Bedeutung, um festlegen zu können, welche Gestaltungsmacht den Betriebspartnern zuerkannt wird, in eigner Zuständigkeit eine von den gesetzlichen und tarifvertraglichen Festlegungen abweichende, auf die Bedürfnisse des jeweiligen Betriebs zugeschnittene eigene Lösung hinsichtlich der **Höchstüberlassungsdauer** treffen zu können. Die entsprechende Abgrenzung ist insbesondere relevant, wenn in den betreffenden Tarifverträgen jeweils unterschiedliche Möglichkeiten vorgesehen sind oder überhaupt nur ein Tarifvertrag von mehreren grds. einschlägigen tariflichen Regelungswerken eine für die durch eine Betriebs- oder Dienstvereinbarung hinsichtlich der **Höchstüberlassungsdauer** zu treffende Bestimmung zwingend erforderliche Öffnungsklausel enthält.

255 Zunächst ist zu dabei zu ermitteln, ob der Betrieb des nicht tarifgebundenen Entleihers insbesondere unter Berücksichtigung des räumlich-fachlichen Geltungsbereiches mehreren kollidierenden Tarifverträgen unterfallen würde, wenn diese aufgrund einer gedachten Mitgliedschaft in einem Arbeitgeberverband kollektivrechtlich anwendbar wären.

---

456 Vgl. *Bissels/Falter* DB 2016, 543: »Zwei-Klassen-Gesellschaft«.
457 Vgl. *Hamann* AuR 2016, 139: »Keinen Betriebsrat zu haben, ist im Unterschied zur negativen Koalitionsfreiheit keine schützenswerte Rechtsposition.«.
458 Vgl. *Zimmermann* BB 2016, 54.

▶ **Beispiel:**

Das Unternehmen U unterhält mehrere selbständige Betriebe für Logistikdienstleistungen; U ist konzernangehörige Gesellschaft des Automobilkonzerns A. Während die Automobilindustrie von den M+E-Tarifverträgen (IG Metall) erfasst wird, können für das Logistikunternehmen grds. auch die von ver.di für den Transport- und Logistikbereich abgeschlossenen Tarifverträge einschlägig sein.

Sind verschiedene Geltungsbereiche einschlägig, ist hinsichtlich der Bestimmung der den Betriebspartnern durch die grds. einschlägigen Tarifverträge gewährten Gestaltungsmöglichkeiten zu klären, welcher Tarifvertrag in diesem Sinne einschlägig ist. Nach der Gesetzesbegründung[459] ist dabei das Repräsentationsprinzip maßgeblich; vorranging soll in diesem Zusammenhang auf die Zahl der tarifgebundenen Unternehmen und der tarifgebundenen Arbeitnehmer abzustellen sein. Dies kann in der Praxis mit erheblichen Problemen verbunden sein, da das entsprechende Zahlenwerk einem nicht tarifgebundenen Unternehmen nicht ohne weiteres bekannt sein wird und die notwendigen Informationen über einen Arbeitgeberverband nur schwierig zu erlangen sein werden. Auch bei Mischbetrieben kann eine Zuordnung zu einem bestimmten Tarifvertrag streitbefangen sein. In diesem Zusammenhang dürfte es (zumindest ergänzend) zulässig sein, das Gepräge des Betriebs anhand der jeweils geleisteten Arbeitsstunden zu ermitteln, die wiederum ausschlaggebend für die Zuordnung zu einem Tarifvertrag sind.[460] 256

▶ **Hinweis:**

Dem nicht tarifgebundenen Entleiher wird dabei aber kein »Wahlrecht« gewährt, welcher von mehreren grundsätzlichen einschlägigen Tarifverträgen anwendbar sein soll. Es hat vielmehr eine verbindliche, aber fehleranfällige Festlegung des maßgeblichen Tarifvertrages nach dem gesetzlich festgeschriebenen Repräsentationsprinzip zu erfolgen.

Schwierig ist dabei insbesondere, dass eine Fehlbewertung des nicht tarifgebundenen Entleihers hinsichtlich des für dessen Betriebs maßgeblichen (vermeintlich repräsentativen) Tarifvertrags auch einschneidende Folgen für den 257

---

459 BT-Drucks. 18/9232, 21.
460 BAG, 14.04.1971 – 4 AZR 201/70, DB 1971, 1773.

Verleiher bei der Überschreitung der **Höchstüberlassungsdauer**[461] hat, der in »Grenzfällen« in der Regel nicht beurteilen kann, ob die vom Entleiher getroffene Entscheidung tatsächlich korrekt ist. Diesem wird oftmals nichts anderes übrig bleiben, die maßgeblichen Informationen von dem Entleiher zu erfragen, diese zu dokumentieren und – sofern und soweit ihm dies überhaupt möglich ist – auf Richtigkeit oder zumindest auf Plausibilität zu überprüfen.

▶ Hinweis:

Das nach der Gesetzesbegründung maßgebliche Repräsentativitätsprinzip führt im Ergebnis zu einer Verdrängung der von Spartengewerkschaften abgeschlossenen Tarifverträge, die im Vergleich zu den DGB-Gewerkschaften in der Regel weniger mitgliedsstark und damit weniger repräsentativ sind. Auch diese Festlegung dürfte einem »politischen Trend« folgen, der bis auf weiteres im Anwendungsbereich des AÜG bestimmend sein wird.[462]

f) Kirchen und öffentlich-rechtliche Religionsgemeinschaften – Satz 8

258 § 1 Abs. 1b Satz 8 AÜG sieht eine Sonderregelung für die Kirchen und die öffentlich-rechtlichen Religionsgemeinschaften vor. Diese können in ihren Regelungen eine von § 1 Abs. 1b Satz 1 AÜG abweichende Höchstüberlassungsdauer vorsehen. Nach der Gesetzesbegründung kann die gesetzliche Überlassungshöchstdauer von 18 Monaten verlängert oder verkürzt werden; zu den Kirchen gehören auch deren karitative und erzieherische Einrichtungen.[463] Dies gilt allerdings nur, wenn die Kirchen als Entleiher auftreten; eine abweichende Überlassungshöchstdauer als Verleiher können diese nicht festlegen.[464] Eine von den gesetzlichen Vorgaben abweichende Höchstüberlassungsdauer kann insbesondere auf Grundlage des sog. »Dritten Weges« festgelegt werden. Dabei handelt es sich im Wesentlichen um Arbeitsvertragsrichtlinien (AVR) als Regelwerke[465], in denen die Arbeitsbedingungen der in kirchlichen

---

461 Dazu unter: Rdn. 259 ff.
462 Vgl. 4a Abs. 2 TVG: soweit sich die Geltungsbereiche nicht inhaltsgleicher Tarifverträge verschiedener Gewerkschaften überschneiden, sind im Betrieb nur diejenigen Tarifverträge derjenigen Gewerkschaft anwendbar, die zum Zeitpunkt des Abschlusses des zuletzt geschlossenen Tarifvertrages die meisten in einem Arbeitsverhältnis stehenden Mitglieder hat.
463 BT-Drucks. 18/9232, 21.
464 *Lembke* NZA 2017, 5.
465 Vgl. die Antwort der Bundesregierung vom 22.09.2016 auf eine Kleine Anfrage, BT-Drucks. 18/9723, 11.

und karitativen Einrichtungen beschäftigten Arbeitnehmer bestimmt werden. Die Kirchenklausel soll dabei eine flexible und passgenaue Handhabung der Überlassungshöchstdauer beim Einsatz im kirchlichen Bereich ermöglichen; mit dieser sollen die kirchlichen Einrichtungen, die den verfassungsrechtlich geschützten »Dritten Weg« beschreiten, insoweit arbeitsrechtlich mit weltlichen Entleihern gleichgestellt werden.[466]

g) Rechtsfolgen

Wird gegen die jeweils einschlägige gesetzliche oder durch Tarifvertrag bzw. durch eine aufgrund eines Tarifvertrages geschlossene Betriebs- oder Dienstvereinbarung abweichend von § 1 Abs. 1b Satz 1 AÜG geregelte **Höchstüberlassungsdauer** verstoßen, kann dies erlaubnisrechtliche Konsequenzen für den Verleiher haben, die bis zur Versagung oder Rücknahme der Arbeitnehmerüberlassungserlaubnis reichen können (§§ 3 Abs. 1 Nr. 1, 4 AÜG); eine geringfügige Überschreitung der Überlassungsdauer in einem Einzelfall in der Regel aber noch nicht zur Unzuverlässigkeit des Verleihers führen soll.[467]

259

▶ Hinweis:

Die (wiederholte bzw. vielfache) Missachtung der zulässigen Überlassungshöchstdauer kann folglich den Entzug der unbefristeten oder die Nichtverlängerung der befristeten Arbeitnehmerüberlassungserlaubnis nach § 1 Abs. 1 Satz 1 AÜG zur Folge haben. Der Arbeitnehmerüberlassungsvertrag bleibt hingegen wirksam. Dies ergibt sich aus einem Umkehrschluss von § 9 Abs. 1 Nr. 1 AÜG, der für eine illegale Arbeitnehmerüberlassung eine solche gerade vorsieht, § 9 Abs. 1 Nr. 1b AÜG hingegen nicht.[468]

Auf individualrechtlicher Ebene bedingt die Verletzung der einschlägigen **Höchstüberlassungsdauer** die Unwirksamkeit des zwischen dem Verleiher und dem Leiharbeitnehmer geschlossenen Arbeitsvertrages; allerdings kann der Leiharbeitnehmer schriftlich gegenüber dem Verleiher oder dem Entleiher innerhalb eines Monats nach der Überschreitung der zulässigen **Höchstüberlassungsdauer** erklären, dass dieser an dem Arbeitsvertrag mit dem Verleiher festhält (§ 9 Abs. 1 Nr. 1b AÜG). Diese ist unwirksam, wenn eine solche von

260

---

466 Antwort der Bundesregierung vom 22.09.2016 auf eine Kleine Anfrage, BT-Drucks. 18/9723, 11.
467 Vgl. BT-Drucks. 18/10064, 13; vgl. auch: FW AÜG zu § 1 Nr. 1.2.4 (1).
468 *Lembke* NZA 2017, 6.

dem Leiharbeitnehmer vor Beginn der Frist abgegeben wird (§ 9 Abs. 3 Satz 1 AÜG) oder die Agentur für Arbeit nicht vor Abgabe des Widerspruchs eingebunden wird (§ 9 Abs. 2 AÜG). Erklärt der Leiharbeitnehmer nicht oder nicht form- bzw. fristgemäß, dass dieser trotz der Überschreitung der zulässigen **Höchstüberlassungsdauer** an dem Arbeitsvertrag mit dem Verleiher festhält, wird ein Arbeitsverhältnis zwischen dem Entleiher und dem Leiharbeitnehmer fingiert (§ 10 Abs. 1 AÜG). Die noch zu § 1 Abs. 1 Satz 2 AÜG a.F. streitige Frage, ob der Verstoß gegen den Grundsatz der vorübergehenden Überlassung zur Begründung eines solchen führt, hat der Gesetzgeber damit im Sinne einer nach alter Rechtslage vertretenen Mindermeinung[469] entschieden.[470]

261 Zu beachten ist, dass der Entleiher mit Überschreitung der zulässigen Höchstüberlassungsdauer in das vormals zwischen dem Verleiher und dem Leiharbeitnehmer bestehende Arbeitsverhältnis eintritt und ab diesem Zeitpunkt auch für die Abführung der entsprechenden Sozialversicherungsbeiträge verantwortlich ist (§ 28e Abs. 2 Satz 3 SGB IV). Die Fiktion des Arbeitsvertrages ist auch vor diesem Hintergrund für den Entleiher mit erheblichen Risiken belastet, zumal die bedingt vorsätzliche Nichtabführung von Sozialversicherungsbeiträgen strafbewehrt ist (§ 266a StGB).

262 Eine Missachtung der gesetzlichen **Höchstüberlassungsdauer** stellt zudem für den Verleiher, nicht hingegen für den Entleiher[471] eine Ordnungswidrigkeit dar, die mit einem Bußgeld von bis zu 30.000 Euro belegt werden kann (§ 16 Abs. 1 Nr. 1e, Abs. 2 AÜG). Auch der Verstoß gegen eine durch einen Tarifvertrag oder eine Betriebs-/Dienstvereinbarung abweichend gestaltete **Höchstüberlassungsdauer** soll sanktioniert werden.[472] Damit wird insbesondere dem Verleiher das Risiko einer Ordnungswidrigkeit aufgebürdet, obwohl dieser nur eine eingeschränkte Möglichkeit hat zu überprüfen, ob eine abweichende **Höchstüberlassungsdauer** bei dem jeweiligen Entleiher gilt und ob diese wirksam vereinbart worden ist.

---

469 LAG Berlin-Brandenburg, 09.01.2013 – 15 Sa 1635/12, juris; a.A. BAG, 10.12.2013 – 9 AZR 51/13, NZA 2014, 196; BAG, 03.06.2014 – 9 AZR 111/13, AuA 2015, 116; BAG, 03.06.2014 – 9 AZR 829/13; BAG, 29.04.2015 – 9 AZR 883/13, ArbRB 2015, 193; LAG Saarland, 18.12.2013 – 2 TaBV 2/13, juris; LAG Köln, 09.06.2016 – 7 Sa 1146/15, juris; LAG Baden-Württemberg- 3 TaBV 2/14, AuA 2016, 37; *Bissels* jurisPR-ArbR 35/2016 Anm. 5.
470 Dazu ausführlich: Rdn. 268.
471 Vgl. den Wortlaut von § 16 Abs. 1 Nr. 16e AÜG: »[…] wer entgegen § 1 Abs. 1 Satz 1b einen Leiharbeitnehmer überlässt«.
472 Vgl. BT-Drucks. 18/9232, 30.

Zu beachten ist, dass eine vom Leiharbeitnehmer abgegebene Festhaltenserklärung nur die Fiktion eines Arbeitsverhältnisses mit dem Entleiher verhindert; der Verstoß gegen die zulässige Höchstüberlassungsdauer kann aber nach wie vor eine erlaubnisrechtliche Relevanz haben; dies gilt insbesondere, wenn der rechtswidrige Einsatz fortgesetzt wird.[473] Auch die tatbestandliche Verwirklichung einer Ordnungswidrigkeit nach § 16 Abs. 1 Nr. 1e AÜG wird durch eine von dem Leiharbeitnehmer abgegebene Festhaltenserklärung nicht ausgeschlossen, verhindert oder gar rückgängig gemacht.[474]   263

▶ **Hinweis:**

Im Koalitionsvertrag vom 16.12.2103 ist zwar vorgesehen, dass eine gesetzliche Überlassungshöchstdauer von 18 Monaten gesetzlich – wie in § 1 Abs. 1 Satz 4, 1b AÜG geschehen – festgelegt wird. Eine Rechtsfolge für die Überschreitung hat die Große Koalition jedoch dort nicht festgeschrieben, so dass sich der nunmehr im AÜG vorgesehene sanktionsrechtliche »Dreiklang« mit der Fiktion eines Arbeitsverhältnisses, erlaubnisrechtlichen Maßnahmen sowie der Verwirklichung einer Ordnungswidrigkeit für den Verleiher, aber auch den Entleiher als überzogen darstellt.[475] An diesem »sanktionsrechtlichen Dreiklang« bei einem Verstoß gegen die maßgebliche **Höchstüberlassungsdauer** werden vor diesem Hintergrund zu Recht verfassungsrechtliche Bedenken angemeldet.[476] Auch in diesem Zusammenhang ist nicht ausgeschlossen, dass sich das BVerfG mit dieser Frage befassen werden muss.

Auf kollektivrechtlicher Ebene hat das BAG[477] bei einem Verstoß gegen das Gebot eines nur vorübergehenden Einsatzes nach § 1 Abs. 1 Satz 2 AÜG a.F. dem bei dem Entleiher gewählten Betriebsrat ein Zustimmungsverweigerungsrecht   264

---

[473] § 9 Abs. 3 Sätze 2, 3 AÜG stellen ausdrücklich klar, dass der Arbeitsvertrag zwischen Verleiher und Leiharbeitnehmer bei Fortsetzung des die Überlassungshöchstdauer überschreitenden Einsatzes – trotz einer Festhaltenserklärung – unwirksam ist; eine erneute Festhaltenserklärung ist ebenfalls wirkungslos.
[474] In diesem Sinne auch: *Hamann* AuR 2016, 139; *Bertram* AIP 6/2016, 4.
[475] Vgl. *Henssler* RdA 2916, 18: »sachlich nicht gebotene Überreaktion«.
[476] Vgl. Stellungnahme der Bundesrechtsanwaltskammer Nr. 14/2016 aus Juni 2016 zum Regierungsentwurf eines Gesetzes zur Änderung des Arbeitnehmerüberlassungsgesetzes und anderer Gesetze (BR-Drucks. 294/16 v. 02.06.2016, 9 f).
[477] BAG, 10.07.2013 – 7 ABR 91/11, NZA 2013, 1296; BAG, 30.09.2014 – 1 ABR 79/12, NZA 2015, 240; vgl. *Bissels* jurisPR-ArbR 10/2015 Anm. 1 m.w.N.

gegen die geplante Einstellung des Leiharbeitnehmers nach § 99 Abs. 2 Nr. 1 BetrVG zugebilligt.[478] Diese Ansicht war schon zur alten Rechtslage nicht überzeugend; sie ist dies auch nicht auf Grundlage der ab dem 01.04.2017 geltenden ausdrücklich gesetzlich fixierten **Höchstüberlassungsdauer**.[479] Allerdings ist davon auszugehen, dass das BAG nach der neuen Rechtslage ebenfalls ein Zustimmungsverweigerungsrecht gem. § 99 Abs. 2 Nr. 1 BetrVG anerkennen werden dürfte.[480]

▶ Praxistipp:

Hierauf sollte sich die Praxis entsprechend einrichten; denkbar sind insbesondere vorläufige personelle Maßnahmen des Entleihers nach § 100 BetrVG, wenn und soweit der Betriebsrat der Einstellung von Leiharbeitnehmern unter Verweis auf die Missachtung der zulässigen **Höchstüberlassungsdauer** widersprechen sollte.[481]

2. Rechtslage vor dem 01.04.2017 – Altfälle

265 Wie das Merkmal »vorübergehend« im Einzelnen vor dem 01.04.2017 zu verstehen ist, ist nach wie vor hoch umstritten: z.T. wird sich in der Literatur dabei an den Wertungen des TzBfG orientiert. Vorübergehend soll der Einsatz sein, wenn einer der Befristungsgründe nach § 14 Abs. 1 Satz 2 Nr. 1-5 TzBfG vorliegt oder wenn bei dem Entleiher ein zusätzlicher Beschäftigungsbedarf mit ungewisser Dauer besteht.[482] Nach abweichender Ansicht ist die Überlassung nur dann nicht vorübergehend, wenn die Entscheidung hierüber offensichtlich unsachlich, unvernünftig oder willkürlich erfolgt; dies bedeutet, dass für die Entscheidung über den Einsatz des Leiharbeitnehmers schlichtweg kein anerkennenswerter Grund existieren darf

---

478 Dazu ausführlich: Rdn. 273 f.
479 S. dazu: § 14 Rdn. 144.
480 Vgl. *Grimm/Heppner* ArbRB 2016, 114; *Lembke* NZA 2017, 6.
481 LAG Hessen, 25.10.2016 – 15 TaBV 251/15, 15 TaBV 51/16, juris; ArbG Darmstadt, 05.11.2016 – 10 BV 11/15, juris.
482 ArbG Cottbus, 26.09.2012 – 2 BV 36/12, juris; *Fitting* BetrVG, § 99 Rn. 192a; *Zimmermann* ArbR 2011, 62 f.; enger: *Bartl/Romanowski* NZA Online Aufsatz 3/2012, 7: Sachgrund nach § 14 Abs. 1 Satz 2 Nr. 1 oder 3 TzBfG erforderlich; ähnlich: *Ulber* § 1 AÜG Rn. 230g; a.A. LAG Düsseldorf, 02.10.2012 – 17 TaBV 12/10, NZA 2012, 1378; LAG Berlin-Brandenburg, 19.12.2012 – 4 TaBV 1163/12, juris; *Boemke* jurisPR-ArbR 6/2013, Anm. 1.

(Missbrauchskontrolle).⁴⁸³ Schließlich wird vertreten, dass § 1 Abs. 1 Satz 2 AÜG a.F. als Programmsatz lediglich klarstellende Funktion hat, an den keine Rechtsfolgen geknüpft sind.⁴⁸⁴ Zumindest letztgenannter Ansicht hat das BAG inzwischen eine Absage erteilt: § 1 Abs. 1 Satz 2 AÜG a.F. verbiete danach die mehr als nur vorübergehende Überlassung von Arbeitnehmern an Entleiher. Die Bestimmung definiere nicht lediglich den Anwendungsbereich des AÜG; auch stelle sie keine schlichte Beschreibung oder sogar einen unverbindlichen Programmsatz dar.⁴⁸⁵

▶ Hinweis:

Im Tarifvertrag Leih-/Zeitarbeit der Metall- und Elektroindustrie in der Fassung vom 24.05.2012 (TV LeiZ)⁴⁸⁶ sind konkretisierende Regelungen enthalten, wann der Einsatz eines Leiharbeitnehmers als vorübergehend anzusehen ist.⁴⁸⁷ Dies ist danach bspw. der Fall, wenn dieser zeitlich befristet ist oder ein Sachgrund vorliegt, insbesondere weil Fachkräfte mit speziellen Qualifikationen im Betrieb nicht vorgehalten werden (z.B. Projekte, die spezielle Qualifikationen verlangen), in Vertretungsfällen (z.B. Krankheit, Schwangerschaft) oder der Einsatz dazu dient, Auftragsspitzen oder anderen zeitlich begrenzten Mehrbedarf abzuarbeiten. Nach einer Protokollnotiz sollen Leiharbeitnehmer nach Auffassung der Tarifvertragsparteien grds. nicht regelmäßig auf Arbeitsplätzen eingesetzt werden, die im Betrieb auf Dauer angelegt sind.

Letztlich ist die Rechtsprechung für entsprechende Altfälle aufgefordert, klare Leitlinien zu setzen, wann ein Einsatz noch als vorübergehend zu qualifizieren ist. Dabei ist bereits umstritten, ob in diesem Zusammenhang eine 266

---

483 *Hamann* RdA 2011, 326; *ders.* NZA 2012, 74; *Krannich/Simon* BB 2012, 1418; in diesem Sinne wohl: ArbG Darmstadt, 05.11.2016 - 10 BV11/15, juris; für einen Auslegung von § 1 Abs. 1 Satz 2 AÜG a.F. wie § 1 Abs. 3 Nr. 3 AÜG: LAG Hessen, 25.10.2016 - 15 TaBV 251/15, 15 TaBV 51/16, juris.
484 Ausführlich dazu ArbG Osnabrück, 18.04.2012 – 2 BV 3/12, n.v.; *Lembke* DB 2011, 415; *ders.* FA 2011, 290; *Rieble/Vielmeier* EuZA 2011, 489; *Teusch/Verstege* NZA 2012, 1328 f.; ähnlich wohl: *Krannich/Simon* BB 2012, 1417.
485 BAG, 10.07.2013 – 7 ABR 91/11, NZA 2013, 1296.
486 Abrufbar unter: http://www.bw.igm.de/tarife/tarifvertrag.html?id= 52608.
487 *Krause* NZA 2012, 829 f.; *Ulber* AuR 2013, 114 f.

arbeitsplatz-[488] oder – wie zu Recht – eine arbeitnehmerbezogene Betrachtung[489] vorzunehmen ist. Das BAG[490] hat zudem bislang nicht bestimmt, was positiv noch als vorübergehend zu qualifizieren ist, sondern – im Sinne einer negativen Abgrenzung – lediglich festgestellt, wann die Voraussetzungen für eine vorübergehende Überlassung nicht mehr erfüllt sind. Dies soll nach Ansicht des 7. Senats der Fall sein, wenn der Entleiher beabsichtigt, den Leiharbeitnehmer ohne jegliche zeitliche Begrenzung statt einer Stammkraft einzusetzen.[491] Das sei jedenfalls nicht mehr »vorübergehend«.

In der Rechtsprechung zeichnet sich ansonsten noch keine klare Linie zur Auslegung des Merkmals »vorübergehend« im Sinne von § 1 Abs. 1 Satz 2 AÜG a.F. ab: Das ArbG Oberhausen geht davon, dass ein Zeitraum von nicht mehr als einem Jahr noch eine vorübergehende Überlassung darstellt.[492] Ein Einsatz von 18 Monaten verstößt im Anwendungsbereich des TV LeiZ nicht gegen § 1 Abs. 1 Satz 2 AÜG.[493] Nach Ansicht des ArbG Darmstadt[494] ist eine Überlassung von 22 Monaten nicht zu beanstanden. Nach Auffassung des LAG Hessen ist eine Beschränkung des Einsatzes auf weniger als

---

488 LAG Hessen, 25.10.2016 – TaBV 251//15, 15 TaBV 51/16, juris; LAG Rheinland-Pfalz, 14.03.2016 – 3 Sa 476/15, juris; LAG Hamburg, 23.09.2014 – 2 TaBV 6/14, juris; LAG Hamburg, 29.08.2013 – 1 TaBV 3/13, AE 2014, 36; LAG Berlin-Brandenburg, 21.08.2014 – 10 TaBV 671/14, juris; LAG Berlin-Brandenburg, 09.01.2013 – 24 TaBV 1868/12, juris; ArbG Cottbus, 15.04.2014 – 7 TaBV 2194/13, juris; ArbG Darmstadt, 17.09.2015 – 7 BV 2/15, juris; *Hamann* jurisPR-ArbR 43/2014 Anm. 2; dazu auch: *Bissels* jurisPR-ArbR 20/2015 Anm. 2 m.w.N.
489 LAG Berlin-Brandenburg, 22.05.2014 – 14 TaBV 184/14, juris; LAG Düsseldorf, 02.10.2012 – 17 TaBV 38/12, juris; LAG Hamburg, 04.09.2013 – 5 TaBV 6/13, juris; LAG Hessen, 20.11.2014 – 9 TaBV 108/14, juris; in diesem Sinne auch: LAG Saarland, 18.12.2013 – 2 TaBV 2/13, juris; *Zimmermann* BB 2014, 3008; *Seel* MDR 2014, 815; differenzierend: LAG Schleswig-Holstein, 08.01.2014 – 3 TaBV 43/13, juris; LAG Schleswig-Holstein, 06.07.2016 – 3 TaBV 9/16, juris: sowohl personen- als auch aufgabenbezogene Betrachtung; so auch: LAG Hessen, 02.06.2016 – 5 TaBV 200/15, juris.
490 Vgl. BAG, 10.07.2013 – 7 ABR 91/11, NZA 2013, 1296.
491 BAG, 10.07.2013 – 7 ABR 91/11, NZA 2013, 1296; LAG Schleswig-Holstein, 24.10.2013 – 4 TaBV 8/13, juris.
492 ArbG Oberhausen, 24.10.2012 – 3 Ca 796/12, juris.
493 LAG Nürnberg, 09.05.2014 – 3 TaBV 29/12, juris.
494 Vgl. ArbG Darmstadt, 17.09.2015 – 7 BV 2/15, juris.

zwei Jahre nicht zu rechtfertigen, da der Gesetzgeber die Überlassungshöchstdauer von 24 Monaten nach § 3 Abs. 1 Nr. 6 AÜG a.F. aufgehoben und durch den Begriff »vorübergehend« ersetzt hat.[495] Sind die Voraussetzungen für einen Befristungsgrund bei einer (hypothetischen) Einstellung des Leiharbeitnehmers beim Entleiher nach § 14 Abs. 1 Satz 2 TzBfG erfüllt, findet ebenfalls nur eine vorübergehende Überlassung statt.[496] In Anlehnung an § 14 Abs. 2 TzBfG ist ein Einsatz von zwei Jahren ohne einen sachlichen Grund ebenfalls noch vorübergehend.[497] Auch die Tätigkeit auf einem Dauerarbeitsplatz beim Entleiher schließt eine vorübergehende Überlassung nicht per se aus.[498] Dies gilt jedenfalls, wenn Rückkehr des Leiharbeitnehmers zum Arbeitgeber[499] oder einem anderen Entleiher beabsichtigt ist.[500] Ein vorübergehender Einsatz liegt auch dann vor, wenn ein Leiharbeitnehmer beim Entleiher ohne einen Stammarbeitnehmer abgelöst zu haben, im Rahmen einer Daueraufgabe eingesetzt wird und zukünftig infolge eines absehbaren Rückgangs des

---

495 Vgl. LAG Hessen, 02.06.2016 – 5 TaBV 200/15, juris; LAG Hessen, 25.10.2016 – TaBV 251//15, 15 TaBV 51/16, juris; LAG Hessen, 20.11.2014 – 9 TaBV 108/14, juris.
496 *Hamann* NZA 2011, 73: mit Verweis auf § 14 Abs. 1 Satz 2 Nr. 1-5 TzBfG; diesen Gedanken aufgreifend: LAG Schleswig-Holstein, 06.07.2016 – 3 TaBV 9/16, juris.
497 LAG Berlin-Brandenburg, 22.05.2014 – 14 TaBV 184/14, juris; ArbG Offenbach, 01.08.2012 – 10 BV 1/12,BeckRS 2012, 75121; im Ergebnis auch LAG Düsseldorf, 02.10.2012 – 17 TaBV 12/10, NZA 2012, 1378: 12-24 Monate sind noch nicht als nicht vorübergehend anzusehen; *Brors* AuR 2013, 113: erst ab einem Zeitraum von 2 Jahren muss ein besonderes Flexibilisierungsinteresse dargelegt werden; vgl. *Teusch/Verstege* NZA 2012, 1329.
498 LAG Niedersachsen, 14.11.2012 – 12 TaBV 62/12, AE 2013, 63; LAG Düsseldorf, 02.10.2012 – 17 TaBV 12/10, NZA 2012, 1378: zumindest muss dies vorübergehend möglich sein; *Hamann* RdA 2011, 326; *Boemke* jurisPR-ArbR 6/2013 Anm. 1: »Anknüpfungspunkt ist der Einsatz der Person im Betrieb, nicht aber der zeitliche Bestand des Arbeitsplatzes«; *Baeck/Winzer* NZG 2013, 253; a.A. LAG Berlin-Brandenburg, 09.01.2013 – 24 TaBV 1868/12, juris; LAG Berlin-Brandenburg, 09.01.2013 – 24 TaBV 1869/12, juris; LAG Berlin-Brandenburg, 19.12.2012 – 4 TaBV 1163/12, juris; LAG Berlin-Brandenburg, 09.01.2013 – 15 Sa 1635/12, juris; LAG Baden-Württemberg, 22.11.2012 – 11 Sa 84/12, juris.
499 LAG Niedersachsen, 14.11.2012 – 12 TaBV 61/12, juris; *Boemke* jurisPR-ArbR 27/2012 Anm. 2.
500 Vgl. ArbG Offenbach, 01.08.2012 – 10 BV 1/12, BeckRS 2012, 75121 (LS 5).

Arbeitsvolumens möglicherweise ein Minderbedarf an Arbeitskräften zu erwarten ist, der einer dauerhaften Beschäftigung eigener Arbeitnehmer entgegensteht.[501] I.Ü. entscheiden die Umstände des Einzelfall, ob die Überlassung noch vorübergehend ist.[502]

▶ Hinweis:

Der EuGH[503] konnte im Rahmen eines Vorlageverfahrens (Rechtssache »AKT«) die Frage offen lassen, ob die Leiharbeitsrichtlinie 2008/194 EG den längerfristigen Einsatz von Leiharbeitnehmern verbietet. Die EU-Kommission[504] ist deutlicher: sie vertritt in diesem Zusammenhang die Ansicht, dass sich aus europarechtlichen Vorgaben und insbesondere aus der Leiharbeitsrichtlinie keine Beschränkungen der Dauer einer Arbeitnehmerüberlassung ableiten lassen. Diese ist folglich langfristig bzw. unbefristet möglich. Auch ergibt sich aus der Leiharbeitsrichtlinie nicht, dass die Mitgliedsstaaten verpflichtet sind, eine Höchstüberlassungsdauer gesetzlich festzulegen.

Aus den Ausführungen der EU-Kommission lässt sich im Übrigen nicht ableiten, dass die Einführung einer gesetzlichen **Höchstüberlassungsdauer** rechtswidrig wäre. Abgesehen davon, entscheidet der EuGH über die Auslegung von europarechtlichen Bestimmungen, auch aus der Leiharbeitsrichtlinie. Dennoch ist die Stellungnahme der Kommission ein starkes Signal, das gegen die zum 01.04.2017 eingeführte Überlassungshöchstdauer spricht.

III. Rechtsfolgen

267 Inzwischen hat das BAG geklärt, welche individual- und kollektivrechtlichen Rechtsfolgen an einen Verstoß gegen § 1 Abs. 1 Satz 2 AÜG a.F. geknüpft werden.

---

501 LAG Hessen, 02.06.2016 – 5 TaBV 200/15, juris.
502 Vgl. LAG Hessen, 20.11.2014, 9 TaBV 108/14, juris: aus § 1 Abs. 1 Satz 2 AÜG a.F. lasse sich keine sechsmonatige Höchstüberlassungsdauer ableiten; zustimmend: *Bissels* jurisPR-ArbR 20/2015, Anm. 2.
503 Vgl. EuGH, 13.03.2015 – C-533/13, NZA 2015, 423; dazu: *Temming* jurisPR-ArbR 25/2015 Amm. 1; *Boemke/Sachadae* EuZA 2015, 313 ff.
504 Stellungnahme der EU-Kommission zu Az. CHAP(2015)00716.

1. Fiktion eines Arbeitsverhältnisses

Abzulehnen ist dabei die z.T. in der Rechtsprechung vertretene Ansicht, dass bei einem Verstoß gegen § 1 Abs. 1 Satz 2 AÜG a.F. ein Arbeitsverhältnis mit dem Entleiher gem. §§ 10 Abs. 1 Satz 1, 9 Nr. 1 AÜG a.F. (analog) fingiert wird.[505] Danach sei jedenfalls für die Zeit ab dem 01.12.2011 eine schon erteilte Erlaubnis nach § 1 AÜG auf die vorübergehende Überlassung beschränkt. Der Einsatz auf Dauer sei nicht (mehr) erlaubnisfähig. Dies überzeugt nicht.[506] §§ 10 Abs. 1 Satz 1, 9 Nr. 1 AÜG a.F. knüpfen daran an, dass der Verleiher über keine Erlaubnis zur Arbeitnehmerüberlassung verfügt; eine Anwendung der Vorschrift auf Fälle, in denen dem Verleiher eine Erlaubnis besitzt, scheidet bereits nach Maßgabe des Wortlautes der Norm aus. Eine Analogie kommt nicht in Betracht; es fehlt bereits an einer planwidrigen Gesetzeslücke.[507] Ausweislich der Gesetzesbegründung[508] wurde dem Begriff »vorübergehend« ausdrücklich keine Rechtsfolge beigemessen. Auch eine richtlinienkonforme Auslegung von § 1 Abs. 1 Satz 2 AÜG a.F. führt zu einem abweichenden Ergebnis, da sich der Gesetzgeber bewusst gegen eine entsprechende Sanktion entschieden hat.[509] Dementsprechend kann über diesen Weg kein Arbeitsverhältnis fingiert werden.

268

Zudem kann es nicht Aufgabe der Gerichte sein zu überprüfen, wie weit eine Erlaubnis zur Arbeitnehmerüberlassung reicht, und eine entsprechende Grenze zu definieren, deren Überschreitung arbeitsrechtlich »sanktioniert« wird. Verleiher und Entleiher müssen sich gerade mit Blick auf die

269

---

505 LAG Berlin-Brandenburg, 09.01.2013 – 15 Sa 1635/12, juris: »institutioneller Rechtsmissbrauch«; LAG Baden-Württemberg, 22.11.2012 – 11 Sa 84/12, juris; ArbG Cottbus, 29.11.2012 – 1 Ca 280/12, n.v.; *Brors* AuR 2013, 113; *Bartl/ Romanowski* NZA Online Aufsatz 3/2012, 5 f..
506 So auch: LAG Berlin-Brandenburg, 03.09.2013 – 12 Sa 1028/13, juris; LAG Berlin-Brandenburg, 17.12.2013 – 3 Sa 1092/13, juris; LAG Berlin-Brandenburg, 09.01.2013 – 24 TaBV 1868/12, juris; LAG Berlin-Brandenburg, 09.01.2013 – 24 TaBV 1869/12, juris; LAG Berlin-Brandenburg, 19.12.2012 – 4 TaBV 1163/12, juris; LAG Berlin-Brandenburg, 16.10.2012 – 7 Sa 1182/12, juris; LAG Niedersachsen, 01.12.2014 – 15 TaBV 54/14, *Giesen* FA 2012, 68; *Krannich/Simon* BB 2012, 1418; *Bissels* jurisPR-ArbR 13/2015 Anm. 3.
507 LAG Berlin-Brandenburg, 19.12.2012 – 4 TaBV 1163/12, juris; LAG Berlin-Brandenburg, 16.10.2012 – 7 Sa 1182/12, juris.
508 BT-Drucks. 17/4804, 8.
509 LAG Berlin-Brandenburg, 16.10.2012 – 7 Sa 1182/12, juris.

einschneidenden Rechtsfolgen der §§ 10 Abs. 1, 9 Nr. 1 AÜG a.F. auf die Legitimationswirkung der behördlichen Erlaubnis verlassen können. Sollte das Geschäftsmodell des Verleihers nicht mehr vom Anwendungsbereich des AÜG gedeckt sein, ist es Aufgabe der Erlaubnisbehörden einzuschreiten. Die Voraussetzungen für ein Umgehungs- oder Strohmanngeschäft, das z.T. bei einer dauerhaften Überlassung für einen institutionellen Rechtsmissbrauch angeführt wird, sind ebenfalls nicht erfüllt, da der Gesetzgeber zumindest reine (konzerninterne) Personalführungsgesellschaften, deren Zweck regelmäßig ausschließlich die Überlassung von Arbeitnehmern ist, i.R.d. Anpassung des AÜG im Jahr 2011 nicht verboten, sondern lediglich – klarstellend – einer Erlaubnispflicht unterworfen hat.[510] Auch aus den Geschäftsanweisungen der BA ergab sich nicht, dass eine Dauerleihe verboten ist bzw. diese mit der Rechtsfolge des Zustandekommens eines fingierten Arbeitsverhältnisses mit dem Entleiher belegt werden sollte.[511]

270 Diese Ansicht ist inzwischen höchstrichterlich bestätigt worden und wird das BAG[512] in ständiger Rechtsprechung vertreten. § 10 Abs. 1 Satz 1 AÜG a.F. fingiere das Zustandekommen eines Arbeitsverhältnisses ausschließlich bei einer fehlenden Arbeitnehmerüberlassungserlaubnis des Verleihers. Für eine analoge Anwendung dieser Vorschrift fehle es an einer planwidrigen Regelungslücke. Das Unionsrecht gebe kein anderes Ergebnis vor. Die Leiharbeitsrichtlinie 2008/104/EG vom 19.11.2008 sehe keine bestimmte Sanktion bei einem nicht nur vorübergehenden Einsatz des Leiharbeitnehmers vor. Deren Art. 10 Abs. 2 Satz 1 überlasse die Festlegung wirksamer, angemessener und abschreckender Sanktionen bei Verstößen gegen Vorschriften des AÜG den Mitgliedstaaten. Angesichts der Vielzahl möglicher Konsequenzen obliege deren Auswahl dem Gesetzgeber und nicht den Gerichten für Arbeitssachen. Die Auswechslung des Arbeitgebers wäre auch verfassungsrechtlich bedenklich. Es seien eine Vielzahl von Konstellationen denkbar, in denen

---

510 BT-Drucks. 17/4804, 8.
511 FW AÜG zu § 1 Nr. 1.1.3. (3).
512 BAG, 10.12.2013 – 9 AZR 51/13, NZA 2014, 196; BAG, 03.06.2014 – 9 AZR 111/13, AuA 2015, 116; BAG, 03.06.2014 – 9 AZR 829/13, juris; BAG, 29.04.2015 – 9 AZR 883/13, ArbRB 2015, 193; LAG Saarland, 18.12.2013 – 2 TaBV 2/13, juris; LAG Köln, 09.06.2016 – 7 Sa 1146/15, juris; LAG Köln, 20.06.2016 – 2 Sa 1089/15, juris; LAG Baden-Württemberg, 11.02.2016 – 3 TaBV 2/14, AuA 2016, 37; *Bissels* jurisPR-ArbR 35/2016 Anm. 5; *Bissels* jurisPR-ArbR 26/2015 Anm. 5; *Seel* MDR 2014, 814.

Leiharbeitnehmer trotz eines Verstoßes gegen § 1 Abs. 1 Satz 2 AÜG a.F. an ihrem Arbeitsverhältnis zum Verleiher festhalten und keines mit dem Entleiher eingehen wollen würden. Dies könne insbesondere der Fall sein, wenn nur im Betrieb des Verleihers gem. § 23 Abs. 1 KSchG die Vorschriften dieses Gesetzes Anwendung fänden, dort eine ordentliche Kündigung kraft Vereinbarung oder kraft Gesetzes ausgeschlossen sei, bei dem Verleiher die Arbeitsbedingungen für den Leiharbeitnehmer besser seien als bei dem Entleiher oder sich das Unternehmen des Entleihers in wirtschaftlichen Schwierigkeiten befinde. Der Entzug des vom Leiharbeitnehmer gewählten Arbeitgebers durch Gesetz stelle damit einen Eingriff in seine durch Art. 12 GG geschützte Rechtsposition dar.[513]

▶ Hinweis:

Die Fiktion eines Arbeitsverhältnisses bei einem Verstoß gegen das Gebot der vorübergehenden Überlassung ist dabei sowohl für eine vor als auch nach dem 01.12.2011 (maßgeblicher Zeitpunkt des Inkrafttretens von § 1 Abs. 1 Satz 2 AÜG a.F.) erlassene Arbeitnehmerüberlassungserlaubnis ausgeschlossen,[514] wenn und soweit diese nicht wirksam von der zuständigen Erlaubnisbehörde aufgehoben worden ist.[515]

Die h.M. geht davon aus, dass der betroffene Leiharbeitnehmer im Anwendungsbereich des Tarifvertrag Leih-/Zeitarbeit der Metall- und Elektroindustrie in der Fassung vom 24.05.2012 (TV LeiZ)[516] nach Ablauf der dort vorgesehenen zulässigen Höchstüberlassungsdauer einen Anspruch auf Abgabe eines Angebots zum Abschluss eines Arbeitsvertrages[517] nur in Betracht kommt, wenn eine übereinstimmende beidseitige Tarifbindung von Leiharbeitnehmer und Entleiher bestehen sollte[518]; die Bezugnahme auf den TV

---

513 BAG, 10.12.2013 – 9 AZR 51/13, NZA 2014, 196;.
514 Vgl. *Lipinski/Praß* BB 2014, 1467.
515 Zu der Notwendigkeit des Widerrufs nach § 5 Abs. 1 AÜG bei einem Dauerverleih: ArbG Frankfurt/Oder, 07.08.2013 – 6 Ca 154/13, juris; dagegen zu Recht: *Hamann/Rudnik* jurisPR-ArbR 34/2013 Anm. 1.
516 Abrufbar unter: http://www.bw.igm.de/tarife/tarifvertrag.html?id= 52608.
517 Ziff. 4.1., 2. Spiegelstrich TV LeiZ.
518 Vgl. ArbG Paderborn, 05.02.2015 – 5 Ca 1390/14, juris zu einem Übernahmeanspruch des Leiharbeitnehmers gegen den Entleiher aus einer freiwilligen Betriebsvereinbarung nach einer Überlassungsdauer von 18 Monaten.

LeiZ in dem mit dem Verleiher geschlossenen Arbeitsvertrag reicht insoweit nicht aus, um dem Leiharbeitnehmer einen Einstellungsanspruch gegen den Entleiher zu vermitteln, da es sich insoweit um einen unzulässigen Vertrag zugunsten Dritter, nämlich des Entleihers, handeln würde.[519]

272 Die einseitige Tarifbindung des Entleihers ist ebenfalls nicht ausreichend, um einen entsprechenden Anspruch zu begründen; es handelt sich um eine Abschlussnorm, nicht aber um eine tarifliche Bestimmung über betriebliche oder betriebsverfassungsrechtliche Fragen.[520] Bewirkt der Entleiher die Ablösung eines Leiharbeitnehmers, um zu verhindern, dass dieser die 24-monatige Beschäftigungszeit nach Maßgabe des TV LeiZ erfüllt, führt dies ohne Vorliegen weiterer Umstände, die das Vorgehen des Entleihers treuwidrig erscheinen lassen, nicht in analoger Anwendung des § 162 BGB zu einem Anspruch des Leiharbeitnehmers auf Abgabe eines Arbeitsvertragsangebots durch den Entleiher.[521]

▶ Praxistipp:

Trotz der fehlenden individualrechtlichen Sanktionierung des Verstoßes gegen § 1 Abs. 1 Satz 2 AÜG a.F.[522] ist der dauerhafte Einsatz eines Leiharbeitnehmers bei einem Entleiher nicht frei von Risiken. Zumindest bei wiederholten und eindeutigen Verstößen kann die Gefahr begründet

---

519 Vgl. *Hamann* jurisPR-ArbR 9/2015 Anm. 1; *Bissels* jurisPR-ArbR 33/2015 Anm. 3.
520 LAG Baden-Württemberg, 18.06.2015 – 6 Sa 52/14, juris; *Bissels* jurisPR-ArbR 33/2015 Anm. 3 m.w.N.; *Gussen* FA 2014, 365 f., der aber bereits die Wirksamkeit der Abschlussnorm bezweifelt; a.A. wohl: LAG Hamm, 19.01.2017 – 3 Sa 1831/15, juris.
521 LAG Baden-Württemberg, 09.04.2015 – 3 Sa 53/14, NZA-RR 2015, 456; *Bissels* jurisPR-ArbR 32/2015 Anm. 2.
522 Vgl. LAG Baden-Württemberg, 11.02.2016 – 3 TaBV 2/14, AuA 2016, 37, nach dem bei einer dauerhaft angelegten und damit gegen § 1 Abs. 1 Satz 2 AÜG a.F. verstoßenden Personalgestellung nach § 4 Abs. 3 TvöD die mit der Tarifregelung verbundene Erweiterung des Direktionsrechtes des Arbeitgebers, die Erbringung der Arbeitsleistung bei einem Dritten zu verlangen, nicht eintritt.

werden, dass die Erlaubnis des Verleihers gem. § 5 Abs. 1 Nr. 3 AÜG wegen Unzuverlässigkeit widerrufen wird.[523]

▶ Hinweis:

Nachdem ein nach dessen Verständnis dauerhaft überlassener Leiharbeitnehmer mit seiner Klage gescheitert war, feststellen zu lassen, dass zu dem Entleiher ein Arbeitsverhältnis fingiert worden sei, hat dieser die Bundesrepublik Deutschland wegen der (vermeintlich) fehlerhaften Umsetzung der Leiharbeitsrichtlinie auf Schadensersatz in Höhe von 33.000,00 Euro wegen des im Vergleich zu einem vergleichbaren Stammbeschäftigten erhaltenen Minderverdienstes in Anspruch genommen. Dabei stützte sich der Leiharbeitnehmer auf einen unionsrechtlich vermittelten Staatshaftungsanspruch.[524] Die Klage hatte vor dem LG Berlin[525] zu Recht jedoch keinen Erfolg. Das Gericht konnte dabei offen lassen, ob die Leiharbeitsrichtlinie überhaupt fehlerhaft umgesetzt worden ist. Jedenfalls fehle es nach Ansicht des LG Berlin an dem nach dem EU-Recht erforderlichen offenkundigen Verstoß. Denn der Gesetzgeber habe bei der Umsetzung von Richtlinien in das nationale Recht einen weiten Spielraum.

2. Zustimmungsverweigerungsrecht des Betriebsrats

Auf kollektivrechtlicher Ebene wurde diskutiert, ob der Verstoß gegen § 1 Abs. 1 Satz 2 AÜG a.F. den **Betriebsrat des Entleihers** berechtigt, die

273

---

523 *Krannich/Simon* BB 2012, 1419; *Bartl/Romanowski* NZA Online Aufsatz 3/2012, 5; *Hamann*, RdA 2014, 272; gegen eine Versagung oder den Widerruf der Erlaubnis bei Verstößen gegen § 1 Abs. 1 Satz 2 AÜG a. F.: *Zimmermann* FA 2011, 63; ebenso: *Lipinski/Praß* BB 2014, 1468: wegen der völlig unklaren Verhältnisse zu »vorübergehend«; vgl. auch: FW AÜG (Stand Januar 2016) zu § 1 Nr. 1.1.3 Abs. 3, 4: »Das BAG hat entschieden, dass § 1 Abs. 1 Satz 2 die nicht mehr vorübergehende Arbeitnehmerüberlassung verbietet. Das BAG hat jedoch nicht definiert, wann eine Überlassung nicht mehr vorübergehend ist. Zur Rechtsfolge einer nicht mehr vorübergehenden Arbeitnehmerüberlassung hat das BAG auf den Gesetzgeber verwiesen. In der Prüfpraxis können die Verleiher auf die Rechtsprechung des BAG hingewiesen werden. Aufgrund der bestehenden Rechtsunsicherheit kann die BA nur in den Fällen tätig werden, bei denen eine dauerhafte Überlassung eindeutig ist. In solchen Fällen sollte auf eine Änderung des Überlassungsvertrages bzw. auf eine rechtlich zulässige Überlassung hingewirkt werden.«.
524 Dazu: *Zimmermann* ArbR 2015, 165 ff.; *Hamann* RdA 2014, 276 f.
525 LG Berlin, 22.02.2016 – 28 O 6/15.

§ 1 AÜG Arbeitnehmerüberlassung, Erlaubnispflicht

Zustimmung zum beabsichtigten Einsatz des Leiharbeitnehmers nach § 99 Abs. 2 Nr. 1 BetrVG zu verweigern. Dies ist nicht der Fall.[526]

§ 1 Abs. 1 Satz 2 AÜG a.F. stellt bereits kein Verbotsgesetz im Sinne von § 99 Abs. 2 Nr. 1 BetrVG dar, das die personelle Maßnahme als solche gesetzeswidrig erscheinen lässt. Aus der Norm ergibt sich nicht mit der erforderlichen Deutlichkeit, dass – ausgehend vom Zweck der gesetzlichen Regelung – die Einstellung an sich verhindert werden soll.[527] Dafür spricht neben dem Wortlaut von § 1 Abs. 1 Satz 2 AÜG a.F. die Entstehungsgeschichte der Vorschrift.[528] Auch und Maßgabe von europarechtlichen Erwägungen ist keine abweichende Bewertung angezeigt. Die Leiharbeitsrichtlinie gibt keine Veranlassung zu einer abweichenden Auslegung. Ausweislich der Begriffsbestimmung in Art. 3 Abs. 1c der Richtlinie bezieht sich »vorübergehend« auf den zeitlich beschränkten Einsatz des Leiharbeitnehmers bei den Entleiher. Nach Ende des vorübergehenden Einsatzes »fällt« dieser wieder an den Verleiher zurück, mit dem ihn in der Regel ein unbefristetes, dauerhaftes Arbeitsverhältnis verbindet.[529]

274 Dieser Ansicht ist das BAG[530] nicht gefolgt. Vielmehr hat es mit der herrschenden Ansicht in der Rechtsprechung ein Zustimmungsverweigerungsrecht

---

526 LAG Niedersachsen, 14.11.2012 – 12 TaBV 61/12, juris; ArbG Leipzig, 23.03.2012 – 3 BV 84/11, juris; ArbG Mönchengladbach, 29.03.2012 – 1 BV 14/12, juris; *Lembke* BB 2012, 2501; *Giesen* FA 2012, 69; *Teusch/Verstege* NZA 2012, 1239 f.; offengelassen: LAG Niedersachsen, 16.11.2011 – 17 TaBV 99/11, juris; LAG Hessen, 19.06.2012 – 4 TaBV 158/11, juris; a.A. LAG Schleswig-Holstein, 08.01.2014 – 3 TaBV 43/13, juris; LAG Hamburg, 29.08.2013 – 1 TaBV 3/13, AE 2014, 36; LAG Berlin-Brandenburg LAG Berlin-Brandenburg, 09.01.2013 – 24 TaBV 1868/12, juris; LAG Berlin-Brandenburg, 09.01.2013 – 24 TaBV 1869/12, juris; LAG Berlin-Brandenburg, 19.12.2012 – 4 TaBV 1163/12, juris; LAG Berlin-Brandenburg, 19.12.2012 – 4 TaBV 1163/12, juris; LAG Niedersachsen, 19.09.2012 – 17 TaBV 124/11, juris; ArbG Cottbus, 26.09.2012 – 2 BV 36/12, juris; ArbG Cottbus, 19.06.2013 – 5 BV 73/12, juris; *Zimmermann* ArbR 2011, 63; *Hamann* NZA 2011, 75; *Bartl/Romanowski* NZA Online Aufsatz 3/2012, 6.
527 Mit ausführlicher und überzeugender Begründung: LAG Niedersachsen, 14.11.2012 – 12 TaBV 61/12, juris; *Teusch/Verstege* NZA 2012, 1230.
528 Im Einzelnen dazu: *Teusch/Verstege* NZA 2012, 1230.
529 So LAG Niedersachsen, 14.11.2012 – 12 TaBV 61/12, juris.
530 BAG, 10.07.2013 – 7 ABR 91/11, NZA 2013, 1296; BAG, 30.09.2014 – 1 ABR 79/12, NZA 2015, 240; sich anschließend: LAG Hessen, 20.11.2014 – 9 TaBV

des bei dem Entleiher gebildeten Betriebsrats bejaht, wenn der geplante Einsatz des Leiharbeitnehmers gegen § 1 Abs. 1 Satz 2 AÜG a.F. verstößt. Die Bestimmung enthalte nicht lediglich einen unverbindlichen Programmsatz, sondern untersage die nicht nur vorübergehende Arbeitnehmerüberlassung. Sie diene zum einen dem Schutz der Leiharbeitnehmer. Zum andern solle sie auch die dauerhafte Aufspaltung der Belegschaft des Entleiherbetriebs in eine Stammbelegschaft und eine entliehene Belegschaft verhindern. Der Betriebsrat des Entleiherbetriebs könne daher seine Zustimmung zur Einstellung von Leiharbeitnehmern verweigern, wenn diese im Entleiherbetrieb nicht nur vorübergehend beschäftigt werden sollten. Dabei komme es nicht darauf an, ob und ggf. welche Rechtsfolgen sich aus einem Verstoß gegen § 1 Abs. 1 Satz 2 AÜG a.F. für das Rechtsverhältnis des einzelnen Leiharbeitnehmers zum Entleiher ergäben.[531]

▶ Praxistipp:

Sollte der bei dem Entleiher bestehende Betriebsrat dem Einsatz des Leiharbeitnehmers wegen des Verstoßes gegen § 1 Abs. 1 Satz 2 AÜG a.F. gem. § 99 Abs. 2 Nr. 1 BetrVG ablehnen, kann die Maßnahme auf Grundlage von § 100 Abs. 1, 2 BetrVG dennoch vorläufig umgesetzt[532] und damit de facto ein längerfristiger Einsatz des Leiharbeitnehmers bei dem Entleiher erreicht werden. Erst wenn das Gericht rechtskräftig die Ersetzung der Zustimmung ablehnt oder feststellt, dass die Einstellung aus sachlichen Gründen offensichtlich nicht erforderlich war, muss der konkrete Einsatz eines Leiharbeitnehmers beendet werden. Das LAG Schleswig-Holstein[533] hat dieses Vorgehen ausdrücklich bestätigt und festgestellt, dass dem Entleiher – unabhängig von der materiellen Rechtmäßigkeit – der wiederholte, auf drei Monate befristete Einsatz eines Leiharbeitnehmers betriebsverfassungsrechtlich erlaubt sei, wenn dieser das Verfahren nach § 100

108/14, juris; LAG Hamburg, 23.09.2014 – 2 TaBV 6/14, juris; LAG Schleswig-Holstein, 24.10.2013 – 4 TaBV 8/13, juris; LAG Schleswig-Holstein, 06.07.2016 – 3 TaBV 9/16, juris; LAG Berlin-Brandenburg, 21.08.2014 – 10 TaBV 671/14, juris; die Rechtsprechung des BAG ausdrücklich ablehnend: LAG Nürnberg, 20.10.2013 – 7 TaBV 15/13, AuA 2015, 123; LAG Nürnberg, 09.05.2014 – 3 TaBV 29/13, juris; Seel FA 2014, 10; dazu: Bissels jurisPR-ArbR 10/2015 Anm. 1.
531 Vgl. BAG, 10.07.2013 – 7 ABR 91/11, NZA 2013, 1296.
532 Dazu: Seel MDR 2014, 815; Lipinski/Praß BB 2014, 1466.
533 LAG Schleswig-Holstein, 10.05.2016 – 1 TaBV 59/15, ArbR 2016, 417.

BetrVG ordnungsgemäß durchführe. Der Umstand, dass in diesen Fällen regelmäßig keine Entscheidung über die materielle Rechtmäßigkeit der Zustimmungsverweigerung (Vorliegen eines Zustimmungsverweigerungsrechts nach § 99 Abs. 2 Nr. 1 BetrVG i.V.m. § 1 Abs. 1 Satz 2 AÜG a.F.) ergehe, mache das Vorgehen des Arbeitgebers nicht rechtsmissbräuchlich. Der Schutz der Betriebsratsrechte bei Einstellungen sei vom Gesetzgeber nicht lückenlos vorgesehen.[534].

▶ Hinweis:

In Nr. 2.3 des Tarifvertrages Leih-/Zeitarbeit für die Metall- und Elektroindustrie in der Fassung vom 24.05.2012 (TV LeiZ)[535] ist festgelegt, dass der Einsatz eines Leiharbeitnehmers als vorläufige personelle Maßnahme nicht sofort, sondern frühestens 10 Kalendertage nach dem Antrag des Arbeitgebers an den Betriebsrat auf Zustimmung nach § 99 Abs. 1 BetrVG oder frühestens 3 Kalendertage nach erfolgter Zustimmungsverweigerung nach § 99 Abs. 2 BetrVG durchgeführt werden darf.[536] Die Zwischenzeit soll genutzt werden, um eine betriebliche Lösung herbeizuführen.[537] Insoweit sind die Möglichkeiten der vorläufigen Umsetzung nach § 100 BetrVG im Anwendungsbereich des TV LeiZ erheblich eingeschränkt worden, um das Zustimmungsverweigerungsrecht des Betriebsrates im Ergebnis nicht ins Leere laufen zu lassen.

275 Mit der herrschenden Ansicht ist davon auszugehen, dass der Betriebsrat des Entleiherbetriebs bei einem Verstoß gegen § 1 Abs. 1 Satz 2 a.F. AÜG nicht verlangen kann, dass der Leiharbeitnehmer nach Maßgabe der dort geltenden Tarifverträge einzugruppieren, seine Zustimmung hierzu einzuholen und im Verweigerungsfall ein Zustimmungsersetzungsverfahren durchzuführen ist.[538]

---

534 Vgl. LAG Schleswig-Holstein, 10.05.2016 – 1 TaBV 59/15, ArbR 2016, 417.
535 Abrufbar unter: http://www.bw.igm.de/tarife/tarifvertrag.html?id= 52608.
536 Diese Beschränkungen gelten gem. Nr. 3.2 TV LeiZ nicht, wenn eine Betriebsvereinbarung zum Einsatz von Leiharbeitnehmern abgeschlossen worden ist.
537 Dazu *Krause* NZA 2012, 834; *Bayreuther* NZA Beilage 4/2012, 119; *Ulber* AuR 2013, 117 f.
538 LAG Berlin-Brandenburg 09.10.2014 – 14 TaBV 940/14, ArbR 2015, 162; ArbG Cottbus, 02.04.2014 – 2 BV 95/13; *Bissels* jurisPR-ArbR 16/2015 Anm. 5; a.A. ArbG Cottbus, 06.02.2014 – 3 BV 96/13, juris.

Zumindest ist der **Betriebsrat des Verleihers** nicht berechtigt, einer Einstellung eines Leiharbeitnehmers gem. § 99 Abs. 2 Nr. 1 BetrVG zu widersprechen, der für eine entgegen § 1 Abs. 1 Satz 2 AÜG a.F. nicht nur vorübergehend geplante Arbeitnehmerüberlassung bei dem Entleiher vorgesehen ist;[539] eine gegenteilige Ansicht liefe auf eine vom Normzweck nicht umfasste Vertragsinhaltskontrolle hinaus. Zudem würde eine solche die betroffenen Leiharbeitnehmer nicht schützen, sondern benachteiligen, da diese im Fall eines begründeten Widerspruchs des Betriebsrats gar nicht erst eingestellt werden könnten. Ist die Einstellung beim Verleiher dagegen zulässig, haben die betroffenen Arbeitnehmer die Möglichkeit, sich gegen einen (etwaigen) Verstoß gegen das AÜG rechtlich zur Wehr zu setzen. Der Betriebsrat des Verleihers macht daher mit der Verweigerung der Zustimmung keinen Verstoß bei der Einstellung, sondern lediglich bei der Durchführung des Arbeitsvertrages gegen eine Rechtsnorm geltend.[540] 276

C. Offenlegungs- und Konkretisierungspflicht – Abs. 1 Sätze 5 und 6

Mit Wirkung zum 01.04.2017[541] wurden in § 1 Abs. 1 Satz 5, 6 AÜG weitere formale Pflichten für Verleiher und Entleiher in Zusammenhang mit dem Abschluss des Arbeitnehmerüberlassungsvertrages und dem Einsatz eines Leiharbeitnehmers begründet. Danach haben Verleiher und Entleiher die Überlassung von Leiharbeitnehmern in ihrem Vertrag ausdrücklich als Arbeitnehmerüberlassung zu bezeichnen, bevor sie den Leiharbeitnehmer überlassen oder tätig werden lassen; vor der Überlassung haben sie die Person des Leiharbeitnehmers unter Bezugnahme auf diesen Vertrag zu konkretisieren. 277

Mit der Neuregelung in § 1 Abs. 1 Satz 5, 6 AÜG sollen laut Gesetzesbegründung[542] missbräuchliche Gestaltungen des Fremdpersonaleinsatzes in Form der verdeckten Arbeitnehmerüberlassung vermieden werden. In der Vergangenheit sind Fälle aufgetreten, bei denen Arbeitnehmer im Rahmen eines bloß formal als Werkvertrag bezeichneten Vertrags an einen Dritten überlassen worden sind. Gleichzeitig hat der vermeintliche Werkunternehmer eine Verleiherlaubnis vorrätig gehalten. Wurde deutlich, dass der vermeintliche 278

---

539 LAG Hessen, 19.06.2012 – 4 TaBV 158/11, ArbR 2013, 115; LAG Hessen, 25.09.2012 – 4 TaBV 239/11, juris; *Müller* ArbR 2013, 115.
540 So LAG Hessen, 19.06.2012 – 4 TaBV 158/11, juris.
541 Gesetz zur Änderung des Arbeitnehmerüberlassungsgesetzes und anderer Gesetze vom 21.02.2017, BGBl. I, 258.
542 BT-Drucks. 18/9232, 16, 19.

Werkvertrag tatsächlich als Überlassungsvertrag zwischen den Parteien gelebt wurde, weil der Dritte arbeitsrechtliche Weisungsrechte gegenüber den eingesetzten Arbeitnehmern ausübte, konnte der vermeintliche Werkunternehmer die auf Vorrat gehaltene Verleiherlaubnis vorlegen, um das Eingreifen der im AÜG vorgesehenen Rechtsfolgen einer illegalen Arbeitnehmerüberlassung, insbesondere die Fiktion eines Arbeitsverhältnisses[543], zu verhindern (sog. Fallschirmlösung). Der vermeintliche Werkunternehmer und sein Auftraggeber sollen durch die Änderung des AÜG zukünftig auch bei Vorlage einer Verleiherlaubnis nicht besser gestellt sein, als derjenige, der ohne die erforderliche Erlaubnis Arbeitnehmerüberlassung betreibt. Arbeitnehmerüberlassung soll deshalb nach der Neuregelung gem. § 1 Abs. 1 Satz 5, 6 AÜG zwingend offengelegt erfolgen und die verdeckte Arbeitnehmerüberlassung sanktioniert werden.[544] Der Gesetzgeber schließt sich mit der Neuregelung damit der von der Mindermeinung in der Rechtsprechung vertretenen Ansicht[545] an, dass es

---

543 BAG, 12.07.2016 – 9 AZR 352/15, GWR 2016, 367; BAG, 12.07.2016 – 9 AZR 51/15, juris; BAG, 12.07.2016 – 9 AZR 359/15, juris; BAG, 12.07.2016 – 9 AZR 537/15, juris; BAG, 12.07.2016 – 9 AZR 595/15, juris: »§ 10 Abs. 1 Satz 1 AÜG fingiert iVm. § 9 Nr. 1 AÜG das Zustandekommen eines Arbeitsverhältnisses ausschließlich bei fehlender Arbeitnehmerüberlassungserlaubnis des Verleihers. Für eine analoge Anwendung dieser Vorschrift bei verdeckter Arbeitnehmerüberlassung fehlt es an einer planwidrigen Regelungslücke. Der Gesetzgeber hat für eine solche nicht offene Arbeitnehmerüberlassung bewusst nicht die Rechtsfolge der Begründung eines Arbeitsverhältnisses mit dem Entleiher angeordnet.«; LSG Sachsen, 22.04.2016 – L 1 KR 228/11, juris; in diesem Sinne bereits: LAG Baden-Württemberg, 18.12.2014 – 3 Sa 33/14, AuA 2015, 113; LAG Rheinland-Pfalz, 14.03.2016 – 3 Sa 476/15, juris; LAG Baden-Württemberg, 09.04.2015 – 3 Sa 53/14, NZA-RR 2015, 456; LAG Baden-Württemberg, 07.05.2015 – 6 Sa 78/14, NZA-RR 2015, 520; LAG Rheinland-Pfalz, 28.05.2015 – 2 Sa 689/14, NZA-RR 2015, 625; LAG Baden-Württemberg, 12.08.2015 – 21 Sa 98/14, juris; LAG Baden-Württemberg, 08.09.2015 – 15 Sa 90/14, juris; *Bissels/Falter* DB 2015, 1842; *Bissels* BB 2015, 960; *Bissels* jurisPR-ArbR 32/2015 Anm. 2; *Hamann* jurisPR-ArbR 14/2015 Anm. 1; *Seier* DB 2015, 494 ff.; *Ulrici* BB 2015, 1209 ff.; offenlassend: LAG Berlin-Brandenburg, 05.11.2015 – 21 Sa 2326/14, juris; a.A. LAG Baden-Württemberg, 03.12.2014 – 4 Sa 41/14, NZA-RR 2015, 177 unter Berufung auf ein treuwidriges widersprüchliches Verhalten; *Brose* DB 2014, 1739 ff.; ausführlich zu den Folgen eines »Scheinwerkvertrages«: *Hamann/Rudnik* NZA 2015, 449 ff.
544 So ausdrücklich BT-Drucks. 18/9232, 19.
545 LAG Baden-Württemberg, 03.12.2014 – 4 Sa 41/14, NZA-RR 2015, 177.

widersprüchlich sein soll, sich einerseits aufgrund des besonderen Schutzzweckes des AÜG und des Typenzwangs bei der Einordnung des Rechtsverhältnisses auf die tatsächliche Durchführung zu berufen, aber andererseits bei der Frage, ob eine nur vorsorglich eingeholte Arbeitnehmerüberlassung ausreichend ist, einen formalistischen Standpunkt einzunehmen.[546]

I. Offenlegungspflicht

§ 1 Abs. 1 Satz 5 AÜG verpflichtet Verleiher und Entleiher dazu, die geplante Überlassung von Leiharbeitnehmern ausdrücklich als Arbeitnehmerüberlassung in dem zu schließenden Arbeitnehmerüberlassungsvertrag zu bezeichnen. Dies hat bereits vor dem konkreten Einsatz der Leiharbeitnehmer und damit vor dem Beginn der Überlassung bei dem Entleiher zu erfolgen. Dabei ist die Schriftform nach § 12 Abs. 1 Satz 1 AÜG zu beachten.[547]

279

▶ Hinweis;

Diese kann nach der h.M. durch die elektronische Form ersetzt werden (§§ 126 Abs. 3, 126a BGB);[548] dabei muss der Aussteller der Erklärung dieser seinen Namen hinzufügen und das elektronische Dokument mit einer qualifizierten elektronischen Signatur nach dem Signaturgesetz versehen. Werden von einem elektronischen Vertragsdokument mehrere inhaltlich identische Exemplare erstellt, soll es genügen, wenn jeder Vertragspartner nur die für den jeweils anderen Teil bestimmte elektronische Ausfertigung signiert.[549] Es sind zudem auch Mischformen zwischen der »klassischen« Schriftform und der elektronischen Form möglich: dabei soll es ausreichen, wenn nur ein Vertragspartner das für den anderen Teil bestimmte Vertragsdokument elektronisch signiert, während der andere Teil das für jenen bestimmte, inhaltlich gleich lautende Exemplar in der Schriftform nach § 126 Abs. 1 BGB unterzeichnet.[550] In diesem Fall genü-

---

546 Vgl. Stellungnahme des Deutschen Anwaltvereins zum Referentenentwurf eines Gesetzes zur Änderung des Arbeitnehmerüberlassungsgesetzes und anderer Gesetze aus März 2016, S. 11.
547 Vgl. *Bissels* DB 2017, 247; *Kainer/Schweipert* NZA 2015, 15; BeckOK/*Motz* § 12 AÜG Rn. 8; BeckOK/*Kock* § 1 AÜG Rn. 133.
548 *Boemke/Lembke* § 12 AÜG Rn. 10.
549 Palandt/*Ellenberger* § 126a BGB Rn. 10.
550 Vgl. Palandt/*Ellenberger* § 126a BGB Rn. 10; Staudinger/*Hertel* § 126a BGB Rn. 57; *Bamberger/Roth* § 126a BGB Rn. 8.

gen beide Erklärungen je für sich der erforderlichen Form.[551] Zudem geht die h.M. davon aus, dass es bei der elektronischen Form – wie bei der Schriftform – genügen soll, wenn eine Partei ein elektronisches Dokument mit dem gesamten Vertragstext erstellt und beide Parteien dieses Dokument mit ihren elektronischen Signaturen versehen.[552] Die elektronische Form hat allerdings – unter Beachtung des nicht unerheblichen Aufwandes in Zusammenhang mit der Erlangung einer entsprechenden qualifizierten elektronischen Signatur – in der Praxis zumindest keine maßgebliche Verbreitung gefunden.

280 Die formale Anforderung der Offenlegung dürfte in der Praxis bei »reinen« Zeitarbeitsunternehmen auch ohne ausdrückliche gesetzliche Anordnung in der Regel bereits erfüllt sein. In diesem Zusammenhang dürfte ausreichend sein, die Vereinbarung als »Arbeitnehmerüberlassungsvertrag« in der Überschrift zu bezeichnen. Ergänzend sollte in der Vereinbarung geregelt werden, dass sich den Verleiher verpflichtet, dem Entleiher auf Anforderung Arbeitnehmer, die in einem Arbeitsverhältnis zu dem Verleiher stehen, zur Arbeitsleistung zu überlassen. Auch ohne eine entsprechende Überschrift kann sich aus der inhaltlichen Regelung des Vertrags, insb. durch eine Bezugnahme auf die gesetzlichen Bestimmungen des AÜG, eine entsprechende Offenlegung ergeben.[553] Stehen Zeitraum und Ort der Überlassung sowie die zu überlassenden Arbeitnehmer bereits fest, können diese Angaben ebenfalls in den Arbeitnehmerüberlassungsvertrag aufgenommen werden; damit würde auch gleichzeitig der Konkretisierungspflicht nach § 1 Abs. 1 Satz 6 AÜG entsprochen. Zwingend ist dies aber nicht. Für die Erfüllung der Offenlegungspflicht nach § 1 Abs. 1 Satz 5 AÜG ist eine abstrakt gehaltene Festlegung und ein damit verbundenes vertragliches Bekenntnis, eine Arbeitnehmerüberlassung durchführen zu wollen, ausreichend.

▶ Hinweis:

Für Personaldienstleister, die sich ausschließlich mit Arbeitnehmerüberlassung befassen, bringt § 1 Abs. 1 Satz 5 AÜG keine wesentlichen Änderungen mit sich. Die in der Praxis bisher verwendeten Verträge dürften bereits einen allgemeinen Hinweis, dass eine Arbeitnehmerüberlassung

---

551 Staudinger/*Hertel* § 126a BGB Rn. 57.
552 MünchKomm/*Einsele* § 126a BGB Rn. 26; Staudinger/*Hertel* § 126a BGB Rn. 56.
553 In diesem Sinne wohl: *Bertram* AIP 3/2017, 22.

erfolgen soll, vorsehen und dürften daher nicht angepasst werden müssen. Zu beachten ist dabei aber, dass die Offenlegung zeitlich vor dem konkreten Einsatz erfolgen muss. Eine »Rückdatierung« von Arbeitnehmerüberlassungsverträgen ist zukünftig mit dem Risiko behaftet, dass wegen der Missachtung von § 1 Abs. 1 Satz 5 AÜG ein Arbeitsverhältnis mit dem Entleiher fingiert wird.[554] Dieser ist vor dem Einsatz grds. beid- bzw. wechselseitig d.h. von Verleiher und Entleiher, zu unterschreiben (Schriftform nach § 12 Abs. 1 Satz 1 AÜG) und im Original zu übergeben. Vor diesem Hintergrund ist ein entsprechendes Vertragsmanagement/-monitoring zukünftig unerlässlich.

▶ Praxistipp:

Dabei ist zu beachten, dass die BA von einer (verfassungsrechtlich bedenklichen) Rückwirkung von § 1 Abs. 1 Satz 5 AÜG für vor dem 01.04.2017 geschlossene Vereinbarungen ausgeht.[555] Folglich sollte dafür Sorge getragen worden sein, dass die Offenlegungspflicht auch bei Altverträgen beachtet wird. Sollte eine (formwirksame) Offenlegung vor dem 01.04.2017 nicht erfolgt sein, sollte diese bis spätestens zum 01.04.2017 nachgeholt worden sein.

Schwieriger gestaltet sich die Situation bzgl. der Offenlegungspflicht nach § 1 Abs. 1 Satz 5 AÜG bei sog. Mischunternehmen, die Fremdpersonal neben einer Arbeitnehmerüberlassung auch in Werk- oder Dienstverträgen bei deren Auftraggebern einsetzen, oder Unternehmen, die ausschließlich auf Grundlage von Werk- oder Dienstverträgen mit einer »gewissen Nähe« zur Arbeitnehmerüberlassung tätig sind. Die beteiligten Parteien müssen im Vorhinein den gewählten Vertragstypus festlegen und sich – sofern diese eine Arbeitnehmerüberlassung betreiben wollen – dazu durch eine entsprechende Gestaltung des Vertrags auch ausdrücklich bekennen. Dies kann gerade im »Grenzbereich«, in dem – auch unter Berücksichtigung der immer nur den Einzelfall betrachtenden und inzwischen höchst unübersichtlichen Rechtsprechung – nicht hinreichend klar abgrenzbar ist, ob noch ein Werk-/Dienstvertrag oder schon eine Arbeitnehmerüberlassung vorliegt, mit gewissen (Prognose-)Risiken verbunden sein.[556] Dies gilt insbesondere bei IT-Dienstleistern, deren Arbeitnehmer

281

---

554 Dazu: Rdn. 283.
555 Vgl. FW AÜG zu § 1 Nr. 1.1.6.7 (3).
556 Vgl. *Böhm* NZA 2016, 529, der in diesem Zusammenhang zu Recht von einem »Lotteriespiel« spricht.

aufgrund der Natur der zu erbringenden Leistungen vor Ort bei dem Kunden in die betriebsorganisatorischen Abläufe und ggf. in gemischte Teams eingebunden werden müssen. Die Parteien müssen sich deutlich in dem zu schließenden Vertrag auf eine Arbeitnehmerüberlassung festlegen, wenn und soweit sie die mit einem Verstoß gegen § 1 Abs. 1 Satz 5 AÜG verbundenen Rechtsfolgen vermeiden möchten. Die Beteiligten können sich zukünftig nicht mehr ohne weiteres auf die legitimierende Wirkung einer Vorratserlaubnis nach § 1 AÜG verlassen, indem sich diese im Zweifel für den gesetzlich weniger reglementierten Werk-/Dienstvertrag entscheiden, selbst wenn dieser im Nachhinein als verdeckte Arbeitnehmerüberlassung zu qualifizieren sein sollte.

282 Ob dies – wie gesetzgeberisch intendiert – dazu führt, dass sich die beteiligten Parteien präventiv für die Durchführung der gesetzlich streng reglementierten Arbeitnehmerüberlassung unter Einhaltung der Pflichten nach § 1 Abs. 1 Satz 5, 6 AÜG entscheiden, obwohl diese an sich einen Werk-/Dienstvertrag im »Grenzbereich« durchzuführen beabsichtigen, bleibt abzuwarten.

▶ Praxistipp:

Im Zweifel ist in diesem Zusammenhang eine vertiefte Prüfung des gewählten Vertrages und der bekannten Einsatzumstände – auch durch externe Unterstützung – erforderlich, um eine Entscheidung treffen zu können, welcher Vertragstyp der gesetzlich vorgesehene für den geplanten Einsatz ist. Kritisch ist anzumerken, dass der Gesetzgeber die im Einzelfall äußerst schwierige Prüfung, ob eine Arbeitnehmerüberlassung oder ein Werk-/Dienstvertrag vorliegt, nicht nur demjenigen aufbürdet, der rechtsmissbräuchlich handelt, sondern auch demjenigen, der den Vertrag nicht vorwerfbar objektiv fehlerhaft einordnet.[557]

283 Ein Verstoß gegen die Offenlegungs- und Konkretisierungspflicht[558] bedingt die Unwirksamkeit des zwischen dem Verleiher und dem Leiharbeitnehmer geschlossenen Arbeitsvertrages, allerdings verbunden mit der Möglichkeit, dass der Leiharbeitnehmer bis zum Ablauf eines Monates nach dem zwischen Verleiher und Entleiher für den Beginn der Überlassung vorgesehenen Zeitpunkt eine schriftliche Erklärung abgibt, dass er an dem Arbeitsverhältnis mit dem Verleiher festhält (§ 9 Abs. 1 Nr. 1a AÜG).[559] Wird eine solche Erklärung

---

557 So zu Recht: *Seel* öAT 2016, 26.
558 Dazu sogleich: Rdn. 284.
559 Dazu ausführlich § 9 Rdn. 5.

nicht, nicht form- oder vertragsgemäß bzw. nicht fristgerecht abgegeben, wird ein Arbeitsverhältnis zwischen dem Entleiher und dem Leiharbeitnehmer fingiert (§ 10 Abs. 1 AÜG).

Die Formulierung von § 9 Abs. 1 Nr. 1a AÜG ist durch die »Und-«Verknüpfungen zwischen der Offenlegungs- und der Konkretisierungspflicht so zu verstehen, dass sowohl § 1 Abs. 1 Satz 5 AÜG als auch § 1 Abs. 1 Satz 6 AÜG verletzt sein müssen, um auf der Rechtsfolgenseite die Unwirksamkeit des zwischen dem Verleiher und dem Leiharbeitnehmer geschlossenen Arbeitsvertrages auszulösen.[560] Ansonsten hätte der Gesetzgeber dies leicht durch eine »Oder«-Verbindung der beiden Verpflichtungen eindeutig formulieren können und auch müssen. Die Missachtung der Offenlegungs- oder der Konkretisierungspflicht ist dafür nicht ausreichend. Bestätigt wird dieser Befund durch die Gesetzesbegründung, in der immer kumulativ an die Verletzung von § 1 Abs. 1 Satz 5 und 6 AÜG angeknüpft wird.[561] Dies bedeutet, dass die Verletzung nur der Offenlegungspflicht bei gleichzeitiger Erfüllung der Konkretisierungspflicht genauso wenig wie der umgekehrte Fall ausreichend ist, um die Unwirksamkeit des zwischen dem Verleiher und dem Leiharbeitnehmer bestehenden Arbeitsvertrages zu begründen.[562] In der Praxis werden die beiden Pflichtverstöße allerdings regelmäßig parallel erfüllt sein: wenn die Parteien übereinstimmend davon ausgehen, einen Werkvertrag abzuschließen und durchzuführen, besteht keine Notwendigkeit eine Arbeitnehmerüberlassung offenzulegen (eine solche ist gerade nicht gewollt) oder die de facto überlassenen Arbeitnehmer vor dem Einsatz zu konkretisieren. Zu einem Auseinanderfallen kann es aber kommen, wenn die Parteien tatsächlich »offen« eine Arbeitnehmerüberlassung in einem Rahmenvertrag vereinbart und dies dort gemäß § 1 Abs. 1 Satz 5 AÜG offengelegt haben, es in der täglichen Abwicklung der Arbeitnehmerüberlassung aber versäumt wird, insbesondere nach einem kurzfristigen krankheitsbedingten Ausfall eines überlassenen (und im Vorfeld hinreichend konkretisierten) Arbeitnehmers, die von dem Entleiher angefragte und vom Verleiher zur Verfügung gestellte Ersatzkraft rechtzeitig

284

---

560 So auch: *Bissels* DB 2017, 248; *Bissels/Falter* ArbR 2017, 34; *Kainer/Schweipert* NZA 2017, 17; *Lembke* NZA 2017, 8; *Schiefer/Köster/Borchard/Koste* DB 2017, 549; a.A. wohl *Gaul/Hahne*, BB 2016, 59 (»und/oder«); in diesem Sinne auch *Hamann* juris PR-ArbR 15/2017 Anm. 3 mit einem Hinweis auf eine „sprachliche Unregelmäßigkeit" des Gesetzgebers.
561 Vgl. BT-Drucks. 18/9232, 25.
562 Ausführlich dazu: *Bissels* NZA 2017, 214 ff.

i.S.v. § 1 Abs. 1 Satz 6 AÜG zu bezeichnen. In diesem Fall dürfte es nach der gesetzlichen Systematik zu keiner Unwirksamkeit des zwischen dem Verleiher und dem Leiharbeitnehmer geschlossenen Arbeitsvertrages nach § 9 Abs. 1 Nr. 1a AÜG kommen. Der singuläre Pflichtverstoß gegen § 1 Abs. 1 Satz 5 oder Satz 6 AÜG wird nicht entsprechend sanktioniert. Dies gilt im Übrigen auch bei (Sub-)Contracting-Modellen[563], wenn sich der an sich abgeschlossene Werk-/Dienstvertrag als verdeckte Arbeitnehmerüberlassung herausstellt, der Auftragnehmer über eine Erlaubnis nach § 1 AÜG verfügt und die eingesetzte Person in dem zwischen Auftraggeber und Auftragnehmer abgeschlossenen Vertrag namentlich bezeichnet worden ist.[564] Es liegt in diesem Fall nur eine Verletzung von § 1 Abs. 1 Satz 5 AÜG, nicht hingegen von § 1 Abs. 1 Satz 6 vor. Dies ist für die Fiktion eines Arbeitsverhältnisses zwischen dem vermeintlichen Besteller und dem de facto als Leiharbeitnehmer eingesetzten Mitarbeiter nicht ausreichend.

Selbst wenn insoweit eine abweichende Ansicht vertreten und der singuläre Verstoß gegen die Offenlegungs- oder Konkretisierungspflicht als ausreichend angesehen werden sollte, um die Rechtsfolgen nach §§ 9 Abs. 1 Nr. 1a, 10 Abs. 1 AÜG auszulösen, ist unter Berücksichtigung des Gesetzeszwecks davon auszugehen, dass dafür erforderlich ist, dass der entsprechende Pflicht in Gänze nicht entsprochen wird, dh. es erfolgt schlichtweg keine Offenlegung der Arbeitnehmerüberlassung oder keine Konkretisierung des eingesetzten Leiharbeitnehmers. Wird die Pflicht dem Grunde nach erfüllt, dabei aber nicht die (vermeintlich) erforderliche Form[565] eingehalten, haben die Parteien den grundsätzlichen Normbefehl verstanden und beabsichtigten, diesen zu befolgen, nur nicht in der rechten Form. Mit der Neuregelung in § 1 Abs. 1 Satz 5 und 6 AÜG sollen nach dem Willen des Gesetzgebers[566] missbräuchliche Gestaltungen des Fremdpersonaleinsatzes in Form der verdeckten Arbeitnehmerüberlassung vermieden werden. Die Parteien, die die Offenlegungs- oder Konkretisierungspflicht lediglich nicht formgerecht erfüllt haben, haben sich aber ausdrücklich zur Arbeitnehmerüberlassung bekannt; ein missbräuchlicher Fremdpersonaleinsatz in Form eines Scheinwerk-/Scheindienstvertrages war gerade nicht vorgesehen. Vor diesem Hintergrund kann die Nichteinhaltung einer ggf. zu beachtenden Form unter Berücksichtigung des erheblichen

---

563 Dazu: Rdn. 38 f.
564 *Bissels* NZA 2017, 219 f.
565 Dazu Rdn. 279, 292.
566 BT-Drucks. 18/9232, 19.

Eingriffs in das vertragliche Gesamtgefüge nicht ausreichen, um ein Arbeitsverhältnis zwischen Entleiher und Leiharbeitnehmer zu fingieren.[567]

Der Verstoß gegen § 1 Abs. 1 Satz 5 AÜG stellt darüber hinaus sowohl für den Verleiher als auch den Entleiher eine Ordnungswidrigkeit mit einem Bußgeld von bis zu 30.000,00 € dar, wenn die Überlassung nicht, nicht richtig oder nicht rechtzeitig als solche bezeichnet wird (§ 16 Abs. 1 Nr. 1c, Abs. 2 AÜG). Die Rechtsfolgen bei Verstößen gegen die Offenlegungspflicht und die vorgesehene Möglichkeit der Ahndung mit einer Geldbuße bei einem vorsätzlichen oder fahrlässigen und damit schuldhaften Verstoß sollen laut Gesetzesbegründung[568] geeignet sein, um den missbräuchlichen Fremdpersonaleinsatz durch eine verdeckte Arbeitnehmerüberlassung bzw. einen Scheinwerkvertrag zu vermeiden. Mildere Mittel als die Pflicht, Arbeitnehmerüberlassung offenzulegen, die bei der Missbrauchsbekämpfung mindestens ebenso effektiv sind, sollen nicht ersichtlich sein. Die Rechtsfolgen und Sanktionen sollen angesichts der zu schützenden berechtigten Interessen der betroffenen Arbeitnehmer sowie der regelmäßig erheblichen Interessen der beteiligten Unternehmen sowie dem Allgemeininteresse an einem geordneten Arbeitsmarkt erforderlich und angemessen sein.[569]

285

▶ Hinweis:

Vor dem Hintergrund der in der Praxis oftmals schwierigen Abgrenzung zwischen Arbeitnehmerüberlassung und Werk-/Dienstvertrag sowie der gravierenden Rechtsfolgen, die ab dem 01.04.2017 an eine fehlerhafte Einordnung geknüpft sind, kann »zur Sicherheit« jeder Fremdpersonaleinsatz als Arbeitnehmerüberlassung unter Inkaufnahme der strikten gesetzlichen Regulationen des AÜG deklariert werden – mit der Folge, dass der »Scheinwerkvertrag« endlich passendes Gegenstück in Form der »Scheinarbeitnehmerüberlassung« findet.[570]

▶ Praxistipp:

In der Praxis könnte erwogen werden, dass in dem zwischen den Parteien zu schließenden Vertrag vorsorglich auch eine Offenlegung der Arbeitnehmerüberlassung erfolgt. Diese schließen einen »echten« Werk-/Dienstvertrag,

286

---

567 *Bissels* DB 2017, 247.
568 BT-Drucks. 18/9232, 26.
569 Vgl. BT-Drucks. 18/9232, 26.
570 *Böhm* NZA 2016, 528.

da sie nach einer entsprechenden Prüfung der Ansicht sind, dass die rechtlichen Anforderungen an einen solchen erfüllt sind. Daneben erklären die Parteien aber vorsorglich für den Fall, dass sich diese hinsichtlich der vertragsrechtlichen Einordnung des Einsatzes irren sollten und tatsächlich eine Arbeitnehmerüberlassung vorliegen sollte, dass eine solche betrieben wird. Der Offenlegungspflicht hätten die Parteien zwar entsprochen[571] und daneben auch die mit einer Verletzung von § 1 Abs. 1 S. 5 AÜG verbundene Fiktion eines Arbeitsverhältnisses ausgeschlossen (§§ 9 Abs. 1 Nr. 1a, 10 Abs. 1 AÜG), selbst wenn die eingesetzten Arbeitnehmer nicht gem. § 1 Abs. 1 Satz 6 AÜG namentlich konkretisiert worden sind,[572] jedoch können bei einer solchen Vertragsgestaltung nicht sämtliche Risiken ausgeschlossen werden: da die Offenlegung nur vorsorglich erfolgt, werden die Parteien bei der Abwicklung des Vertrages – ihrer Bewertung entsprechend – die Vorschriften des AÜG nicht anwenden. Stellt sich sodann heraus, dass diese einschlägig gewesen wären und im Ergebnis auch der Equal-Pay- und Equal-Treatment-Grundsatz zu beachten gewesen wäre, könnten Nachforderungsansprüche der de facto als Leiharbeitnehmer eingesetzten Mitarbeiter entstehen, auf die entsprechende Sozialversicherungsbeiträge abzuführen wären. Sollten die Parteien vorsorglich in der abgeschlossenen Vereinbarung darauf hingewiesen haben, dass eine Arbeitnehmerüberlassung vorliegen könnte, und haben diese dennoch die Vorschriften des AÜG (bewusst) bzw. bedingt vorsätzlich nicht angewendet, kann dies als Indiz für eine vorsätzlich Nichtabführung von Sozialversicherungsbeiträgen angesehen werden. Vor dem Hintergrund einer damit verbundenen Strafbarkeit nach § 266a StGB bedarf eine solche Vertragsgestaltung einer genauen Abwägung, welche Risiken die Parteien in Kauf zu nehmen bereit sind.

▶ Hinweis:

Ergänzt wird die vertragliche Offenlegung der Arbeitnehmerüberlassung zwischen Verleiher und Entleiher nach § 1 Abs. 1 Satz 5 AÜG durch eine Pflicht des Verleihers, den Leiharbeitnehmer gem. § 11 Abs. 2 Satz 4 AÜG[573] vor einer Überlassung jeweils darüber zu informieren, dass dieser bei dem Dritten (Entleiher) als Leiharbeitnehmer tätig wird. Dies soll es

---

571 A.A. *Kainer/Schweipert* NZA 2017, 15: Scheingeschäft bzw. analog § 117 BGB nichtig; dagegen: *Bissels* DB 2017, 248.
572 Vgl. Rdn 283 ff.
573 Dazu ausführlich: § 11 Rdn. 28.

den Leiharbeitnehmern erleichtern, ihre Rechte nach dem AÜG geltend zu machen.[574] Dabei ist nicht erforderlich, dass das Wort »Leiharbeitnehmer« verwendet wird. Ausreichend ist ebenfalls, dass dem Mitarbeiter mitgeteilt wird, dass dieser als »Zeitarbeitnehmer« oder »im Wege der Arbeitnehmerüberlassung« eingesetzt wird.[575] Fraglich ist, ob dies auch gilt, wenn ein Mitarbeiter von dem Verleiher ausschließlich als Leiharbeitnehmer eingestellt worden ist und vor diesem Hintergrund aufgrund der arbeitsvertraglichen Regelungen im Übrigen denknotwenig überhaupt nur ein Einsatz als Leiharbeitnehmer in Betracht kommt. Dies dürfte aufgrund des Gesetzeswortlautes zunächst zu bejahen sein, da die Unterrichtung uneingeschränkt »vor jeder Überlassung« erfolgen soll, obwohl eine entsprechende Informationspflicht in diesen Fällen mit keinerlei Erkenntnis oder Nutzen für den »reinen« Leiharbeitnehmer verbunden sein wird. Die Unterrichtung verkommt in diesem Zusammenhang zu einer reinen, an sich überflüssigen Förmelei, so dass unter Berücksichtigung von Sinn und Zweck der Vorschrift gute Gründe dafür sprechen, den Anwendungsbereich von § 11 Abs. 2 S. 4 AÜG in der obigen Konstellation teleologisch zu reduzieren.

287 Ist der Leiharbeitnehmer laut der vertraglichen Abreden – wie in der Praxis häufig anzutreffen – auch im Rahmen von Werk-/Dienstverträgen oder im internen Bereich des Verleihers einsetzbar, ist § 11 Abs. 2 Satz 4 AÜG hingegen zu beachten, damit der Leiharbeitnehmer erkennen kann, ob er im Rahmen einer Arbeitnehmerüberlassung oder auf Grundlage eines Werk-/Dienstvertrages für den Kunden tätig wird.

▶ Praxistipp:

288 Bei »reinen« Zeitarbeitsunternehmen wird auch diese Pflicht regelmäßig keinen Mehraufwand bedeuten – zumindest wenn der Mitarbeiter ausschließlich als »Leiharbeitnehmer« eingestellt wurde; spätestens in der konkreten Einsatzmitteilung können aber auch sog. Mischbetriebe den betroffenen Arbeitnehmer über die geplante Überlassung gemäß der gesetzlichen Bestimmung unterrichten. Auch in diesem Zusammenhang stellt sich jedoch die Herausforderung, gerade in »Grenzbereichen« zu definieren, ob schon eine Arbeitsnehmerüberlassung oder noch ein Dienst-/Werkvertrag

---

574 Vgl. BT-Drucks. 18/9232, 20.
575 Vgl. *Bertram* AIP 3/2017, 23.

vorliegt, um bestimmen zu können, ob § 11 Abs. 2 Satz 4 AÜG einschlägig ist und folglich beachtet werden muss.

289 Die Information des Leiharbeitnehmers ist nicht an eine bestimmte Form gebunden, d.h. diese kann auch mündlich erfolgen. Aus Gründen der Beweisbarkeit und Dokumentation der Beachtung von § 11 Abs. 2 Satz 4 AÜG – insbesondere gegenüber der Erlaubnisbehörde – ist aber für die Praxis eine schriftliche Unterrichtung zu empfehlen.

290 Ein Verstoß gegen § 11 Abs. 2 Satz 4 AÜG stellt eine Ordnungswidrigkeit für den Verleiher dar, die mit einem Bußgeld bis zu 1.000,00 € belegt werden kann (§ 16 Abs. 1 Nr. 8, Abs. 2 AÜG).

II. Konkretisierungspflicht

291 Zwischen dem Entleiher und dem Verleiher geschlossene Überlassungsverträge können auch als Rahmenverträge über ein Arbeitskräftekontingent ausgestaltet sein. Vor diesem Hintergrund bestimmt § 1 Abs. 1 Satz 6 AÜG, dass Verleiher und Entleiher die Person des eingesetzten Leiharbeitnehmers unter Bezugnahme auf den Arbeitnehmerüberlassungsvertrag vor dem Beginn der Überlassung und damit des faktischen Einsatzes bei dem Entleiher zu konkretisieren haben. Bei bereits auf die Überlassung von namentlich bezeichneten Mitarbeitern ausgerichteten Einzelüberlassungsverträgen wird die Pflicht nach § 1 Abs. 1 Satz 6 AÜG regelmäßig erfüllt. Bei Rahmenüberlassungsverträgen ist eine ergänzende Konkretisierung vorzunehmen, durch die letztlich zu überlassenen Leiharbeitnehmer benannt werden. Dabei ist die Nennung von Vor- und Nachnamen, ggf. angereichert um ein weiteres individualisierendes Datum, z.B. Geburtsdatum oder Sozialversicherungsnummer, ausreichend. Nicht erforderlich ist hingegen die Angabe der Qualifikation und des Aufgabenbereiches des Leiharbeitnehmers.[576]

292 Nicht eindeutig geregelt ist, ob die Konkretisierung der Leiharbeitnehmer – wie die Offenlegung nach § 1 Abs. 1 S. 5 AÜG[577] – unter Beachtung der Schriftform (§ 12 Abs. 1 AÜG, §§ 126, 126a BGB) erfolgen muss. Die herrschende Meinung bejaht dies, ohne dies freilich zu begründen.[578] Während in

---

576 Vgl. *Thüsing/Mathy* BB 2017, 824.
577 Vgl. Rdn. 279.
578 Vgl. *Bertram* AIP 12/2015, 6; *Bauer* BD 2016, 10; *Zimmermann* BB 2016, 55; wohl auch: *Siebert/Novak* ArbR 2016, 393 (»im Überlassungsvertrag«); a.A. dann aber: *Bertram* AIP 3/2017, 22.

§ 1 Abs. 1 S. 5 AÜG hinsichtlich der Arbeitnehmerüberlassung noch eindeutig verlangt wird, dass diese »in ihrem Vertrag« – gemeint ist hier der Arbeitnehmerüberlassungsvertrag zwischen Verleiher und Entleiher, der gem. § 12 Abs. 1 AÜG unzweifelhaft der Schriftform unterworfen ist – offenzulegen ist, sieht § 1 Abs. 1 S. 6 AÜG nur vor, dass die Konkretisierung unter »Bezugnahme auf diesen Vertrag« zu erfolgen hat. Eine solche kann aber – ausgehend vom Wortlaut – auch mündlich oder in Textform vorgenommen werden, so dass die Vorschrift von ihrer Struktur nicht zwingend die Beachtung der Schriftform fordert. Allenfalls die Gesetzesbegründung[579], in der ein Bezug zu Rahmenverträgen hergestellt wird, in denen naturgemäß die Namen der letztlich konkret zu überlassenden Leiharbeitnehmer noch nicht final genannt sein können, kann einen Anknüpfungspunkt darstellen, für die Konkretisierung gleichermaßen die Schriftform zu verlangen, die auch ein Rahmenvertrag zu beachten hat. Insoweit könnte argumentiert werden, dass der die Namen der zu überlassenden Leiharbeitnehmer konkretisierende Einzelvertrag/-abruf dieselbe Form wahren muss, wie die Vereinbarung, auf der dieser aufsetzt. Zwingend ist dies allerdings nicht, so dass sich überzeugend vertreten lässt, dass die Konkretisierung nach § 1 Abs. 1 S. 6 AÜG nicht der Schriftform nach § 12 Abs. 1 AÜG unterworfen ist, sondern dass diese formfrei möglich ist.[580] Bis zu einer abschließenden Klärung dieser Frage ist der Praxis jedoch zu empfehlen, die strenge Schriftform nach § 12 Abs. 1 AÜG zu wahren.

Die BA vertritt in diesem Zusammenhang einen »Mittelweg«. In den fachlichen Weisungen zum AÜG heißt es dazu wörtlich[581]:

»Das Schriftformerfordernis des § 12 Absatz 1 Satz 1 AÜG, §§ 126, 126a BGB umfasst den gesamten Überlassungsvertrag einschließlich aller Nebenabreden. Je nachdem, wie Ver- und Entleiher den Überlassungsvertrag im Rahmen der Privatautonomie ausgestalten, kann auch die namentliche Benennung der zu überlassenden Leiharbeitnehmer und damit die **Konkretisierung** der Schriftform unterliegen. Dies gilt zum Beispiel dann, wenn die Überlassung bestimmter Arbeitnehmer wesentlicher Inhalt der vertraglichen Abrede ist. Die Konkretisierung unterliegt hingegen dann

---

579 Vgl. BT-Drucks. 18/9232, 19 f.
580 Ausführlich gegen die Wahrung des Schriftformgebotes im Rahmen der Konkretisierung: *Thüsing/Mathy* BB 2017, 823; im Ergebnis auch *Bissels/Falter* ArbR 2017, 34; *Bissels* DB 2017, 248; *Ulrici* § 1 AÜG Rn. 524; BeckOK/*Motz* § 12 AÜG Rn. 12; *Lembke* NZA 2017, 8.
581 FW AÜG zu § 1 Nr. 1.1.6.7 (2).

nicht der Schriftform des Überlassungsvertrages, wenn der Leiharbeitnehmer erst im Zuge der Erfüllung des Überlassungsvertrags durch den Verleiher unter Bezugnahme auf den Überlassungsvertrag namentlich benannt wird. Dies kann etwa der Fall sein, wenn der Überlassungsvertrag als Rahmenvertrag über ein Arbeitskräftekontingent ausgestaltet ist (vgl. Bundestagsdrucksache 18/9232 Seite 20). In jedem Fall ist ein geeigneter Nachweis über die Konkretisierung z. B. in Textform zu den Geschäftsunterlagen zu nehmen und aufzubewahren.«

Die fachlichen Weisungen geben den Parteien hinsichtlich der Notwendigkeit der Beachtung der gesetzlichen Schriftform folglich einen Gestaltungsspielraum. Ist die Überlassung eines konkreten Leiharbeitnehmers vorgesehen, ist dieser bereits unter Beachtung von §§ 126, 126a BGB im schriftlich abzuschließenden Arbeitnehmerüberlassungsvertrag zu bezeichnen. Verständigen sich Verleiher und Entleiher hingegen auf einen Rahmenvertrag, der seinerseits der Schriftform nach §§ 126, 126a BGB genügen muss, kann der einzelne Abruf von Arbeitnehmern und die sodann erfolgende Konkretisierung gem. § 1 Abs. 1 Satz 6 BGB in Textform vorgenommen werden. Dabei ist zu beachten, dass dieser nicht zwingend auf ein Arbeitskräftekontingent ausgerichtet sein muss, z.B. Überlassung von 1 bis 100 Helfern innerhalb eines definierten Zeitraumes. Wesentlich ist ausschließlich, dass der Rahmenvertrag die Grundlage für zukünftig durchzuführende Arbeitnehmerüberlassungen – in welcher Anzahl und in welchem Zeitraum auch immer – bildet.

▶ Praxistipp:

Um gerade bei kurzfristigen Anfragen durch den Entleiher nicht das Schriftformerfordernis bei der Konkretisierung nach § 1 Abs. 1 Satz 6 AÜG hinsichtlich der tatsächlich überlassenen Leiharbeitnehmer beachten zu müssen, kann es geboten sein, dass sich Verleiher und Entleiher auf einen Rahmenvertrag verständigen, so dass der daraufhin erfolgende Abruf per Textform erfolgen kann. Dies genügt nach Ansicht der BA den Anforderungen an eine formgerechte Konkretisierung gem. § 1 Abs. 1 Satz 6 AÜG. Da der unter ausdrücklicher Bezugnahme auf den Rahmenvertrag erfolgende Abruf einen Einzelarbeitnehmerüberlassungsvertrag darstellt, der seinerseits der Schriftform bedarf, dürfte es vom Prozess der Bestellung geboten sein, dass der Verleiher nach der Bedarfsmeldung des Entleihers einen Einzelarbeitnehmerüberlassungsvertrag mit den namentlich bezeichneten Arbeitnehmern ausfertigt, unterzeichnet und vorab per Fax oder Email an den Entleiher übermittelt. Dieser sollte seinerseits den

Einzelarbeitnehmerüberlassungsvertrag unterzeichnen und diesen vor dem Beginn der Überlassung an den Verleiher per Fax oder Email übermitteln. Der Konkretisierung nach § 1 Abs. 1 Satz 6 AÜG wäre so Genüge getan. Um der Schriftform nach § 12 AÜG für den Einzelarbeitnehmerüberlassungsvertrag zu entsprechen, sollte dieser (ggf. im Nachhinein, wenn dies aufgrund der tatsächlichen Gegebenheiten nicht anders möglich sein sollte) im Original unterschrieben zwischen Verleiher und Entleiher ausgetauscht werden. Dieses Verfahren kann geboten sein, bis die Gerichte geklärt haben, welche Anforderungen an die Konkretisierung nach § 1 Abs. 1 Satz 6 AÜG zu stellen sind.

▶ **Hinweis:**

Selbst wenn zwischen Verleiher und Entleiher vertraglich ein »Leiharbeitnehmerpool« mit einer namentlichen Bezeichnung der involvierten Mitarbeiter vereinbart wurde, müssen die konkret zu einem Einsatz herangezogenen Leiharbeitnehmer vor der Überlassung (erneut) zwischen Verleiher und Entleiher bezeichnet werden.

Die Konkretisierung ist dabei ein bilateraler Akt, an dem sowohl der Verleiher als auch der Entleiher zu beteiligen ist. Dies ergibt sich aus dem Wortlaut von § 1 Abs. 1 Satz 6 AÜG, nach dem »sie« – gemeint sind die Parteien des Arbeitnehmerüberlassungsvertrages – die eingesetzten Personen zu bezeichnen haben. Eine nur einseitig vorgenommene Handlung – entweder von Verleiher oder von Entleiher – ist insoweit nicht ausreichend.[582] Es bedarf daher grds. einer Bestätigung der jeweils anderen Partei, dass der namentlich genannte Mitarbeiter überlassen wird. Aufgrund des zwingenden Charakters von § 1 Abs. 1 Satz 6 AÜG ist es mit gewissen Unwägbarkeiten, ob Verleiher und Entleiher einen davon abweichenden Prozess wirksam festlegen können, der ausschließlich eine Partei berechtigen soll, die Arbeitnehmer zu konkretisieren.

Insbesondere Mischunternehmen, die Fremdpersonal sowohl im Rahmen einer Arbeitnehmerüberlassung als auch auf Grundlage von Werk-/Dienstverträgen einsetzen, sowie Unternehmen, die bislang grds. Werk- oder Dienstverträge mit einer »gewissen Nähe« zur Arbeitnehmerüberlassung abgeschlossen haben, stellt die Konkretisierungspflicht vor erhebliche Herausforderungen, da diese vor dem Einsatz der Mitarbeiter genau abwägen und prüfen müssen, wie der geplante Einsatz rechtlich zu bewerten ist. Liegt eine

---

582 A.A.: *Thüsing/Mathy* BB 2017, 823.

Arbeitnehmerüberlassung vor, müssen die Mitarbeiter gem. § 1 Abs. 1 Satz 6 AÜG konkretisiert werden; liegt ein Werk-/Dienstvertrag vor, hingegen nicht. In »Grenzbereichen« bestehen – wie auch bei der Offenlegungspflicht – folglich erhebliche Risiken bei der Bewertung, wie sich der geplante Einsatz des Fremdpersonals rechtlich darstellt. Dies gilt insbesondere, wenn – anders als bei Missbrauchsfällen – von vornherein gewissen Unwägbarkeiten bestehen, wie der Einsatz unter Berücksichtigung der komplexen Rechtsprechung eingeordnet werden muss. Der Gesetzgeber verlagert folglich erhebliche Risiken auch auf subjektiv lauter handelnde Unternehmen, die keineswegs planerisch die eingesetzten Mitarbeiter übervorteilen wollen, indem diesen eindimensional Konsequenzen aus einer im Einzelfall von der Rechtsprechung zu treffenden, hochkomplexen Entscheidung über die rechtliche Qualifizierung des konkreten Einsatz aufgebürdet werden. Der Gesetzgeber trifft mit dieser Regelung keineswegs nur die im Zweifel wenigen »schwarzen Schafe«, die in missbräuchlicher Absicht Werk- und Dienstverträge abschließen, um sich dem strengen gesetzlichen Regime des AÜG zu entziehen, sondern grds. jeden Dienstleister, der Werk- oder Dienstverträge abschließt.

294 Besondere Schwierigkeiten können mit Blick auf die Konkretisierungspflicht – gerade bei »reinen« Zeitarbeitsunternehmen – entstehen, wenn und soweit die für einen Einsatz vorgesehenen Leiharbeitnehmer kurzfristig ausfallen, z.B. aufgrund von Krankheit oder eines unentschuldigten Fehlens. Dies gilt zumindest, wenn die Einhaltung der gesetzlichen Schriftform verlangt werden sollte.[583] Zwar kann insbesondere bei einfach gelagerten Tätigkeiten, u.a. im Helferbereich, regelmäßig vom Verleiher kurzfristig eine Ersatzkraft beschafft werden, vor der tatsächlichen Überlassung ist allerdings wiederum eine (im Zweifel schriftliche) Konkretisierung zwischen Verleiher und Entleiher erforderlich.[584] Dies kann in der Praxis mit erheblichen organisatorischen Herausforderungen verbunden sein, wenn und soweit bei dem Entleiher keine zeichnungsberechtigte Person des Verleihers vor Ort ist, z.B. im Rahmen eines On-Site-Managements, um die entsprechende Vereinbarung zu Konkretisierung der gestellten Ersatzkraft zu unterzeichnen. Zur Problemlösung wären Vollmachtkonstruktionen denkbar, in denen der Entleiher vom Verleiher zur Zeichnung entsprechender Abrufe bzw. zur »Nachkonkretisierung« berechtigt wird und Erstgenannter – in Abstimmung mit dem Verleiher – vor dem Einsatz einen Einzelabruf sowohl für den Entleiher als auch den Verleiher

---

583 Ablehnend dazu: Rdn. 292.
584 *Bertram* AIP 12/2015, 6; *Bauer* BD 2016, 10; *Zimmermann* BB 2016, 55.

zeichnet. Dabei ist zu beachten, dass die entsprechende Vollmacht schriftlich von dem Verleiher erteilt werden sollte[585] und der Entleiher von dem grundsätzlichen Verbot des Insichgeschäftes (§ 181 BGB) befreit werden muss.

Denkbar ist auch der umgekehrte Fall, nämlich dass der Entleiher den Verleiher im Rahmen der Vornahme der Konkretisierung entsprechend bevollmächtigt.[586] Zur Vereinfachung des Bestellvorgangs ist es zudem möglich, dass entsprechende Rahmenverträge geschlossen werden, da bei der Konkretisierung in diesem Fall nur die Textform zu beachten ist.[587] Zudem sind in diesem Zusammenhang vertragliche Abreden zwischen Verleiher und Entleiher möglich, dass der Entleiher – vermittelt durch den Rahmenvertrag – zur Konkretisierung ein einseitiges Leistungsbestimmungsrecht gem. § 315 BGB eingeräumt wird. Dieses wird nach der h.M.[588] zwar bei dessen Gewährung in der Rahmenvereinbarung dem Schriftformerfordernis nach §§ 126, 126a BGB unterworfen, nicht aber bei dessen Ausübung.[589] Das Leistungsbestimmungsrecht kann folglich formlos ausgeübt werden, indem der Entleiher die namentlich bezeichneten Leiharbeitnehmer abruft. Denkbar wäre auch, dass eine entsprechende Leistungsbestimmung aufgrund einer Abrede in dem Rahmenvertrag durch den Verleiher getroffen wird. Darin ist auch kein Verstoß gegen § 1 Abs. 1 Satz 6 AÜG zu sehen; vielmehr konkretisieren die Parteien im Rahmen der ihnen zur Verfügung stehenden Gestaltungsfreiheit einen bilateral aufgesetzten Prozess, der im Ergebnis – mit Zustimmung der jeweils anderen Partei – in ein Leistungsbestimmungsrecht mündet, das entweder von dem Verleiher oder Entleiher im Rahmen des billigen Ermessens nach § 315 Abs. 1 BGB und/oder der ggf. im Übrigen im (Rahmen-)Arbeitnehmerüberlassungsvertrag festgelegten Grenzen ausgeübt werden kann.

---

585 Die Vollmacht kann gemäß § 167 Abs. 2 BGB grds. formfrei erklärt werden, jedoch bietet es sich an, diese schriftlich oder zumindest in Textform zu erteilen, um ggf. auch seitens des Verleihers gewünschte Einschränkungen der Vertretungsmacht hinreichend zu dokumentieren.
586 Eine solche Bevollmächtigung ist nur erforderlich, wenn davon auszugehen ist, dass die Konkretisierung einen bilateralen Akt voraussetzt, vgl. dazu Rdn. 292.
587 Vgl. Rdn. 292.
588 Vgl. nur: MünchKomm/*Würdinger* § 315 BGB Rn. 34; a.A. MünchKomm/*Einsele* § 125 BGB Rn. 34 m.w.N. auf die h.M. und die Rechtsprechung.
589 Vgl. dazu: *Thüsing*/Mathy BB 2017, 823 f.

▶ Praxistipp:

Nach Ansicht der BA[590] ist die Überlassung kein punktuelles Ereignis; diese ist vielmehr als fortgesetzter Vorgang zu verstehen – mit der Folge, dass die in einem Kundenbetrieb eingesetzten Arbeitnehmer spätestens ab dem 01.04.2017 auch für bereits vor dem 01.04.2017 begonnene Überlassungen eindeutig dem Arbeitnehmerüberlassungsvertrag zuzuordnen sein müssen, soweit dies nicht bereits geschehen ist. Diese damit von der BA angenommene und verfassungsrechtlich bedenkliche Ansicht führt dazu, dass auch bei Altverträgen mit Wirkung zum 01.04.2017 eine Nachkonkretisierung vorgenommen worden sein muss, wenn und soweit dies vor dem 01.04.2017, insbesondere bei Rahmenverträgen, nicht geschehen sein sollte. Dies kann – ausgehend davon, dass das gesetzliche Schriftformerfordernis zumindest bei Rahmenverträgen nicht gilt[591] – z.B. durch eine per E-Mail zwischen Verleiher und Entleiher ausgetauschte Excel-Tabelle geschehen, in der die am 31.03.2017 in einem Einsatz befindlichen Mitarbeiter namentlich bezeichnet werden.

295 Wird kumulativ gegen die Offenlegungs- und Konkretisierungspflicht[592] verstoßen, ist der Arbeitsvertrag zwischen Verleiher und Leiharbeitnehmer unwirksam, es sei denn, der Leiharbeitnehmer erklärt bis zum Ablauf eines Monats nach dem zwischen dem Verleiher und dem Entleiher vorgesehenen Zeitpunkt der Überlassung, dass er an dem Arbeitsverhältnis mit dem Entleiher festhält (§ 9 Abs. 1 Nr. 1a AÜG).[593] Ist der Arbeitsvertrag unwirksam, wird ein Arbeitsverhältnis zwischen dem Verleiher und dem Leiharbeitnehmer fingiert (§ 10 Abs. 1 AÜG). Der Arbeitnehmerüberlassungsvertrag bleibt hingegen wirksam.[594] Der Verstoß gegen die Konkretisierungspflicht (»nicht, nicht richtig oder nicht rechtzeitig«) ist zudem für den Verleiher und den Entleiher bußgeldbewehrt (bis zu 30.000,00 €, vgl. § 16 Abs. 1 Nr. 1d, Abs. 2 AÜG). Vor dem Hintergrund der einschneidenden Rechtsfolgen einer Verletzung von § 1 Abs. 1 Satz 5, 6 AÜG ist in Zukunft ein strukturiertes Vertragsmonitoring unerlässlich.

---

590 FW AÜG zu § 1 Ziff. 1.1.6.7 (2).
591 Vgl. Rdn. 292.
592 Dazu: Rdn. 284.
593 Dazu ausführlich: § 9 Rdn. 83 ff.
594 *Lembke* NZA 2017, 9: Umkehrschluss aus § 9 Abs. 1 Nr. 1 AÜG.

▶ **Hinweis:**

Nur in Ausnahmefällen wird der Leiharbeitnehmer Einblick in die dessen Einsatz zugrundeliegenden Verträge zwischen Verleiher und Entleiher haben. In diesem Sinne kann dieser in der Regel nicht beurteilen, ob die Beteiligten deren Pflichten nach § 1 Abs. 1 Satz 5, 6 AÜG beachtet haben. Vor diesem Hintergrund dürfte ein Leiharbeitnehmer sich gewissen prozessualen Herausforderungen ausgesetzt sehen, wenn und soweit sich dieser aufgrund der (vermeintlichen) Verletzung von § 1 Abs. 1 Satz 5, 6 AÜG auf die Fiktion eines Arbeitsverhältnisses zum Entleiher beruft (§§ 9 Abs. 1 Nr. 1a, 10 Abs. 1 AÜG). Einen Anspruch auf die Einsichtnahme oder Vorlage der Verträge hat der Leiharbeitnehmer nicht. Ein Vortrag »ins Blaue« zu einer Missachtung von § 1 Abs. 1 Satz 5, 6 AÜG dürfte der dem Leiharbeitnehmer obliegenden Darlegungs- und Beweislast nicht genügen. Dieser muss daher hinreichende Anhaltspunkte vortragen, dass die Pflichten nach § 1 Abs. 1 Satz 5, 6 AÜG einschlägig sind und auch verletzt wurden. Dabei ist es ihm zumutbar, entsprechenden Sachvortrag zu ermitteln, der auf einen Verstoß der Pflichten schließen lässt. Insbesondere ist dieser verpflichtet, den bei dem Entleiher ggf. gewählten Betriebsrat nach entsprechenden Informationen zu fragen; diesem müssen schließlich die dem Fremdpersonaleinsatz zugrunde liegenden Verträge zwischen Entleiher und Verleiher vorgelegt werden (§ 80 Abs. 2 Satz 3 BetrVG).

Zu beachten ist zudem, dass der Abschluss von »Scheinwerk-/Scheindienstverträgen« durch die Pflichten in § 1 Abs. 1 Satz 5, 6 AÜG nicht »rechtlich unmöglich« wird. Eine (relative) Unwirksamkeit ist nur für den zwischen dem Verleiher und dem Leiharbeitnehmer abgeschlossene Arbeitsvertrag (§ 9 Abs. 1 Nr. 1a AÜG), nicht hingegen – in Abgrenzung zur illegalen Arbeitnehmerüberlassung (§ 9 Abs. 1 Nr. 1 AÜG)[595] – für den zwischen dem faktischen Entleiher und Verleiher vereinbarten Scheinwerk-/Scheindienstvertrag« gesetzlich vorgesehen. Bei § 1 Abs. 1 Satz 5, 6 AÜG handelt es sich nicht um gesetzliche Verbote, nach denen derartige Einsatzformen generell untersagt sind.[596]

296

---

595 Ein gesetzliches Verbot nach § 134 BGB bei einem Verstoß gegen § 1 Abs. 1 Satz 1 AÜG bejahend: OLG Celle, 27.08.2003 – 7 U 52/03, BauR 2004, 1010.
596 A.A. wohl: *Oberthür* ArbRB 2016, 109: »Verbot der verdeckten Arbeitnehmerüberlassung«; in diese Richtung wohl auch: *Besgen* B+P2016, 380.

D. Abordnung zu einer Arbeitsgemeinschaft – Abs. 1a

297 Keine Arbeitnehmerüberlassung liegt gem. § 1 Abs. 1a AÜG bei der Abordnung von Arbeitnehmern zu einer **zur Herstellung eines Werkes gebildeten Arbeitsgemeinschaft** vor, wenn der Vertragsarbeitgeber Mitglied der Arbeitsgemeinschaft ist, für alle Mitglieder der Arbeitsgemeinschaft **Tarifverträge desselben Wirtschaftszweiges** gelten und alle Mitglieder aufgrund des Arbeitsgemeinschaftsvertrages zur selbstständigen Erbringung von **Vertragsleistung** verpflichtet sind. Die Regelung ist durch das Gesetz zur Änderung des Arbeitnehmerüberlassungsgesetzes und anderer Gesetze vom 21.02.2017[597] inhaltlich nicht verändert worden, sondern wurde aus § 1 Abs. 1 AÜG a.F. in einen gesonderten Absatz in § 1 Abs. 1a AÜG n.F. überführt.

I. Voraussetzungen für Arbeitgeber mit Sitz im Inland

298 Alle in § 1 Abs. 1a Satz 1 AÜG genannten Voraussetzungen müssen **kumulativ** vorliegen. Ist eines der Merkmale nicht erfüllt, greift die Privilegierung nicht ein.[598]

299 Der Begriff des **Wirtschaftszweiges** ist i.S.d. allgemeinen Sprachgebrauchs zu verstehen. Als Wirtschaftszweig i.S.d. Norm sind bspw. das Baugewerbe, die chemische Industrie, der Bergbau und die Kfz-Industrie anzusehen.[599]

300 Da bei Erfüllung der gesetzlichen Merkmale keine Beschränkungen nach dem AÜG bestehen, ist die Abordnung eines Arbeitnehmers zu einer Arbeitsgemeinschaft **auch im Bereich des Baugewerbes**, für das i.Ü. die Bereichsausnahme des § 1b AÜG greift, **zulässig**. Aus diesem Grund finden sich in der Praxis Arbeitsgemeinschaften hauptsächlich im Bereich des Baugewerbes. Rechtlich ist die Arbeitsgemeinschaft als GbR einzuordnen.[600]

II. Voraussetzungen für Arbeitgeber in anderen Mitgliedsstaaten

301 In Umsetzung der nach der Rechtsprechung des EuGH verbindlichen europarechtlichen Vorgaben hat der Gesetzgeber für den Fall der Abordnung von Arbeitnehmern durch einen Arbeitgeber mit Geschäftssitz in einem anderen **Mitgliedsstaat des EWR** in § 1 Abs. 1a Satz 2 AÜG auf die Erfüllung des

---

597 BGBl. I, 258.
598 OLG Karlsruhe, 07.03.1990 – 3 Ss 172/89, BB 1990, 1561.
599 *Urban-Crell/Schulz* Rn. 549, 541 m.w.N.
600 *Schwab* NZA-RR 2008, 169.

Tatbestandsmerkmals einer Geltung deutscher **Tarifverträge desselben Wirtschaftszweiges** verzichtet.[601]

Übersicht:

Der Privilegierungstatbestand des § 1 Abs. 1a AÜG greift demnach ein, wenn die »Überlassung« eines Arbeitnehmers
– durch einen Arbeitgeber erfolgt, der selbst Mitglied der Arbeitsgemeinschaft ist,
– die Arbeitsgemeinschaft zur Herstellung eines Werkes gebildet ist,
– alle Mitglieder aufgrund des Gemeinschaftsvertrages zur selbstständigen Erbringung von Vertragsleistungen verpflichtet sind,
– die Tarifverträge desselben Wirtschaftszweiges für alle Mitarbeiter der ARGE gelten, soweit diese nicht ihren Geschäftssitz in einem anderen Mitgliedsstaat des EWR haben.

Ist streitig, ob die Ausnahmevorschrift des § 1 Abs. 1a AÜG eingreift, sind die Unternehmen **darlegungs- und beweispflichtig**. 302

E. Vermutete Arbeitsvermittlung – Abs. 2

I. Allgemeines

In Fällen, in denen der Arbeitnehmer Dritten zur Arbeitsleistung (tatsächlich) überlassen wird und der Überlassende nicht die üblichen Arbeitgeberpflichten oder das Arbeitgeberrisiko (§ 3 Abs. 1 Nr. 1-3 AÜG) übernimmt, wird nach **§ 1 Abs. 2 AÜG eine Arbeitsvermittlung vermutet**. Die gesetzliche Vermutungsregelung galt unstreitig für die gewerbsmäßige, nach überwiegender Auffassung auch für die nichtgewerbsmäßige Arbeitnehmerüberlassung;[602] eine entsprechende Abgrenzung ist nicht mehr erforderlich, da das AÜG seit dem 01.12.2011 nicht mehr an die Gewerbsmäßigkeit der Überlassung anknüpft. 303

§ 1 Abs. 2 AÜG hat seinen Ursprung in der **früheren Rechtsprechung** des BVerfG und BSG zur Unterscheidung der Arbeitnehmerüberlassung von der 304

---

601 EuGH, 25.10.2001 – C-493/99, EzA § 1 AÜG Nr. 11.
602 BAG, 21.03.1990 – 7 AZR 198/89, BB 1991, 275; BAG, 26.04.1995 – 7 AZR 850/94, NZA 1996, 92; *Boemke/Lembke* § 1 AÜG Rn. 176 m.w.N.; Schüren/Hamann/*Schüren* § 1 AÜG Rn. 388; *Ulber* § 1 AÜG Rn. 263.

Arbeitsvermittlung.[603] Der Vermutungstatbestand ist **heute nur noch historisch zu erklären**; eine rechtliche Bedeutung oder gar ein praktisches Bedürfnis hat dieser nicht mehr.[604] Der Gesetzgeber sollte § 1 Abs. 2 AÜG vor diesem Hintergrund ersatzlos streichen.

II. Voraussetzungen

1. Nichtübernahme der Arbeitgeberpflichten und des Arbeitgeberrisikos

305 Der Vermutungstatbestand knüpft an die **Nichtübernahme der Arbeitgeberpflichten und des Arbeitgeberrisikos** nach § 3 Abs. 1 Nr. 1-3 AÜG. Der Verweis des § 1 Abs. 2 auf die Versagungstatbestände in § 3 AÜG ist abschließend.[605] Nach dem Gesetzeswortlaut genügt es, wenn der »Verleiher« entweder die Arbeitgeberpflichten oder das Arbeitgeberrisiko nicht übernimmt.[606] Nach der Gesetzesbegründung werden die Arbeitgeberpflichten nicht übernommen, wenn der »Verleiher« diese vertraglich ausschließt oder sie rein tatsächlich nicht erfüllt.[607]

▶ **Beispiel:**

Ein Verleiher stellt 20 Arbeitnehmer für Hilfstätigkeiten ein und zahlt ihnen auf der Grundlage eines dubiosen Tarifvertrages einen weit unterdurchschnittlichen Dumpinglohn.

Der Vermutungstatbestand des § 1 Abs. 2 i.V.m. § 3 Abs. 1 Nr. 3 AÜG ist erfüllt, sollte der Tarifvertrag unwirksam sein. Das Problem ist in diesem Fall aber keineswegs die Abgrenzung von Arbeitnehmerüberlassung und Arbeitsvermittlung, sondern der angewandte Scheintarifvertrag. Dieser und die Tariffähigkeit der diesen abschließenden Vereinigung ist zu hinterfragen. Sollte die Unwirksamkeit des Tarifvertrages rechtskräftig festgestellt werden, griffe das Schlechterstellungsverbot des § 9 Nr. 2 AÜG; die

---

603 BVerfG, 04.04.1967 – 1 BvR 84/65, AP AVAVG § 37 Nr. 7 – »Einordnungstheorie«; BSG, 29.07.1970 – 7 RAr 44/68, BSGE 31, 235 ff. – »Schwerpunkttheorie«; dazu ausführlich *Becker/Wulfgramm* § 1 AÜG Rn. 43 ff.
604 In diesem Sinne a. *Boemke/Lembke* § 1 AÜG Rn. 172; Böhm/Hennig/Popp/*Böhm* Rn. 71; ErfK/*Wank* § 1 AÜG Rn. 46; *Urban-Crell/Schulz* Rn. 846; a.A. Schüren/Hamann/*Schüren* § 1 AÜG Rn. 432 ff.
605 Ganz h.M. vgl. nur *Boemke/Lembke* § 1 AÜG Rn. 166.
606 Zu diesen Versagungstatbeständen vgl. § 3 Rdn. 13 ff.
607 BT-Drucks. 10/2102, 32.

Arbeitnehmer könnten die Nachzahlung der Differenzvergütung nach § 8 Abs. 1 AÜG verlangen. Die gewerberechtliche Rechtsfolge eines Verstoßes gegen § 1 Abs. 2 AÜG spielte demgegenüber kaum eine Rolle.[608]

2. Widerlegbarkeit

Die Vermutung ist – wie sich aus der Gesetzesformulierung und der Entstehungsgeschichte ergibt – widerlegbar.[609] Das BAG bejahte diese Möglichkeit allerdings nur **in Fällen nichtgewerbsmäßiger Arbeitnehmerüberlassung**.[610] **306**

Das Eingreifen der Vermutung entbindet die BA nicht von ihrer Verpflichtung zur umfassenden **Sachverhaltsaufklärung**. Bestehen trotz aller Bemühungen Zweifel (non liquet), ob Arbeitnehmerüberlassung oder Arbeitsvermittlung vorliegt, führt § 1 Abs. 2 AÜG zulasten des Überlassenden zu einer objektiven Beweislastumkehr. Diesem obliegt der Nachweis von Tatsachen, aus denen sich das Betreiben von Arbeitnehmerüberlassung ergibt.[611] **307**

Ob dem Überlassenden trotz des Vorliegens eines Versagungstatbestandes nach § 3 Abs. 1 AÜG der **Entlastungsbeweis** gelingt, ist eine Frage des Einzelfalls. Bei wertender Gesamtbetrachtung kommt es darauf an, ob der Schwerpunkt des Arbeitsverhältnisses weiterhin im Verhältnis zum überlassenden Arbeitgeber liegt oder der Arbeitnehmer zur Begründung eines Arbeitsverhältnisses mit dem Dritten zusammengeführt worden ist.[612] Der Vermutungstatbestand knüpft damit an die zur Abgrenzung von Arbeitnehmerüberlassung und Arbeitsvermittlung bestehenden Kriterien an. Charakteristisch für die Tätigkeit eines Arbeitsvermittlers (vgl. § 35 Abs. 1 Satz 2 SGB III) ist das Zusammenführen von zwei potenziellen Partnern eines Arbeitsvertrages. Seine Rolle ist also mit der eines Maklers (vgl. § 652 BGB) vergleichbar.[613] Unerheblich ist es, ob über die auf das Zusammenführen der Parteien gerichtete Tätigkeit hinaus im Ergebnis ein Vertragsschluss **308**

---

608 Ähnlich Böhm/Hennig/Popp/*Böhm* Rn. 73.
609 BT-Drucks. VI/3505, 2.
610 BAG, 23.11.1988 – 7 AZR 34/88, EzA § 3 AÜG Nr. 1; BAG, 03.12.1997 – 7 AZR 764/96, EzA § 1 AÜG Nr. 9; krit. *Boemke/Lembke* § 1 AÜG Rn. 176; *Schüren/Behrend* NZA 2003, 521; *Urban-Crell/Schulz* Rn. 848.
611 *Behrend* BB 2001, 2641; *Schüren/Behrend* RdA 2001, 107 ff.
612 BAG, 21.03.1990 – 7 AZR 198/98, AP AÜG § 1 Nr. 15.
613 BSG, 06.05.2008 – B 7/7a AL 10/07 R, BeckRS 2008, 55596.

tatsächlich zustande kommt.[614] Maßstab für eine erfolgreiche Widerlegung der gesetzlichen Vermutung ist insb. die ernsthafte Wahrnehmung der Arbeitgeberrolle durch den Überlassenden; fungiert dieser nur als »Zahlstelle«, ist er Vermittler.[615]

III. Rechtsfolgen

309 Wird die Vermutung widerlegt, liegt eine Arbeitnehmerüberlassung vor. Wird die Vermutung nicht widerlegt, wird kraft Gesetzes eine **Arbeitsvermittlung** vermutet.

1. Vermutete Arbeitsvermittlung bei Verleih mit Verleiherlaubnis

310 Die **Konstruktionen der vermuteten Arbeitsvermittlung** bei Verleih eines Arbeitnehmers mit Arbeitnehmerüberlassungserlaubnis lässt sich grafisch wie folgt abbilden:

Konstruktion vermuteter Arbeitsvermittlung bei Verleih mit Verleiherlaubnis

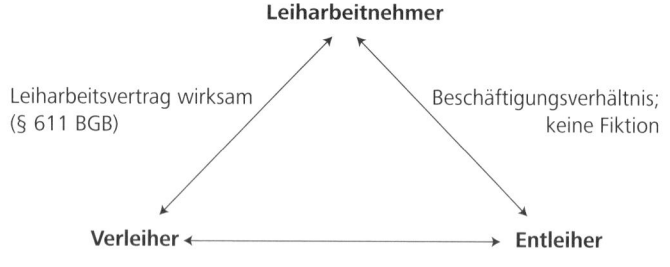

Leiharbeitnehmer

Leiharbeitsvertrag wirksam (§ 611 BGB)

Beschäftigungsverhältnis; keine Fiktion

Verleiher ⟵⟶ **Entleiher**

Arbeitnehmerüberlassungsvertrag; i.d.R. wirksam (§ 12 AÜG)

a) Rechtsbeziehungen zwischen Leiharbeitnehmer und Entleiher

311 Vor **Aufhebung des § 13 AÜG a.F.** durch Art. 63 Nr. 9 des Arbeitsförderungs-Reformgesetzes (AFRG) vom 24.03.1997[616] mit Wirkung zum

---

614 *Säcker/Kühnast* ZfA 2001, 121.
615 BAG, 20.07.1982 – 3 AZR 446/80, EzA § 611 BGB Mittelbares Arbeitsverhältnis Nr. 1.
616 BGBl. I, 594.

01.04.1997 nahm das BAG in ständiger Rechtsprechung an, dass zwischen dem Leiharbeitnehmer und dem Entleiher ein Arbeitsverhältnis als zustande gekommen gilt, wenn mit der Überlassung des Arbeitnehmers der Tatbestand der unerlaubten Arbeitsvermittlung unwiderlegt verwirklicht wird. Hinsichtlich der Modalitäten dieses fingierten Arbeitsverhältnisses wurde § 10 Abs. 1 Satz 2 bis 5 AÜG a.F. analog angewandt.[617] Nach Aufhebung des Arbeitsvermittlungsmonopols der BA ging der Verweis des § 13 AÜG a.F. auf § 4 AFG ins Leere. Auf diese Unstimmigkeit reagierte der Gesetzgeber mit der ersatzlosen Streichung des § 13 AÜG a.F. Damit entfiel die dogmatische Grundlage für die bisherige Rechtsprechung des BAG zur Fiktion eines Arbeitsverhältnisses im Fall vermuteter Arbeitsvermittlung. Der 7. Senat des BAG gab seine Rechtsprechung folglich auf. Trotz Eintritts der Vermutungsfolge des § 1 Abs. 2 AÜG entsteht **zwischen Leiharbeitnehmer und Entleiher kein Arbeitsverhältnis** – weder auf Grundlage des § 1 Abs. 2 AÜG noch in analoger Anwendung des § 10 Abs. 1 Satz 1 AÜG a.F.[618]

b) Rechtsbeziehungen zwischen Verleiher und Leiharbeitnehmer

Die nach § 1 Abs. 2 AÜG vermutete Arbeitsvermittlung hat **nicht die Nichtigkeit des Leiharbeitsvertrages** zur Folge.[619] Seit Aufhebung des § 13 AÜG a.F. und der geänderten Rechtsprechung des BAG zu den Rechtsfolgen sind mit dem Eingreifen des Vermutungstatbestandes keine arbeitsrechtlichen

---

617 Grundlegend BAG, 10.02.1977 – 2 ABR 80/76, EzA § 103 BetrVG 1972 Nr. 18; BAG, 23.11.1988 – 7 AZR 34/88, EzA § 3 AÜG Nr. 1; BAG, 21.03.1990 – 7 AZR 198/98, AP AÜG § 1 Nr. 15; BAG, 26.04.1995 – 7 AZR 850/94, EzA § 1 AÜG Nr. 6.
618 BAG, 12.07.2016 – 9 AZR 352/15, GWR 2016, 367; BAG, 10.12.2013 – 9 AZR 51/13, NZA 2014, 196; BAG, 15.05.2013 – 7 AZR 494/11, NZA 2013, 1267; BAG, 28.06.2000 – 7 AZR 100/99, AP AÜG § 13 Nr. 3 m. Anm. *Urban-Crell*; LAG Berlin-Brandenburg, 16.10.2012 – 7 Sa 1182/12, juris; noch offengelassen von BAG, 15.04.1999 – 7 AZR 437/97, AP AÜG § 13 Nr. 1 m. Anm. *Urban-Crell*; BAG, 19.09.2001 – 7 AZR 574/00, EzA § 1 BeschFG 1985 Klagefrist Nr. 7; ausführlich *Urban-Crell/Schulz* Rn. 855 ff.
619 BAG, 15.04.1999 – 7 AZR 437/97, AP AÜG § 13 Nr. 1 m. Anm. *Urban-Crell*; BAG, 22.03.2000 – 7 AZR 758/98, EzA § 620 BGB Nr. 170; BAG, 28.06.2000 – 7 AZR 100/99, AP AÜG § 13 Nr. 3 m. Anm. *Urban-Crell*; BAG, 19.03.2003 – 7 AZR 267/02, EzA § 1 AÜG Nr. 12; a.A. BAG, 10.02.1977 – 2 ABR 80/76, EzA § 103 BetrVG 1972 Nr. 18; *Behrend* BB 2001, 2641, 2643.

Konsequenzen mehr verbunden. § 1 Abs. 2 AÜG ist überflüssig und kann ersatzlos gestrichen werden.[620]

c) Rechtsbeziehungen zwischen Verleiher und Entleiher

313 Bis zur Abschaffung der Erlaubnispflicht für private Arbeitsvermittler durch das am 27.03.2002 in Kraft getretene Gesetz zur Vereinfachung der Wahl der Arbeitnehmervertreter in den Aufsichtsrat hatte die nach § 1 Abs. 2 AÜG vermutete Arbeitsvermittlung Auswirkungen auf die Wirksamkeit des **Arbeitnehmerüberlassungsvertrages**. Dieser war nach §§ 291 Abs. 1, 297 SGB III a.F. i.V.m. § 134 BGB nichtig,[621] soweit der illegal Überlassende nicht im Besitz einer Vermittlungserlaubnis nach § 291 Abs. 1 SGB III a.F. war.[622] Für die **Nichtigkeitsfolge des Überlassungsvertrages** fehlt es inzwischen an einer **Rechtsgrundlage**, nachdem die Rechtsfolgenanordnung des § 297 Nr. 1 SGB III a.F. entfallen ist. Mangels eines Verstoßes gegen ein Verbotsgesetz bleibt der Arbeitnehmerüberlassungsvertrag auch im Fall des § 1 Abs. 2 AÜG wirksam.[623]

d) Sonstige Sanktionen

314 Private Arbeitsvermittler müssen ihre Tätigkeit lediglich beim zuständigen Gewerbeamt anmelden. Die behördliche Überwachung beschränkt sich bei der privaten Arbeitsvermittlung als nunmehr erlaubnisfreies Gewerbe auf die **Anzeigepflicht nach § 14 GewO**. Das zuständige Gewerbeamt kann die Vermittlungstätigkeit nur unter den Voraussetzungen des § 35 GewO untersagen.[624]

315 Die unterbliebene oder nicht ordnungsgemäße Anzeige stellt zwar eine **Ordnungswidrigkeit** dar (§ **146 Abs. 2 Nr. 2 GewO**), die mit einer Geldbuße bis

---

620 *Boemke/Lembke* § 1 AÜG Rn. 186; *Urban-Crell/Schulz* Rn. 866.
621 LAG Hamburg, 18.01.1991 – 3 Sa 51/90, LAGE § 9 AÜG Nr. 3.
622 *Behrend* BB 2001, 2641, 2645 f.; *Hager* SAE 2000, 320; KHK/*Düwell* 4.5 Rn. 323.
623 LAG Niedersachsen, 28.02.2006 – 13 TaBV 56/05, AuA 2006, 753: zur Strohmannkonstruktion bei konzerneigener Personalführungsgesellschaft.
624 Zu den Einzelheiten privater Arbeitsvermittlung vgl. *Urban-Crell/Schulz* Rn. 1382 ff.; ausführlich zur Gewerbeuntersagung Tettinger/Wank/Ennuschat/*Ennuschat* § 35 GewO Rn. 1 ff.

zu 1.000,00 € geahndet werden kann (§ 146 Abs. 3 GewO).[625] Doch berechtigt sie die Behörde nicht zur Untersagung oder Unterbindung der Gewerbeausübung nach § 35 GewO; dies folgt aus einem Umkehrschluss zu § 15 Abs. 2 GewO.[626] Ein Verstoß gegen § 14 GewO kann allerdings die **Unzuverlässigkeit des Erlaubnisinhabers** i.S.d. § 3 Abs. 1 Nr. 1 AÜG begründen; unter Umständen kann die Verleiherlaubnis daher zurückgenommen oder widerrufen werden (§§ 4 Abs. 1 Satz 1, 5 Abs. 1 Nr. 3 AÜG). Allein ein Verstoß gegen § 14 GewO führt nicht zur Nichtigkeit des Überlassungsvertrages (§ 134 BGB).[627]

Illegale Auslandsvermittlung nach § 292 SGB III kann nach § 404 Abs. 2 Nr. 9 SGB III als Ordnungswidrigkeit mit einer Geldbuße bis zu 30.000,00 € geahndet werden. Nach zutreffender Auffassung genügt insoweit die bloße Vermutung des § 1 Abs. 2 AÜG nicht. Es bedarf vielmehr des konkreten Nachweises illegaler Arbeitsvermittlung.[628] 316

Bei einer **gesetzes- oder tarifwidrigen Vergütung** des Arbeitnehmers entgegen § 9 Abs. 1 Nr. 2 AÜG (§ 3 Abs. 1 Nr. 3 AÜG) haftet der Verleiher arbeitsrechtlich auf die **Differenzvergütung** (§ 8 Abs. 1 AÜG). 317

2. Vermutete Arbeitsvermittlung bei Verleih ohne Verleiherlaubnis

Soweit der Verleiher nicht im Besitz einer Erlaubnis zur Arbeitnehmerüberlassung ist, ist zur Beurteilung der Rechtsfolgen der illegalen Arbeitnehmerüberlassung danach zu differenzieren, ob eine Verleiherlaubnis für die Überlassung des Arbeitnehmers erforderlich war oder nicht. Im Vordergrund steht mithin die Frage, ob Privilegierungstatbestände, insbesondere nach § 1 Abs. 3 AÜG, einschlägig sind bzw. bis zum 01.12.2011 die Abgrenzung zwischen erlaubnispflichtiger gewerbsmäßiger und erlaubnisfreier nichtgewerbsmäßiger Arbeitnehmerüberlassung.[629] 318

Die Rechtsfolgen illegaler Arbeitnehmerüberlassung bei einem **Verleih ohne Verleiherlaubnis** richten sich ausschließlich nach § 9 Abs. 1 Nr. 1 i.V.m. § 10 319

---

625 So a. FW AÜG zu §1 Nr. 1.3 (2).
626 Dazu ausführlich Tettinger/Wank/Ennuschat/*Ennuschat* § 35 GewO Rn. 1 ff.
627 *Urban-Crell/Schulz* Rn. 869.
628 *Boemke/Lembke* § 1 AÜG Rn. 175.
629 Vgl. Rdn. 106 ff.

AÜG. Die daneben eingreifende Vermutung nach § 1 Abs. 2 AÜG beeinflusst die insoweit eintretenden Rechtsfolgen nicht.[630]

320 Eine bis zum 01.12.2011 durchgeführte nichtgewerbsmäßige bzw. eine seit dem 01.12.2011 nicht im Rahmen einer wirtschaftlichen Tätigkeit oder sonst **erlaubnisfreie Arbeitnehmerüberlassung** setzt keine Erlaubnis nach § 1 Abs. 1 AÜG voraus. Ein Konkurrenzverhältnis zwischen §§ 9 Abs. 1 Nr. 1, 10 Abs. 1 Satz 1 AÜG einerseits und § 1 Abs. 2 AÜG andererseits besteht daher nicht. Die Rechtsfolgen entsprechen denen bei vermuteter Arbeitsvermittlung bei Verleih mit Verleiherlaubnis.[631]

3. Verwaltungszwang

321 Die BA wird durch § 6 AÜG verpflichtet, dem Verleiher die illegale Arbeitnehmerüberlassung ohne Erlaubnis nach § 1 Abs. 1 AÜG zu untersagen und das weitere Überlassen nach den Vorschriften des VwVG (Bund) zu verhindern. Nach seinem ausdrücklichen Wortlaut ist § 6 AÜG auf die vermutete Arbeitsvermittlung nach § 1 Abs. 2 AÜG **nicht anzuwenden**, wenn der **Überlassende im Besitz einer Arbeitnehmerüberlassungserlaubnis** ist.[632]

322 Ein Verstoß allein gegen die Anzeigepflicht des § 14 GewO berechtigt das zuständige Gewerbeamt auch **nicht zur Untersagung der Gewerbeausübung nach § 35 GewO** (vgl. § 15 Abs. 2 GewO).

F. Ausnahmetatbestände – Abs. 3

I. Einleitung

323 Der Gesetzgeber hat die Arbeitnehmerüberlassung grds. unter einen Erlaubnisvorbehalt gestellt. § 1 Abs. 3 AÜG macht von dieser grundsätzlichen Erlaubnispflicht **Ausnahmen** für Fälle, in denen die typischen mit der Arbeitnehmerüberlassung einhergehenden Gefahren nach dessen Einschätzung nicht realisiert werden. Ausdrücklich ausgenommen sind nach § 1 Abs. 3 AÜG die
- arbeitsplatzsichernde Arbeitnehmerüberlassung (Nr. 1),
- im begrenzten Umfang die konzerninterne Arbeitnehmerüberlassung (Nr. 2),

---

630 ErfK/*Wank* § 1 AÜG Rn. 49; KHK/*Düwell* 4.5 Rn. 312.
631 Vgl. Rdn. 309 ff.
632 Vgl. § 6 Rdn. 1 ff.

- die gelegentlich zwischen Arbeitgebern erfolgende Arbeitnehmerüberlassung (Nr. 2a)
- die Personalgestellung nach Maßgabe der Tarifverträge des öffentlichen Dienstes (Nr. 2b)
- die Arbeitnehmerüberlassung zwischen juristischen Personen des öffentlichen Rechts (Nr. 2c) sowie
- die Überlassung in das Ausland (Nr. 3).

Anwendbar bleiben bei Einschlägigkeit eines Ausnahmetatbestandes des § 1 Abs. 3 AÜG lediglich §§ 1b Satz 1,[633] 16 Abs. 1 Nr. 1f und Abs. 2 bis 5 AÜG sowie §§ 17 und 18 AÜG. **324**

Durch das Erste Gesetz zur Änderung des Arbeitnehmerüberlassungsgesetzes – Verhinderung von Missbrauch der Arbeitnehmerüberlassung vom 28.04.2011[634] hat der Gesetzgeber die Struktur von § 1 Abs. 3 AÜG mit Wirkung zum 01.12.2011 angepasst. Bis zu diesem Zeitpunkt war eine konzerninterne Arbeitnehmerüberlassung von der gesetzlichen Privilegierung erfasst, wenn der Arbeitnehmer seine Arbeit **vorübergehend** nicht bei seinem Arbeitgeber, sondern für ein anderes Konzernunternehmen, leistete. § 1 Abs. 3 Nr. 2 AÜG in der ab dem 01.12.2011 geltenden Fassung sieht nunmehr vor, dass nur noch die Konzernüberlassung privilegiert wird, wenn der Arbeitnehmer nicht mehr zum Zweck der Überlassung eingestellt und beschäftigt wird. Das Tatbestandsmerkmal »vorübergehend« ist nach neuer Rechtslage nicht mehr entscheidend für die Anwendung von § 1 Abs. 3 AÜG. Mit Blick auf Altfälle bezieht sich die nachfolgende Darstellung auch auf die bis zum 01.12.2011 geltende Rechtslage. Neu geschaffen hat der Gesetzgeber mit Wirkung zum 01.12.2011 zudem § 1 Abs. 3 Nr. 2a AÜG, die sog. Kollegenhilfe. **325**

Durch Gesetz zur Änderung des Arbeitnehmerüberlassungsgesetzes und anderer Gesetze vom 21.02.2017[635] wurde § 1 Abs. 3 AÜG mit Wirkung zum 01.04.2017 um zwei weitere Ausnahmetatbestände erweitert, die sich im Wesentlichen auf die öffentliche Hand beziehen, nämlich auf eine Personalgestellung nach Maßgabe der Tarifverträge des öffentlichen Dienstes und der Überlassung zwischen juristischen Personen des öffentlichen Rechts, soweit **326**

---

633 Für eine Europarechtswidrigkeit des sektoralen Verbotes der Überlassung in Betriebe des Baugewerbes, *Böhm* DB 2011, 476.
634 BGBl. I, 642.
635 BGBl. I, 258.

II. Arbeitsplatzsichernde Arbeitnehmerüberlassung – Abs. 3 Nr. 1

327 Der Privilegierungstatbestand des § 1 Abs. 3 Nr. 1 AÜG sieht eine Ausnahme von der allgemeinen Erlaubnispflicht vor, wenn eine Arbeitnehmerüberlassung zwischen Arbeitgebern desselben Wirtschaftszweiges zur Vermeidung von Kurzarbeit oder Entlassungen erfolgt und ein für den Entleiher und Verleiher geltender Tarifvertrag dies vorsieht. Der Privilegierungstatbestand soll dem **Erhalt von Arbeitsplätzen** insb. in **krisenanfälligen Wirtschaftszweigen** dienen. Hierzu sollen unnötige Erschwerungen eines i.S.d. Beschäftigungssicherung **sinnvollen Personalaustauschs** durch Eingreifen der Vorschriften des AÜG verhindert werden.

1. Praktische Bedeutung

328 **Praktisch** hat der Privilegierungstatbestand des § 1 Abs. 3 Nr. 1 AÜG bisher **kaum Anwendung** gefunden. Grund hierfür ist u.a., dass in kaum einem Tarifvertrag eine entsprechende Regelung vereinbart wurde. In Zusammenhang mit einer Verschlechterung der Wirtschaftslage könnte jedoch auch dieses Instrument zur Sanierung **in Zukunft** größere Berücksichtigung finden. So hat die IG Metall mit Wirkung zum April 2009 einen weiteren Tarifvertrag geschlossen, der eine Nichtanwendbarkeit des AÜG bei einigen Siegerländer Arbeitgebern vorsieht.[636] Diese Tarifverträge sehen bspw. die Fortgewährung des üblichen Lohns und Urlaubs durch das entleihende Unternehmen, eine Art Gebühr des verleihenden Unternehmens sowie häufig ein Abwerbeverbot vor.

2. Voraussetzungen

329 Als Ausnahmevorschrift ist § 1 Abs. 3 Nr. 1 AÜG entsprechend den allgemeinen Auslegungsregeln restriktiv auszulegen. Hierbei müssen kumulativ die drei gesetzlich ausdrücklich benannten Voraussetzungen erfüllt sein:
– die Arbeitgeber müssen **demselben Wirtschaftszweig** angehören,
– die Arbeitnehmerüberlassung muss der **Vermeidung von Kurzarbeit oder Entlassungen** dienen,

---

[636] Quelle: Handelsblatt, 14.05.2009.

– es muss ein **Tarifvertrag** für Entleiher und Verleiher gelten, der die Nichtanwendbarkeit des AÜG vorsieht.

a) Arbeitgeber desselben Wirtschaftszweiges

Der Begriff des **Wirtschaftszweiges** ist i.S.d. allgemeinen Sprachgebrauchs zu verstehen. Mit diesem Merkmal soll ein **Unterlaufen von Tarifverträgen** durch die Abordnung von Arbeitnehmern insb. durch reine Verleiher vermieden werden. 330

Der Ausnahmetatbestand greift daher auch dann ein, wenn zwar eine Zugehörigkeit zum selben Wirtschaftsbereich, nicht aber zum **fachlichen Geltungsbereich** desselben Tarifvertrages besteht. Hier gilt nichts anderes als bzgl. § 1 Abs. 1a Satz 1 AÜG, wobei zu beachten ist, dass – anders als dort – die Bereichsausnahme für das Baugewerbe gem. §§ 1 Abs. 3, 1b Satz 1 AÜG gilt. Als Wirtschaftszweige i.S.d. Norm sind bspw. die chemische Industrie, der Bergbau und die Kfz-Industrie anzusehen.[637] Nach a.A. soll auf das **Industrieverbandsprinzip** abzustellen sein. Dies wirft insb. Probleme bei Mischunternehmen auf.[638] 331

b) Vermeidung von Kurzarbeit und Entlassungen

§ 1 Abs. 3 Nr. 1 AÜG soll eine Ausnahme von der Erlaubnispflicht nur im Fall einer **tatsächlichen Gefährdung von Arbeitsplätzen** begründen. Allein die Absicht, ein solche zu unterbinden, genügt nicht. Voraussetzung ist vielmehr eine an **objektiven Merkmalen** festzumachende Eignung der Arbeitnehmerüberlassung, Kurzarbeit oder Entlassungen tatsächlich zu vermeiden.[639] Aus diesem Grund müssen die Voraussetzungen für die Gewährung von Kurzarbeitergeld oder für den Ausspruch betriebsbedingter Kündigungen erfüllt sein. 332

Eine tatsächliche Vermeidung von **Kurzarbeit** ist nur bei Erfüllung der Voraussetzungen des **§§ 95 ff. SGB III** anzunehmen.[640] Aufgrund dieser Anknüpfung ist davon auszugehen, dass auch die bis zum 31.12.2010 geltende 333

---

637 *Urban-Crell/Schulz* Rn. 549, 541.
638 Vgl. Darstellung des Meinungsstands bei Thüsing/*Waas* § 1 AÜG Rn. 165 f.
639 *Urban-Crell/Schulz* Rn. 551.
640 H.M. vgl. ErfK/*Wank* § 1 AÜG Rn. 77 m.w.N.

Geschäftsanweisung zur Erleichterung der Gewährung von Kurzarbeitergeld[641] i.R.d. § 1 Abs. 3 Nr. 1 AÜG zu berücksichtigen war.

334 Eine tatsächliche Gefährdung ist ebenfalls anzunehmen, wenn die Voraussetzungen für eine betriebsbedingte **Massenentlassung** tatsächlich vorliegen.[642] Maßgeblich sind insoweit die Tatbestände des § 17 KSchG sowie **§ 112a BetrVG**.

335 Sowohl hinsichtlich der Kurzarbeit als auch der Entlassungen ist lediglich eine Phase des **vorübergehenden Arbeitsausfalls** gemeint, nicht hingegen ein dauerhaftes Entfallen eines Arbeitsplatzes.[643]

c) Geltung eines Tarifvertrags für Entleiher und Verleiher

336 Zudem ist gem. § 1 Abs. 3 Nr. 1 AÜG eine **ausdrückliche Zulassung** des Personalaustauschs unter **Nichtanwendung des AÜG** in einem für den Entleiher und Verleiher geltenden Tarifvertrag notwendig.

337 Streitig ist, ob für Verleiher und Entleiher hierbei **ein und derselbe Tarifvertrag** gelten muss. Die Wortlautauslegung der Vorschrift spricht noch dafür.[644] Gegen ein solches Verständnis ist indes **Telos und Gesetzgebungsgeschichte** der Norm anzuführen. Das Gesetzgebungsverfahren erfolgte in dem Verständnis, dass zwischen sämtlichen Werften des Norddeutschen Küstenbereichs die Arbeitnehmerüberlassung durch Tarifverträge zulässig sein soll, obwohl aufgrund verschiedener räumlicher Tarifbezirke für die Werften verschiedene Tarifverträge Anwendung fanden. Die mit § 1 Abs. 3 Nr. 1 AÜG intendierte Erleichterung des Personalaustauschs wäre bei einer Beschränkung auf den Bereich lediglich eines Tarifvertrages kaum mehr zu erreichen.[645]

III. Konzerninterne Arbeitnehmerüberlassung – Abs. 3 Nr. 2

338 Das AÜG enthält gem. § 1 Abs. 3 Nr. 2 AÜG ein **Konzernprivileg**, dessen Anwendungsbereich durch das Erste Gesetz zur Änderung des Arbeitnehmerüberlassungsgesetzes – Verhinderung von Missbrauch der Arbeitnehmerüber-

---

641 Materiell-rechtliche und verfahrenstechnische Änderungen/Anpassungen der Geschäftsanweisung Kurzarbeitergeld Stand 1/2012.
642 Schüren/Hamann/*Hamann* § 1 AÜG Rn. 446 m.w.N.
643 ErfK/*Wank* § 1 AÜG Rn. 77 m.w.N.
644 ErfK/*Wank* § 1 AÜG Rn. 72.
645 *Urban-Crell/Schulz* Rn. 554 unter Verweis auf BT-Drucks. 10/3206, 33.

lassung vom 28.04.2011[646] mit Wirkung zum 01.12.2011 erheblich modifiziert wurde; nachfolgend wird sowohl die alte als auch die neue Rechtslage dargestellt. Sind die Tatbestandsmerkmale des § 1 Abs. 3 Nr. 2 AÜG erfüllt, sind auf die Arbeitnehmerüberlassung zwischen Konzernunternehmen die **Vorschriften des AÜG** mit Ausnahme des § 1b Satz 1, des § 16 Abs. 1 Nr. 1f und Abs. 2 bis 5 sowie der §§ 17 und 18 **nicht anzuwenden**.

Dies gilt auch für die ab dem 01.04.2017 geltende Überlassungshöchstdauer gem. § 1 Abs. 1 Satz 4, Abs. 1b AÜG, so dass eine Arbeitnehmerüberlassung im Konzern 18 Monate überschreiten darf, selbst wenn die Voraussetzungen gem. § 1 Abs. 1b Satz 3–8 AÜG nicht erfüllt sind.

1. Anwendungsbereich und Reichweite des Konzernprivilegs

Entgegen einer in vielen Personalabteilungen verbreiteten Annahme privilegiert § 1 Abs. 3 Nr. 2 AÜG **keinesfalls jede Form des Fremdeinsatzes konzernangehöriger Arbeitnehmer** innerhalb verbundener Unternehmen. Dies gilt insb. auf Grundlage von § 1 Abs. 3 Nr. 2 AÜG n.F. Die Neufassung sollte nach dem Willen des Gesetzgebers klarstellen, dass die Vorschrift nicht für sog. **Personalführungsgesellschaften**[647] gilt, die in der Praxis – zumindest nach alter Rechtslage – den weit überwiegenden Teil des Fremdeinsatzes von Arbeitnehmern konzernangehöriger Unternehmen abgebildet haben. Personalführungsgesellschaften unterfielen aber, zumindest wenn sie der dauerhaften Überlassung von Arbeitnehmern dienten, auch nach der alten Rechtslage regelmäßig **nicht dem Konzernprivileg**. Die Vorschriften des AÜG waren daher auf sie anzuwenden; dies gilt erst recht auf Grundlage der gesetzlichen Neuregelung. 339

Bei dem Einsatz unternehmensfremder, konzernangehöriger Arbeitnehmer in anderen Gesellschaften der Gruppe existiert **keine grundsätzliche Vermutung** für das Vorliegen einer – privilegierten oder nicht privilegierten – Arbeitnehmerüberlassung. Arbeitnehmermobilität im Konzern kann in **verschiedenen Vertragsformen** erfolgen, ohne dass diese in den Anwendungsbereich des AÜG fallen. Die Vertragsparteien können bspw. **mehrere Arbeitsverhältnisse** miteinander in der Form verknüpfen, dass das Stammarbeitsverhältnis mit dem Einstellungsunternehmen ruht, d.h. die gegenseitigen Hauptleistungspflichten suspendiert sind, gleichzeitig aber ein zweites Arbeitsverhältnis mit 340

---

646 BGBl. I, 642.
647 Vgl. hierzu Rdn. 357 ff.

einem anderen Konzernunternehmen begründet und durchgeführt wird. Eine solche Vereinbarung, die angesichts des Arbeitgeberwechsels **keine Arbeitnehmerüberlassung darstellen** kann, ist auch vor dem Hintergrund einer Kontrolle nach §§ 305 ff. BGB grds. unbedenklich.[648]

▶ Beispiel:

Ein als Ingenieur angestellter Arbeitnehmer der Muttergesellschaft, der dort in der Entwicklungsabteilung beschäftigt ist, soll vorübergehend technischer Leiter des neuen Werks eines Tochterunternehmens werden. Mutter- und Tochterunternehmen sowie Mitarbeiter schließen einen dreiseitigen Vertrag, nach dem das Arbeitsverhältnis (Ingenieur Entwicklung) zwischen Mutterunternehmen und Arbeitnehmer für ein halbes Jahr ruht und in diesem Zeitraum das Tochterunternehmen aufgrund eines neuen, befristeten Arbeitsvertrages (Technischer Leiter) Arbeitgeber des Arbeitnehmers wird.

Ein Eingreifen des AÜG scheidet aus. Der Arbeitnehmer wird nicht in einem fremden Betrieb, sondern in dem seines (vorübergehenden) Arbeitgebers eingesetzt.

2. Voraussetzungen

341　Die Privilegierung des § 1 Abs. 3 Nr. 2 AÜG setzt zum einen voraus, dass die Arbeitnehmerüberlassung zwischen Konzernunternehmen i.S.d. § 18 AktG erfolgt. Zum anderen darf der Arbeitnehmer nach alter Rechtslage (bis zum 30.11.2011) seine Arbeit lediglich vorübergehend nicht bei seinem Arbeitgeber leisten; nach neuer Rechtslage (ab dem 01.12.2011) darf der betreffende Arbeitnehmer nicht zum Zwecke der Überlassung eingestellt und beschäftigt werden. Diese Voraussetzungen müssen kumulativ vorliegen.

a) Eingreifen des sektoralen Verbots des § 1b Satz 1 AÜG

342　Ausweislich des eindeutigen Gesetzeswortlauts (§§ 1 Abs. 3 i.V.m. 1b Satz 1 AÜG) besteht im Bereich des Bauhauptgewerbes kein Konzernprivileg. Die Versagung einer Erstreckung des Privilegierungstatbestands auf diesen Bereich soll im Interesse eines **Schutzes des deutschen Arbeitsmarktes** eine

---

648　LAG Hamburg, 21.05.2008 – 5 Sa 82/07, EzA-SD 2009 Nr. 2, 4 m.w.N.

Umgehung des § 1b Satz 1 AÜG durch die Gründung von (ausländischen) Konzerntöchtern verhindern.[649]

b) Konzernunternehmen

Ob ein Unternehmen als Konzernunternehmen i.S.d. AÜG einzustufen ist, richtet sich nach **§ 18 AktG**. 343

Nach der Legaldefinition der Vorschrift liegt ein Konzern vor, wenn mindestens zwei rechtlich selbstständige Unternehmen unter einer **einheitlichen Leitung** zusammengefasst sind.[650] Da § 1 Abs. 3 Nr. 2 AÜG in vollem Umfang auf § 18 AktG Bezug nimmt, ist es für die Anwendbarkeit des Konzernprivilegs unerheblich, ob ein Unterordnungs- (§ 18 Abs. 1 AktG) oder ein Gleichordnungskonzern (§ 18 Abs. 2 AktG) besteht. Ebenso ist irrelevant, ob bei einem Unterordnungskonzern die Abhängigkeit auf Vertrag (sog. Vertragskonzern) oder auf sonstigen Beherrschungsmitteln (sog. faktischer Konzern) basiert.[651] 344

Das LAG München hat in diesem Zusammenhang dabei offen gelassen, ob und ab welchem Grad der Beteiligung es sich bei einem Rechtsverhältnis zwischen einem Unternehmen und dessen »Großmuttergesellschaft« um eine Konzernbeziehung i.S.d. § 18 AktG handelt.[652] 345

Nicht erforderlich ist, dass das verleihende Konzernunternehmen überwiegend oder ausschließlich Arbeitnehmerüberlassung betreibt; auch Mischbetriebe/-unternehmen, die gelegentlich bzw. auch, aber nicht nur Arbeitnehmer überlassen, können sich grds. auf die Privilegierung nach § 1 Abs. 3 Nr. 2 AÜG berufen.[653] Ob die Voraussetzungen tatsächlich vorliegen, ist für jeden betroffenen Arbeitnehmer zum Zeitpunkt der jeweiligen Tätigkeit gesondert festzustellen.[654] Das LAG Thüringen hat zuletzt entschieden, dass die Voraussetzungen von § 1 Abs. 3 Nr. 2 AÜG nicht erfüllt sind, wenn eine 346

---

649 BT-Drucks. 13/4941, S. 248.
650 Vgl. zum Konzernbegriff *Hüffer* § 18 AktG Rn. 2.
651 *Urban-Crell/Schulz* Rn. 562 m.w.N.
652 LAG München, 26.10.2006 – 4 Sa 1324/05, EzAÜG § 10 AÜG Fiktion Nr. 115 unter Verweis auf BAG, 05.05.1988 – 2 AZR 795/87, EzA § 1 AÜG Nr. 1; BAG, 22.06.1994 – 7 AZR 286/93 EzA § 1 AÜG Nr. 4; BAG, 03.12.1997 – 7 AZR 764/96, EzA § 1 AÜG Nr. 9.
653 *Lembke* DB 2011, 416; a.A. *Oberthür* ArbRB 2011, 147.
654 *Schüren/Fasholz* DB 2016, 1378.

Arbeitnehmerüberlassung zwischen einem von einem Bundesland als Körperschaft des öffentlichen Rechts (vorliegend: Freistaat Thüringen) rechtlich unselbständigem Landesamt und einer rechtlich selbständigen, gemeinnützigen Gesellschaft durgeführt wird, deren Anteile der Freistaat zu 100% hält.[655] Die Vorschrift sei unter Berücksichtigung von Schutzgesichtspunkten teleologisch zu reduzieren.

c) Nicht zum Zweck der Überlassung eingestellt und beschäftigt

347 § 1 Abs. 3 Nr. 2 AÜG knüpft daran an, dass der Arbeitnehmer, der bei einer anderen Konzerngesellschaft eingesetzt werden soll, nicht zum Zweck der Überlassung eingestellt und beschäftigt wird.[656] Aus der Regelung in § 1 Abs. 3 Nr. 2 AÜG ergibt sich zunächst, dass die Privilegierung des Konzernverleihs nicht für die Arbeitnehmerüberlassung durch Personalführungsgesellschaften gilt, deren Zweck die Einstellung und Überlassung von Personal ist. Mit dieser Formulierung soll nach der Gesetzesbegründung zudem sichergestellt werden, dass es nicht allein auf den bei Abschluss des Arbeitsvertrages festgelegten Leistungsinhalt ankommt, sondern auch darauf, dass die Arbeitnehmer später nicht zum Zwecke der Überlassung beschäftigt werden.[657] In diesem Zusammenhang ist die Verknüpfung von »eingestellt« bzw. »beschäftigt« mit einem »und« zur Vermeidung von Schutzlücken als »oder« zu verstehen[658], die z.B. entstehen können, wenn – am Wortlaut von § 1 Abs. 3 Nr. 2 AÜG haftend – ein Mitarbeiter zunächst nicht als Leiharbeitnehmer eingestellt, aber im Nachgang – ggf. nach einer Vertragsänderung – ausschließlich als solcher beschäftigt wird.

348 Offen ist, ob der Privilegierungstatbestand einschlägig ist, wenn der Arbeitnehmer auch und nicht nur zum Zweck der Überlassung eingestellt oder beschäftigt wird. Dies wird von der überwiegenden Ansicht im Schrifttum bejaht.[659] Ausgehend vom Gesetzeszweck, Personalführungsgesellschaften

---

655 LAG Thüringen, 12.04.2016 – 1 Sa 284/15, juris; dazu: *Hamann/Rudnik* juris PR-ArbR 4/2017 Anm. 1.
656 Dazu: LAG Thüringen, 23.11.2016 – 6 Sa 283/15, juris.
657 BT-Drucks. 17/4804, S. 8; dazu auch: ArbG Darmstadt, 08.05.2012 – 3 BV 2/12, juris.
658 Vgl. LAG Baden-Württemberg, 11.02.2016 – 3 TaBV 2/14, AuA 2016, 370; *Lembke* BB 2012, 2499; *Tschöpe/Bissels* Teil 6 Rn. 32a.
659 *Lembke* DB 2011, 416; *Hamann* RdA 2011, 333; *Huke/Neufeld/Luickhardt* BB 2012, 966; a.A. *Sandmann/Marschall/Schneider* AÜG Art. 1 § 1 Rn. 81a.

einer Erlaubnispflicht zu unterwerfen, die ausschließlich Arbeitnehmer konzernintern überlassen, ist es folgerichtig anzunehmen, dass der Tatbestand nach § 1 Abs. 3 Nr. 2 AÜG einschlägig ist, wenn der Beschäftigte nicht ausschließlich zum Zweck der Überlassung eingestellt oder beschäftigt, sondern auch bei seinem Arbeitgeber eingesetzt wird.[660]

Dies bedeutet, dass ein Arbeitnehmer »normal« bei seinem Vertragsarbeitgeber tätig wird, aber aufgrund einer vereinbarten Konzernversetzungsklausel ebenfalls an andere Gesellschaften überlassen werden kann, und im Anschluss zu seinem Arbeitgeber »zurückkehrt«.[661] Umgekehrt greift die Privilegierung nicht ein, wenn der Arbeitnehmer ausschließlich zur Arbeitnehmerüberlassung eingestellt bzw. i.R.d. Abwicklung des Arbeitsverhältnisses de facto nur bei anderen Konzernunternehmen als Leiharbeitnehmer eingesetzt wird. Nicht abschließend geklärt ist zudem, in welchem Verhältnis der Einsatz des Mitarbeiters als Leiharbeitnehmer bei einer Konzerngesellschaft und die Tätigkeit bei dem »eigenen« Arbeitgeber stehen müssen. Dabei ist davon auszugehen, dass das Konzernprivileg zumindest Sachverhalte erfasst, in denen der Leiharbeitnehmer mehr als 50% seiner Tätigkeit bei seinem Vertragsarbeitgeber erbringt. Allgemein von einem Schwellenwert auszugehen, dass der Mitarbeiter nur in einem Umfang von 25% der Arbeitszeit als Leiharbeitnehmer eingesetzt werden darf, um das Konzernprivileg für sich nutzbar machen zu können,[662] ist in diesem Zusammenhang zu eng und lässt sich weder aus dem Wortlaut des Gesetzes noch aus dessen Regelungszweck ableiten. 349

▶ Praxistipp:

In Anbetracht der Unsicherheiten, die mit der Auslegung von § 1 Abs. 3 Nr. 2 AÜG verbunden sind, ist zu empfehlen, von dem Konzernprivileg in umsichtiger Form Gebrauch zu machen. Dies gilt erst recht unter Beachtung der Bedenken gegen die Europarechtskonformität der Vorschrift.[663]

---

660 *Lembke* DB 2011, 416; *Hamann* RdA 2011, 333; *Huke/Neufeld/Luickhardt* BB 2012, 966; a.A. *Sandmann/Marschall/Schneider* AÜG Art. 1 § 1 Rn. 81a.
661 *Boemke/Lembke* § 1 AÜG Rn. 233.
662 So *Schüren/Fasholz* DB 2016, 1378 f.
663 Vgl. *Hamann* RdA 2011, 333; *Lembke* FA 2011, 291; *ders.* DB 2011, 416; *Ulber* AuR 2011, 231; offenlassend: BAG, 20.01.2015 – 9 AZR 735/13, NZA 2015, 816; LAG Baden-Württemberg, 11.02.2016 – 3 TaBV 2/14, AuA 2016, 370; s. auch: LAG Thüringen, 12.04.2016 – 1 Sa 284/15, juris, das ebenfalls Zweifel

d) Vorübergehende Arbeitsleistung – Altfälle

350 Das bis zum 30.11.2011 geltende Tatbestandsmerkmal »vorübergehend« ist i.R.d. Konzernprivilegs weit auszulegen. Entscheidend sind die Umstände des Einzelfalls.[664] Nach dem gesetzlichen Leitbild setzt eine vorübergehende Überlassung im Konzern dabei zumindest voraus, dass der Arbeitnehmer seine Arbeitsleistung »normalerweise« ggü. seinem Vertragsarbeitgeber erbringt und lediglich anlassbezogen einer anderen Konzerngesellschaft zur Arbeitsleistung überlassen wird. Denn nur unter dieser Voraussetzung ist sichergestellt, dass der Schutzzweck des AÜG nicht berührt wird. Hat der Arbeitnehmer keinen echten »Stammarbeitsplatz«, unterscheidet sich Arbeitnehmerüberlassung im Konzern letztlich nicht von einer Arbeitnehmerüberlassung außerhalb des Konzerns, die der Gesetzgeber als erlaubnispflichtig ansieht. Es geht dann nicht um die Eröffnung eines konzerninternen Arbeitsmarkts, sondern um die Begründung einer bloßen Überlassungsmöglichkeit.[665]

Die Voraussetzungen für einen vorübergehenden Einsatz sind jedenfalls dann erfüllt, wenn **zum Zeitpunkt der Überlassung** eine **Rückkehr** des Arbeitnehmers zum Vertragsarbeitgeber sichergestellt ist, dieser also seine Arbeitsleistung zu einem späteren Termin wieder im verleihende Konzernunternehmen erbringen kann. Streitig ist, ob bereits eine bloße Rückkehroption des Arbeitnehmers zum Vertragsarbeitgeber ausreicht, um das Merkmal des lediglich vorübergehenden Einsatzes zu erfüllen.[666]

aa) Festlegung des Rückkehrtermins und zeitliche Höchstgrenze

351 Ebenfalls umstritten ist, ob zum Zeitpunkt der Überlassung das genaue Rückkehrdatum bereits festgelegt sein muss.[667] Nach herrschender Meinung muss der **Termin** der (geplanten) Rückkehr dabei nicht feststehen.[668]

---

an der Europarechtskonformität von § 1 Abs. 3 Nr. 2 AÜG anmeldet, aber den letzten Schritt einer Vorlage an den EuGH nicht macht.
664 Vgl. BAG, 18.07.2012 – 7 AZR 451/11, NZA 2012, 1369.
665 BAG, 18.07.2012 – 7 AZR 451/11, NZA 2012, 1369.
666 Bejahend LAG Hessen, 26.05.2000 – 2 Sa 423/99, NZA-RR 2000, 572, ablehnend *Hamann* EzA § 14 AÜG Nr. 5.
667 Vgl. zum Meinungsstand ErfK/*Wank* § 1 AÜG Rn. 60.
668 LAG Rheinland-Pfalz, 03.05.2006 – 10 Sa 913/05, juris m.w.N.; LAG München, 26.10.2006 – 4 Sa 1324/05, EzAÜG § 10 AÜG Fiktion Nr. 115 unter Verweis auf BAG, 05.05.1988 – 2 AZR 795/87, EzA § 1 AÜG Nr. 1.

Eine exakt bestimmte **zeitliche Höchstgrenze** für den Einsatz beim konzern- 352
angehörigen Entleiher gibt es nicht. Als vorübergehend kann nach ständiger
Rechtsprechung des BAG auch ein Zeitraum von **mehreren Jahren** einzuordnen sein.[669]

bb) Wiederaufnahme der Tätigkeit

Bei der Beurteilung des lediglich zeitlich begrenzten Fremdeinsatzes ist nicht 353
auf die (geplante) Dauer des Einsatzes beim Entleiher abzustellen, sondern auf
die (geplante Wieder-)**Aufnahme der Tätigkeit bei dem Arbeitgeber**.

Das Merkmal der vorübergehenden Überlassung ist daher **nicht** erfüllt, wenn 354
ein Arbeitnehmer nach seiner Tätigkeit bei einem entleihenden Konzernunternehmen an **weitere** – konzernzugehörige – **Unternehmen** überlassen werden soll.[670] In diesen Fällen ist gerade nicht die Rückkehr des Arbeitnehmers
in einen Betrieb seines Arbeitgebers (d.h. der überlassenden Gesellschaft)
geplant. Entsprechend kann das Konzernprivileg nicht eingreifen, wenn eine
Rückkehr **mangels eigenen Geschäftsbetriebs** des verleihenden Unternehmens bereits faktisch ausgeschlossen ist.[671]

▶ Beispiel:

Arbeitgeber eines Staplerfahrers ist eine Konzerngesellschaft, deren Tätigkeit ausschließlich in der Überlassung von Arbeitskräften an andere Konzernunternehmen besteht. Dessen Betrieb besteht aus einem Büroraum,
in dem zwei Arbeitnehmer diese Einsätze organisieren. Der Staplerfahrer
wurde mehrfach an unterschiedliche Konzernunternehmen überlassen. In
seinem derzeitigen Unternehmen wird er noch für zwei Monate gebraucht,
danach wechselt er zu einer anderen Konzerngesellschaft.

Das Konzernprivileg greift hier nicht ein. Die Aufnahme einer Tätigkeit
des Staplerfahrers im Betrieb seines Arbeitgebers ist und war von Beginn
an ausgeschlossen.

---

669 BAG, 10.03.2004 – 7 ABR 49/03, EzA § 9 BetrVG 2001 Nr. 2 m.w.N.
670 Missverständlich insoweit *Melms/Lipinski* BB 2004, 2409.
671 LAG Schleswig-Holstein, 18.06.2008 – 3 TaBV 8/08, EzA-SD 2008, Nr. 22,
     15; LAG Schleswig-Holstein, 18.06.2008 – 3 TaBV 12/08, DB 2008, 2428;
     LAG Schleswig-Holstein, 03.07.2008 – 4 TaBV 13/08, juris; LAG Schleswig-Holstein, 03.07.2008 – 4 TaBV 9/08, AuA 2009, 177.

cc) Gewerbsmäßigkeit

355 Liegen die Voraussetzungen des Ausnahmetatbestandes des § 1 Abs. 3 Nr. 2 AÜG a.F. vor, greift nach dem Gesetzeswortlaut das Konzernprivileg unabhängig davon ein, ob die Arbeitnehmerüberlassung gewerbsmäßig oder nicht gewerbsmäßig erfolgt.[672] Dieser schränkt den Anwendungsbereich der Vorschrift ausdrücklich nicht auf die nicht gewerbsmäßige Arbeitnehmerüberlassung ein.[673]

356 Probleme ergeben sich allerdings bei »**Altfällen**«. Diese treten in der heutigen Praxis noch immer auf. Ursprünglich galten die Vorschriften des AÜG uneingeschränkt für die gewerbsmäßige Arbeitnehmerüberlassung von einer Konzerngesellschaft an ein anderes Unternehmen derselben Gruppe. Das **Konzernprivileg** in § 1 Abs. 3 Nr. 2 AÜG a.F. wurde erst mit Wirkung zum 01.05.1985 in das Gesetz aufgenommen. Deshalb war die – auch nur vorübergehende – gewerbsmäßige konzerninterne Arbeitnehmerüberlassung bis zum **30.04.1985** erlaubnispflichtig.[674] Soweit eine **gewerbliche Überlassung vor diesem Stichtag** erfolgte, kann daher selbst in Fällen der vorübergehenden konzerninternen Arbeitnehmerüberlassung ein fingiertes Arbeitsverhältnis entstanden sein.[675] Die nachträgliche Legalisierung der Arbeitnehmerüberlassung durch eine (nachträgliche) Anwendung des Konzernprivilegs beseitigt die eingetretene Fiktion nicht. Das Recht, sich auf den fingierten Arbeitsvertrag zu berufen, verliert der Arbeitnehmer auch nicht durch den Abschluss eines Arbeitsvertrages mit dem früheren Entleiher. Ob die Wirkungen des §§ 10, 13 AÜG a.F. rückwirkend durch Abschluss eines entsprechenden Arbeitsvertrages und entsprechender Vereinbarungen zwischen dem Leiharbeitnehmer und dem Entleiher abbedungen werden kann, hat die höchstrichterliche Rechtsprechung bisher offen gelassen.[676] Ist das Arbeitsverhältnis bereits beendet, kann ausnahmsweise auf Feststellung des beendeten Arbeitsverhältnisses

---

672 Ab dem 01.12.2011 kommt es auf die Gewerbsmäßigkeit der Arbeitnehmerüberlassung nicht mehr an; ausreichend ist, dass diese i.R.d. wirtschaftlichen Tätigkeit gem. § 1 Abs. 1 Satz 1 AÜG erfolgt, dazu Rdn. 106 ff.
673 *Urban-Crell/Schulz* Rn. 559 m.w.N.
674 BAG, 17.01.2007 – 7 AZR 23/06, AP AÜG § 1 Nr. 32.
675 Vgl. hierzu allgemein § 10 Rdn. 3 ff.
676 *Schumann* EWiR § 1 BetrAVG 6/03, 1119.

geklagt werden, wenn sich aus diesem noch Rechtsfolgen für die Gegenwart oder Zukunft ergeben.[677]

▶ **Beispiel:**

Ein Arbeitnehmer wurde 1977 von der Konzernmutter (die keine Arbeitnehmerüberlassungserlaubnis besaß) eingestellt. Diese überließ ihn ab 1984 an ein Tochterunternehmen, mit dem der Arbeitnehmer 1989 einen Arbeitsvertrag schloss. Der mittlerweile ausgeschiedene Mitarbeiter rügt nun die unter Zugrundelegung eines Eintritts im Jahr 1989 vorgenommene Berechnung seiner Bezüge aus der beim Tochterunternehmen geltenden Zusage über eine betriebliche Altersversorgung. Die Rüge ist berechtigt. Maßgeblich ist aufgrund der Fiktion eines Arbeitsverhältnisses mit dem Tochterunternehmen der Eintrittstermin bei der Konzernmutter im Jahr 1984.

3. Sonderfall: Personalführungsgesellschaften

Keinen Fall des § 1 Abs. 3 Nr. 2 AÜG bilden i.d.R. sog. **Personalführungsgesellschaften**. Auf diese ist das AÜG daher uneingeschränkt anzuwenden. Dies gilt gleichermaßen nach alter wie auch nach neuer Rechtslage. 357

a) Gesetzgeberischer Wille

Bereits die Beschlussempfehlung des Ausschusses für Arbeits- und Sozialordnung zu § 1 Abs. 3 Nr. 2 AÜG a.F.[678] stellte sich gegen eine Herausnahme der dauerhaften Überlassung von Arbeitnehmern von einem Konzernunternehmen zum anderen aus dem Anwendungsbereich des AÜG. Das **Konzernprivileg** soll sich gerade **nicht auf reine Personalführungsgesellschaften** beziehen, deren einziger Zweck die Einstellung und Beschäftigung von Arbeitnehmern ist, die dann bei Konzernunternehmen eingesetzt werden.[679] 358

---

677 BAG, 15.12.1999 – 5 AZR 457/98, EzA § 256 ZPO Nr. 52; BAG, 21.06.2000 – 5 AZR 782/98, BAGE 95, 141 = EzA § 256 ZPO Nr. 53; BAG, 24.05.2006 – 7 AZR 365/05, EzAÜG § 10 AÜG Fiktion Nr. 114.
678 BT-Drucks. 10/3206, 33.
679 BT-Drucks. 10/3206, 33; zur Abgrenzung zum Gemeinschaftsbetrieb vgl. Rdn. 142 ff.

b) Vorübergehender Einsatz

359 Liegt eine **reine Personalführungsgesellschaft** vor, kann bereits das Tatbestandsmerkmal des lediglich vorübergehenden Einsatzes nach § 1 Abs. 3 Nr. 2 AÜG a.F. außerhalb des Arbeitgeberunternehmens nicht erfüllt sein.[680] Personalführungsgesellschaften zielen darauf ab, Arbeitnehmer **dauerhaft bei anderen Konzernunternehmen** einzusetzen. Eine Rückkehr zum Vertragsarbeitgeber ist nicht geplant. Es besteht nicht einmal eine sachliche Rückkehroption.

360 Auf Grundlage des ab dem 01.12.2011 geltenden § 1 Abs. 3 Nr. 2 AÜG n.F. ergibt sich bereits aus der Gesetzesbegründung, dass die Anpassung der Vorschrift lediglich klarstellen soll, dass der Privilegierungstatbestand nicht für konzerninterne Personalführungsgesellschaften gilt.[681]

361 Damit ist § 1 Abs. 3 Nr. 2 AÜG auf Personalführungsgesellschaften **nicht anwendbar**; sie unterliegen in vollem Umfang den Bestimmungen des AÜG.[682]

▶ Praxistipp:

In der Praxis unterfielen die meisten Fälle des konzerninternen Personalaustausches nicht dem Konzernprivileg des § 1 Abs. 3 Nr. 2 AÜG a.F. Konzerngesellschaften, die (auch) dazu dienten, Arbeitnehmer an andere Konzernunternehmen zu überlassen, sollten daher zumindest zur Absicherung eine Arbeitnehmerüberlassungserlaubnis besessen haben.

c) Rechtsmissbrauch durch Überlassung im Konzern

362 In Rechtsprechung und Literatur ist **umstritten**, ob und unter welchen Voraussetzungen bei Konzernsachverhalten eine **unzulässige Gesetzesumgehung** anzunehmen ist. Diskutiert wird vor allem die Frage, ob und wann eine Konstruktion als unzulässig anzusehen ist, in der ein Konzernunternehmen eingesetzt wird, um die Anwendbarkeit des in Konzerngesellschaften geltenden Tarifvertrages zu vermeiden (»**Tarifflucht**«).

---

680 Vgl. Rdn. 350 ff.
681 BT-Drucks. 17/4804, 8.
682 BAG, 20.04.2005 – 7 ABR 20/04, NZA 2005, 1006.

aa) Umgehung durch geplante langfristige Überlassung

Weder eine langfristige Überlassung noch ein damit einhergehender Austausch von Stammpersonal bedeutete auf Grundlage von § 1 AÜG a.F. bis zum 30.11.2011 automatisch einen Verstoß gegen das AÜG. Soweit diese Aspekte zur Begründung eines Umgehungstatbestandes herangezogen wurden, war dieser Argumentation durch die mittlerweile erfolgten Gesetzesänderungen der Boden entzogen.[683] Der Gesetzgeber hat die Beschränkung der Überlassungsdauer sowie die speziellen Synchronisationsverbote in § 3 Abs. 1 Nr. 1-5a AÜG a.F. zum 01.01.2004 aufgehoben. 363

▶ Hinweis:

Ob durch die Einfügung in § 1 Abs. 1 Satz 2 AÜG a.F. (»vorübergehend«) ab dem 01.12.2011 oder durch die Einführung einer Höchstüberlassungsdauer von 18 Monaten nach § 1 Abs. 1 Satz 4, Abs. 1b AÜG ab dem 01.04.2017 eine abweichende Bewertung zu treffen ist, wird von der Rechtsprechung[684] noch zu klären sein.

bb) Umgehung durch Zweckrichtung der Lohnkostenreduktion

Teilweise wird – insb. unter Geltung von § 1 Abs. 3 Nr. 2 AÜG a.F. – der Einwand des Rechtsmissbrauchs erhoben, wenn ein Personal überlassendes Konzernunternehmen lediglich »**als Papiertiger**« existiert, dessen **Sinn und Zweck** allein darin bestehe, **Arbeitnehmer im Hinblick auf ihre Vergütung ungleich** zu behandeln.[685] Nach Ansicht des LAG Berlin-Brandenburg[686] bedingt der darin begründete institutionelle Rechtsmissbrauch der Arbeitnehmerüberlassung, dass dem Scheinentleiher eine Arbeitgeberstellung zukommt. 364

---

683 LAG Niedersachsen, 28.02.2006 – 13 TaBV 56/05, EzAÜG § 14 AÜG Betriebsverfassung Nr. 64.
684 Für eine Unzulässigkeit: LAG Berlin-Brandenburg, 09.01.2013 – 15 Sa 1635/12, juris.
685 LAG Schleswig-Holstein, 18.06.2008 – 3 TaBV 8/08, EzA-SD 2008, Nr. 22, 15; LAG Schleswig-Holstein, 18.06.2008 – 3 TaBV 12/08, DB 2008, 2428; LAG Schleswig-Holstein, 03.07.2008 – 4 TaBV 13/08, juris; LAG Schleswig-Holstein, 03.07.2008 – 4 TaBV 9/08, AuA 2009, 177; zu § 1 AÜG n.F. ebenfalls: LAG Berlin-Brandenburg, 09.01.2013 – 15 Sa 1635/12, juris.
686 LAG Berlin-Brandenburg, 09.01.2013 – 15 Sa 1635/12, juris.

aaa) Kein generelles Verbot der Schlechterstellung

365 Dabei wird es u.a. als **unzulässiges Ziel** angesehen, wenn eine Konzerngesellschaft Leiharbeitnehmer nur deshalb einsetzt, um das für die Stammbelegschaft geltende **Lohnniveau** durch die Beschäftigung günstigerer (Fremd-)Arbeitskräfte zu umgehen.[687] Entgegen dieser Ansicht kann das Ziel, Lohnkosten einzusparen, noch keinen Rechtsmissbrauchstatbestand begründen. Werden seine Grenzen beachtet, ist die **Nutzung eines Gesetzes auch zur Kostenersparnis** zulässig. Das deutsche Arbeitsrecht enthält kein generelles Verbot der schlechteren Behandlung von Arbeitnehmern durch die willkürliche Zuordnung von deren Arbeitsverhältnissen.[688] Das »**traditionell niedrige Tarifniveau**« in der Überlassungsbranche hat die höchstrichterliche Rechtsprechung ausdrücklich als gesetzeskonform gewürdigt.[689]

366 Die Absenkung des Lohnniveaus über die Vereinbarung von Tarifverträgen der Zeitarbeit ist so lange zulässig, wie sie sich **innerhalb der gesetzlichen Vorschriften** bewegt. Macht ein Konzern durch die Gründung einer eigenen Personalführungsgesellschaft von diesen gesetzlichen Möglichkeiten Gebrauch, stellt dies nach zutreffender Ansicht eine Anwendung und keine Umgehung des AÜG dar.[690]

bbb) Unterlaufen von Gesetzes- und Tarifnormen

367 Der Einsatz konzernangehöriger Leiharbeitnehmer widerspricht auch nicht Sinn und Zweck des AÜG. Der Gesetzgeber hat die Regelung der **Vergütungshöhe** bewusst den **Tarifvertragsparteien überantwortet**. Soweit die gesetzlichen Vorgaben, u.a. die Lohnuntergrenze nach § 3a AÜG bzw. der gesetzliche Mindestlohn nach § 1 MiLoG, eingehalten sind, kann von einer Gesetzwidrigkeit und damit Unzulässigkeit nicht ausgegangen werden.[691]

---

687 LAG Schleswig-Holstein, 18.06.2008 – 3 TaBV 8/08, EzA-SD 2008, Nr. 22, 15; LAG Schleswig-Holstein, 18.06.2008 – 3 TaBV 12/08, DB 2008, 2428; LAG Schleswig-Holstein, 03.07.2008 – 4 TaBV 13/08, n.v.; LAG Schleswig-Holstein, 03.07.2008 – 4 TaBV 9/08, AuA 2009, 177.
688 *Willemsen/Annuß* BB 2005, 437.
689 *Hamann* EzA § 9 BetrVG 2001 Nr. 2 unter Verweis auf BAG, 06.08.2003 – 7 AZR 180/03, EzA § 1 AÜG Nr. 13.
690 *Willemsen/Annuß* BB 2005, 437.
691 Ähnlich *Melms/Lipinski* BB 2004, 2409, die jedoch eine Ausnahme für »reine Umgehungskonstruktionen« machen.

Der Gesetzgeber hat die **Nutzungs- und Gestaltungsmöglichkeiten** für Leih- 368
arbeit zugunsten der Arbeitgeber grds. ausgeweitet. Diese werden auch bei
tarifgebundenen Entleihern nicht durch Art. 9 Abs. 3 GG beschränkt. Dessen
Absicht auf Dauer Arbeitskapazitäten unter **Umgehung eines für ihn geltenden Flächentarifvertrages** durch Leiharbeitnehmer bewältigen zu lassen, ist
daher zulässig.[692]

cc) Strohmannkonstruktionen

Verfügt ein Personal überlassendes Konzernunternehmen über **keinen eige-** 369
nen Betrieb, bedeutet dies noch keine rechtsmissbräuchliche Gestaltung,
zumindest aber verhindert dies das Eingreifen des Konzernprivilegs des § 1
Abs. 3 Nr. 2 AÜG a.F. Das Merkmal der »vorübergehenden« Beschäftigung ist
offensichtlich nicht erfüllt.[693] Personalführungsgesellschaften, deren einziger
Zweck die Einstellung und Beschäftigung von Arbeitnehmern ist, um sie bei
anderen Konzernunternehmen einzusetzen, unterliegen den Bestimmungen
des AÜG, sind **jedoch nicht zu beanstanden**.[694] Dies gilt auch unter der Geltung von § 1 Abs. 3 Nr. 2 AÜG n.F.[695]

Teilweise wird zur Abgrenzung einer zulässigen Arbeitnehmerüberlassung 370
zu eine unzulässigen Strohmannkonstruktionen darauf abgestellt, ob der

---

692 LAG Niedersachsen, 26.11.2007 – 6 TaBV 32/07, EzAÜG § 9 AÜG Nr. 25.
693 Vgl. ausführlich *Dörner* FS Wißmann 2005, S. 286.
694 LAG Niedersachsen, 03.05.2011 – 3 Sa 1432/11, ArbRB 2011, 233; LAG Niedersachsen, 26.11.2007 – 6 TaBV 32/07, EzAÜG § 9 AÜG Nr. 25; LAG Düsseldorf, 30.10.2008 – 15 TaBV 114/08, juris; a.A. LAG Schleswig-Holstein, 18.06.2008 – 3 TaBV 12/08, DB 2008, 2428; LAG Schleswig-Holstein, 18.06.2008 – 3 TaBV 8/08, ArbuR 2008, 403; ArbG Düsseldorf, 11.08.2004 – 4 BV 90/04, AiB 2004, 766.
695 Zweifel können in diesem Zusammenhang angebracht sein, da zumindest fraglich sein kann, ob die Tätigkeit einer reinen Personalführungsgesellschaft mit dem zum 01.12.2011 in § 1 Abs. 1 Satz 2 AÜG a.F. (ab dem 01.04.2017: § 1 Abs. 1 Satz 4 AÜG n.F.) eingefügten Kriterium »vorübergehend« kompatibel ist, ablehnend: LAG Berlin-Brandenburg, 09.01.2013 – 15 Sa 1635/12, juris; *Böhm* DB 2012, 919, der annimmt, dass diese Form der Überlassung »illegal und nicht erlaubnisfähig ist.« Dieser Ansicht ist nicht zu folgen, da der Gesetzgeber ausdrücklich (konzerninterne) Personalführungsgesellschaften einer Erlaubnispflicht unterwirft, diese Art der Überlassung aber nicht grds. untersagen wollte, vgl. BT-Drucks. 17/4804, 8.

Verleiher »in symbiotischer Beziehung« zu nur einem Kunden steht.[696] Wegen der fehlenden Übernahme eines Verleiherrisikos spreche viel für eine Strohmannkonstruktion, wenn die Einschaltung einer Konzerngesellschaft als Leiharbeitgeber auf Selbstkostenbasis zur bloßen Verlagerung von Personalkosten in den Bereich der Sachkosten führe, und der schon bisher im Rahmen eines befristeten Arbeitsverhältnisses beim zukünftigen Entleiher tätig gewesene Arbeitnehmer künftig auf demselben Dauerarbeitsplatz beschäftig werde.[697] Eine Strohmannkonstruktion liege danach vor, wenn der Verleiher lediglich einen einzigen Kunden habe und ansonsten nicht am Markt auftrete, also bei Wegfall des Kunden seinen Arbeitnehmern keinen Arbeitsplatz bei einem anderen Entleiher anbieten kann.[698] In welchem Umfang eine Teilnahme am Markt erfolgen soll, um dem Vorwurf des Rechtsmissbrauchs zu entgehen, ist hierbei unklar.[699] Weitere Indizien für das Vorliegen einer unzulässigen Strohmannkonstruktion sollen eine Personenidentität der Unternehmensführung von Verleiher und Entleiher, ein einheitlicher Unternehmenssitz, eine (hundertprozentige) Beteiligung des Entleihers am Verleiher[700] sowie die Übernahme der typischen Arbeitgeberfunktionen, wie z.B. Urlaubsplanung und Abmahnungen, durch den Konzernentleiher oder der notwendige Rückgriffs des Verleihers auf Betriebsstrukturen/-mittel eines Konzernentleihers sein.[701]

371 Unzulässige »Strohmannkonstruktionen« finden sich – losgelöst von Konzerngestaltungen – insb. in der Form des Scheinwerkvertrages.[702] Insoweit wird ebenfalls die Übernahme des Verleiherrisikos als Abgrenzungsmerkmal herangezogen.[703] I.Ü. verweist diese Literaturansicht auf die Abgrenzung des BAG zwischen Arbeitsverhältnissen und Werkverträgen.[704]

---

696 *Brors/Schüren* BB 2005, 494 m.w.N.
697 LAG Berlin, 07.01.2005 – 6 Sa 2008/04, LAGE § 14 TzBfG Nr. 19a = EzAÜG § 17 TzBfG Nr. 2.
698 Gegen eine Abgrenzung anhand des Arbeitgeberrisikos LAG Niedersachsen, 26.11.2007 – 6 TaBV 32/07, EzAÜG § 9 AÜG Nr. 25 m.w.N.
699 *Hamann* jurisPR-ArbR 9/2009 Anm. 2.
700 S. Nachweise bei *Hohaus/Schüren* BB 2004, 2745.
701 LAG Niedersachsen, 03.05.2011 – 3 Sa 1432/11, ArbRB 2011, 233.
702 *Brors/Schüren* BB 2004, 2745; vgl. zur Abgrenzung von Arbeitnehmerüberlassung und Werkvertrag Rdn. 153 ff.
703 *Hohaus/Schüren* BB 2004, 2745.
704 Vgl. hierzu Rdn. 161 ff.

▶ Praxistipp:

Die bislang uneinheitliche Rechtsprechung zur Annahme rechtsmissbräuchlicher Gestaltungen im Rahmen konzerninterner Arbeitnehmerüberlassung bedeutet eine erhebliche Rechtsunsicherheit. Diese lässt sich durch die Beantragung einer Erlaubnis gem. § 1 AÜG nicht beseitigen.

Das Risiko ist bei Konzernsachverhalten minimiert, wenn
- der Verleiher erkennbar am Markt agiert oder eine eigenen Betriebsorganisation und einen tragfähigen Betriebszweck hat,
- die Anteile am Verleiher nicht überwiegend vom Hauptentleiher gehalten werden,
- typische Arbeitgeberfunktionen von dem Verleiher selbst wahrgenommen werden,
- mehrere Entleiher bedient werden,
- keine (teilweise) Personenidentität der Geschäftsführung von Verleiher und Entleiher besteht und/oder
- Verleih- und Entleihunternehmen örtlich getrennt sind.

4. Betriebsübergangsproblematik

Im Bereich des Fremdeinsatzes konzernangehöriger Arbeitnehmer liegt ein 372 weiterer praktisch erheblicher **Risikobereich** mit Blick auf einen **möglichen Betriebsübergang**.[705]

Nach der höchstrichterlichen Rechtsprechung[706] kann ein Betriebs(teil)über- 373 gang i.S.d. § 613a BGB vorliegen, wenn eine konzernangehörige Gesellschaft, die als Verleiher eine Erlaubnis i.S.d. § 1 AÜG besitzt, **nicht am freien Markt tätig wird**, sondern von einem anderen Konzernunternehmen übernommene Arbeitnehmer ausschließlich an dieses oder dessen Tochterunternehmen **zurück entleiht** und die Arbeitnehmer dort **die gleichen Tätigkeiten** wie

---

705 Zu den allgemeinen Voraussetzungen eines Betriebsübergangs vgl. BAG, 06.04.2006 – 8 AZR 249/04, BAGE 117, 361 = AP BGB § 613a Nr. 303; speziell zu einem Betriebsübergang bei einem Leiharbeitsunternehmen: LAG Schleswig-Holstein, 19.04.2012 – 5 Sa 436/11, juris; nachgehend: BAG, 12.12.2013 – 8 AZR 1023/12, NZA 2014, 436.
706 BAG, 21.05.2008 – 8 AZR 481/07, NZA 2009, 144.

bisher verrichten.⁷⁰⁷ Nach Ansicht des BAG steht es der für die Annahme des § 613a BGB maßgeblichen Übernahme der betrieblichen Identität nicht entgegen, wenn der Betriebszweck des neuen Unternehmens (Verleih von Arbeitnehmer an Konzerngesellschaften) mit dem bisherigen im Betrieb oder Betriebsteil verfolgten Zweck (im entschiedenen Fall: Reinigungstätigkeiten) nicht identisch ist. In der Literatur wird die Begründung des BAG zu Recht angegriffen, die Entscheidung jedoch im Ergebnis – wegen Umgehung des durch § 1 Abs. 2, § 2 Satz 1 KSchG garantierten Bestands- und Inhaltsschutzes – bestätigt.⁷⁰⁸

374 Das **Risiko** hat durch die **Rechtsprechung des EuGH**,⁷⁰⁹ nach der der Verlust der organisatorischen Selbstständigkeit einem Eingreifen des § 613a BGB nicht entgegensteht, an praktischer Relevanz gewonnen. Aufgrund der eindeutigen Vorgaben des EuGH hat das BAG⁷¹⁰ seine Rechtsprechung zum Ausschluss eines Betriebsübergangs im Fall der Eingliederung in den Verleiherbetrieb nämlich inzwischen aufgegeben bzw. angepasst.

375 Fraglich ist damit auch, ob es das BAG vor dem Hintergrund der Rechtsprechung des EuGH weiterhin für eine Ablehnung der Voraussetzungen von § 613a BGB genügen lassen wird, wenn der Verleiher die von dem früheren Vertragsarbeitgeber übernommenen Arbeitnehmer – wie bei Leiharbeitsunternehmen regelmäßig der Fall – nicht allein dem früheren Arbeitgeber, sondern **auch anderen Unternehmen zur Arbeitsleistung** überlässt.⁷¹¹ Demgegenüber konnte schon bisher allein die Tatsache, dass eine Konzerngesellschaft als ein Unternehmen der Arbeitnehmerüberlassung – und nicht bspw. als Reinigungsunternehmen – gegründet ist, das seine Arbeitskräfte ausschließlich dem früheren Vertragsarbeitgeber der Arbeitnehmer zur Verfügung stellt, der Annahme eines (Teil-)Betriebsüberganges nicht entgegenstehen.⁷¹² Ebenso wenig verhindert die **vor Tätigkeitsaufnahme** durch den »Verleiher« vereinbarte **Beendigung** der Arbeitsverhältnisse zwischen Arbeitnehmern und ihrem

---

707 Diese Konstruktion wird auch durch die sog. Drehtürklausel nach § 8 Abs. 3 AÜG nicht ausgeschlossen. Diese betrifft im Wesentlichen nur die Arbeitskonditionen, die für die nunmehr überlassenen Arbeitnehmer gelten (Equal Pay/Equal Treatment).
708 *Hamann* AP BGB § 613a Nr. 354.
709 EuGH, 12.02.2009 – C-466/07, NZA 2009, 251.
710 BAG, 17.12.2009 – 8 AZR 1019/08, NZA 2010, 499.
711 BAG, 21.05.2008 – 8 AZR 481/07, EzA § 613a BGB 2002 Nr. 96.
712 BAG, 21.05.2008 – 8 AZR 481/07, EzA § 613a BGB 2002 Nr. 96.

bisherigen Arbeitgeber (dem künftigen »Entleiher«) einen Betriebsübergang. Dies gilt auch im Fall des Abschlusses von **Aufhebungsverträgen**. Diese wären wegen Umgehung des § 613a BGB gem. § 134 BGB **nichtig**.[713]

▶ Praxistipp:

Eine Lohnkostenreduktion durch Ersetzung von Stammbeschäftigten durch (konzernangehörige) Leiharbeitnehmer kann daher sowohl an einer Einordnung als Rechtsmissbrauch als auch als Betriebsübergang scheitern.

Besonders riskant ist eine solche Substituierung, wenn bereits bestehende Arbeitsverhältnisse der bislang bei der künftig entleihenden Gesellschaft beschäftigten Stammarbeitnehmer auf eine (konzernangehörige) Personalführungsgesellschaft übergeleitet werden (sog. **Große Lösung**). Dass die Überführung einvernehmlich erfolgt, mindert dieses Risiko nicht. Der Gesetzgeber hat auf derartige Konstruktionen in der Praxis mit der Einführung der Drehtürklausel gem. § 8 Abs. 3 AÜG reagiert, die einen entsprechenden Einsatz zumindest wirtschaftlich unattraktiv gestalten soll; eine Lohnkostenreduktion ist nicht mehr ohne Weiteres möglich, wenn die eingesetzten Leiharbeitnehmer sechs Monate vor der Überlassung bei dem Entleiher oder einer konzernangehörigen Gesellschaft in einem Arbeitsverhältnis gestanden haben. Insoweit gilt zwingend der Equal-Pay-/Equal-Treatment-Grundsatz.

Nach derzeitiger Rechtsprechung des BAG zulässig ist demgegenüber eine Ersetzung von Stammarbeitnehmern i.R.d. Personalfluktuation (sog. **Kleine Lösung**). Bei dieser werden im entleihenden Unternehmen frei werdende Arbeitsplätze nicht wieder von Stammbeschäftigten, sondern von (konzernangehörigen) Leiharbeitnehmern besetzt.

Wird hingegen das Personal eines betriebsmittelarmen Betriebs oder Betriebsteils zum wesentlichen Teil von einem Unternehmen zur Arbeitnehmerüberlassung eingestellt, ist auch dann von keinem Betriebsübergang auf dieses Unternehmen auszugehen, wenn die Arbeitnehmer anschließend an eine Tochtergesellschaft überlassen werden und von dieser im Rahmen eines Werkvertrages unter Einsatz der bisherigen Betriebsmittel im bisherigen Bereich des bisherigen Arbeitgebers eingesetzt werden; es liegt auch kein

---

713 BAG, 21.05.2008 – 8 AZR 481/07, EzA § 613a BGB 2002 Nr. 96.

Umgehungstatbestand vor, da von einem Betriebsübergang auf das Tochterunternehmen auszugehen ist.[714]

▶ Praxistipp:

Kein Betriebsübergang dürfte vorliegen, wenn die i.R.d. bisherigen Auftrags eingesetzten Arbeitnehmer an einen Werkunternehmer überlassen werden und dieser die Mitarbeiter (auch) bei anderen Auftraggebern einsetzt, selbst wenn die ausgeübten Tätigkeiten im Wesentlichen identisch bleiben.[715] Ein Betriebsübergang ist zudem ausgeschlossen, wenn das Personal eines betriebsmittelgeprägten Betriebs getrennt von den Betriebsmitteln übernommen und sodann im Wege der Arbeitnehmerüberlassung ausschließlich an den Übernehmer der Betriebsmittel verliehen wird.[716] Zudem hat das BAG entschieden, dass die wirtschaftliche Einheit i.S.v. § 613a BGB bei einem Personaldienstleister aus der Verwaltungsstruktur zur Organisation der Arbeitnehmerüberlassung und der Gesamtheit von Leiharbeitnehmern besteht; ein Betriebsübergang ist daher ausgeschlossen, wenn bei dem Erwerber die Leiharbeitnehmern, nicht aber die Verwaltungsangestellten weiterbeschäftigt werden.[717] Dies gilt auch für den Fall, dass der Erwerber die Kunden des Veräußerers übernimmt.

5. Grenzüberschreitende konzerninterne Arbeitnehmerüberlassung

377 Umstritten ist, ob im Anwendungsbereich des AÜG[718] das Konzernprivileg auch Sachverhalte erfasst, in denen eines der an der Überlassung beteiligten Konzernunternehmen seinen Sitz außerhalb Deutschlands hat. Teile der Literatur verneinen dies mit dem Hinweis, das Konzernprivileg setze zwingend voraus, dass sowohl das verleihende als auch das entleihende Unternehmen seinen Sitz im Inland haben müssten.[719] Die wohl h.M. bejaht mit überzeugenden Argumenten dagegen ein Eingreifen der Privilegierung. Diese gelte sowohl bei Überlassung eines deutschen an ein ausländisches als auch eines

---

714 LAG Baden-Württemberg, 29.02.2012 – 10 Sa 99/11, AA 2012, 162.
715 Vgl. *Boemke* jurisPR-ArbR 39/2012 Anm. 4.
716 BAG, 28.04.2011 – 8 AZR 709/09, juris.
717 BAG, 12.12.2013 – 8 AZR 1023/12, NZA 2014, 436; *Bissels* AuA 2014, 615; *Hamann* jurisPR-ArbR 9/2014 Anm. 3.
718 Zur kollisionsrechtlichen Anwendbarkeit vgl. Einl. Rdn. 60 ff.
719 *Ulber* § 1 AÜG Rn. 358 m.w.N.

ausländischen an ein deutsches Konzernunternehmen.[720] Der Ausnahmetatbestand der Nr. 2 setze insoweit lediglich voraus, dass eines der Unternehmen nach einer im Inland anerkannten Rechtsform organisiert ist, seinen Sitz in Deutschland hat und die sachlichen Voraussetzungen des § 18 AktG erfüllt sind.[721] Dieser Ansicht hat sich das LAG Saarland zuletzt ausdrücklich angeschlossen.[722]

6. Arbeitsrechtliche Erfordernisse

Das Eingreifen des Privilegierungstatbestandes des § 1 Abs. 3 Nr. 2 AÜG lässt die Frage der **arbeitsrechtlichen Zulässigkeit** einer Überlassung an ein anderes Konzernunternehmen völlig **unberührt**. 378

Das deutsche Arbeitsrecht ist **grds. nicht konzernbezogen** ausgerichtet. Abgesehen von Fällen einer besonderen Vertragsgestaltung besteht eine arbeitsrechtliche Beziehung stets nur zwischen Arbeitnehmer und dem jeweils einstellenden Unternehmen. Nur dieses ist Vertragspartner des Mitarbeiters.[723] § 613 Satz 2 BGB gilt daher auch in Bezug auf Konzernunternehmen; diese sind im Verhältnis zum Arbeitnehmer grds. ebenfalls Dritte. 379

a) Individualrechtlich

Da allein das vertragsschließende konzernangehörige Unternehmen Arbeitgeber ist, ist nur dieses Gläubiger der Arbeitsleistung des Arbeitnehmers. 380

Der Mitarbeiter ist daher grds. **nicht verpflichtet**, seine Arbeitskraft in oder bei einem **anderen Konzernunternehmen** zu erbringen (§ 613 Satz 2 BGB). Vielmehr bedarf ein solcher Einsatz grds. der **Zustimmung des Arbeitnehmers**. Das **Direktionsrecht** des Arbeitgebers ist im Fall einer Überlassung an ein anderes Konzernunternehmen daher regelmäßig überschritten. Lediglich in Ausnahmefällen kann ein solch weitgehendes Direktionsrecht bestehen. Es setzt voraus, dass der Arbeitsvertrag eine ABG-rechtlich wirksame Konzernversetzungs- oder Konzernabordnungsklausel[724] enthält oder das Arbeitsver- 381

---

720 Vgl. *Urban-Crell/Schulz* Rn. 566; Schüren/Hamann/*Hamann* § 1 AÜG Rn. 491 m.w.N.
721 Schüren/Hamann/*Hamann* § 1 AÜG Rn. 491 m.w.N.
722 LAG Saarland, 26.03.2014 – 1 TaBV 9/12, ArbR 2014, 341.
723 BAG, 23.03.2006 – 2 AZR 162/05, NZA 2007, 30.
724 Zu den AGB-rechtlichen Beschränkungen einer Konzernversetzungsklausel: *Preis/Preis*, Der Arbeitsvertrag, D 30 Rn. 207 ff.

hältnis bereits von Beginn an für den gesamten Konzern begründet wurde, indem die Konzerngesellschaften unmittelbar am Arbeitsvertragsschluss beteiligt werden.[725]

▶ **Beispiel einer Konzernversetzungsklausel:**

»Der Arbeitgeber ist berechtigt, den Arbeitnehmer an einem anderen, seiner Vorbildung und seinen Fähigkeiten entsprechenden gleichwertigen Arbeitsplatz innerhalb des Landes NRW vorübergehend auch bei einem anderen Unternehmen, das dem A-Konzern angehört, zu beschäftigen. Die persönlichen und sozialen Belange des Arbeitnehmers sind zu berücksichtigen.«[726]

b) Kollektivrechtlich

382 Obwohl bei Eingreifen des Privilegierungstatbestandes keine Arbeitnehmerüberlassung i.S.d. AÜG vorliegt, sind die Grundsätze zur **Mitbestimmung gem. § 14 AÜG** zu berücksichtigen.[727]

IV. Gelegentliche Überlassung – Abs. 3 Nr. 2a

1. Allgemeines

383 Durch das Erste Gesetz zur Änderung des Arbeitnehmerüberlassungsgesetz – Verhinderung von Missbrauch der Arbeitnehmerüberlassung[728] wurde mit Wirkung zum 01.12.2011 § 1 Abs. 3 Nr. 2a AÜG neu in das Gesetz eingefügt. Von der Anwendung des AÜG ausgenommen ist künftig die Arbeitnehmerüberlassung zwischen Arbeitgebern, sofern sie nur gelegentlich erfolgt und der Arbeitnehmer nicht zum Zweck der Überlassung eingestellt und beschäftigt wird.

2. Gelegentlich

384 Unter Beachtung des Ausnahmecharakters des § 1 Abs. 3 AÜG und des Schutzzwecks der Norm sind an das Erfordernis einer »nur gelegentlichen Überlassung« strenge Anforderungen zu stellen. Mit der Ausnahmevorschrift sollen nach der Gesetzesbegründung in Bezug sowohl auf den Arbeitnehmer

---

725 Vgl. nur Schüren/Hamann/*Hamann* § 1 AÜG Rn. 520 m.w.N.
726 Nach BAG, 23.03.2006 – 2 AZR 162/05, NZA 2007, 30.
727 Vgl. § 14 Rdn. 51 ff.
728 BGBl. I, 642.

als auch auf das überlassende Unternehmen **gelegentlich auftretende Überlassungsfälle** aus dem Anwendungsbereich des AÜG ausgeklammert werden, wie z.B. die Abdeckung eines kurzfristigen Spitzenbedarfs bei einem anderen Arbeitgeber. Diese Privilegierung ist vor dem Hintergrund der Ausweitung des Anwendungsbereichs des Gesetzes durch die Änderung des § 1 Abs. 1 Satz 1 geboten, um z.B. die gelegentliche Überlassung durch Handwerksbetriebe oder gemeinnützige Organisationen nicht unnötig zu erschweren.[729]

Das Merkmal »gelegentlich« bezweckt, Bagatellfälle von dem Erlaubniserfordernis zu befreien. Dieser unbestimmte Rechtsbegriff wird dabei durch die Rechtsprechung zum Begriff der Gewerbsmäßigkeit[730] bestimmt,[731] die – anders als eine nur gelegentliche Überlassung – eine auf Dauer angelegte Tätigkeit voraussetzt. In diesem Sinne erfasst das Tatbestandsmerkmal »gelegentlich« lediglich eine im Ausnahmefall und nicht planmäßig erfolgende Überlassung, die nach den Umständen des Einzelfalls situationsbedingt vorgenommen wird. Besteht eine Wiederholungsabsicht dürfte bereits mit der ersten Überlassung schon kein gelegentlicher Einsatz mehr vorliegen. Eine wiederholte privilegierte Überlassung ist hingegen möglich, wenn ein weiterer Einsatz nicht vorhersehbar war und diesem ein von der Erstüberlassung unabhängiger und eigenständiger Beschluss des Verleihers zugrunde liegt.[732] Indizien für eine Wiederholungsabsicht können sich aus der Dauer des jeweiligen Einsatzes ergeben.

385

▶ Praxistipp:

Abgesehen von der Unwägbarkeiten, die mit der Auslegung des unbestimmten Rechtsbegriffs »gelegentlich« verbunden sind, wird in der Literatur bezweifelt, dass die Vorschrift in Einklang mit den Vorgaben aus der Leiharbeitsrichtlinie 2008/104 EG steht.[733] Vor diesem Hintergrund bleibt abzuwarten, ob die Regelung tatsächlich für die Praxis bedeutsam wird. Dies ist auch unter Berücksichtigung der weiteren erheblichen Einschränkung,

---

729 BT-Drucks. 17/4804, 8.
730 BAG, 02.06.2010 – 7 AZR 946/08, NZA 2011, 351.
731 FW AÜG zu § 1 Nr. 1.4.3 (2); *Sandmann/Marschall/Schneider* Art. 1 § 1 AÜG Rn. 81c.
732 *Sandmann/Marschall/Schneider* Art. 1 § 1 AÜG Rn. 81c.
733 *Lembke* DB 2011, 416; *Oberthür* ArbRB 2011, 146; H/W/K/*Kalb* § 1 AÜG Rn. 54a.

dass der Arbeitgeber den Leiharbeitnehmer nicht zum Zweck der Überlassung einstellen und beschäftigen darf, allerdings wenig wahrscheinlich.

3. Nicht zum Zweck der Überlassung eingestellt und beschäftigt

386 Die Privilegierung nach § 1 Abs. 3 Nr. 2a AÜG knüpft – wie auch § 1 Abs. 3 Nr. 2 AÜG – daran an, dass der Arbeitnehmer nicht zum Zweck der Überlassung eingestellt und beschäftigt wird. Auf die Ausführungen unter Rdn. 383 wird verwiesen.

V. Personalgestellung – Abs. 3 Nr. 2b

1. Allgemeines

387 Mit Wirkung zum 01.04.2017 ist § 1 Abs. 3 Nr. 2b AÜG in Kraft getreten, nach dem die wesentlichen Vorschriften des AÜG auf die Arbeitnehmerüberlassung zwischen Arbeitgebern keine Anwendung finden sollen, wenn Aufgaben eines Arbeitnehmers von dem bisherigen zu einem anderen Arbeitgeber verlagert werden, aufgrund eines Tarifvertrages des öffentlichen Dienstes – gemeint ist hier der TVöD – das Arbeitsverhältnis bei dem bisherigen Arbeitgeber weiter besteht und die Arbeitsleistungen zukünftig bei dem anderen Arbeitgeber erbracht wird. Die über die Festlegungen im Koalitionsvertrag hinausgehende Regelung dürfte dabei auf eine Forderung des Bundesrates vom 29.11.2013[734] zurückgehen, die damit – wenn auch verspätet – Eingang in das AÜG gefunden hat.

388 Nach dem gesetzgeberischen Willen soll die in den Tarifverträgen des öffentlichen Dienstes vorgesehene Personalgestellung, z.B. § 4 Abs. 3 TVöD, zukünftig nicht mehr den strengen Regelungen des AÜG unterfallen. Eine solche ist dadurch gekennzeichnet, dass bei einer Verlagerung der Aufgaben eines Beschäftigten auf einen Dritten das Arbeitsverhältnis mit dem bisherigen Arbeitgeber weiter besteht, die arbeitsvertraglich geschuldete Leistung jedoch zukünftig bei dem Dritten nach dessen Weisungen erbracht wird. § 1 Abs. 3 Nr. 2b AÜG soll dabei bestehende Rechtsunsicherheiten beseitigen, die in der Vergangenheit durch eine uneinheitliche Rechtsprechung entstanden ist, ob eine Personalgestellung auf Grundlage der Tarifverträge des öffentlichen Dienstes eine (erlaubnispflichtige) Arbeitnehmerüberlassung i.S.v. § 1 Abs. 1

---

734 BR-Drucks. 745/13. 3 f.

AÜG darstellt oder nicht.[735] § 1 Abs. 3 Nr. 2b AÜG soll dabei dem Umstand Rechnung tragen, dass die Personalgestellung in den erfassten Fällen funktional als eine besondere Form der Aufgabenverlagerung anzusehen ist und im Bestandsschutzinteresse der von der Aufgabenverlagerung betroffenen Arbeitnehmer erfolgt. § 613a BGB bleibt von der Neuregelung unberührt.[736]

2. Voraussetzungen

a) Verlagerung von Aufgaben

Tatbestandlich ist erforderlich, dass Aufgaben des Arbeitnehmers – in der Regel aufgrund entsprechender vertraglicher Abreden – von dem Arbeitgeber auf ein anderes Unternehmen verlagert bzw. übertragen werden. Wesentlich ist, dass diese nicht mehr bei dem Arbeitgeber verbleiben, sondern zukünftig von einem Dritten ausgeübt werden sollen. Gerade im öffentlichen Dienst ist es inzwischen eine weit verbreitete Praxis gewisse Tätigkeiten auszulagern und in diesem Sinne »zu privatisieren«, die nicht den Kernbereich des unternehmerischen Wirkkreises betreffen. 389

▶ Beispiel:

Ein in öffentlich-rechtlicher Trägerschaft betriebenes Krankenhaus überträgt aufgrund eines abgeschlossenen Werk- oder Dienstvertrages die Gebäudereinigung, die Kantine und/oder das Facility-Management auf eine – ggf. konzernangehörige – privatrechtlich organisierte Gesellschaft.

b) Personalgestellung

Der Arbeitsplatz des von Aufgabenverlagerung betroffenen Arbeitnehmers fällt bei dessen Arbeitgeber weg, so dass dieser an sich eine betriebsbedingte Kündigung aussprechen könnte. Insbesondere um dies zu vermeiden, ist in den Tarifverträgen des öffentlichen Dienstes die Möglichkeit der Personalgestellung vorgesehen. Diese kann von dem öffentlichen Arbeitgeber auch vorgesehen werden, wenn im Rahmen einer Aufgabenübertragung auf den 390

---

735 Ablehnend: OVG NRW, 19.09.2014 – 20 A 281/13.PVB, ZTR 2015, 107; VGH Baden-Württemberg, 04.03.2016 – PL 15 S 408/15, ZTR 2016, 480 m.w.N.; bejahend hingegen: LAG Baden-Württemberg, 17.04.2013 – 4 TaBV 7/12, AuA 2016, 370; LAG Baden-Württemberg, 11.02.2016 – 3 TaBV 2/14, AuA 2016, 370; offengelassen: BVerwG, 22.09.2015 – 5 P 12/14, NZA-RR 2016, 106, Rn. 37.
736 BT-Drucks. 18/9232, 20.

Dritten grds. im Wege des Betriebsübergangs gem. § 613a BGB auch die betreffenden Arbeitsverhältnisse der Arbeitnehmer übergehen sollen. Widersprechen diese dem Betriebsübergang, kann der auslagernde Arbeitgeber entweder die Arbeitsverhältnisse aufgrund des weggefallenen Beschäftigungsbedarf betriebsbedingt kündigen oder er gibt den betreffenden Arbeitnehmern qua der das arbeitgeberseitige Direktionsrechts erweiternden und im TvöD geregelten Personalgestellung einseitig auf, bei dem Dritten tätig zu werden.

391 Diese wird in § 4 Abs. 3 TVöD wie folgt definiert wird:

»Werden Aufgaben der Beschäftigten zu einem Dritten verlagert, ist auf Verlangen des Arbeitgebers bei weiter bestehendem Arbeitsverhältnis die arbeitsvertraglich geschuldete Arbeitsleistung bei dem Dritten zu erbringen (Personalgestellung).«

392 In der Protokollerklärung heißt es ergänzend wörtlich:

»Personalgestellung ist – unter Fortsetzung des bestehenden Arbeitsverhältnisses – die auf Dauer angelegte Beschäftigung bei einem Dritten. Die Modalitäten der Personalgestellung werden zwischen dem Arbeitgeber und dem Dritten vertraglich geregelt.«

393 An diese tariflichen Bestimmungen knüpft § 1 Abs. 3 Nr. 2b AÜG an, indem die Vorschrift die Struktur der Personalgestellung im öffentlichen Dienst nachzeichnet, und festgelegt wird, dass aufgrund eines Tarifvertrages des öffentlichen Dienstes das ursprüngliche Arbeitsverhältnis zwischen dem die Aufgabenübertragung betreibendem Arbeitgeber und dem davon betroffenen Arbeitnehmer fortbesteht und er dessen Arbeitsleistung zukünftig bei einem anderen, nämlich dem zukünftig die übernommenen Aufgaben ausführenden Unternehmen erbringt. Unklar ist bereits die Formulierung, dass das »Arbeitsverhältnis aufgrund eines Tarifvertrages des öffentlichen Dienstes mit dem bisherigen Arbeitgeber fortbesteht«. Es gibt – soweit ersichtlich – keine entsprechende tarifliche Bestimmung, die konstitutiv für den Fortbestand des Arbeitsverhältnisses ist. Im Rahmen einer Aufgabenübertragung kann dieses aufgrund eines Betriebsübergangs nach § 613a BGB auf den Erwerber übergehen. Nach einem Widerspruch gegen diesen verbleibt es bei dem ursprünglichen Arbeitgeber. Es besteht bei diesem fort, wenn es dort nicht gekündigt wird, nicht aber aufgrund einer tariflichen Anordnung in den Bestimmungen des TVöD, sondern aufgrund eines Widerspruchs des Arbeitnehmers nach § 613a Abs. 6 BGB.

Wesentlich für die Anwendung von § 1 Abs. 3 Nr. 2b AÜG ist, dass die Personalgestellung aufgrund eines Tarifvertrages des öffentlichen Dienstes erfolgt. Dies bedeutet gleichzeitig, dass die entsprechenden tariflichen Regelung auf das Arbeitsverhältnis des von der Aufgabenverlagerung betroffenen Arbeitnehmer – sei es durch eine beidseitige Tarifbindung, sei es aufgrund einer im Arbeitsvertrag vereinbarten Bezugnahmeklausel – Anwendung finden müssen.[737] Zwar ist dies in § 1 Abs. 3 Nr. 2b AÜG – anders als in § 1 Abs. 3 Nr. 2c AÜG – nicht ausdrücklich geregelt. Trotz des unterschiedlichen Wortlautes der Ausnahmetatbestände ist aber auch im Rahmen von § 1 Abs. 3 Nr. 2b AÜG die entsprechende Anwendung in den Tatbestand hineinzulesen, da ohne eine solche begriffsnotwendig keine Personalgestellung »aufgrund eines Tarifvertrages« durchführbar wäre. Hinreichend ist, dass die Tarifverträge des öffentlichen Dienstes für das Arbeitsverhältnis maßgeblich sind, unabhängig davon, auf welchem Rechtsgrund die Anwendung basiert. Die ohne eine entsprechende tarifliche Rechtsgrundlage erfolgende einseitige Zuweisung von Tätigkeiten bei einem anderen Arbeitgeber ist nicht ausreichend, abgesehen davon, dass der Arbeitnehmer ohne eine entsprechende Vereinbarung, dessen Arbeitsleistung bei einem anderen Arbeitgeber zu erbringen, nicht dazu verpflichtet wäre und die Leistungserbringung folglich berechtigterweise verweigern könnte. Nicht hinreichend ist, dass nur der Arbeitgeber an die Tarifverträge des öffentlichen Dienstes gebunden ist. Entgegen der teilweise im Schrifttum[738] vertretenen Ansicht ist nicht erforderlich, dass es sich um einen öffentlich-rechtlichen Arbeitgeber handelt. Vielmehr ist bereits ausreichend, dass zwischen den Arbeitsvertragsparteien der TVöD für anwendbar erklärt wird, selbst wenn insbesondere der fachliche Geltungsbereich des Tarifvertrages nicht einschlägig ist. Ansonsten hätte der Gesetzgeber die Regelung in § 1 Abs. 3 Nr. 2b AÜG abweichend formulieren müssen. Im AÜG finden sich nämlich Vorschriften, die ausdrücklich daran anknüpfen, dass die Beschäftigung »im Geltungsbereich« eines Tarifvertrages erfolgen muss, z.B. § 3 Abs. 1 Nr. 3 Satz 3 AÜG. Dies kann nur so verstanden werden, dass der Gesetzgeber den Geltungsbereich von § 1 Abs. 3 Nr. 2b AÜG weiter verstanden wissen wollte und die Privilegierung auch für solche Unternehmen zu öffnen beabsichtigte, die den TvöD auch außerhalb seines Geltungsbereiches zur Anwendung bringen.

394

---

737 FW AÜG zu § 1 Nr. 1.4.4 (2); Henssler/Grau/*Grau/Sittard* § 5 Rn. 47.
738 *Ebert* ArbRB 2016, 127; so auch: FW AÜG zu § 1 Nr. 1.4.4 (2); in diesem Sinne wohl: *Ulrici* § 1 AÜG Rn. 167, der eine normative Geltung der Tarifverträge des öffentlichen Dienstes bei dem übertragenden Arbeitnehmer verlangt; vgl. Henssler/Grau/*Grau/Sittard* § 5 Rn. 47, die zumindest keine tarifliche Bindung des aufnehmenden Unternehmen an den TVÖD verlangen.

▶ Hinweis:

Die Privilegierung nach § 1 Abs. 3 Nr. 2b AÜG steht folglich sämtlichen Unternehmen offen, die mit dem Leiharbeitnehmer die Anwendung des TVöD vereinbaren und sodann eine Personalgestellung im tariflichen Sinne durchführen. Dies kann gerade bei Konzernüberlassungen, die – wie die Personalgestellung – dauerhaft erfolgen, neue Gestaltungsoptionen ermöglichen, eine Arbeitnehmerüberlassung außerhalb des Anwendungsbereichs des AÜG durchzuführen. Fraglich ist dabei, ob es bereits ausreichend ist, dass die Arbeitsvertragsparteien ausschließlich die maßgeblichen Bestimmungen des TVöD hinsichtlich der Personalgestellung zur Anwendung bringen, im Übrigen aber ein abweichendes tarifliches Regime, nämlich z.B. das der Zeitarbeit (BAP/DGB oder igZ(DGB), vereinbaren. Vom Wortlaut der Vorschrift wäre dies gedeckt, da § 1 Abs. 3 Nr. 2b AÜG nicht verlangt, dass der TVöD in Gänze angewendet, sondern dass aufgrund des Tarifvertrages des öffentlichen Dienstes eine Personalgestellung betrieben wird. Vor diesem Hintergrund dürfte eine nur partielle Verweisung auf den TVöD ausreichen, um sich auf den Privilegierungstatbestand berufen zu können.

395 Unabhängig hiervon findet das AÜG keine Anwendung, wenn eine Personalgestellung gesetzlich vorgesehen ist und Arbeitnehmer aufgrund entsprechender Regelungen von einer juristischen Person des öffentlichen Rechts einer anderen juristischen Person zur Verfügung gestellt bzw. zugewiesen werden.[739]

▶ Beispiel:

In diesem Zusammenhang wird insbesondere die Gestellung bzw. Zuweisung nach § 5 Abs. 4 AsylG, § 26 Abs. 4 BAPostG, § 1 BAflSBAÜbnG, § 1 BwKoopG, § 2 BWpVerwPG, § 2 BfAIPG sowie § 44g SGB II erfasst.

▶ Hinweis:

§ 1 Abs. 3 Nr. 2b AÜG ist dabei erheblichen verfassungs- und unionsrechtlichen Bedenken ausgesetzt.[740] Wenig nachvollziehbar ist, warum eine Personalgestellung auf Grundlage des TVöD und damit im Wesentlichen der öffentliche Dienst nicht dem Anwendungsbereich des AÜG unterworfen werden sollte. Für diese Ungleichbehandlung zugunsten der

---

739 BAG, 05.03.1997 – 7 AZR 357/96, NZA 1997, 1165.
740 Kritisch auch: *Seel* öAT 2017, 49; *Siebert* öAT 2017, 47 f.

im Wesentlichen öffentlich-rechtlichen Arbeitgeber besteht kein sachlich nachvollziehbarer Grund[741], zumal sich die Frage aufdrängt, warum Leiharbeitnehmer der öffentlichen Hand weniger schutzbedürftig zu sein scheinen als solche, die in der Privatwirtschaft tätig sind. Zweifel werden auch hinsichtlich der Europarechtskonformität von § 1 Abs. 3 Nr. 2b AÜG angemeldet.[742] Die Leiharbeitsrichtlinie 2008/1004/EG sieht keine Privilegierung der öffentlichen Hand vor; vielmehr gilt diese nach Art. 1 Abs. 2 gleichermaßen »für öffentliche und private Unternehmen, bei denen es sich um Leiharbeitsunternehmen oder entleihende Unternehmen handelt, die eine wirtschaftliche Tätigkeit ausüben, unabhängig davon, ob sie Erwerbszwecke verfolgen oder nicht.«[743]

VI. Juristische Personen des öffentlichen Rechts – Abs. 3 Nr. 2c

1. Allgemeines

Mit Wirkung zum 01.04.2017 wurde ein weiterer Ausnahmetatbestand 396
in § 1 Abs. 3 AÜG aufgenommen. Nach dessen Nr. 2c soll zukünftig die Arbeitnehmerüberlassung zwischen Arbeitgebern privilegiert werden, wenn diese juristische Personen des öffentlichen Rechts sind und Tarifverträge des öffentlichen Dienstes oder Regelungen der öffentlich-rechtlichen Religionsgesellschaften anwenden. Die Regelung erfasst Überlassungen innerhalb des öffentlich-rechtlichen Bereichs und damit im Rahmen der Erfüllung öffentlicher Aufgaben.

2. Voraussetzungen

a) Juristische Person des öffentlichen Rechts

§ 1 Abs. 3 Nr. 2c AÜG erfasst ausschließlich juristische Personen des öffent- 397
lichen Rechts. Dazu zählen Gebietskörperschaften, wie die Bundesrepublik Deutschland, die Bundesländer, Gemeinden und Gemeindeverbände, und sonstige rechtsfähige Körperschaften des öffentlichen Rechts, z.B. Industrie- und Handelskammern (§ 3 Abs. 1 IHKG), Landwirtschaftskammern, Handwerksinnungen (§ 53 HandwO) und Handwerkskammern (§ 90 Abs. 1 HandwO), Ärztekammern, Rechtsanwaltskammern (§ 62 Abs. 1 BRAO),

---

741 Vgl. *Ebert* ArbRB 2016, 128; *Baeck/Winzer/Hies* NZG 2016, 419; *Seel* öAT 2016, 27.
742 *Lembke* BB 2014, 1340.
743 Die Ausnahmebestimmung nach Art. 1 Abs. 3 der Leiharbeitsrichtlinie 2008/1004/EG ist vorliegend nicht einschlägig.

kommunale Zweckverbände, rechtsfähige öffentlich-rechtliche Anstalten, insbesondere Sparkassen, Rundfunkanstalten, Studentenwerke, und Stiftungen des öffentlichen Rechts, die Sozialversicherungsträger (§ 29 Abs. 1 SGB IV), die Bundesagentur für Arbeit (§ 367 Abs. 1 SGB III) und die Jobcenter (§§ 6d, 44b SGB II), Universitäten, die Bundesbank (§ 2 BBankG), die Kirchen und anerkannte Religionsgemeinschaften, ihre Bistümer und Gemeinden.[744] Diese müssen auf beiden Seiten – sprich als »Entleiher« und »Verleiher« – agieren, damit die Privilegierung in § 1 Abs. 3 Nr. 2c AÜG tatbestandlich überhaupt einschlägig sein kann. Es ist nicht ausreichend, wenn von einer juristischen Person des öffentlichen Rechts ein Arbeitnehmer z.B. an ein privatrechtlich organisiertes Unternehmen, z.B. eine GmbH, überlassen wird bzw. sich von dieser einen Arbeitnehmer überlassen »leiht«.

b) Anwendung der Tarifverträge des öffentlichen Dienstes

398 Die an der Überlassung beteiligten juristischen Personen des öffentlichen Rechts müssen die Tarifverträge des öffentlichen Dienstes, nämlich den TVöD[745], anwenden. Zwar ergibt sich aus dem Wortlaut des Gesetzes nicht, dass die tariflichen Bestimmungen für das Arbeitsverhältnis des überlassenen Mitarbeiters – sei es aufgrund einer beidseitigen Tarifbindung, sei es aufgrund einer arbeitsvertraglichen Bezugnahmeklausel auf das Tarifwerk – gelten müssen; die Ausnahmebestimmung des § 1 Abs. 3 Nr. 2c AÜG könnte folglich auch einschlägig sein, wenn die Tarifverträge des öffentlichen Dienstes einseitig durch die juristische Person des öffentlichen Rechts auf das Arbeitsverhältnis – ohne weitere Ab- oder Zustimmung des Arbeitnehmers – angewendet werden. Es ist aber davon auszugehen, dass die Tarifverträge des TVöD aufgrund einer beidseitigen Tarifbindung oder zumindest aufgrund einer arbeitsvertraglich vereinbarten Verweisungsklausel auf das Tarifwerk auf das Arbeitsverhältnis anzuwenden sein müssen.[746] Dies ergibt sich zumindest mittelbar aus der Gesetzesbegründung,[747] nach der die Ausnahme nur Überlassungen zwischen öffentlich-rechtlich organisierten Arbeitgebern erfasst, bei

---

744 So die Aufzählung in BeckOK/*Kintz* § 61 VwGO Rn. 4.
745 Erfasst werden der allgemeine und der für den kommunalen Bereich mitunter unterschiedlich formulierte besondere Teil des TVöD, z.B. im TVöD-S für die Sparkassen im Bereich der VKA.
746 Vgl. Ulrici § 1 AÜG Rn. 170; a.A. Henssler/Grau/Grau/Sittard, § 5 Rn. 53: Tarifbindung des Arbeitgebers reicht aus.
747 BT-Drucks. 18/9232, 22.

denen Tarifverträge des öffentlichen Dienstes bzw. Regelungen des kirchlichen Arbeitsrechts und damit Arbeitsbedingungen auf vergleichbarem Niveau gelten. Derartige Arbeitsbedingungen können aber nur gelten, wenn auch die Tarifverträge für ein Arbeitsverhältnis übereinstimmend als einschlägig und verbindlich von den Parteien anerkannt werden. Die entsprechende Geltung kann daher nur durch eine beidseitige, kongruente Tarifbindung oder eine ausdrückliche bzw. auch konkludent vereinbarte Inbezugnahme der tariflichen Bestimmungen erfolgen.

c) Anwendung der Regelungen der öffentlich-rechtlichen Religionsgemeinschaften

Die Ausnahmebestimmung gem. § 1 Abs. 3 Nr. 2c AÜG ist auch einschlägig, sofern juristische Personen des öffentlichen Rechts Regelungen der öffentlich-rechtlichen Religionsgesellschaften anwenden, die insbesondere auf Grundlage des sog. »Dritten Weges«[748] gestaltet werden können.[749] Dabei handelt es sich im Wesentlichen um Arbeitsvertragsrichtlinien (AVR) als Regelwerke, in denen die Arbeitsbedingungen der in kirchlichen und karitativen Einrichtungen beschäftigten Arbeitnehmer festgelegt sind; diese stellen Kollektivvereinbarungen besonderer Art dar, die keine Tarifverträge sind und deshalb auch keine normative Wirkung entfalten.[750] Sie können als vom jeweiligen Arbeitgeber gestellte Allgemeine Geschäftsbedingungen lediglich kraft einzelvertraglicher Einbeziehung auf ein Arbeitsverhältnis anzuwenden sein.[751] Die einseitige Anwendung durch den Arbeitgeber reicht – wie auch bei der Anwendung der Tarifverträge des öffentlichen Dienstes – mit Blick auf die tatbestandlichen Voraussetzungen des § 1 Abs. 3 Nr. 2c AÜG nicht aus.

399

---

748 Der »Zweite Weg«, nämlich die Regelung der Arbeitsbedingungen durch Tarifverträge, wird von der katholischen Kirche abgelehnt, in der evangelischen Kirche ist dieser umstritten. Das Instrumentarium des Tarifrechts wird bislang mit Ausnahme der Nordelbischen Kirche und der Evangelischen Kirche in Berlin-Brandenburg von den Kirchen als nicht kirchenadäquat angesehen, vgl. *Schaub*, Arbeitsrechts-Handbuch, § 184 Rn. 8.
749 Die »Grundbedingungen« des Arbeitsverhältnisses werden dabei in allgemeinen Richtlinien oder Ordnungen festgelegt. Deren Erstellung obliegt kirchlichen Gremien. Diese sind paritätisch aus gewählten und weisungsungebundenen Vertretern der Mitarbeiter und Vertretern der Dienstgeber besetzt.
750 Vgl. *Schaub*, Arbeitsrechts-Handbuch, § 184 Rn. 10.
751 *Schaub*, Arbeitsrechts-Handbuch, § 184 Rn. 10.

▶ Hinweis:

Von der Ausnahme sind nur juristische Personen des öffentlichen Rechts, also im Wesentlichen die Kirchen, nicht hingegen im Zweifel privatrechtlich organisierte Einrichtungen der Religionsgemeinschaften erfasst, z.B. ein kirchliches Klinikum, das als GmbH am Markt agiert. Dies gilt selbst für den Fall, dass auf die betreffenden Arbeitsverhältnisse das kirchliche Arbeitsrecht anwendbar sein sollte.

▶ Hinweis:

Wie auch die Vorschrift nach § 1 Abs. 3 Nr. 2b AÜG ist die Ausnahmeregelung gem. § 1 Abs. 3 Nr. 2c AÜG unter Berücksichtigung von verfassungs- und europarechtlichen Erwägungen wegen der damit verbundenen Privilegierung der öffentlichen Hand als kritisch anzusehen.[752] Soweit in der Gesetzesbegründung[753] ausgeführt wird, dass für die Ausnahme in § 1 Abs. 3 Nr. 2c AÜG prägend ist, dass auf beiden Seiten der Arbeitnehmerüberlassung juristische Personen des öffentlichen Rechts stehen, die verfassungsrechtlich in besonderem Maße an Recht und Gesetz gebunden sind und denen eine besondere verfassungsrechtliche Stellung zukommt[754], vermag dies eine entsprechende Ungleichbehandlung nicht zu rechtfertigen. Dies gilt ebenso für die in der Gesetzesbegründung herangezogene Erwägung, dass die Bestimmung in § 1 Abs. 3 Nr. 2c AÜG in ihrer Funktion dem für die Privatwirtschaft zugänglichen Konzernprivileg des § 1 Abs. 3 Nr. 2 AÜG ähneln soll.[755]

VII. Auslandsverleih – Abs. 3 Nr. 3

1. Allgemeines

400 Die Vorschriften des AÜG finden gem. § 1 Abs. 3 Nr. 3 AÜG keine Anwendung auf eine Arbeitnehmerüberlassung in das Ausland, wenn der Leiharbeitnehmer in ein auf der Grundlage **zwischenstaatlicher Vereinbarungen** gegründetes **deutsch-ausländisches Gemeinschaftsunternehmen** verliehen wird, an dem der **Verleiher** beteiligt ist.

---

752 Vgl. *Seel* öAT 2017, 49; *Siebert* öAT 2017, 47 f.
753 BT-Drucks. 18/9232, 22.
754 BT-Drucks. 18/9232, 22.
755 Vgl. BT-Drucks. 18/9232, 22.

Gesetzgeberisches Ziel dieser Privilegierung war es, die Durchführung **inter-** 401
nationaler Joint-Ventures zu fördern, gleichzeitig jedoch die Geltung des
deutschen Arbeitsrechts sicherzustellen und die Möglichkeit der Zugehörigkeit zur **deutschen Sozialversicherung** und den Fortbestand sozialer Ansprüche im Betrieb zu gewährleisten.[756]

▶ Beispiel:

Der Parfümhersteller P mit Sitz in Deutschland gründet zusammen mit einem Waschmittelhersteller mit Sitz in China ein Joint Venture, das Waschmittel mit der von P vertriebenen Duftnote herstellen und vertreiben soll. Sitz des neuen Unternehmens ist China. Um die Produktion, insb. die richtige Zusammenstellung der Duftstoffe zu gewährleisten, entsendet P einen Chemiker aus Deutschland zum chinesischen Betrieb des Joint Venture.

2. Voraussetzungen

a) Eingreifen des sektoralen Verbots des § 1b Satz 1 AÜG

Nach dem eindeutigen Wortlaut des § 1 Abs. 3 AÜG beseitigt die Privilegie- 402
rung nicht die Geltung des sektoralen Verbots des § 1b Satz 1 AÜG. Damit ist auch bei Vorliegen aller Voraussetzungen des Tatbestandes ein Verleih untersagt, soweit Betriebe des Baugewerbes betroffen sind.

b) Deutsch-ausländisches Gemeinschaftsunternehmen

Die Privilegierung umfasst ausschließlich die Arbeitnehmerüberlassung **vom** 403
In- in das Ausland. Dagegen unterfällt der umgekehrte Fall des Verleihs eines Arbeitnehmers aus dem Ausland in ein deutsch-ausländisches Gemeinschaftsunternehmen im Inland nicht dem Anwendungsbereich dieser Vorschrift.[757]

Mit Schaffung des Ausnahmetatbestandes des § 1 Abs. 3 Nr. 3 AÜG wollte 404
der Gesetzgeber einem **Bedürfnis des internationalen Wirtschaftsverkehrs** nach Befreiung von den Vorschriften des AÜG nachkommen. Im Rahmen deutsch-ausländischer Gemeinschaftsunternehmen (Joint Ventures) ist es häufig aus organisatorischen und wirtschaftlichen Gründen notwendig, dass ein Unternehmen mit **Geschäftssitz in Deutschland** Arbeitnehmer zu einem deutsch-ausländischen Gemeinschaftsunternehmen **in das Ausland** überlässt,

---

756 BT-Drucks. 13/4941, 248.
757 Schüren/Hamann/*Hamann* § 1 AÜG Rn. 525.

ohne hierbei an die Vorschriften des AÜG gebunden zu sein. In diesen Fällen soll eine Zugehörigkeit zur deutschen Sozialversicherung erhalten sowie der **im inländischen Betrieb erworbene Besitzstand** bestehen bleiben.[758]

▶ Praxistipp:

Der Privilegierungstatbestand des § 1 Abs. 3 Nr. 3 AÜG ist nicht anwendbar auf Arbeitsverhältnisse, die eigens für den Einsatz im deutsch-ausländischen Gemeinschaftsverhältnis befristet abgeschlossen werden.[759]

aa) Keine Notwendigkeit eines Konzernbezugs

405 Die Vorschriften des AÜG sind im Fall einer Arbeitnehmerüberlassung aus Deutschland in das Ausland zu einem Entleiher, der ein deutsch-ausländisches Gemeinschaftsunternehmen ist, **unabhängig** davon nicht anwendbar, ob ein **Konzernbezug** besteht.[760] Umstritten war, ob im Fall einer Zugehörigkeit zum selben Konzern der bis zum 01.12.2011 geltende Ausnahmetatbestand der Konzernleihe (§ 1 Abs. 3 Nr. 2 AÜG a.F.) als speziellere Vorschrift § 1 Abs. 3 Nr. 3 AÜG bei Beteiligung des Verleihers an dem entleihenden deutsch-ausländischem Gemeinschaftsunternehmen verdrängt.[761] Für die Praxis war dieser Streit indes ohne Bedeutung.

bb) Auf Grundlage zwischenstaatlicher Vereinbarung

406 Das deutsch-ausländische Gemeinschaftsunternehmen muss auf der Grundlage zwischenstaatlicher Vereinbarungen gegründet sein. Dieses Merkmal ist zwingende Voraussetzung des Eingreifens der Ausnahme des § 1 Abs. 3 Nr. 3 AÜG.

407 Vielfach wird dieses Tatbestandsmerkmal – ausgehend von der rein faktischen Lage – verkürzt dahin gehend dargestellt, dass § 1 Abs. 3 Nr. 3 AÜG ausschließlich bei der Überlassung von Arbeitnehmern aus Deutschland in einen anderen **Staat außerhalb der EU und des EWR** anzuwenden sei.[762] Tatsächlich ist nicht davon auszugehen, dass es zwischenstaatliche Vereinbarungen i.S.d. § 1 Abs. 3 Nr. 3 AÜG mit Staaten innerhalb des EWR geben kann. Bei rein praktischer Betrachtung bezieht sich der Privilegierungstatbestand des § 1

---

758 Vgl. zum Bereich der Sozialversicherung Einl. Rdn. 98 ff.
759 H.M. vgl. Schüren/Hamann/*Hamann* § 1 AÜG Rn. 526 m.w.N.
760 BT-Drucks. 13/4941, 248.
761 Vgl. Schüren/Hamann/*Hamann* § 1 AÜG Rn. 527 m.w.N.
762 So bspw. Schüren/Hamann/*Hamann* § 1 AÜG Rn. 525.

Abs. 3 Nr. 3 AÜG derzeit lediglich auf deutsch-chinesische Joint Ventures. Als einschlägige zwischenstaatliche Vereinbarung existiert derzeit der **deutsch-chinesische Investitionsförderungs- und -schutzvertrag** vom 07.10.1983.[763]

VI. Rechtsfolgen

Greift einer der **Ausnahmetatbestände des § 1 Abs. 3 Nr. 1-3 AÜG** ein, bedeutet dies mit Ausnahme der von der Norm einleitend genannten Vorschriften – insb. der Bereichsausnahme für das Baugewerbe – eine nahezu vollständige Befreiung von den Beschränkungen des AÜG. **408**

Auch die **Grundsätze des Equal Pay und Equal Treatment** gelten bei Eingreifen der Privilegierung nicht. Aus diesem Grund kann ein Ausnahmetatbestand auch Vorteile für solche Unternehmen haben, die insoweit nicht auf eine Privilegierung angewiesen sind, da sie eine Verleiherlaubnis besitzen.[764] **409**

Letztlich bedeutet die Einschlägigkeit eines Tatbestandes nach § 1 Abs. 3 AÜG auch, dass das Gebot der vorübergehenden Überlassung – verbunden mit einer gesetzlichen Höchstüberlassungsdauer von 18 Monaten – gem. § 1 Abs. 1 Satz 4, Abs. 1b AÜG nicht anwendbar ist. Dies gilt auch und insbesondere bei dem Einsatz des Leiharbeitnehmers im Konzern.[765] De facto kann somit ein dauerhafter Einsatz des überlassenen Arbeitnehmers bei dem Verleiher erfolgen. Frei von jeglichen Risiken, insbesondere mit Blick auf die (etwaige) Fiktion eines Arbeitsverhältnisses nach §§ 9 Abs. 1 Nr. 1b, 10 Abs. 1 AÜG, ist dies vor dem Hintergrund, dass Art. 1 Abs. 1 der Leiharbeitsrichtlinie 2008/104/EG vorsieht, dass die Überlassung vorübergehend zu erfolgen hat, im Ergebnis aber nicht. Aufgrund der eindeutigen Formulierung in § 1 Abs. 3 AÜG dürften die überzeugenderen Argumente jedoch dafür sprechen, weder das Gebot der vorübergehenden Überlassung noch die an einen Verstoß dagegen angeordneten Rechtsfolgen – auch nicht analog – anzuwenden. Dafür spricht, dass der Gesetzgeber mit § 1 Abs. 3 Nr. 2b AÜG Personalgestellungen nach Maßgabe des TVöD privilegieren wollte; diese sind aber auf eine dauerhafte Tätigkeit bei dem aufnehmenden Unternehmen angelegt.[766] **410**

---

763 BGBl. II, 30.
764 Böhm/Hennig/Popp/*Popp* Rn. 218 ff.
765 So auch: *Grimm/Heppner* ArbRB 2016, 114; *Willemsen/Mehrens* NZA 2015, 899; a.A. *Bernhardt/Jentsch* AuA 2015, 30.
766 Vgl. die Protokollerklärung zu § 4 Abs. 3 TVöD: »Personalgestellung ist – unter Fortsetzung des bestehenden Arbeitsverhältnisses – die auf Dauer angelegte Beschäftigung bei einem Dritten.«

§ 1a AÜG   Anzeige der Überlassung

Wenn im Rahmen von § 1 Abs. 2 Nr. 2b AÜG keine vorübergehende Tätigkeit bei dem Entleiher vorausgesetzt wird, kann dies nicht zur Anforderung an die übrigen in § 1 Abs. 3 AÜG genannten Privilegierungstatbestände gemacht werden. Im Ergebnis dürfte es sich letztlich um – ggf. dauerhafte – Arbeitnehmerüberlassungen handeln, die nicht vom Anwendungsbereich der Leiharbeitsrichtlinie 2008/104/EG erfasst und folglich auch nicht den dortigen Festlegungen bzw. deren Umsetzungen in das nationale Recht – sofern nicht ausdrücklich angeordnet – zu unterwerfen sind.

Gerade bei Konzernüberlassungen dürfte sich aber gerade bei längerfristigen Einsätzen die Frage stellen, ab welchem Zeitpunkt der betreffende Arbeitnehmer »*zum Zweck der Überlassung beschäftigt wird*«; insoweit ist Vorsicht geboten, da sodann die Voraussetzungen für eine Privilegierung nach § 1 Abs. 3 Nr. 2 AÜG entfallen.

§ 1a Anzeige der Überlassung

(1) Keiner Erlaubnis bedarf ein Arbeitgeber mit weniger als 50 Beschäftigten, der zur Vermeidung von Kurzarbeit oder Entlassungen an einen Arbeitgeber einen Arbeitnehmer, der nicht zum Zweck der Überlassung eingestellt und beschäftigt wird, bis zur Dauer von zwölf Monaten überlässt, wenn er die Überlassung vorher schriftlich der Bundesagentur für Arbeit angezeigt hat.

(2) In der Anzeige sind anzugeben
1. Vor- und Familiennamen, Wohnort und Wohnung, Tag und Ort der Geburt des Leiharbeitnehmers,
2. Art der vom Leiharbeitnehmer zu leistenden Tätigkeit und etwaige Pflicht zur auswärtigen Leistung,
3. Beginn und Dauer der Überlassung,
4. Firma und Anschrift des Entleihers.

Übersicht	Rdn.
A. Allgemeines	1
B. Voraussetzungen	2
I. Arbeitgeber mit weniger als 50 Beschäftigten	4
II. Vermeidung von Kurzarbeit oder Entlassungen	6
III. Überlassung an einen anderen Arbeitgeber bis zur Dauer von 12 Monaten	9

IV.	Nicht zum Zweck der Überlassung eingestellt oder beschäftigt.	11
V.	Vorherige Anzeige.	12
	1. Vor Beginn der Arbeitnehmerüberlassung.	13
	2. Mindestangaben.	16
VI.	Arbeitsrechtliche Erfordernisse.	18
	1. Individual-rechtlich.	19
	2. Kollektivrechtlich.	20
C.	Rechtsfolgen.	22

A. Allgemeines

Nach § 1a AÜG bedarf es keiner Erlaubnis und es genügt eine bloße **Anzeige**, wenn ein Arbeitgeber mit **weniger als 50 Beschäftigten** zur **Vermeidung von Kurzarbeit oder Entlassungen Arbeitnehmer, die nicht zum Zwecke der Überlassung eingestellt oder beschäftigt werden**, an einen anderen Arbeitgeber **für die Dauer von bis zu zwölf Monaten** überlässt (»Kollegenhilfe«). Der Arbeitgeber muss die Überlassung jedoch zuvor schriftlich der Arbeitsagentur mitteilen. 1

B. Voraussetzungen

Keine Wirkung entfaltet § 1a AÜG bei Unternehmen, welche bereits eine **Verleiherlaubnis besitzen**. In diesen Fällen ist § 1a AÜG entweder **überflüssig** oder nicht geeignet, bestehende Einschränkungen zu beseitigen. Wurde die Erlaubnis nach § 1 AÜG lediglich unter Auflagen erteilt, können diese **Auflagen nicht** durch ein Ausweichen auf § 1a AÜG **umgangen** werden.[1] 2

Zuständiger Adressat der Anzeige gem. § 1a AÜG ist die für die Erlaubniserteilung **zuständige Agentur für Arbeit**. Die Zuständigkeit ist nach dem Geschäftssitz des überlassenden Unternehmens zu bestimmen. 3

I. Arbeitgeber mit weniger als 50 Beschäftigten

§ 1a AÜG stellt nicht auf den Betrieb ab, sondern ist arbeitgeberbezogen. Für die Berechnung des Schwellenwertes von **max. 49 Beschäftigten** ist daher die Gesamtzahl der Beschäftigten des **Unternehmens** maßgeblich.[2] 4

---

[1] BT-Drucks. 11/4952, 12.
[2] *Sandmann/Marschall* Art. 1 § 1a AÜG Anm. 5; BT-Drucks. 11/4952, 11, damals noch zum Schwellenwert von 20 Beschäftigten.

5 **Beschäftigte** i.S.d. § 1a AÜG sind alle Arbeitnehmer, sowie die zur Berufsausbildung Beschäftigten. Diejenigen Arbeitnehmer, deren vorübergehende Überlassung beabsichtigt ist, sind hierbei mitzuzählen. Nach h.M. nicht zu berücksichtigen sind freie Mitarbeiter und Leiharbeitnehmer.[3] Nachdem das BAG[4] jedoch entschieden hat, dass i.R.d. § 23 KSchG Leiharbeitnehmer bei der Berechnung der Unternehmensgröße einzubeziehen sind, spricht viel dafür, dass diese auch bei normzweckorientierter Auslegung von § 1a AÜG mitzuzählen sind. Maßgeblicher Zeitpunkt für die Bewertung der Unternehmensgröße ist der erste Tag der beabsichtigten Überlassung.[5] Die Zählung erfolgt »**nach Köpfen**«. Dies bedeutet, dass Beschäftigte unabhängig vom Umfang ihrer Beschäftigung zu zählen sind. Somit sind bei der Bestimmung der Beschäftigtenzahl auch **geringfügig Beschäftigte** wie Vollzeitkräfte zu berücksichtigen. Im Gegensatz zu § 23 Abs. 1 Satz 2 und 3 KSchG enthält § 1a Abs. 1 AÜG weder eine Beschränkung für die Zählung von zur Berufsausbildung Beschäftigten noch sieht die Vorschrift eine nur anteilige Berücksichtigung der geringfügig Beschäftigten vor.

II. Vermeidung von Kurzarbeit oder Entlassungen

6 Die Arbeitnehmerüberlassung muss im Fall des § 1a AÜG zur Vermeidung von Kurzarbeit oder Entlassungen dienen. Der Arbeitgeber muss hierbei darlegen und beweisen, dass Kurzarbeitszeiten oder Entlassungen konkret drohen.[6] Zur Definition des Merkmals der Vermeidung von Kurzarbeit und Entlassungen gelten diejenigen des § 1 Abs. 3 Nr. 1 AÜG.[7] Auch Verleiher aus den Mitgliedsstaaten der EU und des EWR können sich auf die Privilegierung des § 1a AÜG berufen.[8]

7 Die Privilegierung des § 1a AÜG greift indes nicht für jeden Fall der Überlassung von Arbeitnehmern zur Überbrückung wirtschaftlicher Schwierigkeiten eines Unternehmens ein. So soll es die Voraussetzung des § 1a AÜG **nicht erfüllen**, wenn ein Arbeitgeber Arbeitskräfte zum **Abbau von Schulden** an einen anderen Arbeitgeber überlässt.[9]

---

3 Vgl. zum Meinungsstand Thüsing/*Waas* § 1a AÜG Rn. 14 ff.
4 BAG, 24.01.2013 – 2 AZR 140/12, EzA § 23 KSchG Nr. 38 = NZA 2013, 726.
5 FW AÜG zu § 1a Nr. 1a 1 (2).
6 BT-Drucks. 11/4952, 11 ff.
7 Vgl. § 1 Rdn. 332 ff.
8 FW AÜG § 1a Nr. 1a.2 (7).
9 OLG Celle, 27.08.2003 – 7 U 52/03, EzAÜG § 1b AÜG Nr. 2.

Zur Anwendung der Privilegierung des § 1a AÜG muss die begründete Gefahr von Kurzarbeit oder Entlassungen bezogen auf den Verleihbetrieb bestehen. Während die Behörden i.R.d. § 1 AÜG auch die Sonderkonstellation einer Verhinderung von Kurzarbeit oder Entlassungen im entleihenden Betrieb – etwa weil dringend benötigte Fachkräfte fehlen – anerkennen, gilt dies i.R.d. § 1a AÜG nicht.[10]   8

III. Überlassung an einen anderen Arbeitgeber bis zur Dauer von zwölf Monaten

§ 1a AÜG setzt ferner eine maximale Überlassungsdauer von **zwölf Monaten** voraus. Diese **Höchstüberlassungsdauer** kann nicht überschritten werden. Keine Überschreitung sondern eine zweimalige erlaubnisfreie Überlassung liegt vor, wenn tatsächlich aufgrund eines **völlig neuen Sachverhalts** nach Beendigung einer Notlage eine zweite die Überlassung erforderlich macht, um Kurzarbeit oder Entlassungen zu vermeiden.[11]   9

Grds. erlaubt § 1a AÜG – bei Vorliegen der übrigen Tatbestandsmerkmale – zeitgleich oder auch zeitlich aufeinander folgend mehrere Arbeitnehmer zu überlassen, wobei Einsatzort sowohl stets derselbe »Kollegenbetrieb« sein als auch ein Entleih an jeweils verschiedene Unternehmen erfolgen kann.[12]   10

IV. Nicht zum Zweck der Überlassung eingestellt oder beschäftigt

Nach seiner Neufassung erlaubt § 1a AÜG ausdrücklich nur die Überlassung von Arbeitnehmern, die **nicht zum Zweck der Überlassung eingestellt oder beschäftigt** werden. Gemäß der Gesetzesbegründung soll diese Ergänzung sicherstellen, dass die Regelung den europäischen Vorgaben entspricht.[13] Auswirkungen dürfte die Ergänzung keine haben. Wie oben dargestellt, entfaltet § 1a AÜG keine Wirkung in Betrieben, die eine Arbeitnehmerüberlassungserlaubnis haben und führt auch nicht zur Umgehung erteilter Auflagen. Legt man dies zugrunde, dürfte es ein eher theoretischer Fall sein, dass ein Unternehmen eine »Kollegenhilfe« beabsichtigt, nachdem es zuvor ohne eine Verleiherlaubnis zu besitzen Arbeitnehmer zu diesem Zweck eingestellt hat. In   11

---

10 Vgl. FW AÜG § 1a Nr. 1a.1 in Abgrenzung zu § 1 Nr. 1.3.1.
11 *Boemke/Lembke* § 1a AÜG Rn. 23.
12 Böhm/Hennig/Popp/*Popp* Rn. 346 m.w.N.
13 Kritisch zum Ganzen *Hamann*, RdA 2011, 321.

der Geschäftsanweisung der Arbeitsagentur findet das Merkmal der fehlenden Einstellung oder Beschäftigung zur Überlassung dementsprechend auch keine Erwähnung.

V. Vorherige Anzeige

12 Das Gesetz fordert eine **vorherige Anzeige** der Arbeitnehmerüberlassung. Hierbei handelt es sich um ein **echtes Tatbestandsmerkmal**, nicht um einen bloßen Formalismus.

1. Vor Beginn der Arbeitnehmerüberlassung

13 Eine den Voraussetzungen des § 1a AÜG genügende Anzeige muss **zeitlich vor dem Beginn der Arbeitnehmerüberlassung** erfolgen. Fehlt diese materielle Zulässigkeitsvoraussetzung, ist die Arbeitnehmerüberlassung **illegal**.[14] Eine **Heilung** durch eine nachträgliche Anzeige der Arbeitnehmerüberlassung ist nicht möglich. Die bereits eingetretene Illegalität wird nach herrschender Meinung weder rückwirkend beseitigt, noch tritt eine Heilung mit Wirkung für die Zukunft ein.[15]

14 **Nicht gleichzusetzen** mit einer fehlenden Anzeige ist eine Anzeige mit **bloß unvollständigem Inhalt**. Ein Verstoß gegen die Voraussetzungen des Anzeigeninhalts nach § 1a Abs. 2 AÜG stellt nach herrschender Ansicht lediglich eine **Ordnungswidrigkeit** gem. § 16 Abs. 1 Nr. 2a AÜG dar. Fehlende Angaben sind nachzuholen und unzutreffende richtig zu stellen.[16]

15 Nicht geklärt ist, ob das Tatbestandsmerkmal einer vorherigen Anzeige gewahrt ist, wenn vor Aufnahme der Arbeitnehmerüberlassung die Anzeige bei einer **unzuständigen Dienststelle der Bundesagentur** gestellt wurde.[17]

2. Mindestangaben

16 § 1a Abs. 2 AÜG führt ausdrücklich auf, welche Angaben der Arbeitgeber in der Anzeige zu machen hat. Dies sind
– Vor- und Familienname, Anschrift, Tag und Ort der Geburt des Leiharbeitnehmers,

---

14 *Boemke/Lembke* § 1a AÜG Rn. 32.
15 Vgl. Schüren/Hamann/*Hamann* § 1a AÜG Rn. 71 m.w.N.
16 ErfK/*Wank* § 1a AÜG Rn. 10; a.A. *Ulber* § 1a AÜG Rn. 31.
17 *Boemke/Lembke* § 1a AÜG Rn. 26.

- Art der vom Leiharbeitnehmer zu leistenden Tätigkeit und etwaige Pflicht zur auswärtigen Leistung,
- Beginn und Dauer der Überlassung,
- Firma und Anschrift des Entleihers.

Die Bundesagentur hält für die Anzeige nach § 1a AÜG **Vordrucke** bereit. Diese gehen jedoch inhaltlich über die Anforderungen des § 1a Abs. 2 AÜG hinaus. Ein **formgerechter Antrag** setzt nicht zwingend die Verwendung des Vordrucks voraus. Sie muss jedoch schriftlich erfolgen, was auch eine Unterzeichnung durch den Arbeitgeber voraussetzt (§ 126 BGB). Eine Übersendung der Anzeige per Telefax genügt danach ebenso wenig wie eine Unterzeichnung durch einen nicht offensichtlich bevollmächtigten Stellvertreter.

▶ Praxistipp:

Um formelle Fehler bei der Anzeige zu vermeiden, sollten Arbeitgeber auf den Vordruck der BA für die anzeigepflichtige Überlassung nach § 1a AÜG zurückgreifen. Der Vordruck ist im Internet auf den Seiten der Arbeitsagentur abrufbar. Ein Muster ist im Anhang abgedruckt.

VI. Arbeitsrechtliche Erfordernisse

§ 1a AÜG regelt **ausschließlich** die Voraussetzungen des **Entfallens der Erlaubnispflicht** der Arbeitnehmerüberlassung. Wirkung auf das Vertragsverhältnis zwischen Arbeitgeber und Arbeitnehmer hat die Norm demgegenüber nicht. Sieht der Arbeitsvertrag des Arbeitnehmers nicht ausnahmsweise eine Verpflichtung zur gelegentlichen – nicht vorrangigen – Leistung von Leiharbeit vor, ist der Arbeitnehmer lediglich zur Erbringung seiner Arbeitsleistung beim Arbeitgeber als seinem Vertragspartner verpflichtet (§ 613 Satz 2 BGB). Vom Arbeitnehmer kann **grds.** nicht erwartet werden, für einen Arbeitgeber tätig zu werden, den er sich nicht als **Vertragspartner** ausgesucht hat.[18] Fehlt es an einer speziellen Klausel, die eine gelegentliche Tätigkeit als Leiharbeiter gestattet sowie an einer Zustimmung des Arbeitnehmers, bleibt der Arbeitgeber daher auf die Anordnung von Kurzarbeit oder betriebsbedingte Kündigung verwiesen.

---

18 Schüren/Hamann/*Hamann* § 1a AÜG Rn. 55 m.w.N.

1. Individual-rechtlich

19 Enthält der Arbeitsvertrag keine Klausel, wonach der Arbeitnehmer **auch – die Einstellung oder Beschäftigung darf ja nicht den (vorrangigen) Zweck haben, den Arbeitnehmer als Leiharbeitnehmer einzusetzen – zur Leistung von Leiharbeit** und damit zum Einsatz in anderen Unternehmen verpflichtet ist, kann der Arbeitgeber von der Ausnahmevorschrift des § 1a AÜG nur dann mit Erfolg Gebrauch machen, wenn – in Abänderung des ursprünglichen Arbeitsvertrages – der Arbeitnehmer sich mit dem Einsatz als Leiharbeitnehmer jeweils einverstanden erklärt.[19]

▶ Praxistipp:

Stimmt der Arbeitnehmer einem Einsatz in einem fremden Unternehmen nicht zu und hat der Arbeitgeber auch nicht die vertragliche Möglichkeit, einen solchen Einsatz einseitig anzuordnen, kann praktisch sinnvoll der Ausspruch einer Änderungskündigung sein. Zwar sind die Anforderungen an eine Rechtfertigung der Änderungskündigung hoch, der Arbeitnehmer wird sie jedoch regelmäßig zumindest unter Vorbehalt annehmen (§ 2 KSchG). Zumindest bis zur Klärung der Rechtfertigung ist der Arbeitnehmer dann zur Tätigkeit als Leiharbeitnehmer verpflichtet.

Ist der Notfall überbrückt, kann die Kündigung zurückgenommen werden. Der fortdauernde Arbeitseinsatz des Arbeitnehmers minimiert das Lohnfortzahlungsrisiko.

2. Kollektivrechtlich

20 Der Einsatz von Arbeitnehmern als Leiharbeiter in Betrieben anderer Arbeitgeber wird regelmäßig eine Versetzung gem. §§ 99, 95 Abs. 3 BetrVG darstellen. Entsprechend sind bei Überschreiten des Schwellenwerts von 20 wahlberechtigten Arbeitnehmern die insoweit bestehenden Mitbestimmungsrechte des Betriebsrats zu beachten.[20] Noch ungeklärt ist, ob eine »Kollegenhilfe« größeren Ausmaßes als Betriebsänderung i.S.d. § 111 Satz 1 BetrVG einzuordnen ist und damit nach § 112 Abs. 1 Satz 2 BetrVG sozialplanpflichtig ist.[21] Demgegenüber nicht einschlägig ist die Vorschrift des § 112a Abs. 1 Nr. 1

---

19 *Ulber* § 1a AÜG Rn. 32.
20 *Ulber* § 1a AÜG Rn. 33.
21 Schüren/Hamann/*Hamann* § 14 AÜG Rn. 499 m.w.N.

BetrVG, da diese einen Personalabbau voraussetzt, der bei Nutzung des § 1a AÜG gerade nicht vorliegt.

Zu den übrigen Mitbestimmungsrechten insb. zur Frage der Arbeitszeit gelten die allgemeinen Darlegungen unter § 14 AÜG.[22]   21

C. Rechtsfolgen

Im Gegensatz zu den Privilegierungstatbeständen des § 1 Abs. 3 AÜG **suspendiert § 1a AÜG nicht** die Anwendbarkeit der Vorschriften des AÜG. Diese bleiben auch bei Erfüllung sämtlicher Tatbestandsmerkmale des § 1a AÜG grds. anwendbar.   22

Die Bedeutung des § 1a AÜG **erschöpft** sich darin, dass der Verleiher bei Eingreifen der Tatbestandsmerkmale **keiner Erlaubnis** zur Arbeitnehmerüberlassung bedarf. Damit findet lediglich § 1 Abs. 1 Satz 1 AÜG keine Anwendung, die übrigen Vorschriften des AÜG sind dagegen zu beachten. Entsprechend ist eine Überlassung im Bereich des Bauhauptgewerbes auch durch Unternehmen mit weniger als 50 Beschäftigten unzulässig, da auch das sektorale Verbot des § 1b AÜG in den Fällen des § 1a AÜG gilt.[23]   23

▶ **Praxistipp:**

Die Vorschrift des § 1a AÜG darf keinesfalls als »Vermeidungstatbestand« missverstanden werden. Die Norm gewährt lediglich eine Ausnahme von der Erlaubnispflicht. Die hierfür aufgestellten gesetzlichen Voraussetzungen sind ernst zu nehmen. Dies gilt insb. für die zeitlich vorausgehende Anzeige. Eine Umgehung von Auflagen lässt sich durch § 1a AÜG ebenfalls nicht erreichen.

Zur Absicherung sollte sich der Arbeitgeber vor Aufnahme der Arbeitnehmerüberlassung sowohl vom **vorher erfolgten Eingang** der Anzeige als auch von der tatsächlichen **Zuständigkeit der angeschriebenen Behörde** überzeugen.

---

22 Vgl. § 14 Rdn. 101.
23 *Urban-Crell/Schulz* Rn. 579.

§ 1b Einschränkungen im Baugewerbe

¹Arbeitnehmerüberlassung nach § 1 in Betriebe des Baugewerbes für Arbeiten, die üblicherweise von Arbeitern verrichtet werden, ist unzulässig. ²Sie ist gestattet
a) zwischen Betrieben des Baugewerbes und anderen Betrieben, wenn diese Betriebe erfassende, für allgemeinverbindlich erklärte Tarifverträge dies bestimmen,
b) zwischen Betrieben des Baugewerbes, wenn der verleihende Betrieb nachweislich seit mindestens drei Jahren von denselben Rahmen- und Sozialkassentarifverträgen oder von deren Allgemeinverbindlichkeit erfasst wird.

³Abweichend von Satz 2 ist für Betriebe des Baugewerbes mit Geschäftssitz in einem anderen Mitgliedstaat des Europäischen Wirtschaftsraumes Arbeitnehmerüberlassung auch gestattet, wenn die ausländischen Betriebe nicht von deutschen Rahmen- und Sozialkassentarifverträgen oder für allgemeinverbindlich erklärten Tarifverträgen erfasst werden, sie aber nachweislich seit mindestens drei Jahren überwiegend Tätigkeiten ausüben, die unter den Geltungsbereich derselben Rahmen- und Sozialkassentarifverträge fallen, von denen der Betrieb des Entleihers erfasst wird.

Übersicht	Rdn.
A. Allgemeines	1
B. Sektorales Verbot – Satz 1	6
I. Voraussetzungen	6
1. Arbeitnehmerüberlassung nach § 1	7
2. Betriebe des Baugewerbes	12
a) Baubetrieb	14
b) Überwiegender Betriebszweck	17
c) Betriebsabteilungen	21
3. Arbeiter	25
II. Rechtsfolgen eines Verstoßes	29
1. Arbeitnehmerüberlassungsvertrag	30
2. Leiharbeitsvertrag	31
3. Gewerberechtliche Folgen	35
4. Ordnungswidrigkeiten	37
C. Ausnahmetatbestände – Satz 2 und 3	38
I. Arbeitnehmerüberlassung zwischen Betrieben des Baugewerbes und anderen Betrieben – Satz 2 Buchst. a)	39

| II. | Arbeitnehmerüberlassung zwischen Betrieben des Baugewerbes – Satz 2 Buchst. b).................................. | 42 |
| III. | Ausländische Betriebe des Baugewerbes mit Sitz im EWR-Raum – Satz 3 ... | 48 |

A. Allgemeines

Ein **sektorales Verbot der Arbeitnehmerüberlassung** gilt nach § 1b Satz 1 AÜG in Betrieben des Baugewerbes, soweit es sich um Tätigkeiten handelt, die üblicherweise von Arbeitern verrichtet werden. Lediglich die Fälle des § 1b Satz 2 AÜG sowie die durch § 1b Satz 3 AÜG geregelten Sachverhalte werden von dem Verbot ausgenommen. Wegen Verstoßes gegen die **Dienstleistungsfreiheit des Art. 49 EGV** wurde § 1b Satz 2 AÜG a.F. durch das Erste Gesetz für moderne Dienstleistungen am Arbeitsmarkt vom 23.12.2002[1] neu gefasst und zugleich mit Wirkung vom 01.01.2003 ein den europäischen Grundfreiheiten und der Rechtsprechung des EuGH[2] Rechnung tragender neuer Satz 3 aufgenommen. In seiner heutigen Fassung ist **§ 1b AÜG verfassungsgemäß** und wohl auch europarechtskonform.[3]

Der **Gesetzgeber** verfolgt mit dem grundsätzlichen Verbot der Arbeitnehmerüberlassung insb. das Ziel, illegale Praktiken in der Baubranche zu unterbinden und auftretende Missstände zu bekämpfen.[4] Durch die sukzessive Lockerung des ursprünglichen Totalverbotes im Baugewerbe (§ 12a AFG) wollte der Gesetzgeber die Wettbewerbsfähigkeit der Betriebe im Baugewerbe stärken, Wettbewerbsverzerrungen zwischen den Betrieben der **vier traditionellen Tarifbereiche der Bauwirtschaft** (Garten- und Landschaftsbau, Gerüstbau, Dachdeckerhandwerk, Bauhauptgewerbe) entgegenwirken und nicht zuletzt die Finanzierung der Sozialkassen der Bauwirtschaft sicherstellen.[5]

---

1 BGBl. I, 4607.
2 EuGH, 25.10.2001 – C-493/99, EzA § 1 AÜG Nr. 11 = NZA 2001, 1299; dazu ausführlich *Kort* NZA 2002, 1248.
3 BVerfG, 06.10.1987 – 1 BvR 1086/82, 1 BvR 1468/82, 1 BvR 1623/82, EzAÜG AFG Nr. 22 = NZA 1989, 28; Thüsing/*Waas* § 1b AÜG Rn. 9 f. (Europarechtskonformität offen gelassen); zweifelnd hinsichtlich der Europarechtskonformität *Boemke/Lembke* § 1b AÜG Rn. 43.
4 BT-Drucks. 9/846, 35 f.
5 BT-Drucks. 12/7564, 3.

3 Flankiert werden § 1b Satz 2 und 3 AÜG durch die **Mindestgarantie des § 8 Abs. 3 AEntG**.[6] Werden Leiharbeitnehmer mit Tätigkeiten beschäftigt, welche in den Geltungsbereich eines für allgemein verbindlich erklärten Tarifvertrages nach §§ 4, 5 Nr. 1-3 AEntG oder einer Rechtsverordnung nach § 7 AEntG fallen, hat der Verleiher zumindest die in diesem Tarifvertrag oder dieser Rechtsverordnung vorgeschriebenen Arbeitsbedingungen zu gewähren sowie die der gemeinsamen Einrichtung nach diesem Tarifvertrag zustehenden Beiträge zu leisten. In den vier klassischen Tarifbereichen des Baugewerbes – Garten- und Landschaftsbau, Gerüstbau, Dachdeckerhandwerk, Bauhauptgewerbe – existieren allgemein verbindliche Tarifverträge. Ein identisches Schutzniveau für inländische und ausländische Arbeitnehmer wird mithin gewährleistet; gleichsam verhindert wird eine Diskriminierung inländischer Baubetriebe.[7]

4 § 1b AÜG gilt – ebenso wie die sonstigen Bestimmungen des AÜG – nur im Hoheitsgebiet der BRD (sog. **Territorialitätsprinzip**). Das sektorale Verbot des Satz 1 greift daher lediglich in Fällen des Inlandsbezugs, d.h. bei Verleih innerhalb Deutschlands und bei Verleih vom Ausland nach Deutschland. **Nicht** erfasst wird die Überlassung von Leiharbeitnehmern nach § 1 AÜG durch inländische Verleiher **an Baubetriebe im Ausland**.[8]

5 Ob Letzteres auch dann gilt, wenn der an einen Entleiher-Baubetrieb mit Sitz im Ausland überlassene Arbeitnehmer nur mit dem Ziel des **Einsatzes auf einer Baustelle im Inland** verliehen wurde, ist in der Literatur umstritten.[9] Die Rechtsprechung musste sich mit dieser Frage bisher nicht befassen. Richtigerweise wird man insoweit auf den tatsächlichen Einsatzort des Leiharbeitnehmers abstellen müssen. Ist dieser im Inland, findet § 1b Satz 1 AÜG Anwendung. Die Zulassung des Verleihs an einen ausländischen Rechtsträger, der die ihm überlassenen Arbeitnehmer wiederum in einer deutschen Betriebsstätte des Baugewerbes tätig werden lässt, eröffnete ungeahnte Umgehungs- und Missbrauchsmöglichkeiten. Mit dem Schutzzweck des sektoralen Verbots der Arbeitnehmerüberlassung in das Baugewerbe wäre dies nicht zu

---

6 BAG, 21.10.2009 – 5 AZR 951/08, EzA § 1 AEntG Nr. 12.
7 Ausführlich zum AEntG vgl. *Bayreuther* NJW 2009, 2006; *Sittard* NZA 2009, 346.
8 *Boemke/Lembke* § 1b AÜG Rn. 6; Schüren/Hamann/*Hamann* § 1b AÜG Rn. 51; a.A. *Ulber* § 1b AÜG Rn. 23, der räumliche Geltungsbereich werde durch § 1 WintergeldVO erweitert und erfasse daher jede Überlassung mit Auslandsbezug im europäischen Gebiet nördlich des 42. Breitengrades.
9 Bejahend *Boemke/Lembke* § 1b AÜG Rn. 6; abl. *Ulber* § 1b AÜG Rn. 23.

vereinbaren.¹⁰ Ob der Arbeitseinsatz im In- oder Ausland gesteuert wird, ist deshalb unerheblich.¹¹

B. Sektorales Verbot – Satz 1

I. Voraussetzungen

Das sektorale Verbot des § 1b Satz 1 AÜG gilt unter folgenden **Voraussetzungen**: 6
- Arbeitnehmerüberlassung nach § 1
- in Betriebe des Baugewerbes
- für Arbeiten, die üblicherweise von Arbeitern verrichtet werden.

1. Arbeitnehmerüberlassung nach § 1

In der bis zum 30.11.2011 geltenden Fassung war § 1b Satz 1 AÜG a.F. nach 7 seinem ausdrücklichen Wortlaut nur auf die gewerbsmäßige Arbeitnehmerüberlassung anwendbar.¹² **Nach Aufhebung des Merkmals der Gewerbsmäßigkeit im AÜG** durch das Erste Gesetz zur Änderung des Arbeitnehmerüberlassungsgesetzes (1. AÜGÄndG)¹³ wurde auch § 1b Satz 1 AÜG neu gefasst. **Seit dem 01.12.2011 gilt das sektorale Verbot des § 1b Satz 1 AÜG für alle Fälle der Arbeitnehmerüberlassung** nach § 1 AÜG.¹⁴

Das grundsätzliche **Verbot** greift **ungeachtet der Erteilung einer Erlaubnis** 8 zur Arbeitnehmerüberlassung nach § 1 AÜG. Dies gilt auch für die von der Erlaubnispflicht ausgenommenen Privilegierungstatbestände des § 1 Abs. 3 AÜG und die lediglich anzeigepflichtige Kollegenhilfe (§ 1a AÜG). Trotz Befreiung von der Erlaubnispflicht handelt es sich unverändert um Arbeitnehmerüberlassung; für die Ausnahmefälle des § 1 Abs. 3 AÜG stellt der Einleitungssatz die unveränderte Anwendbarkeit des § 1b Satz 1 AÜG ausdrücklich klar.

▶ Praxistipp:

Auch in den privilegierten Fällen des § 1 Abs. 3 AÜG – Verleih zur Vermeidung von Kurzarbeit oder Entlassungen (Nr. 1), konzerninterne

---
10 *Ulber* § 1b AÜG Rn. 23.
11 A.A. *Boemke/Lembke* § 1b AÜG Rn. 6.
12 S. dazu die Vorauflage, § 1 Rn. 7.
13 Vgl. Einleitung, A. IV. 1. b) Rdn. 31 ff.
14 Zum Begriff der Arbeitnehmerüberlassung s. § 1 Rdn. 6 ff.

§ 1b AÜG   Einschränkungen im Baugewerbe

Arbeitnehmerüberlassung (Nr. 2), gelegentliche Überlassung (Nr. 2a), Gemeinschaftsprivileg (Nr. 3) – sowie bei der lediglich anzeigepflichtigen Kollegenhilfe für Kleinunternehmer (§ 1a AÜG) findet das sektorale Verbot der Arbeitnehmerüberlassung in das Baugewerbe nach § 1b Satz 1 AÜG Anwendung.

9   Zulässig bleibt hingegen die **Abordnung von Bauarbeitern zu einer Arbeitsgemeinschaft (ARGE)**. Dies gilt sowohl für Fälle tariflicher Freistellung (z.B. § 9 BRTV-Bau, § 8 RTV-Angestellte, § 9 RTV-Poliere) als auch bei Übertragung des Weisungsrechts auf die ARGE nach § 1 Abs. 1 Satz 2 und 3 AÜG. In diesen Fällen liegen die Voraussetzungen der Arbeitnehmerüberlassung bereits tatbestandlich nicht vor.[15]

10 § 1b Satz 1 AÜG verbietet nur die Beschäftigung von Leiharbeitnehmern in Baubetrieben. Nicht erfasst wird der Einsatz von Fremdpersonal im baugewerberechtlichen Umfeld, etwa auf der Grundlage eines Werk- oder Dienstvertrages. Dabei muss es sich allerdings tatsächlich um einen **echten Werk- bzw. Dienstvertrag** handeln. Bei Durchführung eines sog. Scheinwerk- oder Scheindienstverhältnisses sehen sich Auftraggeber und Auftragnehmer sonst neben den Rechtsfolgen eines Verstoßes gegen § 1b Satz 1 AÜG denen illegaler Arbeitnehmerüberlassung ausgesetzt.[16]

▶ Praxistipp:

Ein **Ausweichen auf Werkverträge** ist sorgfältig zu prüfen. Vorsicht ist geboten, wenn der Auftragnehmer bereits nicht in der Lage ist, eigenverantwortlich Bauleistungen zu erbringen, etwa, weil es an den nötigen Betriebsmitteln, der erforderlichen Betriebsorganisation, technischem Know-how, etc. fehlt. Kann er den Personaleinsatz vor Ort nicht selbst oder durch eigene Mitarbeiter steuern und organisieren, indiziert dies unzulässige Arbeitnehmerüberlassung auf Basis eines Scheinwerkvertrages oder bei einem Einzelunternehmer Scheinselbständigkeit.[17] Fehlt es dann an einer den Fremdpersonaleinsatz legitimierenden Erlaubnis nach § 1

---

15 *Boemke/Lembke* § 1b AÜG Rn. 8; Thüsing/*Waas* § 1b AÜG Rn. 13; s.a. FW AÜG zu § 1 Nr. 1.1.5 (12), Nr. 1.1.6.8; zum ARGE-Privileg vgl. § 1 Rdn. 297 ff.
16 Zu den Rechtsfolgen eines Verstoßes gegen § 1b Satz 1 AÜG s. Rdn. 29 ff.; zur illegalen Arbeitnehmerüberlassung vgl. § 9 Rdn. 6 ff., § 10 Rdn. 1 ff.
17 Zur Abgrenzung der Arbeitnehmerüberlassung von sonstigen Formen drittbezogenen Personaleinsatzes s. § 1 Rdn. 135 ff.; s.a. *Ulber* AiB 2012, 183.

AÜG treten neben die allgemeinen Rechtsfolgen illegaler Arbeitnehmerüberlassung nach §§ 9, 10 AÜG die eines Verstoßes gegen § 1b Satz 1 AÜG.

Die illegale Beschäftigung Scheinselbständiger und der Einsatz von Scheinwerkverträgen ist im Bereich der Bauwirtschaft ein verbreitetes Problem. Insbesondere mit dem Ziel der Früherkennung und Bekämpfung von Scheinselbständigkeit und Schwarzarbeit ist am 01.01.2015 die Verordnung zur Ausgestaltung des Gewerbeanzeigeverfahrens (Gewerbeanzeigeverordnung – GewAnzV) vom 22.07.2014 in Kraft getreten. Die zuständigen Gewerbebehörden sind nach § 3 Abs. 3 GewAnzV verpflichtet, alle Gewerbeanzeigen auf Anhaltspunkte für Verstöße gegen die in § 14 Abs. 8 Satz 1 Nr. 7 GewO genannten Vorschriften zu prüfen und Verdachtsfälle an die Behörden der Zollverwaltung zu übermitteln. Das Bundesministerium der Finanzen und die Länder haben in einer Verwaltungsvereinbarung festgelegt, in welchen Fällen Anhaltspunkte für Scheinselbständigkeit vorliegen (z.B. wenn es sich bei der Betriebsanschrift um eine Hoteladresse oder die Anschrift in einem Gemeinschaftsquartier handelt; das angezeigte Gewerbe aufgrund der räumlichen Situation nicht ausgeübt werden kann; die Gewerbeanmeldung durch einen Dritten/Vermittler erfolgt, der auch andere Personen vertritt; der Anzeigende postalisch/telefonisch nicht erreichbar ist; der Anzeigende über unzureichende Deutschkenntnisse verfügt; oder wenn das Gewerbe nach kurzer Zeit wieder abgemeldet wird).

Betriebe, die **Baumaschinen mit Bedienungspersonal** zur Erbringung baulicher Leistungen vermieten, sind Betriebe des Baugewerbes (vgl. § 1 Abs. 2 Nr. BaubetriebeVO). Allerdings stellt das Überlassen in diesen Fällen regelmäßig keine Arbeitnehmerüberlassung dar, wenn die Vermietung im Vordergrund steht und dem Besteller kein arbeitsplatzbezogenes Weisungsrecht zusteht.[18] 11

2. Betriebe des Baugewerbes

Das Verbot im Baugewerbe knüpft an den **Entleiherbetrieb** an, d.h. nicht der Betrieb des Verleihers, sondern der des Entleihers darf kein Betrieb des Baugewerbes sein.[19] 12

---

18 Schüren/Hamann/*Hamann* § 1b AÜG Rn. 34; *Urban-Crell/Schulz* Rn. 514; zur Abgrenzung vgl. § 1 Rdn. 171 ff.
19 Allg. Meinung vgl. nur Schüren/Hamann/*Hamann* § 1b AÜG Rn. 24.

▶ **Beispiel:**

Dachdeckerbetrieb A überlässt zwei Arbeiter an den Nicht-Baubetrieb des Kunden B.

Die Arbeiter werden in einen Nicht-Baubetrieb überlassen. Unerheblich ist, dass es sich beim Betrieb des Verleihers um einen solchen des Baugewerbes handelt. Dies ist zulässig und unterfällt nicht § 1b Satz 1 AÜG.

13 Das **Tatbestandsmerkmal** »Betriebe des Baugewerbes« ist im AÜG selbst nicht definiert. Nach einhelliger Auffassung ist zur Auslegung auf die im Recht der Förderung der ganzjährigen Beschäftigung in der Bauwirtschaft (jetzt: §§ 101, 102 SGB III; §§ 175, 175a, § 434n Abs. 2 SGB III a.F.; §§ 209 bis 216 SGB III a.F.) geltenden Begriffsbestimmungen zurück zu greifen.[20]

a) **Baubetrieb**

14 **Betriebe des Baugewerbes** i.S.d. § 1b Satz 1 AÜG sind alle Betriebe, die gewerblich überwiegend Bauleistungen auf dem Baumarkt erbringen (vgl. § 101 Abs. 2 Satz 1 SGB III). Bauleistungen werden definiert als »alle Leistungen, die der Herstellung, Instandsetzung, Instandhaltung, Änderung oder Beseitigung von Bauwerken dienen«.

15 Ob es sich bei dem Entleiherbetrieb tatsächlich um einen Baubetrieb i.S.d. § 1b AÜG handelt, ist in der Praxis häufig schwierig zu beurteilen. Die ganz herrschende Auffassung[21] bestimmt den Kreis der Betriebe des Baugewerbes anhand der **Baubetriebe-Verordnung** vom 28.10.1980.[22] Die Verordnung legt in § 1 im Einzelnen fest, in welchen Zweigen des Baugewerbes die Leistungen zur Förderung der ganzjährigen Beschäftigung in der Bauwirtschaft erbracht werden. Die Aufzählung umfasst ausschließlich Betriebe des Bauhauptgewerbes. Nur diese, nicht aber die in § 2 BaubetriebeVO genannten Betriebe des

---

20 Thüsing/*Waas* § 1b AÜG Rn. 15 f.; FW AÜG zu § 1b Nr. 1b.1. (1).
21 BGH, 17.02.2000 – III ZR 78/99, AP AFG § 12a Nr. 1 = NJW 2000, 1557; *Boemke/Lembke* § 1b AÜG Rn. 15; Schüren/Hamann/*Hamann* § 1b AÜG Rn. 27; Thüsing/*Waas* § 1b AÜG Rn. 17 f.; *Urban-Crell/Schulz* Rn. 511; so a. FW AÜG § 1b Nr. 1b.1. (1); a.A. *Ulber* § 1b AÜG Rn. 19 ff.
22 BaubetriebeVO zuletzt geändert durch Gesetz zur Verbesserung der Eingliederungschancen am Arbeitsmarkt vom 20.12.2011 (BGBl. I, 2854).

Baunebengewerbes, werden vom Verbot des § 1b Satz 1 AÜG erfasst.[23] Die Arbeitnehmerüberlassung in Betriebe des Baunebengewerbes bleibt unter den sonstigen Voraussetzungen des AÜG zulässig.

▶ **Praxistipp:**

Die vom Verbot des § 1b Satz 1 AÜG **ausgenommenen Betriebe des Baunebengewerbes** sind in **§ 2 BaubetriebeVO** definiert. Rückausnahmen gelten für die in Nr. 2, 7 und 12 aufgeführten Betriebe. Diese können je nach den Umständen des Einzelfalls Betriebe des Bauhauptgewerbes i.S.d. § 1 BaubetriebeVO sein, wenn diese überwiegend Bauleistungen erbringen.

Die BaubetriebeVO ist im Anhang abgedruckt.

▶ **Beispiel 1:**

Verleiher A überlässt zwei Arbeiter an den rein Metall verarbeitenden Betrieb des Kunden B.

Der Kundenbetrieb ist ein Betrieb des Baunebengewerbes (vgl. § 2 Nr. 13. BaubetriebeVO). Die Arbeiter werden also in einen Nicht-Baubetrieb überlassen. Der fachliche Geltungsbereich des Verbots im Baugewerbe ist nicht eröffnet.

▶ **Beispiel 2:**

Der Kunde ist ein Unternehmen des Bereichs Hoch- und Tiefbau. Für die Errichtung eines großen Bürokomplexes benötigt dieser Maurer und Fliesenleger.

Da es sich um Tätigkeiten des Bauhauptgewerbes handelt, dürfen Leiharbeitnehmer nicht eingesetzt werden. Möglich bleiben aber Fremdpersonaleinsätze auf der Grundlage von Werk- oder Dienstverträgen.[24]

In vielen Fällen erlaubt der **Positivkatalog des § 1 BaubetriebeVO** keine sichere Beurteilung. Zweifelsfälle muss der Verleiher selbst aufklären. Er ist verpflichtet, alle ihm zur Verfügung stehenden **Auskunftsmöglichkeiten** auszuschöpfen, etwa durch Beteiligung der Agentur für Arbeit, der für die Winterbauförderung bzw. die für die Heranziehung zur Winterbauumlage

16

---

23 BGH, 17.02.2000 – III ZR 78/99, AP AFG § 12a Nr. 1 = NJW 2000, 1557.
24 Zur Abgrenzung, insb. zu Scheinwerkverträgen s. § 1 Rdn. 153 ff., 174 ff., 196.

zuständigen Stellen, der Handwerkskammern, Industrie- und Handelskammern.[25] Darüber hinaus sollten Verleiher sich vom Entleiherbetrieb schriftlich – üblicherweise im Arbeitnehmerüberlassungsvertrag – bestätigen lassen, dass die zu überlassenden Arbeiter nur in einem Nicht-Baubetrieb i.S.d. § 1 BaubetriebeVO eingesetzt werden.

▶ **Praxistipp:**

Illegale Arbeitnehmerüberlassung in das Baugewerbe entgegen § 1b Satz 1 AÜG hat erhebliche Folgen sowohl für Verleiher als auch für Entleiher.[26] Deshalb sollten die Parteien bereits aus Eigeninteresse sorgfältig die **Überlassung in einen Nicht-Baubetrieb prüfen**. Zweifel gehen zu ihren Lasten; die BA bürdet Verleihern und Entleihern das Nichtaufklärungsrisiko auf.[27]

In der Praxis bieten sich insb. an:
- **Anfrage bei der SOKA-Bau**[28] Wiesbaden (abrufbar unter www.soka-bau.de)
- **Auskunft über Creditreform** (Branchenschlüssel Bau = F4500)
- **Schriftliche Bestätigung** des Nichteinsatzes in einem Baubetrieb i.S.d. § 1 BaubetriebeVO durch den Entleiher.

Alle Betriebe, die dem Bauhauptgewerbe zuzuordnen sind, müssen 1 % ihrer Gesamtbruttolohnsumme als Umlage für das sog. Winterausfallgeld entrichten.

b) Überwiegender Betriebszweck

17 Von § 1b AÜG werden auch sog. **Mischbetriebe** erfasst, soweit der überwiegende Betriebszweck auf die Erbringung von Bauleistungen gerichtet ist (vgl. § 101 Abs. 2 Satz 1 SGB III).

18 Das **Kriterium des »überwiegenden« Betriebszwecks** ist erfüllt, wenn mehr als 50 % der Gesamtarbeitszeit im Betrieb auf Bauleistungen entfällt; auf

---

25 FW AÜG § 1b Nr. 1b.1. (3)-(5).
26 Dazu Rdn. 29 ff.
27 Vgl. FW AÜG zu § 1b Nr. 1b.1. (3)-(5).
28 Gemeinsamer Name für die Urlaubs-/Lohnausgleichskasse der Bauwirtschaft (ULAK) und der Zusatzversorgungskasse des Baugewerbes VVaG (ZVK); allg. zur SOKA-Bau *Daeschler* NZA-Beil. 2010, 6; *Sahl* NZA-Beil. 2010, 8.

wirtschaftliche Gesichtspunkte wie Umsatz und Verdienst oder auf handels- und gewerberechtliche Kriterien kommt es nicht an.[29]

Die **arbeitszeitlich überwiegende Tätigkeit** ist durch einen Gesamtvergleich zwischen der Arbeitszeit der mit Bautätigkeiten und der mit sonstigen Aufgaben betrauten Arbeitnehmer festzustellen.[30] Voll- und Teilzeitkräfte sind entsprechend ihrer regelmäßigen Arbeitszeit zu berücksichtigen; eine »Pro-Kopf-Betrachtung« findet nicht statt. Entsprechendes gilt für Arbeitnehmer, die teilweise Bau- und teilweise andere Tätigkeiten ausführen. In diesem Fall sind nur die auf Bauleistungen entfallenden Arbeitszeiten in die Betrachtung einzubeziehen. 19

Abzustellen ist nur auf die »**in der Regel**« Beschäftigten. Zur Auslegung des Begriffs der regelmäßig beschäftigten Arbeitnehmer kann auf die Rechtsprechung zu Vorschriften zurückgegriffen werden, die ebenfalls auf dieses Kriterium abstellen (z.B. § 23 Abs. 1 KSchG, § 111 Abs. 1 Satz 1 BetrVG). Vorübergehend beschäftigte Aushilfskräfte, freie Mitarbeiter, Leiharbeitnehmer bleiben bspw. ebenso außer Betracht wie kurzfristige Schwankungen im Personalbestand.[31] Geringfügig beschäftigte Teilzeitkräfte sind hingegen mit zu zählen, jedenfalls soweit die Tätigkeit nicht i.S.d. § 8 Abs. 1 Nr. 2 SGB IV begrenzt ist.[32] 20

▶ Beispiel:

Ein Betrieb des Maler- und Lackiererhandwerks wendet rund 80 % der jährlichen Arbeitsstunden für klassische Maler- und Lackierertätigkeiten auf, zu 20 % führt er mit demselben Personal Wärmedämmverbundsystemarbeiten durch.

---

29 BAG, 19.11.2008 – 10 AZR 864/07, EzA-SD 2009 Nr. 4, 12.
30 BAG, 25.11.1987 – 4 AZR 361/87, EzA § 4 TVG Geltungsbereich Nr. 1 = NZA 1988, 317; vgl. a. BAG, 16.05.2001 – 10 AZR 438/00, EzA § 4 TVG Bauindustrie Nr. 106; Thüsing/*Waas* § 1b AÜG Rn. 22 m.w.N.; a.A. *Ulber* § 1b AÜG Rn. 20, der eine Abgrenzung anhand der Gesamtarbeitsplätze vorschlägt.
31 Thüsing/*Waas* § 1b AÜG Rn. 23; Schüren/Hamann/*Hamann* § 1b AÜG Rn. 44; vgl. zu § 23 KSchG etwa BAG, 22.01.2004 – 2 AZR 237/03, NZA 2004, 479; BAG, 31.01.1991 – 2 AZR 356/90, NJW 1991, 562.
32 So wohl a. Schüren/Hamann/*Hamann* § 1b AÜG Rn. 44; a.A. Thüsing/*Waas* § 1b AÜG Rn. 23.

Die Maler- und Lackierertätigkeit fällt unter § 2 Nr. 7 BaubetriebeVO und gehört mithin nicht zum Bauhauptgewerbe; anders die Wärmedämmarbeiten (§ 1 Abs. 2 Nr. 38a BaubetriebeVO). Da die nicht dem Bauhauptgewerbe zuzuordnenden Tätigkeiten überwiegen, unterfällt der Mischbetrieb insgesamt nicht dem fachlichen Geltungsbereich des § 1b AÜG.

c) Betriebsabteilungen

21 **Betriebsabteilungen** sind Betrieben gleichgestellt (vgl. § 101 Abs. 1 Nr. 3 SGB III i.V.m. § 97 Satz 2 SGB III). Das sektorale Verbot der Arbeitnehmerüberlassung in das Baugewerbe nach § 1b Satz 1 AÜG kann daher auch abgrenzbare Betriebsabteilungen eines Betriebes erfassen, der an sich nicht dem Bauhauptgewerbe zuzuordnen ist.

▶ **Beispiel:**

Ein Betrieb handelt mit Fliesen. Daneben unterhält er eine wahrnehmbar räumlich und organisatorisch vom Geschäftsbereich »Fliesenhandel« abgrenzbare Abteilung »Fliesen- und Estrichverlegung«, die dort beschäftigten Mitarbeiter werden häufiger auf Großbaustellen eingesetzt.

Arbeitnehmerüberlassung in den Bereich »Fliesenhandel« ist zulässig. Für den Bereich »Fliesen- und Estrichverlegung« gilt jedoch das Verbot des § 1b Satz 1 AÜG, soweit es sich um eine Betriebsabteilung im Rechtssinne handelt.

In diesen Fällen ist allerdings Vorsicht geboten. Eine rechtlich einwandfreie Trennung erfolgt in der Praxis häufig nicht. Werden etwa einem für den Arbeitsplatz »Fliesenhandel« entliehenen Arbeitnehmer vom Kunden Tätigkeiten auf der Großbaustelle zugewiesen, ist der Einsatz illegal. Stellen die Fahnder der Zollverwaltung (Finanzkontrolle Schwarzarbeit) den Gesetzesverstoß bei einer ihrer regelmäßigen Baustellenkontrollen fest, werden gegen die Verantwortlichen des Zeitarbeitsunternehmens und des Kunden Bußgeldverfahren eingeleitet. Dem Zeitarbeitsunternehmen droht darüber hinaus der Widerruf der Lizenz zur Arbeitnehmerüberlassung.

22 Der **Begriff Betriebsabteilung** richtet sich – ebenso wie der des Betriebes – nach **allgemeinen arbeitsrechtlichen Grundsätzen**. Betrieb ist demnach eine organisatorische Einheit, innerhalb derer der Inhaber allein oder in Gemeinschaft mit seinen Mitarbeitern mithilfe von sachlichen oder immateriellen Mitteln

arbeitstechnische Zwecke unmittelbar fortgesetzt verfolgt.[33] Betriebsabteilung ist hingegen ein räumlich, personell und organisatorisch vom Gesamtbetrieb abgegrenzter Betriebsteil, der mit eigenen technischen Betriebsmitteln einen eigenen Betriebszweck verfolgt, der auch nur ein Hilfszweck sein kann.[34]

Eine **einzelne Baustelle** erfüllt den Begriff der Betriebsabteilung im Regelfall nicht.[35] Etwas anderes kann dann gelten, wenn es sich um ein abgrenzbares Großprojekt von längerer Dauer handelt, welches aufgrund personeller Ausstattung und Leitung eine gewisse Selbstständigkeit aufweist und deshalb einer ortsfesten Betriebsstätte vergleichbar ist.[36] 23

Auch bei Betriebsabteilungen bestimmt sich die Anwendbarkeit des § 1b Satz 1 AÜG danach, ob in diesen – nicht im Gesamtbetrieb – »**überwiegend**« **Bauleistungen** erbracht werden (vgl. § 97 Satz 2 SGB III).[37] 24

3. Arbeiter

Das Verbot des § 1b Satz 1 AÜG gilt lediglich für solche **Tätigkeiten, die üblicherweise von Arbeitern** verrichtet werden. Nicht erfasst werden Angestelltentätigkeiten. Deshalb ist im Anwendungsbereich des § 1b AÜG die Überlassung von Arbeitskräften für Tätigkeiten nicht verboten, die üblicherweise von Angestellten erbracht werden. 25

▶ **Beispiel:**

Verleiher A plant die Überlassung einer Mitarbeiterin aus dem Bereich Buchhaltung an den Baubetrieb des Kunden B.

Die Überlassung verstößt nicht gegen das grundsätzliche Verbot der Arbeitnehmerüberlassung in den Baubereich. Nur der Verleih von »Arbeitern«,

---

33 St. Rspr. BAG, 03.06.2004 – 2 AZR 386/03, NZA 2004, 1380; BAG, 11.02.2004 – 7 ABR 27/03, NZA 2004, 618.
34 BAG, 19.11.2008 – 10 AZR 864/07, EzA-SD 2009 Nr. 4, 12; BAG, 26.09.2007 – 10 AZR 415/06, NZA 2007, 1442; BAG, 28.09.2005 – 10 AZR 28/05, EzA § 1 AEntG Nr. 9; BAG, 25.01.2005 – 9 AZR 146/04, BAGE 113, 238.
35 Schüren/Hamann/*Hamann* § 1b AÜG Rn. 38, Thüsing/*Waas* § 1b AÜG Rn. 20.
36 Hessisches LAG, 25.02.2008 – 16 Sa 1009/07, JurionRS 2008, 19410 (zur Betriebsabteilung nach dem AEntG i.d.F. v. 01.01.2004); *Hauck/Noftz* § 97 SGB III Rn. 12; a. Thüsing/*Waas* § 1b AÜG Rn. 20.
37 Schüren/Hamann/*Hamann* § 1b AÜG Rn. 45 m.w.N.; dazu Rdn. 17 ff.

nicht aber die Überlassung kaufmännischen (und technischen) Personals ist gesetzlich verboten.

26 Welche Tätigkeiten üblicherweise von Arbeitern oder von Angestellten erbracht werden, bestimmt sich nach der **Verkehrsanschauung**. Diese wird erheblich durch tarifliche Regelungen geprägt. Deshalb ist nach allgemeiner Auffassung die Abgrenzung anhand der Lohngruppen nach § 5 BRTV-Bau vorzunehmen; diese entsprechen im Wesentlichen dem früheren Berufsgruppenverzeichnis zum BRTV-Bau.[38] Weitere Anhaltspunkte liefern der RTV-Angestellte in seiner alten Fassung, der aufgehobene § 3 AVG a.F.[39] nebst Berufsgruppenkatalog sowie § 133 Abs. 2 SGB VI in der bis zum 31.12.2004 gültigen Fassung.[40]

▶ **Beispiele:**

Zur Gruppe der Arbeiter gehören bspw., aber nicht abschließend:

Werker, Maschinenwerker, Fachwerker, Maschinisten, Asphaltierer, Baustellenmagaziner, Betonstahlbieger, Betonstahlflechter, Fertigteilbauer, Fuger, Verfuger, Gleiswerker, Mineure, Putzer, Rabitzer, Rammer, Pfahlrammer, Rohrleger, Schalungsbauer, Schwarzdeckenbauer, Betonstraßenwerker, Schweißer, Terrazzoleger, Wasser- und Landschaftsbauer, Kraftfahrer, Baugeräteführer, Baumaschinenführer sowie die ungelernten Hilfsarbeiter des Baugewerbes.

27 Soweit anhand der tariflichen und gesetzlichen Bestimmungen eine eindeutige Abgrenzung nicht möglich ist, ist für die Einordnung als Arbeiter- bzw. Angestelltentätigkeit auf die überkommenen Grundsätze zurückzugreifen. Demnach leisten **Arbeiter** überwiegend körperlich-mechanische, **Angestellte** überwiegend geistige Arbeit.[41]

28 Entscheidend für die Abgrenzung ist ausschließlich die im Entleiherbetrieb **tatsächlich verrichtete Tätigkeit**.[42] Die beruflichen Qualifikationen des

---

38 Schüren/Hamann/*Hamann* § 1b AÜG Rn. 47 f.; Thüsing/*Waas* § 1b AÜG Rn. 25a f.; *Urban-Crell/Schulz* Rn. 515.
39 Außer Kraft getreten zum 31.12.1991.
40 Ausführlich Schüren/Hamann/*Hamann* § 1b AÜG Rn. 48.
41 Zur Abgrenzung BAG, 04.08.1993 – 4 AZR 515/92, NZA 1994, 39.
42 *Boemke/Lembke* § 1b AÜG Rn. 18; Thüsing/*Waas* § 1b AÜG Rn. 27.

Arbeitnehmers bleiben ebenso außer Betracht wie die in der Vergangenheit – auch im Betrieb des Verleihers – ausgeführten Arbeiten.

▶ **Beispiel:**

Verleiher A überlässt einen ausgebildeten Bauingenieur als Putzer in den Baubetrieb des Kunden B.

Putzer verrichten Arbeitertätigkeiten i.S.d. BRTV-Bau. Der Einsatz verstößt daher gegen § 1b Satz 1 AÜG; die Ausbildung und der Status des Arbeitnehmers im Verleiherbetrieb sind unerheblich.

II. Rechtsfolgen eines Verstoßes

Hinsichtlich der Rechtsfolgen eines Verstoßes gegen § 1b Satz 1 AÜG ist zwischen den **zivil- und arbeitsrechtlichen Auswirkungen** auf den Arbeitnehmerüberlassungs- und Leiharbeitsvertrag einerseits und den weiteren **gewerberechtlichen und ordnungswidrigkeitenrechtlichen Folgen** andererseits zu unterscheiden.[43]   29

1. Arbeitnehmerüberlassungsvertrag

Nach einhelliger Auffassung sind **Arbeitnehmerüberlassungsverträge** bei einem Verstoß gegen das sektorale Verbot der Arbeitnehmerüberlassung in das Baugewerbe **nichtig**; für Verleiher und Entleiher ist § 1b Satz 1 AÜG Verbotsgesetz i.S.d. § 134 BGB.[44] Bereits ausgetauschte Leistungen sind nach Bereicherungsrecht (§§ 812 ff. BGB) unter Berücksichtigung der von der Rechtsprechung zur Rückabwicklung von nach § 9 Nr. 1 AÜG unwirksamen Verträgen entwickelten Grundsätze zurück zu gewähren.[45]   30

---

43 Zur verhaltensbedingten Kündigung eines Arbeitnehmers wegen Anordnung der Überlassung von Arbeitnehmern in das Bauhauptgewerbe LAG Mecklenburg-Vorpommern, 22.01.2014 – 2 Sa 105/13, BeckRS 2014, 66932 (Einzelfall).
44 ErfK/*Wank* § 1b AÜG Rn. 6; Thüsing/*Waas* § 1b AÜG Rn. 48; *Urban-Crell/Schulz* Rn. 517; jeweils m.w.N.
45 BGH, 17.02.2000 – III ZR 78/99, AP AFG § 12a Nr. 1 = NJW 2000, 1557; BGH, 17.01.1984 – VI ZR 187/82, EzAÜG § 10 AÜG Fiktion Nr. 22 (zum formnichtigen Vertrag); a. *Boemke/Lembke* § 1b AÜG Rn. 21.

2. Leiharbeitsvertrag

31 Ob der Verstoß gegen § 1b Satz 1 AÜG auch die Nichtigkeit des Leiharbeitsvertrages zur Folge hat, ist höchstrichterlich noch nicht entschieden.[46] Als – soweit ersichtlich – einziges Instanzgericht hat bisher das **Hessische LAG** die **Nichtigkeitsfolge ausdrücklich abgelehnt**.[47]

32 In der **Literatur** wird die Frage höchst **kontrovers diskutiert**. Die Auffassungen reichen über die beiden Extremstandpunkte[48] – Befürwortung der generellen Nichtigkeit einerseits und Annahme der uneingeschränkten Wirksamkeit des Leiharbeitsvertrages andererseits – bis hin zu einer differenzierenden Meinung.[49] Letztere unterscheidet danach, ob der Leiharbeitsvertrag ausschließlich oder nur gelegentlich die Erbringung von Arbeitertätigkeiten in fremden Baubetrieben vorsieht. Sei der Vertrag auf die Baubranche beschränkt, sei dieser – ebenso wie der Überlassungsvertrag – wegen Verstoßes gegen ein gesetzliches Verbot nichtig; die Abwicklung erfolge nach den Grundsätzen über das fehlerhafte Arbeitsverhältnis. Eine nur partielle Nichtigkeit sei hingegen anzunehmen, wenn der Leiharbeitnehmer nur gelegentlich entgegen § 1b Satz 1 AÜG eingesetzt werde. Die Interessen des Leiharbeitnehmers seien hinreichend durch sein Leistungsverweigerungsrecht gewahrt; verweigere er berechtigterweise den Einsatz in einem Baubetrieb, behalte er nach den Grundsätzen des Annahmeverzugs seinen Lohnanspruch (§ 615 Satz 1 BGB, § 11 Abs. 4 Satz 2 AÜG).

33 Die Befürwortung eines – in der Praxis unzweifelhaft problematischen – **Leistungsverweigerungsrechts** des Arbeitnehmers ist sicherlich richtig. Die Annahme einer **(Teil-) Nichtigkeit des Leiharbeitsvertrages** bei Verstoß gegen § 1b Satz 1 AÜG **überzeugt** hingegen **nicht**. Richtigerweise ist § 134 BGB in diesen Fällen auf das Leiharbeitsverhältnis nicht anzuwenden. Dafür sprechen

---

46 Zuletzt offen gelassen BAG, 13.12.2006 – 10 AZR 674/05, AP AÜG § 1 Nr. 31 m. Anm. *Urban-Crell* = NZA 2007, 751.
47 Hessisches LAG, 24.05.2005 – 15 Sa 511/03, EzAÜG § 1b AÜG Nr. 3.
48 Nichtigkeit bejahend: *Becker/Wulfgramm* Art. 1 § 1 AÜG Rn. 98; Wirksamkeit bejahend: *Sandmann/Marschall* Art. 1 § 1b AÜG Rn. 14; *Urban-Crell/Schulz* Rn. 520; *Urban-Crell*, Anm. zu BAG, 13.12.2006 – 10 AZR 674/05, AP AÜG § 1 Nr. 31; a. *Grimm/Brock* § 10 Rn. 18.
49 *Boemke/Lembke* § 1b AÜG Rn. 22 f.; KHK/*Düwell* 4.5 Rn. 253 f.; Schüren/Hamann/*Hamann* § 1b AÜG Rn. 84 ff.; *Ulber* § 1b AÜG Rn. 26 ff.

systematische Überlegungen und insb. das mit § 1b AÜG verfolgte gesetzgeberische Schutzanliegen.

Die Vorschrift ist ein **Verbotsgesetz** – allerdings **nur für Verleiher und Entleiher**. Für den Leiharbeitnehmer ist es ein Schutzgesetz. Richtet sich ein Verbot nur gegen einen Vertragspartner, folgt daraus – soweit dies mit Sinn und Zweck des Verbotsgesetzes vereinbar ist – nicht die Nichtigkeit des gesamten Rechtsgeschäfts. Bei lediglich einseitigen Verbotsgesetzen ist die Nichtigkeitsfolge nur dann ausnahmsweise sachgerecht, wenn diese Rechtsfolge nach dem Normzweck oder aufgrund vorrangiger Allgemeininteressen zwingend ist.[50] Dies mag in den Fällen richtig sein, in denen das Verbot gerade dem Schutz des Arbeitnehmers dient (z.B. Einstellung einer Schwangeren für nach dem MuSchG verbotene Arbeiten).[51] Die Nichtigkeitsfolge des Leiharbeitsvertrages diente aber nicht dem Schutz des Leiharbeitnehmers. Bestätigt wird dies durch die Gesetzesbegründung zu § 12a AFG a.F. Der Gesetzgeber wollte durch das vollständige Verbot des Überlassens in das Baugewerbe die Arbeitern drohenden Gefahren vermeiden, etwa Nichtanwendung tariflicher Regelungen und damit fehlender Anspruch auf Leistungen aus den Sozialkassen der Bauwirtschaft, der Urlaubs- und Lohnausgleichskasse sowie der Zusatzversorgungskasse.[52] Gesetzgeberisches Ziel ist keineswegs eine Verkürzung des Sozialschutzes der Leiharbeitnehmer. Gerade dazu würde eine Nichtigkeit des Leiharbeitsvertrages aber führen. Der analogen Anwendung des § 10 Abs. 1 AÜG bei lediglich nach § 1b Satz 1 AÜG unzulässiger Arbeitnehmerüberlassung hat das BAG eine klare Absage erteilt;[53] mangels Fiktion eines Arbeitsverhältnisses zum Entleiher bliebe der Arbeitnehmer folglich ohne echten Arbeitgeber. Ein fehlerhaftes Arbeitsverhältnis – ohne jeglichen Bestandsschutz – böte keinen adäquaten Schutz. Mit dem Schutzzweck des AÜG wäre dies nicht vereinbar.[54] 34

---

50 BGH, 23.10.1980 – IVa ZR 28/80, NJW 1981, 399 (zur Nichtigkeit eines von einem Steuerberater geschlossenen Maklervertrages); LG Potsdam 17.01.1997 – 1 S 330/96, Stbg 1997, 225 (zur Nichtigkeit eines Vertrages mit einem Steuerberater über die Tätigkeit im Aufsichtsrat); Palandt/*Ellenberger* § 134 BGB Rn. 9.
51 Vgl. etwa BAG, 08.09.1988 – 2 AZR 102/88, EzA § 8 MuSchG Nr. 1.
52 BT-Drucks. 9/846, 35 f.
53 BAG, 13.12.2006 – 10 AZR 674/05, AP AÜG § 1 Nr. 31 m. Anm. *Urban-Crell* = NZA 2007, 751, die Fiktionswirkung des § 10 AÜG tritt nur bei Fehlen einer Erlaubnis nach § 1 AÜG ein; so auch Hessisches LAG, 20.01.2010 – 18 Sa 1339/09, ArbR 2010, 277.
54 *Urban-Crell/Schulz* Rn. 520; a. *Grimm/Brock* § 10 Rn. 18 a.E.

3. Gewerberechtliche Folgen

35 Ein Verstoß gegen das sektorale Verbot der Arbeitnehmerüberlassung in das Baugewerbe nach § 1b Satz 1 AÜG indiziert die **Unzuverlässigkeit des Verleihers** (**§ 3 Abs. 1 Nr. 1 AÜG**). Die Erlaubnisbehörde kann die Verlängerung einer befristeten Erlaubnis versagen (§ 2 Abs. 4 i.V.m. § 3 Abs. 1 Nr. 1 AÜG) oder diese mit Wirkung für die Zukunft widerrufen (§ 5 Abs. 1 Nr. 3 AÜG).

36 Die **Untersagung einer einzelnen Arbeitnehmerüberlassung** findet im AÜG keine Rechtsgrundlage. In Betracht kommt jedoch ein Rückgriff auf das allgemeine Polizei- und Ordnungsrecht der Länder. Zuständig ist die jeweilige Ordnungsbehörde, nicht die BA.[55]

4. Ordnungswidrigkeiten

37 Ein schuldhafter Verstoß des Verleihers und/oder Entleihers gegen § 1b Satz 1 AÜG kann als **Ordnungswidrigkeit** mit einer Geldbuße bis zu 25.000,00 € geahndet werden (**§ 16 Abs. 1 Nr. 1b, Abs. 2 AÜG**).[56] Für den Leiharbeitnehmer bleibt ein Verstoß sanktionslos.

C. Ausnahmetatbestände – Satz 2 und 3

38 Durch das **Erste Gesetz für moderne Dienstleistungen am Arbeitsmarkt vom 23.12.2002**[57] wurde § 1b Satz 2 AÜG neu gefasst; gleichzeitig wurde ein neuer Satz 3 angefügt. Letzterer geht auf eine Entscheidung des EuGH[58] zur Unvereinbarkeit von § 1b AÜG a.F. mit der **europäischen Dienstleistungsfreiheit** (Art. 49 EGV) zurück, da nach der Altregelung Betrieben mit Sitz im Ausland de facto der Verleih von Arbeitskräften an deutsche Baubetriebe untersagt war.

I. Arbeitnehmerüberlassung zwischen Betrieben des Baugewerbes und anderen Betrieben – Satz 2 Buchst. a)

39 Nach § 1b Satz 2 Buchst. a) **AÜG** ist die Arbeitnehmerüberlassung zwischen Betrieben des Baugewerbes und anderen Betrieben gestattet, wenn

---

55 So a. *Boemke/Lembke* § 1b AÜG Rn. 27.
56 Dazu ausführlich § 16 Rdn. 29 ff.
57 BGBl. I, 4607.
58 EuGH, 25.10.2001 – C-493/99, EzA § 1 AÜG Nr. 11 = NZA 2001, 1299; dazu ausführlich *Kort* NZA 2002, 1248.

diese Betriebe erfassende, für allgemein verbindlich erklärte Tarifverträge dies bestimmen.

▶ **Praxistipp:**

Bedeutung erlangt die Vorschrift nur in den Fällen, in denen der Verleiher einen »anderen Betrieb« betreibt. Der umgekehrte Fall des Verleihs aus dem Baugewerbe ist bereits tatbestandlich nicht vom Verbot des § 1b Satz 1 AÜG erfasst. Nicht der Verleiher-, sondern der Entleiherbetrieb muss ein solcher des Baugewerbes sein.

Voraussetzung für das Eingreifen der Ausnahme vom sektoralen Verbot der 40 Arbeitnehmerüberlassung in Betriebe des Baugewerbes nach § 1b Satz 2 Buchst. a) AÜG ist, dass
– ein Tarifvertrag die branchenübergreifende Arbeitnehmerüberlassung vorsieht, d.h. ausdrücklich zulässt;
– dieser Tarifvertrag für allgemein verbindlich[59] erklärt wurde und
– Verleiher und Entleiher nach allgemeinen tariflichen Grundsätzen dem Geltungsbereich ein und desselben Tarifvertrages unterfallen.[60]

▶ **Praxistipp:**

Auch wenn die Voraussetzungen des § 1b Satz 2 AÜG erfüllt sind – Entsprechendes gilt für Satz 3 – ist die Arbeitnehmerüberlassung nur zulässig, wenn der Verleiher über eine Verleiherlaubnis nach § 1 AÜG verfügt.

Der **praktische Anwendungsbereich** des Ausnahmetatbestandes wird durch 41 diese engen Voraussetzungen **erheblich eingeschränkt**. Ein branchenübergreifender Tarifvertrag i.S.d. § 1b Satz 2 Buchst. a) AÜG, dessen Geltungsbereich neben einem der klassischen Tarifbereiche des Baugewerbes mindestens noch eine Branche außerhalb des Baubereichs erfasst, existiert soweit ersichtlich bisher nicht. Die Vorschrift ist daher bislang ohne praktische Bedeutung.

---

59 So der ausdrückliche Gesetzeswortlaut, vgl. a. *Ulber* § 1b AÜG Rn. 36; krit. *Boemke/Lembke* § 1b AÜG Rn. 32, Schüren/Hamann/*Hamann* § 1b AÜG Rn. 59.
60 Thüsing/*Waas* § 1b AÜG Rn. 34; Schüren/Hamann/*Hamann* § 1b AÜG Rn. 57; *Urban-Crell/Schulz* Rn. 528; a.A. *Boemke/Lembke* § 1b AÜG Rn. 32, die auf das Erfordernis desselben Tarifvertrages verzichten wollen.

II. Arbeitnehmerüberlassung zwischen Betrieben des Baugewerbes – Satz 2 Buchst. b)

42 Nach § 1b Satz 2 Buchst. b) AÜG ist Arbeitnehmerüberlassung auch zwischen Betrieben des Baugewerbes[61] gestattet. Privilegiert wird also die sog. **Kollegenhilfe im Baubereich**.

▶ Praxistipp:

Reine Verleihunternehmen sind keine »Betriebe des Baugewerbes«. Sie sind daher von der Privilegierung des § 1b Satz 2 Buchst. b) AÜG ausgeschlossen.

43 Der **Verleiher** muss vor der ersten Überlassung nachweislich seit mindestens drei Jahren von **denselben Rahmen- und Sozialkassentarifverträgen oder deren Allgemeinverbindlichkeit** erfasst sein. Die Tarifbindung des Verleihers kann sich also entweder aufgrund Mitgliedschaft im Arbeitgeberverband (§ 3 Abs. 1 TVG) oder – der in der Baubranche traditionell üblichen – Allgemeinverbindlicherklärung (§ 5 TVG) des Tarifvertrages ergeben; nicht ausreichend ist eine einzelvertragliche Inbezugnahme oder eine Anwendung kraft betrieblicher Übung.[62] Eine Tarifbindung des Entleihers wird nicht vorausgesetzt.[63]

44 Verleiher müssen nachweisen, **seit mindestens drei Jahren** von demselben Rahmen- und Sozialkassentarifvertrag erfasst zu sein. Ein Nachweis kann etwa durch Vorlage einer Bestätigung der zuständigen Einzugsstelle für die Sozialkassenbeiträge erfolgen.[64]

▶ Praxistipp:

Die Anschriften der Einzugsstellen für die Sozialkassenbeiträge sind Anlage 1 der FW AÜG zu entnehmen.

45 **Umstritten** ist, **ob Verleiher und Entleiher demselben Tarifbereich der Bauwirtschaft** (Garten- und Landschaftsbau, Gerüstbau, Dachdeckerhandwerk, Bauhauptgewerbe) **angehören müssen**. Jeder dieser Tarifbereiche verfügt über eigene Sozialkassen als gemeinsame Einrichtungen im Sinne von § 4

---

61 Zum Begriff vgl. Rdn. 14 ff.
62 Schüren/Hamann/*Hamann* § 1b AÜG Rn. 64, 65; Thüsing/*Waas* § 1b AÜG Rn. 40.
63 Thüsing/*Waas* § 1b AÜG Rn. 39; *Urban-Crell/Schulz* Rn. 529.
64 FW AÜG zu § 1b Nr. 1.b.2. (2).

Abs. 2 TVG, deren Sozialkassensysteme unterschiedlich ausgestaltet sind. Aus dem Wortlaut (»denselben«) und aus Sinn und Zweck der Norm, die Sicherung der Sozialkassen im Baugewerbe sowie den Schutz vor Wettbewerbsverzerrung durch Arbeitnehmerüberlassung zu gewährleisten, leitet die wohl herrschende Meinung die Notwendigkeit der Zugehörigkeit zu demselben Tarifbereich ab.[65]

Auf den Ausnahmetatbestand des § 1b Satz 2 Buchst. b) AÜG können sich auch **Mischbetriebe** berufen, sofern sie überwiegend Bauleistungen erbringen.[66] 46

Bei **ausländischen Betrieben** hat § 1b Satz 2 Buchst. b) AÜG hingegen keine Bedeutung, da diese nicht vom räumlichen Geltungsbereich der deutschen Bautarifverträge erfasst sind. Diese beziehen sich lediglich auf das Hoheitsgebiet der BRD. Für diese Betriebe kann allerdings eine Ausnahme nach § 1b Satz 3 AÜG in Betracht kommen. 47

III. Ausländische Betriebe des Baugewerbes mit Sitz im EWR-Raum – Satz 3

Ausländischen Baubetrieben mit Geschäftssitz **innerhalb des EWR-Raums** wird Arbeitnehmerüberlassung unter den Voraussetzungen des **§ 1b Satz 3 AÜG** ausnahmsweise gestattet. 48

Tatbestandlich setzt die **Privilegierung für ausländische Baubetriebe** voraus, dass 49
– der Verleiher über eine Verleiherlaubnis nach deutschem Recht und – soweit vorausgesetzt – auch über eine Erlaubnis zur Arbeitnehmerüberlassung seines Heimatstaates verfügt und
– dieser nachweislich seit mindestens drei Jahren überwiegend Tätigkeiten ausübt, die unter den Geltungsbereich derselben Rahmen- und Sozialkassentarifverträge fallen, von denen der Betrieb des Entleihers erfasst wird.

Auf eine **Tarifbindung** des ausländischen Verleihers verzichtet das Gesetz; diese wäre aufgrund des räumlichen Geltungsbereichs der deutschen Bautarifverträge auch nicht möglich. Der Entleiher hingegen muss – entweder 50

---

65 Thüsing/*Waas* § 1b AÜG Rn. 38a, Schüren/Hamann/*Hamann* § 1b Rn. 63, *Sandmann/Marschall* § 1b AÜG Anm. 17, vgl. FW AÜG zu § 1b Nr. 1.b.2. (4); a.A. *Boemke/Lembke* § 1b AÜG Rn. 38.
66 FW AÜG § 1b Nr. 1.b.2. (5); zu Mischbetrieben Rdn. 17 ff.

aufgrund Verbandszugehörigkeit (§ 3 Abs. 1 TVG) oder Allgemeinverbindlichkeit (§ 5 TVG) – tarifgebunden sein. Vertragliche Inbezugnahme oder ständige betriebliche Übung genügen nicht.

51 Um einen **Missbrauch des Ausnahmetatbestandes** durch **ausländische Verleiher** zu **verhindern**, muss dieser aber nachweislich seit mindestens 3 Jahren überwiegend Tätigkeiten im Geltungsbereich desselben – auch für den Entleiher geltenden – Rahmen- und Sozialkassentarifvertrages erbracht haben.[67] Es ist insoweit darauf abzustellen, ob die im Ausland ausgeübten Tätigkeiten bei sinngemäßer Anwendung der deutschen Vorschriften unter denselben Rahmen- und Sozialkassentarifvertrag fallen würden, von denen der Betrieb des Entleihers tatsächlich erfasst wird. Zur Beurteilung, ob ein Verleiher »überwiegend« baugewerbliche Tätigkeiten im Geltungsbereich eines inländischen Rahmen- und Sozialkassentarifvertrages erbracht hat, sind seine Aktivitäten innerhalb und außerhalb des EWR zu berücksichtigen.[68] »Überwiegend« sind diese bei Überschreiten der 50 %-Schwelle.

▶ Praxistipp:

Als Nachweis erkennt die BA eine Bescheinigung der SOKA-Bau, Abteilung Eurorechtsangelegenheiten, an.[69]

52 Die Bestimmung des Merkmals **Betrieb des Baugewerbes** richtet sich ebenso wie die Definition der **Betriebsabteilung** und des **Mischbetriebes** ausschließlich nach deutschem Recht.[70]

▶ Praxistipp:

Reine Verleihunternehmen sind keine »Betriebe des Baugewerbes«. Sie sind daher von der Privilegierung des § 1b Satz 3 AÜG ausgenommen.

53 Es muss sich um einen Betrieb des Baugewerbes mit (**Haupt-**) **Geschäftssitz** in einem anderen **EWR-Staat** handeln, lediglich Niederlassungen in der EU oder im EWR-Raum genügen nicht.[71]

---

67 BT-Drucks. 15/91, 17; ausführlich Schüren/Hamann/*Hamann* § 1b AÜG Rn. 75.
68 *Boemke/Lembke* § 1b AÜG Rn. 48; Thüsing/*Waas* § 1b AÜG Rn. 46; Schüren/Hamann/*Hamann* § 1b AÜG Rn. 72.
69 FW AÜG § 1b Nr. 1.b.2. (7).
70 Dazu Rdn. 13.
71 Thüsing/*Waas* § 1b AÜG Rn. 46; *Ulber* ArbuR 2003, 7.

§ 2 Erteilung oder Erlöschen der Erlaubnis

(1) Die Erlaubnis wird auf schriftlichen Antrag erteilt.

(2) ¹Die Erlaubnis kann unter Bedingungen erteilt und mit Auflagen verbunden werden, um sicherzustellen, dass keine Tatsachen eintreten, die nach § 3 die Versagung der Erlaubnis rechtfertigen. ²Die Aufnahme, Änderung oder Ergänzung von Auflagen sind auch nach Erteilung der Erlaubnis zulässig.

(3) Die Erlaubnis kann unter dem Vorbehalt des Widerrufs erteilt werden, wenn eine abschließende Beurteilung des Antrags noch nicht möglich ist.

(4) ¹Die Erlaubnis ist auf ein Jahr zu befristen. ²Der Antrag auf Verlängerung der Erlaubnis ist spätestens drei Monate vor Ablauf des Jahres zu stellen. ³Die Erlaubnis verlängert sich um ein weiteres Jahr, wenn die Erlaubnisbehörde die Verlängerung nicht vor Ablauf des Jahres ablehnt. ⁴Im Falle der Ablehnung gilt die Erlaubnis für die Abwicklung der nach § 1 erlaubt abgeschlossenen Verträge als fortbestehend, jedoch nicht länger als zwölf Monate.

(5) ¹Die Erlaubnis kann unbefristet erteilt werden, wenn der Verleiher drei aufeinanderfolgende Jahre lang nach § 1 erlaubt tätig war. ²Sie erlischt, wenn der Verleiher von der Erlaubnis drei Jahre lang keinen Gebrauch gemacht hat.

Übersicht		Rdn.
A.	Allgemeines	1
B.	Erlaubniserteilung	3
I.	Formelle Voraussetzungen – Abs. 1	3
	1. Förmlicher Antrag	3
	2. Antragsteller	8
	3. Zuständige Behörde	14
	4. Kosten	16
	5. Bescheid	17
II.	Nebenbestimmungen	18
	1. Bedingungen und Auflagen – Abs. 2	20
	a) Bedingung	21
	b) Auflage	24
	2. Widerrufsvorbehalt – Abs. 3	30
	3. Befristung und Verlängerung – Abs. 4 Satz 1-3	33
	a) Befristung	33

	b) Verlängerung	34
III.	Nachwirkung – Abs. 4 Satz 4	37
	1. Arbeitnehmerüberlassungsverträge	39
	2. Leiharbeitsverträge	42
	3. Nachwirkung bei Rücknahme, Widerruf oder Fristversäumnis	46
IV.	Unbefristete Erlaubniserteilung – Abs. 5 Satz 1	48
C.	**Erlöschen der Erlaubnis**	51
I.	Nichtgebrauch – Abs. 5 Satz 2	51
II.	Sonstige Erlöschensgründe	53
	1. Zeitablauf, Rücknahme und Widerruf	54
	2. Tod des Erlaubnisinhabers und Auflösung des Rechtsträgers	56
	a) Tod des Erlaubnisinhabers	59
	b) Auflösung des Rechtsträgers	62
	3. Verzicht	63
D.	**Verfahren und Rechtsbehelfe**	64
I.	Verwaltungsverfahren	65
II.	Sozialgerichtliches Verfahren	67
	1. Versagungsbescheid	68
	2. Erlaubnis mit Nebenbestimmungen	69
	3. Rücknahme und Widerruf	72
III.	Vorläufiger Rechtsschutz	73

A. Allgemeines

1 Nach § 1 Abs. 1 Satz 1 AÜG ist Arbeitnehmerüberlassung vorbehaltlich einer Arbeitnehmerüberlassungserlaubnis grds. verboten (sog. **Verbot mit Erlaubnisvorbehalt**). Deutsche i.S.d. Art. 116 GG sowie die nach § 3 Abs. 4 und 5 AÜG deutschen Staatsangehörigen Gleichgestellten, d.h. Antragsteller aus anderen EU-Mitgliedsstaaten und aus dem EWR-Raum, haben ein Anspruch auf Erlaubniserteilung, wenn keine Versagungsgründe i.S.d. § 3 AÜG vorliegen.[1]

▶ Praxistipp:

Arbeitnehmerüberlassung ist grds. erlaubnispflichtig. Eine Ausnahme vom Erlaubnisvorbehalt besteht lediglich für die in § 1 Abs. 3 AÜG geregelten Fälle der »Nachbarschaftshilfe«, Konzernleihe, gelegentliche Überlassung und Arbeitnehmerüberlassung in das Ausland aufgrund einer zwischenstaatlichen Vereinbarung. Nicht erlaubnis-, sondern lediglich

---

1 Ausführlich § 3 Rdn. 13 ff., 88 f.

anzeigepflichtig ist die sog. Kollegenhilfe (§ 1a AÜG). Ein sektorales Verbot der Arbeitnehmerüberlassung besteht i.d.R. im Baugewerbe (§ 1b AÜG).

Die Arbeitnehmerüberlassungserlaubnis wird von der zuständigen Regionaldirektion auf **schriftlichen Antrag** zunächst auf ein Jahr befristet erteilt und kann anschließend um den jeweils gleichen Zeitraum verlängert werden (§ 2 Abs. 4 AÜG). Die Erteilung einer unbefristeten **Erlaubnis** setzt voraus, dass das verleihende Unternehmen 3 aufeinanderfolgende Jahre erlaubt tätig war (§ 2 Abs. 5 Satz 1 AÜG). Soweit die Erlaubnisbehörde die beantragte Erlaubnis erteilt, kann sie diese mit **Nebenbestimmungen** versehen (§ 2 Abs. 2 bis 4 AÜG). Unter Berücksichtigung des Grundsatzes der Verhältnismäßigkeit ist sie dazu sogar verpflichtet, wenn die Alternative zur Erteilung der Erlaubnis mit Nebenbestimmungen nur die Versagung der Erlaubnis nach § 3 Abs. 1 AÜG wäre. Unter mehreren gleich geeigneten Mitteln ist zunächst dasjenige auszuwählen, welches den Antragsteller am wenigsten belastet.[2]   2

▶ **Praxistipp:**

In der Praxis ist häufig problematisch, ob ein konkreter Sachverhalt – etwa bei Personaleinsatz auf der Grundlage eines Werk- oder Dienstvertrages – den Bestimmungen des AÜG unterfällt. Anders als etwa die Finanzbehörden stellt die BA weder Negativbescheinigungen aus, noch erteilt sie verbindliche Auskünfte. In Einzelfällen möglich ist lediglich eine unverbindliche Darlegung der Auffassung der zuständigen Arbeitsagentur zur rechtlichen Einordnung eines Sachverhalts.[3]

Unverbindliche Auskünfte der Arbeitsagenturen ermöglichen zwar eine bessere Einschätzung der Risiken, sind aber rechtlich nicht bindend. Bei unklaren Sachverhalten sollten Auftraggeber und Auftragnehmer daher bereits im eigenen Interesse vor Durchführung eines konkreten Auftrags oder Projekts eine Arbeitnehmerüberlassungserlaubnis rein vorsorglich beantragen bzw. die Durchführung eines Geschäftes unter die Bedingung einer erfolgreichen Antragstellung stellen.

---

2 BSG, 22.03.1979 – 7 RAr 47/78, BSGE 48, 115.
3 Vgl. dazu FW AÜG zu § 2 Nr. 2.1.1. (1).

B. Erlaubniserteilung

I. Formelle Voraussetzungen – Abs. 1

1. Förmlicher Antrag

3 Nach § 2 Abs. 1 AÜG wird die Arbeitnehmerüberlassungserlaubnis nur auf schriftlichen Antrag erteilt. Die **Schriftform** ist Wirksamkeitsvoraussetzung. Der Antragsteller oder sein Vertreter[4] hat den Antrag eigenhändig zu unterzeichnen (§ 126 BGB).

▶ Praxistipp:

Ein Antrag per Telefax oder E-Mail genügt dem Schriftformerfordernis nicht. In diesem und sonstigen Fällen unzureichender Antragstellung hat die BA den Antragsteller darauf hinzuweisen und auf eine entsprechende Korrektur hinzuwirken.[5]

4 Nach allgemeinen verfahrensrechtlichen Grundsätzen muss der **Antrag in deutscher Sprache** gestellt werden (§ 23 Abs. 1 VwVfG).[6] Dies gilt auch für alle sonstigen Eingaben, Belege, Urkunden oder Dokumente (§ 23 Abs. 2 Satz 1 VwVfG). Reicht der Antragsteller Anträge und Unterlagen in fremder Sprache ein, fordert ihn die zuständige Arbeitsagentur regelmäßig unter angemessener Fristsetzung zur Vorlage einer beglaubigten Übersetzung auf.[7]

5 Kommt der Antragsteller dieser oder sonstigen Aufforderungen nicht fristgemäß nach, kann der Antrag allein wegen mangelnder Mitwirkung abgelehnt werden. Grds. gilt im Verwaltungsverfahren der **Untersuchungsgrundsatz** (§ 24 VwVfG), d.h. die zuständige Behörde muss den Sachverhalt von Amts wegen ermitteln. Allerdings sollen die Beteiligten gem. § 26 Abs. 2 VwVfG bei der Ermittlung des Sachverhalts mitwirken, insb. ihnen bekannte Tatsachen und Beweismittel angeben.[8] Die **Mitwirkungsobliegenheit des Antragstellers** kann nicht mit Zwangsmitteln durchgesetzt werden. Allerdings drohen ihm insoweit mittelbare Nachteile, als die

---

4 Vgl. dazu Rdn. 11.
5 Vgl. dazu FW AÜG zu § 2 Nr. 2.1.1 (2), 2.1.2. (1).
6 Zum eher dogmatischen Streit über die unmittelbare oder nur entsprechende Anwendbarkeit der Regeln des VwVfG vgl. *Boemke/Lembke* § 2 AÜG Rn. 5 f.; Thüsing/*Kämmerer* § 2 AÜG Rn. 1 f.; HWK/*Kalb* § 2 AÜG Rn. 3 f.
7 FW AÜG zu § 2 Nr. 2.1.1. (4).
8 FW AÜG zu § 2 Nr. 2.1.2. (3).

Erlaubnisbehörde aufgrund fehlender Sachverhaltsinformationen nicht zur abschließenden Beurteilung und Klärung des Sachverhalts in der Lage sein kann. War dem Beteiligten in diesen Fällen eine Mitwirkung möglich und zumutbar, ist die Behörde i.d.R. nicht mehr zur umfassenden Sachverhaltsaufklärung verpflichtet. Insb. muss sie nicht allen denkbaren Erkenntnismöglichkeiten zur weiteren Sachverhaltsaufklärung nachgehen.[9] Die fehlende Mitwirkung kann sich deshalb im Ergebnis zuungunsten des Verfahrensbeteiligten auswirken.[10]

Das AÜG enthält **keine** Rechtspflicht zur **inhaltlichen Begründung des** 6 **Antrags** und/oder zur Vorlage bestimmter Unterlagen. Gleichwohl verlangt die BA in ständiger Verwaltungspraxis unter Hinweis auf die Mitwirkungsobliegenheit des Antragstellers die **Beibringung diverser Unterlagen**. Bei erstmaliger Antragstellung sollen grds. folgende Unterlagen beigebracht werden:[11]

– Kopien von Gesellschaftsvertrag/Satzung/Statut (soweit keine natürliche Person);
– Aktueller Auszug aus dem Handelsregister (dann Verzicht auf Gewerbeanmeldung und Gesellschaftsvertrag);
– Führungszeugnis des Einzelinhabers bzw. sämtlicher organschaftlicher Vertreter des Antragstellers zur Vorlage bei einer Behörde (Belegart O); bei Personen ohne Wohnsitz in Deutschland: Auskunft aus der Strafkartei des Heimatlandes nebst beglaubigter deutscher Übersetzung eines amtlich zugelassenen Übersetzers;
– Auskünfte aus dem Gewerbezentralregister – GZR 3 (Belegart 9) sowie GZR 4;
– Bescheinigung der Krankenkasse bei der die Mehrzahl der Arbeitnehmer versichert ist oder werden soll (gesonderter Vordruck AÜG 6);
– Bescheinigung in Steuersachen, anzufordern beim zuständigen Finanzamt durch formloses Schreiben (früher bekannt als Unbedenklichkeitsbescheinigung);
– Bescheinigung der Berufsgenossenschaft (Unfallversicherungsträger – gesonderter Vordruck AÜG 7);
– Aktuelle Liquiditätsnachweise, z.B. sofort verfügbare Guthaben oder Kreditbestätigung über Kontokorrentkredit, Betriebsmittelkredit/

---

9 BVerwG, 07.11.1986 – 8 C 27/85, NVwZ 1987, 404; *Kopp/Ramsauer* § 26 VwVfG Rn. 44.
10 FW AÜG zu § 2 Nr. 2.1.2. (3).
11 Vgl. FW AÜG zu § 2 Nr. 2.1.4.1.

Bonitätsbescheinigung Kreditinstitut (AÜG 5), Auszug Geschäftskonto. Hinsichtlich der Bonität müssen 2.000,00 € pro Leiharbeitnehmer, mindestens jedoch 10.000,00 € liquide Mittel nachgewiesen werden;
– Anzahl und Gesamtgröße der Geschäftsräume/Lageplan;
– Muster eines Arbeitsvertrages mit dem Leiharbeitnehmer – bzw. einer Zusatzvereinbarung über den Einsatz als Leiharbeitnehmer bei sog. Mischbetrieben;
– Muster eines Arbeitnehmerüberlassungsvertrages.

▶ **Hinweis:**

Um formelle Fehler bei der Antragstellung zu vermeiden, ist es zweckmäßig – wenngleich nicht zwingend – den Antragsvordruck AÜG 2a zu verwenden. Dieses und die weiteren von den Arbeitsagenturen zur Verfügung gestellten Formulare (Vordrucke AÜG 5, AÜG 6 und AÜG 7) sind abrufbar unter:

www.arbeitsagentur.de (Kategorie: »Formulare von A bis Z« – »Arbeitnehmerüberlassung«).

Alle Vordrucke sind überdies im Anhang abgedruckt.

7 In Einzelfällen kann die zuständige Erlaubnisbehörde auf die Vorlage einzelner Unterlagen verzichten. Dies gilt insb. bei Verlängerungsanträgen auf Erteilung einer befristeten oder unbefristeten Verleiherlaubnis.[12]

2. Antragsteller

8 **Antragsteller** kann jede natürlich oder juristische Person des privaten und öffentlichen Rechts sowie jede Personengesamtheit oder Personengesellschaft sein, die auch Erlaubnisinhaber werden kann (vgl. § 7 Abs. 1 AÜG).[13]

▶ **Beispiele:**

– Einzelkaufmann;
– AG;
– GmbH;
– Kirchen;
– Kommunen;

---

12 Dazu FW AÜG zu § 2 Nr. 2.1.4.2.
13 Zum Inhaberwechsel und zur Rechtsnachfolge vgl. § 3 Rdn. 26 f.

- Nicht-rechtsfähige Vereine;
- Erbengemeinschaft;
- oHG;
- KG;
- GbR.

Juristische Personen des Privatrechts werden durch das zur Vertretung berechtigte Organ (Vorstand einer AG, Geschäftsführer einer GmbH), **Personengesellschaften** durch die zur Vertretung berechtigten Gesellschafter vertreten. 9

Auch **Minderjährige** – soweit die Voraussetzungen des § 112 BGB nicht vorliegen mit Einwilligung ihrer gesetzlichen Vertreter – und **unter Betreuung stehende Personen** (§§ 1896 ff. BGB) können grds. einen Antrag auf Erlaubniserteilung stellen. In diesen Fällen wird die BA die Erlaubnis allerdings regelmäßig wegen fehlender Zuverlässigkeit (§ 3 Abs. 1 Nr. 1 AÜG) versagen. 10

Nach allgemeinen **vertretungsrechtlichen Grundsätzen** (§§ 164 ff. BGB) können sich Antragsteller bei der Antragstellung wirksam vertreten lassen. Die BA verlangt in solchen Fällen üblicherweise die Vorlage einer schriftlichen **Vollmachtsurkunde**.[14] Da der Antragsteller selbst das Gewerbe betreiben muss, ist das Vorschieben eines sog. Strohmanns als Erlaubnisinhaber und damit zunächst als Antragsteller unzulässig.[15] 11

Bei der Erlaubnis zur Arbeitnehmerüberlassung handelt es sich um eine sog. **Personalkonzession**. Sie ist an die jeweils antragstellende Person bzw. den Rechtsträger gebunden. Sie ist deshalb grds. nicht übertragbar;[16] auch geht sie im Wege der Rechtsnachfolge i.d.R. nicht auf den Rechtsnachfolger über.[17] Dies folgt mittelbar aus § 7 Abs. 1 Satz 1 AÜG. 12

Aus dem Personenbezug der Verleiherlaubnis folgt ferner, dass nicht der einzelne Betrieb, eine Betriebsstätte oder Niederlassung, sondern der jeweilige **Erlaubnisinhaber Verleiher** i.S.d. AÜG ist. Insofern erstreckt sich eine erteilte 13

---

14 FW AÜG zu § 2 Nr. 2.1.3. (4).
15 LSG Rheinland-Pfalz, 16.01.1981 – L6 Ar 65/80, EzAÜG § 3 AÜG Versagungsgründe Nr. 5; vgl. a. § 3 Rdn. 29 f.
16 LSG Baden-Württemberg, 06.12.1983 – L 5 Ar 659/82, EzAÜG § 2 AÜG Erlöschensgründe Nr. 1.
17 BSG, 12.12.1991 – 7 RAr 56/90, NZA 1992, 668; dazu a. § 3 Rdn. 26 f.

Erlaubnis auf **alle Betriebe und Niederlassungen eines Unternehmens**.[18] Eine erteilte Arbeitnehmerüberlassungserlaubnis ist allerdings **nicht konzernbezogen**. Rechtlich selbstständige Unternehmen müssen ungeachtet einer etwaigen Konzernverflechtung jeweils gesonderte Erlaubnisse nach dem AÜG beantragen. Gleiches gilt für Familienunternehmen.[19]

▶ Praxistipp:

Die Verleiherlaubnis ist unternehmens-, nicht aber konzernbezogen.

3. Zuständige Behörde

14 Der Antrag auf Erlaubniserteilung kann bei jeder Agentur für Arbeit – als Dienststelle der BA – eingereicht werden (vgl. § 17 AÜG). Denn das AÜG selbst enthält keine Vorschriften über die sachliche und örtliche Zuständigkeit der Erlaubnisbehörde.[20]

15 Nach der internen Geschäftsverteilung der BA waren bis 30.06.2012 die Regionaldirektionen für die Erlaubniserteilung zuständig.[21] Zum 01.07.2012 hat die BA die interne Zuständigkeit für die Durchführung des AÜG neu strukturiert. Nunmehr sind nicht mehr die Regionaldirektionen für die Sachbearbeitung zuständig, sondern bundesweit folgende Agenturen für Arbeit:

Arbeitsagentur	Zuständig für inländische Antragsteller/Erlaubnisinhaber mit Geschäftssitz in:	Zuständig für ausländische Antragsteller/Erlaubnisinhaber mit Geschäftssitz in:
Düsseldorf	Hessen Nordrhein-Westfalen	Polen, Großbritannien, Irland, Niederlande, Malta, Rumänien, Bulgarien, alle Nicht-EU/EWR-Staaten

---

18 *Boemke/Lembke* § 2 AÜG Rn. 19; *Sandmann/Marschall* Art. 1 § 2 AÜG Anm. 4; *Schüren/Hamann/Schüren* § 2 AÜG Rn. 23 ff.
19 FW AÜG zu § 2 Nr. 2.1.3. (6).
20 *Boemke/Lembke* § 2 AÜG Rn. 14; *Thüsing/Kämmerer* § 2 AÜG Rn. 4; *Urban-Crell/Schulz* Rn. 612.
21 Dazu Vorauflage, § 2 Rn. 14a.

Kiel	Schleswig-Holstein	Dänemark, Norwegen, Schweden, Finnland, Estland, Island, Lettland, Litauen, Ungarn, Slowakei, Tschechien, Kroatien
	Mecklenburg-Vorpommern	
	Hamburg	
	Niedersachsen	
	Bremen	
	Berlin	
	Brandenburg	
	Sachsen-Anhalt	
	Thüringen	
	Sachsen	
Nürnberg	Bayern	Belgien, Frankreich, Luxemburg, Spanien, Portugal, Italien, Griechenland, Österreich, Liechtenstein, Slowenien, Zypern.
	Baden-Württemberg	
	Rheinland-Pfalz	
	Saarland	

▶ Hinweis:

Die Anschriften der seit dem 01.07.2012 für die Durchführung des AÜG zuständigen Arbeitsagenturen sind im Anhang abgedruckt.

4. Kosten

Nach § 2a Abs. 1 AÜG werden vom Antragsteller für die Bearbeitung von Anträgen auf Erteilung und Verlängerung der Erlaubnis Kosten (**Gebühren und Auslagen**) erhoben.[22]   16

▶ Praxistipp:

Die Antragsbearbeitung erfolgt erst nach Zahlung eines Gebührenvorschusses.[23]

5. Bescheid

Anders als für die Antragstellung stellt das AÜG für die Erlaubniserteilung kein Formerfordernis auf. Gleichwohl spielt der Grundsatz der   17

---

[22] Dazu § 2a Rdn. 1 ff.
[23] FW AÜG zu § 2a Nr. 2a.2. (3).

Formwahlfreiheit des § 37 Abs. 2 Satz 1 VwVfG in der Praxis keine Rolle. Die zuständigen Dienststellen der BA sind gehalten, **Bescheide** unter Verwendung standardisierter Textblöcke zu erteilen. Antragsteller werden stets schriftlich beschieden.[24] Bescheide über die erstmalige Erteilung einer Erlaubnis, Ablehnungs-, Widerrufs-, Rücknahme- und/oder Auflagenbescheide werden regelmäßig mittels **Postzustellungsurkunde (PZU)** oder **gegen Empfangsbekenntnis zugestellt**. Ins Ausland werden diese grds. mittels Einschreiben mit Rückschein übersandt, soweit nicht einem Bevollmächtigten im Inland (§ 7 VwZG) zugestellt werden kann. Verspricht die Zustellung im Ausland keinen Erfolg, ist die förmliche Zustellung nach § 9 Abs. 1 VwZG zu bewirken.[25]

II. Nebenbestimmungen

18 Eine Verleiherlaubnis kann nach Maßgabe des **§ 2 Abs. 2 bis 4 AÜG** mit **Nebenbestimmungen** versehen werden.[26] Die im AÜG ausdrücklich und abschließend genannten Nebenbestimmungen entsprechen denen des § 36 Abs. 2 VwVfG. Für Begriffsbestimmungen und Rechtsfragen kann insofern auf die allgemeinen Grundsätze des Verwaltungsverfahrens zurückgegriffen werden.[27]

19 Ob eine Erlaubnis zur Arbeitnehmerüberlassung mit einer Nebenbestimmung erlassen wird, steht im pflichtgemäßen Ermessen der BA. Als **milderes Mittel** ggü. der sofortigen Versagung der Erlaubnis gem. § 3 Abs. 1 AÜG ist diese Möglichkeit stets zu prüfen.[28] Wenn ein Versagungsgrund nach § 3 Abs. 1 AÜG durch eine begünstigende Erlaubnis mit einer belastenden Nebenbestimmung ausgeräumt werden kann, ist diese zu erteilen (**Ermessensreduzierung auf Null**). Können die die Versagung einer Erlaubnis rechtfertigenden Tatsachen (§ 3 Abs. 1 AÜG) aber auch durch Nebenbestimmungen nicht beseitigt werden, ist die Erlaubnis zu versagen. Eine Erteilung mit Nebenbestimmungen ist dann rechtswidrig.

---

24 FW AÜG zu § 2 Nr. 2.1.5.
25 FW AÜG zu § 2 Nr. 2.1.6. (3).
26 Allg. zu Nebenbestimmungen *Kopp/Ramsauer* § 36 VwVfG Rn. 13 ff.
27 So a. Thüsing/*Kämmerer* § 2 AÜG Rn. 7.
28 BSG, 21.07.1988 – 7 RAr 60/86, NZA 1989, 74; LSG Nordrhein-Westfalen, 02.01.1977 – L 12 Ar 15/76, n.v.; *Boemke/Lembke* § 2 AÜG Rn. 22; Thüsing/*Kämmerer* § 2 AÜG Rn. 12.

1. Bedingungen und Auflagen – Abs. 2

Nach § 2 Abs. 2 Satz 1 AÜG kann die Erlaubnis unter **Bedingungen** erteilt 20
oder mit **Auflagen** versehen werden, um sicherzustellen, dass keine Tatsachen
eintreten, die nach § 3 AÜG die Versagung der Erlaubnis rechtfertigen.

a) Bedingung

Nach der **Legaldefinition des Verwaltungsverfahrensrechts** versteht man 21
unter einer Bedingung eine Bestimmung, nach der der Eintritt oder der Wegfall einer Vergünstigung oder einer Belastung von dem ungewissen Eintritt
eines zukünftigen Ereignisses abhängt (vgl. § 36 Abs. 2 Nr. 2 VwVfG). Je nach
den Rechtswirkungen ist zwischen der **auflösenden** und der **aufschiebenden
Bedingung** zu unterscheiden. Bei der auflösenden Bedingung entfällt die
zunächst rechtswirksam erteilte Erlaubnis bei Eintritt des ungewissen zukünftigen Ereignisses. Demgegenüber wird die unter einer aufschiebenden Bedingung erteilte Erlaubnis erst mit Eintritt des Ereignisses wirksam; bis dahin ist
sie schwebend unwirksam.

Nach der wohl überwiegend in der **Literatur** zum AÜG vertretenen Auffas- 22
sung soll bei Arbeitnehmerüberlassung **nur eine Erlaubniserteilung unter
einer aufschiebenden**, nicht aber einer auflösenden **Bedingung zulässig** sein.
Begründet wird dies mit der fehlenden Regelung über eine Nachwirkung im
Fall späteren Wegfalls einer zunächst zulässigerweise unter einer auflösenden
Bedingung erteilten Erlaubnis.[29] Aus dem Wortlaut des § 2 Abs. 2 Satz 1 AÜG
ergibt sich eine derartige Einschränkung nicht. Auch teleologische Erwägungen zwingen nicht zu dieser Annahme. Die auflösende Bedingung steht in
ihren Rechtswirkungen dem Widerrufsvorbehalt (§ 2 Abs. 3 AÜG) gleich.
Deshalb ist es gerechtfertigt, die Bestimmungen über die Nachwirkung nach
§ 2 Abs. 4 Satz 4 AÜG (i.V.m. § 5 Abs. 1 Nr. 1, Abs. 2 Satz 2 AÜG) auf die
auflösende Bedingung analog anzuwenden.

In der **Praxis** erweist sich diese Frage als eher theoretischer Streit. Denn die 23
zuständigen Stellen der BA sehen von der Erteilung einer Erlaubnis unter
Bedingungen i.d.R. ab. Grund dafür ist die oft nur schwer feststellbare Frage

---

[29] I.d.S. *Boemke/Lembke* § 2 AÜG Rn. 20; ErfK/*Wank* § 2 AÜG Rn. 5; Thüsing/
Kämmerer § 2 AÜG Rn. 14; a.A. *Ulber* § 2 AÜG Rn. 24; HWK/*Kalb* § 2 AÜG
Rn. 8, der demgegenüber eine Erteilung unter einer aufschiebenden Bedingung für
unzulässig hält.

des Bedingungseintritts. Eine Erlaubniserteilung unter einer Bedingung wäre daher mit einer erheblichen Rechtsunsicherheit verbunden.[30]

b) **Auflage**

24 Mittels einer **Auflage** wird dem Begünstigten ein Tun, Dulden oder Unterlassen vorgeschrieben (vgl. § 36 Abs. 2 Nr. 4 VwVfG).

25 Die Auflage als selbstständig belastender Verwaltungsakt muss **inhaltlich hinreichend bestimmt** sein (vgl. § 37 Abs. 1 VwVfG). Folglich darf sie sich nicht auf eine reine Wiederholung des Gesetzeswortlautes beschränken. Unbestimmt sind bspw. Auflagen, die dem Antragsteller aufgeben, das AÜG nicht unter dem Deckmantel eines Scheinwerkvertrages zu umgehen oder den Arbeitnehmerüberlassungsvertrag schriftlich abzuschließen (vgl. § 12 Abs. 1 Satz 1 AÜG).[31]

26 **Rechtswidrig** sind auch **Auflagen**, durch die die Erlaubnisbehörde – ohne konkreten Verstoß gegen arbeitsvertragliche Pflichten – schlicht eine andere Gestaltung des Formulararbeitsvertrages vorschreiben will. Unwirksame Arbeitsvertragsklauseln rechtfertigen weder die Versagung einer Erlaubnis nach § 3 Abs. 1 Nr. 1 AÜG noch den Erlass einer Auflage.[32]

27 Auflagen müssen an ein **konkretes Verhalten** (Tun, Dulden, Unterlassen) anknüpfen und dabei insb. Anordnungen zur Gewährleistung des Schutzes der Leiharbeitnehmer vor unseriösen und gefährdenden Praktiken des Antragstellers treffen. Zulässig sind bspw. Auflagen, durch die die Beachtung der Regelungen des Arbeitsschutzes (§ 3 Abs. 1 Nr. 1 AÜG) oder eine ausreichende Betriebsorganisation im Verleiherbetrieb (§ 3 Abs. 1 Nr. 2 AÜG) sichergestellt werden soll.[33]

28 Eine **Auflage** kann auch erst **nachträglich nach Erteilung einer Erlaubnis** nach § 1 AÜG erlassen werden.[34] Die Änderung oder Ergänzung der Auflage

---

30 FW AÜG zu § 2 Nr. 2.2 (1).
31 BSG, 19.03.1992 – 7 RAr 34/91, NZA 1993, 95; *Boemke/Lembke* § 2 AÜG Rn. 28; *Urban-Crell/Schulz* Rn. 693.
32 BSG, 06.04.1999 – B 11/7 AL 10/99, n.v.; FW AÜG zu § 2 Nr. 2.2 (6).
33 BT-Drucks. VI/2303, 10 f.
34 BSG, 21.07.1988 – 7 RAr 60/86, NZA 1989, 74 (zur nachträglichen Erteilung einer Auflage bei Verstoß gegen das abgeschaffte Synchronisationsverbot).

selbst ist ebenfalls noch nach Erlaubniserteilung zulässig (§ 2 Abs. 2 Satz 1 AÜG).

Als selbstständig belastender Verwaltungsakt kann die Auflage nach den Vor- 29 schriften des VwVG (Bund) im Wege des **Verwaltungszwangs** durchgesetzt werden (§ 6 AÜG).[35] Die Missachtung einer erlassenen Auflage lässt die Erlaubnis selbst unberührt; diese bleibt wirksam. Dies folgt mittelbar aus § 5 Abs. 1 Nr. 2 AÜG. Danach berechtigt die Nichtbeachtung einer Auflage die Erlaubnisbehörde zum Widerruf der Erlaubnis mit Wirkung für die Zukunft. Nach dem **Grundsatz der Verhältnismäßigkeit** muss die zuständige Regionaldirektion aber zunächst prüfen, ob eine Ahndung als **Ordnungswidrigkeit** (§ 16 Abs. 1 Nr. 3, Abs. 2 AÜG) als milderes Mittel ausreichend ist.[36]

2. Widerrufsvorbehalt – Abs. 3

Der **Widerrufsvorbehalt** ist eine **besondere Form der auflösenden Bedin-** 30 **gung**. Der Vorbehalt eines Widerrufs ermöglicht die Erteilung einer – letztlich vorläufigen – Erlaubnis ohne abschließende und endgültige Prüfung aller Erteilungsvoraussetzungen. Dies dient der Verfahrensbeschleunigung. Macht die Behörde von der Widerrufsmöglichkeit Gebrauch, erlischt die erteilte Erlaubnis mit Wirkung für die Zukunft (§ 5 Abs. 1 Nr. 1 AÜG); die Bestimmungen über den zwölfmonatigen Nachwirkungszeitraum des § 2 Abs. 4 Satz 4 AÜG gelten entsprechend (§ 5 Abs. 2 AÜG).

Abweichend von § 36 Abs. 2 Nr. 3 VwVfG kann eine Erlaubnis nach dem 31 AÜG nur dann unter einem Widerrufsvorbehalt erteilt werden, wenn eine **abschließende Beurteilung des Antrags noch nicht möglich** ist (§ 2 Abs. 3 AÜG). Der Erlass eines Widerrufsvorbehalts steht mithin nicht im freien Ermessen der Erlaubnisbehörde. Voraussetzung ist vielmehr **fehlende Beurteilungsreife im Zeitpunkt der Antragstellung**.[37] Dies kann bspw. bei komplexen Sachverhalten der Fall sein. Voraussetzung ist allerdings stets, dass die vollständige Aufklärung des Sachverhalts längere Zeit in Anspruch nehmen wird, erforderliche Unterlagen nicht rechtzeitig vorgelegt werden können und die Gründe für eine derartige Verzögerung nicht nur in der Person des Antragstellers liegen.[38] Deshalb scheidet die Erteilung unter Widerrufsvorbehalt

---

35 BSG, 19.03.1992 – 7 RAr 34/91, NZA 1993, 95.
36 FW AÜG zu § 2 Nr. 2.2 (8).
37 BT-Drucks. VI/2303, 11.
38 FW AÜG zu § 2 Nr. 2.3. (1).

aus, wenn die abschließende Prüfung voraussichtlich zu einer Versagung der Erlaubnis führen wird. Der Widerrufsvorbehalt dient gerade nicht – anders als die Befristung – der Erprobung des Antragstellers. Liegen Gründe in der Person oder Sphäre des Antragstellers vor, die zu einer Versagung der Erlaubnis führen werden, ist ein Widerrufsvorbehalt rechtswidrig.[39]

32 **Praktische Bedeutung** gewinnt die Erteilung einer Erlaubnis unter Widerrufsvorbehalt insb. in Fällen der **Rechtsnachfolge durch Tod des bisherigen Erlaubnisinhabers**. Wegen der Personenbezogenheit benötigt der Erbe eine eigene Erlaubnis. Um eine möglichst ungestörte Fortführung des Verleihbetriebes zu ermöglichen, erteilt die zuständige Regionaldirektion auf Antrag regelmäßig eine vorläufige Erlaubnis unter Widerrufsvorbehalt; allein die Abwicklung des Geschäftsbetriebes in entsprechender Anwendung des § 2 Abs. 4 Satz 4 AÜG ermöglichte eine solche nicht.[40]

▶ Praxistipp:

Die praktische Bedeutung der Erlaubniserteilung unter Widerrufsvorbehalt ist gering. Hauptanwendungsfall sind Eilfälle wie der Tod des bisherigen Erlaubnisinhabers.

3. Befristung und Verlängerung – Abs. 4 Satz 1-3

a) Befristung

33 Die Erlaubnis ist bei **erstmaliger Erteilung** zwingend **auf ein Jahr zu befristen** (§ 2 Abs. 4 Satz 1 AÜG). Erst nach drei Jahren kontinuierlicher und beanstandungsfreier Verleihtätigkeit kann die Erlaubnis unbefristet erteilt werden (§ 2 Abs. 5 Satz 1 AÜG). Die Befristung dient mithin der Erprobung des Antragstellers. Obgleich diese Regelung als Berufsausübungsregelung in die Berufsfreiheit des verleihenden Unternehmens eingreift (Art. 12 GG), unterliegt sie keinen verfassungsrechtlichen Bedenken. Eine Kontrolle der Verleihtätigkeit zum Schutz der Leiharbeitnehmer kann nur auf diese Weise effektiv gewährleistet werden.[41]

---

39 *Boemke/Lembke* § 2 AÜG Rn. 31; vgl. a. FW AÜG zu § 2 Nr. 2.3. (2); differenzierend Thüsing/*Kämmerer* § 2 AÜG Rn. 16 f., der eine Beschränkung der Beurteilungsreife auf nicht aus der Sphäre des Antragstellers kommende Gründe ablehnt.
40 Zum Erlöschen der Erlaubnis beim Tod des Erlaubnisinhabers vgl. Rdn. 56 ff.
41 *Boemke/Lembke* § 2 AÜG Rn. 33.

b) Verlängerung

Die befristet erteilte Erlaubnis wird nur auf Antrag verlängert. Der **Verlän-** 34
gerungsantrag ist spätestens drei Monate vor Ablauf der Jahresfrist zu stellen (§ 2 Abs. 4 Satz 2 AÜG). Die Jahresfrist beginnt mit dem Zugang des (Erst-) Bescheides beim Antragsteller. Die **Fristberechnung** bestimmt sich nach **§ 31 VwVfG i.V.m. §§ 187 ff. BGB**. Fällt das Fristende auf einen Sonn-, Feiertag oder Sonnabend, gilt die Zustellung als am nächsten Werktag bewirkt (§ 193 BGB).

▶ Beispiel:

Nach umfassender Prüfung des Sachverhalts und der eingereichten Antragsunterlagen erteilt die zuständige Regionaldirektion dem Antragsteller die begehrte Erlaubnis zur Arbeitnehmerüberlassung. Der Bescheid wird dem Antragsteller förmlich am 01.06.2009 zugestellt. Die Jahresfrist endet damit am 01.06.2010 (nicht 31.05.2010!). Der Verlängerungsantrag muss spätestens am 01.03.2010 (Montag) bei der zuständigen Behörde eingehen.

Wird der **Verlängerungsantrag verspätet** gestellt, so erlischt die befristete 35
Erlaubnis mit Zeitablauf. Der verspätet gestellte Antrag auf Verlängerung wird als Neuantrag behandelt.[42] Bei Versäumung der Frist zur Stellung des Verlängerungsantrages ist eine Wiedereinsetzung in den vorigen Stand nicht möglich; bei § 2 Abs. 4 Satz 2 AÜG handelt es sich um eine materiell-rechtliche Ausschlussfrist.[43]

▶ Praxistipp:

Verleihunternehmen sollten einen Verlängerungsantrag unbedingt rechtzeitig stellen, d.h. spätestens drei Monate vor Ablauf der befristeten Erlaubnis. Bei verspäteter Antragsstellung ist eine kontinuierliche Tätigkeit nicht sichergestellt, da die zuständigen Agenturen einen zu spät gestellten Antrag als Neuantrag behandeln. Die Bearbeitung eines solchen Antrags kann erfahrungsgemäß mehrere Monate in Anspruch nehmen. Der Erlaubnisinhaber muss seine Tätigkeit zum Ende der Jahresfrist einstellen, wenn bis dahin nicht über seinen Neuantrag zustimmend beschieden worden ist. Nachwirkung tritt nicht ein.

Der Verlängerungsantrag ist ebenso wie der Erstantrag schriftlich zu stellen.

---

42 FW AÜG zu § 2 Nr. 2.4. (6).
43 FW AÜG zu § 2 Nr. 2.4.

§ 2 AÜG Erteilung oder Erlöschen der Erlaubnis

36 Im Interesse der Verfahrensbeschleunigung und der Vermeidung eines erlaubnislosen Zustandes verlängert sich die Erlaubnis nach § 2 Abs. 4 Satz 3 AÜG automatisch um ein weiteres Jahr, wenn die Erlaubnisbehörde die fristgemäß beantragte Verlängerung nicht vor Ablauf des Jahres ablehnt. Das **Schweigen der Behörde** ist mithin rechtserheblich.

III. Nachwirkung – Abs. 4 Satz 4

37 Lehnt die Behörde den Verlängerungsantrag eines Verleihers ab, gilt die Erlaubnis zur Abwicklung bereits bestehender Verträge für einen Zeitraum von bis zu höchstens zwölf Monaten als fortbestehend (**§ 2 Abs. 4 Satz 4 AÜG**; sog. **Abwicklungsfrist**).

▶ Hinweis:

Durch das 1. AÜG-Änderungsgesetz vom 28.04.2011 hat der Gesetzgeber den Anwendungsbereich des AÜG erweitert. Erlaubnispflichtig ist seit dem 01.12.2011 jede Überlassung im Rahmen der wirtschaftlichen Tätigkeit des Überlassenden. Infolgedessen bedarf die nach der alten Rechtslage erlaubnisfreie, da nicht gewerbsmäßige Arbeitnehmerüberlassung seit dem 01.12.2011 ebenfalls der Erlaubnis, wenn sie im Rahmen der wirtschaftlichen Tätigkeit des Verleihers erfolgt (§ 1 Abs. 1 Satz 1 AÜG). Ansonsten wurde die bisher erlaubnisfreie Überlassung am 01.12.2011 zur illegalen, wenn ab diesem Zeitpunkt keine Erlaubnis vorlag. Von dieser Gesetzesänderung besonders betroffen sind gemeinnützige Einrichtungen (z.B. in der Rechtsform der gGmbH). Für eine – kaum praxisrelevante – Sonderkonstellation will der 7. Senat des BAG über den vom Gesetzgeber eingeräumten Vertrauensschutz zwischen Verkündung und In-Kraft-Treten der Gesetzesänderung hinaus eine Ausnahme zulassen. Das BAG wendet § 2 Abs. 4 Satz 4 AÜG entsprechend an, wenn der Antrag des bisher erlaubnisfrei überlassenden Verleihers entweder abgelehnt wird oder »auch bei Beantragung einer Arbeitnehmerüberlassungserlaubnis deren Erteilung von vornherein nicht in Betracht kam«.[44]

---

44 BAG, 23.07.2014 – 7 AZR 853/12, EzA § 2 AÜG Nr. 1 = NZA 2015, 46; strenger ArbG Krefeld, 15.05.2012 – 1 Ca 2551/11, n.v., das eine Analogie zu § 2 Abs. 4 Satz 4 AÜG allenfalls bei tatsächlicher Beantragung einer Verleiherlaubnis bis 01.12.2011 in Erwägung zieht.

Die **zwölfmonatige Abwicklungsfrist** beginnt mit dem Zeitpunkt des Aus- 38
laufens der befristeten Erlaubnis, nicht bereits mit der Bekanntgabe des
Bescheides über die Nichtverlängerung.[45] Allein durch den Bescheid über die
Nichtverlängerung der Erlaubnis verliert diese ihre Wirksamkeit nicht; § 5
Abs. 2 AÜG findet keine entsprechende Anwendung. Gegen einen Nichtverlängerungsbescheid kann der Verleiher im Wege des einstweiligen Rechtsschutzes vorgehen; dem Verlängerungsantrag ist stattzugeben, wenn der
Verleiher glaubhaft macht, ausreichende Vorkehrungen zur künftigen Einhaltung arbeitsrechtlicher, tarifvertraglicher und sozialversicherungsrechtlicher
Pflichten getroffen zu haben sowie glaubhaft und überzeugend vorträgt, den
Geschäftsbetrieb nach Ablauf der Abwicklungsfrist des § 2 Abs. 4 Satz 4 AÜG
ansonsten vollständig einstellen zu müssen.[46]

1. Arbeitnehmerüberlassungsverträge

Im Abwicklungszeitraum dürfen Verleihunternehmen weder neue **Arbeitneh-** 39
merüberlassungsverträge abschließen noch bestehende Verträge verlängern.
Der Nachwirkungszeitraum soll den Vertragsparteien lediglich die **legale**
Abwicklung des Vertragsverhältnisses ermöglichen. Dabei erstreckt sich diese
nur auf die zum Zeitpunkt der Abwicklung gültigen **Einzelverträge** zur Überlassung, die die nach Zahl, Dauer und Qualifikation zu überlassenden Leiharbeitnehmer konkretisieren. Diese Verträge muss der Verleiher während des
Abwicklungszeitraums einseitig durch Kündigung oder einvernehmlich durch
Aufhebungsvertrag **beenden**, soweit sie ansonsten über den zwölfmonatigen
Abwicklungszeitraum hinaus fortbestehen würden.

Diese Grundsätze gelten nicht für **Rahmenverträge zur Arbeitnehmerüber-** 40
lassung. Diese regeln die Eckpunkte der Zusammenarbeit, nicht aber den
konkreten Personaleinsatz. Insoweit bleiben sie nach Sinn und Zweck der
Abwicklungsfrist unberührt.[47]

Nach überwiegender Auffassung steht auch dem **Entleiher** zum Ablauf des 41
Abwicklungszeitraums ein **fristloses Kündigungsrecht** (§ 314 Abs. 1 BGB)
zu; hat der Verleiher die Nichtverlängerung der befristeten Erlaubnis zu

---

45 *Boemke/Lembke* § 2 AÜG Rn. 37; *Thüsing/Kämmerer* § 2 AÜG Rn. 22; a.A. Schüren/Hamann/*Schüren* § 2 AÜG Rn. 72.
46 SG Köln, 31.08.2015 – S 1 AL 438/15 ER, n.v. (zitiert nach juris).
47 FW AÜG zu § 2 AÜG Nr. 2.4. (8).

vertreten, kommen überdies **Schadensersatzansprüche** des Entleihers gegen den Verleiher nach § 280 Abs. 1 BGB in Betracht.[48]

2. Leiharbeitsverträge

42 Nach dem Willen des Gesetzgebers[49] und der wohl **überwiegenden Auffassung** im Schrifttum soll während der Abwicklungsfrist nicht nur der Neuabschluss und die Verlängerung von Arbeitnehmerüberlassungsverträgen, sondern auch der **Abschluss neuer und die Verlängerung bestehender Leiharbeitsverträge unzulässig** sein. Bestehende Leiharbeitsverträge sollen im Nachwirkungszeitraum »abgewickelt« werden. Soweit – wie regelmäßig – eine einvernehmliche Beendigung nicht möglich ist, sei der Verleiher zur ordentlichen Kündigung aus betriebsbedingten Gründen berechtigt und verpflichtet. Werde das Arbeitsverhältnis hingegen über den zwölfmonatigen Abwicklungszeitraum hinaus fortgesetzt, träten die Rechtsfolgen illegaler Arbeitnehmerüberlassung ein.[50]

43 Diese **Auffassung ist abzulehnen**.[51] Weder aus dem Wortlaut des § 2 Abs. 4 Satz 4 AÜG noch aus dem des § 1 AÜG ergibt sich, dass der Abwicklungszeitraum auch für die mit den Leiharbeitnehmern abgeschlossenen Arbeitsverträge gelten soll. Unter Arbeitnehmerschutzgesichtspunkten wäre dies auch kaum zu rechtfertigen. Die Unwirksamkeitsfolge des Leiharbeitsvertrages ergibt sich allein aus § 9 Nr. 1 AÜG. Danach führt nicht schon der Abschluss des Leiharbeitsvertrages, sondern erst die tatsächliche Überlassung des Leiharbeitnehmers ohne die erforderliche Erlaubnis nach § 1 AÜG zur Fiktion des Arbeitsverhältnisses zum Entleiher (§ 10 Abs. 1 Satz 1 AÜG).[52] Vor diesem Hintergrund vermag es schon nicht zu überzeugen, dass der Abschluss von Leiharbeitsverträgen im Nachwirkungszeitraum unzulässig sein soll. **Keineswegs** zu rechtfertigen ist, dass der **Leiharbeitsvertrag** – wie vereinzelt vertreten wird – **automatische zum Ende des Abwicklungszeitraums erlischt**; eine Kündigung sei nicht erforderlich.[53] Es weist nichts auf einen

---

48 *Boemke/Lembke* § 2 AÜG Rn. 38; Schüren/Hamann/*Schüren* § 2 AÜG Rn. 91 ff.
49 BT-Drucks. VI/2303, 11.
50 So Schüren/Hamann/*Schüren* § 2 AÜG Rn. 74 ff.; Thüsing/*Kämmerer* § 2 AÜG Rn. 23.
51 So a. mit überzeugender Begründung *Boemke/Lembke* § 2 AÜG Rn. 39.
52 Dazu § 9 Rdn. 23.
53 So Thüsing/*Kämmerer* § 2 AÜG Rn. 26 m.w.N.; wie hier *Boemke/Lembke* § 2 AÜG Rn. 39; Schüren/Hamann/*Schüren* § 2 AÜG Rn. 79 ff.

besonderen Beendigungstatbestand des »automatischen Erlöschens« des Leiharbeitsverhältnisses im Zeitpunkt des Auslaufens der Nachwirkungsfrist hin. Auch teleologisch ist dieser Ansatz nicht zu begründen. Das Wirtschaftsrisiko würde in diesen Fällen unzulässigerweise auf den Leiharbeitnehmer abgewälzt.

Der Verleiher kann bestehende Leiharbeitsverhältnisse nur **nach allgemeinen Grundsätzen ordentlich aus betriebsbedingten Gründen kündigen**. Insb. in Mischbetrieben ist besonderes Augenmerk auf die Möglichkeit einer Weiterbeschäftigung im Unternehmen und eine ordnungsgemäße Sozialwahl zu legen.[54] Für die Kündigung gelten – wie üblich – tarifvertragliche, gesetzliche oder vertraglich vereinbarte Kündigungsfristen. Laufen diese erst nach Ende des Abwicklungszeitraumes aus, gerät der Verleiher in Annahmeverzug (§ 615 BGB). Hat der Verleiher die Nichtverlängerung der Erlaubnis zu vertreten, kann der Leiharbeitnehmer grds. Schadensersatzansprüche gegen diesen gem. § 280 Abs. 1 BGB geltend machen. 44

Nur wenn Leiharbeitnehmer **nach Beendigung des Abwicklungszeitraums** tatsächlich (weiterhin) bei einem Entleiher eingesetzt werden, endet das Arbeitsverhältnis zwischen Leiharbeitnehmer und Verleiher kraft Gesetzes gem. § 9 Nr. 1 AÜG. Gleichzeitig beginnt das fiktive Arbeitsverhältnis zum illegalen Entleiher (§ 10 Abs. 1 Satz 1 AÜG). 45

3. Nachwirkung bei Rücknahme, Widerruf oder Fristversäumnis

Die Abwicklungsfrist des § 2 Abs. 4 Satz 4 AÜG gilt auch im Fall der **Rücknahme** und des **Widerrufs** einer Erlaubnis (§ 4 Abs. 1 Satz 2 AÜG und § 5 Abs. 2 AÜG). Im Fall der Fristversäumnis nach § 2 Abs. 4 Satz 2 AÜG gilt die Nachwirkung hingegen nicht. 46

Schließt der Verleiher **nach Ablauf der Jahresfrist** für die befristete Erlaubnis Arbeitnehmerüberlassungsverträge oder überlässt er Leiharbeitnehmer weiterhin an Entleiher, sind Arbeitnehmerüberlassungs- und Leiharbeitsvertrag nach § 9 Nr. 1 AÜG unwirksam. Es greifen dann die Rechtsfolgen illegaler Arbeitnehmerüberlassung. Dies gilt auch dann, wenn die Erlaubnis zu einem späteren Zeitpunkt neu erteilt wird.[55] 47

---

54 Ähnlich a. *Boemke/Lembke* § 2 AÜG Rn. 39.
55 *Boemke/Lembke* § 2 AÜG Rn. 40; *Sandmann/Marschall* Art. 1 § 2 AÜG Anm. 28; vgl. a. § 9 Rdn. 8.

IV. Unbefristete Erlaubniserteilung – Abs. 5 Satz 1

48 Eine **unbefristete** Erlaubnis können Verleihunternehmen frühestens **nach Ablauf von drei Jahren** beantragen (§ 2 Abs. 5 Satz 1 AÜG). Der Erlaubnisinhaber muss in drei aufeinanderfolgenden Jahren erlaubt als Verleiher tätig gewesen sein. Dabei muss jährlich mindestens ein Verleihvorgang tatsächlich durchgeführt worden sein; dies folgt aus einem Umkehrschluss zu § 2 Abs. 5 Satz 2 AÜG.

▶ Praxistipp:

Der Erlaubnisinhaber ist nach Ablauf von drei Jahren nicht verpflichtet, eine unbefristete Erlaubnis zu beantragen.

49 **Voraussetzung einer unbefristeten Erlaubniserteilung** ist die Zuverlässigkeit des Antragstellers. Nach dem Gesamtbild seiner bisherigen Geschäftstätigkeit – auch wenn diese außerhalb der Verleihtätigkeit erfolgte – muss er die Gewähr dafür bieten, sich als Gewerbetreibender künftig gesetzestreu zu verhalten und seine Arbeitgeberpflichten ordnungsgemäß zu erfüllen. Ob einem Verleiher eine unbefristete Erlaubnis zur Arbeitnehmerüberlassung erteilt wird, steht im pflichtgemäßen Ermessen der Erlaubnisbehörde (»kann«). I.R.d. **Ermessensentscheidung** darf diese lediglich geringfügige Verstöße gegen die Vorschriften des Arbeitnehmerüberlassungsrechts, etwa die Nichtaushändigung des Merkblatts an einen ausländischen Leiharbeitnehmer in seiner Muttersprache (§ 11 Abs. 2 Satz 2 AÜG), nicht zum Anlass zur Versagung einer unbefristeten Erlaubnis nehmen.[56] Dies wäre unter rechtsstaatlichen Gesichtspunkten ebenso wenig zu rechtfertigen wie die Verweigerung einer unbefristeten Verleiherlaubnis bei gänzlichem Fehlen von Gesetzesverstößen in den vergangenen drei Jahren. In diesen Fällen reduziert sich das Ermessen der Erlaubnisbehörde auf Null.[57]

▶ Praxistipp:

Die Prüfpraxis einiger Arbeitsagenturen erweist sich zuweilen als sehr kleinlich. Selbst kleinere Verfahrensverstöße werden zum Anlass genommen, eine beantragte unbefristete Erlaubnis zur gewerbsmäßigen Arbeitnehmerüberlassung zu verweigern. Viele Verleihunternehmen, denen eine

---

56 Anders wohl FW AÜG zu § 2 Nr. 2.5. (3).
57 *Boemke/Lembke* § 2 AÜG Rn. 42; *Sandmann/Marschall* Art. 1 § 2 AÜG Anm. 31; Schüren/Hamann/*Schüren* § 2 AÜG Rn. 110 ff.

unbefristete Erlaubnis erteilt wurde, nutzen diesen Umstand daher als Marketinginstrument. Bei Vorliegen einer unbefristet erteilten Erlaubnis können Kunden i.d.R. von der Seriosität des verleihenden Unternehmens ausgehen.

Scheidet eine unbefristete Erlaubniserteilung aus, muss die Erlaubnisbehörde die Möglichkeit der befristeten Verlängerung der Erlaubnis prüfen. Eine solche wird erteilt werden müssen, soweit keine Versagungsgründe i.S.d. § 3 Abs. 1 AÜG vorliegen. 50

C. Erlöschen der Erlaubnis

I. Nichtgebrauch – Abs. 5 Satz 2

§ 2 Abs. 5 Satz 2 AÜG sieht das **Erlöschen einer unbefristeten Erlaubnis** vor, wenn der Erlaubnisinhaber von der Erlaubnis drei Jahre lang keinen Gebrauch gemacht hat. Ein **Nichtgebrauchmachen** setzt voraus, dass der Verleiher in den vergangenen drei Jahren keinen einzigen Verleihvorgang abgewickelt, d.h. keinen einzigen Leiharbeitnehmer an einen Entleiher überlassen hat. Entscheidend ist mithin die tatsächliche Durchführung erlaubnispflichtiger Arbeitnehmerüberlassung; allein der Abschluss von Leih- und/oder Arbeitnehmerüberlassungsverträgen genügt nicht.[58] 51

Aus welchen Gründen der Erlaubnisinhaber von der Erlaubnis tatsächlich keinen Gebrauch gemacht hat, ist unerheblich. **Verschulden** spielt keine Rolle. **Wiedereinsetzung in den vorigen Stand** scheidet aus. Bei der 3-Jahres-Frist des § 2 Abs. 5 Satz 2 AÜG handelt es sich um eine materiell-rechtliche Ausschlussfrist.[59] 52

▶ Praxistipp:

Durch die halbjährlichen statistischen Meldepflichten des Erlaubnisinhabers nach § 8 AÜG wird die zuständige Behörde in die Lage versetzt, die tatsächliche Verleihtätigkeit zu überwachen und einen etwaigen Nichtgebrauch der Erlaubnis festzustellen.

---

58 ErfK/*Wank* § 2 AÜG Rn. 9; KHK/*Düwell* 4.5 Rn. 180; Schüren/Hamann/*Schüren* § 2 AÜG Rn. 115 f.; jetzt a. Thüsing/*Kämmerer* § 2 AÜG Rn. 30.
59 So a. Schüren/Hamann/*Schüren* § 2 AÜG Rn. 114; *Ulber* § 2 AÜG Rn. 53.

II. Sonstige Erlöschensgründe

53 Über den im Gesetz geregelten Fall des Nichtgebrauchmachens hinaus gibt es **weitere** – teilweise ungeschriebene – **Erlöschensgründe**.

1. Zeitablauf, Rücknahme und Widerruf

54 Eine **befristete Erlaubnis** erlischt mit **Zeitablauf**. Dies gilt auch, wenn ein Verlängerungsantrag nach § 2 Abs. 4 Satz 2 AÜG verspätet gestellt und die Erlaubnisbehörde den Antragsteller nicht mehr vor Ablauf der Jahresfrist positiv beschieden hat. In diesem Fall gilt der verspätet gestellte Verlängerungsantrag als Neuantrag; für diesen gilt die Abwicklungsfrist des § 2 Abs. 4 Satz 4 AÜG nicht.[60]

55 Die Erlaubnis erlischt auch im Fall der **Rücknahme (§ 4 AÜG)** und des **Widerrufs (§ 5 AÜG)**.[61] Sie gilt dann lediglich noch für den Nachwirkungszeitraum von max. zwölf Monaten als fortbestehend (§ 4 Abs. 1 Satz 2 AÜG; § 5 Abs. 1 Nr. 4 Halbs. 2 AÜG).

2. Tod des Erlaubnisinhabers und Auflösung des Rechtsträgers

56 Als Personalkonzession ist die Verleiherlaubnis personengebunden. Wegen ihres höchstpersönlichen Charakters erlischt sie daher mit dem **Ende der Existenz des Erlaubnisinhabers**. Bei einer natürlichen Person ist dies der Tod, bei einer juristischen Person die Auflösung des Rechtsträgers.[62]

57 Auch ist die **Erlaubnis rechtsgeschäftlich nicht übertragbar**. Ein neuer Inhaber bedarf einer eigenen Erlaubnis zur Arbeitnehmerüberlassung. Dies soll der Erlaubnisbehörde die Prüfung der persönlichen Zuverlässigkeit nach § 3 Abs. 1 Nr. 1 AÜG ermöglichen. Im Fall eines **Betriebsübergangs nach § 613a BGB** erlischt die Erlaubnis nicht; sie verbleibt beim bisherigen Erlaubnisinhaber. Der Erwerber muss ggf. einen Neuantrag auf Erlaubniserteilung stellen.[63]

---

60 LSG Schleswig-Holstein, 06.04.1984 – 3 (4) Sa 597/82, EzAÜG § 10 AÜG Fiktion Nr. 35; vgl. a. Rdn. 35.
61 Dazu die Kommentierung zu §§ 4, 5 AÜG.
62 Zur Nachwirkung vgl. Rdn. 37 ff.
63 Zur Neubeantragung einer Erlaubnis bei Inhaberwechsel vgl. § 3 Rdn. 27.

Ende 2013 konkretisierte das **BAG** seine Rechtsprechung zum **Betriebsüber-** 58
gang bei Zeitarbeitsunternehmen. Eine identitätswahrende Fortführung der wirtschaftlichen Einheit bei Zeitarbeitsunternehmen liegt nicht bereits dann vor, wenn der Erwerber neben den Kundenbeziehungen des veräußernden Verleihers allein Leiharbeitnehmer weiter beschäftigt. Für eine funktionsfähige wirtschaftliche Einheit und damit für einen Übergang der wirtschaftlichen Einheit »Zeitarbeitsunternehmen« gem. § 613a BGB muss die Übernahme von Verwaltungsmitarbeitern hinzukommen.[64] Offen lassen konnte das BAG bisher, ob der Erwerber alle oder nur einen Teil der administrativen Mitarbeiter übernehmen muss, damit die Rechtsfolgen eines Betriebsübergangs ausgelöst werden. Im Ergebnis dürfte es auf die Übernahme einer solchen nach Anzahl und Sachkunde kritischen Größe von Verwaltungsmitarbeitern des Veräußerers ankommen, dass der Erwerber alleine mit diesen – also ohne die Unterstützung durch eigene Arbeitnehmer – die übernommenen Dienstleistungsaufträge durchführen und abwickeln kann. In Einzelfällen müssen dies nicht alle administrativen Kräfte sein.[65] Sicher ist mit der Rechtsprechung des BAG hingegen, dass ein Betriebsübergang nicht eintritt, wenn der Erwerber überhaupt keine Verwaltungsmitarbeiter des Zeitarbeitsunternehmens übernimmt.[66]

a) **Tod des Erlaubnisinhabers**

Bei einer **natürlichen Person** erlischt die Erlaubnis bei **Tod des Erlaubnisin-** 59
habers. Umstritten ist allerdings, ob diese unmittelbar im Zeitpunkt des Todes endet oder ob den Erben die Fortführung des Verleihunternehmens jedenfalls für einen Abwicklungszeitraum gestattet ist. Nach dem Wortlaut des § 2

---

64 BAG, 12.12.2013 – 8 AZR 1023/12, EzA § 613a BGB 2002 Nr. 148 = NZA 2014, 436; zum abweichenden Fall des Betriebsübergangs beim Entleiher die einen konzerninternen Sachverhalt betreffende Entscheidung des EuGH, 21.10.2010 – C 242/09, EzA Richtlinie 2001/23 EG-Vertrag 1999 Nr. 5 = NZA 2010, 1225 (»Albron Catering«), das den Übergang von Leiharbeitnehmern vom Entleiher als »nichtvertraglichem Arbeitgeber« auf den Erwerber bejaht. Die Bedeutung für das nationale Recht – insbesondere auf Nicht-Konzern-Sachverhalte – ist umstritten, vgl. *Willemsen* NJW 2011, 1546, *Bauer/von Medem* NZA 2011, 20 einerseits; *Forst* RdA 2011, 228 andererseits.
65 In diesem Sinne auch *Hamann*, juris-PR-ArbR 9/2014 Anm. 3; *Zimmermann* BB 2014, 1461.
66 BAG, 12.12.2013 – 8 AZR 1023/12, EzA § 613a BGB 2002 Nr. 148 = NZA 2014, 436.

Abs. 4 Satz 4 AÜG setzt ein plötzlicher Inhaberwechsel im Verleihbetrieb im Wege der Erbfolge keine Abwicklungsfrist in Gang. Folge wäre jedenfalls in Verleihzeiten[67] die gesetzliche Fiktion eines Arbeitsverhältnisses zwischen Leiharbeitnehmer und Entleiher nach § 9 Nr. 1 AÜG i.V.m. § 10 Abs. 1 Satz 1 AÜG. Aus Gründen des Sozialschutzes der Leiharbeitnehmer ist es im Anschluss an die wohl überwiegend vertretende Auffassung sachgerecht, den Erben des verstorbenen Erlaubnisinhabers in analoger Anwendung des Erbenprivilegs in § 46 GewO i.V.m. § 2 Abs. 4 Satz 4 AÜG ein höchstens zwölfmonatiges Fortführungsrecht zur Abwicklung des Verleihbetriebes zuzubilligen.[68]

60 Wollen die **Erben** den **Betrieb des verstorbenen Verleihers nicht fortführen**, müssen sie diesen nach allgemeinen Grundsätzen abwickeln. Bestehende Arbeitnehmerüberlassungs- und Leiharbeitsverhältnisse sind einvernehmlich oder einseitig durch Kündigung zu beenden; bestehende Vertragsverhältnisse erlöschen weder automatisch mit Ablauf des Abwicklungszeitraums noch steht den Erben ein Recht zur einseitigen Lossagung zu. Für die Abwicklung gelten die Grundsätze des § 2 Abs. 4 Satz 4 AÜG entsprechend.[69]

61 Sofern die **Erben den Betrieb selbst fortführen** möchten, bedürfen Sie einer eigenen Erlaubnis zur gewerbsmäßigen Arbeitnehmerüberlassung.[70] Auf Antrag erteilt die zuständige Behörde üblicherweise eine vorläufige Erlaubnis unter Widerrufsvorbehalt.[71]

b) Auflösung des Rechtsträgers

62 Bei **juristischen Personen** oder **Personengesellschaften** erlischt die Erlaubnis mit deren **Auflösung**.[72] Anders als bei natürlichen Personen bedarf es der

---

67 Zur Frage, ob die Unwirksamkeitsfolge des Leiharbeitsvertrages nach § 9 Nr. 1 AÜG bereits mit Wegfall der Verleiherlaubnis oder nur bei tatsächlicher Überlassung an einen Entleiher eintritt, vgl. § 9 Rdn. 23.
68 *Boemke/Lembke* § 2 AÜG Rn. 45; *Schüren/Hamann/Schüren* § 2 AÜG Rn. 100; *Urban-Crell/Schulz* Rn. 702; a.A. *Thüsing/Kämmerer* § 2 AÜG Rn. 33; zu weitgehend *Becker/Wulfgramm* § 2 AÜG Rn. 41, die ein unbeschränktes Fortführungsrecht ohne eigene Erlaubnis der Erben zulassen wollen.
69 Dazu Rdn. 37 ff.
70 ErfK/*Wank* § 2 AÜG Rn. 10; *Schüren/Hamann/Schüren* § 2 AÜG Rn. 101.
71 FW AÜG zu § 2 Nr. 2.1.3 (1); vgl. a. Rdn. 32.
72 LSG Baden-Württemberg, 06.12.1983 – L5 Ar 659/82, EzAÜG § 2 AÜG Erlöschensgründe Nr. 1; a. FW AÜG zu § 2 Nr. 2.5. (5).

Anerkennung einer Abwicklungsfrist in entsprechender Anwendung des § 2 Abs. 4 Satz 4 AÜG nicht. Juristische Personen und Personengesellschaften erlöschen kraft Gesetzes i.d.R. erst nach Ablauf der Liquidations- oder Abwicklungsfrist (vgl. etwa § 70 Satz 1, § 73 GmbHG, § 268 Abs. 1 Satz 1, § 272 AktG, §§ 145 ff. HGB, §§ 730 ff. BGB).[73]

3. Verzicht

Die Erlaubnis erlischt auch in den Fällen, in denen der Verleiher auf die 63
Erlaubnis ausdrücklich verzichtet (vgl. § 43 Abs. 2 VwVG – »Erledigung auf andere Weise«). Die Erlaubnisbehörden verlangen dazu allerdings stets eine schriftliche Erklärung des Erlaubnisinhabers.[74] Im Fall eines **Verzichts** gilt die Abwicklungsfrist des § 2 Abs. 4 Satz 4 AÜG nicht.

D. Verfahren und Rechtsbehelfe

Verfahren und Rechtsbehelfe bei Auseinandersetzungen mit der BA richten sich nach dem **Sozialgerichtsgesetz (SGG)**. Zuständig sind deshalb die 64
Sozial-, nicht die VG (vgl. § 51 Abs. 1 Nr. 4 SGG).

I. Verwaltungsverfahren

Einen den Antragsteller oder Erlaubnisinhaber **belastenden Bescheid** über die 65
Versagung, Nichtverlängerung, Rücknahme oder den Widerruf der Erlaubnis hat die im Ausgangsverfahren zuständige Arbeitsagentur schriftlich zu begründen (vgl. § 39 Abs. 1 VwVfG) und mit einer Rechtsbehelfsbelehrung zu versehen (vgl. § 66 Abs. 1 SGG).

Gegen den belastenden Verwaltungsakt kann der Beschwerte innerhalb 66
eines Monats nach Bekanntgabe Widerspruch einlegen; bei Bekanntgabe im Ausland beträgt die Widerspruchsfrist drei Monate (§ 84 Abs. 1 SGG). Mit der Einlegung des Widerspruchs beginnt das **Vorverfahren** (§ 83 SGG). Widerspruchs- und Ausgangsbehörde sind identisch; in beiden Verfahren ist die jeweilige Agentur für Arbeit zuständig (§ 85 Abs. 2

---

73 Zu weitgehend Thüsing/*Kämmerer* § 2 AÜG Rn. 32, der über die gesetzlich angeordnete Liquidationswirkung hinaus auch in diesen Fällen § 2 Abs. 4 Satz 4 AÜG entsprechend anwenden möchte.
74 FW AÜG zu § 2 Nr. 2.5. (6).

Satz 1 Nr. 3 SGG). Hilft diese dem Widerspruch nicht ab, so erlässt sie den Widerspruchsbescheid.

▶ Praxistipp

Der Widerspruch gegen Versagungs-, Nichtverlängerungs-, Widerrufs- oder Rücknahmebescheide der Behörde in Angelegenheiten des AÜG entfaltet keine aufschiebende Wirkung (§ 86a Abs. 4 Satz 1 SGG).

II. Sozialgerichtliches Verfahren

67 Gegen den Widerspruchsbescheid der Arbeitsagentur ist die **Klage zu den SG** statthaft (§ 51 Abs. 1 Nr. 4, §§ 87 ff. SGG). Die Klageart richtet sich nach dem Klagegegenstand (§ 54 SGG).

1. Versagungsbescheid

68 Lehnt die Agentur nach ordnungsgemäßer Durchführung des Widerspruchsverfahrens (§§ 77 ff. SGG) die Erteilung oder Verlängerung einer Verleiherlaubnis ab, kann der Antragsteller innerhalb eines Monats nach Zustellung des Widerspruchsbescheides (§ 87 SGG) **Verpflichtungsklage** zum zuständigen SG erheben (§ 54 Abs. 1 Satz 1 SGG).[75]

2. Erlaubnis mit Nebenbestimmungen

69 Die Frage des **Rechtsschutzes gegen die einem begünstigenden Verwaltungsakt beigefügte Nebenbestimmung** ist bis heute **nicht abschließend geklärt**.[76] Unklar ist, ob der Betroffene eine Nebenbestimmung isoliert anfechten kann oder ob er eine Verpflichtungsklage auf Erteilung einer Erlaubnis ohne Nebenbestimmung erheben muss.

70 In der **Literatur zum AÜG** wird dazu überwiegend vertreten, dass Bedingung, Befristung und Widerrufsvorbehalt als unselbstständige Nebenbestimmungen mittels Verpflichtungsklage angegriffen werden müssen.[77] Als

---

[75] Thüsing/*Kämmerer* § 2 AÜG Rn. 36 f., der im Fall der Nichtverlängerung der Erlaubnis alternativ eine Anfechtungsklage für statthaft hält.
[76] Zum Streitstand *Kopp/Ramsauer* § 36 VwVfG Rn. 60 ff.; a. Thüsing/*Kämmerer* § 2 AÜG Rn. 38.
[77] *Boemke/Lembke* § 2 AÜG Rn. 50; Schüren/Hamann/*Schüren* § 2 AÜG Rn. 126.

selbstständig belastender Verwaltungsakt sei demgegenüber die Auflage isoliert vom Haupt-Verwaltungsakt angreifbar. Je nach der Art der Auflage und des Klagebegehrens sei insoweit eine isolierte Anfechtungs- oder Verpflichtungsklage auf Erteilung einer Erlaubnis ohne oder mit abgeänderter Auflage statthaft.[78]

Diese strikte Trennung zwischen Auflage und sonstigen Nebenbestimmungen entspricht der **klassischen Auffassung im Verwaltungsrecht**. Entscheidender Leitgedanke bei der Frage des Rechtsschutzes gegen Nebenbestimmungen muss die Frage sein, ob diese vom Haupt-Verwaltungsakt im logischen Sinne teilbar ist. Nur wenn eine isolierte Aufhebung »von vornherein und offensichtlich« ausscheidet, ist die Anfechtungsklage unzulässig; ansonsten ist gegen jede Nebenbestimmung eine isolierte Teilanfechtungsklage statthaft.[79] 71

▶ Praxistipp:

Die Frage des Rechtsschutzes gegen Nebenbestimmungen ist umstritten. Insofern sollten sich beschwerte Antragsteller an der klassischen Auffassung im Verwaltungsrecht orientieren, um nicht Gefahr zu laufen, eine bereits unzulässige Klage zu erheben. Statthaft sind demnach:
– Verpflichtungsklage gegen Bedingung, Befristung und Widerrufsvorbehalt;
– Anfechtungs- oder Verpflichtungsklage gegen selbstständige Auflagen.

3. Rücknahme und Widerruf

Im Verhältnis zum ursprünglichen Verwaltungsakt (Bescheid über die Erteilung einer Erlaubnis nach § 1 AÜG) sind Rücknahme (§ 4 AÜG) und Widerruf (§ 5 AÜG)[80] **selbstständig belastende Verwaltungsakte**. Gegen den 72

---

78 Dazu Schüren/Hamann/*Schüren* § 2 AÜG Rn. 52 ff., 122.
79 BVerwG, 19.03.1996 – 1 C 34/93, DVBl., 1997, 165; BVerwG, 22.11.2000 – 11 C 2/00, BVerwGE 112, 221; ausführlich *Kopp/Schenke* § 42 VwGO Rn. 22 ff.
80 Bei der Klage gegen einen Widerrufsbescheid richtet sich der Streitwert grds. nach dem Regelstreitwert; im Verfahren des vorläufigen Rechtsschutzes ist dieser auf die Hälfte zu reduzieren, dazu LSG Niedersachsen, 26.02.2003 – L 8 AL 336/02 ER, n.v.

III. Vorläufiger Rechtsschutz

73 Ebenso wie der **Widerspruch** haben auch **Klagen** gegen belastende Bescheide der BA **grds. keine aufschiebende Wirkung** (§ 86a Abs. 4 SGG).

74 Die **Vollziehung eines Verwaltungsaktes** kann aber auf Antrag gem. § 86a Abs. 3, 4 Satz 2 SGG ganz oder teilweise ausgesetzt werden. Entspricht die Erlaubnisbehörde diesem Antrag nicht, kann der Verleiher einen entsprechenden Antrag auch beim Gericht der Hauptsache stellen (§ 86 Abs. 1 Satz 1 Nr. 2 SGG).[82] Bei summarischer Prüfung muss das Aufschiebungsinteresse des Verleihers das Vollzugsinteresse der BA überwiegen.[83] Dies wird regelmäßig in den Fällen in Betracht kommen, in denen bei Nichtverlängerung, Rücknahme oder Widerruf der Erlaubnis ein den Erlaubnisinhaber begünstigender Verwaltungsakt bei Erlass von Nebenbestimmungen in Betracht gekommen wäre.[84]

75 Eine **erstmalige Erlaubnis** zur Arbeitnehmerüberlassung kann hingegen regelmäßig **nicht im Wege vorläufigen Rechtsschutzes** erstritten werden. Dies bedeutete eine grds. unzulässige Vorwegnahme der Hauptsache.[85]

---

81 S. § 4 Rdn. 21, § 5 Rdn. 29 f.
82 Zur Aussetzung der Vollziehung eines angefochtenen Bescheides nach dem AÜG vgl. SG Duisburg, 09.09.1986 – S 12 Ar 175/86, EzAÜG § 3 AÜG Versagungsgründe Nr. 10; LSG Hamm, 26.04.1991 – V ARBs 24/91, EzAÜG § 2 AÜG Erlaubnisarten Nr. 6.
83 Zum einstweiligen Rechtsschutz ausführlich Meyer-Ladewig/Keller/Leitherer/*Keller* § 86b SGG Rn. 1 ff. m.w.N.; ferner *Groth* NJW 2007, 2294.
84 *Boemke/Lembke* § 2 AÜG Rn. 52; Thüsing/*Kämmerer* § 2 AÜG Rn. 37.
85 LSG Baden-Württemberg, 11.03.2011 – L 13 AL 3438/10 ER-B, NZS 2011, 760; LSG Hamburg, 16.05.1991 – V EABs 41/91, EzAÜG § 1 AÜG Erlaubnispflicht Nr. 20; die Möglichkeit vorläufigen Rechtsschutzes auch bei erstmaliger Antragsstellung grds. bejahend *Boemke/Lembke* § 2 AÜG Rn. 53; allg. Meyer-Ladewig/Keller/Leitherer/*Keller* § 86b SGG Rn. 31.

§ 2a Kosten

(1) Für die Bearbeitung von Anträgen auf Erteilung und Verlängerung der Erlaubnis werden vom Antragsteller Kosten (Gebühren und Auslagen) erhoben.

(2) ¹Die Vorschriften des Verwaltungskostengesetzes sind anzuwenden. ²Die Bundesregierung wird ermächtigt, durch Rechtsverordnung die gebührenpflichtigen Tatbestände näher zu bestimmen und dabei feste Sätze und Rahmensätze vorzusehen. ³Die Gebühr darf im Einzelfall 2.500 € nicht überschreiten.

Übersicht	Rdn.
A. Allgemeines	1
B. Kostenpflicht – Abs. 1 und Abs. 2 Satz 1	2
C. Kostenhöhe – Abs. 2 Satz 2 und 3	7
I. Gebühren	8
II. Auslagen	9
D. Kostenentscheidung	11

A. Allgemeines

Für die Bearbeitung von Anträgen auf Erteilung und Verlängerung einer Erlaubnis erhebt die BA gem. § 2a AÜG Kosten (**Gebühren und Auslagen**). Die Kostenpflicht beschränkt sich auf behördliche Maßnahmen im Anwendungsbereich des § 2 AÜG, sonstige Verwaltungsakte nach dem AÜG sind gebührenfrei.[1]

B. Kostenpflicht – Abs. 1 und Abs. 2 Satz 1

Kostenpflichtig ist der **Antragsteller**. Auch von Antragstellern mit Geschäftssitz im Ausland werden Kosten nach § 2a Abs. 1 AÜG erhoben. Dies gilt selbst in den Fällen, in denen dem ausländischen Antragsteller nach dem Recht seines Sitzstaates bereits eine Erlaubnis zur Arbeitnehmerüberlassung erteilt wurde.[2] Lediglich **juristische Personen des öffentlichen Rechts** können unter den Voraussetzungen des § 2a Abs. 2 Satz 1 AÜG i.V.m. § 8 VwKostG von der Kostentragungspflicht befreit werden.

---

1 Schüren/Hamann/*Schüren* § 2a AÜG Rn. 4.
2 EuGH, 17.12.1981 – 278/80, AP EWG-Vertrag Art. 177 Nr. 9.

Urban-Crell

§ 2a AÜG Kosten

3 § 2a Abs. 1 AÜG knüpft nach seinem Wortlaut für die **Kostenerhebung** an die **Bearbeitung von Anträgen** an. Die Kostenpflicht entsteht deshalb grds. unabhängig von der Entscheidung der zuständigen Arbeitsagentur. Auch wenn diese den Antrag ablehnt, werden vom Antragsteller Kosten erhoben.

▶ Praxistipp:

Gebühren nach § 2a Abs. 1 AÜG können als Vorschuss erhoben werden (§ 2a Abs. 2 Satz 1 AÜG i.V.m. § 16 VwKostG). Die Agenturen für Arbeit sind nach ihrer internen Dienstanweisung angehalten, von dieser Möglichkeit Gebrauch zu machen. Deshalb werden Erstantragsteller regelmäßig zur Zahlung eines **Kostenvorschusses** i.H.d. für die Erteilung einer Erlaubnis zu zahlenden Gebühr aufgefordert. Entsprechendes gilt für Verleiher, die einen Verlängerungsantrag stellen.[3]

Kommen **Erstantragsteller** dieser Aufforderung nicht nach, nimmt die Behörde weder die Bearbeitung auf noch entscheidet sie über den Antrag in der Sache.

Bei **Verlängerungsanträgen** sieht die BA in der Nichtzahlung des Gebührenvorschusses sogar ein Indiz für die Unzuverlässigkeit des Verleihers nach § 3 Abs. 1 Nr. 1 AÜG. Nach ordnungsgemäßer Belehrung erhalten Verleiher – ohne weitere Sachprüfung – einen kostenpflichtigen Ablehnungsbescheid. Deshalb ist es schon im Eigeninteresse des Verleihers dringend erforderlich, einer Zahlungsaufforderung der Arbeitsagentur fristgemäß Folge zu leisten.

4 Die **Gebührenerhebung entfällt**, wenn bei Neu- oder Verlängerungsanträgen der **Antrag zurückgenommen** wird und die Behörde zu diesem Zeitpunkt die **Sachbearbeitung** (nähere Prüfung der Unterlagen) **noch nicht aufgenommen** hatte. Nach Beginn der Sachbearbeitung kann diese die Gebühr in Anwendung des § 2a Abs. 2 Satz 1 AÜG i.V.m. § 15 Abs. 2 VwKostG nach pflichtgemäßem Ermessen um bis zu 3/4 ermäßigen.[4]

5 Demgegenüber werden Gebühren selbst dann in voller Höhe erhoben, wenn eine **Verlängerung der Erlaubnis kraft Gesetzes nach § 2 Abs. 4 Satz 3 AÜG** eingetreten ist oder die Erlaubnisbehörde durch gerichtliche Entscheidung zur Erlaubniserteilung verpflichtet wurde.[5]

---

3 FW AÜG zu § 2a Nr. 2a.3. (1) – (3).
4 FW AÜG zu § 2a Nr. 2a.4. (2), (5).
5 FW AÜG zu § 2a Nr. 2a.4. (3), (4).

Zu Unrecht erhobene Kosten sind nach § 2a Abs. 2 Satz 1 AÜG i.V.m. § 21 VwKostG **zu erstatten**. Dies gilt uneingeschränkt für noch anfechtbare Kostenentscheidungen; bei Unanfechtbarkeit kommt eine Erstattung des Ermäßigungsbetrages nur noch aus Billigkeitsgründen in Betracht.

C. Kostenhöhe – Abs. 2 Satz 2 und 3

Nach § 2a Abs. 2 Satz 2 AÜG wird die Bundesregierung ermächtigt, durch Rechtsverordnung die gebührenpflichtigen Tatbestände näher zu bestimmen und dabei Festsätze und Rahmensätze vorzusehen. Auf der Grundlage dieser Ermächtigung wurde die **Verordnung über die Kosten der Erlaubnis zur gewerbsmäßigen Arbeitnehmerüberlassung** (AÜKostV) vom 18.06.1982 erlassen.[6]

I. Gebühren

Der Gebührenhöchstrahmen des § 2a Abs. 2 Satz 3 AÜG von 2.500,00 € wird durch die AÜKostV ausgeschöpft. Die **Gebühren betragen seit dem 01.12.2015**:

Erlaubnis	Gebührenhöhe
Erteilung oder Verlängerung einer befristeten Erlaubnis	1.000,00 €
Erteilung einer unbefristeten Erlaubnis	2.500,00 €

II. Auslagen

Darüber hinaus kann die BA vom Antragsteller **Auslagen** ersetzt verlangen. Die Auslagen sind im Einzelnen in § 10 Abs. 1 Nr. 2-4 VwKostG der bis zum 14.08.2013 geltenden Fassung bezeichnet (vgl. § 3 AÜKostV). Zu den Auslagen zählen:
– Aufwendungen für weitere Ausfertigungen, Abschriften und Auszüge, die auf besonderen Antrag erteilt werden;
– Aufwendungen für Übersetzungen, die auf besonderen Antrag gefertigt werden;
– Kosten, die durch öffentliche Bekanntmachung entstehen, mit Ausnahme der hierbei erwachsenen Postgebühren.

---

6 BGBl. I, 692, zuletzt geändert durch Art. 4 Abs. 103 des Gesetzes zur Strukturreform des Gebührenrechts des Bundes vom 07.08.2013 (BGBl. I, 3154).

10 Die übrigen in § 10 VwKostG genannten Aufwendungen werden nicht gesondert als Auslagen nach § 2a AÜG erhoben.

D. Kostenentscheidung

11 Grds. soll die **Kostenentscheidung** zusammen mit der Sachentscheidung ergehen (§ 14 Abs. 1 Satz 1 VwKostG). Die Entscheidung über die Kosten kann zusammen mit der Sachentscheidung oder selbstständig angefochten werden; der Rechtsbehelf gegen die Sachentscheidung erstreckt sich zugleich auf die Kostenentscheidung (§ 22 Abs. 1 VwKostG).

12 Für das Rechtsmittelverfahren gegen Kostenentscheidungen ist der **Rechtsweg zu den SG** gegeben (§ 51 SGG).

§ 3 Versagung

(1) ¹Die Erlaubnis oder ihre Verlängerung ist zu versagen, wenn Tatsachen die Annahme rechtfertigen, dass der Antragsteller
1. die für die Ausübung der Tätigkeit nach § 1 erforderliche Zuverlässigkeit nicht besitzt, insbesondere weil er die Vorschriften des Sozialversicherungsrechts, über die Einbehaltung und Abführung der Lohnsteuer, über die Arbeitsvermittlung, über die Anwerbung im Ausland oder über die Ausländerbeschäftigung über die Überlassungshöchstdauer nach § 1 Absatz 1b, die Vorschriften des Arbeitsschutzrechts oder die arbeitsrechtlichen Pflichten nicht einhält;
2. nach der Gestaltung seiner Betriebsorganisation nicht in der Lage ist, die üblichen Arbeitgeberpflichten ordnungsgemäß zu erfüllen;
3. dem Leiharbeitnehmer die ihm nach § 8 zustehenden Arbeitsbedingungen einschließlich des Arbeitsentgelts nicht gewährt.

(2) Die Erlaubnis oder ihre Verlängerung ist ferner zu versagen, wenn für die Ausübung der Tätigkeit nach § 1 Betriebe, Betriebsteile oder Nebenbetriebe vorgesehen sind, die nicht in einem Mitgliedstaat der Europäischen Wirtschaftsgemeinschaft oder einem anderen Vertragsstaat des Abkommens über den Europäischen Wirtschaftsraum liegen.

(3) Die Erlaubnis kann versagt werden, wenn der Antragsteller nicht Deutscher im Sinne des Artikels 116 des Grundgesetzes ist oder wenn eine Gesellschaft oder juristische Person den Antrag stellt, die entweder nicht nach deutschem Recht gegründet ist oder die weder ihren satzungsmäßigen

Sitz noch ihre Hauptverwaltung noch ihre Hauptniederlassung im Geltungsbereich dieses Gesetzes hat.

(4) ¹Staatsangehörige der Mitgliedstaaten der Europäischen Wirtschaftsgemeinschaft oder eines anderen Vertragsstaates des Abkommens über den Europäischen Wirtschaftsraum erhalten die Erlaubnis unter den gleichen Voraussetzungen wie deutsche Staatsangehörige. ²Den Staatsangehörigen dieser Staaten stehen gleich Gesellschaften und juristische Personen, die nach den Rechtsvorschriften dieser Staaten gegründet sind und ihren satzungsgemäßen Sitz, ihre Hauptverwaltung oder ihre Hauptniederlassung innerhalb dieser Staaten haben. ³Soweit diese Gesellschaften oder juristische Personen zwar ihren satzungsmäßigen Sitz, jedoch weder ihre Hauptverwaltung noch ihre Hauptniederlassung innerhalb dieser Staaten haben, gilt Satz 2 nur, wenn ihre Tätigkeit in tatsächlicher und dauerhafter Verbindung mit der Wirtschaft eines Mitgliedstaates oder eines Vertragsstaates des Abkommens über den Europäischen Wirtschaftsraum steht.

(5) ¹Staatsangehörige anderer als der in Absatz 4 genannten Staaten, die sich aufgrund eines internationalen Abkommens im Geltungsbereich dieses Gesetzes niederlassen und hierbei sowie bei ihrer Geschäftstätigkeit nicht weniger günstig behandelt werden dürfen als deutsche Staatsangehörige, erhalten die Erlaubnis unter den gleichen Voraussetzungen wie deutsche Staatsangehörige. ²Den Staatsangehörigen nach Satz 1 stehen gleich Gesellschaften, die nach den Rechtsvorschriften des anderen Staates gegründet sind.

Übersicht	Rdn.
A. Allgemeines	1
I. Gesetzeszweck und Entstehungsgeschichte	1
II. Präventives Verbot mit Erlaubnisvorbehalt	6
1. Anspruch und Ermessen der Erlaubnisbehörde	6
2. Beurteilungszeitpunkt	9
3. Beweiserleichterung	10
III. Enumerative Aufzählung der Versagungsgründe	11
B. Allgemeine Versagungsgründe – Abs. 1	13
I. Zuverlässigkeit – Nr. 1	17
1. Einleitung	17
a) Begriff	17
b) Persönliche Zuverlässigkeit des Antragstellers	21
aa) Natürliche Personen	22
bb) Juristische Personen	23

		cc) Personengesellschaften und Personengesamtheiten	24
		dd) Wechsel eines Vertretungsberechtigten	26
		ee) Unzuverlässige Dritte	28
		ff) Strohmann- und Scheingeschäfte	29
	2.	Regelbeispiele	31
		a) Sozialversicherungsrecht	33
		b) Steuerrecht	35
		c) Arbeitsvermittlung, Anwerbung im Ausland, Ausländerbeschäftigung	38
		d) Überschreiten der Höchstüberlassungsdauer nach § 1 Absatz 1b	46
		e) Arbeitsschutz	47
		f) Arbeitsrechtliche Pflichten	48
	3.	Sonstige Unzuverlässigkeitsgründe	51
		a) Verstöße gegen das AÜG	53
		b) Verstöße gegen das AEntG	54
		c) Mindestmaß an Rechtskenntnissen	56
		d) Wirtschaftliche Leistungsfähigkeit	60
		e) Straftaten und Ordnungswidrigkeiten	62
		f) Weitere Umstände	65
II.	Ordnungsgemäße Betriebsorganisation – Nr. 2		68
III.	Equal-Pay- und Equal-Treatment-Grundsatz – Nr. 3		75
C.	**Versagungsgründe bei grenzüberschreitender Arbeitnehmerüberlassung – Abs. 2 bis 5**		76
I.	Allgemeines		76
II.	Verleiher mit Sitz außerhalb des EU- oder EWR-Raums – Abs. 2		80
III.	Ausländische Verleiher aus Nicht-EU- oder Nicht-EWR-Staaten – Abs. 3		84
IV.	Ausländische Verleiher aus EU- oder EWR-Staaten – Abs. 4		88
V.	Ausländische Verleiher aus Abkommenstaaten – Abs. 5		90
D.	Verfahren und Rechtsbehelfe		92

A. Allgemeines

I. Gesetzeszweck und Entstehungsgeschichte

1 § 3 AÜG ist die **gewerberechtliche Kernvorschrift** des Gesetzes. Sie normiert die materiellen Voraussetzungen unter denen eine Erlaubnis zur gewerbsmäßigen Arbeitnehmerüberlassung oder ihre Verlängerung zu versagen bzw. zu erteilen ist. Dabei enthält § 3 Abs. 1 AÜG die allgemeinen, § 3 Abs. 2 bis 5 AÜG die besonderen Versagungsgründe bei grenzüberschreitender Arbeitnehmerüberlassung. Die Vorschrift dient einerseits dem Schutz der Leiharbeitnehmer und andererseits dem Schutz der Kunden (Entleiher) vor unzuverlässigen

und unseriösen Verleihern. Der Zugang Letzterer zum gewerbsmäßigen Zeitarbeitsmarkt soll verhindert werden.[1]

Seit Inkrafttreten des AÜG im Jahr 1972 wurde § 3 AÜG mehrfach geändert und gelockert.[2] Die wohl weitreichendste Modifikation erfuhr die Bestimmung bisher durch das am 01.01.2003 in Kraft getretene **Erste Gesetz für moderne Dienstleistungen am Arbeitsmarkt vom 23.12.2002 (»Hartz I«)**.[3] Durch dieses schaffte der Gesetzgeber die früheren Grundprinzipien des AÜG, das besondere Befristungs-, das sog. Synchronisations- und Wiedereinstellungsverbot sowie die Überlassungshöchstdauer von zuletzt 24 Monaten (§ 3 Abs. 1 Nr. 3-6 AÜG a.F.) ab. An die Stelle der alten Regelungen trat der vollkommen neu gefasste § 3 Abs. 1 Nr. 3 AÜG.[4] **§ 3 Abs. 1 Nr. 3** normierte seitdem den gewerberechtlichen Teil des **Grundsatz des Equal Pay und Equal Treatment** (»Schlechterstellungsverbot«).[5] 2

Durch das **Gesetz zur Änderung des AÜG und anderer Gesetze vom 21.02.2017**[6] wurde der Gleichbehandlungsgrundsatz, der bisher auf verschiedene Regelungen im AÜG verteilt war, systematisch in § 8 n.F. AÜG zusammengeführt. Dadurch konnte die erlaubnisrechtliche Vorschrift des § 3 Abs. 1 Nr. 3 AÜG redaktionell deutlich gestrafft werden. Eine inhaltliche Änderung wurde durch diese Umstellung nicht vorgenommen[7].

Die seit den »Hartz-Reformen« umfangreichsten **Änderungen** hat § 3 AÜG durch das »Erste Gesetz zur Änderung des Arbeitnehmerüberlassungsgesetzes – Verhinderung von Missbrauch der Arbeitnehmerüberlassung« vom 28.04.2011[8] und das »Gesetz zur Änderung des Arbeitnehmerüberlassungsgesetzes und des Schwarzarbeitsbekämpfungsgesetzes« vom 20.07.2011[9] 3

---

1 BT-Drucks. VI/2303, 11.
2 Ausführlich zu den Gesetzesänderungen im AÜG, vgl. *Urban-Crell/Schulz* Rn. 170 ff.; besonders zur Reform 2011, *Hamann*, RdA 2011, 321 ff.
3 BGBl. I, 4607.
4 Vgl. Art. 6 Nr. 3 des Ersten Gesetzes für moderne Dienstleistungen am Arbeitsmarkt.
5 Die gewerberechtliche Sanktion des § 3 Abs. 1 Nr. 3 AÜG wurde durch die – nahezu inhaltsgleiche – arbeitsrechtliche Regelung des § 9 Nr. 2 AÜG ergänzt.
6 Eingefügt durch das »Gesetz zur Änderung des Arbeitnehmerüberlassungsgesetzes und anderer Gesetze« vom 21.02.2017, BGBl. I, 258.
7 BT-Drucks. 294/16 vom 02.06.2016, Begründung zu Nr. 2.
8 BGBl. I, 29.04.2011, 642.
9 BGBl. I, 29.07.2011, 1506.

erhalten. Die in der Praxis aufgetretenen Fälle des **missbräuchlichen Einsatzes** von Arbeitnehmerüberlassung sollten unterbunden werden.[10] Zudem ist die Richtlinie 2008/104/EG des Europäischen Parlaments und des Rates vom 19.11.2008 über Leiharbeit (**Leiharbeitsrichtlinie**) am 05.12.2008 in Kraft getreten. Sie war von der BRD bis spätestens 05.12.2011 in deutsches Recht umzusetzen. Durch die Gesetzesänderungen sollten der Missbrauch der Arbeitnehmerüberlassung unterbunden und die Leiharbeitsrichtlinie umgesetzt werden. Insgesamt sollte die Arbeitnehmerüberlassung als flexibles arbeitsmarktpolitisches Instrument gestärkt werden und ihre positiven Beschäftigungseffekte erhalten bleiben.[11]

Auf dieser Grundlage wurde die Ausnahme vom Equal-Treatment-Grundsatz für zuvor **Arbeitslose** gestrichen, da die Leiharbeitsrichtlinie eine solche Ausnahme nicht vorsieht. Durch die neu eingeführte »**Drehtürklausel**« soll verhindert werden, dass ausgeschiedene Stammarbeitnehmer anschließend zu den (schlechteren) Bedingungen der Zeitarbeit bei ihrem ehemaligen Arbeitgeber oder konzernzugehörigen Unternehmen eingesetzt werden. Außerdem wurde durch die **Lohnuntergrenze** gem. § 3a AÜG ein Mindestlohn in der Zeitarbeit eingeführt, der sowohl für inländische als auch ausländische Zeitarbeitsunternehmen verbindlich ist.

4 Die Drehtürklausel und die Bestimmung zur Lohnuntergrenze sind am 30.07.2011 in Kraft getreten, die Regelungen zur Umsetzung der EU-Zeitarbeitsrichtlinie am 01.12.2011.

Aufgrund der **Übergangsvorschrift des § 19 AÜG** fanden § 3 Abs. 1 Nr. 3 S. 4 AÜG und § 9 Nr. 2 letzter Halbs. (Drehtürklausel) keine Anwendung auf Leiharbeitsverhältnisse, die vor dem 15.12.2010 begründet worden sind.[12]

5 Auch diese Änderungen wurden durch die AÜG-Reform von 2016 in die Vorschrift des **§ 8 n.F. AÜG** überführt, der nunmehr den Grundsatz der Gleichstellung abschließend regelt[13].

---

10 Hier ist insb. der Fall der Drogeriekette Schlecker zu nennen, der aufgrund seiner öffentlichen Resonanz wohl sogar den Auslöser für die Gesetzesänderungen bildet; dazu *Böhm* DB 2010, 672 ff.; *ders.* DB 2010, 1350; *Düwell/Dahl* DB 2010, 1759.
11 BT-Drucks. 17/4804, 1.
12 Dazu unten § 19 AÜG.
13 BT-Drucks. 294/16 vom 02.06.2016, Begründung zu Nr.3.

II. Präventives Verbot mit Erlaubnisvorbehalt

1. Anspruch und Ermessen der Erlaubnisbehörde

Gewerbsmäßige Arbeitnehmerüberlassung ist vorbehaltlich einer Erlaubnis 6
grds. verboten (vgl. § 1 Abs. 1 Satz 1 AÜG). Es handelt sich daher um ein
sog. **präventives Verbot mit Erlaubnisvorbehalt**. Deutsche Staatsangehörige
i.S.d. Art. 116 GG sowie die ihnen nach § 3 Abs. 4 und 5 AÜG gleichgestellten haben ein subjektiv-öffentliches Recht auf Erlaubniserteilung, wenn
keine Versagungsgründe vorliegen. Dies gebietet bereits das Grundrecht der
Berufsfreiheit (Art. 12 GG).[14]

Liegt **keiner der Versagungsgründe des § 3 AÜG** vor, hat die für die Erteilung 7
der Erlaubnis zuständige Regionaldirektion keinen Ermessensspielraum. Die
Erlaubnis darf nicht versagt werden. Infolge **Ermessensreduzierung auf Null**
ist diese vielmehr antragsgemäß zu erteilen bzw. zu verlängern.[15]

Auch im umgekehrten Fall des **Vorliegens der Voraussetzungen der Versa- 8
gungsgründe** hat die Erlaubnisbehörde kein Ermessen. Sie muss – ausgenommen § 3 Abs. 3 AÜG (»kann«) – die Erlaubniserteilung bzw. deren Verlängerung versagen.[16] Ist allerdings eine gesetzeskonforme Durchführung der
Arbeitnehmerüberlassung durch weniger einschneidende, **mildere Maßnahmen** zu gewährleisten, etwa die Erteilung oder Verlängerung einer Erlaubnis
unter Auflagen oder Bedingungen nach § 2 Abs. 2 AÜG, ist eine Versagung
nicht gerechtfertigt. Dies gebietet der Grundsatz der Verhältnismäßigkeit.[17]

2. Beurteilungszeitpunkt

Die Gründe für die Versagung einer Erlaubnis müssen im **Zeitpunkt der** 9
behördlichen Entscheidung über deren Erteilung bzw. Verlängerung vorliegen; im Fall eines Widerspruchsverfahrens ist der **Zeitpunkt des Erlasses**

---

14 BVerfG, 04.04.1967 – 1 BvR 84/65, AP AVAV § 37 Nr. 7; *Boemke/Lembke* § 3 AÜG Rn. 4, 6 m.w.N.; a. *Hamann* S. 43.
15 LSG NRW, 02.07.2010 – L 1 AL 158/10 B ER; LSG Bremen, 17.12.1975 – L 5 Ar 11/75, EzAÜG § 3 AÜG Versagungsgründe Nr. 1; LSG Niedersachsen, 22.07.1977 – L 7 S (Ar) 31/77, EzAÜG § 4 AÜG Rücknahme Nr. 1; *Thüsing/Kock* § 3 AÜG Rn. 4.
16 *Boemke/Lembke* § 3 AÜG Rn. 7; Schüren/Hamann/*Schüren* § 3 AÜG Rn. 24 ff.
17 So überzeugend *Boemke/Lembke* § 3 AÜG Rn. 7; FW AÜG zu § 3 Nr. 3.1.; a.A. *Ulber* § 3 AÜG Rn. 15;.

des Widerspruchsbescheides maßgeblich.[18] Erhebt der Antragsteller gegen einen ablehnenden Bescheid der Erlaubnisbehörde Klage, kommt es nach der Rechtsprechung auf den **Zeitpunkt der letzten mündlichen Verhandlung in der Tatsacheninstanz** an.[19] Ändert sich die Sachlage zwischen der Widerspruchsentscheidung und dem Schluss der mündlichen Verhandlung in der Tatsacheninstanz zugunsten des Antragstellers, ist der Klage stattzugeben und der ablehnende Bescheid aufzuheben.[20]

3. Beweiserleichterung

10 **Beweisbelastet ist die Erlaubnisbehörde.** Allerdings muss sie nach dem eindeutigen Wortlaut des § 3 Abs. 1 AÜG nicht das Vorliegen der Versagungsgründe selbst, sondern lediglich das Vorliegen von Tatsachen nachweisen, welche die Annahme eines Versagungsgrundes rechtfertigen (».. ist zu versagen, wenn Tatsachen die Annahme rechtfertigen, dass..«). Die BA kann daher bei den allgemeinen Versagungsgründen des § 3 Abs. 1 AÜG auf eine **Beweiserleichterung** zurückgreifen. Entgegen § 24 VwVfG muss sie den Sachverhalt grds. nicht vollständig aufklären.[21] Vollständige Sachverhaltsaufklärung ist nur dann ausnahmsweise erforderlich, wenn greifbare Anhaltspunkte die Vermutungswirkung von Tatsachen erschüttern. Die der Entscheidung zugrunde liegenden Tatsachen selbst müssen nach allgemeinen Grundsätzen hinreichend sicher feststehen.[22] Bloße Vermutungen, Spekulationen, Gerüchte oder Annahmen genügen nicht.[23] Das Vorliegen der die Vermutungswirkung auslösenden Tatsachen einerseits und der auf diese Tatsachen gestützte Rückschluss auf das Vorliegen eines Versagungsgrundes andererseits, sind gerichtlich voll überprüfbar.[24]

---

18 Thüsing/*Kock* § 3 AÜG Rn. 6.
19 BSG, 06.02.1992 – 7 RAr 140/90, NZW 1992, 1006 ff.
20 BVerwG, 02.02.1982 – 1C 52/78, GewArch 1982, 233, 234; krit. *Boemke/Lembke* § 3 AÜG Rn. 9.
21 Einschränkend *Schüren/Hamann* § 3 AÜG Rn. 45 f.
22 LSG BaWü, 11.03.2011 – L 13 AL 3438/10 ER B.
23 *Boemke/Lembke* § 3 AÜG Rn. 12; Thüsing/*Kock* § 3 AÜG Rn. 7; Schüren/Hamann/*Schüren* § 3 AÜG Rn. 45.
24 BSG, 06.02.1992 – 7 RAr 140/90, BB 1992, 2365, 2366.

▶ Hinweis:

»Es ist nicht notwendig, mit letzter Gewissheit das Vorliegen von **Versagungsgründen** zu bejahen. Es reicht aus, wenn insofern konkrete, sich auf Tatsachen gründende **Anhaltspunkte** gegeben sind.«[25]

III. Enumerative Aufzählung der Versagungsgründe

Die in § 3 AÜG genannten **allgemeinen und besonderen Versagungsgründe** 11 sind **abschließend**. Die Gegenmeinung,[26] welche die in Abs. 1 Nr. 1 bis 3 genannten Gründe als nicht enumerative Regelbeispiele einordnet, findet weder im Gesetzeswortlaut eine Stütze noch ist sie mit verfassungsrechtlichen Grundprinzipien vereinbar. Die Tätigkeit des Verleihers wird durch das Grundrecht aus Art. 12 Abs. 1 Satz 1 GG geschützt. Eingriffe bedürfen nach Maßgabe des Art. 12 Abs. 1 Satz 2 GG einer ausdrücklichen gesetzlichen Anordnung.[27]

Die BA ist daher nur aus den in § 3 AÜG genannten Gründen zur Versagung 12 der Erlaubniserteilung bzw. ihrer Verlängerung befugt. Dies gilt auch für den in **§ 3 Abs. 1 Nr. 1 AÜG** normierten Versagungsgrund der Unzuverlässigkeit des Antragstellers. Das Gesetz nennt **beispielhaft** einige **Unzuverlässigkeitsgründe**. Sonstige ungeschriebene Unzuverlässigkeitsgründe müssen daher mindestens das Gewicht der im Gesetz genannten haben. Andere Gründe als die Unzuverlässigkeit des Antragstellers rechtfertigen die Versagung nach § 3 Abs. 1 Nr. 1 AÜG nicht.

B. Allgemeine Versagungsgründe – Abs. 1

Arbeitgeber, die den Bestimmung des AÜG zuwiderhandeln, dessen Anforderungen nicht genügen oder sonstigen erlaubnisrelevanten Pflichten nicht 13 nachkommen, können von der gewerbsmäßigen Arbeitnehmerüberlassung ausgeschlossen werden. Die **allgemeinen Versagungsgründe** regelt **§ 3 Abs. 1 AÜG**. Danach kann die erstmalige Erteilung oder Verlängerung der Erlaubnis

---

25 Fachliche Weisungen (FW) der BA zum AÜG, § 3 Ziff. 3.1. Abs. 2.
26 LSG Bremen, 17.12.1975 – L5 Ar 11/75, EzAÜG § 3 AÜG Versagungsgründe Nr. 1; *Ulber* § 3 AÜG Rn. 10 ff.
27 Ganz h.M.: *Boemke/Lembke* § 3 AÜG Rn. 8; *Thüsing/Kock* § 3 AÜG Rn. 5; *Sandmann/Marschall* § 3 AÜG Anm. 1.

versagt werden, wenn Tatsachen die Annahme rechtfertigen, dass der Antragsteller
- persönlich unzuverlässig ist (**Nr. 1**);
- über eine unzureichende Betriebsorganisation verfügt (**Nr. 2**);
- dem Gebot der Gleichbehandlung von Leiharbeitnehmern mit vergleichbaren Arbeitnehmern des Entleiherbetriebes zuwider handelt (**Nr. 3**).

14 Die allgemeinen **Versagungsgründe müssen nicht kumulativ vorliegen**.[28] Bereits bei Vorliegen eines genannten Grundes ist die beantragte Erlaubnis zu versagen. Eine rechtswidrig erteilte Erlaubnis kann bei Vorliegen eines Versagungsgrundes unter den Voraussetzungen des § 4 AÜG zurückgenommen werden. Sie kann mit Wirkung für die Zukunft widerrufen werden, wenn ein Widerrufsvorbehalt vorliegt, eine dem Verleiher gestellte Auflage nicht fristgerecht erfüllt wird oder die Erlaubnisbehörde aufgrund nachträglich eingetretener Tatsachen oder aufgrund einer geänderten Rechtslage berechtigt wäre, die Erlaubnis zu versagen (§ 5 AÜG).

15 Darüber hinaus hat **§ 3 Abs. 1 AÜG Bedeutung für den Tatbestand vermuteter Arbeitsvermittlung**. § 1 Abs. 2 AÜG knüpft an die Nichtübernahme der üblichen Arbeitgeberpflichten oder das Arbeitgeberrisiko (§ 3 Abs. 1 Nr. 1 bis 3 AÜG) die (widerlegbare) Vermutung von Arbeitsvermittlung. Allerdings ist § 1 Abs. 2 AÜG seit der Aufhebung des Erlaubnisvorbehalts für die private Arbeitsvermittlung und der geänderten Rechtsprechung des 7. Senats des BAG zur nicht mehr eintretenden Fiktion eines Arbeitsverhältnisses zum Entleiher bei vermuteter Arbeitsvermittlung praktisch bedeutungslos. Mit der Erfüllung des Tatbestandes des § 1 Abs. 2 AÜG sind keine wesentlichen Rechtsfolgen mehr verbunden.[29]

16 Die Versagung einer Erlaubnis bzw. deren Nichtverlängerung kann mit einem **Verstoß gegen die ehemaligen Strukturprinzipien des AÜG** nicht begründet werden.[30] Das besondere Befristungs-, das sog. Synchronisations- und Wiedereinstellungsverbot sowie die Überlassungshöchstdauer (§ 3 Abs. 1 Nr. 3-6 AÜG a.F.) wurden durch Art. 6 des Ersten Gesetzes für moderne

---

28 BayLSG, 29.07.1986 – L8 AI 40/83, EzAÜG § 3 AÜG Versagungsgründe Nr. 9; so a. FW AÜG zu § 3 Nr. 3.1.
29 *Hamann* RdA 2011, 328 f.; *Urban-Crell/Schulz* Rn. 843 ff.; zu Einzelheiten s. § 1 Rdn. 309 ff.
30 A.A. Thüsing/*Kock* § 3 AÜG Rn. 17, die frühere Verstöße bei der Prognoseentscheidung berücksichtigen will.

Dienstleistung am Arbeitsmarkt ersatzlos abgeschafft. Verstöße gegen die aufgehobenen allgemeinen Versagungsgründe des AÜG rechtfertigen daher heute keine gewerberechtlichen Sanktionen. Auch können die Regionaldirektionen bei Prüfung der Zuverlässigkeit des Antragstellers auf derartige Verstöße in der Vergangenheit keine negative Zukunftsprognose mehr stützen.[31]

I. Zuverlässigkeit – Nr. 1

1. Einleitung

a) Begriff

Die Verleiherlaubnis ist nach § 3 Abs. 1 Nr. 1 AÜG zu versagen, wenn die BA einem Antragsteller aufgrund greifbarer Anhaltspunkte **fehlende Zuverlässigkeit zur wirtschaftlichen Arbeitnehmerüberlassung** nachweisen kann. 17

Auch wenn das AÜG seit dem 01.12.2011 nicht mehr auf die »Gewerbsmäßigkeit« sondern nur noch auf eine »wirtschaftliche Tätigkeit« abstellt,[32] ist nicht ersichtlich, dass durch diese Änderung zugleich eine Änderung des Zuverlässigkeitsbegriffs herbeigeführt werden sollte. Daher kann weiterhin – wie von der Rechtsprechung vorgegeben – auf den **Zuverlässigkeitsbegriff der Gewerbeordnung** zurückgegriffen werden.[33] 18

Der Begriff der »**erforderlichen Zuverlässigkeit**« ist ein **unbestimmter Rechtsbegriff**, der gerichtlich voll überprüfbar ist.[34] Grundlage des spezialgesetzlichen Zuverlässigkeitsbegriffs des AÜG ist die gewerberechtliche Generalklausel des § 35 Abs. 1 GewO.[35] Der gewerberechtliche Begriff ist vor dem Hintergrund der spezifischen, an die konkrete Gewerbeausübung zu stellenden persönlichen Anforderungen an den Antragsteller zu definieren. Unter Berücksichtigung des Schutzanliegens des AÜG ist derjenige Antragsteller unzuverlässig, der nach dem Gesamteindruck seines Verhaltens nicht die Gewähr dafür bietet, das von ihm ausgeübte Gewerbe der Arbeitnehmerüberlassung ordnungsgemäß zu betreiben, sondern versuchen wird, die mit der 19

---

31 A.A. Thüsing/*Kock* § 3 AÜG Rn. 17.
32 S. § 1 Rdn. 106 ff.
33 BSG, 06.02.1992 – 7 RAr 140/90; BAG, 08.11.1978 – 5 AZR 261/77.
34 BSG, 06.02.1992 – 7 RAr 140/90, NZA 1992, 1006.
35 Hamburgisches OVG, 05.04.2005 – 1 Bs 64/05, EzAÜG § 3 AÜG Nr. 2.

Arbeitnehmerüberlassung verbundenen Arbeitgeberpflichten und -risiken auf den Leiharbeitnehmer abzuwälzen.[36]

20 Die Versagung der Erlaubnis zur gewerbsmäßigen Arbeitnehmerüberlassung dient der **Gefahrenprävention**. Die Unzuverlässigkeit des Antragstellers ist daher nicht nur im Fall nachweisbaren Verschuldens anzunehmen. Erforderlich ist vielmehr eine **Zukunftsprognose**. Die Prognoseentscheidung muss auf nachweisbaren Tatsachen und nicht auf bloßen Vermutungen beruhen.[37] Die Erlaubnisbehörde hat die gegenwärtigen oder die in der Vergangenheit eingetretenen Tatschen daraufhin zu beurteilen, ob sie auf eine Unzuverlässigkeit des Antragstellers in der Zukunft schließen lassen. Die Prognose bezieht sich also darauf, ob sich der Antragsteller bei seiner künftigen Verleihtätigkeit voraussichtlich gesetzeskonform verhalten wird. Bewusste Pflichtverstöße können als Indiz für die Wiederholungsgefahr berücksichtigt werden. Bloß fahrlässigen Pflichtverletzungen kommt diese Indizwirkung nicht zu.[38] Unklarheiten und Zweifel bei der Prognose gehen zulasten der Behörden.[39]

b) Persönliche Zuverlässigkeit des Antragstellers

21 Die **Zuverlässigkeit** bei gewerbsmäßiger Arbeitnehmerüberlassung muss **in der Person des Antragstellers** vorhanden sein. Antragsteller kann jede natürliche oder juristische Person sowie jede Personengesamtheit oder Personengesellschaft sein, die auch Erlaubnisinhaber werden kann (vgl. § 7 Abs. 1 AÜG).

▶ Praxistipp:

Die Erlaubnis zur Arbeitnehmerüberlassung ist personenbezogen. Deshalb kommt es auch für die Frage der Zuverlässigkeit auf die Person des Antragstellers an. Bei einer Kapitalgesellschaft wie der GmbH oder der AG bspw. bedeutet dies, dass die Regionaldirektion die Zuverlässigkeit des Geschäftsführers bzw. Vorstands der Gesellschaft überprüft.

3.1.3. Abs.10 FW AÜG der BA:

»Bei juristischen Personen kommt es maßgeblich auf die Zuverlässigkeit des *gesetzlichen Vertreters* an. Bei mehreren gesetzlichen Vertretern sind alle zu

---

36 BSG, 06.02.1992 – 7 RAr 140/90, NZA 1992, 1006.
37 Schüren/Hamann/*Schüren* § 3 AÜG Rn. 46.
38 Schüren/Hamann/*Schüren* § 3 AÜG Rn. 57; Thüsing/*Kock* § 3 AÜG Rn. 13.
39 BSG, 06.02.1992 – 7 RAr 140/90, NZA 1992, 1006.

überprüfen. Jeder **Wechsel** des gesetzlichen Vertreters bzw. der Geschäftsführung erfordert eine neue Überprüfung der Zuverlässigkeit.«

aa) Natürliche Personen

Bei natürlichen Personen kommt es auf die **persönliche Zuverlässigkeit des Antragstellenden** an.

▶ **Beispiel:**

Einzelkaufmann A betreibt einen kleinen Gewerbebetrieb. Er plant nun, seinen Geschäftsbetrieb auf gewerbsmäßige Arbeitnehmerüberlassung auszuweiten. Die zuständige Regionaldirektion wird vor Erteilung der Erlaubnis die persönliche Zuverlässigkeit des Herrn A prüfen.

bb) Juristische Personen

Beantragt eine **juristische Person** (z.B. GmbH, AG) die Erteilung einer Erlaubnis zur gewerbsmäßigen Arbeitnehmerüberlassung, müssen die **zur Vertretung der Gesellschaft berechtigten Organe** (z.B. Geschäftsführer der GmbH, Vorstand der AG) zuverlässig sein.[40] Sind mehrere Personen zur gesetzlichen Vertretung der Kapitalgesellschaft berechtigt, so ist die Erlaubnis bereits bei Unzuverlässigkeit eines Vertretungsberechtigten zu versagen[41]. Eine Ausnahme ist lediglich in den Fällen anzuerkennen, in denen die Erlaubnis unter entsprechenden Auflagen nach § 2 Abs. 2 AÜG nur den zuverlässigen Vertretern unter Ausschluss des unzuverlässigen Organs erteilt werden kann.[42] Ausgeschlossen ist dies jedenfalls dann, wenn die unzuverlässige Person zur alleinigen Vertretung der Gesellschaft berechtigt ist. Unbeachtlich ist demgegenüber die Unzuverlässigkeit eines Gesellschafters der juristischen Person.[43]

---

40 LSG BaWü, 11.03.2011 – L 13 AL 3438/10 ER B; BayLSG, 29.07.1986 – L8 A1 40/83, EzAÜG § 3 AÜG Versagungsgründe Nr. 9; Schüren/Hamann/*Schüren* § 3 AÜG Rn. 68.
41 A.A. *Sandmann/Marschall* § 3 Rn 8.
42 *Boemke/Lembke* § 3 AÜG Rn. 19; *Urban-Crell/Schulz* Rn. 623.
43 *Boemke/Lembke* § 3 AÜG Rn. 19; Thüsing/*Kock* § 3 AÜG Rn. 16, die jedoch einschränkend darauf abstellt, ob den Gesellschaftern aufgrund Gesellschaftsvertrages oder Gesellschafterbeschlüssen maßgeblicher Einfluss auf die Geschäftsführung eingeräumt wird.

cc) Personengesellschaften und Personengesamtheiten

24 Bei **Personengesellschaften** (z.B. oHG, KG, GbR) und **Personengesamtheiten** (z.B. nichtrechtsfähiger Verein, Erbengemeinschaft) müssen **alle geschäftsführenden Gesellschafter bzw. Gesamthänder zuverlässig** sein.[44] Ist nur einer der geschäftsführenden Mitgesellschafter bzw. Gesamthänder unzuverlässig, dann ist die Erlaubnis bzw. deren Verlängerung allen antragstellenden Gesellschaftern bzw. Gesamthändern zu versagen. Die Erlaubnisbehörde kann lediglich in den Fällen eine Ausnahme machen, in denen der unzuverlässige Gesellschafter bzw. Gesamthänder durch Auflagen von der Geschäftsführung in Angelegenheiten der gewerbsmäßigen Arbeitnehmerüberlassung ausgeschlossen werden kann. In diesem Fall strahlt die Unzuverlässigkeit des einen auf die Zuverlässigkeit der anderen Mitgesellschafter bzw. Gesamthänder nicht negativ aus.[45]

25 Nach einer Entscheidung des **OVG Nordrhein-Westfalen** aus dem Jahr 1961 sei die **Zuverlässigkeitsprüfung** – ungeachtet einer Befugnis zur Geschäftsführung – **auf alle Gesellschafter zu erstrecken**.[46] Dies ist jedoch abzulehnen. Nach Sinn und Zweck des AÜG ist ein Schutz der Leiharbeitnehmer lediglich vor solchen Personen erforderlich, die jedenfalls maßgebenden Einfluss auf die Geschäftsführung ausüben können. Sind sie jedoch weder kraft Gesetzes noch kraft Gesellschaftsvertrages in der Lage, entsprechenden Einfluss geltend zu machen, kommt es auf ihre Zuverlässigkeit auch nicht an.[47] Etwas anderes gilt lediglich dann, wenn der Gesellschafter oder Gesamthänder zwar nicht kraft Gesetzes oder Vertrages, jedoch tatsächlich maßgeblichen Einfluss auf die Geschäftsführung nimmt.[48]

dd) Wechsel eines Vertretungsberechtigten

26 Der **Wechsel eines zur gesetzlichen Vertretung** einer juristischen Person **berechtigten Organs** (z.B. Geschäftsführer, Vorstand) oder eines **geschäftsführenden Gesellschafters** einer Personengesellschaft/-gesamtheit ist der BA unaufgefordert anzuzeigen (§ 7 Abs. 1 Satz 2 AÜG). Auf die Fortgeltung

---

44 Auch für die Zuverlässigkeit der Komplementärin einer KG SG Düsseldorf, 26.04.1978 – S 15 (23) Ar 260/73, n.v.; ferner ErfK/*Wank* § 3 AÜG Rn. 4 m.w.N.
45 ErfK/*Wank* § 3 AÜG Rn. 4; Thüsing/*Kock* § 3 AÜG Rn. 15.
46 OVG Nordrhein-Westfalen, 05.07.1961 – IV A 1597/60, GewArch 1962, 84.
47 ErfK/*Wank* § 3 AÜG Rn. 5.
48 Schüren/Hamann/*Schüren* § 3 AÜG Rn. 69 ff.

der Verleiherlaubnis hat dies zunächst keinen Einfluss. Allerdings prüft die Erlaubnisbehörde die persönliche Zuverlässigkeit der neu eingetretenen vertretungs- oder geschäftsführungsbefugten Personen. Rechtfertigen greifbare Anhaltspunkte die Unzuverlässigkeit dieser, kann die erteilte Erlaubnis zur gewerbsmäßigen Arbeitnehmerüberlassung mit Wirkung für die Zukunft widerrufen werden (§ 5 AÜG).

Ein **Gesellschafterwechsel bei einer juristischen Person** (z.B. Gesellschafter einer GmbH) erfordert hingegen keine erneute Zuverlässigkeitsprüfung. Etwas anderes gilt lediglich in den Fällen, in denen ein Wechsel zugleich eine Identitätsänderung der Gesellschaft oder Person des Erlaubnisinhabers bewirkt. Scheidet bspw. bei einer Personengesellschaft ein Gesellschafter aus oder wird eine juristische Person von einer GmbH in eine AG umgewandelt, so erlischt der ursprüngliche Rechtsträger. In diesem Fall ist eine neue Erlaubnis erforderlich. Dies gilt auch für eine GmbH, die aus der Umwandlung eines Verleihunternehmens einer natürlichen Person entstanden ist, selbst dann, wenn der frühere Inhaber des Verleihunternehmens Geschäftsführer der GmbH wird.[49]

27

▶ Praxistipp:

Die Erlaubnis erlischt

- bei bei Tod des Erlaubnisinhabers (für die Erben gilt dann jedoch die ein jährige Abwicklungsfrist[50]);
- bei Unternehmensumwandlungen nach dem UmwG (Verschmelzung,[51] Abspaltung, Vermögensvollübertragung);

---

[49] BAG, 14.12.1983 – 7 AZR 371/80, EzAÜG § 611 BGB Haftung Nr. 9; LSG Baden-Württemberg, 06.12.1983 – L5 Ar 659/82, EzAÜG § 2 AÜG Erlöschensgründe Nr. 1; *Boemke/Lembke* § 3 AÜG Rn. 21; *Thüsing/Kock* § 3 AÜG Rn. 17.
[50] Strittig, vgl. dazu § 2 Rdn. 59.
[51] LAG Düsseldorf, 25.08.2008 – 17 Sa 153/08, EzA-SD 2008 Nr. 22, 8, welches zur Vermeidung illegaler Arbeitnehmerüberlassung zugleich mit Abschluss des notariellen Umwandlungsvertrages die Beantragung einer Erlaubnis nach dem AÜG durch den aufnehmenden Rechtsträger verlangt. Vorzugswürdig erscheint die Übertragung der Grundsätze zur Abwicklung beim Versterben einer natürlichen Person, dazu § 2 Rdn. 59; anhängig BAG, 7 AZR 709/08.

- bei einer formwechselnden Umwandlung, z.B. einer GbR in eine GmbH, einer GmbH in eine AG.[52]

Die Erlaubnis erlischt nicht

- bei der Abspaltung (die Erlaubnis verbleibt allerdings beim bisherigen Rechtsträger und geht nicht auf den abgespaltenen über);
- bei Änderung der Firma;
- beim Ausscheiden von Organen oder von Gesellschaftern einer Kapitalgesellschaft (z.B. Wechsel des Geschäftsführers einer GmbH[53]);
- beim Betriebsübergang (die Erlaubnis verbleibt beim bisherigen Rechtsträger, der Erwerber muss bei Bedarf eine eigene Erlaubnis beantragen[54]).

ee) **Unzuverlässige Dritte**

28 Von der Unzuverlässigkeit des Antragstellers geht die Erlaubnisbehörde auch dann aus, wenn dieser einem **unzuverlässigen Dritten maßgeblichen Einfluss auf die Geschäftsführung** einräumt oder diesen nicht unterbindet. In diesen Fällen wird von der Unzuverlässigkeit des Dritten auf die Unzuverlässigkeit des Gewerbetreibenden selbst geschlossen.[55] Beschäftigt der Antragsteller bspw. unzuverlässiges Personal mit Führungsverantwortung[56] oder räumt der Antragsteller seinem unzuverlässigen Ehepartner maßgeblichen Einfluss auf die Geschäftsführung ein, bedingt dies die Unzuverlässigkeit des Antragstellers selbst. Im letztgenannten Fall gilt dies selbst dann, wenn die Ehe rechtskräftig geschieden ist.[57] Auflagen nach § 2 Abs. 2 AÜG sind bei unzuverlässigen Ehepartnern kein geeignetes milderes Mittel im Vergleich zur Versagung der Erlaubnis bzw. deren Nichtverlängerung. Denn Auflagen können nicht gewährleisten, dass der als unzuverlässig anzusehende Ehegatte, insb. in persönlichen Gesprächen, maßgeblichen Einfluss auf die Geschäftsführung

---

52 Einschränkend nicht bei der formwechselnden Umwandlung einer juristischen Person FW AÜG zu § 7 Nr. 7.2.
53 Vgl. dazu Rdn. 26.
54 Schüren/Hamann/*Schüren* § 2 AÜG Rn. 105.
55 BVerwG, 02.02.1982 – 1 C 52/78, NJW 1982, 2834; BSG, 06.02.1992 – 7 RAr 140/90, NZA 1992, 1006.
56 SG Koblenz, 03.12.1980 – S 4 Ar 121/80, EzAÜG § 3 AÜG Versagungsgründe Nr. 4; ErfK/*Wank* § 3 AÜG Rn. 14; Thüsing/*Kock* § 3 AÜG Rn. 18.
57 VG Oldenburg, 04.07.1972 – A 11/71 A, n.v.

und die geschäftlichen Angelegenheiten im Zusammenhang mit der Verleihtätigkeit nimmt oder nehmen wird.[58]

ff) Strohmann- und Scheingeschäfte

Entsprechendes gilt für sog. **Strohmanngeschäfte**, bei denen einem **unzuverlässigen Hintermann** die gewerbliche Betätigung erst durch die Zwischenschaltung eines zuverlässigen Antragstellers ermöglicht wird. Wird der Antragsteller dabei nur als Strohmann für den Hintermann tätig, der den Geschäftsablauf selbst lenkt und steuert, so hat die Erlaubnisbehörde sowohl ggü. dem unzuverlässigen Hintermann als auch ggü. dem Strohmann selbst Versagungsverfügungen zu erlassen.[59] 29

Von Strohmannverhältnissen zu unterscheiden sind sog. **Scheingeschäfte**. Bei diesen beantragt der Antragsteller lediglich formal die Erteilung einer Erlaubnis, beabsichtigt jedoch zu keiner Zeit, das Gewerbe der Arbeitnehmerüberlassung selbst zu betreiben, d.h. Leiharbeitsverträge und Arbeitnehmerüberlassungsverträge im eigenen Namen abzuschließen und durchzuführen. Ziel ist es lediglich, einem geschäftsführungswilligen Hintermann mittelbar zu einer Erlaubnis zu verhelfen. In diesen Fällen ist die beantragte Erlaubnis ungeachtet einer etwaigen Unzuverlässigkeit des Hintermanns auf jeden Fall zu versagen. Der Antragsteller hat an ihr bereits kein rechtliches Interesse, da er Leiharbeitnehmer nicht selbst gewerbsmäßig an Entleiher überlassen will.[60] 30

2. Regelbeispiele

Das Gesetz nennt in **§ 3 Abs. 1 Nr. 1 AÜG** einige **Beispielsfälle**, in denen die Regionaldirektionen die fehlende Zuverlässigkeit des Antragstellers zunächst vermuten. Dies gilt bei: 31
– Verstößen gegen das Sozialversicherungsrecht,
– Verletzung der Pflicht zur Einbehaltung und Abführung der Lohnsteuer,
– Missachtung der Vorschriften über die Arbeitsvermittlung sowie das Anwerben im Ausland und die Ausländerbeschäftigung,
– Überschreiten der Überlassungshöchstdauer nach § 1 Absatz 1b,

---

58 LSG Rheinland-Pfalz, 16.01.1981 – L 6 AR 65/80, EzAÜG § 3 AÜG Versagungsgründe Nr. 5.
59 BSG, 06.02.1992 – 7 RAr 140/90, NZA 1992, 1006; BVerfG, 02.02.1982 – 1 C 3/81, NVwZ 1982, 559.
60 *Boemke/Lembke* § 3 AÜG Rn. 23; *Thüsing/Kock* § 3 AÜG Rn. 18.

§ 3 AÜG Versagung

– Verletzung der Vorschriften des Arbeitsschutzrechts, sowie
– arbeitsrechtlichen Pflichtverstößen.

32 Liegen die Kriterien eines Regelbeispiels vor, muss die Behörde gleichwohl vor Versagung oder Nichtverlängerung einer Erlaubnis eine konkrete **Einzelfallprüfung** unter Berücksichtigung der Art, Intensität und Konsequenzen eines Verstoßes vornehmen.[61]

a) Sozialversicherungsrecht

33 An der Spitze der in § 3 Abs. 1 Nr. 1 AÜG benannten allgemeinen Versagungsgründe stehen **Verstöße gegen die Vorschriften des Sozialversicherungsrechts**. Unter diesen Oberbegriff fallen sämtliche Regelungen des SGB in allen Sozialversicherungszweigen (Kranken-, Renten-, Unfall-, Pflege- und Arbeitslosenversicherung) sowie sonstigen Bestimmungen in entsprechenden Nebengesetzen und Verordnungen, die sozialversicherungsrechtliche Arbeitgeberpflichten festlegen.

34 Zu den einzuhaltenden **Arbeitgeberpflichten** gehören bspw. Melde-, Anzeige- und Auskunftspflichten (z.B. Meldepflicht zur Sozialversicherung, § 28a SGB IV), die Pflicht zur Abführung von Sozialversicherungsbeiträgen (vgl. § 28e SGB IV) und Umlagen (z.B. Winterbau-Umlage, § 3 Winterbau-Umlagenverordnung; Insolvenzgeld-Umlage, §§ 354 ff. SGB III) sowie die Pflicht zur Erstellung von Entgeltbescheinigungen.[62]

▶ Beispiele:

– Die Durchführungsanweisung[63] der BA zum AÜG nennt beispielhaft folgende sozialversicherungsrechtliche Verstöße:
– Nichtanmeldung von Leiharbeitnehmern zur Sozialversicherung;
– Nichtabführen des Gesamtsozialversicherungsbeitrags durch den Verleiher;[64]
– Nichtabführung der Beiträge zur Unfallversicherung;
– Nichteinhaltung der Melde-, Anzeige- und Auskunftspflichten;

---

61 BSG, 06.02.1992 – 7 RAr 140/90, NZA 1992, 1006; BayLSG, 14.03.1985 – L 9/Al 146/83, NZA 1986, 109.
62 *Becker/Wulfgramm* § 3 AÜG Rn. 19; ErfK/*Wank* § 3 AÜG Rn. 8.
63 Vgl. FW AÜG zu § 3 Nr. 3.1.1.
64 SG Köln, 11.08.1977 – S 10 Ar 183/74, EzAÜG § 3 AÜG Versagungsgründe Nr. 3.

- Nichtabführung der Sozialkassenbeiträge an die Urlaubskasse;
- Nichtabführung der Sozialkassenbeiträge an die Lohnausgleichskassen der Bauwirtschaft (z.B. SOKA-Bau).

b) Steuerrecht

Ein **Verstoß gegen die Vorschriften über die Einbehaltung und Abführung der Lohnsteuer**, im Wesentlichen also eine Verletzung der § 38 Abs. 3, § 41a Abs. 1 Nr. 2 EStG und der Vorschriften der Lohnsteuer-DVO, können die Annahme der Unzuverlässigkeit begründen.[65] Bei grenzüberschreitender Arbeitnehmerüberlassung richten sich die lohnsteuerrechtlichen Abführungsverpflichtungen nach den jeweils einschlägigen Doppelbesteuerungsabkommen (DBA).[66]

Die Nichteinhaltung der Vorschriften über die Einbehaltung und Abführung der Lohnsteuer muss sich nicht aus einem mit der Verleihtätigkeit selbst im Zusammenhang stehenden Verstoß ergeben. Bei vorsätzlicher Nichtabführung von Lohnsteuer ist die Erlaubnis auch dann zwingend zu versagen, wenn der Antragsteller in der Vergangenheit in einem **vom Verleihbetrieb unabhängigen Geschäftsbetrieb Lohnsteuer hinterzogen** hat.[67]

▶ Beispiel:

Der Antragsteller ist Inhaber eines kleinen Dachdeckerbetriebes mit 30 Mitarbeitern. Die Geschäfte laufen schon seit Monaten schlecht. Deshalb ist er mit der Abführung der Lohnsteuer der vergangenen vier Monate in Verzug.

Die Steuerrückstände sprechen gegen die Zuverlässigkeit des Antragstellers, die Regionaldirektion kann die Erlaubnis daher nach § 3 Abs. 1 Nr. 1 AÜG versagen. Wird der Behörde der Versagungsgrund erst nach Erlaubniserteilung bekannt, kann sie die rechtswidrige Erlaubnis zurücknehmen (§ 4 AÜG).

---

65 LSG Niedersachsen, 22.07.1977 – L 7 S (Ar) 31/77, EzAÜG § 4 AÜG Rücknahme Nr. 1.
66 Vgl. Einl. Rdn. 91 ff.
67 LSG Niedersachsen, 22.07.1977 – L 7 S (Ar) 31/77, EzAÜG § 4 AÜG Rücknahme Nr. 1.

37 Auch bei **Verstößen gegen sonstige steuerrechtliche Bestimmungen** ist die Erlaubnisbehörde je nach Art und Schwere des Verstoßes zur Annahme der Unzuverlässigkeit des Antragstellers berechtigt. Zwar fällt ein solcher Verstoß nicht unter das genannte Regelbeispiel. Dies ist jedoch unerheblich, da der in § 3 Abs. 1 Nr. 1 AÜG niedergelegte Katalog nicht abschließend ist. Als unbenannte Unzuverlässigkeitsgründe kommen hier insb. die Hinterziehung von Einkommen-, Körperschafts- und USt in Betracht.[68]

c) Arbeitsvermittlung, Anwerbung im Ausland, Ausländerbeschäftigung

38 Den **Erlaubnisvorbehalt für die private Arbeitsvermittlung** hat der Gesetzgeber durch das am 27.03.2002[69] in Kraft getretene Gesetz zur Vereinfachung der Wahl der Arbeitnehmervertreter in den Aufsichtsrat vom 23.03.2002 **abgeschafft**. Private Anbieter können daher neben gewerbsmäßiger Arbeitnehmerüberlassung auch private Arbeitsvermittlung betreiben. Die Vermittlungstätigkeit ist dabei lediglich bei der nach Landesrecht zuständigen Behörde, regelmäßig dem Gewerbeaufsichtsamt, anzuzeigen (§ 14 Abs. 1 Satz 1 GewO).[70] Zudem muss die private Vermittlungstätigkeit ordnungsgemäß durchgeführt werden (§§ 292 ff. SGB III). Die Missachtung der Vorschriften über die nicht genehmigungspflichtige Gewerbeausübung begründet je nach Schwere des Verstoßes einen Versagungsgrund.

39 Auch lediglich mittelbar mit der Vermittlungstätigkeit im Zusammenhang stehende Verstöße können die Unzuverlässigkeit des Antragstellers begründen. Die gilt bspw. für die missbräuchliche Ausnutzung des Verfahrens zur Auszahlung eines **Vermittlungsgutscheins** (§ 421g SGB III).[71]

40 Neben der Aufhebung des Erlaubnisvorbehalts für private Arbeitsvermittlung in § 291 SGB III a.F. wurde § 292 SGB III im Zuge der Gesetzesänderung neu gefasst. Seitdem ist die **private Vermittlung mit Auslandsberührung auch außerhalb des EU-/EWR-Raums** grds. erlaubt. Die ehemals getrennten Institute der Auslandsvermittlung (§ 292 Abs. 2 Satz 1 SGB III a.F.) und der Anwerbung aus dem Ausland (§ 302 Abs. 2 Satz 1 SGB III a.F.) wurden unter dem neuen § 292 SGB III zusammengefasst. Beide wurden für die private

---

68 *Boemke/Lembke* § 3 AÜG Rn. 28; *Urban-Crell/Schulz* Rn. 629.
69 BGBl. I, 1130.
70 Vgl. Gesetzesbegründung BT-Drucks. 14/8546, 5 f.
71 Ausführlich zur Arbeitsvermittlung *Urban-Crell/Schulz* Rn. 1381 ff., zum Vermittlungsgutschein Rn. 1405 ff.; a. Thüsing/*Kock* § 3 AÜG Rn. 29.

Arbeitsvermittlung – soweit eine Rechtsverordnung nichts Abweichendes vorschreibt – grds. freigegeben.[72]

Durch **§ 42 der Verordnung über die Zulassung von neu einreisenden Ausländern** zur Ausübung einer Beschäftigung (BeschV) wurde diese Erlaubnis dahingehend eingeschränkt, dass die Anwerbung und Vermittlung ausländischer Arbeitnehmer aus bestimmten Staaten für eine Beschäftigung in Gesundheits- und Pflegeberufen nur durch die BA durchgeführt werden darf (§ 38 BeschV)[73].

Ein **Verstoß gegen die Bestimmungen über die Ausländerbeschäftigung** 41 kann die Versagung bzw. Nichtverlängerung einer Erlaubnis rechtfertigen. Zu den einschlägigen Regelungen des Arbeitsgenehmigungsrechts zählen insb. §§ 7 ff., 18 ff., 39 ff., 96 ff. AufenthG, § 284 SGB III n.F. sowie die Vorschriften der Arbeitsgenehmigungsverordnung (ArGV). **Staatsangehörige der EU bzw. des EWR** genießen aufgrund gesetzlicher Bestimmungen oder zwischenstaatlicher Abkommen Arbeitnehmerfreizügigkeit. Sie benötigen vor Aufnahme einer Tätigkeit in der BRD keine Arbeitsgenehmigung (Art. 39 ff. EGV i.V.m. FreizügG/EU). Entsprechendes gilt für **Schweizer Staatsangehörige** (vgl. Freizügigkeitsabkommen zwischen der EU und der Schweiz vom 24.05.2003).

Für **Staatsangehörige aus Staaten außerhalb des EU-/EWR-Raums** gilt ein 42 Arbeitsgenehmigungsvorbehalt. Für gewerbsmäßige Arbeitnehmerüberlassung bestand ein absoluter Versagungsgrund. Nach § 40 Abs. 1 Nr. 2 AufenthG war eine Arbeitserlaubnis zu versagen, wenn der Arbeitnehmer als Leiharbeitnehmer tätig werden wollte.[74]

Mit Inkrafttreten des **Integrationsgesetzes**[75] am 06.08.2016 wurde unter anderem das Zeitarbeitsverbot für Asylbewerber aufgehoben. Als Konsequenz der ausgesetzten Vorrangprüfung können Asylbewerber und Geduldete in Regionen mit guter Arbeitsmarktlage (133 der 156 Agenturbezirke der

---

72 Thüsing/*Kock* § 3 AÜG Rn. 28; *Urban-Crell/Schulz* Rn. 1392 f.
73 Beschäftigungsverordnung – BeschV vom 22.11.2004 (BGBl. I, 2937) ergangen; neu gefasst mit Wirkung ab 01.07.2013 durch Art. 1 der Verordnung zur Änderung der Ausländerbeschäftigung vom 06.06.2013 (BGBl. I, 1499), zuletzt geändert durch Verordnung vom 29.07.2015 (BGBl. I, 1422).
74 So a. § 6 Abs. 1 Nr. 2 ArGV in der bis zum 31.07.2004 geltenden Fassung.
75 BGBl. 2016 Teil I Nr. 39, 1939.

Bundesagentur für Arbeit[76]) bereits nach **drei Monaten** legalen Aufenthalts in Deutschland in der Zeitarbeit eingesetzt werden. Diese Regelung ist auf drei Jahre befristet.

43 Für **EU-Staatsangehörige der neuen MOE-Mitgliedsstaaten** war die Arbeitnehmerfreizügigkeit – **mit Ausnahme für Malta und Zypern** – für eine Übergangszeit von bis zu 7 Jahren (»2+3+2-Modell«) eingeschränkt.[77] Diese bedurften ebenso wie Drittstaatenangehörige einer Arbeitsgenehmigung (befristet als sog. Arbeitserlaubnis-EU, unbefristet als sog. Arbeitsberechtigung-EU). Deren Erteilung bestimmte sich nach § 284 SGB III, § 12a ArGV. Die Entscheidung über die Erlaubniserteilung an einen MOE-Bürger hatte die BA nach pflichtgemäßem Ermessen unter Berücksichtigung der gesetzlichen Wertentscheidung des § 40 Abs. 1 Nr. 2 AufenthG zu treffen. Grds. wurde die Genehmigung daher nicht erteilt, wenn der MOE-Bürger in Deutschland als Leiharbeitnehmer eingesetzt werden sollte.[78]

44 Für die Tschechische Republik, Estland, Lettland, Litauen, Ungarn, Polen, Slowenien und die slowakische Republik, die zum 01.05.2004 beigetreten sind, ist die Übergangsfrist am 30.04.2011 abgelaufen, sodass seit dem 01.05.2011 für Staatsangehörige dieser Länder auch in Deutschland die volle **Arbeitnehmerfreizügigkeit** gilt.

Seit dem 01.05.2011 können Unternehmen aus diesen Staaten mit eigenen Arbeitnehmern ohne Beschränkungen Dienstleistungen in Deutschland erbringen. Bürger dieser Staaten benötigen **keine Arbeitserlaubnis** mehr, um in Deutschland zu arbeiten. Osteuropäische Unternehmen können sich nun unmittelbar um Aufträge bewerben. Auch die **Arbeitnehmerüberlassung** von Bürgern aus diesen MOE-Staaten ist jetzt möglich.

Für Bulgarien und Rumänien, die zum 01.01.2007 beigetreten sind, lief die Übergangsfrist noch bis zum 31.12.2013. Für diese beiden Staaten wurde die Übergangsregelung um die »dritte Stufe« (2 + 3 + 2) verlängert. Eine weitere

---

76 Ausgenommen sind in Bayern Aschaffenburg, Bayreuth-Hof, Bamberg-Coburg, Fürth, Nürnberg, Schweinfurt, Weiden, Augsburg, München, Passau und Traunstein, in Nordrhein-Westfalen Bochum, Dortmund, Duisburg, Essen, Gelsenkirchen, Oberhausen, Recklinghausen sowie ganz Mecklenburg-Vorpommern.
77 Ausführlich zur Ausländerbeschäftigung § 15 Rdn. 5 ff.; vgl. Thüsing/*Kock* § 3 AÜG Rn. 30 ff. und 133 ff.
78 Dazu Bayreuther, DB 2011, 708; Böhm, NZA 2010, 1219; *Boemke* BB 2005, 266, 268; ebenso Schüren/Hamann/*Riederer von Paar* AÜG Einl. Rn. 623.

Verlängerung war nicht möglich, sodass Staatsangehörige auch aus Bulgarien und Rumänien ab dem 01.01.2014 die volle Arbeitnehmerfreizügigkeit mit den zuvor genannten Möglichkeiten erhielten.[79]

Damit genießen nun Arbeitnehmer der EU-Mitgliedstaaten – **Belgien, Bulgarien, Dänemark, Estland, Finnland, Frankreich, Griechenland, Großbritannien, Irland, Italien, Kroatien, Lettland, Litauen, Luxemburg, Malta, Niederlande, Österreich, Polen, Portugal, Rumänien, Schweden, Slowakische Republik, Slowenien, Spanien, Tschechische Republik, Ungarn und Zypern** – die uneingeschränkte Arbeitnehmerfreizügigkeit und dürfen in Deutschland eine Beschäftigung aufnehmen ohne dafür eine Arbeitsgenehmigung einzuholen. 45

Gleiches gilt für Staatsangehörige der EWR-Staaten **Island, Norwegen und Liechtenstein**. Schweizer Staatsangehörige sind nach dem Freizügigkeitsabkommen EU – **Schweiz** den EWR-Staatsangehörigen gleichgestellt.

d) Überschreiten der Höchstüberlassungsdauer nach § 1 Absatz 1b

Hierbei handelt es sich um die erlaubnisrechtliche Folgeänderung zur Einführung der **Höchstüberlassungsdauer** in § 1 Absatz 1b AÜG. Bei Verleihunternehmern, welche mit der Höchstüberlassungsdauer ein neues wesentliches Merkmal der Arbeitnehmerüberlassung nicht einhalten, steht die für die Erteilung und Verlängerung der Verleiherlaubnis erforderliche Zuverlässigkeit zur Ausübung der Arbeitnehmerüberlassung in Frage. Daher wurde dieses Merkmal ebenfalls für eine mögliche Versagung der Verleiherlaubnis aufgenommen.[80] 46

Dabei begründet eine **geringfügige Überschreitung** der Höchstüberlassungsdauer regelmäßig nicht die Unzuverlässigkeit im Sinne des § 3 Absatz 1. Bei der Entscheidung über die Versagung der Verleiherlaubnis sind stets die Gesamtumstände zu würdigen und der Grundsatz der **Verhältnismäßigkeit** zu beachten.[81]

---

79 Vertiefend *Gutmann*, NJW 2010, 2779 ff.; *Mävers*, ArbRAktuell 2010, 648 ff.
80 Eingefügt durch das »Gesetz zur Änderung des Arbeitnehmerüberlassungsgesetzes und anderer Gesetze« vom 21.02.2017, BGBl. I, 258.
81 BT-Drucks. 294/16 vom 02.06.2016, Begründung zu Nr.2.

e) Arbeitsschutz

47 Zum Arbeitsschutz rechnen alle **Bestimmungen des öffentlich-rechtlichen Arbeitsschutzrechts**. Zu diesen zählen insb. die nach § 120e GewO erlassenen Verordnungen, die Unfallverhütungsvorschriften der Berufsgenossenschaften (vgl. § 15 SGB VII) sowie alle sonstigen Arbeitsschutzvorschriften des sozialen und technischen Arbeitsschutzes, welche der Sicherheit und dem Gesundheitsschutz der Arbeitnehmer am Arbeitsplatz dienen (z.B. ArbSchG, ArbZG, ArbSichG, GeräteSichG, JArbschG, MuSchG, SGB IX).[82] Der Verleiher ist nicht nur im eigenen Unternehmen zur Einhaltung der Arbeitsschutzvorschriften verpflichtet, er muss auch die Einhaltung des Arbeitsschutzrechts im Entleiherbetrieb überwachen und kontrollieren (§ 11 Abs. 6 AÜG).[83]

▶ **Beispiele:**

Nach der Durchführungsanweisung[84] der BA zum AÜG sind Verstöße gegen
- das Arbeitszeitgesetz;
- das Mutterschutzgesetz;
- das Jugendarbeitsschutzgesetz;
- sonstige öffentlich-rechtliche Arbeitsschutzbestimmungen und
- die Unfallverhütungsvorschriften
- beachtlich.

f) Arbeitsrechtliche Pflichten

48 Nach dem Gesetzeswortlaut können sämtliche **Verstöße gegen arbeitsrechtliche Pflichten**, gleichgültig ob sie auf Gesetz, Tarifvertrag, Betriebsvereinbarung oder Einzelarbeitsvertrag beruhen, die Unzuverlässigkeit des Antragstellers begründen. Dieser Wortlaut ist zu weit. Richtigerweise ist darauf abzustellen, ob es sich um Verstöße gegen zwingende arbeitsrechtliche Pflichten handelt. Es muss zu einer **Verletzung der Rechte des Leiharbeitnehmers im Kernbereich** kommen.[85]

---

82 Ausführlich zum Arbeitsschutz Münch ArbR/*Wlotzke* § 211 Rn. 1 ff.
83 Vgl. § 11 Rdn. 57 ff.
84 Vgl. FW AÜG zu § 3 Nr. 3.1.1.
85 Bay. LSG, 14.03.1985 – L 9/Al 146/83, NZA 1986, 109 f.; ErfK/*Wank* § 3 AÜG Rn. 13; *Urban-Crell-Schulz* Rn. 634.

Eine Verletzung von **Arbeitgeberpflichten im Kernbereich** liegt insb. bei Missachtung der arbeitgeberseitigen Hauptleistungspflicht zur Vergütungszahlung (§ 611 BGB) sowie bei Verletzung zwingender gesetzlicher Regelungen (z.B. BUrlG, EntgeltFZG, TzBfG, AGG) vor. Auch die Verletzung von Pflichten aus dem AÜG selbst (§§ 9 bis 11 AÜG) können den Regeltatbestand erfüllen. 49

▶ **Beispiele:**

Arbeitsrechtliche Pflichtverletzungen sind dem Verleiher insb. dann vorzuwerfen, wenn dieser die vertraglich oder tariflich geschuldete Vergütung nicht oder nicht ordnungsgemäß gewährt oder Entgeltfortzahlungsansprüche, Ansprüche auf Erholungsurlaub und sonstige Ansprüche auf geldwerte Leistungen missachtet.[86]

▶ **Praxistipp:**

Zum Kernbereich der Vergütung gehören auch die Einhaltung der Drehtürklausel, die Beachtung der Lohnuntergrenze sowie die 2013 tariflich geänderte Entgeltfortzahlung (3-Monatsschnitt § 13.3 MTV-BAP/§ 6a MTV-iGZ). Die BA wird gerade diese Kriterien in Zukunft verstärkt überprüfen.[87] Zeitarbeitsunternehmen sind gut beraten, im Hinblick hierauf ihre Dokumentation und Vertragsgestaltung zu überprüfen und ggf. entsprechende Kontrollprozesse einzuführen, um für die nächste BA-Prüfung gewappnet zu sein.

Allein die **Verwendung unzulässiger Arbeitsvertragsklauseln in Formulararbeitsverträgen** – etwa zur Pauschalabgeltung von Überstunden oder unzulässige Regelungen zu Fahrtkostenzuschüssen – rechtfertigt die Annahme der Unzuverlässigkeit nicht[88]. 50

Die Regionaldirektion kann dem Verleiher in einem solchen Fall auch nicht die Verwendung entsprechender Vertragsklauseln untersagen oder deren Änderungen durchsetzen. Auch der Schutz der Leiharbeitnehmer rechtfertigt keine **präventive Inhaltskontrolle** von Arbeitsverträgen oder Vertragsmustern. Die BA kann auf die Erreichung gesetzlicher Ziele mit Auflagen hinwirken. Es

---

86 Zum Aufwendungsersatz nach § 670 BGB: LAG Hamm, 30.06.2011 – 8 Sa 387/11; m. Anm. *Fleddermann* ArbRAktuell 2011, 546 ff.
87 FW zum AÜG, § 8 Ziff. 8.2 und 8.3.
88 Ausführlich zu diesem Problemkreis Thüsing/*Kock* § 3 AÜG Rn. 37.

ist aber nicht ihre Aufgabe bei der privaten Rechtsgestaltung mitzuwirken[89]. Als Organ der Exekutive darf sie auch **nicht** ihre Rechtsmeinung durch Auflagen durchsetzen; dies obliegt allein den Gerichten.

▶ **Hinweis:**

Gestützt durch die Fachlichen Weisungen der BA zum AÜG (FW AÜG) kommt es häufiger vor, dass die Regionaldirektionen Prüfungen vornehmen (z.B. Vertragsmuster, Kündigungen) oder Gestaltungen vorschreiben (z.B. Mischbetriebe, Arbeits – (Teil-) Zeit), die allein den Gerichten vorbehalten sind. Die Unzulässigkeit dieser Vorgehensweise wird nun durch erste Urteile bestätigt[90]. Zeitarbeitsunternehmen sollten erteilte Auflagen unter diesem Aspekt überprüfen.

Nebenbestimmungen sind hingegen nicht dazu geeignet, dem Gewerbetreibenden die Verwendung bestimmter Vertragsklauseln in Formulararbeitsverträgen vorzuschreiben.[91]

▶ **Beispiele:**

Folgende Arbeitsvertragsklauseln wurden von der Rechtsprechung[92] bspw. als unzulässig angesehen:
- Angabe des Grundes für krankheitsbedingte Fehlzeiten,
- Pflicht zur Vorlage einer Fortsetzungsbescheinigung des Arztes bereits am letzten Tag der bis dahin attestierten Arbeitsunfähigkeit,
- Vertragsstraferegelung von drei Tagesverdiensten,
- Verpflichtung des Leiharbeitnehmers, sich in verleihfreien Zeiten, zweimal täglich zu melden,
- Aufzählung fristloser Kündigungsgründe im Leiharbeitsvertrag, da dadurch ggü. dem Arbeitnehmer der Eindruck erweckt werde, ihm

---

89 LSG Hamburg 27.01.1994 – V ARBf 84/92, EzAÜG § 2 AÜG Erlaubnisverfahren Nr.5; a. A. SG Hamburg, 24.09.1992 – 13 AR 247/92, 13 AR 928/92, EzAÜG § 3 AÜG Versagungsgründe Nr. 17; FW AÜG zu § 3 Nr. 3.1.1.
90 Für Mischbetriebe LSG Hamburg – L 2 AL 64/13 – 23.09.2015; BSG – B 11 AL 6/15 R – 12.10.2016; s.a. § 8 Rdn. 137 ff.
91 SG Hamburg, 24.09.1992 – 13 AR 247/92, 13 AR 928/92, EzAÜG § 3 AÜG Versagungsgründe Nr. 17.
92 Vgl. SG Hamburg, 24.09.1992 – 13 AR 247/92, 13 AR 928/92, EzAÜG § 3 AÜG Versagungsgründe Nr. 17.

könne bei Vorliegen eines der genannten Gründe stets und ohne weitere Einzelfallprüfung gekündigt werden,
– Freiwilligkeitsvorbehalt bei Fahrtkostenzuschüssen, soweit der Leiharbeitnehmer Anspruch auf pauschalierten Aufwendungsersatz nach § 670 BGB hat,[93]
– Verpflichtung des Arbeitnehmers zur Beantragung »unbezahlten« Urlaubs auf Verlangen des Verleihers, insb. in verleihfreien Zeiten.[94]

3. Sonstige Unzuverlässigkeitsgründe

Die in § 3 Abs. 1 Nr. 1 AÜG genannten **Beispiele** sind **nicht abschließend**. 51 Dies lässt sich dem Wortlaut der Vorschrift entnehmen (»insbesondere«). Außerhalb der im Gesetz genannten Gründe können auch alle sonstigen gegen die Rechtsordnung verstoßenden Verhaltensweisen des Antragstellers Anlass zu Zweifeln an einer ordnungsgemäßen Ausübung der Verleihtätigkeit geben. Die in Rede stehenden sonstigen Verletzungshandlungen müssen lediglich einen Bezug zur gewerblichen Tätigkeit aufweisen (gewerbebezogene Unzuverlässigkeit) und nach Art und Intensität mit einem benannten Regelbeispiel vergleichbar sein.

▶ Praxistipp:
Nicht mit der gewerblichen Tätigkeit in Zusammenhang stehende Verstöße rechtfertigen die Annahme der Unzuverlässigkeit nicht. Dies gilt bspw. für eine Trunkenheitsfahrt mit dem privaten Pkw.

Die Frage der Zuverlässigkeit oder der Unzuverlässigkeit des Antragstellers 52 beantwortet sich unter Berücksichtigung von Sinn und Zweck des AÜG, insb. ist der soziale Schutz des Leiharbeitnehmers sicherzustellen. Vor diesem Hintergrund haben **Rechtsprechung und Literatur einige Fallgruppen entwickelt**, bei denen neben den ausdrücklich in § 3 Abs. 1 Nr. 1 AÜG genannten Fällen eine Versagung der Erlaubnis bzw. deren Nichtverlängerung rechtmäßig sein kann.

---

93 ArbG Mainz, 04.01.2007 – 3 Ca 1608/06, n.v.
94 LSG NRW, 16.01.1997 – L 9 Ar 162/96, EzAÜG § 3 AÜG Versagungsgründe Nr. 19.

§ 3 AÜG Versagung

a) Verstöße gegen das AÜG

53 **Zuwiderhandlungen gegen das AÜG selbst** können einen sonstigen Unzuverlässigkeitsgrund darstellen. Dies gilt etwa für die gewerbsmäßige Überlassung von Arbeitnehmern vor Beantragung bzw. vor Erteilung einer Erlaubnis nach dem AÜG.[95] Auch das Einreichen manipulierter Unterlagen oder Urkunden sowie vorsätzliches bzw. fahrlässiges Falschausfüllen von Formularen bei der Antragstellung kann zur Versagung der Erlaubnis führen.[96]

b) Verstöße gegen das AEntG

54 Wird ein Leiharbeitnehmer, auch ein aus dem Ausland entliehener, mit Tätigkeiten beschäftigt, die in den Geltungsbereich eines für allgemein verbindlich erklärten Tarifvertrages nach § 3 Abs. 1 oder 5 Nr. 3 AEntG n.F. oder einer Rechtsverordnung nach § 7 AEntG n.F. fallen, so hat ihm der Verleiher zumindest die in diesem Tarifvertrag oder dieser Rechtsverordnung vorgeschriebenen Arbeitsbedingungen zu gewähren sowie die der gemeinsamen Einrichtung nach diesem Tarifvertrag zustehenden Beiträge zu leisten. Die **Mindestlöhne und Mindestarbeitsbedingungen nach dem AEntG sind zwingendes Recht**. Von diesem kann auch durch einen Zeitarbeitstarifvertrag nicht zuungunsten, lediglich zugunsten, der Leiharbeitnehmer abgewichen werden.[97]

55 Auch **sonstige Verstöße gegen das AEntG**, etwa gegen die dort geregelten Mitwirkungs-, Aufbewahrungs-, und Meldepflichten vor Aufnahme der Tätigkeit (§§ 18, 19 AEntG n.F.) können eine Versagung der Erlaubnis rechtfertigen. Für Verleiher mit Geschäftssitz im Ausland normiert § 18 Abs. 3 AEntG n.F. zusätzliche Anforderungen. Überlässt dieser Leiharbeitnehmer in den Geltungsbereich des AEntG, so hat der Entleiher der zuständigen Behörde der Zollverwaltung vor Aufnahme der Tätigkeit schriftlich eine Anmeldung in deutscher Sprache zuzuleiten. Die Anmeldung muss die in § 18 Abs. 3 Nr. 1 bis 7 AEntG n.F. genannten Angaben enthalten. Ferner ist ihr eine Versicherung des Verleihers beizufügen, dass dieser die in § 8 AEntG n.F. vorgeschriebenen Arbeitsbedingungen einhält (§ 18 Abs. 4 AEntG).[98]

---

95 SG Köln, 11.08.1977 – S 10 Ar 183/74, EzAÜG § 3 AÜG Versagungsgründe Nr. 3.
96 SG Koblenz, 03.12.1980 – S 4 Ar 121/80, EzAÜG § 3 AÜG Versagungsgründe Nr. 4.
97 Thüsing/*Kock* § 3 AÜG Rn. 43, 124 ff.
98 Dazu ausführlich ErfK/*Schlachter* § 3 AEntG Rn. 3.

▶ **Praxistipp:**

Eine Übersicht über alle allgemein verbindlichen Tarifverträge nach dem AEntG ist im Anhang abgedruckt. Zu den in das AEntG einbezogenen Branchen s. § 4 AEntG.

c) Mindestmaß an Rechtskenntnissen

Einschlägige Rechts- und Branchenkenntnisse muss der Antragsteller bei der Antragstellung nicht nachweisen. Personen ohne Berufserfahrung gelten daher nicht automatisch als unzuverlässig, auch ihnen kann eine Erlaubnis erteilt werden. Vorausgesetzt ist aber ein **Mindestmaß an Kenntnissen des Arbeits-, Sozialversicherungs- und Steuerrechts**. Ohne elementarste Rechtskenntnisse ist nicht zu gewährleisten, dass der Antragsteller die mit der Arbeitnehmerüberlassung einhergehenden rechtlichen Verpflichtungen ordnungsgemäß erfüllen wird.[99]

Von entsprechenden **Grundkenntnissen** gehen die Regionaldirektionen aus, wenn der Antragsteller
– bereits in der Vergangenheit als selbstständiger Gewerbetreibender im Wirtschaftsleben tätig war,
– über eine abgeschlossene kaufmännische Ausbildung verfügt,
– im Besitz eines Meisterbriefes ist,
– im Personalbereich eines Unternehmens längere Zeit tätig war,
– an einem Existenzgründerlehrgang der IHK oder einem vergleichbaren Lehrgang teilgenommen hat oder
– Inhaber eines bereits seit längerer Zeit bestehenden Mischbetriebes ist.[100]

Auch wenn diese Voraussetzungen nicht vorliegen, kann der Antragsteller seine zumindest grundlegenden Rechtskenntnisse in einem **persönlichen Gespräch** nachweisen.

Der Antragsteller muss nicht zwingend persönlich über die entsprechenden rechtlichen Grundkenntnisse verfügen. Das BSG lässt es ausreichen, wenn er sich die **notwendigen Grundkenntnisse mithilfe Dritter** verschaffen kann.[101]

56

57

58

59

---

99 BSG, 06.02.1992 – 7 ARr 140/90, NZA 1992, 1006, 1007; Schüren/Hamann/*Schüren* § 3 AÜG Rn. 141 ff.
100 Vgl. FW AÜG zu § 3 Nr. 3.1.1.
101 BSG, 06.02.1992 – 7 ARr 140/90, NZA 1992, 1006; Schüren/Hamann/*Schüren* § 3 AÜG Rn. 141 ff.

Ob es sich bei diesem Dritten auch um einen externen Berater handeln kann oder ob der Antragsteller zumindest einen sachkundigen Mitarbeiter beschäftigen muss, ist umstritten. Richtigerweise wird man es genügen lassen müssen, wenn der Antragsteller bei Bedarf auf die Fach- und Sachkunde externer Dienstleister zurückgreifen kann, etwa indem er ein Abrechnungsbüro, einen Steuerberater oder Rechtsanwalt beauftragt.[102]

d) Wirtschaftliche Leistungsfähigkeit

60 **Ungeordnete Vermögensverhältnisse** können gegen die Zuverlässigkeit des Antragstellers sprechen. Gerade die gewerbsmäßige Arbeitnehmerüberlassung setzt eine gewisse Kapitalreserve des Antragstellers voraus, da er als Verleiher auch in verleihfreien Zeiten das Lohnrisiko trägt und die Gewähr für die Abführung von Sozialversicherungsbeiträgen und Steuern bieten muss (vgl. § 615 BGB, § 11 Abs. 4 Satz 2 AÜG). Voraussetzung für die Erlaubniserteilung bzw. deren Verlängerung ist daher der **Nachweis eines Mindestmaßes liquider Mittel**. Für eine ausreichende finanzielle Grundausstattung verlangen die Regionaldirektionen 2.000,00 € pro Leiharbeitnehmer, insgesamt mindestens 10.000,00 €. Diese Mittel müssen nicht zwingend in bar zur Verfügung stehen, der Nachweis von Bürgschaften oder Kreditzusagen kann genügen.[103]

61 An der wirtschaftlichen Leistungsfähigkeit des Antragstellers bestehen erhebliche Zweifel, wenn er nach § 807 ZPO die **eidesstattliche Versicherung** abgegeben hat[104] oder in das bei einem Vollstreckungsgericht oder Insolvenzgericht geführte **Schuldnerverzeichnis** (§ 915 ZPO, § 26 Abs. 2 InsO) eingetragen ist.[105] Auch die **Eröffnung eines Insolvenzverfahrens** ist ein wichtiger Anhaltspunkt für ungeordnete wirtschaftliche Verhältnisse. Allerdings sind gewerberechtliche Sanktionen dann nicht gerechtfertigt, solange das Zeitarbeitsunternehmen fortgeführt wird (vgl. § 22 Abs. 1 Nr. 2, § 230 Abs. 1 InsO).[106]

---

102 *Boemke/Lembke* § 3 AÜG Rn. 44; *Schüren/Hamann/Schüren* § 3 AÜG Rn. 143 ff.; a.A. SG Berlin, 29.11.1989 – S51 Ar 1794/89, EzAÜG § 3 AÜG Versagungsgründe Nr. 13; *Ulber* § 3 AÜG Rn. 32.
103 *Sandmann/Marschall* § 3 AÜG Anm. 21; *Thüsing/Kock* § 3 AÜG Rn. 34.
104 BayLSG, 08.11.2002 – 8 AL 268/99, EzAÜG § 3 AÜG Versagungsgründe Nr. 20.
105 *Boemke/Lembke* § 3 AÜG Rn. 40; *Schüren/Hamann/Schüren* § 3 AÜG Rn. 148.
106 Vgl. FW AÜG zu § 3 Nr. 3.1.3.

e) Straftaten und Ordnungswidrigkeiten

Einschlägige Straftaten und Ordnungswidrigkeiten, d.h. solche, die auf- 62
grund ihres Gewerbebezugs die Zuverlässigkeit im Hinblick auf das konkret
auszuübende Gewerbe der Arbeitnehmerüberlassung infrage stellen, indizieren die Unzuverlässigkeit des Antragstellers. Dies gilt bspw. bei Verurteilung wegen Vermögensdelikten wie Diebstahl, Unterschlagung, Erpressung,
Betrug, Untreue, Hehlerei oder Wucher.[107]

Für die Beurteilung der Zuverlässigkeit im konkreten Einzelfall kommt es 63
neben Art und Umständen der Straftat auch auf den **Zeitpunkt der Tatbegehung** an. Mit zunehmendem zeitlichem Abstand nimmt die Bedeutung des
Gesetzesverstoßes für die negative Zukunftsprognose deutlich ab.[108] Maßgeblich sind hier die Fristen des BZRG: strafrechtliche Verurteilungen, die
nicht mehr in ein Führungszeugnis aufgenommen werden dürfen (§§ 32, 34
BZRG) oder solche, die nach Fristablauf im Bundeszentralregister zu tilgen
sind (§§ 45 ff. BZRG), rechtfertigen die Annahme der Unzuverlässigkeit grds.
nicht. Abweichendes gilt nur dann, wenn die Erteilung der Gewerbeerlaubnis
sonst zu einer erheblichen Gefährdung der Allgemeinheit, insb. der Leiharbeitnehmer, führen würde (vgl. § 52 Abs. 1 Nr. 4 BZRG).[109]

Auch im Zusammenhang mit der Verleihtätigkeit begangene **Ordnungswid-** 64
rigkeiten sind zu berücksichtigen.[110]

f) Weitere Umstände

Die Nichtverlängerung bzw. der Widerruf der Erlaubnis kann zulässig sein, 65
wenn der Antragsteller durch seine Verhaltensweise den **Wuchertatbestand
des § 138 Abs. 2 BGB** erfüllt. Der vertragliche Ausschluss der gesetzlichen
Regelung des § 670 BGB bspw. kann gem. § 138 Abs. 2 BGB sittenwidrig
und damit nichtig sein, wenn der Verleiher damit zugleich das typische Risiko

---

107 SG Speyer, 16.09.1981 – S 3 Ar 84/81, EzAÜG § 3 AÜG Versagungsgründe
  Nr. 7; ferner BayLSG, 08.11.2002 – L 8 AL 268/99, EzAÜG § 3 AÜG Versagungsgründe Nr. 20.
108 LSG Baden-Württemberg, 15.03.1981 – L 5 AR 2015/87, n.v.; *Boemke/Lembke*
  § 3 AÜG Rn. 41.
109 *Urban-Crell/Schulz* Rn. 636.
110 *Thüsing/Kock* § 3 AÜG Rn. 35.

von Einsatzwechseltätigkeiten ohne die Gewährung von Fahrtkostenzuschüssen auf den Leiharbeitnehmer abwälzt.[111]

66 Auch das **sittenwidrige Abwerben von (Leih-) Arbeitnehmern** oder deren Verleitung zum Vertragsbruch indiziert die Unzuverlässigkeit des Verleihers.[112]

67 **Weitere Unzuverlässigkeitsgründe** können bspw. Geisteskrankheit oder -schwäche, Alkohol- oder Drogenabhängigkeit sowie schwerwiegende Charaktermängel sein.[113]

II. Ordnungsgemäße Betriebsorganisation – Nr. 2

68 Die Erlaubnis oder Verlängerung der Erlaubnis ist auch dann zu versagen, wenn der Antragsteller nach der Gestaltung seiner Betriebsorganisation nicht in der Lage ist, die üblichen Arbeitgeberpflichten ordnungsgemäß zu erfüllen (**§ 3 Abs. 1 Nr. 2 AÜG**). Nach dem Willen des Gesetzgebers muss der Antragsteller nicht nur formell als Arbeitgeber auftreten, sondern er muss – neben der persönlichen Zuverlässigkeit – auch betriebsorganisatorisch seine üblichen Arbeitgeberpflichten, insb. aus dem Arbeits-, Sozialversicherungs- und Steuerrecht, erfüllen können. Dies kann er nicht, wenn er seine Geschäfte – bildlich gesprochen – »vom Sofa aus« betreibt.[114]

69 Eine **ordnungsgemäße Betriebsorganisation** setzt eine dauerhafte Betriebsstätte des Verleihers voraus. Posteingang und telefonische Erreichbarkeit müssen gewährleistet sein. Anderenfalls können Gerichte, Sozialversicherungsträger und sonstige (Aufsichts-) Behörden ihren Kontrollaufgaben nicht nachkommen. Als Betriebsstätte ungeeignet sind deshalb bspw. Campingwagen, Baubuden, Hotelzimmer oder eine reine Briefkastenfirma.[115]

70 **Umfang und Ausmaß der Betriebsorganisation** bestimmt sich **einzelfallabhängig** nach der Größe des Verleiherbetriebes. Ein größerer Betrieb mit vielen Leiharbeitnehmern wird womöglich eine eigene Personalabteilung und Personalbuchhaltung benötigen, die die Abrechnung des Arbeitsentgelts, die

---

111 BAG, 03.12.2002 – 9 AZR 520/01, n.v.; LAG Baden-Württemberg, 15.08.2001 – 12 Sa 50/01, n.v.; ArbG Mainz, 04.01.2007 – 3 Ca 1608/06, n.v.
112 Schüren/Hamann/*Schüren* § 3 AÜG Rn. 144.
113 *Becker/Wulfgramm* § 3 AÜG Rn. 31; *Boemke/Lembke* § 3 AÜG Rn. 45.
114 BT-Drucks. VI/2303, 11.
115 LSG BaWü, 11.03.2011 – L 13 AL 3438/10 ER B; ErfK/*Wank* § 3 AÜG Rn. 14; *Urban-Crell/Schulz* Rn. 641 f.

Abführung der Lohnsteuer und der Sozialversicherungsbeiträge, die Einhaltung der entsprechenden Melde-, Anzeige- und Auskunftspflichten sowie die Abgabe der nach § 8 AÜG erforderlichen statistischen Meldungen übernimmt. Lässt der Verleiher diese Aufgaben, gerade in Zweigniederlassungen, von geeignetem Aufsichtspersonal durchführen, wandelt sich seine Verantwortung in eine Überwachungs- und Aufsichtspflicht.[116] Zur Erfüllung seiner betriebsorganisatorischen Pflichten kann sich der Antragsteller aber auch der Hilfe Dritter bedienen, bspw. kann er seine Rechts- und Steuerangelegenheiten durch einen zugelassenen Steuerberater bzw. Rechtsanwalt und die Gehaltsabrechnung durch ein externes Lohnbüro erledigen lassen.[117]

Zu einer ordnungsgemäßen Betriebsorganisation gehört auch ein gewisses **Betriebsvermögen des Antragstellers**, insb. prüfen die Regionaldirektionen die finanzielle Leistungsfähigkeit des Antragstellers. Seine Vermögenslage muss die ordnungsgemäße Abführung von Sozialversicherungsbeiträgen und Lohnsteuern, die Zahlung von Arbeitsentgelten und Vorschüssen, etc. gewährleisten.[118]   71

▶ **Beispiele:**
 – Feste Geschäftsräume (kein Campingwagen; keine Briefkastenfirma);
 – Telefonische Erreichbarkeit;
 – Ordnungsgemäße Buchhaltung;
 – Ordnungsgemäße Abführung von Sozialversicherungsbeiträgen;[119]
 – Ausreichende Liquidität (mindestens 2.000,00 € pro Leiharbeitnehmer, insgesamt mindestens 10.000,00 €). Die liquiden Mittel müssen nicht bar zur Verfügung stehen, der Nachweis von Bürgschaften oder Kreditzusagen kann genügen.

Der gewerbsmäßige Verleiher ist üblicherweise Kaufmann i.S.d. § 1 HGB. Sein Gewerbebetrieb ist regelmäßig ein Handelsgewerbe gem. § 1 Abs. 2 HGB. **Verstöße** gegen die – nur deklaratorische – **registerrechtliche Anmeldungspflicht nach § 29 HGB** führen jedoch ebenso wenig zur Versagung der Erlaubnis wie die Nichteintragung der gewerbsmäßigen Arbeitnehmerüberlassung als Geschäftszweck im Handelsregister bei juristischen Personen (§ 33 Abs. 2 Satz 2 HGB) oder die Nichtaufnahme der Arbeitnehmerüberlassung in der Satzung einer AG   72

---

116 *Sandmann/Marschall* § 3 AÜG Anm. 20.
117 ErfK/*Wank* § 3 AÜG Rn. 15; Thüsing/*Kock* § 3 AÜG Rn. 39; vgl. a. Rdn. 59.
118 Vgl. dazu oben Rdn. 60 f.
119 BSG, 24.04.2003 – B 10 LW 8/02 R, EzAÜG § 10 AÜG Fiktion Nr. 110.

§ 3 AÜG   Versagung

(§ 23 Abs. 3 Nr. 2 AktG) bzw. in den Gesellschaftsvertrag einer GmbH (§ 3 Abs. 1 Nr. 2 GmbHG). Derartige formale Verstöße beeinträchtigen die ordnungsgemäße Betriebsorganisation des Antragstellers nicht.[120]

73   Bei sog. **Mischbetrieben**, d.h. solchen Betrieben, deren Geschäftszweck nicht ausschließlich auf Arbeitnehmerüberlassung gerichtet ist, müssen die einzelnen Geschäftsbereiche nicht betriebsorganisatorisch getrennt sein.[121] Bei Arbeitnehmern, die sowohl als Leiharbeitnehmer als auch im eigenen Betrieb des Verleihers eingesetzt werden, ist dies rein tatsächlich bereits nicht möglich. Nichts anderes gilt i.Ü. bei Antragstellern, die neben gewerbsmäßiger Arbeitnehmerüberlassung private Arbeitsvermittlung betreiben. Auch in diesen Fällen bedarf es keiner betriebsorganisatorischen Trennung.[122]

74   Bei nicht ordnungsgemäßer Betriebsorganisation kann die Erlaubnisbehörde die Erteilung bzw. die Verlängerung der Erlaubnis nicht sofort versagen. Vielmehr hat sie unter Berücksichtigung der Umstände des Einzelfalls zunächst zu prüfen, ob die bestehenden Mängel **vorrangig** durch **Auflagen** behoben werden können. Dies gebietet der Grundsatz der Verhältnismäßigkeit.

III. Equal-Pay- und Equal-Treatment-Grundsatz – Nr. 3

75   Seit dem Gesetz zur Änderung des AÜG und anderer Gesetze vom 21.02.2017[123] wird der Gleichbehandlungsgrundsatz nun grds. in § 8 n.F. AÜG geregelt. Dadurch konnte die erlaubnisrechtliche Vorschrift des § 3 Abs. 1 Nr. 3 AÜG redaktionell deutlich gestrafft werden. Eine inhaltliche Änderung wurde durch diese Umstellung nicht vorgenommen.[124]

§ 3 Abs. 1 Nr. 3 AÜG ist nunmehr eine rein gewerberechtliche Vorschrift, die eine Versagung der Erlaubnis für den Fall vorsieht, dass der Antragsteller dem Leiharbeitnehmer die ihm nach § 8 zustehenden Arbeitsbedingungen einschließlich des Arbeitsentgelts nicht gewährt. Der Verleiher muss dem Leiharbeitnehmer für die Zeit dessen Überlassung an einen Dritten grds. die im Betrieb des Entleihers für einen vergleichbaren Arbeitnehmer geltenden

---

120   *Boemke/Lembke* § 3 AÜG Rn. 50; *Urban-Crell/Schulz* Rn. 646.
121   *Boemke/Lembke* § 3 AÜG Rn. 51; *Thüsing/Kock* § 3 AÜG Rn. 42, a.A. *Ulber* § 3 AÜG Rn. 81.
122   *Boemke/Lembke* § 3 AÜG Rn. 51; a.A. *Ulber* § 3 AÜG Rn. 81.
123   Eingefügt durch das »Gesetz zur Änderung des Arbeitnehmerüberlassungsgesetzes und anderer Gesetze« vom 21.02.2017, BGBl. 258.
124   BT-Drucks. 294/16 vom 02.06.2016, Begründung zu Nr. 2.

wesentlichen Arbeitsbedingungen einschließlich des Arbeitsentgelts (»Equal-Pay- und Equal-Treatment-Grundsatz«) gemäß § 8 AÜG gewähren.

C. Versagungsgründe bei grenzüberschreitender Arbeitnehmerüberlassung – Abs. 2 bis 5

I. Allgemeines

§ 3 Abs. 2 bis 5 AÜG regeln die sog. besonderen Versagungsgründe bei **grenz-** 76 **überschreitender Arbeitnehmerüberlassung**.

Das AÜG unterliegt dem **Territorialitätsprinzip**. Es gilt daher für alle Über- 77 lassungen, die das deutsche Staatsgebiet berühren. Dies gilt einerseits für die Überlassung eines Arbeitnehmers vom Inland (Deutschland) ins Ausland und andererseits für den grenzüberschreitenden Personaleinsatz vom Ausland nach Deutschland. In beiden Konstellationen hat die Arbeitnehmerüberlassung Anknüpfungspunkte sowohl im In- als auch im Ausland. Infolgedessen müssen die gewerberechtlichen Voraussetzungen für eine grenzüberschreitende Arbeitnehmerüberlassung beider Staaten erfüllt sein.[125]

▶ Praxistipp:

Ein Verleiher mit Geschäftssitz im Inland bedarf stets einer Erlaubnis nach dem AÜG. Dies gilt unabhängig davon, ob die Arbeitnehmer im In- oder Ausland eingesetzt werden sollen. Unbeachtlich ist auch, ob sich der Einsatzstaat im EU-/EWR-Raum befindet oder es sich um einen sog. Drittstaat handelt.

Die Praxis weicht bei grenzüberschreitenden Sachverhalten häufig auf sonstige Formen drittbezogenen Personaleinsatzes aus, etwa auf Dienst- oder Werkverträge. In diesem Zusammenhang sind bilaterale Verträge, insb. Werkvertragsabkommen und Gastarbeitnehmer-Abkommen, zu berücksichtigen.[126]

Die **gewerberechtliche Zulässigkeit der Arbeitnehmerüberlassung in** 78 **Deutschland** bestimmt sich ausschließlich nach dem AÜG. Für die Erlaubniserteilung kommt es – weder im Fall der Überlassung von Deutschland in das Ausland noch für den umgekehrten Fall des Personaleinsatzes vom Ausland

---

125 LSG NRW, 02.07.2010 – L 1 AL 158/10 B ER; EuGH, 17.12.1981, 279/80, AP EWG-Vertrag Art. 177 Nr. 9; s.a. Einl. Rdn. 51 ff.
126 Dazu *Urban-Crell/Schulz* Rn. 1163 ff.

nach Deutschland – auf die gewerberechtliche Zulässigkeit der grenzüberschreitenden Arbeitnehmerüberlassung nach dem jeweiligen ausländischen Recht des Einsatz- bzw. Entsendestaates an.[127]

▶ **Praxistipp:**

Vor Überlassung eines Arbeitnehmers in das Ausland muss der (deutsche) Verleiher zwingend die Rahmenbedingungen der geplanten Arbeitnehmerüberlassung im Einsatzland prüfen (z.B. generelle Zulässigkeit, formelle und materielle Voraussetzungen, steuer- und sozialversicherungsrechtliche Fragen).[128]

79 Für die Erlaubniserteilung an **Verleiher mit Geschäftssitz im Ausland** gelten nach der internen Geschäftsverteilung der BA besondere Zuständigkeitsregelungen.

Zuständigkeiten für Antragsteller mit Sitz im Inland und Ausland			
Agentur für Arbeit	Düsseldorf	Kiel	Nürnberg
Bundesländer	Hessen Nordrhein-Westfalen	Schleswig-Holstein Mecklenburg-Vorpommern Hamburg Niedersachsen Bremen Berlin Brandenburg Sachsen-Anhalt Thüringen Sachsen	Bayern Baden-Württemberg Rheinland-Pfalz Saarland

---

127 *Boemke* BB 2005, 266; Schüren/Hamann/*Feuerborn* AÜG Einl. Rn. 581 (anders für den Fall der Überlassung vom Aus- ins Inland); *Urban-Crell/Schulz* Rn. 1158 f.; enger wohl a. FW AÜG § 3 Nr. 3.5.
128 Zum Recht der Arbeitnehmerüberlassung im Ausland Schüren/Hamann/*Schüren* AÜG Einl. Rn. 611 ff.; zur Arbeitskräfteüberlassung in Österreich vgl. *Grillberger* Festschrift für Rolf Birk, 2008, S. 151 ff.; s. Einl. Rdn. 54 f.

Versagung § 3 AÜG

Zuständigkeiten für Antragsteller mit Sitz im Inland und Ausland			
Agentur für Arbeit	Düsseldorf	Kiel	Nürnberg
Ausland	Polen	Dänemark	Belgien
	Großbritannien	Norwegen	Frankreich
	Irland	Schweden	Luxemburg
	Niederlande	Finnland	Spanien
	Malta	Island	Portugal
	Rumänien	Estland	Italien
	Bulgarien	Kroatien	Griechenland
	alle nicht EU/EWR Staaten	Lettland	Österreich
		Litauen	Liechtenstein
		Ungarn	Slowenien
		Slowakische Republik	Zypern
		Tschechische Republik	
Anschrift für Antragstellers/ Erlaubnisinhaber	Großempfänger PLZ/Anschrift Agentur für Arbeit Düsseldorf 40180 Düsseldorf	Großempfänger PLZ/Anschrift Agentur für Arbeit Kiel 24131 Kiel	Großempfänger PLZ/Anschrift Agentur für Arbeit Nürnberg 90300 Nürnberg
Telefon	+49 (211) 692 4500	+49 (431) 709 1010	+49 (911) 529 4343
Telefax	+49 (211) 692 4501	+49 (431) 709 1011	+49 (911) 529 400 4343
E-Mail-Adresse	Duesseldorf.091-ANUE@arbeitsagentur.de	Kiel.091-ANUE@arbeitsagentur.de	Nuernberg.091-ANUE@arbeitsagentur.de

(Quelle: www.arbeitsagentur.de)

§ 3 AÜG Versagung

▶ Hinweis:

Eine Übersicht über alle Regionaldirektionen mit Anschriften etc. ist im Anhang abgedruckt.

II. Verleiher mit Sitz außerhalb des EU- oder EWR-Raums – Abs. 2

80 Nach § 3 Abs. 2 AÜG ist die Erlaubnis oder ihre Verlängerung zwingend zu versagen, wenn die Betriebsstätte (Betriebe, Betriebsteile oder Nebenbetriebe) des Verleihers weder in einem Mitgliedsstaat der EU noch im EWR-Raum liegt (sog. **Drittstaat**). Das **Verbot** ist absolut, da eine wirksame Kontrolle von Verleihern aus Drittstaaten durch die BA nicht möglich ist.[129] Die BA hat keinerlei Ermessensspielraum.[130]

81 Die Verbotsvorschrift greift **unabhängig von der Staatsangehörigkeit des Verleihers** oder den Rechtsvorschriften des Staates, nach denen die verleihende Gesellschaft gegründet wurde, ein.

▶ Beispiel:

Auch einem deutschen Staatsangehörigen ist eine beantragte AÜG-Erlaubnis zu versagen, wenn sein Geschäftssitz in einem Drittstaat liegt.

82 Maßgeblich ist **allein der Geschäftssitz des Verleihers**. Als Geschäftssitz nennt § 3 Abs. 2 AÜG Betriebe, Betriebsteile oder Nebenbetriebe. Das AÜG definiert die Begriffe Betrieb, Betriebsteil und Nebenbetrieb nicht. Nach herrschender Auffassung ist insoweit auf die Begriffsbestimmung des Betriebsverfassungsgesetzes in §§ 1 und 4 zurückzugreifen.[131]

▶ Praxistipp:

Für die zwingende Untersagung der Erlaubniserteilung oder -verlängerung kommt es ausschließlich auf den Geschäftssitz des Verleihers an. Liegt dieser in einem sog. Drittstaat ist die Erlaubnis zwingend zu versagen. Deshalb

---

129 Vgl. dazu BT-Drucks. VI/2303, 12.
130 Zu den Besonderheiten bei den MOE-Mitgliedsstaaten s. Rdn. 43.
131 ErfK/*Wank* § 3 AÜG Rn. 30 m.w.N.; ausführlich zu den betriebsverfassungsrechtlichen Begrifflichkeiten Richardi/*Richardi* § 1 BetrVG Rn. 15 ff., § 4 BetrVG Rn. 3 ff.

kann bspw. Verleihern mit Sitz in den USA, der Schweiz[132] und der Türkei[133] keine Erlaubnis nach dem AÜG erteilt werden.

Der Versagungsgrund knüpft allein an die Betriebsstätte des Verleihers im Entsendestaat an; im Einsatzstaat der Leiharbeitnehmer muss dieser keine Betriebsstätte unterhalten.[134] Nach dem Gesetzeswortlaut muss die **Betriebsstätte**, die der Verleiher **außerhalb des EU-/EWR-Raums** unterhält, **für die Verleihtätigkeit i.S.d. § 1 AÜG vorgesehen** sein. Indizien dafür sind bspw. die administrative Abwicklung der Arbeitnehmerüberlassung durch diese Betriebsstätte, etwa die dortige Verwaltung der Leiharbeitsverträge und sonstiger mit der Arbeitnehmerüberlassung in Zusammenhang stehender Geschäftsvorgänge.[135] Für die Beurteilung der Erlaubnisversagung unerheblich sind demgegenüber Betriebsstätten des Verleihers, die mit (grenzüberschreitender) Arbeitnehmerüberlassung in keinerlei Zusammenhang stehen.[136]

▶ Praxistipp:

Zum Zwecke (grenzüberschreitender) Arbeitnehmerüberlassung sollten Verleiher mit Geschäftssitz in Drittstaaten die Gründung einer Betriebsstätte im EU-/EWR-Raum erwägen. Dieser Betrieb, Betriebsteil oder Nebenbetrieb muss dabei nicht in Deutschland errichtet werden.

III. Ausländische Verleiher aus Nicht-EU- oder Nicht-EWR-Staaten – Abs. 3

Nach **§ 3 Abs. 3 AÜG** kann die Erlaubnis versagt werden, wenn der **Antragsteller** nicht Deutscher i.S.d. Art. 116 GG ist oder wenn eine Gesellschaft (z.B. KG, oHG, GbR) oder juristische Person (AG, GmbH, Genossenschaft) den Antrag stellt, die entweder nicht nach deutschem Recht gegründet ist oder die weder ihren satzungsmäßigen Sitz noch ihre Hauptverwaltung noch ihre Hauptniederlassung im Geltungsbereich des AÜG hat. **Natürliche oder juristische Personen aus Drittstaaten** haben – anders als nach § 3 Abs. 4 bis

---

132 S. 10. AÜG-Erfahrungsbericht, BT-Drucks. 15/6008, 7.
133 Vgl. dazu BVerwG, 13.09.2007 – 3 C 49/06, DÖV 2008, 428.
134 Erfk/*Wank* § 3 AÜG Rn. 30; HWK-*Kalb* § 3 Rn. 42; jeweils a. m.w.N. und unter Hinweis auf die Niederlassungs- und Dienstleistungsfreiheit.
135 HWK-*Kalb* § 3 AÜG Rn. 46; *Sandmann/Marschall* § 3 AÜG Anm. 44.
136 ErfK/*Wank* § 3 AÜG Rn. 31 m.w.N.

5 AÜG Deutschen gleichgestellte – keinen Anspruch auf Erlaubniserteilung. Die BA erteilt diese nach pflichtgemäßem Ermessen.[137]

85 § 3 Abs. 3 AÜG regelt **nur die erstmalige Erteilung** (Versagung) der Erlaubnis nach dem AÜG. Spätere Verlängerungsanträge können nicht unter Hinweis auf diese Vorschrift abgelehnt werden. Eine beantragte Verlängerung ist nach den Maßstäben der allgemeinen Versagungsgründe des § 3 Abs. 1 AÜG sowie des absoluten Versagungsgrundes des § 3 Abs. 2 AÜG zu überprüfen.[138]

86 Bei Gesellschaften oder juristischen Personen spielt die **Staatsangehörigkeit der Gesellschafter oder ihrer Organe keine Rolle**. Entscheidend ist allein, ob diese nach deutschem Recht gegründet sind oder ihren satzungsmäßigen Sitz, ihre Hauptverwaltung oder Hauptniederlassung in Deutschland haben. Der Sitz einer Gesellschaft ergibt sich üblicherweise aus der Satzung oder dem Gesellschaftsvertrag.[139] Die Hauptverwaltung einer Gesellschaft oder juristischen Person befindet sich an dem Ort, an dem die tatsächliche Leitungsmacht durch die Gesellschafter oder die Organe ausgeübt wird. Davon unterscheidet sich die Hauptniederlassung insofern, als es für diese auf den Schwerpunkt der gewerblichen Tätigkeit ankommt.[140]

87 Über den Wortlaut des § 3 Abs. 3 AÜG hinaus verlangt die wohl herrschende Literaturauffassung zur Vermeidung von **Scheingründungen nach deutschem Recht**, dass eine Bindung an die deutsche Rechtsordnung fortbestehen muss.[141] Unter Berücksichtigung der Gleichstellungsregelungen des § 3 Abs. 4 bis 5 AÜG muss es dabei allerdings ausreichend sein, dass die Gesellschaft oder juristische Person tatsächlich und dauerhaft mit der Rechts- und Wirtschaftsordnung eines EU-/EWR-Staates verbunden ist.

---

137 Zur fehlerhaften Ermessensunterschreitung bei Annahme, einem Antragsteller außerhalb des EU-/EWR-Raums generell die Verleiherlaubnis versagen zu müssen, vgl. BSG, 12.12.1990 – 11 RAr 49/90, EzAÜG § 3 AÜG Versagungsgründe Nr. 16.
138 Der Wortlaut des § 3 Abs. 3 AÜG und ein systematischer Vergleich mit dem Wortlaut des § 3 Abs. 2 AÜG streitet für dieses Verständnis; vgl. a. HWK/*Kalb* § 3 AÜG Rn. 50.
139 ErfK/*Wank* § 3 AÜG Rn. 35; *Sandmann/Marschall* § 3 AÜG Anm. 54.
140 Ausführlich zu den einzelnen Begriffen Schüren/Hamann/*Schüren* § 3 AÜG Rn. 213 ff.
141 Thüsing/*Kock* § 3 AÜG Rn. 149; *Ulber* § 3 AÜG Rn. 140; a.A. Schüren/Hamann/*Hamann* § 3 AÜG Rn. 212.

IV. Ausländische Verleiher aus EU- oder EWR-Staaten – Abs. 4

§ 3 Abs. 4 AÜG stellt natürliche oder juristische Personen, die dem Recht eines EU-/EWR-Mitgliedstaates unterliegen, deutschen Staatsangehörigen und nach deutschem Recht gegründeten Gesellschaften und juristischen Personen gleich. Diese Antragsteller erhalten daher nach dem **Grundsatz der Inländergleichbehandlung** unter denselben Voraussetzungen wie deutsche Antragsteller eine Erlaubnis nach dem AÜG. Der BA steht allein wegen der Staatsangehörigkeit bzw. dem Gesellschaftsstatut der Gesellschaft oder juristischen Person kein Ermessensspielraum zu.[142]

Für Gesellschaften und juristische Personen sieht § 3 Abs. 4 Satz 3 AÜG allerdings einschränkend vor, dass diese nicht nur ihren **satzungsmäßigen Sitz im EU-/EWR-Raum** haben müssen, sondern darüber hinaus ihre Tätigkeit in tatsächlicher und dauerhafter Verbindung mit der Wirtschaft eines Mitgliedstaates oder eines Vertragsstaates des Abkommens über den Europäischen Wirtschaftsraum steht, soweit sie weder ihre Hauptverwaltung noch ihre Hauptniederlassung innerhalb einer dieser Staaten unterhalten. Diese Entscheidung soll **Scheingründungen** und Briefkastenfirmen vermeiden. Erforderlich aber auch ausreichend dafür ist das Bestehen einer Zweitniederlassung oder einer Betriebsstätte in einem EU-/EWR-Staat.[143]

V. Ausländische Verleiher aus Abkommenstaaten – Abs. 5

Als weitere Ausnahme zu § 3 Abs. 3 AÜG bestimmt **§ 3 Abs. 5 AÜG**, dass Antragsteller aus Drittstaaten auch dann mit deutschen Staatsangehörigen oder deutschen Gesellschaften und juristischen Personen gleichzustellen sind, wenn sich diese aufgrund eines **internationalen Abkommens** im Geltungsbereich des AÜG, d.h. in Deutschland, niederlassen.

▶ **Beispiele:**

Für die Praxis von Bedeutung sind bspw.:

Niederlassungsvertrag mit der Schweiz vom 13.11.1909;[144]

---

142 Thüsing/*Kock* § 3 AÜG Rn. 151.
143 *Becker/Wulfgramm* § 3 AÜG Rn. 91 ff.; Schüren/Hamann/*Schüren* § 3 AÜG Rn. 219 ff.; Thüsing/*Kock* § 3 AÜG Rn. 156.
144 RGBl. 887, 894.

Assoziierungsabkommen zwischen der EWG und der Türkei vom 12.09.1963 (Art. 13).[145]

91 Keine praktische Bedeutung mehr haben **Assoziierungsabkommen mit mittel- und osteuropäischen Staaten** (MOE-Staaten), für die nach deren Beitritt zur EU am 01.05.2004 bzw. 01.01.2007 die europäischen Grundfreiheiten ohnehin grds. gelten.[146]

▶ Praxistipp:

Zu beachten bleibt allerdings, dass bestehende Beschäftigungsverbote für ausländische Leiharbeitnehmer auch bei Erteilung einer Erlaubnis nach § 1 AÜG an ausländische Verleiher ihre Bedeutung nicht verlieren. Arbeitnehmer aus Drittstaaten und – bis zum Ablauf der jeweiligen Übergangsfrist – aus MOE-Staaten dürfen in Deutschland nicht als Leiharbeitskräfte eingesetzt werden.[147]

D. Verfahren und Rechtsbehelfe

92 Einen den Antragsteller **belastenden Bescheid** über die Versagung oder Nichtverlängerung der Erlaubnis hat die BA schriftlich zu begründen (vgl. § 39 Abs. 1 VwVfG) und mit einer Rechtsbehelfsbelehrung zu versehen. **Verfahren und Rechtsbehelfe** richten sich nach dem **SGG**.

93 Nach ordnungsgemäßer Durchführung eines **Widerspruchsverfahrens** (§§ 78, 86 SGG) kann innerhalb eines Monats nach Zustellung des Widerspruchsbescheides oder, wenn ein Vorverfahren nicht stattgefunden hat, einen Monat nach Bekanntgabe des Verwaltungsaktes, **Verpflichtungsklage** zum zuständigen SG erhoben werden (§ 51 Abs. 1, §§ 54, 87 SGG).

94 Widerspruch und Anfechtungsklage gegen Versagungs- und Nichtverlängerungsbescheide nach dem AÜG haben grds. **keine aufschiebende Wirkung** (§ 86a Abs. 4 SGG); die Vollziehung eines Verwaltungsaktes kann aber auf Antrag gem. § 86a Abs. 3 und 4 SGG ganz oder teilweise ausgesetzt werden.[148]

---

145 BGBl. II 1964, 510, 520.
146 Etwa Abkommen mit Bulgarien vom 08.03.1993 (Art. 45 Abs. 1), BGBl. II 1994, 2753, 2761; Abkommen mit Rumänien vom 01.02.1993 (Art. 45 Abs. 1), BGBl. II 1994, 2957, 2965.
147 Zu Beschäftigungsverboten vgl. Rdn. 42 f., § 2 Rdn. 73 ff.
148 Ausführlich zum Rechtsschutz § 2 Rdn. 64 ff.

§ 3a Lohnuntergrenze

(1) [1]Gewerkschaften und Vereinigungen von Arbeitgebern, die zumindest auch für ihre jeweiligen in der Arbeitnehmerüberlassung tätigen Mitglieder zuständig sind (vorschlagsberechtigte Tarifvertragsparteien) und bundesweit tarifliche Mindeststundenentgelte im Bereich der Arbeitnehmerüberlassung miteinander vereinbart haben, können dem Bundesministerium für Arbeit und Soziales gemeinsam vorschlagen, diese als Lohnuntergrenze in einer Rechtsverordnung verbindlich festzusetzen; die Mindeststundenentgelte können nach dem jeweiligen Beschäftigungsort differenzieren und auch Regelungen zur Fälligkeit entsprechender Ansprüche einschließlich hierzu vereinbarter Ausnahmen und deren Voraussetzungen umfassen. [2]Der Vorschlag muss für Verleihzeiten und verleihfreie Zeiten einheitliche Mindeststundenentgelte sowie eine Laufzeit enthalten. [3]Der Vorschlag ist schriftlich zu begründen.

(2) [1]Das Bundesministerium für Arbeit und Soziales kann, wenn dies im öffentlichen Interesse geboten erscheint, in einer Rechtsverordnung ohne Zustimmung des Bundesrates bestimmen, dass die vorgeschlagenen tariflichen Mindeststundenentgelte nach Absatz 1 als verbindliche Lohnuntergrenze auf alle in den Geltungsbereich der Verordnung fallenden Arbeitgeber sowie Leiharbeitnehmer Anwendung findet. [2]Der Verordnungsgeber kann den Vorschlag nur inhaltlich unverändert in die Rechtsverordnung übernehmen.

(3) [1]Der Verordnungsgeber hat bei seiner Entscheidung nach Absatz 2 im Rahmen einer Gesamtabwägung neben den Zielen dieses Gesetzes zu prüfen, ob eine Rechtsverordnung nach Absatz 2 insbesondere geeignet ist, die finanzielle Stabilität der sozialen Sicherungssysteme zu gewährleisten. [2]Der Verordnungsgeber hat zu berücksichtigen
1. die bestehenden bundesweiten Tarifverträge in der Arbeitnehmerüberlassung und
2. die Repräsentativität der vorschlagenden Tarifvertragsparteien.

(4) [1]Liegen mehrere Vorschläge nach Absatz 1 vor, hat der Verordnungsgeber bei seiner Entscheidung nach Absatz 2 im Rahmen der nach Absatz 3 erforderlichen Gesamtabwägung die Repräsentativität der vorschlagenden Tarifvertragsparteien besonders zu berücksichtigen. [2]Bei der Feststellung der Repräsentativität ist vorrangig abzustellen auf

§ 3a AÜG   Lohnuntergrenze

1. die Zahl der jeweils in den Geltungsbereich einer Rechtsverordnung nach Absatz 2 fallenden Arbeitnehmer, die bei Mitgliedern der vorschlagenden Arbeitgebervereinigung beschäftigt sind;
2. die Zahl der jeweils in den Geltungsbereich einer Rechtsverordnung nach Absatz 2 fallenden Mitglieder der vorschlagenden Gewerkschaften.

(5) ¹Vor Erlass ist ein Entwurf der Rechtsverordnung im Bundesanzeiger bekannt zu machen. ²Das Bundesministerium für Arbeit und Soziales gibt Verleihern und Leiharbeitnehmern sowie den Gewerkschaften und Vereinigungen von Arbeitgebern, die im Geltungsbereich der Rechtsverordnung zumindest teilweise tarifzuständig sind, Gelegenheit zur schriftlichen Stellungnahme innerhalb von drei Wochen ab dem Tag der Bekanntmachung des Entwurfs der Rechtsverordnung im Bundesanzeiger. ³Nach Ablauf der Stellungnahmefrist wird der in § 5 Absatz 1 Satz 1 des Tarifvertragsgesetzes genannte Ausschuss mit dem Vorschlag befasst.

(6) ¹Nach Absatz 1 vorschlagsberechtigte Tarifvertragsparteien können gemeinsam die Änderung einer nach Absatz 2 erlassenen Rechtsverordnung vorschlagen. ²Die Absätze 1 bis 5 finden entsprechend Anwendung.

Übersicht	Rdn.
A. **Allgemeines**	1
I. Entstehungsgeschichte	1
II. Gesetzeszweck/Systematik	5
1. Ziel	5
2. »Echter« Mindestlohn	6
3. Systematik	9
B. **Voraussetzungen einer Rechtsverordnung**	10
I. § 3a Abs. 1 AÜG – Vorschlag der Mindestlohntarifparteien	11
II. § 3a Abs. 2 AÜG – Rechtsverordnung	14
III. § 3a Abs. 3 AÜG – Gesamtabwägung	18
1. § 5 Abs. 1 Satz 1 Nr. 2 TVG	20
2. Weitere Kriterien	21
IV. § 3a Abs. 4 AÜG – Auswahl mehrerer Vorschläge	29
V. § 3a Abs. 5 AÜG – Anhörungs- und Beteiligungsrechte	32
VI. § 3a Abs. 6 AÜG – Änderung der Rechtsverordnung	35
C. **Verfahren und Rechtsfolgen**	36
I. Bekanntmachung, Veröffentlichungen, Inkrafttreten	36
II. Kontrolle und Sanktionen	37
III. Rechtsfolgen	41

D.	Zweite Verordnung über eine Lohnuntergrenze in der Arbeitnehmerüberlassung (2. LohnUGAÜV)	43
I.	Verhältnis zum Mindestlohngesetz (MiLoG)	45
II.	Verhältnis zu §§ 7, 8 Abs.3 AEntG	46
III.	Nachwirkung	52

A. Allgemeines

I. Entstehungsgeschichte

Die **Lohnuntergrenze** in der Arbeitnehmerüberlassung ist im Hinblick auf die **Tarifautonomie** gem. Art. 9 Abs. 3 GG verfassungsrechtlich äußerst umstritten.[1] Erst im Rahmen eines Vermittlungsverfahrens wurde sie im März 2012 in das Gesetzgebungsverfahren aufgenommen.[2] **1**

Bereits seit 2006 wurde von den DGB – Gewerkschaften aber auch von den Zeitarbeitsverbänden BAP (ehemals BZA) und iGZ eine Lohnuntergrenze in der Zeitarbeit über eine Regelung im **Arbeitnehmerentsendegesetz (AEntG)** gefordert. Hintergrund für diese Forderung dürfte aber weniger der Schutz der Leiharbeitnehmer gewesen sein, als vielmehr die Verdrängung von Wettbewerb.[3] Aufgrund der besonderen AÜG-Systematik, durch einen Tarifvertrag zuungunsten des Leiharbeitnehmers vom Gesetz abzuweichen, entstand ein »Wettbewerb der Tarifverträge«, der zu erheblichen Nachteilen für die Leiharbeitnehmer in Deutschland führte. Die Mitglieder des **Christlichen Gewerkschaftsbundes (CGB)** nutzten die Möglichkeiten dieser neuen Gesetzessystematik, um Tarifverträge abzuschließen, die einen deutlich niedrigeren Lohn für Leiharbeitnehmer vorsahen als die Tarifverträge der Tarifgemeinschaft des DGB.[4] Der von der DGB-Tarifgemeinschaft geforderte **Mindestlohn über das AEntG** wurde von der Bundesregierung jedoch mehrfach abgelehnt. Unterstützt wurde dies durch die Bundesvereinigung der Arbeitgeberverbände (BDA) unter Berufung auf die Tarifautonomie und die Koalitionsfreiheit.

---

1 S. nur *Bayreuther* DB 2011, 706 ff. m.w.N.
2 Ausführlich zu dem politischen Hintergrund des Gesetzgebungsverfahrens *Hamann* NZA 2011, 330, der von einem *politischen Kompromiss* spricht; während *Rieble/Vielmeier* EuZA 2011, 502 das Verfahren als *politischen Kuhhandel* bezeichnen.
3 Zu diesem Themenkomplex ausführlich *Hurst* Tarifverträge in der Zeitarbeit, S. 26 ff.
4 *Schüren* AÜG, § 9 Rn. 114 ff. m.w.N. spricht hier sogar von Gefälligkeitstarifverträgen.

2   Die Forderung nach einer Lohnuntergrenze gewann erst wieder an Bedeutung, als der »Tarifgemeinschaft Zeitarbeit und PSA (**CGZP**)« der Christlichen Gewerkschaften mit BAG, Urt. v. 14.12.2010[5] die **Tariffähigkeit** aberkannt wurde. Gleichzeitig rückte die **Arbeitnehmerfreizügigkeit** für die im Jahr 2004 der EU beigetretenen Mitgliedstaaten Mittel- und Osteuropas (MOE) zum 01.05.2011 näher, und damit die Befürchtung eines Unterlaufens des deutschen Lohnniveaus durch ausländische Arbeitgeber wieder in den Fokus.[6]

Trotzdem wurde eine Regelung zur Lohnuntergrenze in der Zeitarbeit in der ursprünglichen Fassung des Gesetzesentwurfs vom 17.02.2011[7] nicht aufgenommen. Erst im Zuge der Hartz IV-Verhandlungen wurde die Lohnuntergrenze auf Antrag der Fraktionen der CDU/CSU und der FDP als politischer Kompromiss wieder integriert.[8] Letztlich war es ein Entgegenkommen im Zuge des Ermittlungsverfahrens der Festsetzung der Regelsätze des SGB II und VII.[9]

3   § 3 a wurde durch Artikel 1 Nr. 6 des **Ersten Gesetzes zur Änderung des Arbeitnehmerüberlassungsgesetzes – Verhinderung von Missbrauch der Arbeitnehmerüberlassung** von 28.04.2011[10] in das AÜG eingefügt. Die gesetzliche Neuregelung ist am 30.04.2011 in Kraft getreten (Artikel 2 Abs. 2 des Gesetzes vom 28.04.2011).

Erstmals geändert wurde die Vorschrift in Abs. 1, 2 und 3 durch Artikel 7 Nr. 1 des **Gesetzes zur Stärkung der Tarifautonomie** vom 11.08.2014[11]. Die Änderung ist am 16.08.2014 in Kraft getreten.

4   Ein **Vorschlag für eine Lohnuntergrenze** wurde von den Zeitarbeitsverbänden BAP und iGZ sowie von den DGB – Gewerkschaften der Tarifgemeinschaft Zeitarbeit am 27.10.2011 unterbreitet (s.u. Rdn. 10 f.). Auf dieser Grundlage hat das BMAS am 21.12.2011 die »Erste Verordnung über eine Lohnuntergrenze in der Arbeitnehmerüberlassung« (LohnUGAÜV) erlassen. Diese ist

---

5   BAG, Beschl. v. 14.12.2010 – 1 ABR 19/10.
6   *Heuchemer/Schielke* BB 2011, 759; a.A. *Huke/Neufeld/Luickhardt* BB 2012, 961 wonach sich »diese Gefahr nicht realisiert hat.«.
7   BT-Drucks. 17/4804.
8   BT-Drucks. 17/5238, 7.
9   Ausführlich *Leuchten* NZA 2011, 610, der vom AÜG als »Opfer« des Hartz IV-Kompromisses spricht.
10 BGBl. I 2011, 642.
11 BGBl. I 2014, 1348.

am 28.12.2011 im Bundesanzeiger veröffentlicht worden[12]. In der Rechtsverordnung ist in § 3 festgelegt, dass die Rechtsverordnung mit Wirkung ab dem 01.01.2012 in Kraft und am 31.10.2013 ohne Nachwirkung außer Kraft tritt. Eine unmittelbar zeitlich anschließende Folgeverordnung wurde nicht erlassen.

Erst am 21.03.2014 wurde die »Zweite Verordnung über eine Lohnuntergrenze in der Arbeitnehmerüberlassung« (2. LohnUGAÜV) erlassen und am 26.03.2014 im Bundesanzeiger veröffentlicht[13]. Diese ist zum 01.04.2014 in Kraft getreten und endete zum 31.12.2016 ohne Nachwirkung. (**im Anhang abgedruckt; siehe auch unten D.**)

Am 30.11.2016 hat die Tarifgemeinschaft Zeitarbeit einen neuen Tarifabschluss erzielt. Dieser sieht auch vor, dass die Tarifvertragsparteien dem Bundesministerium für Arbeit und Soziales eine neue Lohnuntergrenze vorschlagen werden. Wegen des einzuhaltenden Verfahrens wird die neue Lohnuntergrenze voraussichtlich erst im Laufe des Jahres 2017 wirksam werden. Die jeweiligen Mindestentgelte der Lohnuntergrenze werden identisch sein mit den in diesem Tarifabschluss für die Entgeltgruppe 1 West und Ost festgelegten Beträgen.[14]

II. Gesetzeszweck/Systematik

1. Ziel

Nach dem **Gesetzeszweck** des RegE war es allgemeines Ziel, **Missbrauch zu verhindern** und damit das Instrument der **Arbeitnehmerüberlassung** zu **stärken** und zukunftsfähig weiterzuentwickeln.[15] Zur Erreichung dieses Ziels trägt auch eine Lohnuntergrenze entscheidend bei, da sie Lohndumping verhindert und zu einer Imageverbesserung und Anerkennung führt.[16] Darüber hinaus ist sie auch zum **Schutz der Zeitarbeitnehmer** geeignet. Im Hinblick auf die **Arbeitnehmerfreizügigkeit** wird sichergestellt, dass diese Lohnuntergrenze

---

12 Bundesanzeiger v. 28.12.2011, Nr. 195, S. 4608.
13 Bundesanzeiger AT 26.03.2014 V1.
14 Siehe hierzu § 8 Rdn. 91 f.
15 BT-Drucks. 17/4804, 7.
16 BT-Drucks. 17/5238, 15; **kritisch hierzu** *Huke/Neufeld/Luickhardt* BB 2012, 961, die dieses Ziel – aufgrund der AÜG – Systematik (Gleichbehandlungsgrundsatz und Tariföffnungsklausel) und der damit verbundenen fast 100 % -Tarifierung der Branche – bereits durch die Branchentarifverträge als erfüllt ansehen.

auch für ausländische Zeitarbeitsunternehmen und deren in Deutschland eingesetzte Zeitarbeitnehmer verbindlich gilt und damit ein Unterschreiten des **deutschen Lohnniveaus** verhindert wird.[17]

2. »Echter« Mindestlohn

6   Mit der Lohnuntergrenze in § 3a AÜG wird die Möglichkeit, vom **Gleichstellungsgrundsatz** durch Tarifvertrag abzuweichen, teilweise zurückgenommen. Dabei greift die Vorschrift nicht grundlegend in die bisherige Struktur der Vergütungsregelung des AÜG ein, wonach ein Tarifvertrag eine Abweichung vom Gleichbehandlungsgrundsatz ermöglicht. Sondern sie bestimmt für diese abweichenden Tarifverträge lediglich eine **Untergrenze**, die von einer Rechtsverordnung definiert wird.[18]

7   Über diesen reinen Wortlaut der Vorschrift hinaus beinhaltet § 3a AÜG aber auch einen »**echten**« **Mindestlohn** in der Zeitarbeit. Diese zusätzliche Bedeutung ergibt sich jedoch erst aus der Gesetzesbegründung[19] und durch die Verbindung zu § 8 Abs. 5 AÜG. Dieser bestimmt, dass der Verleiher verpflichtet ist, dem Leiharbeitnehmer mindestens das in einer Rechtsverordnung nach § 3a Abs. 2 AÜG für die Zeit der Überlassung und für Zeiten ohne Überlassung festgesetzte Mindeststundenentgelt zu zahlen.[20] Dadurch soll sichergestellt werden, dass auch eine **Unterschreitung** der geregelten **Mindeststundenentgelte** unter Berufung auf den Gleichstellungsgrundsatz nicht möglich ist.

▶ Beispiel:

Nach dieser Meinung geht die Lohnuntergrenze gem. § 3a AÜG dem Gleichbehandlungsgrundsatz (Equal Treatment) gem. § 3 Abs. 1 Nr. 3 AÜG vor.

Wird ein Mitarbeiter nach dem gesetzlichen Grundsatz des Equal Treatment eingestellt – ohne arbeitsvertraglich die Tariföffnungsklausel zu nutzen – und z.B. in die Gastronomie überlassen, muss er das

---

17 BT-Drucks. 17/5238, 15; *Oberthür* ArbRB 2011, 148.
18 BT-Drucks. 17/5238, 14; ausführlich *Leuchten* NZA 2011, 611, der von einer »Hängematte« spricht.
19 BT-Drucks. 17/5238, 14.
20 Statt vieler *Huke/Neufeld/Luickhardt* BB 2012, 962, die sich jedoch auch eine Klarstellung im Gesetzestext gewünscht hätten.

Mindeststundenentgelt der Lohnuntergrenze erhalten (derzeit 8,19 €) und nicht das Arbeitsentgelt eines vergleichbaren Mitarbeiters (z.B. 8,- €).

Diese gesetzliche Regelung – durch die ein **staatlich gesetzter Mindestlohn** 8 sozusagen durch die »Hintertür« in der Zeitarbeit eingeführt wird – **widerspricht** dem Gleichbehandlungsgrundsatz in der Zeitarbeit, und damit der Zeitarbeitsrichtlinie (AWD) und ihrer Umsetzung im deutschen Arbeitnehmerüberlassungsgesetz (AÜG). Dieser Mindestlohn stellt eine **Beschränkung der Zeitarbeit** dar, die gerade durch Art. 4 der Zeitarbeitsrichtlinie (AWD) verhindert werden soll.[21] Es ist nicht ersichtlich, warum die Gleichbehandlung nicht in allen Fällen greifen soll, zumal die unter der Lohnuntergrenze liegenden Löhne meist auch von den Sozialpartnern ausgehandelt wurden.

3. Systematik

Mit der Neuregelung in § 3a AÜG soll das im § 4 Arbeitnehmerentsendege- 9 setz (AEntG) geregelte Verfahren zur Erstreckung branchenspezifischer Mindestlöhne unter Berücksichtigung der Besonderheiten der Arbeitnehmerüberlassung weitestgehend übernommen werden.[22]
– Erste Voraussetzung ist ein eigenständiger **Mindestlohntarifvertrag**, der einheitliche Mindeststundenentgelte für Verleihzeiten und verleihfreie Zeiten vorsieht, sowie eine Laufzeit enthält.
– Die Mindestlohntarifparteien können dem Bundesministerium für Arbeit und Soziales (BMAS) gemeinsam vorschlagen, diese als Lohnuntergrenze in einer Rechtsverordnung verbindlich festzusetzen. Der **Vorschlag** ist schriftlich zu begründen.
– Dieser Vorschlag kann vom BMAS nur vollständig übernommen oder insgesamt zurückgewiesen werden. Die **Übernahme** entspricht einer Allgemeinverbindlicherklärung durch Rechtsverordnung.
– Das BMAS hat im Rahmen einer **Gesamtabwägung** ein öffentliches Interesse, die Stabilität der sozialen Sicherungssysteme und die Repräsentativität der Tarifvertragsparteien zu berücksichtigen.
– Vor Erlass der Rechtsverordnung ist der Entwurf im **Bundesanzeiger** bekannt zu machen. Gleichzeitig erhalten alle möglichen Betroffenen eine Frist von 3 Wochen zur schriftlichen Stellungnahme.

---

21 *Rieble/Vielmeier* EuZA 2011, 502 f.; a.A. *Hamann* RdA 2011, 330, der jedoch Zweifel an der Verfassungsmäßigkeit der Vorschrift hat.
22 BT-Drucks. 17/5238, 14.

- Nach Ablauf der Frist wird der **Tarifausschuss** nach § 5 Abs. 1 TVG mit dem Vorschlag befasst.
- Die Rechtsverordnung muss vom BMAS verkündet und im **Bundesgesetzblatt** veröffentlicht werden.
- Die vorschlagsberechtigten Mindestlohntarifparteien können gemeinsam unter den gleichen Voraussetzungen die **Änderung** einer erlassenen Rechtsverordnung vorschlagen.

B. Voraussetzungen einer Rechtsverordnung

10   Inhaltlich lehnt sich die Regelung des § 3a AÜG zur Lohnuntergrenze sehr eng an die vergleichbaren Normen im AEntG an. Es gibt aber einige entscheidende **Unterschiede** ggü. den im AEntG geregelten Fällen. Diese Unterschiede sind gewollt, weil der Gesetzgeber ausdrücklich die **Besonderheiten der Arbeitnehmerüberlassung** berücksichtigt wissen wollte.[23]

I. § 3a Abs. 1 AÜG – Vorschlag der Mindestlohntarifparteien

11   Die Tarifvertragsparteien der Zeitarbeit können tarifliche Regelungen über Mindeststundenentgelte in der Arbeitnehmerüberlassung vereinbaren und dem Bundesministerium für Arbeit und Soziales (BMAS) als Lohnuntergrenze durch Rechtsverordnung vorschlagen. Hierbei muss es sich um einen eigenständigen **Vorschlag** über Mindestentgelte handeln.

Diese Differenzierung ist entscheidend für die **Abgrenzung** zum Verfahren nach dem AEntG und insb. zum Verhältnis zum Gleichbehandlungsgrundsatz (Equal Treatment) des AÜG. Während im AEntG ein Tarifvertrag als solcher für allgemeinverbindlich erklärt wird, ist es gem. § 3a AÜG den Tarifparteien lediglich erlaubt, einen Vorschlag zu unterbreiten, dessen Inhalt in einer Rechtsverordnung übernommen werden kann. Damit soll sichergestellt werden, dass diese Vereinbarung über Mindestentgelte **kein Tarifvertrag i.S.d. § 3 Abs. 1 Nr. 3 AÜG** ist, der die Voraussetzungen der Tariföffnungsklausel im Hinblick auf den Gleichbehandlungsgrundsatz erfüllt[24].

Damit werden Unsicherheiten vermieden, in welchem **Verhältnis** ein durch Rechtsverordnung erstreckter Mindestlohntarifvertrag zum Gleichstellungsgrundsatz steht. Das trägt auch dem Anliegen der Tarifvertragsparteien

---

23 BT-Drucks. 17/5238, 14.
24 Ausführlich *Thüsing* § 3a Rn. 7 ff.

Rechnung, die in den derzeit bestehenden Mindestlohntarifverträgen der Branche klargestellt haben, dass der Mindestlohntarifvertrag keine Abweichung vom Gleichstellungsgrundsatz ermöglichen soll.[25]

Eine weitere Besonderheit besteht darin, dass in den Vorschlag nur »tarifliche Mindeststundenentgelte« aufgenommen werden. Damit fallen weitere **Arbeitsbedingungen**, wie Urlaub und Arbeitszeit, anders als im AEntG, nicht unter die Mindestlohnvorschrift des § 3a AÜG, sondern nur die untersten Stundenlöhne. Diese bilden die Untergrenze der Bezahlung von Zeitarbeitnehmern. Eine **regionale Differenzierung** (z.B. Ost – West) ist zulässig, darüber hinausgehende Differenzierungen waren in § 3a AÜG a. F. nicht möglich.[26] 12

Mit Artikel 7 Nr. 1a) des **Tarifautonomiestärkungsgesetzes**[27] wurde in die Vorschrift aufgenommen, dass die festzusetzenden Mindeststundenentgelte auch Regelungen zur **Fälligkeit** entsprechender Ansprüche einschließlich hierzu vereinbarter Ausnahmen und deren Voraussetzungen umfassen können.[28] Diese Ergänzung von Abs. 1 Satz 1 erfolgte, um die Vorschrift an die entsprechenden Formulierungen im AEntG anzupassen und eine Klarstellung zur Reichweite der Ermächtigungsgrundlage auch im Wortlaut des § 3a zu verankern.[29] Aus dieser Ergänzung folgt, dass nunmehr auch **Differenzierungen bei der Fälligkeit** sowie weiterer vereinbarter Ausnahmen (z.B. Führen eines **Arbeitszeitkontos**) zulässig sind.[30] Darüber hinausgehende Differenzierungen sind auch weiterhin nicht möglich.[31] 13

▶ Beispiel:

Die 2. LohnUGAÜV hat diese neue Differenzierungsmöglichkeit genutzt und eine ausführliche Regelung zur Fälligkeit inklusive Arbeitszeitkonto aus den zu Grunde liegenden Zeitarbeits-Tarifverträgen von BAP/iGZ übernommen (Auszug):

---

25 BT-Drucks. 17/5238, 14, 15; Hamann RdA 2011, 330; *Leuchten* NZA 2011, 611 jeweils m.w.N.
26 BT-Drucks. 17/5238, 14.
27 Grundlegend *Henssler* Mindestlohn und Tarifrecht, RdA 2015, 43.
28 Gesetzes zur Stärkung der Tarifautonomie vom 11.08.2014 (BGBl. I, 1348).
29 vgl. Gesetzesbegründung BT-Drucks. 18/1558, 55; *Lembke*, Gesetzesvorhaben der Großen Koalition im Bereich der Arbeitnehmerüberlassung, BB 2014, 1333.
30 Siehe unten Rdn. 46 ff.
31 Sandmann/Marschall/*Schneider*, § 3a AÜG, Anm.3.

§ 2 (4) Der Anspruch auf das Mindeststundenentgelt wird spätestens am 15. Bankarbeitstag (Referenzort ist Frankfurt am Main) des Monats fällig, der auf den Monat folgt, für den das Mindestentgelt zu zahlen ist.

Satz 1 gilt nicht für die über die regelmäßige monatliche Arbeitszeit hinaus entstandenen Arbeitsstunden, wenn eine tarifvertragliche Regelung zur Arbeitszeitflexibilisierung mit einem Arbeitszeitkonto besteht.

Die Vorschrift erlaubt kein **Tarifgitter**, bei dem es für verschiedene tarifliche Entgeltstufen jeweils einen spezifischen Mindeststundensatz gibt.[32] § 3a AÜG schreibt nur die **Untergrenze für die niedrigste Lohnstufe** vor. Diese gilt dann gemäß Abs. 2 sowohl für Verleih – als auch für verleihfreie Zeiten.

Der Vorschlag muss außerdem eine **Laufzeit** enthalten. Diese muss von der Laufzeit der bereits tarifvertraglich vereinbarten Regelung abgedeckt sein.[33] Die vorgeschlagene Laufzeit darf also kürzer, aber nicht länger als die Mindestlaufzeit des einschlägigen Tarifvertrages sein.

II. § 3a Abs. 2 AÜG – Rechtsverordnung

14 Mit Rücksicht auf die für die Arbeitnehmerüberlassung geltenden rechtlichen Besonderheiten erfolgt die Festsetzung der Lohnuntergrenze nicht durch Erstreckung eines Tarifvertrags, sondern durch **Übernahme** der dem Vorschlag der Tarifvertragsparteien zugrunde liegenden Mindeststundenentgelte in die **Rechtsverordnung**.[34]

Dies berücksichtigt nicht nur die Besonderheiten der Arbeitnehmerüberlassung im Hinblick auf den Gleichbehandlungsgrundsatz (Equal Treatment). Die Rechtsform der Verordnung garantiert auch den Gesetzeszweck des **Schutzes des deutschen Lohnniveaus** vor ausländischen Anbietern. Die Rechtsverordnung gem. § 3a Abs. 2 AÜG ist eine Rechtsvorschrift i.S.d. § 2 Nr. 4 AEntG, die eine Arbeitsbedingung in Form eines Mindestlohns enthält. Dadurch gilt diese Rechtsverordnung als **Eingriffsnorm** zwingend für Arbeitsverhältnisse zwischen einem im Ausland ansässigen Arbeitgeber und seinem im Inland tätigen Arbeitnehmer, unabhängig davon, ob die Arbeitsbedingungen tariflich geregelt sind.[35]

---

32 *Hamann* RdA 2011, 330; **anders wohl** *Mayer* AuR 2011, 4 ff.
33 BT-Drucks. 17/5238, 17.
34 BT-Drucks. 17/5238, 14.
35 BT-Drucks. 17/5238, 18; Bayreuther, DB 2011, 709; *Oberthür* ArbRB 2011, 148.

Ebenfalls mit Artikel 7 Nr. 1b) des Tarifautonomiestärkungsgesetzes (s. o. Rdn. 13) wurde in Satz 1 die Voraussetzung eingefügt, dass der Erlass der Rechtsverordnung »*im öffentlichen Interesse geboten erscheinen muss*«.[36]

15

Das **öffentliche Interesse** ist bereits dann gegeben, wenn allen Arbeitnehmern Mindestarbeitsbedingungen gewährleistet werden sollen oder ein gesetzgeberisches Interesse nachvollzogen wird.[37] Ein gesetzgeberisches Interesse wird bejaht, wenn es dem **Schutzzweck der Allgemeinverbindlicherklärung** entspricht.[38] Damit kommt dem BMAS bei der Beurteilung des öffentlichen Interesses ein außerordentlich weiter Beurteilungsspielraum zu.[39]

Bei § 3a Abs. 3 AÜG ist das Kriterium des öffentlichen Interesses enger auszulegen.[40] Aufgrund der besonderen Systematik im Arbeitnehmerüberlassungsgesetz sind hier im Hinblick auf den Schutz der Tarifautonomie zusätzlich der Gesetzeszweck sowie die Verfassungsrechte der Tarifparteien zu berücksichtigen. Nur wenn diese mit einbezogen werden, ist eine Gesamtwürdigung gegeben, die einen Eingriff in die Tarifautonomie statthaft sein lässt, weil sie hinreichend **gewichtigen Gemeinwohlbelangen** dient.[41]

Die durch Rechtsverordnung für verbindlich erklärte Lohnuntergrenze hat **Bindungswirkung** für alle im In- und Ausland ansässigen Verleiher, die Leiharbeitnehmer und Leiharbeitnehmerinnen innerhalb Deutschlands beschäftigen. Für im Ausland ansässige Verleiher ergibt sich dies auch aus § 2 Nr. 4 des AEntG.[42]

16

Die Verordnung bewirkt, dass den in Deutschland eingesetzten Zeitarbeitnehmern – egal ob aus dem Inland oder aus dem Ausland entsandt – mindestens das in der Verordnung festgesetzte Mindeststundenentgelt **sowohl**

---

36 Auch diese Änderung erfolgt in redaktioneller Anpassung an die zeitgleich neu gefassten Formulierungen in § 7 Abs. 1 AEntG (vgl. Gesetzesbegründung BT-Drucks. 18/1558, 66). Entsprechend der dortigen Regelung wird auch in § 3 a das Erfordernis des öffentlichen Interesses durch den nunmehrigen Einschub anstelle des bisherigen Verweises auf das TVG klargestellt. Siehe auch oben Rdn. 12.
37 *Wiedeman* TVG § 5 Rn. 69.
38 S. die Zusammenstellung bei *Zachert* NZA 2003, 132 ff.
39 BAG, 28.03.1990 – 4 AZR 536/89, NZA 1990, 781.
40 A.A. wohl *Thüsing* AÜG § 3a Rn. 20.
41 BT-Drucks. 17/5238, 15.
42 BT-Drucks. 17 (11) 446, 3. siehe auch *Tillmanns* in: Henssler/Willemsen/Kalb, Arbeitsrecht Kommentar, § 8 AEntG, Rn.5.

für Einsatzzeiten als auch für verleihfreie Zeiten gezahlt werden muss. Eine weitere Folge ist, dass ein Branchentarifvertrag, der alle Voraussetzungen des AÜG erfüllt, aber die Lohnuntergrenze nicht einhält, gem. § 3 Abs. 1 Nr. 3 S. 2 AÜG nicht mehr geeignet ist, vom Gleichbehandlungsgrundsatz abzuweichen.[43]

17 Voraussetzung für die Rechtsverordnung ist grds. ein Vorschlag durch die Tarifvertragsparteien. Eine **Verordnungsinitiative**, also ein Vorschlag durch den Staat selbst, ist nicht möglich. Es soll eben gerade kein gesetzlicher Mindestlohn eingeführt werden, sondern eine **Branchenlösung** unter Berücksichtigung der **Tarifautonomie**.

Daraus folgt, dass der Verordnungsgeber nur einen bestehenden Vorschlag insgesamt übernehmen oder ablehnen kann. Eine inhaltliche Änderung wird ausdrücklich ausgeschlossen (§ 3a Abs. 2 Satz 2 AÜG). Dieses Verbot gilt in beide Richtungen und ist absolut. Ein eigener Gestaltungsspielraum des Verordnungsgebers besteht hier nicht.[44]

III. § 3a Abs. 3 AÜG – Gesamtabwägung

18 Bei der Entscheidung jedoch, ob dieser Vorschlag als Lohnuntergrenze in einer Rechtsverordnung übernommen wird, gibt § 3a Abs. 3 AÜG einen **Ermessensspielraum** für das BMAS vor. Gleichzeitig werden hier **Abwägungsmaßstäbe** für den Verordnungsgeber konkretisiert, die die Grenzen bei der Ausübung des Ermessens ungewöhnlich ausführlich bestimmen.

So hat der Verordnungsgeber bei seiner Entscheidung nach § 3a Abs. 2 AÜG eine **Gesamtabwägung** vorzunehmen, ob verbindliche Mindeststundenentgelte insb. geeignet sind, die finanzielle **Stabilität der sozialen Sicherungssysteme** zu gewährleisten. Abschließend hat der Verordnungsgeber bei seiner Entscheidung die bestehenden bundesweiten **Tarifverträge** in der Arbeitnehmerüberlassung ebenso wie die **Repräsentativität** der vorschlagenden Tarifvertragsparteien einzubeziehen.[45]

19 Diese Prüfungskriterien könnten den Eindruck erwecken, als wollte der Gesetzgeber die **Verfassungskonformität** der Vorschrift untermauern. Das mag daran liegen, dass diese Grenzen des Ermessensspielraums weitestgehend

---

43 BT-Drucks. 17 (11) 446, 3.
44 Unter vergleichender Bezugnahme auf das AEntG *Thüsing* § 3a Rn. 13 m.w.N.
45 BT-Drucks. 17/5238, 15.

die Argumente der Kritiker im Vorfeld der Gesetzesänderung aufnehmen.[46] Hauptkritikpunkt war hier ein **Eingriff in die Tarifautonomie**. Neben den tarif- und verfassungsrechtlichen Bedenken[47] wurde auch immer wieder angeführt, dass ein Mindestlohn in der Zeitarbeit lediglich dazu dienen solle, die Christlichen Gewerkschaften und den dazugehörigen Verband AMP als »günstigere« Wettbewerber auszuschalten.[48]

Dies vermag nicht zu überzeugen. Richtig ist, dass die Ermessensausübung bei der Festlegung einer Lohnuntergrenze das Kernstück bei der Vermeidung eines unzulässigen Eingriffs in die Tarifautonomie bedeutet.[49] Aus diesem Grund hat der Gesetzgeber hier Grenzen des Ermessens festgelegt, die konkreter und weiter gehender sind als bei der Allgemeinverbindlichkeit nach dem AEntG oder den TVG. Was auch immer die Intention der Antragsteller hinsichtlich einer Lohnuntergrenze gewesen sein mag, werden die Interessen aller Beteiligten durch diese zwingend durchzuführende Gesamtabwägung ausreichend berücksichtigt. Dabei führt gerade **Kumulation** der Kriterien – öffentliches Interesse, Stabilität der Sicherungssysteme, die bestehenden Tarifverträge samt Repräsentativität und die zusätzliche Hinzuziehung des Gesetzeszweckes – zu einem **gebundenen Ermessen**, welches geeignet ist, einen möglichen Eingriff in die Tarifautonomie zu **rechtfertigen**.[50] Hinzu kommt, dass bei der Prüfung des öffentlichen Interesses auch gegenläufige Interessen der nicht organisierten sowie gegenläufige Wettbewerbsinteressen einzubeziehen sind.[51]

1. § 5 Abs. 1 Satz 1 Nr. 2 TVG

Nach Satz 1 a.F. sollte bei der Gesamtabwägung § 5 Abs. 1 Satz 1 Nr. 2 TVG entsprechend Anwendung finden. Dieser Verweis auf das TVG ist mit Artikel 7 Nr. 1c) des Tarifautonomiestärkungsgesetzes aufgehoben worden. Das

20

---

46 Ausführlich hierzu *Thüsing/Lembke* Gutachten für den AMP »Zeitarbeit im Spannungsverhältnis von Dienstleistungsfreiheit und Tarifautonomie – Zum Vorschlag der Ausdehnung des AEntG auf die Zeitarbeitsbranche -« zusammengefasst in ZfA 2007, 87 ff.
47 *Hamann* RdA 2011, 331 m.w.N.
48 S.o. Rdn. 1; *Hurst* Tarifverträge in der Zeitarbeit, S. 26 ff.; ähnlich auch *Thüsing* AÜG § 3a Rn. 24 a. E.
49 So auch *Hamann* RdA 2011, 331, der von einem »sensiblen Punkt« spricht.
50 BT-Drucks. 17 (11) 446, 3.
51 *Wiedeman* TVG § 5 Rn. 70 m.w.N. insb. zur Rechtsprechung des BVerfG.

Erfordernis des öffentlichen Interesses ist zeitgleich in Abs. 2 aufgenommen (s. o. Rdn. 15).

2. Weitere Kriterien

21 Zusätzlich zu der eingeschränkten Ermessensausübung bei der Prüfung des öffentlichen Interesses bestimmt § 3a Abs. 3 AÜG – im Gegensatz zu § 5 Abs. 1 Satz 1 Nr. 2 TVG – weitere Kriterien, die bei der Ermessensentscheidung des Verordnungsgebers, ob eine Lohnuntergrenze durch Rechtsverordnung festgesetzt werden soll, berücksichtigt werden müssen.

Dies sind nach dem Gesetzeswortlaut die Ziele dieses Gesetzes und die Stabilität der sozialen Sicherungssysteme sowie die bereits bestehenden Branchentarifverträge Zeitarbeit und die Repräsentativität der vorschlagenden Tarifvertragsparteien.

22 Die Berücksichtigung der Ziele dieses Gesetzes und die Stabilität der sozialen Sicherungssysteme sind zurückzuführen auf die Rechtsprechung des BVerfG (BVerfG) zu den Voraussetzungen einer Einschränkung der Tarifautonomie gem. Art. 9 Abs. 3 GG. Danach kann die in Art. 9 Abs. 3 GG garantierte **Koalitionsfreiheit** jedenfalls zum Schutz solcher Gemeinwohlbelange eingeschränkt werden, denen gleichermaßen **verfassungsrechtlicher Rang** gebührt. Beeinträchtigungen der Tarifautonomie sind verfassungsgemäß, wenn der Gesetzgeber mit ihnen den Schutz der Grundrechte Dritter oder anderer mit Verfassungsrang ausgestatteter Belange bezweckt und sie den Grundsatz der **Verhältnismäßigkeit** wahren.[52]

Diese Rechtsprechung nimmt die Gesetzesbegründung explizit auf, indem sie die ihrer Meinung nach für diesen Fall gewichtigen Gemeinwohlbelange bestimmt: Als verfassungsrechtlich legitime Regelungszwecke benennt das BVerfG unter anderem folgende Ziele:[53]
– die finanzielle Stabilität des Systems der sozialen Sicherung (BVerfG, Beschl. v. 03.04.2001 – 1 BvL 32/97, BVerfGE 103, 293, 307, 309),
– die Verbesserung der Stellung der Leiharbeitnehmer (BVerfG, Nichtannahmebeschl. v. 29.12.2004 – 1 BvR 2283/03, BVerfGE 4, 356, 360),
– die Bekämpfung der Arbeitslosigkeit (BVerfG, Nichtannahmebeschl. v. 29.12.2004 – 1 BvR 2283/03, 1, BvR 2582/03, 1 BvR 2504/03).

---

52 BVerfG vom 03.04.2001 – 1 BvL 32/97.
53 BT-Drucks. 17/5238, 15.

Mit der Übernahme der Ziele des Arbeitnehmerüberlassungsgesetzes sowie 23
der Aufnahme des weiteren Ziels der finanziellen Stabilität der sozialen Sicherungssysteme in die Verordnungsermächtigung macht der Gesetzgeber von dem ihm zustehenden **Einschätzungs- und Prognosevorrang** Gebrauch und gestaltet zugleich den dem Verordnungsgeber verbleibenden Handlungsspielraum aus. Es ist vornehmlich Sache des Gesetzgebers auf der Grundlage seiner wirtschafts-, arbeitsmarkt- und sozialpolitischen Vorstellungen und Ziele unter Beachtung der Gesetzlichkeiten des betreffenden Sachgebiets zu entscheiden, welche Maßnahmen er im Interesse des Gemeinwohls ergreifen will.[54] Der Verordnungsgeber seinerseits hat die vorgeschlagene Lohnuntergrenze vor Erlass der einzelnen Rechtsverordnung i.R.d. ihm eingeräumten Einschätzungs- und Prognosespielraums am Maßstab der vom Gesetzgeber als maßgeblich erachteten Ziele auf ihre Verhältnismäßigkeit zu überprüfen.

Als soziale Sicherungssysteme gelten die fünf **Säulen der Sozialversicherung**: 24
Renten-, Kranken-, Pflege-, Unfall- und Arbeitslosenversicherung. Die Finanzierung dieser Sozialkassen soll durch die Lohnuntergrenze entlastet und dadurch deren Stabilität sichergestellt werden. Die Stabilität der sozialen Sicherungssysteme ist zwingend an auskömmliche **Erwerbsarbeit** gebunden. Die Solidargemeinschaft braucht eben genau diese Beiträge, um dem sozialstaatlichen Auftrag der Sicherung gegen Lebensrisiken überhaupt nachkommen zu können.

Dabei muss die Lohnuntergrenze nicht die Stabilität herstellen, sondern ihre Sicherung unterstützen. Hierzu ist ein Erwerbslohn aber nur dann in der Lage, wenn er das Auskommen eines Arbeitnehmers und seiner Familie gewährleistet, ohne dass eine staatliche Unterstützung notwendig ist. Dadurch wird die Stabilität der sozialen Sicherungssysteme ein eigenständiges Tatbestandsmerkmal bei der Ermessensausübung, da nur eine Lohnuntergrenze, die diese Voraussetzung in der Lohnhöhe berücksichtigt, hierzu geeignet ist.

Auch hier wird deutlich, wie sehr diese Vorschrift die Besonderheiten der Arbeitnehmerüberlassung und ihrer Tariflandschaft berücksichtigt. Durch die Hervorhebung der Stabilität der sozialen Sicherungssysteme, die sonst im öffentlichen Interesse implizit mitgeprüft wird,[55] soll sichergestellt werden, dass die Auswahl aus unterschiedlich hohen Vorschlägen verschiedener im

---

54 BVerfG, 03.04.2001 – 1 BvL 32/97.
55 Weiterführend *Thüsing* AÜG § 3a Rn. 22.

§ 3a AÜG Lohnuntergrenze

Wettbewerb stehender Tarifpartner – und damit ein Eingriff in die Tarifautonomie – gerechtfertigt sein kann.

25 Zielsetzung der Vorschriften des Arbeitnehmerüberlassungsgesetzes ist insb. die Erschließung neuer **Beschäftigungsmöglichkeiten** und die **Bekämpfung von Arbeitslosigkeit**. Arbeitnehmerüberlassung soll insb. als Brücke aus der Arbeitslosigkeit in Beschäftigung genutzt werden können. Gleichzeitig sollen die Regelungen des Arbeitnehmerüberlassungsgesetzes ein angemessenes **Schutzniveau** für die Leiharbeitnehmer gewährleisten, den hohen Anforderungen Rechnung tragen, die an Zeitarbeitnehmer gestellt werden und einen Beitrag dazu leisten, die gesellschaftliche Akzeptanz und die Qualität der Arbeitnehmerüberlassung zu steigern und so die Stellung der Zeitarbeitnehmer zu verbessern.[56]

Die Einführung einer Lohnuntergrenze soll dazu beitragen, dass sich die Akzeptanz und die Qualität der Arbeitnehmerüberlassung verbessern, ohne dass die Erschließung neuer Beschäftigungsmöglichkeiten eingeschränkt wird. Die Lohnuntergrenze garantiert den nach Deutschland grenzüberschreitend überlassenen Leiharbeitnehmern und Leiharbeitnehmerinnen das nach Art. 3 Abs. 1 der Entsenderichtlinie (96/71/EG) maßgebliche Mindestarbeitsentgelt.[57]

26 Bei seiner Entscheidung soll der Verordnungsgeber die bestehenden bundesweiten **Tarifverträge** in der Arbeitnehmerüberlassung ebenso einbeziehen wie die **Repräsentativität** der vorschlagenden Tarifvertragsparteien. Diese weiteren Abwägungsmaßstäbe für den Verordnungsgeber sollen ebenfalls einen unzulässigen Eingriff in die Tarifautonomie vermeiden.[58]

Durch die einzigartige Konstruktion im Arbeitnehmerüberlassungsgesetz, die eine Tariföffnung zum Nachteil der Zeitarbeitnehmer erlaubt, ist auch die Tariflandschaft in der Zeitarbeit einzigartig.[59] Die Branche ist zu nahezu 100 % tarifiert, wobei mehrere Arbeitgeberverbände existieren, sich ein besonderer Wettbewerb zwischen den DGB- und CGB-Gewerkschaften gebildet hat und überdurchschnittlich viele Haustarifverträge existieren. Genau diese Situation hat der Verordnungsgeber bei der Festlegung einer Lohnuntergrenze explizit zu berücksichtigen.

---

56 BT-Drucks. 17/5238, 15.
57 BT-Drucks. 17 (11) 446, 4.
58 *Hamann* RdA 2011, 331.
59 *Hurst* Tarifverträge in der Zeitarbeit, S. 26 ff.

Das Abwägungskriterium der **Repräsentativität** der vorschlagenden Tarifvertragsparteien ist angelehnt an § 7 Abs. 2 AEntG und die 50 %-Klausel bei der Allgemeinverbindlicherklärung gem. § 5 Abs. 1 TVG. Im Gegensatz zum Tarifvertragsgesetz wurde im Arbeitnehmerüberlassungsgesetz jedoch keine exakte zahlenmäßige Grenze festgelegt, sondern lediglich eine Repräsentativität gefordert. Hierdurch wird die Bedeutung dieses Abwägungskriterium gegen Null reduziert, da die Auslegung dieses unbestimmten Rechtsbegriffes wiederum allein im Ermessen des Verordnungsgebers liegt. 27

Hinzu kommt, dass bei der Ermessensentscheidung der Repräsentativität die gleiche Richtigkeitsgewähr vermutet wird wie bei § 5 Abs. 1 TVG. Bei der Allgemeinverbindlicherklärung wird davon ausgegangen, dass das BMAS die gesetzlichen Voraussetzungen beachtet. Es spricht also ein erster Anschein für die Rechtmäßigkeit der Allgemeinverbindlicherklärung, deren vermutete Richtigkeit erst durch ein konkretes Parteivorbringen erschüttert werden kann.[60] Es ist davon auszugehen, dass eine solche Richtigkeitsvermutung auch bei der Abwägung der Repräsentativität zur Festsetzung einer Lohnuntergrenze besteht.

Die Abgrenzungskriterien des § 3a Abs. 3 AÜG, die der Verordnungsgeber bei der Ermessensausübung zu beachten hat, sind konkreter ausgestaltet als in vergleichbaren Normen. Es handelt sich hier um einzelne, **eigenständige Beurteilungsgrenzen**, die im Einzelfall zu berücksichtigen sind. Gleichzeitig ist hier eine Gesamtabwägung vorzunehmen, die Überschneidungen und damit die tatsächlichen Besonderheiten des tatsächlich gelebten Arbeitnehmerüberlassungsgesetzes berücksichtigt. Tatsächlich zielen alle Ermessensvorgaben darauf ab, einen – sehr geringen – Mindestlohn durch einen »Gefälligkeitstarifvertrag« oder eine »Spartengewerkschaft« zu verhindern und einen dadurch eventuell entstehenden Eingriff in die Tarifautonomie zu rechtfertigen.[61] 28

IV. § 3a Abs. 4 AÜG – Auswahl mehrerer Vorschläge

Sofern der Verordnungsgeber eine **Auswahlentscheidung** zwischen mehreren Vorschlägen zur Festsetzung tariflicher Mindeststundenentgelte zu treffen hat, gewichtet Abs. 4 die nach Abs. 3 zu berücksichtigenden Kriterien; dabei schränkt er den Gestaltungsspielraum des Verordnungsgebers ein. Auf diese Weise trägt der Gesetzgeber dem in einer Auswahlsituation zentralen Anliegen 29

---

60 *Wiedemann* TVG § 5 Rn. 66 m.w.N. zur Rechtsprechung.
61 Ähnlich *Thüsing* AÜG § 3a Rn. 24 a. E.

eines angemessenen Ausgleichs widerstreitender grundrechtlich geschützter Positionen Rechnung.[62]

Wird in Abs. 3 bei der Ermessensausübung lediglich die Berücksichtigung der Repräsentativität gefordert, werden bei Vorliegen mehrerer Vorschläge nach Abs. 4 die Bedingungen, an die die Repräsentativität geknüpft ist, genauer bestimmt. Das Anknüpfen an die Repräsentativität folgt hierbei dem **Vorbild** des Verordnungsverfahrens nach § 7 AEntG.

Maßstab für die Repräsentativität des Mindestlohn-Tarifvertrags nach § 7 Abs. 2 AEntG ist insb. dessen **Tarifbindung** innerhalb des gewählten Geltungsbereichs, unabhängig davon, ob die übrigen Arbeitsverhältnisse im Geltungsbereich des Mindestlohn-Tarifvertrags durch einen anderen oder von keinem Tarifvertrag erfasst werden. Die Verbreitung des Mindestlohn-Tarifvertrags in der jeweiligen Branche ist bedeutsam für die Frage, inwieweit die Erstreckung des Mindestlohn-Tarifvertrags verhältnismäßig ist.[63]

30   In der Literatur sind diese Abwägungskriterien in § 7 Abs. 2 AEntG heftig umstritten.[64] Aufgrund der **Inhaltsidentität** zu § 3a Abs. 3 AÜG gilt die juristische Diskussion hier entsprechend. So wird grds. kritisiert, dass der Staat sich in den Wettbewerb der Tarifpartner einmischt.[65] Außerdem bestehen erhebliche Bedenken an der praktischen Umsetzung, da das Gesetz die Abgrenzung an der Quantität der Mitgliedschaft festmacht, ohne festzulegen, was gezählt wird. So ist unklar, ob auf sämtliche Mitglieder abzustellen ist oder nur auf diejenigen, für die tatsächlich eine tarifliche Bindung besteht.[66]

31   Die Diskussion zur Repräsentativität wird aber durch die notwendige verfassungsrechtliche Prüfung der **Rechtmäßigkeit und Verhältnismäßigkeit des Eingriffs** entschärft. Durch die Kriterien werden dem Verordnungsgeber Verfahren an die Hand gegeben, die die Verhältnismäßigkeit des Eingriffs waren. Denn gerade durch das Abstellen auf den Verbreitungsgrad des jeweiligen Vertrages und die Stärke der tarifschließenden Verbände kann am zuverlässigsten auf die erwünschte Richtigkeitsgewähr geschlossen werden. Und nicht zuletzt können auch kleinere Gewerkschaften den Weg der Antragstellung auf

---

62 BT-Drucks. 17 (11) 446, 4.
63 BT-Drucks. 17/3515, 3.
64 Ausführlich zu diesem Themenkomplex ErfK, AEntG § 7.
65 *Reichold* Arbeitsrecht, 309; *Jacobs* NZA 2008, 333; zusammenfassend *Löwisch* RdA 2009, 215.
66 *Thüsing* AEntG § 7 Rn. 29.

Allgemeinverbindlichkeit beschreiten. Gerade bei den sog. Spartengewerkschaften ist aufgrund ihrer Spezialisierung oftmals ein hoher Organisationsgrad gegeben. Damit hat der Verordnungsgeber die Möglichkeit, sich auch für den weniger repräsentativen Tarifvertrag zu entscheiden. Da gerade das Ziel der Rechtsverordnung die Schaffung eines Mindestlohns ist, muss eine Auswahlentscheidung erfolgen. Dabei sind die vorliegenden Entscheidungsgrundlagen verfassungsrechtlich gerechtfertigt.[67]

V. § 3a Abs. 5 AÜG – Anhörungs- und Beteiligungsrechte

Abs. 5 enthält eine Parallelvorschrift zu § 7 Abs. 4 und § 11 Abs. 3 AEntG und räumt den von einer Rechtsverordnung betroffenen Arbeitgebern, Zeitarbeitnehmern sowie Gewerkschaften und Arbeitgeberverbänden ein Recht zur Abgabe **schriftlicher Stellungnahmen** ein.[68]

32

Zur Stellungnahme sind alle genannten Beteiligten berechtigt, unabhängig davon, ob sie an dem Vorschlag beteiligt waren. Die **Frist** zur Stellungnahme beträgt 3 Wochen ab Bekanntmachung des Rechtsverordnungsentwurfs im Bundesanzeiger.

Auf deren Grundlage erhält der sodann zu befassende **Tarifausschuss** die Gelegenheit, über die Branche hinausgehende gesamtwirtschaftliche Erwägungen in den Entscheidungsprozess mit einzubringen.[69]

Nach Ablauf der Stellungnahmefrist ist der Tarifausschuss nach § 5 Abs. 1 TVG verpflichtet, sich mit dem Rechtsverordnungsentwurf zu befassen. Anders als in § 7 Abs. 5 AEntG gilt dies nicht nur bei einem Erstantrag, sondern für jeden Rechtsverordnungsentwurf. Ebenfalls abweichend vom Arbeitnehmerentsendegesetz enthält § 3a Abs. 5 AÜG auch keine Verfahrensvorschriften oder Fristen für die Prüfung des Tarifausschusses. Aufgrund dieser **Regelungslücke** ist eine analoge Anwendung des Arbeitnehmerentsendegesetz geboten. Damit hat sich auch hier der Tarifausschuss innerhalb von drei Monaten mit dem Entwurf zu befassen und eine Stellungnahme abzugeben. Unterlässt er dies, kann die Rechtsverordnung erlassen werden.

---

67 Die gesamte Diskussion aufzeigend *Koberski/Asshoff/Eustrup/Winkler*, AEntG § 7 m.w.N.
68 BT-Drucks. 17/5238, 15.
69 BT-Drucks. 17/5238, 15.

33 Fraglich ist jedoch, welche **Auswirkungen** die Stellungnahme des Tarifausschusses auf die Rechtsverordnung hat. Der Gesetzestext spricht lediglich davon, dass der Tarifausschuss mit dem Entwurf »befasst« werden muss. Dies kann sowohl als reine Möglichkeit zur Stellungnahme wie für die übrigen Beteiligten gem. § 3a Abs. 5 Satz 2 AÜG verstanden werden oder als echtes Vetorecht wie im Verfahren nach dem Arbeitnehmerentsendegesetz.

34 Auch wenn das Gesetz hier keine Verfahrensvorschriften bestimmt, ist kein Anhaltspunkt ersichtlich, dass für das »befassen« nach dem AÜG andere Maßstäbe anzusetzen sind als nach dem AEntG. Hier liegt eine **Regelungslücke** vor, die durch Auslegung und in diesem Fall durch die analoge Anwendung der entsprechenden Normen im AEntG geschlossen werden muss. Hierfür spricht auch die Gesetzesbegründung, die mehrfach betont, dass das Verordnungsverfahren nach § 3a AÜG an das Verfahren nach § 7 AEntG angelehnt ist.[70]

Demnach treten je nach Entscheidung des Tarifausschusses unterschiedliche Rechtsfolgen ein: stimmt die Mehrheit für die Rechtsverordnung, so kann das BMAS die Rechtsverordnung über die Lohnuntergrenze in der Arbeitnehmerüberlassung selbst erlassen (§ 7 Abs. 5 Satz 2 AEntG). Findet sich keine Mehrheit für den Verordnungsentwurf, ist das BMAS nicht mehr befugt, die Rechtsverordnung zu erlassen. Die Befugnis obliegt dann allein der Bundesregierung (§ 7 Abs. 5 Satz 3 AEntG).[71]

VI. § 3a Abs. 6 AÜG – Änderung der Rechtsverordnung

35 Abs. 6 stellt klar, dass für **Änderungen** von Rechtsverordnungen das für deren Erlass maßgebliche Verfahren entsprechende Anwendung findet.[72] Da der Verordnungsgeber keinerlei Einflussmöglichkeiten auf den Vorschlag der Tarifparteien für die Lohnuntergrenze hat (s.o. Rdn. 17), können auch nur die vorschlagsberechtigten Tarifvertragsparteien gemeinsam die Änderung einer bestehenden Rechtsverordnung vorschlagen. Auch dieser Änderungsvorschlag bestimmt sich nach den Verfahrensregelungen des Verordnungsvorschlags gem. § 3a AÜG.

---

70 BT-Drucks. 17/5238, 14 ff.
71 Zum Verordnungsverfahren nach dem AEntG s. ausführlich *Thüsing* AEntG § 7.
72 BT-Drucks. 17/5238, 15.

C. Verfahren und Rechtsfolgen

I. Bekanntmachung, Veröffentlichungen, Inkrafttreten

Ein Entwurf der Rechtsverordnung ist gem. § 3a Abs. 5 AÜG im **Bundes-** 36
anzeiger bekannt zu machen, damit die Beteiligungsrechte gem. § 3a Abs. 5 AÜG ausgeübt werden können.

Die endgültige Rechtsverordnung tritt nach Veröffentlichung im **Bundesgesetzblatt** in Kraft. Die Rechtsverordnung soll dabei den Tag des **Inkrafttretens** selbst bestimmen. Tut sie dies nicht, so tritt die Rechtsverordnung gem. Art. 80 GG i.V.m. Art. 82 Abs. 2 GG mit dem vierzehnten Tage nach Ablauf des Tages in Kraft, an dem das Bundesgesetzblatt ausgegeben worden ist.

II. Kontrolle und Sanktionen

Die Kontrolle über die Einhaltung der Lohnuntergrenze wurde den **Zollbe-** 37
hörden übertragen.[73] Dafür werden die Behörden der Zollverwaltung gem. § 17 Abs. 2 AÜG nunmehr mit dem gleichen Kontroll- und Sanktionsinstrumentarium ausgestattet, das ihnen nach den Vorschriften der §§ 16 ff. AEntG zur Prüfung der Einhaltung branchenspezifischer Mindestlöhne zur Verfügung steht.

Den Zeitarbeits- und Einsatzunternehmen werden zur Ermöglichung von 38
Kontrollen neue **Pflichten** gem. §§ 17a bis 18a AÜG aufgebürdet:[74]

So muss ein (inländisches) Einsatzunternehmen, dem ein Zeitarbeitsunternehmen mit Sitz im Ausland einen Zeitarbeitnehmer überlässt, der zuständigen Behörde der Zollverwaltung bestimmte schriftliche **Meldungen** machen und zwar vor Beginn der jeweiligen Überlassung; auch Änderungen der ursprünglichen Meldungen müssen unverzüglich gemeldet werden (§ 17b AUG).

Ein Einsatzunternehmen hat zudem Beginn, Ende und Dauer der täglichen Arbeitszeit der Zeitarbeitnehmer aufzuzeichnen und diese **Aufzeichnungen** mindestens zwei Jahre aufzubewahren (§ 17c Abs. 1 AÜG).

---

73 »Gesetz zur Änderung des AÜG und des SchwarzArbG« vom 20.07.2011, BGBl. I, 1506.
74 Vertiefend hierzu *Hamann* RdA 2011, 331 f.

▶ Praxistipp:

39   Dies stellt dann kaum zusätzlichen Aufwand dar, wenn die Stundennachweise, die ein Einsatzunternehmen üblicherweise über die Tätigkeit der Zeitarbeitnehmer auszufüllen hat, sämtliche vorgenannten Kategorien erfassen. Das Einsatzunternehmen muss dann lediglich die bei ihm verbleibenden Fotokopien der Stundenzettel aufbewahren.

40   Das Zeitarbeitsunternehmen seinerseits ist verpflichtet, die für die Kontrolle erforderlichen Unterlagen für die gesamte Dauer der tatsächlichen Beschäftigung des Zeitarbeitnehmers, jedoch nicht länger als zwei Jahre bereitzuhalten (§ 17c Abs. 2 AÜG).

III. Rechtsfolgen

41   Die **Rechtsfolge** einer Nichteinhaltung der Lohnuntergrenze ist in § 10 Abs. 4 und Abs. 5 AÜG geregelt. Danach können Tarifverträge nur noch bis zu der in § 3a AÜG eingeführten Lohnuntergrenze abweichen. Zugleich ist sichergestellt, dass bei einer nach § 3a AÜG eingeführten Lohnuntergrenze auch eine Unterschreitung der geregelten Mindeststundenentgelte nicht unter Berufung auf den Gleichstellungsgrundsatz (Equal Treatment) möglich ist. Soweit ein Tarifvertrag Löhne unterhalb der Lohnuntergrenze vorsieht, gelten die Rechtsfolgen des § 10 Abs. 4 AÜG. Der Verleiher kann in Bezug auf das Entgelt nur noch bis zur Höhe des in der Lohnuntergrenze festgelegten Mindeststundenentgelts vom Gleichstellungsgrundsatz abweichen. Ein Verstoß hiergegen stellt einen Verstoß gegen die arbeitsrechtlichen Pflichten nach § 3 Abs. 1 Nr. 1 AÜG dar.[75] Gem. § 10 Abs. 5 AÜG besteht ein Anspruch auf Zahlung des Mindestlohnes für den Zeitarbeitnehmer. Dieser besteht auch **rückwirkend** um einen effektiven Schutz des Arbeitnehmers zu gewährleisten.

42   Die Nichteinhaltung der Lohnuntergrenze stellt eine **Ordnungswidrigkeit** dar, die mit einem Bußgeld von bis zu 500.000 € geahndet werden kann, § 16 Abs. 1 Nr. 7b, Abs. 2 AÜG.

---

75 BT-Drucks. 17/5238, 14.

D. Zweite Verordnung über eine Lohnuntergrenze in der Arbeitnehmerüberlassung (2. LohnUGAÜV)

Zur Lohnuntergrenze in der Arbeitnehmerüberlassung s. folgendes Beispiel: 43

▶ **Beispiel:**

2. LohnUGAÜV

§ 1 Geltungsbereich

¹Diese Verordnung findet Anwendung auf alle Arbeitgeber, die als Verleiher Dritten (Entleiher) Arbeitnehmerinnen und Arbeitnehmer (Leiharbeitnehmerinnen und Leiharbeitnehmer) im Rahmen ihrer wirtschaftlichen Tätigkeit überlassen. ²Diese Verordnung findet auch auf Arbeitsverhältnisse zwischen einem im Ausland ansässigen Verleiher und seinen im Inland beschäftigten Arbeitnehmerinnen und Arbeitnehmern Anwendung.

§ 2 Lohnuntergrenze

(1) Verleiher sind verpflichtet, ihren Leiharbeitnehmerinnen und Leiharbeitnehmern mindestens das in Absatz 2 genannte Bruttoentgelt pro Arbeitsstunde zu zahlen (Mindeststundenentgelt).

(2) Das Mindeststundenentgelt beträgt:

a) in den Bundesländern Berlin, Brandenburg, Mecklenburg-Vorpommern, Sachsen, Sachsen-Anhalt und Thüringen

vom 1. April 2014 bis zum 31. März 2015	7,86 Euro
vom 1. April 2015 bis zum 31. Mai 2016	8,20 Euro
vom 1. Juni 2016 bis zum 31. Dezember 2016	8,50 Euro

b) in den übrigen Bundesländern

vom 1. April 2014 bis zum 31. März 2015	8,50 Euro
vom 1. April 2015 bis zum 31. Mai 2016	8,80 Euro
vom 1. Juni 2016 bis zum 31. Dezember 2016	9,00 Euro

(3) ¹Es gilt das Mindeststundenentgelt des Arbeitsortes. ²Auswärtig beschäftigte Leiharbeitnehmerinnen und Leiharbeitnehmer behalten den Anspruch auf das Entgelt ihres Einstellungsortes, soweit dieses höher ist.

(4) ¹Der Anspruch auf das Mindeststundenentgelt wird spätestens am 15. Bankarbeitstag (Referenzort ist Frankfurt am Main) des Monats fällig, der auf den Monat folgt, für den das Mindestentgelt zu zahlen ist. ²Satz 1 gilt nicht für die über die regelmäßige monatliche Arbeitszeit hinaus entstandenen Arbeitsstunden, wenn eine tarifvertragliche Regelung zur Arbeitszeitflexibilisierung mit einem Arbeitszeitkonto besteht. ³Das Arbeitszeitkonto darf höchstens 200 Plusstunden umfassen. ⁴Zur Beschäftigungssicherung kann das Arbeitszeitkonto bei saisonalen Schwankungen im Einzelfall bis zu 230 Plusstunden umfassen. ⁵Beträgt das Arbeitszeitguthaben mehr als 150 Plusstunden, ist der Verleiher verpflichtet, die über 150 Stunden hinausgehenden Plusstunden einschließlich der darauf entfallenden Sozialversicherungsabgaben gegen Insolvenz zu sichern und die Insolvenzsicherung der Leiharbeitnehmerin oder dem Leiharbeitnehmer nachzuweisen. ⁶Ohne diesen Nachweis darf das Arbeitszeitguthaben höchstens 150 Plusstunden umfassen.

⁷Bei Teilzeitbeschäftigten wird die Obergrenze der Arbeitszeitkonten im Verhältnis zur arbeitsvertraglich vereinbarten Arbeitszeit angepasst. ⁸Teilzeitbeschäftigung liegt vor, wenn die arbeitsvertraglich vereinbarte Arbeitszeit weniger als 35 Wochenstunden beträgt.

⁹Auf Verlangen der Leiharbeitnehmerin oder des Leiharbeitnehmers werden Stunden aus dem Arbeitszeitkonto, die über 105 Plusstunden hinausgehen, ausbezahlt. ¹⁰Bei Teilzeitbeschäftigten richtet sich die Anzahl der Plusstunden anteilig nach der jeweils arbeitsvertraglich vereinbarten Arbeitszeit.

§ 3 Inkrafttreten, Außerkrafttreten

Diese Verordnung tritt am 1. April 2014 in Kraft und am 31. Dezember 2016 außer Kraft.

44 Die Zweite Verordnung über eine Lohnuntergrenze in der Arbeitnehmerüberlassung (2. LohnUGAÜV) entspricht in den , 2 Abs. 1, 3 und 4 weitgehend den Regelungen in der Ersten Verordnung.[76] Neben den erhöhten Mindes-

---

76 Bundesanzeiger vom 28.12.2011, Nr. 195, S. 4608; Bundesanzeiger AT 26.03.2014 V1.

tentgelten neu ist dagegen eine konkretisierende Regelung zur **Teilzeitbeschäftigung** in § 2 Abs. 4 der Verordnung.

Die Verordnung ist am 01.04.2014 in Kraft getreten und endete am 31.12.2016. Zum 31.12.2016 sind ebenfalls die der Verordnung zugrunde liegenden Zeitarbeits- Entgelttarifverträge von BAP und iGZ gekündigt worden. Erst wenn neue Entgelttarifverträge abgeschlossen wurden, können die Tarifparteien mit den darin vereinbarten Mindeststundenentgelten einen neuen Vorschlag für eine weitere Lohnuntergrenzen-Verordnung an das BMAS richten.[77]

Am 30.11.2016 hat die Tarifgemeinschaft Zeitarbeit einen neuen Tarifabschluss erzielt. Dieser sieht auch vor, dass die Tarifvertragsparteien dem Bundesministerium für Arbeit und Soziales eine neue Lohnuntergrenze vorschlagen werden. Wegen des einzuhaltenden Verfahrens wird die neue Lohnuntergrenze voraussichtlich erst im Laufe des Jahres 2017 wirksam werden. Die jeweilgen Mindestentgelte der Lohnuntergrenze werden identisch sein mit den in diesem Tarifabschluss für die Entgeltgruppe 1 West und Ost festgelegten Beträge.[78]

I. Verhältnis zum Mindestlohngesetz (MiLoG)

Durch das Mindestlohngesetz (MiLoG) wurde mit Wirkung zum 16.08.2014 45 erstmals ein allgemeiner gesetzlicher **Mindestlohn** in Deutschland eingeführt[79]. Dieser betrug ab dem 01.01.2015 brutto 8,50 € je Zeitstunde. Das Bundeskabinett hat am 26.10.2016 die Mindestlohnanpassungsverordnung beschlossen. Damit gilt ab dem 1. Januar 2017 in Deutschland ein einheitlicher gesetzlicher Mindestlohn von brutto 8,84 Euro je Zeitstunde. Dieser gesetzlich festgelegte Wert kollidierte jedoch mit einigen anderen branchenspezifischen Mindestlohnregelungen und deren tariflichen Vereinbarungen. So auch – zumindest in den neuen Bundesländern bis zum 01.06.2016 – mit Art. 3a AÜG und der 2. LohnUGAÜV.

Speziell für diese Kollisionsfälle sieht jedoch das MiLoG in § 24 Abs. 1 vor, dass »*bis zum 31. Dezember 2017 abweichende Regelungen eines Tarifvertrages repräsentativer Tarifvertragsparteien dem Mindestlohn vor gehen, wenn sie für alle*

---

77 Siehe oben Rdn. 9, 11.
78 Siehe hierzu § 8 Rdn. 91 f.
79 Art. 1, 15 Abs. 1 des Gesetzes zur Stärkung der Tarifautonomie vom 11. 08. 2014 (BGBl. I 2014, 1348).

unter den Geltungsbereich des Tarifvertrages fallenden Arbeitgeber mit Sitz im In- oder Ausland sowie deren Arbeitnehmerinnen und Arbeitnehmer verbindlich gemacht worden sind; … Satz 1 gilt entsprechend für Rechtsverordnungen, die auf der Grundlage von § 11 des Arbeitnehmer-Entsendegesetzes sowie § 3 a des Arbeitnehmerüberlassungsgesetzes erlassen worden sind.«

Auf Grund dieser Übergangsregelung war es möglich, dass gemäß § 2 2. LohnUGAÜV bis zum 01.06.2016 in den neuen Bundesländern in der Arbeitnehmerüberlassung ein Entgelt von brutto 7,86 Euro bzw. 8,20 Euro je Zeitstunde und mithin unter dem allgemeinen gesetzlichen Mindestlohne gezahlt werden durfte.[80] Diese Ausnahme ist mit der Beendigung der 2. LohnUGAÜV ausgelaufen.

II. Verhältnis zu §§ 7, 8 Abs.3 AEntG

46 Seit der Änderung durch das Tarifautonomiestärkungsgesetz[81] enthält die 2. LohnUGAÜV in § 2 Abs. 4 nunmehr auch Regelungen zur Führung eines Arbeitszeitkontos (AZK) und der damit verschobenen **Fälligkeit** der Zahlung des Mindestlohns. Demnach muss der Mindestlohn nach der 2. LohnUGAÜV nicht zum Fälligkeitszeitpunkt ausbezahlt werden, der als »Plusstunden« – die über der Sollarbeitszeit liegen – in das **Arbeitszeitkonto** gestellt werden darf. Diese Differenzierung in der 2. LohnUGAÜV entspricht exakt dem Arbeitszeitkontenmodell der Branchentarifverträge (BAP/iGZ) in der Zeitarbeit.

47 Problematisch wird dies, wenn der Verleiher während eines Einsatzes an andere **Mindestlohnverordnungen** gemäß §§ 7, 8 Abs. 3 AEntG gebunden ist. § 8 Abs. 3 AEntG bestimmt, dass einem Leiharbeitnehmer, der mit Tätigkeiten beschäftigt wird, die in den Geltungsbereich einer Rechtsverordnung nach § 7 AEntG fallen, vom Verleiher *zumindest* die in der betreffenden Rechtsverordnung vorgeschriebenen Arbeitsbedingungen zu gewähren sind. Viele dieser Entsendebranchen sehen in ihren Mindestlohnverordnungen aber andersartige oder zum Teil auch engere **Fälligkeits** – und Arbeitszeitkontenregelungen vor. Andere (wie z.B. die VO Fleischwirtschaft) enthalten gar keine Möglichkeit für eine Arbeitszeitflexibilisierung.

---

80 *Lakies*, Allgemeiner gesetzlicher Mindestlohn mit Ausnahmen ab 2015, ArbR 2014, 343; *Wank*, Der Mindestlohn, RdA 2015, 88; ausführlich zu allen Ausnahmen des MiLoG *Sagan/Witschen*, Mindestlohn für alle?, jM 2014, 372.
81 Siehe oben Rdn. 13.

Bei einer Überlassung gemäß § 8 Abs. 3 AEntG in eine Entsendebranche entsteht also eine **Normenkollision** zwischen einer Mindestlohnverordnung gemäß § 7 AEntG und der 2. LohnUGAÜV gemäß § 3a AÜG. Zwar geht der eigentliche Mindestlohn aus dem AEntG unproblematisch in der Höhe vor, äußerst umstritten ist jedoch, ob der Verleiher dessen ungeachtet seine eigenen Fälligkeitsregelungen und sein eigenes Arbeitszeitkontenmodell auch in den Zeiten fortführen darf, in denen der Leiharbeitnehmer in einer Entsendebranche überlassen ist.[82]

Das BMAS, der Zoll und Teile der Literatur vertreten die strenge Auffassung, 48 dass die Regelungen der AEntG-Mindestlohnverordnungen der 2. LohnUGAÜV vorgehen. Begründet wird dies durch das »**Günstigkeitsprinzip**«, das zusätzlich durch den Wortlaut in § 8 Abs. 3 AEntG »zumindest« bestätigt werde. Diese Ansicht führt dazu, dass das Führen eines Arbeitszeitkontos während des Zeitraums der Überlassung in eine Entsendebranche nicht möglich ist.[83]

Das ArbG Düsseldorf hat diese Ansicht mit Urteil vom 30.11.2015 abgelehnt.[84] Es ist der Ansicht, dass hier – aufgrund der Gleichwertigkeit der Verordnungen – nicht das »Günstigkeitsprinzip« sondern das »**Spezialitätsprinzip**« anzuwenden sei, wie es das BAG in ständiger Rechtsprechung insbesondere bei sich überschneidenden Tarifverträgen entwickelt habe.[85] Außerdem führe es zu zweifelhaften Ergebnissen, wenn man einer Verordnung den Vorrang geben würde, deren Inhalt der Verleiher aber gar nicht anwenden könnte.[86]

Dem Arbeitsgericht Düsseldorf ist zuzustimmen. Wie auch in der Gesetzesbegründung zu § 3a AÜG immer wieder betont, ist die Einsatzwechseltätigkeit eine Grundsystematik der Arbeitnehmerüberlassung.[87] Diese Besonderheit der flexiblen Auftragsgestaltung und gleichzeitig der Schutz des Leiharbeitnehmers werden aber erst durch die Nutzung eines Arbeitszeitkontos möglich. Daher ermöglicht § 3a AÜG n. F. aber gerade auch die Differenzierung hinsichtlich der Fälligkeit und der Nutzung von Arbeitszeitkonten. Daher ist

---

82 Ausführlich *Falter/Hütwohl* DB 2016, 956; *Bayreuther* BB 2016, 957.
83 *Schlachter* in: ErfKomm § 8 AEntG Rn. 5; Antwortschreiben des BMAS auf eine Anfrage von BAP/iGZ vom 27.10.2014.
84 ArbG Düsseldorf 4 Ca 4402/15 vom 30.11.2015.
85 BAG 4 AZR 237/00 vom 4.4.2001, DB 2001, 1999.
86 *Boemke* Anm. zu ArbG Düsseldorf 4 Ca 4402/15, jurisPR-ArbR, 26/2016; Falter/Hütwohl DB 2016, 956; Bayreuther BB 2016, 957.
87 BT-Drucks. 17/4804, 7; BT-Drucks. 17/5238, 14 und oben Rdn. 5, 11.

§ 3a AÜG Lohnuntergrenze

nicht einzusehen, warum einzelne Regelungen einer Mindestlohnverordnung der spezielleren Ermächtigung in § 3a AÜG n. F. vorgehen sollte.[88]

▶ **Praxistipp:**

Die **Prüfbehörden (BA und Zoll)** sind nach wie vor der Auffassung, dass in der Zeitarbeit **keine** produktiven Mindestlohnstunden nach dem AEntG auf ein Arbeitszeitkonto übertragen werden können.

Zum Urteil des ArbG Düsseldorf war eine Sprungrevision zum BAG anhängig.[89] Diese wurde jedoch vor einer Entscheidung zurück genommen.

Bis auf Weiteres sollten Verleiher während eines Einsatzes in einer Entsendebranche das Arbeitszeitkonto nicht benutzen. Trotz des Urteils des ArbG Düsseldorf ist bis zu einer höchstrichterlichen Entscheidung weiterhin mit **Beanstandungen** durch die Prüfbehörden zu rechnen.

49 Ein weiterer Problemfall bei der Anwendung der 2. LohnUGAÜV ist ebenfalls durch die Änderung des § 8 Abs. 3 AEntG auf der Grundlage des Tarifautonomiestärkungsgesetzes entstanden.[90] Eine Mindestlohnverpflichtung konnte sich bisher nur ergeben, **wenn der Kundenbetrieb der entsprechenden Mindestlohnbranche angehörte**.[91] Diese Entscheidung hat der Gesetzgeber korrigiert und durch die Neufassung der Vorschrift klargestellt, dass es maßgeblich auf die ausgeübte **Tätigkeit** ankommt. Das ergibt sich aus dem neuen Wortlaut des § 8 Abs. 3 HS.2 AEntG: »*dies gilt auch dann, wenn der Betrieb des Entleihers nicht in den fachlichen Geltungsbereich dieses Tarifvertrages oder dieser Rechtsverordnung fällt.*«

War der Vorrang einer AEntG-Mindestlohnverordnung bislang nur dann gegeben, wenn Zeitarbeitnehmer in Betriebe der jeweiligen Mindestlohnbranche überlassen wurden, so kann nach der neuen Gesetzesfassung des § 8 Abs. 3 AEntG ein Kollisionsfall zur 2. LohnUGAÜV nunmehr bereits durch

---

88 So im Ergebnis auch die wohl **h.LitM.** *Boemke* jurisPR-ArbR 26/2016 Anm.4; *Falter/Hütwohl* DB 2016, 956; *Bayreuther* in *Thüsing* AEntG, § 8 Rn.30; *ders.* BB 2016, 957; *Motz* BeckOK ArbR, § 10 AÜG Rn. 103.3 f.
89 BAG 4 AZR 140/16.
90 Tarifautonomiestärkungsgesetz vom 11.08.2014 (BGBl. I, 1348), in Kraft getreten am 16.08.2014.
91 BAG, 21.10.2009 – 5 AZR 951/08.

reine Tätigkeiten entstehen auch, wenn der Kunde **nicht** der entsprechenden Mindestlohnbranche angehört. Dies gilt auch für den Fall von Mischtätigkeiten, bei denen der Zeitarbeitnehmer in einem Kundenbetrieb unterschiedliche Tätigkeiten ausführt, die entweder nur teilweise unter eine Mindestlohnverordnung fallen oder die unter mehrere unterschiedliche Mindestlöhne fallen:

▶ Beispiel:

Der Mitarbeiter wird an eine Bank überlassen. Dort soll er Reinigungsarbeiten durchführen.

Der Kundenbetrieb gehört nicht dem Gebäudereinigerhandwerk an. Hier wird aber eine *Tätigkeit ausgeübt, die von der Mindestlohnverordnung erfasst wird.* Die Mindestlohnverordnung für das Gebäudereinigerhandwerk nennt die Reinigung von Räumen.

Ein Hausmeister wird an ein Hotel überlassen und soll dort – im Rahmen seiner Hausmeistertätigkeit – auch Reinigungsarbeiten und Malerarbeiten ausführen.

Der Kundenbetrieb gehört zu keiner der im AEntG aufgeführten Branchen. Auch die übliche Hausmeistertätigkeit dürfte von keinem Branchen Mindestlohn erfasst sein. Die Reinigungs- und Malertätigkeiten unterfallen aber den jeweiligen Mindestlohnverordnungen.

Diese Erweiterung des Mindestlohns (der Mindestlohnverordnungen) nach dem AEntG und die gleichzeitig damit verbundene **Einschränkung des Mindestlohns nach § 3a AÜG und der 2. LohnUGAÜV** ist nicht nachvollziehbar und daher abzulehnen. 50

Bereits die Argumentation des Gesetzgebers,[92] wonach die zwingenden Arbeitsbedingungen des AEntG nicht durch den Einsatz von Leiharbeitnehmern umgangen werden sollen, ist nicht plausibel. Gehört der Kundenbetrieb nicht zu einer unter das AEntG fallenden Branche, so gelten für ihn überhaupt keine Mindestarbeitsbedingungen nach dem AEntG. Wenn jedoch keine Mindestlohnbedingungen bestehen, so können diese denklogisch auch nicht durch den Einsatz von Leiharbeitnehmern umgangen werden.[93]

---

92 BT-Drucks. 18/1558, 52.
93 Grundlegend *Bayreuther* in *Thüsing* AEntG, § 8 Rn.27 ff. m.w.N.

Auch das weitere Argument, die Gesetzesänderung entspräche der Praxis der Kontrollbehörden bis zur anderslautenden Entscheidung des BAG,[94] ist nicht nachvollziehbar. Diese Praxis war in einer Zeit entstanden, in der in der Hauptsache das AEntG nur für die Baubranche galt und Leiharbeitnehmer noch keinen eigenen Mindestlohn – Schutz gemäß § 3a AÜG hatten. Heute gilt das AEntG für eine Vielzahl von Branchen, so dass es zu einer Vielzahl von sich teilweise überschneidenden Fallkonstellationen kommen kann. Dies ist jedoch heute durch den Vorrang der spezielleren Vorschrift des § 3a AÜG zu lösen.

Aus diesem Grund muss § 8 Abs. 3 HS.2 AEntG dahingehend teleologisch reduziert werden, dass eine Anwendung bei reiner Tätigkeit ohne Branchenzugehörigkeit des Einsatzbetriebes nicht stattfindet bzw. auf den Schwerpunkt der beim Entleiher ausgeübten Tätigkeit abgestellt wird.[95]

▶ Beispiel:

Der Mitarbeiter wird an eine Bank überlassen. Dort soll er Reinigungsarbeiten durchführen.

Die Bank gehört nicht zur Branche und hat auch nicht den Tätigkeitsschwerpunkt »Gebäudereinigung«. Daher ist für diesen Einsatz die 2. LohnUGAÜV maßgebend und nicht die VO-Gebäudereinigerhandwerk.

Ein Hausmeister wird an ein Hotel überlassen und soll dort – im Rahmen seiner Hausmeistertätigkeit – auch Reinigungsarbeiten und Malerarbeiten ausführen.

Bei dieser Mischtätigkeit liegt der Schwerpunkt ebenfalls nicht in einer Mindestlohn-Tätigkeit nach dem AEntG, sodass auch hier nur die Lohnuntergrenze gemäß der 2. LohnUGAÜV zu beachten ist.

▶ Praxistipp:

51   Sogar die Zollverwaltung folgt bei der Anwendung des § 8 Abs. 3 HS.2 AEntG mittlerweile der Schwerpunktlösung:

---

94 BAG, 21.10.2009 – 5 AZR 951/08.
95 Zur Reduktion auch *Bayreuther* in *Thüsing* AEntG, § 8 Rn. 27 ff.; zur Schwerpunktlösung auch *Dreyer* PuR 2014, S. 236.

Werden während einer Überlassung verschiedene Tätigkeiten ausgeübt, die dem Geltungsbereich unterschiedlicher Mindestlohnverordnungen unterliegen, ist zur Ermittlung des Mindestlohnes das (relative) Überwiegensprinzip im Rahmen des Fälligkeitszeitraums (in der Regel der Kalendermonat) anzuwenden. Das heißt, es ist der Mindestlohn der Mindestlohnverordnung zu zahlen, deren Tätigkeit gemessen an der Anzahl der in dem Fälligkeitszeitraum erbrachten Arbeitsstunden im Verhältnis zu den anderen Mindestlohnverordnungen (relativ) überwiegt.

Soweit während einer Überlassung Tätigkeiten erbracht werden, die nur teilweise dem Geltungsbereich einer Mindestlohnverordnung unterfallen, richtet sich die Frage, ob der Mindestlohn auf Grundlage der Mindestlohnverordnung zu zahlen ist, ebenfalls nach dem relativen Überwiegensprinzip. Das heißt, soweit der Leiharbeitnehmer in dem Fälligkeitszeitraum überwiegend mit Tätigkeiten beschäftigt ist, die keiner Mindestlohnverordnung unterfallen, richtet sich der Lohnanspruch nicht nach § 8 Abs. 3 AEntG, da in diesem Fall keine mindestlohnpflichtige Tätigkeit im Sinne des AEntG überwiegt.

(Quelle: http://www.zoll.de/)

III. Nachwirkung

Gemäß § 3a Abs. 1 Satz 2 AÜG Vorschlag für eine Lohnuntergrenzen – Verordnung eine **Laufzeit** enthalten. Diese wird unverändert in die Verordnung übernommen. Mit dem Datum des Außerkrafttretens endet die Lohnuntergrenzen-Verordnung **ohne Nachwirkung**. Eine Mindestlohnregelung durch eine Rechtsverordnung hat keine Nachwirkung, auch wenn durch sie ein Mindestlohntarifvertrag auf der Grundlage eines Gesetzes für anwendbar erklärt wird. Dies hat das BAG eindeutig für Rechtsverordnungen auf Grundlage des AEntG entschieden.[96] Für eine Lohnuntergrenzen-Verordnung nach § 3a AÜG kann nichts anderes gelten.

52

Auch die Vorschrift des § 4 Abs. 5 TVG, die als Rechtsfolge die Weitergeltung der Rechtsnormen eines Tarifvertrages anordnet, kann nicht dazu herangezogen werden, außer Kraft getretenes staatliches Recht wieder »in Geltung« zu setzen. Dies obliegt allein dem Verordnungsgeber.[97]

---

96 BAG, 20.04.2011 – 4 AZR 467/09, BAGE 138, 1.
97 BAG, 20.04.2011 – 4 AZR 467/09, BAGE 138, 1.

§ 4 Rücknahme

(1) ¹Eine rechtswidrige Erlaubnis kann mit Wirkung für die Zukunft zurückgenommen werden. ²§ 2 Abs. 4 Satz 4 gilt entsprechend.

(2) ¹Die Erlaubnisbehörde hat dem Verleiher auf Antrag den Vermögensnachteil auszugleichen, den dieser dadurch erleidet, dass er auf den Bestand der Erlaubnis vertraut hat, soweit sein Vertrauen unter Abwägung mit dem öffentlichen Interesse schutzwürdig ist. ²Auf Vertrauen kann sich der Verleiher nicht berufen, wenn er
1. die Erlaubnis durch arglistige Täuschung, Drohung oder eine strafbare Handlung erwirkt hat;
2. die Erlaubnis durch Angaben erwirkt hat, die in wesentlicher Beziehung unrichtig oder unvollständig waren, oder
3. die Rechtswidrigkeit der Erlaubnis kannte oder infolge grober Fahrlässigkeit nicht kannte.

³Der Vermögensnachteil ist jedoch nicht über den Betrag des Interesses hinaus zu ersetzen, das der Verleiher an dem Bestand der Erlaubnis hat. ⁴Der auszugleichende Vermögensnachteil wird durch die Erlaubnisbehörde festgesetzt. ⁵Der Anspruch kann nur innerhalb eines Jahres geltend gemacht werden; die Frist beginnt, sobald die Erlaubnisbehörde den Verleiher auf sie hingewiesen hat.

(3) Die Rücknahme ist nur innerhalb eines Jahres seit dem Zeitpunkt zulässig, in dem die Erlaubnisbehörde von den Tatsachen Kenntnis erhalten hat, die die Rücknahme der Erlaubnis rechtfertigen.

Übersicht	Rdn.
A. Allgemeines	1
B. Voraussetzungen – Abs. 1 Satz 1	4
C. Rechtsfolgen	8
I. Rücknahme	8
II. Nachwirkung – Abs. 1 Satz 2	11
III. Vermögensnachteil – Abs. 2	12
D. Rücknahmefrist – Abs. 3	17
E. Verfahren und Rechtsbehelfe	22

A. Allgemeines

§ 4 AÜG regelt die **Rücknahme einer rechtswidrigen Erlaubnis**, § 5 AÜG 1
insb. den Widerruf einer rechtmäßigen Erlaubnis.[1] Beide Bestimmungen
gehen den Regelungen des allgemeinen Verwaltungsverfahrensrechts (§§ 48,
49 VwVfG) spezialgesetzlich vor.

Abweichend von § 48 VwVfG genießt der Inhaber einer rechtswidrigen Ver- 2
leiherlaubnis keinen Bestandsschutz. Nach § 4 Abs. 1 Satz 1 AÜG kann eine
rechtswidrige Erlaubnis mit Wirkung für die Zukunft ohne Einschränkung
zurückgenommen werden (sog. **freie Rücknehmbarkeit**); nach Satz 2 gilt die
Abwicklungsfrist des § 2 Abs. 4 Satz 4 AÜG in diesen Fällen entsprechend.
Die Rücknahmeentscheidung steht im **Ermessen der Erlaubnisbehörde**
(»kann«). Die **Vermögensnachteile**, die dem Erlaubnisinhaber dadurch entstehen, dass er auf den Bestand der Erlaubnis vertraut hat, werden unter den
Voraussetzungen des § 4 Abs. 2 AÜG ausgeglichen.

Die **praktische Bedeutung** der Rücknahme ist **äußerst gering**. Die weitaus 3
überwiegende Anzahl aller nach dem AÜG erteilten Erlaubnisse erlischt aufgrund Nichtverlängerung, einige aufgrund Widerrufs nach § 5 AÜG.[2]

B. Voraussetzungen – Abs. 1 Satz 1

Die Rücknahme nach § 4 AÜG ist nur zulässig, wenn die **Erlaubnis rechts-** 4
widrig ist. Rechtswidrig ist eine Erlaubnis, die fehlerhaft erteilt wurde, etwa
weil bereits zum Zeitpunkt der Erlaubniserteilung Versagungsgründe nach
§ 3 AÜG vorlagen.[3] Die **Rechtswidrigkeit muss bis zum Zeitpunkt der**
Rücknahmeentscheidung fortwirken, d.h. die Behörde ist im Zeitpunkt
der Rücknahme nicht verpflichtet, eine Erlaubnis gleichen Inhalts erneut zu
erteilen (arg.e.c. § 5 Abs. 3 AÜG analog).[4] Die Rechtswidrigkeit muss zum
Zeitpunkt der Erlaubniserteilung objektiv, d.h. nicht nur nach der Vorstellung
der Behörde, gegeben sein. Bei einer nachträglichen Änderung der Sachlage
kommt nur ein Widerruf der Erlaubnis in Betracht (§ 5 Abs. 1 Nr. 3 AÜG).

---

1 Zur Anwendbarkeit des § 5 AÜG auf die rechtswidrig erteilte Erlaubnis s. § 5 Rdn. 3.
2 Vgl. dazu 11. AÜG-Erfahrungsbericht, BT-Drucks. 17/464, 15, 36; ausführlich
  zur Entstehungsgeschichte der §§ 4, 5 AÜG s. Schüren/Hamann/*Schüren* § 4 AÜG
  Rn. 4; Schüren/Hamann/*Stracke* § 5 AÜG Rn. 1 ff.; a. § 5 Rdn. 2.
3 HWK/*Kalb* § 4 AÜG Rn. 4.
4 ErfK/*Wank* § 4 AÜG Rn. 3; *Sandmann/Marschall* Art. 1 § 4 AÜG Anm. 6, Schüren/
  Hamann/*Schüren* § 4 AÜG Rn. 7.

▶ **Beispiel:**

Bereits zum Zeitpunkt der Erlaubniserteilung hatte der Antragsteller Lohnsteuern hinterzogen, ohne dass dies der zuständigen Regionaldirektion bekannt geworden war. Dem Antragsteller mangelte es bereits zu diesem Zeitpunkt an der erforderlichen Zuverlässigkeit. Die Erlaubnis wurde mithin rechtswidrig erteilt und kann daher nach § 4 AÜG zurückgenommen werden. Ein Widerruf kommt nicht in Betracht. Handelte es sich zum Zeitpunkt der Erlaubniserteilung um Delikte, die nach dem Grundsatz der Verhältnismäßigkeit für sich genommen eine Rücknahme nicht gerechtfertigt hätten, so kann unter Umständen die Summe der Vorkommnisse einen Widerruf der Erlaubnis erforderlich machen.

5 Die Frage, ob bei der Begehung einer **Straftat oder Ordnungswidrigkeit** die Erlaubnis zurückzunehmen oder zu widerrufen ist, beantwortet sich nach dem Zeitpunkt der Tatbegehung. Auf die (strafrechtliche) Verurteilung kommt es nicht an.[5]

6 **Unrichtige Angaben des Antragstellers** sind nur dann ein Rücknahmegrund, wenn sie rechtserheblich sind. Bestand ungeachtet der Unrichtigkeit ein Anspruch auf Erlaubniserteilung, scheidet eine Rücknahme nach § 4 AÜG aus (z.B. bei falscher Angabe des Geburtsdatums).[6] Ebenfalls **unbeachtlich sind Verfahrensfehler**, soweit diese geheilt wurden oder die Erlaubnis trotz des Fehlers materiell zu Recht erteilt wurde.[7] Entsprechendes gilt für bloße **Bagatellfehler**, etwa offensichtliche Schreib- oder Rechenfehler. Diese kann die Behörde jederzeit berichtigen.[8]

7 Für die Rechtswidrigkeit der Erlaubniserteilung ist die **Erlaubnisbehörde darlegungs- und beweispflichtig**.[9] Dies gilt sowohl für die anfängliche als auch für die im Zeitpunkt der Rücknahmeentscheidung noch fortdauernde Rechtswidrigkeit.[10] Die BA trägt auch die Beweislast für die Einhaltung der Rücknahmefrist (§ 4 Abs. 3 AÜG).

---

5 LSG Niedersachsen, 22.07.1977 – L 7 S(Ar) 31/77, EzAÜG § 4 AÜG Rücknahme Nr. 1.
6 FW AÜG zu § 4 Nr. 4.1. (4).
7 Schüren/Hamann/*Schüren* § 4 AÜG Rn. 13.
8 ErfK/*Wank* § 4 AÜG Rn. 3; Schüren/Hamann/*Schüren* § 4 AÜG Rn. 12.
9 *Sandmann/Marschall* Art. 1 § 4 AÜG Anm. 8.
10 Schüren/Hamann/*Schüren* § 4 AÜG 14 m.w.N.

C. Rechtsfolgen

I. Rücknahme

§ 4 Abs. 1 Satz 1 AÜG stellt die Rücknahme der rechtswidrigen Erlaubnis in das **Ermessen der zuständigen Behörde** (»kann«). Beschränkt wird die Ermessensausübung durch den Grundsatz der Verhältnismäßigkeit. Können die die Rechtswidrigkeit begründenden Tatsachen durch andere **mildere Mittel** beseitigt werden, z.B. durch den Erlass einer nachträglichen Auflage, genießen diese Vorrang. Die Erlaubnis darf dann nicht zurückgenommen werden. Stehen mildere Mittel zur Herstellung eines gesetzeskonformen Zustandes nicht zur Verfügung, reduziert sich das Ermessen der Behörde auf Null. Die Erlaubnis ist in diesem Fall zwingend zurückzunehmen. **Vertrauensschutzgesichtspunkte** spielen bei der Rücknahmeentscheidung keine Rolle.[11] Die Nachteile der freien Rücknehmbarkeit der Erlaubnis werden wirtschaftlich durch die Entschädigungspflicht nach § 4 Abs. 2 AÜG kompensiert.[12]

Anders als im Anwendungsbereich des § 48 VwVfG kann die Erlaubnis nach § 4 AÜG nur **mit Wirkung für die Zukunft** (ex-nunc) zurückgenommen werden. Dadurch soll ein rechtloser Zustand vermieden werden, der auch durch die entsprechende Anwendung der Abwicklungsfrist nach § 2 Abs. 4 Satz 4 AÜG nicht abgedeckt werden kann.[13]

Die Rücknahme wird **mit Bekanntgabe des Rücknahmebescheides wirksam** (§ 43 VwVfG). Die Entscheidung ist grds. dem Erlaubnisinhaber bekannt zu geben, es sei denn dieser hat einen Bevollmächtigten bestimmt (§ 41 Abs. 1 VwVfG). Ein schriftlicher Verwaltungsakt gilt mit dem dritten Tage nach der Aufgabe zur Post als bekannt gegeben (§ 41 Abs. 2 VwVfG).

▶ Praxistipp:

Die zuständige Behörde fordert die unwirksam gewordene Erlaubnisurkunde regelmäßig zurück (§ 52 VwVfG). Hat der Betroffene allerdings ein schutzwürdiges Interesse an einem Fortbesitz der Urkunde (z.B. während

---

11 Vgl. FW AÜG zu § 4 Nr. 4.2.
12 BT-Drucks. VI/2303, S. 12, 24; *Boemke/Lembke* § 4 AÜG Rn. 7, *Sandmann/Marschall* Art. 1 § 4 Anm. 7; a.A. Schüren/Hamann/*Schüren* § 4 AÜG Rn. 17; Thüsing/*Kämmerer* § 4 AÜG Rn. 3; jeweils m.w.N., die eine Berücksichtigung von Vertrauensschutzgesichtspunkten bei der Rücknahmeentscheidung zulassen.
13 Thüsing/*Kämmerer* § 4 AÜG Rn. 4.

der Abwicklungsfrist), kann die Urkunde nach deren Unbrauchbarmachung bzw. ihrer Kennzeichnung als ungültig dem früheren Erlaubnisinhaber wieder ausgehändigt werden.[14]

II. Nachwirkung – Abs. 1 Satz 2

11 Für die Rücknahme gilt die **Nachwirkung des § 2 Abs. 4 Satz 4 AÜG entsprechend** (§ 4 Abs. 1 Satz 2 AÜG); die Erlaubnis gilt für einen maximalen Zeitraum von zwölf Monaten fort.[15]

III. Vermögensnachteil – Abs. 2

12 Unter den Voraussetzungen des § 4 Abs. 2 AÜG hat der Verleiher Anspruch auf **Ausgleich des Vermögensnachteils**, der ihm durch die Rücknahme der rechtwidrigen Erlaubnis entstanden ist. Die praktische Bedeutung des Ausgleichsanspruchs ist gering.[16]

13 Ein Vermögensnachteil ist nur auf **Antrag des Verleihers** auszugleichen. Der **Ausgleichsanspruch** setzt voraus, dass das Vertrauen des Verleihers unter Abwägung mit den öffentlichen Interessen schutzwürdig ist (§ 4 Abs. 2 Satz 1 AÜG). Dies dürfte im Wesentlichen nur dann der Fall sein, wenn die Erlaubnisbehörde vollständig und richtig informiert wurde (vgl. § 4 Abs. 2 Satz 2 Nr. 2 AÜG), dann aber die Sachlage rechtlich fehlerhaft bewertet hat.[17]

14 § 4 Abs. 2 Satz 2 AÜG nennt drei **Fallgruppen**, bei denen sich der Verleiher auf ein schutzwürdiges Vertrauen nicht berufen kann; die Aufzählung ist **nicht abschließend**.[18] Die benannten Fälle sind:
– Erwirkung der Erlaubnis durch arglistige Täuschung, Drohung oder eine strafbare Handlung (Nr. 1);
– Erwirkung der Erlaubnis durch Angaben, die in wesentlicher Beziehung unrichtig oder unvollständig waren (Nr. 2);
– Kenntnis oder grob fahrlässige Unkenntnis des Verleihers von der Rechtswidrigkeit der Erlaubnis (Nr. 3).

---

14 FW AÜG zu § 4 Nr. 4.1. (9).
15 Vgl. dazu § 2 Rdn. 37 ff.
16 ErfK/*Wank* § 4 AÜG Rn. 6; Schüren/Hamann/*Schüren* § 4 AÜG Rn. 4 f., 24.
17 Schüren/Hamann/*Schüren* § 4 AÜG Rn. 24.
18 ErfK/*Wank* § 4 AÜG Rn. 6; Schüren/Hamann/*Schüren* § 4 AÜG Rn. 24, ausführlich *Sandmann/Marschall* Art. 1 § 4 AÜG Anm. 10 ff.

Der Rechtsanspruch des Verleihers ist auf den **Vertrauensschaden** beschränkt, 15
d.h. den Schaden, den er dadurch erleidet, auf den Bestand der Erlaubnis
vertraut zu haben (**§ 4 Abs. 2 Satz 3 AÜG**). Dazu gehören in erster Linie
Aufwendungen zur Errichtung, Erhaltung und/oder Erweiterung des Verleihunternehmens. Ferner solche Schäden, die dadurch entstanden sind, dass
der Verleiher anderweitige Gewinnmöglichkeiten im Rahmen einer anderen
gewerblichen Tätigkeit nicht genutzt hat. Nicht ersatzfähig ist hingegen der
entgangene Gewinn (§ 252 BGB), den der Verleiher aufgrund der erteilten
Erlaubnis voraussichtlich hätte erzielen können.[19] Das negative ist durch das
positive Interesse begrenzt. Die **Höhe** des auszugleichenden Vermögensnachteils wird durch die Erlaubnisbehörde festgesetzt (**§ 4 Abs. 2 Satz 4 AÜG**).

Der Verleiher kann einen Anspruch auf Vermögensausgleich nur innerhalb 16
eines Jahres geltend machen. Die Frist beginnt, sobald die Erlaubnisbehörde
ihn darauf hingewiesen hat (**§ 4 Abs. 2 Satz 5 AÜG**). Die **Jahresfrist** ist eine
Ausschlussfrist, gegen deren Versäumung die Wiedereinsetzung in den vorigen
Stand nicht zulässig ist.

D. Rücknahmefrist – Abs. 3

Eine rechtswidrige **Erlaubnis** kann **nur innerhalb eines Jahres zurückgenom-** 17
men werden. Nach dem Wortlaut des § 4 **Abs. 3 AÜG** ist allein auf die für die
Rücknahme maßgebliche Tatsachenkenntnis abzustellen.[20] Darüber hinaus
verlangt die wohl herrschende Rechtsprechung und Literaturauffassung zum
allgemeinen Verwaltungsverfahrensrecht, dass die Behörde neben der **Tatsa-**
chenkenntnis zusätzlich **Kenntnis von Rechtsanwendungsfehlern**, d.h. der
Rechtswidrigkeit des Verwaltungsaktes, erlangen muss. Erst dann werde der
Fristlauf in Gang gesetzt.[21] Von den zur Rücknahme berechtigenden Umständen muss die Behörde positive Kenntnis haben; fahrlässige Unkenntnis (Kennenmüssen) genügt nicht.[22]

---

19 ErfK/*Wank* § 4 AÜG Rn. 7; Thüsing/*Kämmerer* § 4 AÜG Rn. 10; *Urban-Crell/ Schulz* Rn. 710.
20 So a. FW AÜG zu § 4 Nr. 4.3. (1).
21 BVerwG, 19.12.1984 – GrSen 1/84, NJW 1985, 819; ausführlich Thüsing/ *Kämmerer* § 4 AÜG Rn. 6 m.w.N.; a. Schüren/Hamann/*Schüren* § 4 AÜG Rn. 21.
22 ErfK/*Wank* § 4 AÜG Rn. 5; Kopp/Ramsauer § 48 VwVfG Rn. 153; a.A. *Boemke/ Lembke* § 4 AÜG Rn. 11; Thüsing/*Kämmerer* § 4 AÜG Rn. 6, die jeweils ein Kennenmüssen ausreichen lassen wollen.

18 Richtigerweise ist auf die **dienstliche Kenntniserlangung eines Mitarbeiters der BA** – nicht zwingend der zuständigen Arbeitsagentur – abzustellen (§ 166 BGB analog).[23] Keine Stütze im Gesetz findet die Auffassung des BVerwG, welches Kenntniserlangung durch den nach der internen Geschäftsverteilung zuständigen Sachbearbeiter, jedenfalls aber das zuständige Referat verlangt.[24] Erlangt ein Bediensteter der BA von Umständen Kenntnis, die eine Rücknahme der Erlaubnis rechtfertigen, muss er die sachbearbeitende Abteilung unverzüglich informieren. Ansonsten liegt ein zurechenbares Organisationsverschulden vor. Dabei ist auf den Zeitpunkt abzustellen, zu dem die zuständige Stelle bei ordnungsgemäßem Geschäftsgang hätte Kenntnis erlangen müssen.[25]

▶ Praxistipp:

Für den Beginn der Jahresfrist ist es ausreichend, wenn nicht nur mit der Durchführung des AÜG beauftragte Bedienstete der BA, sondern auch nur andere Bedienstete, etwa Arbeitsvermittler, Berufsberater, OWi-Sachbearbeiter, von dem Rücknahmegrund positive Kenntnis erlangen.[26]

19 Die Jahresfrist ist eine Ausschlussfrist, sie kann nicht verlängert werden. Für die **Fristberechnung** gelten **§ 31 VwVfG i.V.m. §§ 187 ff. BGB**. Für den Fristbeginn maßgeblich ist der Zeitpunkt, in dem die Behörde Kenntnis i.S.d. § 4 Abs. 3 AÜG erlangt. Die Frist endet nach einem Jahr mit Ablauf des Tages, der durch seine Zahl dem Tag entspricht, in den die Kenntniserlangung fällt (§ 188 Abs. 2, 1. Alt. BGB).

▶ Beispiel:

Kenntniserlangung am 17.09.2017 (Fristbeginn), Fristablauf am 17.09.2018 um 24.00 Uhr. Der Rücknahmebescheid muss dem Erlaubnisinhaber vor Ablauf der Frist bekannt gegeben werden.

---

23 Schüren/Hamann/*Schüren* § 4 AÜG Rn. 23; einschr. LSG Niedersachsen, 25.11.1993 – L 10 Ar 219/92, EzAÜG § 5 AÜG Nr. 3; *Boemke/Lembke* § 4 AÜG Rn. 12; ErfK/*Wank* § 4 AÜG Rn. 5, HWK/*Kalb* § 4 AÜG Rn. 13; Thüsing/*Kämmerer* § 4 AÜG Rn. 6, die Kenntniserlangung durch die zuständige Dienststelle der BA verlangen.
24 BVerwG, 19.12.1984 – GrSen 1/84, BVerwGE 70, 356 = NJW 1985, 819.
25 *Kopp* GewArch. 1986, 185; *Kopp/Ramsauer* § 48 VwVfG Rn. 158; *Urban-Crell/Schulz* Rn. 708; so wohl a. FW AÜG zu § 4 Nr. 4.3 (2).
26 FW AÜG zu § 4 Nr. 4.3. (1).

E. Verfahren und Rechtsbehelfe

Eine eigene Rechtswegbestimmung enthält § 4 AÜG nicht. Deshalb bleibt 20
es – auch für Streitigkeiten im Zusammenhang mit Entschädigungsansprüchen nach § 4 Abs. 2 AÜG – bei der **Zuständigkeit der SG** (§ 51 SGG).[27]

Die **Rücknahme einer rechtswidrigen Erlaubnis** ist ein belastender Verwal- 21
tungsakt (§ 35 VwVfG). Gegen diesen ist nach erfolgloser Durchführung des
Widerspruchsverfahrens die **Anfechtungsklage** statthaft.[28] Auf Antrag kann
der Vollzug der Rücknahme im Widerspruchs- und Klageverfahren ausgesetzt
werden (§ 86b Abs. 1 Nr. 2 SGG).

Begehrt der Verleiher den **Ausgleich seines Vermögensnachteils** nach § 4 22
Abs. 2 AÜG, bedarf es zunächst eines entsprechenden Antrags bei der zuständigen Erlaubnisbehörde. Lehnt diese den Antrag ab, ist nach erfolglosem
Widerspruch beim SG **Verpflichtungsklage** auf Festsetzung eines (höheren)
Ausgleichs zu erheben.[29]

§ 5 Widerruf

(1) Die Erlaubnis kann mit Wirkung für die Zukunft widerrufen werden, wenn
1. der Widerruf bei ihrer Erteilung nach § 2 Abs. 3 vorbehalten worden ist;
2. der Verleiher eine Auflage nach § 2 nicht innerhalb einer ihm gesetzten Frist erfüllt hat;
3. die Erlaubnisbehörde auf Grund nachträglich eingetretener Tatsachen berechtigt wäre, die Erlaubnis zu versagen, oder
4. 4. die Erlaubnisbehörde auf Grund einer geänderten Rechtslage berechtigt wäre, die Erlaubnis zu versagen; § 4 Abs. 2 gilt entsprechend.

(2) ¹Die Erlaubnis wird mit dem Wirksamwerden des Widerrufs unwirksam. ²§ 2 Abs. 4 Satz 4 gilt entsprechend.

(3) Der Widerruf ist unzulässig, wenn eine Erlaubnis gleichen Inhalts erneut erteilt werden müsste.

---

27 Schüren/Hamann/*Schüren* § 4 AÜG Rn. 26; Thüsing/*Kämmerer* § 4 AÜG Rn. 11.
28 Ausführlich zum Rechtsschutz § 2 Rdn. 64 ff.
29 Thüsing/*Kämmerer* § 4 AÜG Rn. 11.

Urban-Crell

§ 5 AÜG Widerruf

(4) Der Widerruf ist nur innerhalb eines Jahres seit dem Zeitpunkt zulässig, in dem die Erlaubnisbehörde von den Tatsachen Kenntnis erhalten hat, die den Widerruf der Erlaubnis rechtfertigen.

Übersicht Rdn.
A. **Allgemeines** 1
B. **Voraussetzungen** 3
I. Rechtmäßige und rechtswidrige Erlaubnis 3
II. Widerrufsgründe... 5
 1. Widerrufsvorbehalt – Abs. 1 Nr. 1 7
 2. Nichterfüllung einer Auflage – Abs. 1 Nr. 2 9
 3. Nachträglich eingetretene Tatsachen – Abs. 1 Nr. 3 14
 4. Geänderte Rechtslage – Abs. 1 Nr. 4 Halbs. 1........... 17
III. Unzulässigkeit – Abs. 3................................. 20
C. **Rechtsfolgen**... 22
I. Widerruf – Abs. 2 Satz 1................................. 22
II. Nachwirkung – Abs. 2 Satz 2.............................. 25
III. Nachteilsausgleich – Abs. 1 Nr. 4 Halbs. 2............... 26
D. **Widerrufsfrist – Abs. 4**............................... 27
E. **Verfahren und Rechtsbehelfe** 29

A. Allgemeines

1 Unter den Voraussetzungen des § 5 AÜG kann eine **Erlaubnis mit Wirkung für die Zukunft widerrufen** werden.[1] Der Widerruf ist – ebenso wie die Rücknahme (§ 4 AÜG) – ein belastender Verwaltungsakt. §§ 4, 5 AÜG gehen den allgemeinen verwaltungsverfahrensrechtlichen Bestimmungen über Rücknahme und Widerruf (§§ 48, 49 VwVfG) als speziellere Vorschriften vor.

2 Die **praktische Bedeutung des Widerrufs** ist um ein Vielfaches größer als die der Rücknahme nach § 4 AÜG. Ausweislich des 11. AÜG-Erfahrungsberichts der Bundesregierung wurden im Berichtszeitraum 2005 bis 2008 lediglich 18 Erlaubnisse zurückgenommen, aber 355 durch die BA widerrufen.[2] Der weitaus größte Anteil (5.096) ist hingegen durch die Nichtverlängerung befristeter Verleiherlaubnisse erloschen. Gründe für Rücknahmen, Widerrufe oder Nichtverlängerungen waren insb. Insolvenzverfahren, mangelnde

---

1 Zum Anwendungsbereich des § 5 vgl. Rdn. 3.
2 BT-Drucks. 17/464, 15, 36; ausführlich zur Entstehungsgeschichte Schüren/Hamann/*Stracke* § 5 AÜG Rn. 1 ff.

Bonität, Rückstände von Steuern und Sozialversicherungsbeiträgen, Verstöße gegen Auflagenbescheide und die damit zusammenhängende Unzuverlässigkeit der Entleiher.[3]

B. Voraussetzungen

I. Rechtmäßige und rechtswidrige Erlaubnis

Von Anfang an **rechtmäßige Erlaubnisse** nach dem AÜG können nur widerrufen (§ 5 AÜG), nicht aber nach § 4 AÜG zurückgenommen werden. Die Ermächtigung zur Rücknahme erfasst lediglich von Anfang an rechtwidrige Verwaltungsakte. Nach ganz einhelliger Auffassung ist bei **rechtswidrig erlassenen Verwaltungsakten** aber auch ein Widerruf grds. statthaft, soweit dessen Voraussetzungen vorliegen.[4] Im Anwendungsbereich des AÜG folgt dies bereits aus der sprachlichen Fassung des § 5 AÜG, die – anders als der Wortlaut des § 4 AÜG (»rechtswidrige Erlaubnis«) – keine Beschränkung auf nur rechtmäßige Erlaubnisse enthält. Da sich §§ 4, 5 AÜG insoweit nicht ausschließen, kann die BA die Frage der Rechtswidrigkeit dahinstehen lassen und von vornherein zur Ermächtigung nach § 5 AÜG greifen.[5]

Ob eine Erlaubnis nach dem AÜG rechtmäßig oder rechtswidrig erteilt wurde, bestimmt sich nach den **Verhältnissen im Zeitpunkt der Erlaubniserteilung**. Wurde die Erlaubnis anfänglich rechtmäßig erteilt und änderten sich die Verhältnisse zu einem späteren Zeitpunkt, kommt nur ein Widerruf nach § 5 AÜG in Betracht.

II. Widerrufsgründe

Der Widerruf ist nur bei **Vorliegen eines Widerrufsgrundes** zulässig. Diese sind in § 5 Abs. 1 AÜG abschließend aufgezählt.[6] Es lassen sich **zwei Fallgruppen** unterscheiden: Die Fälle, in denen der Verleiher entweder kein

---

3 BT-Drucks. 17/464, 15.
4 BVerwG, 21.11.1986 – 8 C 33/84, NJW 1987, 1964; *Kopp/Ramsauer* § 49 VwVfG Rn. 12; Thüsing/*Kämmerer* § 5 AÜG Rn. 2; jeweils m.w.N.; unklar *Boemke/Lembke* § 5 AÜG Rn. 2; HWK/*Kalb* § 5 AÜG Rn. 1; Schüren/Hamann/*Stracke* § 5 AÜG Rn. 6.
5 BVerwG, 18.09.1991 – 1 B 107/91, NVwZ-RR 1992, 68; *Kopp/Ramsauer* § 49 VwVfG Rn. 12 (zum Verhältnis § 49 VwVfG zu § 48 VwVfG); Thüsing/*Kämmerer* § 5 AÜG Rn. 2 m.w.N.
6 ErfK/*Wank* § 5 AÜG Rn. 2; Schüren/Hamann/*Stracke* § 5 AÜG Rn. 7; a. BT-Drucks. VI/2303, 12.

schutzwürdiges Vertrauen genießt (Nr. 1 und Nr. 2) und die Fälle, in denen die Behörde aufgrund nachträglich eingetretener Tatsachen oder einer geänderten Rechtslage zur Versagung der Erlaubnis berechtigt wäre (Nr. 3 und Nr. 4).[7]

6 Für das Vorliegen eines Widerrufsgrundes ist die **BA** ebenso **darlegungs- und beweispflichtig** wie für die Einhaltung der Widerrufsfrist nach § 5 Abs. 4 AÜG.[8]

1. Widerrufsvorbehalt – Abs. 1 Nr. 1

7 Der Widerruf nach **§ 5 Abs. 1 Nr. 1 AÜG** setzt voraus, dass sich die Behörde bei Erlaubniserteilung den **Widerruf nach § 2 Abs. 3 AÜG vorbehalten** hat und die abschließende Beurteilung des Antrags ergibt, dass der Erteilung der Erlaubnis ein Versagungsgrund nach § 3 AÜG entgegensteht. Nicht ausreichend ist es, wenn im Zeitpunkt der Widerrufsentscheidung die endgültige Beurteilungsreife weiterhin fehlt und die Behörde lediglich deswegen die Verleiherlaubnis widerruft, weil der Schwebezustand nicht länger tragbar und hinnehmbar ist.[9] Wenn sich die Prognose der BA seit dem Zeitpunkt der Erteilung unter Vorbehalt nicht geändert hat, ist der Widerruf rechtswidrig. Denn in diesem Fall müsste die Behörde auf entsprechenden Antrag des Verleihers eine erneute Erlaubnis unter Widerrufsvorbehalt erteilen; diesen Fall will § 5 Abs. 3 AÜG jedoch gerade ausschließen.[10]

8 Ein **rechtswidriger** – nicht nichtiger – **Widerrufsvorbehalt** genügt formell den Anforderungen des Widerrufsgrundes nach § 5 Abs. 1 Nr. 1 AÜG.[11] Bei offensichtlicher Rechtswidrigkeit eines bestandskräftigen Widerrufvorbehalts nach § 2 Abs. 3 AÜG ist die Ausübung des Widerrufs jedoch regelmäßig ermessensfehlerhaft.[12]

---

7 *Becker/Wulfgramm* § 5 AÜG Nr. 5 f.; ErfK/*Wank* § 5 AÜG Rn. 2.
8 *Boemke/Lembke* § 5 AÜG Rn. 21; Thüsing/*Kämmerer* § 5 AÜG Rn. 12; einschr. für den Fall des § 5 Abs. 1 Nr. 1 AÜG *Sandmann/Marschall* Art. 1 § 5 AÜG Anm. 2; Schüren/Hamann/*Stracke* § 5 AÜG Rn. 28.
9 *Boemke/Lembke* § 5 AÜG Rn. 8; Thüsing/*Kämmerer* § 5 AÜG Rn. 4; a.A. ErfK/*Wank* § 5 AÜG Rn. 3; Schüren/Hamann/*Stracke* § 5 AÜG Rn. 16 m.w.N.
10 *Boemke/Lembke* § 5 AÜG Rn. 9; Thüsing/*Kämmerer* § 5 AÜG Rn. 4.
11 BVerwG, 21.11.1986 – 8 C 33/84, NVwZ 1987, 498; *Boemke/Lembke* § 5 AÜG Rn. 7; *Kopp/Ramsauer* § 49 VwVfG Rn. 37; VGH Hessen, 26.04.1988 – 11 KE 219/84, NVwZ 1989, 165; Thüsing/*Kämmerer* § 5 AÜG Rn. 5; a.A. ErfK/*Wank* § 5 AÜG Rn. 4; Schüren/Hamann/*Stracke* § 5 AÜG Rn. 14.
12 BVerwG, 27.09.1982 – 8 C 96/81, NVwZ 1994, 588; *Kopp/Ramsauer* § 49 VwVfG Rn. 37; *Urban-Crell/Schulz* Rn. 717.

2. Nichterfüllung einer Auflage – Abs. 1 Nr. 2

Nach **§ 5 Abs. 1 Nr. 2 AÜG** kann die Erlaubnis widerrufen werden, wenn 9 der Verleiher eine **Auflage nach § 2 Abs. 2 AÜG nicht innerhalb einer ihm gesetzten Frist erfüllt**. Die Frist zur Erfüllung der Auflage muss angemessen sein. Allerdings ist eine Fristsetzung nur erforderlich, wenn dem Erlaubnisinhaber ein positives Tun (z.B. Vervollständigung der Betriebsorganisation) auferlegt wird. Enthält die Auflage ein Verbot (Unterlassen), so ist die Fristsetzung entbehrlich; der Verleiher hat der Auflage sofort nachzukommen.[13] Über den Wortlaut des § 5 Abs. 1 Nr. 2 AÜG hinaus sind der Nichterfüllung einer Auflage nach allgemeiner Auffassung schwere Verstöße gegen eine Auflage gleichzusetzen.[14]

Ein Widerruf nach § 5 Abs. 1 Nr. 2 AÜG setzt nicht voraus, dass den Erlaub- 10 nisinhaber an der Nichterfüllung der Auflage ein Verschulden trifft. **Verschulden** oder Nichtverschulden sind allerdings i.R.d. **Ermessensentscheidung** zu berücksichtigen.[15] Widerruft die BA bei fehlendem Verschulden des Verleihers die Erlaubnis, wird dies i.d.R. ermessensfehlerhaft sein.

Der Widerruf verlangt nicht die **Bestandskraft der Auflage**; ihre Vollziehbarkeit 11 (§ 6 VwVG) genügt. Eine isolierte Anfechtung der Auflage durch den Erlaubnisinhaber hindert den Widerruf allein nicht, zumal Widerspruch und/oder Klage gem. § 86a Abs. 4, § 86b SGG keine aufschiebende Wirkung entfalten.[16]

Eine etwaige **Rechtswidrigkeit der Auflage** ist allerdings i.R.d. Verhältnis- 12 mäßigkeitsprüfung zu berücksichtigen. Ist die Auflage offensichtlich rechtswidrig, handelt die BA i.d.R. ermessensfehlerhaft, wenn sie gleichwohl einen Widerrufsbescheid erlässt.[17] Unzweifelhaft entfällt der Widerrufsgrund, wenn die Auflage vor Fristablauf als rechtswidrig aufgehoben worden ist.

---

13 BVerwG, 27.09.1982 – 8 C 96/81, BVerwGE 66, 172; Thüsing/*Kämmerer* § 5 AÜG Rn. 6 m.w.N.; FW AÜG zu § 5 Nr. 5.1 (5); a.A. *Boemke/Lembke* § 5 AÜG Rn. 10; ErfK/*Wank* § 5 AÜG Rn. 5; Schüren/Hamann/*Stracke* § 5 Rn. 18, die jeweils den Widerrufsgrund der Nr. 3 anwenden wollen.
14 BVerwG, 16.09.1975 – 1 C 44/74, BVerwGE 49, 168; *Kopp/Ramsauer* § 49 VwVfG Rn. 38; Thüsing/*Kämmerer* § 5 AÜG Rn. 6.
15 ErfK/*Wank* § 5 AÜG Rn. 5; *Kopp/Ramsauer* § 49 VwVfG Rn. 38b m.w.N.
16 Ganz h.M. *Boemke/Lembke* § 5 AÜG Rn. 11; Schüren/Hamann/*Stracke* § 5 AÜG Rn. 20.
17 *Boemke/Lembke* § 5 AÜG Rn. 11, Thüsing/*Kämmerer* § 5 AÜG Rn. 6a; *Urban-Crell/Schulz* Rn. 718.0

§ 5 AÜG Widerruf

13 Der i.R.d. Ermessensausübung zu beachtende **Grundsatz der Verhältnismäßigkeit** erfordert regelmäßig auch einen vorherigen – erfolglosen – **Vollstreckungsversuch**. Zusätzlich kann die BA eine Geldbuße nach § 16 Abs. 1 Nr. 3 AÜG verhängen. Erst wenn diese im Vergleich zum Widerruf milderen Maßnahmen den gesetzeskonformen Zustand nicht herstellen konnten, ist ein Widerruf nach § 5 Abs. 1 Nr. 2 AÜG rechtmäßig.[18]

3. Nachträglich eingetretene Tatsachen – Abs. 1 Nr. 3

14 § 5 Abs. 1 Nr. 3 AÜG lässt den Widerruf der Erlaubnis bei nachträglich eingetretenen Tatsachen zu, wenn die Erlaubnisbehörde aufgrund dieser zur Versagung der Erlaubnis nach § 3 Abs. 1 bis 5 AÜG berechtigt wäre. Die maßgeblichen Tatsachen dürfen erst nach der Erlaubniserteilung eingetreten sein. Der Widerrufsgrund verlangt eine **hypothetische Betrachtung der Tatsachenlage** durch die BA. Müsste diese aufgrund der nun nachträglich eingetretenen Änderungen eine erst jetzt beantragte Erlaubnis nach § 3 AÜG versagen, ist der Widerrufsgrund erfüllt. An der anfänglichen Rechtmäßigkeit der Erlaubniserteilung ändert dies nichts mehr.[19] Auf eine Gefährdung des öffentlichen Interesses kommt es – anders als bei § 49 Abs. 1 Nr. 3 VwVfG – nicht an.[20]

▶ **Beispiele:**

Nachträglich eingetretenen Unzuverlässigkeit i.S.d. § 3 Abs. 1 Nr. 1 AÜG, etwa wegen Eröffnung des Insolvenzverfahrens über das Vermögen des Verleihers; nachträglicher Vermögensverfall, aufgrund dessen Liquidität für eine ausreichende Betriebsorganisation fehlt (§ 3 Abs. 1 Nr. 2 AÜG); nachträglicher Verstoß gegen das Gebot von Equal-Pay und Equal-Treatment (§ 3 Abs. 1 Nr. 3 AÜG); nachträglicher Verstoß gegen das Verbot illegaler Ausländerbeschäftigung.[21]

15 Ein **Widerruf** nach § 5 AÜG **scheidet aus**, wenn die **Tatsachen bereits im Zeitpunkt der Erlaubniserteilung vorlagen**, der BA aber erst im Nachhinein

---

18 ErfK/Wank § 5 AÜG Rn. 5; Schüren/Hamann/*Stracke* § 5 AÜG Rn. 21; a.A. *Ulber* § 5 AÜG Rn. 8; s.a. Rdn. 22 f.
19 Thüsing/*Kämmerer* § 5 AÜG Rn. 8, § 4 AÜG Rn. 8.
20 ErfK/*Wank, 15. Aufl. 2015,* § 5 AÜG Rn. 5; Thüsing/*Kämmerer* § 5 AÜG Rn. 8.
21 VG Osnabrück, 05.11.2009 – 5 A 154/09, m. Anm. *Hamann*, jurisPR-ArbR 5/2010 Anm. 3.

bekannt wurden. In diesen Fällen kommt nur eine Rücknahme der Erlaubnis nach § 4 AÜG in Betracht.[22]

▶ **Beispiel:**

Anfänglicher Verstoß gegen den gesetzlichen Gleichstellungsgrundsatz (§ 3 Abs. 1 Nr. 3 AÜG) wegen Anwendung eines unwirksamen Zeitarbeitstarifvertrages. Die Rücknahme der Erlaubnis muss in diesem Fall aber »ultima ratio« sein. Vorrangig wird die BA die Anwendung milderer Mittel, etwa die Erteilung einer nachträglichen Auflage, prüfen müssen.

Ist ein Widerruf unzulässig, liegen aber die Voraussetzungen der Rücknahme 16 nach § 4 AÜG vor, kann ein gleichwohl von der Erlaubnisbehörde erlassener Widerrufsbescheid in einen Rücknahmebescheid umgedeutet werden.[23]

4. Geänderte Rechtslage – Abs. 1 Nr. 4 Halbs. 1

Nach § 5 Abs. 1 Nr. 4 Halbs. 1 AÜG kann die Erlaubnis widerrufen werden, 17 wenn die Erlaubnisbehörde aufgrund einer **geänderten Rechtslage** berechtigt wäre, die Erlaubnis zu versagen. Für die Fälle der Änderung der Rechtslage trifft die Vorschrift eine ähnliche Regelung wie § 5 Abs. 1 Nr. 3 AÜG für die Änderung der entscheidungserheblichen Tatsachen.[24]

Eine Änderung der Rechtslage i.S.d. § 5 Abs. 1 Nr. 4 Halbs. 1 AÜG liegt 18 bei einer **Änderung von Rechtsvorschriften** vor. Im Anwendungsbereich des AÜG muss es sich dabei um eine Gesetzesänderung handeln, welche nachträglich eine Versagung der Verleiherlaubnis rechtfertigte.[25]

▶ **Beispiel:**

Einführung des Equal-Pay- und Equal-Treatment-Grundsatzes in § 3 Abs. 1 Nr. 3 AÜG n.F. durch das Erste Gesetz für moderne Dienstleistungen am Arbeitsmarkt zum 01.01.2003.

---

22 LSG Niedersachsen, 22.07.1977 – L 7 S(Ar) 31/77, EzAÜG § 4 AÜG Rücknahme Nr. 1; ErfK/*Wank* § 5 AÜG Rn. 6; Schüren/Hamann/*Stracke* § 5 AÜG Rn. 24.
23 LSG Niedersachsen, 22.07.1977 – L 7 S (Ar) 31/77, EzAÜG § 4 AÜG Rücknahme Nr. 1; *Boemke/Lembke* § 5 AÜG Rn. 14.
24 Vgl. Rdn. 14.
25 Bereits vor der Reform des AÜG bejahend bei Verstoß gegen das Gebot der nur »vorübergehenden« Überlassung ArbG Frankfurt (Oder), 07.08.2013 – 6 Ca 154/13, n.v. und 17.04.2013 – 6 Ca 1754/12, LAGE § 1 AÜG Nr. 8.

19 Ob der **Änderung** gesetzlicher Bestimmungen eine Änderung der **höchstrichterlichen Rechtsprechung** gleichzusetzen ist, ist umstritten.[26] Nach überzeugender Auffassung berechtigt die Änderung der höchstrichterlichen Rechtsprechung die Erlaubnisbehörde grds. nicht zum Widerruf nach § 5 Abs. 1 Nr. 1 Halbs. 1 AÜG. Eine Ausnahme ist lediglich in den Fällen anzuerkennen, in denen die Änderung der Rechtsprechung zugleich Ausdruck neu gebildeten Gewohnheitsrechts oder neuer allgemeiner Rechtsüberzeugungen ist.[27] Im Anwendungsbereich des AÜG dürfte dieser Ausnahme allerdings keine besondere Bedeutung zukommen. Der uneingeschränkten Anerkennung einer geänderten Rechtsprechung als Widerrufsgrund nach § 5 AÜG steht entgegen, dass diese zu keiner Änderung der objektiven Rechtslage führt. Vielmehr ist sie lediglich Ausdruck einer – zumeist langjährig – falschen Rechtsanwendung. Ob in diesem Fall eine Rücknahme nach § 4 AÜG in Betracht kommt, ist eine Frage des Einzelfalls. Da gerichtliche Entscheidungen grds. nur im Verhältnis der Parteien des Rechtsstreits wirken, ist die Erlaubniserteilung nur dann von Anfang an rechtswidrig, wenn der Verleiher als Partei an der gerichtlichen Auseinandersetzung beteiligt war und die Änderung der Rechtsprechung mangels Vertrauensschutzes auf den Zeitpunkt der Erlaubniserteilung zurückwirkt.[28]

III. Unzulässigkeit – Abs. 3

20 Der Widerruf der Erlaubnis ist nach § 5 Abs. 3 AÜG unzulässig, wenn eine Erlaubnis gleichen Inhalts erneut erteilt werden müsste. Die Vorschrift ist damit Ausdruck des **Verbots widersprüchlichen Verhaltens**, sie soll ein gesetzmäßiges Verhalten der Erlaubnisbehörde sicherstellen.[29]

21 Das **Recht zum Widerruf** ist in den Fällen **eingeschränkt**, in denen die BA aufgrund des anwendbaren materiellen Rechts zur Erteilung einer Erlaubnis mit gleichem Inhalt verpflichtet wäre. Durch die Ausübung des Widerrufs würde die Erlaubnisbehörde einen gesetzeswidrigen Zustand erst herbeiführen. Da die

---

26 Bejahend ErfK/*Wank* § 5 AÜG Rn. 7 unter Verweis auf BT-Drucks. VI/3505, 5; FW AÜG zu § 5 Nr. 5.1 (8); abl. *Boemke/Lembke* § 5 AÜG Rn. 16; Thüsing/*Kämmerer* § 5 Rn. 10; Schüren/Hamann/*Stracke* § 5 AÜG Rn. 27.0
27 Kopp/Ramsauer § 49 VwVfG Rn. 50a m.w.N.; *Urban-Crell/Schulz* Rn. 720.
28 Ähnlich Thüsing/*Kämmerer* § 5 AÜG Rn. 10; generell die Möglichkeit der Rücknahme bejahend *Boemke/Lembke* § 5 AÜG Rn. 16; Schüren/Hamann/*Stracke* § 5 AÜG Rn. 27 m.w.N.
29 Thüsing/*Kämmerer* § 5 AÜG Rn. 13; *Urban-Crell/Schulz* Rn. 722.

Widerrufsgründe des § 5 Abs. 1 Nr. 3 und 4 AÜG eine Berechtigung der BA zur Versagung der Erlaubnis gerade voraussetzen, beschränkt sich die praktische Bedeutung des § 5 Abs. 3 AÜG auf die Gründe nach § 5 Abs. 1 Nr. 1 AÜG (Widerrufsvorbehalt) und § 5 Abs. 1 Nr. 2 AÜG (Nichterfüllung einer Auflage).[30] Keine inhaltsgleiche, sondern eine andere Erlaubnis erlässt die Behörde allerdings in den Fällen, in denen eine ursprünglich uneingeschränkte Verleiherlaubnis nur noch unter Nebenbestimmungen (z.B. Auflagen) erteilt wird.[31]

C. Rechtsfolgen

I. Widerruf – Abs. 2 Satz 1

Sind die Voraussetzungen eines in § 5 Abs. 1 AÜG genannten besonderen Grundes erfüllt, so hat die BA nach **pflichtgemäßem Ermessen** unter Berücksichtigung und Abwägung aller einschlägigen Gesichtspunkte über den Widerruf zu entscheiden (»kann«).[32] Sowohl bei der Entscheidung über den Widerruf als auch bei dessen Ausübung muss die Erlaubnisbehörde den **Grundsatz der Verhältnismäßigkeit** beachten.[33] Regelmäßig rechtfertigt ein einzelner leichter Verstoß nicht den Widerruf einer rechtmäßig erteilten Erlaubnis. Insofern bedarf es entweder eines schwerwiegenden Verstoßes oder mehrerer leichter Verstöße.[34] Kann der Widerruf der Erlaubnis durch die Anordnung milderer Mittel, etwa der nachträglichen Erteilung einer Auflage, vermieden werden, ist die BA dazu verpflichtet; ein Widerruf wäre in einem solchen Fall ermessensfehlerhaft.[35] 22

Ob die Erlaubnisbehörde bei **Nichterfüllung einer Auflage** (§ 5 Abs. 1 Nr. 2 AÜG) zunächst mit Mitteln des **Verwaltungszwangs** versuchen muss, einen gesetzeskonformen Zustand herzustellen, ist umstritten. Teilweise wird in der Literatur die Erteilung einer Abmahnung oder die Setzung einer Nachfrist für ausreichend erachtet.[36] Gerade im Anwendungsbereich des AÜG kann je 23

---

30 So zu Recht Thüsing/*Kämmerer* § 5 AÜG Rn. 13.
31 Thüsing/*Kämmerer* § 5 AÜG Rn. 13; *Ulber* § 5 AÜG Rn. 20.
32 Anders wohl FW AÜG zu § 5 Nr. 5.1 Abs. 3.
33 BayLSG, 29.07.1986 – L8 AI 40/83, EzAÜG § 3 AÜG Versagungsgründe Nr. 9.
34 BayLSG, 29.07.1986 – L8 AI 40/83, EzAÜG § 3 AÜG Versagungsgründe Nr. 9; dazu a. *Boemke/Lembke* § 5 AÜG Rn. 18; Thüsing/*Kämmerer* § 5 AÜG Rn. 7, 14.
35 *Boemke/Lembke* § 5 AÜG Rn. 18.
36 Kopp/*Ramsauer* § 49 VwVfG Rn. 39; a.A. *Boemke/Lembke* § 5 AÜG Rn. 12; ErfK/*Wank* § 5 AÜG Rn. 5; Thüsing/*Kämmerer* § 5 AÜG Rn. 7 m.w.N.

nach den Umständen des Einzelfalles der Grundsatz der Verhältnismäßigkeit einen vorherigen Vollstreckungsversuch erforderlich machen.[37] Als Mittel des Verwaltungszwangs kann die BA zur Durchsetzung einer Auflage neben der Ersatzvornahme, auf die Verhängung eines Zwangsgeldes und die Ausführung unmittelbaren Zwangs zurückgreifen (vgl. § 9 VwVG).

24 Die Erlaubnis wird mit dem **Wirksamwerden des Widerrufs** unwirksam (§ 5 Abs. 2 Satz 1 AÜG). Wirksam wird der Widerruf im Zeitpunkt der Bekanntgabe ggü. dem Erlaubnisinhaber (§ 43 Abs. 1 VwVfG). Die Erlaubnis erlischt im Fall des Widerrufs daher ebenso wenig mit rückwirkender Kraft wie im Fall der Rücknahme nach § 4 AÜG.[38]

▶ Praxistipp:

Ebenso wie bei der Rücknahme fordert die zuständige Arbeitsagentur auch beim Widerruf die unwirksam gewordene Erlaubnisurkunde zurück (§ 52 VwVfG). Im Fall schutzwürdigen Interesses (z.B. für die Abwicklung während der Abwicklungsfrist) kann der Betroffene die Urkunde nach deren Unbrauchbarmachung bzw. ihrer Kennzeichnung als ungültig zurück erhalten.[39]

II. Nachwirkung – Abs. 2 Satz 2

25 Obgleich mit dem Wirksamwerden des Widerrufs die Verleiherlaubnis erlischt (§ 5 Abs. 2 Satz 1 AÜG) muss der Erlaubnisinhaber seine Geschäftstätigkeit nicht mit der Bekanntgabe des belastenden Bescheides einstellen. Vielmehr gilt entsprechend § 2 Abs. 4 Satz 4 AÜG eine **max. zwölfmonatige Abwicklungsfrist** (§ 5 Abs. 2 Satz 2 AÜG).[40]

III. Nachteilsausgleich – Abs. 1 Nr. 4 Halbs. 2

26 Unter den Voraussetzungen des entsprechend anwendbaren § 4 Abs. 2 AÜG steht dem Erlaubnisinhaber im Fall des Widerrufs der Erlaubnis nach **§ 5 Abs. 1 Nr. 4 AÜG** ein **Ausgleichsanspruch** zu (§ 5 Abs. 1 Nr. 4 Halbs. 2

---

37 Thüsing/*Kämmerer* § 5 AÜG Rn. 7.
38 Vgl. § 4 Rdn. 9; a. OLG Hamm, 27.04.2010 – 5 U 200/08, I – 5 U 200/08, n.v.
39 FW AÜG zu § 5 Nr. 5.1 (12), § 4 Nr. 4.1 (9).
40 Zu den Einzelheiten vgl. § 2 Rdn. 37 ff.

AÜG). Der Anspruch auf Ausgleich des Vermögensnachteils ist auf Fälle der Änderung der Rechtslage beschränkt.[41]

D. Widerrufsfrist – Abs. 4

§ 5 Abs. 4 AÜG begrenzt – ebenso wie § 4 Abs. 3 AÜG – die Möglichkeit des Widerrufs einer Verleiherlaubnis auf den Zeitraum **eines Jahres nach Kenntniserlangung**. Bei Widerruf wegen Nichterfüllung einer Auflage (§ 5 Abs. 1 Nr. 2 AÜG) beginnt die Frist frühestens mit Ablauf der für die Erfüllung der Auflage gesetzten angemessenen Frist. Dies gilt jedenfalls dann, wenn dem Erlaubnisinhaber ein positives Tun auferlegt wurde.[42] 27

Wegen der Einzelheiten der Widerrufsfrist wird auf das zu § 4 Abs. 3 AÜG Ausgeführte verwiesen.[43] 28

E. Verfahren und Rechtsbehelfe

Ebenso wie die Rücknahme nach § 4 AÜG ist auch der Widerruf ein belastender Verwaltungsakt. Gegen Entscheidungen der BA ist nach Durchführung des Widerspruchsverfahrens der **Rechtsweg zu den SG** (§ 51 SGG) eröffnet.[44] 29

Der **Vollzug des Widerrufs** kann im Widerspruchs- und Klageverfahren auf Antrag ausgesetzt werden (§ 86a i.V.m. § 86b Abs. 1 Nr. 2 SGG). 30

▶ Praxistipp:

Die Aussetzung des Widerrufsbescheides kann lediglich die Wirkung des ursprünglichen Erlaubnisbescheides wiederherstellen. Eine darüber hinausgehende Verlängerung der Erlaubnis während der Dauer des Widerspruchs- und/oder Klageverfahrens hat er nicht zur Folge. Ein Verleiher, dessen befristet erteilte Erlaubnis aufgrund der Aussetzung des Widerrufsbescheides zunächst bis zum Ablauf der Befristung erhalten bleibt, muss also rechtzeitig einen Verlängerungsantrag stellen und den hierfür erforderlichen Gebührenvorschuss einzahlen.[45]

---

41 Ausführlich zum Ausgleichsanspruch Thüsing/*Kämmerer* § 5 AÜG Rn. 18 f.; ferner § 4 Rdn. 12 ff.
42 *Kopp/Ramsauer* § 49 VwVfG Rn. 59; zur Fristsetzung vgl. Rdn. 9 ff.
43 Vgl. § 4 Rdn. 17 ff.
44 Zum Rechtsschutz § 2 Rdn. 64 ff.
45 Zitiert nach FW AÜG zu § 5 Nr. 5.1 (11).

§ 6 Verwaltungszwang

Werden Leiharbeitnehmer von einem Verleiher ohne die erforderliche Erlaubnis überlassen, so hat die Erlaubnisbehörde dem Verleiher dies zu untersagen und das weitere Überlassen nach den Vorschriften des Verwaltungsvollstreckungsgesetzes zu verhindern.

Übersicht	Rdn.
A. Allgemeines	1
I. Zuständige Erlaubnisbehörde	2
II. Normzweck	3
B. Untersagungsverfügung	6
I. Voraussetzungen	6
II. Form, Inhalt, Adressat	7
1. Form und Inhalt	7
2. Adressat	9
C. Durchsetzbarkeit und Vollstreckung	11
D. Verfahren und Rechtsmittel	14

A. Allgemeines

1 § 6 AÜG dient der **Präventivkontrolle** von Verleihunternehmen.[1] Die Vorschrift ordnet an, dass die Erlaubnisbehörde einem Verleiher, der Leiharbeitnehmer ohne die erforderliche Erlaubnis überlässt, die Überlassung zu untersagen und das weitere Überlassen nach den Vorschriften des Verwaltungsvollstreckungsgesetzes zu verhindern hat.

I. Zuständige Erlaubnisbehörde

2 Zuständige Erlaubnisbehörde für den Erlass der Untersagungsverfügung i.R.d. § 6 AÜG sind je nach Bundesland die Agenturen für Arbeit in Düsseldorf, Kiel und Nürnberg. Deren Zuständigkeit erstreckt sich auch auf das weitere sich anschließende Verfahren nach dem VwVG. Für die Vollstreckung von Zwangmitteln sind nach § 7 VwVG i.V.m. § 4 Buchst. b) VwVG die Zollverwaltung zuständig.

---

1 BT-Drucks. VI/2303, 9 f.

II. Normzweck

Erhält die Behörde Kenntnis von einer unerlaubten Arbeitnehmerüberlassung, 3
ist sie zum Eingreifen **verpflichtet**. Ein Ermessen steht ihr insoweit nicht zu.[2]

Die Verhinderung unerlaubter Arbeitnehmerüberlassung dient dazu, eine 4
Gefährdung der Schutzzwecke des AÜG abzuwenden, den sozialen und
arbeitsrechtlichen Schutz der Leiharbeitnehmer sicherzustellen und über die
Überprüfung des Versagungsgrundes gem. § 3 AÜG zu gewährleisten, dass
Arbeitnehmerüberlassung nicht von möglicherweise unseriösen Verleihfirmen
betrieben wird.[3]

Anwendbar ist das **VwVG Bund**; dies ergibt sich daraus, dass die BA das AÜG 5
unter der fachlichen Weisung des Bundesministeriums für Arbeit und Soziales
durchführt (§ 17 Satz 1 AÜG).

B. Untersagungsverfügung

I. Voraussetzungen

Nach wohl h.M. kann eine Untersagungsverfügung bereits dann ergehen, 6
wenn der Verstoß gegen die Erlaubnispflicht **unmittelbar bevorsteht**, also es
faktisch noch zu keinem Verstoß, d.h. zu keiner Arbeitnehmerüberlassung
gekommen ist.[4] Ein Eingreifen der BA ist daher bereits möglich, wenn der
Verleiher ohne Erlaubnis als solcher **am Markt werbend** auftritt.[5]

II. Form, Inhalt, Adressat

1. Form und Inhalt

Ob die Untersagungsverfügung als **Verwaltungsakt** in einer bestimmten 7
Form, namentlich schriftlich zu erfolgen hat, ist streitig.[6] Praktisch ist diese
Frage insoweit nicht relevant, als nach Praxis und interner Anweisung der
Erlaubnisbehörde Verfügungen gem. § 6 AÜG stets schriftlich erfolgen.

---

2 *Ulber* § 6 AÜG Rn. 9; a.A. *Sandmann/Marshall* § 6 AÜG Rn. 3.
3 SG Hamburg, 23.11.2004 – S13AL5/99, EzAÜG § 1 AÜG Gewerbsmäßige Arbeitnehmerüberlassung Nr. 39 m.w.N.
4 *Schüren/Hamann/Stracke* § 6 AÜG Rn. 7 m.w.N.
5 ErfK/*Wank* § 6 AÜG Rn. 3.
6 Vgl. *Boemke/Lembke* § 6 AÜG Rn. 5 m.w.N.

8 Gem. §§ 37, 39 VwVfG muss die Untersagungsverfügung **begründet** sein. Wird diese als Vollstreckungstitel für die Anwendung von Verwaltungszwang eingesetzt, bedarf sie einer **schriftlichen Rechtsbehelfsbelehrung**. Umstritten ist, ob diese darauf hinweisen muss, dass Rechtsmittel gegen die Untersagungsverfügung keine aufschiebende Wirkung besitzen.[7] In der FW AÜG[8] ist indes ausdrücklich eine separate Begründungspflicht vorgesehen, wenn die sofortige Vollziehung der Untersagungsverfügung gem. § 86a Abs. 2 Nr. 5 SGG angeordnet wird.[9]

2. Adressat

9 Nach § 6 AÜG kann eine Verfügung lediglich **gegen den Verleiher** ergehen. Ist dieser eine juristische Person oder eine Personengesellschaft, ist die Verfügung gegen diese – vertreten durch ihre Organe – und nicht persönlich an die Organe zu richten.[10] Liegt ein Strohmannverhältnis[11] vor, sind Stroh- und Hintermann gleichermaßen richtiger Adressat der Verfügung.[12]

10 Der **Entleiher** kann **nicht Adressat** einer Verfügung aufgrund § 6 AÜG sein. Gegen ihn kommt lediglich ein Vorgehen nach den allgemeinen Vorschriften des **OWiG** bzw. der Bußgeldvorschriften nach dem AÜG in Betracht.[13]

C. Durchsetzbarkeit und Vollstreckung

11 Die zuständigen Behörden sind gem. § 6 AÜG i.V.m. § 6 Abs. 1, § 9 Abs. 1b, §§ 11 und 13 VwVG zu Maßnahmen der **Verwaltungsvollstreckung** verpflichtet. Maßgeblich ist stets das VwVG des Bundes; dies gilt auch, soweit die zuständige Agentur für Arbeit tätig wird.

12 Bei der **Auswahl des Zwangsmittels** sind sie nach pflichtgemäßem Ermessen berechtigt, ggü. einem Verleiher, der nicht über die notwendige Erlaubnis

---

7 Thüsing/*Kämmerer* § 6 AÜG Rn. 3 m.w.N.
8 § 6 Nr. 6.1 (4).
9 Vgl. zur Vollstreckbarkeit § 6 Rdn. 15.
10 Schüren/Hamann/*Stracke* § 6 AÜG Rn. 10 unter Verweis auf LSG Niedersachsen, 24.02.1981 – L 7 Ar 78/79, EzAÜG § 1 AÜG Erlaubnispflicht Nr. 7.
11 Vgl. § 1 Rdn. 369.
12 BVerwG, 02.02.1982 – 1 C 14/78, NVwZ 1982, 557; ErfK/*Wank* § 6 AÜG Rn. 3.
13 ErfK/*Wank* § 6 AÜG Rn. 3.

verfügt, die Unterlassung weiterer Arbeitnehmerüberlassungen zu erzwingen. Hierzu können sie für jeden Fall der Zuwiderhandlung ein eigenes Zwangsmittel androhen.

Nach § 9 Abs. 2 VwVG muss das Zwangsmittel in einem **angemessenen** 13 **Verhältnis** zu seinem Zweck stehen. Dabei ist das Zwangsmittel möglichst so zu bestimmen, dass der Betroffene und die Allgemeinheit am wenigsten beeinträchtigt werden.[14] Die BA kann für den Fall, dass der Verleiher der Untersagungsverfügung nicht nachkommt, diese unmittelbar zwangsweise durch die Androhung und Festsetzung von Zwangsmitteln durchsetzen. Nach § 9 VwVG kommen hierbei faktisch allein das **Zwangsgeld** sowie eine Anwendung **unmittelbaren Zwangs**, insb. durch **Schließung der Geschäftsräume**, in Betracht.[15] Die **Höhe des Zwangsgeldes** richtet sich hierbei nach § 11 VwVG.

D. Verfahren und Rechtsmittel

Gem. § 13 Abs. 1 Satz 1, 3 VwVG ist die zuständige Agentur für Arbeit 14 verpflichtet, die Anwendung eines Zwangsmittels zuvor **unter Fristsetzung anzudrohen**. Die Festsetzung des Zwangsmittels erfolgt erst, wenn der Verleiher den Verwaltungsakt nicht innerhalb der in der Androhung anzusetzenden Frist nachkommt. Kann das Zwangsgeld nicht beigetrieben werden, kommt die Verhängung von **Ersatzzwangshaft** in Betracht, wobei auf diese in der Zwangsgeldandrohung gem. § 16 Abs. 1 Halbs. 2 VwVG hinzuweisen ist und sie lediglich durch gerichtlichen Beschluss angeordnet werden darf.[16]

Ist die Erlaubnis nach § 1 AÜG aufgehoben, geändert oder nicht verlängert 15 worden, entfällt gem. § 86a Abs. 4 SGG die aufschiebende Wirkung von Widerspruch und Klage. I.Ü. kann gem. § 86a Abs. 2 Nr. 5 SGG die sofortige Vollziehung der Untersagungsverfügung angeordnet werden. Auch in diesen Fällen haben Widerspruch und Klage dann abweichend vom Grundsatz des § 86a Abs. 1 SGG **keine aufschiebende Wirkung**.

---

14 SG Hamburg, 23.11.2004 – S13AL5/99, EzAÜG § 1 AÜG Gewerbsmäßige Arbeitnehmerüberlassung Nr. 39.
15 *Boemke/Lembke* § 6 AÜG Rn. 10.
16 Böhm/Hennig/Popp/*Hennig* Rn. 417.

§ 7 Anzeigen und Auskünfte

(1) ¹Der Verleiher hat der Erlaubnisbehörde nach Erteilung der Erlaubnis unaufgefordert die Verlegung, Schließung und Errichtung von Betrieben, Betriebsteilen oder Nebenbetrieben vorher anzuzeigen, soweit diese die Ausübung der Arbeitnehmerüberlassung zum Gegenstand haben. ²Wenn die Erlaubnis Personengesamtheiten, Personengesellschaften oder juristischen Personen erteilt ist und nach ihrer Erteilung eine andere Person zur Geschäftsführung oder Vertretung nach Gesetz, Satzung oder Gesellschaftsvertrag berufen wird, ist auch dies unaufgefordert anzuzeigen.

(2) ¹Der Verleiher hat der Erlaubnisbehörde auf Verlangen die Auskünfte zu erteilen, die zur Durchführung des Gesetzes erforderlich sind. ²Die Auskünfte sind wahrheitsgemäß, vollständig, fristgemäß und unentgeltlich zu erteilen. ³Auf Verlangen der Erlaubnisbehörde hat der Verleiher die geschäftlichen Unterlagen vorzulegen, aus denen sich die Richtigkeit seiner Angaben ergibt, oder seine Angaben auf sonstige Weise glaubhaft zu machen. ⁴Der Verleiher hat seine Geschäftsunterlagen drei Jahre lang aufzubewahren.

(3) ¹In begründeten Einzelfällen sind die von der Erlaubnisbehörde beauftragten Personen befugt, Grundstücke und Geschäftsräume des Verleihers zu betreten und dort Prüfungen vorzunehmen. ²Der Verleiher hat die Maßnahmen nach Satz 1 zu dulden. ³Das Grundrecht der Unverletzlichkeit der Wohnung (Artikel 13 des Grundgesetzes) wird insoweit eingeschränkt.

(4) ¹Durchsuchungen können nur auf Anordnung des Richters bei dem Amtsgericht, in dessen Bezirk die Durchsuchung erfolgen soll, vorgenommen werden. ²Auf die Anfechtung dieser Anordnung finden die §§ 304 bis 310 der Strafprozessordnung entsprechende Anwendung. ³Bei Gefahr im Verzuge können die von der Erlaubnisbehörde beauftragten Personen während der Geschäftszeit die erforderlichen Durchsuchungen ohne richterliche Anordnung vornehmen. ⁴An Ort und Stelle ist eine Niederschrift über die Durchsuchung und ihr wesentliches Ergebnis aufzunehmen, aus der sich, falls keine richterliche Anordnung ergangen ist, auch die Tatsachen ergeben, die zur Annahme einer Gefahr im Verzuge geführt haben.

(5) Der Verleiher kann die Auskunft auf solche Fragen verweigern, deren Beantwortung ihn selbst oder einen der in § 383 Abs. 1 Nr. 1 bis 3 der Zivilprozessordnung bezeichneten Angehörigen der Gefahr strafgerichtlicher Verfolgung oder eines Verfahrens nach dem Gesetz über Ordnungswidrigkeiten aussetzen würde.

Übersicht	Rdn.
A. Allgemeines	1
B. Anzeigepflichten – Abs. 1	2
C. Auskunfts-, Vorlage- und Aufbewahrungspflichten – Abs. 2 und 5	4
D. Duldungspflichten	7
I. Betretungs- und Prüfungsrecht – Abs. 3	7
II. Durchsuchungsrecht – Abs. 4	10
1. Richterliche Anordnung	12
2. Gefahr im Verzuge – Abs. 4 Satz 3	14
3. Niederschrift	18
III. Auskunftsverweigerungsrecht – Abs. 5	19
E. Rechtsfolgen bei Verletzung der Anzeige-, Auskunfts-, Duldungspflichten	23
I. Widerruf der Erlaubnis	23
II. Ordnungswidrigkeit	25

A. Allgemeines

Gem. § 7 AÜG ist der Verleiher zu weitreichenden Anzeigen und Auskünften 1 verpflichtet. Soweit es sich hierbei um eine juristische Person oder Personengesamtheit handelt, ist Adressat der gesetzliche Vertreter des Verleihers. Eine Verletzung der Anzeige- und Auskunftspflichten kann die **Unzuverlässigkeit** nach § 3 Abs. 1 Nr. 1 AÜG begründen und zum **Widerruf** der Erlaubnis nach § 5 Abs. 1 Nr. 3 führen.[1]

B. Anzeigepflichten – Abs. 1

Zweck der Anzeigepflichten gem. § 7 Abs. 1 Satz 1 AÜG ist es, die Überwa- 2 chung der **erforderlichen Betriebsorganisation** gem. § 3 Abs. 1 Nr. 2 AÜG sicherzustellen. Der Verleiher hat danach der Erlaubnisbehörde nach Erteilung der Erlaubnis unaufgefordert die **Verlegung, Schließung und Errichtung von Betrieben, Betriebsteilen oder Nebenbetrieben** vorher anzuzeigen, soweit er in diesen Arbeitnehmerüberlassung betreibt.

Die Anzeigepflichten des § 7 Abs. 1 Satz 2 AÜG dienen der Überwachung 3 der **Zuverlässigkeit des Verleihers** gem. § 3 Abs. 1 Nr. 1 AÜG. Danach sind – soweit es sich beim Verleiher um eine Personengesamtheit, Personengesellschaft oder juristische Person handelt – **personelle Veränderungen** innerhalb

---

1 FW AÜG zu § 7 Nr. 7.1 (1).

der Geschäftsführung oder der Vertretung anzuzeigen. Da die Erlaubniserteilung personengebunden und nicht betriebsbezogen ist, muss im Fall der Änderung bzw. Umwandlung einer KG oder GbR in eine GmbH nach der Praxis der BA eine neue Erlaubnis erteilt werden.[2]

C. Auskunfts-, Vorlage- und Aufbewahrungspflichten – Abs. 2 und 5

4   Gem. § 7 Abs. 2 Satz 1 AÜG hat der Verleiher der Erlaubnisbehörde auf Verlagen sämtliche Auskünfte zu erteilen, die zur Durchführung des Gesetzes erforderlich sind. Der Verleiher ist nach Satz 2 verpflichtet, die Auskünfte **wahrheitsgemäß, vollständig, fristgemäß und unentgeltlich** zu erteilen. Satz 3 verpflichtet ihn zudem, auf Verlangen der Erlaubnisbehörde die **geschäftlichen Unterlagen vorzulegen**, aus denen sich die Richtigkeit seiner Angaben ergibt oder die der Glaubhaftmachung dienen. Hierzu hat der Verleiher sämtliche Geschäftsunterlagen 3 Jahre lang aufzubewahren (§ 7 Abs. 2 Satz 4 AÜG). Dazu zählen geschlossene Verträge, Korrespondenz mit Vertragspartnern, Schriftwechsel mit Behörden und alle die Lohnberechnung und -abrechnung betreffenden Unterlagen. Streitig ist, wann die Frist zu laufen beginnt.[3]

5   Die Auskunftspflichten werden hierbei teilweise **sehr weit verstanden**. Nach älterer Instanzrechtsprechung verpflichtet § 7 Abs. 2 AÜG den Verleiher bspw. dazu, in Mischbetrieben jeden Beschäftigten jeweils der Gruppe der Leiharbeitnehmer oder Nichtleiharbeitnehmer zuzuordnen sowie jeweils die Beschäftigungsdauer anzugeben.[4]

6   Die **Vorlagepflicht** hinsichtlich geschäftlicher Unterlagen erfolgt in der Praxis in Form von Prüfungen der Zeitarbeitsunternehmen, die bei der ersten Verlängerung nach Aufnahme der Verleihtätigkeit, vor der Erteilung der unbefristeten Erlaubnis und im 5-Jahres-Rhythmus (seit der letzten Betriebsprüfung) durchgeführt werden.[5]

---

2   FW AÜG zu § 7 Nr. 7.2 (4). die zudem genaue Anweisungen für den Fall einer Umwandlung nach dem UmwG enthält.
3   Zur Berechnung der Frist s. Schüren/*Hamann* AÜG § 7 Rn. 23.
4   LSG Berlin, 26.01.1988 – L 14 Ar 7/86, EzAÜG § 7 AÜG Auskunftspflichten Nr. 1.
5   FW AÜG zu § 7 Nr. 7.3 (2).

Prüfungsschwerpunkte der Behörden sind:
- Anwendung von Tarifverträgen i.S.d. § 8 Abs. 2 und Abs. 4 Satz 2 AÜG sowie des Gleichstellungsgrundsatzes,
- Einhaltung der Überlassungshöchstdauer,
- korrekte Eingruppierung des Leiharbeitnehmers entsprechend der tatsächlich ausgeübten Tätigkeit,
- Gewährung von Mindestlöhnen einschließlich Lohnuntergrenze in der Arbeitnehmerüberlassung,
- Gewährung von Aufwendungsersatz,
- Vollständigkeit von Vertragsunterlagen (Arbeitsverträge, Zusatzvereinbarungen, Aufhebungsverträge, Arbeitnehmerüberlassungsverträge, Änderungen),
- Nachweis über Aushändigung des aktuellen Merkblattes der BA,
- Beachtung der Regelungen des TzBfG,
- korrekte Gewährung von Entgelt- und Entgeltersatzleistungen und von Urlaub bzw. Urlaubsabgeltung auch während Zeiten des Nichteinsatzes (Garantielohn),
- Auffälligkeiten hinsichtlich des Arbeitsschutzes, der Arbeitssicherheit, arbeitsmedizinischer Untersuchungen,
- Abführung von Beiträgen zu allen Zweigen der Sozialversicherung,
- Abführung der Lohnsteuer und
- Beachtung der Bestimmungen der Ausländerbeschäftigung.

D. Duldungspflichten

I. Betretungs- und Prüfungsrecht – Abs. 3

§ 7 Abs. 3 AÜG normiert eine **Duldungspflicht des Verleihers**. Dieser hat 7 in begründeten Einzelfällen hinzunehmen, dass von der Erlaubnisbehörde beauftragte Personen befugt sind, seine Grundstücke und Geschäftsräume zu betreten und dort Prüfungen vorzunehmen (sog. Nachschaurecht). Eine **Duldungsverfügung oder Ankündigung** ist hierbei **nicht erforderlich**. Dies soll zeitliche Verzögerungen verhindern. Vor Inkrafttreten des Dritten Gesetzes für moderne Dienstleistungen am Arbeitsmarkt vom 23.12.2003 war der Verleiher zwar bereits zur Duldung entsprechender Maßnahmen verpflichtet, im Fall seiner Weigerung konnte die Erlaubnisbehörde ihre Kontrollen jedoch allenfalls im Wege des Verwaltungszwangs durchsetzen. Der damit einhergehenden regelmäßigen Vereitelung des Zwecks des »**behördlichen Nachschaurechts**« wollte der Gesetzgeber durch die Neuregelung des Duldungsrechts begegnen.[6]

---

6 *Benkert* BB 2004, 998 m.w.N.

8 Die Ausübung des Betretungs- und Prüfungsrechts nach § 7 Abs. 3 AÜG setzt nicht voraus, dass die Erlaubnisbehörde zunächst ein entsprechendes **Auskunftsverlangen** nach § 7 Abs. 2 AÜG an den Verleiher gerichtet hat.

9 Problematisch ist, wann ein »**begründeter Einzelfall**« i.S.d. § 7 Abs. 3 Satz 1 AÜG anzunehmen ist. Nach der Rechtsprechung soll ein solcher bspw. dann gegeben sein, wenn die Erlaubnisbehörde **konkrete Hinweise** – etwa eine Anzeige oder Beschwerde – erhalten hat, die den Anfangsverdacht begründen, der Verleiher habe ihm nach AÜG obliegende Pflichten missachtet.[7]

II. Durchsuchungsrecht – Abs. 4

10 Das Durchsuchungsrecht des § 7 Abs. 4 AÜG setzt voraus, dass die Überwachungsmaßnahmen nach § 7 Abs. 2 und 3 AÜG keinen Erfolg im Sinne einer wirksamen Kontrolle des Verleihers versprechen. Streitig ist, ob die Erlaubnisbehörde vor einer Durchsuchung sowohl das Auskunftsverlangen als auch das Nachschaurecht zunächst erfolglos durchgeführt haben muss.[8]

11 Das Durchsuchungsrecht des § 7 Abs. 4 AÜG kann sich hierbei auch auf die Wohnräume des Verleihers erstrecken.

1. Richterliche Anordnung

12 Durchsuchungen können grds. nur auf **Anordnung des Richters** bei dem Amtsgericht, in dessen Bezirk die Durchsuchung erfolgen soll, vorgenommen werden. Die Pflicht zur **richterlichen Anordnung** der Durchsuchung folgt aus den Vorgaben des Art. 13 Abs. 2 GG.

13 Der Verleiher kann eine richterliche Anordnung der Durchsuchung **anfechten**. Insoweit finden gem. § 7 Abs. 4 Satz 2 AÜG die §§ 304 bis 310 StPO entsprechende Anwendung

2. Gefahr im Verzuge – Abs. 4 Satz 3

14 Die von der Erlaubnisbehörde beauftragten Personen können bei Gefahr im Verzuge während der Geschäftszeiten die erforderlichen Durchsuchungen

---

7 BSG, 29.07.1992 – 11 RAr 57/91, NZA 1993, 524.
8 Thüsing/*Thüsing* § 7 AÜG Rn. 34 m.w.N.

auch **ohne richterliche Anordnung** und **ohne nachträgliche Zustimmung des Amtsrichters** durchführen.

Gefahr im Verzuge ist anzunehmen, wenn die richterliche Anordnung nicht eingeholt werden kann, ohne dass der **Zweck der Maßnahme gefährdet** wird.[9] Ob Gefahr im Verzug vorliegt, entscheiden die von der Erlaubnisbehörde beauftragten Personen nach **pflichtgemäßem Ermessen**. Ein tatsächlicher oder rechtlicher Irrtum soll die Anordnung nicht unwirksam machen.[10] 15

Das Durchsuchungsrecht bei Gefahr im Verzug ist ausdrücklich auf die Geschäftszeiten beschränkt. Abzustellen sein soll hierbei auf die üblichen Geschäftszeiten der **Verleiherbranche**, nicht auf die **konkreten Geschäftszeiten** des Verleihers.[11] 16

Im Fall einer Durchsuchung bei Gefahr im Verzuge gem. § 7 Abs. 4 Satz 3 AÜG kann eine Überprüfung der Durchsuchungsanordnung der von der Erlaubnisbehörde beauftragten Person durch den betroffenen Verleiher im sozialgerichtlichen Verfahren im Wege der Feststellungsklage gem. § 55 Abs. 1 Nr. 1 SGG oder im Wege der Fortsetzungsfeststellungsklage analog § 113 Abs. 1 Satz 1 SGG erfolgen.[12] 17

3. Niederschrift

Nach § 7 Abs. 4 Satz 4 AÜG ist an Ort und Stelle eine Niederschrift über die Durchsuchung und ihr wesentliches Ergebnis aufzunehmen. Im Fall einer Durchsuchung ohne richterliche Anordnung gem. § 7 Abs. 4 Satz 3 AÜG müssen sich aus dieser Niederschrift auch diejenigen Tatsache ergeben, die zu einer Gefahr im Verzuge geführt haben. 18

III. Auskunftsverweigerungsrecht – Abs. 5

Ein Auskunftsverweigerungsrecht nach § 7 Abs. 5 AÜG besteht für solche Fragen, deren Beantwortung den Verleiher selbst oder einen der in § 383 Abs. 1 Nr. 1-3 der ZPO bezeichneten Angehörigen der **Gefahr** einer 19

---

9 BVerwG, 12.12.1967 – I C 112.64, DVBl., 1968, 752.
10 *Becker/Wulfgramm* § 7 AÜG Rn. 17.
11 Thüsing/*Thüsing* § 7 AÜG Rn. 37 m.w.N.
12 LSG NRW, 11.04.1979 – L 12 Ar 236/77, EzAÜG § 7 AÜG Prüfrecht Nr. 1; BSG, 12.07.1989 – 7 RAr 46/88, NZA 1990, 157.

strafgerichtlichen Verfolgung oder eines **Ordnungswidrigkeitenverfahrens** aussetzen würde.

20 Als **Angehörige** erfasst sind
- der Verlobte sowie derjenige, mit dem die Partei ein Versprechen eingegangen ist, eine Lebenspartnerschaft zu begründen,
- der Ehegatte (auch wenn die Ehe nicht mehr besteht),
- der Lebenspartner (auch wenn die Lebenspartnerschaft nicht mehr besteht),
- diejenigen, die mit dem Verleiher bzw. dessen gesetzlichem Vertreter in gerader Linie verwandt oder verschwägert, in der Seitenlinie bis zum dritten Grad verwandt oder bis zum zweiten Grad verschwägert sind oder waren.

21 Das Auskunftsverweigerungsrecht des § 7 Abs. 5 AÜG steht dem Verleiher zu, soweit es sich hierbei um eine natürliche Person handelt, andernfalls dem Geschäftsführer oder dem gesetzlichen Vertreter einer Personengesamtheit, Gesellschaft oder juristischen Person. Sind bei Gesellschaften **mehrere Auskunftspflichtige** vorhanden, prüft die Erlaubnisbehörde bei jedem gesondert, ob die Voraussetzungen des § 7 Abs. 5 AÜG gegeben sind.

22 Der Verleiher muss sich **ausdrücklich** auf das **Auskunftsverweigerungsrecht berufen**. Eine nähere Begründung braucht dieser nicht zu geben. Ist allerdings im Einzelfall weder eine Straftat noch eine Ordnungswidrigkeit (hier kommen insb. die Tatbestände gem. §§ 15 ff. AÜG in Betracht) ersichtlich, obliegt es dem Verleiher **wenigstens andeutungsweise** darzulegen, warum die fragliche Gefahr bestehen könnte.[13] Kommt der Verleiher dieser Obliegenheit nicht nach, läuft er Gefahr, einem Verfahren nach § 16 Abs. 1 Nr. 5 AÜG ausgesetzt zu werden.

▶ Praxistipp:

Die Inanspruchnahme des Auskunftsverweigerungsrechts des § 7 Abs. 5 AÜG erweist sich in der Praxis aus Sicht des Verleihers als kontraproduktiv, da eine Weigerung regelmäßig zusätzliche Ermittlungen der Erlaubnisbehörde in Gang setzt. Diese ist auch durch die berechtigte Geltendmachung des Auskunftsverweigerungsrechts nicht daran gehindert, sich die vom Verleiher nicht erlangten Informationen auf anderem Wege zu beschaffen.

---

13 Schüren/Hamann/*Stracke* § 7 AÜG Rn. 28 m.w.N.

E. Rechtsfolgen bei Verletzung der Anzeige-, Auskunfts-, Duldungspflichten

I. Widerruf der Erlaubnis

Ein Verstoß gegen die Pflichten nach § 7 AÜG ist grds. geeignet, die Annahme 23 der Unzuverlässigkeit und den **Widerruf der Erlaubnis** zur Arbeitnehmerüberlassung zu rechtfertigen. Die Behörden können insoweit nicht darauf verwiesen werden, zunächst ein milderes Mittel insb. dadurch zu ergreifen, dass sie die Auskunftspflichten des Verleihers zunächst mittels Verwaltungsakt feststellen und im Wege der Zwangsvollstreckung durchsetzen. Vielmehr sind sie regelmäßig **sofort zum Widerruf berechtigt**. Zwar begründen geringfügige Rechtsverstöße noch keine Unzuverlässigkeit, i.R.d. § 7 Abs. 2 AÜG wird jedoch lediglich dann von einem geringfügigen Rechtsverstoß ausgegangen, wenn die Erteilung von Auskünften mit **geringer Verzögerung** erfolgt.[14] Eine **wahrheitswidrige oder unvollständige** Beantwortung zulässiger Fragen der Erlaubnisbehörde wird dagegen nicht als geringfügig angesehen. Der **Grund** der wahrheitswidrigen oder unvollständigen Beantwortung ist hierbei **unerheblich**.

Auch wenn der Verleiher die Arbeitnehmerüberlassung i.Ü. rechtskonform 24 betreibt, rechtfertigt allein die Tatsache, dass der Verleiher versucht, sich der fortlaufenden Kontrolle und Überwachung durch die BA zu entziehen, die Annahme seiner Unzuverlässigkeit.

II. Ordnungswidrigkeit

Gem. § 16 Abs. 1 Nr. 4-6a AÜG handelt ein Verleiher, der die Anzeige-, Aus- 25 kunfts-, Aufbewahrungs- und/oder Duldungspflichten des § 7 AÜG verletzt, ordnungswidrig. Die Ordnungswidrigkeit kann gem. § 16 Abs. 2 je nach Art des Verstoßes mit einer **Geldbuße von bis zu 1.000,00 €**, im Fall der Verletzung der Aufbewahrungspflicht nach § 7 Abs. 2 Satz 4 mit einer **Geldbuße von bis zu 30.000,00 €** geahndet werden.

---

14 LSG Rheinland-Pfalz, 19.12.2002 – L 1 AL 4/01, EzAÜG § 1 AÜG Gewerbsmäßiger Arbeitnehmerüberlassung Nr. 37.

§ 8 Grundsatz der Gleichstellung

(1) ¹Der Verleiher ist verpflichtet, dem Leiharbeitnehmer für die Zeit der Überlassung an den Entleiher die im Betrieb des Entleihers für einen vergleichbaren Arbeitnehmer des Entleihers geltenden wesentlichen Arbeitsbedingungen einschließlich des Arbeitsentgelts zu gewähren (Gleichstellungsgrundsatz). ²Erhält der Leiharbeitnehmer das für einen vergleichbaren Arbeitnehmer des Entleihers im Entleihbetrieb geschuldete tarifvertragliche Arbeitsentgelt oder in Ermangelung eines solchen ein für vergleichbare Arbeitnehmer in der Einsatzbranche geltendes tarifvertragliches Arbeitsentgelt, wird vermutet, dass der Leiharbeitnehmer hinsichtlich des Arbeitsentgelts im Sinne von Satz 1 gleichgestellt ist. ³Werden im Betrieb des Entleihers Sachbezüge gewährt, kann ein Wertausgleich in Euro erfolgen.

(2) ¹Ein Tarifvertrag kann vom Gleichstellungsgrundsatz abweichen, soweit er nicht die in einer Rechtsverordnung nach § 3a Absatz 2 festgesetzten Mindeststundenentgelte unterschreitet. ²Soweit ein solcher Tarifvertrag vom Gleichstellungsgrundsatz abweicht, hat der Verleiher dem Leiharbeitnehmer die nach diesem Tarifvertrag geschuldeten Arbeitsbedingungen zu gewähren. ³Im Geltungsbereich eines solchen Tarifvertrages können nicht tarifgebundene Arbeitgeber und Arbeitnehmer die Anwendung des Tarifvertrages vereinbaren. ⁴Soweit ein solcher Tarifvertrag die in einer Rechtsverordnung nach § 3a Absatz 2 festgesetzten Mindeststundenentgelte unterschreitet, hat der Verleiher dem Leiharbeitnehmer für jede Arbeitsstunde das im Betrieb des Entleihers für einen vergleichbaren Arbeitnehmer des Entleihers für eine Arbeitsstunde zu zahlende Arbeitsentgelt zu gewähren.

(3) Eine abweichende tarifliche Regelung im Sinne von Absatz 2 gilt nicht für Leiharbeitnehmer, die in den letzten sechs Monaten vor der Überlassung an den Entleiher aus einem Arbeitsverhältnis bei diesem oder einem Arbeitgeber, der mit dem Entleiher einen Konzern im Sinne des § 18 des Aktiengesetzes bildet, ausgeschieden sind.

(4) ¹Ein Tarifvertrag im Sinne des Absatzes 2 kann hinsichtlich des Arbeitsentgeltes vom Gleichstellungsgrundsatz für die ersten neun Monate einer Überlassung an einen Entleiher abweichen. ²Eine längere Abweichung durch Tarifvertrag ist nur zulässig, wenn
1. nach spätestens 15 Monaten einer Überlassung an einen Entleiher mindestens ein Arbeitsentgelt erreicht wird, das in dem Tarifvertrag als gleichwertig mit dem tarifvertraglichen Arbeitsentgelt vergleichbarer Arbeitnehmer in der Einsatzbranche festgelegt ist, und

2. nach einer Einarbeitungszeit von längstens sechs Wochen eine stufenweise Heranführung an dieses Arbeitsentgelt erfolgt.

³Im Geltungsbereich eines solchen Tarifvertrages können nicht tarifgebundene Arbeitgeber und Arbeitnehmer die Anwendung der tariflichen Regelungen vereinbaren. ⁴Der Zeitraum vorheriger Überlassungen durch denselben oder einen anderen Verleiher an denselben Entleiher ist vollständig anzurechnen, wenn zwischen den Einsätzen jeweils nicht mehr als drei Monate liegen.

(5) Der Verleiher ist verpflichtet, dem Leiharbeitnehmer mindestens das in einer Rechtsverordnung nach § 3a Absatz 2 für die Zeit der Überlassung und für Zeiten ohne Überlassung festgesetzte Mindeststundenentgelt zu zahlen.

Übersicht	Rdn.
A. Allgemeines	1
I. Gesetzeszweck und Entstehungsgeschichte	1
1. Überblick	1
2. Entstehungsgeschichte	5
a) AÜG – »Job-AQTIV-Gesetz«, »Hartz I« und »Verhinderung von Missbrauch«	6
b) Richtlinienentwurf und Richtlinie 2008/104/EG über Leiharbeit	9
aa) Kernaspekte der Richtlinie	11
bb) Umsetzung in nationales Recht	14
c) AÜG – Gesetzliche Lohnuntergrenzen	19
d) § 8 AÜG n.F. – Gleiches Arbeitsentgelt/Equal Pay	21
II. Diskriminierungsverbot	22
B. Tatbestände	24
I. Gleichbehandlungsgrundsatz/Vermutung/Sachbezüge – Abs.1	24
1. Einleitung	24
2. Vergleichbare Arbeitnehmer	29
3. Wesentliche Arbeits- und Entgeltbedingungen	34
a) Arbeitsentgelt	37
b) Sonstige Arbeitsbedingungen	41
c) Günstigkeitsvergleich	42
d) Auskunftsanspruch	44
4. Vermutungsregel	45
5. Sachleistungen	48
6. Rechtsfolge	49
II. Tariföffnung – Abs. 2	50
1. Einleitung	50
2. Tariföffnungsklausel	53
a) Einleitung	53

§ 8 AÜG Grundsatz der Gleichstellung

		b)	Geltung von Tarifverträgen		62
			aa)	Tarifbindung	65
			bb)	Inbezugnahme von Tarifverträgen	67
			cc)	Mischbetriebe	71
			dd)	Nachwirkende Tarifverträge	80
			ee)	Ausländische Tarifverträge	85
		c)	Zeitarbeitstarifverträge		88
			aa)	Überblick	88
			bb)	Tarifverträge über Branchenzuschläge	92
			cc)	Problematik der Tariffähigkeit und -zuständigkeit	95
				aaa) Streitstand	95
				bbb) Rechtsfolgen unwirksamer Zeitarbeitstarifverträge	99
				ccc) Bezugnahmeklauseln und Ausschlussfristen	108
			dd)	Lohnuntergrenze	120
			ee)	Gleichstellungsgebot	121
III.	»Drehtürklausel« – Abs. 3				123
	1. Einleitung				123
	2. Normzweck				124
	3. Tatbestandsvoraussetzungen				126
	4. Rechtsfolgen				128
IV.	»Equal Pay« nach 9 Monaten/Ausnahme Branchenlösung, Branchenzuschags-TV – Abs. 4				130
	1. Einleitung				130
	2. Gleiches Arbeitsentgelt (Equal Pay) nach 9 Monaten				131
	3. Ausnahme Branchenzuschlags-Tarifvertrag (BZ-TV)				134
	4. Unterbrechung				138
V.	Mindestbedingungen – Abs. 5				140
C.	**Rechtsfolgen bei Verstoß gegen den Gleichstellungsgrundsatz**				142

A. Allgemeines

I. Gesetzeszweck und Entstehungsgeschichte

1. Überblick

1 Der Gleichbehandlungsgrundsatz (Equal Pay und Equal Treatment) wurde durch das am 01.01.2003 in Kraft getretene **Erste Gesetz für moderne Dienstleistungen am Arbeitsmarkt vom 23.12.2002 (»Hartz I«)**[1] in § 3 a.F. AÜG eingeführt.

---

1 BGBl. I, 4607.

Nach Maßgabe dieses Grundsatzes hat der Leiharbeitnehmer für Zeiten der Überlassung Anspruch auf Gewährung der **wesentlichen Arbeits- und Entgeltbedingungen** vergleichbarer Stammarbeitnehmer im Entleiherbetrieb. Mit der Einführung des Diskriminierungsverbots zugunsten von Leiharbeitnehmern verband der Gesetzgeber die Erwartung, Leiharbeit aus der »Schmuddelecke« zu holen, die »Leiharbeit [also] zu einem anerkannten Bereich der deutschen Wirtschaft zu entwickeln, der durch Qualität, Flexibilität und soziale Sicherheit Standards setzt, sowie mittels Leiharbeit Überstunden in neue Beschäftigungsverhältnisse umzuwandeln und so einen Beitrag zum Abbau der Arbeitslosigkeit zu leisten«.[2]

Umfangreiche **Änderungen** hat der Gleichbehandlungsgrundsatz in § 3 a.F. AÜG durch das »Erste Gesetz zur Änderung des Arbeitnehmerüberlassungsgesetzes – Verhinderung von Missbrauch der Arbeitnehmerüberlassung« vom 28.04.2011[3] und das »Gesetz zur Änderung des Arbeitnehmerüberlassungsgesetzes und des Schwarzarbeitsbekämpfungsgesetzes« vom 20.07.2011[4] erhalten. Die in der Praxis aufgetretenen Fälle des **missbräuchlichen Einsatzes** von Arbeitnehmerüberlassung sollten unterbunden werden.[5] Zudem war die Richtlinie 2008/104/EG des Europäischen Parlaments und des Rates vom 19.11.2008 über Leiharbeit (**Leiharbeitsrichtlinie**) am 05.12.2008 in Kraft getreten. Sie war von der BRD bis spätestens 05.12.2011 in deutsches Recht umzusetzen. Durch die Gesetzesänderungen sollten der Missbrauch der Arbeitnehmerüberlassung unterbunden und die Leiharbeitsrichtlinie umgesetzt werden. Insgesamt sollte die Arbeitnehmerüberlassung als flexibles arbeitsmarktpolitisches Instrument gestärkt werden und ihre positiven Beschäftigungseffekte erhalten bleiben.[6]

2

Auf dieser Grundlage wurde die Ausnahme vom Equal-Treatment-Grundsatz für zuvor **Arbeitslose** gestrichen, da die Leiharbeitsrichtlinie eine solche Ausnahme nicht vorsieht. Durch die neu eingeführte »**Drehtürklausel**« sollte verhindert werden, dass ausgeschiedene Stammarbeitnehmer anschließend zu den (schlechteren) Bedingungen der Zeitarbeit bei ihrem ehemaligen Arbeitgeber

---

2 BT-Drucks. 15/25, 24.
3 BGBl. I, 29.04.2011, 642.
4 BGBl. I, 29.07.2011, 1506.
5 Hier ist insb. der Fall der Drogeriekette Schlecker zu nennen, der aufgrund seiner öffentlichen Resonanz wohl sogar den Auslöser für die Gesetzesänderungen bildet; dazu *Böhm* DB 2010, 672 ff.; *ders.* DB 2010, 1350; *Düwell/Dahl* DB 2010, 1759.
6 BT-Drucks. 17/4804, 1.

oder konzernzugehörigen Unternehmen eingesetzt werden. Außerdem wurde durch die **Lohnuntergrenze** gem. § 3a AÜG ein Mindestlohn in der Zeitarbeit eingeführt, der sowohl für inländische als auch ausländische Zeitarbeitsunternehmen verbindlich ist.

3 Die Drehtürklausel und die Bestimmung zur Lohnuntergrenze sind am 30.07.2011 in Kraft getreten, die Regelungen zur Umsetzung der EU-Zeitarbeitsrichtlinie am 01.12.2011.

Aufgrund der **Übergangsvorschrift des § 19 AÜG** fanden § 3 Abs. 1 Nr. 3 S. 4 AÜG und § 9 Nr. 2 letzter Halbs. (Drehtürklausel) keine Anwendung auf Leiharbeitsverhältnisse, die vor dem 15.12.2010 begründet worden sind.[7]

4 Durch das **Gesetz zur Änderung des AÜG und anderer Gesetze vom 21.02.2017**[8] wurde der Gleichbehandlungsgrundsatz, der bisher auf verschiedene Regelungen im AÜG verteilt war, systematisch in § 8 n.F. AÜG zusammengeführt, der nunmehr den Grundsatz der Gleichstellung abschließend regelt. Inhaltliche Änderungen sind damit – mit Ausnahme des Absatzes 4 – nicht verbunden. Dort wird geregelt, dass für Leiharbeitnehmer nach neun Monaten auch bei Anwendung von vom Gleichstellungsgrundsatz abweichenden Tarifverträgen hinsichtlich des Arbeitsentgelts ein zwingender Anspruch auf Equal Pay besteht. Darüber hinausgehende Abweichungen sind künftig nur möglich, wenn für das Arbeitsverhältnis ein (Branchen-)Zuschlagstarifvertrag gilt, der sozialen Leitplanken genügen muss.[9]

2. Entstehungsgeschichte

5 Das **Verbot der Diskriminierung von Leiharbeitnehmern** ist **nicht neu**. Es hat nicht nur internationale Vorbilder in einigen anderen Mitgliedsstaaten der EU und in dem EU-Richtlinienentwurf zur Leiharbeit. Auch auf nationaler Ebene hatte § 8 AÜG n.F. mit § 3 Abs. 1 Nr. 3 AÜG a.F. und § 10 Abs. 5 AÜG a.F. – inzwischen aufgehobene – Vorgängerregelungen.[10]

---

7 Dazu unten § 19 AÜG.
8 Eingefügt durch das »Gesetz zur Änderung des Arbeitnehmerüberlassungsgesetzes und anderer Gesetze« vom 21.02.2017, BGBl. I, 258.
9 BT-Drucks. 294/16 vom 02.06.2016, Begründung zu Nr. 3.
10 Vertiefend zur Entstehungsgeschichte von §§ 3, 8 AÜG a.F. *Blanke* DB 2010, 1528 ff.; *Fuchs* NZA 2009, 57 ff.

a) AÜG – »Job-AQTIV-Gesetz«, »Hartz I« und »Verhinderung von Missbrauch«

Bereits durch das Gesetz zur Reform der arbeitsmarktpolitischen Instrumente (**Job-AQTIV-Gesetz**) wurde mit Wirkung zum 01.01.2002 § **10 Abs. 5 AÜG a.F.** neu eingeführt. Danach wurde Leiharbeitnehmern ab dem 13. Monat der Beschäftigung bei einem Entleiher ein Anspruch auf die gleichen Arbeitsbedingungen wie der Stammbelegschaft eingeräumt. Ausnahmen vom Prinzip der Gleichstellung sah das AÜG ebenso wenig vor, wie gewerberechtliche Sanktionen im Fall eines Verstoßes.

Mit Inkrafttreten des Ersten Gesetzes für moderne Dienstleistungen am Arbeitsmarkt vom 23.12.2002[11] wurde § 10 Abs. 5 AÜG a.F. aufgehoben. Gleichzeitig wurde § 3 Abs. 1 Nr. 3 AÜG a.F. etabliert. Die Vorschrift basierte – ebenso wie die weiteren Änderungen durch die Arbeitsmarktreformgesetze – auf **Vorschlägen der sog. Hartz-Kommission**, welche aus arbeitsmarktpolitischen Gesichtspunkten eine Liberalisierung des AÜG empfahl.[12]

Durch das »Erste Gesetz zur Änderung des Arbeitnehmerüberlassungsgesetzes – Verhinderung von Missbrauch der Arbeitnehmerüberlassung«[13] wollte der Gesetzgeber unter anderem den missbräuchlichen Einsatz von Leiharbeitsverhältnissen entgegenwirken. Hintergrund hierfür war die bundesweit in die Schlagzeilen geratene Praxis einer Drogeriekette (**Fall Schlecker**), die Mitarbeitern gekündigt hatte, um sie dann über ein Arbeitnehmerüberlassungsmodell als Leiharbeiter zu schlechteren Arbeitsbedingungen auf dem ursprünglichen Arbeitsplatz wieder einzusetzen.[14]

Zwar hatten die Tarifpartner der Zeitarbeit zeitnah auf diese Missbrauchsfälle reagiert und den Geltungsbereich ihrer Branchentarifverträge geändert, um einen Missbrauch durch Anwendung der Tarifverträge zu verhindern.[15] Der Gesetzgeber sah es gleichwohl als notwendig an, diese Missbräuche (öffentlichkeitswirksam)[16] gesetzlich auszuschließen.[17] So wurde in § 3 Abs. 1 Nr. 3

---

11 BGBl. I, 4607.
12 Bericht »Moderne Dienstleistungen am Arbeitsmarkt« vom 16.10.2002, S. 157; ausführlich auch zur Novellierung des AÜG *Urban-Crell/Schulz* Rn. 170 ff.
13 BGBl. I, 29.04.2011, 642.
14 Statt vieler *Böhm* DB 2010, 672 ff. m.w.N.
15 S. § 1.2 MTV-BZA, § 1 Abs. 2 MTV-iGZ.
16 So *Huke/Neufeld/Luickhardt* BB 2012, 962.
17 BT-Drucks. 17/4804, 1.

S. 4 AÜG eine sog. »**Drehtürklausel**« eingeführt, die ein Abweichen vom Gleichstellungsgrundsatz durch Tarifvertrag in den Fällen verbietet, wenn der Zeitarbeitnehmer in den letzten sechs Monaten vor der Überlassung aus einem Arbeitsverhältnis bei dem Einsatzunternehmen oder einem konzernrechtlich verbundenen Unternehmen ausgeschieden ist.[18]

b) Richtlinienentwurf und Richtlinie 2008/104/EG über Leiharbeit

9 Ein wichtiges Vorbild fand der Gleichbehandlungsgrundsatz zudem im **Richtlinienentwurf des Europäischen Parlaments und des Rates über die Arbeitsbedingungen von Leiharbeitnehmern**. Die EU-Kommission legte den Richtlinienentwurf bereits am 20.03.2002 vor.[19] Am 21.11.2002 verabschiedete das Europäische Parlament den Richtlinienvorschlag der Kommission mit zahlreichen Änderungen in erster Lesung. Den geänderten Richtlinienvorschlag legte die EU-Kommission am 28.11.2002 vor.[20]

10 Nach jahrelangem Stillstand erzielte der Rat der Europäischen Kommission in seiner Sitzung am 09./10.06.2008 eine politische Einigung über einen gemeinsamen Standpunkt im Hinblick auf den Erlass der Richtlinie des Europäischen Parlaments und des Rates über Leiharbeit.[21] Das Europäische Parlament hat am 22.10.2008 die **Richtlinie 2008/104/EG über Leiharbeit** in zweiter Lesung gebilligt, sie wurde am 19.11.2008 erlassen und am 05.12.2008 im Amtsblatt veröffentlicht.[22] Die Mitgliedsstaaten mussten die Leiharbeits-Richtlinie spätestens drei Jahre nach ihrem Inkrafttreten **in nationales Recht umsetzen** (Art. 11 Richtlinie), mithin bis zum **05.12.2011**.

Deutschland hat die Richtlinie zum 01.12.2011 durch das »Gesetz zur Änderung des Arbeitnehmerüberlassungsgesetzes und des Schwarzarbeitsbekämpfungsgesetzes« vom 20.07.2011[23] umgesetzt.

---

18 *Lembke* DB 2011, 419 spricht hier von einer »Rückausnahme«.
19 KOM [2002] 149 endgültig, Ratsdokument 7430/02, Stand, 20.03.2002, ABL C 203 E, S. 6, BR-Drucks. 319/02; ausführlich zur Vorgeschichte der Richtlinie *Hamann* EuZA Bd. 2 (2009), 288 ff.
20 KOM [2002] 701 endgültig, Stand, 28.11.2002.
21 Rat der EU 10599/08, 2002/0072 (COD).
22 ABl. EU Nr. C 327, S. 9; ausführlich zur neuen Richtlinie *Fuchs* NZA 2009, 57.
23 BGBl. I, 29.07.2011, 1506.

aa) Kernaspekte der Richtlinie

Kernaspekt der Leiharbeits-Richtlinie ist – ebenso wie bereits im Richtlinien-Entwurf – der in Art. 5 Abs. 1 verankerte **Grundsatz der Gleichbehandlung**. Die wesentlichen Arbeits- und Beschäftigungsbedingungen der Leiharbeitnehmer müssen während der Dauer ihrer Überlassung an ein entleihendes Unternehmen mindestens denjenigen entsprechen, die für sie gelten würden, wenn sie von jenem genannten Unternehmen unmittelbar für den gleichen Arbeitsplatz eingestellt worden wären.

Die Mitgliedsstaaten sollen unter den in Art. 5 Abs. 2 bis 4 der Richtlinie genannten Voraussetzungen **Ausnahmen von der Gleichstellungspflicht** zulassen können. In Bezug auf das Arbeitsentgelt kann der nationale Gesetzgeber vom Grundsatz des Art. 5 Abs. 1 der Richtlinie Abweichungen vorsehen, wenn der Leiharbeitnehmer in einem unbefristeten Arbeitsverhältnis zum Verleiher steht und er auch in Zeiten zwischen den Überlassungen bezahlt wird (Art. 5 Abs. 2 Richtlinie). Abweichende Regelungen in Bezug auf die Arbeits- und Beschäftigungsbedingungen von Leiharbeitnehmern können darüber hinaus »unter Achtung des Gesamtschutzes von Leiharbeitnehmern« in Tarifverträgen festgelegt werden (Art. 5 Abs. 3 Richtlinie); bei Fehlen von Tarifverträgen können die nationalen Gesetzgeber gesetzliche Regelungen zur Abweichung vom Grundsatz der Gleichbehandlung vorsehen, sofern den Leiharbeitnehmern ein angemessenes Schutzniveau gewährt wird (Art. 5 Abs. 4 Richtlinie).[24]

Der **ursprüngliche Richtlinienentwurf** der EU-Kommission vom 20.03.2002 sah darüber hinaus noch eine **weitere Ausnahme für den Fall einer Überlassung von weniger als sechs Wochen** vor. Dieser Ausnahmetatbestand war bereits im geänderten Richtlinienvorschlag vom 28.11.2002 gestrichen worden, er findet sich auch in der erlassenen Leiharbeits-Richtlinie nicht mehr.[25]

bb) Umsetzung in nationales Recht

Der **erste Richtlinienvorschlag** aus dem Jahr 2002 war Vorbild für den durch die Hartz-Reformen in das AÜG eingefügten Grundsatz des Equal Pay und

---

24 *Zimmer* NZA 2013, 289 ff. sieht diese Vorgaben bei der Neufassung des AÜG als nicht erfüllt an.
25 *Urban-Crell/Schulz* Rn. 145; ausführlich zum ersten Vorschlag der EU-Kommission vom 20.03.2002, *Wank* NZA 2003, 14.

Equal Treatment (§ 3 Abs. 1 Nr. 3, § 9 Nr. 2 AÜG a.F). Trotz der damit quasi in »**vorauseilendem Gehorsam**«[26] erfolgten »**Umsetzung**« der europarechtlichen Überlegungen durch den deutschen Gesetzgeber, war abzusehen, dass Anpassungen des AÜG nach dem Erlass der teilweise erheblich geänderten endgültigen Fassung der Leiharbeits-Richtlinie unvermeidlich sein würden.[27]

15 Die Kernregelung der Richtlinie – »**Gleiches Geld für gleiche Arbeit**« – gilt in Deutschland seit Inkrafttreten des Ersten Gesetzes für moderne Dienstleistungen am Arbeitsmarkt. Die von der Richtlinie ausdrücklich zugelassene Abweichung vom Grundsatz der Gleichstellung durch Tarifvertrag sah § 3 Abs. 1 Nr. 3 AÜG a.F. – sowie damit korrespondierend die arbeitsrechtliche Norm des § 9 Nr. 2 AÜG a.F. – bereits vor. Anpassungsbedarf bestand allerdings hinsichtlich der Definition der wesentlichen Arbeitsbedingungen. Die Richtlinie enthält eine solche, der deutsche Gesetzgeber hat hingegen auf eine Konkretisierung verzichtet.[28]

16 Auch bezüglich der **Ausnahmetatbestände zum Equal-Pay- und Equal-Treatment-Gebot** wurden Änderungen notwendig. Dies galt sowohl für die Tariföffnungsklausel als auch die Einstellung zuvor Arbeitsloser. Nach dem Richtlinienentwurf aus 2002 bestand die Regelungsbefugnis der Tarifvertragsparteien nicht uneingeschränkt, sondern nur bei gleichzeitiger Gewährleistung eines angemessenen Schutzniveaus der Leiharbeitnehmer. Dieser Grundgedanke der EU-Richtlinie hat im Wortlaut des deutschen Gleichstellungsgebots keinen Ausdruck gefunden, er findet sich nur in der Gesetzesbegründung.[29] In der **Richtlinie über Leiharbeit** ist die umstrittene Formulierung »angemessenes Schutzniveau« durch »**Achtung des Gesamtschutzes von Leiharbeitnehmern**« ersetzt worden (Art. 5 Abs. 3 Richtlinie). Ihre praktisch freie Dispositionsbefugnis haben die deutschen Tarifvertragsparteien in den vergangenen Jahren zu einem viel kritisierten **Wettbewerb der Tarifverträge** in der Zeitarbeitsbranche missbraucht.[30] Vor diesem Hintergrund waren die ursprünglichen Überlegungen der Großen Koalition zur Einführung eines

---

26 *Lembke* BB 2003, 98.
27 Ausführlich *Hamann* EuZA Bd. 2 (2009), S. 296 ff.; *Thüsing* RdA 2009, 118; das BMAS geht allerdings davon aus, »dass der Anpassungsbedarf überschaubar ist«; vgl. Pressemitteilung v. 22.10.2008 – www.bmas.de/portal/29200.
28 Dazu unten Rdn. 36 BAG, 23.03.2011 – 5 AZR 7/10; so a. *Thüsing* RdA 2009, 118.
29 BT-Drucks. 15/25, 24.
30 Dazu *Schüren* NZA 2007, 1213; *ders*. NZA 2008, 453; *ders*. RdA 2009, 58.

gesetzlichen Mindestlohns für die Zeitarbeitsbranche zu sehen.[31] Ein Mindestlohn für die Zeitarbeit hätte die Zweifel an der Europarechtskonformität der Tariföffnungsklausel beseitigt.[32] Dies ist jetzt durch die Einführung einer **Lohnuntergrenze** gem. § 3a AÜG geschehen.

Keinesfalls mehr vom Wortlaut der Richtlinie gedeckt war die erste **Ausnahme des § 3 Abs. 1 Nr. 3 AÜG a.F. bei Einstellung zuvor Arbeitsloser**. Diese im deutschen Recht vorgesehene Ausnahmeregelung hat offenbar die ursprünglich im Richtlinienvorschlag der EU-Kommission vom 20.03.2002 vorgesehene dritte Ausnahme bei einer Überlassung von weniger als sechs Wochen (Art. 5 Abs. 4 Richtlinienvorschlag vom 20.03.2002)[33] vorweggenommen. Dieser Ausnahmetatbestand hat **keinen Eingang in die erlassene Leiharbeits-Richtlinie** vom 19.11.2008 gefunden. Der deutsche Gesetzgeber hatte daher § 3 Abs. 1 Nr. 3 AÜG a.F. an die Vorgaben des europäischen Rechts anzupassen[34] und hat dies durch Streichung der Ausnahme getan. 17

An anderer Stelle ging der **deutsche Gesetzgeber** hingegen weit **über die europäischen Anforderungen zur Gleichbehandlung von Leiharbeitnehmern hinaus**, indem diesen auch dann ein Anspruch auf das Arbeitsentgelt vergleichbarer Stammarbeitnehmer des Entleihers gewährt wurde, wenn sie ein unbefristetes Leiharbeitsverhältnis abgeschlossen haben.[35] Gem. Art. 5 Abs. 2 der Zeitarbeitsrichtlinie (AWD) wäre es möglich gewesen, vom Gleichstellungsgrundsatz (Equal Treatment) abzuweichen, wenn der Zeitarbeitnehmer einen **unbefristeten Arbeitsvertrag** mit dem Zeitarbeitsunternehmen abgeschlossen hat. Der nationale Normgeber hat im Zuge der Arbeiten zur Umsetzung der Leiharbeits-Richtlinie diese Möglichkeit nicht genutzt, um die Reichweite des Gleichstellungsgrundsatzes auf europäisches Niveau abzusenken. 18

c) AÜG – Gesetzliche Lohnuntergrenzen

Bereits im Juni 2006 wurde ein **Tarifvertrag Mindestlohn** vorgelegt, welcher von der Tarifgemeinschaft Zeitarbeit des DGB einerseits und BZA (heute 19

---

31 S. unten Rdn. 19 f.
32 So a. *Thüsing* RdA 2009, 118.
33 KOM [2002] 149 endgültig, Ratsdokument 7430/02, Stand: 20.03.2002, ABL C 203 E, S. 6, BR-Drucks. 319/02.
34 Ebenso *Fuchs* NZA 2009, 57; *Thüsing* RdA 2009, 118.
35 Krit. dazu *Hümmerich/Holthausen/Welslau* NZA 2003, 7, 9; *Wank* NZA 2003, 14, 22 f.; a. Schüren/Hamann/*Riederer von Paar* AÜG Einl. Rn. 591.

BAP) und iGZ andererseits abgeschlossen wurde. Eine Aufnahme in das AEntG scheiterte. Dies insb. deshalb, weil es mit den Vereinbarungen der CGZP konkurrierende – für Zeitarbeitsunternehmen günstigere – Flächentarifverträge gab.[36] Im Zuge der **Verhandlungen über das Konjunkturpaket II** einigte sich der Koalitionsausschuss von SPD und Union am 13.01.2009 dem Vernehmen nach auf einen Kompromissvorschlag, der trotz Einführung eines Mindestlohns eine Aufnahme der Zeitarbeitsbranche in das AEntG nicht erforderte. Vielmehr sollte das AÜG um eine **gesetzliche Regelung zum Mindestlohn** ergänzt werden. Die geplante Neuregelung stieß unter Hinweis auf eine Aushöhlung der Tarifautonomie (Art. 9 Abs. 3 GG) der Tarifvertragsparteien auf erhebliche verfassungsrechtliche Kritik.[37] Dies hatte sich durch die Entscheidung des Bundesarbeitsgerichts (BAG) vom 14.12.2010[38] – in der der Christlichen Gewerkschaften Zeitarbeit und PSA (CGZP) die **Tariffähigkeit** aberkannt wurde – relativiert.[39]

20 Das **Gesetzgebungsverfahren** zur Änderung des AÜG sollte ursprünglich bereits Ende Januar 2009 eingeleitet werden. Damals konnten sich die Spitzen von SPD und Union allerdings nicht auf eine konkrete Ausgestaltung verständigen. Neben der Einführung konkreter Lohnuntergrenzen wurden offenbar auch **andere Möglichkeiten diskutiert**, etwa die Kodifizierung sittenwidriger Löhne oder die Einschränkung der tariflichen Nachwirkung in der Zeitarbeitsbranche. Bis zum Ablauf der Legislaturperiode im Herbst 2009 war es der Großen Koalition nicht gelungen, eine endgültige Mindestlohnlösung für die Zeitarbeitsbranche zu finden.

Erst durch das »Erste Gesetz zur Änderung des Arbeitnehmerüberlassungsgesetzes – Verhinderung von Missbrauch der Arbeitnehmerüberlassung« vom 28.04.2011[40] wurde ein Mindestlohn in Form einer **Lohnuntergrenze** in der Zeitarbeit eingeführt.

---

36 Zur Mindestlohndebatte s. allg. *Sittard* NZA 2009, 346; zur Tariffähigkeit der CGZP s. unten Rdn. 95 ff.
37 Vgl. nur *Astheimer* FAZ 11/2009, S. 9; FAZ, 14.01.2009 »Mindestlohn für Zeitarbeit«; Tagesspiegel 14.01.2009 »Neue Regeln für die Zeitarbeit«; *Thüsing/Lembke* ZfA 2007, 87 ff.; zur Notwendigkeit einer gesetzlichen Lohnuntergrenze vor dem Hintergrund der Leiharbeits-Richtlinie s. o. Rdn. 16.
38 BAG, 14.12.2010 – 1 ABR 19/10, NZA 2011, 289.
39 *Thüsing*, § 3a AÜG Rn. 28.
40 BGBl. I, 29.04.2011, 642.

d) § 8 AÜG n.F. – Gleiches Arbeitsentgelt/Equal Pay

Nachdem die Reform des AÜG – zur Verhinderung von Missbrauch bei Werkverträgen und Leiharbeit – bereits im Koalitionsvertrag von 2013[41] festgeschrieben war, hat das BMAS am 16.11.2015 einen ersten »Entwurf eines Gesetzes zur Änderung des Arbeitnehmerüberlassungsgesetzes und anderer Gesetze« erlassen. Nach heftiger Kritik von Politik, Arbeitgeberseite und Gewerkschaften wurde am 17.02.2016 ein deutlich modifizierter Entwurf vom Ministerium vorgelegt. Nach weiterer politischer Diskussion musste das BMAS ein weiteres Mal nachbessern. Erst dieser 3. Entwurf konnte umgesetzt und am 01.06.2006 als gemeinsamer Regierungsentwurf vom Bundeskabinett beschlossen werden.[42]

21

Hauptkritikpunkte beim Gleichstellungsgrundsatz waren die fehlende Definition des vergleichbaren Arbeitsentgeltes (Equal Pay) sowie die Nichtberücksichtigung bestehender tariflicher Equal-Pay-Regelungen und damit ein Verstoß gegen die Tarifautonomie aus Art. 9 GG. Im Laufe des Verfahrens wurde in § 8 AÜG n.F. nicht die geforderte Definition, sondern lediglich eine **Vermutungsregelung** zum gleichen Entgelt aufgenommen. Außerdem wurde die Tariföffnungsklausel deutlich erweitert und damit die bereits bestehenden **Branchenzuschlags-Tarifverträge** in das System des § 8 AÜG n.F. integriert.[43]

Der Koalitionsvertrag sah vor, Leiharbeit auf ihre Kernfunktion hin zu orientieren und Missbrauch entgegenzuwirken. Auch § 8 AÜG n.F. dient nach Auffassung der Bundesregierung dem Ziel »Missbrauch von Leiharbeit zu verhindern, die Stellung von Leiharbeitnehmern zu stärken und gleichzeitig die Bedeutung tarifvertraglicher Vereinbarungen zu untermauern«.[44]

In § 8 wird nun der Grundsatz der Gleichstellung, der bisher auf verschiedene Regelungen im AÜG verteilt war, systematisch zusammengeführt. Inhaltliche Änderungen sind damit – mit Ausnahme des Absatzes 4 – nicht verbunden.

---

41 »Deutschlands Zukunft gestalten« Koalitionsvertrag 2013 von CDU, CSU und SPD, S. 49.
42 Ausführlich *Oberthür* ArbRB 2016, S. 109; *Giesen* ZRP 2016, 130 *Lembke* NZA 2017, 1; *Bissels/Falter* ArbRAktuell 2017, 4; *dies.* ArbRAktuell 2017, 33; *Bayreuther* NZA 2017, 18.
43 Zu den einzelnen Änderungen der drei Entwürfe ausführlich *Bissels/Falter* DB 2016, 534; *dies.* DB 2016, 1444.
44 BT-Drucks. 294/16 vom 02.06.2016.

Dort wird geregelt, dass für Leiharbeitnehmerinnen und Leiharbeitnehmer nach neun Monaten auch bei Anwendung von vom Gleichstellungsgrundsatz abweichenden Tarifverträgen hinsichtlich des Arbeitsentgelts ein zwingender Anspruch auf Equal Pay besteht. Darüber hinausgehende Abweichungen sind künftig nur möglich, wenn für das Arbeitsverhältnis ein (Branchen-) Zuschlagstarifvertrag gilt, der sozialen Leitplanken genügen muss.[45]

II. Diskriminierungsverbot

22 Der Gleichbehandlungsgrundsatz normiert ein **umfassendes Diskriminierungsverbot von Leiharbeitnehmern**. Der Verleiher muss dem Leiharbeitnehmer für die Zeit dessen Überlassung an einen Dritten grds. die im Betrieb des Entleihers für einen vergleichbaren Arbeitnehmer geltenden wesentlichen Arbeitsbedingungen einschließlich des Arbeitsentgelts (»Equal-Pay- und Equal-Treatment-Grundsatz«) gewähren.

▶ Praxistipp:

Der Equal-Pay- und Equal-Treatment-Grundsatz findet nur zugunsten der Leiharbeitnehmer, nicht aber auch zugunsten der Stammbelegschaft im Entleihbetrieb Anwendung. Dogmatisch handelt es sich deshalb nicht um eine Gleichbehandlungs-, sondern um eine **Gleichstellungspflicht**. Das Schrifttum spricht zutreffend von einem Gleichstellungsgebot[46] oder von einem Schlechterstellungsverbot.[47]

Die Gleichstellungspflicht gilt nur für Zeiten der Überlassung an einen Entleiher. In verleihfreien Zeiten gelten weiterhin die mit dem Verleiher vereinbarten Arbeits- und Entgeltbedingungen. Für **verleihfreie Zeiten** dürfen daher auch **ungünstigere Arbeits- und Entgeltbedingungen** vereinbart werden.

Vergütungszahlungen in lediglich **symbolischer Höhe** oder die **unbezahlte Freistellung von der Arbeitsleistung in verleihfreien Zeiten** sind hingegen unzulässig. Dies gebietet der Schutzzweck des § 11 Abs. 4 Satz 2 AÜG – das Ausfall- und Wirtschaftsrisiko in verleihfreien Zeiten trägt der Verleiher.[48] Die Grenze der Sittenwidrigkeit und des Lohnwuchers sind zu

---

45 BT-Drucks. 294/16 vom 02.06.2016, Begründung zu Nr. 3.
46 *Rieble/Klebeck* NZA 2003, 23.
47 *Boemke/Lembke* § 3 AÜG Rn. 54.
48 Vgl. dazu § 11 Rdn. 38 ff.

beachten.[49] Lohnwucher liegt jedenfalls dann vor, wenn die Arbeitsvergütung nicht einmal 2/3 eines in der betreffenden Branche und Wirtschaftsregion üblicherweise gezahlten Tariflohns erreicht.[50]

Vom Grundsatz des Equal Treatment kann durch Tarifvertrag abgewichen werden (**Ausnahmetatbestände**). Die praktische Bedeutung des Equal-Pay- und Equal-Treatment-Grundsatzes war bis zur Einführung des § 8 Abs.4 AÜG n.F. gering. Die Praxis der Zeitarbeit wird durch Zeitarbeitstarifverträge bestimmt. Diese durchbrechen grds. den Gleichstellungsgrundsatz. Der Anspruch auf gleiche Bezahlung (Equal Pay) in § 8 Abs.4 AÜG n.F. begrenzt nunmehr die Anwendung dieser Zeitarbeitstarifverträge – zumindest hinsichtlich des Entgelts – auf die ersten neun Monate des Einsatzes. 23

B. Tatbestände

I. Gleichbehandlungsgrundsatz/Vermutung/Sachbezüge – Abs.1

1. Einleitung

»§ 8 Abs. 1 regelt den **Grundsatz der Gleichstellung** von Leiharbeitnehmern mit den vergleichbaren Stammarbeitnehmern im Einsatzbetrieb. Satz 1 übernimmt den bisherigen § 10 Absatz 4 Satz 1 wortgleich. Das Arbeitsentgelt im Sinne dieses Gesetzes umfasst das, was der Leiharbeitnehmer erhalten hätte, wenn er für die gleiche Tätigkeit beim Entleiher eingestellt worden wäre (BAG, Ur. v. 19.02.2014 – 5 AZR 1046/12). Maßgebend sind daher sämtliche auf den Lohnabrechnungen vergleichbarer Stammarbeitnehmerinnen und Stammarbeitnehmer des Entleihers ausgewiesene Bruttovergütungsbestandteile (BAG, Urt. v. 24.09.2014 – 5 AZR 254/13).«[51] 24

---

49 ErfK/*Wank* § 3 AÜG Rn. 17; Schüren/Hamann/*Schüren* § 9 AÜG Rn. 155.
50 BAG, 22.04.2009 – 5 AZR 436/08, n.v.; vgl. a. BAG, 24.03.2004 – 5 AZR 303/03, NZA 2004, 971 (»Randstad-Entscheidung«); LAG Bremen, 28.08.2008 – 3 Sa 69/08, ZInsO 2009, 304 (Lohnwucher bei 1/3 der Tariflohns); LAG Hamm, 18.03.2009 – 6 Sa 1284/08 und 6 Sa 1372/08, n.v. (»Kik-Entscheidung« – üblichen Tariflohn um 48 % unterschreitender Lohn von 5,20 €/h sei wegen auffälligen Missverhältnisses zwischen Leistung und Gegenleistung sittenwidrig; Verurteilung zur Zahlung des Differenzbetrages zum Stundenlohn von 8,21 € entsprechend Tarifverträge Einzelhandel NRW); zur Inhaltskontrolle von Tariflöhnen *Hamann*, Anm. zu BAG, 24.03.2004 – 5 AZR 303/03, EzA § 138 BGB 2002 Nr. 2; allg. zu sittenwidrigem Lohnwucher ErfK/*Preis* § 612 BGB Rn. 3 f.; vgl. a. § 15a Rdn. 13.
51 BT-Drucks. 294/16 vom 02.06.2016, Begründung zu Nr. 3.

§ 8 AÜG Grundsatz der Gleichstellung

Nach § 8 Abs. 1 AÜG ist der Verleiher verpflichtet, dem Leiharbeitnehmer für die Zeit der Überlassung an einen Entleiher die im Betrieb dieses Entleihers für einen vergleichbaren Arbeitnehmer des Entleihers geltenden wesentlichen Arbeitsbedingungen einschließlich des Arbeitsentgelts zu gewähren.

Die »neue« Regelung übernimmt damit weitgehend die bisherige Rechtslage, wobei der Gleichbehandlungsgrundsatz nunmehr – der Rechtsprechung des BAG entsprechend[52] – als unmittelbare **Anspruchsgrundlage** auf gleiche Behandlung und gleiche Vergütung ausgestaltet ist. Ergänzend wurde eine **Vermutungsregelung** zum Gleichbehandlungsgrundsatz aufgenommen und klargestellt, dass **Sachbezüge** in Euro ausgeglichen werden können.

▶ Praxistipp:

Zur Durchsetzung seines Gleichstellungsanspruchs nach § 8 Abs. 1 AÜG verschafft § 13 AÜG dem Leiharbeitnehmer einen eigenständigen **Auskunftsanspruch gegen den Entleiher**.[53] Zur prozessualen Substantiierung seines Vortrages genügt es im ersten Schritt, wenn der Leiharbeitnehmer auf den Inhalt einer ihm gem. § 13 AÜG erteilten Auskunft verweist.[54] Der Verleiher kann das Vorbringen des Arbeitnehmers nicht prozessual wirksam mit Nichtwissen bestreiten.[55]

Für einen schlüssigen Vortrag zur Geltendmachung eines Gleichstellungsanspruchs nach § 8 Abs. 1 AÜG reicht die Wiedergabe der vom Entleiher erteilten Auskunft. Der Leiharbeitnehmer ist nicht verpflichtet, die Vergleichbarkeit der Tätigkeiten näher darzulegen. Es ist zunächst Aufgabe des Verleihers, zur fehlenden Vergleichbarkeit der in der Auskunft des Entleihers genannten Arbeitnehmer vorzutragen. Erst darauf muss der Leiharbeitnehmer substantiiert erwidern (sog. abgestufte Darlegungs- und Beweislast).

25 § 8 Abs. 1 AÜG schafft – vorbehaltlich des Eingreifens eines Ausnahmetatbestandes – **gesetzliche Mindestarbeitsbedingungen für Leiharbeitnehmer**. Für den Fall ungünstigerer Arbeits- und Entgeltbedingungen im Entleih- als im Verleihbetrieb rechtfertigt das Gleichstellungsgebot keine Verschlechterung

---

52 BAG, 13.03.2013 – 5 AZR 954/11.
53 S. § 13 Rdn. 3 ff.
54 BAG, 19.09.2007 – 4 AZR 656/06, EzA § 13 AÜG Nr. 1 = NZA-RR 2008, 231; BAG 21.05.14 – 5 AZR 10/13.
55 LAG Düsseldorf, 21.06.2012 – 13 Sa 319/12, LAGE § 9 AÜG Nr. 9.

der Arbeitsbedingungen des Leiharbeitnehmers. Eine Durchbrechung des arbeitsvertraglichen Synallagmas zuungunsten der Leiharbeitnehmer ist wegen Verstoßes gegen die Vertragsautonomie unzulässig; auch steht sie mit dem Rechtsgedanken des inzwischen aufgehobenen § 10 Abs. 5 AÜG a.F. sowie der Leiharbeitsrichtlinie nicht in Einklang.[56] Die Vereinbarung von für den Leiharbeitnehmer günstigeren Arbeits- und Entgeltbedingungen, d.h. seine Besserstellung ggü. vergleichbaren Arbeitnehmern im Entleiherbetrieb, ist – wenngleich in der Praxis mehr als unüblich[57] – jederzeit zulässig.[58]

Ob der Gleichbehandlungsgrundsatz in § 3 Abs. 1 Nr. 3 AÜG a.F. nur die gewerbsmäßige oder auch die **nichtgewerbsmäßige Arbeitnehmerüberlassung** erfasste, war in der Literatur entgegen des eindeutigen Wortlautes des § 1 Abs. 2 AÜG a.F. umstritten.[59] 26

Durch die Umsetzung der Zeitarbeitsrichtlinie wurde die Voraussetzung der »**Gewerbsmäßigkeit**« in § 1 Abs. 1 Satz 1 AÜG durch die »**wirtschaftliche Tätigkeit**« ersetzt. Damit unterscheidet das AÜG nicht mehr zwischen gewerbsmäßiger und gemeinnütziger Arbeitnehmerüberlassung. Der Begriff »wirtschaftliche Tätigkeit« geht über den der »Gewerbsmäßigkeit« hinaus.[60] Der EuGH[61] fasst hierunter »jede Tätigkeit, die darin besteht, Güter oder Dienstleistungen auf einem bestimmten Markt anzubieten«.

Damit fallen unter das AÜG – und unter den Gleichstellungsgrundsatz (Equal Treatment) – auch **gemeinnützige Einrichtungen**, wie etwa gemeinnützige Werkstätten oder gemeinnützige Integrationsprojekte.[62] Für die Gleichstellung ist ein Vergleich mit vergleichbaren Arbeitnehmern des Entleihers maßgeblich. Den behinderungsbedingten Einschränkungen der Beschäftigten,

---

56 Im Ergebnis ebenso Thüsing/*Kock* § 3 AÜG Rn. 53; *Urban-Crell/Schulz* Rn. 370.
57 Vgl. BT-Drucks. 14/4220, 15: Leiharbeitnehmer verdienen durchschnittlich 30 bis 40 % weniger als Stammarbeitnehmer im Entleiherbetrieb.
58 *Boemke/Lembke* § 9 AÜG Rn. 51; Thüsing/*Kock* § 3 AÜG Rn. 53.
59 Die Anwendbarkeit auf die nicht gewerbsmäßige Arbeitnehmerüberlassung bejahend: Thüsing/*Kock* § 3 AÜG Rn. 59; *Ulber* AuR 2003, 7, 10; die Anwendbarkeit auf die nichtgewerbsmäßige Arbeitnehmerüberlassung abl.: *Boemke/Lembke* § 9 AÜG Rn. 42; HWK-*Kalb* § 3 AÜG Rn. 28; jeweils m.w.N.; offengelassen von BAG, 25.01.2005 – 1 ABR 61/03, EzAÜG § 14 AÜG Betriebsverfassung Nr. 60 = NZA 2005, 1199.
60 *Hamann*, RdA 2011, 323 m.w.N.
61 EuGH, 10.01.2006 – Rs. C-222/04, Slg. 2006, I-289.
62 BT-Drucks. 17/4804, 8.

sofern sie sich auf die Arbeitsleistung auswirken, kann damit hinreichend Rechnung getragen werden.[63]

27 Basieren die **Arbeits- und Entgeltbedingungen** vergleichbarer Stammarbeitnehmer **des Entleihers auf kollektivvertraglichen Regelungen**, so gilt ein beim Entleiher anwendbarer Tarifvertrag im Leiharbeitsverhältnis nicht normativ.[64] Entsprechendes gilt grds. für Betriebsvereinbarungen, es sei denn, es handelt sich um Regelungsgegenstände, hinsichtlich derer dem Leiharbeitnehmer ein aktives Wahlrecht im Entleiherbetrieb zusteht (§ 7 Satz 2 BetrVG).[65]

28 Die **gesetzliche Grundkonzeption des Schlechterstellungsverbots** (Equal Pay und Equal Treatment) verdeutlicht das nachfolgende Schaubild:

Konstruktion legaler Zeitarbeit bei Equal Pay und Equal Treatment

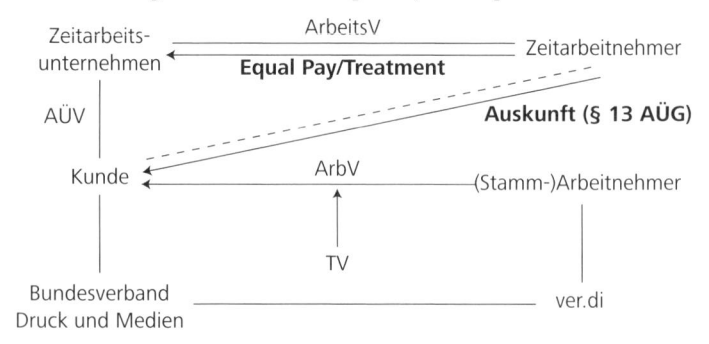

```
Zeitarbeits-           ArbeitsV
unternehmen  ◄─────────────────────────── Zeitarbeitnehmer
              **Equal Pay/Treatment**
                                          - - - - - - - - - -
AÜV │                                     **Auskunft (§ 13 AÜG)**
    │                    ArbV
Kunde ◄──────────────────────── (Stamm-)Arbeitnehmer
    │                    ▲
    │                    │ TV
Bundesverband ─────────────────────────── ver.di
Druck und Medien
```

2. Vergleichbare Arbeitnehmer

29 Bezugspunkt für den Gleichstellungsgrundsatz sind die wesentlichen Arbeitsbedingungen vergleichbarer Arbeitnehmer im Entleiherbetrieb. **Vergleichbarer Arbeitnehmer** ist der mit gleicher oder ähnlicher Tätigkeit beim Entleiher beschäftigte Stammarbeitnehmer (vgl. auch § 2 Abs. 1 Satz 3 TzBfG).[66]

---

63 Fachliche Weisungen (FW) der BA zum AÜG, § 8 Ziff. 8.1 Abs. 7.
64 *Boemke/Lembke* DB 2002, 893.
65 *Lembke* BB 2003, 98; vgl. ausführlich zur Anwendbarkeit von Entleiher-Betriebsvereinbarungen § 14 Rdn. 88 ff.
66 BT-Drucks. 15/25, 38.

Entscheidend ist mithin die **Art der Tätigkeit**. Können Leiharbeitnehmer und Stammarbeitskraft gegeneinander ausgetauscht werden, handelt es sich um dieselbe Tätigkeit. Sie sind ähnlich, wenn sie zwar inhaltlich nicht identisch, aber vergleichbar sind, d.h. die Tätigkeiten strukturell derselben Hierarchieebene zugeordnet sind und im Wesentlichen vergleichbare Anforderungen an die Qualifikationen, die Berufserfahrung und eine etwaige Führungsverantwortung des Arbeitnehmers stellen.[67] Einen in der Praxis wichtigen Anhaltspunkt für die Vergleichbarkeit der Arbeitnehmer liefert eine etwaige **tarifliche Eingruppierung**.[68] Fehlt es an einem derartigen kollektivrechtlichen Beurteilungsmaßstab ist es sachgerecht, auf die i.R.d. **Sozialauswahl** nach § 1 Abs. 3 KSchG entwickelten Grundsätze abzustellen.[69] Leiharbeitnehmer und Stammarbeitskräfte im Entleiherbetrieb, die kraft Direktionsrechts (hypothetisch) gegeneinander austauschbar wären, sind vergleichbar. **Arbeitsvertragliche Versetzungsklauseln** im Leiharbeitsvertrag sind – soweit sie nach AGB-rechtlichen Grundsätzen zulässig sind – ein wichtiges Indiz für die Austauschbarkeit und damit Vergleichbarkeit.[70]

Auswirkungen auf der Rechtsfolgenseite ergeben sich, wenn im Betrieb **30** des Entleihers **mehrere vergleichbare Arbeitnehmer** mit unterschiedlichen Arbeitsbedingungen beschäftigt werden. Soweit diese unterschiedlichen Arbeitsbedingungen der Stammarbeitnehmer ihre Grundlage in **individuellen Vertragsvereinbarungen**, etwa zur Vergütungshöhe haben, erstreckt sich die Gleichstellungspflicht nur auf die insgesamt ungünstigsten Arbeitsvertragsbedingungen, da der Gleichstellungsgrundsatz keine Besserstellung von Leiharbeitnehmern vorsieht.[71] Beruhen die unterschiedlichen Arbeitsbedingungen hingegen auf **einheitlichen Entgeltbedingungen** im Betrieb des Entleihers, etwa auf einer Staffelung des Arbeitsentgelts nach dem jeweiligen Einstellungsdatum oder der Dauer der Betriebszugehörigkeit, so finden diese Grundsätze auch auf den Leiharbeitnehmer Anwendung. Dieser ist deshalb

---

67 Ähnlich *Boemke/Lembke* § 9 AÜG Rn. 53; *Thüsing/Kock* § 3 AÜG Rn. 68.
68 *Boemke/Lembke* § 9 AÜG Rn. 53; *Urban-Crell/Schulz* Rn. 355.
69 *Boemke/Lembke* § 9 AÜG Rn. 53; *Thüsing/Mengel* § 9 AÜG Rn. 24; *Urban-Crell/Schulz* Rn. 355, 366.
70 So a. *Thüsing/Mengel* § 9 AÜG Rn. 24 m.w.N.
71 *Boemke/Lembke* § 9 AÜG Rn. 58; ErfK/*Wank* § 3 AÜG Rn. 21; *Thüsing/Kock* § 3 AÜG Rn. 68; *Urban-Crell/Schulz* Rn. 356; jeweils m.w.N.; zweifelnd nach Erlass der Leiharbeits-Richtlinie *Thüsing* RdA 2009, 118.

so zu behandeln wie ein gerade neu eingestellter, vergleichbarer Stammarbeitnehmer im Entleiherbetrieb.[72]

▶ **Beispiele:**

Die bis zum 31.12.2008 im Betrieb des Entleihers A eingestellten Stammarbeitskräfte erhalten als freiwillige Arbeitgeberleistungen Weihnachtsgeld und Jubiläumszuwendungen. Für ab dem 01.01.2009 neu eingestellte Arbeitnehmer werden diese Leistungen nicht gewährt. Auch die ab diesem Stichtag beschäftigten Leiharbeitnehmer haben daher keinen Anspruch auf Zahlung von Weihnachts- und Jubiläumsgeld auf Grundlage des gesetzlichen Gleichstellungsgebots.

Im Entleihbetrieb erhalten alle Arbeitnehmer aufgrund einer Betriebsvereinbarung Weihnachtsgeld, deren Arbeitsverhältnis im Bezugsjahr zum Stichtag 01.10. ungekündigt besteht und nicht vor dem 01.03. des Folgejahres endet. Der Verleiher gewährt seinen Leiharbeitnehmern keine entsprechende Leistung. Er muss daher nach Maßgabe des Equal-Pay- und Equal-Treatment-Gebots den Leiharbeitnehmern ein Weihnachtsgeld zahlen, die vor dem 01.10. des Bezugsjahres an den Entleiher überlassen wurden und ihre Tätigkeit über den 28./29.02. des Folgejahres hinaus fortsetzen.[73]

31 **Umstritten** war die Rechtslage, wenn **vergleichbare Arbeitnehmer** im Entleiherbetrieb gänzlich **fehlen**.

▶ **Beispiel:**

Der Leiharbeitnehmer wird als Spezialist eingestellt, vergleichbare Arbeitnehmer werden im Entleihbetrieb nicht beschäftigt.

32 Gesetzeswortlaut und Gesetzesbegründung ließen diese Frage offen. In analoger Anwendung des § 10 Abs. 1 Satz 4 Halbs. 2 AÜG und § 612 Abs. 2 BGB wurde daher als Maßstab die **Arbeitsbedingungen vergleichbarer Betriebe** herangezogen.[74] Die Gegenmeinung vertrat sogar die Auffassung, dass nach

---

72 *Boemke/Lembke* § 9 AÜG Rn. 59; ErfK/*Wank* § 3 AÜG Rn. 21; HWK/*Pods* § 3 AÜG Rn. 34; Thüsing/*Kock* § 3 AÜG Rn. 69.
73 Nachgebildet dem Bsp. bei *Hamann* S. 48.
74 Vgl. *Hamann* EuZA 2009, 307; *Boemke/Lembke* § 9 AÜG Rn. 57; ErfK/*Wank* § 3 AÜG Rn. 22; HWK/*Pods* § 3 AÜG Rn. 33; Thüsing/*Kock* § 3 AÜG Rn. 68; *Urban-Crell/Schulz* Rn. 358.

Sinn und Zweck der Vorschrift der Gleichstellungsgrundsatz überhaupt nicht greife.[75]

In einem ersten erstinstanzlichen Urteil stellte das ArbG Hannover – allerdings in einem anderen Sachzusammenhang – auf einen **hypothetischen vergleichbaren Arbeitnehmer** und dessen anzunehmende Arbeitsbedingungen ab.[76] Dieser Ansatz hat sich mittlerweile zur **herrschenden Meinung** entwickelt. Wendet der Entleiher in seinem Betrieb ein allgemeines Entgeltschema an, kann auf die **fiktive Eingruppierung** des Leiharbeitnehmers in dieses Entgeltschema abgestellt werden. Maßstab ist in diesem Falle das Arbeitsentgelt, das der Leiharbeitnehmer erhalten hätte, wenn er für die gleiche Tätigkeit beim Entleiher eingestellt worden wäre. Das gebietet schon die unionsrechtskonforme Auslegung im Lichte des Art. 5 Abs. 1 AWD.[77] Es fehlt zudem jeder Anhaltspunkt, dass nach nationalem Recht der Anspruch auf gleiches Arbeitsentgelt entfallen soll, wenn der Entleiher für eine bestimmte Tätigkeit nur noch Leih-, aber keine Stammarbeitnehmer mehr beschäftigt.[78]

33

▶ Praxistipp:

Eine praktische Zusammenfassung gibt hier die Durchführungsanweisung der BA in 8.1 Abs. 5:

Vergleichbarer Arbeitnehmer ist der mit gleicher Tätigkeit oder ähnlicher Tätigkeit beim Entleiher beschäftigte oder fiktiv zu beschäftigende Stammarbeitnehmer. Der Gesetzgeber geht vom Begriff der Tätigkeiten »vergleichbare Arbeitnehmer« aus. Dabei kommt es insbesondere auf die Vergleichbarkeit der vom Arbeitnehmer auszuführenden Tätigkeiten an, eine in der Person (oder einzelner Personen) liegende Unter- oder Überqualifizierung kann kein Maßstab sein. Liegt der Tätigkeit z.B. eine Ausbildung

---

75 *Nebeling/Gründel* BB 2009, 2366; *Bauer/Krets* NJW 2003, 537, 539; *Rieble/Klebeck* NZA 2003, 23, 24; *Thüsing* DB 2003, 446, 447, die annehmen, in diesem Fall liefe das Gleichstellungsgebot leer.
76 ArbG Hannover, 24.04.2012 – 6 Ca 288/10 zur Höhe des Arbeitsentgelts eines vergleichbaren Arbeitnehmers zur Ermittlung des Equal-Pay-Anspruchs bei der Nachforderung von Sozialversicherungsbeiträgen durch die DRV.
77 RL 2008/104/EG des Europäischen Parlaments und des Rates vom 19. November 2008 über Leiharbeit.
78 BAG, 21.10.15 – 5 AZR 604/14; *Bissels* jurisPR-ArbR 18/2016 Anm. 3; BAG, 19.02.2014 – 5 AZR 1049/12; unter Hinweis auf BAG, 13.03.13 – 5 AZR 294/12 – Rn. 24 m.w.N.; zuletzt *Bayreuther* NZA 2017, 18.

zugrunde, kann die Vergleichbarkeit am Ausbildungsniveau gemessen werden. Sind z.B. aufgrund von Outsourcing keine vergleichbaren Arbeitnehmer (mehr) vorhanden, sind die Arbeitsbedingungen zu gewähren, die vergleichbaren Arbeitnehmern gewährt würden. Beim Vorliegen eines Tarifvertrages im Entleihbetrieb, ist die den Tätigkeitsmerkmalen entsprechende Lohnstufe des Tarifvertrages maßgebend. Ohne Tarifbindung ist eine Einzelfallbetrachtung der wesentlichen Arbeitsbedingungen des Entleihbetriebes vorzunehmen. Der gesetzlichen Regelung liegt der Gedanke zugrunde, dass dem Leiharbeitnehmer die Arbeitsbedingungen zustehen sollen, die ihm bei einer direkten Einstellung beim Entleihbetrieb zukommen würden; Wartezeiten sind einzuhalten.

Als Orientierung können die im Entleihbetrieb anwendbaren einschlägigen Tarifverträge oder einschlägige Branchentarifverträge dienen.[79]

3. Wesentliche Arbeits- und Entgeltbedingungen

34 § 8 Abs. 1 AÜG verpflichtet den Verleiher grds. zur Gewährung der **wesentlichen Arbeitsbedingungen einschließlich des Arbeitsentgelts** vergleichbarer Stammarbeitnehmer im Entleiherbetrieb. Das Gesetz konkretisiert die Begriffe Arbeitsbedingungen und Arbeitsentgelt nicht.

35 Die **Gesetzesbegründung** zu § 3 Abs. 1 Nr. 3 AÜG a.F. definierte das **Arbeitsentgelt** als laufendes Entgelt, Zuschläge, Ansprüche auf Entgeltfortzahlung und Sozialleistungen und andere Lohnbestandteile.[80] Sie enthielt darüber hinaus eine nicht enumerative Aufzählung **wesentlicher Arbeitsbedingungen**, nämlich den vagen Hinweis auf »alle nach dem allgemeinen Arbeitsrecht vereinbarten Bedingungen wie Dauer der Arbeitszeit und Urlaub oder die Nutzung sozialer Einrichtungen«. Auf eine genaue Aufzählung wie im Richtlinienentwurf hatte der deutsche Gesetzgeber hingegen verzichtet.[81]

Auch in der Begründung zu § 8 AÜG n.F. findet sich **keine Definition** zu den wesentlichen Arbeitsbedingungen bzw. dem vergleichbaren Entgelt.[82] Aller-

---

79 *Boemke/Lembke* § 9 AÜG Rn. 57, ErfK/*Wank* § 3 AÜG Rn. 22.
80 BT-Drucks. 15/25, 38; so a. FW AÜG zu § 3 Nr. 3.1.5.
81 BAG, 23.03.2011 – 5 AZR 7/10; *Thüsing* RdA 2009, 118.
82 Siehe z.B. die Kritik bei *Henning/Bödeker* AuA 2016, S. 201; Hamann ArbuR 2016, S. 136; *Bissels/Falter* DB 2016, S. 534; *dies.* DB 2016, 1444.

dings gibt der Regierungsentwurf vom 01.06.2016 zumindest eine Erklärung unter Berufung auf die BAG-Rechtsprechung:[83]

> »Das **Arbeitsentgelt** im Sinne dieses Gesetzes umfasst das, was der Leiharbeitnehmer erhalten hätte, wenn er für die **gleiche Tätigkeit** beim Entleiher eingestellt worden wäre (BAG, Urteil vom 19. Februar 2014 – 5 AZR 1046/12). Maßgebend sind daher sämtliche auf den **Lohnabrechnungen** vergleichbarer Stammarbeitnehmer des Entleihers ausgewiesene **Bruttovergütungsbestandteile** (BAG, Urteil vom 24. September 2014 – 5 AZR 254/13). Zum Arbeitsentgelt zählt jede Vergütung, **die aus Anlass des Arbeitsverhältnisses** gewährt wird beziehungsweise auf Grund gesetzlicher **Entgeltfortzahlungstatbestände** gewährt werden muss (BAG, Urteil vom 13. März 2013 – 5 AZR 294/12), insbesondere Urlaubsentgelt, Entgeltfortzahlung, Sonderzahlungen, Zulagen und Zuschläge sowie vermögenswirksame Leistungen (BAG Urteil vom 19. Februar 2014 – 5 AZR 1046/12 sowie 5 AZR 1047/12).«

Die auch nach der Änderung von § 8 AÜG **fehlende Definition** des vergleichbaren Arbeitsentgeltes ist einer der Hauptkritikpunkte. Die Formulierung in der Gesetzesbegründung ist nicht ausreichend und birgt ein erhebliches Potenzial an **Rechtsunsicherheit** und führt in den Fällen, in denen das gesetzliche Gleichstellungsgebot auf das Leiharbeitsverhältnis Anwendung findet, zu erheblichen **Anwendungsproblemen**.[84]   36

Zur **Konkretisierung des unbestimmten Begriffs der »wesentlichen Arbeitsbedingungen«** war es jedenfalls vor Erlass der Leiharbeits-Richtlinie zutreffend, auf die in § 2 Abs. 1 Satz 2 NachwG genannten wesentlichen Bedingungen abzustellen.[85] Eines Rückgriffs auf das NachwG bedarf es indes seit Erlass der Leiharbeits-Richtlinie Ende des Jahres 2008 nicht mehr; dieser wäre sogar verfehlt.[86] **Art. 3 Abs. 1. f) der Leiharbeits-Richtlinie** definiert die wesentlichen Arbeits- und Beschäftigungsbedingungen verbindlich.[87] Dabei

---

83 BT-Drucks. 294/16 vom 02.06.2016, Begründung zu Nr. 3.
84 So bereits zur Kritik an § 10 Abs. 5 AÜG a.F. *Urban-Crell/Schulz* Rn. 348.
85 *Lembke* BB 2003, 198, 101; ferner HWK/*Kalb* § 3 AÜG Rn. 29; Thüsing/*Mengel* § 9 AÜG Rn. 30; *Urban-Crell/Schulz* Rn. 368; a.A. ErfK/*Wank* § 3 AÜG Rn. 19, der bereits vor Erlass der Leiharbeits-Richtlinie auf die Definition des Richtlinienentwurfs abstellte; wohl a. *Hamann* S. 47.
86 BAG, 23. 03. 2011 – 5 AZR 7/10.
87 Richtlinie 2008/104 EG über Leiharbeit vom 19.11.2008; a. *Hamann* EuZA Bd. 2 (2009), 304 f.

handelt es sich um solche Arbeits- und Beschäftigungsbedingungen, (..), die im entleihenden Unternehmen gelten, festgelegt sind und sich auf folgende Punkte beziehen:
- Dauer der Arbeitszeit, Überstunden, Pausen, Ruhezeiten, Nachtarbeit, Urlaub, arbeitsfreie Tage
- Arbeitsentgelt.

Für die sonstigen Arbeitsbedingungen ist diese Definition abschließend.[88] Für das »**Arbeitsentgelt**« kommt es **weiterhin auf die nationale Begriffsbestimmung** an. Dies sieht Art. 3 Abs. 2 Leiharbeits-Richtlinie ausdrücklich vor.

a) Arbeitsentgelt

37 Als wesentlichste Arbeitsbedingung nennt § 8 Abs. 1 AÜG ausdrücklich das **Arbeitsentgelt**. Zur Begriffsbestimmung ist auf die allgemeinen nationalen Grundsätze unter Berücksichtigung der Gesetzesbegründung zurückzugreifen. Die Gesetzesbegründung definiert als Arbeitsentgelt nicht nur das laufende Entgelt, sondern auch Urlaubsentgelt, Entgeltfortzahlung, Sonderzahlungen, Zulagen und Zuschläge sowie vermögenswirksame Leistungen.[89]

Zum Arbeitsentgelt zählen daher nicht nur die feste und variable Vergütung, also »**Arbeitsentgelt im engeren Sinne**«. Ebenso erfasst werden alle aus nichtselbstständiger Arbeit erzielten Einkünfte, die als **Gegenleistung für geleistete Dienste** gezahlt werden wie Zuschläge (z.B. Überstunden-, Nacht-, Schicht-, Sonn- und Feiertagszuschläge), Zulagen (z.B. Schmutzzulagen), Prämien und Gratifikationen (z.B. Urlaubs- und Weihnachtsgeld).[90] Hinzukommen alle sonstigen Entgeltbestandteile, die terminologisch zum »**Arbeitsentgelt im weiteren Sinne**« gerechnet werden.[91] Kein Arbeitsentgelt ist jedoch Aufwendungsersatz (§ 670 BGB), es sei denn, es handelt sich um verschleiertes und damit steuerpflichtiges Einkommen.[92]

---

88 BAG, 23.03.2011 – 5 AZR 7/10; *Schüren/Wank* RdA 2011, 4; a.A. *Lembke* BB 2010, 1537.
89 BT-Drucks. 294/16 vom 02.06.2016, Begründung zu Nr. 3.
90 BAG, 13.3.2013 – 5 AZR 294/12, NZA 2013, 1226.
91 Ausführlich zu den Entgeltbegriffen ErfK/*Preis* § 611 BGB Rn. 597 ff.
92 BAG, 19. 02. 2014 – 5 AZR 700/12; BAG, 5 AZR 242/12 und BAG, 13.3.2013 – 5 AZR 294/12.

Grundsatz der Gleichstellung § 8 AÜG

Auch **Leistungen der betrieblichen Altersversorgung** zählen zum Arbeitsentgelt.[93] Allerdings haben Altersversorgungsansprüche beim gesetzlichen Gleichstellungsgebot eine nur geringe praktische Bedeutung. Die Überlassung von Leiharbeitnehmern ist regelmäßig nicht auf Dauer, sondern nur auf einen vorübergehenden Zeitraum angelegt. Insoweit werden nur die wenigsten Leiharbeitnehmer eine fünfjährige Betriebszugehörigkeit im Entleiherbetrieb und damit die Voraussetzung zur Unverfallbarkeit von Versorgungsanwartschaften nach § 1b BetrAVG erreichen. Für etwaige Altersversorgungsansprüche sollten Verleiher gleichwohl vorsorglich Rückstellungen bilden. 38

Ebenfalls zum Arbeitsentgelt zählen **Sozialleistungen**.[94] Wenig trennscharf differenzierte die Gesetzesbegründung zu § 3 Abs. 1 Nr. 3 AÜG a.F. zwischen Sozialleistungen als Bestandteil des Arbeitsentgelts und sozialen Einrichtungen als Teil der Arbeitsbedingungen. Die Begründung zu § 8 AÜG n.F. trifft jetzt überhaupt keine Aussage. 39

Richtigerweise ist der Zugang zu und die Nutzung von **sozialen Einrichtungen** eine Sozialleistung des Arbeitgebers, die dem Begriff des Arbeitsentgelts unterfällt.[95] Diese Unterscheidung ist im Ergebnis rein dogmatischer Natur, auf sie kommt es in der Praxis nicht an.[96] Soziale Leistungen und damit auch soziale Einrichtungen des Entleihers stehen ausschließlich in dessen Verfügungsgewalt. Gewährt dieser den beschäftigten Leiharbeitnehmern keinen Zugang, muss auch hier eine Kapitalisierung der nicht gewährten Sozialleistungen bzw. der fehlenden Nutzungsmöglichkeiten erfolgen.[97] Unabhängig von diesem Anspruch hat der Leiharbeitnehmer seit dem 01.12.2011 einen unmittelbaren Anspruch gegen den **Entleiher** auf **Zugang zu den Gemeinschaftseinrichtungen und -diensten** im Entleiherbetrieb (§ 13b AÜG).

---

93 BAG, 09.12.1997 – 3 AZR 661/96, EzA § 1 BetrAVG Gleichbehandlung Nr. 16.
94 BAG, 21.09.1998 – 1 AZR 454/88, EzA § 77 BetrVG 1972 Nr. 33; BT-Drucks. 15/25, 38.
95 Thüsing/*Kock* § 3 AÜG Rn. 72.
96 Art. 6 Abs. 4 Leiharbeits-Richtlinie nennt auch den Zugang zu »Gemeinschaftseinrichtungen oder -diensten, insbesondere zur Gemeinschaftsverpflegung, zu Kinderbetreuungseinrichtungen und zu Beförderungsmitteln« als Gegenstand der grundsätzlichen Gleichstellungsverpflichtung.
97 *Boemke/Lembke* § 9 AÜG Rn. 164; Thüsing/*Mengel* § 9 AÜG Rn. 32; *Urban-Crell/Schulz* Rn. 368.

▶ Praxistipp:

40 Zum Arbeitsentgelt gehört die gesamte steuerpflichtige Vergütung, insb.:[98]
– Grundvergütung;
– Provisionen;
– Variable Vergütungszahlungen (z.B. Zielbonus/Erfolgsvergütung, Umsatz-/Gewinnbeteiligung, Tantieme);
– Gratifikationen, Jahressonderzahlungen (z.B. Urlaubs-/Weihnachtsgeld);
– Zuschläge (z.B. Überstunden, Nachtarbeit, Wechselschicht, Sonn-/Feiertagsarbeit, Rufbereitschaft);
– Zulagen (z.B. Schmutz-/Lärm-/Gefahrenzulage);
– Vermögenswirksame Leistungen;
– Zuschüsse zum Krankengeld;
– Leistungen der betrieblichen Altersversorgung;
– Sachbezüge (z.B. Personalrabatt, Dienstwagen, subventioniertes Kantinenessen, Aktienoptionen);
– Nutzung von Sozialeinrichtungen (z.B. Kantine, Wasch-/Umkleideräume).

b) Sonstige Arbeitsbedingungen

41 Zu den **sonstigen wesentlichen Arbeitsbedingungen** gehören die Dauer der Arbeitszeit, Überstunden, Pausen, Ruhezeiten, Nachtarbeit, Urlaub und arbeitsfreie Tage. Dies ergibt sich aus der abschließenden Aufzählung in **Art. 3 Abs. 1. f) Leiharbeits-Richtlinie**.[99]

c) Günstigkeitsvergleich

42 § 8 Abs. 1 AÜG garantiert **gesetzliche Mindestarbeitsbedingungen**.[100] Insofern stellt sich in jedem konkreten Einzelfall die Frage, ob die mit dem Verleiher vereinbarten Arbeitsbedingungen oder die im Entleihbetrieb für vergleichbare Stammarbeitnehmer geltenden Arbeitsbedingungen günstiger sind.

Beim Vergleich der **Arbeitsbedingungen** im Verleih- und Entleihbetrieb ist kein summarischer Vergleich zu ziehen bzw. keine Gesamtschau vorzunehmen.

---

98 BAG, 19.03.14 – 5 AZR 1046/12.
99 Vgl. dazu oben Rdn. 36.
100 Vgl. a. Art. 5 Abs. 1 Leiharbeitsrichtlinie.

Es sind jeweils die einzelnen Arbeitsbedingungen zu vergleichen (Sachgruppenvergleich).[101] Beim Sachgruppenvergleich sind solche Vertragsbedingungen miteinander zu vergleichen, die in einem inneren sachlichen Zusammenhang stehen.[102] Welche Vertragsregelungen dabei dieselbe Sachgruppe betreffen, bestimmt sich nach der Verkehrsanschauung.[103]

▶ **Beispiel:**

Zu einer Sachgruppe zusammenfassen lassen sich bspw.:
– Dauer des Urlaubs, Länge der Wartezeit und Höhe des Urlaubsgeldes;
– Grundlohn und Lohnzuschläge im Vergleich zur Gesamtvergütung;[104]
– Fahrtkostenerstattung im Vergleich zur Überlassung eines Dienstwagens.[105]

Beim **Arbeitsentgelt** sind hingegen nicht die einzelnen Bestandteile (z.B. Zuschläge, Prämien, laufendes Entgelt) zu vergleichen, sondern es ist ein **Gesamtvergleich** der Entgelte im Überlassungszeitraum anzustellen.[106]

Bleibt nach einem Vergleich der Arbeitsbedingungen im Verleiher- und Entleihbetrieb **unklar, wessen Arbeitsbedingungen** für den Leiharbeitnehmer **günstiger sind**, gelten weiterhin die mit dem Verleiher vereinbarten Bedingungen.[107] 43

▶ **Beispiele:**

Arbeitszeit

Die arbeitsvertragliche regelmäßige Wochenarbeitszeit des Leiharbeitnehmers beträgt 40 Stunden. Im Entleiherbetrieb gilt hingegen eine kürzere wöchentliche Regelarbeitszeit von 35 Stunden. Ob eine kürzere oder eine längere Wochenarbeitszeit für den Leiharbeitnehmer günstiger ist, lässt

---

101 So a. FW AÜG zu § 8 Ziff. 8.1 Abs. 3.
102 ErfK/*Franzen* § 4 TVG Rn. 66 m.w.N.
103 BAG, 23.05.1984 – 4 AZR 129/82, NZA 1984, 255; BAG, 20.04.1999 – 1 ABR 72/98, EzA Art. 9 GG Nr. 65; Thüsing/*Kock* § 3 AÜG Rn. 55.
104 BAG, 23.05.1984 – 4 AZR 129/82, AP BGB § 339 Nr. 9.
105 MünchArbR/*Löwisch/Rieble* § 272 Rn. 43.
106 BAG, 19. 02. 2014 – 5 AZR 1048/12 und BAG, 19. 02. 2014 – 5 AZR 1049/12, Rn. 23; BAG, 13. 03. 2013 – 5 AZR 242/12 vom, Rn. 32; BAG 5 AZR 7/10 vom 23. März 2011, Rn. 35.
107 So richtigerweise *Boemke/Lembke* § 9 AÜG Rn. 65.

sich nicht generell abstrakt beantworten.[108] Die wohl herrschende Meinung verlangt in derartigen Fällen eine am Einzelfall orientierte Abwägung. Nur in den seltensten Fällen wird diese allerdings zu einem eindeutigen Ergebnis führen. Man spricht deshalb von sog. günstigkeitsneutralen Regelungen. Im Leiharbeitsverhältnis verbleibt es dann bei der vertraglichen Vereinbarung zwischen Leiharbeitnehmer und Verleiher.[109]

Im vorliegenden Fall bleibt es daher bei der Arbeitszeitregelung des Leiharbeitsvertrages (40 h/Woche). Dieses Ergebnis ist in der Praxis äußerst unbefriedigend, zwingt es den Verleiher zur Vermeidung des Annahmeverzugs (§ 615 BGB) doch zur Zuweisung einer anderweitigen Tätigkeit für die verbleibenden 5 Wochenarbeitsstunden. Dies wird regelmäßig nicht oder nur sehr schwierig möglich sein. Deshalb empfiehlt es sich i.R.d. Leiharbeitsvertrages zu vereinbaren, dass sich die Arbeitszeiten des Leiharbeitnehmers in Zeiten der Überlassung an einen Entleiher nach der Regelarbeitszeit im Entleiherbetrieb richten[110] oder ein flexibles Arbeitszeitmodell (z.B. Arbeitszeitkonto) einzuführen.[111]

Kündigungsfristen

Der Leiharbeitsvertrag verweist auf die Geltung der gesetzlichen Kündigungsfristen. Im Betrieb des Entleihers gelten tarifvertragliche Kündigungsfristen, die ab einer Betriebszugehörigkeit von zwei Jahren längere als die gesetzlichen Kündigungsfristen vorsehen. Die verlängerten tariflichen Kündigungsfristen gelten aufgrund ausdrücklicher Regelung sowohl für Arbeitgeber als auch Arbeitnehmer.

Auch längere (tarifliche) Kündigungsfristen im Entleiherbetrieb ggü. gesetzlichen Kündigungsfristen im Leiharbeitsverhältnis sind ambivalent. Durch längere Kündigungsfristen wird einerseits die Mobilität des Arbeitnehmers eingeschränkt, andererseits erhöhen sie den formellen Bestandsschutz.[112] Im Ergebnis sind daher auch unterschiedliche Regelungen zu

---

108 Zum Günstigkeitsprinzip des § 4 TVG vgl. LAG Köln, 26.04.2007 – 6 Sa 208/07, AuR 2007, 357; ausführlich *Joost* ZfA 1984, 173.
109 *Boemke/Lembke* § 9 AÜG Rn. 74; 160; allg. zum Günstigkeitsvergleich mit tariflichen Arbeitszeitregelungen ErfK/*Franzen* § 4 TVG Rn. 40 m.w.N.
110 So auch *Boemke* RIW 2009, 177 ff.; vgl. dazu Musterleiharbeitsvertrag im Anhang 4.
111 *Thüsing/Pötters* BB 2012, 317 ff.
112 BAG, 29.08.2001 – 4 AZR 337/00, EzA § 622 BGB Tarifvertrag Nr. 2.

Kündigungsfristen günstigkeitsneutral, es gelten weiterhin die im Leiharbeitsvertrag zwischen Leiharbeitnehmer und Verleiher getroffenen Vereinbarungen.[113]

Urlaub

Die Stammarbeitskräfte im Betrieb des Entleihers haben einen jährlichen Anspruch auf Erholungsurlaub von 30 Tagen, im Leiharbeitsvertrag ist hingegen lediglich ein Jahresurlaub von 20 Tagen (5-Tage-Woche) vereinbart.

In diesem Fall gelten die für den Leiharbeitnehmer eindeutig günstigeren Urlaubsregelungen des Entleihers. Er erwirbt für jeden Monat seiner Überlassung 1/12 des Jahresurlaubs im Entleiherbetrieb.[114]

Ausschlussfristen

Im Entleiherbetrieb ist die Geltendmachung des Arbeitsentgeltes als wesentliche Arbeitsbedingung für die vergleichbaren Stammmitarbeiter durch arbeitsvertragliche oder tarifvertragliche Ausschlussfristen begrenzt.

Im Entleiherbetrieb geltende Ausschlussfristen sind jedoch nicht auf »Equal Pay«-Ansprüche des Leiharbeitnehmers anzuwenden. Kann der Leiharbeitnehmer von seinem Vertragsarbeitgeber, dem Verleiher, nach § 10 Abs. 4 AÜG die Erfüllung der wesentlichen Arbeitsbedingungen verlangen, wie sie der Entleiher vergleichbaren eigenen Arbeitnehmern gewährt, muss er die im Entleiherbetrieb geltenden Ausschlussfristen nicht einhalten.

Dies hat das BAG mit Urt. v. 23.03.2011 entschieden.[115] Im Entleiherbetrieb geltende Ausschlussfristen gehören nach Auffassung des Gerichts bei unionsrechtskonformer Auslegung des Arbeitnehmerüberlassungsgesetzes nicht zu den wesentlichen Arbeitsbedingungen, die der Verleiher den Leiharbeitnehmern gewähren muss. Im konkreten Fall entschied das BAG, dass die im Entleiherbetrieb geltenden Ausschlussfristen den »Equal Pay«-Anspruch des Leiharbeitnehmers nicht erfassen.

---

113 Ebenso *Boemke/Lembke* § 9 AÜG Rn. 73.
114 *Thüsing/Kock* § 3 AÜG Rn. 66.
115 BAG, 23.03.2011 – 5 AZR 7/10; s.a. *Schlegel* NZA 2011, 382; a.A. noch LAG München, 12.11.2009 – 3 Sa 579/09; *Lembke* BB 2010, 1537.

d) Auskunftsanspruch

44 Damit der Leiharbeitnehmer Inhalt und Umfang seines gesetzlichen Anspruchs auf Gleichstellung zuverlässig prüfen kann und sich nicht nur auf die Aussagen des Verleihers verlassen musst, verschafft ihm § 13 AÜG einen eigenständigen **Auskunftsanspruch gegen den Entleiher**.[116] Der Verleiher seinerseits hat einen Auskunftsanspruch gegen den Entleiher (vgl. § 12 Abs. 1 Satz 3 AÜG).[117] Die Verpflichtung zur Auskunftserteilung entfällt, soweit die gesetzliche Ausnahme zur Abbedingung der Gleichstellung eingreift (vgl. § 12 Abs. 1 Satz 3 Halbs. 2, § 13 Halbs. 2 AÜG).

4. Vermutungsregel

45 Mit der Einführung von § 8 AÜG n.F. wurde eine **Vermutungsregel** zum Gleichbehandlungsgrundsatz aufgenommen. Diese stellt die Regel auf, dass die Gleichstellung der Leiharbeitskräfte mit den vergleichbaren Stammarbeitnehmern im Betrieb des Entleihers hinsichtlich des Arbeitsentgelts gegeben ist, sofern der Leiharbeitskraft das im Einsatzbetrieb einer vergleichbaren Stammarbeitskraft geschuldete **tarifvertragliche Arbeitsentgelt** gewährt wird. Ist im Einsatzbetrieb ein tarifvertragliches Arbeitsentgelt nicht geschuldet, greift die Vermutungsregelung, wenn dem Leiharbeitnehmer das tarifvertragliche Arbeitsentgelt gezahlt wird, das für vergleichbare Arbeitnehmer in der Einsatzbranche gilt. Kommen in der Einsatzbranche mehrere Tarifverträge zur Anwendung, so ist auf den Tarifvertrag abzustellen, der in der Branche prägend ist.[118]

46 Die Vermutungsregelung soll der Erleichterung der praktischen Umsetzung der Gewährung von Equal Pay dienen und die Bedeutung tarifvertraglicher Regelungen unterstreichen.[119]

Grds. ist eine Vermutungsregelung geeignet, die Einhaltung von Vorgaben zu erleichtern. Orientiert sich in Zukunft ein Verleiher bei der Höhe der Vergütung an einen Tarifvertrag der Einsatzbranche, ist von einer Einhaltung der Gleichbehandlung hinsichtlich des Arbeitsentgeltes auszugehen. Zum einen

---

116 BAG, 19.09.2007 – 4 AZR 656/06, NZA-RR 2008, 231.
117 So bereits vor Einführung des gesetzlichen Auskunftsanspruchs *Urban-Crell/Schulz* Rn. 359.
118 BT-Drucks. 294/16 vom 02.06.2016, Begründung zu Nr. 3.
119 BT-Drucks. 294/16 vom 02.06.2016, Begründung zu Nr. 3.

beinhaltet der Tarifvertrag eine Richtigkeitsvermutung[120] und zum anderen muss auch dem Arbeitgeber zunächst einmal die Vermutung sachgerechter Bewertung zu Gute kommen.[121] Andererseits führt die Erfüllung der Vermutungsvorgaben lediglich zu einer **Beweislastumkehr**.[122] Sie kann vom Leiharbeitnehmer jederzeit durch den Nachweis des tatsächlichen Vergleichsentgelts widerlegt werden. Die Einhaltung tariflicher Vorgaben ist damit keine Garantie zur Einhaltung des Gleichbehandlungsgrundsatzes.

In der Praxis hilft diese Vermutungsregelung dem Verleiher in keiner Weise. Die **Widerlegung der Vermutung** würde wie ein »Damoklesschwert« über jedem Einsatz liegen. Dies ist – insbesondere auch im Hinblick auf ein Bußgeld bis zu 500.000 € gemäß § 16 Abs. 1 Nr. 7a AÜG – damit keine Anwendungsoption. Trotz der Vermutungsregel ist der Verleiher daher gezwungen, für jeden Einsatz jedes Leiharbeitnehmers umständlich Lohnauskünfte beim Entleiher einzuholen. Dies stellt den Verleiher vor erhebliche organisatorische und administrative Herausforderungen, die in der Praxis kaum zu handhaben sind.[123] Die Erleichterung der praktischen Umsetzung wird mit der Vermutungsregel jedenfalls nicht erreicht; dies wäre nur durch eine eindeutige Festlegung des Gesetzgebers, wie das relevante »geschuldete tarifvertragliche Arbeitsentgelt« definiert wird und welche »Entgeltbestandteile« konkret zu berücksichtigen sind, möglich gewesen. 47

▶ Praxistipp:

In der Praxis kann daher der Tarifvertrag des Kunden oder der Einsatzbranche nur ein Indiz zur Ermittlung des vergleichbaren Arbeitsentgeltes sein. Aufgrund der erheblichen Konsequenzen (Erlaubnis, Bußgeld) sollte der Personaldienstleister zumindest zusätzlich ermitteln, ob der vergleichbare (Stamm-)Mitarbeiter weitere (außertarifliche) Leistungen erhält.

5. Sachleistungen

Ebenfalls durch die AÜG – Reform 2017 wurde in § 8 Abs. 1 S. 3 AÜG klargestellt, dass sofern im Betrieb des Entleihers **Sachbezüge** gewährt werden, 48

---

120 Thüsing/Kock § 3 AÜG, RN. 90 m.w.N.; BAG, 23.04.2008 – 2 AZR 21/07; siehe unten Rdn. 57.
121 Z.B. LAG Hessen, 09.04.2013 – 13 Sa 1608/12.
122 BAG, 23.03.2011 – 5 AZR 7/10.
123 Siehe auch *Bissels/Falter* DB 2016, 534; *dies.* DB 2016, 1444; *Henning/Bödeker* AuA 2016, 201; *Moderegger* ArbRB 2016, 207; *Bayreuther* NZA 2017, 18.

ein Wertausgleich in Euro erfolgen kann. Diese Ergänzung verdeutlicht, dass zum Arbeitsentgelt auch Sachbezüge gehören, die der Entleiher seinen Stammarbeitnehmern gewährt. Für diesen Fall eröffnet Satz 3 dem Verleiher die Möglichkeit, dem Leiharbeitnehmer einen **Wertausgleich** in Euro zu zahlen.[124]

Auch Sachleistungen sind, wenn sie als Gegenleistung für die erbrachte Arbeitsleistung geschuldet sind, **Arbeitsentgelt**.[125] Dazu zählen bspw. ein zur privaten Nutzung überlassener Firmenwagen, Personalrabatte und Aktienoptionen des Arbeitgebers. Diese Leistungen wird der Verleiher häufig faktisch und rechtlich nicht in derselben Weise erbringen können wie der Entleiher. Deshalb ist es sachlich gerechtfertigt, dem Leiharbeitnehmer Sachleistungen nicht in natura zu gewähren. Vielmehr ist bei Sachleistungen dessen wirtschaftlicher Wert zu errechnen und der sich ergebene Betrag als Kapitalleistung an den Leiharbeitnehmer auszuzahlen.[126] Der Verleiher könnte auch mit dem Entleiher im Überlassungsvertrag vereinbaren, dass der Entleiher insoweit die Leistungspflichten des Verleihers übernimmt und z.B. dem Leih-AN einen Dienstwagen zur Verfügung stellt.[127]

Allerdings sind auch die Sachleistungen immer im **Kontext der Gleichbehandlung** zu sehen. Sind Sachleistungen – wie in der Praxis häufig üblich – an bestimmte Voraussetzungen geknüpft (z.B. Betriebszugehörigkeit), so besteht ein Anspruch nur, wenn der Leiharbeitnehmer diese Voraussetzungen ebenfalls erfüllt. Entscheidend ist hier das Verhältnis zum Entleiher also z.B. die Einsatzdauer.

Trotz der unglücklichen Formulierung ist hier von einer »**Muss**«-**Vorschrift** auszugehen, die den Verleiher verpflichtet, den Leiharbeitnehmer auch hinsichtlich der Sachleistungen gleichzustellen. Sie eröffnet lediglich eine Wahl – bzw. Substitutionsmöglichkeit, dass der Verleiher statt der tatsächlichen Sachleistung auch den Sachwert bezahlen kann. Letztendlich bleibt jedoch unklar, was unter dem Wert der Sachleistung zu verstehen ist. Wie schon bei der fehlenden Definition des Vergleichsentgelts fehlen auch hier

---

124 BT-Drucks. 294/16 vom 02.06.2016, Begründung zu Nr. 3.
125 *Boemke* RIW 2009, 77; *Hamann* EuZA 2009, 287.
126 *Bauer/Krets* NJW 2003, 537, 539; *Schüren* § 9 Rn. 135; *HWK/Kalb* § 3 Rn. 30; früher krit. *ErfK/Wank* § 3 Rn. 14.
127 *Lembke* BB 2003, 98, 101.

jegliche Anhaltspunkte im Gesetz dafür, was als angemessener Ersatz anzusehen ist.[128]

6. Rechtsfolge

Bei Missachtung des Gleichbehandlungsgrundsatzes droht dem Verleiher ein **Bußgeld** von bis zu 500.000 € (§ 16 Abs. 1 Nr. 7a, Abs. 2 AÜG). Überdies kann ein Verstoß gegen § 8 Abs. 5 AÜG gewerberechtliche Sanktionen gegen den Verleiher wegen Unzuverlässigkeit (§ 3 Abs. 1 Nr. 3 AÜG) auslösen. 49

II. Tariföffnung – Abs. 2

1. Einleitung

»In Absatz 2 wird die bereits bestehende Möglichkeit aufgeführt, durch Tarifvertrag vom Gleichstellungsgrundsatz abzuweichen. Wie bisher darf dieser Tarifvertrag nicht die für die Arbeitnehmerüberlassung verbindlich festgesetzte Lohnuntergrenze unterschreiten. Satz 1 und 3 greifen die bisherigen Regelungen des § 9 Nummer 2, Teilsatz 2 und 3, auf. Satz 2 und 4 übernehmen den bisherigen § 10 Absatz 4 Satz 2 und 3. Eine inhaltliche Änderung ist damit nicht verbunden«.[129] 50

Der gesetzliche **Grundsatz der Gleichstellung** wird **durch eine Ausnahme durchbrochen**. Ein einschlägiger oder vereinbarter Tarifvertrag kann abweichende Vereinbarungen zugunsten oder zuungunsten der Leiharbeitnehmer zulassen (§ 8 Abs. 2 AÜG). Hierbei handelt es sich um eine klassische **Tariföffnungsklausel**.[130] 51

§ 3 Abs. 1 Nr. 3 Satz 1 Halbs. 2 AÜG a.F. gestattete es dem Verleiher vom gesetzlichen Gleichstellungsgebot bei Einstellung eines zuvor arbeitslosen Arbeitnehmers abzuweichen. Die **Ausnahmeregelung** hatte sich in der Praxis nicht bewährt, sie warf zahlreiche Zweifelsfragen auf und stand seit Erlass der Leiharbeits-Richtlinie in **Widerspruch** zu europäischem Recht.[131] Sie wurde daher gestrichen.[132] 52

---

128 So auch *Moderegger* ArbRB 2016, 207.
129 BT-Drucks. 294/16 vom 02.06.2016, Begründung zu Nr. 3.
130 *Schüren* § 9 AÜG Rn. 99.
131 *Leuchten* NZA 2011, 611; *Schüren/Wank* RdA 2011, 5.
132 BT-Drucks. 17/4804, 9.

2. Tariföffnungsklausel

a) Einleitung

53 Das gesetzliche Prinzip der Gleichbehandlung (Equal Treatment) kann nur durch einen **einschlägigen Tarifvertrag** abgelöst werden. Diese Ausnahme soll den Tarifvertragsparteien ermöglichen, »die Arbeitsbedingungen flexibel zu gestalten und beispielsweise Pauschalierungen beim Arbeitsentgelt zuzulassen und die Leistungen für Zeiten des Verleihs und Nichtverleihs in einem Gesamtkonzept zu regeln«.[133]

54 Die durch die **Tarifdispositivität des § 3 Abs. 1 Nr. 3 AÜG** geschaffene Ausgangsposition ist ungewöhnlich. Üblicherweise garantieren gesetzliche Regelungen einen Mindeststandard, von dem die Tarifvertragsparteien zugunsten der Arbeitnehmer abweichen können. Der Gesetzgeber lässt beim Equal-Treatment-Grundsatz des AÜG hingegen nicht nur eine **Abweichung** zugunsten, sondern **auch zuungunsten der Leiharbeitnehmer** zu. Letzteres entspricht derzeit nahezu ausnahmslos der tariflichen Praxis in der Zeitarbeitsbranche.[134]

55 Weite Teile der Literatur sahen in dieser Ausgangsposition eine massive Beeinflussung der Verhandlungsposition der Tarifvertragsparteien und hielten die Ausnahmeregelung des § 3 Abs. 1 Nr. 3 AÜG a.F. deshalb für unvereinbar mit der durch Art. 9 Abs. 3 GG geschützten **Koalitionsfreiheit**.[135] Das BVerfG schloss sich diesen Bedenken nicht an. Es hat eine Verfassungsbeschwerde mit Beschl. v. 29.12.2004 mangels grundsätzlicher Bedeutung und Aussicht auf Erfolg nicht zur Entscheidung angenommen.[136]

56 Der vom Gesetz abweichende Tarifvertrag muss nicht ausdrücklich auf eine Abweichung vom Gleichstellungsgebot hinweisen. Es besteht **kein**

---

133 So BT-Drucks. 15/25, 38 zu § 3 Abs. 1 Nr. 3 Satz 2, 3 AÜG a.F.
134 Krit. zu den rechtlichen Grenzen tariflicher Regelungsmacht bei Zeitarbeit *Ulber* NZA 2009, 232.
135 So *Bauer/Krets* NJW 2003, 537, 539; *Hümmerich/Holthausen/Welslau* NZA 2003, 7, 9 f.; krit. a. *Boemke/Lembke* § 9 AÜG Rn. 101 ff.; ErfK/*Wank* § 3 AÜG Rn. 31; Schüren/Hamann/*Schüren* § 9 AÜG Rn. 96 ff.
136 BVerfG, 29.12.2004 – 1 BvR 2083/03, 1 BvR 2504/03, 1 BvR 2582/03; AP AEntG § 3 Nr. 2 = NZA 2005, 153; dazu *Bayreuther* NZA 2005, 341; *Lembke* BB 2005, 499.

Zitiergebot.[137] Insofern ist es ausreichend, aber auch erforderlich, dass der Tarifvertrag die wesentlichen Arbeits- und Entgeltbedingungen i.S.d. § 8 Abs. 2 AÜG regelt; lediglich allgemeine Regelungen zum Arbeitsentgelt und zu Arbeitsbedingungen genügen nicht.[138] Ein diesen Anforderungen nicht genügender Tarifvertrag suspendiert nicht von der gesetzlichen Gleichstellungspflicht. Regelt der Tarifvertrag die wesentlichen Arbeitsbedingungen nicht oder nicht vollständig, ist der überlassene Leiharbeitnehmer nach Maßgabe des Equal Treatment den Stammarbeitnehmern im Entleihbetrieb gleichzustellen.[139]

Eine **Tarifinhaltskontrolle** findet nur eingeschränkt statt. Tarifliche Regelungen unterliegen grds. einer **Richtigkeits- und Angemessenheitsgewähr**.[140] Gleichwohl sind die Tarifpartner bei der inhaltlichen Ausgestaltung nicht vollkommen frei. Sie sind insb. an höherrangiges Recht gebunden.[141] Daraus wird vereinzelt geschlussfolgert, Zeitarbeitstarifverträge müssten – entsprechend § 4 Abs. 4 EFZG – zumindest annähernd die gesetzliche Wertentscheidung zur Gleichstellung von Leih- und Stammarbeitnehmern berücksichtigen.[142] Diese Auffassung überzeugt nicht. § 8 Abs. 2 AÜG lässt ausdrücklich Abweichungen vom gesetzlichen Grundprinzip des Equal Treatment sowohl zugunsten als auch zuungunsten der Leiharbeitnehmer zu.[143] Tarifverträge sind nur an den allgemeinen gesetzlichen Schranken zu messen. Dazu gehören auch

57

---

137 *Boemke/Lembke* § 9 AÜG Rn. 108; *Thüsing/Mengel* § 9 AÜG Rn. 43; *Thüsing/Kock* § 3 AÜG Rn. 80; a.A. *Ulber* AuR 2003, 7, 12.
138 HWK/*Kalb* § 3 AÜG Rn. 37; a.A. *Boemke/Lembke* § 9 AÜG Rn. 108.
139 *Däubler* DB 2008, 1914; *Thüsing/Kock* § 3 AÜG Rn. 83; vgl. so a. FW AÜG zu § 3 Nr. 3.1.7.10.
140 ErfK/*Dieterich/Schmidt* Art. 3 GG Rn. 25 ff.; HWK/*Henssler* § 1 TVG Rn. 87 ff.; s.a. BAG, 10.06.1980 – 1 AZR 822/79, EzA Art. 9 GG Arbeitskampf Nr. 37; Wiedemann/*Wiedemann* TVG Einl. Rn. 221.; kritisch *Riechert* NZA 2013, 303 ff.
141 Allg. zum Verhältnis von Tarifverträgen zu anderen Rechtsnormen ErfK/*Franzen* § 1 TVG Rn. 8 ff.
142 *Thüsing/Kock* § 3 AÜG Rn. 82; Schüren/Hamann/*Schüren* § 9 AÜG Rn. 132; Schüren/*Behrends* NZA 2003, 521, 525, jeweils unter Hinweis auf BAG, 13.03.2002 – 5 AZR 648/00, EzA § 4 EntgfzG Nr. 6; *Ulber* NZA 2009, 232; a.A. *Böhm* DB 2003, 2598; *Hanau* ZIP 2003, 1573, 1577; *Thüsing/Mengel* § 9 AÜG Rn. 44.
143 So a. mit überzeugender Begründung *Boemke/Lembke* § 9 AÜG Rn. 110 f.; *Thüsing/Mengel* § 9 AÜG Rn. 44.

§ 8 AÜG Grundsatz der Gleichstellung

gesetzliche Verbote (z.B. Sittenwidrigkeit oder Wucher nach § 138 BGB). Nach der Rechtsprechung des BAG können die Tarifvertragsparteien der Zeitarbeit die Besonderheiten der Branche bei Festlegung der Vergütungshöhe durchaus berücksichtigen. Der Sozialhilfesatz stellt insofern keinen geeigneten Vergleichsmaßstab dar.[144] **Tarifvertragliche Entgeltvereinbarungen** dürfen jedoch nicht gegen grundgesetzliche Gerechtigkeitsanforderungen verstoßen, insb. dürfen **keine »Hungerlöhne«** vereinbart werden.[145]

58 **Leiharbeitsverträge**, auf die tarifvertragliche Regelungen Anwendung finden, sind daher ebenso wie die Tarifbestimmungen selbst nur einer **eingeschränkten Vertragsinhaltskontrolle** zugänglich. Gilt aufgrund beidseitiger Tarifbindung oder wirksamer Inbezugnahme ein Tarifwerk vollständig, gilt die tarifliche Richtigkeitsgewähr. Nach Maßgabe der § 310 Abs. 4 Satz 3, § 307 Abs. 3 BGB sind die AGB-rechtlichen Kontrollmaßstäbe der § 307 Abs. 1, 2, §§ 308, 309 BGB nicht anzuwenden.[146] Eine generelle Richtigkeitsvermutung ist hingegen bei **Einzel- oder Teilverweisungen** nicht anzunehmen; § 310 Abs. 4 Satz 3 BGB steht einer Inhaltskontrolle dann nicht entgegen.[147]

59 Wird ein Leiharbeitnehmer mit **Tätigkeiten** beschäftigt, die in den Anwendungsbereich eines für allgemein verbindlich erklärten Tarifvertrages **nach dem AEntG** fallen, so können die Mindestarbeitsbedingungen nach dem AEntG nicht durch einen anderen Tarifvertrag abbedungen oder durch einen bereits bestehenden Tarifvertrag verdrängt werden (vgl. § 8 Abs. 2 AEntG).[148] Eine Abweichung von den Regelungen des für allgemein verbindlich erklärten Tarifvertrages nach dem AEntG zugunsten der Arbeitnehmer ist hingegen stets zulässig.[149]

---

144 So aber wohl *Ulber* NZA 2009, 232.
145 So auch *Riechert* NZA 2013, 303 ff.; BAG, 24.03.2004 – 5 AZR 303/03, NZA 2004, 971 (»Randstad«).
146 BAG, 27.07.2005 – 7 AZR 486/04, NZA 2006, 40; ErfK/*Preis* §§ 305 bis 310 BGB Rn. 16; vgl. a. BT-Drucks. 14/6857, 54.
147 *Diehn* NZA 2004, 129, 130 f.; ErfK/*Preis* §§ 305 bis 310 BGB Rn. 19 ff.; *Thüsing*/*Lambrich* NZA 2002, 1361; *Ulber* NZA 2009, 232.
148 Zu diesem Themenkomplex siehe auch § 3a D.II. Rdn. 46.
149 Thüsing/*Mengel* § 9 AÜG Rn. 45; allg. s. *Koberski/Asshoff/Hold* § 1 AEntG Rn. 104; *Maier* NZA 2009, 351; krit. aufgrund verfassungsrechtlicher Bedenken *Willemsen/Sagan* NZA 2008, 1216; vgl. FW AÜG zu § 3 Nr. 3.1.8.8.

Der den gesetzlichen Gleichstellungsgrundsatz durchbrechende **Tarifvertrag** **musste nicht** – entgegen einer in der Literatur vertretenen Auffassung – **nach dem 15.11.2002 in Kraft getreten sein.**[150] Der Wortlaut des § 3 Abs. 1 Nr. 3 Satz 2 AÜG a.F. enthielt einen derartigen Stichtag nicht. Auch aus der Übergangsvorschrift des § 19 AÜG ergab sich diese Notwendigkeit nicht. Seit dem 01.01.2004 gilt das reformierte AÜG für alle Leiharbeitsverhältnisse und dies ungeachtet des Zeitpunkts des Tarifabschlusses (vgl. § 19 Satz 1 AÜG).[151] Soweit die Vereinbarung zwischen den Tarifpartnern die inhaltlichen Anforderungen an einen den Grundsatz des § 3 Abs. 1 Nr. 3 AÜG a.F. durchbrechenden Tarifvertrag i.Ü. erfüllten, konnten auch vor dem 15.11.2002 abgeschlossene Tarifwerke den gesetzlichen Grundsatz ablösen.[152] Dies galt allerdings aufgrund der Übergangsvorschrift des § 19 AÜG erst seit dem 01.01.2004.

60

Die **Durchbrechung des gesetzlichen Prinzips des Equal Pay und Equal Treatment durch einzelvertragliche Inbezugnahme** eines Tarifvertrages lässt sich grafisch wie folgt darstellen:

61

Konstruktion legale Zeitarbeit bei Tariföffnung

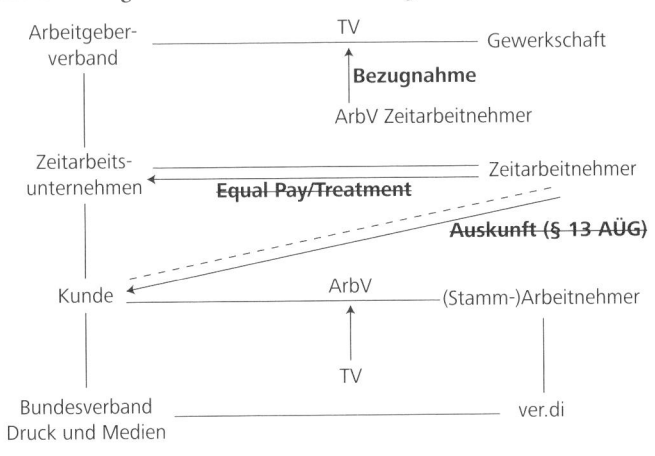

```
Arbeitgeber-         TV
verband      ─────────────────────── Gewerkschaft
                          ▲
                          │ Bezugnahme
                    ArbV Zeitarbeitnehmer

Zeitarbeits-  ─────────────────────── Zeitarbeitnehmer
unternehmen    ◄─── Equal Pay/Treatment
                       ─ ─ ─ ─ Auskunft (§ 13 AÜG)
                   ─ ─ ─
Kunde  ◄─────       ArbV   ─── (Stamm-)Arbeitnehmer
   │                 ▲              │
   │                 │              │
   │                 TV             │
Bundesverband                       │
Druck und Medien ─────────────── ver.di
```

---

150 So HWK/*Kalb* § 3 AÜG Rn. 37; Thüsing/*Kock* § 3 AÜG Rn. 86.
151 *Boemke/Lembke* § 9 AÜG Rn. 108; Thüsing/*Mengel* § 9 AÜG Rn. 43.
152 Die BA verlangt aber zumindest einen Hinweis an die neue Rechtslage, FW AÜG zu § 3 Nr. 3.1.8.14.

b) Geltung von Tarifverträgen

62 Die Anwendbarkeit der Öffnungsklausel des § 8 Abs. 2 AÜG setzt die **Wirksamkeit des Tarifvertrages** voraus. Insofern gelten die allgemeinen Grundsätze.[153]

63 Die **Öffnungsklausel** für Tarifverträge findet Anwendung bei

beiderseitiger Tarifbindung von Verleiher und Leiharbeitnehmer (§ 4 Abs.1 TVG) oder

wirksamer **Inbezugnahme eines Zeitarbeitstarifvertrages** im Arbeitsvertrag (§ 8 Abs. 2 S. 3 AÜG).

64 Dabei genügt es nach dem ausdrücklichen Gesetzeswortlaut, wenn ein Tarifvertrag abweichende Regelungen »zulässt«. Insofern kann auch **aufgrund eines Tarifvertrages**, welcher eine Tariföffnungsklausel für Betriebsvereinbarungen oder Individualarbeitsverträge enthält, vom gesetzlichen Grundsatz des Equal Pay und Equal Treatment abgewichen werden.[154]

aa) Tarifbindung

65 Gemäß § 8 Abs. 2 AÜG i. V. m. § 4 Abs. 1 TVG gilt die Tariföffnung kraft **beiderseitiger Tarifbindung**. Verleiher und Leiharbeitnehmer sind tarifgebunden, wenn sie Mitglieder der vertragsschließenden Tarifvertragsparteien sind oder der Verleiher bei einem Firmentarifvertrag selbst Tarifvertragspartei ist. Die Tarifverträge gelten dann ebenso mit normativer Wirkung wie im Fall der Anwendbarkeit eines allgemein verbindlichen Tarifvertrages (§ 5 TVG).

66 Schätzungen zufolge liegt der **Organisationsgrad** innerhalb der Gruppe der **Leiharbeitnehmer bei lediglich ca. 2 %**. Über die Tarifbindung der Zeitarbeitsunternehmen selbst gibt es kaum verlässliche Zahlen. Vermutungen zufolge ist der Fall beiderseitiger Tarifbindung in der Zeitarbeitsbranche jedoch eine absolute »Rarität«. Wollen Verleiher also zuverlässig eine Ablösung des gesetzlichen Gleichstellungsgrundsatzes durch Tarifvertrag erreichen, müssen sie den Weg über die Inbezugnahme wählen.[155]

---

153 Vgl. nur ErfK/*Franzen* § 1 TVG Rn. 19 ff.
154 Ausführlich *Boemke/Lembke* § 9 AÜG Rn. 113 ff.; *Thüsing/Mengel* § 9 AÜG Rn. 36 m.w.N.
155 Ebenso *Thüsing/Mengel* § 9 AÜG Rn. 36.

bb) Inbezugnahme von Tarifverträgen

Nicht tarifgebundene Vertragsparteien können die Anwendung der tariflichen Regelungen »im Geltungsbereich eines solchen Tarifvertrages« vereinbaren (§ 8 Abs. 2 Satz 3 AÜG). Verleiher und Leiharbeitnehmer sollten die **Bezugnahme** ausdrücklich vereinbaren. Das BAG lässt zwar auch die stillschweigende Einbeziehung eines Tarifvertrages, etwa kraft betrieblicher Übung, zu.[156] Streitigkeiten über die wirksame konkludente Vereinbarung sind dann jedoch vorprogrammiert. Dies gilt auch und gerade im Hinblick auf doppelte Schriftformklauseln, die – soweit sie einer AGB-Kontrolle standhalten – das Entstehen einer betrieblichen Übung verhindern sollen.[157]

▶ Praxistipp:

Besonders Augenmerk müssen Zeitarbeitsunternehmen auf die **Formulierung formularmäßiger Bezugnahmeklauseln** richten.

Statische Verweisungen auf einen konkreten Tarifvertrag (»*Es gilt der Tarifvertrag zwischen ____ in der Fassung vom ____.*«) sollten vermieden werden. Andernfalls droht im Nachwirkungszeitraum des Tarifvertrages das Wiederaufleben des Gleichstellungsgrundsatzes.[158]

Dynamische Bezugnahmeklauseln haben demgegenüber den Vorteil, dauerhaft die Suspendierung des gesetzlichen Equal-Pay- und Equal-Treatment-Prinzips zu gewährleisten. Allerdings sollte aus Gründen der Rechtssicherheit immer eine »kleine dynamische Bezugnahmeklausel« gewählt werden:

Große dynamische Bezugnahmeklausel (»*Es gelten die für den Arbeitgeber einschlägigen Tarifverträge in der jeweils geltenden Fassung.*«). Hier besteht aufgrund der CGZP – Problematik[159] die Gefahr, dass die Gerichte in derartigen »Hilfsklauseln« zur einseitigen Änderung der anzuwendenden Tarifverträge beim Verbandswechsel, eine Unwirksamkeit wegen Intransparenz nach §§ 307 ff. BGB sehen. So hat das BAG entschieden, dass

---

156 BAG, 19.01.1999 – 1 AZR 606/98, EzA § 3 TVG Bezugnahme auf Tarifvertrag Nr. 10.
157 Jüngst zur Wirksamkeit doppelter Schriftformklauseln BAG, 20.05.2008 – 9 AZR 382/07, DB 2008, 2365.
158 Schüren/Hamann/*Schüren* § 9 AÜG Rn. 163, 165; zu nachwirkenden Tarifverträgen s.u. Rdn. 80 ff.
159 S.u. Rdn. 95 ff.

eine Klausel, mit welcher der Arbeitgeber im Arbeitsvertrag eine Regelung manifestiert, die ihm den Wechsel in einen anderen Tarifvertrag durch einseitige Erklärung herbeiführt, unwirksam ist, weil »hierin auch eine Vereinbarung im Sinne des § 308 Nr. 4 BGB vorliegt, da durch die Möglichkeit der freien Auswahl der in Bezug genommenen Tarifverträge die Möglichkeit einer einseitigen Leistungsänderung herbeigeführt werden kann«.[160]

Kleine dynamische Bezugnahmeklausel (*»Es gelten die Tarifverträge zwischen _____ in der jeweils geltenden Fassung.«*). Diese Klausel garantiert die Anwendung des vereinbarten Tarifvertrages in seiner aktuellen Form und damit auch eine mögliche Nachwirkung.[161]

Von geringer praktischer Bedeutung für die Zeitarbeitsbranche ist – jedenfalls solange Zeitarbeitstarifverträge das gesetzliche Niveau der § 3 Abs. 1 Nr. 3, § 9 Nr. 2 AÜG unterschreiten – die **geänderte Rechtsprechung des BAG**[162] zur sog. **Gleichstellungsabrede**.[163] Durch die ungewöhnliche gesetzliche Ausgangssituation im AÜG haben Zeitarbeitsunternehmen ein Interesse an der Anwendung der den Grundsatz des Equal Pay und Equal Treatment verdrängenden Zeitarbeitstarifverträge. Würden diese durch einen Verbandsaustritt des tarifgebundenen Verleihers entdynamisiert, drohten dieselben nachteiligen Folgen wie bei statischen Verweisungsklauseln; die Tarifverträge wirkten bei Verbandsautritt nur noch statisch fort.

68 Nicht tarifgebundene Leiharbeitsvertragsparteien können nur einen **einschlägigen Tarifvertrag** in Bezug nehmen. Es muss sich deshalb um einen **räumlich, zeitlich, fachlich und betrieblich anwendbaren Tarifvertrag** handeln. Dies ergibt sich aus dem Wortlaut des § 8 Abs. 2 Satz 3 AÜG (»im Geltungsbereich eines solchen Tarifvertrages...«).[164] Die einzelvertragliche Einbeziehung »fremder« Tarifverträge ist ausgeschlossen. Dies gilt selbst dann, wenn diese günstiger sind als ein etwaiger einschlägiger Tarifvertrag.[165] Firmentarifverträge eines anderen Unternehmens können die Leiharbeitsvertragsparteien

---

160 BAG, 15.01.2009 – 2 AZR 641/07; ähnlich schon Böhm/Hennig/Popp/*Popp* Rn. 980; *Meinel/Herms* DB 2006, 1429.
161 S.u. Rdn. 80 ff.
162 BAG, 18.04.2007 – 4 AZR 652/05, NZA 2007, 965.
163 A.A. wohl Böhm/Hennig/Popp/*Popp* Rn. 972 ff.
164 *Boemke/Lembke* § 9 AÜG Rn. 142 ff.; Thüsing/*Kock* § 3 AÜG Rn. 89.
165 KR/*Spilger* § 622 BGB Rn. 181; *Stahlhacke/Preis/Vossen* Rn. 383; *Urban-Crell/ Schulz* Rn. 327; Wiedemann/*Oetker* § 3 TVG Rn. 257.

Grundsatz der Gleichstellung § 8 AÜG

deshalb ebenso wenig wirksam in Bezug nehmen wie Tarifverträge eines anderen Tarifgebiets; bei Ersteren ist der persönliche bei Letzteren der räumliche Geltungsbereich nicht eröffnet.[166] Die Inbezugnahme von Zeitarbeitstarifverträgen durch Mischbetriebe, d.h. solchen, deren Geschäftszweck nicht ausschließlich oder überwiegend auf Arbeitnehmerüberlassung gerichtet ist, ist umstritten.[167]

Der Tarifvertrag muss nicht vollständig, sondern kann auch nur partiell in Bezug genommen werden (**Teil-Inbezugnahme**). Die Einbeziehung lediglich einzelner Tarifbestimmungen ist hingegen ausgeschlossen. Dadurch wird der Schutz der Leiharbeitnehmer unterlaufen. Erforderlich ist vielmehr die **Inbezugnahme eines zusammenhängenden Regelungskomplexes** eines Tarifvertrages.[168] Bei Teil-Inbezugnahme findet eine Inhaltskontrolle statt. Soweit tarifliche Bestimmungen nur partiell angewandt werden, gilt der Grundsatz des Equal Treatment weiter. 69

▶ Praxistipp:

Empfohlen werden kann Zeitarbeitsunternehmen gleichwohl nur eine **Globalverweisung** auf das gesamte Tarifwerk (Mantel-, Entgelt- und Entgeltrahmentarifverträge).[169] Angesichts des Streits über den rechtlich notwendigen Umfang der Inbezugnahme, kann lediglich diese Gestaltung die Anwendung des gesetzlichen Gleichstellungsgrundsatzes rechtssicher ausschließen.[170]

Die rechtlichen Möglichkeiten der Verleiher, die vor dem Inkrafttreten des Gleichstellungsgebots am 01.01.2004 abgeschlossenen »**Altverträge**« mit den nach diesem Zeitpunkt begründeten Leiharbeitsverträgen zu harmonisieren und für alle Leiharbeitnehmer den Grundsatz des Equal Treatment durch 70

---

166 *Boemke/Lembke* § 9 AÜG Rn. 144; Schüren/Hamann/*Schüren* § 9 AÜG Rn. 157.
167 Vgl. dazu Rdn. 71 ff.
168 Thüsing/*Kock* § 3 AÜG Rn. 105 m.w.N.; a.A. wohl Schüren/Hamann/*Schüren* § 9 AÜG Rn. 160.
169 Böhm/Hennig/Popp/*Popp* Rn. 983; Schüren/Hamann/*Schüren* § 9 AÜG Rn. 161; a.A. *Boemke/Lembke* § 9 AÜG Rn. 117.
170 So auch die Geschäftsanweisung der BA, FW AÜG zu § 8 Ziff. 8.2 Abs. 3 zu (1) b): »*Im Falle der Inbezugnahme ist der Tarifvertrag grds. vollständig und umfassend anzuwenden.*«.

Inbezugnahme von Zeitarbeitstarifverträgen abzulösen, waren begrenzt.[171] Regelmäßig kommt nur eine **einvernehmliche Vertragsänderung** in Betracht. Denn die Anforderungen an eine **betriebsbedingte Änderungskündigung zur Entgeltreduzierung** sind im Normalfall nicht erfüllt. In dem nachvollziehbaren Interesse des Verleihers an einer Vereinheitlichung der Arbeitsbedingungen sieht das BAG keinen Grund i.S.d. § 2 KSchG zur Umstellung auf einen Zeitarbeitstarifvertrag.[172] Keine Vertragsanpassung ist zudem nach den **Grundsätzen über die Störung der Geschäftsgrundlage** (§ 313 Abs. 1 BGB) möglich, das Kündigungsrecht geht diesem Institut als lex specialis vor.[173]

cc) Mischbetriebe

71 Betriebe eines Unternehmens, die mehrere Geschäftszwecke verfolgen, aufgrund ihrer unterschiedlichen arbeitstechnischen Zwecke verschiedenen Branchen angehören und damit unter unterschiedliche Branchentarifverträge fallen können, werden als **Mischbetriebe** bezeichnet.[174] Im Anwendungsbereich des AÜG handelt es sich dabei um Betriebe, deren eigentlicher Geschäftszweck nicht die Arbeitnehmerüberlassung ist, die aber trotzdem regelmäßig oder in Einzelfällen Beschäftigte an andere Unternehmen überlassen.[175]

---

171 Aus diesem Grund empfehlen *Röder/Krieger* DB 2006, 2122 die einseitige Tarifbindung nur des Verleihers als Ausweg aus der »Equal-Pay-Falle«; zu Recht abl. *Böhm* DB 2007, 168.
172 BAG, 12.01.2006 – 2 AZR 126/05, EzA § 2 KSchG Nr. 56 m. Anm. *Hamann*; BAG, 15.01.2009 – 2 AZR 641/07, DB 2009, 1299; weiterführend zur (Änderungs-) Kündigung auch bei Arbeitnehmerüberlassung *Herbert/Oberrath* NJW 2008, 3177; *Ittmann/Moll* RdA 2008, 321.
173 BAG, 12.01.2006 – 2 AZR 126/05, EzA § 2 KSchG Nr. 56 m. Anm. *Hamann*.
174 Vgl. etwa BAG, 19.02.2003 – 4 AZR 118/02, AP TVG § 2 Tarifzuständigkeit Nr. 17.
175 BT-Drucks. 15/6008, 14; von »echten Mischbetrieben« sind »unechte Mischbetriebe« zu unterscheiden – unechte Mischbetriebe sind solche, die keine Leiharbeitnehmer unter Vertrag haben, die aber aufgrund der in der Praxis häufig schwierigen Abgrenzung der Arbeitnehmerüberlassung von sonstigen Formen des drittbezogenen Personaleinsatzes vorsorglich eine Erlaubnis nach dem AÜG beantragen.

▶ Beispiel:

Ein Unternehmen der Metall- und Elektroindustrie überlässt seine Produktionsmitarbeiter in Zeiten geringer Kapazitätsauslastung infolge Auftragsmangels auch an andere Unternehmen.

Nach einer Umstrukturierung setzt ein Unternehmen mit zunächst ausschließlich im eigenen Betrieb eingesetztem Reinigungspersonal diese Mitarbeiter auch bei anderen Unternehmen ein.[176]

Rund 38 % der Verleihbetriebe sind Mischbetriebe, Tendenz steigend.[177] Die in der Praxis besonders wichtige Frage der wirksamen **Inbezugnahme von Zeitarbeitstarifverträgen** in Arbeitsverträgen zwischen Verleihern und Leiharbeitnehmern wirft **bei Mischbetrieben spezielle Probleme** auf. Nach der am Grundsatz der Tarifeinheit orientierten Verwaltungspraxis der BA können tarifgebundene Arbeitgeber von Mischbetrieben grds. nicht die Tarifverträge der Zeitarbeitsbranche wirksam einzelvertraglich in Bezug nehmen. Insoweit werden nicht tarifgebundene Arbeitgeber günstiger als tarifgebundene Arbeitgeber gestellt.[178] Für nicht tarifgebundene Arbeitgeber ist die Inbezugnahme einschlägiger Tarifverträge zur Suspendierung des Equal-Treatment-Grundsatzes ausdrücklich gesetzlich zugelassen.[179]

Nach dem zunehmend in die Kritik[180] geratenen **Grundsatz der Tarifeinheit** (»ein Betrieb, ein Tarifvertrag«) unterfielen tarifgebundene Arbeitgeber eines Mischbetriebes grds. nur einem und zwar dem fachlich spezielleren Tarifvertrag. Welcher Tarifvertrag fachlich spezieller war, beantwortete sich nach dem sog. **Überwiegensprinzip**. Zur Bestimmung des einschlägigen Tarifvertrages kam es dabei darauf an, auf welche Geschäftstätigkeit die überwiegende

---

176 Vgl. BT-Drucks. 15/6008, 15.
177 Vgl. 12. Erfahrungsbericht der Bundesregierung zum AÜG, BT-Drucks. 18/673, 25.
178 FW AÜG zu § 3 Nr. 3.1.8 Nr. 5.
179 Strittig, in diesem Sinne *Lembke/Distler* NZA 2006, 952; a.A. FW AÜG zu § 3 Nr. 3.1.6; 3.1.8; zweifelnd *Hamann* Anm. zu BAG, 19.09.2007 – 4 AZR 656/06, jurisPR-ArbR 12/2008, Anm. 2, C. 1.
180 *Bayreuther* NZA 2006, 642; zur Kritik vgl. nur ErfK/*Schaub/Franzen* § 4 TVG Rn. 113 ff.; a. LAG Hessen, 02.05.2003 – 9 SaGa 637/03, BB 2003, 1229 (»Lokführerstreik«).

§ 8 AÜG Grundsatz der Gleichstellung

Arbeitszeit der Arbeitnehmer entfiel.[181] Mischbetriebe, deren überwiegender Geschäftszweck – wie regelmäßig – nicht auf die Überlassung von Arbeitnehmern gerichtet war, konnten daher Zeitarbeitstarifverträge grds. nicht wirksam in Bezug nehmen.[182]

74 Eine **Ausnahme vom Überwiegensprinzip** ließ die Rechtsprechung des BAG nur in den Fällen zu, in denen der Mischbetrieb über eine eigenständige, räumlich und organisatorisch abgrenzbare Einheit verfügte.[183]

▶ Praxistipp:

Die Rechtsprechung versteht unter einer eigenständigen Organisationseinheit nur selbstständige Abteilungen, denen die Qualität eines Betriebes i.S.d. TVG zukommt. Voraussetzung für die Selbstständigkeit der Abteilung ist, dass diese im Verhältnis zum Gesamtbetrieb eine personelle Einheit darstellt, organisatorisch abgrenzbar ist, über eigene technische Betriebsmittel verfügt und einen eigenen Betriebszweck verfolgt. Neben der räumlichen und organisatorischen Trennung kann bspw. ein nach Organisationseinheiten getrenntes Auftrags- und Rechnungswesen ein Indiz für die Trennung sein.

75 Mischbetriebe, die demnach gewerbsmäßige **Arbeitnehmerüberlassung in einer eigenständigen Betriebsabteilung** organisierten oder organisieren, können die Zeitarbeitstarifverträge für die ausschließlich dieser Abteilung zugeordneten Arbeitnehmer durch Vereinbarung einer Bezugnahmeklausel anwenden.[184]

---

181 BAG, 07.11.2001 – 4 AZR 663/00, BAGE 99, 289; BAG, 19.02.2003 – 4 AZR 118/02, AP TVG § 2 Tarifzuständigkeit Nr. 17; vgl. a. Thüsing/*Kock* § 3 AÜG Rn. 86 m.w.N.
182 *Boemke/Lembke* § 9 AÜG Rn. 143; ErfK/*Wank* § 3 AÜG Rn. 22; Thüsing/*Kock* § 3 AÜG Rn. 97 ff.; a.A. HWK/*Kalb* § 3 AÜG Rn. 39; *Lembke/Distler* NZA 2006, 952, die unabhängig vom Überwiegensprinzip für die Möglichkeit der wirksamen Inbezugnahme von Zeitarbeitstarifverträgen plädieren.
183 BAG, 11.09.1991 – 4 AZR 40/91, AP TVG § 1 Tarifverträge Bau Nr. 145.
184 Vgl. a. Thüsing/*Kock* § 3 AÜG Rn. 99.

Grafik abgrenzbare Organisationseinheit Zeitarbeit

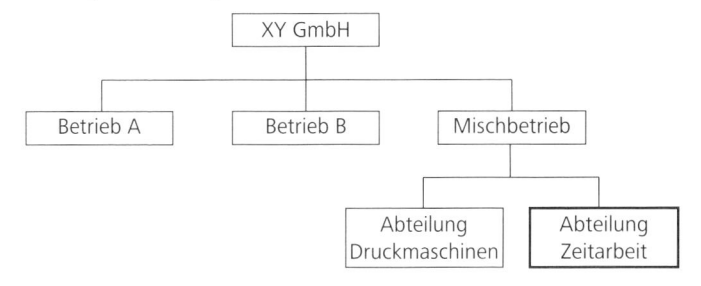

```
                        XY GmbH
            ┌──────────────┼──────────────┐
        Betrieb A      Betrieb B      Mischbetrieb
                                     ┌──────┴───────┐
                                 Abteilung      Abteilung
                                Druckmaschinen   Zeitarbeit
```

Das BAG hat den Grundsatz der **Tarifeinheit** im Jahr 2010 ausdrücklich aufgegeben.[185] Damit ist der Weg grds. frei, mehrere Tarifverträge nebeneinander in einem Unternehmen anzuwenden, auch ohne eine eigenständige Betriebseinheit gründen zu müssen. Dies gilt selbstverständlich auch für **Mischbetriebe**, die nunmehr auch unter den Geltungsbereich eines Tarifvertrages der Zeitarbeitsbranche fallen können. Fehlt eine ausdrückliche Regelung für Mischbetriebe im einschlägigen Zeitarbeitstarifvertrag, ist durch Auslegung zu bestimmen, welche Betriebe der Geltungsbereich des Tarifvertrages nach dem Willen der Tarifvertragsparteien erfassen sollte.[186]

Trotzdem verneinte die **Bundesagentur (BA)** und weite Teile der Literatur die Möglichkeit, für **Mischbetriebe ohne eigenständige Betriebseinheit** die Tarifverträge der Zeitarbeit arbeitsvertraglich in Bezug zu nehmen. Argumentiert wurde hier über die allgemeine Organisation in der Tariflandschaft nach Branchen. Für die Zuordnung zu einer Branche wurde bei mehreren Betriebszwecken dann doch wieder auf das **Überwiegensprinzip** zurückgegriffen.

»*Auch nach der Aufgabe des Grundsatzes der Tarifeinheit durch das Bundesarbeitsgericht am 07.07.2010 (4 AZR 549/08) wird man regelmäßig davon ausgehen können, dass nach dem Willen der Tarifvertragsparteien der Arbeitnehmerüberlassung nur solche Mischbetriebe unter den Geltungsbereich ihrer Tarifverträge fallen sollen, die arbeitszeitlich überwiegend Arbeitnehmerüberlassung betreiben (sog. Überwiegensprinzip). Mit der Organisation von Arbeitgeber- und Arbeitnehmerverbänden nach dem Branchenprinzip geht*

---

185 BAG, 07.07.2010 – 4 AZR 549/08.
186 Statt vieler *Thüsing* § 3 AÜG Rn. 98.

*einher, dass sich die von ihnen vereinbarten Regelungen grds. nur auf zur Branche gehörende Betriebe erstrecken sollen. Die Zugehörigkeit eines Betriebes zu einer Branche kann bei unterschiedlichen Betriebszwecken über das Überwiegensprinzip bestimmt werden. Mischbetriebe, die nicht **überwiegend** Arbeitnehmerüberlassung betreiben und ihre nicht verliehenen Arbeitnehmer nach dem jeweiligen Branchentarifvertrag beschäftigen, können vom Gleichstellungsgrundsatz des § 3 Abs. 1 Nr. 3 abweichen, wenn dieser Tarifvertrag eine ausdrückliche Klausel enthält, wonach er im Falle des Verleihs des Arbeitnehmers ebenfalls anwendbar ist. Fällt der Mischbetrieb nicht unter den Geltungsbereich eines Tarifvertrags der Arbeitnehmerüberlassung und ist auch der von ihm angewandte Branchentarifvertrag nicht für den Fall des Verleihs des Arbeitnehmers anwendbar, **so gilt der Gleichstellungsgrundsatz**.«*[187]

78 Dieser Ansicht kann nicht gefolgt werden. Zum einen findet sich keine Grundlage in dem **Wortlaut der Geltungsbereiche** der Tarifverträge Zeitarbeit und zum anderen konterkariert sie die Rechtsprechungsänderung des BAG, die gerade das Überwiegensprinzip abschaffen und die Anwendung mehrerer Tarifverträge nebeneinander möglich machen wollte. Für die Annahme, dass die Tarifparteien ihrer vereinbarten Regelungen grds. nur auf zur Branche gehörende Betriebe erstrecken wollten, finden sich im Geltungsbereich keine Anhaltspunkte. So bestimmt § 1.3 Abs. 1 MTV BAP den persönlichen Geltungsbereich für »die Arbeitnehmer (Mitarbeiter), die von dem Zeitarbeitsunternehmen (Arbeitgeber) einem Entleiher (Kundenbetrieb) im Rahmen des Arbeitnehmerüberlassungsgesetzes (AÜG) überlassen werden«. Hier wird gerade nicht auf die Branche abgestellt, sondern auf den allgemeinen Sachverhalt der Überlassung eines Arbeitnehmers. Dieser ist bei **Mischbetrieben**, die im Besitz einer gültigen Verleiherlaubnis sind, genauso gegeben. Der Geltungsbereich in § 1 Nr. 3 MTV iGZ geht sogar noch weiter, da er »persönlich für **alle Arbeitnehmer** gilt, die im Rahmen der Arbeitnehmerüberlassung an Kundenbetriebe überlassen werden«. Ein Wille der Tarifparteien, den Geltungsbereich mithilfe des Überwiegensprinzips auf branchenzugehörige Betriebe zu beschränken, findet hier keinerlei Stütze. Damit werden von den Tarifverträgen der Zeitarbeit nach dem Willen der Tarifvertragsparteien auch Mischbetriebe erfasst, sodass diese – auch ohne eigenständigen Betriebsteil – die Zeitarbeits-Tarifverträge arbeitsvertraglich in Bezug nehmen können.[188]

---

187 Geschäftsanweisung (GA) der BA zum AÜG, § 3 Ziff. 3.1.8 Nr. 5 a. F.; so auch *Ulber* § 9 AÜG Rn. 250 m.w.N.; *Thüsing* § 3 AÜG Rn. 98.
188 Im Ergebnis wohl auch *Lembke/Diestler* NZA 2006, 952.

Diese Ansicht wird mittlerweile vom **Bundessozialgericht (BSG)** bestätigt.[189] In der Vorinstanz hatte das LSG Hamburg bereits entschieden, dass auch Mischbetriebe einen Zeitarbeitstarifvertrag arbeitsvertraglich wirksam in Bezug nehmen können, ohne dafür extra vorher eine eigene Betriebsabteilung zu gründen. Eine entsprechende **Auflage** der BA war diesbezüglich für unwirksam erklärt worden.[190] Das BSG ist dieser Rechtsauffassung jetzt vollumfänglich gefolgt: 79

> »Der Zweck der gesetzlichen Tariföffnungsklausel, die Arbeitsbedingungen für Leiharbeitnehmer flexibel zu gestalten, geht dem Grundsatz der Tarifeinheit vor; dies muss umso mehr gelten, als das Bundesarbeitsgericht inzwischen seine Rechtsprechung zum Grundsatz der Tarifeinheit zu Gunsten der Tarifpluralität aufgegeben hat.«

Damit sind auch Mischunternehmen mit nicht überwiegender Arbeitnehmerüberlassung nicht von der im AÜG eröffneten Möglichkeit der Bezugnahme auf Tarifverträge ausgeschlossen. Es kommt allein auf den durch die Tarifvertragsparteien bestimmten **Geltungsbereich** des jeweiligen Tarifvertrages an. Dass das AÜG darüber hinaus die überwiegende Arbeitnehmerüberlassung in einem Mischunternehmen voraussetzt, kann der Auslegung der Norm nicht entnommen werden. Der Wortlaut des § 8 Abs 2 S. 3 AÜG knüpft - anders als § 6 Arbeitnehmerentsendegesetz - nicht an ein Überwiegen an. Auch Sinn und Zweck des AÜG gebieten nicht die Geltung des **Überwiegensprinzips** für nicht tarifgebundene Mischunternehmen. Mischunternehmen sind gemäß § 1.3 Abs. 1 MTV BAP und § 1 Nr. 3 MTV iGZ nicht vom Geltungsbereich der konkret in Bezug genommenen Tarifverträge ausgeschlossen, denn auch deren Geltungsbereich setzt kein Überwiegen der Arbeitnehmerüberlassung voraus.

▶ Praxistipp:

Die BA hat mittlerweile ihre Fachlichen Weisungen in § 8 Ziff. 8.5 Nr. 5 angepasst:

»Damit können auch Mischunternehmen bzw. Mischbetriebe, die nicht Mitglied in einem Arbeitgeberverband der Arbeitnehmerüberlassung und nicht überwiegend Arbeitnehmerüberlassung betreiben, durch Inbezugnahme der von der DGB-Tarifgemeinschaft mit dem BAP oder dem iGZ

---

189 BSG, 12.10.2016 – B 11 AL 6/15 R.
190 LSG Hamburg, 23.9.2015 – L 2 AL 64/13.

abgeschlossenen Flächentarifverträge vom Gleichstellungsgrundsatz (§ 8 Abs. 1 Satz 1) abweichen.«

dd) Nachwirkende Tarifverträge

80 Für die Anwendbarkeit der Tariföffnungsklausel (§ 3 Abs. 1 Nr. 3 Satz 3 und 4 AÜG) genügt nach überwiegender Auffassung auch ein nur **nachwirkender Tarifvertrag** nach § 4 Abs. 5 TVG.[191] Nachwirkende Vorschriften eines Tarifvertrages wirken nicht normativ, sondern nur noch schuldrechtlich auf die Arbeitsvertragsbeziehung ein.[192] Gleichwohl behalten sie Vorrang ggü. tarifdispositivem Gesetzesrecht.[193] Denn trotz Nachwirkung bleibt die Vermutung der Angemessenheit und Ausgeglichenheit tariflicher Regelungen (**Richtigkeitsgewähr**) unverändert bestehen.

81 Diese Richtigkeits- und Überbrückungsfunktion des nachwirkenden Tarifvertrages gilt für **tarifgebundene Arbeitsvertragsparteien**, deren Arbeitsverhältnis im Zeitpunkt des Eintritts der Nachwirkung bereits bestand, uneingeschränkt. Bei **arbeitsvertraglicher Inbezugnahme** eines geltenden Tarifvertrages ist nach richtiger Auffassung allerdings zu **differenzieren**.[194] Nur bei dynamischen, nicht bei statischen Verweisungen werden Anschlusstarifverträge für das Arbeitsverhältnis verbindlich. Der Vermeidung einer statischen Ewigkeitsbindung an einen ausgelaufenen Tarifvertrag genügen nur dynamische Bezugnahmeklauseln. Nur diesen wohnt die Richtigkeits- und auch Überbrückungsfunktion inne, die für die Suspendierung des gesetzlichen Grundsatzes des Equal Pay und Equal Treatment erforderlich ist. Soll dieser durch eine arbeitsvertragliche Inbezugnahme ausgeschlossen werden, müssen nicht (beidseitig) tarifgebundene Arbeitsvertragsparteien unbedingt darauf achten, dynamische Bezugnahmeklauseln zu vereinbaren.

---

191 *Boemke/Lembke* § 9 AÜG Rn. 138; HWK/*Kalb* § 3 AÜG Rn. 38; Thüsing/*Mengel* § 9 AÜG Rn. 41; krit. *Ulber* § 9 AÜG Rn. 264 ff.; Schüren/Hamann/*Schüren* § 9 AÜG Rn. 165; a.A. *Denzel/Hummel* AiB 2008, 567.
192 BAG, 14.02.1973 – 4 AZR 176/72, AP TVG § 4 Nachwirkung Nr. 6.
193 BAG, 27.06.1978 – 6 AZR 59/77, AP BUrlG § 13 Nr. 12; *Hamann* BB 2005, 2185 m.w.N.
194 *Hamann* BB 2005, 2185; s.a. *Thüsing* DB 2003, 446.

▶ **Praxistipp:**

Nach richtiger Auffassung suspendieren auch nachwirkende Tarifverträge den Equal-Pay- und Equal-Treatment-Grundsatz. Nicht tarifgebundenen Arbeitsvertragsparteien ist ebenso wie tarifgebundenen (s. Rdn. 67 ff.) allerdings zu raten, (zusätzlich) eine einzelvertragliche dynamische Verweisung auf die einschlägigen Zeitarbeitstarifverträge zu vereinbaren.

Auf erst **im Nachwirkungszeitraum begründete Arbeitsverhältnisse** erstreckt 82 sich die Nachwirkung nach ständiger Rechtsprechung nicht.[195] Um die Anwendbarkeit eines nur nachwirkenden Tarifvertrages bei Einstellungen im Nachwirkungszeitraum zu gewährleisten, müssen auch tarifgebundene Arbeitsvertragsparteien eine (zusätzliche) **dynamische Verweisung** auf den jeweiligen – nur noch nachwirkenden – Tarifvertrag vereinbaren.[196] diese Auffassung hat mittlerweile auch den Segen des BAG erhalten:[197]

»Arbeitsvertragsparteien sind grds. frei, ein kollektives Regelwerk in Bezug zu nehmen. Das gilt auch dann, wenn der in Bezug genommene Tarifvertrag keine normative Wirkung mehr entfaltet oder bei beiderseitiger Tarifbindung das Arbeitsverhältnis nicht erfassen würde, es sei denn, es gibt Anhaltspunkte dafür, dass die Parteien nur einen noch wirksamen oder bei Tarifbindung auf ihr Arbeitsverhältnis anwendbaren Tarifvertrag vereinbaren wollten. Darum kann auch ein nicht nachwirkender Tarifvertrag wirksam in Bezug genommen werden.«

▶ **Beispiel:**

Der Verleiher ist kraft Mitgliedschaft im Arbeitgeberverband an einen zum 31.12. auslaufenden Entgelttarifvertrag gebunden. Leiharbeitnehmer, die Mitglieder der vertragsschließenden Gewerkschaft sind, und vor dem 31.12. eingestellt wurden, können auch im Nachwirkungszeitraum weiterhin nach den tariflichen Regelungen vergütet werden. Neu eingestellte Leiharbeitnehmer, deren Arbeitsverhältnis erst nach dem 31.12. begründet

---

195 BAG, 22.07.1998 – 4 AZR 403/97, EzA § 4 TVG Nachwirkung Nr. 27; BAG, 02.03.2004 – 1 AZR 271/03, NZA 2004, 852.
196 So a. HWK/*Kalb* § 3 AÜG Rn. 38; zur geänderten Rspr. des 4. Senats zur Gleichstellungsabrede, BAG, 18.04.2007 – 4 AZR 652/05, NZA 2007, 965.
197 BAG, 20.06.2013 – 6 AZR 842/11; BAG, 13.03.2013 – 5 AZR 954/11; BAG 14.12.2011 – 4 AZR 26/10.

wurde, haben Anspruch auf »Equal Pay«. Um diesen abzulösen, müsste der Verleiher eine dynamische Bezugnahmeklausel im Arbeitsvertrag vereinbaren.[198]

83 Die Dauer der **Nachwirkung** ist zeitlich grds. unbegrenzt. Z.T. wird angenommen, dass eine Begrenzung der Nachwirkung erforderlich sei, da es sich bei der Tariföffnungsklausel des AÜG um tarifdispositives Recht handele und eine Abweichung vom gesetzlichen Gleichstellungsgrundsatz vorgenommen werden könne. Daher dürfe ein nachwirkender Tarifvertrag aufgrund der **Überbrückungsfunktion** den gesetzlichen Gleichstellungsgrundsatz nur so lange verdrängen, wie der Abschluss eines neuen Tarifvertrages noch realistisch erscheint.[199] Wird jedoch der Wille der Tarifvertragsparteien erkennbar, keinen neuen Tarifvertrag abschließen zu wollen oder erklären die Parteien übereinstimmend das Scheitern der neuen Verhandlungen, so ende die Nachwirkung und damit auch die Ausnahme von Gleichstellungsgrundsatz. Auch ohne ausdrückliche Erklärung ende die Nachwirkung, wenn keine realistische Aussicht auf einen Nachfolgetarifvertrag bestünde. Hiervon sei grds. nach Ablauf eines Jahres auszugehen.[200]

84 Eine solche **Begrenzung der Nachwirkung ist abzulehnen**. Das Gesetz sieht keine zeitliche Begrenzung der Nachwirkung vor. Und auch die Rechtsprechung geht von einer unbegrenzten Dauer der Nachwirkung aus.[201] Aus diesem Grund sind die Ziele der Gegenmeinung zwar rechtspolitisch nachvollziehbar, sie widersprechen jedoch dem Willen des Gesetzgebers und sind in der Praxis kaum durchführbar.[202] Das Hauptproblem der Gegenmeinung dürfte die zeitliche Festlegung sein. Oftmals ist es reine Verhandlungstaktik, einen Abschluss endgültig abzulehnen, und das Scheitern der Verhandlungen bedeutet gerade das Weiterverhandeln mit stärkeren Mitteln und nicht die endgültige Aufgabe. Mit der starren zeitlichen Grenze von einem Jahr

---

198 Nachgebildet dem Beispiel bei *Boemke/Lembke* § 9 AÜG Rn. 138.
199 *Bayreuther* BB 2010, 309 ff.; *Kocher* DB 2010, 900 ff.
200 *Bayreuther* BB 2010, 309 ff.; *Kocher* DB 2010, 900 ff.; Fachlichen Weisungen (FW) der BA zum AÜG, § 8 Ziff. 8.2 Abs. 5; s.a. *Ulber* § 9 AÜG Rn. 263 ff., der eine Nachwirkung im Bereich der Arbeitnehmerüberlassung für Entgelttarifverträge gänzlich ablehnt.
201 BAG, 15.10.2003, AP Nr. 41 zu § 4 TVG Nachwirkung.
202 Vertiefend zur Nachwirkung bei tarifdispositivem Recht *Wiedemann* TVG Einleitung Rn. 378 ff., 398; § 4 TVG Rn. 334 ff.

hingegen verändert man das Verhandlungsgleichgewicht der Tarifpartner und verhindert das gesetzliche Ziel der Nachwirkung.

ee) Ausländische Tarifverträge

Auch Verleiher mit Sitz im EU-/EWR-Raum können bei **grenzüberschrei-** 85 **tender Überlassung** von Leiharbeitnehmern **nach Deutschland** durch Anwendung eines ausländischen Tarifvertrages vom gesetzlichen Prinzip der Gleichstellung abweichen. Dies gebieten Art. 39, 49 EGV.[203] Soweit nach dem nationalen Arbeitsrecht des Entsendestaates zulässig, ist auch eine einzelvertragliche Inbezugnahme des ausländischen Tarifvertrages möglich.[204] Ein ausländischer Tarifvertrag ist deshalb unter den gleichen Voraussetzungen wie ein inländischer Tarifvertrag geeignet, das Prinzip des Equal Pay und Equal Treatment abzulösen.

Dabei sind nach ständiger **Verwaltungspraxis** allerdings gewisse **Mindestan-** 86 **forderungen** zu erfüllen. Die Erlaubnisbehörden verlangen, dass ausländische Tarifverträge die Arbeitsbedingungen unter anderem zwingend und verbindlich regeln. Nach Auffassung der BA ist dies bei britischen Tarifverträgen regelmäßig nicht der Fall, da diese nicht einklagbar sind.[205] Ein diese Voraussetzungen nicht erfüllender ausländischer Tarifvertrag suspendiere das gesetzliche Gleichstellungsprinzip nicht; diese Verwaltungspraxis führt zu erheblicher Rechtsunsicherheit. Es bleibt abzuwarten, ob die ArbG diese Verwaltungspraxis bestätigen werden.

Mit der Neufassung[206] von Satz 2 wurde im Hinblick auf die erweiterte 87 EU-Freizügigkeit ab 01.05.2011 bzw. in 2013 sichergestellt, dass nur ein solcher ausländischer Tarifvertrag eine Ausnahme vom Gleichbehandlungsgebot in Bezug auf die Stundenentgelte rechtfertigen kann, der die in einer Rechtsverordnung nach § 3a AÜG festgesetzten Mindeststundenentgelte nicht unterschreitet.

---

203 Statt vieler *Bayreuther* DB 2011, 706 ff.; Thüsing/*Kock* § 3 AÜG Rn. 100 m.w.N.
204 *Böhm* NZA 2010, 1218 ff.; Thüsing/*Kock* § 3 AÜG Rn. 100.
205 Fachliche Weisungen (FW) der BA zum AÜG, § 8 Ziff. 8.5 Nr. 9.
206 BGBl. I 2011, 642.

c) Zeitarbeitstarifverträge

aa) Überblick

88 Die gewerbsmäßige Arbeitnehmerüberlassung war und ist seit Jahrzehnten **Gegenstand heftiger sozial- und rechtspolitischer Auseinandersetzungen**. Die Gewerkschaften in ganz Europa beklagten das Lohn-Dumping der Zeitarbeitsbranche und weigerten sich deshalb lange Zeit, die gewerbsmäßige Arbeitnehmerüberlassung als alternative Beschäftigungsform anzuerkennen.[207] Angesichts dieser distanzierten Haltung der Gewerkschaften zur gewerbsmäßigen Arbeitnehmerüberlassung existierten in der Branche **jahrzehntelang kaum Tarifverträge**. Dies änderte sich erst mit der Reformierung des AÜG und der Einführung des Gleichstellungsgrundsatzes durch das Erste Gesetz für moderne Dienstleistungen am Arbeitsmarkt vom 23.12.2002 (»Hartz I«).

89 Mit Wirkung zum **01.03.2003** erzielten die Interessengemeinschaft Nordbayerischer Zeitarbeitsunternehmen (INZ) und die Christlichen Gewerkschaften den **ersten flächendeckenden Tarifabschluss der Zeitarbeitsbranche**.[208] Von diesem ging eine Sogwirkung für die gesamte Zeitarbeitsbranche aus. Es entstand in der Folgezeit eine hart umkämpfte Tarifkonkurrenz, insb. zwischen den **Christlichen Gewerkschaften** und der **Tarifgemeinschaft Zeitarbeit des Deutschen Gewerkschaftsbundes** (DGB). Nach fünfmonatigen Verhandlungen schlossen die Tarifgemeinschaft Zeitarbeit des DGB und der Bundesverband Zeitarbeit e.V. (BZA) am 11.06.2003 den ersten flächendeckenden Manteltarifvertrag, der am 01.01.2004 in Kraft trat. Bereits im Mai 2003 hatten sie einen Entgelt- und Entgeltflächentarifvertrag paraphiert.[209]

90 Die für die Praxis der Zeitarbeit **wichtigsten Verbandstarifverträge** bestanden zwischen der Tarifgemeinschaft Zeitarbeit des DGB und dem BZA einerseits und dem Interessenverband Deutscher Zeitarbeitsunternehmen e.V. (iGZ) andererseits sowie zwischen der Tarifgemeinschaft Christlicher Gewerkschaften für Zeitarbeit und Personalserviceagenturen (CGZP) und dem Arbeitgeberverband Mittelständischer Personaldienstleister e.V. (AMP).[210]

---

207 Zur Einstellung des DGB vgl. 9. AÜG-Erfahrungsbericht, BT-Drucks. 14/4220, 26 ff.; zur Kritik a. *Ulber* AÜG Einleitung C Rn. 10 ff.
208 Dazu *Ankersen* NZA 2003, 421.
209 Ausführlich *Hurst* Tarifverträge in der Zeitarbeit, S. 26 ff.
210 Der AMP entstand aus einer Fusion aus INZ und MVZ, deren Tarifverträge 2005 ausgelaufen sind.

Im Jahr 2011 haben BZA und AMP zum **Bundesarbeitgeberverband der** 91
Personaldienstleister (BAP) fusioniert. Als Rechtsnachfolger bündelte der
BAP die Tarifverträge von BZA und AMP unter einem Dach. Die Tarifverträge des AMP mit den Einzelgewerkschaften des Christlichen Gewerkschaftsbundes (CGB) sind zum 31.12.2014 ausgelaufen. Somit gibt es derzeit nur noch Zeitarbeits-Tarifverträge der Verbände BAP und iGZ mit der Tarifgemeinschaft Zeitarbeit beim DGB, die noch eine Laufzeit bis zum 31.12.2016 haben. Die Gewerkschaftsseite hat die Entgelttarifverträge zum 31.12.2016 gekündigt. Manteltarifverträge und Entgeltrahmentarifverträge laufen unangekündigt weiter. Die Verbände haben ebenfalls eine Tarifgemeinschaft Zeitarbeit gebildet, sodass die neuen Entgelttarifverträge gemeinsam verhandelt werden. Am 30.11.2016 hat diese Tarifgemeinschaft einen Abschluss erzielt.

▶ Praxistipp:
- Der neue Entgelttarifvertrag hat eine Laufzeit bis 31.12.2019. Er ist mit einer Frist von sechs Monaten frühestens kündbar zum 31.12.2019.
- Die Tarifvertragsparteien haben die Angleichung der Ost-West-Tarife zum 01.04.2021 verabredet. Damit entfällt zu diesem Zeitpunkt die bisherige Entgelttabelle Ost. Der genaue Anpassungsschritt erfolgt im Rahmen der nächsten Entgelttarifverhandlungen.
- Die Tarifvertragsparteien werden dem Bundesministerium für Arbeit und Soziales eine neue Lohnuntergrenze vorschlagen. Die derzeitige Lohnuntergrenze läuft zum Ende des Jahres 2016 ohne Nachwirkung aus. Wegen des einzuhaltenden Verfahrens wird die neue Lohnuntergrenze voraussichtlich erst im Frühjahr 2017 wirksam werden. Die jeweiligen Mindestentgelte der Lohnuntergrenze werden identisch sein mit den in diesem Tarifabschluss für die Entgeltgruppe 1 West und Ost festgelegten Beträge.
- Der Lohn in der EG 1 West beträgt 9,23 € (8,91 € Ost) zum 1. März 2017, 9,49 € (9,27 € Ost) zum 1. April 2018, 9,79 € (9,49 € Ost) zum 1. April 2019 sowie 9,96 € (9,66 € Ost) zum 1. Oktober 2019.

bb) **Tarifverträge über Branchenzuschläge**

Im Gesetzgebungsverfahren zum »Ersten Gesetz zur Änderung des 92
Arbeitnehmerüberlassungsgesetzes – Verhinderung von Missbrauch der

§ 8 AÜG   Grundsatz der Gleichstellung

Arbeitnehmerüberlassung« vom 28.04.2011[211] wurde davon abgesehen, die **Tariföffnungsklausel** zu beschränken bzw. den Equal-Pay-Anspruch des Zeitarbeitnehmers zu erweitern. Allerdings wurde dem Gesetzesentwurf im Vermittlungsausschuss eine **Protokollnotiz** hinzugefügt, in der »die Tarifvertragsparteien aufgefordert wurden, den Einsatz von Zeitarbeit in den einzelnen Branchen verantwortlich zu regeln und Missbräuche zu Lasten der Arbeitnehmer wirksam zu bekämpfen. Hierbei soll besonders berücksichtigt werden, nach welcher angemessenen Verleihdauer »Equal Pay« einsetzt. Sollten die Tarifpartner in den diesjährigen Tarifrunden keine befriedigenden Ergebnisse erzielen, wird die Bundesregierung eine Kommission einberufen. Aufgabe der Kommission wäre es, unter Wahrung der Tarifautonomie angemessene Vorschläge für die Bundesregierung zu erarbeiten«.[212]

Unter diesem Ultimatum und dem massiven öffentlichen Druck durch die Gewerkschaften[213] haben die Verbände BAP und iGZ eine Verhandlungsgemeinschaft Zeitarbeit (VGZ) gegründet und mit verschiedenen DGB-Einzelgewerkschaften Tarifverträge über **Branchenzuschläge** für Arbeitnehmerüberlassungen in mehreren Branchen abgeschlossen. So haben sich die Arbeitgeberverbände der Zeitarbeit mit der IG Metall auf Branchenzuschläge für Arbeitnehmerüberlassungen in der **Metall- und Elektroindustrie** zum 01.11.2012 und für die **Holz- und Kunststoff** verarbeitende Industrie und die **Textil- und Bekleidungsindustrie** zum 01.04.2013 geeinigt; mit der IG BCE für die Industriezweige **Chemie** zum 01.11.2012, **Kunststoff** und **Kautschuk** zum 01.01.2013, **Kali- und Steinsalzbergbauindustrie** zum 01. Juli 2014, **Papier erzeugende Industrie** zum 01. Juli 2014, der EVG für den **Schienenverkehr** zum 01.04.2013 und ver.Di für die **Papier, Pappe und Kunststoffe** verarbeitende Industrie zum 01.05.2013 und gewerblich Beschäftigte in der **Druckindustrie** zum 01.07.2013.

93 Bei diesen Tarifverträgen über Branchenzuschläge handelt es sich um sog. »**Aufsatz- oder Anhangstarifverträge**«, die einen einsatzbezogen Branchenzuschlag basierend auf den Zeitarbeits-Tarifverträgen von BAP und iGZ vorsehen, wenn der Zeitarbeitnehmer in der entsprechenden Branche eingesetzt ist. Die ersten 6 Wochen des Einsatzes sind zuschlagsfrei. Danach steigen die

---

211 BGBl. I, 29.04.2011, 642.
212 Protokollerklärung des Vermittlungsausschusses vom 10.02.2011 zu den Hartz IV Verhandlungen (unechtes Vermittlungsergebnis); Erklärung der Bundesregierung vom 21.02.2011 www.bundesregierung.de.
213 Z.B. die IG-Metall- Kampagne »Gleiche Arbeit – Gleiches Geld« www.gleichearbeit-gleichesgeld.de/.

Branchenzuschläge **stufenweise** in Abhängigkeit von der **Einsatzzeit** beim Kunden. 1. Stufe: nach sechs Wochen, 2. Stufe: nach drei Monaten, 3. Stufe: nach fünf Monaten, 4. Stufe: nach sieben Monaten, 5. Stufe: nach neun Monaten. Die **Zuschlagshöhe** variiert stark nach Branchen und reicht von max. 10 % bis max. 50 % des Zeitarbeitslohns.

▶ **Beispiel:**

Branchenzuschlagstarifvertrag Metall- und Elektroindustrie (TV-BZ ME)

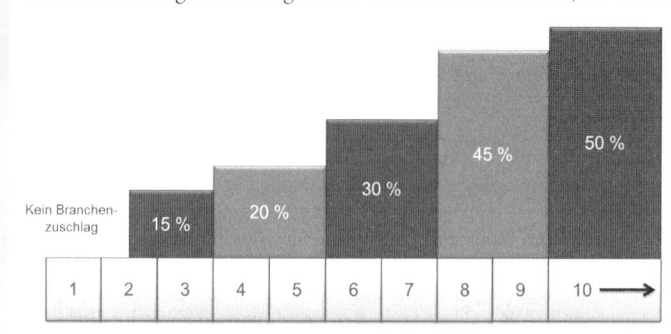

[Diagramm: Stufenweise Branchenzuschläge nach Einsatzdauer des Zeitarbeitnehmers in Monaten – Monat 1: Kein Branchenzuschlag; Monate 2–3: 15 %; Monate 4–5: 20 %; Monate 6–7: 30 %; Monate 8–9: 45 %; ab Monat 10: 50 %]

Die Tarifverträge über Branchenzuschläge sind eine **tarifliche »Equal-Pay«-Regelung**. Sie sollen bei der Arbeitnehmerüberlassung in bestimmte Branchen **eine stufenweise Heranführung** an das vergleichbare Entgelt des vergleichbaren Mitarbeiters gewährleisten. Dabei soll der Zeitarbeitnehmer gleichgestellt werden aber nicht besser. In der Anwendung ergeben sich daher ähnliche Probleme wie bei dem gesetzlichen »Equal-Pay«-Anspruch.[214] 94

Hoch umstritten sind weiterhin Fragen zur Bestimmung des fachlichen Geltungsbereichs der Tarifverträge, insbesondere mit Blick auf Schnittstelleneinsätze von Zeitarbeitnehmern in der Kontraktlogistik,[215] sowie zur Deckelung

---

214 S. o. Rdn. 29 ff.
215 vgl. nur: LAG Hessen, 19.01.2016 – 15 Sa 46/15, 15 Sa 47/15; LAG Rheinland-Pfalz, 23.09.2015 – 7 Sa 145/15, 7 Sa 144/15; LAG Thüringen, 22.04.2015 – 4 Sa 87/14; *Bissels*, jurisPR-ArbR 10/2016 Anm. 3.

des Branchenzuschlags[216] oder zur Bestimmung des in diesem Zusammenhang relevanten Vergleichsentgelts.[217]

▶ Praxistipp:

Sämtliche Tarifwerke inklusive der Branchenzuschläge können im Volltext auf den Internetseiten der beteiligten Verbände abgerufen werden:

www.personaldienstleister.de

www.ig-zeitarbeit.de

cc) **Problematik der Tariffähigkeit und -zuständigkeit**

aaa) Streitstand

95 Ein Tarifvertrag muss **wirksam** sein, damit er eine Abweichung vom Gleichstellungsgrundsatz ermöglicht. Die Wirksamkeit hängt entscheidend davon ab, ob die Tarifparteien diesen Tarifvertrag überhaupt abschließen durften, also **zuständig und fähig** sind.[218] Im Zuge des Abschlusses von Zeitarbeitstarifverträgen nach Einführung der Tariföffnungsklausel in § 3 Abs. 1 Nr. 3 AÜG und § 9 Nr. 2 AÜG wurde immer wieder vehement die **Tariffähigkeit und -zuständigkeit der Gewerkschaften der Zeitarbeitsbranche** diskutiert.[219] Weder die Tarifgemeinschaft Zeitarbeit des DGB noch die CGZP verfügen – Schätzungen zufolge – über eine repräsentative Mitgliederbasis in der Zeitarbeitsbranche. Die überwiegende Auffassung im Schrifttum zweifelt insb. deshalb an einer wirksamen Interessenvertretung der Leiharbeitnehmer durch die DGB-Gewerkschaften, hinsichtlich der CGZP lehnt sie diese sogar ab.[220]

---

216 vgl. LAG Hamm, 15.01.2015 – 17 Sa 1266/14; LAG Hamm, 28.07.2014 – 17 Sa 1479/13; *Bissels*, jurisPR-ArbR 50/2014 Anm. 6.
217 vgl. LAG Schleswig-Holstein, 12.02.2014 – 6 Sa 325/13; *Bissels*, jurisPRArbR 21/2014 Anm. 3.
218 *Ulber* RdA 2011, 353; *Greiner* NZA 2011, 825.
219 Zum Streitstand *Ulber* NZA 2008, 438; *Schüren* NZA 2008, 453.
220 Die Tariffähigkeit abl. *Schüren* NZA 2007, 1213; *ders.* NZA 2008, 453; *Ulber* § 9 AÜG Rn. 190 ff.; *ders.* NZA 2008, 438; die Tariffähigkeit der CGZP bejahend *Lembke* NZA 2011, 1062; *ders.* NZA 2007, 1333; *Boemke/Lembke* § 9 AÜG Rn. 130 ff.; jeweils m.w.N.; krit. a. zur Tariffähigkeit der Tarifgemeinschaft Zeitarbeit des DGB Schüren/Hamann/*Schüren* § 9 AÜG Rn. 115; *Ulber* § 9 AÜG Rn. 184 ff.; *Schöne* DB 2004, 136.

Begründet wird die **Tarifunfähigkeit der CGZP** in der Literatur unter Hinweis auf die fehlende Gegnerunabhängigkeit und ihrer daher fehlenden sozialen Mächtigkeit i.S.d. Rechtsprechung des BAG zum Tarifrecht – die von der CGZP abgeschlossenen Verträge seien unwirksame »Gefälligkeitstarifverträge«.[221] Die Tariffähigkeit der CGZP werde auch nicht durch die rechtskräftig festgestellte Tariffähigkeit zweier ihrer Mitgliedsgewerkschaften (CGM[222] und DHV[223]) vermittelt. Die CGZP versteht sich selbst als Spitzenorganisation[224] i.S.d. § 2 Abs. 3 TVG; die Tariffähigkeit einer Spitzenorganisation hänge – so jedenfalls die Verfechter der Tarifunfähigkeit der CGZP – von der Tariffähigkeit aller ihrer Mitglieder ab.[225]

Das BAG hat am 14.12.2010 entschieden, dass die CGZP als Spitzenorganisation nicht tariffähig ist.[226] Die Rechtsfolge hiervon ist, dass sämtliche mit der CGZP abgeschlossenen Tarifverträge – und damit auch der Zeitarbeitstarifvertrag des AMP – unwirksam und von Anfang an nichtig sind.[227]

Neu ist hier die Urteilsbegründung zur Tarifunfähigkeit einer Organisation der Christlichen Gewerkschaften. Das BAG hat hier nämlich nicht auf die sogenannte Mächtigkeit abgestellt, sondern auf die fehlende Zuständigkeit für die gesamte Zeitarbeit aufgrund der Satzung. »Der Organisationsbereich einer Spitzenorganisation (hier: der CGZP) dürfe nicht über den ihrer Mitgliedsgewerkschaften hinausgehen. Der in der Satzung der CGZP festgelegte

---

221 *Franzen* BB 2009, 1472; *Schüren* AuR 2008, 239 unter Hinweis auf eine angebliche Finanzierung der CGZP durch das Arbeitgeberlager.
222 BAG, 28.03.2006 – 1 ABR 58/04, AP TVG § 2 Tariffähigkeit Nr. 4 m. Anm. *Henssler/Heiden* = NZA 2006, 1112.
223 LAG Hamburg, 18.02.1997 – 2 Ta 9/95, n.v.
224 Mitglieder der CGZP waren: Christliche Gewerkschaft Metall (CGM), Christliche Gewerkschaft für Postservice und Telekommunikation (CGPT), Deutscher Handels- und Industrieangestellten-Verband (DHV), Gewerkschaft Öffentlicher Dienst und Dienstleistungen (GÖD).
225 ArbG Limburg, 19.11.2008 – 1 Ca 541/08, n.v. unter Hinweis auf BAG, 02.11.1960 – 1 ABR 18/59, AP ArbGG 1953 § 97 Nr. 1; *Däubler/Peter* § 2 TVG Rn. 56; *Kempen/Zachert/Kempen* § 2 TVG Rn. 80 (3. Aufl.); *Wiedemann/Oetker* § 2 TVG Rn. 335; *Schüren* NZA 2008, 453; *Ulber* NZA 2008, 438; a.A. *Lembke* NZA 2007, 1333; jeweils m.w.N.
226 BAG, 14.12.2010 – 1 ABR 19/10.
227 LAG Berlin-Brandenburg, 20.09.2011 – 7 Sa 1318/11; *Thüsing* § 3 AÜG Rn. 87 ff. m.w.N.; a.A. *Friemel* NZS 2011, 851; *Lembke* NZA 2011, 1062.

Organisationsbereich für die gewerbliche Arbeitnehmerüberlassung gehe jedoch deutlich über den ihrer Mitgliedsgewerkschaften hinaus. So habe die CGZP es für sich in Anspruch genommen, für Zeitarbeitseinsätze in allen denkbaren Kundenbetrieben gleichermaßen eine von dem gesetzlichen Prinzip des »equal treatment« abweichende tarifrechtliche Regelung treffen zu können.«[228] Das BAG bestätigte damit zugleich den von dem LAG Berlin-Brandenburg gewählten völlig neuen Ausgangspunkt: nämlich die Annahme, dass eine Gewerkschaft, soweit sie für einen bestimmten Kundenbetrieb zuständig ist, auch für das dort eingesetzte Zeitarbeitspersonal zuständig ist.[229]

98 Das BAG ist in seiner Entscheidung auf die Folgen der Tarifunfähigkeit der CGZP für die von ihr seit 2003 geschlossenen TV nicht eingegangen, sondern hat die Tarifunfähigkeit nur gegenwartsbezogen festgestellt. Aufgrund eines fehlenden konkreten Datums dieses Gegenwartsbezuges war umstritten, auf welchem Zeitpunkt für den Beginn von Ansprüchen, Rechtsmitteln oder Verjährungsfristen abzustellen ist.[230] In den darauffolgenden Entscheidungen hat das BAG dann aber einheitlich festgestellt, dass die CGZP zu keinem Zeitpunkt tariffähig war.[231]

bbb) Rechtsfolgen unwirksamer Zeitarbeitstarifverträge

99 Wird einer Arbeitnehmerkoalition rechtskräftig die **Tariffähigkeit** abgesprochen, ist sie nicht Gewerkschaft i.S.d. § 3 Abs. 1 TVG und die von ihr abgeschlossenen Tarifverträge sind unwirksam. Streitig ist, ob sich die **Unwirksamkeit** des Tarifvertrages im Zeitarbeitsverhältnis zwischen Verleiher und Leiharbeitnehmer **ex tunc**, d.h. von Anfang an, oder nur **ex nunc**, d.h. mit Wirkung für die Zukunft, auswirkt.[232] Nach einer Auffassung ist der Tarifvertrag als von Anfang an unwirksam und nicht existent zu behandeln mit der Folge, dass rückwirkend das gesetzliche Schlechterstellungsverbot eingreift.[233]

---

228 BAG, 14.12.2010 – 1 ABR 19/10.
229 *Bertram* AIP 2011, 2; krit ggü der Argumentation des BAG *Löwisch* SAE 2011, 63 ff.
230 Neef NZA 2011, 618.
231 BAG 22.05.12 – 1 ABN 27/12; BAG, 23.05.12 – 1 AZB 58/11; BAG, 23.05.12 – 1 AZB 67/11; zusammenfassend *Giesen* FA 2012, 226.
232 Grundlegend *Wiedemann* TVG, § 2 Rn. 15 m.w.N. auch zu den unterschiedlichen Meinungen.
233 BAG, 15.11.2006 – 10 AZR 665/05 – »Der gute Glaube an die Tariffähigkeit einer Vereinigung wird nicht geschützt«; *Böhm* DB 2003, 2598 m.w.N.

Demgegenüber steht die Ansicht, wonach die Unwirksamkeit des Tarifvertrages nur für die Zukunft gilt und hinsichtlich der Vergangenheit die tarifvertraglichen Regelungen anwendbar bleiben.[234]

Aufgrund der besonderen Konstellation der Arbeitnehmerüberlassung und der **dogmatischen Nähe** zur Rechtsprechung zum **Vertrauensschutz bei in Vollzug gesetztem Arbeitsverhältnis**,[235] ist hier von einem besonderen Vertrauensschutz und einer Unwirksamkeit lediglich ex-nunc auszugehen.[236] So entfaltet auch die Anfechtung des Arbeitsvertrages – entgegen § 142 Abs. 1 BGB – im in Vollzug gesetzten Arbeitsverhältnis, nur Wirkung für die Zukunft.[237] Auch das **BSG** hat entschieden, dass Arbeitnehmer bei Abschluss von Vereinbarungen mit ihrem Arbeitgeber allgemein darauf vertrauen können, **dass geltende Tarifverträge wirksam sind**. Für tarifvertragliche Regelungen, die Normcharakter haben, gilt nichts anderes als für Gesetze,[238] »denn ein Arbeitnehmer darf beim Abschluss von Vereinbarungen zur Beendigung seines Arbeitsverhältnisses in der Regel darauf vertrauen, dass der für ihn aktuell maßgebende Tarifvertrag wirksam ist«.[239] Etwas anderes ergibt sich auch nicht aus dem Urteil des BAG, wonach der gute Glaube an die Tariffähigkeit nicht geschützt sei.[240] Da in diesem Einzelfall offensichtlich **keine Leistungen ausgetauscht** wurden, musste sich das BAG auch über die Rückwirkung bzw. Vertrauensschutztatbestände keine Gedanken machen. Damit können die Aussagen dieses Urteils aber gerade nicht auf die vorliegenden Fälle der CGZP-Tarifverträge angewendet werden. Dieses Urteil entfaltet damit **keinerlei Indizwirkung**.[241]

100

---

234 *Boemke/Lemke* § 9 AÜG Rn. 132; *Brors* AuR 2010, 406; *Buchner* DB 2004, 1042; *Dunker* SAE 2008, 133; *Heuchemer/Schielke* BB 2011, 758; *Schöne* DB 2004, 136; *Thum* BB 2011, 755; *Gaul/Koehler* ARB 04/2011.
235 So z.B. BAG, 29.08.1984 – 7 AZR 34/83, NZA 1985, 58; 03.12.1998 – 2 AZR 754/97, NZA 1999, 584, SAE 999, 216 m. Anm. *Natzel*: BAG, 16.09.1982 – 2 AZR 228/80, NJW 1984, 446.
236 Im Ergebnis auch *Boemke/Lemke* § 9 AÜG Rn. 132; *Brors* AuR 2010, 406; *Buchner* DB 2004, 1042; *Dunker* SAE 2008, 133; *Heuchemer/Schielke* BB 2011, 758; *Schöne* DB 2004, 136; *Thum* BB 2011, 755; *Gaul/Koehler*, ARB 04/2011.
237 Ausführlich für das AV ErfK/*Preis*, § 611 BGB Rn. 462 m.w.N.; für den TV *Löwisch/Rieble* TVG, § 1 Rn. 355 m.w.N.
238 Pressemitteilung Nr. 67/2003 des BSG vom 22.12.2003.
239 BSG, 18.12.2003 – B 11 AL 35/03 R.
240 BAG, 15.11.2006 – 10 AZR 665/05.
241 S.a. die ausführliche Kritik von *Dunker* SAE 2008, 134.

§ 8 AÜG   Grundsatz der Gleichstellung

101 Das BAG hat in mehreren Entscheidungen[242] jedoch das Vorliegen schutzwürdigen Vertrauens für die Vergangenheit verneint. Weder sei die These vom fehlerhaften Tarifvertrag bei der Vereinbarung tariflicher Regelungen nach § 9 Nr. 2 AÜG geeignet, eine Unwirksamkeit lediglich mit Wirkung ex nunc zu begründen, noch sei ein etwaiges Vertrauen der Verleiher in die Tariffähigkeit der CGZP geschützt.[243]

102 Die **arbeits-, sozialversicherungs-, steuer- und/oder strafrechtlichen (Haftungs-) Risiken** bei der Anwendung unwirksamer Scheintarifverträge sind erheblich. Im Anwendungsbereich des AÜG sind davon sowohl Verleiher als auch Entleiher betroffen.[244]

103 Aus **arbeitsrechtlicher Sicht** führte dies zur Anwendung des gesetzlichen Gleichstellungsgrundsatzes vom ersten Tag der Überlassung an. Nach § 8 Abs. 1 S. 1 AÜG kann der Leiharbeitnehmer vom Verleiher den Differenzbetrag zwischen den tatsächlich gewährten und den nach § 611 BGB i.V.m. § 8 AÜG geschuldeten Arbeits- und Entgeltbedingungen nachfordern (sog. Garantieprinzip).[245]

Allerdings hat das BAG mittlerweile in verschiedenen Verfahren zum Ausdruck gebracht, dass die Anforderungen zur substantiierten Darlegung eines Equal-Pay-Anspruchs durchaus hoch sind. Voraussetzung ist eine hinreichende Substantiierung, die sich im Detail auf die jeweils geltenden Arbeitsbedingungen im Einsatzbetrieb erstreckt.[246] Mit diesem hohen Begründungsaufwand hat das BAG eine derart hohe Hürde aufgestellt, dass der Leiharbeitnehmer seine Ansprüche in vielen Fällen aufgrund fehlenden Nachweises nicht durchsetzen kann.[247] Der Auskunftsanspruch des Leiharbeitnehmers gegen den Entleiher

---

242 BAG, 13.03.13 -5 AZR 954/11, NZA 2013, 680; BAG, 13.03.13 – 5 AZR 146/12, NZA 2013, 782; BAG, 13.03.13 – 5 AZR 242/12; BAG, 13.03.13 – 5 AZR 294/12; 5 AZR 424/12, NZA 2013, 785.
243 So schon BAG, 15.11.06 – 10 AZR 665/05, BB 2007, 268.
244 Statt vieler *Giesen*, in: Brand/Lembke, Der CGZP-Beschluss des Bundesarbeitsgerichts – arbeits- und sozialrechtliche Folgen, 2012, S. 113 ff.
245 Dazu oben Rdn. 24 ff.
246 BAG, 25.03.15 – 5 AZR 368/13, NZA 2015, 877; BAG, 19.02.14 – 5 AZR 1046/12, AP AÜG § 10 Nr. 42; BAG, 23.10.13 – 5 AZR 667/12, BeckRS 2014, 66797; BAG, 23.10.13 – 5 AZR 556/12, NZA 2014, 313.
247 Siehe *Bissels* BB 2014, 1658.

entsteht mit der Arbeitsaufnahme im Betrieb des Entleihers und verjährt in drei Jahren.[248]

Der Verleiher schuldet die auf den Nachzahlungsbetrag abzuführenden **Sozialversicherungsbeiträge** einschließlich der Beiträge zur Unfallversicherung (§ 23 Abs. 1 SGB IV, § 150 SGB VII).[249] Die Beitragshaftung besteht ungeachtet der Geltendmachung des Differenzbetrages durch den Leiharbeitnehmer (sog. Entstehungsprinzip).[250] Der **Entleiher** kann **subsidiär** wie ein selbstschuldnerischer Bürge in Anspruch genommen werden, soweit der Verleiher trotz Mahnung nicht zahlt (§ 28e Abs. 2 Satz 1, 2 SGB IV, § 150 Abs. 3 SGB VII).[251] Gerade bei hohen Nachzahlungsforderungen droht Verleihern nicht selten die Insolvenz; das Risiko des Entleihers ist daher nicht zu unterschätzen. 104

Auch die Sozialgerichte haben durchweg entschieden, dass Nachforderungen von Sozialversicherungsbeiträgen durch die Sozialversicherungsträger grds. zulässig sind.[252] Dieser Anspruch wird damit begründet, dass sich Entleiher – auch nach Sozialversicherungsrecht – nicht erfolgreich auf Vertrauensschutz berufen können. Wegen unwirksamer tariflicher Regelungen besteht ein Anspruch der beschäftigten Leiharbeitnehmer auf ein gleich hohes Arbeitsentgelt wie es die Stammbeschäftigten des Entleihunternehmens erhalten, wonach sich dann auch die Beitragshöhe richtet.[253]

Umstritten ist im Zusammenhang mit der Nichtigkeit der CGZP-Tarifverträge insbesondere die Frage, wann Beitragsansprüche der Sozialversicherungsträger verjähren. Die Rechtsprechung der Sozialgerichte in Verfahren des vorläufigen Rechtsschutzes war uneinheitlich. Auch in den Hauptsacheverfahren war zunächst keine einheitliche Linie erkennbar.[254] Ein Teil 105

---

248 BAG, 24.04.2014 – 8 AZR 1081/12, NZA 2014, 968.
249 Zu den sozialversicherungsrechtlichen Konsequenzen der Tariffähigkeit der CGZP *Plagemann/Brand* NJW 2011, 1488 ff.; *Schlegel* NZA 2011, 380 ff.; *Friemel* NZS 2011, 851 ff.
250 BSG, 26.11.1985 – 12 RK 51/83, BSGE 59, 183; Kasseler Kommentar/*Seewald* § 22 SGB IV Rn. 8; *Reipen* NZS 2005, 407.
251 Ausführlich zur Haftung des Entleihers Schöttler/Müllerleile BB 2011, 3061, 3063 ff.
252 *Bissels* BB 2016, 249; *Bissels* DB 2016, 231; *Bissels/Raus*, BB 2013, 885.
253 BSG. 16.12.15 – B 12 R 11/14 R.
254 Vgl. zum Streitstand, *Bissels/Raus* BB 2013, 885; *Barkow von Creytz* DStR 2015, 901.

der Sozialgerichte geht von einer 30-jährigen Verjährung für entsprechende Nachzahlungsbeiträge aus, da ab der Verkündung der CGZP-Entscheidung des BAG vom 14.12.2010 von einer vorsätzlichen Vorenthaltung der Beiträge auszugehen sei.[255] Die Gegenansicht geht davon aus, dass allein die Kenntnis der rechtlichen Einschätzung des BAG zur Tariffähigkeit der CGZP aus dem Jahr 2010 keinen Vorsatz begründet. Insoweit könnten nur Beiträge innerhalb der vierjährigen (Regel-)Verjährungsfrist nachgefordert werden.[256] Das Bundessozialgericht hat sich richtigerweise offenbar der letztgenannten Auffassung angeschlossen.[257]

106 Steuerlich droht dem Verleiher die **Lohnsteuernachhaftung** (§ 42d Abs. 3 EStG i.V.m. § 44 Abs. 2 Satz 1 AO).

107 Eine strafrechtliche Verantwortung des Verleihers kann insb. mit Blick auf **Betrugstatbestände** (§§ 263, 266a StGB) bestehen.[258]

ccc) Bezugnahmeklauseln und Ausschlussfristen

108 Die Praxis versuchte die rechtlichen Risiken womöglich unwirksamer Tarifverträge durch arbeitsvertragliche Blankoerklärungen abzufangen. Verbreitet fanden sich gerade in Formularleiharbeitsverträgen sog. **Absicherungs- oder Tarifwechselklauseln.**

▶ Beispiel:

»Auf das Arbeitsverhältnis der Parteien finden die Tarifverträge zwischen dem AMP und der CGZP in ihrer jeweils gültigen Fassung Anwendung. Im Falle der Feststellung der Unwirksamkeit dieser Tarifverträge, gelten ab dem Zeitpunkt der Feststellung (alternativ: rückwirkend) die jeweils geltenden Tarifverträge zwischen dem _____ (BAP oder iGZ) und der DGB Tarifgemeinschaft Zeitarbeit.«

---

255 SG Wiesbaden, 27.04.15 – S 8 R 259/12, BeckRS 2015, 69475; SG Kassel, 04.09.13 – S 12 KR 246/12, BeckRS 2013, 72199; SG Dresden, 15.05.13 – S 15 KR 440/12, BeckRS 2013, 70467.
256 SG Dortmund, 11.07.14 – S 34 R 1525/13, BeckRS 2014, 72631; SG Detmold, 29.01.13 – S 6 R 1181/12, BeckRS 2014, 66347.
257 BSG, 16.12.15, B 12 R 11/14 R; vgl. auch *Bissels* BB 2016, 249; *Bissels* DB 2016, 231.
258 Ausführlich *Park/Riederer von Paar/Schüren* NJW 2008, 3670.

Derartige Klauseln in Formularverträgen halten einer **AGB-Kontrolle** nicht 109
stand. Das BAG hat – im Zusammenhang mit einer betriebsbedingten Änderungskündigung – bereits 2009 entschieden, dass die Bezugnahme auf einen Tarifvertrag der Zeitarbeitsbranche zu unbestimmt sei, wenn im Fall der Unwirksamkeit dieses Tarifvertrages ein anderer Tarifvertrag gelten solle. Für den Leiharbeitnehmer sei in diesen Fällen nicht ersichtlich, welche Arbeitsbedingungen für ihn zukünftig gelten sollten.[259] Ähnlich wie das zu unbestimmte Änderungsangebot bei der Änderungskündigung lässt auch eine gestufte **Tarifwechselklausel** im Leiharbeitsvertrag den Arbeitnehmer über den tatsächlich anwendbaren Tarifvertrag im Unklaren.

Die konkrete Folgeentscheidung urteilt daher auch, dass eine Bezugnahmeklausel, mit der die Geltung der vom AMP und – neben der CGZP – einer Reihe von christlichen Arbeitnehmervereinigungen geschlossenen mehrgliedrigen Tarifverträge vom 15.03.2010 vereinbart werden sollte, mangels **Kollisionsklausel** intransparent und daher nach § 307 Abs. 1 Satz 2 BGB unwirksam ist.[260]

Auch der Zeitarbeitsverband AMP hat frühzeitig auf die anhängigen Verfahren 110
wegen Tarifunfähigkeit der CGZP reagiert und sein bestehendes Tarifwerk mit der CGZP bereits Ende 2009 auf einen sog. **mehrgliedrigen Tarifvertrag** umgestellt. Hierbei handelt es sich um einen Tarifvertrag, der mit jeder Einzelgewerkschaft des CGB einzeln und unabhängig abgeschlossen, aber in einer gemeinsamen Urkunde für alle zusammengefasst wurde.[261]

Aber auch hier bestehen für eine wirksame **Bezugnahme** besondere Anforderungen insb. im Hinblick auf Transparenzerfordernisse (§ 307 Abs. 1 Satz 2 BGB). Eine Bezugnahmeklausel kann bereits deswegen gegen das **Transparenzgebot** verstoßen, wenn nach deren Wortlaut unklar ist, ob ein einziger Tarifvertrag oder ein mehrgliedriger Tarifvertrag auf das Arbeitsverhältnis Anwendung finden soll. Es muss also in der Bezugnahmeklausel klargestellt sein, welche der möglichen tariflichen Regelungen unter welchen Voraussetzungen Anwendung finden soll. Dies ist erforderlich, weil die verschiedenen in Bezug genommenen Tarifverträge unabhängig voneinander zu unterschiedlichen Zeitpunkten gekündigt, neu abgeschlossen oder anderen Regelungen zugänglich sein können. Diese sich dann möglicherweise widersprechenden

---

259 BAG, 15.01.2009 – 2 AZR 641/07, DB 2009, 1299.
260 BAG, 13.03.13 – 5 AZR 242/12, BeckRS 2013, 71115, Rn. 18 ff.
261 BAG, 08.11.2006 – 4 AZR 590/05.

Tarifverträge finde ansonsten alle auf das Arbeitsverhältnis Anwendung, ohne dass sich im Konfliktfall bestimmen ließe, welcher Tarifvertrag der maßgebliche sein solle. Da mit der Bezugnahme auf die verschiedenen Tarifverträge der gesetzlich geregelte Gleichstellungsanspruch ausgeschlossen werden kann, bedarf es einer **klaren und bestimmten Festlegung** der anwendbaren Tarifverträge. Entspricht die Bezugnahmeklausel nicht diesen strengen Voraussetzungen, verstößt sie gegen das Transparenzgebot gem. § 307 Abs. 1 Satz 2 BGB und befreit damit nicht wirksam vom Gleichstellungsgrundsatz.[262] Dies wurde mittlerweile vom BAG bestätigt:

> »Soweit in neueren Arbeitsverträgen neben oder anstelle einer Verweisung auf CGZP-Tarifverträge auf den mehrgliedrigen Tarifvertrag zwischen dem Arbeitgeberverband Mittelständischer Personaldienstleister (AMP), der CGZP und den Einzelgewerkschaften vom 15.3.2010 Bezug genommen wird, ist eine solche Klausel intransparent und nach § 307 I 2 BGB unwirksam, wenn sich nicht ersehen lässt, welches der tariflichen Regelwerke bei sich widersprechenden Regelungen den Vorrang haben soll.«[263]

111 In diesem Zusammenhang ist auch umstritten, **ob die Tarifverträge von BAP und iGZ wirksam sind**, ob eine wirksame Bezugnahme auf möglich ist und wie diese Bezugnahme gegebenenfalls ausgestaltet sein muss. Auch diese Tarifverträge sind nicht von einer einzigen für die Arbeitnehmerüberlassung zuständigen Gewerkschaft, sondern von mehreren DGB-Gewerkschaften zusammen abgeschlossen worden. Es stellt sich daher auch hier die Frage, ob die jeweiligen Einzelgewerkschaften für die Zeitarbeit zuständig sind und wie die abgeschlossenen Tarifverträge rechtlich einzuordnen sind. Also ob von mehreren DGB-Gewerkschaften zusammen abgeschlossenen Zeitarbeitstarifverträge mehrgliedrige Tarifverträge sind, für welche die Rechtsprechung des BAG zur Intransparenz von Bezugnahmen auf mehrgliedrige Tarifverträge bei unzureichender Kollisionsregel entsprechend gilt, oder ob sie Einheitstarifverträge sind, für die anderes gilt.

---

[262] LAG Kiel, 04.10.2012 – 5 Sa 402/11; LAG Kiel, 14.08.2012 – 1 Sa 495/11; LAG Chemnitz, 23.05.2012 – 2 Sa 615/11; LAG Hamm, 25.04.2012 – 3 Sa 1657/11; LAG Berlin-Brandenburg, 20.09.2011 – 7 Sa 1318/11; a.A. *Bayreuther* NZA 2012, 14 ff.; *Stoffels/Bieder* RdA 2012, 27; *Lützeler/Bissels* DB 2011, 1636 ff.; *Lembke* NZA 2011, 1062 ff.; *Sasse* ArbRB 2011, 340.

[263] BAG, 13.03.13 – 5 AZR 954/11; 5 AZR 146/12; 5 AZR 242/12; 5 AZR 294/12; 5 AZR 424/12.

Die Rechtswirksamkeit der im Jahre 2003 von der DGB-Tarifgemeinschaft 112
mit den Verbänden BZA und iGZ abgeschlossenen Tarifverträge war anfangs
unstreitig.[264] Nach aufkommenden Zweifeln – aufgrund der Satzungen der
Einzelgewerkschaften – hat das BAG entschieden, dass von einer hinreichenden Tarifzuständigkeit, und damit von einer Rechtswirksamkeit der DGB –
Tarifverträge mit den Arbeitgeberverbänden der Zeitarbeit, auszugehen ist.[265]
In einer weiteren Entscheidung hat das BAG zuletzt ausgeführt, dass »vernünftige Zweifel« an der Tariffähigkeit der Mitgliedsgewerkschaften der DGB-Tarifgemeinschaft Zeitarbeit nicht bestehen.[266] Eine positive Feststellung der
Wirksamkeit dieser Tarifverträge folgt hieraus aber nicht. Rechtskräftig festgestellt ist lediglich die Tarifzuständigkeit von ver.di für die Zeitarbeit.[267]

Hinsichtlich der arbeitsrechtlichen Verweisung hat das LAG Rheinland-Pfalz 113
jüngst bereits bestätigt, dass eine komplexe Bezugnahme auf das Tarifwerk iGZ/DGB wirksam ist. Dieser Ansicht hat sich inzwischen auch das
LAG Sachsen-Anhalt in einer aktuellen Entscheidung angeschlossen.[268]

Die Gerichte stellten fest, dass die Bezugnahmeklausel hinreichend transparent sei. Die erforderliche Bestimmtheit sei vorliegend jedenfalls dann gegeben, wenn es sich bei dem vom iGZ und den Mitgliedsgewerkschaften des
DGB abgeschlossenen Regelwerk um einen sog. **Einheitstarifvertrag** handele.
In diesem Fall könnten die in Bezug genommenen Tarifverträge keinen unterschiedlichen Inhalt haben und in Zukunft erhalten. Selbst wenn davon ausgegangen werden müsse, dass es sich um einen **mehrgliedrigen Tarifvertrag**
handele, liege keine Intransparenz vor, weil der Arbeitsvertrag in § 1 Abs. 2
bis 5 transparente Kollisionsregelungen enthalte. Zwar sei einzugestehen, dass
diese Bestimmungen schwer lesbar seien. Sie seien aber nicht unverständlich.
Die entsprechenden Klauseln ließen sich auch nur schwer so formulieren, dass
das Gewollte klarer zum Ausdruck komme.

▶ Praxistipp:

Da diese Rechtsprechung nicht nur für die mehrgliedrigen Tarifverträge
des CGB, sondern auch für die mehrgliedrigen Tarifverträge von BAP und

---

264 Siehe nur *Böhm* DB 2003, 2598.
265 BAG, Beschl. v. 14.12.10 – 1 ARB 19/19.
266 BAG, 19.12.12 – 1 AZB 72/12.
267 LAG Hessen, 16.01.14 – 9 TaBV 127/13.
268 LAG Rheinland-Pfalz, 02.03.16 – 7 Sa 352/15; LAG Sachsen-Anhalt, 28.06.16 –
2 Sa 421/15.

iGZ mit den DGB-Gewerkschaften gilt, sollten alle Zeitarbeitsunternehmen eine besondere Sorgfalt auf die Formulierung ihrer Bezugnahmeklauseln legen. Insb. bedarf es einer klaren Festlegung wann und welcher Tarifvertrag jeweils gelten soll.

»Eine arbeitsvertragliche Bezugnahmeklausel auf die Tarifverträge in der jeweils gültigen Fassung, die der Arbeitgeberverband iGZ mit einer oder mehrerer der Gewerkschaften IG BCE, NGG, IG Metall, GEW, ver.di, IG Bau, GdP, EVG abgeschlossen hat oder zukünftig abschließen wird, ist jedenfalls dann nicht gemäß § 307 Abs. 1 S. 2 BGB unwirksam, wenn sie transparente Kollisionsregeln enthält. Dies ist der Fall, wenn für den Arbeitnehmer bereits bei Abschluss des Arbeitsvertrages abstrakt vorhersehbar ist, welche tariflichen Bestimmungen auf das Arbeitsverhältnis Anwendung finden und wenn die im Zeitpunkt der jeweiligen Anwendung einbezogenen Regelungen bestimmbar sind. Bei der Beurteilung, ob eine Regelung dem Transparenzgebot genügt, ist nicht auf den flüchtigen Betrachter, sondern auf den aufmerksamen und sorgfältigen Teilnehmer am Wirtschaftsverkehr abzustellen.«

Zur weiteren Absicherung wäre es hilfreich, für jeden Einsatz (z.B. in einer Einsatzmeldung) den angewendeten Tarifvertrag zu benennen.

▶ **Beispiel**

- Für die Dauer des Kundeneinsatzes gelten diejenigen Tarifverträge der jeweiligen Gewerkschaft, deren satzungsgemäßem Organisationsbereich der Kundenbetrieb unterliegt. In Zeiten, in denen der Mitarbeiter nicht in Kundenbetrieben eingesetzt werden kann, gelten die XY-Tarifverträge.

- Einsatzmeldung: Für diesen Einsatz gelten die Tarifverträge zwischen iGZ bzw. BAP und der XY-Gewerkschaft.

114 Unzweifelhaft keinen Schutz gegen die Inanspruchnahme des Verleihers auf die Differenzvergütung nach § 8 Abs. 1 AÜG bieten im **Scheintarifvertrag** selbst enthaltene **Ausschlussfristen**. Diese sind ebenso wie alle anderen Regelungen des von einer tarifunfähigen Vereinigung geschlossenen »Tarifvertrages« unwirksam.[269]

---

269 *Park/Riederer von Paar/Schüren* NJW 2008, 3670.

Auch wurde diskutiert, die Anwendung tariflicher **Ausschlussfristen eines** 115
Entleihertarifvertrages, welcher infolge Unwirksamkeit des Zeitarbeitstarifvertrages aufgrund Anwendbarkeit des Gleichstellungsgebotes der § 3 Abs. 1 Nr. 3, § 9 Nr. 2 AÜG wieder auflebt, zuzulassen. Dies hat das BAG mit Urt. v. 23.03.2011 aber frühzeitig verneint.[270] Im **Entleiherbetrieb geltende Ausschlussfristen** gehören nach Auffassung des Gerichts bei unionsrechtskonformer Auslegung des Arbeitnehmerüberlassungsgesetzes **nicht** zu den wesentlichen Arbeitsbedingungen, die der Verleiher den Leiharbeitnehmern gewähren muss. Im konkreten Fall entschied das BAG, dass die im Entleiherbetrieb geltenden Ausschlussfristen den »Equal-Pay«-Anspruch des Leiharbeitnehmers nicht erfassen.

Entscheidend ist daher die Frage, ob **einzelvertraglich vereinbarte Ausschluss-** 116
fristen Schutz gegen die vergütungsrechtliche Nachhaftung des Verleihers aufgrund Anwendung des Gleichstellungsgrundsatzes bei unwirksamen Zeitarbeitstarifverträgen bieten können.[271] Nach allgemeinen Grundsätzen ist die Vereinbarung von Ausschlussfristen zulässig. Formulararbeitsverträge unterliegen dabei lediglich einer Inhaltskontrolle gem. §§ 305 ff. BGB. Für Leiharbeitsverträge gilt insofern nichts anderes. Verleiher können auch in ihren Arbeitsvertragsmustern mit Tarifbezug zusätzlich individualvertragliche Klauseln zu Ausschlussfristen verwenden.[272] Wie auch sonst, dürfen diese Klauseln weder intransparent, d.h. unter den »Schlussbestimmungen« versteckt sein, noch dürfen diese den Leiharbeitnehmer unangemessen benachteiligen.[273]

Zu beachten ist, dass seit der Änderung des § 309 Nr. 13 BGB[274] Ansprüche 117
innerhalb einer Dreimonatsfrist nicht in **Schriftform**, sondern in **Textform**
(§ 126 BGB) gegenüber der anderen Vertragspartei geltend zu machen sind.
Danach ist eine Bestimmung in AGB unwirksam, durch die Anzeigen oder

---

270 BAG, 23.03.2011 – 5 AZR 7/10; s.a. *Schlegel* NZA 2011, 382; a.A. noch LAG München, 12.11.2009 – 3 Sa 579/09; *Lembke* BB 2010, 1537.
271 Dazu *Thüsing* AGB-Kontrolle im Arbeitsrecht, Rn. 154 ff.; s.a. LAG München, 02.09.2008 – 6 Sa 41/08, n.v. (zum erfolgreichen Verlangen auf Nachzahlung der Differenzvergütung nach § 10 Abs. 4 AÜG).
272 Dazu das Vertragsmuster im Anhang 4.
273 Dazu allg. BAG, 12.03.2008 – 10 AZR 152/07, NZA 2008, 1651; BAG, 25.05.2005 – 5 AZR 572/04, NZA 2005, 1111.
274 »Gesetz zur Verbesserung der zivilrechtlichen Durchsetzung von verbraucherschützenden Vorschriften des Datenschutzrechts« vom 17.02.2016; BGBl. I 2016, 233; dazu BT-Drs. 18/4631, 17 f.

Erklärungen, die dem Verwender oder einem Dritten gegenüber abzugeben sind, an eine strengere Form als die Textform gebunden werden. Damit sind von der gesetzlichen Neuregelung auch Arbeitsverträge und die darin enthaltenen Ausschlussfristenklauseln erfasst. Die Neuregelung ist nach dem neu hinzugefügten § 37 zu Art. 229 EGBGB nur auf Schuldverhältnis anzuwenden, die nach dem 30.09.2016 entstanden sind. Ausschlussfristen in Arbeitsverträgen, die nach dem 30.09.2016 geschlossen werden, verstoßen gegen § 309 Nr. 13 BGB n.F. und sind unwirksam, wenn sie eine Geltendmachung von Ansprüchen in Schriftform verlangen.[275]

118 Die Rechtsprechung hat mittlerweile bestätigt, dass der Leiharbeitnehmer bei der Geltendmachung von Equal-Pay-Ansprüchen solche Ausschlussfristen beachten muss, die wirksam im Arbeitsvertrag zwischen Leiharbeitnehmer und Verleiher vereinbart worden sind.[276] Danach verfallen Equal-Pay-Ansprüche von Zeitarbeitnehmern wegen CGZP-Tarifunfähigkeit, wenn eine **arbeitsvertragliche Ausschlussfrist** nach der ständigen Rechtsprechung des BAG[277] wirksam ist. Diese einzelvertraglich wirksam vereinbarten Ausschlussfristen beziehen sich auf alle Ansprüche aus dem Arbeitsverhältnis. Dazu gehört auch der Anspruch auf eine Equal-Pay-Bezahlung nach § 8 Abs. 1 AÜG. Das bedeutet, dass es gleichgültig ist für das Eingreifen der Ausschlussfrist im Einzelarbeitsvertrag, um welchen materiell-rechtlichen Grund es sich handelt, wegen dessen ein Anspruch geltend gemacht oder eben hier verspätet geltend gemacht wird. Die Ausschlussfrist beginnt mit **Fälligkeit** des Entgeltanspruchs zu laufen, da hiermit die anspruchsbegründenden Tatsachen für die von der Klägerin geltend gemachten Entgeltansprüche bekannt waren. Die Urteile stellen auch klar, dass dem beklagten Zeitarbeitsunternehmen die Berufung auf die versäumte Ausschlussfrist **weder** nach dem Grundsatz von **Treu und Glauben** noch wegen **Unzumutbarkeit** aufseiten der Zeitarbeitnehmer verwehrt ist.[278] Ebenso können Ansprüche auf Equal Pay in einer in einem gerichtlichen Vergleich enthaltenen Ausgleichsklausel wirksam abbedungen werden.[279]

---

275 Lingemann/Otte NZA 2016, 519.
276 BAG, 25.03.15 – 5 AZR 368/13, NZA 2015, 877; BAG, 17.12.14 – 5 AZR 8/13, NZA 2015, 479; BAG, 24.09.14 – 5 AZR 506/12, BeckRS 2014, 73280; BAG, 13.03.13 – 5 AZR 954/11, NZA 2013, 680; a.A. *Brors* RdA 2014, 182.
277 S. nur BAG, 12.03.2008 – 10 AZR 152/07, NZA 2008, 1651.
278 A.a.O. Fn. 271.
279 BAG, 27.05.15 – 5 AZR 137/14, NZA 2015, 1125.

Keinesfalls vermeiden können Zeitarbeitsunternehmen – und Kunden – aber 119
die **sozialversicherungs- und steuerrechtliche (Nach-) Haftung**; öffentlich-rechtliche Forderungen können durch Individualvereinbarung nicht wirksam abbedungen werden. Soweit Ausschlussfristen wirksam vereinbart wurden, betreffen diese lediglich die zivilrechtlichen Ansprüche, nicht hingegen die Pflicht zur Abführung von Sozialversicherungsbeiträgen.[280]

▶ Praxistipp:

Tarifliche Ausschlussklauseln weder beim Verleiher noch beim Entleiher bieten Schutz. Diese sind mitsamt der sonstigen Bestimmungen des Scheintarifvertrages unwirksam oder gelten nicht für den Gleichstellungsgrundsatz. Der Verleiher kann daher dem Differenzvergütungsanspruch des Leiharbeitnehmers das Verstreichen einer tariflichen Ausschlussfrist nicht entgegenhalten.

Aufgrund der Tendenz der Gerichte zur Wirksamkeit arbeitsvertraglicher Ausschlussfristen ist es für Zeitarbeitsunternehmen ratsam, **nur noch arbeitsvertragliche Ausschlussfristen** (Frist mindestens drei Monate) zu vereinbaren, auch wenn diese i.d.R. länger sind als die tarifvertraglichen Ausschlussfristen.

Auf keinen Fall kann der Verleiher ggü. der **sozialversicherungs- und steuerrechtlichen Haftung** erfolgreich »tarifliche« oder gar individualvertragliche Ausschlussfristen einwenden.

dd) Lohnuntergrenze

Durch das »Erste Gesetz zur Änderung des Arbeitnehmerüberlassungsgesetzes – Verhinderung von Missbrauch der Arbeitnehmerüberlassung« vom 28.04.2011[281] wurde eine **Lohnuntergrenze in die Tariföffnungsklausel** des § 3 Abs. 1 Nr. 1 AÜG a.F. eingefügt. Mit der Lohnuntergrenze in § 3a AÜG wird die Möglichkeit, vom Gleichstellungsgrundsatz durch Tarifvertrag abzuweichen, teilweise zurückgenommen. Dabei greift die Vorschrift nicht grundlegend in die bisherige Struktur der Vergütungsregelung des AÜG ein, wonach ein Tarifvertrag eine Abweichung vom Gleichbehandlungsgrundsatz

120

---

280 BSG, 30.08.1994 – 12 RK 59/92, NZA 1994, 701; s.o. Rdn. 104 ff.
281 BGBl. I, 29.04.2011, 642.

ermöglicht. Sondern sie bestimmt für diese abweichenden Tarifverträge lediglich eine **Untergrenze**, die von einer **Rechtsverordnung** definiert wird.[282]

§ 8 Abs. 2 AÜG n.F. übernimmt diese Regelung unverändert.[283]

ee) Gleichstellungsgebot

121 § 8 Abs. 2 S. 2 und S. 4 AÜG n. F. übernehmen unverändert die Selbstverständlichkeiten aus § 10 Abs. 4 S. 2 und S. 3 AÜG a.F.

Der Gleichstellungsanspruch des Leiharbeitnehmers besteht nicht, wenn ein einschlägiger Tarifvertrag das gesetzliche Schlechterstellungsverbot suspendiert. Soweit ein einschlägiger Tarifvertrag die in einer Rechtsverordnung nach § 3a Abs. 2 AÜG vereinbarten Mindeststundenentgelte aber unterschreitet, hat der Leiharbeitnehmer gegen den Verleiher Anspruch auf Equal Pay und nicht nur auf das Mindeststundenentgelt.[284] Dies stellen neu eingefügte Sätze 2 und 4 des § 8 Abs. 2 AÜG ausdrücklich klar.[285]

▶ Praxistipp:

Unterschreitet die Entgeltregelung eines anwendbaren Tarifvertrages das in einer Rechtsverordnung nach § 3a Abs. 2 AÜG festgelegte Mindeststundenentgelt, muss der Verleiher nicht nur die Differenz zwischen dem tariflichen Entgelt und dem Mindeststundenentgelt, sondern die Differenz zum Entgelt vergleichbarer Stammarbeitnehmer im Entleiherbetrieb (»Equal Pay«) nachzahlen. Damit sanktioniert das Gesetz den Verleiher für eine Missachtung der Rechtsverordnung nach § 3a Abs. 2 AÜG durch die Tarifvertragsparteien. Zur Vermeidung dieser Rechtsfolge sind Verleiher gut beraten, die aktuelle Höhe und Entwicklung des »Mindestlohns« in der Zeitarbeit zu beobachten und ihren Leiharbeitnehmern auch tatsächlich zu gewähren.

122 Beruht die gesetzeswidrig zu geringe Vergütungszahlung des Verleihers an den Leiharbeitnehmer auf **schuldhaft unrichtigen Angaben des Entleihers**, kann

---

282 BT-Drucks. 17/5238, 14; ausführlich *Leuchten* NZA 2011, 611, der von einer »Hängematte« spricht; s. § 3a AÜG.
283 BT-Drucks. 294/16 vom 02.06.2016, Begründung zu Nr. 3.
284 Ausgenommen der unwirksamen tariflichen Vergütungsregelung bleibt der Tarifvertrag i.Ü. anwendbar, vgl. BT-Drucks. 17/5238, 16; *Hamann* RdA 2011, 321; Thüsing/*Mengel* § 10 AÜG Rn. 69; a. FW AÜG zu § 10 Nr. 10.2 Abs. 2.
285 Zur Lohnuntergrenze ausführlich § 3a AÜG.

der Verleiher den Entleiher wegen des Differenzbetrages auf Schadensersatz (§ 280 Abs. 1, § 241 Abs. 2 BGB) in Anspruch nehmen.[286] Bei vorsätzlichem Handeln können des Weiteren Ansprüche aus Deliktsrecht (§ 823 Abs. 2, § 826 BGB) bestehen.

Verstöße des Verleihers gegen das Gebot der Gleichstellung nach § 8 AÜG sind bußgeldbewehrt (§ 16 Abs. 1 Nr. 7a AÜG) und können ggf. weitere gewerberechtliche Sanktionen nach sich ziehen.

▶ **Praxistipp:**

Der dem Leiharbeitnehmer zu gewährende Nachzahlungsbetrag ist sozialversicherungsrechtlich zu verbeitragen. Auch insoweit gilt die gesamtschuldnerische Haftung des Entleihers (neben dem Verleiher) für die Sozialversicherungsbeiträge nach § 28e Abs. 2 SGB IV. Die Haftung des Entleihers ist allerdings subsidiär. Sie setzt erst nach einer erfolglosen Mahnung des Verleihers durch die zuständige Einzugsstelle der Krankenkasse ein.

Ferner haftet der Entleiher – generell und im besonderen Fall des § 8 AÜG – für rückständige Lohnsteuer nach § 42d Abs. 6 EStG. Es handelt sich allerdings um eine lediglich nachrangige Ausfallhaftung.

III. »Drehtürklausel« – Abs. 3

1. Einleitung

Durch das »Erste Gesetz zur Änderung des Arbeitnehmerüberlassungsgesetzes – Verhinderung von Missbrauch der Arbeitnehmerüberlassung« vom 28.04.2011[287] sollten u. a. die in der Praxis aufgetretenen Fälle des missbräuchlichen Einsatzes von Arbeitnehmerüberlassung unterbunden werden.[288] Daher wurde in § 3 Abs. 1 Nr. 3 S. 4 AÜG a.F. eine sogenannte **Drehtürklausel** eingeführt. Durch diese sollte verhindert werden, dass ausgeschiedene Stammarbeitnehmer anschließend zu den (schlechteren) Bedingungen der

123

---

286 *Bauer/Krets* NJW 2993, 537, 539; ErfK/*Wank* § 10 AÜG Rn. 27; Thüsing/*Mengel* § 10 AÜG Rn. 75.
287 BGBl. I, 29.04.2011, 642.
288 Hier ist insb. der Fall der Drogeriekette Schlecker zu nennen, der aufgrund seiner öffentlichen Resonanz wohl sogar den Auslöser für die Gesetzesänderungen bildet; dazu *Böhm* DB 2010, 672 ff.; *ders.* DB 2010, 1350; *Düwell/Dahl* DB 2010, 1759.

Zeitarbeit bei ihrem ehemaligen Arbeitgeber oder konzernzugehörigen Unternehmen eingesetzt werden. Die Drehtürklausel ist am 30.07.2011 in Kraft getreten. Aufgrund der **Übergangsvorschrift des § 19 AÜG** fanden § 3 Abs. 1 Nr. 3 S. 4 und § 9 Nr. 2 letzter Halbs. AÜG a.F. keine Anwendung auf Leiharbeitsverhältnisse, die vor dem 15.12.2010 begründet wurden.

Auch diese Vorschrift wurde unverändert in § 8 Abs. 3 AÜG n.F. überführt. Eine inhaltliche Änderung war damit nicht verbunden.[289]

2. Normzweck

124 Diese Regelung soll den **missbräuchlichen Einsatz** der Arbeitnehmerüberlassung in den Fällen ausschließen, in denen Arbeitnehmer entlassen oder nicht weiter beschäftigt werden, also aus dem Unternehmen ausscheiden, und innerhalb von **sechs Monaten** als Leiharbeitnehmer wieder in ihrem ehemaligen Unternehmen oder einem anderen Unternehmen desselben Konzerns zu schlechteren Arbeitsbedingungen als die Arbeitnehmer des Entleihers eingesetzt werden. In diesen – in der Praxis problematischen Fällen – verhindert die Regelung, dass das arbeitsmarktpolitische Instrument der Arbeitnehmerüberlassung missbräuchlich eingesetzt wird.

Allerdings bleibt der Einsatz von Arbeitnehmerüberlassung auch in diesen Fällen weiterhin möglich, jedoch sind den Leiharbeitnehmern die gleichen wesentlichen Arbeitsbedingungen einschließlich des Arbeitsentgelts zu gewähren wie vergleichbaren Arbeitnehmern im Betrieb des Entleihers. Diese sogenannte Drehtürklausel leistet damit auch einen wichtigen Beitrag, um den Missbrauch der Arbeitnehmerüberlassung zu verhindern und die betroffenen Leiharbeitnehmer zu schützen.[290]

125 Da der Einsatz von Arbeitnehmerüberlassung auch in diesen Fällen grds. möglich bleibt, sind auch weiterhin konzerninterne Überlassungs-, Beschäftigungs- oder Qualifizierungsgesellschaften zulässig, die ausschließlich **konzerninterne Arbeitnehmerüberlassung** durchführen. In diesen Fällen ist dann lediglich – aufgrund der Drehtürklausel – ein Abweichen vom Gleichstellungsgrundsatz durch Tarifvertrag nicht möglich.[291]

---

289 BT-Drucks. 294/16 vom 02.06.2016, Begründung zu Nr. 3.
290 BT-Drucks. 17/4804, 9.
291 *Lembke* DB 2011, 419; *ders.* BB 2010, 1537 m.w.N.

Vereinzelt wird die Auffassung vertreten, dass eine **teleologische Reduktion** des §8 Abs. 3 AÜG geboten ist, sodass die Drehtürklausel lediglich dann eingreift, wenn das Entgelt der betroffenen Leiharbeitnehmer im Vergleich zu ihrer Vorbeschäftigung im Konzern abgesenkt wird. Nur in einem solchen Fall handelt es sich danach um einen missbräuchlichen Einsatz der Leiharbeit, den der Gesetzgeber bei der Verabschiedung der Drehtürklausel im Blick hatte.[292] Dies ist abzulehnen. Normzweck ist der Schutz der Arbeitsbedingungen und die Verhinderung von Missbrauch. Das ist nicht gewährleistet, wenn nur das Arbeitsentgelt verglichen wird. Gerade in Flächentarifverträgen nehmen die wesentlichen Arbeitsbedingungen mittlerweile einen großen Umfang ein. Diese könnten immer noch unterlaufen werden. Der mit der gesetzlichen Regelung verfolgte Zweck gebietet eine enge Auslegung. Eine teleologische Reduktion ist vom Gesetzgeber nicht gewollt.

3. Tatbestandsvoraussetzungen

Die Drehtürklausel ist als eine Art »**Rückausnahme**«[293] konzipiert, die die Ausnahme der Abweichung durch Tarifvertrag nicht zulässt, wenn ihre Tatbestandsvoraussetzungen vorliegen. Demnach gilt eine abweichende tarifliche Regelung nicht für Leiharbeitnehmer, die in den letzten sechs Monaten vor der Überlassung an den Entleiher aus einem Arbeitsverhältnis bei diesem oder einem Arbeitgeber, der mit dem Entleiher einen Konzern i.S.d. § 18 des Aktiengesetzes bilden, ausgeschieden sind. Für den Konzern i.S.d. § 18 AktG gelten dieselben Grundsätze wie bei § 1 Abs. 3 Nr. 2 AÜG.[294]

126

Zunächst muss der Leiharbeitnehmer in den letzten **sechs Monaten** vor dem Einsatz bei demselben Entleiher oder einem Konzernunternehmen des Entleihers in einem **Arbeitsverhältnis** gestanden haben. Demnach werden hier eine freie Mitarbeit, ein Praktikum oder **Ausbildungsverhältnis** nicht erfasst.[295] Hierfür spricht der eindeutigen Wortlaut der Vorschrift und die Tatsache, dass das Ausbildungsverhältnis im Laufe des Gesetzgebungsverfahrens gestrichen wurde.[296] Auszubildende können also über eine Verleihgesellschaft weiter beschäftigt werden. Dies gilt nicht mehr, wenn sie unmittelbar nach ihrer

---

292 *Krieger/Kruchen* NZA 2014, 393.
293 So *Lembke* DB 2011, 419.
294 S. § 1 Abs. 3 Nr. 2 AÜG; Geschäftsanweisung (GA) der BA zum AÜG, § 1 Ziff. 1.4.2.
295 *Oberthür* ArbRB 2011, 147.
296 BT-Drucks. 17/5238, 10 f.; *Lembke* DB 2011, 419.

Ausbildung schon als Arbeitnehmer übernommen worden sind oder einen betriebsverfassungsrechtlichen Anspruch hierauf haben.[297] Die 6-Monats-Frist wird **rückwirkend** ab dem ersten Einsatztag berechnet. Wird der Leiharbeitnehmer also zuerst für sechs Monate zu einem anderen Kunden geschickt und danach erst zu dem Entleiher, bei dem er beschäftigt war, greift die Drehtürregelung nicht und das Zeitarbeitsunternehmen kann auch für diesen Einsatz die Tariföffnung nutzen.[298]

127 Als **Ausscheiden** aus dem Arbeitsverhältnis gilt **jede Form der Beendigung** beim bisherigen Arbeitgeber. Insofern spielt es keine Rolle, ob es sich um eine Kündigung, eine einvernehmliche Aufhebung oder auch das Auslaufen einer Befristung handelt.[299] Teilweise wird vertreten, ein Ausscheiden sei nicht gegeben, wenn das ursprüngliche Arbeitsverhältnis mit dem späteren Entleiher nicht beendet, sondern **ruhend gestellt** wurde.[300] Diese Ansicht kann jedoch in der Praxis nicht empfohlen werden, da sie einer gerichtlichen Prüfung nicht standhält. Eine solche bewusste Vertragsgestaltung und notwendige Absprache zwischen Verleiher und Entleiher stellt eine unzulässige Gesetzesumgehung dar, die als Missbrauchstatbestand unwirksam wäre.[301]

▶ Praxistipp:

Die Vorbeschäftigung beim Entleiher beeinflusst lediglich die Anwendung eines Tarifvertrages, nicht jedoch die grundsätzliche Vertragsgestaltung mit dem Zeitarbeitsunternehmen. So kann das Zeitarbeitsunternehmen mit dem Zeitarbeitnehmer auch dann eine sachgrundlose Befristung vereinbaren, wenn er beim Entleiher sachgrundlos befristet beschäftigt war und er auf denselben Arbeitsplatz wieder eingesetzt wird. Hierin liegt grds. keine missbräuchliche Gestaltung des Befristungsrechts.[302]

---

297 *Ulber* § 9 AÜG Rn. 277, 281; *Oberthür* ArbRB 2011, 147.
298 *Hamann* NZA 2011, 76 spricht hier von einer »Kunstpause«; *Thüsing* § 3 AÜG Rn. 118 m.w.N.
299 *Huke/Neufeld/Luickhardt* BB 2012, 963; BT-Drucks. 17/4804, 9, wonach auch das »nicht weiter beschäftigt werden« verhindert werden soll.
300 *Lembke* DB 2011, 419; zustimmend *Oberthür* ArbRB 2011, 147; *Huke/Neufeld/Luickhardt* BB 2012, 962.
301 So auch *Hamann* RdA 2011, 329; *Thüsing* § 3 AÜG Rn. 118.
302 BAG, 09.03.2011 – 7 AZR 657/09, NZA 2011, 1147.

> Achtung:
>
> Dies gilt nach der Rechtsprechung des BAG **nicht**, »*wenn Verleiher und Entleiher in bewusstem und gewolltem Zusammenwirken diese Vertragsgestaltungen* **in mehreren Fällen** *rechtsmißbräuchlich vereinbaren.*«[303]

4. Rechtsfolgen

Liegen die Voraussetzungen der Drehtürklausel vor, bleibt der Einsatz von Arbeitnehmerüberlassung auch in diesen Fällen weiterhin möglich, jedoch gelten vom Gleichstellungsgrundsatz abweichende tarifliche Regelungen im Arbeitsverhältnis des betreffenden Leiharbeitnehmers nicht, sodass gem. § 8 Abs. 1 AÜG dem Leiharbeitnehmer die gleichen **wesentlichen Arbeitsbedingungen** einschließlich des Arbeitsentgelts zu gewähren sind wie einem vergleichbaren Arbeitnehmer im Betrieb des Entleihers. Dabei ist diese »Rückausnahme« nicht auf sechs Monate beschränkt, sondern sie gilt für die **gesamte Einsatzdauer** beim Vorarbeitgeber.[304] Dies gilt jedoch nur für den Ersteinsatz. Hat der Leiharbeitnehmer aufgrund seiner **Einsatzwechseltätigkeit** einen **Zweiteinsatz**, bei dem die Vorbeschäftigungen schon länger als sechs Monate zurückliegt, so ist eine tarifliche Abweichung vom Gleichstellungsgrundsatz wieder möglich. 128

In der Literatur bestehen teilweise erhebliche **Zweifel an der Verfassungsmäßigkeit** dieser Vorschrift. Dies insb. dann, wenn es sich um eine Geltung aufgrund beiderseitiger Tarifbindung handelt. In diesen Fällen ging es um die Ausübung der individuellen positiven Koalitionsfreiheit der tarifgebundenen Arbeitgeber und Arbeitnehmer sowie um die Tarifautonomie der Tarifvertragsparteien und damit um einen Eingriff in den Kernbereich des Art. 9 Abs. 3 GG.[305] Dem widerspricht die Rechtsprechung – zutreffend – mit einer **verfassungsrechtlichen Rechtfertigung**. Dem möglichen Eingriff stehen mehrere **rechtfertigende Schutzgüter von Verfassungsrang** entgegen. So unter anderem das durch Art. 12 GG geschützte Interesse des Leiharbeitnehmers an zumutbaren Arbeitsbedingungen, die Verbesserung der Stellung der Leiharbeitnehmer sowie der grundsätzliche Schutz der Arbeitnehmer vor Missbrauch.[306] 129

---

303 BAG, 24.06.2015 – 7 AZR 452/13, NZA 2015, 1507.
304 *Thüsing* § 3 AÜG Rn. 117 m.w.N.; a.A. *Rosenau/Mosch* NJW-Special 2011, 242.
305 *Oberthür* ArbRB 2011, 148; *Lembke* DB 2011, 420 m.w.N.
306 BVerfG, 29.12.2004 – 1 BvR 2283/03, BVerfGK 4, 356, 360.

§ 8 AÜG Grundsatz der Gleichstellung

▶ Praxistipp:

Die Überwachung der Drehtürklausel obliegt dem Zeitarbeitsunternehmen. Die Einhaltung wird i.R.d. regelmäßigen Prüfungen durch die Regionaldirektionen vorgenommen.[307] Jedes Zeitarbeitsunternehmen sollte daher einen Prozess zur **Überprüfung** von möglichen Drehtür-Sachverhalten einführen. Dies kann relativ einfach durch eine Änderung der bestehenden Formulare und Verträge erreicht werden:

Abfrage des Vorarbeitgebers im Personalfragebogen

Aufnahme einer Mitteilungspflicht des Leiharbeitnehmers im Arbeitsvertrag

Aufnahme einer Mitteilungspflicht des Entleihers im AÜV und/oder AGB

IV. »Equal Pay« nach neun Monaten/Ausnahme Branchenlösung, Branchenzuschlags-TV – Abs. 4

1. Einleitung

130 § 8 Abs. 4 S. 1 AÜG enthält eine neue Regelung, wonach Leiharbeitnehmer **nach neun Monaten Anspruch auf das Arbeitsentgelt** haben, das vergleichbare Stammarbeitnehmer des Entleihers im Betrieb des Entleihers erhalten (Equal Pay).[308]

Eine darüber hinausdauernde Abweichung vom Gleichstellungsgrundsatz ist hinsichtlich des Arbeitsentgelts zukünftig nur noch möglich, wenn für das Arbeitsverhältnis ein (**Branchen-)Zuschlagstarifvertrag** gilt, der nach einer Einarbeitungszeit von längstens sechs Wochen eine **stufenweise Heranführung** des Arbeitsentgelts an das vergleichbare tarifvertragliche Arbeitsentgelt in der Einsatzbranche vorsieht. Dabei haben die sachnahen Tarifvertragsparteien der Zeitarbeitsbranche das **gleichwertige tarifvertragliche Arbeitsentgelt** vergleichbarer Arbeitnehmer in der Einsatzbranche festzulegen. Das von den Tarifvertragsparteien als vergleichbar festgelegte Arbeitsentgelt müssen die Leiharbeitskräfte spätestens nach 15 Monaten erreichen. Die Regelung ermöglicht es, bestehende Branchenzuschlagstarifverträge, welche für den Einsatz von Leiharbeitskräften in bestimmten Branchen bereits heute nach einer kurzen Einarbeitungszeit die Zahlung von Zuschlägen regeln,

---

307 Geschäftsanweisung (GA) der BA zum AÜG, § 8 Ziff. 8.3 Abs. 2.
308 Eingeführt durch das Gesetz zur Änderung des Arbeitnehmerüberlassungsgesetzes und anderer Gesetze 21.02.2017, BGBl. I, 258.

weiterzuentwickeln. Sie betrifft auch künftige neue Tarifverträge, die die gesetzlichen Mindestvoraussetzungen erfüllen.

Dies bedeutet **Gestaltungsspielraum** für die sachnahen Tarifvertragsparteien. Diese können in ihren Tarifverträgen differenziert ausgestalten, wie Leiharbeitnehmer nach einer Einarbeitungszeit von längstens sechs Wochen in welcher Abstufung im Hinblick auf die Einsatzdauer und das Arbeitsentgelt an das gleichwertige tarifvertragliche Arbeitsentgelt in der Einsatzbranche herangeführt werden. Hiermit sollen auch Anreize zum Abschluss weiterer (Branchen-)Zuschlagstarifverträge gesetzt werden. Diese kommen insbesondere Leiharbeitnehmern im nicht-industriellen Bereich und mit kurzen Einsatzzeiten zugute.[309]

2. Gleiches Arbeitsentgelt (Equal Pay) nach neun Monaten

Der neu eingeführte § 8 Abs. 4 AÜG soll sicherstellen, dass Leiharbeitnehmer künftig spätestens nach neun Monaten denselben Lohn wie vergleichbare Arbeitnehmer des Entleihers erhalten und damit hinsichtlich des **Arbeitsentgelts** mit den Stammbeschäftigten gleichgestellt werden (Equal Pay). Erreicht werden soll dies dadurch, dass § 8 Abs. 4 AÜG ein Abweichen vom Gleichbehandlungsgrundsatz durch Tarifverträge der Zeitarbeit – zumindest hinsichtlich des Arbeitsentgeltes (Equal Pay) – nicht mehr unbegrenzt, sondern nur noch für die ersten neun Monate des Einsatzes bei demselben Entleiher zulässt. 131

Der Gesetzgeber hat auch hier – wie schon bei der »Drehtürklausel« – die Konstruktion einer »**Rückausnahme**« gewählt. Diese führt allerdings nicht zu einem vollständigen Verbot der Tariföffnung, sondern lediglich zu einer zeitlich begrenzten Nutzungsmöglichkeit der Tariföffnungsklausel des § 8 Abs. 2 AÜG. Und dies auch nicht hinsichtlich aller Arbeitsbedingungen, sondern nur bezogen auf das Arbeitsentgelt.

§ 8 Abs. 4 AÜG bezieht sich dabei nicht auf das Beschäftigungsverhältnis zum Verleiher, sondern auf den Einsatz bei demselben Entleiher. Das bedeutet, dass der einzelne Einsatz bei einem konkreten Entleiher geprüft werden muss und sich Arbeitsbedingungen des Leiharbeitnehmers nach Einsatzzeiten verändern können. Werden die Arbeitsbedingungen des Leiharbeitnehmers durch einen Tarifvertrag der Zeitarbeit geregelt, so bleibt während der ersten neun Monate des Einsatzes bei demselben Entleiher alles unverändert. Die 132

---

309 BT-Drucks. 294/16 vom 02.06.2016, Begründung zu Nr. 3.

§ 8 AÜG Grundsatz der Gleichstellung

Tariföffnungsklausel gemäß § 8 Abs. 2 AÜG kann sowohl hinsichtlich der wesentlichen Arbeitsbedingungen als auch des Arbeitsentgeltes vollumfänglich genutzt werden. Erst ab dem 10. Monat entfällt die Abweichungsmöglichkeit und nur in Bezug auf das Arbeitsentgelt.[310]

▶ Beispiel:

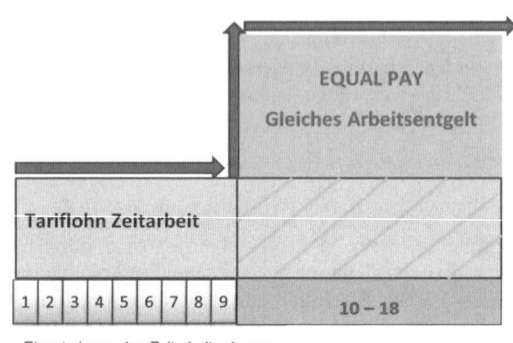

EQUAL PAY
Gleiches Arbeitsentgelt

Tariflohn Zeitarbeit

| 1 | 2 | 3 | 4 | 5 | 6 | 7 | 8 | 9 | 10 – 18 |

Einsatzdauer des Zeitarbeitnehmers in Monaten

▶ Praxistipp:

Die Vertragsgestaltung in der Praxis ist hiervon nicht betroffen. Der Leiharbeitnehmer kann weiterhin unter Bezugnahme auf einen Tarifvertrag der Zeitarbeit eingestellt werden. Dieser Tarifvertrag regelt dann die Rechte und Pflichten der Parteien im Arbeitsverhältnis hinsichtlich der wesentlichen Arbeitsbedingungen und des Arbeitsentgeltes.

Zu beachten ist, dass die Tariföffnung hinsichtlich der wesentlichen Arbeitsbedingungen – also z.B. Arbeitszeit, Arbeitszeitkonto, Urlaub etc. – zeitlich nicht begrenzt ist. Diese Regelungen gelten für die gesamte Einsatzdauer!

133 Kann die Tariföffnung hinsichtlich des Arbeitsentgeltes nach neun Monaten nicht mehr genutzt werden, so schuldet der Arbeitgeber (Verleiher) gemäß § 8 Abs. 1 AÜG das **Arbeitsentgelt des vergleichbaren (Stamm -) Arbeitnehmers**

---

310 *Kramer/Dreyer* AuA 2016, 204; *Hennig/Bödecker* AuA 2016, 201.

des Entleihers. Zum Arbeitsentgelt gehören alle wesentlichen Vergütungsbestandteile, die als Gegenleistung für geleistete Dienste bezahlt werden.[311] Ebenso hinzuzurechnen sind die Sachbezüge bzw. der entsprechende Sachwert in Geld.

Die Definition des Arbeitsentgeltes sowie die Aufnahme der Sachbezüge in den Gleichbehandlungsgrundsatz führen in der Praxis dazu, dass sich die Gleichbehandlung nach neun Monaten auf weit mehr als die gleiche Entlohnung erstreckt. Neben dem reinen (Ent -) Geld sind z.B. auch Dienstwagen, freie Kost oder Wohnung, vergünstigte oder unentgeltliche Waren oder andere Vergünstigungsoptionen zu berücksichtigen.

Die vielfach vertretene Ansicht,[312] § 8 Abs. 4 AÜG führe damit zu einer absoluten Gleichbehandlung (Equal Treatment) ist jedoch abzulehnen. Richtig ist, dass durch die fehlende Definition des Vergleichsentgeltes und die Aufnahme von Sachbezügen nicht nur eine Gleichstellung des reinen Entgeltes sondern auch hinsichtlich weiterer Arbeitsbedingungen gefordert wird. Dies wird auch zu erheblichen Auslegungsproblemen bei der Definition der Gleichstellung nach § 8 Abs. 4 AÜG führen. Auf der anderen Seite haben auch diese weiteren Arbeitsbedingungen einen unmittelbaren Bezug zum Vergleichsentgelt und damit **Entgeltcharakter**. Einen Anspruch auf Gleichbehandlung hinsichtlich der wesentlichen Arbeitsbedingungen wie Arbeitszeit, Arbeitszeitkonto Urlaub etc. (Equal Treatment) ist aber nicht gegeben.[313]

▶ Praxistipp:

Zum Arbeitsentgelt gehört die gesamte steuerpflichtige Vergütung, insb.[314]:
– Grundvergütung;
– Provisionen;
– Variable Vergütungszahlungen (z.B. Zielbonus/Erfolgsvergütung, Umsatz-/Gewinnbeteiligung, Tantieme);
– Gratifikationen, Jahressonderzahlungen (z.B. Urlaubs-/Weihnachtsgeld);
– Zuschläge (z.B. Überstunden, Nachtarbeit, Wechselschicht, Sonn-/Feiertagsarbeit, Rufbereitschaft);
– Zulagen (z.B. Schmutz-/Lärm-/Gefahrenzulage);

---
311 S. o. Rdn. 37 ff.
312 So z.B. *Seel* öAT 2016, 27, *Hennig/Bödecker* AuA 2016, 201.
313 So auch die Gesetzesbegründung BT-Drucks. 294/16 vom 2.6.2016, Begründung zu Nr. 3.
314 BAG 19.03.14 – 5 AZR 1046/12.

§ 8 AÜG Grundsatz der Gleichstellung

- Vermögenswirksame Leistungen;
- Zuschüsse zum Krankengeld;

3. Ausnahme Branchenzuschlags-Tarifvertrag (BZ-TV)

134 Hatte § 8 Abs. 4 Satz 1 AÜG gerade noch die zwingende Geltung des Gleichbehandlungsgrundsatzes hinsichtlich des Arbeitsentgeltes statuiert, eröffnet Satz 2 bereits eine komplizierte **Ausnahme**, wann eine über neun Monate hinaus dauernde Abweichung vom Gleichstellungsgrundsatz durch einen Tarifvertrag möglich ist. An diesen (verlängernden) Tarifvertrag stellt der Gesetzgeber besondere Anforderungen. Ein längeres (als neun Monate) Abweichen vom gleichen Arbeitsentgelt ist nur durch einen Tarifvertrag möglich, der nach einer **Einarbeitungszeit von längstens sechs Wochen** eine **stufenweise Heranführung** des Arbeitsentgelts an das vergleichbare tarifvertragliche Arbeitsentgelt in der Einsatzbranche vorsieht (§ 8 Abs. 4 Satz 2 Nr. 2 AÜG) und das vergleichbare **Arbeitsentgelt** nach 15 Monaten festgelegt hat (§ 8 Abs. 4 Satz 3 Nr. 1 AÜG).

Diese Ausnahme von der Rückausnahme hängt mit der mehrfachen Nachbesserung des Gesetzesentwurfs zusammen. Da der erste Entwurf keine Ausnahme vorsah, wurde ein Eingriff in die Tarifautonomie nach Art. 9 GG gerügt, da die bestehenden tariflichen (Equal-Pay)Strukturen der bestehenden Branchenzuschlags-Tarifverträge nicht berücksichtigt waren.[315]

Aus diesem Grund knüpft die nunmehrige Formulierung auch an die Systematik der bestehenden BZ-TV an. Diese sehen bereits nach einer 6-wöchigen Einarbeitungszeit die stufenweise Zahlung von Zuschlägen bei der Überlassung in bestimmte Branchen vor.[316] Nicht enthalten in den bestehenden BZ-TV ist ein festgelegtes gleichwertiges Arbeitsentgelt wie es § 8 Abs. 4 Satz 3 Nr. 1 AÜG fordert. Ziel der Ausnahmeregelung ist daher auch die Weiterentwicklung der bestehenden BZ-TV sondern auch der Abschluss von neuen Branchenregelungen. Es soll ein Anreiz zum Abschluss weiterer tariflicher Ausnahmeregelungen sein.[317]

---

315 S.o. Rdn. 21; Zu den einzelnen Änderungen der drei Entwürfe ausführlich *Bissels/Falter* DB 2016, 534; dies. DB 2016, 1444.
316 Ausführlich zu den bestehenden BZ-TV oben Rdn. 92 ff.
317 BT-Drucks. 294/16 vom 02.06.2016, Begründung zu Nr. 3.

Mit dieser Konstruktion wälzt der Gesetzgeber die fehlende Definition des gleichen Entgelts (equal pay) im Gesetz auf die Sozialpartner ab. Diese sollen tarifvertraglich regeln, was als **gleichwertiges Arbeitsentgelt** in der jeweiligen Branche angesehen wird. Diese Verlagerung auf die Tarifvertragsparteien beseitigt aber nicht die erheblichen Rechtsunsicherheiten, die weiterhin durch die gesetzliche Vorgabe einhergehen. Wie schon beim gesetzlichen Anspruch auf gleiches Arbeitsentgelt gemäß § 8 Abs. 1 AÜG gibt der Gesetzgeber auch bei der Ausnahme keinerlei Angabe, was er als gleichwertiges tarifvertragliches Arbeitsentgelt ansieht.

135

Streitig ist, ob dieses tarifvertraglich festzulegende gleichwertige Arbeitsentgelt auch **unter 100 %** des eigentlichen Entgeltes vergleichbarer Arbeitnehmer liegen kann. Hintergrund sind die bestehenden BZ-TV, die ein Vergleichsentgelt in Höhe von 90 % genügen lassen. Fraglich ist daher, ob bereits die bestehenden BZ-TV die gesetzlichen Mindestvoraussetzungen der neu eingeführten Ausnahmeregelung in § 8 Abs. 4 Satz 2 AÜG erfüllen. Vielfach wird in der Literatur in der Ausnahmeregelung ein weiter Spielraum für die tarifvertragliche Definition des gleichen Arbeitsentgelts gesehen. Nach dieser Ansicht sind die Tarifvertragsparteien frei, was sie als gleichwertiges Arbeitsentgelt ansehen, so dass durch den BZ-TV keine vollkommene Lohngleichheit eintreten muss.[318]

Dieser Meinung kann nicht gefolgt werden. Sie widerspricht dem **Sinn und Zweck und dem Wortlaut des Gesetzes** und der BZ-TV und dürfte daher auch in der Praxis keinen Bestand haben. Eine Ausnahme vom Gleichbehandlungsgrundsatz ist nach neun Monaten nur gegeben, wenn der Tarifvertrag ein gleichwertiges Arbeitsentgelt festlegt. **Teleologisch kann damit ein Vergleichsentgelt nicht unter 100 % liegen**. Dies ergibt sich auch aus der Begründung des Gesetzgebers, der durch diese Regelung die Möglichkeit eröffnen will, die bestehenden BZ-TV weiter zu entwickeln und neue abzuschließen. Die neu hinzugefügte Voraussetzung des gleichwertigen Arbeitsentgeltes wäre anderenfalls nicht notwendig gewesen. Letztlich ergibt sich auch nichts anderes aus den bestehenden BZ-TV. Auch diese legen kein Vergleichsentgelt unter 100 % fest. Sie ermöglichen lediglich einen 10-prozentigen Abschlag, den sogenannten Eingliederungsabschlag.[319]

---

318 *Hamann* AuR 2016, 136; *Kramer/Dreyer* AuA 2016, 204; *Bissels/Falter* DB 2016, S. 534.
319 Vgl. z.B. BZ-TV Chemie § 2 Abs. 4.

Da die bestehenden BZ-TV nicht das beim Entleiher gezahlte Entgelt zu 100 % erreichen, erfüllen sie nicht die Mindestvoraussetzungen der Ausnahme gemäß § 8 Abs. 4 Satz 2 AÜG. Erst wenn die bestehenden BZ-TV hinsichtlich des gleichwertigen Arbeitsentgeltes ergänzt bzw. weiterentwickelt werden, können sie wirksam länger als neun Monate vom Gleichbehandlungsgrundsatz abweichen.[320]

136 Sofern ein Tarifvertrag die Mindestvoraussetzungen dieser Ausnahme erfüllt ist es möglich, durch eine stufenweise Heranführung an ein gleichwertiges Arbeitsentgelt, insgesamt 15 Monate von Equal-Pay-Anspruch abzuweichen. Ab dem 16. Einsatzmonat muss sodann der Gleichbehandlungsgrundsatz durch das Arbeitsentgelt erfüllt werden, welches der Ausnahmetarifvertrag als gleichwertig festgelegt hat. Dieses ist dann bis einschließlich zum 18. Einsatzmonat zu zahlen. Danach greift die Höchstüberlassungsdauer.[321]

▶ Beispiel:

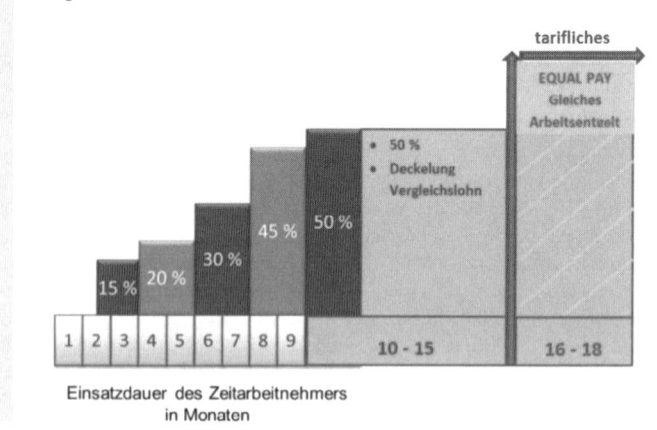

137 Mit Satz 3 wird sichergestellt, dass auch (Branchen-)Zuschlagstarifverträge im Sinne des Satzes 2 wie bisher in ihrem Geltungsbereich für nicht tarifgebundene Arbeitgeber und Arbeitnehmer über eine Inbezugnahme zur Geltung

---

320 So auch *Hennig/Bödecker* AuA 2016, 201.
321 Zur Kritik statt vieler *Seel* öAT 2016, 27; und § 1 Abs. 1b AÜG.

gebracht werden können. Mit Satz 3 ist keine Änderung der Voraussetzungen für eine Inbezugnahme von Tarifverträgen, die vom Gleichstellungsgrundsatz abweichen, verbunden.[322]

4. Unterbrechung

Um Umgehungsstrategien zu vermeiden, werden nach Satz 4 kurzfristige **Unterbrechungen** der Überlassungszeiten bei der Berechnung des 9- bzw. 15-Monats-Zeitraums nicht berücksichtigt. Voraussetzung hierfür ist, dass die Unterbrechung zwischen zwei Überlassungen beim gleichen Entleiher nicht mehr als **drei Monate** beträgt. In diesem Fall sind Überlassungszeiten zusammenzurechnen. Wird in der Addition der zu berücksichtigenden Überlassungszeit der 9- bzw. 15-Monats-Z beziehungsweise 15-Monats-Zeitraum erreicht, besteht der Anspruch auf Equal Pay beziehungsweise das tarifvertraglich festgelegte gleichwertige Arbeitsentgelt. Dies gilt auch, wenn während des Einsatzes bei demselben Entleiher Arbeitsverhältnisse zu verschiedenen Verleihern bestanden haben.[323]

138

Das bedeutet, dass bei Unterbrechenszeiten, die kürzer als drei Monate dauern, die Einsatzzeiten vor der Unterbrechung mitgezählt werden. Dauert die Unterbrechung länger als drei Monate, so beginnt die Fristberechnung von Neuem. Dabei ist es unerheblich, durch welchen Verleiher der Einsatz vor der Unterbrechung durchgeführt wurde. Bei Unterbrechungen von weniger als drei Monaten werden auch Einsatzzeiten berücksichtigt, die der Leiharbeitnehmer bei einem anderen Verleiher mit einem anderen Arbeitsvertrag bei demselben Entleiher durchgeführt hat. Die Unterbrechenszeit selber wird nicht gezählt.

▶ Praxistipp:

Die Überwachung des Voreinsatzes dürfte dem Zeitarbeitsunternehmen obliegen. Jedes Zeitarbeitsunternehmen sollte daher einen Prozess zur Überprüfung von möglichen Voreinsatzzeiten einführen. Dies kann relativ einfach durch eine Änderung der bestehenden Formulare und Verträge erreicht werden:

Abfrage des Voreinsatzes im Personalfragebogen

---

322 Zur Bezugnahme ausführlich oben Rdn. 67 ff.
323 BT-Drucks. 294/16 vom 02.06.2016, Begründung zu Nr. 3.

§ 8 AÜG   Grundsatz der Gleichstellung

- Aufnahme einer Mitteilungspflicht des Leiharbeitnehmers im Arbeitsvertrag
- Aufnahme einer Mitteilungspflicht des Entleihers im AÜV und/oder AGB

139   Als Unterbrechung gilt nur die so genannte »Abmeldung«, also die Beendigung des Einsatzes durch Beendigung des Arbeitnehmerüberlassungsvertrages (AÜV). Ein anderer Einsatz bei einem zweiten Kunden ist also nur dann eine Unterbrechung, wenn der AÜV des Ersteinsatzes beendet ist. Ist der Leiharbeitnehmer – wie in der Praxis häufig – gleichzeitig bei mehreren Kunden im Einsatz liegt keine Unterbrechung vor, wenn die AÜVe unbeendet nebeneinander weiterlaufen. Krankheit, Urlaub etc. im laufenden Einsatz sind keine Unterbrechung.

Die **Fristberechnung** dieser Zeiträume bestimmt sich nach § 187 Abs. 2 BGB und § 188 Abs. 2 BGB. Das bedeutet, dass die Fristen mit dem ersten Einsatztag um 0:00 Uhr zu laufen beginnen und nach Ablauf von 9 oder 15 Monaten an dem Tag enden, der dem Tage vorhergeht, der durch seine Zahl dem Anfangstag der Frist entspricht.

▶ **Beispiel:**

- Beginnt der Mitarbeiter seinen Einsatz am 01.04.2017, so beginnt die Frist am 1.4.2017 um 0:00 Uhr zu laufen und endet am 31.12.2017 um 24:00 Uhr. Am 01.01.2018 beginnt damit seinen Anspruch auf Gleichbehandlung.
- Ist dieser Einsatz durch Beendigung des AÜV vom 01.06.2017 bis 31.08.2017 (also kürzer als drei Monate) unterbrochen, so ist die Voreinsatzzeit vollständig anzurechnen, so dass sein Anspruch auf Gleichbehandlung am 01.03.2018 beginnt. Die Unterbrechenszeit selber wird nicht gezählt.

V. Mindestbedingungen – Abs. 5

140   § 8 Abs. 5 AÜG regelt den bisher in § 10 Absatz 5 AÜG a.F. enthaltenen Grundsatz, dass die für die Arbeitnehmerüberlassung verbindlich festgesetzte **Lohnuntergrenze** nicht unterschritten werden darf. Dies gilt sowohl für Verleihzeiten als auch für verleihfreie Zeiten.

§ 8 Abs. 5 AÜG ist die arbeitsrechtliche Anspruchsgrundlage des Leiharbeitnehmers gegen den Verleiher auf Gewährung von Mindeststundenentgelten, sofern eine Lohnuntergrenze nach § 3a Abs. 2 AÜG festgesetzt ist. Die Lohnuntergrenze gilt sowohl während der Einsatzzeiten bei einem Entleiher als auch in verleihfreien Zeiten und dient zur Mindestabsicherung des Leiharbeitnehmers. Deshalb sind Mindeststundenentgelte nach § 3a Abs. 2 AÜG auch dann zu zahlen, wenn die Vergütung eines vergleichbaren Arbeitnehmers im Entleihbetrieb die Lohnuntergrenze ausnahmsweise unterschreitet.

Bei Missachtung der Lohnuntergrenze droht dem Verleiher ein **Bußgeld** von bis zu 500.000 € (§ 16 Abs. 1 Nr. 7b, Abs. 2 AÜG). Überdies kann ein Verstoß gegen § 8 Abs. 5 AÜG gewerberechtliche Sanktionen gegen den Verleiher wegen Unzuverlässigkeit (§ 3 Abs. 1 Nr. 3 AÜG) auslösen. 141

C. Rechtsfolgen bei Verstoß gegen den Gleichstellungsgrundsatz

Verstößt ein Verleiher gegen den Gleichstellungsgrundsatz, so ist die **gewerberechtliche Folge**, dass die BA als Aufsichtsbehörde die **Erlaubnis** gem. § 4 AÜG zurücknehmen oder ihre Verlängerung gem. § 5 AÜG widerrufen kann. Die BA hat bei ihrer Entscheidung über die Rücknahme oder den Widerruf die Verhältnismäßigkeit ihrer Entscheidung zu berücksichtigen. 142

Arbeitsrechtlich ist der Gleichstellungsgrundsatz **zwingend**, sodass gem. § 9 Abs. 1 Nr. 2 AÜG entgegenstehende Individual- oder Kollektivvereinbarungen unwirksam sind. Bei einem Verstoß hat der Arbeitnehmer also gem. § 9 Nr. 2 AÜG und § 8 Abs. 1 AÜG Anspruch auf die gleichen **wesentlichen Arbeitsbedingungen** wie die Stammarbeitnehmer im Entleihbetrieb (Equal Treatment). Verstößt der Entleiher bei der Vergütung gegen die **Lohnuntergrenze** gem. § 3a AÜG, so hat der Leiharbeitnehmer gem. § 8 Abs. 2 Satz 4 AÜG einen Anspruch auf das für eine Arbeitsstunde zu zahlende Arbeitsentgelt, das einem vergleichbaren Arbeitnehmer des Entleihers zusteht (Equal Pay). 143

Der **Betriebsrat** des Entleihers kann bei einem Verstoß gegen den Gleichstellungsgrundsatz nicht die **Zustimmung** zur Einstellung gem. § 99 Abs. 2 BetrVG verweigern.[324] Ein entsprechender Antrag wurde im Gesetzgebungsverfahren nicht angenommen.[325] 144

---

324 BAG, 01.06.2011 7 ABR 117/09, NZA 2011, 1435; *Thüsing* § 3 AÜG Rn. 129 m.w.N.
325 BT-Drucks. 17/5238, 12.

145 Früher konnte die BA Verstöße gegen den Gleichbehandlungsgrundsatz nur über die Erlaubnis ahnden. Diese starre Regelung wurde aber nicht jedem Einzelfall gerecht. Daher war aus Sicht der Praxis bei Regelverstößen eine Sanktionierung sinnvoll, die den Verleiher nicht so hart trifft wie der Entzug der gewerberechtlichen Verleiherlaubnis. Die Möglichkeit der BA, bestimmte Verstöße mit einer Geldbuße zu ahnden, entsprach zudem der Forderung der Leiharbeitsrichtlinie, wirksame, abschreckende und insb. auch angemessene **Sanktionen** vorzusehen.[326]

Seit dem 01.12.2011 stellt daher ein Verstoß gegen den Gleichstellungsgrundsatz gem. dem neu eingeführten § 16 Nr. 7a AÜG eine **Ordnungswidrigkeit** dar, die mit einem Bußgeld von bis zu 500.000 € geahndet werden kann. Gleiches gilt gemäß § 16 Nr. 7b AÜG für einen Verstoß gegen die Lohnuntergrenze.

§ 9 Unwirksamkeit

(1) Unwirksam sind:
1. Verträge zwischen Verleihern und Entleihern sowie zwischen Verleihern und Leiharbeitnehmern, wenn der Verleiher nicht die nach § 1 erforderliche Erlaubnis hat; der Vertrag zwischen Verleiher und Leiharbeitnehmer wird nicht unwirksam, wenn der Leiharbeitnehmer schriftlich bis zum Ablauf eines Monats nach dem zwischen Verleiher und Entleiher für den Beginn der Überlassung vorgesehenen Zeitpunkt gegenüber dem Verleiher oder dem Entleiher erklärt, dass er an dem Arbeitsvertrag mit dem Verleiher festhält; tritt die Unwirksamkeit erst nach Aufnahme der Tätigkeit beim Entleiher ein, so beginnt die Frist mit Eintritt der Unwirksamkeit,
1a. Arbeitsverträge zwischen Verleihern und Leiharbeitnehmern, wenn entgegen § 1 Absatz 1 Satz 5 und 6 die Arbeitnehmerüberlassung nicht ausdrücklich als solche bezeichnet und die Person des Leiharbeitnehmers nicht konkretisiert worden ist, es sei denn, der Leiharbeitnehmer erklärt schriftlich bis zum Ablauf eines Monats nach dem zwischen Verleiher und Entleiher für den Beginn der Überlassung vorgesehenen Zeitpunkt gegenüber dem Verleiher oder dem Entleiher, dass er an dem Arbeitsvertrag mit dem Verleiher festhält,

---

326 BT-Drucks. 17/4804, 10.

1b. Arbeitsverträge zwischen Verleihern und Leiharbeitnehmern mit dem Überschreiten der zulässigen Überlassungshöchstdauer nach § 1 Absatz 1b, es sei denn, der Leiharbeitnehmer erklärt schriftlich bis zum Ablauf eines Monats nach Überschreiten der zulässigen Überlassungshöchstdauer gegenüber dem Verleiher oder dem Entleiher, dass er an dem Arbeitsvertrag mit dem Verleiher festhält,
2. Vereinbarungen, die für den Leiharbeitnehmer schlechtere als die ihm nach § 8 zustehenden Arbeitsbedingungen einschließlich des Arbeitsentgelts vorsehen,
2a. Vereinbarungen, die den Zugang des Leiharbeitnehmers zu den Gemeinschaftseinrichtungen oder -diensten im Unternehmen des Entleihers entgegen § 13b beschränken,
3. Vereinbarungen, die dem Entleiher untersagen, den Leiharbeitnehmer zu einem Zeitpunkt einzustellen, in dem dessen Arbeitsverhältnis zum Verleiher nicht mehr besteht; dies schließt die Vereinbarung einer angemessenen Vergütung zwischen Verleiher und Entleiher für die nach vorangegangenem Verleih oder mittels vorangegangenem Verleih erfolgte Vermittlung nicht aus,
4. Vereinbarungen, die dem Leiharbeitnehmer untersagen, mit dem Entleiher zu einem Zeitpunkt, in dem das Arbeitsverhältnis zwischen Verleiher und Leiharbeitnehmer nicht mehr besteht, ein Arbeitsverhältnis einzugehen,
5. Vereinbarungen, nach denen der Leiharbeitnehmer eine Vermittlungsvergütung an den Verleiher zu zahlen hat.

(2) Die Erklärung nach Absatz 1 Nummer 1, 1a oder 1b (Festhaltenserklärung) ist nur wirksam, wenn
1. der Leiharbeitnehmer diese vor ihrer Abgabe persönlich in einer Agentur für Arbeit vorlegt,
2. die Agentur für Arbeit die abzugebende Erklärung mit dem Datum des Tages der Vorlage und dem Hinweis versieht, dass sie die Identität des Leiharbeitnehmers festgestellt hat, und
3. die Erklärung spätestens am dritten Tag nach der Vorlage in der Agentur für Arbeit dem Ver- oder Entleiher zugeht.

(3) Eine vor Beginn einer Frist nach Absatz 1 Nummer 1 bis 1b abgegebene Festhaltenserklärung ist unwirksam. Wird die Überlassung nach der Festhaltenserklärung fortgeführt, gilt Absatz 1 Nummer 1 bis 1b. Eine erneute Festhaltenserklärung ist unwirksam. § 28e Absatz 2 Satz 4 des Vierten Buches Sozialgesetzbuch gilt unbeschadet der Festhaltenserklärung.

Urban-Crell

§ 9 AÜG Unwirksamkeit

Übersicht	Rdn.
A. Allgemeines	1
I. Gesetzeszweck	1
II. Entstehungsgeschichte	4
B. Unwirksamkeitsgründe – Abs. 1	6
I. Fehlende Verleiherlaubnis – Abs. 1 Nr. 1	6
1. Voraussetzungen	6
2. Rechtsfolgen	12
a) Unwirksamkeit des Überlassungsvertrages – Nr. 1, 1. Alt.	14
aa) Haftung	15
bb) Bereicherungsausgleich	16
cc) Gesamtschuldnerausgleich	21
b) Unwirksamkeit des Leiharbeitsvertrages – Nr. 1, 2. Alt.	22
aa) Unwirksamkeit Leiharbeitsvertrag	22
bb) Faktisches Arbeitsverhältnis	25
cc) Sonstige Rechtsfolgen	28
c) Sonstiges	29
II. Verdeckte Arbeitnehmerüberlassung – Abs. 1 Nr. 1a	30
1. Voraussetzungen	30
2. Rechtsfolgen	33
III. Überlassungshöchstdauer – Abs. 1 Nr. 1b	35
1. Voraussetzungen	35
2. Rechtsfolgen	36
IV. Vereinbarung schlechterer Arbeits- und Entgeltbedingungen für Verleihzeiten im Leiharbeitsvertrag – Abs. 1 Nr. 2	39
1. Voraussetzungen und Ausnahmen	39
2. Rechtsfolgen	45
V. Zugang zu Gemeinschaftseinrichtungen oder -diensten – Abs. 1 Nr. 2a	51
VI. Vereinbarung von Abwerbungs- und Einstellungsverboten im Überlassungsvertrag – Abs. 1 Nr. 3	53
1. Voraussetzungen	54
a) Einstellungs- und Abwerbeverbote	54
b) Vermittlungsgebühr	56
aa) Zulässigkeit	57
bb) Angemessenheit	59
cc) Kausalität	60
dd) Klauselbeispiel	63
ee) Rechtsfolge der Unwirksamkeit	64
2. Rechtsfolgen	65
VII. Vereinbarung von nachvertraglichen Verboten zur Aufnahme eines Arbeitsverhältnisses zum Entleiher – Abs. 1 Nr. 4	67

	1. Voraussetzungen	67
	2. Rechtsfolgen	73
VIII.	Verbot einer Vermittlungsgebühr für den Leiharbeitnehmer – Abs. 1 Nr. 5...	75
C.	**Festhaltensrecht des Leiharbeitnehmers**	76
I.	Festhaltenserklärung	77
	1. Adressat, Form und Inhalt der Erklärung	77
	2. Unterrichtung des Arbeitnehmers	80
	3. Einbindung der Agentur für Arbeit	81
	4. Erklärungsfrist	83
	a) … bei Verleih ohne Verleiherlaubnis – Abs. 1 Nr. 1	85
	b) … bei *verdeckter* Arbeitnehmerüberlassung – Abs. 1 Nr. 1a	87
	c) … bei Überschreiten der Überlassungshöchstdauer – Abs. 1 Nr. 1b	89
	5. Erklärungszeitpunkt	90
II.	Rechtsfolgen der form- und fristgerechten Festhaltenserklärung	91
	1. Leiharbeitsvertrag	91
	2. Arbeitnehmerüberlassungsvertrag	93
	3. Sonstige Rechtsfolgen	95

A. Allgemeines

I. Gesetzeszweck

§ 9 AÜG steht nach dem zum 01.04.2017[1] grundlegend neu gefassten § 8 AÜG am Anfang des Abschnitts über die arbeits- und zivilrechtlichen Vorschriften des Gesetzes (§§ 8 bis 14 AÜG), welche als Sonderregelungen den allgemeinen Bestimmungen des Arbeits- und Zivilrechts vorgehen. Soweit das AÜG keine besondere Anordnung für die Rechtsbeziehungen zwischen Verleiher und Leiharbeitnehmer einerseits und Verleiher und Entleiher andererseits enthält, ist auf die allgemeinen Bestimmungen zurückzugreifen. Bis zum 29.04.2011 galt § 9 AÜG ebenso wie der überwiegende Teil der sonstigen Bestimmungen des AÜG nur für die gewerbsmäßige, nicht für die nichtgewerbsmäßige Überlassung von Arbeitnehmern.[2] Nach Aufhebung des Merkmals der Gewerbsmäßigkeit und den weitergehenden Änderungen des AÜG

1

---

[1] Gesetz zur Änderung des Arbeitnehmerüberlassungsgesetzes und anderer Gesetze vom 21.02.2017, BGBl. I, 28.02.2017, 258.
[2] Zur alten Rechtslage s. Vorauflagen: *Boemke/Lembke* § 9 AÜG Rn. 1, 42; HWK/*Gotthardt* § 9 AÜG Rn. 12; a.A. *Kokemoor* NZA 2003, 238, 242; *Ulber* § 9 AÜG Rn. 37, 54, 73; vgl. ausführlich zur Paralleldiskussion bei § 3 Abs. 1 Nr. 3 AÜG, § 3 Rdn. 11 ff.

§ 9 AÜG Unwirksamkeit

durch das 1. AÜGÄndG vom 28.04.2011[3] wurde § 9 AÜG neu gefasst. § 9 Nr. 2a und Nr. 5 AÜG a.F. wurden in diesem Zuge neu eingefügt, § 9 Nr. 2 AÜG a.F. wurde redaktionell geändert. Seit dem 30.04.2011 findet § 9 AÜG auf alle Fälle der Arbeitnehmerüberlassung – gleichgültig, ob gewerbsmäßig oder nicht gewerbsmäßig – Anwendung.[4]

2 Durch die arbeits- und zivilrechtliche Bestimmung des § 9 Abs. 1 AÜG – insb. durch den Tatbestand illegaler Arbeitnehmerüberlassung der Nr. 1, die zum 01.04.2017 durch das Gesetz zur Änderung des Arbeitnehmerüberlassungsgesetzes und anderer Gesetze vom 21.02.2017[5] neu eingefügten Tatbestände unerlaubter, verdeckter Arbeitnehmerüberlassung (Nr. 1a) und des Verstoßes gegen die Höchstüberlassungsdauer (Nr. 1b) sowie durch das Schlechterstellungsverbot der Nr. 2 – werden die **gewerberechtlichen Regelungen über die Erlaubnis- und Offenlegungspflicht (§ 1 Abs. 1 Satz 1, Abs. 1 Sätze 5 und 6 AÜG), über die** wieder eingeführte **Überlassungshöchstdauer (§ 1 Abs. 1 Satz 4, Abs. 1b AÜG) und das Gleichstellungsgebot (§ 3 Abs. 1 Nr. 3 AÜG) ergänzt.** § 9 Abs. 1 Nr. 1, 1a und 1b AÜG kommt zentrale Bedeutung für die praktische Effektivität des Gesetzes zu. Neben den Unwirksamkeitsfolgen für den Arbeitnehmerüberlassungs- und/oder Leiharbeitsvertrag eröffnen **§ 9 Abs. 1 Nr. 1 bis Nr. 1b AÜG** insb. den Weg zu § 10 Abs. 1 AÜG, der die arbeitsrechtlichen Folgen illegaler und sonst unerlaubter Arbeitnehmerüberlassung fixiert. *Schüren* spricht in diesem Zusammenhang treffend von zwei »Wirkrichtungen« des § 9 Nr. 1 AÜG a.F.[6] Während diese Regelungen (Nr. 1-1b) damit in erster Linie die Praktiken unseriöser Verleiher und Entleiher unterbinden und zugleich den sozialen Schutz der Leiharbeitnehmer sicherstellen sollen, sind **§ 9 Abs. 1 Nr. 2-5 AÜG** vor allem auf die finanzielle Absicherung der überlassenen Arbeitnehmer gerichtet.[7]

---

3 BGBl. I, 642; ausführlich Einl. Rdn. 31.
4 Zum Begriff der Arbeitnehmerüberlassung s. § 1 Rdn. 6 ff.; zu den weitreichenden Änderungen des § 9 AÜG im Zuge der AÜG-Reform 2017 s. Rdn. 5 und Einl. Rdn. 33.
5 BGBl. I, 28.02.2017, 258.
6 Schüren/Hamann/*Schüren* § 9 AÜG Rn. 1 ff.
7 BT-Drucks. VI/2303, 13; ferner ausführlich Schüren/Hamann/*Schüren* § 9 AÜG Rn. 3, 10 f.

▶ Praxistipp:

Der Begriff der **illegalen Arbeitnehmerüberlassung** ist kein Rechtsbegriff. Er wird vielmehr geprägt durch das Gesetz zur Bekämpfung der illegalen Beschäftigung. Im Anwendungsbereich des AÜG umschreibt illegale Arbeitnehmerüberlassung insb. die Konstellation von Arbeitnehmerüberlassung ohne Vorliegen der erforderlichen Erlaubnis (soweit keiner der Ausnahmetatbestände eingreift). Ebenfalls unter dem Oberbegriff illegale Arbeitnehmerüberlassung werden gemeinhin Sachverhalte der Nichtübernahme der Arbeitgeberpflichten oder des Arbeitgeberrisikos durch den Verleiher (§ 3 Abs. 1 Nr. 1-3 AÜG) zusammengefasst. Seit Wiedereinführung der Überlassungshöchstdauer im Zuge der AÜG-Reform 2017 unterfällt die nicht nur vorübergehende Überlassung ebenfalls der Kategorie illegaler und unerlaubter Arbeitnehmerüberlassung.

Für die Praxis empfiehlt sich zu besseren Unterscheidbarkeit der einzelnen Kategorien eine **sprachliche Differenzierung** zwischen **illegaler Arbeitnehmerüberlassung bei Fehlen der Erlaubnis** einerseits und **sonst unerlaubter Arbeitnehmerüberlassung** andererseits. Dem letztgenannten Begriff unterfallen die Fälle des Verstoßes gegen die Transparenz- und Offenlegungspflicht (Stichwort: Scheindienst-/Scheinwerkverträge) sowie der Missachtung der Überlassungshöchstdauer von grds. 18 Monaten.

Als **Rechtsfolge eines Verstoßes** gegen die Tatbestände des § 9 Abs. 1 AÜG ordnet das Gesetz die Unwirksamkeit der privatrechtlichen Vereinbarungen bzw. Abreden an. Den Begriff der **Unwirksamkeit** verwendet das AÜG aus rechtsdogmatischen Gründen.[8] Während nichtige Rechtsgeschäfte stets von Anfang an rechtsunwirksam sind, können unwirksame Rechtsgeschäfte zunächst wirksam sein und erst zu einem späteren Zeitpunkt rechtsunwirksam werden.[9]

II. Entstehungsgeschichte

§ 9 AÜG wurde seit Inkrafttreten des Gesetzes im Jahr 1972 mehrfach reformiert.[10] Am weitreichendsten waren lange Zeit die Änderungen durch

---

8 Ausführlich *Becker/Wulfgramm* § 9 AÜG Rn. 7 ff.
9 *Boemke/Lembke* § 9 AÜG Rn. 2; *Urban-Crell/Schulz* Rn. 775; jeweils m.w.N.
10 Ausführlich zur Entstehungsgeschichte *Urban-Crell/Schulz* Rn. 170 ff., 176 ff.; vgl. zu den Änderungen des § 3 AÜG im Zuge der »Hartz I«-Reform sowie durch das 1. AÜGÄndG § 3 Rdn. 3.

das **Erste Gesetz für moderne Dienstleistungen am Arbeitsmarkt** vom 23.12.2002 (»Hartz I«). Die ehemaligen Unwirksamkeitstatbestände der Nr. 2 a.F. und Nr. 3 a.F. knüpften an die gewerberechtlichen Versagungsgründe des § 3 Abs. 1 Nr. 3-4 AÜG a.F. an und wurden im Zuge der Lockerung des AÜG ersatzlos gestrichen. An die Stelle der alten Regelungen trat – parallel zur gewerberechtlichen Vorschrift des § 3 Abs. 1 Nr. 3 AÜG – der völlig neu gefasste Grundsatz des Equal Pay und Equal Treatment (§ 9 Nr. 2 AÜG a.F.). Zum 01.01.2004 erfuhr **§ 9 Nr. 3 AÜG a.F.** eine wichtige Änderung. Der Gesetzgeber reagierte auf eine höchst umstrittene Entscheidung des BGH[11] zur Unwirksamkeit von Vermittlungsprovisionen in Arbeitnehmerüberlassungsverträgen. § 9 Nr. 3 AÜG a.F. wurde um einen zweiten Halbs. ergänzt – die Vereinbarung einer angemessenen Vermittlungsgebühr zwischen Verleiher und Entleiher wurde damit legalisiert.[12] **Weitere Modifikationen** – insb. durch Aufnahme von **Nr. 2a und Nr. 5** – erlebte § 9 AÜG a.F. durch das Erste Gesetz zur Änderung des Arbeitnehmerüberlassungsgesetzes (1. AÜG-ÄndG) vom 28.04.2011.[13]

5 Eine für die Praxis in ihren Auswirkungen **gravierende De-Liberalisierung des AÜG** brachte das zum **01.04.2017** in Kraft getretene Gesetz zur Änderung des Arbeitnehmerüberlassungsgesetzes und anderer Gesetze vom 21.02.2017.[14] § 9 AÜG wurde im Zuge dieser Reform (»**AÜG-Reform 2017**«) gleich um **zwei neue Unwirksamkeitsgründe** erweitert, die arbeitsrechtlich – wie bisher nur der Tatbestand illegaler Arbeitnehmerüberlassung ohne Erlaubnis – die Fiktion eines Arbeitsverhältnisses zum Entleiher auslösen (§ 10 Abs. 1 AÜG). Neu sind die Tatbestände in **§ 9 Abs. 1 Nr. 1a AÜG** (Verbot der unerlaubten, verdeckten Arbeitnehmerüberlassung bei Verstoß gegen die Offenlegungs- und Konkretisierungspflichten in § 1 Abs. 1 Sätze 5 und 6 AÜG) und in **§ 9 Abs. 1 Nr. 1b AÜG** (Verstoß gegen die Höchstüberlassungsdauer in § 1 Abs. 1b AÜG). In **§ 9 Abs. 1 Nr. 1a-1b, Abs. 2 und 3 AÜG** hat der Gesetzgeber – in Anlehnung an das Widerspruchsrecht des

---

11 BGH, 03.07.2003 – III ZR 348/02, BB 2003, 2015.
12 Drittes Gesetz für moderne Dienstleistungen am Arbeitsmarkt vom 23.12.2003 (»Hartz III«), BGBl. I, 2848; ausführlich zur gesetzlichen Neuregelung; *Thüsing* DB 2003, 21, 22; s.a. Rdn. 58.
13 Dazu Einl. Rdn. 31.
14 BGBl. I, 28.02.2017, 258; eingehend Einl. Rdn. 33.

§ 613a Abs. 6 BGB bei einem Betriebsübergang – eine Wahlmöglichkeit für den Arbeitnehmer zwischen der Fortsetzung des Arbeitsverhältnisses zum Verleiher und einem Arbeitgeberwechsel zum Entleiher (so genannte **Festhaltenserklärung**) geschaffen, die im Gesetzgebungsverfahren auf zum Teil heftige Kritik gestoßen war;[15] die Regelungen zum Festhaltensrecht wurden kurz vor Abschluss des parlamentarischen Verfahrens erheblich verschärft und das Verfahren bürokratisiert.[16] Die **sprachliche Änderung von § 9 Abs. 1 Nr. 2 AÜG** ist eine systematische Folgeänderung, die aufgrund der Neufassung der bisher in § 10 Abs. 4 und 5 AÜG a.F. geregelten arbeitsrechtlichen Rechtsfolgen eines Verstoßes gegen das Gleichstellungsgebot erforderlich war. Der Grundsatz der Gleichstellung findet sich nun in § 8 AÜG n.F.

▶ Praxistipp:

Sind die tatbestandlichen Voraussetzungen der Unwirksamkeit des Leiharbeitsvertrages erfüllt (§ 9 Abs. 1 Nr. 1, 1a oder 1b AÜG n.F.), führt dies über die Rechtsfolge des § 10 Abs. 1 Satz 1 AÜG zum Arbeitsverhältnis zwischen Leiharbeitnehmer und Entleiher ab dem Zeitpunkt der tatsächlichen[17] Arbeitsaufnahme. Der Entleiher wird damit arbeits- und sozialversicherungsrechtlich zum Arbeitgeber und haftet originär für die ordnungsgemäße **Abführung von Sozialversicherungsbeiträgen (§ 28e Abs. 1 SGB IV)**.[18] Der Entleiher wird damit auch Adressat

---

15 Kritik bei *Schüren*, jurisPR-ArbR 19/2016 Anm. 1; zu Unrecht verfassungsrechtliche Bedenken gegen das Widerspruchsrecht äußernd *Brors* NZA 2016, 672; schon vor der AÜG-Reform 2017 eine Wahlmöglichkeit befürwortend *Urban*, AP AÜG § 13 Nr. 1; ähnlich auch ArbG Köln, 07.03.1996 – 17 Ca 6257/95 DB 1996, 1342; Zweifel an der Verfassungsmäßigkeit der Rechtsfolgen in §§ 9 Nr. 1, 10 Abs. 1 Satz 1 AÜG a.F. wegen fehlender Wahlmöglichkeit des Arbeitnehmers bei BAG, 20.01.2016 – 7 AZR 535/13, BB 2016, 1850.
16 BT-Drucks. 18/10064.
17 So zu §§ 9 Nr. 1, 10 Abs. 1 Satz 1 AÜG a.F. BAG, 20.01.2016 – 7 AZR 535/13, BB 2016, 1850.
18 Ausführlich zu den sozialversicherungs-/beitragsrechtlichen Folgen *Diepenbrock* NZS 2016, 127; *Zieglmeier* NJW 2015, 1914; *Lanzinner/Nath* NZS 2015, 210 und 251; s. zur sozialversicherungsrechtlichen Haftung des Entleihers/Auftragnehmers bei Ausübung des Festhaltensrechts durch den Arbeitnehmer § 9 Abs. 3 Satz 4 AÜG.

eines Betriebsprüfungsbescheides der Rentenversicherungsträger (§ 28p Abs. 1 Satz 5 SGB IV). Besonders teuer wird dies für den Auftraggeber (tatsächlicher Entleiher), wenn der Auftragnehmer für das eingesetzte Personal in der Vergangenheit keine Beiträge an die zuständige Einzugsstelle(n) abgeführt hat. Der Auftragnehmer als Arbeitgeber wird von der DRV Bund dann auf **Nachzahlung der Arbeitgeber- und Arbeitnehmeranteile zur Sozialversicherung** (vorbehaltlich § 28g SGB IV) für die vergangenen vier Jahre, bei Vorsatz sogar bis zu 30 Jahre (§ 25 SGB IV), ggf. zzgl. **Säumniszuschlägen** (§ 24 SGB IV, bis zu 12% pro Jahr) herangezogen.

Typischerweise kommt es zu solch gravierenden Nachzahlungsrisiken für den Auftraggeber **im Rahmen sog. Contracting-Modelle**. Der Oberbegriff »Contracting« bezeichnet die Bereitstellung von freien Mitarbeitern (sog. Freelancer) durch einen Personaldienstleister – im IT-Umfeld bspw. regelmäßig auf der Grundlage von Rahmen- und/oder Projekteinzelverträgen – an einen Auftraggeber (Dritten). Beschränkt sich die Verpflichtung des Dienstleisters dabei auf die »Vermittlung« von Freelancern an den Kunden, spricht man gemeinhin von **Contracting (im engeren Sinne)**. Wesensmerkmal der Vermittlung auf Grundlage eines Dienstverschaffungsvertrages zwischen Personaldienstleister und Auftraggeber ist der Abschluss eines (weiteren) Dienst- oder Werkvertrages zwischen dem Dritten und dem freien Mitarbeiter. Anderes – keine (ausdrückliche) vertragliche Beziehung zwischen Freelancer und Drittem – gilt beim **sog. Sub-Contracting**. Dabei setzt der Auftragnehmer (Personaldienstleister) den freien Mitarbeiter zur Erfüllung eines mit dem Auftraggeber vereinbarten werk- oder dienstvertraglichen Auftragsgegenstandes »onsite« beim Dritten im Rahmen eines Industriedienstleistungsvertrages (z.B. Werk- oder Dienstvertrag) ein. In der Praxis geschieht dies, gerade bei modernen und agilen Einsatzformen, in gemischten Teams bestehend aus Stammarbeitnehmern des Auftraggebers und Fremdfirmenmitarbeitern.[19] Haftungsrisiken wegen Scheinselbständigkeit bzw. (illegaler)

---

19 *Heise/Friedl* NZA 2015, 129 (»Scrum«); *Lingemann/Otte* NZA 2015, 1042 (»economy on demand«); zum »Crowdworking« *Däubler/Klebe* NZA 2015, 1032; a. *Günther/Böglmüller* NZA 2015, 1025, 1029 f.

Arbeitnehmerüberlassung liegen in diesen Fällen nahe, wenn sich der freie Mitarbeiter im Nachhinein als (scheinselbständiger) Arbeitnehmer »entpuppt«.[20]

Einige **Landessozialgerichte** verneinen großzügig zugunsten der Rentenversicherungsträger weitergehende eigene Ermittlungspflichten im Betriebsprüfungsverfahren, wenn sie sich auf **Ermittlungsergebnisse der Finanzkontrolle Schwarzarbeit (FKS) des Zoll** aufgrund von Kontrollen ach dem Schwarzarbeitsbekämpfungsgesetz stützen können und weitere Ermittlungsansätze ohne größeren Verwaltungsaufwand nicht ersichtlich waren.[21]

B. Unwirksamkeitsgründe – Abs. 1

I. Fehlende Verleiherlaubnis – Abs. 1 Nr. 1

1. Voraussetzungen

Ist der Verleiher nicht im Besitz der nach § 1 AÜG erforderlichen Erlaubnis 6
zur Arbeitnehmerüberlassung bestimmt **§ 9 Abs. 1 Nr. 1 Halbs. 1 AÜG**, dass **Arbeitnehmerüberlassungs- und Leiharbeitsverträge unwirksam sind**. Dies gilt nur dann nicht, wenn der Leiharbeitnehmer von seinem Recht Gebrauch macht, am Arbeitsverhältnis zum Verleiher festzuhalten (§ 9 Abs. 1 Nr. 1 Halbs. 2 und 3 AÜG); in diesem Fall bleibt der Leiharbeitsvertrag von Anfang an wirksam.[22]

---

20 Zum »Contracting« ausführlich *Niklas/Schauß* BB 2014, 2807; *van Venrooy* NZA 2011, 670; zur Strafbarkeit nach § 266a StGB *Lange* NZWiSt 2015, 248; zur Beitragsnachhaftung *Lanzinner/Nath* NZS 2015, 210 und 251; LSG Nordrhein-Westfalen, 28.01.2015 – L 8 R 677/12, BeckRS 2015, 69689; LSG Baden-Württemberg, 10.06.2016 – L 4 R 3072/15, BeckRS 2016, 70773; vgl. a. § 1 Rdn. 141.

21 LSG Sachsen, 22.04.2016 – L 1 KR 228/11, BeckRS 2016, 69030; LSG Schleswig-Holstein, 07.09.2015 – L 5 KR 147/15 B ER, NZS 2015, 952; LSG Bayern, 31.07.2015 – L 7 R 506/15 B ER, BeckRS 2015, 71641 = NZS 2015, 960; strenger beim Summenbeitragsbescheid (§ 28f Abs. 2 Satz 1 SGB IV) LSG Bayern, 21.10.2013 – L 5 R 605/13 B ER, BeckRS 2013, 73448; zum Rechtsschutz bei Inanspruchnahme wegen Nichtabführens von Sozialversicherungsbeiträgen *Zieglmeier* NZA 2015, 651.

22 Zur Festhaltenserklärung s. Rdn. 77.

§ 9 AÜG Unwirksamkeit

▶ Praxistipp:

Reine Verleihunternehmen werden regelmäßig im Besitz einer Erlaubnis nach dem AÜG sein. Die mit der illegalen Arbeitnehmerüberlassung einhergehenden Probleme kommen in der Praxis deshalb insb. in den Fällen vor, in denen die Vertragsparteien – irrtümlich oder bewusst – ein Vertragsverhältnis fälschlicherweise als Werk-, Dienstvertrag oder freies Mitarbeiterverhältnis (häufig im Zusammenhang mit dem sog. [Sub-] Contracting,[23] z.B. in Bereichen wie der IT, Forschung + Entwicklung, Engineering, Logistik) qualifiziert haben. Ein wichtiges Beispiel ist – angesichts des partiellen Verbots der **Arbeitnehmerüberlassung in das Baugewerbe** (§ 1b Satz 1 AÜG) – zudem die Baubranche. Aber auch in sonstigen Fällen, in denen Subunternehmer sich ggü. einem Generalunternehmer verpflichten, werkvertragliche Leistungen unter Einsatz eigener Arbeitnehmer etwa als Monteure, Konstrukteure oder Ingenieure zu erbringen, soll Arbeitnehmerüberlassung häufig nur verschleiert werden.[24]

Wird durch einen **Scheinwerk- oder Scheindienstvertrag** die Arbeitnehmerüberlassung lediglich verdeckt, so finden die für das verdeckte Rechtsgeschäft – den Arbeitnehmerüberlassungsvertrag – geltenden Vorschriften Anwendung (§ 117 Abs. 2 BGB). Trotz eines solchen Scheingeschäfts traten die Rechtsfolgen des § 9 Nr. 1 AÜG a.F. i.V.m. § 10 Abs. 1 AÜG dann nicht ein, wenn der Auftragnehmer eine (vorsorgliche) Erlaubnis nach dem

---

[23] LAG Rheinland-Pfalz, 14.03.2016 – 3 Sa 476/15, BeckRS 2016, 68974 (CAD-Entwicklungsingenieur); LAG Rheinland-Pfalz, 28.05.2015 – 2 Sa 689/14, NZA-RR 2015, 625 (Ingenieur); LAG Baden-Württemberg, 01.08.2013 – 2 Sa 6/13, NZA 2013, 1017 (»Daimler-Fall«); s. zu den sozialversicherungsrechtlichen Folgen etwa LSG Sachsen, 22.04.2016 – L 1 KR 228/11, BeckRS 2016, 69030 (Lkw-Fahrer als »freie Mitarbeiter«); LSG Baden-Württemberg, 29.09.2015 – L 11 R 2901/14, BeckRS 2016, 65691 (zu IT-Projektdienstleistungen »freier Mitarbeiter«); s. auch LAG Schleswig-Holstein, 01.12.2015 – 1 Sa 439 b/14, BeckRS 2016, 66736 (Arbeitnehmerstatus eines geschäftsführenden Alleingesellschafters einer 1-Mann-GmbH, »Kameramann«; anhängig BAG, 17.01.2017 – 9 AZR 76/16); dazu *Hoch* BB 2016, 1658; zum Contracting s. a. den vorangegangenen Praxistipp.
[24] Vgl. zu diesen Beispielen BT-Drucks. 8/4479, 139; zur Abgrenzung des Fremdpersonaleinsatzes bei Ingenieurleistungen LAG Hamm, 04.12.2003 – 8 (17) Sa 1006/03, EzAÜG § 611 BGB Abgrenzung Nr. 8; allgemein *Windeln/Breetzke* ArbRB 2012, 216.

AÜG besaß.[25] Mit In-Kraft-Treten des **neuen AÜG zum 01.04.2017**[26] hat der Gesetzgeber der Praxis die Grundlage dafür entzogen, über eine so genannte **Vorratserlaubnis** den Fremdpersonaleinsatz gegen die Risiken illegaler Arbeitnehmerüberlassung abzusichern. Das geänderte Gesetz verpflichtet zur Offenlegung und Konkretisierung der Arbeitnehmerüberlassung unter Benennung der Person des zu überlassenden Leiharbeitnehmers (§ 1 Abs. 1 Sätze 5 und 6 AÜG). Ein **Verstoß gegen diese Offenlegungs- und Konkretisierungsverpflichtungen** bei tatsächlich praktizierter Arbeitnehmerüberlassung führt kraft gesetzlicher Anordnung – wie früher nur bei Fehlen der Erlaubnis – zur Unwirksamkeit des Leiharbeitsvertrages und zur Begründung eines Arbeitsverhältnisses zwischen Entleiher und Leiharbeitnehmer, es sei denn der überlassene Arbeitnehmer »widerspricht« der Fiktion des Arbeitsverhältnisses (§ 9 Abs. 1 Nr. 1a. AÜG i.V.m. § 10 Abs. 1 AÜG).

Eine klare **Abgrenzung** zwischen **Werk-/Dienstverträgen und Arbeitnehmerüberlassung** ist in der Praxis häufig **äußerst schwierig**.[27] Eine Risikoanalyse des geplanten Fremdpersonaleinsatzes vor Einsatzbeginn ist aus Gründen einer ordnungsgemäßen **Compliance-Organisation** (vgl. § 130 OWiG) ebenso dringend geboten wie das Monitoring des laufenden Fremdpersonaleinsatzes und Mitarbeiterschulungen zum richtigen Umgang mit Fremdpersonal. Die bei illegalem Fremdpersonaleinsatz drohenden **strafrechtlichen, sozialversicherungsrechtlichen und zivil-/arbeitsrechtlichen Folgen** für die Unternehmen und handelnden Verantwortlichen sind (persönlich und wirtschaftlich) erheblich.[28] Bei nicht auszuräumenden Zweifeln an der Werkvertrags- oder Dienstvertragsfähigkeit der zu beauftragenden Leistungen kann den Vertragspartnern nur

---

25 Zuletzt nochmals ausdrücklich klarstellend BAG, 12.07.2016 – 9 AZR 352/15, BeckRS 2016, 72463; dazu *Bauer* ArbRAktuell 2016, 351.
26 Gesetz zur Änderung des Arbeitnehmerüberlassungsgesetzes und anderer Gesetze vom 21.02.2017, BGBl. I, 28.02.2017, 258.
27 Vgl. zur Abgrenzung § 1 Rdn. 153 ff., 174 ff.; s. auch *Greiner* NZA 2013, 697 und RdA 2014, 262.
28 Zu den sozialversicherungs-/beitragsrechtlichen Folgen *Diepenbrock* NZS 2016, 127; *Zieglmeier* NJW 2015, 1914; *Lanzinner/Nath* NZS 2015, 210 und 251; zu den strafrechtlichen Folgen *Lange* NZWiSt 2015, 248; s. ferner *Hamann* jurisPR-ArbR 24/2016 Anm. 3; *Schindele* ArbRAktuell 2015, 363 (auch zu digitalen Formen des Fremdpersonaleinsatzes); *Lembke* NZA 2013, 1312.

dringend empfohlen werden, die Vertragsbeziehung als legale Arbeitnehmerüberlassung durchzuführen oder – bei bereits laufenden Vertragsverhältnissen – rechtzeitig vor Inkrafttreten der AÜG-Reform am 01.04.2017 auf die zulässige Gestaltungsform umzustellen, alternativ vorher zu beenden.[29] Eine **Vorratserlaubnis** schützt vor den Rechtsfolgen eines Scheindienst- oder Scheinwerkvertrages ab dann **nicht mehr**.

7 § 9 Abs. 1 Nr. 1, § 10 AÜG gelten auch bei illegalem **grenzüberschreitendem Verleih vom Ausland nach Deutschland**. Umstritten ist indes, ob die sozialrechtliche Bindungswirkung einer echten **A1-Entsendebescheinigung** (früher: E 101-Bescheinigung), die den Verbleib des entsandten Arbeitnehmers in der Sozialversicherung seines Heimat- bzw. Entsendestaates verbindlich festlegt und damit eine sozialversicherungsrechtliche Beitragsnachhaftung des deutschen Entleihers ausschließt,[30] auch arbeits- und strafrechtlich der Verwirklichung des Tatbestandes illegaler Arbeitnehmerüberlassung ohne Verleiherlaubnis nach nationalem Recht entgegensteht.[31] Zum Teil wird eine arbeitsrechtliche Sperrwirkung der Entsendebescheinigung angenommen mit der Folge, dass keine Fiktion eines Arbeitsverhältnisses zum deutschen Entleiher nach §§ 9 Abs. 1 Nr. 1, 10 Abs. 1 Satz 1 AÜG eintritt.[32] Dogmatisch lässt sich dies nur schwer begründen, da die A1-Bescheinigung lediglich

---

29 Alternativen zur Arbeitnehmerüberlassung skizzieren *Niklas/Schauß* BB 2014, 2805.
30 EuGH, 26.01.2006 – C.2/05, Slg. I 2006, 1081 (»Herbosch Kiere«); Bayerisches LSG, 27.02.2007 – L 5 KR 32/04, BeckRS 2007, 30972; LSG Rheinland-Pfalz, 10.08.2009 – L 2 U 136/07, BeckRS 2009, 73317; zu weitgehend bei tatsächlicher Beitragsabführung im Ausland selbst ohne Entsendebescheinigung LSG Rheinland-Pfalz, 28.05.2014 – L 4 R 148/13, BeckRS 2014, 70146 (n. rkr., Revision BSG, B 12 R 8/14 R); a.A. LSG Nordrhein-Westfalen, 28.01.2015 – L 8 R 677/12, BeckRS 2015, 69689.
31 Zum Streitstand ausführlich *Wilde* NZS 2016, 48; *Räuchle/Schmidt* RdA 2015, 407; zum Ganzen *Wank* EuZW 2007, 300; *Zieglmeier* DStR 2016, 2858; s.a. *Riediger* GWR 2017, 109.
32 *Wilde* NZS 2016, 48; *Tuengerthal/Geißer* AuA 2014, 84; *Tuengerthal/Rothenhöfer* BB 2013, 53; ebenso *Brors/Böning* NZA 2015, 846; *Schüren* in: Festschrift Düwell (2011), S. 84, 91; i.E. wohl a. *Zimmermann*, AuA 2010, 514; Bayerisches LSG, 27.02.2007 – L 5 KR 188/04, EzAÜG Sozialversicherungsrecht Nr. 47 (unklar allerdings, ob die Entscheidung nicht nur sozialrechtliche Bedeutung hat).

sozialversicherungs-, aber keine unmittelbar arbeitsrechtliche Wirkung hat.[33] Gegen die Annahme einer arbeitsrechtlichen Sperrwirkung spricht der Wortlaut der §§ 9 Abs. 1 Nr. 1, 10 Abs. 1 Satz 1 AÜG, der für die Tatbestandsverwirklichung ausschließlich an das Fehlen der notwendigen Verleiherlaubnis nach deutschem Recht anknüpft. Die Praxisrelevanz der Diskussion ist aus arbeitsrechtlicher Sicht jedoch – darauf wird in der Literatur zu Recht hingewiesen – gering.[34] Anderes gilt hingegen für die strafrechtliche Bewertung. Das OLG Bamberg[35] hält eine strafrechtliche Verurteilung des deutschen Entleihers nach § 16 Abs. 1 Nr. 1a AÜG und – obiter dicta – offenbar auch nach § 266a StGB für möglich. Jedenfalls Letzteres dürfte in Widerspruch zur ständigen Rechtsprechung des Strafrechtssenats des BGH stehen, der eine Strafbarkeit wegen § 266a StGB bei Vorliegen einer Entsendebescheinigung aufgrund Sozialrechtsakzessorietät des Strafrechts ablehnt.[36] Nach Ansicht des OLG Bamberg ist die A1-Entsendebescheinigung kein Substitut für die fehlende Verleiherlaubnis nach dem deutschen AÜG, weshalb der Tatbestand des § 16 AÜG – illegale Überlassung bzw. Entleih ohne Erlaubnis – durch die Erteilung einer Entsendebescheinigung im Heimatstaat nicht ausgeschlossen wird. Die praktische Relevanz dieser Rechtsprechung ist erheblich. Dies indes nicht wegen einer zumeist verschmerzbaren Bußgeldanordnung, sondern wegen des stattdessen drohenden Verfalls und der damit einhergehenden Abschöpfung des »Erlangten« durch den Zoll über § 29a OWiG bzw. § 17 Abs. 4 Satz 1 OWiG.[37]

---

33 *Räuchle/Schmidt* RdA 2015, 407 m.w.N.; *Ulber* ZESAR 2015, 3; Schüren/Hamann/Riederer v. Paar Einl. Rn. 678; tendenziell a. OLG Bamberg, 09.08.2016 – 3 Ss OWi 494/16, BeckRS 2016, 14759; wohl a. LSG Thüringen, 10.03.2004 – L 1 U 560/00, EzAÜG Sozialversicherungsrecht Nr. 44; LSG Hamburg, 20.04.2005 – L 1 KR 16/04, n.v.; a.A Schüren/Hamann/*Schüren* Einl. Rn. 827, 840 unter Hinweis auf EuGH, 26.01.2006 – C.2/05, Slg. I 2006, 1081 (»Herbosch Kiere«).
34 *Wilde* NZS 2016, 48.
35 OLG Bamberg, 09.08.2016 – 3 Ss OWi 494/16 BeckRS 2016, 14759; wohl a. LG Berlin, 16.07.2007 – 526 Qs 93-94/2007, wistra 2007, 397; ferner HWK/*Kalb*, § 16 AÜG Rn. 10; *Wilde* NZS 2016, 48.
36 BGH, 24.10.2006 – 1 StR 44/06, NJW 2007, 233; a. BGH, 07.03.2007 – 1 StR 301/06, NJW 2007, 1370; anders für die Bescheinigung aufgrund eines Sozialsicherungsabkommens (hier: Ungarn) BGH, 24.10.2007 – 1 StR 160/07, NJW 2008, 595.
37 So zutreffend *Wilde* NZS 2016, 48; vgl. ferner § 16 Rdn. 7.

§ 9 AÜG Unwirksamkeit

8 Die **zivil- und arbeitsrechtliche Unwirksamkeitsfolge** des § 9 Abs. 1 Nr. 1 AÜG tritt unabhängig davon ein, ob die Erlaubnis von Anfang an fehlte oder erst zu einem späteren Zeitpunkt erloschen ist, z.B. durch Rücknahme (§ 4 AÜG), Widerruf (§ 5 AÜG) oder Fristablauf (§ 2 Abs. 4 AÜG).[38] Die Unwirksamkeit tritt bei **nachträglichem Wegfall der Verleiherlaubnis** im Zeitpunkt des tatsächlichen Erlöschens ein. Eine Rückwirkung auf den Zeitpunkt, in dem die rechtlichen Voraussetzungen für einen Widerruf oder eine Rücknahme erstmals vorlagen, findet nicht statt. § 9 Abs. 1 Nr. 1 AÜG greift nur ein, wenn die Erlaubnis tatsächlich nicht vorliegt. Die Geschäftstätigkeit i.R.d. **Abwicklungsfrist** nach **§ 2 Abs. 4 Satz 4 AÜG** wird hiervon nicht erfasst.[39] Tritt die Erlaubnispflicht (z.B. wegen einer Gesetzesänderung) erst nach tatsächlicher Arbeitsaufnahme ein, ist § 2 Abs. 4 Satz 4 AÜG dann analog anzuwenden, wenn eine Erlaubnis bis zum Stichtag – hier: des Inkrafttretens der Gesetzesänderung – nicht hätte erteilt werden dürfen.[40]

▶ Praxistipp:

Fällt die **Erlaubnis nachträglich weg**, bspw. infolge Nichtverlängerung, Rücknahme oder Widerruf, tritt die Unwirksamkeit erst nach Ablauf der gesetzlichen **Abwicklungsfrist von zwölf Monaten** ein (§ 2 Abs. 4 Satz 4 AÜG). Darüber muss der Verleiher sowohl den Leiharbeitnehmer als auch den Entleiher unterrichten (vgl. §§ 11, 12 AÜG).

Im **Abwicklungszeitraum** können Verleiher **neue Arbeitnehmerüberlassungsverträge** nicht wirksam abschließen. Der Abwicklungszeitraum soll den Vertragsparteien lediglich die legale Abwicklung des Vertragsverhältnisses ermöglichen. Die Arbeitsagenturen halten nicht nur den Neuabschluss von Arbeitnehmerüberlassungsverträgen, sondern auch den Abschluss **neuer Leiharbeitsverträge** während der zwölfmonatigen Abwicklungsfrist für unzulässig.[41]

---

38 HWK/*Gotthardt* § 9 AÜG Rn. 4; Thüsing/*Mengel* § 9 AÜG Rn. 10; *Urban-Crell/Schulz* Rn. 765, 776; jeweils m.w.N.
39 ErfK/*Wank* § 9 AÜG Rn. 3; Schüren/Hamann/*Schüren* § 9 AÜG Rn. 23 *Urban-Crell/Schulz* Rn. 780.
40 BAG, 20.01.2016 – 7 AZR 535/13, BB 2016, 1850; BAG, 23.07.2014 – 7 AZR 853/12, NZA 2015, 46.
41 Vgl. FW AÜG § 2 Nr. 2.4; ausführlich § 2 Rdn. 42.

Unwirksamkeit § 9 AÜG

Unerheblich ist auch, ob den Beteiligten das **Fehlen der Erlaubnis bekannt** 9
oder infolge grober Fahrlässigkeit unbekannt war oder ob sie irrtümlich
sogar – wie häufig im Fall von Werk- oder Dienstverträgen – davon ausgingen,
eine Erlaubnis nicht zu benötigen.[42]

Fehlte die Erlaubnis bereits bei Abschluss der Verträge führt auch eine **nach-** 10
träglich erteilte Erlaubnis nicht rückwirkend zur Heilung der unwirksamen
Vertragsverhältnisse. Spätestens im Zeitpunkt der Überlassung des Arbeitnehmers zur Arbeitsleistung muss eine wirksame Verleiherlaubnis vorliegen.[43]

Umstritten ist allerdings, **ob durch die Neuerteilung einer Erlaubnis unwirk-** 11
same Arbeitnehmerüberlassungs- und Leiharbeitsverträge mit Wirkung für
die Zukunft geheilt werden[44] oder ob es eines erneuten Vertragsabschlusses
bedarf.[45] Da § 9 Abs. 1 Nr. 1 AÜG eine Gesamt- und nicht nur Teilunwirksamkeit des Überlassungs- und Leiharbeitsvertrages herbeiführt, ist nach
überzeugender Auffassung eine Heilung nicht – auch nicht mit Wirkung
für die Zukunft – möglich. Insb. die Auslegungsregel des § 139 BGB hilft
hier nicht weiter.[46] Hinsichtlich des formlos wirksamen Leiharbeitsvertrages
kommt grds. ein konkludenter Neuabschluss des Vertrages allein durch die
Fortsetzung der Vertragsbeziehung zum Verleiher nach Erlaubniserteilung in
Betracht. Allerdings muss das dann bereits fingierte Arbeitsverhältnis zum
Entleiher unter Beachtung des Schriftformerfordernisses des § 623 BGB ausdrücklich aufgehoben werden;[47] die Voraussetzungen eines Kündigungsgrundes i.S.d. § 1 Abs. 2 KSchG für eine wirksame Kündigung des fingierten

---

42 LAG Frankfurt, 10.06.1983 – 6 Sa 62/83, ArbR 1984, 154; *Sandmann/Marschall* § 9 AÜG Anm. 19; Thüsing/*Mengel* § 9 AÜG Rn. 10; *Urban-Crell/Schulz* Rn. 776; jeweils m.w.N.
43 LAG Bremen, 12.07.2016 – 1 Sa 70/15, n.v. (zitiert nach juris); LAG Schleswig-Holstein, 19.07.2012 – 5 Sa 474/11, BeckRS 2012, 72509; LAG Schleswig-Holstein, 06.04.1984 – 3 (4) Sa 597/82, EzAÜG § 10 AÜG Nr. 35; LAG Hessen, 10.06.1983 – 6 Sa 62/83, EzAÜG § 1 AÜG Erlaubnispflicht Nr. 11; ErfK/*Wank* § 9 AÜG Rn. 6; Thüsing/*Mengel* § 9 AÜG Rn. 13 m.w.N.; offengelassen BAG, 18.01.2012 – 7 AZR 723/10, BeckRS 2012, 69665.
44 KHK/*Düwell* 4.5 Rn. 316; Schüren/Hamann/*Schüren* § 9 AÜG Rn. 24 ff. (bejahend nur für den Leiharbeitsvertrag).
45 *Becker/Wulfgramm* § 9 AÜG Rn. 11, 16.
46 Thüsing/*Mengel* § 9 AÜG Rn. 13 m.w.N.
47 ArbG Stuttgart, 05.11.2014 – 11 Ca 8426/13, BeckRS 2014, 73578; a. LAG Schleswig-Holstein, 06.04.1984 – 3 (4) Sa 597/82, BeckRS 1984, 30711173.

Arbeitsverhältnisses werden regelmäßig nicht vorliegen. Hinsichtlich des Überlassungsvertrages ist ein konkludenter Neuabschluss ausgeschlossen.[48] Dem steht das Schriftformerfordernis des § 12 Abs. 1 Satz 1 AÜG entgegen, es bedarf stets eines formwirksamen Neuvertrages.[49]

▶ Praxistipp:

Soweit dem Verleiher eine Erlaubnis nach § 1 AÜG erst nach Abschluss des Überlassungs- und/oder Leiharbeitsvertrages erteilt worden ist, sollten die Beteiligten ihre Vertragsbeziehung – der Entleiher den Überlassungsvertrag mit dem Verleiher und der Arbeitnehmer den Arbeitsvertrag – auf eine neue rechtliche Grundlage stellen. Dadurch »sanieren« sie die Vertragsbeziehung jedenfalls für die Zukunft. Gleichzeitig muss das kraft Gesetzes fingierte Arbeitsverhältnis zwischen Arbeitnehmer und Entleiher in einer gesonderten schriftlichen Vereinbarung ausdrücklich aufgehoben werden; die Aufhebung unterliegt dem Schriftformzwang des § 623 BGB.

2. Rechtsfolgen

12 Die **Rechtsfolgen illegaler Arbeitnehmerüberlassung** sind erheblich. Nach § 9 Abs. 1 Nr. 1 Halbs. 1 AÜG sind sowohl der Arbeitnehmerüberlassungsvertrag als auch der Arbeitsvertrag zwischen Verleiher und Leiharbeitnehmer unwirksam, es sei denn der Leiharbeitnehmer erklärt form- und fristgerecht, am Arbeitsverhältnis zum Verleiher festhalten zu wollen (§ 9 Abs. 1 Nr. 1 Halbs. 2 AÜG).[50] An die Unwirksamkeitsfolge des Leiharbeitsvertrages knüpft die Fiktion des § 10 Abs. 1 AÜG an: Kraft Gesetzes wird ein Arbeitsverhältnis zwischen Leiharbeitnehmer und Entleiher fingiert.[51] Eine über die arbeits- und zivilrechtlichen Rechtsfolgen hinausgehende Schutzfunktion hat § 9 Abs. 1 Nr. 1 AÜG nicht. Insbes. können Mitbewerber oder Verbraucherschutzverbände nicht über § 3a UWG gegen erlaubniswidrig tätige Unternehmen vorgehen.[52]

---

48 So aber ErfK/*Wank* § 9 Rn. 6.
49 So a. LAG Bremen, 12.07.2016 – 1 Sa 70/15, n.v. (zitiert nach juris); ErfK/*Wank* § 9 AÜG Rn. 6; HWK/*Gotthardt* § 9 AÜG Rn. 8; Thüsing/*Mengel* § 9 AÜG Rn. 13; *Urban-Crell/Schulz* Rn. 779.
50 Zur Festhaltenserklärung Rdn. 77.
51 Dazu ausführlich § 10 Rdn. 3 ff.
52 BGH, 23.06.2016 – I ZR 71/15, NZG 2017, 140.

Die **Konstruktion der illegalen Arbeitnehmerüberlassung** ohne Vorliegen der 13 erforderlichen Erlaubnis nach § 1 Abs. 1 Satz 1 AÜG verdeutlicht das nachfolgende Schaubild:

Konstruktion der illegalen Arbeitnehmernehmerüberlassung ohne Erlaubnis

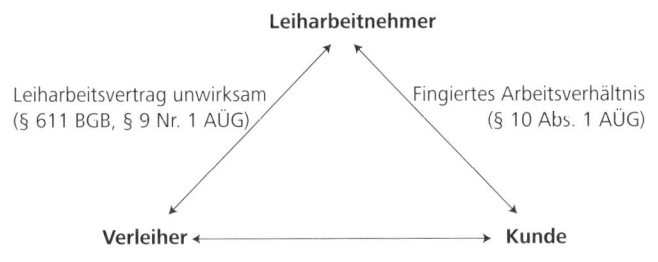

```
                          Leiharbeitnehmer
                            ↗          ↖
        Leiharbeitsvertrag unwirksam    Fingiertes Arbeitsverhältnis
        (§ 611 BGB, § 9 Nr. 1 AÜG)      (§ 10 Abs. 1 AÜG)
              ↙                                    ↘
        Verleiher  ←——————————————————→  Kunde
```

Arbeitnehmerüberlassungsvertrag unwirksam (§ 12 AÜG, § 9 Nr. 1 AÜG)

a) Unwirksamkeit des Überlassungsvertrages – Nr. 1, 1. Alt.

Fehlte die Verleiherlaubnis bereits im Zeitpunkt des Abschlusses des Arbeit- 14 nehmerüberlassungsvertrages ist dieser von Anfang an unwirksam; entfiel diese hingegen erst zu einem späteren Zeitpunkt nach Invollzugsetzung des Vertragsverhältnisses tritt die Unwirksamkeit ab diesem Zeitpunkt – nicht rückwirkend – ein. Aus dem rechtsunwirksamen Vertrag können Verleiher und Entleiher keinerlei Ansprüche herleiten. Auch die Grundsätze über das fehlerhafte Arbeitsverhältnis gelten für den nach § 9 Abs. 1 Nr. 1 AÜG unwirksamen Überlassungsvertrag nicht, ein faktischer Arbeitnehmerüberlassungsvertrag scheidet aus.[53]

aa) Haftung

Aus dem **unwirksamen Überlassungsvertrag** ergeben sich keine vertrag- 15 lichen Haftungsansprüche (z.B. vertragliche Schadensersatzansprüche wegen Schlechtleistung eines für die konkrete Tätigkeit nicht geeigneten und qualifizierten Leiharbeitnehmers). In Betracht kommen allerdings

---

[53] Allg. Meinung vgl. ErfK/*Wank* § 9 AÜG Rn. 5; HWK/*Gotthardt* § 9 AÜG Rn. 6; *Urban-Crell/Schulz* Rn. 833.

§ 9 AÜG Unwirksamkeit

Schadensersatzansprüche aus Vertrauenshaftung (§ 311 Abs. 2, § 280 Abs. 1 BGB) und deliktischer Haftung, soweit allein die fehlende Qualifikation des eingesetzten Arbeitnehmers Ursache des Schadensereignisses war.[54] Insofern anerkennt die Rechtsprechung auch bei einem illegalen Entleiher ein schützenswertes Vertrauen.[55]

bb) Bereicherungsausgleich

16 Die **Rückabwicklung** des unwirksamen – bereits in Vollzug gesetzten – Vertragsverhältnisses richtet sich nach den allgemeinen zivilrechtlichen **Regelungen über die ungerechtfertigte Bereicherung (§§ 812 ff. BGB)**. Eine Leistungskondiktion wird durch die Sonderregelungen des AÜG nicht verdrängt, die Fiktion eines Arbeitsverhältnisses zum Entleiher nach § 10 Abs. 1 Satz 1 AÜG wurde allein im Interesse des Leiharbeitnehmers geschaffen.[56]

17 Bei der **Rückabwicklung** ist zwischen den Ansprüchen des Verleihers hinsichtlich der von dem illegal verliehenen Arbeitnehmer erbrachten Arbeitsleistungen einerseits und dem von dem illegalen Verleiher an den Leiharbeitnehmer bezahlten Arbeitslohn nebst Sozialversicherungsbeiträgen andererseits zu unterscheiden. Im Ergebnis kommt es für den Umfang des Wertersatzes auf die **Gut- oder Bösgläubigkeit des illegalen Verleihers** an.

18 Der **bösgläubige Verleiher**, der unerlaubt Arbeitnehmer zur Arbeitsleistung überlässt, kann aus ungerechtfertigter Bereicherung regelmäßig keinen Wertersatz für die von den überlassenen Leiharbeitnehmern geleisteten Dienste verlangen. Der Anspruch auf Wertersatz, der sich auf den Ausgleich der objektiv beim Entleiher eingetretenen Bereicherung richtet, scheitert insoweit regelmäßig an § 817 Satz 2 BGB.[57] Grds. kann er nur seine direkten Lohnkosten ersetzt verlangen. Er verliert dadurch seine im Stundenverrechnungssatz kalkulierte Gewinnmarge. Nach der Rechtsprechung steht § 817 Satz 2 BGB diesem Anspruch nicht entgegen, da die Erfüllung der Verbindlichkeit

---

54 Thüsing/*Mengel* § 9 AÜG Rn. 15 m.w.N.
55 BGH, 05.11.1974 – VI ZR 100/73, BGHZ 63, 140, 144.
56 BGH, 21.01.2003 – X ZR 261/01, EzAÜG § 9 AÜG Nr. 12 = NZA 2003, 616; BGH, 18.07.2000 – X ZR 62/98, NJW 2000, 3492; Thüsing/*Mengel* § 9 AÜG Rn. 15 m.w.N.; a.A. *Bertram/Ockerfels* NZA 1985, 552, 554.
57 BGH, 08.11.1979 – VII ZR 337/78, AP AÜG § 10 Nr. 2; BGH, 18.07.2000 – X ZR 62/98, NJW 2000, 3492.

des Entleihers aus dem fingierten Arbeitsverhältnis durch den Verleiher weder gegen ein gesetzliches Verbot noch gegen die guten Sitten verstößt.[58]

Etwas anderes gilt nur, wenn der **Verleiher ausnahmsweise gutgläubig** war. 19 In diesem Fall kann er vom illegalen Entleiher Wertersatz gerichtet auf die marktübliche Überlassungsvergütung verlangen (§ 612 Abs. 2 BGB), diese kann hinter der vereinbarten Vergütung zurückbleiben.

▶ Praxistipp:

Welche Ansprüche der illegale Verleiher gegen den illegalen Entleiher hat, hängt von dessen Gut- bzw. Bösgläubigkeit ab:
– Sahen die Vertragspartner die Rechtsbeziehung irrtümlich als echten Werk- oder Dienstvertrag an, so handelten sie regelmäßig gutgläubig. In diesem Fall kann der illegal handelnde Auftragnehmer von seinem Kunden Wertersatz verlangen. Der Wertersatz ist auf die marktübliche Überlassungsvergütung gerichtet, die regelmäßig hinter der vereinbarten Vergütung zurückbleiben wird.
– War der Auftragnehmer bzw. der Verleiher hingegen bösgläubig, so kann er nur seine direkten Lohnkosten nebst Arbeitgeberbeiträgen zur Sozialversicherung ersetzt verlangen. Seine im Stundenverrechnungssatz kalkulierte Gewinnmarge geht ihm dadurch verloren.

Der **illegale Entleiher** kann – **gleichgültig, ob gut- oder bösgläubig** – die von 20 ihm bereits gezahlte Überlassungsvergütung im Wege der Leistungskondiktion zurückverlangen. Diesem Anspruch steht § 817 Satz 2 BGB nicht entgegen.[59] Kondiktionsansprüche des Entleihers werden rechtstechnisch gegen die Ansprüche des illegal handelnden Verleihers nach den bereicherungsrechtlichen Grundsätzen der Saldotheorie verrechnet.[60]

cc) Gesamtschuldnerausgleich

Einige Autoren befürworten darüber hinaus einen Ausgleichsanspruch 21 gestützt auf die **Grundsätze des (gestörten) Gesamtschuldnerausgleichs** nach

---

58 BGH, 08.11.1979 – VII ZR 337/78, AP AÜG § 10 Nr. 2; BGH, 18.07.2000 – X ZR 62/98, NJW 2000, 3492; OLG Celle, 27.08.2003 – 7 U 52/03, EzAÜG § 1b AÜG Nr. 2; LG Köln, 14.03.2008 – 17 O 239/07, n.v.
59 *Boemke/Lembke* § 9 AÜG Rn. 52.
60 *Boemke/Lembke* § 9 AÜG Rn. 52; KHK/*Düwell* 4.5 Rn. 321.

§ 426 BGB.⁶¹ Diese Auffassung ist abzulehnen. Der illegale Verleiher und der illegale Entleiher stehen in keinem Gesamtschuldverhältnis (§ 421 BGB). Aus dem unwirksamen Leiharbeitsvertrag nach § 9 Abs. 1 Nr. 1 AÜG kann der Arbeitnehmer keine Hauptleistungspflichten gegen den illegalen Verleiher herleiten, ein Vergütungsanspruch besteht lediglich gegen den illegalen Entleiher aufgrund des nunmehr bestehenden fingierten Arbeitsverhältnisses (§ 10 Abs. 1 Satz 1 AÜG). Der Arbeitnehmer steht nicht zusätzlich in einem fehlerhaften Arbeitsverhältnis zum illegal handelnden Verleiher.⁶²

b) **Unwirksamkeit des Leiharbeitsvertrages – Nr. 1, 2. Alt.**

aa) **Unwirksamkeit Leiharbeitsvertrag**

22 Nach **§ 9 Abs. 1 Nr. 1, 2. Alt. AÜG** sind Verträge zwischen Verleiher und Leiharbeitnehmer unwirksam, wenn der Verleiher nicht die erforderliche Erlaubnis nach dem AÜG hat. Die **Unwirksamkeit** tritt – ebenso wie beim unwirksamen Arbeitnehmerüberlassungsvertrag – **mit Wirkung ex nunc** ein.⁶³ Aus dem unwirksamen Leiharbeitsvertrag können Verleiher und Leiharbeitnehmer keine primären Leistungspflichten herleiten.

23 Über den Gesetzeswortlaut hinaus knüpft die Rechtsfolge der Unwirksamkeit an die **tatsächliche** – nicht nur vertraglich geplante – **Überlassung des Leiharbeitnehmers an einen Dritten** an. Allein der Abschluss eines Leiharbeitsvertrages durch einen illegalen Verleiher genügt nicht, die Rechtsfolge des § 10 Abs. 1 Satz 1 AÜG tritt mit der tatsächlichen Arbeitsaufnahme des Leiharbeitnehmers beim Entleiher ein.⁶⁴ Diese Interpretation rechtfertigt sich nicht nur

---

61 So *Becker/Wulfgramm* § 9 AÜG Rn. 18; Schüren/Hamann/*Schüren* § 9 AÜG Rn. 41 ff., 46 ff.; a. HWK/*Gotthardt* § 9 AÜG Rn. 6 allerdings unter falschem Verweis auf BGH, 17.02.2000 – III ZR 78/99, NJW 2000, 1557.
62 BGH, 08.11.1979 – VII ZR 337/78, AP AÜG § 10 Nr. 2 = NJW 1980, 452; BGH, 18.07.2000 – X ZR 62/98, NJW 2000, 3492; ferner MünchArbR/*Marschall* § 318 Rn. 153 ff.; *Sandmann/Marschall* § 10 AÜG Anm. 7, 9; *Urban-Crell/Schulz* Rn. 838 f.; a.A. Schüren/Hamann/*Schüren* § 9 AÜG Rn. 28; offengelassen BAG, 26.07.1984 – 2 AZR 471/83, EzAÜG § 1 AÜG Gewerbsmäßige Arbeitnehmerüberlassung Nr. 18; ferner Rdn. 25 ff.
63 *Boemke/Lembke* § 9 AÜG Rn. 63; Thüsing/*Mengel* § 9 AÜG Rn. 18.
64 So ausdrücklich BAG, 20.01.2016 – 7 AZR 535/13, BB 2016, 1850; wohl a. BAG, 10.02.1977 – 2 ABR 80/76, NJW 1977, 1413; BAG, 08.07.1998 – 10 AZR 274/97, NZA 1999, 493; *Boemke/Lembke* § 9 AÜG Rn. 61 ff.; a.A. *Becker/Wulfgramm* § 10 AÜG Rn. 12; *Sandmann/Marschall* Art. 1 § 10 AÜG Anm. 4.

aus dem systematischen Zusammenspiel zwischen § 9 AÜG und § 10 AÜG, sondern auch und insb. mit Blick auf Sinn und Zweck der Regelung. Systematisch ist § 9 Abs. 1 Nr. 1, 2. Alt. AÜG im Kontext der Fiktionswirkung des § 10 Abs. 1 AÜG auszulegen. Die Fiktionswirkung greift erst bei tatsächlicher Überlassung eines Leiharbeitnehmers an einen illegalen Entleiher ein, d.h. bei tatsächlicher Durchführung der Arbeitnehmerüberlassung. Wäre der Leiharbeitsvertrag bereits im Zeitpunkt des rechtlichen Vertragsabschlusses unwirksam – ohne dass die Person des Dritten bereits konkretisiert ist und die Fiktion des § 10 Abs. 1 AÜG eintreten könnte – träfe das Unwerturteil illegaler Arbeitnehmerüberlassung insb. den Leiharbeitnehmer. Dies würde dem Gesetzeszweck, Leiharbeitnehmer gegen unseriöse Praktiken von illegalen Verleihern und Entleihern zu schützen, konterkarieren.[65]

Als in der Praxis problematisch erweisen sich (**Leih-)Arbeitsverhältnisse in Mischbetrieben**.[66] Wird der Arbeitnehmer neben seiner Tätigkeit bei seinem Arbeitgeber nur zeitweise auch an Dritte überlassen und besitzt der Inhaber des Mischbetriebes keine Erlaubnis nach § 1 AÜG, soll der Arbeitsvertrag unter unverändertem Fortbestand des auf die Tätigkeit im Mischbetrieb selbst gerichteten Vertragsteils teilunwirksam sein.[67] Diese Auffassung ist abzulehnen. Der Wortlaut des § 9 Abs. 1 Nr. 1 AÜG spricht eindeutig – anders als die nur auf Teilunwirksamkeit einzelner Vertragsklauseln gerichteten Nr. 2-5 des § 9 Abs. 1 AÜG – von einer uneingeschränkten Unwirksamkeit des gesamten Arbeitsvertragsverhältnisses.[68] 24

bb) Faktisches Arbeitsverhältnis

Ob und inwieweit sich aus einem in Vollzug gesetzten unwirksamen Leiharbeitsvertrag Ansprüche nach den Grundsätzen über das **faktische Arbeitsverhältnis** herleiten lassen, ist **umstritten**. Die Befürworter eines faktischen Arbeitsverhältnisses wollen den unwirksamen und in Vollzug gesetzten Leiharbeitsvertrag für die Vergangenheit wie ein wirksames Arbeitsverhältnis 25

---

65 BAG, 20.01.2016 – 7 AZR 535/13, BB 2016, 1850; mit ähnlicher Begründung *Boemke/Lembke* § 9 AÜG Rn. 61 ff.; im Ergebnis zustimmend, wenngleich kritisch zur Begründung *Hamann*, jurisPR-ArbR 32/2016 Anm. 3.
66 Zu Mischbetrieben vgl. § 3 Rdn. 73.
67 Schüren/Hamann/*Schüren* § 9 AÜG Rn. 25 ff.
68 *Ulber* § 9 AÜG Rn. 25 ff., § 10 AÜG Rn. 63 f.; offengelassen Thüsing/*Mengel* § 9 AÜG Rn. 19.

§ 9 AÜG Unwirksamkeit

behandeln, von dem sich beide Parteien durch einseitige Erklärung für die Zukunft ohne Weiteres lösen können.[69]

26 Die Gegner dieser Auffassung plädieren für die **Anwendung der Grundsätze über die ungerechtfertigte Bereicherung** (§§ 812 ff. BGB) auch auf das nach § 9 Abs. 1 Nr. 1, 2. Alt. AÜG unwirksame Leiharbeitsverhältnis.[70] Diese Auffassung überzeugt. Eines Rückgriffs auf den richterrechtlichen Grundsatz des fehlerhaften Arbeitsverhältnisses bedarf es nicht. Der Gesetzgeber hat die Rechtsfolgen der Unwirksamkeit des Leiharbeitsvertrages abschließend geregelt. Nach dessen Willen soll der Entleiher bei illegaler Arbeitnehmerüberlassung ohne Verleiherlaubnis »der alleinige Arbeitgeber des Leiharbeitnehmers mit allen sich daraus ergebenden Pflichten« sein.[71] Das soziale Schutzbedürfnis erfordert es nicht, dem Leiharbeitnehmer für seine Vergütungsansprüche zwei gesamtschuldnerisch haftende Arbeitgeber gleichermaßen verpflichtet gegenüberzustellen. Dieser Gedanke wird sowohl durch die Schadensersatzpflicht des Verleihers nach § 10 Abs. 2 AÜG als auch durch § 10 Abs. 3 AÜG bestätigt. Der letztgenannten Regelung hätte es nicht bedurft, wenn der Gesetzgeber von einer allgemeinen Pflicht des Verleihers ggü. dem Leiharbeitnehmer nach den Grundsätzen über das fehlerhafte Arbeitsverhältnis ausgegangen wäre. Überdies wäre dann auch ein bereicherungsrechtlicher Rückgriff des Verleihers gegen den Entleiher wegen gezahlten Arbeitslohns ausgeschlossen, da der illegale Verleiher in diesem Fall auf eine eigene nicht auf eine fremde Schuld zahlen würde.[72] Alleiniger Arbeitgeber des Leiharbeitnehmers ist ab dem Zeitpunkt der Unwirksamkeit des Leiharbeitsvertrages der illegale Entleiher (§ 10 Abs. 1 Satz 1 AÜG).

---

69 *Becker/Wulfgramm* § 9 AÜG Rn. 18, § 10 AÜG Rn. 14; ErfK/*Wank* § 9 AÜG Rn. 5; HWK/*Gotthardt* § 9 AÜG Rn. 9 f.; Schüren/Hamann/*Schüren* § 9 AÜG Rn. 28; wohl a. LAG Hessen, 27.11.2003 – 9 TaBV 51/03, NZA-RR 2004, 343 (obiter dictum); einschränkend nur für den Fall, dass a. der illegale Verleiher bereits Leistungen zugunsten des Leiharbeitnehmers erbracht hat, BGH, 31.03.1982 – 2 StR 744/82, AP AÜG § 10 Nr. 4.
70 BGH, 18.07.2000 – X ZR 62/98, NJW 2000, 3492, 3495; BGH, 08.11.1979 – VII ZR 337/78, AP AÜG § 10 Nr. 2 = NJW 1980, 452, 453; *Boemke/Lembke* § 9 AÜG Rn. 66; *Urban-Crell/Schulz* Rn. 823, 838 f., jeweils m.w.N.; offengelassen BAG, 26.07.1984 – 2 AZR 471/83, EzAÜG § 1 AÜG Gewerbsmäßige Arbeitnehmerüberlassung Nr. 18.
71 BT-Drucks. VI/2303, 14.
72 BGH, 18.07.2000 – X ZR 62/98, NJW 2000, 3492; wohl a. LAG Hessen, 27.11.2003 – 9 TaBV 51/03, NZA-RR 2004, 343 (obiter dictum).

▶ **Praxistipp:**

Ob sich das wegen Fehlens der Verleiherlaubnis unwirksame Leiharbeitsverhältnis in einen faktischen Arbeitsvertrag wandelt, ist umstritten. Obwohl dies in erster Linie eine dogmatische Frage ist, sollte der illegale Verleiher vorsorglich ggü. dem Leiharbeitnehmer die Beendigung der Vertragsbeziehung anzeigen. Zur Lossagung genügt eine einfache – aus Beweisgründen schriftliche – Erklärung. Dieser kommt nicht die Qualität einer Kündigung zu; der Betriebsrat ist nicht nach § 102 BetrVG anzuhören.

Einigkeit besteht jedoch darüber, dass einerseits der Leiharbeitnehmer keine doppelten Vergütungsansprüche ggü. illegalem Verleiher und Entleiher hat[73] und andererseits dem Verleiher für die Vergangenheit kein bereicherungsrechtlicher Rückgriffsanspruch gegen den Leiharbeitnehmer auf Rückzahlung rechtsgrundlos gewährter Vergütungsleistungen zusteht.[74]   27

cc) Sonstige Rechtsfolgen

Im Fall der Unwirksamkeit des Leiharbeitsvertrages nach § 9 Abs. 1 Nr. 1 AÜG kann der Leiharbeitnehmer von dem Verleiher nach § 10 Abs. 2 Satz 1 AÜG den Vertrauensschaden ersetzt verlangen.[75] Darüber hinaus kommen **Schadensersatzansprüche des Leiharbeitnehmers** gegen den illegal handelnden Verleiher aus Vertrauenshaftung (§ 280 Abs. 1 BGB) sowie aus deliktischer Haftung (§ 826 BGB, § 823 Abs. 2 BGB i.V.m. § 263 StGB) in Betracht. Außerdem **haftet der illegale Verleiher** auch für sonstige Teile des Arbeitsentgelts, wenn er trotz Unwirksamkeit des Leiharbeitsvertrages (§ 9 Abs. 1 Nr. 1 AÜG) das vereinbarte Arbeitsentgelt oder Teile des vereinbarten Arbeitsentgelts an den Leiharbeitnehmer rechtsgrundlos gezahlt hat (**§ 10 Abs. 3 AÜG**).[76]   28

---

73 BGH, 08.11.1979 – VII ZR 337/78, AP AÜG § 10 Nr. 2 = NJW 1980, 452.
74 BGH, 31.03.1982 – 2 StR 744/81, AP AÜG § 10 Nr. 4; BGH, 08.11.1979 – VII ZR 337/78, AP AÜG § 10 Nr. 2; vgl. ferner jeweils m.w.N. Thüsing/*Mengel* § 9 AÜG Rn. 20; *Urban-Crell/Schulz* Rn. 824.
75 Ausführlich § 10 Rdn. 71 ff.
76 Ausführlich § 10 Rdn. 81 ff.

▶ Praxistipp:

Darüber hinaus hat der Leiharbeitnehmer auch bei illegaler Arbeitnehmerüberlassung trotz fehlender ausdrücklicher gesetzlicher Regelung einen **Auskunftsanspruch** (§ 242 BGB) gegen den illegalen Verleiher. Der illegale Verleiher ist verpflichtet, dem Leiharbeitnehmer Auskunft über solche Tatsachen zu erteilen, die dieser zur Durchsetzung etwaiger Ansprüche gegen ihn selbst oder den Entleiher benötigt. Dies gilt unabhängig davon, ob die illegale Arbeitnehmerüberlassung nachgewiesen ist. Es reicht aus, wenn Tatsachen den Verdacht einer illegalen Arbeitnehmerüberlassung ohne Verleiherlaubnis rechtfertigen.[77]

c) **Sonstiges**

29 Der Verleih und Entleih von Arbeitnehmern ohne Erlaubnis nach dem AÜG begründet die gewerberechtliche Unzuverlässigkeit sowohl des Auftragnehmers (Verleiher) als auch des Dritten (Entleiher), § 3 Abs. 1 Nr. 1 AÜG. Verstöße gegen die Erlaubnispflicht nach § 1 AÜG muss die BA mit Mitteln des **Verwaltungszwangs** nach § 6 AÜG untersagen (Untersagungsverfügung).[78] Außerdem wird illegale Arbeitnehmerüberlassung ohne Verleiherlaubnis sowohl ggü. dem illegalen Verleiher als auch ggü. dem illegalen Entleiher als **Ordnungswidrigkeit** sanktioniert (§ 16 Abs. 1 Nr. 1, Nr. 1a, Abs. 2 AÜG). Bei Verleih ausländischer Leiharbeitnehmer ohne Genehmigung entgegen § 1 AÜG verwirkt der Verleiher überdies den **Straftatbestand** des § 15 AÜG.[79] Wegen illegaler Arbeitnehmerüberlassung ohne Verleiherlaubnis können Verleiher außerdem bis zu drei Jahre vom Wettbewerb um die **Vergabe öffentlicher Bauaufträge ausgeschlossen** werden (§ 21 Abs. 1 Nr. 3 SchwarzArbG).

---

77 BAG, 11.04.1984 – 5 AZR 316/82, AP AÜG § 10 Nr. 7; allg. BAG, 22.04.1967 – 3 AZR 347/66, AP BGB § 242 Auskunftspflicht Nr. 12; generell zur Beweisnot des Leiharbeitnehmers *Timmermann* BB 2012, 1729.
78 Ausführlich § 6 Rdn. 6 ff.
79 Dazu § 15 Rdn. 5 ff.

II. Verdeckte Arbeitnehmerüberlassung – Abs. 1 Nr. 1a

1. Voraussetzungen

Wird die Arbeitnehmerüberlassung entgegen § 1 Abs. 1 Satz 5 und 6 AÜG[80] nicht ausdrücklich als solche bezeichnet und die Person des Leiharbeitnehmers nicht konkretisiert (**unerlaubte verdeckte Arbeitnehmerüberlassung**), ist der Arbeitsvertrag zwischen Verleiher und Leiharbeitnehmer mit der arbeitsrechtlichen Rechtsfolge des § 10 Abs. 1 Satz 1 AÜG (Fiktion eines Arbeitsverhältnisses zum Entleiher) unwirksam, **§ 9 Abs. 1 Nr. 1a Halbs. 1 AÜG**. Dies gilt nur dann nicht, wenn der Leiharbeitnehmer von seinem Recht Gebrauch macht, am Arbeitsverhältnis zum Verleiher festzuhalten (§ 9 Abs. 1 Nr. 1a Halbs. 2 AÜG).[81] Die Rechtsfolgenanordnung eines Verstoßes gegen die im Zuge der AÜG-Reform 2017[82] neu geschaffenen Transparenzvorschriften wird teilweise kritisch gesehen, insbes. als massiver Eingriff in die Vertragsfreiheit der beteiligten Unternehmen und als Verstoß gegen Art. 2 der Leiharbeitsrichtlinie.[83] Der Gesetzgeber verfolgt mit der Gesetzesänderung und dem erklärten Ziel der **Eindämmung des »Missbrauchs von Werkverträgen«** primär ordnungspolitische Absichten.[84] Dabei wird jedoch verkannt, dass die Praxis keineswegs von per se unseriösen Unternehmen dominiert wird. Missbrauchsfälle sind die Ausnahme. Viel häufiger sind die Fallkonstellationen anzutreffen, in denen ein ursprünglich »sauberer« Werk- oder Dienstleistungsvertrag im Laufe der Vertragsbeziehung infolge unzureichender organisatorischer Vorkehrungen und Unwissenheit insbes. der operativ Verantwortlichen auf Auftraggeberseite in eine Arbeitnehmerüberlassung »umkippt«. Von unseriösen Praktiken oder gar Missbrauch kann in diesen Fällen keine Rede sein. Dennoch werden sie von der strengen Rechtsfolgenanordnung des §§ 9 Abs. 1 Nr. 1a, 10 Abs. 1 Satz 1 AÜG mit der gleichen Härte getroffen und bestraft wie derjenige Unternehmer, der sich bewusst über die rechtlichen Spielregeln beim Fremdpersonaleinsatz hinwegsetzt. Überzeugen kann dies nicht.[85] Auch

30

---

80 Ausführlich zur Offenlegungs- und Kennzeichnungspflicht bei Arbeitnehmerüberlassung § 1 Rdn. 277 ff.
81 Zur Festhaltenserklärung s. Rdn. 77.
82 Gesetz zur Änderung des Arbeitnehmerüberlassungsgesetzes und anderer Gesetze vom 21.02.2017, BGBl. I, 28.02.2017, 258.
83 Instruktiv *Böhm* NZA 2016, 518, der in diesem Zusammenhang von »Scheinarbeitnehmerüberlassung« als neuem Gegenstück zu Scheinwerkverträgen spricht.
84 Vgl. Gesetzesbegründung, BT-Drucks. 18/9232, 18.
85 Ähnlich *Hennecke* NZA 2016, 1309, 1312.

mit der Zielsetzung der Leiharbeitsrichtlinie, einen angemessen Schutz der Leiharbeitnehmer in den Mitgliedstaaten sicherzustellen, hat die Anordnung der Fiktionswirkung bei verdeckter Arbeitnehmerüberlassung zudem allenfalls am Rande zu tun. Wie *Ulrici* so pointiert formuliert, wird »*der Arbeitgeberwechsel nicht dem Arbeitnehmer zuliebe, sondern dem Entleiher zuleide angeordnet*«.[86] Der Schutz der Leiharbeitnehmer kann angemessen durch gewerberechtliche Sanktionen und die Verhängung von Bußgeldern gewährleistet werden, eines erzwungenen Arbeitgeberwechsels bedarf es dazu nicht.[87]

▶ Praxistipp:

§§ 9, 10 AÜG finden nur bei der Überlassung von Arbeitnehmern an einen Dritten (Kunden oder Auftraggeber) Anwendung. Selbständige können nicht als Leiharbeitnehmer an Dritte überlassen werden. Für Selbständige, auch scheinselbständige »freie Mitarbeiter«, gilt § 10 Abs. 1 Satz 1 AÜG weder unmittelbar noch analog.[88]

31 Ein Verstoß gegen die **Offenlegungspflicht** liegt nach dem Wortlaut der Norm *(»und«)* nur bei **kumulativer Missachtung** sowohl der Pflicht zur Kennzeichnung des Vertrages als Arbeitnehmerüberlassung nach § 1 Abs. 1 Satz 5 AÜG (so genannte Offenlegungs-, Zitier- oder Deklarierungspflicht) als auch der Pflicht zur Konkretisierung der Person des zu überlassenden Leiharbeitnehmers vor (so genannte Individualisierungspflicht, § 1 Abs. 1 Satz 6 AÜG).[89] Mit der gewerberechtlichen Pflicht zur Individualisierung des Leiharbeitnehmers vor Einsatzbeginn unter Bezugnahme auf den Überlassungsvertrag – ergänzt durch eine Informationspflicht des Verleihers gegenüber dem Arbeitnehmer über dessen Tätigwerden als Leiharbeitnehmer vor *jeder* Überlassung (§ 11 Abs. 2 Satz 4 AÜG) – soll nach der Gesetzesbegründung[90]

---

86 *Ulrici* NZA 2016, 1317, 1318 (»Arbeitnehmer als Sanktion«).
87 Ebenso *Böhm* NZA 2016, 518.
88 BAG, 09.11.1994 – 7 AZR 217/94, NZA 1995, 572; LAG Düsseldorf, 21.07.2015 – 3 Sa 6/15, BeckRS 2015, 71812 (anhängig BAG, 9 AZR 403/15); s. a. *Niklas/Schauß* BB 2014, 2805, 2807; anders je nach Ausgestaltung der Vertragsbeziehungen beim sog. Sub-Contracting, dazu Rdn. 5 (Praxistipp).
89 Vgl. a. § 1 Rdn. 283 f.; BeckOK/*Kock* § 9 AÜG Rn. 30; *Bissels* NZA 2017, 214; *Lembke* NZA 2017, 1, 9; a. FW AÜG zu § 9 (5); a.A. wohl *Gaul/Hahne* BB 2016, 59 (»und/oder«).
90 BT-Drucks. 18/9232, 18.

der **in der Praxis üblichen Vertragsgestaltung**[91] über Rahmen-Arbeitnehmerüberlassungsverträge in Kombination mit Einzelverträgen/-aufträgen Rechnung getragen werden. Während der Rahmenvertrag – wenn überhaupt – nur ein Arbeitskräftekontingent definiert, werden die im Einzelnen einzusetzenden Leiharbeitnehmer erst im Einzelvertrag zum Rahmenvertrag namentlich bezeichnet. Zuweilen **unterbleibt eine solche Individualisierung der einzusetzenden Arbeitnehmer** in der Praxis ganz zugunsten eines lediglich rahmenmäßig umschriebenen Anforderungs- und Qualifikationsprofils. Seit der AÜG-Reform 2017 ist dies ein Verstoß gegen § 1 Abs. 1 Satz 6 AÜG, der für sich allein betrachtet – soweit der Vertrag zwischen Auftraggeber und Auftragnehmer als Arbeitnehmerüberlassung gekennzeichnet ist – kein fingiertes Arbeitsverhältnis zum Entleiher auslöst. Nur vermeintlich theoretischer Natur ist der **umgekehrte Fall** dass zwar die Person des zu überlassenden Leiharbeitnehmers – und damit zumindest mittelbar die Arbeitnehmerüberlassung selbst – offen gelegt wird, der **Vertrag zwischen Auftraggeber und -nehmer hingegen nicht als Arbeitnehmerüberlassung gekennzeichnet** wurde. Gerade bei den in der Praxis häufigen (Sub-)Contracting-Modellen ist es üblich, dass die Person des einzusetzenden Arbeitnehmers oder vermeintlichen Freelancers bereits im Projektvertrag oder sonstigen Vertrag zwischen Auftragnehmer und Auftraggeber namentlich bezeichnet und konkretisiert wird. Nach dem Gesetzeswortlaut ist auch in dieser Konstellation der Tatbestand des § 9 Abs. 1 Nr. 1a Halbs. 1 AÜG nicht erfüllt.

▶ **Hinweis:**

Die Unwirksamkeitsfolge des § 9 Abs. 1 Nr. 1a AÜG tritt nur ein, wenn kumulativ ein Verstoß gegen § 1 Abs. 1 Satz 5 und Satz 6 vorliegt. Die gesetzlichen Vorschriften beziehen sich ausdrücklich auf die Arbeitnehmerüberlassung (»Verleiher«, »Entleiher«, »Leiharbeitnehmer«). Nach dem Gesetzeszweck dient die zum 01.04.2017 eingeführte Offenlegungs- und Konkretisierungspflicht dazu, der bisherigen Fallschirmlösung bei (Schein-)Dienst- und (Schein-)Werkverträgen den Boden zu entziehen. Es liegt in der Natur dieser Vertragskonstellationen, dass die überlassungsrechtlichen Begriffe wie »Verleiher«, »Entleiher« und »Leiharbeitnehmer« nicht verwandt werden. Dennoch gelten § 1 Abs. 1 Satz 5 und 6 AÜG auch und gerade für Fremdpersonaleinsätze auf Basis von Werk-/Dienstverträgen. Wird der einzusetzende Mitarbeiter – auch ein nur vermeintlich

---

91 S. dazu Anhang 4 Muster I. und II.

Selbständiger im Rahmen des sog. (Sub-)Contracting – namentlich im Vertrag zwischen Auftraggeber und Auftragnehmer und damit vor Einsatzbeginn bezeichnet, sind die Voraussetzungen des § 9 Abs. 1 Nr. 1a AÜG nicht kumulativ erfüllt. Selbst bei objektiv bestehender Arbeitnehmerüberlassung ist dann weder der Arbeitsvertrag unwirksam noch wird ein Arbeitsverhältnis zum Auftraggeber nach § 10 Abs. 1 AÜG fingiert. Dies jedenfalls dann, wenn der Auftragnehmer über eine (vorsorgliche) Arbeitnehmerüberlassungserlaubnis nach § 1 Abs. 1 Satz 1 AÜG verfügt. Dieses Ergebnis entspricht dem eindeutigen Gesetzeswortlaut, der abweichende Gestzeszweck lässt sich schon aus methodeischen Grundsätzen nicht einwenden. (bitte Fn einfügen: I.E. ebenso Bissels NZA 2017, 214, 219.)

32 Die nicht eintretende Fiktion eines Arbeitsverhältnisses zum Entleiher entbindet den Verleiher in derartigen Fällen des Fehlens einer der beiden zwingenden **Voraussetzungen verdeckter Arbeitnehmerüberlassung** gemäß § 9 Abs. 1 Nr. 1a Halbs. 1 AÜG nicht davon, dem tatsächlich als Leiharbeitnehmer eingesetzten Arbeitnehmer die Arbeits- und Entgeltbedingungen des AÜG – insbes. nach § 8 AÜG – als Mindestbedingungen zu gewähren. Wie stets bei illegaler und sonst unerlaubter Arbeitnehmerüberlassung muss der Leiharbeitnehmer indes **hohe prozessuale Hürden** überwinden, um seine Rechte nach dem AÜG in einem Rechtsstreit auch tatsächlich durchzusetzen. Nach allgemeinen zivilprozessualen Grundsätzen muss er – wenngleich mit den Erleichterungen der **abgestuften Darlegungs- und Beweislast** – die tatsächlichen Voraussetzungen der Arbeitnehmerüberlassung substantiiert darlegen und im Bestreitensfalle beweisen.[92]

▶ Praxistipp:

Seiner **primären Darlegungslast** genügt der Arbeitnehmer nicht, wenn er nur pauschal die »Eingliederung« in den Betrieb des Dritten behauptet. Erforderlich ist eine schlüssige Schilderung seiner tatsächlichen Tätigkeit

---

92 BAG, 15.04.2014 – 3 AZR 395/11, AP BetrAVG § 1 Nr. 71; ferner LAG Rheinland-Pfalz, 14.03.2016 – 3 Sa 476/15, BeckRS 2016, 68974; LAG Berlin-Brandenburg, 03.09.2015 – 14 Sa 1941/14, BeckRS 2016, 66141; LAG Baden-Württemberg, 01.08.2013 – 2 Sa 6/13, NZA 2013, 1017 (nicht überzeugend allerdings mit Erleichterungen zugunsten des Arbeitnehmers nach den Grundsätzen der sekundären Darlegungs- und Beweislast); LAG Hamm, 24.07.2013 – 3 Sa 1749/12, BeckRS 2013, 72125; s. auch *Hamann* jurisPR-ArbR 25/2016, Anm. 5; *Ulrici* NZA 2015, 456; *Francken* NZA 2013, 985.

und Arbeitsabläufe im Einsatzbetrieb, aus der sich die anspruchsbegründenden Voraussetzungen der Arbeitnehmerüberlassung ergeben. Erst wenn diese Anforderungen erfüllt sind, muss der Dritte substantiiert die Eingliederung des Arbeitnehmers in seinen Betrieb bestreiten (§ 138 Abs. 2 ZPO). Dazu kann er unter Vorlage des mit dem Auftragnehmer geschlossenen Vertrages beispielsweise die Tatsachen vortragen, aus denen sich die eigenverantwortliche Organisation und Steuerung des Arbeitseinsatzes durch den Vertragspartner ergibt. Dazu gehört auch die Darlegung etwaiger Schadens- und Gewährleistungsfälle, da die tatsächliche Haftungs-/Gewährleistungsinanspruchnahme des Auftragnehmers ein gewichtiges Indiz gegen Arbeitnehmerüberlassung ist.

2. Rechtsfolgen

Bei verdeckter Arbeitnehmerüberlassung ist der **Arbeitsvertrag** zwischen 33 Verleiher und Leiharbeitnehmer – hingegen nicht der Vertrag zwischen Auftraggeber und Auftragnehmer – **ex nunc unwirksam** (§ 9 Abs. 1 Nr. 1a Halbs. 1 AÜG).[93] **Weitere arbeitsrechtliche Rechtsfolge** ist das Eingreifen der **Fiktionswirkung des § 10 AÜG**. Kraft Gesetzes wird – wie im Falle der Unwirksamkeit des Leiharbeitsvertrages nach § 9 Abs. 1 Nr. 1 AÜG – mit **tatsächlicher Arbeitsaufnahme**[94] ein Arbeitsverhältnis zwischen Leiharbeitnehmer und Auftraggeber (Entleiher) begründet, soweit sich der Arbeitnehmer nicht innerhalb Monatsfrist für ein Festhalten am Arbeitsverhältnis zum Verleiher als seinem eigentlichen Vertragspartner entscheidet (§ 9 Abs. 1 Nr. 1a. Halbs. 2 AÜG). Schlägt ein Vertragsverhältnis erst während seiner Laufzeit von einem legalen Dienst- oder Werkvertrag in eine unerlaubte verdeckte Arbeitnehmerüberlassung um, ist der – praktisch kaum zu ermittelnde – **Zeitpunkt des »Umschlagens«** gleichzeitig der Laufzeitbeginn des fingierten Arbeitsverhältnisses.[95] Die Fiktionswirkung tritt unabhängig davon ein, ob der Auftragnehmer eine Erlaubnis zur Arbeitnehmerüberlassung besitzt. Mit dieser **Gesetzesänderung** wurde der **früheren Rechtsprechung des BAG** der

---

93 Hinsichtlich der Unwirksamkeit des Leiharbeitsvertrages im Übrigen wird auf die Ausführungen zu § 9 Abs. 1 Nr. 1 AÜG verwiesen, s. Rdn. 22 ff.
94 BAG, 20.01.2016 – 7 AZR 535/13, BB 2016, 1850 (zu § 9 Nr. 1 AÜG a.F.); anders die Gesetzesbegründung (BT-Drucks. 18/9232, 23), in der unter Hinweis auf § 9 Abs. 1 Nr. 1 AÜG auf den »vorgesehenen Beginn der verdeckten Überlassung« abgestellt wird.
95 BT-Drucks. 18/9232, 24.

§ 9 AÜG Unwirksamkeit

Boden entzogen, welche eine analoge Anwendung des § 10 Abs. 1 Satz 1 AÜG auf Scheinwerk- oder Scheindienstverträge bei Vorliegen einer (vorsorglichen) Erlaubnis nach dem AÜG ablehnte.[96]

▶ Praxistipp:

Durch die Rechtsfolgenanordnung in §§ 9 Abs. 1 Nr. 1a, 10 Abs. 1 Satz 1 AÜG sollen missbräuchliche Fremdpersonaleinsätze – gleichgültig, ob vorsätzlich oder fahrlässig – sanktioniert werden. Gesetzgeberisches Ziel[97] ist die Bekämpfung von Vertragskonstellationen, in denen sich die Vertragsparteien für den Abschluss eines freien Dienst- oder Werkvertrages entscheiden, obgleich der Vertrags- und Auftragsgegenstand nicht (mehr) werk- oder dienstvertragsfähig ist (so genannte **Scheinwerk- und Scheindienstverträge**). Bis zur Reform des AÜG am 01.04.2017 war eine Rechtstypenwahl außerhalb des AÜG risikofrei möglich, wenn der Auftragnehmer zur rechtlichen Absicherung des Personaleinsatzes beim Dritten eine vorsorgliche Erlaubnis zur Arbeitnehmerüberlassung besaß (so genannte **Vorrats- oder Absicherungserlaubnis**). Aufgrund der **geänderten Rechtslage** schützt eine Absicherungserlaubnis Auftraggeber und -nehmer eines Dienst- oder Werkvertrages nicht mehr vor den Rechtsfolgen unerlaubter Arbeitnehmerüberlassung. Dies auch dann nicht, wenn der Einordnung der Vertragsbeziehung als Dienst- oder Werkvertragsverhältnis eine unbewusste Fehleinschätzung bzw. eine fahrlässig falsche Abgrenzung zur Arbeitnehmerüberlassung zugrunde liegt oder – wie so häufig – ein Vertragsverhältnis im Laufe dessen Durchführung in eine Arbeitnehmerüberlassung »umschlägt«.

---

96 BAG, 12.07.2016 – 9 AZR 352/15, BeckRS 2016, 72463; ebenso LAG Rheinland-Pfalz, 14.03.2016 – 3 Sa 476/15, BeckRS 2016, 68974; LAG Baden-Württemberg, 08.09.2015 – 15 Sa 90/14, BeckRS 2016, 65266; LAG Baden-Württemberg, 18.06.2015 – 6 Sa 52/14, BeckRS 2015, 69994; LAG Baden-Württemberg, 07.05.2015 – 6 Sa 78/14, NZA-RR 2015, 520 (Vorinstanz); LAG Baden-Württemberg, 09.04.2015 – 3 Sa 53/14, NZA-RR 2015, 456; LAG Baden-Württemberg, 18.12.2014 – 3 Sa 33/14, BB 2015, 955; *Giese/Scheuer* BB 2015, 1461; *Ulrici* BB 2015, 1209; *Seier* DB 2015, 494; *Baeck/Winzer* NZA 2015, 269; a.A. LAG Baden-Württemberg, 03.12.2014 – 4 Sa 41/14, NZA-RR 2015, 177; *Brose* DB 2014, 1739.
97 BT-Drucks. 18/9232, 18.

In der **Praxis** kommt die Abgrenzung der unterschiedlichen Vertragstypen beim Fremdpersonaleinsatz häufig einem juristischen Lotteriespiel gleich. Außerhalb eindeutiger Dienst- oder Werkleistungen (z.B. Handwerksleistungen) gibt es angesichts der zunehmenden Komplexität von Arbeitseinsätzen und des damit im Einzelfall verbleibenden Wertungs- und Ermessensspielraums keine eindeutig »gerichtsfesten« freien Werk- oder Dienstverträge. Ein ernüchterndes Resümee für den Praktiker, dessen Unbill noch durch die unterschiedliche Abgrenzungsjudikatur von Arbeits- und Sozialgerichtsbarkeit verstärkt wird. Die Praxis wird sich dennoch damit arrangieren und drittbezogene **Personaleinsätze im Zweifel als Arbeitnehmerüberlassung deklarieren** müssen. Fehlerhaft (oder mutmaßlich fehlerhaft) eingeordnete Vertragsbeziehungen müssen beendet werden, bei einem fingierten Arbeitsvertrag eine für den Kunden nicht immer ganz einfache, geschweige denn kostenfreie Übung. Auch deshalb werden form- und fristgerechte Festhaltenserklärungen der Arbeitnehmer ab sofort bei vielen Fremdpersonaleinsätzen zum **Risikomanagement** gehören; für diese Fälle kann die Vorratserlaubnis – je nach Einzelfall – ihre Berechtigung behalten.[98] Vorsicht ist geboten, wenn Arbeitnehmer unter Androhung von Nachteilen zur Abgabe solcher Erklärungen »angehalten« werden. Die Erklärung ist dann nach § 612a BGB bzw. wegen Rechtsmissbrauchs nach § 242 BGB unwirksam. Die Rechtsverwirklichung bleibt für die Arbeitnehmer indes schwierig, obliegt ihnen nach allgemeinen prozessualen Grundsätzen die Darlegungs- und Beweislast für die Zwangsausübung bzw. Nachteilsandrohung.

Verdeckte Arbeitnehmerüberlassung ist ein ungeschriebener Tatbestand des § 3 Abs. 1 Nr. 1 AÜG, der die **gewerberechtliche Unzuverlässigkeit** beider Vertragspartner indiziert. Zudem enthält § 16 Abs. 1 AÜG **zwei neue Ordnungswidrigkeitentatbestände**, einerseits bei Nicht-Kennzeichnung des Vertrages als Arbeitnehmerüberlassung (Nr. 1c) und andererseits bei Nicht-Konkretisierung der Person des Leiharbeitnehmers vor Überlassungsbeginn (Nr. 1d). In beiden Fällen drohen Geldbußen von bis zu 30.000 € (§ 16 Abs. 2 AÜG). Bei verdeckter Arbeitnehmerüberlassung können Verleiher und Entleiher aufgrund der redaktionellen Folgeänderungen im **SchwarzArbG** zudem bis zu drei Jahre vom Wettbewerb um die **Vergabe öffentlicher Bauaufträge ausgeschlossen** werden (§ 21 Abs. 1 Nr. 3 SchwarzArbG). 34

---

98 Dazu und zu den Risiken einer Festhaltenserklärung Rdn. 81, 87 (Praxistipps).

III. Überlassungshöchstdauer – Abs. 1 Nr. 1b

1. Voraussetzungen

35 Mit Überschreiten der zulässigen Überlassungshöchstdauer nach § 1 Abs. 1b AÜG sind **Leiharbeitsverträge unwirksam**, es denn der Leiharbeitnehmer erklärt form- und fristgerecht das Festhalten am bisherigen Arbeitsverhältnis zum Verleiher (§ 9 Abs. 1 Nr. 1b. AÜG). Die Überlassungshöchstdauer ist **arbeitnehmer-, nicht arbeitsplatzbezogen**. Der Entleiher darf denselben Leiharbeitnehmer **grds. nicht länger als 18 aufeinanderfolgende Monate** tätig werden lassen, verlängerte Überlassungszeiten in oder aufgrund kollektiver Regelungen sind unter den Voraussetzungen des § 1 Abs. 1b AÜG zulässig.[99] Vorherige Überlassungen – auch eines anderen Verleihers – an denselben Entleiher sind anzurechnen, wenn zwischen den Einsätzen jeweils nicht mehr als drei Monate liegen (**Unterbrechungszeiten**). Das Risiko einer Falschberechnung der zulässigen Überlassungsdauer tragen Ver- und Entleiher; bereits Überschreitungen um einen Tag sind ein Verstoß gegen § 1 Abs. 1b AÜG. Ein dezidiertes Controlling jedes einzelnen Leiharbeitnehmereinsatzes liegt damit im Interesse insbes. von Entleihern.

▶ Praxistipp:

Überlassungszeiten vor dem Inkrafttreten des neuen AÜG am 01.04.2017 werden bei der Berechnung der Überlassungshöchstdauer nicht berücksichtigt (§ 19 Abs. 2 AÜG). Die 18-monatige-Überlassungshöchstdauer endet am 30.09.2018. Erstmals am 01.10.2018 kann es daher zu haftungsrelevanten Verstößen gegen § 1 Abs. 1b AÜG kommen.

2. Rechtsfolgen

36 Rechtsfolge des Überschreitens der Überlassungshöchstdauer ist die **Unwirksamkeit des Leiharbeitsvertrages ab dem ersten Tag der Überschreitung des zulässigen Überlassungszeitraums**, es sei denn, der Leiharbeitnehmer »widerspricht« form- und fristgerecht dem Arbeitgeberwechsel zum Entleiher (§ 9 Abs. 1 Nr. 1b, Abs. 2 und 3 AÜG). Obgleich im Zuge seiner wechselhaften Gesetzgebungsgeschichte unterschiedliche Überlassungshöchstzeiten ein ständig wiederkehrendes Instrument der (De-)Liberalisierung des AÜG waren, ist die **Unwirksamkeitsfolge in § 9 Abs. 1 Nr. 1b AÜG** – insbesondere im

---

99 Dazu im Einzelnen § 1 Rdn. 206 ff.

Unwirksamkeit § 9 AÜG

Zusammenhang mit der praxisrelevanten **Fiktionsanordnung in § 10 Abs. 1 Satz 1 AÜG** – ein Novum für die Zeitarbeit. Erstmals seit Inkrafttreten des AÜG ordnet der Gesetzgeber bei einem Verstoß gegen die Überlassungshöchstdauer – selbst bei Vorliegen einer Erlaubnis nach dem AÜG[100] – arbeitsrechtliche Rechtsfolgen an. Dies erscheint unbillig. Der einschneidenden Sanktion des §§ 9 Abs. 1 Nr. 1b, 10 Abs. 1 Satz 1 AÜG hätte es in diesen Fällen nicht bedurft; die gewerberechtliche Maßnahme des Widerrufs (§ 5 AÜG) wäre gänzlich ausreichend und allein verhältnismäßig gewesen.[101] Mit der zu Recht – auch aus Leiharbeitnehmersicht[102] – kritisierten Gesetzesänderung ist die frühere ständige Rechtsprechung des BAG obsolet, die bei einer nicht nur »vorübergehenden« Überlassung die Rechtsfolge der Fiktion eines Arbeitsverhältnisses zwischen Leiharbeitnehmer und Entleiher analog § 10 Abs. 1 Satz 1 AÜG ablehnte.[103]

▶ Praxistipp:

Personaleinsätze aufgrund des AÜG sind rechtzeitig zum Ende der Überlassungshöchstzeit zu beenden, um die arbeitsrechtliche Fiktionswirkung und damit die Begründung eines Arbeitsverhältnisses zwischen Leiharbeitnehmer und Entleiher kraft Gesetzes zu verhindern. In

---

100 Nach h.M. vor der AÜG-Reform 2017 erfasste eine erteilte Überlassungserlaubnis auch den Verleih unter Verstoß gegen das AÜG mit der Folge, das Gesetzesverstöße – etwa ein nicht nur vorübergehender Verleih entgegen § 1 Abs. 1 Satz 2 AÜG a.F. – arbeitsrechtlich sanktionslos blieben (so zutreffend *Hamann/Rudnik* NZA 2015, 449, 451; dazu a. LAG Baden-Württemberg, 11.02.2016 – 3 TaBV 2/14, BeckRS 2016, 67031: dauerhafte Personalgestellung nach § 4 Abs. 3 TVöD, dazu ausführlich § 1 Rdn. 387 ff.).
101 Kritisch selbst *Schüren* jurisPR-ArbR 19/2016 Anm. 1,.
102 Dazu a. § 1 Rdn. 270.
103 BAG, 29.04.2015 – 9 AZR 883/13, AP AÜG § 1 Nr. 37; BAG, 03.06.2014 – 9 AZR 111/13, BB 2014, 3007; BAG, 10.12.2013 – 9 AZR 51/13, NZA 2014, 196; dazu bspw. a. LAG Köln, 09.06.2016 – 7 Sa 1146/15, BeckRS 2016, 71028; LAG Baden-Württemberg, 08.09.2015 – 15 Sa 90/14, BeckRS 2016, 65266; in der Instanzrechtsprechung wurde teilweise ein institutioneller Rechtsmissbrauch bei nicht nur vorübergehender Arbeitnehmerüberlassung angenommen und damit über den Umweg des § 242 BGB eine Berufung auf die Erlaubnis zur Arbeitnehmerüberlassung versagt, vgl. etwa LAG Rheinland-Pfalz, 01.08.2013 – 11 Sa 112/13, BeckRS 2013, 74194 (nachgehend BAG, 29.04.2015 – 9 AZR 883/13: kein Rechtsmissbrauch); zum damaligen Streitstand s. LAG Rheinland-Pfalz, 14.03.2016 – 3 Sa 476/15, BeckRS 2016, 68974.

Urban-Crell

Einzelfällen – insbesondere innerhalb eines Konzerns – kann ein rollierender Austausch von Leiharbeitnehmern bei unterschiedlichen Entleihern praktiziert werden (so genanntes **Entleiher-Rondell**), soweit dies operativ sinnvoll und möglich ist.

37 Der **Arbeitnehmerüberlassungsvertrag** wird vom Wortlaut des Unwirksamkeitsgrundes des § 9 Abs. 1 Nr. 1b AÜG nicht erfasst. Dennoch ist auch dieser wegen Gesetzesverstoßes nichtig (§ 134 BGB).[104] Dies nicht nur dann, wenn zwischen Verleiher und Entleiher von vornherein eine gesetzeswidrige, dauerhafte Überlassung vereinbart wird. In der Praxis dürfte ein derart ungenügendes Vertragsmanagement die Ausnahme sein. Richtigerweise kommt es nicht darauf an, ob die Parteien des Überlassungsvertrages einen nur schlecht formulierten oder bewusst gesetzeswidrigen Arbeitnehmerüberlassungsvertrag abgeschlossen haben. **Jede objektive Überschreitung der Überlassungshöchstdauer** – gleichgültig, ob von vornherein von den Vertragsparteien intendiert oder nicht – stellt einen **Gesetzesverstoß** dar. § 1 Abs. 1 Satz 4, Abs. 1b AÜG ist ein Verbotsgesetz.[105] Ein Verstoß hat die Nichtigkeit des Arbeitnehmerüberlassungsvertrages ab dem Zeitpunkt des erstmaligen Überschreitens der gesetzlichen Höchstüberlassungsdauer zur Folge. Die weitere Abwicklung richtet sich dann nach bereicherungsrechtlichen Grundsätzen (§§ 812 ff. BGB).[106]

38 Das **Überschreiten der Überlassungshöchstdauer** führt zur **gewerberechtlichen Unzuverlässigkeit** von Verleiher und Entleiher, dies sieht der zum 01.04.2017 geänderte § 3 Abs. 1 Nr. 1 AÜG ausdrücklich vor. Zudem kann ein Verstoß gegen § 1 Abs. 1b Satz 1 AÜG als **Ordnungswidrigkeit nach § 16 Abs. 1 Nr. 1e AÜG** mit einer Geldbuße von bis zu 30.000 € geahndet werden (§ 16 Abs. 2 AÜG).

---

104 In diesem Sinne bereits vor der AÜG-Reform 2017 vgl. *Wank* jM 2014, 333, 335; *Hamann* RdA 2011, 322, 327; a.A. *Lembke* NZA 2017, 1, 6.
105 So zu § 1 Abs. 1 Satz 2 AÜG a.F. BAG, 10.07.2013 – 7 ABR 91/11, NZA 2013, 1296.
106 Zum Bereicherungsausgleich Rdn. 16 ff.

IV. Vereinbarung schlechterer Arbeits- und Entgeltbedingungen für Verleihzeiten im Leiharbeitsvertrag – Abs. 1 Nr. 2

1. Voraussetzungen und Ausnahmen

Bis zum Inkrafttreten der **AÜG-Reform 2017** war der so genannte **Grundsatz** 39 **des Equal Pay und Equal Treatment** unübersichtlich einerseits im gewerberechtlichen (vgl. § 3 Abs. 1 Nr. 3 AÜG a.F.) und andererseits im arbeitsrechtlichen Teil des AÜG (vgl. § 9 Nr. 2 AÜG a.F.) geregelt. Zum 01.04.2017 wurde der **Unwirksamkeitsgrund des § 9 Abs. 1 Nr. 2 AÜG** deutlich gestrafft. Grund dafür ist die systematische Neuregelung des **Gleichstellungsgrundsatzes in § 8 AÜG n.F.**, in dem – mit redaktionellen und inhaltlichen Modifikationen – die Regelungen des früheren § 9 Nr. 2 AÜG[107] sowie von § 10 Abs. 4 und 5 AÜG a.F. zusammengefasst wurden. Nach § 9 Abs. 1 Nr. 2 AÜG sind Vereinbarungen unwirksam, die für den Leiharbeitnehmer schlechtere als die ihm nach § 8 AÜG n.F. zustehenden Arbeitsbedingungen einschließlich des Arbeitsentgelts vorsehen. § 9 Abs. 1 Nr. 2 AÜG bezieht sich nur auf **Zeiten der Überlassung an einen Entleiher**; verleihfreie Zeiten werden nicht erfasst.

▶ Praxistipp:

> Der Gleichstellungsgrundsatz (so genannter Equal-Pay- und Equal-Treatment-Grundsatz) gilt nur für Verleihzeiten. In verleihfreien Zeiten bleiben individualvertraglich vereinbarte schlechtere Arbeits- und Entgeltbedingungen unter Beachtung des gesetzlichen Mindestlohns (vgl. auch § 8 Abs. 5 AÜG n.F.) sowie etwaig geltender tariflicher Mindestbedingungen wirksam.[108]

Abweichungen durch Tarifvertrag – entweder aufgrund beidseitiger Tarifbindung oder durch arbeitsvertragliche Inbezugnahme – sind auch nach Neufassung des § 9 Abs. 1 Nr. 2 AÜG in den Grenzen des § 8 AÜG n.F. weiterhin möglich.[109] Anders als nach bisheriger Rechtslage kann durch **Tarifverträge** 40

---

[107] § 9 Nr. 2 AÜG a.F. war verfassungsgemäß, s. BVerfG, 29.12.2004 – 1 BvR 2283/03 u.a., NZA 2005, 153.
[108] Vgl. dazu § 8 Rdn. 140, § 3a Rdn. 5 ff.
[109] Ausführlich zum Equal-Pay- und Equal-Treatment-Grundsatz s. § 8 Rdn. 1 ff.; s.a. *Bayreuther* NZA 2017, 18. Bereits im Jahre 2011 aufgehoben wurde der frühere Ausnahmetatbestand der Einstellung eines zuvor arbeitslosen Arbeitnehmers (vgl. BT-Drucks. 17/4804, 9); diese Ausnahmeregelung hatte sich in der Praxis nicht bewährt, sie warf zahlreiche Zweifelsfragen auf und stand seit Erlass der

der Zeitarbeitsbranche aber nicht mehr vollständig und dauerhaft der Gleichstellungsgrundsatz des § 8 Abs. 1 AÜG n.F. suspendiert werden. § 8 Abs. 4 AÜG n.F. lässt eine Tarifabweichung grds. nur in den ersten neun Einsatzmonaten bei demselben Entleiher zu. Nur sofern **Branchenzuschlagstarifverträge für die Einsatzbranche** gelten und diese ab der sechsten Einsatzwoche eine stufenweise Anhebung der Vergütung des Leiharbeitnehmers auf ein Niveau von 100% des Vergleichsentgelts beim Entleiher vorsehen, setzt die Pflicht zum Equal Pay erst nach Ablauf von 15 Einsatzmonaten ein. Aufgrund dieser Gesetzesänderung müssen Branchenzuschlagstarifverträge neu verhandelt und abgeschlossen werden, die eine Heranführung an 100% bisher nicht vorsehen.

▶ Praxistipp:

Ebenso wie bei der Überlassungshöchstdauer gilt für den Grundsatz des zwingenden Equal Pay nach § 8 Abs. 4 Satz 1 AÜG n.F. eine Übergangsfrist (§ 19 Abs. 2 AÜG). Überlassungszeiten vor In-Kraft-Treten des neuen AÜG werden nicht berücksichtigt. Sofern kein Branchenzuschlagstarifvertrag gilt, der den Anforderungen des § 8 Abs. 4 Satz 2 Nr. 1 und 2 AÜG n.F. genügt, ist bei einem ununterbrochenen Einsatz bei demselben Entleiher ab dem 10. Einsatzmonat zwingend Equal Pay zu gewähren (d.h. ab dem 01.01.2018 für Leiharbeitnehmer, die spätestens seit dem 01.04.2017 bei demselben Entleiher eingesetzt sind); gilt ein den neuen gesetzlichen Anforderungen genügender Branchenzuschlagstarifvertrag, ist zwingendes Equal Pay ab dem 16. Einsatzmonat zu zahlen (d.h. ab dem 01.07.2018 für Leiharbeitnehmer, die spätestens seit dem 01.04.2017 bei demselben Entleiher eingesetzt sind).

41 Ob die **Vereinbarung der Inbezugnahme des Tarifvertrages** zwischen Arbeitgeber und Arbeitnehmer schriftlich[110] erfolgen muss oder aber eine mündliche[111] Absprache oder gar konkludentes Verhalten der Arbeitsvertragsparteien ausreichen, war in der Instanzrechtsprechung unter Geltung von § 9 Nr. 2 AÜG a.F. umstritten. An diesem Streit hat sich durch die Gesetzesreform

---

Leiharbeits-Richtlinie in Widerspruch zu europäischem Recht, s. dazu *Leuchten* NZA 2011, 611; *Schüren/Wank* RdA 2011, 5.
110 So LAG Mecklenburg-Vorpommern, 22.12.2015 – 2 Sa 105/15, n.v.
111 LAG Rheinland-Pfalz, 31.01.2012 – 3 Sa 277/11, BeckRS 2012, 67640 (unter Hinweis auf die Rechtsprechung des BAG auch die Möglichkeit einer konkludenten Inbezugnahme bejahend).

nichts geändert. Das **BAG**[112] lässt – indes bisher nicht im Kontext des AÜG – die **stillschweigende Inbezugnahme von Tarifverträgen** zu. Ungeachtet dessen muss – dies liegt auf der Hand – der in Bezug genommene Tarifvertrag wirksam sein, um vom gesetzlichen Gebot der Gleichstellung überhaupt abweichen zu dürfen.[113]

▶ Praxistipp:

Streitigkeiten über das »Ob« und »Wie« der Tarif-Inbezugnahme sind bei lediglich mündlicher und erst recht bei nur konkludenter Anwendung eines Tarifvertrages vorprogrammiert. Arbeitgebern kann wegen der drohenden materiell-rechtlichen (z.B. Schadensersatz bei tariflichem Verfall von Ansprüchen wegen fehlenden Hinweises auf die Anwendbarkeit eines Tarifvertrages) und prozessualen Auswirkungen eines Verstoßes gegen die Nachweispflicht (§ 2 NachwG)[114] nur dringend empfohlen werden, eine schriftliche und damit zugleich transparente Regelung über die Inbezugnahme der einschlägigen Tarifwerke ausdrücklich im Arbeitsvertrag zu vereinbaren.

Arbeitsvertragliche **Bezugnahmeklauseln** in vorformulierten Arbeitsverträgen 42 unterliegen der **AGB-Kontrolle** (§§ 305 ff. BGB). Dies gilt auch für Regelungen in Leiharbeitsverträgen. Die Verweisung muss klar und verständlich formuliert sein, ansonsten ist sie wegen Verstoßes gegen das Gebot der

---

112 BAG, 19.01.1999 – 1 AZR 606/98, EzA § 3 TVG Bezugnahme auf Tarifvertrag Nr. 10; BAG, 17.04.2002 – 5 AZR 89/01, NZA 2002, 1096.
113 BAG, 28.05.2014 – 5 AZR 423/12, BeckRS 2014, 71240 (CGZP); LAG Hessen, 22.04.2013 – 7 Sa 1148/12, BeckRS 2013, 72677; rückwirkende Änderungen des Arbeitsvertrages mit dem Ziel des Ausschlusses von Equal-Pay-Ansprüchen sind AGB-rechtlich unwirksam, BAG, 19.02.2014 – 5 AZR 920/12, AP AÜG § 10 Nr. 39 (Hintergrund: Inbezugnahme unwirksame CGZP-Tarifverträge/Tarifwechselklausel); a.A. bei Neuabschluss eines Leiharbeitsvertrages LAG Nürnberg, 14.05.2013 – 6 Sa 708/12, n.v. (zitiert nach juris); kein Ausschluss von Equal Pay durch vorformulierte Ausgleichsquittung außerhalb Aufhebungsvertrag oder (Prozess-)vergleich, s. BAG, 23.10.2013 – 5 AZR 135/12, NZA 2014, 200; ebenso wenig durch Ausgleichsklausel in einem Aufhebungsvertrag, vgl. BAG, 25.09.2013 – 5 AZR 936/12, BeckRS 2013, 74878; bejahend hingegen für Prozessvergleich BAG, 27.05.2015 – 5 AZR 137/14, AP AÜG § 10 Nr. 53; LAG Nürnberg, 16.10.2013 – 4 Sa 288/13, DB 2014, 1085.
114 Dazu bspw. *Schubert* in: Däubler/Hjort/Schubert/Wolmerath § 2 NachwG Rn. 22 ff., 31 ff.

Transparenz (§ 307 Abs. 1 Satz 2 BGB) unwirksam. **Intransparent** waren nach verbreiteter Meinung die früher im Bereich der Zeitarbeit anzutreffenden **Doppelverweisungen** auf die »Tarifverträge« der CGZP, hilfsweise der der Tarifgemeinschaft Zeitarbeit der DGB-Mitgliedsgewerkschaften.[115] Für den Arbeitnehmer muss erkennbar sein, welches Tarifwerk auf sein Arbeitsverhältnis anwendbar ist und was ggf. »auf ihn zukommt«. Bei der gleichzeitigen Inbezugnahme mehrerer eigenständiger tariflicher Regelwerke verlangt das **BAG** für eine hinreichende Bestimmtheit der Vertragsklausel eine **Kollisionsregel**, der sich entnehmen lässt, welches der mehreren in Bezug genommenen tariflichen Regelwerke bei sich widersprechenden Regelungen den Vorrang haben soll.[116] In der Instanzrechtsprechung und Literatur wird kontrovers diskutiert, welche Auswirkungen diese höchstrichterliche Rechtsprechung auf die in der Zeitarbeitsbranche gängige Praxis der arbeitsvertraglichen Inbezugnahme der **Tarifwerke der Tarifgemeinschaft Zeitarbeit des DGB** hat. Teilweise wird angenommen, bei den DGB-Zeitarbeitstarifverträgen handele es sich nicht um einen **Einheitstarifvertrag**, sondern einen **mehrgliedrigen Tarifvertrag im engeren Sinne**.[117] Deshalb sei die Bezugnahme auf dieses Tarifwerk im Arbeitsvertrag intransparent und unwirksam. Das BAG hat dazu noch nicht entschieden.

43 Durch das »Erste Gesetz zur Änderung des Arbeitnehmerüberlassungsgesetzes – Verhinderung von Missbrauch der Arbeitnehmerüberlassung« vom 28.04.2011[118] – wurde eine **Lohnuntergrenze** in die Tariföffnungsklausel des § 3 Abs. 1 Nr. 1 AÜG und des § 9 Nr. 2 AÜG a.F. eingefügt. Nach der Neufassung von § 9 Abs. 1 Nr. 2 AÜG zum 01.04.2017 ergibt sich die Geltung der Lohnuntergrenze aus dem neuen § 8 Abs. 2 Satz 1, Abs. 5 AÜG. Mit der Lohnuntergrenze in § 3a AÜG wird die Möglichkeit, vom

---

115 Zum damaligen Streitstand *Stoffels/Bieder* RdA 2012, 27.
116 BAG, 13.03.2013 – 5 AZR 954/11, NZA 2013, 680; a. LAG Hamm, 15.05.2013 – 3 Sa 1792/12, BeckRS 2013, 74887 (zum mehrgliedrigen Tarifvertrag im engeren Sinne).
117 LAG Baden-Württemberg, 04.06.2013 – 22 Sa 73/12, BeckRS 2013, 70574 (anhängig BAG, 4 AZR 691/13); *Schindele/Söhl* NZA 2014, 1049; a.A. LAG Nürnberg, 11.10.2013 – 3 Sa 699/10, n.v. (zitiert nach juris; anhängig BAG, 4 AZR 995/13); *Brors* RdA 2014, 182; zum Streitstand *Müntefering* NZA 2015, 711 (auch zur umstrittenen Frage der Tarifzuständigkeit einzelner DGB-Gewerkschaften für die Zeitarbeit und deren etwaige Auswirkung auf die Wirksamkeit eines Einheitstarifvertrages); ferner § 8 Rdn. 113.
118 BGBl. I, 642.

Gleichstellungsgrundsatz durch Tarifvertrag abzuweichen, teilweise zurückgenommen. Dabei greift die Vorschrift nicht grundlegend in die bisherige Struktur der Vergütungsregelung des AÜG ein, wonach ein Tarifvertrag eine Abweichung vom Gleichbehandlungsgrundsatz ermöglicht. Sondern sie bestimmt für diese abweichenden Tarifverträge lediglich eine Untergrenze, die von einer Rechtsverordnung definiert wird.[119] Die bisherige Tarifdispositivität des Gleichstellungsgrundsatzes hat der Gesetzgeber über § 3a AÜG hinaus mit Wirkung ab dem 01.04.2017 durch Einführung eines zwingenden Equal Pay ab dem 10. Überlassungsmonat – bei stufenweiser Heranführung an das Vergleichsentgelt eines Stammarbeitnehmers durch oder aufgrund Tarifvertrages ab dem 16. Monat der ununterbrochenen Überlassung – in **§ 8 Abs. 4 AÜG** stark reglementiert und eingeschränkt.[120]

Durch die Gesetzesänderung im Jahre 2011 sollten auch die in der Praxis aufgetretenen Fälle des missbräuchlichen Einsatzes von Arbeitnehmerüberlassung unterbunden werden.[121] Daher wurde in § 3 Abs. 1 Nr. 3 S. 4 AÜG a.F. und in § 9 Nr. 2 AÜG a.F. eine sog. **Drehtürklausel** aufgenommen. Die Regelung wurde inhaltlich unverändert in § 8 Abs. 3 AÜG übernommen. Durch die Drehtürklausel soll verhindert werden, dass ausgeschiedene Stammarbeitnehmer anschließend zu den (schlechteren) Bedingungen der Zeitarbeit bei ihrem ehemaligen – jetzt entleihenden – Arbeitgeber oder einem konzernzugehörigen Unternehmen eingesetzt werden. Die Drehtürklausel ist am 30.07.2011 in Kraft getreten. Aufgrund der **Übergangsvorschrift** des § 19 Abs. 1 AÜG findet § 8 Abs. 3 AÜG keine Anwendung auf Leiharbeitsverhältnisse, die vor dem 15.12.2010 begründet worden sind.[122]

44

---

119 BT-Drucks. 17/5238, 14; ausführlich *Leuchten* NZA 2011, 611, der von einer »Hängematte« spricht; s. § 3a AÜG; zur Anrechnung von Leistungen auf einen tariflichen Mindestlohnanspruch BAG, 16.04.2014 – 4 AZR 802/11, NZA 2014, 1277 (Mindestlohn Abfall).
120 Dazu ausführlich § 8 Rdn. 131 ff.
121 Hier ist insb. der Fall der Drogeriekette Schlecker zu nennen, der aufgrund seiner öffentlichen Resonanz wohl sogar den Auslöser für die Gesetzesänderungen bildet; dazu *Böhm* DB 2010, 672 ff.; *ders.* DB 2010, 1350; *Düwell/Dahl* DB 2010, 1759.
122 Zur Drehtürklausel vgl. § 8 Rdn. 123.

2. Rechtsfolgen

45 **Vereinbarungen, die § 9 Abs. 1 Nr. 2 AÜG i.V.m. § 8 AÜG n.F. missachten**, sind **von Anfang an unwirksam**. Nach dem Wortlaut bezieht sich § 9 Abs. 1 Nr. 2 AÜG auf sämtliche verschlechternde – schriftliche, mündliche oder konkludente – »Vereinbarungen« zum Nachteil von Leiharbeitnehmern. Erfasst sind alle benachteiligenden Klauseln, sei es in Individual- (z.B. in Leiharbeits- und/oder Arbeitnehmerüberlassungsverträgen) oder Kollektivvereinbarungen. Auch **Verzichtserklärungen des Leiharbeitnehmers** sind unwirksam, **§ 8 AÜG n.F. ist zwingendes Recht**. Die Unwirksamkeit folgt dann allerdings nicht aus § 9 Abs. 1 Nr. 2 AÜG, sondern aus § 134 BGB. Eine einseitige Verzichtserklärung ist keine »Vereinbarung« i.S.d. § 9 Abs. 1 Nr. 2 AÜG.

▶ Praxistipp:

Ein **Tatsachenvergleich** über die Gewährung der Arbeits- und Entgeltbedingungen nach Maßgabe von § 8 AÜG n.F. dürfte hingegen – ähnlich wie bei sonst unabdingbarem Gesetzesrecht (z.B. Urlaubsgewährung in natura) – möglich sein und nicht gegen § 9 Abs. 1 Nr. 2 AÜG verstoßen.

Die Unwirksamkeit erfasst nur die unzulässige Klausel, im Übrigen bleibt der Vertrag oder die Absprache wirksam. Die Unwirksamkeitsfolge betrifft mithin nicht den gesamten Leiharbeits- und/oder Arbeitnehmerüberlassungsvertrag; § 139 BGB findet keine Anwendung.[123] **Rechtsfolge eines Verstoßes** gegen den Grundsatz des Equal Pay und Equal Treatment (§ 8 AÜG n.F.) ist **nicht das Zustandekommen eines Arbeitsverhältnisses zum Entleiher**; der Leiharbeitsvertrag ist in diesen Fällen nicht – wie von § 10 Abs. 1 Satz 1 AÜG vorausgesetzt – insgesamt unwirksam.

46 Trotz der Teilnichtigkeit des Leiharbeitsvertrages ist der Leiharbeitnehmer nicht schutzlos. Nach **§ 8 AÜG n.F.** hat er im Fall der Unwirksamkeit der Vereinbarung nach § 9 Abs. 1 Nr. 2 AÜG Anspruch auf Gewährung der im Betrieb des Entleihers für einen vergleichbaren Arbeitnehmer geltenden wesentlichen Arbeits- und Entgeltbedingungen (so genanntes **Garantieprinzip**).[124]

---

123 Thüsing/*Mengel* § 9 AÜG Rn. 50 m.w.N.
124 Ausführlich § 8 Rdn. 24 ff.

Differenzvergütungsansprüche aus § 8 AÜG n.F. unterliegen individualvertraglich wirksam vereinbarten oder einschlägigen tariflichen **Ausschluss- und Verfallfristen**.[125] Nach verbreiteter Auffassung in der Instanzrechtsprechung sollen selbst Verfallfristen eines wegen fehlender Tariffähigkeit nichtigen Tarifvertrages wirksam einzelvertraglich in Bezug genommen werden können, wenn die Verfallklausel für sich betrachtet einer Kontrolle anhand der §§ 305 ff. BGB standhält.[126] Finden solche keine Anwendung, können Nachzahlungsansprüche – bis zur Grenze der Verwirkung[127] – innerhalb der **Regelverjährungsfrist** von drei Jahren (§ 195 BGB) wirksam durchgesetzt werden.[128]

47

▶ Praxistipp:

Im Fall des Verstoßes gegen das Schlechterstellungsverbot (§ 9 Abs. 1 Nr. 2 AÜG) hat der Leiharbeitnehmer gegen den Verleiher Anspruch auf Zahlung der Differenzvergütung. Anspruchsgrundlage ist § 8 AÜG. Differenzvergütungsansprüche sind am Monatsende fällig; dann beginnen auch etwaige individualvertraglich wirksam vereinbarte Ausschlussfristen zu laufen.[129] Der zwingende Charakter des § 9 Abs. 1 Nr. 2 AÜG schließt

---

125 Zur Intransparenz arbeitsvertraglicher Klauseln, welche die Frage der Anwendung entweder der individualvertraglichen oder tariflichen Ausschlussfrist von einem Günstigkeitsvergleich abhängig machen, vgl. LAG Niedersachsen, 15.11.2012 – 7 Sa 1787/11, AE 2013, 55; ebenfalls zum Verstoß einer arbeitsvertraglichen Bezugnahmeklausel gegen den Bestimmtheitsgrundsatz LAG Hamm, 15.08.2012 – 3 Sa 422/12, n.v.

126 LAG Rheinland-Pfalz, 29.11.2012 – 2 Sa 166/12, n.v.; LAG Düsseldorf, 08.12.2011 – 11 Sa 852/11, DB 2012, 921; a.A. jedenfalls bei der Inbezugnahme mehrgliedriger Tarifverträge LAG Niedersachsen, 28.11.2012 – 2 Sa 76/12, AE 2013, 54; LAG Düsseldorf, 21.06.2012 – 13 Sa 319/12, LAGE § 9 AÜG Nr. 9; offengelassen BAG, 13.03.2013 – 5 AZR 242/12, USK 2013, 119.

127 BAG, 25.09.2013 – 5 AZR 936/12, AuA 2015, 314; LAG Nürnberg, 07.08.2012 – 7 Sa 26/12, n.v.

128 BAG, 20.11.2013 – 5 AZR 776/12, USK 2013, 192; BAG, 13.03.2013 – 5 AZR 424/12, EzA § 10 AÜG Nr. 18 = NZA 2013, 785; zur Verjährungshemmung bei Klage nur auf Teilvergütung innerhalb der Verjährungsfrist LAG Nürnberg, 26.08.2014 – 7 Sa 571/13 (anhängig BAG, 5 AZR 704/14).

129 LAG Schleswig-Holstein, 14.08.2012 – 1 Sa 495/11, BeckRS 2012, 72824; zum Beginn von Ausschlussfristen erst nach der CGZP-Entscheidung des BAG vom 14.12.2010 LAG Baden-Württemberg, 27.08.2012 – 9 Sa 187/11, ArbR 2012, 540; zur möglichen Intransparenz »doppelter« Ausschlussfristen in Arbeits- und

die Anwendung von Ausschlussfristen auf Differenzvergütungsansprüche nicht aus. Auf Equal-Pay- und Equal-Treatment-Ansprüche nicht anwendbar sind hingegen etwaige im Entleiherbetrieb geltende Ausschlussfristen; Ausschlussfristen im Entleiherbetrieb sind nach der Rechtsprechung des BAG keine wesentlichen Arbeitsbedingungen i.S.d. § 9 Abs. 1 Nr. 2 AÜG, § 8 Abs. 1 AÜG.[130] Die in einem gerichtlichen Vergleich vereinbarte Ausgleichsquittung schließt die spätere Geltendmachung von Equal-Pay- und Equal-Treatment-Ansprüchen aus; Ausgleichsklauseln in einem Prozessvergleich erfassen auch Ansprüche aus § 8 AÜG.[131]

48 Zur Durchsetzung seines Gleichstellungsanspruchs nach § 9 Abs. 1 Nr. 2, § 8 AÜG verschafft § 13 AÜG dem Leiharbeitnehmer einen eigenständigen **Auskunftsanspruch gegen den Entleiher**.[132] Zur prozessualen Substantiierung seines Vortrages genügt es im ersten Schritt, wenn der Leiharbeitnehmer auf den Inhalt einer ihm gem. § 13 AÜG erteilten Auskunft verweist.[133] Der Verleiher kann das Vorbringen des Arbeitnehmers nicht prozessual wirksam mit Nichtwissen bestreiten.[134]

49 Beruht die gesetzeswidrig zu geringe Vergütungszahlung des Verleihers an den Leiharbeitnehmer auf **schuldhaft unrichtigen Angaben des Entleihers**, kann der Verleiher den Entleiher wegen des Differenzbetrages auf Schadensersatz (§ 280 Abs. 1, § 241 Abs. 2 BGB) in Anspruch nehmen.[135] Bei vorsätzlichem Handeln können des Weiteren Ansprüche aus Deliktsrecht (§ 823 Abs. 2, § 826 BGB) bestehen.

Tarifverträgen LAG Nürnberg, 02.05.2012 – 2 Sa 516/11, BeckRS 2012, 70646; *Brors* NZA 2010, 1385.
130 BAG, 23.03.2011 – 5 AZR 7/10, NZA 2011, 850 (zur alten Rechtslage vor der AÜG-Reform 2017).
131 ArbG Hamburg, 20.04.2012 – 13 Ca 183/11, n.v. (zu § 9 Nr. 2 AÜG a.F., § 10 Abs. 4 Satz 4 AÜG a.F.).
132 S. § 13 Rdn. 3 ff.
133 BAG, 19.09.2007 – 4 AZR 656/06, EzA § 13 AÜG Nr. 1 = NZA-RR 2008, 231; LAG München, 02.09.2008 – 6 Sa 41/08, n.v. (Nachverfahren zu BAG, 19.09.2007 – 4 AZR 656/06); LAG Niedersachsen, 15.11.2012 – 7 Sa 1787/11, AE 2013, 55; LAG Niedersachsen, 28.11.2012 – 2 Sa 76/12, AE 2013, 54.
134 LAG Düsseldorf, 21.06.2012 – 13 Sa 319/12, LAGE § 9 AÜG Nr. 9.
135 *Bauer/Krets* NJW 2003, 537, 539; ErfK/*Wank* § 10 AÜG Rn. 27; Thüsing/*Mengel* § 10 AÜG Rn. 75.

Unwirksamkeit § 9 AÜG

▶ **Praxistipp:**

Der dem Leiharbeitnehmer nach § 8 AÜG zu gewährende Nachzahlungsbetrag ist sozialversicherungsrechtlich zu verbeitragen. Auch insoweit gilt die gesamtschuldnerische Haftung des Entleihers (neben dem Verleiher) für die Sozialversicherungsbeiträge nach § 28e Abs. 2 SGB IV. Die Haftung des Entleihers ist allerdings subsidiär. Sie setzt erst nach einer erfolglosen Mahnung des Verleihers durch die zuständige Einzugsstelle der Krankenkasse ein.

Ferner haftet der Entleiher – generell und im besonderen Fall des § 8 AÜG – für rückständige Lohnsteuer nach § 42d Abs. 6 EStG. Es handelt sich allerdings um eine lediglich nachrangige Ausfallhaftung.

Angesichts der sozialversicherungs- und steuerrechtlichen Haftungsrisiken sollte der Entleiher Vorkehrungen gegen drohende Beitrags(nach)forderungen bzw. Steuer(nach)forderungen treffen. Wirksamstes Mittel ist eine vom Verleiher beizubringende Bankbürgschaft.[136]

Verstöße gegen § 9 Abs. 1 Nr. 2 AÜG sind mittelbar über § 8 Abs. 1 Satz 1, Abs. 2 Satz 2 und 4 AÜG n.F. (§ 16 Abs. 1 Nr. 7a AÜG) und § 8 Abs. 5 AÜG n.F. (§ 16 Abs. 1 Nr. 7b AÜG) bußgeldbewehrt und können als **Ordnungswidrigkeiten** mit einer Geldbuße von bis zu 500.000 € je Fall sanktioniert werden. Ein Straftatbestand nach §§ 15, 15a AÜG wird allein durch eine Missachtung des § 9 Abs. 1 Nr. 2 AÜG nicht verwirkt. Allerdings muss der Verleiher mit **gewerberechtlichen Sanktionen** rechnen; ein Verstoß gegen § 9 Abs. 1 Nr. 2 AÜG indiziert dessen Unzuverlässigkeit i.S.d. § 3 Abs. 1 Nr. 1 AÜG.[137] 50

▶ **Praxistipp:**

Die Verhängung von Bußgeldern bei Equal-Pay- und Equal-Treatment-Verstößen gehört zur ständigen Praxis der Aufsichtsbehörden. Als Faustformel haben sich Bußgelder in Höhe des zwei- bis dreifachen Betrages des durch das Zeitarbeitsunternehmen gezogenen wirtschaftlichen Vorteils etabliert.[138] An dieser Verwaltungspraxis wird sich auch nach der

---

136 Zur sozialversicherungs- und steuerrechtlichen Problematik vgl. Einl. Rdn. 98 ff., 115 ff.
137 Vgl. § 3 Rdn. 49.
138 *Hennig/Bödeker* AuA 2016, 202.

Urban-Crell

Gesetzesreform kaum etwas ändern. Für die Personaldienstleister kann dies zu einem erheblichen Problem werden, weil schon die korrekte Ermittlung des Vergleichsentgelts im Kundenbetrieb mit großen Schwierigkeiten verbunden ist. Hier hätte nur eine gesetzliche Definition des Equal Pay für (mehr) Rechtssicherheit sorgen können. Der Gesetzgeber hat darauf bei der Novellierung des AÜG im Jahre 2017 trotz heftigen Widerspruchs aus Praxis und Wissenschaft verzichtet.[139] Die widerlegbare gesetzliche Vermutung gesetzeskonformen Verhaltens bei Zahlung des Tariflohns vergleichbarer Stammarbeitnehmer des Kunden an den Leiharbeitnehmer (vgl. § 8 Abs. 1 Satz 2 AÜG) hilft der Praxis jedenfalls in den Fällen wenig, in denen – wie so häufig – schon im Kundenbetrieb zwischen Arbeitgeber und Stammarbeitnehmer bzw. Betriebsrat die richtige Eingruppierung umstritten ist.[140] Die Rechtsprechung wird klären müssen, ob die Vermutungswirkung des § 8 Abs. 1 Satz 2 AÜG auch dann greift, wenn sich der Verleiher an einer objektiv falschen Eingruppierung eines vergleichbaren Stammarbeitnehmers im Kundenbetrieb orientiert.

V. Zugang zu Gemeinschaftseinrichtungen oder -diensten – Abs. 1 Nr. 2a

51 § 9 Abs. 1 Nr. 2a AÜG ist zum 01.12.2011 in Kraft getreten und ist eine **Folgeänderung** zu dem damals ebenfalls neu eingefügten § 13b AÜG, die

---

139 Zu den kontroversen Diskussion der Sachverständigen im Ausschuss für Arbeit und Soziales am 17.10.2016, vgl. Ausschussdrucksache 18(11)761 neu (Stellungnahmen der Sachverständigen); Protokoll-Nr. 18/88 (Wortprotokoll der öffentlichen Anhörung).

140 Zur Ermittlung des Vergleichsentgelts bei § 10 Abs. 4 AÜG a.F. BAG, 21.10.2015 – 5 AZR 604/14, NZA 2016, 422; BAG, 24.09.2014 – 5 AZR 254/13, AP AÜG § 10 Nr. 46; zum Vergleichsentgelt im Anwendungsbereich des TV BZ ME sowie bei mehreren vergleichbaren Stammarbeitnehmern mit unterschiedlich höher Vergütung LAG Hamm, 12.11.2014 – 2 Sa 1571/13, BeckRS 2015, 68334 (anhängig BAG, 5 AZR 242/15); LAG Hamm, 28.07.2014 – 17 Sa 1479/13, n.v. (zitiert nach juris; anhängig BAG, 5 AZR 579/14); LAG Schleswig-Holstein, 12.02.2014 – 6 Sa 325/13, BeckRS 2014, 68048; zur Berechnung des Equal-Pay-Anspruchs, wenn vertragliche Arbeitszeit des Leiharbeitnehmers und Sollarbeitszeit beim Entleiher auseinanderfallen LAG Niedersachsen, 17.10.2014 – 6 Sa 632/14, n.v. (zitiert nach juris); zur Bestimmung des vergleichbaren Arbeitnehmers, wenn ein solcher im Entleiherbetrieb fehlt BAG, 24.09.2014 – 5 AZR 254/13, AP Nr. 46 zu § 10 AÜG; BAG, 19.02.2014 – 5 AZR 1047/12, EzA § 10 AÜG Nr. 25.

der Umsetzung der Leiharbeitsrichtlinie dient. Danach sind **Vereinbarungen unwirksam**, die den Zugang von Leiharbeitnehmern zu den Gemeinschaftseinrichtungen oder -diensten im Unternehmen des Entleihers entgegen § 13b AÜG beschränken. Damit wird insb. verhindert, dass Leiharbeitnehmer im Vorhinein auf ihr **Zugangsrecht** nach § 13b AÜG verzichten. Außerdem soll sich der einzelne Verleiher dadurch keine Wettbewerbsvorteile verschaffen können. Die Regelung trägt also dazu bei, dass das Zugangsrecht der Leiharbeitnehmer geschützt wird und der Wettbewerb der Verleiher über die Qualität der Dienstleistung und nicht über die Arbeitsbedingungen der Leiharbeitnehmer geführt wird.[141]

§ 9 Abs. 1 Nr. 2a AÜG unterstützt die Unabdingbarkeit von § 13b AÜG und gilt sowohl für Individual- als auch für Kollektivvereinbarungen.[142] **Eine entsprechende Regelung für § 13a AÜG existiert nicht**. Diese wurde bereits im Gesetzgebungsverfahren vielfach gefordert, aber trotzdem nicht in die Gesetzesänderungen aufgenommen.[143] § 13a AÜG stellt aber ebenfalls zwingendes Recht dar und ist damit unabdingbar. Somit kann der Verleiher diese Pflicht **ebenfalls** nicht vertraglich ausschließen, der Leiharbeitnehmer nicht auf sie verzichten. Also müssen auch entsprechende Vereinbarungen zwischen Verleiher und Entleiher **unwirksam** sein.[144] Auch wenn der Gesetzgeber dies nur für den Zugang zu Gemeinschaftseinrichtungen gem. § 13b AÜG i.V.m. § 9 Abs. 1 Nr. 2a AÜG explizit geregelt hat, kann für die **Informationspflicht** gem. § 13a nichts anderes gelten.[145] 52

VI. Vereinbarung von Abwerbungs- und Einstellungsverboten im Überlassungsvertrag – Abs. 1 Nr. 3

§ 9 Abs. 1 Nr. 3 AÜG erklärt Vereinbarungen, die dem Entleiher untersagen, den Leiharbeitnehmer zu einem Zeitpunkt einzustellen, in dem dessen Arbeitsverhältnis zum Verleiher nicht mehr besteht, für unwirksam. Der Gesetzgeber verfolgt mit diesem ebenso wie mit dem Unwirksamkeitsgrund des § 9 Abs. 1 Nr. 4 AÜG **beschäftigungspolitische Ziele**. Die Arbeitnehmerüberlassung soll für Leiharbeitnehmer ein Sprungbrett in eine dauerhafte 53

---

141 BT-Drucks. 17/4804, 9 f.
142 *Lembke* DB 2011, 418; *Klebe* AiB 2010, 648; *Ulber* AuR 2010, 415.
143 *Lembke* DB 2011, 418.
144 *Lembke* NZA 2011, 322/324; *Hamann* RdA 2011, 334.
145 Ebenso *Thüsing* § 13a AÜG Rn. 30, der von einem »Vergessen« des Gesetzgebers spricht.

Beschäftigung im Entleiherbetrieb sein (sog. **Klebeeffekt**).[146] Damit stellt § 9 Abs. 1 Nr. 3 AÜG sicher, dass das Recht des Leiharbeitnehmers auf freie Wahl des Arbeitsplatzes nicht beeinträchtigt wird; der gleichzeitige Eingriff in die Vertragsfreiheit von Verleiher und Entleiher ist vor diesem Hintergrund verfassungsrechtlich unbedenklich.[147]

1. Voraussetzungen

a) Einstellungs- und Abwerbeverbote

54 § 9 Abs. 1 Nr. 3 Halbs. 1 AÜG untersagt **unmittelbare und mittelbare Einstellungs- und Abwerbeverbote** im Arbeitnehmerüberlassungsvertrag. Erfasst werden nicht nur Angebote des Entleihers **nach Beendigung des Leiharbeitsvertrages**. Ebenso sind Klauseln unwirksam, die dem Entleiher das Angebot auf Übernahme in eine Dauerbeschäftigung für die Zeit nach Beendigung des Leiharbeitsverhältnisses bereits während der Zeit der Überlassung verbieten. Entscheidend ist mithin nicht der Zeitpunkt der Vertragsverhandlungen bzw. des -abschlusses, sondern der rechtliche Beginn des Arbeitsverhältnisses zwischen Leiharbeitnehmer und Entleiher. Nach Beendigung des Leiharbeitsvertrages darf der (ehemalige) Leiharbeitnehmer jederzeit eingestellt werden. Dagegen gerichtete Verbote sind unzulässig.[148] Unwirksam sind auch sonstige **Nebenabreden** im Arbeitnehmerüberlassungsvertrag, welche das Verbot der Einstellung zusätzlich absichern sollen. Dies gilt bspw. für **Vertragsstrafenregelungen**.[149]

55 Die Unwirksamkeitsfolge des § 9 Abs. 1 Nr. 3 Halbs. 1 AÜG erstreckt sich nicht auf **unlautere Abwerbeverbote**, d.h. auf die Verleitung des Leiharbeitnehmers zum Vertragsbruch durch den Entleiher. Das Verbot sittenwidriger Abwerbung fremder Arbeitnehmer ist ein – wenngleich in der Praxis nur schwierig nachweisbarer – Anwendungsfall des wettbewerbsrechtlichen Abwerbe- und Einstellungsverbots nach § 1 UWG. Derart wettbewerbswidriges Verhalten des Entleihers stellt eine Nebenpflichtverletzung aus dem Überlassungsvertrag dar, wegen derer sich der Entleiher nach § 280 Abs. 1 BGB

---

146 Vgl. 10. AÜG-Erfahrungsbericht, BT-Drucks. 15/6008, 11: »Erfahrungsgemäß werden rund ein Drittel aller Leiharbeitnehmer durch den entleihenden Betrieb nach einer gewissen Zeit übernommen (sogenannter Klebeeffekt).«.
147 BT-Drucks. 15/6008, 11; Schüren/Hamann/*Schüren* § 9 AÜG Rn. 88 ff.
148 *Boemke/Lembke* § 9 AÜG Rn. 501; HWK/*Gotthardt* § 9 AÜG Rn. 14; Thüsing/ Mengel § 9 AÜG Rn. 56.
149 BGH, 03.07.2003 – III ZR 348/02, NJW 2003, 2906.

und/oder wegen vorsätzlicher sittenwidriger Schädigung nach § 826 BGB schadensersatzpflichtig machen kann.[150]

▶ Praxistipp:
Die Vereinbarung von Abwerbeverboten für die Laufzeit des Leiharbeitsverhältnisses ist wirksam und in der Praxis üblich. Der Verleiher sollte dieses durch eine Vertragsstrafe absichern. In Formularverträgen bzw. Allgemeinen Geschäftsbedingungen dürfen nur »angemessene« Vertragsstrafen vereinbart werden, ansonsten ist die Klausel wegen Verstoßes gegen §§ 305 ff. BGB[151] unwirksam.

b) Vermittlungsgebühr

Arbeitnehmerüberlassungsverträge – insb. Allgemeine Geschäftsbedingungen – enthalten regelmäßig **Regelungen zur Personalvermittlung und zu Vermittlungsgebühren**. 56

aa) Zulässigkeit

In Rechtsprechung und Literatur war **lange Zeit umstritten**, ob die Vereinbarung von **Vermittlungsgebühren** vom Verbot des § 9 Nr. 3 AÜG a.F. erfasst wird. Im Jahr 2003 hatte der BGH für formularmäßige Vereinbarungen in Allgemeinen Geschäftsbedingungen entschieden, dass in diesen Fällen ein Verstoß gegen § 9 Nr. 3 AÜG a.F. anzunehmen sei. Die Leistung des Verleihers sei bereits mit der Überlassungsvergütung abgegolten, jede weitere Zahlung stelle deshalb ein vertragsstrafenbewährtes Einstellungsverbot dar.[152] 57

Nicht zuletzt auf Druck der Zeitarbeitsbranche hat der Gesetzgeber schnell auf diese Entscheidung des BGH reagiert und die Praxis der Vereinbarung von Vermittlungsprovisionen legalisiert. Durch das **Dritte Gesetz für moderne Dienstleistungen am Arbeitsmarkt** wurde § 9 Nr. 3 AÜG a.F. mit Wirkung zum 01.01.2004 dahin gehend ergänzt, dass die Vereinbarung einer angemessenen Vergütung zwischen Verleiher und Entleiher für eine nach vorangegangenem oder mittels vorgeschaltetem Verleih erfolgte Vermittlung nicht 58

---

150 AG Düsseldorf, 17.01.2001 – 25 C 14262/00, NZA-RR 2001, 297; *Boemke/Lembke* § 9 AÜG Rn. 502; *Urban-Crell/Schulz* Rn. 201 m.w.N.
151 Vgl. § 309 Nr. 6, § 307 BGB.
152 BGH, 03.07.2003 – III ZR 348/02, NJW 2003, 2906; ausführlich zur früheren Rechtslage *Urban-Crell/Schulz* Rn. 202 ff.

ausgeschlossen ist. Seitdem hat auch der **BGH seine frühere Rechtsprechung aufgegeben** und die Vereinbarung formularmäßiger Klauseln zu **Vermittlungsprovisionen** – auch in Allgemeinen Geschäftsbedingungen – als **grds. zulässig** akzeptiert.[153] Wegen der Branchenüblichkeit von Vermittlungsprovision in der Zeitarbeit handelt es sich auch nicht um eine überraschende Klausel (§ 305c Abs. 1 BGB).

bb) Angemessenheit

59 Für die Praxis stellt sich die Frage der **Angemessenheit einer vereinbarten Vermittlungsprovision**. Die Rechtsprechung hat inzwischen einige Leitlinien entwickelt.[154] Ist die Provision nicht nach der Dauer des vorangegangenen Verleihs gestaffelt, ist diese unangemessen.[155] Nach der Gesetzesbegründung und der Rechtsprechung des BGH sind bei der Beurteilung der Angemessenheit neben der Dauer des vorangegangenen Verleihs, die Höhe des vom Entleiher für den Verleih bereits gezahlten Entgelts und der Aufwand für die Gewinnung eines vergleichbaren Arbeitnehmers zu berücksichtigen.[156] Der »Aufwand« entspricht der marktüblichen Provision von Personalvermittlern für die jeweilige Vermittlungstätigkeit. In der Literatur werden **drei Bruttomonatsgehälter** als **absolute Obergrenze** einer angemessenen Vermittlungsgebühr genannt.[157] Eine Anknüpfung an das Jahresbruttoeinkommen des Arbeitnehmers – bis zur Maximalhöhe von bis zu zwei Bruttogehältern – wurde vom BGH zuletzt gebilligt.[158] Für Fachkräfte sind diese Sätze angemessen, für gering qualifizierte oder ungelernte Leiharbeitnehmer sind geringere Provisionshöchstsätze von maximal einem Bruttomonatsgehalt zu

---

153 BGH, 07.12.2006 – III ZR 82/06, NZA 2007, 571; BGH, 11.03.2010 – III ZR 240/09, NZA 2010, 511; BGH, 10.11.2011 – III ZR 77/11, NZA-RR 2012, 67.
154 BGH, 07.12.2006 – III ZR 82/06, NZA 2007, 571; grds. zur Vermittlungsprovisionen nach »Hartz III« vgl. *Lembke/Fesenmeyer* DB 2007, 801; *Küpperfahrenberg/Legardère* BB 2012, 2952.
155 BGH, 11.03.2010 – III ZR 240/09, NZA 2010, 511.
156 BT-Drucks. 15/6008, 11; BGH, 10.11.2011 – III ZR 77/11, NZA-RR 2012, 67.
157 *Sandmann/Marschall* Art. 1 § 9 AÜG Anm. 29; Schüren/Hamann/*Schüren* § 9 AÜG Rn. 82; *Boemke/Lembke* § 9 AÜG Rn. 510 ziehen die Grenze bei zwei Bruttomonatsgehältern.
158 BGH, 10.11.2011 – III ZR 77/11, NZA-RR 2012, 67; OLG Oldenburg, 30.10.2014 – 1 U 42/14, BeckRS 2014, 22962 (maximal zweifaches Bruttomonatsgehalt, wobei eine Kopplung der Vermittlungsgebühr allein an die im Überlassungsvertrag vereinbarte Vergütung grds. unangemessen sein soll).

vereinbaren.¹⁵⁹ Die Höchstprovision ist unter Berücksichtigung der individuellen Verleihdauer ratierlich zu kürzen bzw. zu staffeln. Eine schon der absoluten Höhe nach unangemessene Provisionsklausel ist unwirksam, daran ändert auch eine vereinbarte Staffelung unter Berücksichtigung der vorangegangenen Verleihdauer nichts.¹⁶⁰

▶ Praxistipp:

Bei der **Klauselgestaltung** sind folgende Faktoren zu berücksichtigen:
- Höhe der Provision darf freie Wahl des Arbeitsplatzes des Leiharbeitnehmers nicht gefährden (keine Vermittlungsbarriere);
- Dauer der vorangegangenen Überlassung ist zu berücksichtigen (Armortisationsgedanke);
- Höhe des vom Entleiher für den Verleih bereits gezahlten Entgelts ist zu berücksichtigen;
- Aufwand für die Gewinnung eines vergleichbaren Arbeitnehmers ist zu berücksichtigen (abhängig von Qualifikation und Anforderungen an die konkrete Tätigkeit).

Gestaltung in der Praxis:
- Max. zweifacher Bruttomonatslohn oder 200-facher Stundenverrechnungssatz;¹⁶¹
- um 1/12 je unmittelbar vorangegangenem Überlassungsmonat zu kürzen;
- Anspruch auf Vermittlungshonorar entsteht bei Abschluss eines Arbeitsvertrages zwischen Entleiher und Leiharbeitnehmer – auch dann, wenn dieser erst bis zu sechs Monaten nach Ende der Überlassung geschlossen wird;¹⁶²
- Regelungen gelten entsprechend, wenn ein Schwester-/Tochterunternehmen des Entleihers den Leiharbeitnehmer übernimmt.¹⁶³

---

159 LG Freiburg, 29.01.2009 – 6 O 382/08, BeckRS 2009, 05304; *Lemke/Fesenmeyer* DB 2007, 801; dazu a. *Küpperfahrenberg/Legardère* BB 2012, 2952; nur 1.000 € für angemessen haltend *Benkert* BB 2004, 998.
160 BGH, 11.03.2010 – III ZR 240/09, NZA 2010, 511.
161 Offengelassen BGH, 11.03.2010 – III ZR 240/09, NZA 2010, 511.
162 Zur Auslegung einer Klausel auf Vermittlungsprovision, LG Aachen, 26.03.2010 – 9 O 545/09, AE 2010, 195.
163 Zulässigkeit zweifelhaft, s. Rdn. 62.

cc) Kausalität

60 Die **Vermittlung** muss darüber hinaus **kausal auf die vorangegangene Überlassung** des Arbeitnehmers an den Entleiher zurückzuführen sein. Dies folgt aus dem Wortlaut des § 9 Abs. 1 Nr. 3 Halbs. 2 AÜG. Eine generelle Vermittlungsvermutung bei Einstellung eines früheren Leiharbeitnehmers durch den Entleiher besteht nicht.

▶ Praxistipp:

Um in der Praxis bei der Frage der Kausalität Streitigkeiten zu vermeiden, sollten Personaldienstleister Vermittlungsklauseln verwenden, in denen die Voraussetzungen unter denen ein Vergütungsanspruch entstehen soll, klar und eindeutig definiert sind.

61 Der Kausalzusammenhang besteht zweifelsfrei, wenn Arbeitnehmer und Kunde noch **während der laufenden Überlassung einen Arbeitsvertrag** abschließen und/oder der Leiharbeitnehmer eine **Eigenkündigung** ausspricht, um nach Ablauf der Kündigungsfrist eine Tätigkeit beim bisherigen Entleiher aufzunehmen. Entsprechendes gilt, wenn sich der Leiharbeitnehmer auf eine **Stellenausschreibung** im Entleiherbetrieb bewirbt, selbst wenn der Entleiher die Zusage erst nach Ende der Verleihzeit erteilt. Ob auch Bewerbungen des ehemaligen Leiharbeitnehmers nach Abschluss des Einsatzes im Entleiherbetrieb genügen, ist einzelfallabhängig.[164] Arbeitsvertragsabschlüsse innerhalb von sechs Monaten nach Ende der Überlassung sind aufgrund des **engen zeitlichen Zusammenhangs** jedoch ein gewichtiges Indiz für die Kausalität.[165]

62 Vielfach sehen Provisionsklauseln auch dann einen Vergütungsanspruch des Verleihers vor, wenn der Leiharbeitnehmer nicht in ein Arbeitsverhältnis zum früheren Entleiher, sondern zu einem mit dem Entleiher **verbundenen Unternehmen i.S.d. AktG** vermittelt wird. Problematisch ist in diesem Zusammenhang, ob die Tätigkeit des Leiharbeitnehmers beim Kunden und damit die Vermittlungstätigkeit des Verleihers für den Arbeitsvertragsabschluss zwischen (Leih-)Arbeitnehmer und Drittem ursächlich war. Zwar wird die in die Arbeitnehmerüberlassung bisher nicht eingebundene

---

164 Generell abl. Schüren/Hamann/*Schüren* § 9 AÜG Rn. 85.
165 *Boemke/Lembke* § 9 AÜG Rn. 506, die die vertragliche Regelung einer Vermittlungsvermutung innerhalb der ersten sechs Monate nach Ende der Überlassung empfehlen; a.A. Schüren/Hamann/*Schüren* § 9 AÜG Rn. 87.

Konzerngesellschaft den Arbeitnehmer häufig aufgrund seiner positiven Bewährung i.R.d. Einsatzes beim Entleiher einstellen. Dabei handelt es sich dann aber lediglich um eine mittelbare Vermittlung. Dies genügt für vermittlungsorientierte und damit provisionspflichtige Arbeitnehmerüberlassung kaum. Denn nach der Legaldefinition des § 35 Abs. 1 Satz 2 SGB III umfasst Arbeitsvermittlung alle Tätigkeiten, die auf das Zusammenführen von Arbeitsuchenden mit Arbeitgebern zur Begründung eines Arbeitsverhältnisses gerichtet sind. Zwischen Verleiher und Drittem besteht weder eine rechtliche noch tatsächliche Beziehung; dieser kann dem neuen Arbeitgeber den Anstoß zu einem Vertragsabschluss mit dem (Leih-)Arbeitnehmer nicht gegeben haben. Es spricht daher vieles dafür, dass **konzernweite Vermittlungsgebührvereinbarungen** ein unzulässiges Einstellungshemmnis i.S.d. § 9 Abs. 1 Nr. 3 Halbs. 2 AÜG begründen. Die Praxis wird damit rechnen müssen, dass die Rechtsprechung entsprechende Beweislastvereinbarungen als unzulässig verwerfen wird.

▶ Praxistipp:

Sofern Personaldienstleister auf die Konzernerstreckung der Vermittlungsklausel nicht verzichten wollen, sollten sie besonderes Augenmerk auf die **Klauselgestaltung** legen. Die Voraussetzungen für einen Vermittlungsanspruch des Verleihers für eine Vermittlung in ein Arbeitsverhältnis zum Entleiher einerseits und die Aufnahme einer Tätigkeit des Arbeitnehmers bei einem anderen Konzernunternehmen andererseits sollten in getrennten Absätzen geregelt werden. Denkbar ist dann zumindest eine geltungserhaltende Reduktion im Sinne eines für die AGB-Kontrolle von Formularverträgen anerkannten **blue-pencil Tests**.[166]

dd) Klauselbeispiel

Vermittlungshonorarklauseln in Überlassungsverträgen oder in AGB sollten 63 die für die Angemessenheit maßgeblichen Bemessungsfaktoren kombinieren und insb. eine degressive Staffelung der Höhe der Provision vorsehen. Da die Höhe der zwischen Arbeitnehmer und Kunden vereinbarten Arbeitsvergütung dem vermittelnden Verleiher nur in den seltensten Fällen bekannt werden wird, ist die Vereinbarung einer am Stundenverrechnungssatz des Überlassungsvertrages orientierten Vermittlungsgebühr vorzuziehen. Der

---

166 Zur Unwirksamkeit der Klausel bei Unangemessenheit der Höhe des Vermittlungshonorars s. Rdn. 64.

200-fache Stundenverrechnungssatz sollte als **absoluter Höchstbetrag** angesetzt werden.[167]

▶ Klauselbeispiel:

§ xy Vermittlungshonorar

1. Das mit dem Entleiher bestehende Vertragsverhältnis ist über die Arbeitnehmerüberlassung hinaus darauf gerichtet, den Arbeitnehmer zur dauerhaften Einstellung zu vermitteln. Begründen der Entleiher und der überlassene Arbeitnehmer während der Arbeitnehmerüberlassung oder innerhalb von sechs Monaten nach Beendigung des Leiharbeitsvertrages ein Arbeitsverhältnis, gilt dies als Arbeitsvermittlung durch den Verleiher. In diesem Fall hat der Verleiher Anspruch auf ein Vermittlungshonorar i.H.d. 200-fachen vereinbarten Stundenverrechnungssatzes.[168] Das Honorar reduziert sich für jeden der Vermittlung unmittelbar vorgegangenen Überlassungsmonat um je 1/12.

2. Vorstehender Abs. 2 gilt entsprechend bei Begründung eines Arbeitsverhältnisses zwischen überlassenem Arbeitnehmer und einem mit dem Entleiher verbundenen Unternehmen i.S.d. AktG.[169]

ee) **Rechtsfolge der Unwirksamkeit**

64 Eine **unangemessene Vermittlungsgebühr** stellt ein unzulässiges Einstellungshemmnis dar. Die **Provisionsklausel** ist **unwirksam**. Eine gerichtliche Herabsetzung des unverhältnismäßig hohen Vermittlungshonorars entsprechend § 655 BGB lehnt der BGH bei Vermittlung aus dem Überlassungsverhältnis zu Recht ab.[170] § 9 Abs. 1 Nr. 3 AÜG geht § 655 BGB als speziellere Norm

---

167 Wirksamkeit zuletzt offengelassen BGH, 11.03.2010 – III ZR 240/09, NZA 2010, 511.
168 Kritisch zur Kopplung an den Stundenverrechnungssatz OLG Oldenburg, 30.10.2014 – 1 U 42/14, BeckRS 2014, 22962 (s. Rdn. 59, Fn. 142).
169 Ob eine derartige Konzernerweiterung zulässig oder vielmehr ein unzulässiges Einstellungshemmnis i.S.d. § 9 Abs. 1 Nr. 3 Halbs. 2 AÜG ist, ist äußerst zweifelhaft (s. Rdn. 62).
170 BGH, 11.03.2010 – III ZR 240/09, NZA 2010, 511; a. *Boemke/Lembke* § 9 AÜG Rn. 514; Schüren/Hamann/*Schüren* § 9 AÜG Rn. 78 f.; Thüsing/*Mengel* § 9 AÜG Rn. 61, jeweils m.w.N.; a.A. *Hamann* S. 184; *ders.* EzA § 9 AÜG Nr. 2; *Rambach/Begerau* BB 2002, 937.

vor. Für eine geltungserhaltende Reduktion ist deshalb kein Raum. Dem gesetzlichen Schutzzweck liefe es zuwider, wenn der Verleiher risikolos unangemessene Vermittlungsvereinbarungen treffen könnte.

2. Rechtsfolgen

Die **Unwirksamkeitsfolge des § 9 Abs. 1 Nr. 3 AÜG** erfasst nicht das gesamte Vertragsverhältnis zwischen Verleiher und Entleiher, sondern lediglich die **Teilvereinbarung** über das unzulässige Einstellungsverbot (Halbs. 1) bzw. die unangemessene Vermittlungsprovision (Halbs. 2). § 139 BGB findet keine Anwendung. Von der Teilunwirksamkeit mit erfasst werden Klauseln, die die unzulässigen Verbote mittelbar absichern sollen (z.B. **Vertragsstrafenregelungen**).[171] 65

Verstöße gegen das Einstellungs- und Abwerbeverbot sowie das Verbot unangemessener Vermittlungsgebühren können je nach den Umständen des Einzelfalles die **gewerberechtliche Unzuverlässigkeit** des Verleihers nach § 3 Abs. 1 Nr. 1 AÜG begründen. Ordnungswidrigkeiten bzw. Straftatbestände werden nicht verwirkt. 66

VII. Vereinbarung von nachvertraglichen Verboten zur Aufnahme eines Arbeitsverhältnisses zum Entleiher – Abs. 1 Nr. 4

1. Voraussetzungen

§ 9 Abs. 1 Nr. 4 AÜG regelt – parallel zum Einstellungsverbot zwischen Verleiher und Entleiher in § 9 Abs. 1 Nr. 3 AÜG – die **Unwirksamkeit von Vereinbarungen zwischen Verleiher und Leiharbeitnehmer**, mit denen dem Leiharbeitnehmer die Eingehung eines Arbeitsverhältnisses zum Entleiher zu einem Zeitpunkt, in dem das Arbeitsverhältnis zum Verleiher nicht mehr besteht, untersagt wird. Diese Regelung verfolgt damit dasselbe Ziel wie § 9 Abs. 1 Nr. 3 AÜG. Leiharbeitnehmern soll die Chance auf freie Wahl des Arbeitsplatzes gesichert und die Möglichkeit der Übernahme in ein Normalarbeitsverhältnis beim Entleiher eröffnet werden (sog. **Klebeeffekt**).[172] 67

---

[171] *Becker/Wulfgramm* § 9 AÜG Rn. 30a; Schüren/Hamann/*Schüren* § 9 AÜG Rn. 76; Thüsing/*Mengel* § 9 AÜG Rn. 61.
[172] LAG Köln, 22.08.1984 – 5 Sa 1306/83, EzAÜG § 10 AÜG Fiktion Nr. 32; ferner Rdn. 53.

§ 9 AÜG Unwirksamkeit

68 § 9 Abs. 1 Nr. 4 AÜG erfasst nicht nur **unmittelbare Verbote** zur Eingehung eines Arbeitsverhältnisses ggü. dem Leiharbeitnehmer, sondern – ebenso wie die Regelung in Nr. 3 – auch **sonstige Initiativen des Leiharbeitnehmers zur Begründung eines Arbeitsverhältnisses zum Entleiher** (z.B. Bewerbungen). Sowohl Vertragsverhandlungen als auch der Abschluss eines Arbeitsvertrages mit dem Entleiher während der Laufzeit des Leiharbeitsverhältnisses sind unschädlich, soweit der rechtliche Beginn des Arbeitsverhältnisses zum Entleiher nach Beendigung des Leiharbeitsverhältnisses liegt. Gegen derartige Abreden und Absprachen gerichtete Verbote im Leiharbeitsvertrag sind unwirksam.

69 Im Gegensatz zu Vereinbarungen mit dem Entleiher sind Abreden über die Zahlung einer **Vermittlungsprovision** mit dem Leiharbeitnehmer unzulässig. Dies ergibt sich ohne weiteres aus einem Umkehrschluss zu § 9 Abs. 1 Nr. 3 Halbs. 2 AÜG.[173]

70 Selbst wenn sich der Verleiher zur Zahlung einer **Karenzentschädigung** für die Dauer des Tätigkeitsverbots beim Entleiher oder einer »**Abfindung« für die Nichtaufnahme eines Beschäftigungsverhältnisses zum Entleiherunternehmen** verpflichtet, bleiben entsprechende Vereinbarungen unwirksam. § 9 Abs. 1 Nr. 4 AÜG geht als Sonderregelungen den allgemeinen Bestimmungen über Wettbewerbsverbote (§ 110 GewO, §§ 74 ff. HGB) vor.[174] Die praktische Bedeutung der Wirksamkeit **nachvertraglicher Wettbewerbsabreden** in Leiharbeitsverträgen ist aber ohnehin gering. Ein nachvertragliches Wettbewerbsverbot untersagt dem Leiharbeitnehmer lediglich eine Konkurrenztätigkeit im Geschäftsbereich des Verleihers, mithin in der Zeitarbeitsbranche. Wird der Arbeitnehmer aber im Entleiherbetrieb tätig, ohne ein eigenes Verleihunternehmen zu gründen oder sich daran zu beteiligen, übt er keine Konkurrenz auf dem Gebiet der Arbeitnehmerüberlassung aus. Der sachliche Geltungsbereich eines nachvertraglichen Wettbewerbsverbots erfasst daher Tätigkeiten bei einem Entleiher i.d.R. nicht.[175]

---

173 Thüsing/*Mengel* § 9 AÜG Rn. 64 m.w.N.
174 Allg. Auffassung vgl. nur LAG Köln, 22.08.1984 – 5 Sa 1306/83, EzAÜG § 10 AÜG Fiktion Nr. 32; *Becker/Wulfgramm* § 9 AÜG Rn. 33; ErfK/*Wank* § 9 AÜG Rn. 11; a.A. *Schubel/Engelbrecht* § 9 AÜG Rn. 12.
175 KHK/*Düwell* 4.5 Rn. 362; Thüsing/*Mengel* § 9 AÜG Rn. 65; *Urban-Crell/Schulz* Rn. 381; zum nachvertraglichen Wettbewerbsverbot bei Gründung eines eigenen Verleihunternehmens vgl. Schüren/Hamann/*Schüren* § 9 AÜG Rn. 92.

Während der Laufzeit des Leiharbeitsverhältnisses unterliegt der Leiharbeit- 71 nehmer – wie jeder sonstige Arbeitnehmer auch – einem **vertraglichen Wettbewerbsverbot** (§ 60 HGB analog); dabei hat er auch die schutzwürdigen Interessen des Entleihers zu beachten.[176] Daher darf er weder unselbstständig noch selbstständig dem Verleiher in dessen Geschäftsbereich Konkurrenz machen. Nach allgemeinen Grundsätzen sind allerdings Vorbereitungshandlungen für die Zeit nach Beendigung des Leiharbeitsverhältnisses zulässig. Erlaubte Vorbereitungshandlungen sind bspw. der Einkauf von Einrichtungsgegenständen, die Beschaffung von Materialien, der Erwerb von Waren, der Abschluss eines Franchise-Vertrages, die Einstellung von Arbeitnehmern und die Anmietung von Geschäftsräumen. Auch das Abwerben von Arbeitskollegen, etwa um ein eigenes Personaldienstleistungsunternehmen zu gründen, ist nicht generell verboten. Ein wettbewerbswidriges und damit unzulässiges Abwerben von Kollegen und Kunden liegt allerdings bei Verleitung zum Vertragsbruch vor.[177] Derart wettbewerbswidriges Verhalten des Leiharbeitnehmers während der Dauer des Leiharbeitsverhältnisses stellt eine Nebenpflichtverletzung dar. Bei unerlaubter Konkurrenztätigkeit haftet der Leiharbeitnehmer auf Schadensersatz. Ferner berechtigt das treuwidrige Verhalten den Verleiher – je nach den Umständen des Einzelfalles – zur außerordentlichen oder zur ordentlichen Kündigung des Arbeitsverhältnisses. Wettbewerbswidriges Verhalten kann darüber hinaus mittels Unterlassungsklage – ggf. im einstweiligen Verfügungsverfahren – unterbunden werden.[178]

Nicht vom Unwirksamkeitsgrund des § 9 Abs. 1 Nr. 4 AÜG umfasst sind 72 die nach allgemeinen Grundsätzen zulässigen **Nebentätigkeitsverbote**. Nach der Rechtsprechung können einem Arbeitnehmer im Rahmen seiner vertraglichen Nebenpflichten solche Nebentätigkeiten zulässigerweise untersagt werden, welche berechtigte Interessen des Arbeitgebers beeinträchtigen.[179] Dies gilt auch bei Arbeitnehmerüberlassung.

---

176 LAG Berlin, 09.02.1981 – 9 Sa 83/80, DB 1981, 1095.
177 LAG Rheinland-Pfalz, 07.02.1992 – 6 Sa 528/91, NZA 1993, 265; LAG Hamburg, 21.12.1999 – 2 Sa 62/99, n.v.; allg. zur Mitarbeiterabwerbung *Schmiede* BB 2003, 1120.
178 LAG Hamm, 19.03.2001 – 16 Sa 322/01, BuW 2001, 924; LAG Köln, 08.12.1995 – 13 Sa 1153/95, AP HGB § 60 Nr. 11; ArbG Düsseldorf, 21.01.2000 – 1 Ga 99/99, NZA-RR 2001, 248; *Urban-Crell/Schulz* Rn. 379.
179 BAG, 26.08.1976 – 2 AZR 377/75, AP BGB § 626 Nr. 68; ErfK/*Wank* § 9 AÜG Rn. 12; HWK/*Gotthard* § 9 AÜG Rn. 18.

2. Rechtsfolgen

73 Von der **Unwirksamkeitsfolge des § 9 Abs. 1 Nr. 4 AÜG** wird nicht das gesamte Vertragsverhältnis, sondern nur die das konkrete Verbot enthaltene **Klausel** erfasst. Dies gilt auch für die das Verbot mittelbar absichernden **Nebenabreden**, etwa Vereinbarungen über eine Karenzentschädigung oder eine Vertragsstrafe. Auch Rückzahlungsvereinbarungen über eine als Gegenleistung für die Nichtaufnahme einer Wettbewerbstätigkeit nach Beendigung des Leiharbeitsverhältnisses gezahlte »Abfindung« unterfallen dem Verbot des § 9 Abs. 1 Nr. 4 AÜG.[180] Hat der Verleiher die Entschädigung bereits an den Leiharbeitnehmer gezahlt, kann er diese selbst dann nicht kondizieren, wenn der Leiharbeitnehmer dem – unwirksamen – Verbot zuwider gehandelt hat. Dem Rückgriffsanspruch des Verleihers steht § 817 Satz 2 BGB entgegen.[181]

74 Ebenso wie bei der Parallelvorschrift des § 9 Abs. 1 Nr. 3 AÜG können auch Verstöße gegen das Eingehungsverbot der Nr. 4 **gewerberechtliche Sanktionen** wegen Unzuverlässigkeit des Verleihers (§ 3 Abs. 1 Nr. 1 AÜG) auslösen. Ordnungswidrigkeitenrechtliche und/oder strafrechtliche Konsequenzen hat ein Verstoß hingegen nicht.

VIII. Verbot einer Vermittlungsgebühr für den Leiharbeitnehmer – Abs. 1 Nr. 5

75 § 9 Abs. 1 Nr. 5 AÜG regelt die **Unwirksamkeit von Vereinbarungen**, nach denen der **Leiharbeitnehmer an den Verleiher** eine **Vermittlungsvergütung** zu zahlen hat. Nach Art. 6 Abs. 3 der Leiharbeitsrichtlinie darf von Leiharbeitnehmern insb. kein Entgelt im Gegenzug zur Überlassung an ein entleihendes Unternehmen verlangt werden. Das Gleiche gilt in dem Fall, dass die Leiharbeitnehmer nach beendeter Überlassung mit dem betreffenden Entleiher ein Arbeitsverhältnis eingehen. Dies entspricht schon heute der Praxis in Deutschland. Die gesetzliche Klarstellung ist zur Umsetzung der Leiharbeitsrichtlinie erforderlich.[182]

Diese Vorschrift soll – ebenso wie § 9 Abs. 1 Nr. 4 AÜG – den Leiharbeitnehmern die Chance auf freie Wahl des Arbeitsplatzes sichern und die

---

180 LAG Köln, 22.08.1984 – 5 Sa 1306/83, EzAÜG § 10 AÜG Fiktion Nr. 32; Thüsing/*Mengel* § 9 AÜG Rn. 68 m.w.N.
181 LAG Köln, 22.08.1984 – 5 Sa 1306/83, EzAÜG § 10 AÜG Fiktion Nr. 32; ErfK/*Wank* § 9 AÜG Rn. 13; KHK/*Düwell* 4.5 Rn. 362.
182 BT-Drucks. 17/4804, 10; *Thüsing/Mengel* § 9 AÜG Rn. 69 m.w.N.

Möglichkeit der Übernahme in ein Normalarbeitsverhältnis beim Entleiher eröffnen (sog. Klebeeffekt).[183] Das Verbot ist absolut und damit Schutzgesetz i. S. v. § 823 Abs. 2 BGB. Ein Verstoß hiergegen führt zur Unwirksamkeit der Vereinbarung über die Vermittlungsgebühr.[184]

C. Festhaltensrecht des Leiharbeitnehmers

§ 9 Abs. 1 Nr. 1a bis 1b AÜG regeln ein Wahlrecht des Arbeitnehmers 76 zwischen der Fortsetzung des Leiharbeitsvertrages zum Verleiher und dem Wechsel zum entleihenden Unternehmen kraft Fiktionswirkung (so genannte **Festhaltenserklärung**). Der Gesetzgeber begründet dies damit, dass das »Widerspruchsrecht« einem im Einzelfall berechtigten Bedürfnis des betroffenen Leiharbeitnehmers an der Fortsetzung des Arbeitsverhältnisses zum Verleiher (z.B. bei fehlendem gesetzlichen Kündigungsschutz im Entleiherbetrieb wegen Unterschreitens des Schwellenwertes in § 23 KSchG oder wirtschaftlichen Schwierigkeiten des entleihenden Unternehmens) Rechnung trage und dessen **Berufsfreiheit nach Art. 12 GG** schütze.[185] Durch die Einführung des gesetzlich normierten Festhaltensrechts hat der Gesetzgeber eine Regelung geschaffen, durch die die begründeten Zweifel an der Verfassungsmäßigkeit der zwingenden Rechtsfolgenanordnung des § 9 Nr. 1 AÜG a.F. ausgeräumt werden sollen.[186] Insgesamt ist die Vorschrift jedoch derart missglückt, dass ob der Gestaltung bereits wieder die Frage nach ihrer Verfassungswidrigkeit aufgeworfen wird.[187]

---

183 Einzelheiten hierzu unter Rdn. 67 ff.
184 Ausführlich *Ulber* § 9 AÜG Rn. 400 ff.
185 BT-Drucks. 18/9232, 23.
186 Zweifel an der Vereinbarkeit der früher zwingenden Rechtsfolgenanordnung in §§ 9 Nr. 1, 10 Abs. 1 Satz 1 AÜG a.F. mit Art. 12 Abs. 1 GG bei BAG, 20.01.2016 – 7 AZR 535/13, BB 2016, 1850; BAG, 10.12.2013 – 9 AZR 51/13, NZA 2014, 196; generell zu verfassungsrechtlichen Bedenken beim »aufgedrängten« Arbeitgeberwechsel *Hennecke* NZA 2016, 1309; *Urban* AP AÜG § 13 Nr. 1; a. ArbG Stuttgart, 08.04.2014 – 16 BV 121/13, BeckRS 2014, 68959; a.A. *Brors* NZA 2016, 672, die verfassungsrechtliche Bedenken gegen das Widerspruchsrecht anmeldet; kritisch a. *Schüren*, jurisPR-ArbR 19/2016 Anm. 1 (»*Kuckuckskind im Koalitionsvertrag*«).
187 *Lembke* NZA 2017, 1, 10.

§ 9 AÜG Unwirksamkeit

▶ Praxistipp:

Nach der Rückkehr zur De-Liberalisierung der Arbeitnehmerüberlassung im Zuge der AÜG-Reform 2017 sind Drittpersonaleinsätze auf der Grundlage des AÜG für die Praxis wirtschaftlich und administrativ erheblich unattraktiver geworden. Werk- und freie Dienstleistungsverträge sind infolge der Verschärfung der Tatbestände illegaler und unerlaubter Arbeitnehmerüberlassung – und das ist das praktisch noch größere Problem – mehr denn je ein rechtliches Risikogeschäft. Diese Schwierigkeiten lassen sich allein durch das Mittel der unpraktikablen und bürokratischen Festhaltenserklärung des Leiharbeitnehmers nicht zufriedenstellend lösen. Unternehmen müssen deshalb umdenken und auch **alternative Gestaltungsoptionen** in Betracht ziehen. Das Ausweichen auf **Matrix-Strukturen** im Konzern kann im Einzelfall ebenso eine Option sein wie die Bildung von **Gemeinschaftsbetrieben** mehrerer Unternehmen. Gerade beim Gemeinschaftsbetrieb muss das »Für« und »Wider« jedoch in jedem Einzelfall sorgfältig abgewogen werden.[188]

I. Festhaltenserklärung

1. Adressat, Form und Inhalt der Erklärung

77 **Adressat** der Festhaltenserklärung kann optional sowohl der Verleiher als auch der Entleiher sein. Die Erklärung bedarf der **Schriftlichkeit**. Der Charakter der Festhaltenserklärung als einseitige Gestaltungserklärung verlangt strenge Schriftform, weshalb die Einhaltung des **gesetzlichen Schriftformerfordernisses gemäß § 126 Abs. 1 BGB** erforderlich ist, d.h. die eigenhändige Unterzeichnung der Erklärung durch den Arbeitnehmer mittels Original-Namensunterschrift. Die gesetzliche Schriftform kann durch die **elektronische Form (§ 126a BGB)** ersetzt werden, wobei diese wegen des notwendigen Bestätigungsvermerks nach § 9 Abs. 2 AÜG keine praktische Bedeutung haben dürfte.[189] Textform (z.B. E-Mail, Telefax, eingescannte Unterschrift, SMS) oder eine nur **mündliche Erklärung** genügen wegen der Warn- und Beweisfunktion des Formerfordernisses **nicht**.[190] Der **Beweissicherung** dient in Ergänzung des

---

188 Zu Alternativen vgl. a. *Niklas/Schauß* BB 2014, 2805.
189 Einfügen bitte: Hamann/Rudnik NZA 2017, 22, 24; Ulrici, Arbeitnehmerüberlassungsgesetz, 2017, Rn. 48.).
190 Soweit einer Formvorschrift auch Warnfunktion zukommt, bedarf es der gesetzliche Schriftform i.S.d. § 126 Abs. 1 BGB, vgl. BAG, 15.11.2011 – 7 ABR 40/10,

Schriftformzwangs die erst auf der Zielgerade des Gesetzgebungsverfahrens[191] geschaffene **Pflicht zur Einbindung *einer* Agentur für Arbeit (§ 9 Abs. 2 AÜG)**, die weitere zwingende Wirksamkeitsvoraussetzung der Festhaltenserklärung ist. Eine gegen die gesetzliche Schriftform bzw. die Ersetzungsmöglichkeit durch eine qualifiziert elektronische Signatur verstoßende Erklärung ist nach § 125 Satz 1 BGB nichtig. Eine formgerechte Festhaltenserklärung kann auch durch Schreiben oder Schriftsatz eines **anwaltlichen Vertreters des Arbeitnehmers** erfolgen.[192] Vor der Zuleitung der Erklärung an den Verleiher oder Entleiher muss aber zunächst das **bürokratische Verfahren des § 9 Abs. 2 AÜG** durchlaufen werden, ohne das die Festhaltenserklärung unwirksam ist; die Übermittlung der Erklärung im Original muss – ebenso durch einen anwaltlichen Vertreter – innerhalb der 3-Tages-Frist des § 9 Abs. 2 Nr. 3 AÜG erfolgen. Anwaltliche Schreiben oder Schriftsätze nur »per Telefax« wahren die Frist deshalb nicht.

Die **Festhaltenserklärung** ist ein einseitiges Gestaltungsrecht, mit dem der Arbeitnehmer den Eintritt der Rechtsfolgen des § 10 Abs. 1 Satz 1 AÜG verhindern kann (sog. **Rechtsfolgenverweigerungsrecht**).[193] Die Erklärung ist mithin eine einseitige empfangsbedürftige Willenserklärung, für die die allgemeinen Vorschriften des BGB über Willenserklärungen gelten. Der Inhalt der Erklärung muss hinreichend bestimmt oder bestimmbar sein (§§ 145 ff. BGB). Das Wort »Festhaltenserklärung« muss nicht enthalten sein. Aus Sicht eines objektiven Empfängers muss lediglich erkennbar sein, dass der Arbeitnehmer das bisherige Arbeitsverhältnis zum Verleiher fortsetzen will. Nicht eindeutig formulierte Erklärungen sind gemäß §§ 133, 157 BGB auszulegen. Die Erklärung ist bedingungsfeindlich. Verlangt der Leiharbeitnehmer bspw. als Gegenleistung für die Abgabe der Festhaltenserklärung die Entfristung seines Leiharbeitsvertrages, ist die Erklärung

---

NZA-RR 2012, 413 (zu § 78a Abs. 1 Satz 1 BetrVG); BAG, 12.11.2009 – 8 AZR 718/07, BeckRS 2010, 67600 (zu § 613a Abs. 6 BGB).
191 Beschlussempfehlung des Ausschusses für Arbeit und Soziales vom 19.10.2016, BT-Drucks. 18/10064.
192 So für den Widerspruch beim Betriebsübergang durch Anwaltsschreiben BAG, 12.11.2009 – 8 AZR 718/07, BeckRS 2010, 67600; BAG, 13.07.2006 – 8 AZR 382/05, NZA 2006, 1406.
193 Hier gelten dieselben Grundsätze wie bei § 613a Abs. 6 BGB; vgl. dazu BAG, 15.02.2007 – 8 AZR 431/06, NZA 2007, 793.

unwirksam.[194] Eine dem Empfänger form- und fristgerecht zugegangene Erklärung kann der Arbeitnehmer **nachträglich nicht mehr einseitig zurücknehmen.** Die Wirkung der einmal abgegebenen Erklärung kann nur im Einvernehmen mit Verleiher und Entleiher durch entsprechende dreiseitige Vereinbarung beseitigt werden; eine Vereinbarung nur mit dem Verleiher oder nur mit dem Entleiher ist als Vertrag zu Lasten Dritter unwirksam. Umstritten ist, ob Ver- und Entleiher namentlich in der Festhaltenserklärung genannt werden müssen. Nach dem Gesetzeswortlaut genügt die schlichte Erklärung, dass der Leiharbeitnehmer »an dem Vertrag mit dem Verleiher festhält«. Die Namen von Ver- und Entleiher müssen danach nicht offen gelegt werden. Diese am Wortlaut orientierte Auslegung überzeugt.[195]

▶ Praxistipp:

Die Festhaltenserklärung muss eindeutig formuliert sein. Soweit Verleiher oder Entleiher dem Leiharbeitnehmer eine vorbereite Erklärung zur Unterschrift vorlegen, unterfällt diese nach teilweise vertretener Ansicht als vorformulierte einseitige Erklärung der AGB-Kontrolle (§§ 305 ff. BGB) und muss deshalb einer Transparenzkontrolle standhalten.[196] Die Festhaltenserklärung des Arbeitnehmers kann beispielsweise – muss aber richtigerweise nicht unter Angabe von Namen des Ver- und Entleihers – wie folgt formuliert werden:[197]

Festhaltenserklärung

Mir, [Vor-/Zuname Leiharbeitnehmer], ist bekannt, dass nach dem Gesetz ein Arbeitsverhältnis zwischen mir und der X GmbH [Firma des Entleihers] als zustande gekommen gilt. Ich widerspreche dem kraft Gesetzes angeordneten Arbeitgeberwechsel und möchte mein Arbeitsverhältnis mit

---

194 BeckOK ArbR/*Kock* § 9 AÜG Rn 67; Hamann/Rudnik NZA 2017, 22.
195 BeckOK ArbR/*Kock* § 9 AÜG Rn 68; Ulrici, Arbeitnehmerüberlassungsgesetz, 2017, Rn. 43; a.A. Hamann/Rudnik NZA 2017, 22, 28.)
196 *Hamann* jurisPR-ArbR 40/2016 Anm. 1; *Hamann/Rudnik* NZA 2017, 22, 28; a.A. und überzeugender BeckOK ArbR/*Kock* § 9 AÜG Rn 68 m.w.N. – Formulierungsvorschlag: »Hiermit erkläre ich, dass ich an meinem Arbeitsverhältnis mit meinem Arbeitgeber festhalte (ggf. ergänzend: und kein Arbeitsverhältnis zum Entleiher wünsche.)«; die Arbeitsagenturen halten Vordrucke für Festhaltenserklärungen bereit.
197 Formulierungsvorschlag in Anlehnung an *Hamann* jurisPR-ArbR 40/2016 Anm. 1.

meinem bisherigen Arbeitgeber, der Y GmbH [Firma des Verleihers/bisheriger Arbeitgeber], fortsetzen.«

Im Einzelfall – etwa bei einem unklaren Sachverhalt, dessen Einordnung als unerlaubte verdeckte Arbeitnehmerüberlassung zweifelhaft ist – sollten Verleiher und Entleiher bestrebt sein, den Vorbehalt im Wortlaut der Festhaltenserklärung zum Ausdruck zu bringen. Dies kann etwa durch eine vorsorgliche Festhaltenserklärung geschehen, um durch eine unbedachte Erklärung kein Indiz für eine vorsätzliche Umgehung der Vorschriften des AÜG zu schaffen. Formulierungsvorschlag:

Vorsorgliche Festhaltenserklärung

Mir, [Vor-/Zuname Leiharbeitnehmer], ist bekannt, dass nach dem Gesetz möglicherweise ein Arbeitsverhältnis zwischen mir und der X GmbH [Firma des Auftraggebers] als zustande gekommen gilt. Hiermit widerspreche ich vorsorglich dem möglicherweise eingetretenen Arbeitgeberwechsel und erkläre ausdrücklich, dass ich mein Arbeitsverhältnis mit meinem bisherigen Arbeitgeber, der Y GmbH [Firma des Auftragnehmers/bisheriger Arbeitgeber], fortsetzen möchte.«

Die Rechtsfolge einer wirksamen Festhaltenserklärung für das Arbeitsverhältnis kann anstatt durch einseitige Erklärung des Arbeitnehmers auch durch eine **einvernehmliche Vereinbarung zwischen den Beteiligten** herbeigeführt werden. Eine dreiseitige Vereinbarung ist hierbei nicht zwingend erforderlich, es genügt – ebenso wie bei der Erklärung selbst – eine solche zwischen Leiharbeitnehmer und Verleiher oder optional Entleiher. Die Festhaltensvereinbarung kann nicht bereits bei Abschluss des Leiharbeitsvertrages getroffen werden. Eine solche **Blankovereinbarung** ist **analog § 9 Abs. 3 Satz 1 AÜG unwirksam**. Ebenso wie die einseitige Erklärung des Arbeitnehmers bedarf die Festhaltensvereinbarung der **Bestätigung einer Agentur für Arbeit analog § 9 Abs. 2 AÜG**, da der durch die gesetzlichen Regulungen des § 9 Abs. 2, Abs. 3 Satz 1 AÜG angestrebte Schutz des Leiharbeitnehmers ansonsten leicht umgangen werden könnte und damit praktisch wirkungslos würde. 79

2. Unterrichtung des Arbeitnehmers

Verleiher bzw. Entleiher sind nicht verpflichtet, den Leiharbeitnehmer über die Möglichkeit des Festhaltens am Leiharbeitsverhältnis zu unterrichten. Mangels Regelungslücke gilt § 613a Abs. 5 BGB nicht analog. Ungeachtet ihrer **fehlenden gesetzlichen Unterrichtungspflicht** haben Verleiher und 80

Entleiher ein **Unterrichtungsrecht** und in der Praxis im Einzelfall auch ein Unterrichtungsinteresse. Die Unterrichtung ist **jederzeit formfrei** möglich. Sie kann bereits vor Lauf der Erklärungsfrist erfolgen. Lediglich eine vor Fristbeginn abgegebene Erklärung des Arbeitnehmers ist nach § 9 Abs. 3 Satz 1 AÜG unwirksam. Eine unrichtige oder unvollständige Unterrichtung des Leiharbeitnehmers über sein Festhaltensrecht bzw. etwaige Nachteile im Falle eines Arbeitgeberwechsels zum Entleiher hindert den Lauf der Erklärungsfrist nicht. Ausnahmsweise können Verleiher bzw. Entleiher aber wegen Rechtsmissbrauchs nach **§ 242 BGB** gehindert sein, sich auf eine entsprechende Erklärung des Arbeitnehmers zu berufen. Dies ist jedoch nur ganz ausnahmsweise dann der Fall, wenn besondere, außergewöhnliche Umstände hinzutreten (z.B. Täuschung über wirtschaftliche Schwierigkeiten des Entleihers, die tatsächlich nicht bestehen, oder nicht vorhandene Weiterbeschäftigungsmöglichkeiten beim Entleiher). In diesem Fällen kann der Leiharbeitnehmer zudem zur Anfechtung seiner Erklärung **wegen arglistiger Täuschung** (§ 123 BGB) berechtigt sein. Den Nachweis rechtsmissbräuchlichen Verhaltens bzw. einer arglistigen Täuschung oder widerrechtlichen Drohung muss nach allgemeinen prozessualen Grundsätzen der beweisbelastete Leiharbeitnehmer erbringen.

▶ Praxistipp:

Durch die Unterrichtung des Arbeitnehmers über sein Festhaltensrecht, mithin zugleich über dessen Einsatz auf Grundlage illegaler oder sonst unerlaubter Arbeitnehmerüberlassung, wird – soweit der Arbeitnehmer nicht nachweisbar schon früher Kenntnis von den entscheidungserheblichen Tatsachen erlangt hat, die zur Fiktion nach § 10 Abs. 1 Satz 1 AÜG führen – die Monatsfrist nach § 9 Abs. 1 Nr. 1 bis 1b AÜG in Gang gesetzt.

3. Einbindung der Agentur für Arbeit

81 Erst auf der Zielgerade des Gesetzgebungsverfahrens, auf Beschlussempfehlung des Ausschusses für Arbeit und Soziales vom 19.10.2016,[198] wurden die Anforderungen an eine wirksame Festhaltenserklärung noch einmal deutlich verschärft und das Verfahren bürokratisiert. Dahinter steht die in der Anhörung vor dem Ausschuss am 17.10.2016 teilweise geäußerte Besorgnis,

---

198 BT-Drucks. 18/10064.

die bisherigen Regelungen seien zur Vermeidung von Manipulationen und Umgehungsstrategien unzureichend. Gleichgültig, ob die Befürchtungen berechtigt sind oder vielmehr Ausdruck eines generellen Misstrauens gegen jede Form des Drittpersonaleinsatzes, ist der neue **§ 9 Abs. 2 AÜG** missglückt. Die **Pflicht zur Einbindung der Agentur für Arbeit** stellt eine erhebliche bürokratische Hürde für die Arbeitnehmer dar, die an ihrem Arbeitsverhältnis zum Verleiher festhalten möchten. Es darf jetzt schon prognostiziert werden, dass eine wirksame Festhaltenserklärung in der Praxis vielfach nicht nur an der unklaren Fristenregelung (§ 9 Abs. 1 Nr. 1 bis 1b, Abs. 3 Satz 1 AÜG), sondern auch an der formalen Einbindung der Arbeitsagentur nach § 9 Abs. 2 AÜG scheitern wird.

▶ Praxistipp:

Neben der Missbrauchsbekämpfung hat die zwingende **Einbindung der Arbeitsagentur** noch einen interessanten Nebeneffekt, den die Praxis zur Vermeidung böser Überraschungen kennen muss: Durch die Meldung des Arbeitnehmers im Verfahren nach § 9 Abs. 2 AÜG erfährt die Agentur für Arbeit quasi »frei Haus« von Verstößen gegen die Überlassungshöchstdauer, die sie als zuständige Verwaltungsbehörde im Ordnungswidrigkeitenverfahren nach § 16 Abs. 1 Nr. 1e AÜG verfolgt. Über sonstige Verstöße, die ihr aufgrund der Vorlage der Festhaltenserklärung des Arbeitnehmers nach § 9 Abs. 1 Nr. 1 oder Nr. 1a AÜG zur Kenntnis gelangen, informiert sie im Wege der Zusammenarbeit die zuständigen Behörden der Zollverwaltung (Finanzkontrolle Schwarzarbeit). Die am illegalen oder sonst unerlaubten Personaleinsatz beteiligten Unternehmen müssen dann damit rechnen, kurz nach der persönlichen Vorstellung des Leiharbeitnehmers bei der Arbeitsagentur einen Anhörungsbogen über die Einleitung eines Bußgeld- oder Strafverfahrens zu erhalten.[199] Der Praxis ist das Mittel der Festhaltenserklärung deshalb nicht zu empfehlen. Die einvernehmliche Beendigung des fingierten Arbeitsverhältnisses zum Entleiher durch Aufhebungsvertrag oder Eigenkündigung des Leiharbeitnehmers bei gleichzeitiger Neubegründung eines Arbeitsverhältnisses zum Verleiher, ist praktisch jeder Festhaltenserklärung vorzuziehen. Ein solches Verfahren ist zulässig und keine missbräuchliche Gesetzesumgehung, soweit der Leiharbeitnehmer nicht durch Täuschung oder Drohung zur Abgabe der

---

199 *Bissels/Falter* DB 2016, 2789 f; s.a. BeckOK ArbR/*Kock* § 9 AÜG Rn. 63; FW AÜG § 9 (3).

entsprechender Erklärungen verleitet oder gezwungen wurde. Bei arglistiger Täuschung oder widerrechtlicher Drohung hat der Arbeitnehmer ein Recht zur Anfechtung von Aufhebungs- und neuem Arbeitsvertrag.

82 **Zwingende Wirksamkeitsvoraussetzung** für die Festhaltenserklärung ist nach § 9 Abs. 2 AÜG, dass
- der Leiharbeitnehmer diese vor ihrer Abgabe persönlich in einer Agentur für Arbeit vorlegt (Nr. 1),
- die Agentur für Arbeit die abzugebende Erklärung mit dem Datum des Tages der Vorlage und dem Hinweis versieht, dass sie die Identität des Leiharbeitnehmers festgestellt hat (Nr. 2), und
- die Erklärung spätestens am dritten Tag nach der Vorlage in der Agentur für Arbeit dem Verleiher oder Entleiher zugeht (Nr. 3).

Eine ohne Einbindung der Agentur für Arbeit abgegebene Festhaltenserklärung ist unwirksam (§ 134 BGB). Nach der Gesetzesbegründung[200] soll sich die Tätigkeit der Agentur für Arbeit auf die Entgegennahme der schriftlichen Festhaltenserklärung, auf der sie das Datum der Vorlage und die Feststellung der Identität des vor Ort persönlich anwesenden Leiharbeitnehmers vermerkt (Nr. 2), beschränken. Zuständig sind **alle Arbeitsagenturen im Bundesgebiet**, nicht nur die am Wohnsitz des Leiharbeitnehmers oder am Sitz der beteiligten Unternehmen (»*eine* Agentur für Arbeit«). Der Arbeitnehmer muss die Agentur zu den **üblichen Geschäftszeiten persönlich** aufsuchen, eine Vertretung – selbst unter Vollmachtvorlage – ist nicht zulässig (Nr. 1). Zum Nachweis seiner Identität muss er ein amtliches Ausweispapier mitführen (Personalausweis, Reisepass); Führerscheine, Mitgliedsausweise etc. genügen nach dem Wortlaut nicht. Die behördlich bestätigte Erklärung muss **spätestens am dritten Tag nach der Vorlage bei der Arbeitsagentur** dem Verleiher oder Entleiher zugehen (Nr. 3). Für die fristgerechte Übermittlung der von der Arbeitsagentur nach § 9 Abs. 2 AÜG bestätigten Erklärung innerhalb Frist[201] des § 9 Abs. 2 Nr. 3 AÜG ist der Arbeitnehmer ebenso selbst verantwortlich wie für die Einhaltung der Monatsfrist. Die Datumsangabe der Arbeitsagentur auf der schriftlichen Erklärung des Arbeitnehmers wahrt nicht die Monatsfrist nach § 9 Abs. 1 Nr. 1 bis 1b, Abs. 3 Satz 1 AÜG. Der Vermerk der Arbeitsagentur auf der Festhaltenserklärung ersetzt auch nicht den fristgerechten Zugang der

---

200 Beschlussempfehlung des Ausschusses für Arbeit und Soziales vom 19.10.2016, BT-Drucks. 18/10064, 15.
201 FW AÜG zu § 9 (8).

Erklärung beim Verleiher oder Entleiher.[202] Für die Berechnung der 3-Tages-Frist gelten die §§ 187 ff. BGB, d.h. der Tag der Vorlage mit der Agentur wird nicht mit gerechnet. Fällt das Fristende auf einen Samstag, Sonntag oder Feiertag, so verlängert sich die Frist bis zum nächsten Werktag (§ 193 BGB).

4. Erklärungsfrist

Die **Erklärungsfrist** beträgt **einen Monat.** Der **Fristbeginn** ist abhängig 83 vom erfüllten Tatbestand des § 9 Abs. 1 Nr. 1 bis 1b AÜG. Treffen mehrere Unwirksamkeitsgründe kumulativ zusammen, kommt es auf den im Vergleich frühesten Fristbeginn an. Ob die **Länge der Erklärungsfrist dispositiv** ist, lässt sich der Gesetzesbegründung nicht entnehmen. Jedenfalls im Falle des Einvernehmens zwischen Arbeitnehmer, Verleiher und Entleiher wird man dies für den Fall einer Verlängerung der Monatsfrist bejahen können.[203] Eine vertragliche oder gar einseitige Verkürzung der Frist ist hingegen unzulässig. Dessen ungeachtet kann der Leiharbeitnehmer sein Erklärungsrecht jederzeit vor Ablauf der Monatsfrist freiwillig ausüben. Anders als beim Betriebsübergang dürfte hingegen der dort umstrittenen – im Ergebnis überwiegend bejahten[204] – Frage nach der **Zulässigkeit eines Verzichts des Arbeitnehmers auf sein einseitiges Gestaltungsrecht** im Anwendungsbereich des AÜG keine praktische Bedeutung zukommen. Die Interessenlage der Beteiligten bei § 613a BGB im Vergleich zu der bei § 9 Abs. 1 Nr. 1 bis 1b AÜG ist regelmäßig eine andere. Während es den beteiligten Unternehmen eines Fremdpersonaleinsatzes in aller Regel um die Verhinderung eines Arbeitgeberwechsels zum Entleiher kraft Fiktion des § 10 Abs. 1 Satz 1 AÜG ankommt, ist der Arbeitgeberwechsel bei einem Betriebsübergang – etwa im Zusammenhang mit einer Unternehmenstransaktion in Form eines sog. Asset Deal – zumeist das von den beteiligten Unternehmen gewünschte Ergebnis.

Die **Ingangsetzung der Monatsfrist setzt keine Unterrichtung durch den Ver-** 84 **leiher bzw. Entleiher voraus.** Weder nach dem Wortlaut des § 9 Abs. 1 Nr. 1 bis 1b AÜG noch analog § 613a Abs. 5 BGB wird eine Unterrichtung für den Fristbeginn vorausgesetzt. Bei freiwilliger Unterrichtung ist gleichwohl

---

202 *Bissels/Falter* DB 2016, 2789.
203 So auch zu § 613a Abs. 6 BGB s. ErfK/*Preis* § 613a BGB Rn. 103; *Gaul/Otto* DB 2002, 634, 637.
204 Dazu BAG, 21.02.2007 – 8 AZR 431/06, NZA 2007, 793; einschränkend LAG Saarland, 12.08.2009 – 2 Sa 52/09, BeckRS 2011, 65207; ArbG Arnsberg, 13.05.2013 – 1 Ca 53/13, BeckRS 2013, 69127.

jederzeit möglich. Erfolgt in einem solchen Fall aber eine fehlerhafte Unterrichtung des Arbeitnehmers durch einen der beiden weiteren Beteiligten der Dreiecksbeziehung können sich der Verleiher und der Entleiher nach dem Grundsatz von Treu und Glauben (§ 242 BGB) ggf. nicht auf eine verfristete Erklärung berufen.[205] Entscheidend sind die Einzelfallumstände. Derart außergewöhnliche Umstände werden nur in seltenen Fällen vorliegen, etwa dann wenn der Arbeitnehmer arglistig über den tatsächlichen Fristbeginn getäuscht wurde. Für die eine **arglistige Täuschung** oder **Rechtsmissbrauch** begründenden Umstände ist der Arbeitnehmer im Prozess darlegungs- und beweispflichtig.

a) ... bei Verleih ohne Verleiherlaubnis – Abs. 1 Nr. 1

85 Nach § 9 Abs. 1 Nr. 1 Halbs. 2 AÜG wird der Arbeitsvertrag zwischen Verleiher und Leiharbeitnehmer trotz illegaler Arbeitnehmerüberlassung ohne Verleiherlaubnis nicht unwirksam, wenn der Leiharbeitnehmer schriftlich **bis zum Ablauf eines Monats nach dem zwischen Verleiher und Entleiher für den Beginn der Überlassung vorgesehenen Zeitpunkt** erklärt, an dem Arbeitsvertrag mit dem Verleiher festhalten zu wollen. Fällt die Verleiherlaubnis erst nach Aufnahme der Tätigkeit beim Entleiher weg (z.B. Rücknahme, Widerruf oder Nichtverlängerung der Erlaubnis) oder tritt die Unwirksamkeit eines Verleihs ohne Verleiherlaubnis aus sonstigen Gründen erst während eines Einsatzes ein (z.B. aufgrund einer Gesetzesänderung), so beginnt die Erklärungsfrist mit Eintritt der Unwirksamkeit (§ 9 Abs. 1 Nr. 1 Halbs. 3 AÜG).[206] Nach der Gesetzesbegründung[207] soll der Fristlauf »*entsprechend der Regelung des bisherigen § 10 Absatz 1 Satz 1 mit dem vorgesehenen Beginn der Überlassung* (...)« beginnen. Dieses gesetzgeberische Verständnis steht in Widerspruch zur jüngst nochmals bestätigten Rechtsprechung des BAG[208] und der herrschenden Meinung im Schrifttum,[209] die für den Beginn des fingierten Arbeitsverhältnisses mit dem Entleiher nach § 10 Abs. 1 Satz 1

---

205 Dazu auch Rdn. 80.
206 Zu den Fällen der nachträglichen Unwirksamkeit s. § 10 Rdn. 14.
207 BT-Drucks. 18/9232, 23.
208 BAG, 20.01.2016 – 7 AZR 535/13, NJOZ 2016, 1259; BAG, 10.02.1977 – 2 ABR 80/76, NJW 1977, 1413.
209 BeckOK ArbR/*Motz* § 10 AÜG Rn. 7; Schüren/Hamann/*Schüren* § 10 AÜG Rn. 47; *Schüren* jurisPR-ArbR 19/2016 Anm. 1; vgl. ausführlich auch § 10 Rdn. 12; a.A. Thüsing/*Mengel* § 10 AÜG Rn. 9.

Halbs. 1 AÜG richtigerweise auf den Zeitpunkt der tatsächlichen Arbeitsaufnahme im Entleiherbetrieb abstellen. Eine Arbeitnehmerüberlassung findet erst statt, wenn der Leiharbeitnehmer in die Betriebsorganisation des Dritten eingebunden wird. Diese ergibt sich gerade nicht aus einem vertraglich vereinbarten Einsatzbeginn, sondern folgt aus der tatsächlichen Überlassung und Arbeitsaufnahme. Vor Arbeitsaufnahme liegt keine Arbeitnehmerüberlassung – und damit auch keine illegale Arbeitnehmerüberlassung -, sondern lediglich eine *geplante* Arbeitnehmerüberlassung vor. Eine am Normzweck orientierte Auslegung des § 9 Abs. 1 Nr. 1 Halbs. 2 AÜG gebietet es deshalb – unter Zurückstellung aller methodischen Bedenken – den **Fristlauf mit dem objektiven Zeitpunkt der tatsächlichen Arbeitsaufnahme im Entleiherbetrieb** beginnen zu lassen.

▶ Praxistipp:

Soweit sich der ursprünglich vertraglich vereinbarte Einsatzbeginn des Leiharbeitnehmers – gleichgültig aus welchen Gründen – verzögert, sollten Verleiher und Entleiher in einem Nachtrag zum Arbeitnehmerüberlassungsvertrag bzw. Einzelvertrag unbedingt den **neuen (tatsächlichen) Starttermin schriftlich vereinbaren**. Nur dadurch lässt sich ein späterer Streit über den für den Fristlauf maßgeblichen Zeitpunkt – vertraglich vereinbarter oder tatsächlicher Einsatzbeginn – vermeiden.

Der Gesetzeswortlaut lässt offen, ob der der Beginn der Monatsfrist an die 86
Kenntnis oder das Kennenmüssen des Leiharbeitnehmers anknüpft. Die Entwurfsbegründung[210] zum AÜG spricht hingegen davon, »dass die Erklärung erst während des Laufs der Monatsfrist, somit *in Kenntnis* der alternativen Vertragspartner abgegeben« werden muss. Richtigerweise kommt es für den Fristbeginn auf den **Zeitpunkt der positiven Kenntnis des Leiharbeitnehmers** von denjenigen Tatsachen an, aus denen sich die Voraussetzungen des Unwirksamkeitsgrundes ergeben.[211] Kenntnis der rechtlichen Konsequenzen ist nicht erforderlich.

▶ Praxistipp:

Beruft sich der Auftragnehmer in einem Prozess über das Bestehen eines fingierten Arbeitsverhältnisses auf eine Festhaltenserklärung des

---

210 Vgl. BT-Drucks. 18/9232, 24; kein Hinweis auf den Fristbeginn findet sich in der FW AÜG (Stand: 20.03.2017).
211 Dazu auch Rdn. 88, 90; im Ergebnis a. *Hamann* jurisPR-ArbR 40/2016 Anm. 1.

Urban-Crell

Leiharbeitnehmers, muss er die Rechtzeitigkeit der Erklärung als rechtsvernichtende Tatsache darlegen und beweisen. Haben Auftraggeber (Vertragsarbeitgeber) oder Auftragnehmer den Arbeitnehmer freiwillig darüber unterrichtet, dass das ausgeführte Vertragsverhältnis wegen Verstoßes gegen § 9 Abs. 1 Nr. 1 oder Nr. 1a AÜG illegal (keine Verleiherlaubnis) oder sonst unerlaubt (Scheinwerkvertrag/Scheindienstvertrag) ist und damit ein Arbeitsverhältnis zum Auftragnehmer kraft Gesetzes begründet wurde, wird die Monatsfrist für die Festhaltenserklärung regelmäßig im Zeitpunkt des Zugangs der Unterrichtung in Gang gesetzt.[212] Will sich der Arbeitnehmer dann im Prozess noch auf eine Verfristung der innerhalb eines Monats nach Unterrichtung abgegebenen Festhaltenserklärung berufen, muss er darlegen und beweisen, von denjenigen Tatsachen die den Einsatz zur illegalen oder sonst unerlaubten Arbeitnehmerüberlassung machen, schon früher als einem Monat vor der Unterrichtung Kenntnis erlangt zu haben.

b) ... bei verdeckter Arbeitnehmerüberlassung – Abs. 1 Nr. 1a

87 Bei Scheinverträgen, d.h. bei **unerlaubter verdeckter Arbeitnehmerüberlassung entgegen § 1 Abs. 1 Satz 5 und 6** AÜG, tritt die arbeitsrechtliche Rechtsfolge der Fiktion eines Arbeitsverhältnisses zum Dritten nach § 10 Abs. 1 Satz 1 AÜG dann nicht ein, wenn der Leiharbeitnehmer schriftlich bis zum Ablauf eines Monats nach dem zwischen Verleiher und Entleiher für den Beginn der Überlassung vorgesehenen Zeitpunkt gegenüber dem Verleiher oder dem Entleiher erklärt, an dem Arbeitsvertrag mit dem Verleiher festzuhalten (§ 9 Abs. 1 Nr. 1a Halbs. 2 AÜG). Damit regelt der Gesetzgeber ausdrücklich **nur den Fall des von Anfang an nichtigen Scheinwerk- oder Scheindienstvertrages,** an den dieselben Voraussetzungen an eine Festhaltenserklärung wie bei einer von Anfang an illegalen Arbeitnehmerüberlassung wegen Fehlens der Erlaubnis nach dem AÜG gestellt werden. Richtigerweise kommt es auch hier für den Fristbeginn auf den Zeitpunkt der tatsächlichen Arbeitsaufnahme beim Kunden (Entleiher) an.[213]

▶ Praxistipp:

Zum Vertrags- und Risikomanagement bei Dienst- und Werkverträgen im Zusammenhang mit dem Inhouse-Outsourcing von Dienst- oder Werkleistungen wird in vielen Fällen das Einholen einer vorsorglichen

---

212 So wohl a. *Hamann* jurisPR-ArbR 40/2016 Anm. 1.
213 So a. *Hamann* jurisPR-ArbR 40/2016 Anm. 1; ausführlich Rdn. 85.

Festhaltenserklärung des Leiharbeitnehmers gehören. Wichtig ist dabei nicht nur der Zeitpunkt (§ 9 Abs. 3 Satz 1 AÜG) und die notwendige Verfahrensbeteiligung der Arbeitsagentur (§ 9 Abs. 2 AÜG), sondern auch die Formulierung der (vorsorglichen) Festhaltenserklärung. Die Erklärung sollte nicht unbedacht so formuliert werden, dass der unzutreffende Eindruck eines bewusst rechtsmissbräuchlichen und damit vorsätzlich unerlaubten Fremdpersonaleinsatzes geschaffen wird; ansonsten drohen sozialversicherungsrechtliche, steuerliche und strafrechtliche (Nachhaftungs-) Risiken wegen einer Vorsatztat. Vor diesen Haftungsrisiken schützt die Festhaltenserklärung nicht, der Einsatz bleibt bei illegaler oder sonst unerlaubter Arbeitnehmerüberlassung rechtswidrig.

Die beteiligten Unternehmen müssen deshalb in jedem Einzelfall die Vor- und Nachteile einer Festhaltenserklärung abwägen. Ist eine – vom Auftragnehmer oder Auftragnehmer ggf. vorformulierte – Festhaltenserklärung erst einmal in der Welt, wird es den Unternehmen häufiger schwer fallen, in Auseinandersetzungen mit den zuständigen Stellen wie DRV Bund, Zoll und Staatsanwaltschaft eine prozessual ansonsten schwierig nachzuweisende Arbeitnehmerüberlassung noch in Abrede zu stellen und den höchst haftungsrelevanten Vorsatzvorwurf auszuräumen.

88 Eine **Regelungslücke** enthält der **Gesetzeswortlaut** für die Fälle, bei denen ein auf Grundlage eines echten Werk- oder Dienstvertrages **ursprünglich rechtmäßig durchgeführter Fremdpersonaleinsatz** im Laufe der Vertragsbeziehung »kippt«. Derart schleichende Prozesse hin zu einer unerlaubten Arbeitnehmerüberlassung kommen in der Praxis häufig vor. Erst der Gesetzesbegründung ist – gesetzgeberisch missglückt – zu entnehmen, dass dann *»dieser Zeitpunkt des Umschlagens der Beginn der Überlassung«* sein soll.[214] Die Regelungsabsicht des Gesetzgebers wird man aber unter Zurückstellung aller methodischen Bedenken im Wege ergänzender Gesetzesauslegung für den Zeitpunkt des Fristbeginns heranziehen können, wenn eine Rechtsbeziehung erst nachträglich in eine unerlaubte verdeckte Arbeitnehmerüberlassung umschlägt. Unklar bleibt für die Praxis aber dennoch, wie dieser »**Zeitpunkt des Umschlagens**« rechtssicher ermittelt werden kann. Diese Frage ist umso dringlicher, als eine vorsorgliche Festhaltenserklärung vor Fristbeginn durch § 9 Abs. 3 Satz 1 AÜG ausgeschlossen ist. Auf die Kenntnis oder ein Kennenmüssen der Beteiligten, insbesondere des erklärungsberechtigten Leiharbeitnehmers, kommt es

---

214 BT-Drucks. 18/9232, 24.

nach dem Gesetzeswortlaut nicht an. Nur der Gesetzesbegründung ist zu entnehmen, dass für den Fristbeginn auf den Zeitpunkt der positiven Kenntnis des Leiharbeitnehmers seiner alternativen Vertragspartner abgestellt werden soll.[215] So bedauerlich dieses handwerklich schlecht gemachte Gesetz auch ist, so richtig ist eine Anknüpfung an den **Zeitpunkt der positiven Kenntniserlangung durch den Leiharbeitnehmer.**[216] Im Falle einer Unterrichtung durch Verleiher und/oder Entleiher beginnt die Frist mit Zugang des Unterrichtungsschreibens, es sei denn die maßgeblichen Umstände waren dem Leiharbeitnehmer schon vor der Unterrichtung bekannt. Arbeitnehmerüberlassung setzt nach der arbeitsgerichtlichen Rechtsprechung einerseits das objektive Vorliegen der die Arbeitnehmerüberlassung kennzeichnenden Merkmale voraus und andererseits muss die tatsächliche Vertragsdurchführung vom Willen der Vertragsparteien getragen sein.[217] Diese subjektive Voraussetzung bejaht das BAG dann, wenn die zum Vertragsabschluss berechtigten Personen die vom Vertragswortlaut abweichende Vertragspraxis kennen und sie zumindest billigen bzw. dulden.[218]

c) … bei Überschreiten der Überlassungshöchstdauer – Abs. 1 Nr. 1b

89 Ein die Überlassungshöchstdauer überschreitender Einsatz eines Leiharbeitnehmers bei einem Entleiher bedingt dann keine Fiktion eines Arbeitsverhältnisses nach § 10 Abs. 1 Satz 1 AÜG, wenn »*der Leiharbeitnehmer (…) schriftlich bis zum Ablauf eines Monats nach Überschreiten der zulässigen Überlassungshöchstdauer gegenüber dem Verleiher oder dem Entleiher (erklärt), dass er an dem Arbeitsverhältnis mit dem Verleiher festhält.*« Der **Fristbeginn** knüpft also an den **rechnerisch ermittelbaren Zeitpunkt des erstmaligen Überschreitens der Überlassungshöchstdauer.** Die zulässige Überlassungsdauer bestimmt sich nach § 1 Abs. 1b AÜG, vorbehaltlich kollektivrechtlicher Abweichungen

---

215 BT-Drucks. 18/9232, 24 (unter »Zu Buchstabe b«, Abs. 2).
216 Ebenso *Hamann* jurisPR-ArbR 40/2016 Anm. 1; a.A. wohl *Wank* RdA 2017, 100, 113.
217 BAG, 14.04.2014 – 3 AZR 395/11, AP BetrAVG § 1 Nr. 71; LAG Rheinland-Pfalz, 14.03.2016 – 3 Sa 476/15, BeckRS 2016, 68974.
218 BAG, 14.04.2014 – 3 AZR 395/11, AP BetrAVG § 1 Nr. 71; BAG, 25.09.2013 – 10 AZR 282/12, AP BGB § 611 Abhängigkeit Nr. 126; BAG, 13.08.2008 – 7 AZR 269/07, AP AÜG § 10 Nr. 19; BAG, 27.01.1993 – 7 AZR 476/92, BeckRS 1993, 30743764.

beträgt sie grds. 18 aufeinanderfolgende Monate.[219] Bei der Berechnung werden Überlassungszeiten vor dem 01.04.2017 nicht berücksichtigt (§ 19 Abs. 2 AÜG). Die Unwirksamkeitsfolge des § 9 Abs. 1 Nr. 1b AÜG kann mithin **erstmals am 1. Oktober 2018** eintreten.

▶ Praxistipp:

Zum Risikomanagement von Verleihern und Entleihern gehört ein lückenloses Controlling sämtlicher Leiharbeitnehmereinsätze, auch Unterbrechungen von mehr als drei Monaten (vgl. § 1 Abs. 1b Satz 2 AÜG) müssen – aus Nachweisgründen unbedingt schriftlich – dokumentiert werden. Nur dadurch kann ein rechtzeitiges Einsatzende und (ggf. konzernintern rollierender) Austausch von Leiharbeitnehmern vor Ablauf der zulässigen Höchstüberlassungsdauer in jedem Einzelfall sichergestellt werden.

5. Erklärungszeitpunkt

Nach § **9 Abs. 3 Satz 1 AÜG** ist eine vor Beginn einer Frist nach § 9 Abs. 1 Nr. 1 bis 1b AÜG abgegebene Festhaltenserklärung des Leiharbeitnehmers unwirksam (§ 134 BGB). Dadurch sollen **Erklärungen** »ins Blaue hinein« und **vorsorgliche Blanko- oder Blanketterklärungen,** etwa bereits im formularmäßigen Leiharbeitsvertrag, verhindert werden.[220] Die Regelung ist ebenso wie der neue Abs. 2 erst im Verlauf des Gesetzgebungsverfahrens in den Gesetzestext aufgenommen worden, nachdem im Schrifttum Kritik wegen drohender Umgehungsmöglichkeiten laut geworden war. So richtig die Intention des Gesetzgebers auch ist, so wenig befördert der Wortlaut der Regelung den erwünschten Arbeitnehmerschutz und die für die Praxis erforderliche Rechtssicherheit. Nach seinem Wortlaut knüpft § 9 Abs. 3 Satz 1 i.V.m. Abs. 1 Nr. 1 bis 1b AÜG für den Fristbeginn nicht an die Kenntnis des Leiharbeitnehmers. Damit würde in vielen Fällen die Frist bereits abgelaufen sein, bevor der Arbeitnehmer überhaupt um sein Widerspruchsrecht weiß. § 9 Abs. 3 Satz 1 i.V.m. Abs. 1 Nr. 1 bis 1b AÜG muss deshalb im Lichte der Berufsfreiheit (Art. 12 GG) **verfassungskonform** dahingehend **ausgelegt werden,** dass die einmonatige Frist zur Abgabe der Festhaltenserklärung erst mit

90

---

219 Dazu § 1 Rdn. 208; »Monate« sind Kalendermonate, Teilmonate werden mit 30 Tagen angesetzt, vgl. FW AÜG zu § 1 Nr. 1.2.1 (1), (3)
220 BT-Drucks. 18/9232, 24.

positiver Kenntniserlangung des Leiharbeitnehmers zu laufen beginnt.[221] Dies entspricht dem in der Gesetzesbegründung zum neuen AÜG zum Ausdruck kommenden Willen des Gesetzgebers, der dies – missglückt – nicht im Gesetzeswortlaut glaubte zum Ausdruck bringen zu müssen.[222]

II. Rechtsfolgen der form- und fristgerechten Festhaltenserklärung

1. Leiharbeitsvertrag

91 Rechtsfolge der form- und fristgerechten Festhaltenserklärung ist die **Fortsetzung des Leiharbeitsverhältnisses zum Verleiher**. Die mit dem Verstoß gegen einen der Unwirksamkeitsgründe des § 9 Abs. 1 Nr. 1 bis 1b AÜG verbundene arbeitsrechtliche Folge der Fiktion eines Arbeitsverhältnisses zum Entleiher (§ 10 Abs. 1 Satz 1 AÜG) tritt nicht ein. Die **Erklärung wirkt ex tunc**, d.h. das Arbeitsverhältnis fällt rückwirkend in dem Zustand auf den Verleiher zurück, in dem es sich bei Eintritt der gesetzlich angeordneten Unwirksamkeit nach § 9 AÜG befand. Der Entleiher tritt nicht in die Arbeitgeberstellung sein. Mit der Ausübung des Festhaltensrechts wird die rechtswidrige Überlassung jedoch weder für die Vergangenheit noch für die Zukunft legalisiert. Vielmehr muss die rechtswidrige Einsatzpraxis umgehend beendet werden. Wird sie auch nach Abgabe der Festhaltenserklärung weiterhin praktiziert, führt die Fortführung der rechtswidrigen Überlassung trotz des erklärten Widerspruchs zur erneuten Unwirksamkeit des Leiharbeitsvertrages und zur Fiktionswirkung nach § 10 Abs. 1 Satz 1 AÜG. Wiederholte Festhaltenserklärungen bei ein und demselben Einsatz sind damit ausgeschlossen.[223] Dies stellt **§ 9 Abs. 3 Satz 2 und 3 AÜG** klar. Anders als die form- und fristgerechte Festhaltenserklärung wirkt die Fortsetzung des Einsatzes trotz „Widerspruchs" nicht ex tunc, sondern nach dem Gesetzeswortlaut ex nunc. Die Unwirksamkeit des Leiharbeitsvertrages tritt also im Zeitpunkt der unzulässigen Fortsetzung des Fremdpersonaleinsatzes ein.

92 Bei einem wirksamen Leiharbeitsvertrag haftet der Entleiher als Nicht-Arbeitgeber an sich weder für das geschuldete Arbeitsentgelt noch als Arbeitgeber für den Gesamtsozialversicherungsbeitrag (§ 28e Abs. 1 SGB IV), sondern wie ein selbstschuldnerischer Bürge nach § 28e Abs. 2 Sätze 1 und 2 SGB IV.

---

221 BeckOK/*Motz* § 10 AÜG Rn. 1.6; kritisch zur gesetzgeberischen Ausgestaltung der Festhaltenserklärung *Lembke* Editorial NZA 7/2016.
222 Vgl. BT-Drucks. 18/9232, 24; dazu kritisch *Ulrici* NZA 2016, 1317, 1319.
223 *Bissels/Falter* DB 2016, 2789 f.; FW AÜG zu § 9 (7).

Von diesem Grundprinzip macht der neue **§ 9 Abs. 3 Satz 4 AÜG** eine fragwürdige Ausnahme, die Entleiherunternehmen aufgrund der hohen – auch persönlichen Haftungsrisiken für die Geschäftsführung – kennen und beherzigen müssen. **§ 28e Abs. 2 Satz 4 SGB IV gilt unbeschadet der Festhaltenserklärung.** Der Entleiher wird mithin wie ein illegaler Entleiher behandelt, obwohl er arbeitsrechtlich nicht Arbeitgeber des Leiharbeitnehmers wird. Sozialversicherungsrechtlich gilt er über die »Krücke« des § 9 Abs. 3 Satz 4 AÜG gleichwohl als Arbeitgeber, der ungeachtet der Festhaltenserklärung gesamtschuldnerisch neben dem Verleiher für die ordnungsgemäße Abführung der Sozialversicherungsbeiträge verantwortlich ist.[224] Soweit der Leiharbeitnehmer von seinem **Festhaltensrecht keinen Gebrauch** macht, gelten keine Besonderheiten. Als Fiktions-Arbeitgeber (§ 10 Abs. 1 Satz 1 AÜG) ist der Entleiher voll in der Haftung; der Verleiher haftet daneben weiterhin für die Sozialversicherungsbeiträge, wenn er die Vergütung an den Leiharbeitnehmer gezahlt hat (§ 28e Abs. 1 Satz 3 SGB IV).

▶ Praxistipp:

Übt der Leiharbeitnehmer sein Wahlrecht zugunsten der Fortsetzung des Arbeitsverhältnisses mit dem Verleiher aus, wird ein Arbeitsverhältnis zum Entleiher/Auftraggeber nach § 10 Abs. 1 Satz 1 AÜG zu keinem Zeitpunkt begründet. Eine Fortsetzung des bisherigen Einsatzes beim Kunden ist dann aber trotz Widerspruchs unzulässig und muss beendet werden. Obgleich er nicht in die Arbeitgeberstellung einrückt, haftet der Entleiher/Auftraggeber im Sozialversicherungsrecht wie ein illegaler Entleiher gesamtschuldnerisch neben dem Verleiher für die Sozialversicherungsbeiträge (§ 9 Abs. 3 Satz 4 AÜG, § 28e Abs. 2 Satz 4 SGB IV).

2. Arbeitnehmerüberlassungsvertrag

Auf den **Arbeitnehmerüberlassungsvertrag** zwischen Verleiher und Entleiher hat die Festhaltenserklärung **keine Auswirkungen**. Bei Verleih ohne Verleiherlaubnis ist dieser nach **§ 9 Abs. 1 Nr. 1 AÜG** unheilbar unwirksam. Die form- und fristgerechte Erklärung des Arbeitnehmers nach § 9 Abs. 1 Nr. 1 Halbs. 2 und 3, Abs. 2 und 3 AÜG hindert den Eintritt dieser Rechtsfolge nicht. Die Parteien des Arbeitnehmerüberlassungsvertrages können die Unwirksamkeitsfolge auch nicht durch Vereinbarung ausschließen.

---

224 So bereits vor Ergänzung von § 9 Abs. 3 Satz 4 AÜG im Gesetzgebungsverfahren *Hamann/Rudnik* NZA 2015, 449; wohl a. *Schüren*, jurisPR-ArbR 19/2016 Anm. 1.

Die Rechtsfolgenanordnung des § 9 Abs. 1 Nr. 1 AÜG ist für den Überlassungsvertrag zwingend. Die Abwicklung erfolgt nach **Bereicherungsrecht (§§ 812 ff. BGB)**.[225]

94 In den Fällen des **§ 9 Abs. 1 Nr. 1a und Nr. 1b AÜG** ist nur für das Leiharbeitsverhältnis, nicht hingegen für den Arbeitnehmerüberlassungsvertrag die Rechtsfolge der Unwirksamkeit gesetzlich angeordnet. Ein **Verstoß gegen die zulässige Überlassungshöchstdauer** führt nicht zur Unwirksamkeit des Überlassungsvertrages. **Scheindienst- oder Scheinwerkverträge** (unerlaubte verdeckte Arbeitnehmerüberlassung) sind hingegen nach allgemeinen Grundsätzen nichtig, auf die Rechtsbeziehung finden die Vorschriften zum Arbeitnehmerüberlassungsrecht Anwendung (§ 117 Abs. 2 AÜG).[226] Ob der durch das Scheingeschäft verdeckte Vertrag als Arbeitnehmerüberlassungsvertrag wirksam ist, richtet sich nach § 12 AÜG.[227] Insbesondere wird es auf die Einhaltung des gesetzlichen Schriftformzwangs ankommen. Durch eine Festhaltenserklärung des Arbeitnehmers wird der **nichtige Scheinvertrag** zwischen Auftragnehmer und Auftraggeber nicht geheilt, es bleibt bei **Anwendung des AÜG**. Eine Festhaltenserklärung des Arbeitnehmers ist also – ebenso wie bei einem Verstoß gegen die Überlassungshöchstdauer (§ 9 Abs. 1 Nr. 1b AÜG) – für die Wirksamkeit des Arbeitnehmerüberlassungsvertrages ohne Belang. Dieser bleibt – vorbehaltlich § 12 AÜG und § 9 Abs. 1 Nr. 1 AÜG (Verleiherlaubnis) – als Arbeitnehmerüberlassungsvertrag wirksam und muss nach allgemeinen Grundsätzen an die tatsächliche Situation angepasst, alternativ durch Kündigung oder Aufhebungsvertrag beendet werden.

▶ **Praxistipp:**

Wenn der im Rahmen eines wie auch immer von den Parteien bezeichneten Scheinwerk- oder Scheindienstvertrages (z.B. Auftrag, Dienstleistungs-, Service-, Wartungs-, Montagevertrag) beim Dritten eingesetzte Arbeitnehmer von seinem Festhaltensrecht nach § 9 Abs. 1 Nr. 1a AÜG

---

225 Dazu Rdn. 16 ff.
226 LAG Baden-Württemberg, 12.08.2015 – 21 Sa 98/14, BeckRS 2015, 73145; a. Schüren/*Hamann* § 1 AÜG Rn. 195.
227 BAG, 12.07.2016 – 9 AZR 352/15, BeckRS 2016, 72463; differenzierend BeckOK/*Kock* § 9 AÜG Rn. 32 ff.

Gebrauch macht, lässt sich die Vertragsbeziehung zwischen Auftragnehmer und Auftraggeber nur dann als Arbeitnehmerüberlassung fortsetzen und »sanieren«, wenn der illegale Einsatz beendet und offiziell ein Arbeitnehmerüberlassungsverhältnis begründet wird. Dazu benötigt der Auftragnehmer (Verleiher) eine Erlaubnis nach dem AÜG. Ist dies nicht der Fall liegt eine illegale Arbeitnehmerüberlassung ohne Erlaubnis mit den Rechtsfolgen des § 9 Abs. 1 Nr. 1, § 10 Abs. 1 AÜG vor.[228] Die Vorrats- und Absicherungserlaubnis behält in der Praxis deshalb dort ihre Bedeutung, wo der Arbeitnehmer sich zur Fortsetzung des Arbeitsverhältnisses mit seinem bisherigen Vertragsarbeitgeber trotz § 9 Abs. 1 Nr. 1a AÜG entscheidet. Dann kann – im Rahmen der zulässigen Überlassungshöchstdauer – ein neuer Auftrag als Arbeitnehmerüberlassung ausgeführt werden; vorherige Einsatzzeiten unter dem Deckmantel des Scheinvertrages sind bei Berechnung der Höchstdauer zu berücksichtigen. Faktisch vorkommen dürften solche »Fortsetzungsszenarien« aber nur dann, wenn Auftraggeber und Auftragnehmer keine arbeits- und sozialversicherungsrechtliche Nachhaftung wegen nicht gezahlten, aber geschuldeten Arbeitsentgelts aus dem Grundsatz des Equal Pay und damit zugleich auch straf- und steuerliche Haftungsrisiken drohen.

3. Sonstige Rechtsfolgen

Für die **Arbeitnehmerüberlassung ohne Verleiherlaubnis** führt der Widerspruch des Arbeitnehmers (§ 9 Abs. 1 Nr. 1 Halbs. 2 und 3 AÜG) dazu, dass weiterhin eine illegale Überlassung – lediglich ohne die Rechtsfolgenanordnung des § 10 Abs. 1 Satz 1 AÜG – vorliegt. Als illegale Arbeitnehmerüberlassung kann diese grds. als Ordnungswidrigkeit mit Geldbußen gegenüber Verleiher und Entleiher (§ 16 Abs. 1 Nr. 1 und 1a, Abs. 2 AÜG) sowie den üblichen gewerberechtlichen Maßnahmen sanktioniert werden.[229] Darüber hinaus werden sich Verleiher (Auftragnehmer) vielfach mit Equal-Pay-Forderungen ihrer im Rahmen illegaler Überlassung eingesetzten Arbeitnehmer 95

---

228 Vgl. Rdn. 10, 11.
229 Vgl. zu den Rechtsfolgen illegaler Überlassung ohne Erlaubnis Rdn. 12 ff., 29; wohl a.A. *Böhm* NZA 2016, 528, der gewerberechtliche Sanktionen bei Verleih ohne Verleiherlaubnis für ausgeschlossen hält.

und – haftungsrechtlich viel einschneidender – mit sozialversicherungsrechtlichen Beitragsnachforderungen und möglichen strafrechtlichen Konsequenzen (§ 266a StGB) konfrontiert sehen. Das sozialversicherungsrechtliche Beitragsrisiko besteht angesichts von § 9 Abs. 3 Satz 4 AÜG auch für den Auftraggeber; wegen der Sozialrechtsakzessorietät des § 266a StGB gilt dies auch für die strafrechtliche Haftung.[230] Für die beitragsrechtliche und damit auch die strafrechtliche Haftung spielt es wegen des sozialrechtlichen Entstehungsprinzips keine Rolle, ob die Nachzahlungsansprüche arbeitsrechtlich – etwa wegen des Eingreifens arbeitsvertraglicher Verfallfristen[231] – nicht mehr durchsetzbar sind oder vom Arbeitnehmer schlicht nicht geltend gemacht werden.[232]

▶ Praxistipp:

Illegale Fremdpersonaleinsätze müssen zwingend beendet und ggf. auf legaler Grundlage neu begründet werden. Denn die Überlassung bleibt bei Fehlen einer Verleiherlaubnis auch dann illegal, wenn der Arbeitnehmer nach § 9 Abs. 1 Nr. 1 Halbs. 2 und 3 AÜG von seinem Festhaltensrecht Gebrauch gemacht hat. Typischerweise handelt es sich dabei um Sachverhalte, bei denen Fremdpersonaleinsätze – bewusst oder unbewusst – auf der Grundlage unzulässiger Scheinverträge durchgeführt werden. Für externe Dienstleister und Werkunternehmer erhöht sich das Insolvenzrisiko damit erheblich, sollte die Vertragsbeziehung nachträglich als illegale Arbeitnehmerüberlassung identifiziert werden. Dasselbe gilt – trotz Festhaltenserklärung des Arbeitnehmers – grds. für die Konstellation der **unerlaubten verdeckten Arbeitnehmerüberlassung**.

---

230 Zur sozialrechtsakzessorischen Ausgestaltung des § 266a StGB bspw. BGH, 24.06.2015 – 1 StR 76/15, NStZ 2015, 648; BGH, 04.09.2013 – 1 StR 94/13, NStZ 2014, 321; BGH, 05.06.2013 – 1 StR 626/12, NStZ 2013, 587.
231 Zum Eingreifen arbeitsvertraglicher Ausschlussfristen gegenüber einem vom Arbeitnehmer geltend gemachten Anspruch auf Equal Pay vgl. BAG, 25.03.2015 – 5 AZR 368/13, NZA 2015, 877; BAG, 28.01.2015 – 5 AZR 122/13, AP AÜG § 10 Nr. 51.
232 BSG, 29.07.2015 – B 12 KR 23/13 R, BeckRS 2015, 73497; BSG, 14.07.2004 – B 12 KR 1/04 R, BSGE 93, 119 = NZS 2005, 538; BAG, 18.12.2008 – 8 AZR 105/08, NZA-RR 2009, 314 (zum sozialversicherungsrechtlichen Entstehungsprinzip); BGH, 16.04.2014 – 1 StR 516/13, NZA-RR 2014, 367; OLG Bamberg, 16.02.2016 – 3 OLG 6 Ss 16716, BeckRS 2016, 03553.

Nichts anderes gilt letztlich für die Fälle **unerlaubter verdeckter Arbeitneh-** 96
merüberlassung (§ 9 Abs. 1 Nr. 1b AÜG). Durch diesen Unwirksamkeitsgrund soll der Missbrauch von Werk- und Dienstverträgen mit dem Ziel der Umgehung des AÜG verhindert werden. In der Natur dieser Konstellationen liegt es, dass Verträge zwischen Auftraggeber und Auftragnehmer ausdrücklich nicht als Arbeitnehmerüberlassungsvertrag gekennzeichnet werden und auch die Person des eingesetzten Arbeitnehmers nicht als Leiharbeitnehmer kenntlich gemacht wird. Selbst also wenn der überlassene Arbeitnehmer dem Wechsel in ein Arbeitsverhältnis zum Auftragnehmer (Entleiher) nach § 9 Abs. 1 Nr. 1a Halbs. 2 AÜG widerspricht, verbleibt es bei dem Verstoß gegen die gewerberechtlichen Regelungen des § 1 Abs. 1 Satz 5 und 6 AÜG. Der unerlaubte Personaleinsatz wird durch die Festhaltenserklärung nicht legalisiert. Da der Gesetzgeber nur die Rechtsfolgenanordnung des § 10 Abs. 1 Satz 1 AÜG bei einer Festhaltenserklärung des Arbeitnehmers ausgeschlossen hat, bedeutet dies im Umkehrschluss, dass es bei allen sonstigen Rechtsfolgen eines Verstoßes gegen das Verbot der unerlaubten verdeckten Arbeitnehmerüberlassung bleibt.[233]

Das Festhaltenserklärung des Arbeitnehmers bei **Überschreiten der Über-** 97
lassungshöchstdauer nach § 9 Abs. 1 Nr. 1b Halbs. 2 AÜG hat – ebenso wie in den Fällen illegaler oder unerlaubter verdeckter Arbeitnehmerüberlassung – keinen Einfluss auf den Eintritt der sonstigen Rechtsfolgen, die das Gesetz im Falle eines Verstoßes gegen § 1 Abs. 1b AÜG anordnet. Es bleibt grds. sowohl bei den gewerberechtlichen als auch den bußgeldbewehrten Sanktionen,[234] wobei hier nur in seltenen Fällen – etwa wiederholten Überlassungszeitverletzungen des Verleihers – ein Entzug der Arbeitnehmerüberlassungserlaubnis verhältnismäßig sein dürfte.[235] Bei erstmaligem Verstoß ist der Widerruf der Erlaubnis in der Regel unverhältnismäßig; bei reinen Verleihunternehmen ist das behördliche Ermessen unter Berücksichtigung von Art. 12 GG auf Null reduziert. Entsprechendes gilt für Bußgeldanordnungen, die nur ausnahmsweise – insbesondere im Wiederholungsfall – angemessen sein dürften.

---

233 Rdn. 34.
234 So wohl auch *Hennig/Bödeker* AuA 2016, 201; s. Rdn. 37.
235 So auch in der Beschlussempfehlung des Ausschusses für Arbeit und Soziales, BT-Drucks. 18/10064, 13.

§ 10 Rechtsfolgen der Unwirksamkeit

(1) ¹Ist der Vertrag zwischen einem Verleiher und einem Leiharbeitnehmer nach § 9 unwirksam, so gilt ein Arbeitsverhältnis zwischen Entleiher und Leiharbeitnehmer zu dem zwischen dem Entleiher und dem Verleiher für den Beginn der Tätigkeit vorgesehenen Zeitpunkt als zustande gekommen; tritt die Unwirksamkeit erst nach Aufnahme der Tätigkeit beim Entleiher ein, so gilt das Arbeitsverhältnis zwischen Entleiher und Leiharbeitnehmer mit dem Eintritt der Unwirksamkeit als zustande gekommen. ²Das Arbeitsverhältnis nach Satz 1 gilt als befristet, wenn die Tätigkeit des Leiharbeitnehmers bei dem Entleiher nur befristet vorgesehen war und ein die Befristung des Arbeitsverhältnisses sachlich rechtfertigender Grund vorliegt. ³Für das Arbeitsverhältnis nach Satz 1 gilt die zwischen dem Verleiher und dem Entleiher vorgesehene Arbeitszeit als vereinbart. ⁴Im übrigen bestimmen sich Inhalt und Dauer dieses Arbeitsverhältnisses nach den für den Betrieb des Entleihers geltenden Vorschriften und sonstigen Regelungen; sind solche nicht vorhanden, gelten diejenigen vergleichbarer Betriebe. ⁵Der Leiharbeitnehmer hat gegen den Entleiher mindestens Anspruch auf das mit dem Verleiher vereinbarte Arbeitsentgelt.

(2) ¹Der Leiharbeitnehmer kann im Falle der Unwirksamkeit seines Vertrages mit dem Verleiher nach § 9 von diesem Ersatz des Schadens verlangen, den er dadurch erleidet, daß er auf die Gültigkeit des Vertrages vertraut. ²Die Ersatzpflicht tritt nicht ein, wenn der Leiharbeitnehmer den Grund der Unwirksamkeit kannte.

(3) ¹Zahlt der Verleiher das vereinbarte Arbeitsentgelt oder Teile des Arbeitsentgelts an den Leiharbeitnehmer, obwohl der Vertrag nach § 9 unwirksam ist, so hat er auch sonstige Teile des Arbeitsentgelts, die bei einem wirksamen Arbeitsvertrag für den Leiharbeitnehmer an einen anderen zu zahlen wären, an den anderen zu zahlen. ²Hinsichtlich dieser Zahlungspflicht gilt der Verleiher neben dem Entleiher als Arbeitgeber; beide haften insoweit als Gesamtschuldner.

(4) aufgehoben

(5) aufgehoben

Übersicht	Rdn.
A. Allgemeines	1
B. Fingiertes Arbeitsverhältnis zum Entleiher – Abs. 1	3
I. Voraussetzungen der Fiktion	3

II.	Beginn des fingierten Arbeitsverhältnisses – Abs. 1 Satz 1.............	12
III.	Inhalt des fingierten Arbeitsverhältnisses...........................	15
	1. Arbeitszeit – Abs. 1 Satz 3....................................	17
	2. Arbeitsentgelt – Abs. 1 Satz 5	23
	3. Sonstige Arbeitsbedingungen – Abs. 1 Satz 4	31
IV.	Beendigung des fingierten Arbeitsverhältnisses	37
	1. Befristung – Abs. 1 Satz 2	37
	2. Sonstige Beendigungstatbestände	44
	a) Kündigung...	44
	aa) Ordentliche Kündigung	45
	bb) Außerordentliche Kündigung	48
	b) Anfechtung	50
	c) Aufhebungsvertrag......................................	51
V.	Betriebsverfassungsrechtliche Zuordnung des Leiharbeitnehmers........	52
VI.	Geltendmachung von Ansprüchen	55
	1. Verfahren...	55
	a) Feststellungsklage.......................................	55
	b) Leistungsklage	60
	c) Arbeitsgerichtliches Beschlussverfahren	62
	2. Verfallfristen	64
	3. Verwirkung	65
C.	Schadensersatzanspruch gegen den illegalen Verleiher – Abs. 2........	71
I.	Voraussetzungen	72
II.	Rechtsfolgen...	75
D.	Gesamtschuldnerische Haftung des illegalen Verleihers und Entleihers – Abs. 3	81
E.	Gleichstellungsgebot und Lohnuntergrenze – Abs. 4 und 5 a.F.	83

A. Allgemeines

§ 10 AÜG knüpft nur an die Unwirksamkeitstatbestände des § 9 Abs. 1 Nr. 1   **1** bis Nr. 1b AÜG an, in den weiteren Fälle des § 9 Abs. 1 Nr. 2 bis 5 AÜG greift § 10 AÜG entgegen dem missverständlichen Gesetzeswortlaut nicht ein. Kern der Vorschrift ist die Regelung der **Rechtsfolgen illegaler und sonst unerlaubter Arbeitnehmerüberlassung;** seit der **Änderung des AÜG zum 01.04.2017** durch das Gesetz zur Änderung des Arbeitnehmerüberlassungsgesetzes und anderer Gesetze vom 21.02.2017[1] werden von der arbeitsrechtlichen Fiktionswirkung des § 10 Abs. 1 Satz 1 AÜG neben den schon bisher sanktionierten

---

1 BGBl. I, 28.02.2017, 258.

Fällen der illegalen Arbeitnehmerüberlassung ohne Verleiherlaubnis (§ 9 Abs. 1 Nr. 1 AÜG) auch die Tatbestände verdeckter Arbeitnehmerüberlassung (§ 9 Abs. 1 Nr. 1a AÜG) und der nicht nur vorübergehenden Arbeitnehmerüberlassung (§ 9 Abs. 1 Nr. 1b AÜG) erfasst.[2] Die gesetzliche Anordnung der Fiktionswirkung bei Scheinwerk- oder Scheindienstverträgen ungeachtet des Vorliegens einer Überlassungserlaubnis und bei Überschreitung der Überlassungshöchstdauer ist ein absolutes Novum für die Arbeitnehmerüberlassung; die **gegenteilige Rechtsprechung des BAG** ist seit In-Kraft-Treten der Gesetzesreform **überholt**.[3] Durch die gesetzlichen Neuregelungen sollen – so das erklärte gesetzgeberische Ziel – missbräuchliche Werkvertragsgestaltungen und die dauerhafte Besetzung von Stammarbeitsplätzen mit Leiharbeitnehmern verhindert werden.[4] Die Fiktion eines Arbeitsverhältnisses zwischen Leiharbeitnehmer und Entleiher sowie die inhaltliche Ausgestaltung dieses fingierten Vertragsverhältnisses regelt – wenngleich nicht vollständig – § 10 Abs. 1 AÜG. Weitere arbeits- und zivilrechtliche Rechtsfolgen des nach § 9 Abs. 1 Nr. 1 bis Nr. 1b AÜG unwirksamen Leiharbeitsvertrages finden sich in Abs. 2 und 3 der Vorschrift. **§ 10 Abs. 4 und Abs. 5 AÜG** wurden im Zuge der Reform des AÜG zum 01.04.2017 **vollständig aufgehoben**; die Voraussetzungen eines Verstoßes gegen das Gleichstellungsgebot von Leih- und Stammbeitnehmern (Equal-Pay- und Equal-Treatment-Grundsatz) sowie einer Missachtung der Lohnuntergrenze des § 3a AÜG sind systematisch und teilweise inhaltlich neu in **§ 8 AÜG n.F.** geregelt; über einen Verstoß gegen § AÜG n.F. wird (nur) der Anwendungsbereich des Unwirksamkeitstatbestandes des § 9 Abs. 1 Nr. 2 AÜG eröffnet.[5]

2 § 10 AÜG – insb. die Anordnung eines kraft Gesetzes fingierten Arbeitsverhältnisses zum Entleiher bei illegaler Arbeitnehmerüberlassung – dient in

---

2 Vgl. Gesetzentwurf der Bundesregierung vom 20.07.2016, BT-Drucks. 18/9232.
3 BAG, 12.07.2016 – 9 AZR 352/15 – BB 2016, 2686 (keine Fiktion bei Scheinwerkvertrag und vorhandener Arbeitnehmerüberlassungserlaubnis); gegen eine analoge Anwendung von § 10 AÜG bei Schweinwerkverträgen mit Vorratserlaubnis vor der AÜG-Reform 2017 auch LSG Sachsen, 22.04.2016 – L 1 KR 228/11, BeckRS 2016, 69030 (sozialversicherungsrechtlich bleibt der Auftragnehmer als tatsächlicher Verleiher für die Abführung der Beiträge verantwortlich, wenn das eingesetzte Personal abhängig beschäftigt ist); BAG, 29.04.2015 – 9 AZR 883/13, AP AÜG § 1 Nr. 37 (keine Fiktion bei Verstoß gegen das Verbot der nicht nur vorübergehenden Arbeitnehmerüberlassung).
4 Vgl. Gesetzentwurf der Bundesregierung vom 20.07.2016, BT-Drucks. 18/9232.
5 S. § 8 Rdn. 1 ff.; § 9 Rdn. 39 ff.

erster Linie dem **sozialen Schutz des Leiharbeitnehmers**; ihr kommt darüber hinaus eine **Kontroll- und Selbstregulierungsfunktion** zu. Der Gesetzgeber verbindet mit § 10 Abs. 1 bis 3 AÜG die Hoffnung, der Entleiher werde in Anbetracht der drohenden Fiktionswirkung bereits aus Eigeninteresse sorgfältig das Vorliegen einer Arbeitnehmerüberlassungserlaubnis prüfen.[6] Der zum 01.04.2017 aufgehobene § 10 Abs. 4 AÜG a.F. basiert auf den Änderungsvorschlägen der Hartz-Kommission und ergänzt den mit Wirkung zum 01.01.2003 durch das Erste Gesetz für Moderne Dienstleistungen am Arbeitsmarkt eingefügten Gleichstellungsgrundsatz (§ 9 Abs. 1 Nr. 2 AÜG; zum Ganzen § 8 AÜG n.F.). Gesetzgeberisches Ziel dieser Neuregelung war es, das öffentliche Ansehen der Zeitarbeit zu verbessern, es quasi »salonfähig« zu machen.[7] Mit Wirkung zum 01.12.2011 wurde § 10 Abs. 4 AÜG a.F. erneut neu gefasst; § 10 Abs. 5 AÜG a.F. wurde neu in das Gesetz aufgenommen. Im Fall der Unwirksamkeit einer Vereinbarung nach § 9 Nr. 2 AÜG a.F. gewährte § 10 Abs. 4 AÜG a.F. – nunmehr geregelt in § 8 Abs. 1 bis 3 AÜG n.F. – dem Leiharbeitnehmer einen ausdrücklich geregelten Anspruch auf das Vergleichsentgelt und die -arbeitsbedingungen eines Stammarbeitnehmers im Entleiherbetrieb; der Gesetzgeber hatte damit den Anknüpfungspunkt für den Ordnungswidrigkeitentatbestand des § 16 Abs. 1 Nr. 7a AÜG geschaffen.[8] § 8 Abs. 5 AÜG n.F. – bis zum 01.04.2017 geregelt in § 10 Abs. 5 AÜG a.F. – knüpft an die Regelung zum »Mindestlohn« durch Rechtsverordnung gem. § 3a Abs. 2 AÜG an und verschafft dem Leiharbeitnehmer einen darauf gerichteten eigenständigen Anspruch gegen den Verleiher.

B. Fingiertes Arbeitsverhältnis zum Entleiher – Abs. 1

I. Voraussetzungen der Fiktion

Für das Eingreifen der Fiktion nach § 10 Abs. 1 Satz 1 AÜG müssen tatbestandlich einerseits die Voraussetzungen der Arbeitnehmerüberlassung erfüllt und andererseits muss der Leiharbeitsvertrag *»nach § 9«* unwirksam sein. Die bisherige Angabe »§ 9 Nummer 1« in den Absätzen 1 bis 3 des § 10 AÜG wurde im Zuge der AÜG-Reform 2017 durch die Angabe »§ 9« ersetzt.[9] Folge

3

---

6 *Becker/Wulfgramm* § 10 AÜG Rn. 3; KHK/*Düwell* 4.5 Rn. 268; Thüsing/*Mengel* § 10 AÜG Rn. 2 m.w.N.
7 *Boemke/Lembke* § 10 AÜG Rn. 11.
8 BT-Drucks. 17/4804, 10.
9 Vgl. Gesetzentwurf der Bundesregierung vom 20.07.2016, BT-Drucks. 18/9232, 24.

dieser Änderung ist eine **erhebliche Erweiterung des Anwendungsbereichs des § 10 AÜG** über die Fälle illegaler Arbeitnehmerüberlassung ohne Erlaubnis (§ 9 Abs. 1 Nr. 1 AÜG) hinaus. Die Fiktionswirkung erfasst seit dem 01.04.2017 auch die Fälle der verdeckten, nicht offen gelegten Arbeitnehmerüberlassung entgegen § 1 Abs. 1 Satz 5 und 6 AÜG (§ 9 Abs. 1 Nr. 1a AÜG) und des Verstoßes gegen die Überlassungshöchstdauer des § 1 Abs. 1b AÜG (§ 9 Abs. 1 Nr. 1b AÜG). Bei den weiteren Unwirksamkeitsgründen des § 9 Abs. 1 Nr. 2 bis 5 AÜG greift § 10 AÜG wie bislang nicht; in diesen Fällen ist nicht – wie von § 10 Abs. 1 Satz 1 AÜG tatbestandlich vorausgesetzt (»Ist der Vertrag zwischen einem Verleiher und einen Leiharbeitnehmer nach § 9 unwirksam,…«) – der Leiharbeitsvertrag insgesamt unwirksam, sondern die Unwirksamkeit betrifft nur einzelne »Vereinbarungen«.[10]

4 Die Rechtsfolge des § 10 Abs. 1 Satz 1 AÜG kann der Leiharbeitnehmer durch Ausübung seines so genannten **Festhaltensrechts** ex tunc verhindern.[11] Der bisherige Einsatz im Betrieb des Dritten muss gleichwohl beendet und ggf. auf eine neue rechtliche Grundlage gestellt werden (§ 9 Abs. 3 Sätze 2 und 3 AÜG). Denn der Widerspruch des Leiharbeitnehmers gegen den Arbeitgeberwechsel zum Dritten »heilt« die Rechtswidrigkeit des bisherigen Einsatzes ebenso wenig wie die **nachträgliche Erteilung einer Erlaubnis** bei einer erlaubniswidrig begonnenen Arbeitnehmerüberlassung. Macht der Leiharbeitnehmer von seinem Festhaltensrecht keinen Gebrauch, kann das kraft Gesetzes begründete Arbeitsverhältnis zum Entleiher nach allgemeinen Grundsätzen weiterhin durch Kündigung, Aufhebungsvertrag sowie – in seltenen Fällen – durch gerichtliche Auflösung (§ 9 KSchG) beendet werden.[12]

▶ Praxistipp:

Die **Fiktionswirkung des § 10 Abs. 1 Satz 1 AÜG** greift – vorbehaltlich der Ausübung des Festhaltensrechts durch den Leiharbeitnehmer – **seit dem 01.04.2017 in den folgenden drei Fällen**:
- Arbeitnehmerüberlassung ohne Erlaubnis nach dem AÜG (§ 9 Abs. 1 Nr. 1 AÜG);
- Verdeckte Arbeitnehmerüberlassung unter Verstoß gegen die Pflicht, Arbeitnehmerüberlassung ausdrücklich als solche im Vertrag zu

---

10 Vgl. Gesetzentwurf der Bundesregierung vom 20.07.2016, BT-Drucks. 18/9232, 24.
11 Zur Festhaltenserklärung § 9 Rdn. 76 ff.
12 LAG Schleswig-Holstein, 19.07.2012 – 5 Sa 474/11, GWR 2012, 476.

bezeichnen und die Person des Leiharbeitnehmers vor Einsatzbeginn zu konkretisieren (§ 9 Abs. 1 Nr. 1a AÜG);
– Verstoß gegen die Überlassungshöchstdauer (§ 9 Abs. 1 Nr. 1b AÜG).

Keine Anwendung findet § 10 Abs. 1 AÜG auf **echte Dienst- und/oder Werk-** 5
vertragsverhältnisse[13] bzw. **freie Mitarbeiter.**[14] Ebenso wenig einschlägig sind die Vorschriften des AÜG bei sog. »1-Euro-Jobs« oder der Zuweisung von Arbeitnehmern an ein Jobcenter durch einen seiner Träger. Bei ersteren handelt es sich nicht um Arbeitsverhältnisse[15], Jobcenter können mangels Arbeitgeberfähigkeit gemäß § 44d Abs. 4 AÜG nicht Entleiher im Sinne des AÜG sein[16]; § 10 Abs. 1 AÜG ist daher nicht – auch nicht analog – anwendbar.

▶ **Praxistipp:**

§ 10 AÜG findet weder unmittelbar noch analog auf Dienst- und/oder Werkvertragsverhältnisse Anwendung. Besonders **problematisch** ist in der Praxis die Abgrenzung zu Fallgestaltungen, in denen eine Arbeitnehmerüberlassung lediglich durch die Wahl einer anderen Vertragsform verdeckt werden soll. Bei diesen Fällen handelt es sich üblicherweise um **Scheindienst- und/oder Scheinwerkverträge**. Wird die Arbeitnehmerüberlassung – bewusst oder unbewusst – durch ein Scheingeschäft verdeckt, finden die Regelungen des AÜG ohne Einschränkung Anwendung. Der Einsatz von Scheinverträgen führt über den Unwirksamkeitsgrund des § 9 Abs. 1 Nr. 1 oder Nr. 1a AÜG zur arbeitsrechtlichen Fiktionswirkung des § 10 Abs. 1 Satz 1 AÜG, soweit der Leiharbeitnehmer nicht form- und fristgerecht an seinem Leiharbeitsverhältnis zum Verleiher festhält (§ 9 Abs. 2 und 3 AÜG). Die Festhaltenserklärung legitimiert den unzulässigen Fremdpersonaleinsatz nicht. Dieser bleibt rechtswidrig und lässt die übrigen (Nach-)Haftungsfolgen illegaler oder sonst unerlaubter Arbeitnehmerüberlassung nicht entfallen.[17]

---

13 Vgl. zur Abgrenzung § 1 Rdn. 132 ff., 153 ff.; a. BAG, 18.01.2012 – 7 AZR 723/10, NZA-RR 2012, 455.
14 BAG, 09.11.1994 – 7 AZR 217/94, AP AÜG § 1 Nr. 18; LAG Düsseldorf, 21.07.2015 – 3 Sa 6/15, BeckRS 2015, 71812.
15 BAG, 08.11.2006 – 5 AZB 36/06, EzA § 2 ArbGG 1979 Nr. 65 = NZA 2007, 53; BAG, 17.01.2007 – 5 AZB 43/06, EzA § 78 ArbGG 1979 Nr. 8; a. LAG Köln, 27.04.2007 – 4 Sa 1406/06, BeckRS 2007, 45599.
16 BAG 23.06.2015 – 9 AZR 261/14, BAGE 152, 59.
17 Ausführlich § 9 Rdn. 91 ff.

§ 10 AÜG Rechtsfolgen der Unwirksamkeit

6 Eine missbräuchliche Umgehung der zweijährigen Höchstbefristungsdauer bei sachgrundlosen Befristungen (§ 14 Abs. 2 TzBfG) etwa durch Zwischenschaltung eines Zeitarbeitsunternehmens als Strohmann – typisch bei so genannten Drehtürkonstruktionen[18] – führt weder analog § 10 Abs. 1 AÜG noch wegen Verstoßes gegen das Gebot von Treu und Glauben (§ 242 BGB) zur Begründung eines Arbeitsverhältnisses mit dem entleihenden Unternehmen.[19] Folge ist allein die Unwirksamkeit der rechtsmissbräuchlichen Befristungsabrede und damit das Bestehen eines unbefristeten Arbeitsverhältnisses zwischen Verleiher und Leiharbeitnehmer.

7 Die Fiktion eines Arbeitsverhältnisses tritt nicht ein, wenn das Leiharbeitsverhältnis nicht nach § 9 Abs. 1 Nr. 1, 1a oder 1b AÜG, sondern **aus anderen Gründen unwirksam** ist (z.B. fehlender Geschäftsfähigkeit eines Vertragsteils).[20]

8 Die Fiktion des § 10 Abs. 1 AÜG wird allerdings nicht ausgeschlossen, wenn die Überlassung zugleich gegen ein **Verbotsgesetz** verstößt. Eine verbotswidrige Überlassung in Betriebe des Baugewerbes entgegen § 1b Satz 1 AÜG etwa **schließt die Rechtsfolge des § 10 Abs. 1 Satz 1 AÜG nicht aus**; liegt die Erlaubnis vor, gilt § 10 AÜG nicht analog.[21] § 10 Abs. 1, § 9 Nr. 1 AÜG bleiben auch bei einem Verstoß gegen die Strafvorschriften nach §§ 15, 15a AÜG anwendbar.[22]

9 **§ 10 Abs. 1 Satz 1 AÜG ist zwingend.** Das Eingreifen der Fiktionswirkung kann durch eine individualvertragliche Vereinbarung nicht wirksam abbedungen werden.[23] Auch eine **Anfechtung** scheidet aus, das Arbeitsverhältnis

---

18 Dazu § 3 Rdn. 3 ff.
19 BAG, 23.09.2014 – 9 AZR 1025/12, AP TzBfG § 14 Nr. 122; ArbG Berlin, 13.03.2015 – 28 Ca 741/15, EzA-SD 2015, Nr. 11, 9.
20 ErfK/*Wank* § 10 AÜG Rn. 2; Thüsing/*Mengel* § 10 AÜG Rn. 5, jeweils m.w.N.
21 BAG, 08.07.1998 – 10 AZR 274/97, NZA 1999, 493; Hessisches LAG, 20.01.2010 – 18 Sa 1339/09, ArbR 2010, 277; Frage der Nichtigkeit des Leiharbeitsvertrages im Fall eines Verstoßes gegen § 1b AÜG offengelassen BAG, 13.12.2006 – 10 AZR 674/05, NZA 2007, 751 = AP AÜG § 1 Nr. 31 m. Anm. *Urban-Crell*.
22 Schüren/Hamann/*Schüren* § 10 AÜG Rn. 28; Thüsing/*Mengel* § 10 AÜG Rn. 5, jeweils m.w.N.; a.A. *Boemke/Lembke* § 10 AÜG Rn. 24.
23 HWK/*Gotthardt* § 10 AÜG Rn. 3; Thüsing/*Mengel* § 10 AÜG Rn. 6; Schüren/Hamann/*Schüren* § 10 AÜG Rn. 41 f.; *Urban-Crell/Schulz* Rn. 786; a.A. LAG Hamm, 12.02.1992 – 9 Sa 993/91, EzAÜG § 10 AÜG Fiktion Nr. 70.

kommt kraft Gesetzes und nicht durch der Anfechtung zugängliche Willenserklärungen von Leiharbeitnehmer und Entleiher zustande.[24] Nach herrschender Auffassung soll der Leiharbeitnehmer den Eintritt der Rechtsfolge des §10 Abs. 1 Satz 1 AÜG auch nicht durch Ausübung eines Widerspruchs analog § 613a Abs. 6 BGB verhindern können[25]; dieser Streit ist seit der Änderung des AÜG zum 01.04.2017 hinfällig. Im Zuge der **AÜG-Reform 2017** hat der Gesetzgeber aus verfassungsrechtlichen Gründen[26] ein »**Quasi-Widerspruchsrecht**« für Leiharbeitnehmer eingeführt, dessen praktische Relevanz aufgrund unnötiger bürokratischer Hürden (§ 9 Abs. 2 AÜG), eines kaum rechtssicher zu bestimmenden Fristbeginns für die Erklärung (§ 9 Abs. 3 Satz 1 AÜG) und erhöhter Aufdeckungs- und dadurch sozialversicherungs-, straf- und ordnungswidrigkeitenrechtlicher Inanspruchnahmerisiken für die beteiligten Unternehmen eher gering sein dürfte.[27]

Ob dem Selbstbestimmungsrecht des Leiharbeitnehmers zudem durch die Einräumung eines **fristlosen Kündigungsrechts** Rechnung getragen werden darf, ist im Einzelnen **umstritten**. Die wohl herrschende Auffassung bejaht ein Recht des Arbeitnehmers zur außerordentlichen Kündigung aus wichtigem Grund (§ 626 BGB).[28] Praktisch ist dies indes ohne Bedeutung. 10

---

24 BeckOKArbR/*Motz* § 10 AÜG Rn. 2; Thüsing/*Mengel* § 9 AÜG Rn. 49.
25 LAG Düsseldorf, 26.07.2012 – 15 Sa 1452/11, BeckRS 2012, 71608; HWK/*Gotthardt* § 10 AÜG Rn. 3; Schüren/Hamann/*Schüren* § 10 AÜG Rn. 41; Thüsing/*Mengel* § 10 AÜG Rn. 6; *Urban-Crell/Schulz* Rn. 787 ff.; so a. zu § 1 Abs. 2 AÜG, § 13 AÜG a.F. BAG, 19.03.2003 – 7 AZR 267/02, BB 2003, 2296; a.A. LAG Frankfurt am Main, 06.03.2001 – 2/9 Sa 1246/00, NZA-RR 2002, 73; ArbG Köln, 07.03.1996 – 17 Ca 6257/95, DB 1996, 1342; ErfK/*Wank* § 10 AÜG Rn. 19; *Boemke/Lembke* § 10 AÜG Rn. 36 (verfassungskonforme Auslegung); offen gelassen LAG Düsseldorf, 07.05.2003 – 12 Sa 216/03, EzAÜG § 9 AÜG Nr. 15.
26 Verfassungsrechtliche Bedenken gegen die Rechtsfolge der §§ 9 Nr. 1, 10 Abs. 1 Satz 1 AÜG a.F. wegen Fehlens einer Wahlmöglichkeit des Leiharbeitnehmers bei BAG, 20.01.2016 – 7 AZR 535/13, BB 2016, 1850; ebenso *Urban*, AP AÜG § 13 Nr. 1; ähnlich auch ArbG Köln, 07.03.1996, DB 1996, 1342; a.A. zur neuen Festhaltenserklärung *Brors* NZA 2016, 672.
27 Dazu § 9 Rdn. 76 ff.
28 Thüsing/*Mengel* § 10 AÜG Rn. 6; *Urban-Crell/Schulz* Rn. 790; a.A. *Boemke/Lembke* § 10 AÜG Rn. 36 (Widerspruchsrecht analog § 613a BGB aufgrund verfassungskonformer Auslegung).

§ 10 AÜG Rechtsfolgen der Unwirksamkeit

11 Im Gegensatz zu § 10 Abs. 1 Satz 1 AÜG sind die **Sätze 2 bis 5 dispositiv**. Entleiher und Leiharbeitnehmer steht es daher frei, den Inhalt des fingierten Arbeitsverhältnisses durch Abschluss eines neuen Arbeitsvertrages oder einer entsprechenden **Änderungsvereinbarung** zu modifizieren.[29] Eine dem § 613a Abs. 1 Satz 4 BGB vergleichbare Veränderungssperre enthält das AÜG nicht. Das BAG konnte bislang offen lassen, ob auch eine **rückwirkende Vertragsinhaltsänderung** zulässig ist. Zuletzt deuteten der 3. und 7. Senat jedoch an, dies nur zuzulassen, wenn die Parteien bei Abschluss des Änderungsvertrages einen hierauf gerichtlichen rechtsgeschäftlichen Willen eindeutig zum Ausdruck gebracht haben.[30] Die Praxis muss sich deshalb auf eine strenge Inhaltskontrolle der neuen Arbeitsbedingungen einstellen.[31]

▶ Praxistipp:

Erkennt der Auftraggeber, dass der Fremdfirmeneinsatz den Tatbestand verdeckter illegaler Arbeitnehmerüberlassung erfüllt, kann es »billiger« sein, dem Leiharbeitnehmer den Abschluss eines neuen Arbeitsvertrages anzubieten. Ansonsten muss er unter Umständen noch Jahre später mit einer Inanspruchnahme rechnen. Wirtschaftlich attraktiv ist dies für den Auftraggeber indes nur, wenn die zurückliegende Tätigkeitszeit im Betrieb des Kunden nicht als Betriebszugehörigkeit anerkannt wird. Das BAG wird **Umgehungsgeschäfte** unter Täuschung des Leiharbeitnehmers über das bereits kraft Gesetzes entstandene Arbeitsverhältnis nicht billigen. Bei der Vertragsgestaltung ist deshalb unbedingt darauf zu achten, die gewollte und bewusste Änderung des fingierten Arbeitsverhältnisses transparent zum Ausdruck zu bringen. Eine lediglich allgemein formulierte Klausel über die Aufhebung »aller in der Vergangenheit zwischen den Parteien bestehenden Vertragsverhältnisse und Zusagen« wird dazu nicht ausreichen.

---

29 BAG, 18.02.2003 – 3 AZR 160/02, AP AÜG § 13 Nr. 5 m. Anm. *Boemke* (einschränkend); LAG Nürnberg, 21.12.2010 – 6 Sa 24/09, n.v.; *Boemke/Lembke* § 10 AÜG Rn. 31; *Thüsing/Mengel* § 10 AÜG Rn. 31; a.A. *Ulber* § 10 AÜG Rn. 12, 56.
30 BAG, 18.02.2003 – 3 AZR 160/02, AP AÜG § 13 Nr. 5 m. Anm. *Boemke*; BAG, 13.08.2008 – 7 AZR 269/07, AP AÜG § 10 Nr. 19.
31 Schüren/Hamann/*Schüren* § 10 AÜG Rn. 42.

II. Beginn des fingierten Arbeitsverhältnisses – Abs. 1 Satz 1

Nach dem **Wortlaut des § 10 Abs. 1 Satz 1 AÜG** »gilt ein Arbeitsverhältnis 12 zwischen Entleiher und Leiharbeitnehmer zu dem zwischen dem Entleiher und dem Verleiher für den Beginn der Tätigkeit vorgesehene Zeitpunkt als zustande gekommen; tritt die Unwirksamkeit erst nach Aufnahme der Tätigkeit beim Entleiher ein, so gilt das Arbeitsverhältnis zwischen Entleiher und Leiharbeitnehmer mit dem Eintritt der Unwirksamkeit als zustande gekommen«. Die Rechtsfolgen der Unwirksamkeit treten im Zeitpunkt der Unwirksamkeit des Leiharbeitsvertrages nach § 9 Abs. 1 Nr. 1, 2. Alt., Nr. 1a oder Nr. 1b AÜG ein.

Ob im Fall des bereits **anfänglichen Fehlens der Verleiherlaubnis** das fingierte 13 Arbeitsverhältnis erst bei tatsächlicher Arbeitsaufnahme im Entleiherbetrieb oder bereits zu dem im Arbeitnehmerüberlassungsvertrag vorgesehenen Zeitpunkt der Arbeitsaufnahme beginnt, ist umstritten.[32] Diejenigen, die auf den vereinbarten Arbeitsbeginn abstellen, lassen eine Ausnahme dann zu, wenn entweder ein fester Zeitpunkt zur Arbeitsaufnahme nicht vereinbart wurde oder sich im Nachhinein nicht feststellen lässt. In diesem Fall sei ausnahmsweise auf den Zeitpunkt der tatsächlichen Arbeitsaufnahme abzustellen. Nach richtiger Auffassung tritt die **Fiktion immer erst im Zeitpunkt tatsächlicher Arbeitsaufnahme** ein. Dafür sprechen neben Arbeitnehmerschutzgesichtspunkten insb. praktische Erwägungen.[33] Dieser Auffassung hat sich nun auch das **BAG** angeschlossen. Die Rechtsfolge des § 10 Abs. 1 Satz 1 AÜG tritt erst mit der tatsächlichen Arbeitsaufnahme des Leiharbeitnehmers beim Entleiher ein.[34]

Entfällt die Erlaubnis nach Aufnahme der Tätigkeit (z.B. durch Rücknahme, 14 Widerruf, Fristablauf ohne Verlängerung) oder tritt die Erlaubnispflicht erst nach diesem Zeitpunkt ein (z.B. wegen einer Gesetzesänderung[35]), beginnt das fingierte Arbeitsverhältnis nach dem Gesetzeswortlaut mit dem Eintritt

---

32 Für tatsächliche Arbeitsaufnahme *Boemke/Lembke* § 10 AÜG Rn. 25 ff.; *Ulber* § 10 AÜG Rn. 10, 22 ff.; für den vereinbarten Arbeitsbeginn *Becker/Wulfgramm* § 10 AÜG Rn. 12; ErfK/*Wank* § 10 AÜG Rn. 3; Thüsing/*Mengel* § 10 AÜG Rn. 9; wohl a. BAG, 10.02.1977 – 2 ABR 80/76, NJW 1977, 1413.
33 Vgl. dazu bereits § 9 Rdn. 23 f.
34 BAG, 20.01.2016 – 7 AZR 535/13, BB 2016, 1850.
35 So der Fall bei BAG, 20.01.2016 – 7 AZR 535/13, BB 2016, 1850 (wegen Einführung der Erlaubnispflicht nicht gewerbsmäßiger Arbeitnehmerüberlassung durch

der Unwirksamkeitsfolge des § 9 Nr. 1, 2. Alt. AÜG. Ansprüche gegen den Entleiher aus einem fingierten Arbeitsverhältnis entstehen daher erst nach Ablauf der zwölfmonatigen **Abwicklungsfrist** (vgl. § 2 Abs. 4 Satz 4 AÜG). Bei erst **nachträglich eintretender Erlaubnispflicht** gilt § 2 Abs. 4 Satz 4 AÜG analog, wenn eine Erlaubnis bis zum Stichtag – hier: der Gesetzesänderung – nicht hätte erteilt werden dürfen.[36] Soweit also das Arbeitsverhältnis zum Leiharbeitnehmer im Abwicklungszeitraum ohnehin endete (z.B. aufgrund Befristungsablaufs, Kündigung) oder einvernehmlich aufgehoben wird, wird ein Arbeitsverhältnis zum Entleiher nicht mehr fingiert. Neben dem Fehlen der Erlaubnis ist weitere Voraussetzung der Fiktionswirkung die tatsächliche Beschäftigung des Leiharbeitnehmers beim Entleiher auch noch nach Ablauf des 12-Monats-Zeitraums.[37]

III. Inhalt des fingierten Arbeitsverhältnisses

15 Durch die gesetzliche Fiktion des Arbeitsverhältnisses rückt der **illegale Entleiher** in die **volle Arbeitgeberstellung** ein. Das fingierte Arbeitsverhältnis ist ein vollwertiges Arbeitsverhältnis und steht dem vertraglich begründeten Arbeitsverhältnis gleich.[38]

16 Das AÜG enthält in **§ 10 Abs. 1 Sätze 2 bis 5** partielle Regelungen über die **inhaltliche Ausgestaltung des fingierten Arbeitsverhältnisses**. Für die kraft Gesetzes fingierte Arbeitsvertragsbeziehung zwischen Entleiher und Leiharbeitnehmer gelten grds. alle im Entleiherbetrieb anwendbaren Vorschriften und sonstigen Regelungen. Diese Selbstverständlichkeit wird durch § 10 Abs. 1 Satz 4 Halbs. 1 AÜG klargestellt. Sind betriebsübliche Regelungen im Betrieb des Entleihers nicht vorhanden, gelten die Bestimmungen vergleichbarer Betriebe (§ 10 Abs. 1 Satz 4 Halbs. 2 AÜG). Der Grundsatz des § 10 Abs. 1 Satz 4 AÜG wird für die besonders wichtigen Bereiche der Befristung, der Arbeitszeit und des Arbeitsentgelts durch die Ausnahmeregelungen in § 10 Abs. 1 Sätze 2, 3 und 5 AÜG durchbrochen.

Inkrafttreten des »Ersten Gesetzes zur Änderung des Arbeitnehmerüberlassungsgesetzes – Verhinderung von Missbrauch der Arbeitnehmerüberlassung« am 01.12.2011, BGBl. I, 642).
36 BAG, 20.01.2016 – 7 AZR 535/13, BB 2016, 1850.
37 So a. *Boemke/Lembke* § 10 AÜG Rn. 29.
38 BAG, 30.01.1991 – 7 AZR 497/89, EzA § 10 AÜG Nr. 3.

1. Arbeitszeit – Abs. 1 Satz 3

Als **Arbeitszeit** gilt für das fingierte Arbeitsverhältnis grds. die zwischen dem 17
Verleiher und dem Entleiher im Arbeitnehmerüberlassungsvertrag – i.d.R.
im Einzelvertrag zur Überlassung eines konkreten Leiharbeitnehmers – vereinbarte tägliche Überlassungszeit als vereinbart (**§ 10 Abs. 1 Satz 3 AÜG**).
Dadurch soll der Leiharbeitnehmer vor unvorhersehbaren Änderungen der
Arbeitszeitdauer geschützt werden.[39] Ist der Leiharbeitnehmer in Teilzeit beim
Auftraggeber eingesetzt, wird bei Unwirksamkeit des Leiharbeitsvertrages
nach § 9 AÜG mit dem Entleiher ein Teilzeitarbeitsverhältnis begründet.

▶ **Beispiel:**

Ein Leiharbeitnehmer, der aufgrund einer Vereinbarung im Überlassungsvertrag als Halbtagskraft tätig war, muss auch im fingierten Arbeitsverhältnis nur halbtags beim Entleiher arbeiten.

Die **Anknüpfung an den Arbeitnehmerüberlassungsvertrag** zur Bestimmung 18
der Arbeitszeitdauer im fingierten Arbeitsverhältnis ist lediglich für den Fall
des wirksam befristeten Vertragsverhältnisses (§ 10 Abs. 1 Satz 2 AÜG) überzeugend. Der vom Gesetzgeber intendierte Schutz des Leiharbeitnehmers
wird jedenfalls im unbefristeten Arbeitsverhältnis besser erreicht, wenn auf
die im Leiharbeitsvertrag vereinbarte individuelle Arbeitszeitdauer abgestellt
wird.[40] Diese Auslegung entspricht Sinn und Zweck des § 10 Abs. 1 Satz 3
AÜG. Eine erfolgreiche Integration des ehemaligen Leiharbeitnehmers in den
Entleiherbetrieb setzt – jedenfalls bei unbefristeter Tätigkeit – eine Anpassung der Arbeitszeitdauer an die Regelungen im Beschäftigungsbetrieb voraus.
Grenze dieser Anpassung ist dann nicht der unwirksame Arbeitnehmerüberlassungsvertrag bzw. der der konkreten Tätigkeit zugrunde liegende Einzelvertrag, sondern der ebenfalls unwirksame Leiharbeitsvertrag zwischen illegalem
Verleiher und Leiharbeitnehmer. Ob sich die Rechtsprechung dieser differenzierten Betrachtungsweise anschließen wird, bleibt abzuwarten.

Nach herrschender Auffassung erstreckt sich die Anordnung des § 10 Abs. 1 19
Satz 3 AÜG nicht nur auf die **Arbeitszeitdauer**, sondern auch auf die **Lage**

---

39 BT-Drucks. VI/2303, 13 f.
40 Schüren/Hamann/*Schüren* § 10 AÜG Rn. 82; *Urban-Crell/Schulz* Rn. 805; krit. a.
Becker/Wulfgramm § 10 AÜG Rn. 20.

der Arbeitszeit.⁴¹ Der Schutz des Leiharbeitnehmers vor überraschenden Änderungen der Arbeitszeit wäre unvollständig, würde sich die Regelung ausschließlich auf die Dauer der Arbeitszeit beziehen. Ist die Arbeitszeitlage nicht – wie häufig – individualvertraglich vereinbart, kann der Entleiher diese grds. kraft Weisung festlegen. Er kann diese dann in den Grenzen billigen Ermessens (§ 106 GewO, § 315 BGB) sowie unter Berücksichtigung gesetzlicher, kollektiv- und individualvertraglicher Grenzen einseitig ändern.⁴² In Entleiherbetrieben mit Betriebsrat ergibt sich die Arbeitszeitlage regelmäßig aus einer Betriebsvereinbarung (§ 87 Abs. 1 Nr. 2 BetrVG). Diese kollektivrechtliche Regelung gilt dann auch für den ehemaligen Leiharbeitnehmer, es sei denn, eine individualvertraglich vereinbarte Regelung zur Arbeitszeitverteilung ist für ihn günstiger.⁴³

20 **Kein einseitiges Leistungsbestimmungsrecht** steht dem Entleiher hingegen hinsichtlich des **Umfangs der Arbeitszeit** zu. Für die Einführung von Kurzarbeit⁴⁴ und die Anordnung von Mehrarbeit bspw. benötigt er eine ausdrückliche Ermächtigungsgrundlage. Üblicherweise finden sich diese in einschlägigen Tarifverträgen und/oder Betriebsvereinbarungen bzw. wurden einzelvertraglich im Leiharbeitsvertrag vereinbart.

21 § 10 Abs. 1 Satz 3 AÜG ist dispositiv. Eine **einvernehmliche Änderung der Arbeitszeitregelung** ist unter Berücksichtigung der durch gesetzliche oder kollektivrechtliche Regelungen im Entleiherbetrieb gesetzten Grenzen jederzeit zulässig.⁴⁵

22 Enthält der Arbeitnehmerüberlassungsvertrag keine oder eine ungünstigere Regelung über Dauer und Lage der Arbeitszeit, gelten nach **§ 10 Abs. 1 Satz 4 AÜG** die im Entleiherbetrieb geltenden gesetzlichen und/oder kollektivrechtlichen Bestimmungen bzw. subsidiär die Vorschriften vergleichbarer Betriebe.

---

41 *Becker/Wulfgramm* § 10 AÜG Rn. 19; ErfK/*Wank* § 10 AÜG Rn. 10; *Thüsing/Mengel* § 10 AÜG Rn. 18; Schüren/Hamann/*Schüren* § 10 AÜG Rn. 82 ff.
42 *Boemke/Lembke* § 10 AÜG Rn. 62; ErfK/*Wank* § 10 AÜG Rn. 10; Thüsing/*Mengel* § 10 AÜG Rn. 20; *Urban-Crell/Schulz* Rn. 806.
43 Schüren/Hamann/*Schüren* § 10 AÜG Rn. 79.
44 Zur Kurzarbeit im Leiharbeitsverhältnis vgl. § 11 Rdn. 47 ff.
45 ErfK/*Wank* § 10 AÜG Rn. 11; Thüsing/*Mengel* § 10 AÜG Rn. 21 m.w.N.

2. Arbeitsentgelt – Abs. 1 Satz 5

Im fingierten Arbeitsverhältnis ist dem Leiharbeiter das Arbeitsentgelt garantiert, welches er auf Grundlage des unwirksamen Leiharbeitsvertrages mit dem Verleiher nicht mehr verlangen kann (**Mindestentgeltanspruch, § 10 Abs. 1 Satz 5 AÜG**). Auf normativ geltende Regelungen zu Arbeitsentgeltbedingungen im Leiharbeitsverhältnis kraft beidseitiger Tarifbindung von Verleiher und Leiharbeitnehmer (§ 4 Abs. 1 Satz 1 TVG) findet § 10 Abs. 1 Satz 5 AÜG analog Anwendung. Soweit der Entleiher nicht – wie regelmäßig – unter den Geltungsbereich desselben Tarifvertrages wie der tarifgebundene Leiharbeitnehmer fällt, gelten die tariflichen Bestimmungen im fingierten Arbeitsverhältnis einzelvertraglich fort.[46] 23

In der Praxis bemisst sich die **Entgelthöhe** üblicherweise nicht nach § 10 Abs. 1 Satz 5 AÜG, sondern nach der **üblichen Vergütung im Entleiherbetrieb bzw. in vergleichbaren Betrieben**. Denn nach § 10 Abs. 1 Satz 4 AÜG hat der Leiharbeitnehmer im fingierten Arbeitsverhältnis Anspruch auf die gleichen Entgelt- und Arbeitsbedingungen wie vergleichbare Stammarbeitskräfte im Betrieb des Entleihers.[47] Bei übertariflichen Vergütungszahlungen an die gesamte Stammbelegschaft oder jedenfalls die mit dem Leiharbeitnehmer vergleichbaren Stammarbeitskräfte hat der ehemalige Leiharbeitnehmer nach den Grundsätzen der betrieblichen Übung und/oder des allgemeinen arbeitsrechtlichen Gleichbehandlungsgrundsatzes Anspruch auf dieselbe Vergütung.[48] 24

Soweit es für die Vergütungshöhe auf die Dauer der Betriebszugehörigkeit ankommt, ist nur die **Betriebszugehörigkeit** beim Entleiher **seit Beginn des fingierten Arbeitsverhältnisses** zu berücksichtigen. Vorangegangene Überlassungszeiten sind unbeachtlich.[49] 25

Der **Begriff des Arbeitsentgelts** in § 10 Abs. 1 Satz 5 AÜG entspricht dem bei § 8 AÜG.[50] 26

---

46 *Boemke/Lembke* § 10 AÜG Rn. 69; ErfK/*Wank* § 10 AÜG Rn. 14.
47 BAG, 15.06.1983 – 5 AZR 111/81, AP AÜG § 10 Nr. 5; ErfK/*Wank* § 10 AÜG Rn. 13; Thüsing/*Mengel* § 10 AÜG Rn. 22 m.w.N.
48 ErfK/*Wank* § 10 AÜG Rn. 13; Thüsing/*Mengel* § 10 AÜG Rn. 25.
49 Allg. Auffassung vgl. nur Thüsing/*Mengel* § 10 AÜG Rn. 25.
50 Ausführlich § 8 Rdn. 37 ff.

27 Als in der Praxis häufig schwierig erweist sich der vorzunehmende **Günstigkeitsvergleich zwischen dem im Leiharbeitsverhältnis geschuldeten Arbeitsentgelt mit den im Entleiherbetrieb geltenden Vergütungsregelungen**. Das dem Arbeitnehmer nach § 10 Abs. 1 Satz 4 AÜG grds. zu zahlende und das mit dem Verleiher vereinbarte Arbeitsentgelt sind zu vergleichen; das höhere Arbeitsentgelt ist gesetzlich geschuldet.[51] **Praktische Probleme** ergeben sich insb. bei **sonstigen Entgeltbestandteilen** (z.B. Sonderzahlungen, Zulagen und Zuschläge, Privatnutzung eines Firmenwagens, Aktienoptionen), die zusätzlich zur fixen und/oder variablen Vergütung gewährt werden. Nach zutreffender Auffassung sind nicht alle einzelnen Komponenten der Arbeitsvergütung miteinander zu vergleichen, sondern es ist ein Gesamtvergleich des Vergütungspakets im Leiharbeitsverhältnis mit jenen im Entleiherbetrieb vorzunehmen. Dabei ist der wirtschaftliche Wert der nach § 10 Abs. 1 Satz 4 AÜG grds. zu zahlenden Vergütung mit dem Mindestentgeltanspruch (§ 10 Abs. 1 Satz 5 AÜG) zu vergleichen.[52] Dies gebietet Sinn und Zweck der Entgeltsicherung. Der Leiharbeitnehmer soll im fingierten Arbeitsverhältnis nicht schlechter als im Leiharbeitsverhältnis stehen. Im Ergebnis soll er allerdings auch keine ungerechtfertigte Besserstellung erfahren.

28 § 10 Abs. 1 Satz 5 AÜG dient nicht dem Erhalt eines bei Beginn des fingierten Arbeitsverhältnisses bestehenden Gehaltsvorsprungs vor Stammarbeitnehmern des Entleihers mit vergleichbarer Tätigkeit.[53] Dieser Fall dürfte praktisch selten sein. Nichtsdestotrotz darf der Entleiher einen **Vergütungsvorsprung des ehemaligen Leiharbeitnehmers** bei Entgelterhöhungen ggü. vergleichbaren Stammarbeitnehmern »**abschmelzen**«; ein Mitstimmungsrecht des Betriebsrates nach § 87 Abs. 1 Nr. 10 BetrVG besteht nicht.[54]

▶ **Beispiel:**

Die vergleichbaren Arbeitnehmer im Verleiher- und Entleiherbetrieb erhalten jeweils eine monatliche Vergütung von 2.500 € brutto. Im Entleiherbetrieb wird ein Teilbetrag von 500 € brutto monatlich allerdings als auf Tariflohnerhöhungen anrechenbare Ausgleichszulage gewährt.

---

51 BAG, 21.07.1993 – 5 AZR 554/92, EzA § 10 AÜG Nr. 7.
52 *Boemke/Lembke* § 10 AÜG Rn. 71; a.A. KHK/*Düwell* 4.5 Rn. 271; Schüren/Hamann/*Schüren* § 10 AÜG Rn. 95.
53 BAG, 21.07.1993 – 5 AZR 554/92, EzA § 10 AÜG Nr. 7.
54 BAG, 21.07.1993 – 5 AZR 554/92, EzA § 10 AÜG Nr. 7; ferner *Boemke/Lembke* § 10 AÜG Rn. 74.

Der illegal verliehene Leiharbeitnehmer hat keinen Anspruch gegen den Entleiher auf anrechnungsfreie Vergütungszahlungen. Künftige tarifliche Lohnerhöhungen werden daher bei ihm – wie bei allen anderen vergleichbaren Arbeitnehmern im Entleiherbetrieb – mit dem Teilbetrag verrechnet, bis dieser abgeschmolzen ist.[55]

Richtet sich der Vergütungsanspruch des ehemaligen Leiharbeitnehmers 29 nach den günstigeren Regelungen im Entleiherbetrieb bzw. in vergleichbaren Betrieben (§ 10 Abs. 1 Satz 4 AÜG), können die Parteien des fingierten Arbeitsverhältnisses das fingierte Vergütungsniveau durch **individualvertragliche Änderungsvereinbarung** abändern. Dabei sind allerdings nicht nur etwaige kollektivrechtliche Grenzen, sondern insb. auch der Mindestentgeltanspruch zu beachten. Die durch § 10 Abs. 1 Satz 5 AÜG vorgegebene Grenze darf nicht unterschritten werden.[56]

Auch für Vergütungsansprüche im fingierten Arbeitsverhältnis können tarif- 30 liche oder individualvertragliche **Ausschlussfristen** zu berücksichtigen sein.[57]

3. Sonstige Arbeitsbedingungen – Abs. 1 Satz 4

Das fingierte Arbeitsverhältnis nach § 10 Abs. 1 Satz 1 AÜG ist ein voll- 31 wertiges Arbeitsverhältnis. Deshalb ist es eine Selbstverständlichkeit, dass sich **Inhalt und Dauer** dieses Arbeitsverhältnisses grds. – vorbehaltlich der Sonderregelungen der Sätze 2, 3 und 5 – **nach den für den Betrieb des Entleihers geltenden Vorschriften und sonstigen Regelungen** bestimmen (§ 10 Abs. 1 Satz 4 Halbs. 1 AÜG). Fehlen derartige Vorschriften und Regelungen im Entleiherbetrieb, dann gelten nach § 10 Abs. 1 Satz 4 Halbs. 2 AÜG die Bestimmungen vergleichbarer Betriebe.

Zu den Vorschriften und sonstigen Regelungen i.S.d. § 10 Abs. 1 Satz 4 32 Halbs. 1 AÜG zählen die jeweils **einschlägigen Gesetze, Verordnungen, Tarifverträge, Betriebsvereinbarungen und Betriebsübungen**, die auch für die Stammarbeitnehmer im Entleiherbetrieb gelten.[58] Betriebsvereinbarungen

---

55 Nachgebildet BAG, 21.07.1993 – 5 AZR 554/92, EzA § 10 AÜG Nr. 7.
56 So wohl a. Thüsing/*Mengel* § 10 AÜG Rn. 31; s.a. Rdn. 23 ff.
57 Dazu Rdn. 64.
58 BAG, 18.02.2003 – 3 AZR 160/02, AP AÜG § 13 Nr. 5 m. Anm. *Boemke*; BAG, 01.06.1994 – 7 AZR 7/93, AR-Blattei ES 1840 Nr. 26; ErfK/*Wank* § 10 AÜG Rn. 15; HWK/*Gotthardt* § 10 AÜG Rn. 13.

im Entleiherbetrieb gelten auch für den ehemaligen Leiharbeitnehmer unmittelbar und zwingend (§ 77 Abs. 4 Satz 1 BetrVG).[59] Tarifliche Regelungen im Entleiherbetrieb werden hingegen – mit Ausnahme der Rechtsnormen über betriebliche und betriebsverfassungsrechtliche Fragen (§ 3 Abs. 2 TVG) – nur selten unmittelbar und normativ i.S.d. TVG wirken, da es in aller Regel an der beiderseitigen Tarifbindung des illegalen Entleihers und Leiharbeitnehmers (§ 3 Abs. 1 TVG) oder der Allgemeinverbindlichkeit eines Tarifvertrages fehlen wird.[60] In diesen Fällen stellt § 10 Abs. 1 Satz 4 AÜG den ehemaligen Leiharbeitnehmer rechtlich so, als würde der Entleiher den Arbeitnehmer zu den bei ihm üblichen Arbeitsbedingungen beschäftigen.[61]

33 Kommt es für den Inhalt des fingierten Arbeitsverhältnisses auf die **Dauer der Betriebszugehörigkeit** an, sind nur die Zeiten ab Beginn des kraft Gesetzes begründeten Arbeitsverhältnisses zu berücksichtigen. Vorangegangene Beschäftigungszeiten im Entleiherbetrieb sind ohne ausdrückliche Vereinbarung nicht anzurechnen.[62]

34 Nur **subsidiär** gelten hinsichtlich der sonstigen Arbeitsbedingungen (z.B. Urlaubs-/ Weihnachtsgeld, Urlaubsanspruch, betriebliche Altersversorgung) die **Vorschriften und Regelungen vergleichbarer Betriebe (§ 10 Abs. 1 Satz 4 Halbs. 2 AÜG)**. Ein anderer Betrieb ist mit dem Entleiherbetrieb vergleichbar, wenn diese hinsichtlich Betriebsgröße, örtlichen Verhältnissen und Geschäftstätigkeit einander entsprechen und insb. derselben Branche angehören. Maßgebliches Kriterium ist dabei, ob der Entleiherbetrieb grds. dem

---

59 Zur betrieblichen Altersversorgung aufgrund Betriebsvereinbarung BAG, 18.02.2003 – 3 AZR 160/02, AP AÜG § 13 Nr. 2; allg. zu Versorgungsanwartschaften und deren Verwirkung LAG Köln, 20.09.2005 – 3 Sa 110/05, AE 2007, 137; nachgehend BAG, 17.01.2007 – 7 AZR 23/06, EzAÜG § 10 AÜG Fiktion Nr. 116 = NZA 2007, 768.
60 BAG, 21.07.1993 – 5 AZR 554/92, EzA § 10 AÜG Nr. 7. [1209] *Boemke/Lembke* § 10 AÜG Rn. 65; ErfK/*Wank* § 10 AÜG Rn. 15; Thüsing/*Mengel* § 10 AÜG Rn. 33.
61 Schüren/Hamann/*Schüren* § 10 AÜG Rn. 72 ff.; zur zulässigen Differenzierung zwischen organisierten und nicht-organisierten Arbeitnehmern bei Anwendung des Gleichbehandlungsgrundsatzes vgl. zutreffend *Boemke/Lembke* § 10 AÜG Rn. 65.
62 Dazu Rdn. 45.

Geltungsbereich desselben Tarifvertrages wie der Vergleichsbetrieb unterfiele.[63] In der Praxis werden daher über die Auffangregelung des § 10 Abs. 1 Satz 4 Halbs. 2 AÜG insb. die tarifüblichen Regelungen der jeweiligen Branche erfasst.[64]

§ 10 Abs. 1 Satz 4 AÜG ist dispositiv. Die Parteien des kraft Gesetzes begründeten Arbeitsverhältnisses können daher jederzeit – unter Berücksichtigung zwingender gesetzlicher und/oder tarifvertraglicher Bestimmungen – den Inhalt des Arbeitsverhältnisses einvernehmlich ändern. Dies gilt auch für die **Vereinbarung verschlechternder Arbeitsbedingungen**.[65] Dem Schriftformerfordernis des § 623 BGB unterliegen derartige Änderungsvereinbarungen nicht; etwas anderes gilt lediglich bei Aufhebung des fingierten Arbeitsvertrages und gleichzeitigem Neuabschluss eines Arbeitsvertrages zwischen ehemaligem Leiharbeitnehmer und Entleiher.[66] Eine einvernehmliche Vertragsänderung ist in der Praxis häufig die einzige Möglichkeit, ungünstigere Vertragsinhalte zu implementieren. Die strengen Voraussetzungen für den Ausspruch einer Änderungskündigung nach § 2 KSchG werden i.d.R. nicht vorliegen.

Da sich das kraft Gesetzes **fingierte Arbeitsverhältnis nicht von einem normalen Arbeitsverhältnis unterscheidet**, bestehen für den Entleiher als Arbeitgeber und den ehemaligen Leiharbeitnehmer alle üblichen Pflichten und Rechte eines ordentlichen Arbeitgebers bzw. eines ordentlichen Arbeitnehmers. Als solcher muss der Entleiher nicht nur seiner Lohnzahlungspflicht nachkommen, sondern insb. auch die sozialversicherungsrechtlichen Pflichten eines Arbeitgebers erfüllen. Dies gilt sowohl für die Anmeldung des ehemaligen Leiharbeitnehmers zur Sozialversicherung (§ 28a SGB IV) als auch für die ordnungsgemäße Abführung des Gesamtsozialversicherungsbeitrages

---

63 *Boemke/Lembke* § 10 AÜG Rn. 68; *Thüsing/Mengel* § 10 AÜG Rn. 27 f.; *Urban-Crell/Schulz* Rn. 795, jeweils m.w.N.
64 *Boemke/Lembke* § 10 AÜG Rn. 68; Schüren/Hamann/*Schüren* § 10 AÜG Rn. 100 ff.
65 BAG, 19.12.1979 – 4 AZR 901/77, EzA § 10 AÜG Nr. 2; LAG Nürnberg, 21.12.2010 – 6 Sa 24/09, n.v.; krit. jedenfalls zur rückwirkenden Änderungsvereinbarung BAG, 18.02.2003 – 3 AZR 160/02, AP AÜG § 13 Nr. 5 m. Anm. *Boemke*; BAG, 13.08.2008 – 7 AZR 269/07, n.v.; ausführlich Rdn. 11.
66 *Thüsing/Mengel* § 10 AÜG Rn. 17; missverständlich HWK/*Gotthardt* § 10 AÜG Rn. 15.

gem. § 28e Abs. 1 SGB IV.[67] Zahlt der illegale Verleiher trotz Unwirksamkeit des Leiharbeitsvertrages nach § 9 AÜG das vereinbarte Arbeitsentgelt oder Teile des Arbeitsentgelts an den Leiharbeitnehmer, so hat er auch den hierauf entfallenden Gesamtsozialversicherungsbeitrag an die Einzugsstelle zu zahlen; insoweit gelten illegaler Verleiher und illegaler Entleiher beide als Arbeitgeber und haften als Gesamtschuldner (§ 28e Abs. 2 Satz 3, 4 SGB IV).[68]

IV. Beendigung des fingierten Arbeitsverhältnisses

1. Befristung – Abs. 1 Satz 2

37 Für die Dauer des fingierten Arbeitsverhältnisses gilt die **spezielle Befristungsfiktion des § 10 Abs. 1 Satz 2 AÜG**. War die Tätigkeit des Leiharbeitnehmers im Betrieb des Entleihers nur befristet vorgesehen und lag zugleich ein die Befristung des Arbeitsverhältnisses sachlich rechtfertigender Grund vor, so gilt das kraft Gesetzes begründete Arbeitsverhältnis zum illegalen Entleiher als befristet.

38 Erste **Voraussetzung der Befristungsfiktion** ist die Vereinbarung einer lediglich **befristeten Beschäftigung des Leiharbeitnehmers** im zwischen Verleiher und Entleiher abgeschlossenen Arbeitnehmerüberlassungsvertrag. In der Praxis enthält regelmäßig nicht der Rahmenvertrag zur Arbeitnehmerüberlassung, sondern die die Person des zu überlassenden Arbeitnehmers konkretisierende Einzelvereinbarung eine Klausel zur nur befristeten Einsatzdauer.[69] Eine solche Gestaltung ist angesichts der nur vorübergehenden Zulässigkeit von Arbeitnehmerüberlassung (§ 1 Abs. 1 Satz 4, § 1 Abs. 1b AÜG) ohnehin zwingend. Kommt es dann im Einzelfall zur Fiktionsfolge (§ 9 Abs. 1 Nr. 1 oder Nr. 1b, § 10 Abs. 1 Satz 1 AÜG), wird dem illegalen Entleiher dies jedenfalls bei Überschreiten der Überlassungshöchstdauer nur selten helfen. Denn die Befristungsfiktion des § 10 Abs. 1 Satz 2 AÜG knüpft an die vorgesehene Dauer des befristeten Einsatzes beim Entleiher. Dieser entspricht – wenn er denn gesetzeskonform nur »vorübergehend« geplant war – der im Einzelfall

---

67 LSG Niedersachsen, 15.05.1985 – L 4 Kr 50/83, EzAÜG § 631 BGB Werkvertrag Nr. 9; zur Beitragspflicht in der gesetzlichen Unfallversicherung vgl. BSG, 18.03.1987 – 9 b RU 16/85, NZA 1987, 500.
68 Ausführlich zum Sozialversicherungs- und Steuerrecht bei illegaler Arbeitnehmerüberlassung *Boemke/Lembke* § 10 AÜG Rn. 78 ff., 87 ff.; *Urban-Crell/Schulz* Rn. 1269 ff., 1282 ff.; ferner Einl. Rdn. 109 ff.
69 *Boemke/Lembke* § 10 AÜG Rn. 51; *Thüsing/Mengel* § 10 AÜG Rn. 36.

zulässigen Überlassungshöchstdauer. Mit Fiktion des Arbeitsverhältnisses zum Entleiher ist dieser Überlassungshöchstzeitraum gerade überschritten, weshalb bereits ein unbefristetes fingiertes Arbeitsverhältnis besteht. Ein praktischer Anwendungsbereich für die Befristungsfiktion verbleibt deshalb nur in den Fällen illegaler Arbeitnehmerüberlassung ohne Erlaubnis – beispielsweise bei Sachverhalten, in denen die Beteiligten zu Unrecht glaubten, sich auf das Konzernprivileg des § 1 Abs. 3 Nr. 2 AÜG[70] oder einen sonstigen Ausnahmetatbestand stützen zu können – und bei unerlaubter verdeckter Arbeitnehmerüberlassung, also bei Scheindienst- oder Scheinwerkvertragskonstellationen.[71]

▶ **Praxistipp:**

Fallkonstellationen illegaler Arbeitnehmerüberlassung sind in der Praxis insb. im Zusammenhang mit – bewusst oder unbewusst praktizierten – Scheindienst- oder Scheinwerkverträgen anzutreffen. Gerade bei diesen darf die praktische Bedeutung des § 10 Abs. 1 Satz 2 AÜG nicht unterschätzt werden. In der in nahezu allen Branchen vorkommenden Grundkonstellation des Einsatzes von Erfüllungsgehilfen des Auftragnehmers »inhouse« beim Auftraggeber, die sich später als unerlaubte verdeckte Arbeitnehmerüberlassung (§ 9 Abs. 1 Nr. 1a, § 10 Abs. 1 Satz 1 AÜG) entpuppt, wird der Einsatz aufgrund der Eigenart der zu erbringenden »Werk-« oder »Dienstleistung« häufig nicht befristet. Mit Blick auf die Befristungsfiktion des § 10 Abs. 1 Satz 2 AÜG ist dies der Praxis aber unbedingt zu empfehlen. Zum Risikomanagement beim Abschluss von freien Dienstleistungs- oder Werkverträgen im Grenzbereich zur Arbeitnehmerüberlassung sollte zwingend die Befristung des Auftrags gehören. Spätere Verlängerungen sind – in den zeitlichen Grenzen des § 1 Abs. 1b AÜG[72] – immer und ohne Begrenzung auf eine maximale Anzahl von Verlängerungsabreden möglich.

Als weitere Voraussetzung muss nach dem Wortlaut des § 10 Abs. 1 Satz 2 AÜG ein die **»Befristung des Arbeitsverhältnisses sachlich rechtfertigender Grund«** vorliegen. Dabei kommt es nicht auf eine wirksame Befristung des Leiharbeitsvertrages zwischen Verleiher und Leiharbeitnehmer nach § 14 Abs. 1 TzBfG an; dessen Befristung kann – soweit sie denn tatsächlich auf **39**

---

[70] Vgl. etwa BAG, 20.01.2016 – 7 AZR 535/13, BB 2016, 1850 (zum Konzern).
[71] Zu Letzterem LAG Berlin-Brandenburg, 05.11.2015 – 21 Sa 2326/14, n.v. (zitiert nach juris; anhängig BAG, 9 AZR 133/16).
[72] Dazu Rdn. 38.

Wunsch des Leiharbeitnehmers erfolgte – allenfalls ein Indiz auch für das Vorliegen eines Sachgrundes im Rahmen des § 10 Abs. 1 Satz 2 AÜG sein.[73] Entscheidend ist allein, ob für die Befristung des fingierten Arbeitsverhältnisses – zumindest hypothetisch – ein Sachgrund vorliegt.[74] § 10 Abs. 1 Satz 2 AÜG verlangt lediglich das Vorliegen eines – hypothetischen – Sachgrundes, nicht aber eine tatsächlich bestehende Befristungsabrede. Insofern ist ein Verstoß gegen das Schriftformerfordernis (§ 14 Abs. 4 TzBfG) unerheblich.[75]

40 Nach dem Wortlaut des § 10 Abs. 1 Satz 2 AÜG ist ein »sachlich rechtfertigender Grund« zwingende Voraussetzung. Eine **sachgrundlose Befristung** nach § 14 Abs. 2 TzBfG löst die Befristungsfiktion mithin **nicht** aus.[76]

41 Liegen die Voraussetzungen des § 10 Abs. 1 Satz 2 AÜG vor, **endet das fingierte Arbeitsverhältnis** – vorbehaltlich einer vorherigen einvernehmlichen Vertragsbeendigung oder Kündigung – mit **Fristablauf bzw. Zweckerreichung**. Eine zusätzliche Mitteilung des Entleihers – ähnlich einer Mitteilung über die Zweckerreichung bei zweckbefristeten Arbeitsverträgen nach § 15 Abs. 2 TzBfG – ist nicht erforderlich.[77] Eine (freiwillige) Unterrichtung über das Auslaufen der Befristung ist zulässig, sie stellt insb. keine Kündigungserklärung dar.[78] Nach **überwiegender Auffassung** ist das nach § 10 Abs. 1 Satz 2 AÜG befristete Arbeitsverhältnis **ordentlich unkündbar** (§ 15 Abs. 3 TzBfG).[79] Richtigerweise wird man insoweit allerdings ergänzend auf den Grundsatz des § 10 Abs. 1 Satz 4 AÜG zurückgreifen müssen. Sind befristete Arbeitsverträge im Entleiherbetrieb oder in vergleichbaren Betrieben üblicherweise ordentlich kündbar, gilt dies auch für das wirksam befristete Arbeitsverhältnis nach § 10 AÜG.[80]

---

73 LAG Berlin-Brandenburg, 05.11.2015 – 21 Sa 2326/14, n.v. (zitiert nach juris; anhängig BAG, 9 AZR 133/16).
74 *Boemke/Lembke* § 10 AÜG Rn. 52; *Thüsing/Mengel* § 10 AÜG Rn. 41; Schüren/Hamann/*Schüren* § 10 AÜG Rn. 62 ff.
75 *Thüsing/Mengel* § 10 AÜG Rn. 42; *Urban-Crell/Schulz* Rn. 812.
76 Schüren/Hamann/*Schüren* § 10 AÜG Rn. 66.
77 *Thüsing/Mengel* § 10 AÜG Rn. 44; offen gelassen ErfK/*Wank* § 10 AÜG Rn. 16; a.A. *Becker/Wulfgramm* § 10 AÜG Rn. 36.
78 BAG, 26.04.1979 – 2 AZR 431/77, AP BGB § 620 Befristeter Arbeitsvertrag Nr. 47.
79 HWK/*Gotthardt* § 10 AÜG Rn. 10; Thüsing/*Mengel* § 10 AÜG Rn. 44.
80 *Boemke/Lembke* § 10 AÜG Rn. 57.

Wird ein nach § 10 Abs. 1 Satz 2 AÜG wirksam befristetes **Arbeitsverhält-** 42
nis über den vorgesehenen Beendigungszeitpunkt mit Wissen des Entleihers
fortgesetzt, so gilt das Arbeitsverhältnis als auf unbestimmte Zeit verlängert,
sofern der Entleiher nicht unverzüglich widerspricht (§ 15 Abs. 5 TzBfG).[81]

Sind die **Voraussetzungen der Befristungsfiktion nicht erfüllt**, so ist das kraft 43
Gesetzes fingierte Arbeitsverhältnis zwischen ehemaligem Leiharbeitnehmer
und illegalem Entleiher unbefristet.

2. Sonstige Beendigungstatbestände

a) Kündigung

Als normales Arbeitsvertragsverhältnis kann das fingierte Arbeitsverhältnis 44
nach § 10 Abs. 1 Satz 1 AÜG nach allgemeinen Grundsätzen durch **Kündigung** beendet werden. Eine Einschränkung gilt – jedenfalls nach überwiegender Auffassung – für das befristet fingierte Arbeitsverhältnis (§ 10 Abs. 1
Satz 2 AÜG). Dieses ist ordentlich unkündbar (§ 15 Abs. 3 TzBfG).[82] Das
unbefristet fingierte Arbeitsverhältnis kann hingegen sowohl vom Leiharbeitnehmer als auch vom Entleiher ordentlich gekündigt werden. **Nicht kündigungsbefugt** ist der **illegale Verleiher**.[83]

aa) Ordentliche Kündigung

Die **ordentliche Arbeitgeberkündigung** ist dabei – wie auch sonst – an den 45
Grundsätzen des allgemeinen und besonderen Kündigungsschutzes zu messen. Ob der allgemeine Kündigungsschutz nach dem **Kündigungsschutzgesetz** i.R.d. fingierten Arbeitsverhältnisses eingreift, bestimmt sich nach dem
sachlichen (§ 23 Abs. 1 Satz 2 KSchG) und dem persönlichen (§ 1 Abs. 1
KSchG) Anwendungsbereich des Gesetzes. Bei Berechnung der gesetzlichen
Wartezeit sind Zeiten vor Beginn des gesetzlich fingierten Arbeitsverhältnisses
nach § 10 Abs. 1 Satz 1 AÜG nicht zu berücksichtigen.[84] Bei der Berechnung des **Schwellenwertes** nach § 23 Abs.1 Satz 2 KSchG ist der ehemalige

---

81 Allg. Meinung vgl. nur ErfK/*Wank* § 10 AÜG Rn. 17 (allerdings unter falschem Verweis auf § 625 BGB).
82 Vgl. Rdn. 41.
83 LAG Köln, 28.11.1986 – 4 Sa 918/86, DB 1987, 2419.
84 BAG, 08.12.1988 – 2 AZR 308/88, EzA § 1 BeschFG 1985 Nr. 6; ArbG Bochum, 14.01.1982 – 2 Ca 495/81, DB 1982, 1623; ErfK/*Wank* § 10 AÜG Rn. 18; a.A. *Ulber* § 10 AÜG Rn. 45.

Leiharbeitnehmer mitzuzählen.[85] Der Schwellenwert muss im Betrieb des illegalen Entleihers überschritten sein; lagen die Voraussetzungen des § 23 Abs. 1 KSchG nur im Betrieb des illegalen Verleihers vor, geht der allgemeine Kündigungsschutz nicht auf das fingierte Arbeitsverhältnis über.[86]

46 Ist der Anwendungsbereich des Kündigungsschutzgesetzes eröffnet, hat der Entleiher die die Kündigung bedingenden personen-, verhaltens- oder betriebsbedingten **Kündigungsgründe** darzulegen und zu beweisen (§ 1 Abs. 1, 2 Satz 2 und 4 KSchG). Allein die durch die Fiktion des Arbeitsverhältnisses entstehende zusätzliche wirtschaftliche Belastung des Entleihers rechtfertigt keine betriebsbedingte Kündigung des fingierten Arbeitsverhältnisses.[87]

▶ Praxistipp:

In der Praxis kann illegalen Entleihern – jedenfalls bei unbefristet fingierten Arbeitsverhältnissen – nur eine Kündigung während der gesetzlichen Wartezeit empfohlen werden, soweit sie eine dauerhafte Beschäftigung des ehemaligen Leiharbeitnehmers ohne zeit- und kostenintensive rechtliche Auseinandersetzung vermeiden möchten.

47 Ist das **Kündigungsschutzgesetz** im konkreten Fall **nicht einschlägig**, ist der ehemalige Leiharbeitnehmer nicht vollkommen schutzlos. Es gelten dann die Grundsätze des Kündigungsschutzes außerhalb des Kündigungsschutzgesetzes.[88]

bb) Außerordentliche Kündigung

48 Als Dauerschuldverhältnis ist auch das **fingierte Arbeitsverhältnis** nach allgemeinen Grundsätzen **außerordentlich kündbar (§ 626 BGB)**. Ebenso wenig wie die kraft Gesetzes eingetretene Fiktion eines Arbeitsverhältnisses zum

---

85 LAG Frankfurt am Main, 18.09.1987 – 13 Sa 153/87, EzAÜG BeschFG Nr. 1; *Urban-Crell/Schulz* Rn. 820; zur Frage der Berücksichtigung von Leiharbeitnehmern zur Berechnung des Schwellenwertes des § 23 KSchG im Entleiherbetrieb bei legaler Arbeitnehmerüberlassung BAG, 24.01.2013 – 2 AZR 140/12, n.v.
86 So für den Fall des Betriebsübergangs BAG, 15.02.2007 – 8 AZR 397/06, EzA § 23 KSchG Nr. 30 = NZA 2007, 739.
87 *Sandmann/Marschall* Art. 1 § 10 AÜG Anm. 19.
88 BAG, 28.08.2003 – 2 AZR 333/02, NZA 2004, 1296; BAG, 06.02.2003 – 2 AZR 672/01, NZA 2003, 717 = AP KSchG 1969 § 23 Nr. 30 m. Anm. *Urban-Crell*; ausführlich *Urban*, Kündigungsschutz, S. 153 ff., 161 ff.

ehemaligen Leiharbeitnehmer einen betriebsbedingten Kündigungsgrund i.S.d. § 1 Abs. 2 KSchG begründet, rechtfertigt diese eine fristlose Kündigung des fingierten Arbeitsverhältnisses durch den Entleiher.[89]

Die bisher herrschende Meinung gestand dem Leiharbeitnehmer aus verfassungsrechtlichen Gründen (Art. 12 Abs. 1 GG)[90] ein **Recht zur außerordentlichen Eigenkündigung** des fingierten Arbeitsverhältnisses zu.[91] Vor der Reform des AÜG zum 01.04.2017 war dies folgerichtig, bestand nach dem früheren Wortlaut des AÜG kein Widerspruchsrecht des Leiharbeitnehmers gegen den erzwungenen Arbeitgeberwechsel nach § 10 Abs. 1 Satz 1 AÜG.[92] Insoweit diente das außerordentliche Kündigungsrecht aus wichtigem Grund als Korrelat und zum Schutz der Berufsfreiheit und Selbstbestimmung des Leiharbeitnehmers. Bei Ausspruch einer außerordentlichen Kündigung musste der ehemalige Leiharbeitnehmer die Kündigungserklärungsfrist des § 626 Abs. 2 BGB beachten. Die Frist begann mit Kenntnis des Leiharbeitnehmers von der Unwirksamkeit des Leiharbeitsvertrages nach § 9 AÜG.[93] Die **Diskussion um das außerordentliche Eigenkündigungsrecht des Leiharbeitnehmers** als schlechtere Alternative zum gesetzlich nicht vorgesehenen Widerspruchsrecht, ist **überholt**. Seit dem 01.04.2017 haben Leiharbeitnehmer die Möglichkeit, einem kraft gesetzlicher Anordnung drohenden Arbeitgeberwechsel zu widersprechen, indem sie sich für die Fortsetzung des Leiharbeitsverhältnisses entscheiden (Festhaltenserklärung, § 9 Abs. 2 und 3 AÜG). Praktische Relevanz hatte das außerordentliche Kündigungsrecht des Leiharbeitnehmers ohnehin nie. 49

---

89 Thüsing/*Mengel* § 10 AÜG Rn. 47; *Sandmann/Marschall* Art. 1 § 10 AÜG Anm. 19.
90 Zur Grundrechtsverletzung bei erzwungenem Arbeitgeberwechsel, BVerfG, 25.01.2011 – 1 BvR 1741/09, NZA 2011, 400.
91 Thüsing/*Mengel* § 10 AÜG Rn. 47 m.w.N.; *Urban-Crell/Schulz* Rn. 822; a.A. Schüren/Hamann/*Schüren* § 10 AÜG Rn. 112, unter Hinweis auf die grds. ausreichende Möglichkeit der ordentlichen Kündigung; *Boemke/Lembke* § 10 AÜG Rn. 36; ErfK/*Wank* § 10 AÜG Rn. 19; jeweils unter Hinweis auf ein verfassungsrechtlich gebotenes Widerspruchsrecht analog § 613a BGB.
92 LAG Düsseldorf, 26.07.2012 – 15 Sa 1452/11, BeckRS 2012, 71608; vgl. a. Rdn. 9.
93 *Thüsing/Mengel* § 10 AÜG Rn. 47 m.w.N.

b) Anfechtung

50 Das fingierte Arbeitsverhältnis ist **nicht anfechtbar**, da dieses kraft Gesetzes und nicht durch beidseitige Willenserklärungen begründet worden ist.[94]

c) Aufhebungsvertrag

51 Das kraft Gesetzes begründete Arbeitsverhältnis nach § 10 Abs. 1 Satz 1 AÜG kann **jederzeit durch Abschluss eines Aufhebungsvertrages** beendet werden.[95] Dies gilt sowohl für das befristete als auch das unbefristete fingierte Arbeitsverhältnis. Das Schriftformerfordernis des § 623 BGB ist zu beachten.

V. Betriebsverfassungsrechtliche Zuordnung des Leiharbeitnehmers

52 Betriebsverfassungsrechtlich wird der illegal verliehene Leiharbeitnehmer kraft der Fiktion des § 10 Abs. 1 Satz 1 AÜG **vollwertiger Arbeitnehmer des Entleiherbetriebes**.[96]

53 Ein **Zustimmungsverweigerungsgrund zur »Einstellung«** des Leiharbeitnehmers nach § 99 BetrVG steht dem Entleiherbetriebsrat **nicht** zu, da es sich nicht um ein vertraglich, sondern vielmehr kraft Gesetzes begründetes Arbeitsverhältnis handelt.

54 Ein Mitbestimmungsrecht des Betriebsrates im Entleiherbetrieb kommt im Fall der Fiktion eines Arbeitsverhältnisses allenfalls hinsichtlich der **Eingruppierung** des ehemaligen Leiharbeitnehmers in Betracht. Dies setzt allerdings voraus, dass die Höhe des Arbeitsentgelts nach § 10 Abs. 1 Satz 4 AÜG zu bestimmen ist.[97]

---

94 *Becker/Wulfgramm* § 10 AÜG Rn. 37; *Boemke/Lembke* § 10 AÜG Rn. 32; *Thüsing/Mengel* § 10 AÜG Rn. 49 m.w.N.
95 Allg. Auffassung: KHK/*Düwell* 4.5 Rn. 278; *Thüsing/Mengel* § 10 AÜG Rn. 48; *Urban-Crell/Schulz* Rn. 816; LAG Schleswig-Holstein, 19.07.2012 – 5 Sa 474/11, BeckRS 2012, 72509.
96 Ausführlich zur Zuordnung bei legaler Überlassung § 14 Rdn. 13 ff.
97 In diesem Sinne a. *Boemke/Lembke* § 10 AÜG Rn. 77.

VI. Geltendmachung von Ansprüchen

1. Verfahren

a) Feststellungsklage

Der in dem Betrieb eines Dritten eingesetzte Arbeitnehmer kann das **Bestehen eines nach § 10 Abs. 1 Satz 1 AÜG fingierten Arbeitsverhältnisses** im Wege der **allgemeinen Feststellungsklage** (§ 256 Abs. 1, § 495 ZPO i.V.m. § 46 Abs. 2 Satz 1 ArbGG) vor dem ArbG (§ 2 Abs. 1 Nr. 3b) ArbGG) geltend machen. Dem Arbeitnehmer obliegt nach allgemeinen Grundsätzen die Darlegungs- und Beweislast hinsichtlich der Tatsachen, aus denen sich die Vorliegend unerlaubte Arbeitnehmerüberlassung ergibt.[98] Darzulegen sind mindestens die dem Arbeitnehmer aus eigener Anschauung bekannten Tatsachen, aus denen sich die Eingliederung in die Betriebsabläufe beim Dritten und die Weisungsbindung ergeben. Beweiserleichterungen zugunsten des Arbeitnehmers über die Grundsätze der sekundären Darlegungs- und Beweislast hat das BAG bisher nicht anerkannt.[99] 55

Obgleich das AÜG keine ausdrückliche Anordnung für diesen Fall enthält, kann der Arbeitnehmer auch in Fällen illegaler Arbeitnehmerüberlassung **vom Verleiher Auskunft** über solche Tatsachen **verlangen**, die er zur Durchsetzung etwaiger Ansprüche gegen den Entleiher – insb. auch hinsichtlich des Bestandes eines kraft Gesetzes begründeten Arbeitsverhältnisses – benötigt. Die Auskunftspflicht besteht unabhängig davon, ob die unerlaubte Arbeitnehmerüberlassung nachgewiesen ist. Es reicht aus, wenn Tatsachen vorliegen, die den Verdacht einer illegalen Arbeitnehmerüberlassung ohne Verleiherlaubnis begründen.[100] 56

---

98 BAG, 19.01.2000 – 7 AZR 11/99, n.v.; st. Rspr. vgl. BAG, 18.02.2003 – 3 AZR 160/02, AP AÜG § 13 Nr. 5 m. Anm. *Boemke*; BAG, 28.06.2000 – 7 AZR 100/99, AP AÜG § 13 Nr. 3 m. Anm. *Urban-Crell*; LAG Niedersachsen, 19.01.2015 – 8 Sa 643/14, BeckRS 2015, 70003.

99 Beweiserleichterungen befürwortend: LAG Baden-Württemberg, 01.08.2013 – 2 Sa 6/13, NZA 2013, 1017; *Greiner* NZA 2013, 697, 702.

100 BAG, 11.04.1984 – 5 AZR 316/82, AP AÜG § 10 Nr. 7; Thüsing/*Mengel* § 10 AÜG Rn. 52 m.w.N.

57 Die **Klagefrist** des Kündigungsschutzgesetztes (§§ 4, 13 KSchG) gilt für die Bestandsklage nach § 10 Abs. 1 AÜG **nicht**.[101] Allerdings kann der Arbeitnehmer sein Recht zur Feststellung eines fingierten Arbeitsverhältnisses nach allgemeinen Grundsätzen prozessual und materiell-rechtlich **verwirken**.[102]

▶ Praxistipp:

Der (Leih-)Arbeitnehmer kann sowohl ggü. dem Verleiher als auch ggü. dem (vermeintlichen) Fiktionsarbeitgeber das Bestehen eines Arbeitsverhältnisses geltend machen. Prozessual zulässig ist dies auch im Wege subjektiver Klagehäufung, allerdings bedarf es dann der Bestimmung eines Rangverhältnisses.[103]

58 **Anerkennt der Entleiher** ausdrücklich, rechtskräftig festgestellte Zeiten des Bestandes des fingierten Arbeitsverhältnisses als Betriebszugehörigkeit auch im Rahmen seiner betrieblichen Versorgungsbedingungen zu berücksichtigen, hat der Arbeitnehmer insoweit **kein Feststellungsinteresse** i.S.d. § 256 Abs. 1 ZPO.[104]

59 Soweit sich der illegal entliehene Arbeitnehmer gegen das Auslaufen eines fingierten, **befristeten Arbeitsverhältnisses** (§ 10 Abs. 1 Satz 2 AÜG) wenden will, hat er die dreiwöchige Frist der **Entfristungsklage nach § 17 TzBfG** einzuhalten.[105] Relevant wird die 3-Wochen-Frist in den Fällen, in denen sich der illegal überlassene Leiharbeitnehmer nach Beendigung seiner Tätigkeit beim Fiktionsarbeitgeber, d.h. dem illegalen Entleiher, in ein unbefristetes Arbeitsverhältnis einklagen will. Richtigerweise gilt § 17 TzBfG (analog) aber nicht bei jeder Beendigung des Einsatzes im Entleiherbetrieb, sondern nur wenn

---

101 BAG, 10.10.2007 – 7 AZR 487/06, AP AÜG § 10 Nr. 19; *Boemke/Lembke* § 10 AÜG Rn. 96; Schüren/Hamann/*Schüren* § 10 AÜG Rn. 135.
102 Dazu Rdn. 65 ff.
103 LAG Düsseldorf, 29.07.2005 – 12 Sa 484/05, EzAÜG § 9 AÜG Nr. 18; für den Fall des Betriebsübergangs BAG, 24.06.2004 – 2 AZR 215/03, EzA § 626 BGB 2002 Unkündbarkeit Nr. 5.
104 LAG Düsseldorf, 02.06.2005 – 11 Sa 218/05, EzAÜG § 256 ZPO Nr. 1; nachgehend BAG, 24.05.2006 – 7 AZR 365/05, EzAÜG § 10 AÜG Fiktion Nr. 114; allg. zum Wegfall des Feststellungsinteresses Zöller/*Greger* § 256 ZPO Rn. 7c ff.
105 *Boemke/Lembke* § 10 AÜG Rn. 59, 96; Schüren/Hamann/*Schüren* § 10 AÜG Rn. 65; Thüsing/*Mengel* § 10 AÜG Rn. 51; *Ulber* § 10 AÜG Rn. 36; a.A. LAG Berlin-Brandenburg, 05.11.2015 – 21 Sa 2326/14, n.v. (zitiert nach juris; anhängig BAG, 9 AZR 133/16); wohl a. ErfK/*Wank* § 10 AÜG Rn. 21.

der Einsatz infolge der von vornherein vereinbarten befristeten Einsatzdauer endet.[106] Wird hingegen eine Beschäftigung im Entleiherbetrieb aus anderen Gründen (z.B. Kündigung des Entleihers) beendet oder scheidet der Arbeitnehmer aus anderen Gründen aus, greift § 17 TzBfG (analog) nicht. Bei nicht von vornherein zeitlich befristeter Beschäftigung liegen die Voraussetzungen des § 10 Abs. 1 Satz 2 AÜG schon nicht vor; unter Umständen wird der Leiharbeitnehmer dann aber die identisch lange Frist zur Erhebung einer Kündigungsschutzklage (§§ 4, 7 KSchG) beachten müssen.

b) Leistungsklage

Materielle Ansprüche gegen den illegalen Entleiher aus einem fingierten Arbeitsverhältnis kann der Arbeitnehmer **mittels Leistungsklage** vor dem ArbG (§ 2 Abs. 1 Nr. 3a) ArbGG) einklagen. Anders als die Bestandsklage nach § 10 Abs. 1 Satz 1 AÜG unterliegt die Befugnis zur Klage grds. nicht der prozessualen Verwirkung; lediglich das **materielle Recht** kann nach allgemeinen Grundsätzen **verwirken**. Die Klage ist dann unbegründet, nicht aber bereits unzulässig.[107] **60**

Auf Ansprüche aus dem fingierten Arbeitsverhältnis finden die allgemeinen Grundsätze über die Verjährung Anwendung. Es gilt die **Regelverjährungsfrist** von 3 Jahren (§ 195 BGB).[108] Ferner zu berücksichtigen sind individual- oder tarifvertragliche **Ausschlussfristen**.[109] **61**

▶ Praxistipp:

> Die Verjährungsfrist beginnt erst zu laufen, wenn der Arbeitnehmer von den den Anspruch begründenden Umständen und der Person des Schuldners Kenntnis erlangt oder ohne große Fahrlässigkeit erlangen musste (§ 199 Abs. 1 Nr. 2 BGB). Dies kann – gerade bei unter dem Deckmantel eines Scheinwerk- oder Scheindienstvertrages betriebener illegaler Arbeitnehmerüberlassung – zu ganz erheblichen Verzögerungen des Laufs der Verjährungsfrist führen.

---

106 So wohl a. *Schüren* jurisPR-ArbR 41/2016 Anm. 2.
107 BGH, 21.02.1990 – VIII ZR216/89, NJW-RR 1990, 886; a. *Boemke/Lembke* § 10 AÜG Rn. 100.
108 Ausführlich Schüren/Hamann/*Schüren* § 10 AÜG Rn. 245 f.
109 S. Rdn. 64.

c) Arbeitsgerichtliches Beschlussverfahren

62 **Streitigkeiten über den betriebsverfassungsrechtlichen Status eines Leiharbeitnehmers** sind im arbeitsgerichtlichen Beschlussverfahren (§ 2a Abs. 1 Nr. 1 ArbGG) zu klären. Statusfragen stellen sich sowohl generell als auch aus konkretem Anlass, etwa aufgrund bevorstehender Betriebsratswahlen oder wegen der Berechnung von betriebsverfassungsrechtlichen Schwellenwerten. Das Rechtsschutzinteresse für die beantragte Statusfeststellung besteht jederzeit, auch wenn kein aktueller Streit zwischen den Betriebspartnern besteht.[110] Es entfällt allerdings spätestens im Zeitpunkt des Ausscheidens des Arbeitnehmers aus dem Arbeitsverhältnis;[111] beim Leiharbeitnehmer also im Zeitpunkt der Beendigung des Leiharbeitsvertrages mit dem Entleiher, nicht hingegen bereits im Zeitpunkt der Beendigung des Einsatzes im Drittbetrieb.

63 **Antragsberechtigt** sind nach allgemeinen Grundsätzen der Arbeitgeber, der Betriebsrat und der Arbeitnehmer, um dessen Status gestritten wird.[112] Da im Fall des Verdachts illegaler Arbeitnehmerüberlassung die Frage der Arbeitgebereigenschaft gerade umstritten ist, sind sowohl der Verleiher als auch der Entleiher grds. antragsbefugt.[113] Nichts anderes kann letztlich für die Betriebsräte gelten (Verleiher- und Entleiher-Betriebsrat). Soweit Gegenstand der Auseinandersetzung eine konkret bevorstehende oder bereits durchgeführte Betriebsratswahl ist, ist auch eine im Betrieb (des Entleihers) vertretene Gewerkschaft antragsberechtigt.[114]

2. Verfallfristen

64 Auch im fingierten Arbeitsverhältnis können individualvertraglich vereinbarte oder tarifliche **Verfall- und Ausschlussfristen** gelten.[115] Hinsichtlich der Ansprüche des Arbeitnehmers gegen den illegalen Entleiher **beginnen**

---

110 Allg. BAG, 20.07.1994 – 5 AZR 169/93, EzA § 256 ZPO Nr. 43; *Fitting* u.a. § 5 BetrVG Rn. 465.
111 BAG, 23.01.1986 – 6 ABR 47/82, EzA § 233 ZPO Nr. 7.
112 BAG, 23.01.1986 – 6 ABR 47/82, EzA § 233 ZPO Nr. 7; *Fitting* u.a. § 5 BetrVG Rn. 463.
113 So a. *Boemke/Lembke* § 10 AÜG Rn. 101.
114 So allg. *Fitting* u.a. § 5 BetrVG Rn. 464.
115 Zu Ausschlussfristen eines allgemein verbindlichen Tarifvertrages LAG Rheinland-Pfalz, 01.12.2006 – 3 Ta 221/06, n.v.

Verfall- und Ausschlussfristen allerdings nach der Rechtsprechung **erst dann zu laufen**, wenn der Entleiher seine Schuldnerstellung eingeräumt und sich dazu bekannt hat.[116] Für den Eintritt der Fälligkeit kann hingegen nicht auf die Anerkennung der Schuldnerstellung durch den illegalen Entleiher abgestellt werden. Dieser könnte dadurch die Geltendmachung von Ansprüchen treuwidrig vereiteln. Deshalb ist es für die Fälligkeit der Forderungen aus dem kraft Gesetzes begründeten Arbeitsverhältnis nach § 10 Abs. 1 AÜG allein entscheidend, wann dem Arbeitnehmer der richtige Schuldner bekannt ist.[117]

3. Verwirkung

Ob das Recht eines Arbeitnehmers, sich ggü. dem (illegalen) Entleiher auf den 65 **Bestand eines kraft Gesetzes begründeten Arbeitsverhältnisses** nach § 10 Abs. 1 Satz 1 AÜG zu berufen, nach Treu und Glauben verwirken kann, ist **umstritten**. In der Literatur und der Instanzrechtsprechung wird dies nahezu einhellig bejaht.[118] Das BAG äußerte sich zu dieser Frage in den vergangenen Jahren eher kritisch und deutete an, nur eine materiell-rechtliche Verwirkung der Ansprüche aus dem fingierten Arbeitsverhältnis im Einzelfall annehmen zu wollen.[119]

In diesem Punkt kann dem **BAG** nicht gefolgt werden. Der 3. Senat begründet seine Auffassung damit, dass zwar Ansprüche, nicht aber Rechtsverhältnisse verwirken können. Dies gelte insb. im Hinblick auf Kraft gesetzlicher Anordnung begründete Vertragsverhältnisse.[120] Bei dieser Betrachtungsweise verkennt der Senat, dass der Bestand des fingierten Arbeitsverhältnisses und 66

---

116 BAG, 27.07.1983 – 5 AZR 194/81, AP AÜG § 10 Nr. 6.
117 *Urban-Crell/Schulz* Rn. 803; ähnlich a. *Boemke/Lembke* § 10 AÜG Rn. 49.
118 *Boemke/Lemke* § 10 AÜG Rn. 44; Schüren/Hamann/*Schüren* § 10 AÜG Rn. 140 ff.; Thüsing/*Mengel* § 10 AÜG Rn. 50; *Urban-Crell/Schulz* Rn. 808; so a. noch BAG, 30.01.1991 – 7 AZR 239/90, AP AÜG § 10 Nr. 8; LAG Düsseldorf, 14.01.2002 – 5 Sa 1448/01, FA 2002, 217; LAG Köln, 28.01.2002 – 2 Sa 272/01, NZA-RR 2002, 458; LAG Düsseldorf, 02.06.2005 – 11 Sa 218/05, EzAÜG § 256 ZPO Nr. 1; LAG Düsseldorf, 09.03.2006 – 13 Sa 549/05, n.v.; ArbG Stuttgart, 05.11.2014 – 11 Ca 8426/13, BeckRS 2014, 73578.
119 BAG, 18.02.2003 – 3 AZR 160/02, AP AÜG § 13 Nr. 5 m. Anm. *Boemke*; offen gelassen von BAG, 24.05.2006 – 7 AZR 365/05, EzAÜG § 10 AÜG Fiktion Nr. 114; BAG, 17.01.2007 – 7 AZR 23/06, AP AÜG § 1 Nr. 32; BAG, 10.10.2007 – 7 AZR 487/06, AP AÜG § 10 Nr. 19.
120 BAG, 18.02.2003 – 3 AZR 160/02, AP AÜG § 13 Nr. 5 m. Anm. *Boemke*.

die daraus resultierenden Ansprüche eine untrennbare Einheit darstellen. Dogmatisch begründet sich das Institut der Verwirkung aus dem Vertrauensschutz. Das Vertrauen des illegalen Entleihers kann sich dabei – wie auch sonst – nicht nur auf die Durchsetzbarkeit einzelner Ansprüche, sondern auch auf das Bestehen der Rechtsbeziehung selbst beziehen.[121] Allenfalls kann in derartigen Fällen an die Tatbestandsvoraussetzungen der Verwirkung ein strengerer Maßstab angelegt werden. Hier gilt i.Ü. nichts anderes als im Zusammenhang mit dem kraft Gesetzes im Fall eines Betriebsüberganges begründeten Arbeitsverhältnis. Auch im Anwendungsbereich des § 613a BGB ist das Rechtsinstitut der Verwirkung grds. anerkannt.[122]

67 Nach **hier vertretener Auffassung** unterliegt das fingierte Arbeitsverhältnis als Rechtsbeziehung ebenso der Verwirkung wie einzelne Ansprüche aus dem kraft Gesetzes begründeten Arbeitsverhältnis. Die Verwirkung setzt nach allgemeinen Grundsätzen voraus, dass der Arbeitnehmer über einen längeren Zeitraum ein Recht oder eine Rechtsposition nicht geltend gemacht hat, obwohl er dazu in der Lage gewesen wäre (Zeitmoment) und der Schuldner sich mit Rücksicht auf das Verhalten des Arbeitnehmers darauf einrichten durfte und eingerichtet hat, dass dieser sein Recht auch in Zukunft nicht geltend machen werde (Umstandsmoment).[123]

68 Reiner Zeitablauf führt mithin nicht zur Verwirkung. Welcher Zeitraum für die Annahme des **Zeitmoments** der Verwirkung verstrichen sein muss, ist eine Frage des Einzelfalls. Nach der Instanzrechtsprechung bedarf es einer längeren Untätigkeit des Arbeitnehmers nach Beendigung des Fremdfirmeneinsatzes durch welche beim Entleiher ein Vertrauenstatbestand geschaffen wurde. Je nach Einzelfall wurden Zeiträume von drei und vier Monaten sowie von einem Jahr als ausreichend erachtet.[124]

---

121 Dazu überzeugend *Boemke*, Anm. zu BAG, 18.02.2003 – 3 AZR 116/02, AP AÜG § 13 Nr. 5; ebenfalls ErfK/*Wank* § 10 AÜG Rn. 21.
122 LAG Köln, 13.12.1989 – 7 Sa 253/89, ZIP 1990, 1294; zur Verwirkung des Widerspruchsrechts bei § 613a BGB s. BAG, 15.03.2012 – 8 AZR 700/10, NZA 2012, 1097.
123 BAG, 17.02.1988 – 5 AZR 638/86, EzA § 630 BGB Nr. 12; BGH, 19.10.2005 – XII ZR 224/03, NJW 2006, 219; allg. Palandt/*Grüneberg* § 242 BGB Rn. 87 ff.
124 LAG Hamm, 21.09.1998 – 19 Sa 664/98, NZA-RR 1999, 297 (bez. Betriebsübergang); LAG Köln, 28.01.2002 – 2 Sa 272/01, NZA-RR 2002, 458; LAG Köln, 03.06.2003 – 13 (3) Sa 2/03, EzAÜG § 9 AÜG Nr. 13.

Das **Umstandsmoment** kann bspw. erfüllt sein, wenn der Leiharbeitnehmer 69
sein Vertragsverhältnis zum illegalen Verleiher – in Unkenntnis der bereits
eingetretenen Unwirksamkeit nach § 9 Abs. 1 Nr. 1, 1a oder 1b AÜG – formal
beendet und damit auch ggü. dem illegalen Entleiher zum Ausdruck bringt,
das Beschäftigungsverhältnis nicht fortführen zu wollen.[125] Letzteres gilt
insb. dann, wenn der ehemalige Leiharbeitnehmer eine Arbeitsvertragsbeziehung zu einem unbeteiligten Dritten eingeht.[126] Keine Verwirkung – weder
des Rechts auf Feststellung des Bestandes eines fingierten Arbeitsverhältnisses
noch der aus diesem Rechtsverhältnis resultierenden Ansprüche – kommt in
Betracht, solange der Arbeitnehmer an den illegalen Entleiher überlassen ist.
Während seiner Einsatzzeit kann beim Entleiher kein Vertrauenstatbestand
geschaffen werden.[127] Der Einwand der Verwirkung greift auch dann nicht
ein, wenn der Arbeitnehmer angesichts der unklaren Rechtslage Ansprüche
sowohl gegen den Verleiher als auch gegen den Entleiher geltend macht;
zulässig ist auch eine subjektive Klagehäufung.[128] Entsprechendes gilt im Fall
des Abschlusses eines Prozessvergleichs über die Beendigung des Arbeitsverhältnisses mit dem Verleiher. Einem solchen Vergleich ist nicht die Aussage
zu entnehmen, Ansprüche gegen den illegalen Entleiher nicht mehr geltend
machen zu wollen.[129]

Ungeachtet des Einzelfalls sind die Voraussetzungen der Verwirkung jedenfalls 70
dann nicht erfüllt, wenn der Arbeitnehmer von den anspruchsbegründenden
Umständen tatsächlich keine positive Kenntnis hatte. Der positiven Kenntnis

---

125 LAG Köln, 28.01.2002 – 2 Sa 272/01, NZA-RR 2002, 458.
126 BAG, 30.01.1991 – 7 AZR 239/90, AP AÜG § 10 Nr. 8; LAG Köln, 28.01.2002 – 2 Sa 272/01, NZA-RR 2002, 458; krit. BAG, 10.10.2007 – 7 AZR 487/06, AP AÜG § 10 Nr. 19 (zur Verwirkung von Ansprüchen auf betriebliche Altersversorgung aus einem fingierten Arbeitsverhältnis); so a. *Schüren*, jurisPR-ArbR 41/2016 Anm. 2.
127 BAG, 19.03.2003 – 7 AZR 269/02, n.v.; ArbG Stuttgart, 05.11.2014 – 11 Ca 8426/13, BeckRS 2014, 73578; wohl a. BAG, 24.05.2006 – 7 AZR 365/05, EzAÜG § 10 AÜG Fiktion Nr. 114; BAG, BAG, 10.10.2007 – 7 AZR 487/06, AP AÜG § 10 Nr. 19.
128 LAG Düsseldorf, 29.07.2005 – 12 Sa 484/05, EzAÜG § 9 AÜG Nr. 18; *Boemke/Lembke* § 10 AÜG Rn. 44 m.w.N.
129 Hessisches LAG, 17.11.2005 – 11 Sa 1890/04, n.v.; LAG Köln, 28.11.1986 – 4 Sa 918/86, EzAÜG § 10 AÜG Fiktion Nr. 46.

hinsichtlich bestehender Rechtsansprüche und Forderungen bedarf es hingegen nicht.[130]

▶ **Praxistipp:**

Auch dem illegalen Entleiher kann es ausnahmsweise verwehrt sein, sich infolge Verwirkung auf die Fiktion des § 10 Abs. 1. Satz 1 AÜG zu berufen. Praktisch wird dies bei Schadensersatzklagen des illegalen Entleihers wegen Pflichtverletzungen des Arbeitnehmers bei Ausübung seiner Tätigkeit. In einer durchaus atypischen Fallgestaltung musste das LAG München[131] im Jahr 2006 über die Frage entscheiden, ob der Verwirkungseinwand ggü. einem Enkelunternehmen durchgreifen kann, welches als (illegaler) Entleiher im Rahmen gewerbsmäßiger Arbeitnehmerüberlassung einen Arbeitnehmer seiner Muttergesellschaft entliehen hatte. Die verleihende Holding hatte mit dem Arbeitnehmer in einem umfassenden Prozessvergleich im Rahmen eines Kündigungsschutzverfahrens vereinbart, dieser werde sich nicht auf das Bestehen eines Arbeitsverhältnisses mit dem Enkelunternehmen berufen. Das entleihende Unternehmen hatte in Kenntnis des Ausgangs des Kündigungsschutzverfahrens 16 Monate mit der Geltendmachung von Schadensersatzansprüchen gegen den Arbeitnehmer zugewartet. In diesem Fall bejahte das LAG München die Voraussetzungen der Verwirkung, obwohl der Prozessvergleich weder unmittelbar noch mittelbar gegen das Enkelunternehmen wirkte. Dieses war dem Kündigungsschutzverfahren nicht beigetreten.

In der Praxis werden derartige Verleihkonstellationen lediglich bei Konzernverflechtung vorkommen. Denn tragende Begründung des LAG München für seine dogmatisch durchaus überraschende Entscheidung war die wirtschaftliche und personelle Verflechtung zwischen verleihendem Mutter- und entleihendem Enkelunternehmen. Aufgrund dieser Verflechtung habe der Arbeitnehmer darauf vertrauen dürfen, vom illegalen Entleiher aufgrund eines fingierten Arbeitsverhältnisses nicht mehr in Anspruch genommen zu werden.

---

130 BAG, 27.01.2000 – 8 AZR 106/99, ZInsO 2000, 569 (bez. Betriebsübernahme); einschränkend BAG, 18.02.2003 – 3 AZR 160/02, AP AÜG § 13 Nr. 5 m. krit. Anm. *Boemke*, welches zusätzlich die Kenntnis des Schuldners von der in Rede stehenden Forderung verlangt (ansonsten nur Verjährungseinrede).
131 LAG München, 26.10.2006 – 4 Sa 1324/05, EzAÜG § 10 AÜG Fiktion Nr. 115.

C. Schadensersatzanspruch gegen den illegalen Verleiher – Abs. 2

Im Fall der Unwirksamkeit des Leiharbeitsvertrages nach § 9 AÜG kann der 71 Leiharbeitnehmer von dem Verleiher nach **§ 10 Abs. 2 Satz 1 AÜG** den Schaden ersetzt verlangen, den er dadurch erleidet, dass er auf die Gültigkeit des Vertrages vertraut. Die Vorschrift ist insoweit **lex specialis zu §§ 122, 179 BGB**.

I. Voraussetzungen

Ein Ersatzanspruch kann ausschließlich im Fall der **Unwirksamkeit des Leih-** 72 **arbeitsvertrages nach § 9 AÜG** bestehen.[132] Ist der Leiharbeitsvertrag hingegen ausschließlich aus anderen Gründen unwirksam, greift § 10 Abs. 2 AÜG nicht ein.[133] Mangels Fiktion eines Arbeitsverhältnisses (§ 10 Abs. 1 Satz 1 AÜG) in diesen Fällen wäre dies auch gar nicht möglich.[134]

Anspruchsausschließend wirkt, wenn der **Leiharbeitnehmer den Grund der** 73 **Unwirksamkeit kannte (§ 10 Abs. 2 Satz 2 AÜG)**. Ausreichend ist positive Kenntnis von den zur Unwirksamkeit führenden Umständen. Er muss nicht den Rückschluss auf die Unwirksamkeit des Leiharbeitsvertrages nach § 9 AÜG gezogen haben. Der Leiharbeitnehmer muss also wissen, dass er im Rahmen erlaubnispflichtiger Arbeitnehmerüberlassung eingesetzt wird, obgleich (1) die erforderliche Erlaubnis entweder von Anfang an fehlte oder später entfallen ist[135], (2) die Arbeitnehmerüberlassung nicht offengelegt und durch einen Scheinvertrag verdeckt wurde oder (3) die zulässige Überlassungshöchstdauer bereits überschritten ist. Die positive Kenntnis kann fehlen, wenn dem Arbeitnehmer – trotz Kenntnis des Fehlens einer Verleiherlaubnis, Abschluss eines Vertragstypus außerhalb des AÜG oder Überschreitens der Überlassungshöchstdauer nach dem AÜG – nur Tatsachen bekannt sind, die die Annahme eines Werk- oder Dienstvertrages

---

132 Klargestellt durch Art. 6 Nr. 5.a) Erstes Gesetz für moderne Dienstleistungen am Arbeitsmarkt, BGBl. I, 4607.
133 Schüren/Hamann/*Schüren* § 10 AÜG Rn. 196; Thüsing/*Mengel* § 10 AÜG Rn. 55; unzutreffend insoweit *Boemke/Lembke* § 10 AÜG Rn. 104, die die Anwendbarkeit der Vorschrift bereits bei anderen – neben § 9 Nr. 1 AÜG – vorliegenden Unwirksamkeitsgründen ausschließen wollen.
134 Dazu Rdn. 7.
135 ErfK/*Wank* § 10 AÜG Rn. 23; HWK/*Gotthardt* § 10 AÜG Rn. 20; Thüsing/ *Mengel* § 10 AÜG Rn. 56 m.w.N.

rechtfertigen.[136] Ein Kennenmüssen der der Unwirksamkeit zugrunde liegenden Tatsachen genügt nicht. Bloße Vermutungen, selbst grobe Fahrlässigkeit, schließen den Schadensersatzanspruch des Leiharbeitnehmers nach § 10 Abs. 2 Satz 1 AÜG nicht aus.[137]

74 Infolge Unwirksamkeit des Leiharbeitsvertrages nach § 9 AÜG muss dem illegal verliehenen Leiharbeitnehmer überdies ein **Schaden** entstanden sein.

II. Rechtsfolgen

75 Liegen die Tatbestandsvoraussetzungen des § 10 Abs. 2 AÜG vor, hat der Leiharbeitnehmer gegen den illegalen Verleiher Anspruch auf **Schadensersatz**. Der Anspruch richtet sich auf **Ersatz des Vertrauensschadens** (negatives Interesse), welcher – anders als etwa bei §§ 122, 179 BGB – nicht durch das Erfüllungsinteresse begrenzt wird.[138]

76 Als Vertrauensschaden kann der Arbeitnehmer die **Nachteile** ersetzt verlangen, die ihm durch das **Vertrauen auf die Gültigkeit des Leiharbeitsvertrages** entstanden sind. Erfasst werden mithin Schäden, welche der Arbeitnehmer infolge Nichterfüllung der Verpflichtungen des Entleihers aus dem fingierten Arbeitsverhältnis nach § 10 Abs. 1 AÜG erleidet. Ersatzfähiger Schaden ist auch der Vergütungsanspruch aus dem kraft Gesetzes begründeten Arbeitsverhältnis.[139]

77 Ersatzfähig sind ferner die **Nachteile**, die **aufgrund der Beendigung des Leiharbeitsvertrages** wegen Unwirksamkeit nach § 9 AÜG entstehen. Dazu können bspw. Urlaubsgeldansprüche oder etwaige an die Dauer der Betriebszugehörigkeit anknüpfende und deshalb entfallende oder verminderte Ansprüche auf Sozialleistungen zählen.[140] Zum Vertrauensschaden

---

136 MünchArbR/*Marschall* § 318 Rn. 153 ff.; *Urban-Crell/Schulz* Rn. 826; so jeweils zu § 9 Nr. 1 AÜG a.F.
137 *Becker/Wulfgramm* § 10 AÜG Rn. 42; Schüren/Hamann/*Schüren* § 10 AÜG Rn. 199; *Urban-Crell/Schulz* Rn. 826.
138 ErfK/*Wank* § 10 AÜG Rn. 24; HWK/*Gotthardt* § 10 AÜG Rn. 21; Thüsing/*Mengel* § 10 AÜG Rn. 57 m.w.N.; allg. zum Umfang des Ersatzanspruchs Palandt/*Grüneberg* vor § 249 BGB Rn. 17.
139 ErfK/*Wank* § 10 AÜG Rn. 24; HWK/*Gotthardt* § 10 AÜG Rn. 22; Thüsing/*Mengel* § 10 AÜG Rn. 58 m.w.N.; a.A. *Boemke/Lembke* § 10 AÜG Rn. 108.
140 BT-Drucks. VI/2303, 14; HWK/*Gotthardt* § 10 AÜG Rn. 22; Thüsing/*Mengel* § 10 AÜG Rn. 58 m.w.N.; a.A. *Boemke/Lembke* § 10 AÜG Rn. 114.

gehören auch solche Ansprüche des Arbeitnehmers gegen den Entleiher, welche dieser im Vertrauen auf die Wirksamkeit des Leiharbeitsvertrages nicht fristgerecht – insb. nicht innerhalb einschlägiger individualvertraglicher oder tarifvertraglicher Ausschlussfristen – außergerichtlich und/ oder gerichtlich geltend macht.[141] In der Praxis dürften derartige Nachteile allerdings nur selten entstehen. Denn die regelmäßig an die Fälligkeit des Anspruchs anknüpfenden Ausschlussfristen beginnen erst dann zu laufen, wenn der illegale Entleiher seine Schuldnerstellung eingeräumt und sich dazu bekannt hat.[142]

Auch der **entgangene Gewinn** (§ 252 BGB) ist i.R.d. § 10 Abs. 2 AÜG grds. zu ersetzen. Dies betrifft etwa Fälle, in denen der Berechtigte im Vertrauen auf die Wirksamkeit eines Rechtsverhältnisses ein bestehendes Vertragsverhältnis aufgibt oder ein solches nicht zustande kommt.[143] Einen solchen Schaden wird der Leiharbeitnehmer nur höchst selten geltend machen können. Wegen der durchschnittlich schlechteren Vergütung im Rahmen von Leiharbeitsverhältnissen werden Leiharbeitnehmer üblicherweise ein ihnen angebotenes – besser vergütetes – Normalarbeitsverhältnis nur selten ablehnen. 78

Bedeutung kann der Schadensersatzanspruch nach § 10 Abs. 2 AÜG auch in der Insolvenz erlangen. Im Fall der **Insolvenz des Entleihers** haftet der Verleiher grds. auch auf den Anspruch auf Insolvenzgeld (§§ 183 ff. SGB III), wenn der Leiharbeitnehmer die zweimonatige Ausschlussfrist des § 324 Abs. 3 Satz 1 SGB III versäumt hat.[144] In der Praxis dürfte allerdings auch dieser Ersatzanspruch eine nur untergeordnete Rolle spielen. Die nicht schuldhaft verspätete Antragstellung durch den Leiharbeitnehmer kann noch innerhalb von zwei Monaten nach Wegfall der Hinderungsgründe nachgeholt werden (§ 324 Abs. 3 Satz 2 SGB III). Die Frist verlängert sich nochmals, wenn der Arbeitnehmer in Unkenntnis des Insolvenzereignisses bei dem Entleiher weitergearbeitet hat (§ 183 Abs. 2 SGB III). Dann beginnt die Ausschlussfrist erst mit Beginn der Kenntnis des Arbeitnehmers vom Insolvenzereignis. Nur wenn der Anspruch auf Insolvenzgeld tatsächlich ausgeschlossen ist, kommt 79

---

141 ErfK/*Wank* § 10 AÜG Rn. 24; *Sandmann/Marschall* Art. 1 § 10 AÜG Anm. 26; Thüsing/*Mengel* § 10 AÜG Rn. 58.
142 Dazu Rdn. 65 ff.
143 Dazu allg. Palandt/*Ellenberger* § 122 BGB Rn. 4.
144 LSG Nordrhein-Westfalen, 11.04.1979 – L12 Ar 236/77, EzAÜG § 7 AÜG Prüfrecht Nr. 1; ErfK/*Wank* § 10 AÜG Rn. 25; *Ulber* § 10 AÜG Rn. 87.

Urban-Crell

ein nach § 10 Abs. 2 AÜG zu ersetzender Schaden des Leiharbeitnehmers in Betracht.[145]

80 Nach – dogmatisch bedenklicher – Rechtsprechung des BSG hat der illegal verliehene Arbeitnehmer trotz Unwirksamkeit des Leiharbeitsvertrages nach § 9 AÜG auch im Fall der **Insolvenz des Verleihers** Anspruch auf Insolvenzgeld, wenn er auf die Gültigkeit des Leiharbeitsvertrages vertraute.[146] Weiter sei – so das BSG – der Schadensersatzanspruch nach § 10 Abs. 2 AÜG Ersatz für den Verlust des vom illegalen Verleiher nicht geschuldeten Arbeitsentgelts. Diese Auffassung überzeugt nicht. Ersatzfähig ist i.R.d. § 10 Abs. 2 AÜG nicht der wegen Unwirksamkeit des Leiharbeitsvertrages nicht bestehende Vergütungsanspruch gegen den Verleiher selbst, sondern lediglich ein etwaiger vom illegalen Entleiher nicht erfüllter Vergütungsanspruch (§ 10 Abs. 1 AÜG).[147]

D. Gesamtschuldnerische Haftung des illegalen Verleihers und Entleihers – Abs. 3

81 Zahlt der Verleiher trotz Unwirksamkeit des Leiharbeitsvertrages nach § 9 AÜG das vereinbarte Arbeitsentgelt oder Teile des vereinbarten Arbeitsentgelts an den Leiharbeitnehmer, so hat er nach **§ 10 Abs. 3 Satz 1 AÜG** auch sonstige – im Fall der Wirksamkeit des Leiharbeitsvertrages zu zahlende – Teile des Arbeitsentgelts zu gewähren. Hinsichtlich der Zahlungspflicht gilt der **Verleiher neben dem Entleiher als Arbeitgeber** und haftet gemeinsam mit diesem als **Gesamtschuldner** (§ 10 Abs. 3 Satz 2 AÜG).

82 Für den praktisch wichtigsten Bereich der Haftung wegen **Abführung des Gesamtsozialversicherungsbeitrages** ordnet bereits **§ 28e Abs. 2 Satz 4 SGB IV** die Gesamtschuldnerschaft von Verleiher und Entleiher im Fall illegaler Arbeitnehmerüberlassung an. Insoweit dient § 10 Abs. 3 AÜG im Wesentlichen der Klarstellung. Für **nicht abgeführte Lohnsteuer** gilt die

---

145 *Brors* WiVerw 2001, 204, 214; *Urban-Crell/Schulz* Rn. 829.
146 So zu § 9 Nr. 1 AÜG a.F. BSG, 20.03.1984 – 10 Rar 11/83, BB 1985, 665; abl. *Boemke/Lembke* § 10 AÜG Rn. 84 ff.
147 Schüren/Hamann/*Schüren* § 10 AÜG Rn. 147, 206 ff.; Thüsing/*Mengel* § 10 AÜG Rn. 61; a.A. *Becker/Wulfgramm* § 10 AÜG Rn. 56; MünchArbR/*Marschall* § 318 Rn. 165 ff.

Sonderregelung des **§ 42d Abs. 6 EStG**.[148] Eine allein auf § 10 Abs. 3 AÜG gestützte gesamtschuldnerische Mithaftung des Verleihers ergibt sich deshalb insb. hinsichtlich sonstiger Zahlungsverpflichtungen, etwa bezüglich vermögenswirksamer Leistungen, Beiträgen zur betrieblichen Altersversorgung sowie nicht bedienter Pfändungs- und Überweisungsbeschlüsse.[149] Der illegale (ausländische) Verleiher haftet für Urlaubskassen-/ Sozialkassenbeiträge nach § 1 Abs. 2a AEntG a.F. (jetzt § 8 Abs. 3 AEntG); diese Beiträge sind Teil des Arbeitsentgelts.[150]

▶ **Praxistipp:**

Verleiher und Entleiher haften für die Zahlung der Beiträge zur Sozialversicherung als Gesamtschuldner, wenn der Verleiher das vereinbarte Arbeitsentgelt an den Leiharbeitnehmer zahlt, da dieser insoweit ebenfalls als Arbeitgeber gilt (§ 10 Abs. 3 Satz 2 AÜG).[151]

E. Gleichstellungsgebot und Lohnuntergrenze – Abs. 4 und 5 a.F.

§ 10 Abs. 4 und 5 AÜG a.F. wurden mit Wirkung **zum 01.04.2017 aufgehoben**. Die Rechtsfolgen bei Unwirksamkeit des Leiharbeitsvertrages nach § 9 Abs. 1 Nr. 2 AÜG regelt der mit inhaltlichen Modifikationen in den neuen § 8 Abs. 1 und 2 AÜG überführte Gleichstellungsgrundsatz.[152] 83

Die bislang in § 10 Abs. 5 AÜG a.F. geregelte **arbeitsrechtliche Anspruchsgrundlage** des Leiharbeitnehmers gegen den Verleiher auf Gewährung von 84

---

148 HWK/*Gotthardt* § 10 AÜG Rn. 24; Thüsing/*Mengel* § 10 AÜG Rn. 65; *Urban-Crell/Schulz* Rn. 831; dazu Einl. Rdn. 114 ff.
149 *Boemke/Lembke* § 10 AÜG Rn. 119; HWK/*Gotthardt* § 10 AÜG Rn. 24; Thüsing/*Mengel* § 10 AÜG Rn. 65.
150 BAG, 17.04.2013 – 10 AZR 185/12, EzA § 1 AEntG Nr. 14; a.A. LAG Hessen, 07.12.2011 – 18 Sa 928/11, n.v.
151 LSG Berlin, 29.01.2003 – L 9 KR 32/00.
152 S. dazu § 8 Rdn. 1 ff.; a. LAG München, 02.09.2008 – 6 Sa 41/08, n.v.; § 10 Abs. 4 AÜG neu gefasst mit Wirkung zum 01.12.2011, dazu BT-Drucks. 17/4804, 10; zur Bestimmung des vergleichbaren Arbeitnehmers, wenn ein solcher im Entleiherbetrieb fehlt BAG, 24.09.2014 – 5 AZR 254/13, AP Nr. 46 zu § 10 AÜG; BAG, 19.02.2014 – 5 AZR 1047/12, EzA § 10 AÜG Nr. 25; zur Berechnung des Equal-Pay-Anspruchs, wenn vertragliche Arbeitszeit des Leiharbeitnehmers und Sollarbeitszeit beim Entleiher auseinanderfallen, LAG Niedersachsen, 17.10.2014 – 6 Sa 632/14, n.v.

Mindeststundenentgelten, sofern eine Lohnuntergrenze nach § 3a Abs. 2 AÜG festgesetzt ist, findet sich seit dem 01.04.2017 im neuen § 8 Abs. 5 AÜG.[153] Infolgedessen wurde § 10 Abs. 5 AÜG aufgehoben. Die Lohnuntergrenze gilt sowohl während der Einsatzzeiten bei einem Entleiher als auch in verleihfreien Zeiten und dient zur Mindestabsicherung des Leiharbeitnehmers.[154] Deshalb sind Mindeststundenentgelte nach § 3a Abs. 2 AÜG auch dann zu zahlen, wenn die Vergütung eines vergleichbaren Arbeitnehmers im Entleiherbetrieb die Lohnuntergrenze ausnahmsweise unterschreitet.[155]

§ 10a Rechtsfolgen bei Überlassung durch eine andere Person als den Arbeitgeber

Werden Arbeitnehmer entgegen § 1 Absatz 1 Satz 3 von einer anderen Person überlassen und verstößt diese Person hierbei gegen § 1 Absatz 1 Satz 1, § 1 Absatz 1 Satz 5 und 6 oder § 1 Absatz 1b, gelten für das Arbeitsverhältnis des Leiharbeitnehmers § 9 Nummer 1 bis 1b und § 10 entsprechend.

Übersicht	Rdn.
A. Allgemeines	1
B. Voraussetzungen und Rechtsfolgen des verbotenen Kettenverleihs	2

A. Allgemeines

1 § 10a AÜG ist im Zuge der **AÜG-Reform 2017 zum 01.04.2017** in Kraft getreten. Die Regelung enthält die **arbeits- und zivilrechtliche Rechtsfolgenanordnung** bei **verbotenem Kettenverleih** entgegen § 1 Abs. 1 Satz 3 AÜG. Mit der Neuregelung hat der Gesetzgeber die legislative Grundlage geschaffen, den Kettenverleih als illegale Arbeitnehmerüberlassung »in der Kette« zu sanktionieren. Vor In-Kraft-Treten der Gesetzesänderung wurde die Frage der Zu- oder Unzulässigkeit des so genannten Ketten- oder Zwischenverleihs uneinheitlich beantwortet. Während dieser teilweise dann als überlassungsrechtlich erlaubt angesehen wurde, wenn der Erst- und Zwischenverleiher im

---

153 Zur Lohnuntergrenze vgl. ausführlich § 3a AÜG.
154 Thüsing/*Mengel* § 10 AÜG Rn. 77.
155 FW AÜG Vgl. § 3a Rdn. 6, 31; s.a. FW AÜG zu § 8 Nr. 8.6.

Besitz einer Erlaubnis nach dem AÜG waren,[1] ging die BA schon bisher in ständiger Verwaltungspraxis von der generellen Unzulässigkeit des Kettenverleihs aus.[2] Die Rechtsfolge richtete sich sodann danach, ob der Erstentleiher (= Zwischenverleiher) Erlaubnisinhaber war. Bei Fehlen einer Erlaubnis (§ 9 Nr. 1 AÜG a.F.) wurde der Kettenverleih als illegale Arbeitnehmerüberlassung u.a. mit der arbeitsrechtlichen Rechtsfolge der Fiktion nach §§ 9 Nr. 1, 10 Abs. 1 Satz 1 AÜG a.F., beim »erstverleihenden« Erlaubnisinhaber nur gewerberechtlich (insbes. Widerruf der Erlaubnis) geahndet. Für die Rechtsfolge der §§ 9, 10 AÜG galt dann der Endentleiher als Fiktionsarbeitgeber, da nur er – und nicht der Zwischenverleiher – den Leiharbeitnehmer tatsächlich einsetzte.[3] Ein Bußgeld drohte den beteiligten Unternehmen nicht, der Kettenverleih war bis zum In-Kraft-Treten der Gesetzesänderung keine nach § 16 AÜG a.F. sanktionierte Ordnungswidrigkeit.

B. Voraussetzungen und Rechtsfolgen des verbotenen Kettenverleihs

Damit die Rechtsfolge des § 10a AÜG eingreift, müssen **kumulativ zwei Voraussetzungen** erfüllt sein. Zum einen muss ein Fall des seit dem 01.04.2017 auch de lege ferenda **rechtswidrigen Kettenverleihs (§ 1 Abs. 1 Satz 3 AÜG)**[4] vorliegen, d.h. der Leiharbeitnehmer wird entgegen der Grundkonzeption des AÜG nicht vom Entleiher (»Zwischenentleiher«) eingesetzt und beschäftigt, sondern von diesem – ohne Vertragsarbeitgeber zu sein – an einen eigenen Vertragspartner (»Endentleiher«) im Rahmen von Arbeitnehmerüberlassung weiter verliehen und erst bei diesem tatsächlich tätig. Tatsächlich werden mithin zwei Arbeitnehmerüberlassungsvorgänge hintereinander geschaltet, ohne dass indes zwischen Leiharbeitnehmer und Zwischenverleiher (Erstentleiher) eine Arbeitsvertragsbeziehung begründet wird; ein Arbeitsverhältnis besteht nur zum ersten Verleiher. Als zwingende **weitere Voraussetzung** muss der Zwischenverleiher seinerseits entweder gegen das Verbot der Arbeitnehmerüberlassung ohne Erlaubnis (§ 1 Abs. 1 Satz 1 AÜG), die Konkretisierungs- und Offenlegungspflicht bei Arbeitnehmerüberlassung (§ 1 Abs. 1 Satz 5 und

---

1 Zur alten Rechtslage Vorauflage § 1 Rn. 22; *Boemke/Lembke*, 3. Aufl., § 1 AÜG Rn. 14; *Thüsing/Waas*, 3. Aufl., § 1 AÜG Rn. 28; *Schüren/Hamann*, 4. Aufl., § 1 AÜG Rn. 331, jeweils m.w.N.
2 FW AÜG (Stand Januar 2016), Ziff. 1.1.2 (11), (12).
3 LAG Berlin-Brandenburg, 15.12.2015 – 7 Sa 387/15, BeckRS 2016, 67049; BeckOK/*Kock* § 1 AÜG Rn. 75 f.
4 Zum Kettenverleih ausführlich § 1 Rdn. 199 ff.

6 AÜG) oder die Überlassungshöchstdauer (§ 1 Abs. 1b AÜG) verstoßen. Der **Zwischenverleiher** wird damit **tatbestandlich zum fiktiven Erstverleiher**, allerdings ohne selbst Vertragsarbeitgeber des Leiharbeitnehmers zu sein. Der Tatbestand des Kettenverleihs ist hingegen nicht erfüllt, wenn bereits der Erstverleiher keine Erlaubnis nach dem AÜG besitzt. In diesem Fall wird der Zwischenverleiher vorbehaltlich eines Widerspruchs des Leiharbeitnehmers über die Fiktion des § 9 Abs. 1 Nr. 1, § 10 Abs. 1 Satz 1 AÜG dessen gesetzlicher Arbeitgeber. Ein Verstoß gegen § 1 Abs. 1 Satz 3 AÜG scheidet dann aus.

▶ Praxistipp:

Kein Fall des Ketten- oder Zwischenverleihs liegt begrifflich vor, wenn der Leiharbeitnehmer vom Entleiher auf der Grundlage eines Werk- oder Dienstleistungsvertrages bei einem Endkunden eingesetzt wird. Bei dieser **Kombination von Arbeitnehmerüberlassung und Industriedienstleistungsvertrag** tritt der zwischengeschaltete Industriedienstleister nicht selbst als Zwischenverleiher am Markt auf. Selbstverständlich stellt sich gerade bei derartigen Konstellationen die Frage nach der rechtskonformen Grenzziehung zwischen Arbeitnehmerüberlassung und sonstigen erlaubnisfreien Formen des drittbezogenen Fremdpersonaleinsatzes. Dies allerdings nicht – wie üblicherweise – im Verhältnis zwischen »Erst-Auftragnehmer« (Verleiher) und »Zwischen-Auftraggeber« (Entleiher), sondern erst am Ende der Kette zwischen dem Auftragnehmer, der den Auftrag mit entliehenen Arbeitnehmern als Erfüllungsgehilfen eigenverantwortlich ausführt, und dessen Auftraggeber. In der Praxis wird dieser Weg bisher insbes. zur Vermeidung von Branchenzuschlägen beschritten.[5] Im Lichte der Reform des AÜG und des neuen § 10a AÜG wird diese Kombination haftungsträchtiger, sollte sich der Fremdpersonaleinsatz beim Endkunden im Nachhinein tatsächlich als Arbeitnehmerüberlassung entpuppen.

In der Praxis treten Probleme des Kettenverleihs besonders häufig bei der Vermittlung von **freien Mitarbeitern im Rahmen von Sub-Contracting**[6] und bei **Master-Vendor-Modellen** auf.

3 Die **arbeitsrechtlichen Rechtsfolgenrisiken des unzulässigen Kettenverleihs** sollen nach der Gesetzesbegründung den **Erstverleiher und den Endentleiher**

---

5 Dazu *Hamann/Rudnik* NZA 2016, 455.
6 Dazu bspw. LAG Berlin-Brandenburg, 15.12.2015 – 7 Sa 387/15, BeckRS 2016, 67049.

als »Einsatzarbeitgeber« treffen, Letzterer wird als »normaler« Entleiher fingiert.[7] Liegen die Voraussetzungen des § 10a AÜG vor, tritt über die Unwirksamkeitsfolge des § 9 Abs. 1 Nr. 1, 1a oder 1b AÜG die Fiktionswirkung des § 10 AÜG ein, d.h. zwischen Leiharbeitnehmer und Endentleiher entsteht kraft Gesetzes ein Arbeitsverhältnis, es sei denn der Leiharbeitnehmer widerspricht dem Arbeitgeberwechsel form- und fristgerecht. Umgekehrt bedeutet dies aber auch, dass der Kettenverleih entgegen § 1 Abs. 1 Satz 3 AÜG sowohl für den Erstverleiher als auch für den Endentleiher arbeits- und zivilrechtlich sanktionslos bleibt, wenn der Zwischenverleiher seinerseits im Besitz einer Erlaubnis nach dem AÜG ist, den Weiterverleih an den Endentleiher offiziell als Arbeitnehmerüberlassung unter Konkretisierung der Person des zu überlassenden Arbeitnehmers deklariert und schließlich die durch § 1 Abs. 1b AÜG gezogene Grenze (Überlassungshöchstdauer) beachtet.

Arbeitsrechtlich ist der illegale Kettenverleih nur für den **Zwischenverleiher risikofrei.** Zum verbotenen Kettenverleih kommt es nur dann, wenn der Erstverleiher überhaupt Erlaubnisinhaber ist. Einen »Arbeitnehmer als Sanktion«[8] muss der Zwischenverleiher anders als der Endentleiher deshalb nicht befürchten. 4

Auch ohne das Eingreifen der Rechtsfolgen des § 10a AÜG ist der **Kettenverleih rechtswidrig, mithin drohen den beteiligten Unternehmen sonstige Rechts- und Haftungsfolgen**. Dies ergibt sich aus § 1 Abs. 1 Satz 3 AÜG, der den Einsatz von Arbeitnehmern bei einem Dritten ohne Arbeitsvertragsbeziehung zwischen Leiharbeitnehmer und verleihendem Unternehmen verbietet. Über § 16 Abs. 1 Nr. 1b, Abs. 2 AÜG wird der Verstoß – für den Zwischenverleiher und den Endentleiher – als Ordnungswidrigkeit mit einer Geldbuße bis zu 30.000 € sanktioniert. Daneben gilt der Zwischenverleiher – auch wenn er im Besitz einer Erlaubnis ist – als gewerberechtlich unzuverlässig im Sinne des § 3 Abs. 1 Nr. 1 AÜG und muss deshalb mit der Nichtverlängerung (§ 2 Abs. 4 AÜG) oder dem Widerruf der Arbeitnehmerüberlassungserlaubnis durch die BA rechnen (§§ 3 Abs. 1 Nr. 1, 5 AÜG). Ob auch dem 5

---

[7] BT-Drucks. 18/9232, 25; vgl. a. *Hamann* AuR 2016, 140; *Oberthür* ArbRB 2016, 109; a.A. *Baeck/Winzer/Hies* NZG 2016, 417, nach denen der Zwischenverleiher Fiktionsarbeitgeber werden soll; spätestens seit dem 01.04.2017 kann diese Ansicht nicht überzeugen, sie steht in Widerspruch zum Wortlaut des § 10a AÜG und widerspricht dem Gedanken des Arbeitnehmerschutzes in § 10a AÜG; zum Ganzen a. § 1 Rdn. 199 ff. und § 16 Rdn. 16 f.
[8] Zitat nach *Ulrici* NZA 2016, 1317.

Erstverleiher weitere Sanktionen neben den unmittelbar aus § 9 Abs. 1 Nr. 1 AÜG resultierenden drohen, ist eine Frage des Einzelfalls. Nur soweit er von dem Kettenverleih Kenntnis hatte und diesen wollte, wird der Verstoß gegen § 1 Abs. 1 Satz 3 AÜG auch für ihn als mittelbar am rechtswidrigen Überlassungsvorgang beteiligtem Arbeitgeber erlaubnisrechtliche Folgen haben. Ein Bußgeld scheidet hingegen aus, da nur der Zwischenverleiher und nicht der Erstverleiher im Sinne des § 16 Abs. 1 Nr. 1b AÜG »*entgegen § 1 Absatz Satz 3 einen Arbeitnehmer überlässt*«.[9]

§ 11 Sonstige Vorschriften über das Leiharbeitsverhältnis

(1) ¹Der Nachweis der wesentlichen Vertragsbedingungen des Leiharbeitsverhältnisses richtet sich nach den Bestimmungen des Nachweisgesetzes. ²Zusätzlich zu den in § 2 Abs. 1 des Nachweisgesetzes genannten Angaben sind in die Niederschrift aufzunehmen:
1. Firma und Anschrift des Verleihers, die Erlaubnisbehörde sowie Ort und Datum der Erteilung der Erlaubnis nach § 1,
2. Art und Höhe der Leistungen für Zeiten, in denen der Leiharbeitnehmer nicht verliehen ist.

(2) ¹Der Verleiher ist ferner verpflichtet, dem Leiharbeitnehmer bei Vertragsschluß ein Merkblatt der Erlaubnisbehörde über den wesentlichen Inhalt dieses Gesetzes auszuhändigen. ²Nichtdeutsche Leiharbeitnehmer erhalten das Merkblatt und den Nachweis nach Absatz 1 auf Verlangen in ihrer Muttersprache. ³Die Kosten des Merkblatts trägt der Verleiher. ³Der Verleiher hat den Leiharbeitnehmer vor jeder Überlassung darüber zu informieren, dass er als Leiharbeitnehmer tätig wird.

(3) ¹Der Verleiher hat den Leiharbeitnehmer unverzüglich über den Zeitpunkt des Wegfalls der Erlaubnis zu unterrichten. ²In den Fällen der Nichtverlängerung (§ 2 Abs. 4 Satz 3), der Rücknahme (§ 4) oder des Widerrufs (§ 5) hat er ihn ferner auf das voraussichtliche Ende der Abwicklung (§ 2 Abs. 4 Satz 4) und die gesetzliche Abwicklungsfrist (§ 2 Abs. 4 Satz 4 letzter Halbsatz) hinzuweisen.

(4) ¹§ 622 Abs. 5 Nr. 1 des Bürgerlichen Gesetzbuchs ist nicht auf Arbeitsverhältnisse zwischen Verleihern und Leiharbeitnehmern anzuwenden. ²Das

---

9 Wohl anders *Hamann* jurisPR-ArbR 15/2016 Anm. 3, der nicht nur erlaubnisrechtliche Folgen, sondern wohl auch ein Bußgeld für den Erstverleiher in Betracht zieht.

Recht des Leiharbeitnehmers auf Vergütung bei Annahmeverzug des Verleihers (§ 615 Satz 1 des Bürgerlichen Gesetzbuchs) kann nicht durch Vertrag aufgehoben oder beschränkt werden; § 615 Satz 2 des Bürgerlichen Gesetzbuchs bleibt unberührt. [3]Das Recht des Leiharbeitnehmers auf Vergütung kann durch Vereinbarung von Kurzarbeit für die Zeit aufgehoben werden, für die dem Leiharbeitnehmer Kurzarbeitergeld nach dem Dritten Buch Sozialgesetzbuch gezahlt wird; eine solche Vereinbarung kann das Recht des Leiharbeitnehmers auf Vergütung bis längstens zum 31. Dezember 2011 ausschließen.

(5) [1]Der Entleiher darf Leiharbeitnehmer nicht tätig werden lassen, wenn sein Betrieb unmittelbar durch einen Arbeitskampf betroffen ist. [2]Satz 1 gilt nicht, wenn der Entleiher sicherstellt, dass Leiharbeitnehmer keine Tätigkeiten übernehmen, die bisher von Arbeitnehmern erledigt wurden, die
1. sich im Arbeitskampf befinden oder
2. ihrerseits Tätigkeiten von Arbeitnehmern, die sich im Arbeitskampf befinden, übernommen haben.

[3]Der Leiharbeitnehmer ist nicht verpflichtet, bei einem Entleiher tätig zu sein, soweit dieser durch einen Arbeitskampf unmittelbar betroffen ist. [4]In den Fällen eines Arbeitskampfes hat der Verleiher den Leiharbeitnehmer auf das Recht, die Arbeitsleistung zu verweigern, hinzuweisen.

(6) [1]Die Tätigkeit des Leiharbeitnehmers bei dem Entleiher unterliegt den für den Betrieb des Entleihers geltenden öffentlich-rechtlichen Vorschriften des Arbeitsschutzrechts; die hieraus sich ergebenden Pflichten für den Arbeitgeber obliegen dem Entleiher unbeschadet der Pflichten des Verleihers. [2]Insbesondere hat der Entleiher den Leiharbeitnehmer vor Beginn der Beschäftigung und bei Veränderungen in seinem Arbeitsbereich über Gefahren für Sicherheit und Gesundheit, denen er bei der Arbeit ausgesetzt sein kann, sowie über die Maßnahmen und Einrichtungen zur Abwendung dieser Gefahren zu unterrichten. [3]Der Entleiher hat den Leiharbeitnehmer zusätzlich über die Notwendigkeit besonderer Qualifikationen oder beruflicher Fähigkeiten oder einer besonderen ärztlichen Überwachung sowie über erhöhte besondere Gefahren des Arbeitsplatzes zu unterrichten.

(7) Hat der Leiharbeitnehmer während der Dauer der Tätigkeit bei dem Entleiher eine Erfindung oder einen technischen Verbesserungsvorschlag gemacht, so gilt der Entleiher als Arbeitgeber im Sinne des Gesetzes über Arbeitnehmererfindungen.

§ 11 AÜG   Sonstige Vorschriften über das Leiharbeitsverhältnis

Übersicht	Rdn.
A. Form und Inhalt des Leiharbeitsvertrages – Abs. 1	1
I. Form	2
1. Nachträge	6
2. Folgen einer Formverletzung	7
II. Pflichtangaben	10
1. Nachweispflichten nach dem Nachweisgesetz – Abs. 1 Satz 1	10
a) Angaben nach § 11 Abs. 1 Satz 1 AÜG i.V.m. § 2 Abs. 1 NachwG	11
b) Nachweispflichten bei Tätigkeitserbringung im Ausland	12
2. Zusätzliche Angaben – Abs. 1 Satz 2 AÜG	14
3. Abbedingung des § 613 Satz 2 BGB	15
4. Aushändigung und Aufbewahrung	17
III. Freiwillige Angaben	19
IV. Inhaltliche Ausgestaltung	21
1. Inhaltskontrolle	22
2. Ausprägungen der Leiharbeit	24
B. Merkblatt für Leiharbeitnehmer – Abs. 2	26
I. Merkblatt	26
II. Information über Einsatzform	28
C. Unterrichtungs- und Hinweispflichten des Verleihers – Abs. 3	29
I. Form	30
II. Unterrichtung bei Erlaubniswegfall – Abs. 3 Satz 1	31
III. Hinweis bei Nichtverlängerung, Rücknahme, Widerruf – Abs. 3 Satz 2	32
D. Unanwendbarkeit des § 622 Abs. 5 Nr. 1 BGB und Unabdingbarkeit des § 615 Satz 1 BGB – Abs. 4 Satz 1 und 2	34
I. Unanwendbarkeit des § 622 Abs. 5 Nr. 1 BGB – Abs. 4 Satz 1	35
II. Unabdingbarkeit des § 615 Satz 1 BGB – Abs. 4 Satz 2	38
1. Obliegenheit des Verleihers	39
2. Annahmeverzug durch »Minusstunden« im Arbeitszeitkonto (AZK) bei Nichteinsatz	41
3. Darlegungs- und Beweislast	42
4. Reichweite des Verbots	44
5. Wegen Verstoßes gegen § 11 Abs. 4 AÜG unzulässige Klauseln	46
E. Kurzarbeitergeld, Abs. 4 Satz 3	47
F. Arbeitskampf im Entleiherbetrieb – Abs. 5	48
I. Leistungsverweigerungsrecht	48
II. Einsatzverbot	52
1. Durch Arbeitskampf betroffene Betriebe	54
2. Ausnahmen	55
III. Kritik	56
G. Arbeitsschutzrecht – Abs. 6	57
H. Arbeitnehmererfindungen – Abs. 7	61

A. Form und Inhalt des Leiharbeitsvertrages – Abs. 1

Der Begriff »Leiharbeitsvertrag« bezeichnet den zwischen dem Verleiher und 1
dem Leiharbeitnehmer geschlossenen Arbeitsvertrag. Beim **Abschluss des Leiharbeitsvertrages** sind die Vorgaben des § 11 AÜG einzuhalten. Dabei sind die wesentlichen Vertragsbedingungen des Leiharbeitsverhältnisses gemäß den Bestimmungen des Nachweisgesetzes (NachwG) nachzuweisen. **Zusätzlich** sind die in § 11 AÜG genannten Hinweis- und Nachweispflichten zu beachten.[1]

I. Form

§ 11 Abs. 1 AÜG schreibt für den Leiharbeitsvertrag **keine Schriftform** vor. 2
Entsprechend ist auch der **Abschluss** eines Leiharbeitsvertrages gemäß dem allgemeinen Grundsatz der Formfreiheit **formlos** möglich. § 125 BGB steht dem nicht entgegen.

§ 11 AÜG weist dem Verleiher jedoch zwingende **Informations- und** 3
Hinweispflichten zu. Hierzu zählt auch die Verpflichtung zur schriftlichen Niederlegung der Vertragsbedingungen. Der sich hieraus ergebenden Nachweispflicht ist genügt, wenn entweder

– gem. § 2 Abs. 4 NachwG ein Arbeitsvertrag geschlossen wird, der sämtliche erforderlichen Angaben enthält oder
– die erforderlichen Angaben nach § 2 Abs. 1 und 2 NachwG in einem vom Arbeitsvertrag separaten Dokument niedergelegt werden und der Leiharbeitnehmer dieses Dokument spätestens einen Monat nach dem vereinbarten Beginn des Arbeitsverhältnisses erhält.[2]

In beiden Fällen ist der Verleiher gem. § 11 Abs. 1 Satz 1 AÜG i.V.m. § 2 4
Abs. 1 Satz 1 NachwG verpflichtet, die Niederschrift zu unterzeichnen. Dies setzt eine Originalunterschrift voraus.

Eine **Abbedingung** der Vorschriften des Nachweisgesetzes durch Parteiverein- 5
barung ist gem. **§ 5 NachwG nicht möglich**. Auch sieht das Gesetz keine Heilungsmöglichkeit für erfolgte Formverstöße vor.

---

1 Rechtsgrundverweisung Thüsing/*Mengel* § 11 AÜG Rn. 3 m.w.N.
2 Thüsing/*Mengel* § 11 AÜG Rn. 5.

1. Nachträge

6 Gem. § 11 AÜG i.V.m. § 3 Satz 1 NachwG muss der Verleiher nicht nur bei Abschluss des Arbeitsvertrages, sondern zudem **bei jeder Änderung**, welche die erteilten Angaben betreffen, dem Arbeitnehmer einen **schriftlichen Nachtrag** zum Nachweis übergeben. Hierbei hat er eine Frist von **einem Monat** einzuhalten. Die Dokumentationspflicht entsteht bereits in dem Zeitpunkt, in dem die entsprechende **Änderung rechtsverbindlich festgelegt** wird. Unerheblich ist demgegenüber der Zeitpunkt, zu dem diese Änderung tatsächliche Wirkung entfaltet.[3]

2. Folgen einer Formverletzung

7 Ein Verstoß gegen die Formerfordernisse des § 11 AÜG i.V.m. dem Nachweisgesetz führt **nicht zur Nichtigkeit** des Leiharbeitsvertrages.[4]

8 Für den Verleiher birgt ein Verstoß jedoch die Gefahr, durch den Leiharbeitnehmer auf **Schadensersatz** in Anspruch genommen zu werden. Daneben kann ein Verstoß gegen die formalen Mindestanforderungen des § 11 Abs. 1 und 2 AÜG nach **§ 16 Abs. 1 Nr. 8 AÜG**[5] **mit einer Geldbuße** geahndet werden. Schließlich kann ein Verstoß gegen die Vorschrift zur **Nichtverlängerung** oder zum **Widerruf der Verleiherlaubnis** führen (§ 3 Abs. 1 Nr. 1 i.V.m. § 5 Abs. 1 Nr. 3 AÜG).

9 Ein Verstoß gegen § 11 Abs. 1 Satz 1 AÜG durch bloße Verletzung der Vorgaben des Nachweisgesetzes führt dagegen lediglich zu einer **Beweislastumkehr**.[6]

II. Pflichtangaben

1. Nachweispflichten nach dem Nachweisgesetz – Abs. 1 Satz 1

10 § 11 Abs. 1 Satz 1 AÜG verweist auf die Geltung des Nachweisgesetzes (NachwG). Entsprechend § 2 Abs. 1 NachwG hat der Verleiher damit **spätestens einen Monat** nach dem vereinbarten Beginn des Arbeitsverhältnisses die **wesentlichen Vertragsbedingungen** schriftlich niederzulegen, die **Niederschrift** zu unterzeichnen und dem Arbeitnehmer **auszuhändigen**.

---

3 *Boemke/Lembke* § 11 AÜG Rn. 85 m.w.N.
4 Vgl. nur ErfK/*Wank* § 11 AÜG Rn. 2.
5 Vgl. § 16 Rdn. 43.
6 Ausführlich Thüsing/*Mengel* § 11 AÜG Rn. 31 m.w.N.

a) Angaben nach § 11 Abs. 1 Satz 1 AÜG i.V.m. § 2 Abs. 1 NachwG

In der dem Leiharbeitnehmer zu übergebenden **Niederschrift** müssen gem. § 2 Abs. 1 NachwG **mindestens** enthalten sein:
– Name und Anschrift der Vertragsparteien,
– der Zeitpunkt des Beginns des Arbeitsverhältnisses,
– Dauer der Befristung
– der Arbeitsort,
– eine kurze Charakterisierung der zu leistenden Tätigkeit,
– Höhe und Zusammensetzung des Arbeitsentgelts,
– die vereinbarte Arbeitszeit,
– die Dauer des jährlichen Erholungsurlaubs,
– die Kündigungsfristen sowie
– soweit anwendbar: ein allgemeiner Hinweis auf Tarifverträge, Betriebs- oder Dienstvereinbarungen.

▶ Praxistipp:

Dauer der Befristung:

Gemäß § 14 Abs. 4 TzBfG bedarf eine Befristung zu ihrer Wirksamkeit ohnehin der Schriftform! Insofern geht diese speziellere Vorschrift im § 11 Abs. 1 AÜG vor. Darüber hinaus ist es sinnvoll, neben der Dauer der Befristung auch den Grund der Befristung (Sachgrund § 14 Abs. 1 TzBfG oder kalendermäßig § 14 Abs. 2 TzBfG) anzugeben.

Arbeitsort:

Aufgrund der Einsatzwechseltätigkeit ist die Nennung eines einzelnen Arbeitsortes wenig sinnvoll. Insofern sollte hier mit einem Hinweis gearbeitet werden, dass der Arbeitnehmer an verschiedenen Orten beschäftigt werden kann. Dieser kann zusätzlich mit einer räumlichen Eingrenzung (im Bundesland X/innerhalb der BRD) versehen werden.

Beschreibung der Tätigkeit:

Auch hier ist die Besonderheit der Arbeitnehmerüberlassung zu berücksichtigen, da auch die Tätigkeiten in den wechselnden Einsätzen variieren können. Sinnvoll ist also die Angabe eines Berufsbildes oder die allgemeinen Tätigkeiten der vorhandenen Qualifikation.[7]

---

[7] Ähnlich Thüsing/*Mengel* § 11 AÜG Rn. 12 f.; a.A. *Schüren/Hamann* § 11 AÜG Rn. 39.

Bezüglich der übrigen Mindestinhalte ist es gemäß § 2 Abs. 3 Satz 1 NachweisG ausreichend, wenn auf den jeweiligen in Bezug genommenen Tarifvertrag (BAP/iGZ) verwiesen wird.

b) Nachweispflichten bei Tätigkeitserbringung im Ausland

12 Soweit der Leiharbeitnehmer seine Arbeitsleistung länger als einen Monat **außerhalb der BRD** zu erbringen hat, muss ihm der Verleiher die Niederschrift über die wesentlichen Arbeitsbedingungen **vor Abreise ins Ausland** aushändigen (§ 2 Abs. 2 NachwG).

13 Die Niederschrift muss hierbei folgende **zusätzliche** Angaben enthalten:
 – Dauer der im Ausland auszuübenden Tätigkeit,
 – Währung, in der das Arbeitsentgelt ausgezahlt wird,
 – ggf. ein zusätzliches mit dem Auslandsaufenthalt verbundenes Arbeitsentgelt sowie damit verbundene zusätzliche Sachleistung,
 – die Rückkehrbedingungen des Arbeitgebers (vgl. § 2 Abs. 2 NachwG)

2. Zusätzliche Angaben – Abs. 1 Satz 2 AÜG

14 **Zusätzlich** zu den in § 2 Abs. 1 NachwG genannten Angaben sind in die Niederschrift des Vertrages
 – Firma und Anschrift des Verleihers (nicht lediglich Postfachadresse),
 – Ort und Datum der Erteilung der Erlaubnis nach § 1 AÜG,
 – die ausstellende Erlaubnisbehörde sowie
 – Art und Höhe der Leistungen für Zeiten, in denen der Leiharbeitnehmer nicht verliehen ist,

aufzunehmen.

3. Abbedingung des § 613 Satz 2 BGB

15 Nicht zwingend notwendig ist die Aufnahme des Hinweises auf die **fehlende Geltung des § 613 Satz 2 BGB** in den Leiharbeitsvertrag (sog. Leiharbeitnehmerklausel). § 613 Satz 2 BGB regelt, dass der Anspruch des Arbeitgebers auf die Dienste des Arbeitnehmers **im Zweifel** nicht übertragbar ist.

16 Im Fall des Fehlens einer arbeitsvertraglichen Leiharbeitnehmerklausel kann dem Arbeitnehmer jedoch ein **Zurückbehaltungsrecht** ggü. seinem Arbeitgeber

zustehen.⁸ Praktisch denkbar ist dies bei Arbeitnehmern von Mischbetrieben.⁹ Allerdings setzt § 613 Satz 2 BGB **keine ausdrückliche Vereinbarung** voraus. Wird ein Arbeitnehmer regelmäßig im Wege einer Arbeitnehmerüberlassung eingesetzt, ohne diesen Einsätzen zu widersprechen, ist von einer **stillschweigenden Regelung** auszugehen.¹⁰

4. Aushändigung und Aufbewahrung

Den Nachweis über den wesentlichen Inhalt des Arbeitsverhältnisses muss der Verleiher dem Leiharbeitnehmer spätestens einen Monat nach dem vereinbarten Beginn des Arbeitsverhältnisses, im Fall einer Auslandstätigkeit des Leiharbeitnehmers spätestens vor dessen Abreise aushändigen (§ 2 Abs. 1 Satz 1, Abs. 2 NachwG). Streitig ist, ob auf den **vertraglich vereinbarten Beginn** des Arbeitsverhältnisses oder den Beginn der **tatsächlichen Arbeitsaufnahme** abzustellen ist.¹¹ Änderungen – auch tatsächlicher Art – müssen spätestens nach einem Monat mitgeteilt werden. 17

§ 11 Abs. 1 Satz 5 AÜG a.F. verpflichtete den Verleiher, eine Durchschrift der dem Leiharbeitnehmer überlassenen Urkunde **3 Jahre lang aufzubewahren**. Mit der vorletzten Neufassung des § 11 AÜG (Änderung zum 31.12.2002¹²) ist Satz 5 entfallen. Der Verleiher bleibt jedoch gem. § 7 Abs. 2 Satz 4 AÜG zur Aufbewahrung einer Durchschrift verpflichtet, da es sich insoweit um **Geschäftsunterlagen** i.S.d. § 7 Abs. 2 Satz 4 AÜG handelt.¹³ 18

III. Freiwillige Angaben

Wegen der i.R.d. Arbeitnehmerüberlassung geltenden Besonderheiten bei der Beschäftigung nicht-deutscher Leiharbeitnehmer (vgl. § 11 Abs. 2 Satz 2, §§ 15 ff. AÜG) ist es empfehlenswert, auch eine ausländische Staatsangehörigkeit mit in den Arbeitsvertrag aufzunehmen. 19

---

8 *Ulber* § 1 AÜG Rn. 41.
9 Vgl. § 1 Rdn. 22 ff.
10 LAG Düsseldorf, 27.08.2007 – 17 Sa 270/07, LAGE § 10 AÜG Nr. 4 = EzAÜG § 10 AÜG Fiktion Nr. 119.
11 Vgl. zum Meinungsstand *Boemke/Lembke* § 11 AÜG Rn. 84.
12 Erstes Gesetz für moderne Dienstleistungen am Arbeitsmarkt, BGBl. I 2002, 4607.
13 Vgl. § 7 Rdn. 4.

20 Wegen des Bestehens des sich aus den Sondervorschriften ergebenden sachlichen Grundes kommt insoweit ein Verstoß gegen die Vorschriften des AGG nicht in Betracht.

IV. Inhaltliche Ausgestaltung

21 Das Arbeitsverhältnis[14] kommt ausschließlich zwischen dem Leiharbeitnehmer und dem Verleiher zustande (§§ 9, 11 AÜG). Den Verleiher treffen daher die üblichen Arbeitgeberpflichten, hierzu gehören die Pflicht zur Zahlung des **Entgelts**, zur Einbehaltung und Abführung der **Lohnsteuer**, zur Zahlung des **Gesamtsozialversicherungsbeitrages** (§ 28e Abs. 1 Satz 1 SGB IV) und des Beitrags zur gesetzlichen **Unfallversicherung** (§ 150 Abs. 1 Satz 1 SGB VII) sowie das **Arbeitgeberrisiko** (§ 1 Abs. 2, § 3 Abs. 1 Nr. 1 bis 5 AÜG). Der Leiharbeitnehmer verpflichtet sich zur ordnungsgemäßen Arbeitsleistung, die er (auch) im Betrieb Dritter erbringt.[15]

1. Inhaltskontrolle

22 Wegen seiner Einordnung als Arbeitsvertrag sind auf den Leiharbeitsvertrag ohne Einschränkungen die **Vorschriften der §§ 305 ff. BGB** anzuwenden. Entscheidungen hierzu sind insb. zum Sonderproblem einer Vereinbarkeit der (gestaffelten) Verweisung auf Tarifverträge der Zeitarbeitsbranche ergangen.[16] Teilweise wird die Zulässigkeit solcher Verweisungsklauseln mit Blick auf die Leiharbeitsrichtlinie 2008/104/EG insgesamt abgelehnt.[17] Aufgrund der i.R.d. Arbeitnehmerüberlassung häufig geltenden kurzen Kündigungsfristen, wurde nach den Grundsätzen der §§ 305 ff. BGB zudem die Unwirksamkeit von unverhältnismäßig hohen Vertragsstrafen festgestellt und eine geltungserhaltende Reduktion insoweit verneint.[18]

▶ **Beispiel:**

Im Leiharbeitsvertrag ist für die Dauer der sechsmonatigen Probezeit eine Kündigungsfrist von zwei Wochen vereinbart. Des Weiteren wurde folgende Vertragsstrafenabrede getroffen:

---

14 S. zu den Vertragspflichten auch § 1 Rdn. 40 ff.
15 Vgl. zu den Rechtsbeziehungen § 1 Rdn. 71 ff.
16 Vgl. hierzu § 8 Rdn. 108 ff.
17 Vgl. *Zimmer* NZA 2013, 289 m.w.N.
18 LAG Niedersachsen, 31.10.2003 – 16 Sa 1211/03, EzAÜG § 626 BGB Nr. 4.

> »Der Arbeitgeber ist berechtigt, eine Vertragsstrafe von 20 Bruttotagesarbeitsverdiensten einzubehalten, wenn der Arbeitnehmer rechtswidrig die Arbeit nicht aufnimmt oder schuldhaft die verhaltensbedingte Kündigung des Arbeitsverhältnisses herbeiführt.«
>
> Der Arbeitgeber kündigt das Arbeitsverhältnis, da der Arbeitnehmer rechtswidrig seine Arbeit nicht aufnimmt und macht die Vertragsstrafe geltend. Die Vertragsstrafenabrede ist unwirksam, da sie die Dauer der Kündigungsfrist (um nahezu das Doppelte) überschreitet.[19]

Einschränkungen der inhaltlichen Ausgestaltung von Leiharbeitsverträgen ergeben sich zudem unmittelbar aus dem AÜG selbst.[20] 23

2. Ausprägungen der Leiharbeit

Das Leiharbeitsverhältnis kann entsprechend den allgemeinen Grundsätzen auch als **Teilzeitarbeitsverhältnis** abgeschlossen werden.[21] 24

Streitig ist, ob ein Leiharbeitsverhältnis als **Abrufarbeitsverhältnis** i.S.d. § 12 TzBfG begründet werden kann. Höchstrichterlich geklärt ist die Frage bisher nicht. Die herrschende Meinung in der Literatur geht von einer Zulässigkeit aus.[22] Selbstverständlich kann jedoch auch im Bereich der Leiharbeit die Vereinbarung von Abrufarbeit nur zulässig sein, wenn sie sich in den gesetzlich vorgegebenen Grenzen bewegt. Gem. **§ 12 TzBfG** ist die Vereinbarung einer variablen Arbeitszeit lediglich unter der Bestimmung eines **festen Arbeitszeitumfangs** möglich. Durch die Vereinbarung wurde aufgrund der gesetzlichen Fiktion eines festen Arbeitsdeputats eine Abwälzung des Beschäftigungsrisikos auf den Leiharbeitnehmer verhindert. Ruft der Arbeitgeber das vereinbarte Arbeitsvolumen nicht ab, besteht für den Leiharbeitnehmer ein nicht abdingbarer Anspruch auf Vergütung bei **Annahmeverzug gem. § 615 Satz 1 BGB i.V.m. § 11 Abs. 4 Satz 2 AÜG**. Die Agentur für Arbeit erkennt Abrufarbeit grds. weiterhin nur dann im Leiharbeitsverhältnis an, wenn das **tägliche, wöchentliche oder monatliche Arbeitsvolumen** festgelegt ist, 25

---

19 Ebenda.
20 Vgl. Rdn. 34 ff., 48 ff.; § 9 Rdn. 39 ff.
21 Allgemein vgl. *Meinel/Heyn/Herms* § 8 TzBfG Rn. 1 ff.
22 Zum Meinungsstand vgl. *Thüsing/Pötters* BB 2012, 317 m.w.N.

weshalb die Vereinbarung von Jahresarbeitszeitverträgen als grds. unzulässig eingeordnet ist.[23]

B. Merkblatt für Leiharbeitnehmer – Abs. 2

I. Merkblatt

26 § 11 Abs. 2 AÜG verpflichtet den Arbeitgeber, dem Leiharbeitnehmer bei Abschluss des Leiharbeitsvertrages ein **Merkblatt der Erlaubnisbehörde** über den wesentlichen Inhalt des AÜG auszuhändigen. Der Text des Merkblattes ist von der BA festgelegt, und wurde in nahezu allen europäischen Sprachen verfasst.

▶ Praxistipp:

Eine Kopie des Merkblattes für Leiharbeitnehmer ist im Anhang abgedruckt.

27 Das Merkblatt ist **nicht-deutschen Leiharbeitnehmern** auf Verlangen in ihrer **Muttersprache** auszuhändigen. Die Aushändigung des Merkblattes in der Muttersprache muss bei entsprechendem Verlangen des ausländischen Mitarbeiters **unabhängig von dessen Sprachkenntnissen** erfolgen.[24] Streitig ist, ob der Verleiher das Merkblatt auf eigene Kosten übersetzen lassen muss, sofern die Arbeitsagentur kein Merkblatt in der Muttersprache des ausländischen Arbeitnehmers vorhält.[25]

II. Information über Einsatzform

28 Gemäß § 11 Abs. 2 Satz 3 AÜG[26] ist der Verleiher verpflichtet, den Leiharbeitnehmer – vor jeder Überlassung – darüber zu informieren, dass er als Leiharbeitnehmer tätig wird. Sinn und Zweck dieser Vorschrift ist eine **Transparenz** für den Leiharbeitnehmer in Zweifelsfällen, die ihn besser als bisher in

---

23 FW AÜG § 11 Abs. 8.
24 LSG HB, 15.03.1983 – L5 BR 11/82, n.v.; ErfK/*Wank* § 11 AÜG Rn. 14 m.w.N.
25 Verneinend ErfK/*Wank* § 11 Rn. 14; bejahend HWK/*Gotthardt* § 11 AÜG Rn. 20 m.w.N.
26 Eingefügt durch das Gesetz zur Änderung des Arbeitnehmerüberlassungsgesetzes und anderer Gesetze vom 21.02.2017, BGBl. I, 258.

die Lage versetzen soll, die ihm nach dem AÜG zustehenden Rechte geltend zu machen.[27]

Diese **Offenlegungspflicht** ergänzt § 1 Abs. 1 Satz 5 und 6 AÜG und stellt eine zusätzliche Vorkehrung gegen missbräuchliche Werkverträge und verdeckte Arbeitnehmerüberlassung dar.[28]

Der Wortlaut ist hier missverständlich. Erst aus der Gesetzesbegründung ergibt sich, dass die Informationspflicht natürlich nur dann gegeben ist, **wenn** der Leiharbeitnehmer als solcher tätig wird. Es soll offen gelegt werden, ob es sich um einen Einsatz als Leiharbeitnehmer oder als Erfüllungsgehilfe im Rahmen eines Dienst- oder Werkvertrages tätig wird. Im Umkehrschluss und unter Heranziehung des Rechtsgedanken der § 1 Abs. 1 Satz 5 und 6 AÜG bedeutet dies wohl, dass bei Fehlen einer Information keine Arbeitnehmerüberlassung vorliegt.

Die Informationspflicht des Verleihers ist nach § 16 Absatz 1 Nr. 8 AÜG bußgeldbewehrt.

▶ Praxistipp:

Auch wenn § 11 Abs. 2 Satz 3 AÜG keine Form vorschreibt, sollte zur Beweissicherung und im Hinblick auf die Bußgeldbewehrung die Information des Zeitarbeitnehmers über die Einsatzform schriftlich erfolgen.

Dies kann in der Praxis relativ einfach durch einen Zusatz in der Einsatzmeldung geschehen.

C. Unterrichtungs- und Hinweispflichten des Verleihers – Abs. 3

Entfällt die nach § 1 AÜG notwendige Erlaubnis des Verleihers zur Arbeitnehmerüberlassung, hat er den Leiharbeitnehmer unverzüglich über den **Zeitpunkt des Wegfalls der Erlaubnis** zu unterrichten. In den Fällen der Nichtverlängerung (§ 2 Abs. 4 Satz 3 AÜG), der Rücknahme (§ 4 AÜG) oder des Widerrufs (§ 5 AÜG) hat er ihn ferner auf das **voraussichtliche Ende der Abwicklung** (§ 2 Abs. 4 Satz 4 AÜG) und die **gesetzliche Abwicklungsfrist** (§ 2 Abs. 4 Satz 4 letzter Halbs. AÜG) hinzuweisen.

29

---

27 BT-Drucks. 294/16 vom 02.06.2016, Begründung zu Nr. 7.
28 S.o. § 1 Rdn. 277 ff.; *Oberthür* ArbRB 2016, 1; *Schiefer/Köster* DB 2016, 169; *Seel* öAT 2016, 27.

I. Form

30 Nach dem Gesetzeswortlaut besteht für die Unterrichtung nach § 11 Abs. 3 AÜG **keinerlei Formerfordernis**. Ob hieraus eine Formfreiheit folgt ist indes streitig. Teilweise wird im Sinne eines Umkehrschlusses eine **schriftliche Dokumentation der Unterrichtung** über den Wegfall der Erlaubniserteilung wegen der Pflicht zur schriftlichen Bestätigung des Bestehens einer Erlaubnis gem. § 11 Abs. 1 Satz 2 Nr. 1 AÜG angenommen.[29]

▶ Praxistipp:

Schon aus Beweisgründen sollte die Unterrichtung des Zeitarbeitnehmers bei Erlaubniswegfall in der Praxis immer schriftlich erfolgen.[30]

II. Unterrichtung bei Erlaubniswegfall – Abs. 3 Satz 1

31 Im Fall eines Wegfalls der Erlaubnis zur Arbeitnehmerüberlassung hat der Verleiher den Leiharbeitnehmer unverzüglich über diesen Umstand sowie den Zeitpunkt des Wegfalls zu unterrichten. Bestehen noch **Zweifel über den Zeitpunkt des Wegfalls** der Erlaubnis, ist der **voraussichtliche** Zeitpunkt des Wegfalls dem Leiharbeitnehmer mitzuteilen.[31]

III. Hinweis bei Nichtverlängerung, Rücknahme, Widerruf – Abs. 3 Satz 2

32 In den Fällen der Nichtverlängerung, Rücknahme oder des Widerrufs der Verleiherlaubnis muss der Verleiher den darüber hinausgehenden Unterrichtungs- und Hinweispflichten genügen. § 11 Abs. 3 Satz 2 AÜG ordnet an, dass in diesen Fällen der Verleiher den Leiharbeitnehmer zusätzlich auch auf das voraussichtliche Ende der Abwicklung gem. § 2 Abs. 4 Satz 4 AÜG und die gesetzliche Abwicklungsfrist des § 2 Abs. 4 Satz 4 letzter Halbs. hinzuweisen hat.

33 Der Hinweis auf das voraussichtliche Ende der Abwicklung sowie die gesetzliche Abwicklungsfrist von max. zwölf Monaten ist für den Leiharbeitnehmer insoweit von Bedeutung, als während der Abwicklungsfrist die Verleiherlaubnis

---

29 Vgl. zum Meinungsstand Schüren/Hamann/*Schüren* § 11 AÜG Rn. 90.
30 Ebenso *Boemke/Lembke* § 11 AÜG Rn. 111.
31 ErfK/*Wank* § 11 AÜG Rn. 15 m.w.N.

als **fortbestehend fingiert** wird.³² Nach herrschender Ansicht ist der Verleiher **nicht** verpflichtet, auf die **Rechtsfolgen** des Fortfalls der Erlaubnis hinzuweisen.³³

D. Unanwendbarkeit des § 622 Abs. 5 Nr. 1 BGB und Unabdingbarkeit des § 615 Satz 1 BGB – Abs. 4 Satz 1 und 2

Regelungszweck des § 11 Abs. 4 Satz 1 und 2 AÜG ist es, eine **Verlagerung des Betriebsrisikos** beschäftigungsfreier Zeiten vom Verleiher auf den Leiharbeitnehmer zu verhindern. Die Regelungen stellen insoweit eine **Ergänzung der §§ 3, 9 und 10 AÜG** dar.³⁴ Aus diesem Grund soll § 11 Abs. 4 Satz 1 und 2 AÜG ausschließen, dass für Leiharbeitnehmer kürzere Kündigungsfristen nach § 622 Abs. 5 Nr. 1 BGB vereinbart oder die Vorschrift des § 615 BGB über die Zahlung des Arbeitsentgelts bei Annahmeverzug des Arbeitgebers abbedungen wird.³⁵ 34

I. Unanwendbarkeit des § 622 Abs. 5 Nr. 1 BGB – Abs. 4 Satz 1

§ 11 Abs. 4 Satz 1 AÜG verbietet die Einordnung eines Leiharbeitnehmers als vorübergehende Aushilfe. Die bei **Aushilfsarbeitsverhältnissen** zulässige einzelvertragliche Verkürzung der Kündigungsfristen des § 622 BGB ist im Leiharbeitsverhältnis **nicht anwendbar**. 35

Möglich ist demgegenüber eine Verkürzung der Kündigungsfristen gem. § 622 Abs. 5 Nr. 2 BGB, soweit der Verleiher **nicht mehr als 20 Arbeitnehmer** beschäftigt und die Kündigungsfrist **4 Wochen** nicht unterschreitet. 36

Ebenfalls möglich ist eine Verkürzung der Kündigungsfristen durch **tarifvertragliche** Vorschriften.³⁶ 37

II. Unabdingbarkeit des § 615 Satz 1 BGB – Abs. 4 Satz 2

Nach § 615 Satz 1 BGB besteht eine Verpflichtung zur Fortzahlung der vereinbarten Vergütung, soweit der Verleiher als Arbeitgeber in **Annahmeverzug** 38

---

32 Schüren/Hamann/*Schüren* § 11 AÜG Rn. 91; zur Fiktion der Verleiherlaubnis vgl. § 2 Rdn. 46.
33 Vgl. zum Meinungsstand Thüsing/*Mengel* § 11 AÜG Rn. 39 m.w.N.
34 *Sandmann/Marschall* § 11 AÜG Rn. 22.
35 Vgl. *Boemke/Lembke* § 11 AÜG Rn. 113 unter Hinweis auf BT-Drucks. VI/2303, 14.
36 Vgl. hierzu insb. zur Inbezugnahme von Tarifverträgen § 8 Rdn. 108 ff.

gerät. Um den Verleiher in Annahmeverzug zu versetzen ist nach § 296 Satz 1 BGB selbst ein wörtliches Angebot des Leiharbeitnehmers entbehrlich, wenn für eine Mitwirkungshandlung des Verleihers als Gläubiger i.S.d. § 295 Satz 1, 2. Alt. BGB eine Zeit nach dem Kalender bestimmt ist und der Verleiher diese Handlung nicht rechtzeitig vornimmt. Danach hat der Arbeitgeber als Gläubiger der Arbeitsleistung dem Arbeitnehmer einen funktionsfähigen Arbeitsplatz zur Verfügung zu stellen und ihm **konkrete Arbeit zuzuweisen**.

1. Obliegenheit des Verleihers

39 Der Arbeitgeber muss den Arbeitseinsatz des Arbeitnehmers fortlaufend **planen und konkretisieren** (Ort, Zeit etc.).[37] Durch die Regelung des § 11 Abs. 4 Satz 2 AÜG hat der Gesetzgeber ausdrücklich festgelegt, dass diese Grundsätze auch für das Leiharbeitsverhältnis gelten und eine von § 615 Satz 1 BGB abweichende Aufhebung oder Beschränkung des Anspruchs auf Vergütung aus Annahmeverzug unzulässig ist. Dem Verleiher obliegt es daher, dem Arbeitnehmer einen neuen Arbeitseinsatz zuzuweisen, wenn der vorangegangene Einsatz des Leiharbeitnehmers endet.

40 Das **Risiko einer fehlenden Einsetzbarkeit** soll nach dem eindeutigen Willen des Gesetzgebers den Verleiher treffen. Dies gilt auch für den Fall, dass ein Entleiher einen weiteren Einsatz des Arbeitnehmers ablehnt und hierzu zur Begründung anführt, dieser verfüge nicht über die erforderlichen Qualifikationen, weshalb ein anderer Arbeitseinsatz nicht möglich sei. **Annahmeverzug** im Leiharbeitsverhältnis tritt danach ohne Weiteres ein, wenn der Arbeitgeber dem Arbeitnehmer nach einem beendeten Arbeitseinsatz keine neue Arbeit zuweist. Anderes kann lediglich dann gelten, wenn der Arbeitgeber Arbeit hat und diese zuweisen will, der Leiharbeitnehmer aber **nicht erreichbar** ist.[38]

2. Annahmeverzug durch »Minusstunden« im Arbeitszeitkonto (AZK) bei Nichteinsatz

41 In den Branchentarifverträgen Zeitarbeit (BAP/iGZ) sind Arbeitszeitkontenregelungen vorgesehen, um den Besonderheiten der Arbeitnehmerüberlassung bei wechselnden Einsätzen Rechnung zu tragen. So können Stunden, die über die regelmäßige Monatsarbeitszeit hinausgehen, eingestellt werden

---

37 BAG, 19.01.1999 – 9 AZR 679/97, EzA § 615 BGB Nr. 93.
38 LAG Köln, 29.11.2005 – 9 Sa 659/05, EzA-SD 2006, Nr. 9, 8.

(**Plusstunden**) und auch Stunden als Freizeitausgleich herausgenommen werden (**Minusstunden**).[39]

In der Praxis kommt es immer wieder zum Streit, ob das Zeitarbeitsunternehmen, **Zeiten des Nichteinsatzes** eines Zeitarbeitnehmers, durch Verfügung über das Guthaben des AZK und Abzug der entsprechenden **Minusstunden** ausgleichen darf.

Zwar hat das BAG in seiner Entscheidung vom 16.03.2014 die grundsätzliche Zulässigkeit von Arbeitszeitkonten in der Zeitarbeit bejaht, die Frage des Annahmeverzuges bei Nichteinsatz jedoch offen gelassen.[40] Hierdurch ist eine gegensätzliche Rechtsprechung entstanden, die entweder den Abzug von Minusstunden bei Nichteinsatz grds. oder zumindest in einigen Fallkonstellationen zulässt[41] oder gänzlich ablehnt, weil sie hierin einen Fall des Annahmeverzuges gemäß § 11 Abs. 4 AÜG i.V.m. § 615 BGB sieht.[42]

Die Buchung von Minusstunden bei Nichteinsatz stellt keinen Fall des Annahmeverzuges gemäß § 11 Abs. 4 AÜG i.V.m. § 615 BGB dar. Es handelt sich hier um eine tarifvertragliche und nicht um eine vertragliche Arbeitszeitkontenregelung, die durch ihre Formulierung genau diesen Fall erfassen soll und genauso von den Tarifvertragsparteien gewollt ist.[43] Der Zeitarbeitnehmer erhält unabhängig von der tatsächlich erbrachten Arbeitsleistung eine

---

39 § 4.2 MTV-BAP; § 3.2.1 MTV-iGZ; *Hurst* Tarifverträge in der Zeitarbeit.
40 BAG, 16.04.2014 – 5 AZR 483/12.
41 LAG Baden-Württemberg, 29.04.2009 – 17 Sa 4/09; LAG Düsseldorf, 16.11.2011 – 7 Sa 567/11; LAG Baden-Württemberg, 06.03.2012 – 22 Sa 58/11; ArbG Duisburg, 30.07.2012 – 3 Ca 916/12; LAG Hamburg, 22.07.2014 – 4 Sa 56/13; ArbG Frankfurt a.M., 05.03.2014 – 22 Ca 4856/13; LAG Hessen, 09.06.2015 – 15 Sa 766/14 (Revision BAG, 5 AZR 854/15); ArbG Köln, 03.08.2016 – 3 Ca 82/16; *Bissels* jurisPR-ArbR 43/2015 Anm. 6; *Mehnert* BB 2015, 832; *Boemke* jurisPR-ArbR 30/2009 Anm. 4; *Krause* in: Henssler/Willemsen/Kalb, Arbeitsrecht, § 615 BGB Rn. 107; *Thüsing/Pötters* BB 2012, 317; *Motz* in: BeckOK-ArbR § 11 AÜG Rn. 16a.
42 LAG Berlin-Brandenburg, 17.12.2014 – 15 Sa 982/145 (Revision BAG, 5 AZR 109/15); LAG Hessen, 28.04.2016 – 9 Sa 1287/15; *Schüren* BB 2012, 1411; *Ulber* NZA 2009, 232.
43 So führt der Deutsche Gewerkschaftsbund (DGB) in einem Schreiben vom 22.09.2004 an den Bundesverband Zeitarbeit (BZA) aus, dass »*der Tarifvertrag damit nach seinem Wortlaut auch eine Verbuchung von einsatzfreien Zeiten als Minusstunden zulässt*«; ausführlich *Hurst* Tarifverträge in der Zeitarbeit, S. 63 ff.

bestätigte, arbeitsvertraglich vereinbarte Vergütung. Bei den Guthaben auf dem AZK handelt es sich lediglich um Stunden, die über die regelmäßige Arbeitszeit hinausgehen. Schon durch dieses verstetigte Monatseinkommen kann kein Annahmeverzug gegeben sein. Die darüber hinausgehende Arbeit darf mit bezahlter Freizeit entgolten werden.

3. Darlegungs- und Beweislast

42 Kommt der Verleiher seiner Obliegenheit, dem Leiharbeitnehmer die Leistungserbringung durch hinreichend konkrete Weisung zu ermöglichen, nicht nach, gerät er in Annahmeverzug, **ohne** dass es eines **Angebots der Arbeitsleistung** durch den Arbeitnehmer bedarf.

43 Im Fall einer streitigen Auseinandersetzung muss der **Arbeitgeber** daher im Einzelnen **darlegen und ggf.** beweisen, dass er dem Arbeitnehmer eine Arbeit in einem bestimmten Entleiherbetrieb zugewiesen hat.[44]

4. Reichweite des Verbots

44 Das Verbot der Abbedingung des § 615 Satz 1 BGB wird teilweise weit ausgelegt. Die Bedeutung des § 11 Abs. 4 Satz 2 AÜG dürfe nicht darauf beschränkt werden, die Höhe des während des Annahmeverzuges zu entrichtenden Arbeitsverdienstes und den Wegfall einer Nachleistungspflicht des Arbeitnehmers zu sichern. Vielmehr sei **jede Verlagerung des Arbeitgeberrisikos** auf den Leiharbeitnehmer im Fall einer vom Arbeitgeber zu verantwortenden Einsatzunterbrechung nach dem Willen des AÜG ausgeschlossen.

45 Einigkeit besteht lediglich insoweit, als Klauseln zulässig sind, welche die **Erreichbarkeit** des Arbeitnehmers im Fall einsatzfreier Zeiten regeln. Hierbei ist Erreichbarkeit keinesfalls gleichzusetzen mit aktiven Meldepflichten.[45]

5. Wegen Verstoßes gegen § 11 Abs. 4 AÜG unzulässige Klauseln

46 Bei der Vertragsgestaltung von Leiharbeitsverträgen ist neben den allgemeinen Grundsätzen, was insb. die Beachtung der §§ 305 ff. BGB betrifft, das aus § 11 Abs. 4 Satz 2 AÜG folgende **Verbot der Verlagerung des Wirtschaftsrisikos** auf den Arbeitnehmer zu beachten.

---

44 LAG Rheinland-Pfalz, 24.04.2008 – 10 Sa 19/08, EzAÜG § 11 AÜG Verleiherpflicht Nr. 5 unter Hinweis auf BAG, 19.01.1999 – 9 AZR 679/97, NZA 1999, 925.
45 Vgl. Beispiele unter Rdn. 46.

▶ **Beispiele:**

Wegen eines Verstoßes gegen § 11 Abs. 4 AÜG sollen nach der bisherigen Rechtsprechung folgende Klauselinhalte unwirksam sein:

Einräumung eines Dispositionsrechts des Arbeitgebers, das bis zur 70. Guthabenstunde eines Leiharbeitnehmers in einsatzfreien Zeiten einen Stundenminuszeitausgleich in einsatzfreien Zeiten bis auf »0« zulässt.[46]

Verpflichtung eines Leiharbeitnehmers, sich an Tagen ohne Arbeitseinsatz um 08:00 Uhr und um 16:00 Uhr telefonisch im Büro des Arbeitgebers zu melden.[47] (Auch die wohl herrschende Meinung in der Literatur hält eine Pflicht zur [telefonischen] Meldung an einsatzfreien Tagen für unwirksam[48]).

Entfallen der Arbeitsentgeltzahlungspflicht, wenn die Nichtunterbringung bzw. Nichtbeschäftigung der Arbeitnehmer im Vertragsgebiet durch einen Arbeitskampf bedingt sind.[49]

E. Kurzarbeitergeld, Abs. 4 Satz 3

Die Regelung zum Kurzarbeitergeld ist zum 31.12.2011 ausgelaufen.[50]   47

---

[46] LAG Rheinland-Pfalz, 24.04.2008 – 10 Sa 19/08, EzAÜG § 11 AÜG Verleiherpflicht Nr. 5.
[47] ArbG Frankfurt, 20.12.2005 – 5 Ca 6207/04, EzAÜG § 11 AÜG Annahmeverzug Nr. 1 m.w.N.; AG Bremen, 01.08.2002 – 5 Ca 5089/02, n.v. (juris); *Ulber* § 11 AÜG Rn. 107; Schüren/Hamann/*Schüren* § 11 AÜG Rn. 103.
[48] ArbG Frankfurt, 20.12.2005 – 5 Ca 6207/04, EzAÜG § 11 AÜG Annahmeverzug Nr. 1; Hessisches LAG, 23.01.1987 – 13 Sa 1007/86, EzAÜG Nr. 228 = DB 1987, 1741; ArbG Bremen, 01.08.2002 – 5 Ca 5089/02, n.v.; *Ulber* § 11 AÜG Rn. 65; Schüren/Hamann/*Schüren* § 11 AÜG Rn. 103; Becker/*Wulfgramm* Art. 1 § 11 AÜG Rn. 55b.
[49] LSG NRW, 30.08.2006 – L 12 AL 168/05, NZA 2007, 4 m.w.N.; i.Ü. vgl. Rdn. 49.
[50] Vertiefend Thüsing/*Mengel* § 11 AÜG Rn. 48 f. m.w.N.

F. Arbeitskampf im Entleiherbetrieb – Abs. 5

I. Leistungsverweigerungsrecht

48 Leiharbeitnehmer dürfen sich **nicht an einem Arbeitskampf** gegen das entleihende Unternehmen **beteiligen**. Dies folgt bereits daraus, dass sog. Sympathiestreiks nach höchstrichterlicher Rechtsprechung grds. unzulässig sind.[51] Andererseits haftet einer Weiterarbeit der Leiharbeitnehmer in einem bestreikten Betrieb – unabhängig von der abweichenden rechtlichen Einordnung – nicht selten der Geruch des »Streikbrechens« an. Genau hier setzt § 11 Abs. 5 AÜG an und will verhindern, dass der Leiharbeitnehmer gegen seinen Willen als Streikbrecher eingesetzt wird.[52]

49 Daher bestimmt § 11 Abs. 5 AÜG für den Fall eines Streiks beim Entleiher ein **Leistungsverweigerungsrecht** der dort eingesetzten Leiharbeitnehmer. Diese sind nicht verpflichtet, bei einem Entleiher tätig zu sein, soweit dieser durch einen Arbeitskampf unmittelbar betroffen ist. Dabei ist es nicht maßgeblich, ob der Arbeitskampf rechtmäßig oder rechtswidrig ist. Eine Beurteilung oder Überprüfung soll gerade nicht stattfinden.[53]

50 Auf dieses Recht hat der Verleiher den einzelnen Leiharbeitnehmer gem. § 11 Abs. 5 Satz 2 AÜG **hinzuweisen**.

> ▶ Praxistipp:
>
> Diese Information muss konkret **vor Beginn** des betroffenen Einsatzes geschehen. Eine allgemeine Information z.B. im Arbeitsvertrag genügt **nicht**. Beginnt der Streik erst nach der Überlassung an den Entleiher hat der Verleiher **unverzüglich** nach dem Beginn des Arbeitskampfes zu informieren.

51 Das gesetzlich ausdrücklich geschützte Arbeitsverweigerungsrecht im Arbeitskampf des Einzelbetriebs hat **nicht den Verlust des Vergütungsanspruchs** zur Folge. Das Risiko einer Bestreikung des Entleihers ist dem Verleiher

---

51 BAG, 20.12.1963 – 1 AZR 157/63, AP GG Art. 9 Arbeitskampf Nr. 34.
52 BT-Drucks. VI/2303, 14; ausführlich zum Themenkomplex Streik *Ulber* § 11 Rn. 127 ff.
53 *Sandmann/Marschall* § 11 Rn. 30 m.w.N.

zugewiesen. Dieser ist umgekehrt berechtigt, den Leiharbeitnehmer bei anderen Entleihern einzusetzen.[54]

II. Einsatzverbot

Die Gewerkschaften haben neben diesem Leistungsverweigerungsrecht schon 52 immer ein generelles **Einsatzverbot** von Leiharbeitnehmern bei Streik gefordert.[55] Aufgrund dieses Drucks haben die Verbände bei den Tarifverhandlungen 2013 eine Art »Selbstverpflichtung« in ihre **Tarifverträge** mit aufgenommen (§ 17.1 MTV BAP/§ 12 MTV iGZ):

▶ **Beispiele:**

> Mitarbeiter werden im Umfang eines Streikaufrufs einer Mitgliedsgewerkschaft der DGB-Tarifgemeinschaft Zeitarbeit nicht in Betrieben oder Betriebsteilen eingesetzt, die ordnungsgemäß bestreikt werden. Dies gilt auch für Mitarbeiter, die bereits vor Beginn der Arbeitskampfmaßnahme in dem Betrieb eingesetzt wurden. Hiervon können die Parteien des Arbeitskampfes im Einzelfall abweichende Vereinbarungen treffen (z.B. Notdienst-vereinbarungen). Die Regelung des § 11 Abs. 5 AÜG bleibt unberührt.

Welchen Rechtscharakter ein solches tarifliches Einsatzverbot hat und vor allem ob und welche durchsetzbaren Rechtsfolgen sich hieraus ergeben ist jedoch äußerst umstritten.[56]

Durch die AÜG-Reform 2016 wurde nun ein echtes **Einsatzverbot** für Leih- 53 arbeitnehmer in bestreikten Betrieben in das **Gesetz** aufgenommen.[57] Ziel ist es, das »nicht ausreichende« Leistungsverweigerungsrecht und die »nicht wirksame« Tarifklausel zu ergänzen bzw. durchzusetzen. Darüber hinaus soll der grenzüberschreitende Einsatz von Leiharbeitnehmern zum »Streikbruch« verhindert werden.[58]

---

54 *Brors/Schüren* BB 2004, 2745; Schüren/Hamann/*Feuerborn* § 11 AÜG Rn. 107 m.w.N.; a.A. *Melms/Lipinski* BB 2004, 2409.
55 Z.B. Beschluss der IG BCE auf dem Bundeskongress 10/2013.
56 *Boemke/Sachadae* DB 2015, 1467; *Boemke/Sachadae* BB 2015, 1781 m.w.N.
57 Eingefügt durch das Gesetz zur Änderung des Arbeitnehmerüberlassungsgesetzes und anderer Gesetze vom 21.02.2017, BGBl. I, 258.
58 BT-Drucks. 294/16 vom 02.06.2016, Begründung zu Nr. 7b.

1. Durch Arbeitskampf betroffene Betriebe

54 Die neue Verbotsnorm in § 11 Abs. 5 Satz 1 AÜG richtet sich allein an den Entleiher und bestimmt, dass dieser Leiharbeitnehmer nicht tätig werden lassen darf, wenn sein Betrieb unmittelbar durch einen Arbeitskampf betroffen ist.

Mit Betrieb dürfte die, durch das BAG[59] grds. definierte, »organisatorische Einheit von Arbeitsmitteln« gemeint sein. Das Einsatzverbot bezieht sich also nur auf den **Betrieb**, nicht auf das Unternehmen. Damit bleibt das **Konzernprivileg** gemäß § 1 Abs. 3 Nr. 2 AÜG unberührt. Der Personalaustausch und auch die Überlassung von Personal innerhalb eines Konzerns ist damit auch in einen bestreikten Betrieb weiterhin uneingeschränkt möglich.[60]

2. Ausnahmen

55 Dieses Einsatzverbot war zunächst absolut formuliert. Diese Blockierung wurde erst durch den Kabinettsentwurf vom 1.6.2016 durch einen Ausnahmetatbestand abgemildert.[61] Das Einsatzverbot gilt demnach nicht, wenn der Entleiher sicherstellt, dass Leiharbeitnehmer keine Tätigkeit übernehmen, die bisher von Arbeitnehmern erledigt wurden, die 1. sich im Arbeitskampf befinden oder 2. ihrerseits Tätigkeiten von Arbeitnehmern, die sich im Arbeitskampf befinden, übernommen haben.

Damit soll klargestellt werden, dass Leiharbeiter dann weiter eingesetzt werden dürfen, wenn sichergestellt ist, dass sie nicht (ggf. »in der Kette«) Aufgaben wahrnehmen, die bisher von Streikenden verrichtet wurden.[62]

Durch die Formulierung beinhaltet dieser Ausnahmetatbestand jedoch eine erhebliche Rechtsunsicherheit und dürfte in der Praxis für den

---

59 BAGE 1, 175.
60 So auch die Gesetzesbegründung BT-Drucks. 294/16 vom 02.06.2016, Begründung zu Nr. 7b; vertiefend *Baur/Haußmann* NZA 2016, 803.
61 BT-Drucks. 294/16 vom 02.06.2016.
62 BT-Drucks. 294/16 vom 02.06.2016, Begründung zu Nr. 7b.

Entleiher – auch im Hinblick auf die unverhältnismäßig hohe Bußgeldbewehrung – kaum anwendbar sein. Unstreitig dürfte nur sein, dass bereits im Einsatz befindliche Leiharbeitnehmer auf ihrem ursprünglichen (Einsatz-)Arbeitsplatz weiter eingesetzt werden dürfen. Unklar ist jedoch, was unter Arbeiten von Streikenden bzw. übernommene Arbeiten von Streikenden zu verstehen ist. Eine Abgrenzung insbesondere bei Urlaubs- oder Krankheitsvertretung bzw. bei Mehrarbeit der bereits im Einsatz befindlichen Leiharbeitnehmer ist kaum möglich.[63]

Die Ausführung von Notdienstarbeiten bleibt hingegen von der Regelung des § 11 Abs. 5 unberührt.

▶ Praxistipp:

Bis zur abschließenden gerichtlichen Klärung sollten Kundenunternehmen im Falle eines Arbeitskampfes in dem bestreikten Betrieb den Einsatz von Zeitarbeitnehmern anhand dieser Ausnahme nur sehr restriktiv nutzen. Es sollten nur die Zeitarbeitnehmer weiter eingesetzt werden, die sich bereits in dem einzelnen bestreikten Betrieb im Einsatz befinden. Hierbei ist darauf zu achten, dass sie nur an demselben Arbeitsplatz, mit derselben Arbeitszeit und demselben Arbeitsvolumen wie vor dem Streik eingesetzt werden. Hierbei kann zur Orientierung und zu Beweiszwecken auf den ursprünglichen Arbeitnehmerüberlassungsvertrag (AÜV) zurückgegriffen werden.

III. Kritik

Gegen das neu eingeführte Einsatzverbot in § 11 Abs. 5 Satz 1 AÜG bestehen erhebliche verfassungsrechtliche Bedenken.[64] **56**

Hinsichtlich des Leiharbeitnehmers für das Einsatzverbot dazu, dass sein ursprünglich bestehendes Wahlrecht aufgehoben wird. Dies beschränkt in erheblichem Maße sein »Recht auf Arbeit«[65] und stellt einen Eingriff in seine verfassungsrechtlich gewährleistete Berufsausübungsfreiheit (Art. 12 GG) dar. Das ursprüngliche Streikrecht wird zur **Streikpflicht.**[66] Eine Rechtfertigung

---

63 Siehe auch *Baur/Haußmann* NZA 2016, 803.
64 Vertiefend *Ubber/Löw* BB 2015, 3125; *Grimm/Göbel* ArbRB 2016, 119; *Baur/Haußmann* NZA 2016, 803.
65 BAG, 10.11.1955 – 2 AZR 591/54, BAGE 2, 221.
66 *Thüsing* NZA 2014, 10 spricht von »Zwangssolidarisierung«.

ist nicht ersichtlich. Der in der Gesetzesbegründung angegebene »Schutz des Leiharbeitnehmers« ist bereits durch das bestehende Leistungsverweigerungsrecht hinreichend gegeben.[67]

Auf Arbeitgeberseite liegt sowohl für den Verleiher als auch für den Entleiher ein Eingriff in ihre durch Art. 12, 14 GG geschützte unternehmerische Freiheit vor.

Der stärkste Eingriff dürfte aber wohl auf Entleiherseite hinsichtlich der Koalitionsfreiheit nach Art. 9 GG bestehen. Das Einsatzverbot ist ein Verstoß gegen die staatliche Neutralität bei Tarifverhandlungen und im Arbeitskampf. Es stärkt die Durchsetzungsmacht der Gewerkschaften, indem es der Arbeitgeberseite ein zulässiges Kampfmittel entzieht und gleichzeitig der Gewerkschaft neue (ggf. unfreiwillige) Streikende beschert. Dies verschiebt die Arbeitskampfparität zugunsten der Gewerkschaften und bedeutet einen erheblichen Eingriff in die Grundvoraussetzung des deutschen Tarifvertrags- und Arbeitskampfsystems.

G. Arbeitsschutzrecht – Abs. 6

57 Gem. § 11 Abs. 6 Satz 1 AÜG unterliegt die Tätigkeit des Leiharbeitnehmers im Entleiherbetrieb den dort geltenden **öffentlich-rechtlichen Arbeitsschutzvorschriften**. Für deren Einhaltung trägt der **Entleiher die Verantwortung**. Dies entbindet den **Verleiher** als Vertragsarbeitgeber jedoch nicht von seiner **Mitverantwortlichkeit** (§ 11 Abs. 6 Satz 1 Halbs. 2 a.E. AÜG). Die allgemeinen Vorschriften des Arbeitsschutzgesetzes (§ 8 Abs. 1 ArbSchG) verpflichten Entleiher und Verleiher bei der Durchführung der Sicherheits- und Gesundheitsschutzbestimmungen zur **Zusammenarbeit**.

58 Der Entleiher hat den Leiharbeitnehmer **vor Beginn der Beschäftigung** sowie bei **Veränderung** in seinem Arbeitsbereich über Gefahren für Sicherheit und Gesundheit, denen der Leiharbeitnehmer bei der Arbeit ausgesetzt sein kann, sowie über die Maßnahmen und Einrichtungen zur Abwendung dieser Gefahren zu **unterrichten** (§ 11 Abs. 6 Satz 2 AÜG). Darüber hinaus trifft den Entleiher gem. § 11 Abs. 6 Satz 3 AÜG eine **Unterrichtspflicht** hinsichtlich besonderer **Qualifikationen** oder beruflicher Fähigkeiten oder einer

---

67 *Giesen* ZRP 2016, 130 kritisiert insbesondere die unbelegten Behauptungen in der Gesetzesbegründung.

besonderen **ärztlichen Überwachung** sowie über erhöhte besondere **Gesundheitsgefahren** des Arbeitsplatzes. Der Entleiher ist insoweit zu einer inhaltlichen Darlegung der Gefahren verpflichtet. Des Weiteren hat der Entleiher die Vorschriften des AGG zu beachten.[68]

Nicht geklärt ist, welche **Rechtsfolge** eine Verletzung der Pflichten des Abs. 6 hat. Entsprechend den allgemeinen Grundsätzen des Arbeitsschutzrechts ist zumindest vom Bestehen eines **Leistungsverweigerungsrechts** des Leiharbeitnehmers auszugehen. Zudem kommen Ansprüche auf **Schadensersatz** in Betracht.[69] 59

Bei einem **Arbeitsunfall** im Betrieb des Entleihers ist dieser neben dem Verleiher verpflichtet, den Arbeitsunfall der zuständigen Berufsgenossenschaft zu melden (§ 193 SGB VII).[70] 60

H. Arbeitnehmererfindungen – Abs. 7

Die Vorschrift des § 11 Abs. 7 AÜG fingiert eine Stellung des Entleihers als **Arbeitgeber** i.S.d. Gesetzes über Arbeitnehmererfindungen, sofern der Leiharbeiter während der Dauer seiner Tätigkeit bei dem Entleiher eine Erfindung oder einen technischen Verbesserungsvorschlag macht. 61

Nach ganz überwiegender Meinung ist der Gesetzeswortlaut »während der Dauer der Tätigkeit bei dem Entleiher« dahin auszulegen, dass lediglich solche Erfindungen und Verbesserungsvorschläge von der Fiktion des § 11 Abs. 7 AÜG erfasst sein sollen, die sich **auf den Betrieb des Entleihers beziehen**, also dort entstanden oder maßgeblich auf die dortige Tätigkeit oder die dort gewonnenen Erfahrungen zurückzuführen sind.[71] 62

Die Definition von »**Erfindungen**« sowie »**Verbesserungsvorschlägen**« richtet sich nach dem Arbeitnehmererfindungsgesetz (§§ 2, 3 ArbnErfG). Erfasst sind Erfindungen, die während der Dauer des Arbeitsverhältnisses entweder im Betrieb gemacht worden sind oder maßgeblich auf Erfahrung oder Arbeiten des Betriebes beruhen. **Irrelevant** ist demgegenüber, ob die Erfindung während der **Dienstzeit** oder innerhalb der **Diensträume** gemacht wurde. 63

---

68 Thüsing/*Mengel* § 11 AÜG Rn. 57 f. m.w.N.
69 *Boemke/Lembke* § 11 AÜG Rn. 154 ff. m.w.N.
70 *Hamann* S. 63, 81, 82.
71 ErfK/*Wank* § 11 AÜG Rn. 22 m.w.N.

Hinsichtlich der Erfindung des Arbeitnehmers steht dem Entleiher ein beschränktes oder unbeschränktes **Verwertungsrecht** zu. Der Leiharbeitnehmer hat im Fall der Inanspruchnahme seiner Erfindung durch den Entleiher Anspruch auf Vergütung gem. § 9 ArbnErfG.[72]

§ 12 Rechtsbeziehung zwischen Verleiher und Entleiher

(1) ¹Der Vertrag zwischen dem Verleiher und dem Entleiher bedarf der Schriftform. ²Wenn der Vertrag und seine tatsächliche Durchführung einander widersprechen, ist für die rechtliche Einordnung des Vertrages die tatsächliche Durchführung maßgebend. ³In der Urkunde hat der Verleiher zu erklären, ob er die Erlaubnis nach § 1 besitzt. ³Der Entleiher hat in der Urkunde anzugeben, welche besonderen Merkmale die für den Leiharbeitnehmer vorgesehene Tätigkeit hat und welche berufliche Qualifikation dafür erforderlich ist sowie welche im Betrieb des Entleihers für einen vergleichbaren Arbeitnehmer des Entleihers wesentlichen Arbeitsbedingungen einschließlich des Arbeitsentgelts gelten; Letzteres gilt nicht, soweit die Voraussetzungen der in § 8 Absatz 2 und Absatz 4 Satz 2 genannten Ausnahme vorliegen.

(2) ¹Der Verleiher hat den Entleiher unverzüglich über den Zeitpunkt des Wegfalls der Erlaubnis zu unterrichten. ²In den Fällen der Nichtverlängerung (§ 2 Abs. 4 Satz 3), der Rücknahme (§ 4) oder des Widerrufs (§ 5) hat er ihn ferner auf das voraussichtliche Ende der Abwicklung (§ 2 Abs. 4 Satz 4) und die gesetzliche Abwicklungsfrist (§ 2 Abs. 4 Satz 4 letzter Halbsatz) hinzuweisen.

Übersicht	Rdn.
A. Form und Inhalt des Überlassungsvertrages	1
I. Form – Abs. 1 Satz 1	1
1. Schriftform	3
2. Rechtsfolgen des Formmangels	8
a) Einschränkung nach Treu und Glauben	10
b) Auswirkungen im Fall der Insolvenz des Verleihers	11
II. Inhalt	12
1. Erklärung des Verleihers – Abs. 1 Satz 3	15
2. Pflichtangaben des Entleihers – Abs. 1 Satz 4	18
3. Vermittlungsentgelt	21

---

[72] *Urban-Crell/Schulz* Rn. 192 m.w.N.

B.	Unterrichtungs- und Hinweispflichten des Verleihers – Abs. 2	22
I.	Unterrichtung bei Erlaubniswegfall – Abs. 2 Satz 1	24
II.	Hinweis bei Nichtverlängerung, Rücknahme, Widerruf – Abs. 2 Satz 2 . .	26
III.	Rechtsfolgen bei Pflichtverletzung.	29

A. Form und Inhalt des Überlassungsvertrages

I. Form – Abs. 1 Satz 1

Der Vertrag zwischen Verleiher und Entleiher bedarf gem. § 12 Abs. 1 Satz 1 AÜG der **Schriftform**. Hinsichtlich seiner Beweissicherungsfunktion ist das Schriftformerfordernis im Zusammenhang mit § 7 Abs. 2 Satz 3 AÜG zu sehen, der den Verleiher zur Aufbewahrung von Geschäftsunterlagen für 3 Jahre verpflichtet.[1] **1**

Nach Wegfall des Merkmals der Gewerbsmäßigkeit und der hieraus folgenden Hereinnahme der nicht-gewerbsmäßigen Arbeitnehmerüberlassung in den Anwendungsbereich des AÜG, gilt die Anordnung der Schriftform für jeden Fall der Arbeitnehmerüberlassung. **2**

1. Schriftform

Das Formerfordernis umfasst sämtliche **Haupt und Nebenabreden** sowie Rahmen- und Vorverträge, Änderungs- und Verlängerungsverträge des Arbeitnehmerüberlassungsvertrages.[2] Die Schriftform ist bei Verträgen gem. § 126 Abs. 2 Satz 1 BGB gewahrt, wenn dieselbe Urkunde von den Vertragsparteien unterzeichnet wird. Gemäß dem Prinzip der **Einheitlichkeit der Vertragsurkunde** ist hierbei erforderlich, dass alle wesentlichen vertraglichen Abreden in der Urkunde enthalten sind. Insoweit gelten die allgemeinen Grundsätze.[3] **3**

Anstelle der **Schriftform** ist auch die **elektronische Form** (§ 126 a BGB) ausreichend, da diese grds. die gesetzlich vorgeschriebene Schriftform ersetzen kann und das AÜG diese Ersetzungsbefugnis der Parteien des Arbeitnehmerüberlassungsvertrages nicht ausschließt.[4] **4**

§ 12 Abs.1 Satz 2 AÜG wurde durch die AÜG-Reform 2017 eingefügt. Mit der Regelung sollte klargestellt werden, dass es für die Feststellung eines **5**

---
1 Schüren/Hamann/*Brors* § 12 AÜG Rn. 3.
2 BGH, 13.11.1963 – V ZR 8/62, BGHZ 40, 255.
3 Vgl. BGH, 02.12.2003 – IX ZR 200/03, BGHZ 161, 241 = NJW 2005, 884 m.w.N.
4 Vertiefend *Thüsing* § 12 AÜG Rn. 6.

Arbeitnehmerüberlassungsvertrags auf die getroffenen Vereinbarungen, also den Vertrag und seine praktische Durchführung ankommt.[5] Widersprechen sich der Vertrag und seine tatsächliche Durchführung, ist die **tatsächliche Durchführung** des Vertragsverhältnisses maßgebend.[6]

6 Das Prinzip der Einheitlichkeit der Vertragsurkunde und damit die Voraussetzung für die Einhaltung der Schriftform ist für **Nachtragsverträge** etwas gelockert. Auch insoweit setzt die Schriftform jedoch grds. eine Verbindung mit der Urkunde des Ausgangsvertrages sowie eine beiderseitige Parafierung voraus. Keiner Schriftform hingegen bedürfen Ergänzungen des Vertrages, die dessen Inhalt nicht abändern, sondern lediglich **erläutern** oder **veranschaulichen** sollen.[7]

7 Im Arbeitnehmerüberlassungsgesetz ist **nicht** vorgesehen, dass Mängel des Vertrages durch dessen Vollzug **geheilt** werden können. Dies gilt für das Fehlen einer notwendigen Erlaubnis ebenso wie für die Nichteinhaltung der Schriftform nach § 125 BGB.[8]

2. **Rechtsfolgen des Formmangels**

8 Ein Arbeitnehmerüberlassungsvertrag, welcher die von § 12 Abs. 1 Satz 1 AÜG vorgegebene Schriftform nicht erfüllt, ist gem. § 125 Satz 1 BGB **unheilbar nichtig**.[9] Sind einzelne wesentliche Abreden nicht schriftlich niedergelegt, hat dies die **Gesamtnichtigkeit** des Vertrags zur Folge (§ 139 BGB).

9 Im Fall der (Form-)Nichtigkeit ist der Vertrag nach **bereicherungsrechtlichen Vorschriften** abzuwickeln. Die Formnichtigkeit des Arbeitnehmerüberlassungsvertrages hat zur Folge, dass der Verleiher zwar nicht die vereinbarte Vergütung jedoch als Wertausgleich nach den Vorschriften über die ungerechtfertigte Bereicherung die **allgemeinübliche Vergütung** verlangen kann. Anspruchsgrundlage ist insoweit §§ 812 Abs. 1 Satz 1, 1. Alt., Abs. 2 BGB. Jedenfalls bei Vorliegen der Erlaubnis nach § 1 AÜG ist der Entleiher um den Verkehrswert der Arbeitnehmerüberlassung einschließlich des Gewinns des Verleihers bereichert. Der Entleiher kann eine solche Arbeitnehmerüberlassung regelmäßig nur auf der Grundlage eines mit dem Verleiher oder einen anderen

---

5 BT-Drucks. 294/16 vom 02.06.2016, Begründung zu Nr. 3.
6 BAG, 15.04.2014 – 3 AZR 395/11.
7 BGH, 02.12.2004 – IX ZR 200/03, BGHZ 161, 241 = NJW 2005, 884 m.w.N.
8 OLG Karlsruhe, 23.09.2005 – 15 U 16/04, EzAÜG § 9 AÜG Nr. 19.
9 BGH, 02.02.2006 – III ZR 61/05, EzAÜG § 611 BGB Abgrenzung Nr. 10 m.w.N.

Verleiher abzuschließenden formwirksamen Vertrages und damit lediglich gegen Zahlung der vollen Vergütung erreichen. Den Umfang der Bereicherung bestimmt daher die Höhe der vom Entleiher **eingesparten Aufwendungen**.[10]

a) Einschränkung nach Treu und Glauben

Teilweise wird im Rahmen von Haftungsfragen problematisiert, ob Gesichtspunkte von **Treu und Glauben** gem. § 242 BGB einer Berücksichtigung der Nichtigkeitsfolgen entgegenstehen. Liegt ein unwirksamer Überlassungsvertrag vor, haftet der Verleiher auch bei fehlerhafter Auswahl nicht.[11] Nach den allgemeinen Rechtsprechungsgrundsätzen kann eine Berufung auf die Formunwirksamkeit eines Vertrages **unzulässig** sein, wenn eine Partei, die am Rechtsgeschäft festhalten will, auf die Formgültigkeit vertraut hat und dieses Vertrauen als schutzwürdig anzusehen ist. Zum anderer kommt eine Anwendung von § 242 BGB in Betracht, wenn eine Berücksichtigung des Formmangels zu einem **untragbaren Ergebnis** führen würde. Ob diese Rechtsprechungsgrundsätze auch auf einen formunwirksamen Arbeitnehmerüberlassungsvertrag anzuwenden sind, hat die Rechtsprechung bisher offen gelassen.[12]

▶ Praxistipp:

Ein unter Verletzung des Schriftformerfordernisses geschlossener Arbeitnehmerüberlassungsvertrag ist unheilbar nichtig und lässt auch Haftungsansprüche entfallen.

Eine Ausnahme ist lediglich für den Fall der treuwidrigen Geltendmachung der Formnichtigkeit durch eine Vertragspartei denkbar. Dies setzt arglistiges Verhalten voraus. Allein das Schweigen von Verleiher und Entleiher über die Formbedürftigkeit des Vertrages reicht hierzu nicht aus.

b) Auswirkungen im Fall der Insolvenz des Verleihers

Hat der Verleiher seine vertragliche Pflicht, die Lohnnebenkosten der von ihm verliehenen Arbeitnehmer an die Einzugsstelle abzuführen, schuldhaft verletzt, steht dem Entleiher, der entsprechende Beiträge nach Eröffnung des Insolvenzverfahrens an die Einzugsstelle zu entrichten hat, in der Insolvenz des

---

10 BGH, 02.12.2004 – IX ZR 200/03, BGHZ 161, 241 = NJW 2005, 884 m.w.N.
11 OLG Karlsruhe, 23.09.2005 – 15 U 16/04, EzAÜG § 9 AÜG Nr. 19; ausführlich zum Auswahlverschulden *Dahl/Färber* DB 2009, 1650.
12 OLG Karlsruhe, 23.09.2005 – 15 U 16/04, EzAÜG § 9 AÜG Nr. 19.

Verleihers **keine Aufrechnungsmöglichkeit** zu.[13] Wegen der Einschränkung der Saldotheorie in der Insolvenz kann der Entleiher Sozialversicherungsbeiträge, die er nach Eröffnung des Insolvenzverfahrens über das Vermögen des Verleihers zum Ausgleich der diesem obliegenden Zahlungspflicht an die Kasse geleistet hat, auch in den Fällen, in welchen der Arbeitnehmerüberlassungsvertrag wegen eines **Mangels der Schriftform** nichtig ist, der vom Insolvenzverwalter geltend gemachten Bereicherungsforderung **nicht anspruchsmindernd entgegensetzen.**[14] Einer Aufrechnungsmöglichkeit gegen vom Insolvenzverwalter aus einem nichtigen Arbeitnehmerüberlassungsvertrag geltend gemachten Ansprüchen nach § 812 Abs. 1 Satz 1, 1. Alt., Abs. 2 BGB kann insoweit **keine aufrechenbare Gegenforderung** entgegengehalten werden.

▶ Praxistipp:

Da der Entleiher im Fall der Zahlungsunfähigkeit des Verleihers ggü. den Sozialversicherungsträgern gem. § 28e Abs. 2 Satz 1 SGB VII als selbstschuldnerischer Bürge haftet, empfiehlt es sich, im Arbeitnehmerüberlassungsvertrag eine Sicherheitsleistung zu vereinbaren.

II. Inhalt

12 Hinsichtlich der inhaltlichen Ausgestaltung des Arbeitnehmerüberlassungsvertrages macht das Gesetz **kaum Vorgaben.** Die Notwendigkeit eines besonderen Schutzes von Leiharbeitnehmern, welche Hintergrund der meisten Regelungen des AÜG sind, ist bzgl. der Ausgestaltung des zwischen Verleiher und Entleiher geschlossenen Vertrages ohne Auswirkung. Inhaltliche Vorgaben macht § 12 AÜG in der Ergänzung zu § 9 Nr. 4 AÜG lediglich hinsichtlich einzelner Punkte.

13 Der Entleiher gilt gem. **§ 6 Abs. 2 Satz 2 AGG** im Hinblick auf die Diskriminierungsverbote des AGG neben dem Verleiher als Arbeitgeber. Es liegt daher in seinem Interesse, in den Arbeitnehmerüberlassungsvertrag die Versicherung des Verleihers aufzunehmen, wonach die bei ihm Beschäftigten gem. § 12 Abs. 2 AGG **geschult** sind.[15]

---

13 BGH, 14.07.2005 – IX ZR 142/02, NJW 2005, 3285 = EzAÜG SGB IV Nr. 33; BGH, 02.12.2004 – IX ZR 200/03, BGHZ 161, 241 = NJW 2005, 884.
14 BGH, 02.12.2004 – IX ZR 200/03, BGHZ 161, 241 = NJW 2005, 884.
15 *Hamann* Abschnitt X 2.4. (S. 189).

▶ **Praxistipp:**
Zur Absicherung des Entleihers sollte der Arbeitnehmerüberlassungsvertrag eine Versicherung des Verleihers enthalten, nach welcher die von ihm entsandten Leiharbeitnehmer eine Schulung gem. § 12 Abs. 2 AGG erhalten haben.

Die **Regelungsfreiheit** der Parteien des Arbeitnehmerüberlassungsvertrages 14 bezieht sich auch auf die **Beendigung des Überlassungsverhältnisses**. Neben der aus § 314 Abs. 1 Satz 1 BGB folgenden Möglichkeit zur außerordentlichen fristlosen Kündigung können die Parteien ein ordentliches Kündigungsrecht vertraglich vereinbaren. Ebenso sind Gestaltungen möglich, in denen der Arbeitnehmerüberlassungsvertrag durch Eintritt einer **auflösenden Bedingung** endet oder von vornherein lediglich als **befristeter Vertrag** abgeschlossen wird. Keine automatische Beendigung des Leiharbeitsverhältnisses tritt in den Fällen des **nachträglichen Wegfalls der Verleiherlaubnis** ein. Insoweit gilt die nach § 2 Abs. 4 Satz 4 AÜG max. zwölfmonatige Abwicklungsfrist.[16] Streitig ist, ob eine Beendigung des Überlassungsvertrages mit dem **Tod des Verleihers** eintritt. Die wohl herrschende Ansicht verneint dies unter Hinweis auf das Fortsetzungsprivileg des § 46 GewO.[17]

1. Erklärung des Verleihers – Abs. 1 Satz 3

Gem. § 12 Abs. 1 Satz 2 AÜG hat der Verleiher in der Urkunde zu erklären, 15 ob er die nach § 1 AÜG notwendige **Verleiherlaubnis** besitzt.

Gibt der Verleiher wahrheitswidrig an, er befinde sich im Besitz einer Erlaub- 16 nis gem. § 1 Abs. 1 AÜG, macht er sich ggü. dem Entleiher **schadensersatzpflichtig** (§ 241 Abs. 2 i.V.m. § 280 Abs. 2, § 280 Abs. 1 BGB, § 823 Abs. 2 BGB i.V.m. § 263 StGB). Zu ersetzen hat der Verleiher hierbei i.d.R. den **sich aus den Vorschriften der §§ 9 Nr. 1, 10 AÜG ergebenen Schaden**. Diese sind auch im Fall einer gutgläubigen Annahme des Bestehens einer Verleiherlaubnis durch den Entleiher anwendbar.[18]

Fehlt die Erklärung nach § 12 Abs. 1 Satz 2 AÜG in der Vertragsurkunde, 17 kann der Entleiher gem. **§ 273 BGB** die **Beschäftigung** des Leiharbeitnehmers und die **Vergütungszahlung** verweigern. Tut er das nicht, fällt ihm ein

---
16 Vgl. hierzu § 2 Rdn. 37 ff.
17 Thüsing/*Thüsing* § 12 AÜG Rn. 40 m.w.N.; s. § 2 Rdn. 59 ff.
18 *Boemke/Lembke* § 12 AÜG Rn. 16; vgl. i.Ü. zu möglichen Schäden § 10 Rdn. 71 ff.

anspruchsminderndes Mitverschulden gem. § 254 Abs. 1 BGB zur Last.[19] Zudem kommt die **fahrlässige** Begehung einer Ordnungswidrigkeit gem. § 16 Abs. 1 Nr. 1a AÜG in Betracht.

2. Pflichtangaben des Entleihers – Abs. 1 Satz 4

18 Die Regelung des § 12 Abs. 1 Satz 4 AÜG verpflichtet den Entleiher zur Dokumentation der wesentlichen Arbeitsbedingungen einschließlich des Arbeitsentgeltes, die in seinem Betrieb für vergleichbare Arbeitnehmer gelten. Diese müssen in einer schriftlichen Vereinbarung mit dem Verleiher niedergelegt werden.

19 Die Norm schafft einen eigenständigen Auskunftsanspruch des Verleihers, welcher der praktischen Durchsetzbarkeit des »Equal-Pay- und Equal-Treatment-Grundsatzes« dient.[20] Entsprechend **entfällt** der Auskunftsanspruch, sofern ein Tatbestand eingreift, der diesen Grundsatz beseitigt. Namentlich ist dies der Fall bei der Beschäftigung von Leiharbeitnehmern, für deren Arbeitsverhältnis mit dem Verleiher die Geltung eines einschlägigen **Tarifvertrages** vereinbart ist. In diesen Fällen kommt ein eingeschränkter Auskunftsanspruch allenfalls dann in Betracht, wenn die Bestimmungen des angewandten Tarifvertrages **ausnahmsweise** auf bestimmte Arbeitsbedingungen im Entleiherbetrieb Bezug nehmen.[21]

Teilweise wird angenommen, dass der Auskunftsanspruch auch dann entfällt, wenn im Entleihbetrieb keine vergleichbaren Arbeitnehmer beschäftigt werden.[22] Dem kann nicht gefolgt werden. In diesem Falle ist auf einen hypothetischen vergleichbaren Mitarbeiter – wie in § 8 AÜG – zurückzugreifen.[23]

20 Um dem Verleiher eine **sachgerechte Auswahl** der Leiharbeitnehmer zu ermöglichen, hat der Entleiher in jedem Fall in der Urkunde anzugeben, welche besonderen **Merkmale** die für den Leiharbeitnehmer vorgesehene **Tätigkeit** hat und welche berufliche **Qualifikation** dafür erforderlich ist.

---

19 Thüsing/*Thüsing* § 12 Rn. 18 m.w.N.
20 *Sandmann/Marschall/Schneider* § 12 AÜG Rn. 2a; *Schüren-Hamann* § 12 AÜG Rn. 24.
21 *Benkert* BB 2004, 998.
22 *Thüsing* § 12 AÜG Rn. 20; *Boemke/Lembke* § 12 Rn. 22.
23 Siehe ausführlich hierzu § 8 Rdn. 31 ff.

3. Vermittlungsentgelt

Nach Neufassung des § 9 Nr. 3 AÜG zum 01.01.2004 ist die Vereinbarung einer angemessenen Vergütung zwischen Verleiher und Entleiher für den Fall einer Vermittlung des Leiharbeitnehmers in ein Arbeitsverhältnis mit dem Entleiher nach vorangehender Überlassung nicht mehr unzulässig.[24] Solange die Höhe des zwischen Verleiher und Entleiher vereinbarten Vermittlungsentgelts nicht faktisch den Wechsel eines Leiharbeitnehmers zum Entleiher erschwert, sind derartige vertragliche Abreden zulässig.[25]

B. Unterrichtungs- und Hinweispflichten des Verleihers – Abs. 2

Aufgrund des verschuldensunabhängigen Eintritts der Rechtsfolgen des § 10 AÜG erweitert § 12 Abs. 2 AÜG die Unterrichtungs- und Hinweispflichten des Verleihers zum Schutz des Entleihers im Fall des **Wegfalls der Erlaubnis**.[26]

Streitig ist, ob für die Unterrichtungs- und Hinweispflichten des Abs. 2 besondere **Formvorschriften** gelten. Die herrschende Meinung verneint dies, empfiehlt jedoch aus Beweisgründen eine schriftliche Unterrichtung.[27]

I. Unterrichtung bei Erlaubniswegfall – Abs. 2 Satz 1

Die Vorschrift des § 12 Abs. 2 Satz 1 AÜG verpflichtet den Verleiher, den Entleiher, **unverzüglich** (§ 121 Abs. 1 BGB) über den **Wegfall** der Erlaubnis zu unterrichten.

Ist der Wegfall noch nicht erfolgt, jedoch zu erwarten, ist dem Entleiher der **mögliche Zeitpunkt** des Wegfalls der Erlaubnis mitzuteilen.[28] Die Regelung dient dazu, dem Entleiher die Möglichkeit zu geben, sich auf das **Ende der Überlassungszeit** einzustellen. Der Zeitpunkt eines voraussichtlichen Wegfalls der Erlaubnis ist dem Entleiher mit Blick auf den Zweck der Regelung nur dann nicht zwingend mitzuteilen, wenn das Überlassungsverhältnis bereits vor Wegfall der Erlaubnis endet.[29]

---

24 Ausführlich s. § 9 Rdn. 57 ff.
25 Beschlussempfehlung des Ausschusses für Wirtschaft und Arbeit, BT-Drucks. 15/1728, 146; BGH, 07.12.2006 – III ZR 82/06, NJW 2007, 764.
26 BT-Drucks. VI/3505, 4.
27 *Boemke/Lembke* § 12 AÜG Rn. 52 m.w.N.
28 ErfK/*Wank* § 12 AÜG Rn. 12 m.w.N.
29 Thüsing/*Thüsing* § 12 AÜG Rn. 43 m.w.N.

II. Hinweis bei Nichtverlängerung, Rücknahme, Widerruf – Abs. 2 Satz 2

26 Zusätzlich trifft den Verleiher die Pflicht, in den Fällen der Nichtverlängerung (§ 2 Abs. 4 Satz 3 AÜG), der Rücknahme der Erlaubnis (§ 4 AÜG) sowie des Widerrufs der Erlaubnis (§ 5 AÜG) auf das **voraussichtliche Ende der Abwicklung** gem. § 2 Abs. 4 Satz 4 AÜG sowie die **gesetzliche Abwicklungsfrist** des § 2 Abs. 4 Satz 4 letzter Halbs. hinzuweisen.

27 Auch insoweit muss die Unterrichtung **unverzüglich** i.S.d. § 121 BGB erfolgen. Aufgrund der Regelungen des § 2 AÜG endet der Arbeitnehmerüberlassungsvertrag **nicht automatisch** mit dem Wegfall der Verleiherlaubnis. Der Entleiher bleibt bis zum Ende der **max. zwölfmonatigen Abwicklungsfrist** vor der Fiktion eines Arbeitsverhältnisses des § 10 Abs. 1 Satz 1 AÜG geschützt.[30]

28 Weitere Unterrichtungspflichten bspw. über die **Gründe des Wegfalls** der Erlaubnis sieht § 12 Abs. 2 Satz 2 **nicht** vor.[31]

III. Rechtsfolgen bei Pflichtverletzung

29 Nach herrschender Ansicht in der Literatur stellt § 12 Abs. 2 Satz 1 AÜG ein **Schutzgesetz** i.S.d. § 823 Abs. 2 BGB dar. Im Fall einer Verletzung besteht daher für den Verleiher die Gefahr einer **deliktischen Haftung**.[32]

30 Ein **Schadenseintritt** droht dem Entleiher insoweit insb. infolge der **Fiktionswirkung** der § 9 Nr. 1, § 10 Abs. 1 AÜG. Zudem stellt die Verletzung der Unterrichtungspflichten eine Pflichtverletzung dar, welche einen vertraglichen Anspruch aus § 280 Abs. 1 BGB i.V.m. dem Arbeitnehmerüberlassungsvertrag begründen kann. I.Ü. kommen Ansprüche wegen Schlechterfüllung des Arbeitnehmerüberlassungsvertrages nach §§ 280 Abs. 1, 241 Abs. 2 BGB in Betracht.[33]

§ 13 Auskunftsanspruch des Leiharbeitnehmers

Der Leiharbeitnehmer kann im Falle der Überlassung von seinem Entleiher Auskunft über die im Betrieb des Entleihers für einen vergleichbaren Arbeitnehmer des Entleihers geltenden wesentlichen Arbeitsbedingungen

---

30 Vgl. § 10 Rdn. 14.
31 *Boemke/Lembke* § 12 AÜG Rn. 54; a.A. *Ulber* § 12 AÜG Rn. 54.
32 Thüsing/*Thüsing* § 12 AÜG Rn. 44 m.w.N.
33 ErfK/*Wank* AÜG-Einleitung.

einschließlich des Arbeitsentgelts verlangen; dies gilt nicht, soweit die Voraussetzungen der in § 8 Absatz 2 und Absatz 4 Satz 2 genannten Ausnahme vorliegen.

Übersicht Rdn.
A. Allgemeines 1
B. Auskunftsanspruch... 3
C. Verfahren 11
D. Verjährung 13

A. Allgemeines

Der **Auskunftsanspruch des Leiharbeitnehmers gegen den Entleiher** nach § 13 AÜG wurde durch das Erste Gesetz für moderne Dienstleistungen am Arbeitsmarkt vom 23.12.2002[1] neu geschaffen und zuletzt mit Wirkung zum 01.04.2017 redaktionell geändert.[2] Die Regelung gilt seit dem 01.01.2004 für alle Leiharbeitsverhältnisse (§ 19 AÜG a.F.). 1

Die Neuregelung des **§ 13 AÜG füllte eine Leerstelle**, die durch die Aufhebung des früheren § 13 AÜG a.F. im Zuge der Arbeitsmarktreformgesetze zum 01.04.1997 entstanden war. Die damalige Regelung hatte einen vollständig anderen Inhalt. Sie diente insb. im Zusammenspiel mit § 1 Abs. 2 AÜG zur Begründung eines fingierten Arbeitsverhältnisses zum Entleiher im Fall vermuteter Arbeitsvermittlung.[3] 2

B. Auskunftsanspruch

Der gesetzliche **Anspruch auf Auskunftserteilung** gegen den Entleiher flankiert das Schlechterstellungsverbot des § 9 Abs. 1 Nr. 2 AÜG. Der Leiharbeitnehmer muss zur Durchsetzung des Gleichstellungsanspruchs (§ 10 Abs. 4 AÜG a.F., jetzt § 8 AÜG n.F.) wissen, welche Arbeitsbedingungen für vergleichbare Arbeitnehmer des Entleihers gelten.[4] Diesem Ziel dient die gesetzliche 3

---

[1] BGBl. I, 4607.
[2] Vgl. Gesetz zur Änderung des Arbeitnehmerüberlassungsgesetzes und anderer Gesetze vom 21.02.2017, BGBl. I, 28.02.2017, 258.
[3] Dazu § 1 Rdn. 311.
[4] BT-Drucks. 15/25, 39; BAG, 19.09.2007 – 4 AZR 656/06, EzA § 13 AÜG Nr. 1 = NZA-RR 2008, 231; BAG, 23.03.2011 – 5 AZR 7/10, NZA 2011, 850.

Auskunftspflicht des Entleihers.[5] Sie trägt dem Umstand Rechnung, dass der Leiharbeitnehmer üblicherweise weder Einblick in Organigramme, Vergütungsstrukturen noch sonstige Arbeitsbedingungen des Entleiherbetriebes hat. Erst durch eine entsprechende Auskunft erhält er die Möglichkeit, die ihm vonseiten des Verleihers gewährten Leistungen mit denen zu vergleichen, die ihm nach dem Gleichstellungsgebot kraft Gesetzes zustehen.[6]

▶ **Beispiel 1:**

Leiharbeitnehmerin A wurde zwischen dem 01.01.2017 und dem 30.09.2017 beim entleihenden B-Verlag im Rahmen von Arbeitnehmerüberlassung als Sekretärin eingesetzt. Für diese Tätigkeit erhielt sie eine Vergütung von 11,50 € je Stunde. Sie erfährt per Zufall, dass vergleichbaren Arbeitnehmerinnen im Betrieb des B-Verlages höhere Gehälter gewährt werden. Sie bittet daraufhin die Verantwortlichen in der Personalabteilung des Verlages, ihr Auskunft über die Zusammensetzung der Bezüge der Mitarbeiter zu erteilen, die, wie sie selbst mit Sekretärinnentätigkeiten betraut sind. Daraufhin erfährt sie vom B-Verlag, dass diesen ein (übertariflicher) Verdienst von 2.800 € brutto monatlich, zuzüglich anteiliges Urlaubs- und Weihnachtsgeld, zusteht. Nach Beendigung ihres Einsatzes im B-Verlag verklagt sie daraufhin ihren Arbeitgeber auf Zahlung der Differenzvergütung.

4 Der gesetzliche Auskunftsanspruch setzt den Einsatz des Leiharbeitnehmers im Wege **legaler Arbeitnehmerüberlassung** voraus. Der Anspruch entsteht mit Beginn der tatsächlichen Überlassung, d.h. dem Zeitpunkt der Aufnahme der Tätigkeit im Entleiherbetrieb.[7] Er erlischt nicht automatisch mit Beendigung des Einsatzes im Entleiherbetrieb, sondern besteht jedenfalls so lange fort, wie der Leiharbeitnehmer Differenzvergütungsansprüche gegen den Verleiher geltend machen kann. Der Auskunftsanspruch ist also ein Annex zum gesetzlichen Equal-Pay- und Equal-Treatment-Anspruch (§ 9 Abs. 1 Nr. 2, § 8 AÜG n.F.). Er erlischt, wenn dieser Anspruch, etwa wegen Verstreichens einer (tariflichen oder arbeitsvertraglichen) Ausschlussfrist oder wegen Verjährung, nicht mehr durchsetzbar ist.[8]

---

5 BAG, 24.04.2014 – 8 AZR 1081/12, NZA 2014, 968.
6 HWK/*Gotthardt* § 13 AÜG Rn. 1; Schüren/Hamann/*Brors* § 13 AÜG Rn. 1.
7 BAG, 24.04.2014 – 8 AZR 1081/12, NZA 2014, 968.
8 LAG Berlin-Brandenburg, 05.06.2012 – 3 Sa 134/12, n.v.; *Boemke/Lembke* § 13 AÜG Rn. 9; HWK/*Gotthardt* § 13 AÜG Rn. 2; zu Ausschlussfristen vgl. BAG, 25.03.2015 – 5 AZR 368/13, NZA 2015, 877; BAG, 28.01.2015 – 5 AZR 122/13,

Die Auskunftsverpflichtung des Entleihers richtet sich auf die **Mitteilung der** 5
Arbeitsbedingungen vergleichbarer Arbeitnehmer seines Betriebes sowie aller sonstigen für die Durchsetzung des Gleichstellungsanspruchs notwendigen Tatsachen (z.B. Aufschlüsselung des Arbeitsentgelts unter genauer Bezeichnung der fixen und variablen Vergütungsbestandteile, Zulagen, Zuschläge sowie aller sonstigen Entgeltbestandteile wie etwa die Überlassung eines Dienstwagens; Gründe für die Vergleichbarkeit; Angabe der sonstigen wesentlichen Arbeitsbedingungen).[9] Unerheblich ist nach der Rechtsprechung des BAG, ob der Entleiher tatsächlich vergleichbare Stammarbeitnehmer beschäftigt.[10] Wendet dieser ein allgemeines betriebliches Entgeltschema an, hat er – auch bei Fehlen eines vergleichbaren Stammarbeitnehmers – Auskunft über die fiktive Eingruppierung des Leiharbeitnehmers in seine betriebliche Vergütungsordnung zu erteilen.[11] Der Entleiher muss dann aufgrund einer hypothetischen Betrachtung Auskunft darüber erteilen, welche Arbeitsbedingungen für den Leiharbeitnehmer gölten, wenn er für die gleiche Tätigkeit als Stammarbeitnehmer bei ihm eingestellt worden wäre. Offen ist hingegen, ob sich die Auskunftspflicht auch auf die üblichen Entgelt- und Arbeitsbedingungen vergleichbarer Arbeitnehmer der Branche (§ 612 Abs. 2 BGB) erstreckt, wenn ein allgemeines Entgeltschema i.S.d. § 87 Abs. 1 Nr. 10 BetrVG im Betrieb des Entleihers keine Anwendung findet. Richtigerweise ist dies abzulehnen.[12] Eine derart weitreichende Auskunftsverpflichtung ist dem Wortlaut des § 13 AÜG nicht zu entnehmen.

AP AÜG § 10 Nr. 51; BAG, 24.09.2014 – 5 AZR 506/12, AP AÜG § 10 Nr. 45; zum Beginn der Verjährung (hier: Equal Pay wegen Tarifunfähigkeit der CGZP) BAG, 17.12.2014 – 5 AZR 8/13, NZA 2015, 479; zur Fälligkeit von Equal-Pay-Ansprüchen BAG, 25.09.2013 – 5 AZR 815/12, AP AÜG § 10 Nr. 28.
9 Schüren/Hamann/*Brors* § 13 AÜG Rn. 4; zum Begriff des Arbeitsentgelts BAG, 19.02.2014 – 5 AZR 1047/12, AP AÜG § 10 Nr. 40.
10 BAG, 25.03.2015 – 5 AZR 368/13, NZA 2015, 877; BAG, 19.02.2014 – 5 AZR 680/12, AP AÜG § 10 Nr. 41; ebenso Thüsing/*Kock* § 13 AÜG Rn. 6; a.A. *Boemke/Lembke* § 13 AÜG Rn. 10 und die Vorauflage.
11 BAG, 19.02.2014 – 5 AZR 1046/12, AP AÜG § 10 Nr. 42; BAG, 19.02.2014 – 5 AZR 680/12, AP AÜG § 10 Nr. 41; LAG Köln, 09.04.2013 – 11 Sa 1158/12, BeckRS 2013, 73935; so wohl a. ArbG Stuttgart, 18.11.2015 – 18 Ca 2617/15, BeckRS 2016, 67019.
12 Wohl a. LAG Köln, 09.04.2013 – 11 Sa 1158/12, BeckRS 2013, 73935.

▶ **Praxistipp:**

Zur Ermittlung der Höhe des Anspruchs auf Equal Pay nach § 8 Abs. 1, Abs. 3 AÜG nimmt die Rechtsprechung einen **Gesamtvergleich der Entgelte im Überlassungszeitraum** vor.[13] Der Leiharbeitnehmer muss die Höhe der Vergütung vergleichbarer Arbeitnehmer substantiiert (schriftsätzlich) darlegen; der schlichte Hinweis auf die Anwendung eines Branchentarifvertrages (hier: IG Metall) auf Stammarbeitnehmer des Entleihers genügt nicht.[14]

Den **Begriff des Arbeitsentgelts legt das BAG weit aus**; sämtliche auf der Lohn-/ Gehaltsabrechnung ausgewiesenen Bruttovergütungsbestandteile sind in den Vergleich einzubeziehen.[15] Dazu zählt nicht nur das laufende Arbeitsentgelt, sondern jede aus Anlass des Arbeitsverhältnisses gewährte bzw. aufgrund eines gesetzlichen Entgeltfortzahlungstatbestandes zu gewährende Vergütungsleistung (z.B. variable Vergütungsleistungen, [tarifliche] Sonderzuwendungen[16] oder Jahreszahlungen, Gratifikationen wie Weihnachts- oder Urlaubsgeld, Zulagen und Zuschläge, Mietzuschüsse, geldwerter Vorteil etwa wegen Privatnutzung eines Firmenwagens, Entgeltfortzahlung im Krankheitsfall und an Feiertagen etc.).

Die dem Leiharbeitnehmer gewährten Arbeitsbedingungen sind mit denen des vergleichbaren Stammarbeitnehmers zu vergleichen. Ob in diesen Vergleich eine dem Leiharbeitnehmer gezahlte Fahrtkostenerstattung und Verpflegungsmehraufwendungen einzubeziehen sind, wird in der Instanzrechtsprechung unterschiedlich beurteilt. Bei diesen Zahlungen handelt es sich nicht um Arbeitsentgelt (im engeren Sinne), sondern um Aufwendungsersatz. Aufwendungsersatz bleibt beim Gesamtvergleich der Arbeits- und Entgeltsbedingungen unberücksichtigt, soweit es sich nicht um verschleiertes Arbeitsentgelt handelt.[17]

---

13 BAG, 19.02.2014 – 5 AZR 1046/12, AP AÜG § 10 Nr. 42; BAG, 19.02.2014 – 5 AZR 680/12, AP AÜG § 10 Nr. 41 (jeweils zur Rechtslage vor der AÜG-Reform 2017).
14 BAG, 23.10.2013 – 5 AZR 667/12, BeckRS 2014, 66797.
15 BAG, 19.02.2014 – 5 AZR 1048/12, AP AÜG § 10 Nr. 43.
16 Zur Geltung einer Stichtagregelung für eine Sonderzuwendung auch bei Equal Pay LAG Schleswig-Holstein, 21.05.2013 – 2 Sa 398/12, LAGE § 10 AÜG Nr. 10.
17 LAG München, 06.03.2013 – 10 Sa 829/12, n.v. (zitiert nach juris); LAG Düsseldorf, 20.02.2013 – 4 Sa 1541/12, BeckRS 2013, 68270; LAG Baden-Württemberg,

Ist der **Entleiher im Ausland** ansässig, hat der Leiharbeitnehmer ggü. diesem 6
keinen durchsetzbaren Anspruch auf Auskunft nach § 13 AÜG.[18] Entleiher
mit Sitz im Ausland unterfallen nicht dem räumlichen Geltungsbereich
des AÜG, dieser erstreckt sich nur auf die Bundesrepublik Deutschland.
Verschafft der Verleiher dem Arbeitnehmer keine gleichwertige Erkenntnisquelle (z.B. durch die Vereinbarung einer Auskunftspflicht des ausländischen
Entleihers ggü. dem Leiharbeitnehmer im Arbeitnehmerüberlassungsvertrag),
genügen zur prozessualen Durchsetzung des Gleichstellungsanspruchs dann
nach den Erkenntnismöglichkeiten des Leiharbeitnehmers hinreichend konkrete Angaben zur Höhe Vergütung der vergleichbaren Stammarbeitnehmer
im Ausland. Die Anforderungen an die Substantiierungslast des Leiharbeitnehmers werden im Prozess entsprechend herabgesetzt.

Auskunftsverlangen und -erteilung unterliegen **keinen besonderen Former-** 7
fordernissen. Die Auskunft ist eine reine Wissens-, nicht Willenserklärung.
Der Entleiher kann zur Erstellung und Bekanntgabe der Auskunft Hilfspersonen hinzuziehen, sofern diese über das für die Auskunft erforderliche
Wissen verfügen.[19] Insbesondere mit der Personalverwaltung betraute konzernverbundene Unternehmen oder auch der Arbeitgeberverband können
eingeschaltet werden.[20]

▶ **Praxistipp:**

> Der Leiharbeitnehmer kann vom Entleiher sowohl mündlich als auch
> schriftlich Auskunft verlangen. Eine besondere Form ist nicht vorgeschrieben. Möglich ist daher bspw. auch ein Antrag auf Auskunftserteilung
> per Telefax oder E-Mail. Für die Auskunftserteilung des Entleihers gilt

---

27.08.2012 – 9 Sa 187/11, BeckRS 2012, 74414; LAG Hamm, 30.06.2011 – 8
Sa 387/11, BeckRS 2011, 76201; LAG Berlin-Brandenburg, 20.09.2011 – 7 Sa
1318/11, BB 2012, 1544; a.A. überzeugend LAG Düsseldorf, 18.03.2013 – 9
Sa 1585/12, BeckRS 2013, 68475; LAG Düsseldorf, 11.03.2013 – 9 Sa 30/13,
BeckRS 2013, 68468.
18 BAG, 28.05.2014 – 5 AZR 422/12, NZA 2014, 1264.
19 BAG, 24.09.2014 – 5 AZR 259/13, AP AÜG § 10 Nr. 48; BAG, 19.02.2014 – 5
 AZR 1048/12, AP AÜG § 10 Nr. 43; BAG, 19.02.2014 – 5 AZR 1046/12, AP
 AÜG § 10 Nr. 42.
20 BAG, 19.02.2014 – 5 AZR 680/12, AP AÜG § 10 Nr. 41; ferner BAG,
 23.03.2011 – 5 AZR 7/10, AP AÜG § 10 Nr. 23.

Entsprechendes. Aus Beweisgründen sollten indes sowohl Leiharbeitnehmer als auch Entleiher auf eine schriftliche Dokumentation bedacht sein.

8 § 13 AÜG findet nur dann Anwendung, wenn der Leiharbeitnehmer einen **gesetzlichen Anspruch auf Gleichstellung** geltend machen kann. Der Auskunftsanspruch des Leiharbeitnehmers ggü. dem Entleiher nach § 13 AÜG gilt mithin nicht uneingeschränkt. Eine **Auskunft kann nicht verlangt werden**, wenn **die Voraussetzungen der in § 8 Abs. 2 und Abs. 4 Satz 2 AÜG n.F. genannten Ausnahmen** vorliegen. Für das Vorliegen der Voraussetzungen des § 13 Halbs. 2 AÜG ist der Entleiher darlegungs- und beweispflichtig; es ist Sache des Entleihers, sich auf die Ausnahme vom Gebot der Gleichstellung – Suspendierung durch Tarifvertrag – zu berufen.[21] Auch sind Fallgestaltungen denkbar, in denen das gesetzliche Schlechterstellungsverbot nicht vollständig abbedungen wurde;[22] in diesen Fällen besteht ein zumindest eingeschränkter Auskunftsanspruch des Leiharbeitnehmers.[23] Diese eingeschränkte Anwendbarkeit des § 13 AÜG ergibt sich nicht nur aus dem Gesetzeswortlaut (».. soweit..«), sondern ist überdies Ausdruck der generellen Bedeutung des Auskunftsanspruchs. Dieser ist im Verhältnis zum Hauptanspruch ggü. dem Verleiher nur ein **Hilfsanspruch**, der dessen Durchsetzung ermöglichen soll. Er ist gegenstandslos, wenn feststeht, dass der Leiharbeitnehmer aufgrund der Auskunft keinesfalls etwas fordern könnte.[24] Bei Zweifeln an der Wirksamkeit eines Tarifvertrages besteht der Auskunftsanspruch nach Sinn und Zweck der gesetzlichen Regelung fort. Die Rechtsprechung lässt bereits die hinreichende Wahrscheinlichkeit eines (Nach-)Zahlungsanspruchs ausreichen; ein Rechtsstreit, mit dem ein Leiharbeitnehmer von dem Entleiher Auskunft nach § 13 AÜG verlangt, kann nicht nach § 97 Abs. 5 Satz 1 ArbGG ausgesetzt werden.[25]

---

21 BAG, 24.04.2014 – 8 AZR 1081/12, NZA 2014, 968.
22 Dazu § 8 Rdn. 23.
23 *Boemke/Lembke* § 13 AÜG Rn. 15; *Thüsing/Kock* § 13 AÜG Rn. 11; a. BT-Drucks. 15/15, 133.
24 Allg. zur Rechtsnatur des Auskunftsanspruchs BAG, 21.11.2000 – 9 AZR 665/99, EzA § 242 BGB Auskunftspflicht Nr. 6; BAG, 05.09.1995 – 9 AZR 660/94, EzA § 196 BGB Nr. 9; a. BT-Drucks. 15/15, 133.
25 BAG, 26.01.2016 – 1 ABR 13/14, BeckRS 2016, 68156; ausdrücklich zu den unwirksamen CGZP-Tarifverträgen LAG Berlin-Brandenburg, 05.06.2012 – 3 Sa 134/12, n.v.; LAG Düsseldorf, 22.05.2012 – 16 Sa 302/12, n.v. (anhängig BAG, 5AZR 683/12); ArbG Emden, 28.09.2011 – 1 Ca 188/11, LAGE § 13 AÜG Nr. 3.

Sonstige Vorschriften über das Leiharbeitsverhältnis **§ 13 AÜG**

▶ **Praxistipp:**

Seiner Darlegungslast im Rahmen des § 8 Abs. 1 AÜG n.F. (§ 10 Abs. 4 AÜG a.F.) bzw. § 8 Abs. 4 AÜG n.F. genügt der Leiharbeitnehmer zunächst dadurch, dass er eine ihm erteilte Auskunft nach § 13 AÜG in den Prozess einführt.[26] Sodann obliegt es dem Verleiher, die maßgeblichen Umstände der Auskunft substantiiert zu bestreiten. Fehlt es an einem erheblichen Gegenvortrag des Verleihers, gilt der Inhalt der vorgelegten Auskunft als prozessual zugestanden (§ 138 Abs. 3 ZPO). Gelingt es dem Verleiher hingegen den Beweiswert der Auskunft zu erschüttern, ist es nach den allgemeinen Grundsätzen der Darlegungs- und Beweislast wiederum Sache des Arbeitnehmers, die anspruchsbegründenden Tatsachen im Einzelnen darzulegen und ggf. zu beweisen.[27]

Kann sich der Leiharbeitnehmer im Prozess über Differenzvergütungsansprüche gegen den Verleiher nicht auf eine Auskunft des Entleihers nach § 13 AÜG stützen oder hält er die erteilte Auskunft für unrichtig, muss er nach allgemeinen Grundsätzen alle zur Berechnung des Anspruchs auf Equal Pay erforderlichen Tatsachen vortragen (insbes. Benennung eines vergleichbaren Stammarbeitnehmers und das diesem vom Entleiher gewährte Arbeitsentgelt). Beruft er sich alternativ auf ein betriebliches Entgeltschema, hat er dies konkret zu benennen, seinen Inhalt vorzutragen und darzulegen, dass dieses im Entleiherbetrieb im Überlassungszeitraum tatsächlich Anwendung fand und wie er danach fiktiv (hypothetisch) einzugruppieren gewesen wäre.[28] Dazu kann er beispielsweise eine für den Entleiherbetrieb abgeschlossene Betriebsvereinbarung über ein betriebliches Entgelt- und Vergütungssystem in den Prozess einbringen. Bei Tarifbindung des Entleihers entspricht das betriebliche Entgeltschema der tariflichen Vergütungsordnung[29], weshalb der Leiharbeitnehmer dann

---

26 BAG, 13.03.2013 – 5 AZR 146/12, DB 2013, 1498; LAG Hamm, 28.07.2014 – 17 Sa 1479/13, n.v. (zitiert nach juris; anhängig BAG, 5 AZR 579/14).
27 Zur Darlegungslast bei Erschütterung der Auskunft des Entleihers LAG Köln, 20.11.2013 – 11 Sa 287/13, BeckRS 2014, 65896.
28 BAG, 25.03.2015 – 5 AZR 368/13, NZA 2015, 877; BAG, 19.02.2014 – 5 AZR 680/12, AP AÜG § 10 Nr. 41.
29 Vgl. nur BAG, 18.10.2011 – 1 ABR 25/10, AP BetrVG 1972 Lohngestaltung Nr. 141; BAG, 14.04.2010 – 7 ABR 91/08, AP BetrVG 1972 § 99 Eingruppierung Nr. 44 – auch nach Wegfall der Tarifbindung bleibt die tarifliche die im Betrieb weitergeltende betriebliche Vergütungsordnung, von der sich der Arbeitgeber nicht

Urban-Crell

konkret die im Einsatzbetrieb angewandten Tarifverträge bezeichnen muss. Der Verleiher seinerseits ist weder nach dem AÜG noch nach § 2 Abs. 1 NachwG zum Nachweis der wesentlichen Arbeitsbedingungen des Entleiherbetriebes gegenüber dem Leiharbeitnehmer verpflichtet.[30]

Legt der Leiharbeitnehmer keine Auskunft des Entleihers vor, darf der Verleiher die Entgelt- und Arbeitsbedingungen beim Dritten mit Nichtwissen bestreiten (§ 138 Abs. 4 ZPO), es sei denn diese ergeben sich aus dem abgeschlossenen Arbeitnehmerüberlassungsvertrag.[31]

9 **Erteilt der Entleiher** entgegen einem Auskunftsersuchen des Leiharbeitnehmers **die Auskunft nicht, unvollständig oder fehlerhaft**, macht er sich ggü. dem Leiharbeitnehmer schadensersatzpflichtig.[32] Ansprüche können sich aufgrund der kraft Gesetzes begründeten schuldrechtlichen Sonderverbindung aus § 280 Abs. 1, § 241 Abs. 2 BGB sowie aus Delikt (§ 823 Abs. 2 BGB i.V.m. § 13 AÜG) ergeben.[33] Ein Schaden des Leiharbeitnehmers kann bspw. dann entstehen, wenn er aufgrund der fehlenden oder fehlerhaften Auskunft Ansprüche gegen seinen Vertragsarbeitgeber wegen Verjährung (§ 195 BGB) oder Ablaufs einer Verfallfrist nicht mehr durchsetzen kann. Erwachsen dem Verleiher Nachteile aus einer falschen oder unvollständigen Auskunft des Entleihers ggü. dem Leiharbeitnehmer kann auch der Verleiher zum Schadensersatz berechtigt sein (§ 280 Abs. 1, § 241 Abs. 2 BGB).[34] Das AÜG selbst sieht keine Sanktionen, insbes. kein Bußgeld, bei einem Verstoß des Entleihers gegen seine Auskunftspflicht nach § 13 AÜG vor.

10 Besteht Grund zu der Annahme, der Entleiher habe eine unrichtige oder unvollständige Auskunft erteilt, kann dieser zur Abgabe einer **eidesstattlichen Versicherung** (§§ 260 Abs. 2, 261 BGB analog) verpflichtet sein.[35]

---

einseitig, sondern nur unter Beachtung der Mitbestimmung des Betriebsrates nach § 87 Abs. 1 Nr. 10 BetrVG lösen kann.

30 BAG, 25.03.2015 – 5 AZR 368/13, NZA 2015, 877 (weshalb eine Berufung des Verleihers auf eine arbeitsvertragliche Ausschlussfrist nicht rechtsmissbräuchlich ist).
31 LAG Schleswig-Holstein, 14.05.2013 – 1 Sa 392/12, LAGE § 10 AÜG Nr. 9.
32 BAG, 24.04.2014 – 8 AZR 1081/12, NZA 2014, 968.
33 *Boemke/Lembke* § 13 AÜG Rn. 23; HWK/*Gotthardt* § 13 AÜG Rn. 2; Thüsing/*Kock* § 13 AÜG Rn. 16; zurückhaltend ErfK/*Wank* § 13 AÜG Rn. 2.
34 ArbG Stuttgart, 18.11.2015 – 18 Ca 2617/15, BeckRS 2016, 67019.
35 Dazu *Boemke/Lembke* § 13 AÜG Rn. 22 m.w.N.

C. Verfahren

Der Leiharbeitnehmer hat einen gerichtlich durchsetzbaren Anspruch auf Aus- 11
kunftserteilung ggü. dem Entleiher. Für Streitigkeiten zwischen Leiharbeitnehmer und Entleiher über (gesetzliche) Ansprüche, die Folge der gespaltenen Arbeitgeberstellung zwischen Ver- und Entleiher sind, sind die **ArbG** nach § 2 Abs. 1 Nr. 3a) bzw. Nr. 4d) ArbGG **zuständig**; dies gilt insbes. für eine Klage auf Auskunft nach § 13 AÜG[36], die klageweise Geltendmachung von Ansprüchen wegen Benachteiligung nach dem AGG[37] sowie deliktische Forderungen aus dem Beschäftigungsverhältnis zwischen Leiharbeitnehmer und Entleiher.[38] Der Rechtsweg zu den Zivilgerichten (§ 13 GVG) ist hingegen eröffnet, wenn die Streitigkeit ihren Ursprung nicht im Leiharbeitsverhältnis, sondern einer sonstigen bürgerlich-rechtlichen Auseinandersetzung zwischen Leiharbeitnehmer und Entleiher hat (z.B. Geltendmachung eines Anspruch aus einem Prämienplan direkt gegen das Einsatzunternehmen, anstatt gegenüber dem Verleiher nach dem Grundsatz des Equal Pay).[39] Umstritten ist, wie der **Gegenstandswert einer Auskunftsklage** gegen den Entleiher nach § 13 AÜG zu bestimmen ist. Einige Landesarbeitsgerichte orientieren sich am mutmaßlichen Betrag der späteren Zahlungsklage des Leiharbeitnehmers gegen den Verleiher, reduziert um 50 %.[40] Demgegenüber setzt das LAG Köln[41] ein Viertel des Regelwerts aus § 23 RVG an.

---

[36] BAG, 24.04.2014 – 8 AZR 1081/12, NZA 2014, 968; BAG, 15.03.2011 – 10 AZB 49/10, NZA 2011, 653; LAG Köln, 18.04.2011 – 4 Ta 78/11, AE 2012, 59; LAG Hamburg, 24.10.2007 – 4 Ta 11/07, BeckRS 2011, 66740; *Boemke/Lembke* § 13 AÜG Rn. 25; HWK/*Gotthardt* § 13 AÜG Rn. 3; *Schüren* RdA 2009, 58.
[37] BAG, 15.03.2011 – 10 AZB 49/10, NZA 2011, 653; ArbG Duisburg, 29.07.2010 – 2 Ca 1163/10, BeckRS 2011, 71532.
[38] BAG, 15.03.2011 – 10 AZB 49/10, NZA 2011, 653; LAG Hamm, 04.08.2003 – 2 Ta 739/02, NZA-RR 2004, 106 (Schadensersatz des Kunden gegen den Leiharbeitnehmer); ArbG Freiburg, 07.07.2010 – 12 Ca 188/10, BeckRS 2010, 71293 (Schmerzensgeldforderung des Leiharbeitnehmers gegen den Entleiher nach Arbeitsunfall).
[39] LAG Hamm, 09.07.2015 – 2 Ta 673/14, n.v. (zitiert nach juris).
[40] LAG Hessen, 02.08.2013 – 1 Ta 234/13, BeckRS 2013, 73097; LAG Nürnberg, 12.08.2011 – 7 Ta 60/11, BeckRS 2011, 76781; befürwortend BeckOK ArbR/ *Kock* § 13 AÜG Rn. 21.
[41] LAG Köln, 24.10.2012 – 2 Ta 270/12, BeckRS 2012, 75999.

12 Dem Leiharbeitnehmer ist es unbenommen, einen unbezifferten Zahlungsantrag ggü. dem Verleiher mit einem Auskunftsanspruch ggü. dem Entleiher gerichtlich im Wege der **Stufenklage (§ 254 ZPO analog)** zu verbinden.[42] Obgleich sich die Ansprüche gegen unterschiedliche Beklagte richten, ist dieses Verfahren sachgerecht. Die Interessenlage der atypischen Stufenklage bei legaler Arbeitnehmerüberlassung ist der im normalen Arbeitsverhältnis durchaus vergleichbar.

D. Verjährung

13 Der Auskunftsanspruch des Leiharbeitnehmers gegen den Entleiher fällt unter § 194 BGB und unterliegt der **regelmäßigen Verjährungsfrist von drei Jahren (§ 195 BGB)**.[43] Der Fristlauf beginnt mit dem Schluss des Jahres, in dem der Anspruch entstanden ist (§ 199 Abs. 1 Nr. 1 BGB) und der Gläubiger von den anspruchsbegründenden Umständen (d.h. der Tatsache der tatsächlichen Überlassung) und der Person des Schuldners (der Person des Dritten als »seinem« Entleiher) Kenntnis erlangt hat oder ohne grobe Fahrlässigkeit erlangt haben müsste (§ 199 Abs. 1 Nr. 2 BGB). Die Voraussetzungen des § 13 Halbs. 2 AÜG gehören nicht zu den anspruchsbegründenden Umständen. Der Verjährungseintritt wird auch durch Erhebung der auf Auskunft nach § 13 AÜG (1. Stufe) gerichteten Stufenklage gehemmt (§ 204 Abs. 1 Nr. 1 BGB).[44]

▶ **Beispiel 2:**

Wie in Beispiel 1, Leiharbeitnehmerin A wurde zwischen dem 01.01.2017 und dem 30.09.2017 beim entleihenden B-Verlag im Rahmen von Arbeitnehmerüberlassung eingesetzt. Für diesen Tätigkeitszeitraum beginnt die Verjährungsfrist am 01.01.2018. Sie läuft am 31.12.2020 ab.

---

42 So a. ArbG Brandenburg, 24.11.2011 – 1 Ca 707/11, BeckRS 2014, 70896; *Bissels* jurisPR-ArbR 16/2013 Anm. 6; *Boemke/Lembke* § 13 AÜG Rn. 27; *Hamann* jurisPR-ArbR 4/2012 Anm. 2; a.A. LAG Berlin-Brandenburg, 05.06.2012 – 3 Sa 134/13, BeckRS 2012, 75329; BeckOK ArbR/*Kock* § 13 AÜG Rn . 22; *Ulrici* in: Boecken/Düwell/Diller/Hanau, Gesamtes Arbeitsrecht, § 13 AÜG Rn. 10; allg. zur Stufenklage *Thomas/Putzo* § 256 ZPO Rn. 1 ff.; Zöller/*Greger* § 254 ZPO Rn. 1 ff.
43 BAG, 24.04.2014 – 8 AZR 1081/12, NZA 2014, 968.
44 LAG Köln, 16.01.2013 – 3 Sa 744/12, BeckRS 2013, 67855; offengelassen BAG, 28.05.2014 – 5 AZR 794/12, NZA 2014, 1158.

§ 13a Informationspflicht des Entleihers über freie Arbeitsplätze

¹Der Entleiher hat den Leiharbeitnehmer über Arbeitsplätze des Entleihers, die besetzt werden sollen, zu informieren. ²Die Information kann durch allgemeine Bekanntgabe an geeigneter, dem Leiharbeitnehmer zugänglicher Stelle im Betrieb und Unternehmen des Entleihers erfolgen.

Übersicht	Rdn.
. Allgemeines	1
B. Informationspflicht	4
I. Freie Arbeitsplätze	5
II. Geeignete Arbeitsplätze	7
III. Inhalt der Informationspflicht	9
C. Rechtsfolgen	12
I. Allgemein	12
II. Einstellung durch den Entleiher	17
III. Verfahren	18

A. Allgemeines

§ 13a AÜG verpflichtet den Entleiher, die bei ihm tätigen Leiharbeitnehmer 1 über **freie Stellen** im Unternehmen **zu informieren**. Dieser Anspruch dient der Umsetzung von Art. 6 Abs. 1 der **Richtlinie über Leiharbeit** (Agency Work Directive -AWD):[1]

(1) Die Leiharbeitnehmer werden über die im entleihenden Unternehmen offenen Stellen unterrichtet, damit sie die gleichen Chancen auf einen unbefristeten Arbeitsplatz haben wie die übrigen Arbeitnehmer dieses Unternehmens. Diese Unterrichtung kann durch allgemeine Bekanntmachung an einer geeigneten Stelle in dem Unternehmen erfolgen, in dessen Auftrag und unter dessen Aufsicht die Leiharbeitnehmer arbeiten.

Die Frist zur Umsetzung der Richtlinie lief am 05.12.2011 aus. § 13a AÜG wurde durch das Erste Gesetz zur Änderung des Arbeitnehmerüberlassungsgesetzes – Verhinderung von Missbrauch der Arbeitnehmerüberlassung vom 28.04.2011[2] neu eingefügt. Die Regelung trat zum **01.12.2011** in Kraft.

---

1 Richtlinie 2008/104/EG des Europäischen Parlaments und des Rates vom 19.11.2008 über Leiharbeit, ABl. EU, Nr. L 327 vom 05.12.2008, 9-14.
2 BGBl. I, 642.

§ 13a AÜG Informationspflicht des Entleihers über freie Arbeitsplätze

2 Eine **Umsetzung** in das deutsche Recht durch den neu eingefügten § 13a AÜG war notwendig, da weder das bisherige Arbeitnehmerüberlassungsgesetz noch die allgemeinen arbeitsrechtlichen Vorschriften eine Regelung für diesen Fall vorsahen. Zwar kennt das deutsche Arbeitsrecht eine vergleichbare Regelung in § 18 TzBfG. Diese verpflichtet den Arbeitgeber, befristet Beschäftigte Arbeitnehmer über entsprechende unbefristete Arbeitsplätze zu informieren, die besetzt werden sollen. Allerdings setzt diese Vorschrift – ebenso wie der allgemeine arbeitsrechtliche Gleichbehandlungsgrundsatz – ein Arbeitsverhältnis zum Verpflichteten voraus. Und dieses ist aufgrund des Dreiecksverhältnisses in der Leiharbeit zum Entleiher gerade nicht gegeben.[3]

3 Vereinzelt wird angenommen, § 13a AÜG setze Art. 6 Abs. 1 AWD nur unvollständig um, weil in der deutschen Fassung der Zusatz »... *damit sie die gleichen Chancen auf einen unbefristeten Arbeitsplatz haben wie die übrigen Arbeitnehmer dieses Unternehmens*« fehlt.[4]

Dies ist abzulehnen. § 13a AÜG statuiert einen **reinen Informationsanspruch** (s.u. Rn. 10). Dieser geht sogar über die bereits bestehenden gesetzlichen Informationsansprüche (z.B. § 93 BetrVG, §§ 7 Abs. 2, 18 TzBfG), die nur auf Verlangen gewährt werden müssen, hinaus. Außerdem stellt das deutsche Recht insb. durch § 9 Nr. 3 bis 5 AÜG sicher, dass Leiharbeitnehmer im Stellenbesetzungsverfahren die gleichen Chancen haben wie andere externe und interne Bewerber.[5]

B. Informationspflicht

4 Der Wortlaut der Vorschrift »*Der Entleiher hat... über Arbeitsplätze..., die besetzt werden sollen, zu informieren.*« ist max. weit gefasst, da er **keinerlei Beschränkungen** bestimmt.[6] Auch in der Gesetzesbegründung finden sich keine weiteren Anhaltspunkte. Hier wird lediglich angemerkt, dass § 13a

---

3 Vgl. zu diesem Themenkomplex *Vielmeier* NZA 2012, 535; BAG, NZA 2006, 265; *Rieble/Klebeck* NZA 2003, 26.

4 BT-Ausschussdrucksache 17(11)431 (Materialien zur Anhörung von Sachverständigen) vom 18.03.2011, 48.

5 Ebenso *Hamann* RdA 2011, 335 m.w.N.; *Thüsing* § 13a AÜG Rn. 2; *Lembke* NZA 2011, 321 spricht sogar von einer »überschießenden Tendenz«.

6 Dies ist einer der Hauptkritikpunkte an dieser AÜG-Reform, da die fehlenden Regelungsinhalte zwangsläufig zu einer erheblichen Rechtsunsicherheit in der Praxis führen werden: *Schüren/Wank* RdA 2011, 1 ff.; *Forst* AuR 2012, 100; *Hamann* EuZA

AÜG dem § 18 TzBfG nachempfunden wurde.[7] Die reine Wortlautauslegung führt daher in der Praxis zu **unbilligen Ergebnissen**.

I. Freie Arbeitsplätze

Sinn und Zweck der Vorschrift ist es, die **Übernahme der Leiharbeitnehmer** in die Stammbelegschaft des Entleihers zu unterstützen und damit die »Übernahmequote« (auch »**Klebeeffekt**« genannt) auszubauen. Die Leiharbeitnehmer sollen freie Arbeitsplätze kennen, damit sie sich hierauf bewerben können.

Der Entleiher muss daher grds. über alle freien Arbeitsplätze informieren. Eine Beschränkung ist hier vom Gesetzgeber nicht gewollt und zur Erreichung des Normzwecks auch nicht sinnvoll.[8] Gemeint sind daher alle freien, frei werdenden und neu geschaffenen Arbeitsplätze. Dies gilt **konzern- bzw. unternehmensweit**, also auch für bundesweite Standorte, an denen der Leiharbeitnehmer nicht eingesetzt ist, und sogar für **ausländische Betriebe**. Unerheblich ist auch, ob es sich um eine befristete oder unbefristete Stelle handelt.[9]

Ausnahmen bilden hier nur Arbeitsplätze, die ebenfalls mit einem Leiharbeitnehmer besetzt werden sollen, da dann das Normziel – Übernahme in die Stammbelegschaft – nicht erreicht werden kann.[10] Bzw. Arbeitsplätze, bei denen aufgrund gesetzlicher Vorschriften ein anderer Arbeitnehmer vorrangig zu berücksichtigen ist (z.B. Rückkehr aus Elternzeit).[11]

II. Geeignete Arbeitsplätze

Nach dem Wortlaut der Vorschrift gilt die Informationspflicht für alle freien Arbeitsplätze unabhängig davon, ob der Leiharbeitnehmer die entsprechende

---

2009, 287 ff.; *ders.* RdA 2011, 341; vertiefend BT-Ausschussdrucksache 17(11)431 (Materialien zur Anhörung von Sachverständigen) vom 18.03.2011.
7 BT-Drucks. 17/4804, 10.
8 *Sansone* in: Preis/Sagan, Europäisches Arbeitsrecht, § 8 Rn. 93, der von »richtlinienkonformer Auslegung« spricht.
9 *Sandmann/Marschall/Schneider* § 13 AÜG Anm. 7; *Ulber* § 13a AÜG Rn. 7; *Thüsing* § 13a AÜG Rn. 4, jeweils m.w.N.; a.A. zum Konzern *Forst* AuR 2012, 97.
10 *Tschöpe/Bissels*, Arbeitsrecht Handbuch, D. Arbeitnehmerüberlassungsrecht, Rn. 152.
11 *Hamann* RdA 2011, 335; *Kock* BB 2012, 323; teilweise a.A. *Ulber* § 13a AÜG Rn. 3.

Qualifikation für die zu besetzende Stelle hat und damit, ob es sich überhaupt um einen **geeigneten Arbeitsplatz** für den Leiharbeitnehmer handelt.

8 Dies kann nicht gewollt und gemeint sein.[12] Die Informationspflicht soll es Leiharbeitnehmern erleichtern, freie Arbeitsplätze im Einsatzunternehmen zu erkennen und sich hierauf zu bewerben. Diesem Gesetzeszweck würde es zuwiderlaufen, wenn die Weite der Informationspflicht zu einer Unübersichtlichkeit, einem erhöhten Aufwand und damit einer Erschwernis der Bewerbungsmöglichkeit führen würde. Dementsprechend muss § 13a AÜG dahin gehend **teleologisch reduziert** werden, dass die Informationspflicht des Entleihers nur auf solche freien Arbeitsplätze beschränkt ist, die aufgrund ihrer Anforderungen für die Leiharbeitnehmer auch geeignet sind.[13] Die fehlende Eignung muss dabei nicht offensichtlich sein,[14] sondern ergibt sich aus dem Anforderungsprofil des Entleihers, welches gem. § 12 Abs. 1 Satz 3 AÜG im Arbeitnehmerüberlassungsvertrag (AÜV) festgehalten werden muss. Hierdurch wird auch die von der *Gegenmeinung*[15] vorgetragene Missbrauchsmöglichkeit weitestgehend ausgeschlossen.

▶ Praxistipp:

Der Entleiher kann das **Risiko** einer falschen Auslegung der Vorschrift und die damit verbundenen Rechtsfolgen **allerdings nur dadurch minimieren**, dass er die bei ihm eingesetzten Leiharbeitnehmer tatsächlich über alle freien Arbeitsplätze – unabhängig von einer Eignung – informiert.

Eine Beschränkung der Informationen auf die geeigneten Arbeitsplätze wird in der Praxis schwer durchzuführen sein. Der Entleiher kann seine Informationspflicht nämlich selbst dann verletzen, wenn er z.B. nur Leiharbeitnehmer in der Produktion beschäftigt und daher auch nur über freie Arbeitsplätze in der Produktion informiert. Wäre in diesem Fall ein Leiharbeitnehmer, der die Leiharbeit als »Sprungbrett« nutzen möchte, auch kaufmännisch qualifiziert, läge ein Verstoß gegen § 13a AÜG vor.

---

12 *Kock* BB 2012, 323 m.w.N. spricht von einem redaktionellen Versehen des Gesetzgebers.
13 Weitestgehend mit anderer Begründung auch *Sandmann/Marschall/Schneider* § 13 AÜG Anm. 7; *Kock* BB 2012, 323; a.A. *Lembke* DB 2011, 414; *Hamann* RdA 2011, 334; *Ulber* § 13a AÜG Rn. 4.; *Gotthardt/Roloff* in: Henssler/Willemsen/Kalb, Arbeitsrecht, § 13a AÜG Rn. 2.
14 So *Zimmermann* ArbRAktuell 2011, 264; *Ulber* § 13a AÜG Rn. 4.
15 S. Fn. 13.

III. Inhalt der Informationspflicht

Die Information kann durch allgemeine **Bekanntgabe** an geeigneter, dem 9
Leiharbeitnehmer zugänglicher Stelle im Betrieb und Unternehmen des Entleihers erfolgen.[16] Als geeignete Stelle nennt die Gesetzesbegründung ausdrücklich einen Aushang an einem **schwarzen Brett**.[17] Als geeignet sind daher auch anzusehen: – Stellenausschreibungen im **Intranet**, – Stellenausschreibungen im **Internet**, – Veröffentlichungen in der **Mitarbeiterzeitung**, – Informationen per **Rund-E-Mail**, – Informationen an den **Verleiher**.[18]

Entscheidend ist dabei, dass der Leiharbeitnehmer diese Stellen unproblematisch erreichen kann. Er muss **ungehinderten Zugang** zu den betreffenden Räumen und/oder Zugang und **Nutzungsmöglichkeit** der erforderlichen technischen Hilfsmittel haben. Kein ungehinderter Zugang läge demnach vor bei einem Aushang im Personalbüro, bei einem für Stammmitarbeiter zugangsbeschränkten Intranet oder beim Aushang in einer vom Einsatzort entfernt gelegenen Zentrale oder Hauptverwaltung.[19]

§ 13a AÜG macht keinerlei Vorgaben bezüglich des **Inhaltes** oder der **Form** 10
der Information. Allein der Sinn und Zweck der Vorschrift bestimmt daher den Mindestinhalt. Die Information muss inhaltlich so aussagekräftig sein, dass der Leiharbeitnehmer auf dieser Basis entscheiden kann, ob er sich auf den Arbeitsplatz bewerben möchte. Dazu bedarf es mindestens folgender Angaben:

– Bezeichnung, – Beginn, – Beschreibung der Tätigkeit, – ggf. Befristung, – Anforderungsprofil (insb. erforderliche Qualifikationen, Kenntnisse und Fähigkeiten), – Vergütung. Hinzukommen muss, wo und wie man sich bewerben kann sowie die Bewerbungsfrist.[20]

Zeitlich muss die Information so rechtzeitig erfolgen, dass der Leiharbeitnehmer sich noch mit Erfolg auf die Stelle bewerben kann. Eine Information erst wenige Tage vor Ablauf der Bewerbungsfrist reicht daher nicht. Andererseits ist es nicht erforderlich, dass der Leiharbeitnehmer zur gleichen Zeit wie die 11

---

16 Zusammenfassend *Sansone* in: Preis/Sagan, Europäisches Arbeitsrecht, § 8 Rn. 92.
17 BT-Drucks. 17/4804, 10.
18 ErfK/*Wank* § 13a AÜG Rn. 3 m.w.N.; *Forst* AuR 2012, 98.
19 *Zimmermann* ArbRAktuell 2011, 265; *Ulber* § 13a AÜG Rn. 11; *Hamann* EuZA 2009, 316.
20 *Lembke* NZA 2011, 321.

Stammbelegschaft informiert wird, solange durch den zeitlichen Unterschied die Chancengleichheit nicht beeinträchtigt ist.[21]

▶ **Praxistipp:**

Auch wenn § 13a AÜG keine besondere Form für die Information über freie Arbeitsplätze vorsieht, sollte aus Beweisgründen eine schriftliche Form gewählt werden. Um eine Ungleichbehandlung mit den Stammmitarbeitern zu vermeiden, müssen freie Stellen in Zukunft grds. intern ausgeschrieben werden oder nur noch in einer Stellenbörse auf der eigenen Homepage.

C. Rechtsfolgen

I. Allgemein

12 § 13a AÜG ist zwingendes Recht und damit **unabdingbar**. Somit kann der Verleiher diese Pflicht nicht vertraglich ausschließen, der Leiharbeitnehmer nicht auf sie verzichten. Ebenso **unwirksam** sind entsprechende Vereinbarungen zwischen Verleiher und Entleiher.[22] Auch wenn der Gesetzgeber dies nur für den Zugang zu Gemeinschaftseinrichtungen gem. § 13b AÜG i.V.m. § 9 Nr. 2a AÜG explizit geregelt hat, kann für die Informationspflicht gem. § 13a nichts anderes gelten.[23]

13 Die Verletzung der Informationspflicht des Entleihers ist gem. § 16 Abs. 1 Nr. 9 AÜG eine **Ordnungswidrigkeit** und sanktionsbewehrt. Informiert der Entleiher den Leiharbeitnehmer entgegen § 13a AÜG vorsätzlich oder fahrlässig nicht, nicht richtig oder nicht vollständig, handelt er ordnungswidrig, was mit einer Geldbuße i.H.v. bis zu 2.500 € pro Verstoß geahndet werden kann.

14 § 13a AÜG beinhaltet die reine Pflicht zur Informationsweitergabe. Dagegen begründet die Norm keine Pflicht zur bevorzugten Berücksichtigung der Bewerbung eines Leiharbeitnehmers, weder ggü. internen noch externen anderen Bewerbern. Das der Vorschrift immanente **Prinzip der Gleichbehandlung** verlangt eine Chancengleichheit und **keine Besserstellung** von

---

21 *Forst* AuR 2012, 97; *Kock* BB 2012, 324.
22 *Lembke* NZA 2011, 322/324; *Hamann* RdA 2011, 334.
23 Ebenso *Thüsing* § 13a AÜG Rn. 30, der von einem »Vergessen« des Gesetzgebers spricht.

Leiharbeitnehmern. Die Bewerberauswahlentscheidung des Entleihers wird durch § 13a AÜG nicht eingeschränkt. Der Leiharbeitnehmer hat **keinen Anspruch auf Einstellung** ggü. dem Entleiher.[24] Die Bewerberauswahl durch den Arbeitgeber wird durch Art. 6 Abs. 1 AWD nicht eingeschränkt.

Der Leiharbeitnehmer hat einen **Schadensersatzanspruch** gegen den Entleiher gem. § 280 BGB.[25] Auch ist § 13a AÜG Schutzgesetz i. S. v. § 823 Abs. 2 BGB.[26] Der hieraus resultierende Anspruch auf **Naturalrestitution** gewährt dem Leiharbeitnehmer jedoch nur, so gestellt zu werden, wie er stünde, wenn die Informationspflicht ordnungsgemäß erfüllt worden wäre (§ 249 Abs. 1 BGB). Aufgrund des fehlenden Einstellungsanspruchs ist dies aber nur die Möglichkeit zur Bewerbung. Dass diese Bewerbung zu einer Einstellung geführt hätte, wird der Leiharbeitnehmer in der Praxis nicht beweisen können. Eine Beweiserleichterung bzw. **Beweislastumkehr** ist nicht gegeben; es gelten die normalen Beweisregeln.[27] Ein Schadensersatzanspruch auf entgangenen Gewinn aufgrund Nichterhalts eines Arbeitsplatzes dürfte daher i.d.R. ausscheiden. Die Sanktion läuft in diesem Punkt leer.[28] 15

Will der Entleiher die Stelle besetzen, obwohl er die Informationspflicht (noch) nicht erfüllt hat, kann der **Betriebsrat** im Entleihbetrieb gem. § 99 Abs. 2 Nr. 1 BetrVG seine **Zustimmung** zu dieser Einstellung **nicht** verweigern.[29] 16

II. Einstellung durch den Entleiher

Will der Entleiher den Leiharbeitnehmer einstellen, so muss der Leiharbeitnehmer zuvor sein Arbeitsverhältnis mit dem Verleiher ordnungsgemäß kündigen. Dabei ist die ordentliche Kündigungsfrist durch den Leiharbeitnehmer einzuhalten. Ein Recht zur außerordentlichen Kündigung besteht nicht und ergibt sich auch nicht konkludent aus der Zeitarbeitsrichtlinie (AWD).[30] 17

---

24 *Forst* AuR 2012, 98; *Thüsing* § 13a AÜG Rn. 31 m.w.N.
25 Zu den Schadensersatzansprüchen *Boemke/Lembke* § 13a AÜG Rn. 20 ff.
26 Ausführlich *Lembke* NZA 2011, 322; *Forst* AuR 2012, 102.
27 *Forst* AuR 2012, 102; a.A. *Hamann* RdA 2011, 335.
28 *Kock* BB 2012, 324.
29 Ausführlich zu diesem Problem siehe § 14 Rdn. 142 m.w.N. auch zur Gegenmeinung.
30 Ausführlich hierzu *Kock* BB 2012, 324.

Bei dem neuen Arbeitsverhältnis mit dem Entleiher gibt es keinen Bestandsschutz aus der Dreiecksbeziehung der Arbeitnehmerüberlassung.[31] Das Arbeitsverhältnis beginnt arbeitsrechtlich »bei Null«. Die vorhergehenden Einsatzzeiten beim Entleiher gelten weder als Betriebszugehörigkeit noch als Vorbeschäftigungszeit.[32]

▶ Praxistipp:

Stellt der Entleiher einen Zeitarbeitnehmer direkt an, der vorher i.R.d. Arbeitnehmerüberlassung bei ihm im Einsatz war, so kann er grds. auch eine sachgrundlose Befristung gem. § 14 Abs. 2 TzBfG vereinbaren.

Achtung:

Dies gilt nach der Rechtsprechung des BAG **nicht**, »wenn Verleiher und Entleiher in bewusstem und gewolltem Zusammenwirken diese Vertragsgestaltungen in mehreren Fällen rechtsmißbräuchlich vereinbaren.«[33]

Grds. ist ebenfalls die maximale Probezeit von sechs Monaten möglich, sofern für den Entleiher aus der Probezeit zusätzliche Erkenntnisse zu erwarten sind. Dies dürfte durch die neue Eingliederung in die Stammbelegschaft meistens der Fall sein.

III. Verfahren

18 Der Leiharbeitnehmer hat einen gerichtlich durchsetzbaren **Anspruch** auf Erteilung der notwendigen Informationen durch den Entleiher oder – bei fehlendem Rechtsschutzinteresse nach Beendigung des Bewerbungsverfahrens und/oder Einstellung eines Mitarbeiters – auf die Geltendmachung von Schadensersatzansprüchen. Für beide Verfahren sind nach nunmehr herrschender Meinung die **ArbG** gem. § 2 Abs. 1 Nr. 3a ArbGG zuständig.[34] Dies resultiert wiederum aus den Besonderheiten des »Dreiecksverhältnisses« in der Zeitarbeit, welches dem Entleiher tätigkeitsbezogene Arbeitgeberrechte überträgt.[35]

---

31 Ausführlich hierzu *Kock* BB 2012, 324.
32 Eindeutig BAG, 20.02.2014 – 2 AZR 859/11, BAGE 147, 251 = BB 2014, 3066.
33 BAG, 24.06.2015 – 7 AZR 452/13, NZA 2015, 1507.
34 BAG, 15.03.2011 – 10 AZB 49/10, DB 2011, 1116.
35 S. nur *Boemke/Lembke* § 13 AÜG Rn. 17 ff. m.w.N.; *Forst* AuR 2012, 102; a.A. früher *Thüsing*, 2. Aufl., § 13 AÜG Rn. 11.

§ 13b Zugang des Leiharbeitnehmers zu Gemeinschaftseinrichtungen oder -diensten

¹Der Entleiher hat dem Leiharbeitnehmer Zugang zu den Gemeinschaftseinrichtungen oder -diensten im Unternehmen unter den gleichen Bedingungen zu gewähren wie vergleichbaren Arbeitnehmern in dem Betrieb, in dem der Leiharbeitnehmer seine Arbeitsleistung erbringt, es sei denn, eine unterschiedliche Behandlung ist aus sachlichen Gründen gerechtfertigt. ²Gemeinschaftseinrichtungen oder -dienste im Sinne des Satzes 1 sind insbesondere Kinderbetreuungseinrichtungen, Gemeinschaftsverpflegung und Beförderungsmittel.

Übersicht	Rdn.
A. Allgemeines	1
B. Zugangsrecht	4
I. Gemeinschaftseinrichtungen	6
II. Gemeinschaftsdienste	8
III. Zugang	10
IV. Rechtfertigung	12
V. Beteiligung des Betriebsrates	17
C. Rechtsfolgen	18
I. Allgemein	18
II. Verfahren	21

A. Allgemeines

§ 13b AÜG verpflichtet den Entleiher, dem Leiharbeitnehmer Zugang zu Gemeinschaftseinrichtungen oder -diensten im Unternehmen zu gleichen Bedingungen zu gewähren wie vergleichbaren Stammarbeitnehmern. Dieser Anspruch dient der Umsetzung von Art. 6 Abs. 4 der **Richtlinie über Leiharbeit** (Agency Work Directive – AWD):[1]

(4) Unbeschadet des Art. 5 Abs. 1 haben Leiharbeitnehmer in dem entleihenden Unternehmen zu den gleichen Bedingungen wie die unmittelbar von dem Unternehmen beschäftigten Arbeitnehmer Zugang zu den Gemeinschaftseinrichtungen oder -diensten, insb. zur Gemeinschaftsverpflegung, zu Kinderbetreuungseinrichtungen

1

---

1 Richtlinie 2008/104/EG des Europäischen Parlaments und des Rates vom 19.11.2008 über Leiharbeit, ABl. EU, Nr. L 327 vom 05.12.2008, 9-14.

und zu Beförderungsmitteln, es sei denn, eine unterschiedliche Behandlung ist aus objektiven Gründen gerechtfertigt.

Die Frist zur Umsetzung der Richtlinie lief am 05.12.2011 aus. § 13b AÜG wurde durch das Erste Gesetz zur Änderung des Arbeitnehmerüberlassungsgesetzes – Verhinderung von Missbrauch der Arbeitnehmerüberlassung vom 28.04.2011[2] neu eingefügt. Die Regelung trat zum **01.12.2011** in Kraft.

2 Eine **Umsetzung** in das deutsche Recht durch den neu eingefügten § 13b AÜG war notwendig, da weder das bisherige Arbeitnehmerüberlassungsgesetz noch die allgemeinen arbeitsrechtlichen Vorschriften eine Regelung für diesen Fall vorsahen. Der **allgemeine Gleichbehandlungsgrundsatz** greift hier – ebenso wie bei § 13a AÜG – nicht, da dieser ein Arbeitsverhältnis zum Verpflichteten voraussetzt. Und dieses ist aufgrund des Dreiecksverhältnisses in der Leiharbeit zum Entleiher gerade nicht gegeben.[3]

3 Auch wenn dieses Zugangsrecht eine Ausgestaltung des **Gleichstellungsgrundsatzes** (Equal Treatment) aus dem Arbeitnehmerüberlassungsgesetz (AÜG) ist, war es in dieser Form im AÜG bisher nicht – auch nicht konkludent – geregelt. Das bringt Art. 6 Abs. 4 der Richtlinie über Leiharbeit (AWD) mit der Formulierung »*unbeschadet des Art. 5 I*« selbst zum Ausdruck. Hinzu kommt, dass der Gleichbehandlungsgrundsatz des AÜG (Equal Treatment) tarifdispositiv ist. Das Zugangsrecht ist jedoch **zwingend** von der Richtlinie vorgegeben, sodass ein nicht tarifdispositiver Anspruch geschaffen werden musste.[4]

B. Zugangsrecht

4 § 13b AÜG wiederholt lediglich die Vorgabe der Richtlinie, dass der Entleiher den Leiharbeitnehmern Zugang zu den Gemeinschaftseinrichtungen oder -diensten gewähren muss und zwar zu den **gleichen Bedingungen** wie seinen Stammmitarbeitern.[5] Als Beispiele werden lediglich **Kinderbetreuungseinrichtungen**, **Gemeinschaftsverpflegung** und **Beförderungsmittel** genannt. Dabei wird noch nicht einmal unterschieden, welches Beispiel als

---

2 BGBl. I, 642.
3 Vgl. zu diesem Themenkomplex *Vielmeier* NZA 2012, 535; BAG, NZA 2006, 265; *Rieble/Klebeck* NZA 2003, 26.
4 S. Rdn. 18; *Kock* BB 2012, 324; *Vielmeier* NZA 2012, 536.
5 *Sansone* in: Preis/Sagan, Europäisches Arbeitsrecht, § 8 Rn. 109, sieht die Notwendigkeit einer richtlinienkonformen Auslegung, da § 13b AÜG auf vergleichbare Stammmitarbeiter abstellt.

Einrichtung oder Dienst gewertet wird.[6] Auch in der Gesetzesbegründung finden sich keine weiteren Anhaltspunkte.[7] Sämtliche Tatbestandsmerkmale müssen daher nach der juristischen Methodenlehre klassisch ausgelegt werden. Dies wird wiederum zu einer erheblichen Rechtsunsicherheit für den Anwender führen bis sich erste Tendenzen in der Rechtsprechung abzeichnen.

Sinn und Zweck der Vorschrift ist nicht lediglich eine Ergänzung des allgemeinen Gleichbehandlungsgrundsatzes bei den wesentlichen Arbeitsbedingungen im AÜG. Gem. Art. 6 Abs. 4 der Richtlinie über Leiharbeit (AWD) steht das Zugangsrecht **gleichberechtigt** neben dem Grundsatz der Gleichbehandlung. Damit wird hier ein **eigenständiger Anspruch** gegen den Entleiher auf Zugang zu dessen Sozialeinrichtungen gewährt.[8] Daraus ergibt sich, dass Sinn und Zweck der Vorschrift auf die **soziale Gleichbehandlung** abzielt, also auf die soziale Aufnahme in den Betrieb bzw. die Teilhabe am sozialen Betriebsleben.[9] Hierauf deutete schon der Kommissionsentwurf hin, der davon ausging, dass »*sich durch das Zugangsrecht die Motivation der Arbeitnehmer verbessert. Es wird ihr Gefühl der Zugehörigkeit zum Unternehmen stärken, das Verhältnis zu den anderen Mitarbeitern beeinflussen und die Gesamtproduktivität steigern.*«[10] 5

I. Gemeinschaftseinrichtungen

Gemeinschaftseinrichtungen sind unter Heranziehung der genannten Beispiele zunächst **alle Stätten und Räume des Entleihers**, die für die dort tätigen Mitarbeiter eingerichtet wurden und im Zusammenhang mit dem dortigen »**tätig sein**« gegenständlich benutzt werden können. 6

---

6 Krit. hierzu *Vielmeier* NZA 2012, 536 m.w.N., der von einem »Richtlinienplagiat« spricht.
7 Dies ist einer der Hauptkritikpunkte an dieser AÜG-Reform, da die fehlenden Regelungsinhalte zwangsläufig zu einer erheblichen Rechtsunsicherheit in der Praxis führen werden: *Schüren/Wank* RdA 2011, 1 ff.; *Hamann* EuZA 2009, 287 ff.; *ders.* RdA 2011, 341; vertiefend BT-Ausschussdrucksache 17(11)431 (Materialien zur Anhörung von Sachverständigen) vom 18.03.2011.
8 *Hamann* RdA 2011, 366; *Lembke* NZA 2011, 323; *Ulber* AuR 2010, 12.
9 Ausführlich *Vielmeier* NZA 2012, 536; *Franzen* ZAS 2011, 261 f.
10 KOM (2002) endgültig, 2002/0072 (COD), S. 40.

Hierzu gehören **unstreitig** z.B. Pausen- und Ruheräume, Raucherbereiche, Mitarbeiterküchen, Personalkantinen, Betriebskindergärten, Sportanlagen und Fitnessräume, Betriebsbibliotheken, Parkplätze.[11]

7 **Streitig** sind z.B. der Werkverkauf[12] oder Werksmietwohnungen.[13] Teilweise wird gefordert, alle Sozialeinrichtungen gem. § 87 Abs. 1 Nr. 8 BetrVG einzubeziehen.[14]

Nicht zu den Gemeinschaftseinrichtungen zählen reine Sach- und Geldleistungen wie Zuschüsse (Fahrt-, Essens- und Mietkostenzuschüsse), Gutscheine (Essens- oder Tankgutscheine) oder Jobtickets. Ebenso nicht erfasst werden eine **betriebliche Altersversorgung** oder **vermögenswirksame Leistungen**.[15]

II. Gemeinschaftsdienste

8 Gemeinschaftsdienste sind dann **alle Leistungen**, die der Entleiher für die dort tätigen Mitarbeiter anbietet und die im Zusammenhang mit dem dortigen »tätig sein« genutzt werden können.

Hierunter fallen z.B. Rückentraining, Gymnastik, Massagen, Entspannungsübungen, psychologische Betreuung, Mannschaftssport oder andere sportliche Aktivitäten, Turniere, die geführt und organisiert vom Entleiher angeboten werden.[16]

9 **Streitig** sind z.B. Betriebsausflüge und Betriebsfeiern.[17]

Aus- und Weiterbildungsangebote des Entleihers für die Stammbelegschaft sind kein Gemeinschaftsdienst i.S.d. Vorschrift und können somit vom

---

11 *Boemke* RIW 2009, 186; *Kock* BB 2012, 325; *Lembke* NZA 2011, 323; *Zimmermann* ArbRAktuell 2011, 266.
12 **Dafür:** *Lembke* NZA 2011, 324 – **dagegen:** *Vielmeier* NZA 2012, 537.
13 **Dafür:** *Forst* AuR 2012, 100; *Zimmermann* ArbRAktuell 2011, 266 – **dagegen:** *Vielmeier* NZA 2012, 537.
14 ErfK/*Wank* § 13b AÜG Rn. 1; *Ulber* § 13b AÜG Rn. 5; ausführlich *Sansone* in: Preis/Sagan, Europäisches Arbeitsrecht, § 8 Rn. 103.
15 *Gotthardt/Roloff* in: Henssler/Willemsen/Kalb, Arbeitsrecht, § 13b AÜG Rn. 2; a.A. *Forst* AuR 2012, 100; *Ulber* § 13b AÜG Rn. 5; wohl auch *Sansone* in: Preis/Sagan, Europäisches Arbeitsrecht, § 8 Rn. 102 ff.
16 Statt vieler *Ulber* § 13b AÜG Rn. 6.
17 **Dafür:** *Vielmeier* NZA 2012, 537 – **dagegen:** *Kock* BB 2012, 325.

Leiharbeitnehmer nicht eingefordert werden.[18] Dies ergibt sich bereits aus Art. 6 Abs. 5 Buchst. b) der Richtlinie über Leiharbeit (AWD), der lediglich einen Appell an die Mitgliedsstaaten beinhaltet, aber keinen Umsetzungsbefehl, und ist auch aus dem deutschen Gesetzgebungsverfahren ersichtlich, da ein entsprechender Antrag der Fraktion Bündnis 90/die Grünen abgelehnt wurde.[19]

▶ **Praxistipp:**

Der Sinn und Zweck des Zugangsrechts – der Anspruch des Leiharbeitnehmers auf soziale Gleichstellung und Eingliederung in den Entleihbetrieb – dient aus vielerlei Hinsicht (Motivation, Leistung, Betriebsfrieden etc.) natürlich auch dem Entleiher. Vor diesem Hintergrund sollten die Anspruchsmerkmale Gemeinschaftseinrichtung und Gemeinschaftsdienst **in der Praxis weit ausgelegt werden**.

Es ist nicht einzusehen, warum der Leiharbeitnehmer an einer Betriebssportgruppe teilnehmen darf, nicht jedoch an einem Betriebsausflug oder der Weihnachtsfeier. Sachgerecht ist es hier, alle Einrichtungen und Dienste einzubeziehen, die im Zusammenhang mit dem »tätig sein« im Entleihbetrieb stehen.

Andererseits ist es nicht notwendig, Zugang zu Einrichtungen oder Diensten zu gewähren, die allein im Zusammenhang mit einer arbeitsvertraglichen Bindung stehen. Daher ist z.B. die Werksmietwohnung keine Gemeinschaftseinrichtungen i.S.d. § 13b AÜG.

III. Zugang

Der **Zugang** zu diesen Gemeinschaftseinrichtungen und Gemeinschaftsdiensten ist dem Leiharbeitnehmer zu den **gleichen Bedingungen** zu gewähren wie vergleichbaren Arbeitnehmern im Unternehmen. Durch diesen Wortlaut der Vorschrift wird klargestellt, dass hier nicht nur die reine Zugangs- oder Nutzungsmöglichkeit für den Leiharbeitnehmer geschaffen wird, sondern auch die **Zugangsvoraussetzungen identisch** sein müssen. 10

So gelten **Wartezeiten**, **Bedürftigkeitsregeln**, **Kinderzahl** oder **Entfernungsvoraussetzungen etc.**, die den Zugang oder die Nutzungsmöglichkeit für

---

18 Ausführlich *Vielmeier* NZA 2012, 541 m.w.N.; a.A. *Forst* AuR 2012, 100.
19 BT-Drucks. 17/5238, 10 ff.

§ 13b AÜG Zugang des Leiharbeitnehmers zu Gemeinschaftseinrichtungen

Stammmitarbeiter bestimmen, auch für die Leiharbeitnehmer. In gleicher Weise gelten Gebühren oder Kosten (Parkplatzmiete, Kursgebühren) aber auch Vergünstigungen (Kantinenzuschuss) für die Leiharbeitnehmer.[20]

11 Hingegen muss der Begriff »**Unternehmen**« wohl **teleologisch reduziert** werden auf den **Einsatzbetrieb**.[21] Es erscheint nicht sinnvoll, alle übrigen Tatbestandsvoraussetzungen auf das »tätig sein« und damit den Einsatzbetrieb zu fokussieren, den Zugang dann aber auf die Unternehmensebene zu erweitern.[22]

▶ Praxistipp:

Erhält der Leiharbeitnehmer Vergünstigungen oder Subventionen beim Zugang zu den Gemeinschaftseinrichtungen, so kann dies steuerrechtliche Konsequenzen nach sich ziehen.[23] So stellt z.B. ein subventioniertes Kantinenessen einen sog. »**geldwerten Vorteil**« dar. Steuerrechtlich ist dies Arbeitseinkommen, welches der Lohnsteuerpflicht unterliegt. Verantwortlich hierfür ist der Verleiher, auch wenn die Leistungen von einem Dritten (Entleiher) gewährt wurden (§ 38 Abs. 3 Satz 1 EStG).

Nach § 38 Abs. 1 Satz 3 EStG unterliegt der im Rahmen eines Dienstverhältnisses von einem Dritten gewährte Arbeitslohn der Lohnsteuerpflicht, wenn der Arbeitgeber weiß oder erkennen kann, dass derartige Leistungen erbracht werden. Der Verleiher muss deshalb den Leiharbeitnehmer anhalten, ihn über die Gewährung eines Zugangs zu Gemeinschaftseinrichtungen oder -diensten vollständig zu informieren. In diesem Rahmen muss der Verleiher den Leiharbeitnehmer auch auf die Vorschrift des § 38 Abs. 4 Satz 3 EStG hinweisen, nach der der Arbeitnehmer seinem Arbeitgeber die von einem Dritten gewährten Bezüge am Ende des jeweiligen Lohnzahlungszeitraums anzugeben hat. Dabei ist zu berücksichtigen, dass der Verleiher den Drittlohn individuell besteuern muss, er also genaue Werte für die Versteuerung benötigt. Ist der Drittlohn steuerpflichtig, ist er

---

20 LAG Hamburg, 07.06.2012 – 2 TaBV 4/12; *Forst* AuR 2012, 100; *Kock* BB 2012, 325.
21 **A.A.** *Sansone* in: Preis/Sagan, Europäisches Arbeitsrecht, § 8 Rn. 110 m.w.N.
22 *Thüsing* § 13b AÜG Rn. 22; mit anderer Begründung auch *Ulber* § 13b AÜG Rn. 4.
23 Vgl. dazu: *Eismann* ArbRAktuell 2012, 8; *Kock* BB 2012, 323, 326; *Krannich/Grieser* AuA 2012, 81, 83, 84; *Hukel/Neufeld/Luickhardt* BB 2012, 961, 968.

regelmäßig ebenfalls als sozialabgabenpflichtiges Arbeitsentgelt nach § 14 Abs. 1 Satz 1 SGB IV anzusehen.[24]

Das Zugangsrecht verpflichtet zwar nur den Entleiher, doch ist der Verleiher gut beraten, sich die diesbezüglichen Informationen zu beschaffen und wenn möglich vertraglich zu fixieren, um seinen Arbeitgeber- und Steuerpflichten nachzukommen.

IV. Rechtfertigung

Der Entleiher kann den Zugang für Leiharbeitnehmer zu Gemeinschaftseinrichtungen oder -diensten verwehren, wenn diese unterschiedliche Behandlung im Verhältnis zu den Stammmitarbeitern **durch sachliche Gründe gerechtfertigt** ist. Nach der Gesetzesbegründung kann ein sachlicher Grund z.B. dann vorliegen, wenn der Entleiher gemessen an der individuellen Einsatzdauer einen **unverhältnismäßigen Organisations- bzw. Verwaltungsaufwand** bei der Gewährung des Zugangs hat.[25] 12

Hier allein auf die **Einsatzdauer** abzustellen erscheint nicht sachgerecht. 13

»Deutlich mehr als die Hälfte (56 %) der Zeitarbeiter in Deutschland arbeiten in Beschäftigungsverhältnissen, die nicht länger als ein halbes Jahr dauern. Und nur rund jeder siebte Zeitarbeitnehmer ist länger als ein Jahr in ein und demselben Kundenunternehmen beschäftigt.«[26]

Ausgerechnet das Beispiel des Gesetzgebers würde aber mittelbar dazu führen, dass eine Ungleichbehandlung aufgrund des **Merkmals »Leiharbeitnehmer«** gerechtfertigt ist. Und genau dies soll die Richtlinie über Leiharbeit und ihre Umsetzung in § 13b AÜG ja verhindern.

Als sachliche Gründe werden daher auch ein Arbeitsvertragsverhältnis, Kapazitätsgrenzen, Betriebstreue oder Vergleiche der Rechtfertigungsgründe aus dem Teilzeitbefristungsgesetz (TzBfG) herangezogen.[27]

---

24 *Tschöpe/Bissels*, Arbeitsrecht Handbuch, D. Arbeitnehmerüberlassungsrecht, Rn. 155; *Schönfeld/Plenker*, Lexikon für das Lohnbüro 2016, AÜ Nr. 3 m.w.N.
25 BT-Drucks. 17/4804, 10.
26 Treiber für Flexibilität und Wachstum, Studie der IW Consult GmbH in Zusammenarbeit mit dem Institut der deutschen Wirtschaft Köln vom 09.05.2011.
27 *Boemke* RIW 2009, 186; *Hamann* EuZA 2009, 319; *Klumpp* GPR 2009, 91; *Hamann* RdA 2011, 338; *Kock* BB 2012, 325, jeweils m.w.N.; zusammenfassend *Gotthardt/Roloff* in: Henssler/Willemsen/Kalb, Arbeitsrecht, § 13b AÜG Rn. 4.

▶ **Praxistipp:**

In der Praxis wird es sachgerecht sein, auf die **Zugangsvoraussetzungen** abzustellen, die für die Durchführung und Organisation der Gemeinschaftseinrichtungen oder -dienste notwendig sind. Ohne diese »**Nutzungsordnungen**« können Einrichtungen nicht funktionieren, sodass diese automatisch zu einer Gleichbehandlung von Stammmitarbeitern und Leiharbeitnehmern führen werden.

So können **Öffnungszeiten** (Kantine, Kindergarten) ein sachlicher Grund sein, wenn diese in der Nachtschicht oder während der Reinigungszeiten – für die oftmals Leiharbeitnehmer eingesetzt werden – den Zugang verhindern. Ebenso ist eine **Warteliste**, **Wartezeit** oder gewisse **Betriebszugehörigkeit** gerechtfertigt, wenn nur dadurch die konzeptionelle Führung der Einrichtung gewährleistet ist.

14 Der Entleiher ist nicht verpflichtet, die bestehenden Gemeinschaftseinrichtungen in Anzahl oder Größe **auszuweiten**. Ist die **Aufnahmekapazität** erreicht, stellt der Ausschluss weiterer Teilnehmer einen sachlichen Grund dar. Zusätzliche Kapazitäten – für die Erweiterung der Belegschaft mit Leiharbeitnehmern – müssen nicht geschaffen werden.[28]

15 Ebenso ist der Entleiher nicht verpflichtet, die **Bedingungen für den Zugang** so zu ändern oder zu gestalten, dass allen Leiharbeitnehmern der Zugang ermöglicht wird.[29] Diese Verpflichtung entspricht nicht dem Sinn und Zweck der Richtlinie über Leiharbeit (AWD) und findet sich daher weder im Richtlinientext noch im Gesetzestext wieder. Im Gegenteil, der Zugang für die Leiharbeitnehmer soll »*zu den gleichen Bedingungen wie die unmittelbar von dem Unternehmen beschäftigten Arbeitnehmer*« gewährt werden und nicht zum Besseren. Insoweit enthält die Richtlinie kein »**Optimierungsgebot**« und dieses wird auch nicht durch die Umsetzungsvorschrift in § 13b AÜG geschaffen.[30]

16 § 13b AÜG statuiert ein **reines Zugangsrecht** für den Leiharbeitnehmer. Verweigert der Entleiher daher gerechtfertigter Weise den Zugang, steht dem Leiharbeitnehmer **kein Ersatzanspruch** in Geld zu.[31]

---

28 *Hamann* RdA 2011, 338; a.A. *Forst* AuR 2012, 100; *Ulber* § 13b AÜG Rn. 7.
29 So aber die Gesetzesbegründung in BT-Drucks. 17/4804, 10.
30 Ausführlich zu diesem Themenkomplex *Vielmeier* NZA 2012, 541 m.w.N.
31 *Kock* BB 2012, 326 m.w.N.; a.A. *Ulber* § 13b AÜG Rn. 12.

V. Beteiligung des Betriebsrates

Die **Überwachung** des Zugangsrechts nach § 13b AÜG gehört grds. zu den **Aufgaben des Betriebsrates** gemäß § 80 Abs. 1 Nr. 1 BetrVG. Berechtigt zur Erfüllung dieser Aufgabe wird allerdings nur der Betriebsrat des Entleihers gemäß § 80 Abs. 2 Satz 1 HS. 2 BetrVG. 17

Daher ist nach Meinung des BAG der Entleiher auch nicht verpflichtet, dem Betriebsrat des Verleihers jederzeit und unabhängig von einem konkreten Anlass Zutritt zu seinem Betrieb zu gewähren.[32] Zwar gewähre das allgemeine Informationsrecht nach § 80 Abs. 2 Satz 1 BetrVG dem Betriebsrat ein Zugangsrecht zu den Arbeitsplätzen der Belegschaft; der Betriebsrat sei nicht darauf angewiesen, sich nur über den Arbeitgeber die benötigten Informationen zu beschaffen. Das Zugangsrecht könne auch unabhängig von einem konkreten betriebsverfassungsrechtlichen Anlass zur Erfüllung der Überwachungsaufgaben nach § 80 Abs. 1 Nr. 1 BetrVG in Betracht kommen (BAG, Beschl. v. 13.06.1989 – 1 ABR 4/88 Rn. 32). Allerdings bestehe das Zugangsrecht nur gegenüber dem Arbeitgeber des Betriebs, für den der Betriebsrat gebildet sei, nicht aber gegenüber Dritten, also nicht gegenüber dem Betriebsrat des Verleihers.[33]

C. Rechtsfolgen

I. Allgemein

§ 13b AÜG ist zwingendes Recht und damit **unabdingbar**. Somit kann der Verleiher diese Pflicht nicht vertraglich ausschließen, der Leiharbeitnehmer nicht auf sie verzichten. Ebenso **unwirksam** sind entsprechende Vereinbarungen zwischen Verleiher und Entleiher.[34] Dies hat der Gesetzgeber für den Zugang zu Gemeinschaftseinrichtungen gem. § 13b AÜG i.V.m. § 9 Nr. 2a AÜG explizit geregelt. 18

Die Nichtgewährung des Zugangs durch den Entleiher ist gem. § 16 Abs. 1 Nr. 10 AÜG eine **Ordnungswidrigkeit** und sanktionsbewehrt. Gewährt der Entleiher den Leiharbeitnehmer entgegen § 13b AÜG den Zugang vorsätzlich oder fahrlässig nicht, eingeschränkt oder nicht zu den gleichen Bedingungen, 19

---

32 BAG, 15.10.2014 – 7 ABR 74/12, BB 2015, 826.
33 **A.A.** *Hamann* jurisPR-ArbR 16/2015 Anm. 1; *Hamann/Klengel* ArbuR 2016, 99-104, jeweils m.w.N.; wohl auch *Rudolph* AiB 2016, 63.
34 *Hamann* RdA 2011, 339.

handelt er ordnungswidrig, was mit einer Geldbuße i.H.v. bis zu 2.500 € pro Verstoß geahndet werden kann.

20 Der Leiharbeitnehmer hat einen **Schadensersatzanspruch** gegen den Entleiher gem. § 280 BGB. Auch ist § 13b AÜG **Schutzgesetz** i. S. v. § 823 Abs. 2 BGB.[35]

II. Verfahren

21 Der Leiharbeitnehmer hat einen gerichtlich durchsetzbaren **Anspruch** auf Erteilung der notwendigen Informationen durch den Entleiher oder – bei fehlendem Rechtsschutzinteresse nach Beendigung des Bewerbungsverfahrens und/oder Einstellung eines Mitarbeiters – auf die Geltendmachung von Schadensersatzansprüchen. Für beide Verfahren sind nach nunmehr herrschender Meinung die **ArbG** gem. § 2 Abs. 1 Nr. 3a ArbGG zuständig.[36] Dies resultiert wiederum aus den Besonderheiten des »Dreiecksverhältnisses« in der Zeitarbeit, welches dem Entleiher tätigkeitsbezogene Arbeitgeberrechte überträgt.[37]

§ 14 Mitwirkungs- und Mitbestimmungsrechte

(1) Leiharbeitnehmer bleiben auch während der Zeit ihrer Arbeitsleistung bei einem Entleiher Angehörige des entsendenden Betriebs des Verleihers.

(2) ¹Leiharbeitnehmer sind bei der Wahl der Arbeitnehmervertreter in den Aufsichtsrat im Entleiherunternehmen und bei der Wahl der betriebsverfassungsrechtlichen Arbeitnehmervertretungen im Entleiherbetrieb nicht wählbar. ²Sie sind berechtigt, die Sprechstunden dieser Arbeitnehmervertretungen aufzusuchen und an den Betriebs- und Jugendversammlungen im Entleiherbetrieb teilzunehmen. ³Die §§ 81, 82 Abs. 1 und die §§ 84 bis 86 des Betriebsverfassungsgesetzes gelten im Entleiherbetrieb auch in bezug auf die dort tätigen Leiharbeitnehmer. ⁴Soweit Bestimmungen des Betriebsverfassungsgesetzes mit Ausnahme des § 112a, des Mitbestimmungsgesetzes, des Montan-Mitbestimmungsgesetzes, des Mitbestimmungsergänzungsgesetzes, des Drittelbeteiligungsgesetzes, des Gesetzes über die Mitbestimmung der Arbeitnehmer bei einer grenzüberschreitenden Verschmelzung,

---

35 Ausführlich *Lembke* NZA 2011, 325.
36 BAG, 15.3.2011 – 10 AZB 49/10, DB 2011, 1116.
37 S. nur *Boemke/Lembke* § 13 AÜG Rn. 17 ff. m.w.N.; a.A. früher *Thüsing*, 2. Aufl., § 13 AÜG Rn. 11.

des Europäische Betriebsräte-Gesetzes, des SE- und des SCE-Beteiligungsgesetzes oder der aufgrund der jeweiligen Gesetze erlassenen Wahlordnungen eine bestimmte Anzahl oder einen bestimmten Anteil von Arbeitnehmern voraussetzen, sind Leiharbeitnehmer auch im Entleiherbetrieb und im Entleiherunternehmen zu berücksichtigen. ⁵Soweit die Anwendung der in Satz 5 genannten Gesetze eine bestimmte Anzahl oder einen bestimmten Anteil von Arbeitnehmern erfordert, sind Leiharbeitnehmer im Entleiherunternehmen nur zu berücksichtigen, wenn die Einsatzdauer sechs Monate übersteigt.

(3) ¹Vor der Übernahme eines Leiharbeitnehmers zur Arbeitsleistung ist der Betriebsrat des Entleiherbetriebs nach § 99 des Betriebsverfassungsgesetzes zu beteiligen. ²Dabei hat der Entleiher dem Betriebsrat auch die schriftliche Erklärung des Verleihers nach § 12 Abs. 1 Satz 2 vorzulegen. ³Er ist ferner verpflichtet, Mitteilungen des Verleihers nach § 12 Abs. 2 unverzüglich dem Betriebsrat bekanntzugeben.

(4) Die Absätze 1 und 2 Sätze 1 und 2 sowie Absatz 3 gelten für die Anwendung des Bundespersonalvertretungsgesetzes sinngemäß.

Übersicht	Rdn.
A. Allgemeines	1
B. Betriebsverfassungsrechtliche Zuordnung von Leiharbeitnehmern	3
I. Grundsätze	4
1. Räumliche Ausdehnung	8
2. Persönlicher Anwendungsbereich	10
II. Zugehörigkeit zum Verleiherbetrieb/»Doppelte Betriebszugehörigkeit«	13
C. Betriebsverfassungsrechtliche Stellung im Verleiherbetrieb – Abs. 1	16
I. Rechte des Leiharbeitnehmers	16
1. Wahlrecht	17
2. Sonstige Rechte	19
a) Teilnahme an Sprechstunden und Versammlungen	19
b) Betriebsverfassungsrechtliche Individualrechte	22
II. Zuständigkeit des Verleiherbetriebsrates	25
1. Grundsatz	25
2. Allgemeine Aufgaben	28
a) § 74 BetrVG	29
b) § 75 BetrVG	30
c) § 77 BetrVG	32
d) § 80 BetrVG	33
e) §§ 81, 82 Abs. 1, §§ 84, 85 BetrVG	35

		3. Soziale Angelegenheiten, § 87 BetrVG	36
		4. Personelle Angelegenheiten	42
		a) Allgemeine personelle Angelegenheiten	43
		b) Berufsbildung (§§ 96 bis 98 BetrVG)	44
		c) Personelle Einzelmaßnahmen	45
		d) Anhörung bei Kündigung, § 102 BetrVG	48
		5. Wirtschaftliche Angelegenheiten	49
D.		Betriebsverfassungsrechtliche Stellung im Entleiherbetrieb	51
I.		Einleitung	51
II.		Rechte des Leiharbeitnehmers	52
		1. Wahlrecht – Abs. 2 Satz 1	52
		a) Betriebsratswahlen	53
		aa) Aktives Wahlrecht	54
		bb) Passives Wahlrecht	59
		b) Aufsichtsratswahlen	61
		2. Sonstige Rechte – Abs. 2 Sätze 2 und 3	64
		a) Teilnahme an Sprechstunden und Versammlungen – Satz 2	64
		b) Betriebsverfassungsrechtliche Individualrechte – Satz 3	65
		c) Sonstige betriebsverfassungsrechtliche Individualrechte	66
III.		Berücksichtigung bei Schwellenwerten – Abs. 2 Sätze 4 bis 6	69
		1. Schwellenwerte der Betriebsverfassung – Abs. 2 Satz 4	71
		a) BetrVG	71
		b) EBRG	77
		2. Schwellenwerte der Unternehmensmitbestimmung – Abs. 2 Sätze 5 und 6.	78
		a) Grundsatz	78
		b) Einsatzdauer im Entleiherunternehmen	80
		3. Sonstige Schwellenwerte	81
		a) Schwellenwerte des KSchG	81
		aa) Betriebsgröße (§ 23 KSchG)	81
		bb) Massenentlassungen (§ 17 KSchG)	82
		b) Weitere arbeitsrechtliche Schwellenwerte	83
III.		Berücksichtigung bei privilegierter Überlassung	84
IV.		Anknüpfungspunkt der Sonderregeln für Tendenzbetriebe	86
E.		**Rechte des Entleiherbetriebsrats**	88
I.		Grundsatz	88
II.		Allgemeine Aufgaben	91
III.		Soziale Angelegenheiten	96
		1. Allgemeines	96
		2. Mitbestimmung in sozialen Angelegenheiten	99
		a) Betriebliche Ordnung, § 87 Abs. 1 Nr. 1 BetrVG	99
		b) Arbeitszeit, § 87 Abs. 1 Nr. 2, 3 BetrVG	101

		c)	Auszahlung des Arbeitsentgelts, § 87 Abs. 1 Nr. 4 BetrVG	102

- c) Auszahlung des Arbeitsentgelts, § 87 Abs. 1 Nr. 4 BetrVG 102
- d) Urlaub, § 87 Abs. 1 Nr. 5 BetrVG 103
- e) Technische Einrichtungen zur Überwachung, § 87 Abs. 1 Nr. 6 BetrVG 105
- f) Gesundheitsschutz, § 87 Abs. 1 Nr. 7 BetrVG 106
- g) Sozialeinrichtungen, § 87 Abs. 1 Nr. 8 und 9 BetrVG. 107
- h) Mitbestimmung bei Arbeitsentgelt, § 87 Abs. 1 Nr. 10 und 11 BetrVG 108
- i) Betriebliches Vorschlagswesen, § 87 Abs. 1 Nr. 12 BetrVG 109
- j) Gruppenarbeit, § 87 Abs. 1 Nr. 13 BetrVG. 110
- 3. Freiwillige Betriebsvereinbarung über soziale Angelegenheiten, § 88 BetrVG 111

IV. Personelle Angelegenheiten. 112
- 1. Allgemeine personelle Angelegenheiten, §§ 92 ff. BetrVG 112
  - a) Personalplanung, § 92 BetrVG 113
  - b) Beschäftigungssicherung, § 92a BetrVG 114
  - c) Ausschreibungspflicht, § 93 BetrVG 116
  - d) Personalfragebogen und Beurteilungsgrundsätze, § 94 BetrVG 118
  - e) Auswahlrichtlinien, § 95 BetrVG 119
  - f) Berufsbildung, §§ 96 bis 98 BetrVG 120
- 2. Personelle Einzelmaßnahmen – Abs. 3 121
  - a) Anwendbarkeit auf Unternehmen mit weniger als 20 Arbeitnehmern. 124
  - b) Begriff der »Übernahme« eines Leiharbeitnehmers 125
    - aa) Keine Flexibilisierung durch »Arbeitnehmerpool« 128
    - bb) Austausch eines Leiharbeitnehmers. 131
    - cc) Wechsel des Verleihers 133
  - c) Umfang der Unterrichtungspflicht des Arbeitgebers 134
  - d) Zustimmungsverweigerungsgründe des § 99 Abs. 2 BetrVG. 139
    - aa) Zustimmungsverweigerungsgrund des § 99 Abs. 2 Nr. 1 BetrVG. 140
      - aaa) Fehlende Verleiherlaubnis. 141
      - bbb) Verstoß gegen den »Equal-Pay-Grundsatz«/ Tarifregelungen/Vorschriften des AÜG. 142
      - ccc) Verstoß gegen Beschäftigungsverbote 143
      - ddd) Verstoß durch Dauerverleih 144
      - eee) Verstoß gegen Vorschriften des Schwerbehindertenrechts 145
    - bb) Zustimmungsverweigerungsgrund des § 99 Abs. 2 Nr. 2 BetrVG 147
    - cc) Zustimmungsverweigerungsgrund des § 99 Abs. 2 Nr. 3 BetrVG 148

		dd) Zustimmungsverweigerungsgrund des § 99 Abs. 2 Nr. 4 BetrVG	151
		ee) Zustimmungsverweigerungsgrund des § 99 Abs. 2 Nr. 5 BetrVG	152
		ff) Zustimmungsverweigerungsgrund des § 99 Abs. 2 Nr. 6 BetrVG	153
	e)	Mehrfache vorläufige Einstellung gem. § 100 BetrVG	154
	f)	Beendigung des Einsatzes beim Entleiher	157
V.	Wirtschaftliche Angelegenheiten.................................		159
F.	**Personalvertretungsrecht – Abs. 4**		164
I.	Einstellung		166
II.	Rechte des Leiharbeitnehmers...................................		169
III.	Rechte des Personalrates		172

A. Allgemeines

1 Die Vorschrift des **§ 14 AÜG** ist in Zusammenhang mit **§ 7 Satz 2 BetrVG** zu sehen, der Leiharbeitnehmern ein aktives Wahlrecht im Entleiherbetrieb zuweist. Da das Betriebsverfassungsrecht meist an den faktischen **Betriebsbegriff** anknüpft, hierbei aber die dortige **Dispositionsbefugnis** des Arbeitgebers erfordert, ist seine Anwendung im Bereich der Arbeitnehmerüberlassung oftmals schwierig. Kennzeichnend für die Arbeitnehmerüberlassung ist gerade, dass der Arbeitnehmer in einem (Entleiher-)Betrieb eingesetzt ist, in dem sein Arbeitgeber (Verleiher) keine Befugnisse besitzt.

2 Dieser **Aufspaltung der Arbeitgeberfunktion** soll § 14 AÜG Rechnung tragen. Indes ist die Norm nicht als abschließende Regelung zu verstehen.[1]

B. Betriebsverfassungsrechtliche Zuordnung von Leiharbeitnehmern

3 Die allgemeine Schutzfunktion des Betriebsverfassungsrechts gebietet eine betriebsverfassungsrechtliche **doppelte Zuordnung** der Leiharbeitnehmer.[2] Wie sich diese im Einzelnen auswirkt, ist indes noch immer hoch umstritten.

I. Grundsätze

4 Leiharbeitnehmer bleiben auch während der Zeit ihrer Arbeitsleistung beim Entleiher **Angehörige des entsendenden Betriebes** des Verleihers (§ 14 Abs. 1 AÜG).

---

1 *Dörner* FS Wissmann, S. 286.
2 BT-Drucks. 9/847, 8 (Begründung zu § 14 AÜG).

Hierbei setzt die Anwendung des § 14 Abs. 1 AÜG trotz des insoweit miss- 5
verständlichen Wortlauts (»bleiben«) nicht die vorangegangene tatsächliche
Eingliederung des Arbeitnehmers in den Betrieb des Verleihers voraus. Anderenfalls würde sich die Geltung des § 14 AÜG gerade nicht auf die Fälle der
typischen Arbeitnehmerüberlassung beziehen und damit ihren Sinn und
Zweck verlieren.[3]

Bereits vor Streichung des Merkmals der Gewerbsmäßigkeit war anerkannt, 6
dass § 14 Abs. 1 AÜG gleichermaßen für gewerbsmäßige und nicht gewerbsmäßige Arbeitnehmerüberlassung Anwendung findet.[4]

Allein die **faktische** Durchführung eines nach § 9 AÜG **unwirksamen** Arbeits- 7
vertrages soll nach höchstrichterlicher Rechtsprechung eine **entsprechende
Anwendung des § 14 Abs. 1 AÜG nicht rechtfertigen** können.[5]

1. Räumliche Ausdehnung

Der Anwendungsbereich des § 14 AÜG deckt sich mit dem des BetrVG und 8
richtet sich damit nach dem **Territorialitätsprinzip**.[6] Aus diesem Grund ist es
für die betriebsverfassungsrechtliche Stellung von **Leiharbeitnehmern** eines
deutschen Verleihers **irrelevant**, ob sie im **In- oder Ausland** eingesetzt sind,
da sie gem. § 14 Abs. 1 AÜG stets dem (inländischen) Verleiherbetrieb zugeordnet sind.[7] Die Auslandstätigkeit stellt sich daher als »Ausstrahlung« der
Inlandsbeschäftigung dar.[8]

Erhebliche Rechtsunsicherheit herrscht jedoch weiterhin im Fall der Entsen- 9
dung eines Arbeitnehmers zu einem anderen – meist konzernangehörigen –
Unternehmen ins Ausland. Hinsichtlich der betriebsverfassungsrechtlichen
Einordnung von ins Ausland entsandten Arbeitnehmern (**Expatriates**) wird
teilweise eine analoge Anwendung des § 14 Abs. 1 AÜG erwogen.[9] Maßgeblich für die fortbestehende Zuordnung des entsandten Arbeitnehmers ist nach

---

3 BAG, 20.04.2005 – 7 ABR 20/04, EzA § 14 AÜG Nr. 5 = NZA 2005, 1006.
4 Ebenda.
5 Zu § 9 Nr. 1 AÜG a.F.: BAG, 20.04.2005 – 7 ABR 20/04, EzA § 14 AÜG Nr. 5
m. krit. Anm. *Hamann*; a.A. GK-BetrVG/*Kreutz* § 7 Rn. 70; DKK/*Trümner* § 5
BetrVG Rn. 93.
6 BAG, 25.04.1978 – 6 ABR 2/77, BAGE 30, 266.
7 BAG, 22.03.2000 – 7 ABR 34/98, BAGE 94, 144 = AP AÜG § 14 Nr. 8 m.w.N.
8 Ebenda.
9 *Grosjean* DB 2004, 2422 m.w.N.

der Rechtsprechung des BAG, ob die Entsendung lediglich »vorübergehend« oder »dauerhaft« erfolge. In der älteren Rechtsprechung des BAG hatte dieses entsprechend erklärt, auch eine Eingliederung in den ausländischen Betrieb beende die betriebsverfassungsrechtliche Zuordnung eines entsandten Arbeitnehmers zum deutschen Betrieb so lange nicht, wie er lediglich vorübergehend im Ausland beschäftigt sei.[10] Dem kann jedenfalls für den Fall nicht gefolgt werden, dass der entsandte Arbeitnehmer mit dem aufnehmenden Unternehmen einen lokalen Arbeitsvertrag abschließt, während der Dauer des Auslandseinsatzes der der Entsendung zugrundeliegende Heimatarbeitsvertrag ruhend gestellt wird und der inländische Arbeitgeber während der Auslandtätigkeit keinerlei tätigkeitsbezogene Weisungen erteilt.[11] Damit endet zugleich die betriebsverfassungsrechtliche Zugehörigkeit zum deutschen Inlandsbetrieb. Auch handelt es sich nicht um einen Fall (konzerninterner) Arbeitnehmerüberlassung. Neben dem (ruhenden) Arbeitsverhältnis zum Inlandsarbeitgeber besteht ein zweites Arbeitsverhältnis zum ausländischen Unternehmen, da die Beschäftigung im Ausland auf Grundlage eines lokalen Arbeitsvertrages erfolgt.[12] Schließen Expatriate und inländisches Unternehmen allein zum Zwecke des Auslandseinsatzes einen Vertrag und war der Entsandte vorher nicht bei dem inländischen Unternehmen beschäftigt, ist die betriebsverfassungsrechtliche (und kündigungsschutzrechtliche) Zuordnung zum Inlandsbetrieb richtigerweise zu verneinen.[13] Bei solch **atypischen Konstellationen** wird vielfach schon zweifelhaft sein, ob zwischen Expatriate und entsendendem Unternehmen überhaupt ein Arbeitsverhältnis besteht. Jedenfalls dann wenn Expatriate und ausländisches Unternehmen einen lokalen Arbeitsvertrag abschließen (müssen), fällt dem inländischen Unternehmen mehr die Rolle eines Vermittlers denn die eines Arbeitgebers zu. Entschließen sich die Parteien gleichwohl bewusst für den Abschluss eines Arbeitsvertrages, ist die rechtliche Qualifizierung des Vertragsverhältnisses eindeutig. Es handelt sich selbst dann um ein Arbeitsverhältnis, wenn die Voraussetzungen des Arbeitnehmerstatus bei objektiver Betrachtung nicht vorliegen (Rechtsformwahl).[14]

---

10 BAG, 25.04.1978 – 6 ABR 2/77, AP Internationales Privatrecht/Arbeitsrecht Nr. 16.
11 In diesem Sinne wohl auch *Mückl/Kaueroff* ArbRAktuell 2013, 567, 568 f.
12 FW AÜG zu § 1 Nr. 1.1.5 (10).
13 Zum BetrVG BAG, 21.10.1980 – 6 AZR 640/79, NJW 1981, 1175; BAG, 21.08.2007 – 3 AZR 269/06, NZA-RR 2008, 649.
14 BAG, 09.03.2005 – 5 AZR 493/04, AP § 611 BGB Lehrer, Dozenten Nr. 167; BAG, 09.06.2010 – 5 AZR 332/09, NZA 2010, 877; auch BAG, 11.08.2015 – 9

2. Persönlicher Anwendungsbereich

§ 14 AÜG gilt ausschließlich für **Leiharbeitnehmer**. Eine direkte oder analoge 10
Anwendung des § 14 AÜG auf **andere Formen des drittbezogenen Personaleinsatzes** kommt nach herrschender Meinung nicht in Betracht.[15]

Dem ist zuzustimmen. Werden Fremdarbeitnehmer im Rahmen echter Werk- 11
oder Dienstverträge im Betrieb eingesetzt, was zwangsläufig ein Direktionsrecht ausschließlich des Vertragsarbeitgebers bedeutet, kommt eine betriebsverfassungsrechtliche Zuordnung dieser Arbeitnehmer zum Betrieb, in dem sie aufgrund des Werk- oder Dienstvertrages tätig werden, nicht in Betracht. Sie sind in diesen Betrieb nicht eingegliedert, weshalb es bei der ausschließlichen Zuordnung zum Betrieb des Werk- bzw. Dienstnehmers und damit der ausschließlichen Zuständigkeit dessen Betriebsrates bleibt.[16]

Nach **Ansicht des BAG** besteht ein Mitbestimmungsrecht des (Verleiher-) 12
Betriebsrates nach § 99 BetrVG, wenn **Rote-Kreuz-Schwestern oder -Brüder** als Mitglieder in die Schwesternschaft aufgenommen werden. Dies obgleich sie nach allgemeinen Grundsätzen keine Arbeitnehmer im Sinne deutschen Rechts sind. Dies gelte selbst dann, wenn sie anschließend im Rahmen von **Gestellungsverträgen** als Arbeitskräfte an einen Dritten verliehen werden. Auf die Arbeitnehmereigenschaft i.S.d. § 5 BetrVG komme es bei Einstellungen gemäß § 99 Abs. 1 Satz 1 BetrVG nicht an. Entscheidend sei allein die Ausübung einer weisungsgebundenen Tätigkeit, die vom Arbeitgeber – zumindest teilweise – organisiert werde.[17] Von praktischer Relevanz ist diese Rechtsprechung insbesondere im Bereich des Gesundheitswesens. Der im Betrieb des Arbeitgebers gebildete Betriebsrat ist vor Einstellungen selbst dann nach § 99 BetrVG zu beteiligen, wenn die einzustellende Person – wie

---

AZR 98/14, BeckRS 2015, 73319; LAG Düsseldorf, 21.07.2015 – 3 Sa 6/15, BeckRS 2015, 71812; LAG Rheinland-Pfalz, 12.03.2015 – 3 Sa 437/14, BeckRS 2015, 70512; LAG Nürnberg, 12.01.2004 – 9 (2) Sa 653/02, NZA-RR 2004, 400.

15 Vgl. zum Meinungsstand *Boemke/Lembke* § 14 AÜG Rn. 8 sowie ausdrücklich nur zu § 99 BetrVG BAG, 05.03.1991 – 1 ABR 39/90, AP BetrVG 1972 § 99 Nr. 90 m.w.N.; inzwischen wohl anders, jedenfalls zu § 99 BetrVG, BAG, 23.06.2010 – 7 ABR 1/09, NZA 2010, 1302 (Rn. 13).

16 Differenzierend *Hamann/Rudnik* NZA 2016, 1368.

17 BAG, 23.06.2010 – 7 ABR 1/09, NZA 2010, 1302; a.A. LAG Düsseldorf, 30.10.2008 – 15 TaBV 245/08, BeckRS 2009, 50422 (Vorinstanz); zur Mitbestimmung nach § 99 BetrVG bei Personalgestellung s. ferner BAG, 09.10.2013 – 7 ABR 12/12, NZA 2014, 795.

Rote-Kreuz-Schwestern oder -Brüder im Rahmen von Gestellungsverträgen – keine Arbeitnehmer sind, aber weisungsabhängig zur Erfüllung des Betriebszwecks des Arbeitgebers für diesen tätig werden. Soll die Rote-Kreuz-Schwester im Rahmen eines Gestellungsvertrages einem Dritten, häufig im Zusammenhang mit dem Einsatz im Gesundheits- und Pflegebereich und anderen (karitativen) Einrichtungen im Sozialwesen, auf Selbstkostenbasis (Personalkosten und Verwaltungskostenpauschale) überlassen werden, handelt es sich für den aufnehmenden Betrieb um eine Einstellung nach § 14 Abs. 3 AÜG i.V.m. § 99 BetrVG.

▶ Praxistipp:

Nach **Ansicht des EuGH** können Mitglieder der Schwesternschaft des Deutschen Roten Kreuzes (DRK) – nichts anderes gilt für Rote-Kreuz-Brüder – **Arbeitnehmer im Sinne der LeiharbeitsRL** sein, obgleich sie Vereinsmitglieder sind und deshalb nach deutschem Recht nicht als Arbeitnehmer angesehen werden; überdies erfolge der Einsatz der Vereinsmitglieder bei Gestellungen an Dritte i.S.d. Richtlinie 2008/104 auch »im Rahmen der wirtschaftlichen Tätigkeit« des Vereins, weshalb das AÜG auf die Schwesternschaft als karitativem Verein anzuwenden sei.[18] Es bleibt abzuwarten, wie das BAG die Antwort des EuGH auf seine Vorlagefrage interpretieren wird. Die Praxis sollte sich aber vorsorglich bereits jetzt darauf einstellen, dass Gestellungen – obgleich sie auf Selbstkostenbasis erfolgen – nicht länger von den Regelungen des AÜG ausgenommen sind und »dauerhafte« Gestellungen von Rote-Kreuz-Schwestern und Rote-Kreuz-Brüdern gegen das AÜG verstoßen. Anders als tarifliche Personalgestellungen im öffentlichen Dienst (z.B. § 4 Abs. 3 TVöD/TV-L) sind Gestellungen der Schwesternschaften trotz einer entsprechender Initiative des Verbandes im Vorfeld der Verabschiedung des zum 01.04.2017 in Kraft getretenen Gesetzes zur Änderung des Arbeitnehmerüberlassungsgesetzes und anderer Gesetzes nicht als privilegierte Überlassungen nach § 1 Abs. 3 AÜG n.F. vom Anwendungsbereich des AÜG ausgenommen worden.[19]

---

18 EuGH, 17.11.2016 – C-216/15, BeckRS 2016, 82685 (»Ruhrlandklinik«); Vorlagebeschluss BAG, 17.03.2015 – 1 ABR 62/12, BeckRS 2015, 68729.
19 Die Initiative vom Verband der Schwesternschaften vom DRK e.V. (VdS) für die Aufnahme einer Ausnahmeregelung in das AÜG fand im neuen AÜG zum 01.04.2017 keine Berücksichtigung, vgl. http://www.drk-schwesternschaften.de/newsroom/meldungen/br-entscheidung; der Bundesrat hat die Reform des AÜG am 25.11.2016 ohne Änderungen gebilligt, BR-Drucks. 627/16.

II. Zugehörigkeit zum Verleiherbetrieb/»Doppelte Betriebszugehörigkeit«

Dass Leiharbeitnehmer auch während der Zeit ihrer Arbeitsleistung beim Entleiher **Angehörige des entsendenden Betriebes** des Verleihers (§ 14 Abs. 1 AÜG) bleiben, ordnet das Gesetz eindeutig an. Umstritten ist, ob § 14 AÜG Leiharbeitnehmer während der Zeiten ihrer Eingliederung in einen fremden Betrieb **ausschließlich** oder **auch** dem Verleiherbetrieb zuweist, also eine **doppelte Betriebszugehörigkeit** besteht.[20] Die Instanzrechtsprechung hat hierzu ausdrücklich klargestellt, dass die Eingliederung von Leiharbeitnehmern in die Betriebsorganisation eines anderen Betriebes nicht deren Betriebszugehörigkeit begründet. Leiharbeitnehmer bleiben auch während der Zeit ihrer Arbeitsleistung beim Entleiher (nur) Angehörige des entsendenden Betriebes.[21] Das Bestehen eines Gemeinschaftsbetriebes von Verleiher- und Entleiherbetrieb wird in diesem Kontext ebenso grds. verneint.[22]

13

Kennzeichnend für die Arbeitnehmerüberlassung sind die Aufspaltung der Arbeitgeberfunktion und die daraus resultierende Aufteilung der Befugnisse. § 14 Abs. 1 bis 3 AÜG trägt dem Rechnung, enthält jedoch keine abschließende Regelung.[23] Mit der Aufteilung der Arbeitgeberfunktionen korrespondiert eine **gesplittete Zuständigkeit** von Verleiher- und Entleiherbetriebsrat. Ob sich diese allein aus § 14 AÜG oder aus einer doppelten Betriebszugehörigkeit ergibt, § 14 AÜG daher **lediglich deklaratorische** Bedeutung hätte, ist für die Praxis letztlich irrelevant.

14

Gemäß den allgemeinen Grundsätzen ist die Zuständigkeit des Betriebsrates begrenzt auf den Betrieb, für den er gebildet ist. Über die Betriebsgrenze hinaus stehen dem Betriebsrat keine Mitwirkungsbefugnisse zu.[24] Als Grundregel zur Ermittlung der Zuständigkeit gilt, dass der Entleiherbetriebsrat dort für Leiharbeitnehmer zuständig ist, wo seine Befugnis an deren **Eingliederung in die betriebliche Organisation** anknüpft oder der Entleiher das Direktionsrecht ggü. den Leiharbeitnehmern ausübt. Setzt die Ausübung

15

---

20 Vgl. *Urban-Crell/Schulz* Rn. 1018 m.w.N.
21 LAG Rheinland-Pfalz, 21.01.2010 – 10 TaBV 37/09, LAGE § 1 BetrVG 2001 Nr. 4.
22 Ebenda.
23 *Dörner* FS Wissmann, S. 286.
24 BAG, 19.06.2001 – 1 ABR 43/00, BAGE 98, 60 = EzA § 87 BetrVG 1972 Arbeitszeit Nr. 63.

betriebsverfassungsrechtlicher Befugnisse dagegen eine **arbeitsvertragliche Bindung** voraus, ist der Betriebsrat des Verleihers zuständig.[25]

▶ Praxistipp:

Grds. gilt
– eine Zuständigkeit des Verleiherbetriebsrates, soweit das Mitbestimmungsrecht an den Leiharbeitsvertrag anknüpft,
– eine Zuständigkeit des Entleiherbetriebsrates für Mitbestimmungsrechte, die sich auf Betriebsabläufe beziehen.

C. Betriebsverfassungsrechtliche Stellung im Verleiherbetrieb – Abs. 1

I. Rechte des Leiharbeitnehmers

16 Leiharbeitnehmer bleiben auch während der Zeit ihrer Arbeitsleistung beim Entleiher Angehörige des entsendenden Betriebes des Verleihers. Ihnen stehen daher gegen den Verleiher als ihrem Arbeitgeber grds. alle Arbeitnehmerrechte des Betriebsverfassungsrechts zu. Diese sind indes durch die sämtliche Fälle der Arbeitnehmerüberlassung kennzeichnende Aufspaltung der Arbeitgeberfunktionen eingeschränkt, sofern diese einem (sinnvollen) Gebrauch entgegensteht.

1. Wahlrecht

17 Die grundsätzliche gesetzgeberische Entscheidung, welche in § 14 Abs. 1 AÜG ihren Niederschlag gefunden hat, stellt klar, dass die allgemeinen Bestimmungen gem. §§ 7 ff. BetrVG für Leiharbeitnehmer in Bezug auf ihren Arbeitgeber im vollen Umfang Anwendung finden.

18 Entsprechend sind daher Leiharbeitnehmer **unabhängig vom Ort ihres Einsatzes** oder des Vorliegens **einsatzfreier Zeiten** im **Verleiherbetrieb wahlberechtigt und wählbar**.[26] Dies galt bereits vor Streichung des Merkmals der Gewerbsmäßigkeit auch für die nichtgewerbsmäßige Arbeitnehmerüberlassung.[27]

---

25 *Hamann* Anm. zu BAG, 19.06.2001 – 1 ABR 43/00, EzA § 87 BetrVG 1972 Arbeitszeit Nr. 63 m.w.N.
26 Allgemeine Meinung vgl. GK-BetrVG/*Kreutz* § 7 Rn. 59 m.w.N.
27 BAG, 18.01.1989 – 1 ABR 39/90, AP AÜG § 14 Nr. 2.

2. Sonstige Rechte

a) Teilnahme an Sprechstunden und Versammlungen

Aufgrund seiner vorrangigen betriebsverfassungsrechtlichen Zuordnung zum Verleiherbetrieb ist der Leiharbeitnehmer auch während der Zeiten seines **Einsatzes in einem Entleiherbetrieb** berechtigt, die **Sprechstunden** des Verleiherbetriebsrates aufzusuchen. Dieses Recht ergibt sich aus **§ 39 BetrVG**. Das Recht zur Teilnahme an Sprechstunden der **Jugend- und Auszubildendenvertretung** im Betrieb des Verleihers folgt aus § 69 BetrVG.

Allerdings trifft den Leiharbeitnehmer insoweit eine **Abmeldepflicht**, als er nach den Grundsätzen des BetrVG die Sprechstunde des Betriebsrats zwar während der Arbeitszeit aufsuchen kann, jedoch **nicht** zum **eigenmächtigen Verlassen des Arbeitsplatzes** berechtigt ist. Insoweit ist der Leiharbeitnehmer nach herrschender Ansicht verpflichtet, sowohl den **Verleiher** als seinen Arbeitgeber um Freistellung zu ersuchen, damit dieser einen Ersatzleiharbeitnehmer stellen kann, als auch sich beim **Entleiher** abzumelden.[28] Streitig ist, wer für die Dauer der Zeit, in der der Leiharbeitnehmer die Sprechstunde des Verleiherbetriebsrates aufsucht, die **Vergütungspflicht** trägt. Ebenso ungeklärt ist, ob der Leiharbeitnehmer die Sprechstunde im Verleiherbetriebsrat nur im Zusammenhang mit Umständen aufsuchen darf, die ihre **Ursache** im Verleiherbetrieb haben.[29]

Gemäß den Vorschriften der **§§ 42 ff. BetrVG** ist der Leiharbeitnehmer ferner berechtigt, an **Betriebs- und Abteilungsversammlungen** des Verleiherbetriebes auch während der **Arbeitszeit** teilzunehmen. Das Recht zur Teilnahme an der Jugend- und Ausbildungsversammlung ergibt sich für jugendliche Arbeitnehmer und Auszubildende aus § 71 BetrVG. Der Verleiher hat gem. § 44 Abs. 1 Satz 2 BetrVG dem Leiharbeitnehmer die Zeit der Teilnahme sowie ggf. erforderliche Wegzeiten zu **vergüten**. Ebenso wie bei der Teilnahme an Sprechstunden stellt sich insoweit die – noch ungeklärte – Frage der Risikoverteilung zwischen Verleiher und Entleiher.[30]

---

28 *Urban-Crell/Schulz* Rn. 911 m.w.N.
29 Vgl. zum Streitstand in beiden Punkten Thüsing/*Thüsing* § 14 AÜG Rn. 19.
30 *Urban-Crell/Schulz* Rn. 916 ff. m.w.N.

▶ Praxistipp:

Aufgrund der ungeklärten Risikoverteilung empfiehlt es sich, die Frage der Verpflichtung zur Zahlung der Überlassungsvergütung für Zeiten der Teilnahme von Arbeitnehmern an Betriebsversammlungen und Sprechstunden im Überlassungsvertrag zu regeln. Möglich ist folgende – verleihergünstige – Klausel:

»Der Entleiher ist verpflichtet, Zeiten welche die überlassenen Leiharbeitnehmer zur Wahrnehmung ihrer betriebsverfassungsrechtlichen Rechte sowohl im Betrieb des Verleihers als auch des Entleihers in Anspruch nehmen, dem Verleiher wie Arbeitszeit des Leiharbeitnehmers zu vergüten.«

b) Betriebsverfassungsrechtliche Individualrechte

22 Aufgrund der **arbeitsvertraglichen Beziehung** zwischen Leiharbeitnehmer und Verleiher treffen letzteren die **Unterrichtungs- und Erörterungspflichten** hinsichtlich Aufgabenbereich sowie Unfall- und Gesundheitsgefahren gem. **§ 81 Abs. 1 BetrVG** sowie die Erörterungs- und Hinweispflichten aus **§ 81 Abs. 4 BetrVG**.

23 Der Verleiher ist insoweit verpflichtet, sich ein Bild von den Aufgaben und Arbeitsbedingungen im Entleiherbetrieb zu machen und den Leiharbeitnehmer insoweit zu **informieren**. Zwar sind genaue Kenntnisse des Betriebsablaufs vom Verleiher nicht zu verlangen, die engere Verknüpfung der Tätigkeit des Leiharbeitnehmers mit der im Entleiherbetrieb zu verrichtenden Arbeit entbindet den Verleiher jedoch nicht von seiner **Fürsorgepflicht**.[31] Der Leiharbeitnehmer hat zudem gem. § 82 Abs. 1 Satz 1 BetrVG das Recht, bei betrieblichen Angelegenheiten, die seine Person betreffen, **angehört** zu werden und zu den Maßnahmen des Arbeitgebers **Stellung zu nehmen** oder Vorschläge zu machen (**§ 82 Abs. 1 Satz 2 BetrVG**). Insoweit kommen im Verleiherbetrieb insb. Maßnahmen in Betracht, welche die Planung von Fremdfirmeneinsätzen sowie Urlaub oder Nutzung sozialer Einrichtungen betreffen.[32] Die sich aus § 82 Abs. 2 BetrVG ergebenden Rechte bestehen demgegenüber ggü. dem Entleiherbetriebsrat (§ 14 Abs. 2 Satz 3 AÜG).

---

31 *Urban-Crell/Schulz* Rn. 928 m.w.N.
32 Vgl. *Ulber* § 14 AÜG Rn. 23.

Zudem ist der Leiharbeitnehmer gem. § 83 BetrVG berechtigt, Einsicht in seine **Personalakte** zu nehmen. § 14 Abs. 2 Satz 3 AÜG steht dem nicht entgegen. Das aus den §§ 84 ff. BetrVG folgende **Beschwerderecht** des Leiharbeitnehmers bezieht sich sowohl auf Beeinträchtigungen, denen sich der Leiharbeitnehmer im Verleiherbetrieb ausgesetzt sieht, als auch solchen aus dem Entleiherbetrieb.[33]

24

II. Zuständigkeit des Verleiherbetriebsrates

1. Grundsatz

Gem. § 14 Abs. 1 AÜG sind Leiharbeitnehmer auch während der Zeiten ihres Einsatzes beim Entleiher betriebsverfassungsrechtlich grds. dem **Betriebsrat des Verleihers**, also ihres Arbeitgebers, zugeordnet. Dieser Zuordnung soll im Sinne eines Regel-Ausnahme-Verhältnisses der Vorrang zukommen.[34] Dieser Grundsatz ist angesichts der neuesten Rechtsprechung des BAG indes in Zweifel gezogen.

25

Die für die Arbeitnehmerüberlassung typische **Aufspaltung** der Arbeitgeberbefugnisse führt zu einer Modifikation des Grundsatzes der **umfassenden Zuständigkeit** des Betriebsrates für sämtliche dem Betrieb zugeordneten Arbeitnehmer. Die Kompetenzen des Verleiherbetriebsrates beziehen sich daher lediglich auf **das beim Verleiher verbleibende Direktionsrecht** sowie die **Betriebsordnung im Verleiherbetrieb**, nicht jedoch auf Maßnahmen des Entleihers im Entleiherbetrieb.[35] Soweit die Beteiligungsrechte eine Tätigkeit im Betrieb des aufnehmenden Entleihers oder dessen arbeitsbezogenen Weisungen voraussetzen, ist – je nach Einzelfall – der Betriebsrat im Entleiherbetrieb zuständig (z.B. in sozialen Angelegenheiten bei § 87 Abs. 1 Nr. 1, 6, 7). Knüpft der Mitbestimmungstatbestand hingen an das Bestehen einer arbeitsvertraglichen Beziehung an, bleibt allein der Verleiherbetriebsrat für die betriebsverfassungsrechtliche Interessenwahrnehmung verantwortlich (z.B. Anhörung zur Kündigung, § 102 BetrVG; Eingruppierung, § 99 BetrVG; Festlegung von Arbeitszeit und Urlaub, § 87 Abs. 1 Nr. 2, 3 und 5 BetrVG; betriebliches Vergütungssystem, § 87 Abs. 1 Nr. 10 BetrVG).

26

---

33 *Urban-Crell/Schulz* Rn. 937 ff. m.w.N.
34 LAG Niedersachsen, 26.11.2007 – 6 TaBV 34/07, LAGE § 99 BetrVG 2001 Nr. 5; LAG Düsseldorf, 26.01.2007 – 17 TaBV 109/06, n.v. (juris).
35 *Boemke/Lembke* § 14 AÜG Rn. 24.

27 Aus diesem Grund ergibt sich aus der betriebsverfassungsrechtlichen Zuordnung des Leiharbeitnehmers nicht zwingend die Zuständigkeit des Verleiherbetriebsrates in sämtlichen betriebsverfassungsrechtlichen Angelegenheiten. Ob bei Maßnahmen, die Leiharbeitnehmer betreffen, der Betriebsrat des Verleiherbetriebes oder derjenige des Entleiherbetriebes mitzubestimmen hat, richtet sich danach, ob der Vertragsarbeitgeber oder der Entleiher die mitbestimmungspflichtige Entscheidung trifft.[36]

2. Allgemeine Aufgaben

28 Aufgrund seiner grundsätzlichen Zuständigkeit für sämtliche betriebsverfassungsrechtliche Belange der Leiharbeitnehmer obliegt dem Betriebsrat des Verleihers auch die Wahrnehmung der **allgemeinen Aufgaben**. Zu beachten ist hierbei, dass das jeweilige Mitbestimmungs- oder Einwirkungsrecht des Betriebsrates zwingend auf den Einwirkungsbereich des Verleihers als Arbeitgeber beschränkt ist. Der Betriebsrat kann vom Verleiher nichts verlangen, was dieser nicht durchsetzen kann. Ggf. kommen insoweit Rechte des Entleiherbetriebsrates in Betracht.[37]

a) § 74 BetrVG

29 **Keinerlei Besonderheiten** gelten insoweit, als die Grundsätze der **vertrauensvollen Zusammenarbeit**, welche in § 74 BetrVG zusammengefasst sind, auch im Verhältnis zwischen Verleiher und seinem Betriebsrat gelten. Faktisch haben diese jedoch aufgrund der tatsächlichen Voraussetzungen geringere Bedeutung. Zumindest derzeit spielen Aspekte der Abs. 2 und 3 lediglich eine untergeordnete Rolle. Dies liegt zum einen an der häufig fehlenden oder stark reduzierten betrieblichen Organisation sowie am geringen Organisationsgrad der Leiharbeitnehmer.[38]

b) § 75 BetrVG

30 Der Betriebsrat des Verleiherbetriebes hat gem. § 75 **BetrVG** darüber zu wachen, dass alle Arbeitnehmer des Verleiherbetriebes nach den Grundsätzen

---

36 BAG, 19.06.2001 – 1 ABR 43/00, BAGE 98, 60 = EzA § 87 BetrVG 1972 Arbeitszeit Nr. 63; LAG Mecklenburg-Vorpommern, 29.02.2008 – 3 TaBV 12/07, EzAÜG § 14 AÜG Betriebsverfassungsrecht Nr. 74.
37 Hierzu Rdn. 88 ff.
38 Vgl. Einl. Rdn. 48.

von Recht und Billigkeit behandelt werden, insb., dass jede **Benachteiligung** von Personen aus Gründen ihrer Rasse oder ethnischen Herkunft, ihrer Abstammung oder sonstigen Herkunft, ihrer Nationalität, ihrer Religion oder Weltanschauung, ihrer Behinderung, ihres Alters, ihrer politischen oder gewerkschaftlichen Betätigung oder Einstellung oder wegen ihres Geschlechts oder ihrer sexuellen Identität **unterbleibt** (§ 75 Abs. 1 BetrVG).

Da ein Verleiher neben den **Leiharbeitnehmern**, die regelmäßig den Groß- 31 teil der Belegschaft stellen, zumindest zur Koordination der Arbeitseinsätze regelmäßig auch eigene **Stammarbeitnehmer**[39] beschäftigt, haben Verleiher und Betriebsrat gem. § 75 Abs. 1 BetrVG nicht nur über die Gleichbehandlung innerhalb der **Gruppe der Leiharbeitnehmer** sondern auch darüber zu wachen, dass **Leiharbeitnehmer ggü. dem Stammpersonal** betriebsverfassungsrechtlich und individual-rechtlich nicht benachteiligt werden, soweit dies nicht durch **sachliche Gründe** gerechtfertigt ist. Praktisch bedeutsam ist dies insb. in Bezug auf Sonderzahlungen, betriebliche Altersversorgung und ähnliche Leistungen.[40] Die praktische Möglichkeit dieser Überwachung wird durch die Anwendbarkeit des **§ 80 BetrVG** sichergestellt.

▶ **Beispiel:**

> In einem Verleihunternehmen erhalten die mit der Organisation der Arbeitnehmerüberlassung betrauten Stammarbeitnehmer 5 Wochen Erholungsurlaub, während der Urlaubsanspruch der Leiharbeitnehmer lediglich 4 Wochen beträgt.
>
> Ein sachlicher Grund für diese unterschiedliche Behandlung ist nicht ersichtlich, weshalb ein Verstoß gegen den Gleichbehandlungsgrundsatz und ein Eingreifen des Betriebsrats gem. § 75 BetrVG in Betracht kommen.

c) § 77 BetrVG

Entsprechend den allgemeinen Grundsätzen gelten Betriebsvereinbarungen 32 im Verleiherbetrieb unmittelbar und zwingend für **alle Arbeitnehmer** des Verleihbetriebes. Auch insoweit ist nicht zwischen Leiharbeitnehmern und Stammbelegschaft zu differenzieren. Dies gilt gerade auch in **Mischbetrieben**.

---

39 Der Begriff ist insofern problematisch, als auch Leiharbeitnehmer als »Stammarbeitnehmer« des Verleihers angesehen werden können. Er hat sich jedoch auch in diesem Zusammenhang als Gegenbegriff zum Leiharbeitnehmer durchgesetzt.
40 *Urban-Crell/Schulz* Rn. 946 m.w.N.

Nimmt eine Betriebsvereinbarung die Gruppe der Leiharbeitnehmer ausdrücklich aus oder wird eine Vereinbarung ausdrücklich nur für Leiharbeitnehmer geschaffen, ist dies nur unter Berücksichtigung des Gleichbehandlungsgrundsatzes des § 75 **BetrVG** zulässig.

▶ **Beispiel:**

In einem Mischbetrieb wird eine Betriebsvereinbarung geschlossen, nach welcher diejenigen Arbeitnehmer, welche auch als Leiharbeitnehmer eingesetzt werden, die Fahrten zum jeweiligen Entleiher als Arbeitszeit vergütet bekommen.

Das nur Leiharbeitnehmer betreffende Risiko, der von ihnen nicht zu beeinflussenden unterschiedlichen Entfernung zum Arbeitsort, stellt einen zulässigen sachlichen Differenzierungsgrund dar, der den Ausschluss von Stammarbeitnehmern aus der Betriebsvereinbarung rechtfertigt.

d) § 80 BetrVG

33 Dem Verleiherbetriebsrat sind ggü. dem Leiharbeitnehmer ebenso wie ggü. den im Verleiherbetrieb tätigen Stammarbeitnehmern die allgemeinen Aufgaben des § 80 BetrVG zugewiesen. Hierbei folgt aus **§ 80 Abs. 2 Satz 3 BetrVG** auch bezogen auf Leiharbeitnehmer ein Einblicksrecht des Verleiherbetriebsrates in die **Bruttolohn- und Gehaltslisten** gemäß der Regelung des § 80 Abs. 2 Satz 3 BetrVG.[41] Der Informations- und Unterrichtungsanspruch des § 80 Abs. 2 BetrVG soll den Betriebsrat des Verleihers auch dazu berechtigen, vom Arbeitgeber die Vorlage der **Arbeitnehmerüberlassungsverträge** zu verlangen.[42]

34 Der Betriebsrat des Verleihers hat diesem ggü. – soweit zur Wahrung seiner Aufgaben erforderlich – auch das Recht, **Besuche** der Leiharbeitnehmer während der Einsätze im **Entleiherbetrieb** durchzuführen. Allerdings begründet das Betriebsverfassungsgesetz keine Rechte des Betriebsrats ggü. dem Kunden des Arbeitgebers. Aus diesem Grund kann der Entleiher einen solchen Besuch des Verleiherbetriebsrates unter Hinweis auf sein **Hausrecht** untersagen. Der Betriebsrat hat ein solches Verbot zu beachten.[43] Offengelassen hat das BAG,

---

41 BAG, 10.02.1987 – 1 ABR 43/84, AP BetrVG 1972 § 80 Nr. 27.
42 *Urban-Crell/Schulz* Rn. 945 m.w.N.
43 BAG, 13.06.1989 – 1 ABR 4/88, BAGE 62, 100 = EzA § 80 BetrVG 1972 Nr. 36.

ob der Verleiher seinen Betriebsrat beim Versuch, ein Zutrittsrecht beim Entleiher zu erlangen, **unterstützen** muss.[44]

e) §§ 81, 82 Abs. 1, §§ 84, 85 BetrVG

Der Verleiher ist gemäß den Vorschriften der §§ 81, 82 Abs. 1 BetrVG und 35
§§ 84 bis 86 BetrVG verpflichtet, über **Unfall- und Gesundheitsgefahren** zu informieren und **Veränderungen der Arbeitsabläufe** sowie deren Auswirkungen auf den Arbeitsplatz des Leiharbeitnehmers zu erörtern.[45] Da Leiharbeitnehmer jedoch zumeist im Entleiherbetrieb eingesetzt werden, ist der Verleiher insoweit auf die Aussagen des Entleihers angewiesen.

3. Soziale Angelegenheiten, § 87 BetrVG

Im Bereich der Mitbestimmung nach § 87 BetrVG tritt die Aufspaltung der 36
Arbeitgeberfunktion besonders deutlich zutage.[46]

Die Festlegung der **Örtlichkeit** des vergütungspflichtigen Beginns und des 37
Endes der Arbeitszeit liegt in der Entscheidungshoheit des Vertragsarbeitgebers und mithin im **Zuständigkeitsbereich des Verleiherbetriebsrates**.[47]

Die Entsendung von Leiharbeitnehmern in Betriebe, deren **betriebsübliche** 38
Arbeitszeit die vom Leiharbeitnehmer **vertraglich** geschuldete Arbeitszeit übersteigt, ist nach § 87 **Abs. 1 Nr. 3 BetrVG** mitbestimmungspflichtig, sofern die Überlassung von vornherein für eine entsprechend verlängerte Arbeitszeit erfolgt. Das Mitbestimmungsrecht steht hier dem beim Verleiher gebildeten Betriebsrat zu.[48] Das Mitbestimmungsrecht folgt daraus, dass die Entsendung zu einer **vorübergehenden Erhöhung** der betriebsüblichen Arbeitszeit des **Verleihbetriebes** führt. Dagegen soll ein Mitbestimmungsrecht des Verleiherbetriebsrates **ausscheiden**, wenn für Leiharbeitnehmer im Entleiherbetrieb aufgrund einer **späteren Entscheidung** des Entleihers die Leistung von Mehrarbeit oder Überstunden angeordnet wird und diese Anordnung zu einer vorübergehenden Veränderung der betriebsüblichen Arbeitszeit des

---

44 Ebenda.
45 HWK/*Gotthardt* § 14 AÜG Rn. 3.
46 S. zu den verschiedenen Regelungsgegenständen des § 87 BetrVG Rdn. 96 ff.
47 LAG Mecklenburg-Vorpommern, 29.02.2008 – 3 TaBV 12/07, EzAÜG § 14 AÜG Betriebsverfassungsrecht Nr. 74.
48 BAG, 19.06.2001 – 1 ABR 43/00, BAGE 98, 60 = EzA § 87 BetrVG 1972 Arbeitszeit Nr. 63.

§ 14 AÜG Mitwirkungs- und Mitbestimmungsrechte

Entleiherbetriebes führt bzw. die Anordnung die Zuweisung des Leiharbeitnehmers zu einzelnen Schichten und Schicht-/ Dienstplänen betrifft (§ 87 Abs. 1 Nr. 2 BetrVG). In diesem Fall sei nicht die vertragliche Abrede zwischen Verleiher und Entleiher für die Arbeitszeiterhöhung maßgeblich, weshalb der Entleiher- und nicht der Verleiherbetriebsrat für die Wahrnehmung des Mitbestimmungsrechts zuständig sei.[49]

39 Ausschließlich zuständig ist der Verleiherbetriebsrat auch bei Entgelt- und Vergütungsfragen, etwa zu **Zeit, Ort und Art der Auszahlung der Arbeitsentgelte (§ 87 Abs. Nr. 4 BetrVG)** und insbesondere im praxisrelevanten Bereich der **betrieblichen Lohngestaltung** nach § 87 Abs. 1 Nr. 10 BetrVG sowie der **Festsetzung leistungsbezogener Entgelte** (§ 87 Abs. 1 Nr. 11 BetrVG), da allein der Verleiher Schuldner des Entgeltanspruchs des Leiharbeitnehmers ist.[50] Auch besteht ein Mitbestimmungsrecht gem. § 87 Abs. 1 Nr. 8 und 9 BetrVG, soweit der Verleiher selbst **Sozialeinrichtungen** unterhält. Praktisch kommt eine Anwendbarkeit dieses Mitbestimmungsrechts für Leiharbeitnehmer derzeit fast ausschließlich in Mischbetrieben in Betracht. Reine Zeitarbeitsunternehmen verfügen regelmäßig über keine ausreichend ausgebildete Betriebsstruktur als dass sie Sozialeinrichtungen unterhielten. Auch deswegen stellt der neu eingefügte § 13b AÜG klar, dass Leiharbeitnehmer einen eigenen einklagbaren **Anspruch gegen den Entleiher auf Zugang zu den Gemeinschaftseinrichtungen und -diensten des Entleihers** haben.

40 Soweit es um die **Gegebenheiten** des – beim Entleiher gelegenen – **Arbeitsortes** geht, scheiden Mitbestimmungsrechte des Verleiherbetriebsrates für Leiharbeitnehmer regelmäßig aus. Dies gilt namentlich für Mitbestimmung hinsichtlich des Einsatzes **technischer Überwachungseinrichtungen (Nr. 6)**, Einsatz in **Gruppenarbeit (Nr. 13)**. Hinsichtlich der Mitbestimmungsrechte in Bezug auf den **Arbeitsschutz (Nr. 7)**, die vorübergehende Verkürzung oder **Verlängerung der Arbeitszeit (Nr. 3)** sowie **zu Urlaubsfragen (Nr. 5)** können sich die Zuständigkeiten von Verleiher- und Entleiherbetriebsrat überschneiden.[51]

41 Die grundsätzliche Zuständigkeit für Fragen der Urlaubsgewährung, Arbeitszeitverkürzung oder -verlängerung steht dem Verleiherbetriebsrat zu. Entscheidet jedoch der Entleiher über die Festlegung der Arbeitszeit von

---

49 BAG, 19.06.2001 – 1 ABR 43/00, a.a.O.; LAG Baden-Württemberg, 05.08.2005 – 5 TaBV 5/05, BeckRS 2009, 74363.
50 Dazu *Bayreuther* BB 2014, 1973; *Hamann/Rudnik* NZA 2016, 1368.
51 Vgl. Rdn. 106, 101, 103, 96 ff.

Leiharbeitnehmern, ist nur der Betriebsrat des Entleihers nach § 87 Abs. 1 Nr. 2 BetrVG zu beteiligen, nicht der des Verleiherbetriebes. Die **Unzuständigkeit** soll hierbei so offensichtlich sein, dass sie der Errichtung einer Einigungsstelle entgegenstehen soll.[52] Weder ein Mitbestimmungsrecht des Verleiherbetriebsrates noch des Entleiherbetriebsrates ist jedoch zu bejahen, sofern es um Fragen der Vergütung von Wegezeiten als Arbeitszeit geht, da diese **nicht** der **zwingenden** Mitbestimmung des § 87 BetrVG unterliegen.[53] Keine Zuständigkeit des Verleiherbetriebsrates besteht zudem, soweit im Entleiherbetrieb eine Arbeitszeiterfassung erfolgt.[54]

4. Personelle Angelegenheiten

Die Zuständigkeit des Verleiherbetriebsrates ist wegen der Besonderheiten des Leiharbeitsverhältnisses in personellen Angelegenheiten **eingeschränkt**. 42

a) Allgemeine personelle Angelegenheiten

Keine Besonderheiten ergeben sich hinsichtlich der Zuständigkeit des Verleiherbetriebsrates bzgl. der **Personalplanung gem. § 92 BetrVG**, der innerbetrieblichen **Ausschreibung** von Arbeitsplätzen (**§ 93 BetrVG**) sowie den Mitbestimmungsrechten bei Verwendung von **Personalfragebögen** und dem Aufstellen allgemeiner Beurteilungsgrundsätze und Auswahlrichtlinien (**§§ 94, 95 BetrVG**). Dies gilt selbstverständlich nur, soweit es sich um Maßnahmen und Planungen handelt, die sich auf den **Verleiherbetrieb** beziehen. Werden bspw. Fragebögen bei einem Entleiher auch Leiharbeitnehmern vorgelegt, scheidet eine Zuständigkeit des Verleiherbetriebsrates aus.[55] 43

b) Berufsbildung (§§ 96 bis 98 BetrVG)

Die Mitbestimmungsrechte in Bezug auf die Berufsbildung als Aufgabe des (Vertrags-)Arbeitgebers stehen ausschließlich dem Verleiherbetriebsrat zu (§§ 96 bis 98 BetrVG). 44

---

52 ArbG Braunschweig, 15.08.2005 – 3 BV 54/05, n.v. (juris).
53 *Hamann* jurisPR-ArbR 26/2008 Anm. 5 zu LAG Rostock, 29.02.2008 – 3 TaBV 12/07.
54 VG Frankfurt, 19.06.2006 – 23 L 850/06, n.v. (juris) unter Hinweis auf BAG-Rechtsprechung.
55 Vgl. zum Mitbestimmungsrecht des Entleiherbetriebsrates in diesen Fällen Rdn. 118.

c) Personelle Einzelmaßnahmen

45 Der Verleiherbetriebsrat ist bei der **Einstellung in den Verleiherbetrieb, bei der Eingruppierung, Umgruppierung** sowie einer **Versetzung** von Leiharbeitnehmern gem. § 99 BetrVG zu beteiligen. Voraussetzung des § 99 Abs. 1 BetrVG ist, dass beim Verleiher i.d.R. **mehr als 20 wahlberechtigte** Arbeitnehmer angestellt sind. Keine für den Verleiherbetriebsrat mitbestimmungspflichtige Versetzung liegt hingegen bei der (ersten) Überlassung eines Leiharbeitnehmers an einen Dritten vor, soweit die **Einsatzwechseltätigkeit** der **Eigenart** der vom Leiharbeitnehmer geschuldeten Arbeitsleistung entspricht;[56] anderes dürfte regelmäßig für **Arbeitnehmer in Mischbetrieben** gelten, die nur gelegentlich bei Dritten eingesetzt werden. Wird der Leiharbeitnehmer nach der Tätigkeitsaufnahme **innerhalb des Entleiherbetriebes auf einen anderen Arbeitsplatz versetzt** und war der Verleiher an dieser Versetzungsentscheidung beteiligt, so kann dem **Verleiherbetriebsrat bei der Versetzung ein Mitbestimmungsrecht nach § 99 BetrVG zustehen.**[57] Gemäß den allgemeinen Grundsätzen kommt es für die Frage des Mitbestimmungsrechts des Betriebsrates auf das **Einverständnis** des Leiharbeitnehmers mit der Versetzung nicht an.[58] Bei der **Eingruppierung des Leiharbeitnehmers** steht allein dem **Verleiherbetriebsrat, nicht dem Betriebsrat im Entleiherbetrieb das Mitbestimmungsrecht nach § 99 BetrVG zu.**[59]

46 I.Ü. entsprechen die Beteiligungsrechte denen des **normalen Arbeitsverhältnisses**. Der Verleiherbetriebsrat ist für die Einstellung des Leiharbeitnehmers i.S.d. Begründung des **Arbeitsverhältnisses mit dem Verleiher** allein zuständig. Demgegenüber fallen die späteren »Einstellungen« im Sinne einer Eingliederung in verschiedene Entleiherbetriebe in den Zuständigkeitsbereich des jeweiligen Entleiherbetriebsrates.[60] Das Mitbestimmungsrecht löst bereits der **Abschluss** des (Leih-)Arbeitsvertrages aus. Besitzt der Verleiher **keine Überlassungserlaubnis**, ist dessen Betriebsrat daher zur Zustimmungsverweigerung

---

56 BAG, 19.06.2001 – 1 ABR 43/00, BAGE 98, 60 = EzA § 87 BetrVG 1972 Arbeitszeit Nr. 63 m.w.N.
57 BAG, 09.10.2013 – 7 ABR 12/12, NZA 2014, 795; Schüren/Hamann/*Hamann* § 14 AÜG Rn. 418.
58 BAG, 25.01.2005 – 1 ABR 59/03, AP BetrVG 1972 § 87 Arbeitszeit Nr. 114 = NZA 2005, 945.
59 BAG, 17.06.2008 – 1 ABR 39/07, AP BetrVG 1972 Eingruppierung Nr. 34; LAG Berlin-Brandenburg, 09.10.2014 – 14 TaBV 940/14, BeckRS 2015, 65828.
60 Vgl. hierzu Rdn. 125 ff.

gem. § 99 Abs. 2 Nr. 1 BetrVG wegen Verstoßes gegen ein **gesetzliches Verbot** berechtigt.[61]

Schließlich finden auch die Vorschriften der **§§ 100, 101 BetrVG** zur vor- 47
läufigen Umsetzung personeller Maßnahmen entsprechend den allgemeinen Grundsätzen Anwendung.[62]

▶ Praxistipp:

> Entschließt sich ein Arbeitgeber zur Einstellung eines Arbeitnehmers, der künftig (auch) als Leiharbeitnehmer eingesetzt werden soll, muss er seinen Betriebsrat über das Vorliegen der Verleiherlaubnis nach § 1 AÜG informieren und ihm diese ggf. vorlegen. Anderenfalls kann der Betriebsrat seine Zustimmung zur Einstellung des Arbeitnehmers berechtigt verweigern.

d) Anhörung bei Kündigung, § 102 BetrVG

Beabsichtigt der Verleiher (als Vertragsarbeitgeber) das Leiharbeitsverhältnis 48
mit dem Leiharbeitnehmer zu kündigen, muss er zuvor gem. **§ 102 Abs. 1 BetrVG** den in seinem Betrieb gebildeten **Verleiherbetriebsrat** anhören. Der Betriebsrat des Entleiherbetriebes ist demgegenüber nicht zu beteiligen, da zwischen Entleiher und Leiharbeitnehmer kein Arbeitsverhältnis besteht. Aus demselben Grund ist im Fall der **Beendigung eines Einsatzes** des Leiharbeitnehmers im Entleiherbetrieb weder eine Anhörung des Verleiher- noch des Entleiherbetriebsrates gem. § 102 Abs. 1 BetrVG (analog) notwendig.[63]

5. Wirtschaftliche Angelegenheiten

Die Bildung eines **Wirtschaftsausschusses** gem. **§§ 106 bis 110 BetrVG** setzt 49
voraus, dass der **Verleiher** i.d.R. **mehr als 100 Arbeitnehmer** (Leiharbeitnehmer und »Stammarbeitnehmer«) beschäftigt. Ist dies der Fall, finden die allgemeinen Grundsätze zur Beteiligung des Wirtschaftsausschusses Anwendung.

Das Erreichen der notwendigen **Betriebsgröße** ist auch hinsichtlich der 50
Anwendbarkeit der **§§ 111 bis 113 BetrVG** zu beachten. Ein Abbau von Arbeitsplätzen liegt dann vor, wenn der Verleiher in seinem Betrieb

---

61 *Urban-Crell/Schulz* Rn. 960 m.w.N.
62 Schüren/Hamann/*Hamann* § 14 AÜG Rn. 426.
63 Allgemeine Meinung vgl. *Boemke/Lembke* § 14 AÜG Rn. 55 m.w.N.

Arbeitnehmer im von den §§ 111, 112 BetrVG benannten Umfang entlässt. Kommt es zur Aufstellung eines Interessenausgleichs und/oder Sozialplans, muss der Verleiherbetriebsrat auch insoweit den Grundsatz der Gleichbehandlung gem. § 75 BetrVG beachten.

D. Betriebsverfassungsrechtliche Stellung im Entleiherbetrieb

I. Einleitung

51 Gem. **§ 14 Abs. 1 AÜG** sind Leiharbeitnehmer trotz ihrer faktischen Eingliederung in die Betriebsorganisation des Entleihers **nicht** im betriebsverfassungsrechtlichen Sinn **zugehörig zum Betrieb des Entleihers**. Leiharbeitnehmer bleiben daher auch während der Zeit ihrer Arbeitsleistung bei einem Entleiher Angehörige des entsendenden Betriebes des Verleihers. Aufgrund der klaren gesetzgeberischen Entscheidung tritt die tatsächliche Eingliederung im Betrieb im Fall der Arbeitnehmerüberlassung hinter der vertraglich festgelegten Rechtsbeziehung zum Verleiher als einzigem Arbeitgeber zurück.[64] Der **tatsächlichen Eingliederung** des Leiharbeitnehmers in den Betrieb und das Unternehmen des Entleihers hat der Gesetzgeber durch die Vorschrift des **§ 14 Abs. 2 Satz 2 und 3 AÜG** und die zum 01.04.2017 **neu eingefügten Sätze 4 bis 6** Rechnung getragen. Diese statuieren **einzelne betriebsverfassungsrechtliche Rechte** des Leiharbeitnehmers im Entleiherbetrieb (Sätze 2 und 3) und sollen die Berücksichtigungsfähigkeit von Leiharbeitnehmern bei den Schwellenwerten des BetrVG und in der Unternehmensmitbestimmung (Sätze 4 bis 6) klarstellen. Die Rechte von Leiharbeitnehmern bleiben – auch nach der jüngsten Gesetzesreform – hinter denen zurück, welche im Fall einer vollständigen Betriebszugehörigkeit zum Entleiherbetrieb bestünden.[65]

II. Rechte des Leiharbeitnehmers

1. Wahlrecht – Abs. 2 Satz 1

52 Die Vorschrift des § 14 Abs. 2 Satz 1 AÜG regelt das Wahlrecht des Leiharbeitnehmers lediglich insoweit, als danach Leiharbeitnehmer bei der Wahl der Arbeitnehmervertreter in den Aufsichtsrat im Entleiherunternehmen und bei der Wahl der betriebsverfassungsrechtlichen Arbeitnehmervertretungen im

---

64 BAG, 22.03.2000 – 7 ABR 34/98, BAGE 94, 144 = AP AÜG § 14 Nr. 8 m.w.N.
65 BAG, 18.01.1989 – 7 ABR 21/88, BAGE 61, 7 = AP BetrVG 1972 § 9 Nr. 1; BAG, 22.03.2000 – 7 ABR 34/98, BAGE 94, 144 = AP AÜG § 14 Nr. 8 m.w.N.

Entleiherbetrieb nicht wählbar sind. Damit betrifft die Vorschrift lediglich das passive Wahlrecht. Das Bestehen eines aktiven Wahlrechts von Leiharbeitnehmern ergibt sich dagegen nicht aus dem AÜG, sondern aus § 7 **Satz 2 BetrVG**.

a) Betriebsratswahlen

Entgegen gewerkschaftlicher Forderungen i.R.d. Reform des BetrVG 2001 53 hat der Gesetzgeber Leiharbeitnehmer im Entleiherbetrieb **bewusst nicht** (Vertrags-)Arbeitnehmern dieses Betriebes **gleichgestellt**.[66] Der Gesetzgeber hat jedoch mit Blick auf die mit der Arbeitnehmerüberlassung einhergehende Eingliederung in den Betrieb Leiharbeitnehmern beschränkte betriebsverfassungsrechtliche Rechte eingeräumt. Die Rechtsprechung des BAG entwickelt diese Rechte stetig fort.

aa) Aktives Wahlrecht

Die mit der Reform des BetrVG 2001 neu gefasste Vorschrift des § 7 Satz 2 54 BetrVG ordnet ausdrücklich ein **aktives Wahlrecht** von Leiharbeitnehmern an, wenn diese **länger als drei Monate** im Betrieb eingesetzt werden.

▶ Praxistipp:

> Im Rahmen von **Onsite-Werkverträgen** (bzw. **Onsite-Dienstverträgen**) eingesetzte Fremdfirmenmitarbeiter sind im Betrieb des Auftraggebers nicht wahlberechtigt, sie nehmen nur an den Wahlen zum Betriebsrat im Betrieb ihres Vertragsarbeitgebers (Auftragnehmer) teil.[67]

Nach der Gesetzesbegründung ist **nicht erforderlich**, dass der Leiharbeitneh- 55 mer am Wahltag bereits **drei Monate** im Entleiherbetrieb **eingesetzt** war.[68] Ein aktives Wahlrecht besteht nach herrschender Auffassung zur Auslegung des § 7 Satz 2 BetrVG (»…*eingesetzt werden.*«) vom ersten Tag der Überlassung an, wenn der Einsatz spätestens am Wahltag beginnt und insgesamt auf einen

---

66 *Körner* NZA 2006, 573 m.w.N.
67 H.M. BeckOK ArbR/*Besgen* § 7 BetrVG Rn. 17; Richardi/*Thüsing* § 7 BetrVG Rn. 10; *Brors* NZA 2002, 123; a.A. *Hamann/Rudnik* NZA 2016, 1368; *Däubler* AuR 2001, 285; *ders.* AuR 2003, 191.
68 BT-Drucks. 14/5741, 36.

Zeitraum von mehr als drei Monaten angelegt ist.[69] Erforderlich ist damit eine **Prognose der Einsatzdauer**. Abzustellen ist auf die Verweildauer jedes einzelnen Leiharbeitnehmers, die Anzahl der »regelmäßig« eingesetzten Leiharbeitnehmer ist – anders als bei den betriebsverfassungsrechtlichen Schwellenwerten (z.B. §§ 9, 38 BetrVG)[70] – unerheblich.[71] Ob kurzzeitige Unterbrechungen des Einsatzes für einige Tage unberücksichtigt bleiben dürfen, wird uneinheitlich beantwortet.[72] Jedenfalls dann, wenn die Unterbrechung nicht aus operativen Gründen, sondern planmäßig allein zwecks Unterschreitung des 3-Monats-Zeitraums erfolgte, kann darin eine missbräuchliche Gestaltung liegen. Ein entsprechender Anschein kann auch entstehen, wenn die ansonsten recht konstante Anzahl eingesetzter Leiharbeitnehmer vor der Wahl absinkt und anschließend wieder auf das vorherige Maß ansteigt. Im Falle des Rechtsmissbrauchs soll nach in der Literatur vertretener Ansicht ein am Wahltag eingesetzter Leiharbeitnehmer unabhängig von der geplanten Einsatzdauer in die Wählerliste aufzunehmen sein.[73]

56 Seit der Neufassung des AÜG zum 01.04.2017 ist die **Person des Leiharbeitnehmers** vor Beginn der Überlassung – etwa im Einzelvertrag zur Arbeitnehmerüberlassung – zu konkretisieren, d.h. **namentlich zu bezeichnen** (§ 1 Abs. 1 Satz 6 AÜG). Die Höchstüberlassungsdauer je Leiharbeitnehmer ist auf 18 Monate begrenzt, soweit in oder aufgrund eines Tarifvertrages keine längere Dauer festgesetzt ist (§ 1 Abs. 1b AÜG). Eine **Konkretisierung der (geplanten) Einsatzdauer** im Arbeitnehmerüberlassungsvertrag verlangt das Gesetz nicht. Dies erschwert die Prognose, wenn Verleiher und Entleiher die **voraussichtliche Einsatzdauer jedes einzelnen Leiharbeitnehmers** nicht ausdrücklich bei Abschluss des Überlassungsvertrages vereinbaren.[74] Soweit diese vor Beginn des Einsatzes feststeht oder prognostizierbar nicht länger als drei Monate betragen wird, sollte dies im oder unter Bezugnahme auf den

---

69 Ganz h.M., vgl. *Boemke/Lembke* § 14 AÜG Rn. 69; ErfK/*Wank* § 14 AÜG Rn. 6; *Fitting* § 7 BetrVG Rn. 60; GK-BetrVG/*Raab* § 7 Rn. 102; Thüsing/*Thüsing* § 14 AÜG Rn. 58.
70 Dazu Rdn. 71 ff.
71 LAG Hamm, 18.09.2015 – 13 TaBV 20/15, BeckRS 2015, 72847.
72 ErfK/*Koch* § 7 BetrVG Rn. 6; *Fitting* § 7 BetrVG Rn. 65; GK-BetrVG/*Raab* § 7 Rn. 105; offengelassen von LAG Hamm, 18.09.2015 – 13 TaBV 20/15, BeckRS 2015, 72847.
73 *Hamann* jurisPR-ArbR 4/2016 Anm. 5.
74 *Böhm* DB 2006, 104 m.w.N.

Überlassungsvertrag (etwa in Einsatzlisten) dokumentiert werden. Mögliche Zweifel an der Wahlberechtigung einzelner Leiharbeitnehmer lassen sich so ausräumen. Überdies erleichtert eine solche Klarstellung im Überlassungsvertrag die ordnungsgemäße Unterrichtung des Entleiherbetriebsrates bei der Übernahme von Leiharbeitnehmern gemäß § 14 Abs. 3 Satz 1 AÜG i.V.m. § 99 Abs. 1 BetrVG, die auch Angaben zur geplanten Einsatzdauer enthalten muss.[75]

▶ **Beispiel:**

> Im Entleiherbetrieb sind zum Zeitpunkt der Betriebsratswahl zwei Leiharbeitnehmer, L und M, eingesetzt. L ist bereits seit zwei Monaten im Betrieb tätig, wird seine Tätigkeit dort jedoch nach einer Gesamtüberlassungsdauer von zweieinhalb Monaten voraussichtlich einstellen. M ist seit einem Tag im Betrieb tätig, der Arbeitnehmerüberlassungsvertrag sieht eine Überlassungsdauer von einem halben Jahr vor.
>
> Wahlberechtigt bei einer Betriebsratswahl im Entleiherbetrieb ist allein M.

Bei **nicht ordnungsgemäßer Aufstellung der Wählerliste** ist die **Betriebsratswahl anfechtbar**. Der Wahlvorstand kann deshalb vom Arbeitgeber (Entleiher) Auskunft über die Anzahl der am Wahltag (voraussichtlich) beschäftigten Leiharbeitnehmer, deren Identität und die geplante Einsatzdauer verlangen. Die Auskunftspflicht des Entleihers erstreckt sich auch auf die Überlassungsvorgänge, die im Zeitpunkt der Aufstellung der Wählerliste noch nicht begonnen haben, aber bis zum oder am Wahltag beginnen werden. Über Veränderungen zwischen Aufstellung der Liste und Stimmabgabe muss der Entleiher auf Verlangen des Wahlvorstandes Auskunft geben (§ 4 Abs. 3 Satz 1 WO), will er sich nicht dem Vorwurf der Wahlbehinderung (§ 119 Abs. 1 Nr. 1 BetrVG) aussetzen. Aber selbst wenn Änderungen der Sachlage zwischen Aufstellung der Wählerliste und Wahl – etwa der Einsatz neuer Leiharbeitnehmer, die unplanmäßige vorzeitige Beendigung eines Einsatzes vor Ablauf von drei Monaten oder die Verlängerung eines ursprünglich für nicht länger als drei

57

---

75 Auch deshalb um keine Zustimmungsverweigerung des Entleiherbetriebsrates wegen nicht vorübergehender Arbeitnehmerüberlassung zu riskieren: BAG, 30.09.2014 – 1 ABR 79/12, NZA 2015, 240; kein Rechtsmissbrauch bei wiederholten Kurzeinsätzen, wodurch eine materielle Entscheidung im Verfahren nach §§ 99, 100 BetrVG wegen Zeitablaufs nicht ergehen kann: LAG Schleswig-Holstein, 10.05.2016 – 1 TaBV 59/15, BeckRS 2016, 71454; der Entleiher ist auch verpflichtet, dem Betriebsrat im Zuge der Unterrichtung den Namen des Leiharbeitnehmers mitzuteilen: BAG, 25.09.2009 – 10 TaBV 21/09, NZA 2011, 871.

Monate geplanten Einsatzes – vom Wahlvorstand vor der Stimmabgabe nicht mehr berücksichtigt werden, führt dies nicht zur Anfechtbarkeit der Wahl. Entscheidend ist vielmehr, dass die Prognose im Zeitpunkt der Aufstellung der Wählerliste korrekt war.[76] Ein **Grund zur Wahlanfechtung** liegt aber dann vor, wenn der Wahlvorstand unter Missachtung des § 24 WO **für alle Leiharbeitnehmer die Briefwahl beschließt**.[77]

58 **Streitig** ist ob bei der **Stimmgewichtung** im Gesamtbetriebsrat die **Wählerliste** einschließlich der Leiharbeitnehmer maßgeblich ist.[78]

bb) Passives Wahlrecht

59 Leiharbeitnehmer sind im Entleiherbetrieb gemäß der eindeutigen gesetzlichen Regelung des § 14 Abs. 2 Satz 1, 1. Alt. AÜG **nicht passiv wahlberechtigt**.[79] Sie können daher selbst im Fall eines langfristigen Einsatzes auf einem Arbeitsplatz im Betrieb des Entleihers **nicht Mitglied eines dort gebildeten Betriebsrates** werden.

60 Streitig ist, ob ein passives Wahlrecht besteht, wenn im Fall der Bildung einer **Arbeitsgemeinschaft** gem. § 1 Abs. 1 Satz 2 AÜG ein Betriebsrat entsteht.[80] Die Einschränkung des § 14 AÜG soll in diesem Fall nicht, auch nicht analog anwendbar sein, weshalb ohne die Voraussetzungen der §§ 7, 8 BetrVG eine aktive wie passive Wahlberechtigung anzunehmen sei.

---

76 *Hamann* jurisPR-ArbR 4/2016 Anm. 5.
77 LAG Hamm, 18.09.2015 – 13 TaBV 20/15, BeckRS 2015, 72847.
78 *Böhm* DB 2006, 104 m.w.N.
79 Zur Wählbarkeit nach BetrVG BAG, 17.02.2010 – 7 ABR 51/08, NZA 2010, 832; differenzierend bzgl. Wählbarkeit »echter« Leiharbeitnehmer zu Personalräten gemäß LPVG VGH Kassel, 18.11.2010 – 22 A 959/10 PV, BeckRS 2011, 45081; VGH München, 16.06.1999 – 17 P 98.2843, BeckRS 1999, 22425; VG Düsseldorf, 06.06.2016 – 34 L 1767/16.PVL, BeckRS 2016, 48537 m.w.N.; zur Personalgestellung im öffentlichen Dienst VG Frankfurt a.M., 03.06.2013 – 23 K 1700/13.F.PV, BeckRS 2013, 55619; BAG, 15.08.2012 – 7 ABR 34/11, NZA 2013, 107 (Vorinstanz LAG Schleswig-Holstein, 05.04.2011 – 2 TaBV 35/10, BeckRS 2011, 72246).
80 Vgl. ausführliche Darstellung bei Schüren/Hamann/*Hamann* § 14 AÜG Rn. 462 ff. m.w.N.

b) Aufsichtsratswahlen

Gem. § 14 Abs. 2 Satz 1 AÜG sind Leiharbeitnehmer bei der Wahl der Arbeit- 61
nehmervertreter in den **Aufsichtsrat** im Entleiherunternehmen nicht wählbar. Demgegenüber besteht in den meisten Fällen ebenso wie im Fall der Betriebsratswahlen ein aktives Wahlrecht der Leiharbeitnehmer.

Im Fall des **Drittelbeteiligungsgesetzes** ergibt sich dies aus **§ 5 Abs. 2 DrittelbG.** 62
Dessen Satz 2 verweist auf die entsprechende Geltung des § 7 Satz 2 BetrVG, nach welchem Leiharbeitnehmer aktiv wahlberechtigt sind, wenn sie länger als drei Monate im Betrieb eingesetzt werden. Sofern eine Unternehmensmitbestimmung nach Maßgabe des **Mitbestimmungsgesetzes** erfolgt, folgt das aktive Wahlrecht von Leiharbeitnehmern im Fall der unmittelbaren Wahl aus § **18 Satz 2 MitbestG**, der ebenfalls auf § 7 Satz 2 BetrVG verweist. Für den Fall der Wahl der Aufsichtsratsmitglieder der Arbeitnehmer durch **Delegierte** folgt das aktive Wahlrecht von Leiharbeitnehmer aus **§ 10 Abs. 2 Satz 2 MitbestG**.

Kein aktives Wahlrecht kann für Leiharbeitnehmer entstehen, welche in 63
einem Betrieb eingesetzt sind, für den das **Montanmitbestimmungsgesetz** Anwendung findet, da § 6 Abs. 1 Satz 2 MontanMitbestG eine Wahl der Vertreter der Arbeitnehmer durch die **Betriebsräte** der Betriebe des Unternehmens vorschreibt. Da § 14 Abs. 2 Satz 1 AÜG das passive Wahlrecht von Leiharbeitnehmern in den Betriebsrat ausschließt, Leiharbeitnehmer also nicht Betriebsratsmitglieder des Entleiherbetriebes sein können, ist eine direkte Wahl des Aufsichtsrates i.R.d. Montan-MitbestG somit ausgeschlossen. Findet demgegenüber das Gesetz zur Ergänzung des Gesetzes über die Mitbestimmung der Arbeitnehmer in Aufsichtsräten und Vorständen der Unternehmen des Bergbaus und der Eisen und Stahl erzeugenden Industrie (**MontMitBestErgG**) Anwendung, sind auch Leiharbeitnehmer zur aktiven Wahl der Arbeitnehmervertreter im Aufsichtsrat berechtigt. Für die Wahl durch Delegierte folgt dies aus **§ 8 Abs. 2 Satz 2 MontMitBestErgG**, im Fall der direkten Wahl aus **§ 10g Satz 2 MontMitBestErgG**. Die von § 7 Satz 2 BetrVG vorgeschriebene Mindesteinsatzdauer ist aufgrund der entsprechenden Anwendung auf den **Konzern** zu beziehen.[81]

---

81 Schüren/Hamann/*Hamann* § 14 AÜG Rn. 66 m.w.N.

2. Sonstige Rechte – Abs. 2 Sätze 2 und 3

a) Teilnahme an Sprechstunden und Versammlungen – Satz 2

64 Obschon der Leiharbeitnehmer nicht vom Betriebsrat des Entleihers repräsentiert wird, trägt § 14 Abs. 2 AÜG der praktischen Eingliederung des Leiharbeitnehmers in den Betrieb des Entleihers für die Dauer der Überlassung Rechnung. Leiharbeitnehmer sind daher berechtigt, die **Sprechstunde des Betriebsrates** des entleihenden Betriebes aufzusuchen sowie an **Betriebsversammlungen** teilzunehmen.

b) Betriebsverfassungsrechtliche Individualrechte – Satz 3

65 Leiharbeitnehmer können zudem auch im Betrieb des Entleihers verlangen, zu **betrieblichen Angelegenheiten**, welche ihre **Person** betreffen, angehört zu werden. Insoweit verweist § 14 Abs. 2 Satz 3 AÜG ohne Einschränkung auf das Anhörungs- und Erörterungsrecht aus § 82 Abs. 1 BetrVG. Verwiesen wird des Weiteren auf die Unterrichtungs- und Erörterungspflicht des Arbeitgebers gem. **§ 81 BetrVG**. Diese bezieht sich über § 14 Abs. 2 Satz 3 AÜG auch auf die **Arbeitsaufgaben** der Leiharbeitnehmer sowie die Art und Weise der Durchführung.

c) Sonstige betriebsverfassungsrechtliche Individualrechte

66 Welche sonstigen betriebsverfassungsrechtlichen Individualrechte bestehen, ist streitig.

67 Teilweise wird vertreten, der Leiharbeitnehmer solle neben seinen Rechten im Verleiherbetrieb[82] im Betrieb des Entleihers all jene Individualrechte beanspruchen können, welche er sinnvoll nur dort ausüben könne. Nach Wegfall der Höchstüberlassungsdauer gehöre hierzu insb. das Recht zur Erörterung der **eigenen beruflichen Entwicklung** im Betrieb gem. **§ 82 Abs. 2 Satz 1 Halbs. 2 BetrVG**.[83]

68 Sofern eine **Dokumentation** über den Leiharbeitnehmer im entleihenden Betrieb erstellt wird, spricht die Zielsetzung der Vorschrift dafür, auch einen Anspruch entsprechend § 83 BetrVG anzunehmen.

---

82 Vgl. hierzu Rdn. 16 ff.
83 *Körner* NZA 2006, 573.

III. Berücksichtigung bei Schwellenwerten – Abs. 2 Sätze 4 bis 6

Die Diskussion um die Berücksichtigungsfähigkeit von Leiharbeitnehmern bei Schwellenwerten im Entleiherbetrieb hat eine lange Tradition. Bis zur **grundlegenden Kehrtwende des BAG Ende des Jahres 2011**[84] vertrat die arbeitsgerichtliche Rechtsprechung nahezu einhellig, dass Leiharbeitnehmer bei der Berechnung von Schwellenwerten – etwa im KSchG,[85] im BetrVG[86] und in den Gesetzen der Unternehmensmitbestimmung – nicht mitzählen. Mit Wirkung zum 01.04.2017 hat der Gesetzgeber mit **§ 14 Abs. 2 Sätze 4 bis 6 AÜG** erstmals gesetzliche Schwellenwertregelungen geschaffen. Leiharbeitnehmer sind danach **bei allen Schwellenwerten des BetrVG – mit Ausnahme des § 112a BetrVG –** und denen der abschließend aufgezählten Gesetze der **Unternehmensmitbestimmung** sowie der aufgrund der Gesetze erlassenen **Wahlordnungen** im Entleiherbetrieb und im Entleiherunternehmen zu berücksichtigen. Mit der Erstreckung auch auf die Unternehmensmitbestimmung ist der Gesetzgeber über die Vorgaben des Koalitionsvertrages weit hinausgegangen, in dem lediglich die Berücksichtigung von Leiharbeitnehmern bei den betriebsverfassungsrechtlichen Schwellenwerten verabredet war.[87]

Nach dem **Gesetzeswortlaut des neuen § 14 Abs. 2 Satz 4 AÜG** sind Leiharbeitnehmer bei den genannten **Schwellenwerten der nationalen und europäischen Betriebsverfassung** uneingeschränkt – ungeachtet ihrer Einsatzdauer oder einer nur gelegentlichen Beschäftigung – mitzuzählen, ohne dass es auf den konkreten Normzweck ankommt. Damit steht der Wortlaut in Widerspruch zum Koalitionsvertrag[88] und zur höchstrichterlichen Rechtsprechung.[89] Ob eine Berücksichtigung von Leiharbeitnehmern bei den Schwellenwerten erfolgt, bestimmt sich nach **gefestigter Rechtsprechung des BAG** indes **nach Sinn und Zweck der jeweiligen Norm**. Erst aus der

---

84 BAG, 18.10.2011 – 1 AZR 335/10, EzA § 111 BetrVG 2011 Nr. 8 = NZA 2012, 221.
85 Zu § 23 KSchG: LAG Berlin, 30.01.2001 – 3 Sa 2125/00, n.v. (juris); LAG Nürnberg, 27.07.2011 – 4 Sa 713/10, n.v. (juris).
86 Zu § 9 BetrVG: zuletzt BAG, 10.03.2004 – 7 ABR 49/03, EzA § 9 BetrVG 2001 Nr. 2 = NZA 2004, 1340 (»Leiharbeitnehmer wählen, aber zählen nicht«); LAG Schleswig-Holstein, 23.06.2011 – 5 TaBV 38/10, DB 2012, 240.
87 Koalitionsvertrag CDU, CSU und SPD für die 18. Legislaturperiode vom 27.11.2013, S. 50.
88 Ebenda.
89 So auch *Bonanni* ArbRB 2016, 122, 122.

Gesetzesbegründung[90] ergibt sich der wirkliche gesetzgeberische Wille. Durch die Neuregelung solle – sowohl bei der Betriebsverfassung als auch der Unternehmensmitbestimmung – lediglich »*die geänderte Rechtsprechung des Bundesarbeitsgerichts*« zu den Schwellenwerten nachvollzogen werden, weshalb das »*Mitzählen der Leiharbeitnehmer (...) danach für jeden Schwellenwert gesondert anhand dessen Zwecksetzung zu prüfen*« sei. Durch die Regelungen werde – so die **Gesetzesbegründung** – »*nicht das Vorliegen der gegebenenfalls in der jeweiligen Norm enthaltenen weiteren Voraussetzungen wie zum Beispiel die Wahlberechtigung oder eine Beschränkung auf »in der Regel« Beschäftigte*« fingiert. Trotz dieses handwerklich schlecht gemachten Gesetzes wird es über den Wortlaut von § 14 Abs. 2 Sätze 4 bis 6 AÜG hinaus nach der Gesetzesbegründung auch künftig auf die von der Rechtsprechung entwickelten Maßstäbe zur normzweckorientierten Auslegung der jeweiligen Norm ankommen. Dies gilt nicht nur für die Schwellenwerte des BetrVG und der Unternehmensmitbestimmung, sondern auch für Schwellenwertregelungen in anderen Gesetzen (z.B. KSchG).[91] Letztere werden durch die gesetzgeberische Neuregelung in § 14 Abs. 2 AÜG nicht berührt.

▶ **Praxistipp:**

Grds. sind Leiharbeitnehmer nach der Einführung der **neuen Sätze 4 bis 6 in § 14 Abs. 2 AÜG** im Rahmen folgender Gesetze und Verordnungen bei den **Schwellenwerten** zu berücksichtigen:
- Betriebsverfassungsgesetz (mit Ausnahme des § 112a BetrVG),
- Mitbestimmungsgesetz,
- Montan-Mitbestimmungsgesetz,
- Mitbestimmungsergänzungsgesetz,
- Drittelbeteiligungsgesetz,
- Gesetz über die Mitbestimmung der Arbeitnehmer bei einer grenzüberschreitenden Verschmelzung,

---

90 Referentenentwurf BMAS »Entwurf eines Gesetzes zur Änderung des Arbeitnehmerüberlassungsgesetzes und anderer Gesetze« vom 16.11.2015, S. 27; Gesetzentwurf der Bundesregierung vom 20.07.2016, BT-Drucks. 18/9232, 27 f.
91 Referentenentwurf BMAS »Entwurf eines Gesetzes zur Änderung des Arbeitnehmerüberlassungsgesetzes und anderer Gesetze« vom 16.11.2015, S. 27; Gesetzentwurf der Bundesregierung vom 20.07.2016, BT-Drucks. 18/9232, 27 f.; zustimmend *Bonanni* ArbRB 2016, 122, 125; a.A. *Neighbour/Schröder* BB 2016, 2869, 2873 f., die Leiharbeitnehmer generell und ohne Unterscheidung nach dem Normzweck berücksichtigen wollen.

- Europäisches Betriebsräte-Gesetz,
- SE- und SCE- Beteiligungsgesetz und
- der aufgrund der jeweiligen Gesetze erlassenen Wahlordnungen.

1. Schwellenwerte der Betriebsverfassung – Abs. 2 Satz 4

a) BetrVG

Mit der **Aufgabe seiner »Zwei-Komponenten-Lehre«**[92] für den drittbezogenen Personaleinsatz im Dezember 2012 schaffte der 7. Senat[93] die Voraussetzung dafür, Leiharbeitnehmer bei § 23 KSchG[94] (betrieblicher Geltungsbereich) und beim Schwellenwert des § 9 BetrVG[95] (Zahl der Betriebsratsmitglieder) mitzuzählen. Dem vorausgegangen war im Oktober 2011 die Entscheidung des 1. Senats zur Berücksichtigung von Leiharbeitnehmern bei § 111 BetrVG (Betriebsänderungen).[96] 71

Damit hat das BAG seine **frühere ständige Rechtsprechung aufgegeben**, nach der Leiharbeitnehmer bei der Ermittlung der Zahl der wahlberechtigten Arbeitnehmer zur Bestimmung der **Betriebsratsgröße nach § 9 BetrVG** – unabhängig von der Dauer ihrer Überlassung – nicht mitzählen.[97] Die eingängige Formel, »**Leiharbeitnehmer wählen, aber zählen nicht**«,[98] ist längst überholt. Das BAG berücksichtigt Leiharbeitnehmer in inzwischen gefestigter Rechtsprechung bei der Bestimmung der Betriebsratsgröße im Entleiherbetrieb.[99] Auf 72

---

92 Konstitutives Merkmal der Betriebszugehörigkeit nach Maßgabe der reinen »Zwei-Komponenten-Lehre« ist einerseits das Bestehen eines Arbeitsverhältnisses zum Betriebsinhaber und andererseits die tatsächliche Eingliederung des Arbeitnehmers in dessen Betriebsorganisation.
93 BAG, 05.12.2012 – 7 ABR 48/11, EzA § 5 BetrVG 1972 2001 Nr. 10 = NZA 2013, 793; dagegen OLG Hamburg, 31.01.2014 – 11 W 89/13, NZA 2014, 858 (zur paritätischen Unternehmensmitbestimmung).
94 BAG, 24.01.2013 – 2 AZR 140/12, EzA § 23 KSchG Nr. 38 = NZA 2013, 726.
95 BAG, 13.3.2013 – 7 ABR 69/11, EzA § 9 BetrVG 2011 Nr. 6 = NZA 2013, 789.
96 BAG, 18.10.2011 – 1 AZR 335/10, EzA § 111 BetrVG 2011 Nr. 8 = NZA 2012, 221.
97 BAG, 10.03.2004 – 7 ABR 49/03, AP BetrVG 1972 § 7 Nr. 8 = NZA 2004, 1340; BAG, 16.04.2003 – 7 ABR 53/02, BAGE 106, 64 = EzA § 9 BetrVG 2001 Nr. 1; Meinungsstand Thüsing/*Thüsing* § 14 AÜG Rn. 63 m.w.N.
98 BAG, 16.04.2003 – 7 ABR 53/02, NZA 2003, 1345.
99 BAG, 13.3.2013 – 7 ABR 69/11, EzA § 9 BetrVG 2011 Nr. 6 = NZA 2013, 789.

die Wahlberechtigung nach § 7 Satz 2 BetrVG kommt es jedenfalls ab einer Anzahl von 52 »in der Regel« beschäftigten Arbeitnehmern nicht an. Ebenso sind Leiharbeitnehmer bei der Feststellung der für die Anzahl der freizustellenden Betriebsratsmitglieder maßgeblichen Belegschaftsstärke im Entleiherbetrieb zu berücksichtigen, wenn sie zu den »Regelbeschäftigten« des Betriebes gehören (§ 38 BetrVG).[100]

▶ Beispiel:

In einem Betrieb sind 160 Stammarbeitnehmer und 50 Leiharbeitnehmer tätig, die länger als drei Monate im Entleiherbetrieb eingesetzt sind oder eingesetzt werden sollen. Wahlberechtigt zur Betriebsratswahl sind damit 210 Arbeitnehmer. Der Betriebsrat besteht gem. § 9 Satz 1 BetrVG aus neun Mitgliedern (201 bis 400 Arbeitnehmer), da die Leiharbeitnehmer bei Berechnung des Schwellenwertes nach § 9 BetrVG zu berücksichtigen sind.

73 Zudem sind Leiharbeitnehmer bei der Bestimmung der **Unternehmensgröße i.R.d. § 111 BetrVG** mitzuzählen, wenn sie im Entleiherbetrieb gemäß § 7 Satz 2 BetrVG aktiv wahlberechtigt[101] sind und dort auf Dauerarbeitsplätzen (»in der Regel«) eingesetzt werden.[102] **Leiharbeitnehmer gehören zu den »in der Regel« Beschäftigten**, wenn sie normalerweise während des größten Teils des Jahres (d.h. länger als sechs Monate) beschäftigt werden.[103] Die Berücksichtigung von Leiharbeitnehmern nach »Köpfen« ist nach der Rechtsprechung des BAG bei Vorliegen dieser Voraussetzungen nach dem Zweck des § 111 Satz 1 BetrVG gerechtfertigt. Die Schwellenregelung bezwecke den Schutz von Kleinunternehmen vor einer finanziellen Überforderung durch Sozialpläne. Ab einer Unternehmensgröße[104] von regelmäßig mehr als 20 wahlberechtigten

---

100 BAG, 18.01.2017 – 7 ABR 60/15, n.v.; vgl. für Arbeitnehmer des öffentlichen Dienstes BAG, 05.12.2013 – 7 ABR 17/11, NZA 2013, 690; generell bejahend LAG Hessen, 02.11.2015 – 16 TaBV 48/15, BeckRS 2016, 67453 (anhängig BAG, 7 ABR 60/15); LAG Rheinland-Pfalz, 14.07.2015 – 8 TaBV 34/14, BeckRS 2015, 72790.
101 Dazu ausführlich Rdn. 54 ff.
102 BAG, 18.10.2011 – 1 AZR 335/10, EzA § 111 BetrVG 2011 Nr. 8 = NZA 2012, 221; BAG, 24.01.2013 – 2 AZR 140/12, n.v. (juris).
103 BAG, 18.10.2011 – 1 AZR 335/10, NZA 2012, 221; BAG, 16.11.2004 – 1 AZR 642/03, EzA § 111 BetrVG 2001 Nr. 2.
104 Nach seinem ausdrücklichen Wortlaut ist § 111 Satz 1 BetrVG unternehmensbezogen, weshalb es auch bei einem gemeinsamen Betrieb mehrerer Unternehmen

Arbeitnehmern geht der Gesetzgeber von keiner besonderen Schutzbedürftigkeit des Unternehmers mehr aus. Es ist daher unerheblich, ob eigene oder in die Betriebsorganisation eingegliederte fremde Arbeitnehmer auf Dauerarbeitsplätzen im Entleiherunternehmen beschäftigt werden.[105] Die **Zahl der Regelbeschäftigten** ist nach allgemeinen Grundsätzen i.d.R. durch einen Rück- und Ausblick der im Allgemeinen die Beschäftigtenzahl im Unternehmen kennzeichnenden Arbeitnehmeranzahl zu ermitteln. Führt die geplante Betriebsänderung in der Zukunft indes zu einer dauerhaften Unterschreitung des Schwellenwerts kommt es wegen der Zielrichtung des § 111 BetrVG ausnahmsweise auf die bisherige Belegschaftsstärke an, eine Prognose unterbleibt.[106] Entscheidender Zeitpunkt für die Ermittlung der Regelbelegschaftsstärke ist der Abschluss der unternehmerischen Planungen, d.h. regelmäßig der Zeitpunkt, in dem das Beteiligungsrecht des Betriebsrates entsteht.[107]

▶ Beispiel:

> In einem Betrieb sind 15 Stammarbeitnehmer und zehn Leiharbeitnehmer tätig, die länger als drei Monate im Entleiherbetrieb eingesetzt sind. Der Arbeitgeber plant, die Stilllegung einer Abteilung aufgrund derer sieben Arbeitnehmer der Stammbelegschaft entlassen werden sollen. Die Maßnahme ist nach § 111 Satz 1 BetrVG mitbestimmungspflichtig, da dessen Schwellenwert von 20 wahlberechtigten Arbeitnehmern überschritten wird.

Keine Berücksichtigung finden Leiharbeitnehmer im Zusammenhang mit einem **reinen Personalabbau im Sinne des § 112a Abs. 1 BetrVG**, wenn es um die Feststellung der Anzahl der betriebsdingt zu entlassenden Arbeitnehmer geht. **Leiharbeitnehmer sind nicht mitzuzählen.** Dies stellt § 14 Abs. 2

---

auf die Größe des am Gemeinschaftsbetrieb jeweils beteiligten Unternehmens und nicht auf die Größe des Gemeinschaftsbetriebs ankommt; ebenso ErfK/*Kania* § 111 BetrVG Rn. 5; Richardi/*Annuß* § 111 BetrVG Rn. 26; Schaub/*Koch*, Arbeitsrechts-Handbuch, § 244 Rn. 24; a.A. unter Überschreitung der Grenzen der Auslegung LAG Berlin-Brandenburg, 23.01.2003 – 18 TaBV 2141/02, NZA-RR 2003, 477; LAG Düsseldorf, 19.08.2014 – 17 Sa 67/14, BeckRS 2014, 72926.

105 Ausführlich GK-BetrVG/*Oetker* § 111 Rn. 26 m.w.N.
106 BAG, 16.11.2004 – 1 AZR 642/03, EzA § 111 BetrVG 2001 Nr. 2; GK-BetrVG/*Oetker* § 111 Rn. 30 m.w.N.
107 BAG, 18.10.2011 – 1 AZR 335/10, NZA 2012, 221; GK-BetrVG/*Oetker* § 111 Rn. 31 m.w.N.

Satz 4 AÜG (*»mit Ausnahme des § 112a«*) klar. Für § 112a Abs. 2 BetrVG hat die Schwellenwertregelung des neuen Satz 4 keine eigenständige Bedeutung.

75 Nach der Neufassung des § 14 Abs. 2 AÜG durch die AÜG-Reform zum 01.04.2017 sind Leiharbeitnehmer grds. bei allen, also auch den betriebsverfassungsrechtlichen Schwellenwerten zu berücksichtigen, hinsichtlich derer höchstrichterliche Rechtsprechung noch fehlt. Zu nennen sind hier beispielsweise **§ 99 BetrVG** (Einstellungen, Versetzungen, Ein-/Umgruppierungen) und **§ 106 BetrVG** (Wirtschaftsausschuss). Die normzweckorientierte Auslegung des § 99 BetrVG dürfte aufgrund der insoweit identischen Voraussetzungen der bei § 111 BetrVG und bei § 9 BetrVG entsprechen. **Problematisch ist die normzweckorientierte Auslegung des § 106 BetrVG**, dessen Wortlaut *»in der Regel mehr als einhundert ständig beschäftigte Arbeitnehmer«* zur Bildung eines Wirtschaftsausschusses im Unternehmen voraussetzt. Im Gegensatz zu anderen formellen und materiellen Schwellenwerten der Betriebsverfassung ist u.a. bei § 106 Abs. 1 BetrVG die »ständige« Beschäftigung von Arbeitnehmern maßgebend. Leiharbeitnehmer sind bei der Berechnung des Schwellenwertes nur dann zu berücksichtigen, wenn bei der Auslegung des Wortlauts »ständig beschäftigten Arbeitnehmer« eine arbeitsplatzbezogene (Daueraufgabe) und nicht arbeitnehmerbezogene Betrachtung zu erfolgen hat. Würde man eine arbeitnehmerbezogene Betrachtung verlangen, wären Leiharbeitnehmer bereits wegen des gesetzlichen Verbots der dauerhaften Überlassung (§ 1 Abs. 1 Satz 4 AÜG) keine »ständig« Beschäftigten im Sinne des § 106 Abs. 1 BetrVG. Der Wortlaut der Norm spricht durchaus für diese arbeitnehmerbezogene Sichtweise.[108] Sie entspricht indes weder der bisher wohl herrschenden Literaturauffassung,[109] die eine Berücksichtigung von Leiharbeitnehmern bei § 106 BetrVG bejaht, der gesetzgeberischen Grundsatzentscheidung für eine rein arbeitsplatzbezogene Betrachtungsweise im Rahmen der Höchstüberlassungsdauer nach dem AÜG (§ 1 Abs. 1b Satz 1, Halbs. 2 AÜG) noch dem im neuen § 14 Abs. 2 Satz 4 AÜG verankerten Leitbild der grundsätzlichen Berücksichtigung von Leiharbeitnehmern bei allen betriebsverfassungsrechtlichen Schwellenwerten. Rechtssicherheit wird hier erst eine Entscheidung des BAG herbeiführen können. Methodisch überzeugend ist jedoch nur die Nicht-Berücksichtigung von Leiharbeitnehmern bei § 106 BetrVG und entsprechend bei **§ 110 Abs. 1 und 2 BetrVG**. Nichts anderes

---

108 So wohl auch *Haas/Hoppe* NZA 2013, 294.
109 *Richardi/Annuß* § 106 BetrVG Rn. 11; DKK/*Wedde/Däubler* § 106 BetrVG Rn. 5, 12; a.A. GK-BetrVG/*Oetker* § 106 Rn. 28.

gilt für die Berücksichtigung von Leiharbeitnehmern bei **§ 1 Abs. 1 BetrVG**. Leiharbeitnehmer sind – wie § 7 Satz 2 BetrVG belegt – **keine »ständig« wahlberechtigten Arbeitnehmer**, weshalb sie bei der Ermittlung der Mindestbetriebsgröße für die Errichtung eines Betriebsrates von fünf Arbeitnehmern nicht mitgezählt werden dürfen.

Neben den vorgenannten kennt das BetrVG noch eine Vielzahl weiterer Schwellenwerte, bei denen seit In-Kraft-Treten der AÜG-Reform zum 01.04.2017 in jedem Einzelfall die Berücksichtigung im Entleiherbetrieb beschäftigter Leiharbeitnehmer geprüft werden muss. Die nachfolgende **Übersicht** fasst die **wichtigsten Schwellenwerte des BetrVG** zusammen: 76

Vorschrift	Schwellenwert	Inhalt
§ 1 Abs. 1 BetrVG	mind. 5 ständig wahlberechtigte Arbeitnehmer (AN)	Mindestbetriebsgröße für Errichtung Betriebsrat (BR); mind. 3 AN wählbar.
§ 3 Abs. 3 BetrVG	mind. 3 wahlberechtigte AN	Beschlussfassung über Wahl eines unternehmenseinheitlichen BR in Unternehmen ohne BR.
§ 9 BetrVG	mind. idR. 5 wahlberechtigte AN	Betriebsratsgröße
§ 14 Abs. 4 BetrVG	1/20, mind. 3 wahlberechtigte AN; im Betrieb mit idR. bis zu 20 wahlberechtigten AN 2 wahlberechtigte AN	Wahlverfahren: Unterzeichnung Wahlvorschlag.
§ 14a BetrVG	Betriebe mit idR. 5 bis 50 (Abs. 1, 3) oder 51 bis 100 (Abs. 5) wahlberechtigten AN	Vereinfachtes Wahlverfahren für Kleinbetriebe.
§ 28 Abs. 1 BetrVG	Betriebe > 100 AN	Übertragung von Aufgaben auf Ausschüsse.
§ 28a Abs. 1 BetrVG	Betriebe > 100 AN	Übertragung von Aufgaben auf Arbeitsgruppen.
§ 38 BetrVG	Betriebe mit idR. mind. 200 AN	Anzahl der freizustellenden BR-Mitglieder.

Vorschrift	Schwellenwert	Inhalt
§ 43 Abs. 3 BetrVG	mind. ¼ der wahlberechtigten AN	Pflicht des BR auf Wunsch AN Betriebsversammlung einzuberufen oder Gegenstand auf Tagesordnung zu setzen.
§ 60 Abs. 1 BetrVG	Betriebe mit idR. mind. 5 jugendlichen AN	Wahl Jugendvertretung.
§ 99 Abs. 1 S. 1 BetrVG	Unternehmen mit idR. mehr als 20 wahlberechtigten AN	BR-Mitbestimmung vor jeder Einstellung, Ein-/Umgruppierung, Versetzung.
§ 106 Abs. 1 BetrVG	Unternehmen mit idR. mehr als 100 ständig beschäftigten AN	Bildung Wirtschaftsausschuss im Unternehmen.
§ 110 Abs. 1 und 2 BetrVG	Unternehmen mit idR. mehr als 1000 ständig beschäftigten AN bzw. idR. mehr als 20 wahlberechtigten ständigen AN	Pflicht des Unternehmers zur Unterrichtung der AN über wirtschaftliche Lage und Entwicklung.
§ 111 Satz 1 BetrVG	Unternehmen mit idR. mehr als 20 wahlberechtigten AN	Betriebsänderungen: Pflicht zur Unterrichtung und Beratung geplanter wesentlicher Betriebsänderungen mit BR.
§ 111 Satz 2 Halbs. 1 BetrVG	Unternehmen > 300 AN	Recht BR zur Hinzuziehung Berater bei geplanten Betriebsänderungen.

b) EBRG

77 Nach **§ 14 Abs. 2 Satz 4 BetrVG** sind Leiharbeitnehmer auch im Rahmen des **Europäischen Betriebsräte-Gesetzes (EBRG)** zu berücksichtigen. Praxisrelevant sind die **Schwellenwerte des § 3 EBRG**. Danach kommt es für die Frage, ob ein Unternehmen oder eine Unternehmensgruppe gemeinschaftsweit tätig ist, auf die Zahl der beschäftigten Arbeitnehmer in den Mitgliedstaaten an. Die Schwelle liegt bei 1000 Arbeitnehmern, wobei jeweils mindestens

150 Arbeitnehmer in mindestens zwei bzw. in verschiedenen Mitgliedstaaten beschäftigt sein müssen. Für die Berechnung der im Inland (Deutschland) beschäftigten und bei § 3 EBRG zu berücksichtigenden Arbeitnehmer verweist § 4 Satz 1 EBRG auf den betriebsverfassungsrechtlichen Arbeitnehmerbegriff. Aus dem Verweis auf § 5 Abs. 1 BetrVG allein ergibt sich nicht, ob die Leiharbeitnehmer im EBRG zu den **Regelbeschäftigten des inländischen Unternehmens** gezählt werden müssen. Nach Sinn und Zweck der Berücksichtigung von Leiharbeitnehmern auch in der europäischen Betriebsverfassung ist dies aber richtigerweise zu verlangen.[110]

2. Schwellenwerte der Unternehmensmitbestimmung – Abs. 2 Sätze 5 und 6

a) Grundsatz

Den Streit um die Berücksichtigung von Leiharbeitnehmern bei den Schwellenwerten der deutschen unternehmerischen Mitbestimmung (z.B. § 1 MitbestG, § 1 Abs. 2 Montan-MitbestG, § 1 DrittelbG; §§ 7 MitbestG, § 7 Montan-MitBestErgG, § 4 Abs. 1 MitbestG, § 9 MitbestG) und ebenso der europäischen Unternehmensmitbestimmung (z.B. §§ 15 Abs. 3, 34 SEBG, § 18 SCEBG) hat der Gesetzgeber durch die Ergänzung des **neuen Satz 5 in § 14 Abs. 2 AÜG** nur scheinbar gelöst. Obwohl im Wortlaut nicht einmal angedeutet, sollen nach der Begründung des Referenten- und Gesetzesentwurfs[111] Leiharbeitnehmer nicht generell, sondern – ebenso wie im BetrVG – nach Maßgabe der **normzweckorientierten Betrachtung des BAG** einzelfallabhängig mit gezählt werden. Eine Auseinandersetzung mit der **divergierenden Rechtsprechung der ordentlichen Gerichte**, die – wie das OLG Saarland[112] und das OLG Hamburg[113] (zu § 3 MitbestG und § 3 Abs. 1 DrittelbG) – eine

78

---

110 Im Ergebnis ebenso Boecken/Düwell/Diller/Hanau/*Breitfeld*, Gesamtes Arbeitsrecht, § 4 EBRG Rn. 5.
111 AÜG-RefE des BMAS vom 14.04.2016, S. 28; Gesetzentwurf der Bundesregierung zum »Entwurf eines Gesetzes zur Änderung des Arbeitnehmerüberlassungsgesetzes und anderer Gesetze« vom 01.06.2016, BR-Drucks. 294/16, 13; Gesetzentwurf der Bundesregierung vom 20.07.2016, BT-Drucks. 18/9232, 27 f.
112 OLG Saarland, 02.03.2016 – 4 W 1/15, NZG 2016, 941.
113 OLG Hamburg, 31.01.2014 – 11 W 89/13, NZA 2014, 858; ferner OLG Düsseldorf, 12.05.2004 – 19 W 2/04, BeckRS 2004, 07727; OLG Hamburg,

Berücksichtigung von Leiharbeitnehmern bisher stetig ablehnen, unterbleibt gänzlich.[114]

79 Damit wird sich die Praxis auch in Zukunft auf **keine gesicherte Rechts- und Gesetzeslage** einstellen können. Die Frage der Berücksichtigung von Leiharbeitnehmern bei den unternehmerischen Schwellenwerten bleibt **einzelfall- und rechtswegabhängig**. Das BAG bejaht die Berücksichtigung von Leiharbeitnehmern beim **besonderen Schwellenwert des § 9 MitbestG**.[115] Dabei betont der 7. Senat ausdrücklich, die Entscheidung beziehe sich nur auf § 9 MitbestG – Delegiertenwahl oder unmittelbare Wahl in Unternehmen mit in der Regel mehr als 8.000 Arbeitnehmern – und sei nicht auf andere Schwellenwerte der Unternehmensmitbestimmung übertragbar. Wie das BAG zu diesen anderen Schwellenwerten entscheiden wird, ist angesichts seiner normzweckorientierten Auslegung der Normen offen. Diese für die Praxis unbefriedigende Rechtsunsicherheit wird dadurch verschärft, dass die Arbeitsgerichte nur im Rahmen von Anfechtungssachen (§ 22 Abs. 1 MitbestG, § 11 Abs. 1 DrittelbG) mitbestimmungsrechtliche Fragestellungen zu beurteilen haben. Im Übrigen sind die Zivilgerichte zuständig (§§ 97 f. AktG). Angesichts des »Hintertürchens«, welches der Gesetzgeber der Judikative durch seine Gesetzesbegründung offen gelassen hat, bleibt aus Sicht der Praxis nur zu hoffen, dass sich **Arbeits- und Zivilgerichtsbarkeit** bald auf eine einheitliche Linie verständigen werden.

b) Einsatzdauer im Entleiherunternehmen

80 Für die **Schwellenwerte der Unternehmensmitbestimmung** sieht der **neue § 14 Abs. 2 Satz 6 AÜG** vor, dass Leiharbeitnehmer im Entleiherunternehmen nur zu berücksichtigen sind, wenn ihre **Einsatzdauer sechs Monate übersteigt**. Die Regelung dürfte das Ergebnis eines politischen Kompromisses sein, die gleich aus mehreren Gründen missglückt ist.[116] Ob Leiharbeitnehmer – wie bei § 7 Satz 2 BetrVG – bei prognostizierter Einsatzdauer von mehr als sechs Monaten bereits ab dem ersten Einsatztag mit zu zählen sind, ist zweifelhaft. Der Wortlaut spricht dagegen (»*..., wenn die Einsatzdauer sechs Monate*

29.10.2007 – 11 W 27/07, BeckRS 2007, 19416; zum Streitstand in der Literatur vgl. den Überblick bei ErfK/*Oetker* § 3 MitbestG Rn. 2.

114 Kritisch auch *Künzel/Schmid* NZA 2016, 531, 534; *Schubert/Liese* NZA 2016, 1297, 1302; zum Ganzen a. *Oetker* NZA 2017, 29 ff.
115 BAG, 04.11.2015 – 7 ABR 42/13, NZA 2016, 559.
116 Kritisch a. *Schubert/Liese* NZA 2016, 1297, 1302 f.

übersteigt«). Die Gesetzesbegründung erläutert die Fristenregelung nicht. Stattdessen sorgt der Gesetzgeber durch eine weitere missglückte Formulierung für zusätzliche Rechtsunsicherheit, wenn er in der Begründung ausführt, der Einsatz von Leiharbeitnehmern sei bei der Unternehmensmitbestimmung nur dann zu berücksichtigen, »*wenn die Gesamtdauer der Entleihung sechs Monate übersteigt«*.[117] Da § 14 Abs. 2 Satz 6 AÜG – anders als die Neuregelungen in § 1 Abs. 1b Satz 2 AÜG zur Höchstüberlassungsdauer und in § 8 Abs. 4 Satz 3 AÜG zum zwingenden Equal Pay – keine Unterbrechungs- oder Anrechnungszeiten regelt, sind mehrere Einsatzzeiträume entgegen der missverständlichen Gesetzesbegründung (»*Gesamtdauer*«) richtigerweise nicht im Sinne einer »Gesamt«-Einsatzdauer zusammenzurechnen. Dies selbst dann nicht, wenn es sich nur um eine verhältnismäßig kurze Unterbrechung handelt. Eine Ausnahme gilt nur bei erwiesenem Rechtsmissbrauch (§ 242 BGB).

▶ Praxistipp:

In der Vergangenheit wurde die Beschäftigung von Leiharbeitnehmern – neben anderen – als ein taktisches Mittel zur Vermeidung der Unternehmensmitbestimmung genutzt.[118] Aufgrund der Änderung des AÜG durch Einfügung des neuen § 14 Abs. 2 Satz 5 ist diese Strategie kein taugliches Mittel mehr zu deren dauerhafter Vermeidung. Ein ständig rollierender Einsatz verschiedener Leiharbeitnehmer (Einsatzdauer < 6+ Monate, § 14 Abs. 2 Satz 6 AÜG) allein vor dem Hintergrund ansonsten drohender Unternehmensmitbestimmung ist für die Unternehmen aus operativen Gründen (z.B. Einarbeitungszeiten, Fachkräftemangel) in aller Regel unattraktiv. Bei einer Belegschaftsgröße knapp unterhalb der kritischen Schwellenwerte dürften Unternehmen und Konzerne deshalb andere in der Praxis etablierte Lösungswege vorziehen (z.B. ausländische Gesellschaftsform, Einfrieren des mitbestimmungsrechtlichen status-quo durch Umwandlung in eine SE etc.).[119]

---

117 Gesetzentwurf der Bundesregierung zum »Entwurf eines Gesetzes zur Änderung des Arbeitnehmerüberlassungsgesetzes und anderer Gesetze« vom 01.06.2016, BR-Drucks. 294/16, 13; Gesetzentwurf der Bundesregierung vom 20.07.2016, BT-Drucks. 18/9232, 27 f.
118 Dazu insgesamt *Rieble* BB 2006, 2018.
119 Vgl. aber zur Diskussion um die mögliche Unionsrechtswidrigkeit der deutschen Unternehmensmitbestimmung LG Frankfurt a.M., 16.02.2015 – 3-16 O 1/14, NZG 2015, 683; KG, 16.10.2015 – 14 89/15, NZG 2015, 1311 (Vorlage EuGH).

3. Sonstige Schwellenwerte

a) Schwellenwerte des KSchG

aa) Betriebsgröße (§ 23 KSchG)

81 Bei der Ermittlung des betrieblichen Schwellenwertes des **§ 23 Abs. 1 Satz 3 KSchG** zur **Anwendung des allgemeinen Kündigungsschutzes nach dem KSchG** sind im Betrieb des Entleihers beschäftigte Leiharbeitnehmer zu berücksichtigen, wenn ihr Einsatz auf einem »**in der Regel« vorhandenen Personalbedarf** beruht.[120] Entscheidend ist mithin nicht die im Zeitpunkt des Kündigungszugangs eher zufällige Beschäftigtenzahl, sondern die für den Betrieb im Allgemeinen kennzeichnende Beschäftigungslage. Diese ermittelt das BAG anhand eines Rückblicks auf die bisherige Personalstärke im Betrieb und einer Prognose der zu erwartenden künftigen Entwicklung. **Die Betrachtung ist arbeitsplatzbezogen.** Deshalb sind auch solche **Dauerarbeitsplätze** zu berücksichtigen, auf denen ständig (wechselnde) Leiharbeitnehmer eingesetzt werden. Auf die Person des Leiharbeitnehmers kommt es nicht an. Beim Einsatz auf Dauerarbeitsplätzen sind Leiharbeitnehmer nur ausnahmsweise dann nicht mitzuzählen, wenn sie zur Vertretung von Stammarbeitnehmern beschäftigt werden (z.B. Erkrankung, Elternzeitvertretung etc.). Nicht kennzeichnend für den »in der Regel« vorhandenen Personalbedarf des Betriebes ist die Beschäftigung von Leiharbeitnehmern hingegen, wenn diese nur in Zeiten außergewöhnlich hohen Geschäftsanfalls (z.B. Saisongeschäft, Schlussverkauf, Abverkauf, Inventur, Jahresabschlussarbeiten etc.) eingesetzt werden. Diese Zeiten sind für den regelmäßigen Personalbestand ebenso wenig repräsentativ wie Zeiten außergewöhnlich niedrigen Geschäftsanfalls. **Referenzzeitraum für den Rück- und Ausblick auf die regelmäßige Personalstärke** im Betrieb im Kündigungszeitpunkt[121] ist der Zeitraum eines Jahres. Wurden und werden voraussichtlich innerhalb eines 12-Monats-Zeitraums (wechselnde) Leiharbeitnehmer länger als sechs Monate auf einem Arbeitsplatz beschäftigt, sind diese bei Ermittlung des Schwellenwertes des § 23 Abs. 1 KSchG im Entleiherbetrieb mitzuzählen.[122]

---

120 BAG, 24.01.2013 – 2 AZR 140/12, EzA § 23 KSchG Nr. 38 = NZA 2013, 726.
121 ErfK/*Kiel* § 23 KSchG Rn. 19.
122 BAG, 16.11.2004 – 1 AZR 642/03, EzA § 111 BetrVG 2001 Nr. 2 = NZA-RR 2005, 615; BAG, 18.10.2011 – 1 AZR 335/10, EzA § 111 BetrVG 2011 Nr. 8 = NZA 2012, 221; BAG, 24.02.2005 – 2 AZR 207/04, EzA § 17 KSchG Nr. 14 =

▶ Praxistipp:

Vermeintlichen Arbeitgebern eines Kleinbetriebes ist vor Kündigungsausspruch dringend zu raten, genau zu prüfen, wie viele Leiharbeitnehmer aktuell und in den letzten zwölf Monaten vor Kündigungsausspruch auf Dauerarbeitsplätzen beschäftigt sind bzw. waren. Sollte der Einsatz von Leiharbeitnehmern nur zur Abdeckung von Auftragsspitzen erfolgt sein, ist dies unproblematisch, sollte aber aus Beweisgründen für mögliche Auseinandersetzungen im Kündigungsschutzprozess dokumentiert werden. Der Abbau von Leiharbeit vor der Kündigung von Stammarbeitnehmern ist hingegen zu erwägen, wenn Leiharbeitnehmer in der Vergangenheit im fraglichen Referenzzeitraum auf Dauerarbeitsplätzen beschäftigt waren. Auch wenn dies keine absolute Gewähr bietet, erhöht dies in einem Kündigungsschutzprozess doch die Aussichten, die Zukunftsprognose einer regelmäßigen Beschäftigung von Leiharbeitnehmern zu widerlegen. Auch insoweit wird der Arbeitgeber besonderes Augenmerk auf die Dokumentation legen müssen. Denn im Prozess wird er darlegen müssen, dass der bisher mit (wechselnden) Leiharbeitnehmern besetzte Dauerarbeitsplatz endgültig entfallen ist und warum die Arbeitskraft nicht mehr benötigt wird.

bb) Massenentlassungen (§ 17 KSchG)

Ob Leiharbeitnehmer auch bei **Massenentlassungen i.R.d. § 17 KSchG** zu berücksichtigen sind, ist höchstrichterlich nicht geklärt. Nach herrschender Ansicht sind (wechselnde) Leiharbeitnehmer bei **Ermittlung der Regelbeschäftigtenzahl** gemäß § 17 Abs. 1 KSchG – ebenso wie etwa bei § 23 KSchG, § 111 BetrVG und § 9 BetrVG – mitzuzählen, wenn sie einen Dauerarbeitsplatz besetzen.[123] Zur ordnungsgemäßen Unterrichtung des Betriebsrats nach § 17 Abs. 2 Nr. 3 KSchG gehören dementsprechend auch Angaben zu Leiharbeitnehmern. Beim zweiten Schwellenwert des § 17 Abs. 1 KSchG, der **Zahl der Entlassungen,** wird die Berücksichtigung von Leiharbeitnehmern hingegen verbreitet abgelehnt. Das überzeugt, werden Leiharbeitnehmer vom

82

NZA 2005, 766; LAG Hamm, 03.04.1997 – 4 Sa 693/96, AP KSchG 1969 § 23 Nr. 15; so auch *Zimmermann* BB 2014, 1461, 1462 f.
123 Grobys/Panzer/*Langer*, Stichwort Massenentlassung, Rn. 13; *Fuhlrott/Fabritius* NZA 2014, 122, 126; offenbar auch *Zimmermann* BB 2014, 1461, 1463.

Entleiher in Ermangelung eines Arbeitsverhältnisses nicht entlassen.[124] Das letzte Wort hierzu wird der **EuGH** sprechen müssen. § 17 KSchG beruht auf der europäischen MassenentlassungsRL 98/59/EG.

▶ Praxistipp:

Leiharbeitnehmer sind bei der Ermittlung der Regelbeschäftigtenzahl und – vorsorglich – bei der Zahl der Entlassungen gemäß § 17 Abs. 1 KSchG zu berücksichtigen. Die schriftliche Unterrichtung des Betriebsrates nach § 17 Abs. 2 Satz 1 KSchG muss sich dementsprechend auf Leiharbeitnehmer erstrecken.

b) Weitere arbeitsrechtliche Schwellenwerte

83 Neben der Betriebsverfassung, der Unternehmensmitbestimmung und dem Kündigungsschutzgesetz ist das Arbeitsrecht in einer Vielzahl weiterer Gesetze von Schwellenwerten geprägt. Rechtsprechung zur Frage der Berücksichtigungsfähigkeit von Leiharbeitnehmern fehlt diesbezüglich. Ausgangspunkt muss auch hier das Postulat des BAG von der normzweckorientierten Auslegung der jeweiligen Vorschrift sein. Für einige der wichtigsten weiteren Schwellenwerte, die wie beispielsweise **§ 8 Abs. 7 TzBfG (allgemeiner Teilzeitanspruch)**,[125] **§ 15 Abs. 7 Nr. 1 BEEG (Elternteilzeitanspruch)**, **§ 3 Abs. 1 Satz 2 PflegeZG (Pflegezeit)** und **§ 2 Abs. 1 Satz 4 FPfZG (Familienpflegezeit)** auf die Regelbeschäftigtenzahl abheben, bedeutet dies, dass Leiharbeitnehmer bei der Ermittlung der Zahl der »in der Regel« beschäftigten Arbeitnehmer grds. zu berücksichtigen sind. Hier sind dieselben Maßstäbe wie bei § 23 KSchG anzulegen.[126]

---

124 Grobys/Panzer/*Langer*, Stichwort Massenentlassung, Rn. 11; *Fuhlrott/Fabritius* NZA 2014, 122, 126.
125 Allgemein zum Teilzeitanspruch von Leiharbeitnehmern BAG, 13.11.2012 – 9 AZR 259/11, NJW 2013, 1835.
126 Dazu Rdn. 81; dies entspricht auch der Intention des Gesetzgebers, der zur Begründung der Kleinunternehmerklauseln im TzBfG und BEEG ausdrücklich auf § 23 KSchG verweist (vgl. BT-Drucks. 14/4374, 17 f.; BT-Drucks. 14/3118, 7); in diesem Sinne auch, ohne indes die Berücksichtigungsfähigkeit von Leiharbeitnehmern anzusprechen, Grobys/Panzer/*Müller*, Stichwort Teilzeitarbeit, Rn. 40 a.E.

III. Berücksichtigung bei privilegierter Überlassung

Bei Eingreifen eines Privilegierungstatbestandes des § 1 Abs. 3 AÜG ist das AÜG grds. nicht anzuwenden. Damit dürfte § 14 AÜG in diesen Fällen eigentlich keine Anwendung finden. 84

Wegen der **Vergleichbarkeit der Interessenlage** war die Norm aber bereits vor Streichung des Merkmals der Gewerbsmäßigkeit sowohl auf die nicht gewerbsmäßige Arbeitnehmerüberlassung als auch die privilegierte konzerninterne Arbeitnehmerüberlassung **entsprechend anzuwenden**.[127] Ob ein Verleiher gewerbsmäßig oder nicht gewerbsmäßig handelt, ist für die betriebsverfassungsrechtliche Stellung eines Leiharbeitnehmers unbeachtlich. Auch bei Eingreifen eines **Privilegierungstatbestandes nach § 1 Abs. 3 Nr. 1 und Nr. 2 AÜG** wird unter Hinweis auf die doppelte Betriebszugehörigkeit des Leiharbeitnehmers verbreitet ein **aktives Wahlrecht des Leiharbeitnehmers gemäß § 7 Satz 2 BetrVG** sowohl **im Betrieb des Vertragsarbeitgebers** (Verleiher) als auch **im Einsatzbetrieb** (Entleiher) und bei einer länger als sechs Monate andauernden Überlassung die **passive Wahlberechtigung** auch **im Entleiherbetrieb** nach Maßgabe von § 8 BetrVG bejaht; der Wählbarkeit steht § 14 Abs. 2 Satz 1 AÜG mangels Anwendbarkeit des AÜG auf Fälle des § 1 Abs. 3 AÜG nicht entgegen.[128] 85

IV. Anknüpfungspunkt der Sonderregeln für Tendenzbetriebe

Obwohl der Entleiher nicht Vertragsarbeitgeber des Leiharbeitnehmers ist, gelten bei **Entleihern, die als Tendenzbetrieb oder Religionsgemeinschaft** i.S.d. Vorschrift anzusehen sind, die nach § 118 BetrVG bestehenden **Einschränkungen der betriebsverfassungsrechtlichen Rechte**. 86

Der über § 118 BetrVG beabsichtigte Schutz der dort geregelten Freiheiten (Pressefreiheit, Religionsfreiheit, künstlerische Freiheit etc.) drängt das Mitbestimmungsrecht des Betriebsrates des Entleiherbetriebes so weit zurück, wie dies zur Aufrechterhaltung und Durchführung der besonderen **Tendenzverwirklichung** erforderlich ist. Für das Tendenzunternehmen macht es zur Gewährleistung des Tendenzschutzes **keinen Unterschied**, ob es eigene 87

---

127 BAG, 10.03.2004 – 7 ABR 49/03, AP BetrVG 1972 § 7 Nr. 8; BAG, 18.01.1989 – 7 ABR 62/87, AP AÜG § 14 Nr. 2; BAG, 22.03.2000 – 7 ABR 34/98, AP AÜG § 14 Nr. 8.
128 Zum Ganzen Schüren/*Hamann* § 14 AÜG Rn. 476 ff., 480, 488; *Boemke/Lembke* § 14 AÜG Rn. 7.

Arbeitnehmer oder Leiharbeitnehmer zur Tendenzverwirklichung einsetzt.[129] Eine Einschränkung kommt insoweit insb. hinsichtlich des § 99 BetrVG in Betracht.

E. Rechte des Entleiherbetriebsrats

I. Grundsatz

88 Wegen des durch § 7 Satz 2 BetrVG eingeräumten aktiven Wahlrechts der Leiharbeitnehmer wird teilweise eine rechtliche Gleichstellung zwischen überlassenen Arbeitnehmern und Stammmitarbeitern i.S.d. § 5 BetrVG angenommen. Danach soll der Betriebsrat zur umfassenden Vertretung von Leiharbeitnehmern, soweit deren Interessen ggü. dem Entleiherbetrieb betroffen sind, berechtigt sein.[130] Diese Meinung ist abzulehnen. Die gewerkschaftlichen Forderung nach einer entsprechenden Änderung des Arbeitnehmerbegriffs in § 5 BetrVG i.R.d. Reform des BetrVG 2001 wurde vom Gesetzgeber gerade nicht umgesetzt.[131] Gegen die obige Auffassung spricht auch, dass der Gesetzgeber durch das zum 01.04.2017 in Kraft getretene Gesetz zur Änderung des Arbeitnehmerüberlassungsgesetzes und anderer Gesetze vom 21.02.2017[132] § 14 Abs. 2 AÜG um eine ausdrückliche Regelung zur Berücksichtigung von Leiharbeitnehmern bei betriebsverfassungs- und mitbestimmungsrechtlich relevanten Schwellenwerten angereichert hat, ohne aber § 14 Abs. 3 AÜG anzupassen. Dies hätte aber nahegelegen, wenn und soweit eine umfängliche betriebsverfassungsrechtliche Integration des Leiharbeitnehmers in den Entleiherbetrieb gewollt gewesen wäre. Im Umkehrschluss kann daraus gerade abgeleitet werden, dass eine solche nicht gewollt gewesen ist.

89 § 14 Abs. 3 AÜG ist aber auch nicht als Zuweisung eines Einzelmitbestimmungsrechts (nämlich auf die in der Vorschrift ausdrücklich genannte Mitbestimmung des Betriebsrats im Entleiherbetrieb nach § 99 BetrVG) zu verstehen.[133] Dem Betriebsrat des entleihenden Betriebs sollen darüber hinaus solche Mitbestimmungsrechte in Bezug auf Leiharbeitnehmer erwachsen,

---

129 LAG Niedersachsen, 26.11.2007 – 6 TaBV 33/07, juris.
130 DKK/*Trümner* § 5 BetrVG Rn. 81 ff.
131 *Körner* NZA 2006, 573.
132 BGBl. I, 258.
133 Thüsing/*Thüsing* § 14 AÜG Rn. 99.

wenn es unter Berücksichtigung der **jeweiligen Arbeitgeberfunktion**, um deren Mitbestimmungspflichtigkeit es geht, geboten ist.[134]

Im Einzelnen ist die Zuordnung der Mitbestimmungsrechte indes ungeklärt. Aufgrund des Wortlautes, der auf alle »**im Betrieb tätigen Personen**« verweist, soll jedenfalls eine Zuständigkeit zur Gewährleistung des Schutzes vor Diskriminierung gem. **§ 75 BetrVG** Aufgabe des Betriebsrats auch in Bezug auf Leiharbeitnehmer sein. Danach haben Arbeitgeber und Betriebsrat über die Gleichbehandlung aller im Betrieb beschäftigten Personen zu wachen und deren Diskriminierung zu verhindern. Da § 75 BetrVG gerade nicht auf das Bestehen eines Arbeitsverhältnisses abstellt, sind auch Leiharbeitnehmer als im Betrieb beschäftigte Personen i.S.d. der Bestimmung anzusehen.[135] Stark vom Einzelfall abhängig ist, inwieweit der Entleiherbetriebsrat eine **Gleichbehandlung von Leiharbeitnehmer und Stammbelegschaft** gem. § 75 BetrVG anstreben muss, denn das Gleichbehandlungsgebot lässt Ungleichbehandlungen zu, soweit diese gerechtfertigt sind. Eine unterschiedliche Behandlung von Stammbelegschaft und Leiharbeitnehmer ist daher bei Vorliegen eines sachlichen Grundes möglich. Dieser wird nicht selten in der unterschiedlichen Ausgestaltung des Arbeitsverhältnisses bzw. der fehlenden Arbeitgeberstellung des Entleihers liegen.[136] 90

II. Allgemeine Aufgaben

Fast alle Tatbestände des **§ 80 BetrVG** beziehen Leiharbeitnehmer mit ein.[137] Die Informationsrechte des Betriebsrats aus § 80 Abs. 2 BetrVG erstrecken sich ausdrücklich »**auch auf die Beschäftigung von Personen, die nicht in einem Arbeitsverhältnis zum Arbeitgeber stehen**«. 91

Mit der Reform des BetrVG 2001 ist daher klargestellt worden, dass sich die Unterrichtungspflicht des Arbeitgebers ggü. dem Betriebsrat gem. **§ 80 Abs. 2 Satz 1 Halbs. 2 BetrVG** auch auf Personen bezieht, die im Betrieb tätig sind, ohne Arbeitnehmer des Arbeitgebers zu sein. Dem Betriebsrat steht somit auch ein **Informationsrecht** bezüglich der im Betrieb tätigen Leiharbeitnehmer zu, das durch die Anpassung des AÜG mit Wirkung zum 01.04.2017 – insoweit 92

---

134 BAG, 19.06.2001 – 1 ABR 43/00, EzA § 87 BetrVG 1972 Arbeitszeit Nr. 63.
135 *Boemke/Lembke* § 14 AÜG Rn. 84 m.w.N.
136 *Urban-Crell/Schulz* Rn. 1081.
137 *Körner* NZA 2006, 573.

nach der Gesetzesbegründung klarstellend[138] – insbesondere den zeitlichen Umfang des Einsatzes, den Einsatzort und die Arbeitsaufgaben erfasst. Das Unterrichtungsrecht besteht dagegen nicht bei (externen) Personen, die nur kurzfristig im Betrieb eingesetzt werden, wie z.B. bei Handwerkern, die eine Reparatur, z.B. einer defekten Stromleitung oder Sanitäranlage, durchführen.[139] Für die Praxis dürfte aufgrund dieser »offenen« Gesetzgebegründung klar sein, dass Streit entstehen wird, wann ein entsprechender Einsatz noch »kurzfristig« und demgemäß nicht beteiligungspflichtig ist. Dies zu klären, wird vom Gesetzgeber den Gerichten überantwortet.

▶ Hinweis:

Im Ergebnis dürfte die gesetzgeberische »Klarstellung« in § 80 Abs. 2 Satz 1 Halbs. 2 BetrVG für den Entleiher »verschmerzbar« sein. Die entsprechenden Informationen muss dieser dem Betriebsrat im Rahmen der Einstellung des Leiharbeitnehmers gem. § 99 Abs. 1 BetrVG[140] vor dessen Einsatz im Entleiherbetrieb zukommen lassen, so dass die Unterrichtung nach § 80 Abs. 2 Satz 1 Halbs. 2 BetrVG grds. keinen zeitlich-organisatorischen Mehraufwand erzeugen dürfte.

Um eine **Umgehung des AÜG** sowie zwingender Arbeitnehmerschutzvorschriften zu verhindern, konnte der Betriebsrat nach alter Rechtslage nach herrschender Meinung nach § 80 Abs. 2 Satz 2 BetrVG a.F. die Vorlage der Arbeitnehmerüberlassungs-[141] sowie der Werk- und Dienstverträge verlangen, soweit Fremdarbeitnehmer aufgrund solcher im Betrieb eingesetzt werden.[142] Zudem sollte sich der Betriebsrat nach teilweise vertretener Ansicht[143] darüber informieren können, ob durch den Verleiher der Grundsatz des »**Equal**

---

138 Vgl. BT-Drucks. 18/9232, 32.
139 BT-Drucks. 18/9232, 32.
140 Dazu: Rdn. 125 ff.
141 Vgl. BAG, 06.06.1978 – 1 ABR 66/75, DB 1978, 1841; LAG Niedersachsen, 09.08.2006 – 15 TaBV 53/05; ArbG Bocholt, 30.10.2015 – 2 BV 28/15; *Hamann* jurisPR-ArbR 14/2016 Anm. 2 m.w.N.; a.A. LAG Niedersachsen, 28.02.2006 – 13 TaBV 56/06, AE 2007, 171; *Plum* DB 2001, 2919; *Wensing/Freise* BB 2004, 2240.
142 BAG, 31.01.1989 – 1 ABR 72/87, AP BetrVG 1972 § 80 Nr. 33; BAG, 09.07.1991 – 1 ABR 45/90, AP BetrVG 1972 § 99 Nr. 94.
143 LAG Düsseldorf, 30.10.2008 – 15 TaBV 12/08, ArbuR 2009, 146; dagegen spricht BAG, 01.06.2011 – 7 ABR 117/09, NZA 2011, 1435; BAG, 27.10.2010 – 7 ABR 86/09, NZA 2011, 418.

Pay« eingehalten wird. Mit Wirkung zum 01.04.2017 ist das AÜG angepasst worden: in § 80 Abs. 2 Satz 3 AÜG findet sich nunmehr eine im Sinne der herrschenden Ansicht getroffene Klarstellung, dass zu den erforderlichen Unterlagen nach § 80 Abs. 2 Satz 2 Halbs. 1 die Verträge, die dem Einsatz der Fremdkräfte nach § 80 Abs. 2 Satz 1 Halbs. 2 BetrVG zugrunde liegen, gehören. Dazu zählt auch der mit dem Verleiher geschlossene Arbeitnehmerüberlassungsvertrag. Bereits nach alter Rechtslage war streitig, ob – wenn dieser dem Betriebsrat vorgelegt werden muss – der vereinbarte Überlassungspreis/ die vereinbarten Verrechnungsätze mitgeteilt werden müssen. Da insoweit keine schützenswerten Interessen des Betriebsrats des Entleihers betroffen waren, musste diese Frage verneint werden.[144] Dies dürfte auf Grundlage der neuen Rechtslage weiterhin gelten. Die Anpassung des BetrVG soll dem Betriebsrat eine Prüfung in eigener Verantwortung zu ermöglichen, ob und inwieweit sich Aufgaben im Sinne des BetrVG ergeben und der Betriebsrat zu deren Wahrnehmung tätig werden muss.[145] In diesem Zusammenhang kann es aber auf die vereinbarten Verrechnungspreise nicht ankommen; diese sind für die Identifizierung von betriebsverfassungsrechtlichen Aufgaben des Betriebsrats beim Entleiher unbeachtlich, so dass die entsprechenden Angaben bei der Vorlage des Arbeitnehmerüberlassungsvertrags geschwärzt werden können.

Die Überwachung der Einhaltung der **Arbeitnehmerschutzvorschriften** (§ 80 Abs. 1 Nr. 1 BetrVG) stellt insoweit den wohl wichtigsten Anwendungsfall des § 80 BetrVG dar. Der Betriebsrat des entleihenden Unternehmens hat danach auch hinsichtlich der dort beschäftigten Leiharbeitnehmer über die Einhaltung insb. des **Bundesurlaubsgesetzes**, des **Entgeltfortzahlungsgesetzes**, des **Arbeitszeitgesetzes** und des **Jugendarbeitsschutzgesetzes** zu wachen. Zudem sind die öffentlich-rechtlichen **Arbeitsschutzvorschriften** zur Arbeitssicherheit zu beachten.[146] 93

Dem Betriebsrat muss es zudem möglich sein zu prüfen, ob der Verleiher die **erforderliche Erlaubnis** besitzt. Auch insoweit besteht ein Informationsrecht aus § 80 BetrVG.[147] 94

---

144 *Hunold* NZA-RR 2008, 281.
145 Vgl. BT-Drucks. 18/9232, 32.
146 *Urban-Crell/Schulz* Rn. 1074 m.w.N.
147 BAG, 18.10.1988 – 1 ABR 33/87, AP BetrVG 1972 § 99 Nr. 57.

95 Schließlich bezieht die grundsätzliche Aufgabe des Betriebsrats, die Einhaltung abgeschlossener **Betriebsvereinbarungen** zu überprüfen (§ 80 Abs. 1 Nr. 1 BetrVG), auch Leiharbeitnehmer ein, soweit diese vom Anwendungsbereich der Betriebsvereinbarung erfasst sind. Es steht den Betriebspartnern grds. frei, ob sie Leiharbeitnehmer mit einschließen.[148] Selbstverständlich kann eine solche Betriebsvereinbarung jedoch nur zwischen den **Betriebspartnern** gelten, dem Verleiher also keine Pflichten auferlegen. Die betriebsverfassungsrechtliche Zuständigkeit kann außerhalb der Regelungen des § 3 BetrVG **nicht** durch Betriebsvereinbarung auf andere Betriebe (und Arbeitgeber) **erweitert** werden.[149]

III. Soziale Angelegenheiten

1. Allgemeines

96 Die Mitbestimmungstatbestände der **§§ 87 ff. BetrVG** sind in § 14 AÜG nicht ausdrücklich genannt. Dennoch ist der Betriebsrat des Entleiherbetriebs zur Wahrnehmung der Interessen der Leiharbeitnehmer auch in sozialen Angelegenheiten berechtigt.[150]

97 Die Aufzählung der individuellen betriebsverfassungsrechtlichen Rechte des Arbeitnehmers in § 14 Abs. 2 AÜG ist nach h.M. die sich maßgeblich auf die Gesetzesbegründung stützen kann, **nicht abschließend**.[151] Die das Leiharbeitsverhältnis kennzeichnende Aufspaltung der Arbeitgeberfunktion zwischen dem Verleiher als dem Vertragsarbeitgeber und dem Entleiher als demjenigen, der die wesentlichen Arbeitgeberbefugnisse in Bezug auf die Arbeitsleistung ausübt, dürfte nicht die **Schutzfunktion** der Betriebsverfassung außer Kraft setzen. Nach diesen Grundsätzen bestimmt sich die Zuständigkeit für die Wahrnehmung von Mitbestimmungsrechten in Bezug auf Leiharbeitnehmer nach dem **Gegenstand des Mitbestimmungsrechts** und der darauf bezogenen **Entscheidungsmacht** des jeweiligen Arbeitgebers.[152]

98 Ist das Verhalten von Leiharbeitnehmern im Einsatzbetrieb betroffen, folgt aus deren **faktischer Eingliederung** insoweit ein Mitbestimmungsrecht aus

---

148 ArbG Frankfurt, 10.12.1985 – 8 Ca 50/85, EzAÜG § 11 AÜG Inhalt Nr. 1; Thüsing/*Thüsing* § 14 AÜG Rn. 140 m.w.N.
149 *Hamann* jurisPR-ArbR 26/2008 Anm. 5.
150 BAG, 19.06.2001 – 1 ABR 43/00, NZA 2001, 1263 m.w.N.
151 BAG, 19.06.2001 – 1 ABR 43/00, NZA 2001, 1263; BT-Drucks. 9/847, 8.
152 BAG, 19.06.2001 – 1 ABR 43/00, NZA 2001, 1263.

§ 87 BetrVG.[153] Betriebsvereinbarungen über die **Ordnung des Betriebs** (§ 87 Abs. 1 Nr. 1 BetrVG), **über technische Einrichtungen** (§ 87 Abs. 1 Nr. 6 BetrVG) oder über den **Gesundheitsschutz** (§ 87 Abs. 1 Nr. 7 BetrVG) wirken daher auch für und gegen die im Betrieb beschäftigten Leiharbeitnehmer.[154]

2. Mitbestimmung in sozialen Angelegenheiten

a) Betriebliche Ordnung, § 87 Abs. 1 Nr. 1 BetrVG

Das Mitbestimmungsrecht des Betriebsrats bei Fragen der **Ordnung des Betriebs** und des **Verhaltens der Arbeitnehmer** erstreckt sich auf sämtliche im Betrieb tätigen Arbeitnehmer, somit auch auf **Leiharbeitnehmer**. Dies entspricht der allgemeinen Grundregel, nach der ein Beteiligungsrecht des Entleiherbetriebsrats dann besteht, wenn Anknüpfungspunkt des Mitbestimmungsrechts die **Eingliederung in die betriebliche Organisation** des Entleihers ist. Dies ist in den Fällen der betrieblichen Ordnung der Fall. 99

Entsprechend finden **Betriebsvereinbarungen** nach § 87 Abs. 1 Nr. 1 BetrVG einschließlich Ordnungen über **Betriebsbußen** für Leiharbeitnehmer grundsätzliche Anwendung, soweit sie nicht ausdrücklich vom Anwendungsbereich ausgenommen sind. Als Regelungsgegenstand kommen insb. Regelungen zur privaten Nutzung von E-Mail und Internet, Rauchverbote, Torkontrollen sowie Vereinbarungen zum Tragen von Arbeits- und Arbeitsschutzkleidung etc., in Betracht. 100

b) Arbeitszeit, § 87 Abs. 1 Nr. 2, 3 BetrVG

Die Aufspaltung von Arbeitgeberfunktionen und der damit korrespondierenden Zuständigkeiten der Betriebsräte zeigt sich deutlich im Bereich der Arbeitszeit. Soweit Arbeitnehmer im Entleiherbetrieb tätig sind, steht dem Entleiher das Weisungsrecht in Bezug auf die Leiharbeitnehmer insoweit zu, als er befugt ist, auch für diese Beginn und Ende der täglichen Arbeitszeit festzulegen. Daher ist das Mitbestimmungsrecht in Bezug auf die **Lage der Arbeitszeit** der Leiharbeitnehmer im Entleiherbetrieb gem. § 87 Abs. 1 Nr. 2 101

---

153 Ausführlich dazu: *Linsenmaier/Kiel* RdA 2014, 150 f.
154 *Körner* NZA 2006, 573.

BetrVG dem Betriebsrat des **Entleiherbetriebs** zugewiesen.[155] Diese Zuteilung ist insofern zwingend, als der Verleiherbetriebsrat im Entleiherbetrieb keine Kompetenzen hat.[156]

Der Entleiher kann sich ggü. dem Betriebsrat bei der Festlegung der Arbeitszeiten von Leiharbeitnehmern nicht auf eine Regelung im Arbeitnehmerüberlassungsvertrag berufen, durch die feste Angaben zu den regelmäßigen täglichen Arbeitszeiten vereinbart wurden. Dies wird als rechtsmissbräuchlich angesehen. Insb. werde dem Mitbestimmungsrecht des Betriebsrats nach § 87 Abs. 1 Nr. 2 BetrVG nicht dadurch Rechnung getragen, dass der Entleiher Leiharbeitnehmer i.R.d. mit dem Betriebsrat für die Stammbelegschaft vereinbarten Schichtpläne einsetzt. Die Mitbestimmungspflicht nach § 87 Abs. 1 Nr. 2 BetrVG beziehe sich nicht nur auf den einzelnen Dienstplan, sondern ebenfalls auf die Zuordnung der (Leih-)Arbeitnehmer zu den einzelnen Schichten der jeweiligen Schichtpläne. Dies soll auch bezüglich der im Entleiherbetrieb eingesetzten Leiharbeitnehmer gelten, da anderenfalls der Entleiher aufgrund seines Direktionsrechts die Lage der Arbeitszeit für die ihm überlassenen Arbeitnehmer allein nach seiner Interessenlage bestimmen könnte.[157]

▶ Hinweis:

Nach herrschender Auffassung[158] kann der Betriebsrat des Entleiherbetriebs die »Einstellung« eines Leiharbeitnehmers über dessen Zustimmungsverweigerung nach § 99 Abs. 2 BetrVG hinaus nicht wegen der Verletzung des Mitbestimmungsrechtes nach § 87 Abs. 2 Nr. 2 BetrVG verhindern; ein Unterlassungsanspruch steht dem Betriebsrat des Entleiherbetriebs bei der erstmaligen Zuordnung des Leiharbeitnehmers zu einem für diesen dann geltenden Arbeitszeitmodell im Rahmen der Einstellung nicht zu.[159]

Demgegenüber ist das Mitbestimmungsrecht aus **§ 87 Abs. 1 Nr. 3 BetrVG** dem **Betriebsrat des Verleihers zugewiesen**, wenn Leiharbeitnehmer in Betriebe überlassen werden sollen, deren **betriebsübliche** Arbeitszeit die

---

155 BAG, 15.12.1992 – 1 ABR 38/92, BAGE 72, 107 = AP AÜG § 14 Nr. 7; LAG Berlin-Brandenburg, 09.08.2012 – 5 TaBV 770/12, AuA 2013, 306.
156 BAG, 15.12.1992 – 1 ABR 38/92, BAGE 72, 107 = AP AÜG § 14 Nr. 7.
157 LAG Hessen, 01.09.2011 – 5 TaBV 44/11, AiB 2012, 540 = ArbR 2012, 297 m.w.N.
158 *Völksen* BB 2016, 313; *Bayreuther* NZA 2016, 921.
159 Vgl. *Völksen* BB 2016, 313.

vom Leiharbeitnehmer vertraglich geschuldete Arbeitszeit übersteigt.[160] Als betriebsübliche Arbeitszeit eines Leiharbeitnehmers gelten hierbei diejenigen Arbeitszeiten, die jeweils individualrechtlich vereinbart werden.[161]

▶ **Beispiel 1:**

Der Verleiher hat mit seinen Leiharbeitnehmern die Geltung einer 35-Stundenwoche vereinbart. Er überlässt die Leiharbeitnehmer an einen Entleiher, in dessen Betrieb eine 40-Stundenwoche gilt.

Damit ordnet der Verleiher als Arbeitgeber ggü. seinen Leiharbeitnehmern die Leistung von Mehrarbeit an. Dies führt zu einer vorübergehenden Erhöhung der betriebsüblichen Arbeitszeit des Verleiherbetriebs und damit zu einem Mitbestimmungsrecht des Verleiherbetriebsrats gem. § 87 Abs. 1 Nr. 3 BetrVG.

▶ **Beispiel 2:**

Der Verleiher hat mit seinen Leiharbeitnehmern die Geltung einer 40-Stundenwoche vereinbart. Er überlässt die Leiharbeitnehmer an einen Entleiher, in dessen Betrieb ebenfalls eine 40-Stundenwoche gilt. Der Entleiher ordnet nach Überlassung des Leiharbeitnehmers aufgrund später eintretender Umstände die Leistung von Mehrarbeit an.

Es besteht kein Mitbestimmungsrecht des Verleiherbetriebsrats, da in diesem Fall nicht die vertragliche Abrede zwischen Verleiher und Entleiher für die Arbeitszeiterhöhung maßgeblich ist. Anzunehmen ist indes ein Mitbestimmungsrecht des Entleiherbetriebsrats, da auch die Anordnung von Überstunden ggü. Leiharbeitnehmern zu einer vorübergehenden Erhöhung der betriebsüblichen Arbeitszeit führt.[162]

c) Auszahlung des Arbeitsentgelts, § 87 Abs. 1 Nr. 4 BetrVG

Da der Entleiher dem Leiharbeitnehmer keine Vergütung schuldet, betrifft die Auszahlung des Arbeitsentgelts allein das Verhältnis zwischen Verleiher

---

160 BAG, 19.06.2001 – 1 ABR 43/00, NZA 2001, 1263.
161 BAG, 19.06.2001 – 1 ABR 43/00, NZA 2001, 1263; BAG, 23.07.1996 – 1 ABR 13/96, EzA § 87 BetrVG 1972 BetrVG Arbeitszeit Nr. 56 = AP BetrVG 1972 § 87 Arbeitszeit Nr. 68.
162 BAG, 19.06.2001 – 1 ABR 43/00, NZA 2001, 1263.

und Leiharbeitnehmer. Dieses liegt außerhalb des Zuständigkeitsbereichs des Entleiherbetriebsrats, so dass ein Mitbestimmungsrecht ausscheidet.

d) Urlaub, § 87 Abs. 1 Nr. 5 BetrVG

103 **Grds.** scheidet auch ein Mitbestimmungsrecht des Entleiherbetriebsrats hinsichtlich der Urlaubsgewährung aus, da allein der **Verleiher** zur Gewährung von Urlaub berechtigt ist.

104 Ein Mitbestimmungsrecht kann jedoch entstehen, soweit aufgrund der **Regelungen des Überlassungsvertrags** der Entleiher ggü. dem Leiharbeitnehmer befugt ist, den Urlaub festzulegen.[163] Zudem ist der Entleiherbetriebsrat gem. § 80 BetrVG dann zuständig, wenn es i.R.d. Tätigkeit von Leiharbeitnehmern im Entleiherbetrieb zu einer **Verletzung der Vorschriften des Bundesurlaubsgesetzes** kommt.

e) Technische Einrichtungen zur Überwachung, § 87 Abs. 1 Nr. 6 BetrVG

105 Beim Einsatz technischer **Überwachungseinrichtungen** sind in den Betrieb des Entleihers eingegliederte Leiharbeitnehmer regelmäßig in gleicher Weise betroffen wie Arbeitnehmer der Stammbelegschaft. Aus diesem Grund besteht ein Mitbestimmungsrecht des Betriebsrats des Entleiherbetriebs gem. § 87 Abs. 1 Nr. 6 BetrVG. Faktisch gilt dies insb. für eine im Betrieb eingesetzte Videoüberwachung, Zeiterfassungssysteme sowie Kontrolleinrichtungen im Bereich der IT.[164]

f) Gesundheitsschutz, § 87 Abs. 1 Nr. 7 BetrVG

106 Das Mitbestimmungsrecht des Betriebsrats bezieht sich auf alle Regelungen über die **Verhütung von Arbeitsunfällen** und **Berufskrankheiten** sowie über den **Gesundheitsschutz** i.R.d. gesetzlichen Bestimmungen oder der Unfallverhütungsvorschriften. Ziel ist es, Gefahren für die Gesundheit der im Betrieb tätigen Mitarbeiter zu minimieren. Dies betrifft Arbeitnehmer der Stammbelegschaft und Leiharbeitnehmer gleichermaßen. Der Entleiherbetriebsrat kann daher verlangen, dass Leiharbeitnehmer in Kollektivregelungen über die Sicherheit am Arbeitsplatz sowie den Gesundheitsschutz einbezogen werden.[165]

---

163 *Boemke/Lembke* § 14 AÜG Rn. 122.
164 *Schüren/Hamann/Hamann* § 14 AÜG Rn. 272 m.w.N.
165 LAG Hamburg, 09.04.2014 – 5 TaBV 15/13; *Urban-Crell/Schulz* Rn. 1125 m.w.N.

In diesem Sinne hat das BAG[166] unter Bezugnahme auf § 11 Abs. 6 Satz. 1 AÜG entschieden, dass der Betriebsrat des Verleihers kein Mitbestimmungsrecht nach § 87 Abs. 1 Nr. 7 BetrVG für sich in Anspruch nehmen kann, wenn es um die im Entleiherbetrieb zu tragenden Schutzkleidung geht. Mangels eigener Entscheidungsbefugnisse hat der Verleiher keine Möglichkeit, in den Betrieb des Entleihers einzugreifen.[167] Eine abweichende Bewertung könne – so das BAG[168] – aber geboten sein, wenn sich der Verleiher nicht zur bloßen Überlassung von Arbeitnehmern, sondern zur Bereitstellung der persönlichen Schutzausrüstung vertraglich gegenüber dem Entleiher verpflichtet habe.

g) Sozialeinrichtungen, § 87 Abs. 1 Nr. 8 und 9 BetrVG

Streitig ist, ob und inwieweit eine Einbeziehung von Leiharbeitnehmern in die Ausgestaltung und Verwaltung von Sozialeinrichtungen gem. § 87 Abs. 1 Nr. 8 BetrVG erfolgt.[169] Der Arbeitgeber ist grds. frei, ob und für wen er Sozialeinrichtungen, wie Werkskantinen, Betriebskindergärten etc., einrichtet, solange er den berechtigten Personenkreis anhand allgemeiner und nicht gleichheitswidriger oder benachteiligender Merkmale festlegt. Bei der Aufstellung der Kriterien sind hierbei die Diskriminierungsverbote des AGG sowie § 75 BetrVG zu beachten. Uneinheitlich wird hierbei die Frage beantwortet, ob in diesem Sinne der **Bestand eines Arbeitsverhältnisses** mit dem Betriebsinhaber einen **sachlichen Differenzierungsgrund** darstellt. Dasselbe Problem stellt sich in Bezug auf die Anwendung des Gleichbehandlungsgebots des § 8 AÜG.[170]

Seit dem Inkrafttreten des neuen § 13b AÜG am 01.12.2011 ist klargestellt, dass Leiharbeitnehmer einen eigenen, einklagbaren **Anspruch gegen den Entleiher auf Zugang zu den Gemeinschaftseinrichtungen und -diensten des Entleihers** haben.[171] Eine Definition dessen, was unter die Begriffe »Gemeinschaftseinrichtungen« und »Gemeinschaftsdienste« fallen soll, fehlt. Nach Sinn und Zweck der Regelung sind die Begriffe eher weit auszulegen. Sie finden ihre Grenze dort, wo eine Differenzierung zwischen Leiharbeitnehmern und Stammbelegschaft sachlich geboten ist, z.B. bei der betrieblichen Altersversorgung).[172]

---

166 BAG, 07.06.2016 – 1 ABR 25/14, juris.
167 *Weller* BB 2016, 2756.
168 Vgl. BAG, 07.06.2016 – 1 ABR 25/14, juris.
169 *Körner* NZA 2006, 573.
170 Vgl. hierzu § 3 Rdn. 75 ff.
171 Vgl. dazu: LAG Hessen, 09.09.2016 – 10 Sa 474/16, juris.
172 Dazu: LAG Hessen, 09.09.2016 – 10 Sa 474/16, juris.

h) Mitbestimmung bei Arbeitsentgelt, § 87 Abs. 1 Nr. 10 und 11 BetrVG

108 Das Mitbestimmungsrecht zu Fragen der **betrieblichen Lohngestaltung**, insb. die Aufstellung von Entlohnungsgrundsätzen sowie -methoden und Festsetzung der Akkord- und Prämiensätze und vergleichbarer leistungsbezogener Entgelte betrifft die Festlegung abstrakt-genereller Grundsätze zur Lohnfindung und bezweckt die Herstellung von Angemessenheit und Durchsichtigkeit des **innerbetrieblichen Lohngefüges**.[173] Da Leiharbeitnehmer grds. kein Entgelt vom Entleiher erhalten, kommt ein Mitbestimmungsrecht des dort gewählten Betriebsrats nach § 87 Abs. 1 Nr. 10, 11 BetrVG nicht in Betracht.[174]

i) Betriebliches Vorschlagswesen, § 87 Abs. 1 Nr. 12 BetrVG

109 Korrespondierend zur Zuordnung des § 11 Abs. 7 AÜG, nach dem der **Entleiher** für Erfindungen und technische Verbesserungsvorschläge von Leiharbeitnehmern **als Arbeitgeber** gilt, beziehen auch zwischen dem Entleiher und dem dortigen Betriebsrat getroffene Vereinbarungen zum betrieblichen Vorschlagswesen Leiharbeitnehmer mit ein.

j) Gruppenarbeit, § 87 Abs. 1 Nr. 13 BetrVG

110 Das Mitbestimmungsrecht gem. § 87 Abs. 1 Nr. 13 BetrVG erfasst grds. auch Leiharbeitnehmer, soweit sich der Entleiher entschließt, diese in **Gruppenarbeit** einzusetzen. Soweit es sicherstellen soll, dass insb. leistungsschwächere Arbeitnehmer durch die Durchführung von Gruppenarbeit nicht ausgegrenzt werden, handelt es sich um eine betriebsbezogene Frage, die Leiharbeitnehmer ebenfalls unmittelbar betrifft.[175] Die mit Gruppenarbeit regelmäßig verbundene **Einführung ergebnisorientierter Entlohnungssysteme**, die nach § 87 Abs. 1 Nr. 13 BetrVG ebenfalls der Mitbestimmung des Entleiherbetriebsrats unterliegen, kann sich i.d.R. allerdings ausschließlich auf die

---

173 BAG, 31.01.1984 – 1 ABR 46/81, AP BetrVG 1972 § 87 Tarifvorrang Nr. 3.
174 Ausführlich Thüsing/*Thüsing* § 14 AÜG Rn. 135 ff.; vgl. LAG Hamm, 09.07.2015 – 2 Ta 673/14, ArbRB 2015, 296: ablehnend zur Frage der Zuständigkeit der Arbeitsgerichte für einen vom Leiharbeitnehmer gegenüber dem Entleiher geltend gemachten Anspruch auf Zahlung einer Prämie; dazu auch: *Bissels* jurisPR-ArbR 36/2015 Anm. 3.
175 Thüsing/*Thüsing* § 14 AÜG Rn. 139 unter Verweis auf BT-Drucks. 14/5741, 47 f.

Stammbelegschaft beziehen, da der Entleiher nicht Schuldner des Entgelts der Leiharbeitnehmer ist.

3. Freiwillige Betriebsvereinbarung über soziale Angelegenheiten, § 88 BetrVG

Ob Leiharbeitnehmer in den Anwendungsbereich freiwilliger Betriebsvereinbarungen mit einbezogen sind, ergibt sich aus deren konkretem Regelungsbereich. Knüpft diese an das Vertragsverhältnis zwischen Arbeitnehmer und Arbeitgeber an, fehlt es an den tatsächlichen Voraussetzungen für eine Anwendbarkeit.[176] Da die Aufzählung in § 88 BetrVG jedoch nur beispielhaft erfolgt, steht es den Betriebspartnern frei, auch Regelungsgegenstände zu wählen, die Leiharbeitnehmer und Stammbelegschaft in gleicher Weise erfassen.[177] 111

IV. Personelle Angelegenheiten

1. Allgemeine personelle Angelegenheiten, §§ 92 ff. BetrVG

Die Vorschriften der §§ 92 bis 95 BetrVG tragen dem Interesse einer Transparenz und zielgerichteten Durchführung sowohl von Personalplanung als auch personeller Einzelentscheidung Rechnung. 112

a) Personalplanung, § 92 BetrVG

Planungen, die den Einsatz von Leiharbeitnehmern betreffen, unterfallen § 92 BetrVG, da sie Auswirkungen auf den **gegenwärtigen und künftigen Personalbedarf** sowie auf die sich hieraus ergebenden personellen Einzelmaßnahmen und Maßnahmen der Berufsbildung haben können.[178] Dies hat der Gesetzgeber durch die Anpassung des Wortlautes von § 92 Abs. 2 Satz 1 BetrVG mit Wirkung zum 01.04.2017 ausdrücklich klargestellt.[179] Praktisch gilt dies insb. für Planungen des Arbeitgebers, die notwendige Abdeckung des 113

---

176 *Boemke/Lembke* § 14 AÜG Rn. 123; Schüren/Hamann/*Hamann* § 14 AÜG Rn. 282.
177 *Linsenmaier/Kiel* RdA 2014, 151; zum nicht abschließenden Charakter des § 88 BetrVG vgl. BAG, 07.11.1989 – GS 3/85, AP BetrVG 1972 § 77 Nr. 46.
178 *Boemke/Lembke* § 14 AÜG Rn. 133 m.w.N.
179 Ergänzung von § 92 Abs. 1 Satz 1 BetrVG um den Halbsatz »einschließlich der geplanten Beschäftigung von Personen, die nicht in einem Arbeitsverhältnis zum Arbeitgeber stehen«.

Beschäftigungsbedarfs im Fall von Auftragsspitzen sowie Mutterschutz- oder Urlaubszeiten durch **Rahmenverträge** zum Einsatz von Leiharbeitnehmern sicher zu stellen.

b) Beschäftigungssicherung, § 92a BetrVG

114 Gem. § **92a BetrVG** kann der Betriebsrat dem Arbeitnehmer **Vorschläge** zur Sicherung und Förderung der Beschäftigung im Betrieb machen. Diese können insb., aber nicht nur eine **flexible Gestaltung in der Arbeitszeit**, neue Formen der Arbeitsorganisation, Änderungen der Arbeitsverfahren und Arbeitsabläufe, die Qualifizierung von Arbeitnehmern, Alternativen zur Ausgliederung von Arbeit oder ihrer Vergabe an andere Unternehmen sowie zum Produktions- und Investitionsprogramm zum Gegenstand haben. Der Arbeitgeber muss die Vorschläge mit dem Betriebsrat beraten und ggf. schriftlich ablehnen. Damit ist der Betriebsrat des Entleiherbetriebs aus § 92a BetrVG auch berechtigt, den **Abbau von Leiharbeitsplätzen** oder die **Übernahme von Leiharbeitnehmern** durch den Entleiher anzuregen.[180]

115 Die Vorschlags- und Beratungsrechte des Betriebsrats des Entleihers zur Sicherung und Förderung der Beschäftigung im Betrieb sollen gem. § 92a BetrVG i.V.m. § 80 Abs. 1 Nr. 8 BetrVG auch **Eingliederungsvorschläge** für Leiharbeitnehmer einbeziehen. Fraglich ist, ob i.R.d. § 92a Abs. 2 Satz 1 Halbs. 2 BetrVG der **Schwellenwert** unter Ausklammerung der Leiharbeitnehmer zu ermitteln ist.[181] Die neue Tendenz der Rechtsprechung des BAG spricht gegen eine solche Ausklammerung.[182] Dass Leiharbeitnehmer bei diesem Schwellenwert zu berücksichtigen sind, wird ab dem 01.04.2017 durch § 14 Abs. 2 Satz 4 AÜG ausdrücklich klargestellt.

c) Ausschreibungspflicht, § 93 BetrVG

116 Nach neuer Rechtsprechung des BAG[183] kann der Betriebsrat die Ausschreibung von Arbeitsplätzen verlangen, die vom Arbeitgeber dauerhaft für die Besetzung mit Leiharbeitnehmern vorgesehen sind.[184] Dies folge aus Wort-

---

180 *Urban-Crell/Schulz* Rn. 1088 m.w.N.
181 *Körner* NZA 2006, 573.
182 S.o. Rdn. 69 ff.
183 BAG, 01.02.2011 – 1 ABR 79/09, NJW 2011, 1757.
184 Auch unter Beachtung der gesetzlichen **Höchstüberlassungsdauer** von 18 Monaten (§ 1 Abs. 1 Satz 4, Abs. 1b AÜG) ist die dauerhafte Besetzung von

laut, Gesetzessystematik und Normzweck. Das Gesetz stelle auf den Arbeitsplatz ab, auf dem ein Arbeitnehmer tätig werden solle. Hierfür komme es auf Art und Inhalt des Rechtsverhältnisses, das dieser Beschäftigung zugrunde liege, nicht an.

Streitig ist, ob eine Ausschreibungspflicht auch im Fall einer nur kurzzeitigen Stellenbesetzung mit Leiharbeitnehmern besteht.[185] Das BAG[186] hat eine solche zumindest bejaht, wenn die Stelle für eine Einsatzzeit von zumindest vier Wochen mit einem Leiharbeitnehmer besetzt werden soll.[187]

I.Ü. sieht in § 13a Satz 1 AÜG seit dem 01.12.2011 vor, dass den Entleiher 117 ggü. den bei ihm eingesetzten Leiharbeitnehmern eine Pflicht zur Information über bei ihm zu besetzende Arbeitsplätze trifft. Der Leiharbeitnehmer soll hieraus einen einklagbaren Anspruch ggü. dem Entleiher ableiten können.[188] Im Ergebnis läuft diese Verpflichtung de facto auf eine allgemeine Pflicht zur Stellenausschreibung hinaus,[189] zumindest wenn und soweit der Entleiher auf Leiharbeitnehmer zurückgreift.

d) Personalfragebogen und Beurteilungsgrundsätze, § 94 BetrVG

Gem. § 94 BetrVG bedürfen Personalfragebögen der Zustimmung des 118 Betriebsrats. Gleiches gilt für persönliche Angaben in schriftlichen Arbeitsverträgen sowie die Aufstellung allgemeiner Beurteilungsgrundsätze. Da **Vertragsarbeitgeber** des Leiharbeitnehmers der **Verleiher** ist, ist allein der bei diesem gebildete Betriebsrat für die von § 94 BetrVG betroffenen Auswahl- und Beurteilungsentscheidungen zuständig. Ein **Mitbestimmungsrecht** des Entleiherbetriebsrats kann sich **lediglich dann** ergeben, soweit (auch) der Entleiher beim Einsatz von Leiharbeitnehmern Fragebögen

---

Arbeitsplätzen des Entleihers mit Leiharbeitnehmern weiterhin möglich; diese ist arbeitnehmerbezogen zu verstehen, so dass »Rotationen« von verschiedenen Leiharbeitnehmern – jeweils unter Ausschöpfung der **Höchstüberlassungsdauer** – denkbar sind, vgl. dazu: § 1 Rdn. 211 ff.
185 So LAG Schleswig-Holstein, 29.02.2012 – 6 TaBV 42/11, ArbR 2012, 203.
186 BAG, 15.10.2013 – 1 ABR 25/12, NZA 2014, 214. Ob dies auch für Einsätze von Leiharbeitnehmern von unter vier Wochen gilt, ist nach wie vor höchstrichterlich ungeklärt.
187 Vgl. auch: BAG, 07.06.2016 – 1 ABR 33/14, juris.
188 *Hamann* RdA 2011, 321 m.w.N., s.a. § 13a AÜG.
189 *Böhm* RdA 2013, 207.

einführen möchte. Dies soll insb. dann gelten, wenn der **Arbeitnehmerüberlassungsvertrag** eine Regelung vorsieht, nach der der Entleiher dem Verleiher Tatsachen über Leistung und Führung der Leiharbeitnehmer zu übermitteln hat und dies im Betrieb nach allgemeinen Beurteilungsgrundsätzen erfolgen soll.[190]

e) Auswahlrichtlinien, § 95 BetrVG

119 Spiegelbildlich zum Mitbestimmungsrecht nach § 94 BetrVG kommt eine Anwendbarkeit des **§ 95 BetrVG** (Auswahlrichtlinien) auf Leiharbeitnehmer grds. ebenfalls nicht in Betracht, da die **Auswahlentscheidung** hinsichtlich der im Entleiherbetrieb eingesetzten Leiharbeitnehmer dem **Verleiher** obliegt. Auch soweit im Rahmen einer längeren Arbeitnehmerüberlassung Leiharbeitnehmer auf unterschiedlichen Arbeitsplätzen tätig werden, steht einer Anwendbarkeit regelmäßig die Regelung des **§ 95 Abs. 3 Satz 2 AÜG** entgegen, nach dem die Bestimmung eines neuen Arbeitsplatzes nicht als Versetzung gilt, wenn (Leih-)Arbeitnehmer nach der Eigenart ihres Arbeitsverhältnisses **üblicherweise nicht ständig** an einem bestimmten Arbeitsplatz beschäftigt werden.[191] Bei der Bestimmung des Schwellenwertes nach § 95 Abs. 2 BetrVG sind Leiharbeitnehmer nach der ab dem 01.04.2017 geltenden Rechtslage ausdrücklich mitzuzählen (vgl. § 14 Abs. 2 Satz 4 AÜG).

f) Berufsbildung, §§ 96 bis 98 BetrVG

120 Aufgrund fehlender Arbeitgeberstellung des Entleihers kommen Mitbestimmungsrechte des dort gebildeten Betriebsrats gem. **§§ 96 bis 98 BetrVG**[192] nicht in Betracht.

2. Personelle Einzelmaßnahmen – Abs. 3

121 Das aus § 14 Abs. 3 AÜG folgende Beteiligungsrecht des Entleiherbetriebsrats beschränkt sich auf die »Übernahme« eines Leiharbeitnehmers i.S.d.

---

190 *Erdlenbruch* S. 171 f.; *Hamann* WiVerw. 2001, 215.
191 Schüren/Hamann/*Hamann* § 14 AÜG Rn. 301.
192 Dazu, aber im Ergebnis offenlassend: LAG Saarland, 26.03.2014 – 1 TaBV 9/12, ArbR 2014, 341.

»Einstellung« gem. § 99 Abs. 1 BetrVG. Andere Mitbestimmungsrechte lassen sich über den Verweis auf § 99 BetrVG nicht ableiten.[193]

Danach ist der Betriebsrat **jedes Mal** zu beteiligen, wenn die Beschäftigung eines Leiharbeitnehmers im Betrieb geplant ist. Umstritten ist, ob ein Mitbestimmungsrecht allein im Fall der **erstmaligen Beschäftigung** des Leiharbeitnehmers besteht oder erneut dann, wenn die **Überlassungsdauer verlängert** oder ein Leiharbeitnehmer gegen einen anderen ausgetauscht wird.[194]

122

In der Praxis wirft die Regelung des § 14 Abs. 3 AÜG insoweit Probleme auf, als es gerade im Bereich der Arbeitnehmerüberlassung darum geht, sehr **kurzfristig** auf (Fremd-)Personal zurückgreifen zu können.[195] Nach der Rechtsprechung des BAG soll es das Bestehen des Mitbestimmungsrechts jedoch nicht berühren, wenn der Entleiher aufgrund besonderer **Dringlichkeit** einen Leiharbeitnehmer kurzfristig anfordert. Das BAG verweist insoweit auf seine st. Rspr., nach der ein Mitbestimmungsrecht **nicht deswegen entfällt**, weil die vom Arbeitgeber beabsichtigte Maßnahme eilbedürftig ist und eine rechtzeitige Zustimmung des Betriebsrats möglicherweise nicht oder nur mit erheblichen Schwierigkeiten zu erreichen ist.[196]

123

a) Anwendbarkeit auf Unternehmen mit weniger als 20 Arbeitnehmern

Streitig war, ob die Vorschrift des § 14 Abs. 3 AÜG eine Rechtsfolgen- oder Rechtsgrundverweisung darstellt.[197] Dies ist insoweit von **praktischer** Bedeutung, als das Mitbestimmungsrecht des § 14 Abs. 3 Satz 1 AÜG i.V.m. § 99 BetrVG allein dann, wenn eine Rechtsfolgenverweisung anzunehmen ist, **unabhängig** von der in § 99 BetrVG vorgegebenen **Unternehmensgröße von 20 Arbeitnehmern** Anwendung findet. Klärende Rechtsprechung zu dieser

124

---

193 BAG, 17.06.2008 – 1 ABR 39/07, AP BetrVG 1972 § 99 Eingruppierung Nr. 34.
194 Vgl. zum Streitstand *Hunold* NZA-RR 2008, 281; *Körner* NZA 2006, 573, jeweils m.w.N.; nach LAG Nürnberg, 21.12.2011 – 4 TaBV 19/11, LAGE § 99 BetrVG 2001 Nr. 12a, soll auch im Bereich der Arbeitnehmerüberlassung noch nicht die erstmalige Eingliederung des Neueingestellten in eine bestehende kollektivrechtliche Arbeitszeitregelung ein zusätzliches Mitbestimmungsrecht auslösen, wohl aber der folgende Arbeitseinsatz im Rahmen bestehender Dienst-/Schichtpläne.
195 S. Darstellung bei *Böhm* DB 2008, 2026.
196 BAG, 19.06.2001 – 1 ABR 43/00, NZA 2001, 1263.
197 Vgl. *Körner* NZA 2006, 573; Schüren/Hamann/*Hamann* § 14 AÜG Rn. 144 m.w.N.

Frage fehlte bisher. Diesen Streit hat der Gesetzgeber mit Wirkung des zum 01.04.2017 in Kraft getretenen § 14 Abs. 2 Satz 4 AÜG entschieden. In diesem ist angeordnet, dass Leiharbeitnehmer bei den Schwellenwerten der Betriebsverfassung im Entleiherbetrieb grds. zu berücksichtigen sind.[198] Dies gilt auch für § 99 Abs. 1 Satz 1 BetrVG, wenn und soweit die Leiharbeitnehmer in dem Entleiherbetrieb wahrberechtigt sind (§ 7 Satz 2 AÜG: Einsatz von mehr als drei Monaten).

b) Begriff der »Übernahme« eines Leiharbeitnehmers

125 Der Gesetzeswortlaut des § 14 Abs. 3 Satz 1 AÜG verwendet den etwas missverständlichen Begriff der »**Übernahme eines Leiharbeitnehmers**«. Mit dieser Formulierung ist nicht etwa die Einstellung des Leiharbeitnehmers unter Begründung eines Arbeitsverhältnisses mit dem Entleiher gemeint. Übernahme bedeutet vielmehr die **tatsächliche Eingliederung** des Leiharbeitnehmers in den Entleiherbetrieb durch Zuweisung eines Arbeitsbereichs.[199]

126 Die Frage, ob auch die echte Übernahme eines Leiharbeitnehmers, also der Abschluss eines Arbeitsvertrags mit einem bisher lediglich aufgrund des Überlassungsvertrags beim Entleiher tätigen Leiharbeitnehmers, eine (erneute) Einstellung i.S.d. § 99 BetrVG darstellt, ist höchstinstanzlich noch nicht geklärt. Überwiegend wird das Vorliegen einer erneuten Einstellung zumindest für den Fall bejaht, dass der Leiharbeitnehmer nicht zur dauerhaften, sondern zur vorübergehenden Überlassung vorgesehen war.[200]

127 Der bloße **Abschluss des Überlassungsvertrags** stellt dagegen nach zutreffender höchstrichterlicher Rechtsprechung **noch keine solche Eingliederung** und damit keine Beteiligungsrechte auslösende Übernahme dar.[201] Gleiches gilt für eine Vereinbarung darüber, welche Arbeitnehmer der Verleiher in den Betrieb des Entleihers entsenden darf (»**Arbeitnehmerpool**«). Damit hat das

---

198 Dazu ausführlich: Rdn. 69 ff.
199 *Hamann* Anm. zu BAG, 12.11.2002 – 1 ABR 1/02, EzA § 99 BetrVG 2001 Nr. 1 m.w.N.; *Wensing/Freise* BB 2004, 2238.
200 LAG Niedersachsen, 23.04.2012 – 10 TaBV 34/11, LAGE § 99 BetrVG 2001 Nr. 14; *Boemke* juris PR-ArbR 40/2012 Anm. 2 m.w.N.
201 BAG, 23.01.2008 – 1 ABR 74/06, EzA § 99 BetrVG 2001 Einstellung Nr. 8 = AP AÜG § 14 Nr. 14.

BAG seine ältere Rechtsprechung[202] aufgegeben. Danach sollte bereits der Abschluss eines Rahmenvertrags zwischen Verleiher und Entleiher, selbst bei noch offenem Überlassungszeitraum, der Mitbestimmung unterliegen.

aa) Keine Flexibilisierung durch »Arbeitnehmerpool«

Bei Aufnahme in einen sog. Arbeitnehmer-, Personal- oder Aushilfenpool haben die Arbeitnehmer regelmäßig das Recht, dem Arbeitgeber ihre Arbeitskraft für bestimmte Arbeitstage anzubieten, ohne dass insoweit ein Beschäftigungsanspruch entsteht. Der Arbeitgeber verpflichtet sich, sich darum zu bemühen, die Arbeitnehmer proportional zum Umfang ihrer Arbeitsangebote einzusetzen. Im Arbeitnehmerüberlassungsvertrag stellt der Verleiher dem Entleiher regelmäßig eine **bestimmte Mannstundenzahl** aus diesem Pool auf Abruf zur Verfügung. Der Entleiher teilt dem Verleiher dann **jeweils kurzfristig seinen Bedarf** mit. 128

Diese Vertragsgestaltung führt jedoch auf **betriebsverfassungsrechtlicher** Ebene zu **keiner Flexibilisierung.**[203] Zwar ist die Aufnahme eines Arbeitnehmers in einen Pool keine Übernahme i.S.d. § 14 Abs. 3 AÜG, wohl aber dessen tatsächlicher Einsatz. Die jeweilige Arbeitsaufnahme der einzelnen Arbeitnehmer im Entleiherbetrieb bleibt – unabhängig von einer Zugehörigkeit zu einem Pool – mitbestimmungspflichtig, wobei hinsichtlich der Dauer keine Einschränkung zu machen sein soll.[204] 129

Eine Besonderheit gilt im Bereich des öffentlichen Dienstes. Dort ist nach gefestigter Rechtsprechung des BVerwG im Personalvertretungsrecht nur dann von einer mitbestimmungspflichtigen Einstellung auszugehen, wenn diese länger als zwei Monate dauern soll. Die Beteiligungspflichtigkeit der Übernahme eines Leiharbeitnehmers solle daher für Personalvertretungen im öffentlichen Dienst nur gelten, wenn das Landesrecht dies bestimme. Bei der Prüfung, ob eine Einstellung einen mehr als zwei Monate dauernden Zeitraum umfasst, sollen die Einsatzzeiten verschiedener – für einen einheitlichen 130

---

202 BAG, 28.04.1992 – 1 ABR 73/91, BAGE 70, 147 = AP BetrVG 1972 § 99 Nr. 98.
203 Zu Möglichkeiten und Grenzen der Flexibilisierung durch »Leiharbeiterpools« *Hamann* NZA 2008, 1042.
204 LAG Hessen, 27.05.2008 – 4 TaBV 25/08, juris unter Verweis auf BAG, 23.01.2008 – 1 ABR 74/06, AP AÜG § 14 Nr. 14 =.

Vertretungsfall eingesetzter – Leiharbeitnehmer nicht zusammengezählt werden.[205]

▶ Praxistipp:

Nach der Rechtsprechung des BAG ist eine pauschale Anhörung des Betriebsrats zum Einsatz von Leiharbeitnehmern – auch bei Bezugnahme auf einen Arbeitnehmerpool – nicht ausreichend. Dem Arbeitgeber bleibt daher nur die Wahl,
– den Betriebsrat bei jedem Einzelfall (erstmalige Übernahme, Ersetzung, Verlängerung) in vollem Umfang zu beteiligen oder
– eine Betriebsvereinbarung über das Verfahren beim Einsatz von Leiharbeitnehmern zu schließen und die Anforderungen der Beteiligung bei Einzeleinsätzen, bspw. auf die Mitteilung von geplanten Änderungen des Umfangs eines Einsatzes von Leiharbeitnehmern, zu beschränken.

bb) Austausch eines Leiharbeitnehmers

131 Umstritten ist, ob eine mitbestimmungspflichtige Übernahme i.S.d. § 14 Abs. 3 AÜG vorliegt, wenn im Rahmen eines Überlassungsvertrags der überlassene Arbeitnehmer lediglich **ausgetauscht** wird.

132 Dabei wird das erneute Entstehen eines Mitbestimmungstatbestandes in der Literatur vielfach verneint, da der Arbeitnehmerüberlassungsvertrag den Verleiher i.d.R. lediglich zu einer nach Qualifikation und Anzahl bestimmten Überlassung verpflichtet und der Austausch lediglich die Personalien des Leiharbeitnehmers ändere, die dem Betriebsrat des Entleiherbetriebs nicht bekannt gegeben werden müssen. Eine **erneute Übernahme** i.S.d. § 14 Abs. 3 AÜG sei lediglich anzunehmen, wenn der auszutauschende Leiharbeitnehmer nach dem Überlassungsvertrag **persönlich bestimmt** ist.[206] Nach der Rechtsprechung des **BAG** soll dagegen jede noch so kurze tatsächliche Beschäftigung von Leiharbeitnehmern mitbestimmungspflichtig sein. Selbst wenn der Entleiher und der Verleiher die Entscheidung über die **konkrete Auswahl** der auf Anforderung des Entleihers zum Einsatz kommenden Leiharbeitnehmer dem Verleiher überließen, stelle **jeder Einsatz und jeder Austausch** eine erneute Übernahme im Sinne von **§ 14 Abs. 3 AÜG** dar und löse das

---

205 BVerwG, 25.04.2012 – 6 PB 24/11, NZA-RR 2012, 500.
206 *Hunold* NZA-RR 2008, 281 m.w.N.

Mitbestimmungsrecht des Betriebsrats nach § 99 Abs. 1 BetrVG aus.[207] Zur Begründung führt das BAG an, die im Interesse der Belegschaft bestehenden Mitbestimmungsrechte des Betriebsrats bei der Einstellung von Arbeitnehmern würden weitgehend **entwertet** und wären nicht sinnvoll wahrzunehmen, wenn sie sich auf den **erstmaligen Einsatz** eines Arbeitnehmers beschränkten und völlig offen wäre, wie oft, wie lange und in welchem zeitlichen Umfang er künftig eingesetzt werde.[208]

cc) Wechsel des Verleihers

Wird ein Leiharbeitnehmer fortgesetzt im Entleiherbetrieb auf seinem **bisherigen Arbeitsplatz** tätig, stellt ein Wechsel des Arbeitgebers (Verleihers) **keine erneute Eingliederung** oder mitbestimmungspflichtige Einstellung i.S.d. § 99 BetrVG dar.[209] Ändert sich lediglich das der Überlassung zugrunde liegende **Rechtsverhältnis** derart, dass der Leiharbeitnehmer aufgrund eines anderen Überlassungsvertrags weiter eingesetzt wird, bedeutet dies keine Änderung der Umstände der Beschäftigung als solcher. Ebenso wenig soll die Aufnahme einer **Befristung** der Überlassungsdauer keinen Tatbestand darstellen, aus dem ein Zustimmungsverweigerungsgrund des Entleiherbetriebsrats erwachsen könne.[210] 133

c) Umfang der Unterrichtungspflicht des Arbeitgebers

Aus der Besonderheit des Dreiecksverhältnisses, das i.R.d. Arbeitnehmerüberlassung entsteht, ergeben sich **Schwierigkeiten** hinsichtlich der **Unterrichtungspflicht** des Entleihers nach § 99 Abs. 1 BetrVG, da – vorbehaltlich abweichender Vereinbarungen im Arbeitnehmerüberlassungsvertrag – die Auswahl der zu überlassenden Leiharbeitnehmer ebenso wie ein ggf. erfolgender Austausch grds. im Ermessen des Verleihers liegt. Der Umfang der 134

---

207 BAG, 09.03.2011 – 7 ABR 137/09, BAGE 137, 194 = EzA § 99 BetrVG 2001 Einstellung Nr. 17; BAG, 23.01.2008 – 1 ABR 74/06, EzA § 99 BetrVG 2001 Einstellung Nr. 8 = AP AÜG § 14 Nr. 14; LAG Hessen, 16.01.2007 – 4 TaBV 203/06, EzAÜG § 14; AÜG Betriebsverfassung Nr. 66.
208 BAG, 23.01.2008 – 1 ABR 74/06, EzA § 99 BetrVG 2001 Einstellung Nr. 8 = AP AÜG § 14 Nr. 14.
209 LAG Düsseldorf, 30.10.2008 – 15 TaBV 12/08, EzAÜG BetrVG Nr. 110; *Hamann* jurisPR-ArbR 18/2009 Anm. 6.
210 LAG Düsseldorf, 30.10.2008 – 15 TaBV 12/08, EzAÜG BetrVG Nr. 110; *Hamann* jurisPR-ArbR 18/2009 Anm. 6.

Unterrichtungspflicht wird daher sowohl in der Rechtsprechung als auch der Literatur **nicht einheitlich** beurteilt.

135 Der Entleiher muss dem Betriebsrat i.R.d. Unterrichtung nach § 99 Abs. 1 BetrVG **jedenfalls** die **Anzahl der Leiharbeitnehmer** und die **Einsatzdauer** mitteilen.[211] Das ArbG Offenbach[212] geht davon aus, dass der Entleiher dem bei diesem gewählten Betriebsrat die erforderlichen Angaben darüber zu machen hat, die es diesem ermöglichen zu überprüfen, ob der geplante Einsatz gegen das Gebot der vorübergehenden Überlassung nach § 1 Abs. 1 Satz 2 AÜG a.F. verstößt. Die bloße Angabe, dass die beabsichtigten Einstellungen zeitlich befristet seien, soll dabei nicht ausreichend sein.[213]

Der Entleiher kann seinen Betriebsrat allerdings nur über die Aspekte unterrichten, die ihm selbst bekannt sind.[214] Insoweit ist auch die (ältere) Rechtsprechung des BAG zu beachten, nach der sich Beschränkungen des Umfangs der Unterrichtungspflicht aus den Besonderheiten der Arbeitnehmerüberlassung ergeben können.[215]

136 Die in der Literatur bisher h.M. nimmt eine Unterrichtungspflicht hinsichtlich der **Personaldaten** des Leiharbeitnehmers lediglich für diejenigen Fälle an, in denen dessen Personalien dem Entleiher bekannt sind. Im Übrigen soll es genügen, wenn der Arbeitgeber die Namen der Leiharbeitnehmer, soweit er diese kennt – regelmäßig erst nach Beginn des Einsatzes – dem Betriebsrat **nachträglich** mitteilt.[216] Eine grundsätzliche Pflicht, eigene **Ermittlungen** anzustellen, sollte für den Entleiher nicht bestehen.[217] Nach neuer Rechtsprechung des BAG ist der Arbeitgeber hingegen »**ohne Einschränkungen und in allen**

---

211 LAG Niedersachsen, 09.08.2006 – 15 TaBV 53/05, EzAÜG BetrVG Nr. 94; LAG Niedersachsen, 13.10.1999 – 13 TaBV 106/98, juris.
212 ArbG Offenbach, 28.06.2016 – 3 BV 12/16, juris.
213 Vgl. ArbG Offenbach, 28.06.2016 – 3 BV 12/16, juris.
214 BAG, 14.05.1974 – 1 ABR 40/73, AP BetrVG 1972 § 99 Nr. 2.
215 LAG Hessen, 16.01.2007 – 4 TaBV 203/06, EzAÜG § 14 AÜG Betriebsverfassung Nr. 66 unter Hinweis auf BAG vom 14.05.1974 – 1 ABR 40/73, AP BetrVG 1972 § 99 Nr. 2; BAG, 06.06.1978 – 1 ABR 66/75, AP BetrVG 1972 § 99 Nr. 6.
216 *Fitting* § 99 Rn. 178 m.w.N.; a.A. *Boemke/Lembke* § 14 AÜG Rn. 102; *Ulber* § 14 AÜG Rn. 152; DKK/*Kittner/Bachner* § 99 BetrVG Rn. 133, 147.
217 LAG Köln, 12.06.1987 – 4 TaBV 10/87, EzAÜG § 14 AÜG Betriebsverfassung Nr. 12, DB 1987, 2106; LAG Hessen, 16.01.2007 – 4 TaBV 203/06, EzAÜG § 14 AÜG Betriebsverfassung Nr. 66.

Fallgestaltungen« verpflichtet, dem Betriebsrat bei seiner Unterrichtung vor der Einstellung eines Leiharbeitnehmers dessen **Namen mitzuteilen**.[218]

Da für den Betriebsrat des Entleiherbetriebs die Kenntnis der Einstellungsbedingungen der Leiharbeitnehmer nicht erforderlich ist, braucht der Entleiher seinem Betriebsrat nach einer älteren Entscheidung des BAG keine Auskunft über **ihm unbekannte Arbeitsverträge** der Leiharbeitnehmer mit dem Verleiher zu geben.[219] Eine abweichende Beurteilung könnte sich aus der Geltung des **Equal-Pay-Grundsatzes** ergeben. Nach einer Entscheidung des LAG Düsseldorf muss der Betriebsrat – allerdings allein zur Überwachung der Gleichbehandlung gem. § 80 BetrVG, nicht i.R.d. Feststellung eines Zustimmungsverweigerungsrechts gem. § 99 BetrVG[220] – Gelegenheit haben, sich darüber zu informieren, ob dieser Grundsatz durch den Verleiher eingehalten wird.[221] Zwar müssen **Lohnhöhe und Eingruppierung** der jeweiligen Leiharbeitnehmer dem Betriebsrat nicht mitgeteilt werden; eine unterlassene Unterrichtung über die Höhe des Arbeitsentgelts und die vorgesehene Eingruppierung mache die Information des Betriebsrats über die geplante Einstellung grds. nicht unvollständig. Vor diesem Hintergrund ist es ausreichend, wenn der Entleiher seinem Betriebsrat mitteilt, dass ein **Tarifvertrag** auf die Arbeitsverhältnisse der Leiharbeitnehmer **Anwendung** findet. Nach neuer Rechtsprechung des BAG besteht keine Verpflichtung des Entleihers, die Höhe des Entgelts der bei ihm als Stamm- und als Leiharbeitnehmer beschäftigten vergleichbaren Arbeitnehmern mitzuteilen, damit der Betriebsrat die Beachtung des Lohngleichheitsprinzips des AÜG beurteilen kann. Das BAG führt ausdrücklich aus, dass der Betriebsrat diese Informationen nicht benötige, um sein Recht zur Stellungnahme nach § 99 Abs. 2 BetrVG sachgerecht ausüben zu können. Der Betriebsrat könne die Zustimmung zur Übernahme eines Leiharbeitnehmers nämlich gerade nicht mit der Begründung verweigern, die Arbeitsbedingungen des Leiharbeitnehmers verstießen gegen das Gleichstellungsgebot nach § 8 Abs. 1, 4 AÜG. Wörtlich verweist das BAG darauf, dass das Mitbestimmungsrecht des Betriebsrats

137

---

218 BAG, 09.03.2011 – 7 ABR 137/09, BAGE 137, 194 = EzA § 99 BetrVG 2001 Einstellung Nr. 17.
219 BAG, 06.06.1978 – 1 ABR 66/75, AP BetrVG 1972 § 99 Nr. 6 = DB 1978, 1841.
220 LAG Düsseldorf, 30.10.2008 – 15 TaBV 114/08, EzA-SD 2009 Nr. 5, 14 unter Hinweis auf BAG, 20.12.1988 – 1 ABR 68/87, AP BetrVG 1972 § 99 Nr. 62; BAG, 03.10.1989 – 1 ABR 73/88, AP BetrVG 1972 § 99 Nr. 74; s. Rdn. 142.
221 LAG Düsseldorf, 30.10.2008 – 15 TaBV 12/08, ArbuR 2009, 146.

bei Einstellungen – auch von Leiharbeitnehmern – kein Instrument zur umfassenden Vertragsinhaltskontrolle ist.[222]

138 **Streitig** war, ob eine Verpflichtung des Arbeitgebers besteht, dem Betriebsrat im Rahmen von dessen Beteiligung nach § 99 BetrVG den **Arbeitnehmerüberlassungsvertrag** vorzulegen.[223] Dagegen wurde – zu Recht – eingewendet, § 14 Abs. 3 AÜG erweitere die Unterrichtungsverpflichtung nur insoweit, als eine bloße schriftliche Erklärung des Verleihers nach § 12 Abs. 1 Satz 2 AÜG zu übermitteln sei.[224] Im Ergebnis dürfte sich dieser Streit durch die Änderung von § 80 Abs. 2 Satz 3 AÜG mit Wirkung zum 01.04.2017 de facto erledigt haben: danach sind dem Betriebsrat auf dessen Verlangen auch die Verträge zur Verfügung zu stellen, die dem Einsatz von Fremdkräften zugrunde liegen. Dies betrifft auch den Arbeitnehmerüberlassungsvertrag. Vor diesem Hintergrund weist *Hamann* zurecht darauf hin, dass man dasjenige, was dem Betriebsrat im Rahmen seiner allgemeinen Überwachungsaufgabe vorzulegen sei, ihm im Zusammenhang mit § 99 BetrVG nicht vorenthalten können dürfe.[225]

▶ Praxistipp:

Beim beabsichtigten Einsatz von Leiharbeitnehmern ist der Betriebsrat des Entleihers zu informieren über
– geplanten Beginn und geplantes Ende des Einsatzes,
– Anzahl und Qualifikation der einzusetzenden Leiharbeitnehmer,
– die durch Leiharbeitnehmer zu besetzenden Arbeitsplätze (hinsichtlich Arbeitsplatz/Arbeitsort und Funktion des Leiharbeitnehmers),
– eventuelle Auswirkungen des Leiharbeitnehmereinsatzes auf die Belegschaft,
– Mitteilung des Bestehens einer Erlaubnis des Verleihers zur Arbeitnehmerüberlassung,
– Personalien des jeweiligen Leiharbeitnehmers,
– Anwendbarkeit von Zeitarbeitstarifverträgen, Vorlage einer Verleiherlaubnis und (Rahmen-)Überlassungsvertrag.

---

222 BAG, 01.06.2011 – 7 ABR 117/09, NZA 2011, 1435 m.w.N.; BAG, 27.10.2010 – 7 ABR 86/09, NZA 2011, 418.
223 Bejahend: ArbG Bocholt, 30.10.2015 – 2 BV 28/15; vgl. zum Meinungsstand auch Nachweise bei *Hamann* NZA 2008, 1042.
224 LAG Niedersachsen, 26.11.2007 – 6 TaBV 34/07, LAGE § 99 BetrVG 2001 Nr. 5.
225 Vgl. *Hamann* jurisPR-ArbR 14/2016 Anm. 2.

d) Zustimmungsverweigerungsgründe des § 99 Abs. 2 BetrVG

Der Betriebsrat ist nicht berechtigt, dem Einsatz von Leiharbeitnehmern 139 seine Zustimmung mit **pauschalen Befürchtungen**, wie dem Entstehen einer »zweiten Belegschaft« oder einer Untergrabung des im Betrieb bestehenden Lohnniveaus, zu verweigern. Ein Recht zur Zustimmungsverweigerung setzt vielmehr einen **konkreten**, rechtlich beachtlichen Grund voraus.

aa) Zustimmungsverweigerungsgrund des § 99 Abs. 2 Nr. 1 BetrVG

Der Zustimmungsverweigerungsgrund des § 99 Abs. 2 Nr. 1 BetrVG erfor- 140 dert, dass die **Maßnahme selbst** gegen ein **Gesetz verstößt**. Geht es um den Einsatz eines Leiharbeitnehmers und damit i.S.d. § 99 Abs. 2 Nr. 1 BetrVG um eine **Einstellung**, muss diese **als solche untersagt** sein. Demgegenüber genügt es nicht, wenn einzelne Bedingungen des mit dem Leiharbeitnehmer geschlossenen Arbeitsvertrags nicht gesetzeskonform sind. Das Mitbestimmungsrecht des Entleiherbetriebsrats bei Einstellungen ist kein Instrument einer umfassenden Vertragsinhaltskontrolle.[226]

aaa) Fehlende Verleiherlaubnis

In der Instanzrechtsprechung wird unterschiedlich beurteilt, ob ein Zustim- 141 mungsverweigerungsrecht nach § 99 Abs. 2 Nr. 1 BetrVG bei unerlaubter Arbeitnehmerüberlassung wegen eines Verstoßes gegen § 1 Abs. 1 Satz 1 AÜG, also bei Fehlen der erforderlichen Überlassungserlaubnis, anzunehmen ist.[227] Die h.M. geht in diesem Zusammenhang von einem solchen aus.[228]

bbb) Verstoß gegen den »Equal-Pay-Grundsatz«/Tarifregelungen/ Vorschriften des AÜG

Ein Verstoß gegen den Equal-Pay-Grundsatz bedingt **keine Unzulässigkeit** 142 **der Übernahme** von Leiharbeitnehmer. Deren Einsatz unter Verletzung des

---

226 BAG, 12.11.2002 – 1 ABR 1/02, BAGE 103, 304 = AP BetrVG 1972 § 99 Einstellung Nr. 41 m.w.N.
227 Ablehnend LAG Düsseldorf, 30.10.2008 – 15 TaBV 114/08, EzA-SD 2009, Nr. 5, 14; befürwortend LAG Schleswig-Holstein, 18.06.2008 – 3 TaBV 8/08, EzA-SD 2008, Nr. 22, 15.
228 Vgl. *Schüren/Hamann* § 14 AÜG Rn. 185 m.w.N.

Equal-Pay-Grundsatzes wird zwar sanktioniert, ist jedoch **nicht untersagt**.[229] Soweit auch insoweit eine Unterrichtungspflicht aus § 14 Abs. 3 AÜG angenommen wird, soll diese unter dem Aspekt der allgemeinen Aufgabe einer Gewährleistung der Gleichbehandlung erfolgen und **kein Zustimmungsverweigerungsrecht** begründen können.[230] Jeglichem berechtigtem Informationsbedürfnis des Betriebsrats darüber, ob die Grundsätze des »Equal Pay« eingehalten werden, ist nicht durch Eröffnung eines an sich nicht gegebenen Mitbestimmungsrechts nach § 99 BetrVG, sondern nach § 80 BetrVG zu genügen.[231]

Teilweise wird erwogen, einen Verstoß gegen tarifliche Bestimmungen, die **Mindestentgeltregelungen für Leiharbeitnehmer** enthalten, als Grund für eine Zustimmungsverweigerung nach § 99 Abs. 2 Nr. 1 BetrVG zu interpretieren.[232]

Nicht zur Verweigerung der Zustimmung nach § 99 Abs. 2 Nr. 1 BetrVG zu der geplanten Einstellung berechtigen Verstöße des Entleihers gegen § 13a AÜG (Informationspflicht gegenüber den Leiharbeitnehmern über freie Arbeitsplätze im Entleiherbetrieb)[233] oder § 13b AÜG[234] (Zugang des Leiharbeitnehmers zu Gemeinschaftseinrichtungen oder -diensten im Entleiherbetrieb).[235] Dies gilt auch für die Unterrichtungspflicht nach § 11 Abs. 2 Satz 4 AÜG sowie für den Verstoß gegen § 1 Abs. 1 Satz 3 AÜG.[236]

---

229 *Linsenmaier/Kiel* RdA 2014, 153; *Hamann* Anm. zu BAG v. 12.11.2002 – 1 ABR 1/02, EzA § 99 BetrVG 2001 Nr. 1.
230 BAG, 01.06.2011 – 7 ABR 117/09, EzA § 99 BetrVG 2001 Einstellung Nr. 18 m.w.N.; BAG, 25.01.2005 – 1 ABR 61/03, NZA 2005, 1199 (zur nichtgewerbsmäßigen Arbeitnehmerüberlassung); LAG Düsseldorf, 30.10.2008 – 15 TaBV 114/08, EzA-SD 2009 Nr. 5, 14 unter Hinweis auf BAG, 20.12.1988 – 1 ABR 68/87, AP BetrVG 1972 § 99 Nr. 62; BAG, 03.10.1989 – 1 ABR 73/88, AP BetrVG 1972 § 99 Nr. 74, a.A. wohl Thüsing/*Thüsing* § 14 AÜG Rn. 167.
231 LAG Düsseldorf, 30.10.2008 – 15 TaBV 12/08, ArbuR 2009, 146.
232 *Krause* NZA 2012, 830 ff.
233 Umstritten: dafür *Vogt* Arbeitsrecht im Konzern, § 6 Rn. 51; dagegen: *Kock* BB 2012. 324; *Boemke/Lembke* § 14 AÜG Rn. 114; *Hamann* RdA 2011, 335 f.; offen: *Zimmermann* ArbR 2015, 265.
234 Vgl. LAG Hessen, 09.09.2016 – 10 Sa 474/16 juris, nach dessen Ansicht § 13b AÜG zwar ein Schutzgesetz nach § 823 Abs. 2 BGB darstellt, bei dessen Verletzung dem Leiharbeitnehmer gegen den Entleiher ein Schadensersatzanspruch zustehen kann.
235 *Vogt* Arbeitsrecht im Konzern, § 6 Rn. 51. Ggf. kommt aber eine Zustimmungsverweigerung nach § 99 Abs. 2 Nr. 5 BetrVG in Betracht, dazu Rdn. 152.
236 A.A. *Lembke* NZA 2017, 3.

Ob der Betriebsrat aufgrund eines Verstoßes gegen die Pflichten nach § 1 Abs. 1 Satz 5, 6 AÜG[237] berechtigt ist, dem Einsatz von Fremdpersonal zu widersprechen, wenn – statt eines »echten« Werk-/Dienstvertrags – eine verdeckte Arbeitnehmerüberlassung durchgeführt wird, ist bislang von der Rechtsprechung nicht geklärt. Dies dürfte nicht der Fall sein, da § 1 Abs. 1 Satz 5, 6 AÜG keine Verbotsnormen im Sinne von § 99 Abs. 2 Nr. 1 BetrVG darstellen[238] durch die betreffenden Normen soll im Sinne einer »Absperrtechnik« nicht verhindert werden, dass bestimmte Arbeitnehmer überhaupt in den Betrieb aufgenommen werden. Vor dem Hintergrund, dass das BAG[239] ein Zustimmungsverweigerungsrecht des im Einsatzbetrieb bestehenden Betriebsrats bei einem Verstoß gegen den nicht mehr nur vorübergehenden Einsatz (§ 1 Abs. 1 Satz 2 AÜG a.F.) anerkannt hat, da das AÜG als gewerbliches Erlaubnisrecht eine rechtswidrige Beschäftigung von Leiharbeitnehmern untersage, ist allerdings nicht auszuschließen, dass die Rechtsprechung auch einen Verstoß gegen § 1 Abs. 1 Satz 5, 6 AÜG als hinreichend ansieht, um eine Zustimmungsverweigerung des Entleiherbetriebsrats bzw. ein Verfahren nach § 101 BetrVG zu rechtfertigen.[240]

ccc) **Verstoß gegen Beschäftigungsverbote**

Nach den allgemeinen Grundsätzen besteht auch i.R.d. geplanten Übernahme eines Leiharbeitnehmers ein Zustimmungsverweigerungsrecht des Entleiherbetriebsrats bei Verstößen gegen **Beschäftigungsverbote** des **JArbSchG** oder des **MuSchG** oder bei **fehlender Arbeitserlaubnis**.[241]

▶ Beispiele:

Der Einsatz einer schwangeren Leiharbeitnehmerin trotz bestehendem Beschäftigungsverbot nach dem MuSchG verstößt gegen ein gesetzliches Verbot. Der Entleiherbetriebsrat kann seine Zustimmung zur Übernahme verweigern.

---

237 Dazu: § 1 Rdn. 279 ff.
238 *Bissels* DB 2017, 249, 251; Henssler/Grau/*Bissels* § 5 Rn. 208, a.A. *Lembke* NZA 2017, 9; *Ulrici* § 14 AÜG Rn. 51.
239 Vgl. BAG, 10.07.2013 – 7 ABR 91/11, NZA 2013, 1296; BAG, 30.09.2014 – 1 ABR 79/12, NZA 2015, 240; siehe dazu auch: Rdn. 273 ff.
240 In diesem Sinne wohl: *Besgen* B+P 2016, 380.
241 BAG, 22.01.1991 – 1 ABR 18/90, EzA § 99 BetrVG 1972 Nr. 98 = AP BetrVG 1972 § 99 Nr. 86.

Die Behauptung eines Verstoßes gegen den Grundsatz Equal Pay und Equal Treatment genügt hingegen nicht. Der Betriebsrat beruft sich insoweit auf ein ihm nicht zustehendes Recht zur Vertragsinhaltskontrolle. Die Rechte des Leiharbeitnehmers werden hinreichend durch § 8 Abs. 1, 4 AÜG gewahrt.[242]

ddd) Verstoß durch Dauerverleih

144 Nach Auffassung einiger Instanzgerichte soll nach der Neufassung des § 1 AÜG mit Wirkung zum 01.12.2011 der Betriebsrat seine Zustimmung gem. § 99 Abs. 2 Nr. 1 BetrVG im Fall eines geplanten »Dauerverleihs« wegen eines Verstoßes gegen das Erfordernis einer nur vorübergehenden Überlassung verweigern dürfen. Der Dauerverleih von Arbeitnehmern im Rahmen einer wirtschaftlichen Tätigkeit sei nach der Anpassung des § 1 Abs. 1 Satz 2 AÜG a.F. (Stand: 01.12.2011) unzulässig. Beabsichtige der Arbeitgeber die unbefristete Einstellung eines Leiharbeitnehmers auf einem sog. Dauerarbeitsplatz, könne der Betriebsrat seine Zustimmung zur Einstellung daher gem. § 14 Abs. 3 Satz 1 AÜG, § 99 Abs. 2 Nr. 1 BetrVG wegen eines Gesetzesverstoßes verweigern.[243] Nach Auffassung des LAG Berlin-Brandenburg soll ein solcher sogar dann vorliegen, wenn der Arbeitgeber beabsichtigt, auf Dauer eingerichtete Arbeitsplätze mit jeweils nur befristet eingesetzten Leiharbeitnehmern zu besetzen.[244] Das BAG[245] hat inzwischen bestätigt, dass

---

242 Vgl. BAG, 01.06.2011 – 7 ABR 117/09, NZA 2011, 1435 m.w.N.; LAG Niedersachsen, 20.02.2007 – 9 TaBV 107/05, EzAÜG § 1 AÜG Konzerninterne Arbeitnehmerüberlassung Nr. 18; LAG Düsseldorf, 30.10.2008 – 15 TaBV 114/08, ArbuR 2009, 146; a.A. wohl Thüsing/*Thüsing* § 14 AÜG Rn. 167.

243 LAG Niedersachsen vom 19.09.2011 – 17 TaBV 124/11; LAG Berlin-Brandenburg, 20.12.2012 – 4 TaBV 1167/12, juris; LAG Schleswig-Holstein, 08.01.2014 – 3 TaBV 43/13, DB 2014, 489; LAG Hamburg, 04.09.2013 – 5 TaBV 6/13; a.A. LAG Nürnberg, 09.05.2014 – 3 TaBV 29/13; LAG München, 27.03.2013 – 8 TaBV 110/12; LAG Niedersachsen, 14.11.2012 – 12 TaBV 62/12, AE 2013, 63; ArbG Leipzig, 15.02.2012 – 11 BV 79/11, ArbRB 2012, 114; ArbG Mönchengladbach, 29.03.2012 – 1 BV 14/12; ArbG Braunschweig, 06.06.2011 – 7 BV 3/11, AE 2012, 109.

244 LAG Berlin-Brandenburg, 20.12.2012 – 4 TaBV 1163/12; ähnlich *Hamann* NZA 2011, 70; a.A. LAG Düsseldorf, 02.10.2012 – 17 TaBV 48/12, NZA 2012, 1378; *Boemke* jurisPR-ArbR 6/201 Anm. 1 m.w.N.

245 BAG, 10.07.2013 – 7 ABR 91/11, NZA 2013, 1296; BAG, 30.09.2014 – 1 ABR 79/12, NZA 2015, 240.

ein Zustimmungsverweigerungsrecht des Entleiherbetriebsrats nach § 99 Abs. 2 Nr. 1 BetrVG besteht, wenn der Einsatz des Leiharbeitnehmers nicht mehr vorübergehend erfolgt. Dabei soll es – so das BAG[246] – nicht darauf ankommen, ob und ggf. welche Rechtsfolgen sich aus einem Verstoß gegen § 1 Abs. 1 Satz 2 AÜG a.F. für das Rechtsverhältnis des einzelnen Leiharbeitnehmers zum Entleiher ergeben. Die Bestimmung enthalte nicht nur einen unverbindlichen Programmsatz, sondern verbiete die nicht nur vorübergehende Überlassung von Leiharbeitnehmern. Sie diene zum einen dem Schutz der Leiharbeitnehmer. Zum andern solle sie die dauerhafte Aufspaltung der Belegschaft des Entleiherbetriebs in eine Stammbelegschaft und eine entliehene Belegschaft verhindern. § 1 Abs. 1 Satz 2 AÜG a.F. stelle ein Gesetz i.S.v. § 99 Abs. 2 Nr. 1 BetrVG dar, dessen Zweck nur erreicht werden könne, wenn die Einstellung unterbleibe.

Nicht abschließend ist bislang allerdings geklärt, wann die Überlassung eines Leiharbeitnehmers tatsächlich nicht mehr nur vorübergehend, sondern schon dauerhaft erfolgt. Das BAG hat in Form einer Negativabgrenzung lediglich festgestellt, dass kein vorübergehender Einsatz mehr vorliege, wenn der Arbeitgeber beabsichtige, einen Leiharbeitnehmer ohne jegliche zeitliche Begrenzung statt einer Stammkraft einzusetzen.[247]

Der Gesetzgeber hat diesen in der Praxis häufig als »Missstand« empfundenen Zustand mit Wirkung zum 01.04.2017[248] behoben, indem dieser eine gesetzliche, arbeitnehmerbezogen zu bestimmende *Höchstüberlassungsdauer* von grds. 18 Monaten (§ 1 Abs. 1 Satz 4, 1b AÜG) eingeführt und damit den Begriff »vorübergehend« konkretisiert hat. Dabei ist davon auszugehen, dass das BAG an der noch zu § 1 Abs. 1 Satz 2 AÜG a.F. entwickelten Rechtsprechung festhalten wird und dem Betriebsrat des Entleihers in Fortschreibung seiner Judikatur auch nach der neuen Gesetzeslage das Recht gewährt, einer gegen § 1 Abs. 1 Satz 4, Abs. 1b AÜG verstoßenden Überlassung zu widersprechen[249] Dies ist unter Berücksichtigung der ab dem 01.04.2017 geltenden (gesetzlichen) Rechtsfolgen bei einem Verstoß gegen

---

246 BAG, 10.07.2013 – 7 ABR 91/11, NZA 2013, 1296; BAG, 30.09.2014 – 1 ABR 79/12, NZA 2015, 240.
247 BAG, 10.07.2013 – 7 ABR 91/11, NZA 2013, 1296.
248 Gesetz zur Änderung des Arbeitnehmerüberlassungsgesetzes und anderer Gesetze vom 21.02.2017, BGBl. I, 258.
249 So auch: *Lembke* NZA 2017, 6; *Ulrici* § 14 AÜG Rn. 518; Henssler/Grau/Mehrens § 5 Rn. 134.

die **Höchstüberlassungsdauer**, nämlich Unwirksamkeit des Arbeitsvertrags zwischen Verleiher und Leiharbeitnehmer mit einem Widerspruchsrecht des Leiharbeitnehmers sowie Fiktion eines Arbeitsverhältnisses zwischen Entleiher und Leiharbeitnehmer (§§ 9 Abs. 1 Nr 1b, 10 Abs. 1 AÜG), nicht überzeugend. *Seel*[250] führt dazu überzeugend aus, dass der Schutzzweck von § 1 Abs. 1 Satz 4 AÜG – unter Berücksichtigung des neu in das AÜG aufgenommenen Widerspruchsrechtes des Leiharbeitnehmers – erkennbar nicht darin liege, dessen Eingliederung in den Betrieb des Entleihers als solche zu verhindern. Unabhängig davon müsse der Leiharbeitnehmer auch in Entleiherbetrieben, bei denen ein Betriebsrat besteht, in den Genuss des Wahlrechts bei Überschreitung der **Höchstüberlassungsdauer** von 18 Monaten kommen können. Gerade diese Möglichkeit wäre dem Leiharbeitnehmer aber per se verschlossen, wenn bereits eine auf Überschreitung der **Höchstüberlassungsdauer** angelegte Einstellung als solche durch den Entleiherbetriebsrat unter Verweis ein Verstoß gegen ein Verbotsgesetz unterbunden werden könnte. Bei dieser Lesart kämen allein Leiharbeitnehmer in betriebsratslosen Betrieben in den Genuss des gesetzlich verankerten Wahlrechts. Eine derartige Ungleichbehandlung könne aber kaum gewollt sein. Dieser Umstand belege, dass die Einordnung von § 1 Abs. 1 Satz 4 AÜG als Verbotsgesetz zu Friktionen führt, dogmatisch nicht haltbar und daher letztlich abzulehnen ist.[251] Ob die Rechtsprechung dieser Argumentation folgen wird, ist allerdings zweifelhaft, da das BAG in der Vergangenheit ein Zustimmungsverweigerungsrecht des Betriebsrats im Entleiherbetrieb anerkannt hat, wenn der Leiharbeitnehmer dort von vornherein unter Verstoß gegen eine im AÜG bis zu den sog. »Hartz-Reform« vorgesehene, allerdings nur für die Versagung der Arbeitnehmerüberlassungserlaubnis relevante Höchstüberlassungsdauer beschäftigt werden sollte.[252]

▶ Hinweis:

Nach h.M. kann der beim Entleiher bestehende Betriebsrat von dem Arbeitgeber nicht verlangen, dass ein dort nicht mehr nur vorübergehend

---

250 So *Seel* öAT 2016, 26 f.
251 *Seel* öAT 2016, 26 f.
252 Bejahend zu § 3 Abs. 1 Nr. 6 AÜG in der Fassung vom 14.06.1985 mit einer Überlassungshöchstdauer von sechs Monaten: BAG, 28.09.1988 – 1 ABR 85/87, NZA 1989, 358; vgl. zu § 3 Abs. 1 Nr. 6 AÜG in der Fassung vom 10.12.2001, in dem eine Überlassungshöchstdauer von 24 Monaten vorgesehen war: LAG Hessen, 19.08.2003 – 4 TaBV 147/02, juris; offengelassen: BAG, 25.01.2005 – 1 ABR 61/03, NZA 2005, 1199.

nach § 1 Abs. 1 Satz 2 AÜG a.F. eingesetzter Leiharbeitnehmer nach § 99 BetrVG in die bei dem Einsatzunternehmen anwendbare (tarifliche) Entgeltordnung eingruppiert wird.[253]

eee) **Verstoß gegen Vorschriften des Schwerbehindertenrechts**

Die Verletzung der **Prüf- und Konsultationspflichten** nach § 81 Abs. 1 Satz 1 und 2 SGB IX i.R.d. Übernahme eines Leiharbeitnehmers soll den Betriebsrat des Entleihers nach der Rechtsprechung des BAG berechtigen, seine Zustimmung nach § 99 Abs. 1 Nr. 1 BetrVG zu verweigern.[254] 145

Gegen ein solches Zustimmungsverweigerungsrecht war eingewandt worden, beim geplanten Einsatz eines Leiharbeitnehmers handele es sich **nicht** um die Vergabe eines »**freien Arbeitsplatzes**« i.S.d. § 81 SGB IX. Der Entleiher habe gerade keinen eigenen Arbeitnehmer einstellen, sondern auf den Mitarbeiterstamm eines Verleiher zurückgreifen wollen. Aus § 81 SGB IX erwachse daher keine Pflicht, von der Unternehmerentscheidung zur Besetzung von Arbeitsplätzen durch Fremdpersonal zugunsten einer Festanstellung externer schwerbehinderter Bewerber abzurücken.[255] Das BAG hat ein Zustimmungsverweigerungsrecht des Entleiherbetriebsrats dagegen mit dem Hinweis bejaht, § 99 Abs. 1 Nr. 1 BetrVG erfordere kein Verbotsgesetz im technischen Sinne, das unmittelbar die Unwirksamkeit der Maßnahme herbeiführe. Es müsse lediglich hinreichend deutlich zum Ausdruck kommen, dass der Zweck der betreffenden Norm darin bestehe, die personelle Maßnahme selbst zu verhindern. Im Fall einer Verletzung des § 81 Abs. 1 Satz 1 SGB IX verletze die Einstellung des nicht schwerbehinderten Menschen ein Gesetz i.S.d. § 99 Abs. 2 Nr. 1 BetrVG. Ein Grund zur Differenzierung danach, ob ein Arbeitsplatz mit eigenen Mitarbeitern oder Leiharbeitnehmern zu besetzen sei, sieht das BAG nicht. Voraussetzung für die Prüfpflicht des Arbeitgebers sei allein die beabsichtigte Besetzung eines freien Arbeitsplatzes. Darum handele es sich auch, wenn ein frei werdender oder neu geschaffener Arbeitsplatz mit einem neuen Leiharbeiternehmer besetzt werden soll. Dieser Auslegung entspreche Sinn und Zweck der in § 81 Abs. 1 Satz 1 und 2 SGB IX normierten Prüf- und 146

---

253 LAG Berlin-Brandenburg, 09.10.2014 – 14 TaBV 940/14, ArbR 2015, 162; ArbG Cottbus, 02.04.2014 – 2 BV 95/13; *Bissels* jurisPR-ArbR 16/2015 Anm. 5; a.A. ArbG Cottbus 06.02.2014 – 3 BV 96/13.
254 BAG, 23.06.2010 – 7 ABR 3/09, BAGE 135, 57 = EzA § 99 BetrVG 2001 Einstellung Nr. 14; *Linsenmaier/Kiel* RdA 2014, 153.
255 LAG Düsseldorf, 30.10.2008 – 15 TaBV 114/08, ArbuR 2009, 146.

Konsultationspflicht. Zwar räumt das BAG selbst ein, dass der Leiharbeitnehmer i.d.R. vom Verleiher dem Arbeitgeber zur Verfügung gestellt werde, ohne dass dieser selbst eine Auswahlentscheidung treffe oder an einer solchen beteiligt werde. Es sei jedoch möglich, dass der Entleiher nach einer § 81 Abs. 1 Satz 1 und 2 SGB IX entsprechenden Prüfung von der zunächst beabsichtigten Besetzung des Arbeitsplatzes mit einem Leiharbeitnehmer Abstand nehme und stattdessen einen geeigneten schwerbehinderten Bewerber selbst einstelle.[256]

bb) Zustimmungsverweigerungsgrund des § 99 Abs. 2 Nr. 2 BetrVG

147 Zudem soll der Betriebsrat zur Zustimmungsverweigerung berechtigt sein, wenn im Entleiherbetrieb **Auswahlrichtlinien** nach § 95 BetrVG gelten und der Einsatz des Leiharbeitnehmers gegen diese verstößt Denkbar ist insoweit eine Auswahlrichtlinie, die die Tätigkeit von Leiharbeitnehmern ganz ausschließt oder von bestimmten Voraussetzungen abhängig macht.[257]

cc) Zustimmungsverweigerungsgrund des § 99 Abs. 2 Nr. 3 BetrVG

148 Der Betriebsrat kann die Zustimmung zu einer personellen Maßnahme verweigern, wenn die durch Tatsachen begründete Besorgnis besteht, dass in ihrer Folge im Betrieb beschäftigte **Arbeitnehmer gekündigt** werden oder sonstige **Nachteile erleiden**, ohne dass dies aus betrieblichen oder persönlichen Gründen gerechtfertigt ist.

149 Nach höchstrichterlicher Rechtsprechung stehen Leiharbeitnehmer und Mitarbeiter der Stammbelegschaft in **keinem betriebsverfassungsrechtlich beachtlichen Konkurrenzverhältnis**.[258] Aus diesen Erwägungen verneint das BAG bei der Einstellung von Leiharbeitnehmern auch einen möglichen Zustimmungsverweigerungsgrund im Hinblick auf die Regelung des § 9 TzBfG. Diese verpflichtet den Arbeitgeber, einen teilzeitbeschäftigten Arbeitnehmer, der ihm den Wunsch nach einer Verlängerung seiner vertraglich vereinbarten Arbeitszeit angezeigt hat, bei der Besetzung eines freien Arbeitsplatzes bei gleicher Eignung bevorzugt zu berücksichtigen, es sei denn, dass

---

256 BAG, 23.06.2010 – 7 ABR 3/09, BAGE 135, 57 = EzA § 99 BetrVG 2001 Einstellung Nr. 14.
257 *Wensing/Freise* BB 2004, 2238.
258 BAG, 25.01.2005 – 1 ABR 61/03, NZA 2005, 1199; *Düwell/Dahl* NZA 2007, 889 m.w.N.

dringende betriebliche Gründe oder Arbeitszeitwünsche anderer dem entgegenstehen. Sinn und Zweck des § 99 Abs. 2 Nr. 3 BetrVG ist indes allein die Erhaltung des Status Quo der im Betrieb beschäftigten Arbeitnehmer. Ist mit der beabsichtigten Maßnahme für andere Arbeitnehmer lediglich der Verlust einer Chance auf eine vorteilige Veränderung verbunden, stellt dies keinen Nachteil dar. Der Entleiher ist daher nicht verpflichtet, den Betriebsrat bei der Einstellung eines Leiharbeitnehmers darüber zu unterrichten, welche teilzeitbeschäftigten Mitarbeiter aufgrund ihres angezeigten Wunsches auf Aufstockung ihrer Arbeitszeit für die zu besetzende Stelle grds. in Betracht gekommen wären.[259]

150 Die vom Entleiher getroffene Entscheidung, einen oder mehrere bisherige Stammarbeitsplätze unbefristet mit Leiharbeitnehmern zu besetzen, löst für den Betriebsrat daher zumindest **keinen Zustimmungsverweigerungsgrund** i.S.d. § 99 Abs. 2 Nr. 3 BetrVG aus; dies gilt auch unter Berücksichtigung der Tatsache, dass eine Arbeitnehmerüberlassung seit dem 01.04.2017 nur noch vorübergehend bis zu einer gesetzlichen Überlassungshöchstdauer von 18 Monaten möglich ist (§ 1 Abs. 1 Satz 4, Abs. 1b AÜG). Denn auch in diesem Fall kann der Entleiher nach wie vor entscheiden, den Arbeitsplatz dauerhaft mit Leiharbeitnehmern zu besetzen, da die Überlassungshöchstdauer arbeitnehmer- und nicht arbeitsplatzbezogen zu bestimmen ist[260] und damit die »Rotation« von Leiharbeitnehmern – jeweils bis zur Erreichung der individuell zu bestimmenden **Höchstüberlassungsdauer** – zulässig ist. Weder die Befürchtung, durch den Einsatz von Leiharbeitnehmern für zuschlagspflichtige Arbeiten könnten für die Stammbelegschaft **Einkommenseinbußen** entstehen noch die Sorge, die Stammbelegschaft könne mittelfristig bei der Wahrung der Löhne des im Betrieb anwendbaren Branchentarifvertrags unter Verhandlungsdruck kommen, erfüllen die tatbestandlichen Voraussetzungen für einen Zustimmungsverweigerungsgrund nach § 99 Abs. 2 Nr. 3 BetrVG. Solche Nachteile beruhen nicht auf der Einstellung als solcher. Eine Lösung dieser Situation ist den Tarifvertragsparteien zugewiesen, ein Zustimmungsverweigerungsrecht für den Betriebsrat folgt hieraus indes nicht.[261]

---

259 BAG, 01.06.2011 – ABR 117/09, NZA 2011, 1435.
260 Dazu: § 1 Rdn. 211 ff.
261 LAG Niedersachsen, 31.10.2006 – 12 TaBV 1/06, EzAÜG § 1 AÜG Konzerninterne Arbeitnehmerüberlassung Nr. 16; vgl. aber Rdn. 144 ff.

dd) Zustimmungsverweigerungsgrund des § 99 Abs. 2 Nr. 4 BetrVG

151 Das Recht zur Zustimmungsverweigerung nach § 99 Abs. 1 Nr. 4 BetrVG steht dem Betriebsrat des Entleiherbetriebs lediglich insoweit zu, als die die Verweigerung begründenden Nachteile **unmittelbare Folge** der personellen Einzelmaßnahme sind.[262] Soweit Nachteile aus dem Vertragsverhältnis zwischen Verleiher und Leiharbeitnehmer resultieren, ist der Entleiherbetriebsrat nicht zur Verweigerung der Zustimmung berechtigt.

ee) Zustimmungsverweigerungsgrund des § 99 Abs. 2 Nr. 5 BetrVG

152 Da sowohl § 13a Satz 1 AÜG vorschreibt, dass den Entleiher ggü. den bei ihm eingesetzten Leiharbeitnehmern eine Pflicht zur Information über bei ihm zu besetzende Arbeitsplätze trifft, als auch nach neuer Rechtsprechung des BAG eine Ausschreibungspflicht bei Arbeitsplätzen besteht, die vom Arbeitgeber dauerhaft oder zumindest für vier Wochen für die Besetzung mit Leiharbeitnehmern vorgesehen sind,[263] ist vom Bestehen eines Zustimmungsverweigerungsgrundes gem. § 99 Abs. 2 Nr. 5 BetrVG im Fall einer unterbliebenen Ausschreibung nach § 93 BetrVG auszugehen.[264]

ff) Zustimmungsverweigerungsgrund des § 99 Abs. 2 Nr. 6 BetrVG

153 Der Betriebsrat kann seine Zustimmung verweigern, wenn die durch Tatsachen begründete Besorgnis besteht, dass durch die personelle Maßnahme der **Betriebsfrieden** durch gesetzwidriges Verhalten oder durch die grobe Verletzung der in § 75 Abs. 1 BetrVG enthaltenen Grundsätze gestört wird. Insb. gilt dies bei der Besorgnis rassistischer oder fremdenfeindlicher Betätigung. Da der Betriebsfrieden durch einen im Betrieb eingegliederten Leiharbeitnehmer in gleicher Weise wie durch Mitarbeiter der Stammbelegschaft beeinträchtigt werden kann, sind die Übernahme von Leiharbeitnehmern und die Einstellung von (Stamm-)Arbeitnehmern gleichermaßen dem Zustimmungsvorbehalt des § 99 Abs. 2 Nr. 6 unterworfen.[265]

---

262 BAG, 16.07.1985 – 1 ABR 35/83, NZA 1986, 163.
263 BAG, 15.10.2013 – 1 ABR 25/12, NZA 2014, 214; BAG, 07.06.2016 – 1 ABR 33/14, juris. Ob dies auch für Einsätze von Leiharbeitnehmern von unter vier Wochen gilt, ist nach wie vor höchstrichterlich ungeklärt.
264 BAG, 01.02.2011 – 1 ABR 79/09, NJW 2011, 1757; vgl. hierzu *Hamann* jurisPR-ArbR 23/2011 Anm. 3.
265 Thüsing/*Thüsing* § 14 AÜG Rn. 174.

e) Mehrfache vorläufige Einstellung gem. § 100 BetrVG

Der Arbeitgeber ist berechtigt, sich unter den Voraussetzungen des § 100 **BetrVG auf vorläufige Maßnahmen** zu beschränken. Er ist nicht zur Einleitung eines **Zustimmungsersetzungsverfahrens** nach § 99 Abs. 4 BetrVG verpflichtet. Die dortige Kann-Bestimmung eröffnet dem Arbeitgeber lediglich eine Möglichkeit, eine Zustimmung des Betriebsrats zu ersetzen, wenn er sich nicht auf vorläufige Maßnahmen beschränken möchte. Ein Zwang zur Einleitung eines Zustimmungsersetzungsverfahrens besteht jedenfalls nicht, wenn die vorläufige Maßnahme den in § 100 Abs. 2 BetrVG enthaltenen Zeitraum von **drei Tagen** jeweils nicht überschreitet.[266] 154

Maßgeblich für die Einhaltung des 3-Tages-Zeitraums ist hierbei, dass die **jeweilige** Dringlichkeit der Einzelmaßnahme vorgelegen hat. Es kann daher auch ein Leiharbeitnehmer mehrmals – bei jeweils dringendem Bedarf – über § 100 BetrVG für einen Dreitageszeitraum beschäftigt werden.[267] Die Regelung des § 100 BetrVG räumt dem Entleiher grds. das Recht ein, eine personelle Maßnahme ohne Zustimmung des Betriebsrats vorläufig durchzuführen. Solange der Entleiher hierbei das gesetzlich vorgeschriebene Verfahren einhält, kann dies auch für den Fall, dass tatsächlich kein dringendes Erfordernis i.S.d. Norm vorliegt, nicht ohne Weiteres als rechtsmissbräuchliche Umgehung der Beteiligungsrechte des Betriebsrats eingeordnet werden.[268] 155

Die Grenze zwischen erlaubter Nutzung der gesetzlichen Gestaltungsmöglichkeiten und einer rechtsmissbräuchlichen, unzulässigen Gesetzesumgehung ist äußerst schwierig zu ziehen. Für einen **Rechtsmissbrauch** im Sinne einer gezielten Ausschaltung der Rechte des Betriebsrats nach §§ 99, 100 BetrVG i.V.m. § 14 Abs. 3 Satz 1 AÜG sprechen die **Häufigkeit der Einsätze**, »**passgenaue Einsatzzeiten**« sowie der jeweils trotz Bestreitens der Erforderlichkeit durch den Betriebsrat geübte **Verzicht auf Einleitung eines Zustimmungsersetzungsverfahrens**, wobei auch in diesen Fällen noch eine zulässige Nutzung angenommen werden kann. Anders wird dies beurteilt, wenn bspw. bereits der **Arbeitnehmerüberlassungsvertrag** vorsieht, dass der Verleiher auf Anfrage 156

---

266 LAG Rheinland-Pfalz, 14.12.2007 – 6 TaBV 49/07, NZA-RR 2008, 248 m.w.N.
267 LAG Rheinland-Pfalz, 14.12.2007 – 6 TaBV 49/07, NZA-RR 2008, 248.
268 BAG, 16.11.2004 – 1 ABR 48/03, AP BetrVG 1972 § 99 Nr. 44; BAG, 14.12.2004 – 1 ABR 55/03, AP BetrVG 1972 § 99 Nr. 122.

hin kurzfristig Leiharbeitnehmer als Vertretungskräfte (Personalreserve) zur Verfügung stellen soll.[269]

▶ Hinweis:

Nach Ansicht des LAG Schleswig-Holstein[270] ist – unabhängig von der materiellen Rechtmäßigkeit (hier: ein Verstoß gegen das Gebot der vorübergehenden Überlassung nach § 1 Abs. 1 Satz 2 AÜG a.F.) – dem Entleiher der wiederholte auf drei Monate befristete Einsatz eines Leiharbeitnehmers betriebsverfassungsrechtlich erlaubt, wenn dieser das Verfahren nach § 100 BetrVG ordnungsgemäß durchführt. Der Umstand, dass in diesen Fällen regelmäßig keine Entscheidung über die materielle Rechtmäßigkeit der Zustimmungsverweigerung (Vorliegen eines Zustimmungsverweigerungsrechts nach § 99 Abs. 2 Nr. 1 BetrVG i.V.m. § 1 Abs. 1 Satz 2 AÜG a.F.) ergehe, mache das Vorgehen des Entleihers nicht rechtsmissbräuchlich. Der Schutz der Rechte des Betriebsrats bei Einstellungen sei vom Gesetzgeber nicht lückenlos vorgesehen.

f) Beendigung des Einsatzes beim Entleiher

157 Da Entleiher und Leiharbeitnehmer nicht durch einen Arbeitsvertrag miteinander verbunden sind, kann eine **Beendigung des Einsatzes** von Leiharbeitnehmern im Entleiherbetrieb **nicht** die Rechte der **§§ 102 bis 103 BetrVG** auslösen. Auch eine analoge Anwendung scheidet angesichts der klaren gesetzgeberischen Entscheidung der primären Zuordnung des Leiharbeitnehmers zum Verleiherbetrieb aus. Dies gilt selbst dann, wenn – aufgrund einer zwischen Leiharbeitnehmer und Verleiher getroffenen Synchronisationsabrede – das Arbeitsverhältnis des Leiharbeitnehmers gleichzeitig mit dem Ende des Überlassungszeitraums endet.[271]

158 In Ergänzung zu § 99 Abs. 2 Nr. 6 BetrVG hat der Betriebsrat des **Entleiherbetriebs** analog **§ 104 BetrVG** das Recht, die vorzeitige Beendigung des Einsatzes eines Leiharbeitnehmers zu verlangen, wenn dieser den Betriebsfrieden durch gesetzwidriges Verhalten oder grobe Verletzung der in § 75 Abs. 1 BetrVG enthaltenen Grundsätze wiederholt ernstlich gestört hat. Die fehlende

---

269 *Hamann* jurisPR-ArbR 18/2008 Anm. 5.
270 Vgl. LAG Schleswig-Holstein, 10.05.2016 – 1 TaBV 59/15.
271 Schüren/Hamann/*Hamann* § 14 AÜG Rn. 355 ff. m.w.N.

Arbeitgeberstellung des Entleihers ist insoweit ohne Belang. Es obliegt ihm, vom Verleiher den Austausch des Leiharbeitnehmers zu verlangen.[272]

V. Wirtschaftliche Angelegenheiten

Ob der Einsatz von Leiharbeitnehmern Gegenstand der Unterrichtungs- und Beratungsrechte des § 106 BetrVG sein kann, ist streitig. Insb. wird problematisiert, ob der geplante oder fortgesetzte Einsatz von Leiharbeitnehmern als **Rationalisierungsvorhaben** (§ 106 Abs. 3 Nr. 4 BetrVG) oder als **neue Arbeitsmethode** (§ 106 Abs. 3 Nr. 5 BetrVG) zu qualifizieren ist.[273] Mit der wohl h.M. ist eine Einordnung des Einsatzes von Leiharbeitnehmern als wirtschaftliche Angelegenheit i.S.d. § 106 BetrVG indes **abzulehnen**. 159

Soweit es um das Erreichen des Schwellenwertes des § 106 Abs. 1 Satz 1 BetrVG (Bildung eines Wirtschafsausschusses in Unternehmen mit in der Regel mehr als 100 ständig beschäftigte Arbeitnehmer) geht, war fraglich, ob Leiharbeitnehmer bei der Bestimmung der Gesamtarbeitnehmerzahl zu berücksichtigen sind.[274] Durch den mit Wirkung zum 01.04.2017 in das AÜG eingefügten § 14 Abs. 2 Satz 4 AÜG hat der Gesetzgeber insoweit Klarheit geschaffen: Leiharbeitnehmer sind bei diesem Schwellenwert grds. zu berücksichtigen.[275] 160

Der Einsatz und der Abbau von Leiharbeitnehmern stellt **keine Betriebsänderung** i.S.d. § 111 BetrVG dar.[276] Insb. begründet die Reduzierung von Leiharbeitnehmern auch **keinen Personalabbau** gem. der **§§ 111 Satz 3 Nr. 1, 112a BetrVG**. Hiervon zu unterscheiden sind Konstellationen, in denen die Belegschaft reduziert wird, um bisher den Stammmitarbeitern zugewiesene Arbeitsplätze zukünftig durch Leiharbeitnehmer zu besetzen. Eine solche Maßnahme ist bereits individualrechtlich unzulässig. Der Anwendungsbereich der §§ 111 ff. BetrVG wird dabei aber allein durch den Abbau der Stammbelegschaft eröffnet. 161

---

272 KHK/*Düwell* 4.5 Rn. 502 f. m.w.N.
273 Bejahend *Ulber* § 14 AÜG Rn. 128; verneinend *Linsenmaier/Kiel* RdA 2014, 153; *Boemke* § 14 AÜG Rn. 145 m.w.N.
274 Zur Berücksichtigung von Leiharbeitnehmern bei Schwellenwerten vgl. Rdn. 69 ff.
275 Dazu ausführlich: Rdn. 69 ff.
276 Vgl. nur Schüren/Hamann/*Hamann* § 14 AÜG Rn. 347 ff. m.w.N.

162 Wegen der fehlenden Erfassung von Leiharbeitnehmern durch §§ 111 ff. BetrVG ist ein im **Entleiherunternehmen** geschlossener **Sozialplan** auf Leiharbeitnehmer grds. **nicht anwendbar**. Etwas anderes gilt nur dann, wenn die Betriebspartner freiwillig Leiharbeitnehmern Ansprüche aus dem Sozialplan zugebilligt haben. Eine solche Einbeziehung kann indes nicht durch eine Einigungsstelle erzwungen werden.

163 Hiervon zu unterscheiden ist der Umstand, dass Leiharbeitnehmer u.U. bei der Ermittlung der Personalstärke bzgl. des Schwellenwertes des § 111 Satz 1 BetrVG[277] mit zu berücksichtigen sind. Dies hat das BAG mittlerweile entschieden[278] und ergibt sich seit dem 01.04.2017 ausdrücklich aus § 14 Abs. 2 Satz 4 AÜG. Erforderlich für ein »Mitzählen« ist aber, dass die Leiharbeitnehmer »wahlberechtigt«, also entsprechend § 7 Satz 2 BetrVG länger als drei Monate im Betrieb eingesetzt sind. Zudem müssen auch die Leiharbeitnehmer zu den »in der Regel« Beschäftigten gehören. Diese Feststellung erfordert sowohl einen Rückblick als auch eine Prognose. Werden Leiharbeitnehmer nicht ständig, sondern lediglich zeitweilig beschäftigt, kommt es für die Frage der regulären Beschäftigung darauf an, ob sie normalerweise während des größten Teils des Jahres, d.h. länger als sechs Monate, bei dem Entleiher tätig werden.[279]

Dagegen sind Leiharbeitnehmer im Rahmen der Schwellenwerte des § 17 KSchG nicht zu berücksichtigen, um zu bestimmen, ob die Voraussetzungen für eine interessen- oder sozialplanpflichtige Betriebsänderung[280] beim Entleiher i.S.v. § 111 Satz 1, 3 BetrVG vorliegen.[281] Dies gilt auch unter Beachtung der zum 01.04.2017 erfolgten Einfügung von § 14 Abs. 2 Satz 4 AÜG in das Gesetz, denn § 17 KSchG[282] ist gerade kein betriebsverfassungsrechtlicher

---

277 »In Unternehmen mit in der Regel mehr als 20 wahlberechtigten Arbeitnehmern hat der Unternehmer den Betriebsrat über geplante Betriebsänderungen [..] zu unterrichten.«.
278 BAG, 18.10.2011 – 1 AZR 335/10, NZA 2012, 221.
279 BAG, 18.10.2011 – 1 AZR 335/10, NZA 2012, 221.
280 St. Rspr.: BAG 28.03.2006 – 1 ABR 5/05, NZA 2006, 932.
281 So überzeugend: LAG Düsseldorf, 08.09.2016 – 11 Sa 705/15, juris; zustimmend: *Bissels* jurisPR – ArbR 13/2017 Anm. 2; *Langner/Jentsch* AuA 2016, 208; *Bayreuther* NZA 2016, 1306 f.; unentschieden: *Linsenmaier/Kiel* RdA 2014, 156.
282 Überzeugend *Lembke* FA 2015, 350: keine Berücksichtigung von Leiharbeitnehmern bei den für eine Massenentlassung beim Entleiher maßgeblichen Schwellenwerten nach § 17 KSchG.

Schwellenwert, bei denen der Gesetzgeber Leiharbeitnehmer zukünftig grds. »mitzuzählen« gedenkt. Vielmehr wird die Staffelung nach § 17 KSchG von der Rechtsprechung lediglich in § 111 S. 3 BetrVG »hineingelesen«, um die Wesentlichkeit der von dem Entleiher geplanten Maßnahme bestimmen und konkretisieren zu können, die sodann eine Interessenausgleichs- und Sozialplanpflicht auszulösen vermag. De facto handelt es sich bei § 17 KSchG – zumindest im inhaltlichen Kontext von § 111 Satz 1, 3 BetrVG – lediglich um eine Auslegungshilfe, nicht aber um einen vom Gesetzgeber mit § 14 Abs. 4 Satz 2 AÜG erfassten Schwellenwert des BetrVG.

F. Personalvertretungsrecht – Abs. 4

Gem. **§ 14 Abs. 4 AÜG** gelten die Regelungen der Abs. 1 und 2 Satz 1 und 2 sowie Abs. 3 sinngemäß auch für die Anwendung des **Bundespersonalvertretungsgesetzes**. 164

Die Einschränkung auf die Rechtsverhältnisse der im Dienste des Bundes stehenden Personen ergibt sich zwingend aus der insoweit beschränkten Gesetzgebungszuständigkeit des Bundes (Art. 73 Nr. 8 GG). Der Gesetzgeber hat ausdrücklich darauf hingewiesen, dass es »Sache der Landesgesetzgeber (bleibe), dies auch im Bereich des ihrer Gesetzgebungskompetenz unterliegenden öffentlichen Dienstes zu gewährleisten«.[283] Die **Länder** haben von dieser Regelungskompetenz in unterschiedlicher Weise Gebrauch gemacht. So finden sich entsprechende Regelungen im LPVG Niedersachsen sowie im LPVG Nordrhein-Westfalen, nicht jedoch in Hessen. Die Bedeutung der unterschiedlichen Handhabung durch den Landesgesetzgeber ist in der Praxis indes von **untergeordneter Relevanz**, da die bestehenden Mitbestimmungstatbestände der verschiedenen Landespersonalvertretungsgesetze i.S.d. von § 14 Abs. 4 AÜG intendierten Sicherung der Mitbestimmung ausgelegt werden.[284] § 14 AÜG spiegele lediglich im Grundsatz wider, was sich bereits aus den **Zuständigkeitsregelungen** der jeweiligen Landesgesetzgebung ergebe.[285] 165

I. Einstellung

Entsprechend der Regelung des § 14 Abs. 1 AÜG bleibt der Leiharbeitnehmer auch während seiner Überlassung **Arbeitnehmer** seiner **bisherigen Dienststelle**. 166

---

283 BT-Drucks. 9/847, 9.
284 Vgl. BVerwG, 20.05.1992 – 6 P 4.90, AP LPVG Rheinland-Pfalz § 80 Nr. 2.
285 VG Frankfurt, 19.06.2006 – 23 L 850/06, juris.

167 Streitig ist, ob der Arbeitnehmer diesen Status verliert, wenn die Voraussetzungen einer **Abordnung** gem. § 13 Abs. 2 BPersVG erfüllt sind.[286] Wie auch im Fall der direkten Anwendung des § 14 Abs. 1 AÜG setzt eine Einstellung nicht den rechtswirksamen Arbeitsvertrag zwischen Arbeitgeber und dem neuen Beschäftigen voraus. Die Mitbestimmung des Personalrats bezieht sich demnach nicht auf den Abschluss und den Inhalt des Arbeitsvertrags, sondern allein auf die **Eingliederung** des Einzustellenden in die **Dienststelle**.[287]

168 Das Personalvertretungsgesetz enthält keine Regelung, wann eine Eingliederung anzunehmen ist. Ob ein Arbeitnehmer in die Dienststelle eingegliedert ist, soll indes **weder** von der **Dauer seiner Zugehörigkeit** zu dieser Dienststelle noch von der **Dauer seiner Arbeitszeit** abhängen, sondern davon, ob er eine regelmäßige und dauernde, **nicht bloß vorübergehende** und **auch nicht geringfügige** Arbeit verrichtet.[288] Die Übertragung einer **Daueraufgabe** indiziert eine beabsichtigte Eingliederung. Bei der Beurteilung, ob die Tätigkeit »bloß vorübergehend und geringfügig« ist, orientiert sich die Rechtsprechung an der – insoweit an sich nicht einschlägigen – Legaldefinition des § 8 Abs. 1 und 2 SGB IV.[289]

II. Rechte des Leiharbeitnehmers

169 Hinsichtlich des **Wahlrechts** ist wegen der angeordneten Anwendung des § 14 Abs. 2 Satz 1 AÜG das **passive Wahlrecht** in der entleihenden Dienststelle ausgeschlossen. Der entliehene Arbeitnehmer kann damit lediglich in die Personalvertretung des **verleihenden**, **nicht der entleihenden** Dienststelle gewählt werden.

170 In Bezug auf das **aktive Wahlrecht** ist die Stellung des zu einer anderen Dienststelle entsandten Arbeitnehmers schwieriger zu beurteilen. Im Fall einer Überlassung **zwischen zwei Dienststellen** i.S.d. § 6 BPersVG verdrängt die insoweit speziellere Bestimmung des § 13 Abs. 2 BPersVG die Vorschrift des § 14 Abs. 4 AÜG. Dieses Rangverhältnis ergibt sich bereits aus der Gesetzesbegründung, nach der § 14 AÜG nur angewandt werden soll, soweit nicht Besonderheiten des Personalvertretungsrechts entgegenstehen.[290] Nach § 13

---

286 *Urban-Crell/Schulz* Rn. 1143 m.w.N.
287 BVerwG, 27.11.1991 – 6 P15/90, NVwZ-RR 1993, 149.
288 BVerwG, 08.12.1967 – 7 P17.66, BVerwGE 28, 282.
289 BVerwG, 27.11.1991 – 6 P15/90, NVwZ-RR 1993, 149.
290 *Urban-Crell/Schulz* Rn. 1147; BT-Drucks. 9/847, 9.

Abs. 2 Satz 1 und 4 BPersVG ist der Arbeitnehmer in der **aufnehmenden Dienststelle wahlberechtigt** und **verliert** zugleich das **aktive Wahlrecht** in der **bisherigen Dienststelle**, wenn er **mindestens drei Monate** zu einer anderen Dienststelle abgeordnet oder einer anderen Dienststelle zugewiesen wird. Eine Ausnahme enthält Satz 2 für den Fall, dass der Leiharbeitnehmer als Mitglied einer Stufenvertretung oder des Gesamtpersonalrates freigestellt ist, oder wenn feststeht, dass der Beschäftigte binnen weiterer sechs Monate in die alte Dienststelle zurückkehren wird (§ 13 Abs. 2 Satz 3 BPersVG).

Streitig ist, ob dem Leiharbeitnehmer unter den Voraussetzungen des § 7 Satz 2 BetrVG auch das aktive Wahlrecht zum Betriebsrat im Entleiherbetrieb zusteht, wenn die **Überlassung** von einer öffentlichen Dienststelle **an einen privaten Entleiher** erfolgt und länger als drei Monate dauert.[291] Ebenfalls **umstritten** ist, ob im Fall der Überlassung eines Leiharbeitnehmers von einem privaten Verleiher **an eine öffentliche Dienststelle** das aktive Wahlrecht im Bereich des BPersVG dann besteht, wenn die Überlassung länger als drei Monate andauert und das passive Wahlrecht nach § 14 Abs. 2 Satz 1 i.V.m. Abs. 4 AÜG ausgeschlossen ist.[292] 171

III. Rechte des Personalrates

Die Rechte des Personalrates bestimmen sich entsprechend den Grundsätzen des § 14 Abs. 3 AÜG, der insoweit nicht abschließend zu verstehen ist.[293] Die Ausgestaltung richtet sich hierbei nach § 75 Abs. 1 Satz 1 BPersVG.[294] 172

So unterliegt bspw. die **Arbeitszeiterfassung** von Beschäftigten, die im Rahmen einer Personalgestellung bei einem privatrechtlich organisierten Betrieb tätig sind, nicht der Beteiligung des Personalrates derjenigen Dienststelle, die für die Personalgestellung verantwortlich ist oder der die entsprechenden Beschäftigten statusrechtlich zuzuordnen sind. Da die Arbeitszeiterfassung im Betrieb des Entleihers erfolgt, kommt insoweit **lediglich eine Beteiligung** des für dessen Betrieb gebildeten Betriebsrats in Betracht.[295] 173

---

291 *Urban-Crell/Schulz* Rn. 1146 m.w.N.
292 *Boemke/Lembke* § 14 AÜG Rn. 155 m.w.N.
293 Vgl. hierzu Rdn. 14 ff.
294 Vgl. zur näheren Darstellung Schüren/Hamann/*Hamann* § 14 AÜG Rn. 607 f.
295 VG Frankfurt, 19.06.2006 – 23 L 850/06, juris.

§ 15 Ausländische Leiharbeitnehmer ohne Genehmigung

(1) Wer als Verleiher einen Ausländer, der einen erforderlichen Aufenthaltstitel nach § 4 Abs. 3 des Aufenthaltsgesetzes, eine Aufenthaltsgestattung oder eine Duldung, die zur Ausübung der Beschäftigung berechtigen, oder eine Genehmigung nach § 284 Abs. 1 des Dritten Buches Sozialgesetzbuch nicht besitzt, entgegen § 1 einem Dritten ohne Erlaubnis überlässt, wird mit Freiheitsstrafe bis zu drei Jahren oder mit Geldstrafe bestraft.

(2) ¹In besonders schweren Fällen ist die Strafe Freiheitsstrafe von sechs Monaten bis zu fünf Jahren. ²Ein besonders schwerer Fall liegt in der Regel vor, wenn der Täter gewerbsmäßig oder aus grobem Eigennutz handelt.

Übersicht	Rdn.
A. Allgemeines	1
B. Tatbestand	5
I. Objektiver Tatbestand	5
1. Grundtatbestand – Abs. 1	6
a) Überlassen eines ausländischen Arbeitnehmers	7
b) Überlassen ohne Aufenthaltstitel oder Genehmigung	9
2. Besonders schwerer Fall – Abs. 2	12
a) Gewerbsmäßiges Handeln – Satz 2, 1. Alt.	13
b) Handeln aus grobem Eigennutz – Satz 2, 2. Alt.	14
II. Subjektiver Tatbestand	15
C. Strafhöhe	17
D. Konkurrenzen	19

A. Allgemeines

1 Die **Straftatbestände der §§ 15, 15a AÜG** sollen – neben anderen – die Bekämpfung illegaler Ausländerbeschäftigung ermöglichen. Die Strafvorschriften des AÜG dienen nicht nur dem Schutz des deutschen Arbeitsmarktes, sondern auch und insb. dem Schutz ausländischer Arbeitnehmer vor Lohndumping und Ausbeutung.[1] Nicht zuletzt wegen erheblicher Beweisschwierigkeiten ist die praktische Bedeutung der Strafvorschriften des AÜG jedoch gering.[2] § 15 AÜG sanktioniert das strafbare Verhalten des Verleihers, § 15a AÜG das strafbare Verhalten des Entleihers.

---

1 BT-Drucks. VI/2303, 15; HWK/*Kalb* § 15 AÜG Rn. 1.
2 BT-Drucks. 14/4220, 32 f.

Die Straftatbestände des AÜG zählen zum **Nebenstrafrecht**. Auf dieses sind die Vorschriften des Allgemeinen Teils des StGB anzuwenden (Art. 1 Abs. 1 EGStGB). Es gelten mithin die allgemeinen strafrechtlichen Grundsätze des StGB über Täterschaft und Teilnahme (§§ 25 ff. StGB). **Tauglicher Täter** des § 15 AÜG ist der illegale Verleiher, des § 15a AÜG der Entleiher. Der ausländische Leiharbeitnehmer ist als lediglich notwendiger Teilnehmer stets straffrei; er kann allerdings den Ordnungswidrigkeitentatbestand des § 404 Abs. 2 Nr. 4 SGB III verwirklichen. Ebenso gelten der Entleiher für die Straftat des Verleihers nach § 15 AÜG und der Verleiher für eine Straftat des Entleihers nach § 15a AÜG als notwendige Teilnehmer.[3] Als **Anstifter oder Gehilfen** einer Straftat nach §§ 15, 15a AÜG kommen in erster Linie Personen in Betracht, die am Dreiecksverhältnis der Arbeitnehmerüberlassung nicht unmittelbar beteiligt sind. In der Literatur genannt werden bspw. berufsmäßige Dolmetscher, welche durch Übersetzungen i.R.d. Verhandlungen mit ausländischen Arbeitnehmern Unterstützungshandlungen leisten, oder Personen, die Gehaltszahlungen an ausländische Leiharbeitnehmer durchführen.[4]

▶ **Beispiele:**

Gehilfen einer Straftat nach § 15 AÜG können aber ebenso Mitarbeiter des Verleihers (z.B. in der Personalabteilung) sein, die den Einsatz ausländischer Arbeitnehmer in Kenntnis des fehlenden Aufenthaltstitels oder der fehlenden Genehmigung koordinieren (z.B. Einsatz- und Urlaubspläne erstellen).

Nichts anderes gilt bspw. für Vorarbeiter des Entleihers, die in Kenntnis des Verstoßes gegen § 15a AÜG mehr als fünf ausländische Leiharbeitnehmer beaufsichtigen und fachlich anweisen.

Bei einer juristischen Person richtet sich das **Strafverfahren** gegen ihr vertretungsberechtigtes Organ (Geschäftsführer einer GmbH, Vorstand einer AG), bei einer rechtsfähigen Personengesellschaft gegen die vertretungsberechtigten Gesellschafter (§ 14 Abs. 1 StGB).[5] Eine entsprechende Strafbarkeit normiert

---

3 Schüren/Hamann/*Stracke* § 15 AÜG Rn. 25; Thüsing/*Kudlich* Vorb. §§ 15 ff. AÜG Rn. 8.
4 HWK/*Kalb* § 15 AÜG Rn. 3; Schüren/Hamann/*Stracke* § 15 AÜG Rn. 25; krit., insb. zur Strafbarkeit eines berufsmäßigen Dolmetschers, Thüsing/*Kudlich* Vorb. §§ 15 ff. AÜG Rn. 25.
5 Die Einführung eines Verbands- bzw. Unternehmensstrafrechts wird in Deutschland seit Jahren diskutiert, de lege ferenda gibt es jedoch – über die Verbandsgeldbuße

§ 14 Abs. 2 StGB für den rechtsgeschäftlich beauftragten Betriebsleiter oder denjenigen, der in eigener Verantwortung die Aufgaben des Betriebsinhabers wahrnimmt (z.B. für Fremdpersonalverträge zuständige Einkaufsleiter).

▶ Praxistipp:

Bei einer GmbH trifft also den/die Geschäftsführer, bei einer AG den Vorstand die strafrechtliche Verantwortung. Bei einer Personenhandelsgesellschaft (oHG, KG) richtet sich die Strafverfolgung gegen den/die persönlich haftenden Gesellschafter. In Einzelfällen können sich Strafverfahren auch gegen Betriebsleiter oder Personen richten, die Aufgaben des Betriebsinhabers in eigener Verantwortung wahrnehmen (z.B. Einkaufsleiter).

Entsprechendes gilt für die Verfolgung von Ordnungswidrigkeiten nach § 16 AÜG (vgl. § 9 OWiG).

4 Der **Versuch einer Straftat** nach § 15 AÜG – entsprechendes gilt für § 15a AÜG – ist ebenso wenig unter Strafe gestellt (§ 23 Abs. 1 StGB i.V.m. § 12 Abs. 2 StGB) wie eine **fahrlässige Tatbegehung** (§ 15 StGB). Die Straftatbestände des AÜG verlangen Vorsatz.

B. Tatbestand

I. Objektiver Tatbestand

5 **§ 15 AÜG verknüpft zwei Ordnungswidrigkeitentatbestände:** Den Verleih ohne Verleiherlaubnis nach § 16 Abs. 1 Nr. 1 AÜG einerseits und die illegale Ausländerbeschäftigung entgegen § 284 Abs. 1 SGB III oder § 4 Abs. 3 Satz 2 AufenthG nach § 404 Abs. 2 Nr. 3 SGB III andererseits. Liegen die Tatbestandsvoraussetzungen der Strafvorschrift nicht vor, kann gleichwohl noch

---

gemäß § 30 OWiG hinaus – keine Verbandssanktionen. Zu parlamentarischen Initiativen vgl. bspw. Koalitionsvertrag zwischen CDU/CSU und SPD für die 17. Wahlperiode, S. 103 (Ziff. 5.1: »*Mit Blick auf strafbares Verhalten im Unternehmensbereich bauen wir das Ordnungswidrigkeitenrecht aus. Wir brauchen konkrete und nachvollziehbare Zumessungsregeln für Unternehmensbußen. Wir prüfen ein Unternehmensstrafrecht für multinationale Konzerne*«; »Entwurf eines Gesetzes zur Einführung der strafrechtlichen Verantwortlichkeit von Unternehmen und sonstigen Verbänden« des Justizministeriums des Landes Nordrhein-Westfalen vom 18.09.2013 (abrufbar unter www.justiz.nrw.de/JM/justizpolitik/jumiko/beschluesse/2013/herbstkonferenz13/zw3/TOP_II_5_Gesetzentwurf); vgl. dazu *Grützner* CCZ 2015, 56; *Witte/Wagner* BB 2014, 643; *Leipold* NJW-Spezial 2013, 696.

ein Ordnungswidrigkeitentatbestand verwirklicht sein; im Rahmen eines Strafverfahrens ist die bezeichnete Tat daher zugleich unter dem rechtlichen Gesichtspunkt einer Ordnungswidrigkeit zu beurteilen (§ 82 Abs. 1 OWiG).[6]

1. Grundtatbestand – Abs. 1

Die Voraussetzungen des Grundtatbestandes des § 15 Abs. 1 AÜG sind erfüllt, 6
wenn der Verleiher einen Ausländer, der einen erforderlichen Aufenthaltstitel nach § 4 Abs. 3 AufenthG, eine Aufenthaltsgestattung oder eine Duldung, die zur Ausübung der Beschäftigung berechtigen, oder eine Genehmigung nach § 284 Abs. 1 SGB III nicht besitzt, entgegen § 1 AÜG einem Dritten ohne Erlaubnis überlässt. Voraussetzung ist mithin ein **Überlassen ausländischer Leiharbeitnehmer**, die **keinen Titel nach § 4 Abs. 3 AufenthG bzw. keine Genehmigung nach § 284 SGB III** besitzen, im Rahmen von Arbeitnehmerüberlassung **ohne** Vorliegen der erforderlichen **Verleiherlaubnis**.[7]

▶ Praxistipp:

Eine Strafbarkeit nach § 15 AÜG scheidet aus, wenn
– eine Erlaubnis nach § 1 AÜG vorliegt;
– eine Erlaubnis nach § 1 AÜG wegen Eingreifens eines Ausnahmetatbestandes nach § 1 Abs. 3 AÜG nicht erforderlich ist.

Nach richtiger Auffassung ist auch bei einer lediglich anzeigepflichtigen Überlassung nach § 1a AÜG eine Strafbarkeit nach § 15 AÜG ausgeschlossen.[8]

a) Überlassen eines ausländischen Arbeitnehmers

Notwendig Beteiligter der Straftat des Verleihers nach § 15 AÜG ist ein **ausländischer Arbeitnehmer** ohne Aufenthaltstitel oder erforderliche Arbeitsgenehmigung. Ausländer ist jede Person, die weder die deutsche Staatsangehörigkeit noch die Rechtsstellung eines Deutschen nach Art. 116 Abs. 1 GG besitzt.

---

6 BGH, 24.10.2007 – 1 StR 160/07, NJW 2008, 595 = wistra 2008, 60.
7 Thüsing/*Kudlich* § 15 AÜG Rn. 12, 13.
8 Thüsing/*Kudlich* § 15 AÜG Rn. 10 unter richtigem Hinweis auf den strafrechtlichen Grundsatz *nulla poena sine lege* (Art. 103 Abs. 2 GG); a.A. wohl Schüren/Hamann/*Hamann* § 1a AÜG Rn. 69.

8 Der ausländische Leiharbeitnehmer muss einem Dritten **tatsächlich zur Arbeitsleistung überlassen** werden.[9] Er muss seine Tätigkeit also tatsächlich aufgenommen haben. Vertragsverhandlungen und sonstige Absprachen im Vorfeld der tatsächlichen Tätigkeitsaufnahme erfüllen die Tathandlung nicht; Vorbereitungshandlungen sind mangels Versuchsstrafbarkeit nicht sanktioniert.[10] Der ausländische Arbeitnehmer muss an einen Entleiher zur Beschäftigung in Deutschland überlassen werden.[11] Die Überlassung an einen inländischen Entleiher zur Beschäftigung im Ausland ist ebenso wenig tatbestandsmäßig wie der Verleih an einen Entleiher mit Sitz im Ausland, soweit der ausländische Leiharbeitnehmer nicht im Inland eingesetzt wird. Entscheidend ist mithin die **Aufnahme einer Beschäftigung im Hoheitsgebiet der BRD**; die Regelungen zur Ausländerbeschäftigung sollen insb. den deutschen Arbeitsmarkt schützen.[12]

b) Überlassen ohne Aufenthaltstitel oder Genehmigung

9 Weiteres objektives Tatbestandsmerkmal des § 15 AÜG ist das Überlassen ohne den erforderlichen Aufenthaltstitel nach § 4 Abs. 3 AufenthG bzw. ohne die erforderliche Genehmigung nach § 284 Abs. 1 SGB III.

10 Die legale Tätigkeit bzw. Beschäftigung von Ausländern in Deutschland ist **grds. nur bei Vorliegen eines Aufenthaltstitels** zulässig; der gesetzliche Katalog der Aufenthaltstitel in § 4 Abs. 1 Satz 2 AufenthG ist abschließend (»Numerus Clausus«).[13] Eine **Ausnahme** gilt nach § 4 Abs. 3 Satz 3 AufenthG, wenn dem Ausländer aufgrund einer zwischenstaatlichen Vereinbarung, eines Gesetzes oder einer Rechtsverordnung die Erwerbstätigkeit ohne einen Aufenthaltstitel gestattet ist. Insofern ist wie folgt zu unterscheiden:[14]
   – **Staatsangehörige der EU bzw. des EWR** (einschl. Malta und Zypern) genießen Arbeitnehmerfreizügigkeit (vgl. auch Art. 18, 39, 49 EG); sie und ihre Familienangehörigen haben Anspruch auf eine Aufenthaltserlaubnis

---

9 Zum vertragswidrigen Einsatz ausländischer Werkvertragsarbeitnehmer als Leiharbeitnehmer durch Eingliederung in die Betriebsorganisation des Auftraggebers LG Oldenburg, 08.07.2004 – 2 KLs 65/04, wistra 2005, 354.
10 *Boemke/Lembke* § 15 AÜG Rn. 14; *Gagel/Bieback* Vor § 284 SGB III Rn. 4.
11 *Thüsing/Kudlich* § 15 AÜG Rn. 16. f; a.A. *Boemke/Lembke* § 15 AÜG Rn. 12.
12 *Gagel/Bieback* Vor § 284 SGB III Rn. 3.
13 Zur »Blauen Karte EU« (»Blue Card«) für hochqualifizierte ausländische Arbeitnehmer aus Drittstaaten *Bünte/Knödler* NZA 2012, 1255.
14 Allg. zur Ausländerbeschäftigung *Bünte/Knödler* NZA 2008, 743.

zur Arbeitssuche und Aufnahme einer Beschäftigung in der BRD (vgl. §§ 2 ff. FreizügG/EU).
– **Schweizer Staatsangehörige** sind aufgrund des Freizügigkeitsabkommens[15] zwischen der EU und der Schweiz EWR-Staatsangehörigen gleichgestellt (§ 28 AufenthG); ihr Recht zum Aufenthalt und zur Ausübung einer Erwerbstätigkeit in Deutschland wird regelmäßig durch eine sog. Grenzgängerbescheinigung nachgewiesen (§ 21 AufenthG).
– Für **Staatsangehörige aus Staaten außerhalb des EU-/EWR-Raums** gilt stets ein Arbeitsgenehmigungsvorbehalt. Eine Genehmigung kann grds. nur mit Zustimmung der BA erteilt werden (§ 39 Abs. 1 AufenthG). Die BA muss ihre Zustimmung versagen, wenn der Ausländer als Leiharbeitnehmer tätig werden will (§ 40 Abs. 1 Nr. 2 AufenthG).[16] Besonderheiten gelten für Drittstaatenangehörige, die als Asylbewerber nach Deutschland kommen. Als Reaktion auf die »**Flüchtlingskrise**« ist am 06.08.2016 das **Integrationsgesetz**[17] in Kraft getreten. Durch dieses wurde u.a. das Zeitarbeitsverbot für Asylbewerber aufgehoben. Aufgrund der ausgesetzten Vorrangprüfung können Asylbewerber und Geduldete in Regionen mit guter Arbeitsmarktlage (133 der 156 Agenturbezirke der Bundesagentur für Arbeit[18]) nach **drei Monaten** legalen Aufenthalts in Deutschland als Leiharbeitnehmer eingesetzt werden. Die Regelung ist (zunächst) auf drei Jahre befristet.
– Die Beschränkung der Arbeitnehmerfreizügigkeit für **ausländische Arbeitnehmer aus MOE-Mitgliedsstaaten** gilt nach **§ 284 Abs. 1 Satz 1 SGB III** nur noch für **kroatische Staatsangehörige** und deren freizügigkeitsberechtigten Familienangehörigen;[19] zuletzt war für die jüngeren

---

15 BGBl. II 2001, 810.
16 Dazu a. VG Osnabrück, 05.11.2009 – 5 A 154/09, n.v.; richtigerweise einschränkend bei der Beschäftigung Hochqualifizierter nach § 19 AufenthG und § 19a AufenthG (»Blue Card«) i.V.m. § 2 BeschV sowie in Fällen des § 9 BeschV, weil eine Zustimmung der BA dann nicht erforderlich ist, BeckOK-Ausländerrecht/*Breidenbach*, § 40 AufenthG Rn. 2 f.
17 BGBl. I, 1939.
18 Ausgenommen: Aschaffenburg, Bayreuth-Hof, Bamberg-Coburg, Fürth, Nürnberg, Schweinfurt, Weiden, Augsburg, München, Passau und Traunstein in Bayern; Bochum, Dortmund, Duisburg, Essen, Gelsenkirchen, Oberhausen, Recklinghausen in Nordrhein-Westfalen; ganz Mecklenburg-Vorpommern.
19 Beitrittsvertrag zwischen der EU und Kroatien vom 09.12.2011, BGBl. II 2013, 586.

EU-Ost-Mitgliedsstaaten Bulgarien und Rumänien die Beschränkung der Freizügigkeit mit Ablauf des 31.12.2013 entfallen.[20] Zuständig für die Erteilung der befristeten Arbeitserlaubnis-EU und/oder der unbefristeten Arbeitsberechtigung-EU ist die BA. Diese trifft ihre Entscheidungen über die Erlaubniserteilung nach pflichtgemäßem Ermessen unter Berücksichtigung der gesetzlichen Wertentscheidung des § 40 Abs. 1 Nr. 2 AufenthG. Eine Erlaubnis wird kroatischen Staatsangehörigen daher regelmäßig dann nicht erteilt, wenn sie in Deutschland als Leiharbeitnehmer tätig werden sollen.[21] Liegt eine erforderliche Genehmigung nicht vor, besteht ein Beschäftigungsverbot. Ausnahmen von der zustimmungspflichtigen Beschäftigung sind in der Beschäftigungsverordnung (BeschV) vom 06.06.2013 geregelt, insbesondere Hochqualifizierte i.S.d. §§ 19, 19a AufenthG unterliegen vor Aufnahme einer Beschäftigung in der Bundesrepublik Deutschland keinem Zustimmungsvorbehalt der BA; sie dürfen daher auch als Leiharbeitnehmer eingesetzt werden.

11 Nach der Rechtsprechung des 1. Strafsenats des BGH ist es für die Tatbestandsverwirklichung des § 15 AÜG unerheblich, ob die Arbeitserlaubnis materiell-rechtlich zu Recht erteilt wurde. Auch kommt es nicht darauf an, ob die Arbeitserlaubnis durch unrichtige oder unvollständige Angaben erschlichen worden ist.[22] Allein **entscheidend ist das tatsächliche Vorliegen eines erforderlichen Aufenthaltstitels**. Umgekehrt bedeutet dies aber auch, dass die objektiven Voraussetzungen des § 15 Abs. 1 AÜG erfüllt sind, wenn der Ausländer trotz materiell-rechtlichen Vorliegens der Erteilungsvoraussetzungen nicht im Besitz eines entsprechenden Titels nach § 4 Abs. 1 Satz 2, Abs. 3 AufenthG bzw. § 284 SGB III ist.[23]

▶ Praxistipp:

Der Verleiher sollte schon aus Eigeninteresse vor Überlassung eines ausländischen Arbeitnehmers an einen Dritten sorgfältig prüfen, ob dieser einen erforderlichen Aufenthaltstitel besitzt. Aus Beweisgründen zu empfehlen ist die Anfertigung einer Kopie für die Personalakte.

---

20 Ausführlich Gagel/*Bieback* § 284 SGB III Rn. 1 ff.; s.a. zur EU-Osterweiterung Beitrittsvertrag vom 25.04.2005, ABl. EU L 157/11.
21 Dazu bereits § 3 Rdn. 45; allg. zum Ermessen Gagel/*Bieback* § 284 SGB III Rn. 75.
22 BGH, 24.10.2007 – 1 StR 160/07, NJW 2008, 595 = wistra 2008, 60.
23 Dazu a. *Boemke/Lembke* § 15 AÜG Rn. 13; Thüsing/*Kudlich* Vorb. §§ 15 ff. AÜG Rn. 28 ff.

Das Fehlen oder Erlöschen einer notwendigen Aufenthaltserlaubnis zur Ausübung einer Beschäftigung in der BRD führt grds. nicht zur Nichtigkeit des Arbeitsvertrages (§ 134 BGB), lediglich die Beschäftigung des ausländischen Arbeitnehmers ist von Gesetzes wegen verboten.[24] Beantwortet der ausländische Arbeitnehmer die Frage nach dem Vorliegen einer erforderlichen Aufenthaltserlaubnis zur Ausübung einer Beschäftigung indes wahrheitswidrig falsch, kann der Verleiher den Leiharbeitsvertrag grds. wegen arglistiger Täuschung (§ 123 BGB) anfechten.[25]

Wird die Arbeitsgenehmigung entweder endgültig bestands- oder rechtskräftig versagt (dauerndes Beschäftigungsverbot) oder ist deren Erteilung völlig ungewiss oder sogar unwahrscheinlich, so sind diese Fälle einer dauernden Arbeitsunfähigkeit wegen Krankheit gleichzusetzen; eine ordentliche personenbedingte Kündigung des Arbeitsverhältnisses ist dann regelmäßig gerechtfertigt.[26]

2. Besonders schwerer Fall – Abs. 2

Das Strafmaß des § 15 Abs. 1 AÜG – Freiheitsstrafe bis zu 3 Jahren oder Geldstrafe – wird in besonders schweren Fällen auf sechs Monate bis zu 5 Jahren Freiheitsstrafe verschärft (§ 15 Abs. 2 Satz 1 AÜG). Ein **besonders schwerer Fall** liegt nach § 15 Abs. 2 Satz 2 AÜG i.d.R. vor, wenn der Täter – im strafrechtlichen Sinne – **gewerbsmäßig oder aus grobem Eigennutz** handelt. Die genannten Regelbeispiele sind nicht abschließend; ein besonders schwerer Fall liegt auch dann vor, wenn die objektiven und subjektiven Tatumstände die üblichen und damit für den ordentlichen Strafrahmen zu berücksichtigenden Fälle an Strafwürdigkeit so deutlich übertreffen, dass dieser zu Ahndung

---

24 *Gallner/Denecke* in: Gallner/Mestwerdt/Nägele, Kündigungsschutzrecht, § 1 KSchG Rn. 510; a.A. allerdings zur alten Rechtslage *Löwisch/Spinner* § 1 KSchG Rn. 223, die bei eindeutig fehlender Arbeitserlaubnis die Nichtigkeit des Arbeitsvertrages bejahen.
25 *Gallner/Denecke* in: Gallner/Mestwerdt/Nägele, Kündigungsschutzrecht, § 1 KSchG Rn. 513.
26 Instruktiv *Gallner/Denecke* in: Gallner/Mestwerdt/Nägele, Kündigungsschutzrecht, § 1 KSchG Rn. 511; BAG, 07.02.1990 – 2 AZR 359/89, AP KSchG 1969 § 1 Personenbedingte Kündigung Nr. 14 (bei Nicht-Feststehen der Erlaubniserteilung ist der Arbeitgeber zu Überbrückungsmaßnahmen verpflichtet, offengelassen für den Fall der gänzlich ungewissen Erlaubniserteilung); a. *Hamann* jurisPR-ArbR 5/2010 Anm. 3.

der Tat nicht mehr ausreicht.[27] Als besonders strafwürdig erweist sich bspw. das Verhalten des Täters, wenn die ausländischen Arbeitnehmer ausgebeutet oder sonst erheblich benachteiligt werden.[28]

a) Gewerbsmäßiges Handeln – Satz 2, 1. Alt.

13 Für das strafverschärfende Merkmal des § 15 Abs. 2 Satz 2, 1. Alt. AÜG ist der **strafrechtliche Begriff der Gewerbsmäßigkeit** maßgebend.[29] Gewerbsmäßig in diesem Sinne handelt erst derjenige, der sich gerade durch die wiederholte Überlassung nichtdeutscher Arbeitnehmer eine nicht nur vorübergehende Einnahmequelle verschaffen will; der gewerberechtliche Begriff der Gewerbsmäßigkeit entspricht nicht dem Merkmal der Gewerbsmäßigkeit im strafrechtlichen Sinne.[30]

b) Handeln aus grobem Eigennutz – Satz 2, 2. Alt.

14 Das **Regelbeispiel »Handeln aus grobem Eigennutz«** wird verwirklicht, wenn der Täter in besonders anstößigem Maße nach wirtschaftlichem Gewinn strebt.[31] Schlichtes Gewinnstreben soll ebenso wenig ausreichend sein wie ein auffälliges Missverhältnis zwischen den Arbeitsbedingungen deutscher Leiharbeitnehmer und denen ausländischer Leiharbeitnehmer.[32] Indiziert wird ein in besonderem Maße anstößiges Streben nach wirtschaftlichen Vorteilen insb. in Fällen, in denen der Verleiher dem ausländischen Leiharbeitnehmer unter Hinweis auf seine illegale Beschäftigung besonders menschenunwürdige und nicht existenzsichernde Arbeitsbedingungen aufzwingt.[33]

---

27 BGH, 24.06.1987 – 3 StR 200/87, EzAÜG § 15 AÜG Nr. 1.
28 KHK/*Düwell* 4.5 Rn. 292; MünchArb/*Schüren* § 318 Rn. 187.
29 BT-Drucks. 7/3100, 6; ferner BGH, 14.04.1981 – 1 StR 676/80, EzAÜG § 1 AÜG Gewerbsmäßige Arbeitnehmerüberlassung Nr. 14 = NStZ 1981, 303.
30 BGH, 14.04.1981 – 1 StR 676/80, EzAÜG § 1 AÜG Gewerbsmäßige Arbeitnehmerüberlassung = NStZ 1981, 303; HWK/*Kalb* § 15 AÜG Rn. 13; Schüren/Hamann/*Stracke* § 15 AÜG Rn. 40; Thüsing/*Kudlich* § 15 AÜG Rn. 27.
31 BT-Drucks. 7/3100, 6.
32 HWK/*Kalb* § 15 AÜG Rn. 14; Thüsing/*Kudlich* § 15 AÜG Rn. 32.
33 *Boemke/Lembke* § 15 AÜG Rn. 32; Thüsing/*Kudlich* § 15 AÜG Rn. 32; *Ulber* § 15 AÜG Rn. 26.

II. Subjektiver Tatbestand

Die Verwirklichung des Straftatbestandes des § 15 AÜG setzt **Vorsatz des Verleihers** voraus (vgl. § 15 StGB). Vorsatz ist nach allgemeinen strafrechtlichen Grundsätzen Wissen und Wollen der Tatbestandsverwirklichung, d.h. der Verleiher muss die objektiven Tatbestandsmerkmale des § 15 AÜG kennen und deren Verwirklichung auch anstreben. Eine rechtlich zutreffende Subsumtion unter die Tatbestandsvoraussetzungen ist dabei nicht zu verlangen. 15

▶ **Beispiel:**

Nimmt der Verleiher irrtümlich das Vorliegen eines Scheinwerkvertrages an, obwohl tatsächlich Arbeitnehmerüberlassung vorliegt und hat er – unter Verkennung der Rechtslage – von den tatbestandsbegründenden Voraussetzungen der Arbeitnehmerüberlassung Kenntnis, ist dies für die Verwirkung des subjektiven Tatbestandes unerheblich. Regelmäßig wird es sich um einen vermeidbaren Verbotsirrtum handeln, welcher die Strafbarkeit nicht entfallen lässt.

Für die Abgrenzung zwischen unbeachtlichem **Tatbestandsirrtum** (vgl. § 16 StGB) und unter Umständen Schuld ausschließendem **Verbotsirrtum** (vgl. § 17 StGB) gelten die allgemeinen Grundsätze.[34] Ein vermeidbarer Verbotsirrtum lässt die Schuld des Täters nicht entfallen (§ 17 Satz 1 StGB). Ein solcher wird regelmäßig – gerade bei den mit der Beschäftigung ausländischer Arbeitnehmer verbundenen schwierigen Rechtsfragen – vorliegen, wenn sich der Verleiher vor Überlassung des ausländischen Arbeitnehmers nicht hat beraten lassen. Geeignete Auskunftspersonen sind neben der BA auch entsprechend qualifizierte Rechtsanwälte.[35] Nimmt der Verleiher in Kenntnis aller objektiven Tatumstände an, für seine Tätigkeit keine Erlaubnis nach dem AÜG zu benötigen oder nimmt er an, der ausländische Arbeitnehmer benötige keinen Aufenthaltstitel, liegt regelmäßig ein vermeidbarer Verbotsirrtum vor.[36] Glaubt der Verleiher demgegenüber, ein Titel nach §§ 4, 18, 39 ff. AufenthG oder § 284 Abs. 1 Satz 1 SGB III sei erforderlich und tatsächlich 16

---

34 Dazu *Tröndle/Fischer* § 16 StGB Rn. 1 ff., § 17 StGB Rn. 1 ff.
35 OLG Düsseldorf, 04.09.1979 – 5 Ss (OWi) 480/79-477/79 I, EzAÜG § 1 AÜG Gewerbsmäßige Arbeitnehmerüberlassung Nr. 10; AG Gießen, 13.04.1987 – 54 OWi 15 Js 22376/68, EzAÜG § 1 AÜG Gewerbsmäßige Arbeitnehmerüberlassung Nr. 24.
36 *Boemke/Lembke* § 15 AÜG Rn. 21; HWK/*Kalb* § 15 AÜG Rn. 10; krit. Thüsing/ *Kudlich* Vorb. §§ 15 ff. AÜG Rn. 19 f.

erteilt worden, irrt er über eine Tatsache; es handelt sich mithin um einen vorsatzausschließenden Tatbestandsirrtum (§ 16 StGB).[37]

▶ Praxistipp:

Gegen seine Erkundigungspflicht verstößt der Verleiher nicht nur dann, wenn er auf die Einholung sachkundigen Rechtsrates verzichtet, sondern auch dann, wenn er den ausländischen Arbeitnehmer nicht vor der Überlassung an einen Entleiher nach dessen Staatsangehörigkeit befragt. In der Praxis bietet es sich an, einen Einstellungsfragebogen um eine entsprechende Frage zur Staatsangehörigkeit zu ergänzen. Das AGG dürfte einer solch berechtigten Frage nicht entgegenstehen.

C. Strafhöhe

17 Verwirklicht der illegale Verleiher den **Grundtatbestand des § 15 Abs. 1 AÜG**, wird er mit Freiheitsstrafe bis zu 3 Jahren oder mit Geldstrafe bestraft. Das Mindestmaß der Freiheitsstrafe beträgt nach § 38 Abs. 2 StGB einen Monat. Die Bemessung der Freiheitsstrafe (nach Wochen, Monaten oder Jahren) bestimmt sich nach § 39 StGB. Wird eine Geldstrafe verhängt, bemisst sich diese in Tagessätzen; das Mindestmaß der Geldstrafe beträgt fünf, das Höchstmaß 360 volle Tagessätze (§ 40 Abs. 1 StGB). Ein Tagessatz wird unter Berücksichtigung der persönlichen und wirtschaftlichen Verhältnisse des Täters auf mindestens 1 € und höchstens 30.000 € festgesetzt (§ 40 Abs. 2 StGB). Unter den Voraussetzungen des § 41 StGB können Freiheitsstrafe und Geldstrafe nebeneinander verhängt werden, wenn der Täter sich durch die Tat bereichert oder zu bereichern versucht hat.

18 Der Regelstrafrahmen des § 15 Abs. 1 AÜG wird in den **besonders schweren Fällen des § 15 Abs. 2 AÜG** auf sechs Monate bis zu fünf Jahren Freiheitsstrafe ausgeweitet.

D. Konkurrenzen

19 Im Fall der Strafbarkeit nach § 15 AÜG begeht der illegale Verleiher zugleich **Ordnungswidrigkeiten**, insb. nach **§ 16 Abs. 1 Nr. 1 AÜG** sowie **§ 404 Abs. 2 Nr. 3 SGB III**. Nach § 21 Abs. 1 Satz 1 OWiG treten diese hinter der rechtskräftig festgestellten Straftat zurück. Das Strafgericht hat den

---

37 So a. Thüsing/*Kudlich* Vorb. §§ 15 ff. AÜG Rn. 18.

Ordnungswidrigkeitentatbestand im Strafverfahren jedoch dann zu berücksichtigen, wenn eine Verurteilung nach § 15 AÜG ausscheidet (vgl. § 82 Abs. 1 OWiG).[38]

▶ **Praxistipp:**

Bei illegaler Arbeitnehmerüberlassung eines ausländischen Arbeitnehmers[39] ohne Arbeitserlaubnis im Inland gelten die allgemeinen Rechtsfolgen. Das nach § 10 Abs. 1 Satz 1 AÜG fingierte Arbeitsverhältnis unterliegt der deutschen Sozialversicherung. Mangels Arbeitserlaubnis wird das verleihende Unternehmen den ausländischen Mitarbeiter regelmäßig nicht zur deutschen Sozialversicherung melden, sondern ihn als scheinselbständigen »freien Mitarbeiter« an den Dritten vermitteln (sog. Contracting). Erweist sich diese Konstruktion als rechtlich nicht tragfähige illegale Arbeitnehmerüberlassung haftet der Entleiher – insbes. neben § 16 Abs. 1 Nr. 1a AÜG, § 266a StGB – für rückständige Sozialversicherungsbeiträge. Gegen die sozialversicherungsrechtliche Beitragsnachhaftung wegen Vorsatzes (!) kann der Auftraggeber – ebenso wie bei der Beschäftigung eines ausländischen Scheinselbständigen – nicht einwenden, eine sozialversicherungsrechtliche Statusüberprüfung hätte wegen des Beschäftigungsverbots nach Ausländerrecht nicht erfolgen können und er habe von der Beitragspflicht unverschuldet keine Kenntnis gehabt.[40]

Zu den **Straftatbeständen des SchwarzArbG** (§§ 10, 11)[41] wird § 15 AÜG **20** häufig in Tateinheit (§ 52 StGB) stehen. Darüber hinaus kommen

---

38 BGH, 24.10.2007 – 1 StR 160/07, NJW 2008, 595 = wistra 2008, 60.
39 Zur Diskussion um die Rechtsfolgen bei Verleih aus dem Ausland sowie den Auswirkungen einer A1-Entsendebescheinigung vgl. *Wilde* NZS 2016, 48; ferner § 9 Rdn. 7.
40 LSG Nordrhein-Westfalen, 29.06.2016 – L 8 R 1113/12, BeckRS 2016, 72544 (Einsatz ausländischer Reinigungskräfte im Rahmen eines Subunternehmervertrages, bei dem es sich tatsächlich um Arbeitnehmerüberlassung handelte); LSG Bayern, 29.06.2015 – L 16 R 780/13, BeckRS 2015, 70543 (Beschäftigung einer scheinselbständigen Mitarbeiterin mit rumänischer Staatsangehörigkeit auf freiberuflicher Basis ohne Arbeitserlaubnis); LSG Baden-Württemberg, 24.02.2015 – L 11 R 5195/13, BeckRS 2015, 67555 (Tätigkeit polnischer Staatsangehöriger im Auftrag einer deutschen Baufirma im Rahmen eines vermeintlichen Subunternehmervertrages – Scheinselbständigkeit).
41 Zur Schwarzarbeit auf dem Bau *Spatscheck/Fraedrich* NZBau 2007, 673.

Steuerstraftaten (§ 370 AO)[42] und **Betrugstatbestände** (§ 263 StGB bzw. § 266a StGB)[43] in Betracht. Unter den Voraussetzungen des § 21 Abs. 1 Nr. 3 SchwarzArbG sind Verleiher bei einer Straftat nach § 15 AÜG zudem bis zu einer Dauer von drei Jahren von **öffentlichen Auftragsvergaben im Baubereich auszuschließen.**[44]

▶ Hinweis:

Eine Übersicht über drohende Strafen und Bußgelder bei illegaler Beschäftigung ist im Anhang abgedruckt.

§ 15a Entleih von Ausländern ohne Genehmigung

(1) ¹Wer als Entleiher einen ihm überlassenen Ausländer, der einen erforderlichen Aufenthaltstitel nach § 4 Abs. 3 des Aufenthaltsgesetzes, eine Aufenthaltsgestattung oder eine Duldung, die zur Ausübung der Beschäftigung berechtigen, oder eine Genehmigung nach § 284 Abs. 1 des Dritten Buches Sozialgesetzbuch nicht besitzt, zu Arbeitsbedingungen des Leiharbeitsverhältnisses tätig werden lässt, die in einem auffälligen Missverhältnis zu den Arbeitsbedingungen deutscher Leiharbeitnehmer stehen, die die gleiche oder eine vergleichbare Tätigkeit ausüben, wird mit Freiheitsstrafe bis zu drei Jahren oder mit Geldstrafe bestraft. ²In besonders schweren Fällen ist die Strafe Freiheitsstrafe von sechs Monaten bis zu fünf Jahren; ein besonders schwerer Fall liegt in der Regel vor, wenn der Täter gewerbsmäßig oder aus grobem Eigennutz handelt.

(2) ¹Wer als Entleiher
1. gleichzeitig mehr als fünf Ausländer, die einen erforderlichen Aufenthaltstitel nach § 4 Abs. 3 des Aufenthaltsgesetzes, eine Aufenthaltsgestattung oder eine Duldung, die zur Ausübung der Beschäftigung berechtigen, oder eine Genehmigung nach § 284 Abs. 1 des Dritten Buches Sozialgesetzbuch nicht besitzen, tätig werden lässt oder

---

42 Zur Strafzumessung bei Steuerhinterziehung BGH, 02.12.2008 – 1 StR 416/08, NJW 2009, 528; *Bilsdorfer* NJW 2009, 476.
43 Zum Konkurrenzverhältnis BGH, 12.02.2003 – 5 StR 165/02, EzAÜG § 10 AÜG Fiktion Nr. 108 = NStZ 2009, 552.
44 Zur Einschränkung der Arbeitnehmerüberlassung im Baugewerbe vgl. die Kommentierung zu § 1b AÜG.

2. eine in § 16 Abs. 1 Nr. 2 bezeichnete vorsätzliche Zuwiderhandlung beharrlich wiederholt,

wird mit Freiheitsstrafe bis zu einem Jahr oder mit Geldstrafe bestraft. ²Handelt der Täter aus grobem Eigennutz, ist die Strafe Freiheitsstrafe bis zu drei Jahren oder Geldstrafe.

Übersicht	Rdn.
A. Allgemeines	1
B. Tatbestand	3
I. Objektiver Tatbestand	3
1. Ausbeuterische Arbeitsbedingungen – Abs. 1 Satz 1	5
a) Vergleichsgruppe	6
b) Vergleichsgegenstand	9
c) Auffälliges Missverhältnis	12
2. Gleichzeitiger Entleih von mehr als fünf Ausländern – Abs. 2 Satz 1 Nr. 1	16
3. Beharrliche Zuwiderhandlung gegen § 16 Abs. 1 Nr. 2 – Abs. 2 Satz 1 Nr. 2	17
4. Besonders schwere Fälle – Abs. 1 Satz 2 und Abs. 2 Satz 2	19
II. Subjektiver Tatbestand	21
C. Strafhöhe	23
D. Konkurrenzen	26

A. Allgemeines

§ 15a AÜG sanktioniert das strafbare Verhalten des Entleihers.[1] Die Vorschrift 1 enthält insgesamt **drei selbstständige Straftatbestände**. Gemeinsam ist diesen, dass alle Varianten auf der Ordnungswidrigkeit des § 16 Abs. 1 Nr. 2 AÜG aufbauen. Die Schwelle von der Ordnungswidrigkeit zur Straftat wird erst durch das Hinzutreten weitere Merkmale überschritten: Dem Tätigwerdenlassen ausländischer Leiharbeitnehmer zu ausbeuterischen Arbeitsbedingung (Abs. 1 Satz 1), dem gleichzeitigen Entleih von mehr als fünf Arbeitnehmern (Abs. 2 Satz 1 Nr. 1) oder der beharrlichen Zuwiderhandlung gegen § 16 Abs. 1 Nr. 2 AÜG (Abs. 2 Satz 1 Nr. 2).

---

1 Allg. zu §§ 15, 15a AÜG bereits § 15 Rdn. 1 ff.

§ 15a AÜG Entleih von Ausländern ohne Genehmigung

2 **Täter** einer Straftat nach § 15a AÜG kann **nur der Entleiher** sein. Anders als § 15 AÜG setzt § 15a AÜG legale Arbeitnehmerüberlassung voraus.[2] Liegt keine Verleiherlaubnis vor, so ist der Entleiher fiktiver Arbeitgeber des eingesetzten ausländischen Leiharbeitnehmers und deshalb bereits nach §§ 10, 11 SchwarzArbG (§§ 406, 407 SGB III a.F.) strafbar.

B. Tatbestand

I. Objektiver Tatbestand

3 Gemeinsame **Tathandlung aller Straftatbestände** des § 15a AÜG ist das Tätigwerdenlassen eines Ausländers ohne den erforderlichen Aufenthaltstitel nach § 4 Abs. 3 AufenthaltG oder die erforderliche Genehmigung nach § 284 Abs. 1 SGB III. Es gelten insoweit die Ausführungen zu § 15 AÜG.[3]

4 Genauso wie für die Überlassung i.R.d. objektiven Tatbestandes des § 15 AÜG kommt es auch bei § 15a AÜG auf die **tatsächliche Arbeitsaufnahme durch den ausländischen Leiharbeitnehmer** an; weder Vertragsverhandlungen noch der Abschluss des Arbeitnehmerüberlassungsvertrages erfüllen das objektive Tatbestandsmerkmal des Tätigwerdenlassens.[4]

1. Ausbeuterische Arbeitsbedingungen – Abs. 1 Satz 1

5 § 15a Abs. 1 Satz 1 AÜG setzt zusätzlich voraus, dass dies zu Arbeitsbedingungen geschieht, die in einem **auffälligen Missverhältnis zu den Arbeitsbedingungen vergleichbarer deutscher Leiharbeitnehmer** stehen. In besonders schweren Fällen wird der Strafrahmen durch § 15a Abs. 1 Satz 2 AÜG erweitert.[5]

a) Vergleichsgruppe

6 Die Arbeitsbedingungen **ausländischer Leiharbeitnehmer** sind mit denen **deutscher Leiharbeitnehmer** des Verleihers zu vergleichen. Der Grundsatz nulla poena sine lege verbietet ein Abstellen auf vergleichbare ausländische Leiharbeitnehmer des Verleihers oder auf Stammarbeitskräfte im

---

2 Schüren/Hamann/*Stracke* § 15a AÜG Rn. 20; Thüsing/*Kudlich* § 15a AÜG Rn. 9 f.; *Urban-Crell/Schulz* Rn. 888.
3 Vgl. § 15 Rdn. 6 ff.
4 Zur Parallelproblematik vgl. § 15 Rdn. 8.
5 Dazu Rdn. 20.

Entleiherbetrieb. Nach überwiegender Auffassung können allerdings die Arbeitsbedingungen vergleichbarer deutscher Leiharbeitnehmer innerhalb derselben Branche in die Betrachtung einbezogen werden, wenn es im Betrieb des Verleihers an vergleichbaren deutschen Leiharbeitnehmern fehlt.[6]

Zur Vergleichsgruppe gehören **nur solche deutschen Leiharbeitnehmer, die die gleiche oder eine vergleichbare Tätigkeit ausüben**. Entscheidend ist mithin die Art der Tätigkeit. Können ausländischer und deutscher Leiharbeitnehmer des Verleihers gegeneinander ausgetauscht werden, handelt es sich um die **gleiche Tätigkeit**; sie stimmt entweder vollständig oder in wesentlichen Punkten überein. 7

Vergleichbar sind die Tätigkeiten, soweit sie einander ähnlich sind. Dies ist der Fall, wenn sie zwar inhaltlich nicht identisch, aber in wesentlichen Punkten zumindest überwiegend einander entsprechen. Sind die Tätigkeiten strukturell derselben Hierarchieebene zuzuordnen und stellen sie im Wesentlichen ähnliche Anforderungen an die Qualifikationen, die Berufserfahrung und eine etwaige Führungsverantwortung des Arbeitnehmers, sind sie vergleichbar. Wichtige Anhaltspunkte können in der Praxis tarifliche Eingruppierungen liefern; fehlt es an solchen, ist auf die Grundsätze der Sozialauswahl nach § 1 Abs. 3 KSchG abzustellen.[7] 8

b) Vergleichsgegenstand

Vergleichsgegenstand sind die **Arbeitsbedingungen** des überlassenen ausländischen Leiharbeitnehmers und die vergleichbarer deutscher Leiharbeitnehmer. 9

Das Gesetz definiert den **Begriff Arbeitsbedingungen** nicht. Richtigerweise wird man hier auf die zu den früheren § 3 Abs. 1 Nr. 3 AÜG bzw. § 9 Nr. 2 AÜG a.F. (seit 01.04.2017 geregelt in § 8 AÜG n.F.) entwickelten Grundsätze zurückgreifen können.[8] Dabei ist allerdings zu berücksichtigen, dass Anknüpfungspunkt für das Gleichstellungsgebot nach dem ausdrücklichen Gesetzeswortlaut nur die »wesentlichen« Arbeitsbedingungen sind. Diese Einschränkung macht § 15a Abs. 1 Satz 1 AÜG nicht. Insoweit sind nicht nur die wesentlichen, sondern auch **alle sonstigen Arbeitsbedingungen** zu berücksichtigen.[9] 10

---

6 *Boemke/Lembke* § 15a AÜG Rn. 7; Schüren/Hamann/*Stracke* § 15a AÜG Rn. 18 ff.; Thüsing/*Kudlich* § 15a AÜG Rn. 19.
7 So ähnlich bei § 3 Abs. 1 Nr. 3 AÜG, vgl. § 3 Rdn. 93 ff.; § 8 Rdn. 29 ff.
8 Vgl. dazu § 8 Rdn. 34 ff.; 41 ff.
9 So a. *Boemke/Lembke* § 15a AÜG Rn. 9; Thüsing/*Kudlich* § 15a AÜG Rn. 21 m.w.N.

11 Zum Schutz der ausländischen Leiharbeitnehmer vor Ausbeutung durch Lohndumping stellt die wohl überwiegende Auffassung einerseits auf die **rechtlich wirksam vereinbarten Arbeitsbedingungen deutscher Leiharbeitnehmer** und andererseits auf die tatsächlichen – nicht nur rechtlich vereinbarten – Arbeitsbedingungen der überlassenen ausländischen Arbeitnehmer ab.[10] Diese Auffassung überzeugt. Leiharbeitsverträge mit ausländischen Leiharbeitnehmern werden – allein um den gesetzlichen Grundsatz des Equal Pay und Equal Treatment auszuschließen – regelmäßig die einschlägigen Tarifverträge der Zeitarbeitsbranche in Bezug nehmen. Stellte man also formal lediglich auf den Vertragswortlaut ab, wären »ausbeuterische Arbeitsbedingungen« praktisch nicht denkbar. Deshalb ist es richtig, die **tatsächlichen Arbeitsbedingungen ausländischer Arbeitnehmer zugrunde zu legen**.

c) Auffälliges Missverhältnis

12 Zwischen den Arbeitsbedingungen deutscher Leiharbeitnehmer und der einem Entleiher überlassenen Ausländer muss ein **auffälliges Missverhältnis zuungunsten der ausländischen Beschäftigten** bestehen.

13 Unzweifelhaft gilt dies in den Fällen, in denen der Verleiher den ausländischen Arbeitnehmern ein die Grenze der Sittenwidrigkeit nach § 138 Abs. 1 BGB nicht überschreitendes Arbeitsentgelt gewährt.[11] Mangels Kodifizierung des **»sittenwidrigen Lohnes«** ist die Bestimmung der Schwelle zur Sittenwidrigkeit jedoch rechtlich und praktisch mit erheblichen Unsicherheiten verbunden. Als Orientierungsgröße bietet sich die Rechtsprechung des BGH zu § 302a StGB a.F. (§ 291 StGB n.F.) an. Nach Auffassung des BGH ist jedenfalls dann von Sittenwidrigkeit und damit einem auffälligen Missverhältnis auszugehen, wenn die vereinbarte Vergütung das allgemeine Tariflohnniveau im Wirtschaftszweig des Arbeitgebers um knapp 2/3 (hier: 63 %) unterschreitet.[12] Das BAG nimmt Lohnwucher regelmäßig bereits dann an, wenn die Arbeitsvergütung nicht einmal zwei Drittel eines in der betreffenden Branche

---

10 *Boemke/Lembke* § 15a AÜG Rn. 6, 9; *Thüsing/Kudlich* § 15a AÜG Rn. 22.
11 ErfK/*Wank* § 15a AÜG Rn. 4; *Thüsing/Kudlich* § 15a AÜG Rn. 25; zu sittenwidrigen Löhnen a. § 3 Rdn. 75 (Praxistipp).
12 BGH, 22.04.1997 – 1 StR 701/96, AP BGB § 138 Nr. 52; offengelassen von BAG, 24.03.2004 – 5 AZR 303/03, NZA 2004, 971; jetzt a. BAG, 22.04.2009 – 5 AZR 436/08, n.v.

und Wirtschaftsregion üblicherweise gezahlten Tariflohns erreicht.[13] Maßstab ist die »übliche Vergütung«, nicht ein Mindestlohn.[14] Ein Mindestlohn definiert die noch zulässige Untergrenze der Vergütung, nicht die branchenübliche Vergütungshöhe für die in Rede stehende konkrete Tätigkeit. Gleichwohl darf ein geltender gesetzlicher oder tariflicher Mindestlohn auch bei Anlegen der Bemessungskriterien des BAG für die Sittenwidrigkeit nicht unterschritten werden, dieser ist als Minimum stets zu gewährleisten.

Soweit die unbestimmte Grenze zur Sittenwidrigkeit (noch) nicht überschritten ist, ist danach zu fragen, ob zwischen dem eigentlichen Wert der Arbeitsleistung – festgemacht an den Arbeitsbedingungen vergleichbarer deutscher Leiharbeitnehmer – und dem Wert der dafür als Gegenleistung gewährten Arbeitsbedingungen eine deutliche Diskrepanz besteht. Bei der Entlohnung ausländischer Arbeitnehmer kommt es deshalb nicht darauf an, ob der Ausländer die unverhältnismäßig niedrige Entlohnung bzw. sonstigen Arbeitsbedingungen aus seiner Sicht – etwa aufgrund eines deutlich niedrigeren Lohnniveaus in seinem Heimatland – als angemessen oder sogar besonders günstig bewertet. Für die Bewertung maßgeblich sind ausschließlich die objektiven Bewertungsmaßstäbe im Einsatzland Deutschland.[15] Nach überwiegender Auffassung wird hinsichtlich der besonders wichtigen Fallgruppe der **Vergütung** ein auffälliges Missverhältnis regelmäßig bereits dann angenommen, wenn dem ausländischen Leiharbeitnehmer eine um **mindestens 20 % geringere Entlohnung** als Personen der Vergleichsgruppe gewährt wird; Orientierungsmaßstab sind regelmäßig die tarifüblichen Löhne bzw. Gehälter.[16] Fehlt es an einem üblichen Tarifentgelt ist Vergleichsmaßstab das Lohnniveau für die auszuübende Tätigkeit, das sich im einschlägigen Wirtschaftszweig der maßgeblichen Wirtschaftsregion gebildet hat.[17] Zur Bestimmung des Vergü- 14

---

13 St. Rspr. seit BAG, 22.04.2009 – 5 AZR 436/08, NZA 2009, 837; weiterführend BAG, 18.11.2015 – 5 AZR 751/13, AP BGB § 138 Nr. 72; BAG, 19.08.2015 – 5 AZR 500/01, AP BGB § 138 Nr. 71; BAG, 27.06.2012 – 5 AZR 496/11, BeckRS 2012, 73027.
14 So auch Däubler/*Lakies* § 5 TVG Rn. 31.
15 BGH, 22.04.1997 – 1 StR 701/96, AP BGB § 138 Nr. 52.
16 *Boemke/Lembke* § 15a AÜG Rn. 10; *Thüsing/Kudlich* § 15a AÜG Rn. 24; Schüren/Hamann/*Stracke* § 15a AÜG Rn. 23.
17 BAG, 19.08.2015 – 5 AZR 500/01, AP BGB § 138 Nr. 71; BAG, 16.05.2012 – 5 AZR 331/11, NZA 2012, 908; LAG Berlin-Brandenburg, 04.03.2016 – 6 Sa 1476/15, BeckRS 2016, 69936.

tungsniveaus in dem jeweiligen Wirtschaftszweig kann auf Angaben des Statistischen Bundesamtes oder Statistischen Landesamtes zurückgegriffen werden; fehlen entsprechende Zahlungen, sind Schätzungen nach § 287 Abs. 2 ZPO zulässig.[18]

15 Eine **abstrakt-pauschalierte Betrachtung** allein anhand von Prozentsätzen **verbietet sich allerdings**. Vielmehr ist in jedem Einzelfall eine Gesamtbetrachtung aller Arbeitsbedingungen vorzunehmen. Insoweit können möglicherweise ungünstigere Vergütungskomponenten durch andere günstigere Arbeitsbedingungen (z.B. kürzere Arbeitszeiten, mehr Urlaub) kompensiert werden. Ebenso ist zu berücksichtigen, ob den unterschiedlichen Arbeitsbedingungen ein sachlich rechtfertigender Grund zugrunde liegt.[19]

2. Gleichzeitiger Entleih von mehr als fünf Ausländern – Abs. 2 Satz 1 Nr. 1

16 Der Straftatbestand des § 15a Abs. 2 Nr. 1 AÜG setzt als weitere Tathandlung voraus, dass der Entleiher gleichzeitig **mehr als fünf Ausländer** ohne den erforderlichen Aufenthaltstitel tätig werden lässt. Im Mindestmaß müssen also sechs ausländische Leiharbeitnehmer gleichzeitig eingesetzt werden. Es muss sich nicht um Arbeitnehmer desselben Verleihers handeln.[20] Im Anwendungsbereich des § 15a Abs. 2 Satz 1 Nr. 1 AÜG gilt das »Pro-Kopf-Prinzip«. Deshalb ist es unerheblich, ob die überlassenen ausländischen Arbeitnehmer Teilzeit- oder Vollzeitkräfte sind. Eine nur geringfügige Beschäftigung ausländischer Leiharbeitnehmer kann aber unter Umständen bei der Strafzumessung berücksichtigt werden.[21]

3. Beharrliche Zuwiderhandlung gegen § 16 Abs. 1 Nr. 2 – Abs. 2 Satz 1 Nr. 2

17 Nach § 15a Abs. 2 Satz 1 Nr. 2 AÜG macht sich der Entleiher strafbar, wenn er eine in § 16 Abs. 1 Nr. 2 AÜG bezeichnete vorsätzliche **Zuwiderhandlung beharrlich wiederholt**. Ein tatbestandsmäßiges Wiederholen liegt bereits dann vor, wenn der Entleiher das Verbot der Beschäftigung ausländischer

---

18 LAG Berlin-Brandenburg, 20.04.2016 – 15 Sa 2258/15, BeckRS 2016, 68134; LAG Berlin-Brandenburg, 04.03.2016 – 6 Sa 1476/15, BeckRS 2016, 69936.
19 *Boemke/Lembke* § 15a AÜG Rn. 10.
20 ErfK/*Wank* § 15a AÜG Rn. 5; Schüren/Hamann/*Stracke* § 15a AÜG Rn. 26.
21 So a. *Boemke/Lembke* § 15a AÜG Rn. 16.

Leiharbeitnehmer ohne den erforderlichen Titel mindestens zweimal vorsätzlich missachtet.[22]

Eine beharrliche Zuwiderhandlung liegt jedenfalls dann vor, wenn der Entleiher auf die Unrechtmäßigkeit seines Handelns, etwa aufgrund eines **Bußgeldbescheides, behördliche Abmahnung oder sonstige Verwarnung**, ausdrücklich hingewiesen wurde.[23] Aber nicht nur wenn der Entleiher entgegen ausdrücklicher behördlicher Bescheide und/oder Abmahnungen sein ordnungswidriges Verhalten fortsetzt, sondern auch in den Fällen, in denen ein vorangegangener behördlicher Hinweis fehlt, soll der Tatbestand des § 15 Abs. 2 Satz 1. Nr. 2 verwirklicht sein.[24] Vom Wortlaut des Strafgesetzes ist diese Betrachtungsweise gedeckt. Sie verstößt nicht gegen Art. 103 Abs. 2 GG. In der Praxis werden die Strafverfolgungsbehörden allerdings erheblichen Beweisschwierigkeiten ausgesetzt sein. 18

4. Besonders schwere Fälle – Abs. 1 Satz 2 und Abs. 2 Satz 2

Das Strafmaß des § 15a Abs. 1 Satz 1 AÜG – Freiheitsstrafe bis zu drei Jahren oder Geldstrafe – wird in **besonders schweren Fällen** auf Freiheitsstrafe von sechs Monaten bis zu fünf Jahren erhöht (§ 15a Abs. 1 Satz 2 AÜG). Die Strafverschärfung entspricht der des § 15 Abs. 2 Satz 2 AÜG; auf die dortigen Ausführungen kann daher verwiesen werden.[25] 19

Handelt der Täter in den Fällen des § 15a Abs. 2 Satz 1 AÜG aus **grobem Eigennutz**, ist die Strafe Freiheitsstrafe bis zu drei Jahren oder Geldstrafe (§ 15a Abs. 2 Satz 2 AÜG).[26] Der Begriff des groben Eigennutzes entspricht dem in § 15 Abs. 2 Satz 2 AÜG; auf die dortigen Ausführungen wird verwiesen.[27] 20

---

22 *Boemke/Lembke* § 15a AÜG Rn. 17; ErfK/*Wank* § 15a AÜG Rn. 6; Thüsing/*Kudlich* § 15a AÜG Rn. 28.
23 BGH, 25.02.1992 – 5 StR 528/91, NStZ 1992, 594; ErfK/*Wank* § 15a AÜG Rn. 6; Schüren/Hamann/*Stracke* § 15a AÜG Rn. 29.
24 *Boemke/Lembke* § 15a AÜG Rn. 18.
25 Vgl. § 15 Rdn. 12 ff.
26 Zum akademischen Streit, ob es sich bei § 15a Abs. 2 Satz 2 AÜG um ein Regelbeispiel oder einen Qualifikationstatbestand handelt, vgl. Thüsing/*Kudlich* § 15a AÜG Rn. 42 m.w.N.
27 Dazu § 15 Rdn. 14.

II. Subjektiver Tatbestand

21 Die verschiedenen Straftatbestände des § 15a AÜG setzen – ebenso wie die Strafbarkeit des Verleihers nach § 15 AÜG – **Vorsatz des Täters** voraus (vgl. § 15 StGB).[28] Der Entleiher muss also die objektiven Tatbestandsmerkmale des jeweiligen Straftatbestandes des § 15a AÜG kennen und deren Verwirklichung auch anstreben. Bei allen Straftatbeständen gleichermaßen muss der Entleiher also die tatbestandsbegründenden Voraussetzungen des Entleihers im Rahmen einer Arbeitnehmerüberlassung und das Fehlen eines erforderlichen Aufenthaltstitels kennen.[29]

22 Darüber hinaus muss sich sein **Vorsatz auch auf die unterschiedlichen zusätzlichen Tathandlungen** der Straftatbestände erstrecken. Beim gleichzeitigen Entleih von mehr als fünf ausländischen Arbeitnehmern wird dies regelmäßig ebenso der Fall sein wie bei einem beharrlichen Entleih (§ 15a Abs. 1 Nr. 1 und Nr. 2 AÜG). Problematisch – in der Praxis jedenfalls schwierig nachweisbar – dürfte hingegen der Vorsatz im Hinblick auf die Beschäftigung ausländischer Leiharbeitnehmer zu ausbeuterischen Arbeitsbedingungen sein. Der Entleiher wird häufig keine positive Kenntnis von der Höhe der dem ausländischen Arbeitnehmer gewährten Vergütung und der sonstigen Arbeitsbedingungen haben; eine Erkundigungspflicht trifft ihn nach richtiger Auffassung nicht.[30] Bedingt vorsätzlich handelt der Täter bereits dann, wenn er konkrete Indizien für die Beschäftigung der ausländischen Leiharbeitnehmer zu ausbeuterischen Arbeitsbedingungen hat. Dies kann bspw. aufgrund von Hinweisen der Arbeitnehmer selbst der Fall sein. Die in der Literatur des Weiteren genannte Möglichkeit, dass sich dem Entleiher wegen eines im Vergleich zum Normalfall drastisch reduzierten Stundenverrechnungssatzes ein entsprechender Verdacht hätte aufdrängen müssen, dürfte praktisch nur im Fall des kollusiven Zusammenwirkens zwischen Verleiher und Entleiher vorkommen.[31]

---

28 Zum Vorsatz vgl. bereits § 15 Rdn. 15 f.
29 Dazu bereits § 15 Rdn. 16 (a. zum Tatbestands- und Verbotsirrtum).
30 *Boemke/Lembke* § 15a AÜG Rn. 11; Thüsing/*Kudlich* § 15a AÜG Rn. 34; Schüren/Hamann/*Stracke* § 15a AÜG Rn. 33 ff.; a.A. *Ulber* § 15a AÜG Rn. 19.
31 Dazu generell *Boemke/Lembke* § 15a AÜG Rn. 11; Schüren/Hamann/*Stracke* § 15a AÜG Rn. 36; *Ulber* § 15a AÜG Rn. 19.

C. Strafhöhe

Verwirklicht der Entleiher den **Straftatbestand des § 15a Abs. 1 Satz 1 AÜG**, wird er mit Freiheitsstrafe bis zu drei Jahren oder mit Geldstrafe bestraft.[32] 23

In den **Fällen des § 15a Abs. 2 Satz 1 AÜG** gilt ein Strafrahmen von einem Jahr Freiheitsstrafe oder Geldstrafe. 24

Der Regelstrafrahmen des § 15a Abs. 1 Satz 1 AÜG wird in den **besonders schweren Fällen des § 15a Abs. 1 Satz 2 AÜG** auf sechs Monate bis zu fünf Jahren Freiheitsstraße erhöht. Eine Strafverschärfung gilt auch bei den **Straftatbeständen des § 15a Abs. 2 Satz 1 AÜG**, wenn der Entleiher aus grobem Eigennutz handelt. In diesen Fällen ist die Strafe Freiheitsstrafe bis zu drei Jahren oder Geldstrafe (§ 15a Abs. 2 Satz 2 AÜG). 25

D. Konkurrenzen

Der Straftatbestand des § 15a Abs. 1 kann je nach den Umständen des Einzelfalls in Tateinheit mit **Wucher gem. § 291 StGB** stehen. 26

Bei Verwirklichung eines der Straftatbestände des § 15a AÜG begeht der Entleiher zugleich eine **Ordnungswidrigkeit** nach **§ 16 Abs. 1 Nr. 2 AÜG**. Nach § 21 Abs. 1 Satz 1 OWiG tritt diese regelmäßig hinter die rechtskräftig festgestellte Straftat zurück. Das Strafgericht hat den Ordnungswidrigkeitentatbestand im Strafverfahren jedoch dann zu berücksichtigen, wenn eine Verurteilung nach § 15a AÜG – etwa wegen fehlenden Vorsatzes – ausscheidet (vgl. § 82 Abs. 1 OWiG).[33] 27

Eine Strafbarkeit des legalen Entleihers nach §§ 10, 11 SchwarzArbG scheidet aus. Eine Strafbarkeit nach diesen Vorschriften setzt die Arbeitgebereigenschaft des Täters voraus; lediglich im Fall illegaler Arbeitnehmerüberlassung nach § 10 Abs. 1 Satz 1 AÜG kommt der Entleiher wegen seiner fiktiven Arbeitgeberstellung als Täter in Betracht. 28

▶ Praxistipp:

Allerdings müssen Entleiher unter den Voraussetzungen des **§ 21 Abs. 1 Nr. 3 SchwarzArbG** bei einer Straftat nach § 15a AÜG ebenso wie bei

---

32 Zur Bemessung von Freiheitsstrafe und Geldstrafe vgl. bereits § 15 Rdn. 17 f.
33 BGH, 24.10.2007 – 1 StR 160/07, NJW 2008, 595 = wistra 2008, 60 (zu § 15 AÜG).

einer Ordnungswidrigkeit nach § 16 Abs. 1 Nrn. 1c, 1d, 1f, 2 AÜG bis zu einer Dauer von drei Jahren mit einem **Ausschluss von der Teilnahme an Wettbewerben um öffentliche Bauaufträge** rechnen.

29 Aus denselben Gründen scheidet eine Strafbarkeit des legalen Entleihers wegen Betruges oder des Vorenthaltens von Arbeitnehmerbeiträgen zur Sozialversicherung (§ 263 StGB bzw. § 266a StGB) und/oder wegen Steuerhinterziehung (§ 370 AO) aus.[34]

▶ Hinweis:

Eine Übersicht über drohende Strafen und Bußgelder bei illegaler Beschäftigung ist im Anhang abgedruckt.

§ 16 Ordnungswidrigkeiten

(1) Ordnungswidrig handelt, wer vorsätzlich oder fahrlässig
1. entgegen § 1 einen Leiharbeitnehmer einem Dritten ohne Erlaubnis überlässt,
1a. einen ihm von einem Verleiher ohne Erlaubnis überlassenen Leiharbeitnehmer tätig werden lässt,
1b. entgegen § 1 Absatz 1 Satz 3 einen Arbeitnehmer überlässt oder tätig werden lässt,
1c. entgegen § 1 Absatz 1 Satz 5 eine dort genannte Überlassung nicht, nicht richtig oder nicht rechtzeitig bezeichnet,
1d. entgegen § 1 Absatz Satz 6 die Person nicht, nicht richtig oder nicht rechtzeitig konkretisiert,
1e. entgegen § 1 Absatz 1b Satz 1 einen Leiharbeitnehmer überlässt,
1f. entgegen § 1b Satz 1 Arbeitnehmer überlässt oder tätig werden lässt,
2. einen ihm überlassenen ausländischen Leiharbeitnehmer, der einen erforderlichen Aufenthaltstitel nach § 4 Abs. 3 des Aufenthaltsgesetzes, eine Aufenthaltsgestattung oder eine Duldung, die zur Ausübung der Beschäftigung berechtigen, oder eine Genehmigung nach § 284 Abs. 1 des Dritten Buches Sozialgesetzbuch nicht besitzt, tätig werden lässt,
2a. eine Anzeige nach § 1a nicht richtig, nicht vollständig oder nicht rechtzeitig erstattet,

---

34 Für Beihilfe zur Steuerhinterziehung durch das Tätigwerdenlassen Schüren/Hamann/*Stracke* § 15a AÜG Rn. 47 ff.; krit. Thüsing/*Kudlich* § 15a AÜG Rn. 46.

3. einer Auflage nach § 2 Abs. 2 nicht, nicht vollständig oder nicht rechtzeitig nachkommt,
4. eine Anzeige nach § 7 Abs. 1 nicht, nicht richtig, nicht vollständig oder nicht rechtzeitig erstattet,
5. eine Auskunft nach § 7 Abs. 2 Satz 1 nicht, nicht richtig, nicht vollständig oder nicht rechtzeitig erteilt,
6. seiner Aufbewahrungspflicht nach § 7 Abs. 2 Satz 4 nicht nachkommt,
6a. entgegen § 7 Abs. 3 Satz 2 eine dort genannte Maßnahme nicht duldet,
7. (aufgehoben)
7a. entgegen § 8 Absatz 1 Satz 1 oder Absatz 2 Satz 2 oder 4 eine Arbeitsbedingung nicht gewährt,
7b. entgegen § 8 Absatz 5 in Verbindung mit einer Rechtsverordnung nach § 3a Absatz 2 Satz 1 das dort genannte Mindeststundenentgelt nicht zahlt,
8. einer Pflicht nach § 11 Abs. 1 oder Abs. 2 nicht nachkommt,
8a. entgegen § 11 Absatz 5 Satz 1 einen Leiharbeitnehmer tätig werden lässt,
9. entgegen § 13a Satz 1 den Leiharbeitnehmer nicht, nicht richtig oder nicht vollständig informiert,
10. entgegen § 13b Satz 1 Zugang nicht gewährt,
11. entgegen § 17a in Verbindung mit § 5 Absatz 1 Satz 1 des Schwarzarbeitsbekämpfungsgesetzes eine Prüfung nicht duldet oder bei dieser Prüfung nicht mitwirkt,
12. entgegen § 17a in Verbindung mit § 5 Absatz 1 Satz 2 des Schwarzarbeitsbekämpfungsgesetzes das Betreten eines Grundstücks oder Geschäftsraums nicht duldet,
13. entgegen § 17a in Verbindung mit § 5 Absatz 3 Satz 1 des Schwarzarbeitsbekämpfungsgesetzes Daten nicht, nicht richtig, nicht vollständig, nicht in der vorgeschriebenen Weise oder nicht rechtzeitig übermittelt,
14. entgegen § 17b Absatz 1 Satz 1 eine Anmeldung nicht, nicht richtig, nicht vollständig, nicht in der vorgeschriebenen Weise oder nicht rechtzeitig zuleitet,
15. entgegen § 17b Absatz 1 Satz 2 eine Änderungsmeldung nicht, nicht richtig, nicht vollständig, nicht in der vorgeschriebenen Weise oder nicht rechtzeitig macht,
16. entgegen § 17b Absatz 2 eine Versicherung nicht beifügt,
17. entgegen § 17c Absatz 1 eine Aufzeichnung nicht, nicht richtig oder nicht vollständig erstellt oder nicht mindestens zwei Jahre aufbewahrt oder
18. entgegen § 17c Absatz 2 eine Unterlage nicht, nicht richtig, nicht vollständig oder nicht in der vorgeschriebenen Weise bereithält.

(2) Die Ordnungswidrigkeit nach Absatz 1 Nummer 1 bis 1f, 6 und 11 bis 18 kann mit einer Geldbuße bis zu dreißigtausend Euro, die Ordnungswidrigkeit nach Absatz 1 Nummer 2, 7a, 7b und 8a mit einer Geldbuße bis zu fünfhunderttausend Euro, die Ordnungswidrigkeit nach Absatz 1 Nummer 2a, 3, 9 und 10 mit einer Geldbuße bis zu zweitausendfünfhundert Euro, die Ordnungswidrigkeit nach Absatz 1 Nummer 4, 5, 6a und 8 mit einer Geldbuße bis zu tausend Euro geahndet werden.

(3) Verwaltungsbehörden im Sinne des § 36 Absatz 1 Nummer 1 des Gesetzes über Ordnungswidrigkeiten sind in den Fällen des Absatzes 1 Nummer 1, 1a, 1c, 1d, 1f, 2, 2a, und 7b sowie 11 bis 18 die Behörden der Zollverwaltung jeweils für ihren Geschäftsbereich, in den Fällen des Absatzes 1 Nummer 1b, 1e, 3 bis 7a sowie 8 bis 10 die Bundesagentur für Arbeit.

(4) § 66 des Zehnten Buches Sozialgesetzbuch gilt entsprechend.

(5) ¹Die Geldbußen fließen in die Kasse der zuständigen Verwaltungsbehörde. ²Sie trägt abweichend von § 105 Abs. 2 des Gesetzes über Ordnungswidrigkeiten die notwendigen Auslagen und ist auch ersatzpflichtig im Sinne des § 110 Abs. 4 des Gesetzes über Ordnungswidrigkeiten.

Übersicht	Rdn.
A. Allgemeines	1
B. Tatbestand	10
I. Objektiver Tatbestand	10
1. Verleih und Entleih bei fehlender Erlaubnis – Nr. 1 und 1a	10
2. Verstoß gegen § 1 Abs. 1 Satz 3 AÜG – Nr. 1b	16
3. Verstoß gegen § 1 Abs. 1 Satz 5 AÜG – Nr. 1c	18
4. Verstoß gegen § 1 Abs. 1 Satz 6 AÜG – Nr. 1d	22
5. Verstoß gegen § 1 Abs. 1b Satz 1 AÜG – Nr. 1e	25
6. Verstoß gegen § 1b Satz 1 AÜG – Nr. 1f	29
7. Entleih eines ausländischen Leiharbeitnehmers ohne Genehmigung – Nr. 2	32
8. Verletzung der Anzeigepflicht nach § 1a AÜG – Nr. 2a	35
9. Missachtung von Auflagen – Nr. 3	37
10. Verstöße gegen § 7 AÜG – Nr. 4-6a	38
11. Verletzung von Mindestbedingungen, Lohnuntergrenze entgegen § 8 Abs. 1 Satz oder Abs. 2 Satz 2 und 4 bzw. § 8 Abs. 5 AÜG, § 3a AÜG – Nr. 7a und 7b	41
12. Verletzung von Nachweispflichten und Nichtaushändigung des Merkblatts nach § 11 Abs. 1 oder 2 AÜG – Nr. 8	43

	13. Verstoß gegen das Streikbruch-Verbot entgegen § 11 Abs. 5 Satz 1 AÜG – Nr. 8a	44
	14. Verletzung von Informationspflichten und Zugangsrechten durch den Entleiher nach §§ 13a und 13b AÜG – Nr. 9 und 10	46
	15. Verletzung von Pflichten nach §§ 17a bis 17c AÜG – Nr. 11 bis 18	48
II.	Subjektiver Tatbestand	53
C.	**Bußgeldhöhen – Abs. 2**	55
D.	**Verfolgung von Ordnungswidrigkeiten – Abs. 3 bis 5**	62
I.	Zuständigkeit – Abs. 3	62
II.	Vollstreckung – Abs. 4	64
III.	Verbleib der Geldbuße, Auslagen und Entschädigungspflicht – Abs. 5	66

A. Allgemeines

Während §§ 15, 15a AÜG bestimmte Formen der illegalen Ausländerbeschäftigung unter Strafe stellen, normiert § 16 AÜG die **Ordnungswidrigkeitentatbestände der Arbeitnehmerüberlassung**.[1] Die Tatbestände des § 16 AÜG sind nicht auf illegale Arbeitnehmerüberlassung beschränkt, vielmehr werden auch sonstige Verstöße i.R.d. Durchführung des AÜG (z.B. gegen §§ 2, 7, 11, 17a, 17b, 17c AÜG) sanktioniert. Anlässlich der **Reform des AÜG** und anderer Gesetze zum **01.04.2017**[2] wurde § 16 Abs. 1 AÜG gleich um **mehrere neue Ordnungswidrigkeitentatbestände** erweitert (Nr. 1b – Verbot des Kettenverleihs, Nr. 1c – Missachtung der Pflicht zur Offenlegung der Arbeitnehmerüberlassung (»Scheinwerkvertrag«), Nr. 1d – Nichtkonkretisierung der Person des Leiharbeitnehmers, Nr. 1e – Verstoß gegen die Überlassungshöchstdauer, Nr. 8a – Streikbrecher-Verbot) und redaktionell angepasst; § 16 Abs. 1 Nr. 7 AÜG wurde als Folgeänderung zur Aufhebung der statistischen Meldpflichten (§ 8 AÜG a.F.) gestrichen. 1

Im Vergleich zu gewerberechtlichen Maßnahmen, etwa dem Widerruf einer erteilten Verleiherlaubnis (§ 5 AÜG) oder der Anwendung von Verwaltungszwang (§ 6 AÜG), stellt die Ahndung eines gesetzeswidrigen Verhaltens mittels **Bußgeld** nach § 16 AÜG häufig ein **milderes Mittel** dar. Aus Gründen 2

---

1 Ausführlich zur Entstehungsgeschichte des § 16 AÜG vgl. Schüren/Hamann/*Stracke* § 16 AÜG Rn. 16 ff.; vor der AÜG-Reform 2017 wurde § 16 AÜG letztmals geändert durch Art. 7 Tarifautonomiestärkungsgesetz vom 11.08.2014, BGBl. I, 1348.
2 Gesetz zur Änderung des Arbeitnehmerüberlassungsgesetzes und anderer Gesetze vom 21.02.2017, BGBl. I, 28.02.2017, 258.

§ 16 AÜG Ordnungswidrigkeiten

der Verhältnismäßigkeit können die Verwaltungsbehörden in Einzelfällen verpflichtet sein, zunächst auf diese zurückzugreifen und Verstöße gegen das AÜG durch Bußgelder zu ahnden.[3] Zuständige Verwaltungsbehörde sind in den Fällen der **illegalen und unerlaubten Beschäftigung** (§ 16 Abs. 1 Nr. 1-2a AÜG), bei Verstößen gegen die Lohnuntergrenze (§ 16 Abs. 1 Nr. 7b AÜG) und der damit im Zusammenhang stehenden Pflichten (§ 16 Abs. 1 Nr. 11-18 AÜG) die **Behörden der Zollverwaltung**, in allen übrigen Fällen des § 16 Abs. 1 AÜG die zur Überwachung der Durchführung des AÜG zuständigen Erlaubnisbehörden (§ 16 Abs. 3 AÜG).

3 Noch häufiger als bisher wird es infolge der **AÜG-Reform 2017** zu Fällen kommen, bei denen selbst die Verhängung »nur« eines Bußgeldes als milderes Mittel im Vergleich zu gewerberechtlichen Sanktionen unangemessen und das behördliche Ermessen ausnahmsweise »auf Null« reduziert sein wird.[4] Was bisher nur für die illegale Arbeitnehmerüberlassung ohne Erlaubnis galt, gilt seit dem In-Kraft-Treten der Reform zum 01.04.2017 auch für die Fälle verdeckter Arbeitnehmerüberlassung und bei Überschreitung der Überlassungshöchstdauer: Verstöße können nach dem AÜG **im »worst case« dreifach sanktioniert** werden. Die Bußgeldandrohung nach § 16 AÜG tritt neben die arbeitsrechtliche Fiktionswirkung nach § 9 Abs. 1 Nr. 1-1b, § 10 Abs. 1 Satz 1 AÜG und gewerberechtliche Sanktionen (z.B. Widerruf, Nichtverlängerung der Erlaubnis nach dem AÜG; sonstiger Konzessionsentzug bzw. Versagung wegen gewerberechtlicher Unzuverlässigkeit). Den **Vorwurf der unangemessenen Überreaktion**[5] werden die zuständigen Behörden in der Praxis durch besonderes Augenmaß im Einzelfall kompensieren müssen, vielfach – gerade bei erstmaliger oder nur kurzer Überschreitung der Überlassungshöchstdauer bzw. bei einem schleichenden Übergang von einem legalen zu einem illegalen Fremdpersonaleinsatz auf Basis eines »umgekippten« (Schein-)Werkvertrages – wird die Mehrfachsanktionierung unverhältnismäßig sein. Nicht nur gewerberechtliche Maßnahmen, sondern ebenso Bußgeldanordnungen müssen in solchen Fällen »ultima ratio« bleiben.

---

3 ErfK/*Wank* § 16 AÜG Rn. 1; HWK/*Kalb* § 16 AÜG Rn. 2; Thüsing/*Kudlich* § 16 AÜG Rn. 2; vgl. a. BT-Drucks. VI/2303, 15.
4 Vgl. a. Beschlussempfehlung des Ausschusses für Arbeit und Soziales, BT-Drucks. 18/10064, 13 (der Entzug der Überlassungserlaubnis bei Verstoß gegen die Überlassungshöchstdauer soll nur »in seltenen Fällen« verhältnismäßig sein).
5 So BeckOK ArbR/*Motz* § 16 AÜG Rn. 1.1; *Henssler* RdA 2016, 18 (»sachlich nicht gebotene Überreaktion«).

Für die Ordnungswidrigkeiten nach § 16 AÜG gilt das **OWiG** (§ 2 OWiG). 4
Die von § 16 AÜG im Einzelnen umschriebenen Tathandlungen können nur
von dem Verleiher und/oder Entleiher verwirkt werden. Der Leiharbeitnehmer hingegen kommt nicht als **Täter** in Betracht. Zwar handeln alle an einer
Ordnungswidrigkeit Beteiligten – ungeachtet ihres Tatbeitrags – ordnungswidrig (§ 14 Abs. 1 OWiG; sog. Einheitstäterprinzip). Nicht erfasst werden
allerdings notwendig Beteiligte wie etwa der überlassene Leiharbeitnehmer.[6]
Personen, die weder Verleiher bzw. Entleiher sind, noch zum Personenkreis
des § 9 Abs. 1, 2 OWiG gehören, begehen nur dann eine Ordnungswidrigkeit
nach § 16 AÜG, wenn sie sich an einer solchen – vorsätzlich begangenen – Tat
i.S.d. § 14 Abs. 1 OWiG beteiligen.[7]

Begeht auf Verleiher- und/oder Entleiherseite eine **juristische Personen oder** 5
Personengesellschaft eine Ordnungswidrigkeit nach § 16 AÜG, so sind **§§ 9,
29 OWiG** zu beachten. Bei einer juristischen Person richtet sich das Bußgeldverfahren gegen ihr vertretungsberechtigtes Organ, bei einer rechtsfähigen Personengesellschaft gegen die vertretungsberechtigten Gesellschafter (§ 9 Abs. 1
OWiG). Eine entsprechende Verantwortlichkeit normiert § 9 Abs. 2 OWiG
für den rechtsgeschäftlich beauftragten Betriebsleiter oder den sonst rechtsgeschäftlich Beauftragten, der in eigener Verantwortung die Aufgaben des
Betriebsinhabers wahrnimmt. Die Begriffe »Betrieb« und »Unternehmen« werden i.R.d. § 9 Abs. 2 OWiG synonym verwendet (§ 9 Abs. 2 Satz 2 OWiG).

Kann organschaftlichen Vertretern einer Kapitalgesellschaft oder geschäfts- 6
führenden Gesellschaftern einer Personengesellschaft eine schuldhafte Verwirklichung eines Ordnungswidrigkeitatbestandes nicht nachgewiesen
werden, kann sich eine Verantwortung gleichwohl noch nach **§ 130 OWiG**
ergeben. Bei **Verletzung seiner Aufsichtspflichten** oder im Fall des Auswahlbzw. Überwachungsverschuldens kann sich ein Bußgeldverfahren auch gegen
den Inhaber eines Betriebes oder Unternehmens richten, der vorsätzlich oder
fahrlässig die erforderlichen Aufsichtsmaßnahmen unterlassen hat. Gerade
in größeren Unternehmen mit zahlreichen – häufig räumlich weit von der
Hauptverwaltung entfernten – Betriebsstätten und Niederlassungen sind
unzureichende Aufsichtsmaßnahmen häufig anzutreffen.

---

6 ErfK/*Wank* § 16 AÜG Rn. 2; HWK/*Kalb* § 16 AÜG Rn. 4.
7 BayOLG, 28.12.2000 – 3 Ob OWi 114/00, EzAÜG § 16 AÜG Nr. 15.

▶ Praxistipp:

§ 130 OWiG ist vielen Unternehmensleistungen leidlich unbekannt. Dabei hat die Norm erhebliche praktische Bedeutung nicht für die im Fokus der Unternehmen stehenden Bereiche der Strafrechts- und Kartellrechts-Compliance, sondern auch für die **sozialversicherungsrechtliche Status-Compliance**. Anknüpfungspunkt für die Verletzungshandlung des Unternehmensinhabers bei § 130 OWiG ist dessen vorsätzliche oder fahrlässige Aufsichtspflichtverletzung (durch Tun oder Unterlassen), eine eigene Tathandlung oder -beteiligung ist nicht erforderlich.[8] Dies erleichtert den Verfolgungsbehörden die Ermittlungsarbeit enorm, erhöht für die Unternehmen aber gleichsam proportional das Haftungsrisiko. Dies gilt sowohl für die strafrechtliche als auch für die zivilrechtliche Haftung.[9] Ein fehlendes oder mangelhaftes Compliance-System ebenso wie dessen unzureichende Überwachung kann u.a. zur persönlichen Haftung des Geschäftsleitungsorgans gegenüber der Gesellschaft führen (§ 93 AktG, § 43 GmbHG).[10]

7 Unter den Voraussetzungen des **§ 30 OWiG** kann eine **zusätzliche Geldbuße** auch **unmittelbar gegen die juristische Person oder Personenvereinigung** festgesetzt werden.[11] Dies setzt voraus, dass durch die Ordnungswidrigkeit ihres Vertreters (§ 30 Abs. 1 Nr. 1-5 OWiG) eigene Pflichten der juristischen Person bzw. der Personengesellschaft verletzt wurden oder diese durch die Tat unmittelbar bereichert wurde oder werden sollten. Bei Vorsatz beträgt die Geldbuße bis zu zehn Millionen €, bei Fahrlässigkeit bis zu fünf Millionen € (§ 30 Abs. 2 OWiG).

▶ Praxistipp:

Über die **Verfallshaftung (§ 29a OWiG)** kann anstelle der Verhängung eines Bußgeldes der nach dem »Bruttoprinzip« ermittelte wirtschaftliche

---

8 *Caracas* CCZ 2015, 218.
9 Nach BGH ist § 130 OWiG kein Schutzgesetz im Sinne des § 823 Abs. 2 BGB, vgl. BGH, 13.04.1994 – II ZR 16/93, NJW 194, 1801; *Zieglmeier* NJW 2016, 2163.
10 Dazu LG München I, 10.12.2013 – 5 HK O 1387/10, NZG 2014, 345 (Vorstand einer AG).
11 OLG Düsseldorf, 16.11.1995 – 5 Ss (OWi) 387/95 – (OWi) 174/95 I, NStZ 1996, 193 = BB 1996, 79.

Vorteil abgeschöpft werden; das ist nicht nur der Gewinn, sondern die »Gesamtheit des Erlangten« ohne Abzug etwaiger Aufwendungen oder Gegenleistungen (z.B. Einkaufspreis).[12] Über die Drittklausel (§ 29a Abs. 2 OWiG) sind juristische Personen und Personenvereinigungen in die Haftung einbezogen.

Der **Versuch** einer Ordnungswidrigkeit kann nicht mit einer Geldbuße geahndet werden (§ 13 Abs. 2 OWiG). 8

Ist – wie in Einzelfällen bei § 16 Abs. 1 Nr. 1 AÜG und § 15 AÜG – eine **Handlung gleichzeitig Straftat und Ordnungswidrigkeit**, so wird grds. nur das Strafgesetz angewendet. Eine Ausnahme gilt dann, wenn eine Strafe nicht verhängt wird (§ 21 Abs. 2 OWiG). 9

▶ Hinweis:

Eine Übersicht über drohende Strafen und Bußgelder bei illegaler Beschäftigung ist im Anhang abgedruckt.

B. Tatbestand

I. Objektiver Tatbestand

1. Verleih und Entleih bei fehlender Erlaubnis – Nr. 1 und 1a

Überlässt ein gewerbsmäßiger Verleiher entgegen § 1 AÜG einen Leiharbeitnehmer ohne Erlaubnis vorsätzlich oder fahrlässig an einen Dritten, so handelt er gem. **§ 16 Abs. 1 Nr. 1 AÜG** ordnungswidrig. Entsprechendes gilt spiegelbildlich für einen Entleiher, der einen von einem illegalen Verleiher überlassenen Leiharbeitnehmer tätig werden lässt (**§ 16 Abs. 1 Nr. 1a AÜG**). Voraussetzung ist mithin ein Überlassen oder Tätigwerdenlassen im Rahmen einer Arbeitnehmerüberlassung ohne Vorliegen der erforderlichen Verleiherlaubnis.[13] Entscheidend ist der Zeitpunkt der tatsächlichen Tätigkeitsaufnahme des Leiharbeitnehmers im Betrieb des Entleihers, auf den Zeitpunkt des Vertragsschlusses oder den vertraglich vereinbarten Zeitpunkt der Tätigkeitsaufnahme kommt es nicht an.[14] 10

---

12 OLG Celle, 30.08.2011 – 322 SsBs 175/11, NStZ-RR 2012, 151.
13 OLG Düsseldorf, 07.04.2006 – IV-2-Ss (OWi) 170/04 u.a., NStZ 2007, 291.
14 BAG, 20.01.2016 – 7 AZR 535/13, AP AÜG § 1 Nr. 38.

▶ **Praxistipp:**

Verleiher und Entleiher droht unter den Voraussetzungen des **§ 21 Abs. 1 Nr. 3 SchwarzArbG** bei einer Straftat nach § 15 AÜG bzw. § 15a AÜG ebenso wie bei einer Ordnungswidrigkeit nach § 16 Abs. 1 Nrn. 1, 1c, 1d, 1f, 2 AÜG bis zu einer Dauer von drei Jahren der **Ausschluss von der Teilnahme an Wettbewerben um öffentliche Bauaufträge**.

11 Ordnungswidrig können auch **ausländische Verleiher** handeln, die entgegen § 1 AÜG Arbeitnehmer ohne Erlaubnis an einen inländischen Entleiher überlassen. Auch bei grenzüberschreitendem Verleih nach Deutschland ist die Überlassung erlaubnispflichtig.[15] Nichts anderes gilt für den umgekehrten Fall des erlaubniswidrigen Verleihs durch einen deutschen Verleiher an einen ausländischen Entleiher.

▶ **Hinweis:**

Die **grenzüberschreitende Bußgeld- und Strafvollstreckung** erweist sich in der Praxis häufig als schwierig. Für Vollstreckungsmaßnahmen im Ausland fehlt es an einer völkerrechtlichen Grundlage, auf die entsprechende Beitreibungsersuchen der Vollstreckungsbehörden gestützt werden könnten. Eine Ausnahme gilt lediglich für Österreich (Vertrag zwischen der BRD und der Republik Österreich über Amts- und Rechtshilfe in Verwaltungssachen vom 31.05.1988).

Nach dem Rahmenbeschluss 2005/214/JI des Rates vom 24.02.2005 über die Anwendung des Grundsatzes der gegenseitigen Anerkennung von Geldstrafen und Geldbußen sollen jedoch in einem EU-Mitgliedsstaat verhängte Geldstrafen und Geldbußen europaweit gegenseitig anerkannt und vollstreckt werden können. Der EU-Rahmenbeschluss trat am 22.03.2005 mit der Veröffentlichung im EU-Amtsblatt in Kraft, die Umsetzungsfrist lief am 22.03.2007 ab.[16] Die Umsetzung des EU-Rahmenbeschlusses erfolgte in Deutschland durch Gesetz vom 18.10.2010, durch welches §§ 86 bis 87p des Gesetzes über Internationale Rechtshilfe in Strafsachen (IRG) neu in nationales Recht eingeführt wurden.[17]

---

15 BayOLG, 26.02.1999 – 3 ObOWi 4/99, EzAÜG § 16 AÜG Nr. 10; Thüringer LSG, 10.03.2004 – L 1 U 560/00, EzAÜG Sozialversicherungsrecht Nr. 44; LSG Hamburg, 20.04.2005 – L 1 KR 16/04, n.v.
16 ABl. EU L 76/16.
17 Dazu *Johnson/Loroch* DAR 2015, 423; *dies.* DAR 2013, 253.

Wie **alle Ordnungswidrigkeiten nach § 16 AÜG** können auch die Tatbe- 12
stände der Nr. 1 und 1a **sowohl vorsätzlich als auch fahrlässig** begangen werden.[18] Fahrlässiges Handeln ist dem Entleiher regelmäßig vorzuwerfen, wenn er sich das Vorliegen einer Verleiherlaubnis im Arbeitnehmerüberlassungsvertrag nicht nach § 12 Abs. 1 Satz 2 AÜG hat schriftlich bescheinigen lassen. Nach überwiegender Auffassung kann er auf eine entsprechende schriftliche Bestätigung vertrauen. Er muss sich – soweit er nicht konkrete Anhaltspunkte für einen Verstoß gegen § 1 AÜG hat – keine Kopie der Erlaubnis vorlegen lassen.[19]

▶ Praxistipp:

Schon aus Eigeninteresse sollte sich der Entleiher stets eine Kopie der Überlassungserlaubnis nach § 1 AÜG vorlegen lassen. Dies gilt nicht nur für den Erstbescheid, sondern im Fall einer nur befristet erteilten Erlaubnis auch für alle Verlängerungsbescheide. Nur auf diese Weise kann er sicher die nachteiligen Konsequenzen illegaler Arbeitnehmerüberlassung ausschließen.

Agieren Verleiher und Entleiher unter dem Deckmantel eines **Scheindienst-** 13
oder Scheinwerkvertrages, wird regelmäßig ein vorsätzlicher Verstoß anzunehmen sein.[20]

Bei längerer Zusammenarbeit zwischen Verleiher und Entleiher stellen das 14
Überlassen von Leiharbeitnehmern einerseits und deren Tätigwerdenlassen andererseits **grds. kein Dauerdelikt** dar. Vielmehr handelt es sich bei jedem Überlassungsakt und jedem Tätigwerdenlassen um eine selbstständige Tat.[21] Für die Beurteilung von **Tatmehrheit** und **Tateinheit** ist in jedem Einzelfall auf den konkreten Entschluss des Verleihers und/oder Entleihers abzustellen, welcher dem Personaleinsatz zugrunde liegt. Wird ein Arbeitnehmer über mehrere Tage für dieselbe Tätigkeit an einen Dritten überlassen oder werden

---

18 Vgl. zum subjektiven Tatbestand a. Rdn. 53 f.
19 KHK/*Düwell* 4.5 Rn. 290; Schüren/Hamann/*Stracke* § 16 AÜG Rn. 31; Thüsing/*Kudlich* § 16 AÜG Rn. 15; *Urban-Crell/Schulz* Rn. 881; a.A. *Becker/Wulfgramm* § 16 AÜG Rn. 9a.
20 AG Düsseldorf, 05.08.1987 – 301 OWI/18 Js 248/87, EzAÜG § 16 AÜG Nr. 2.
21 OLG Düsseldorf, 22.02.1979 – 5 Ss (Owi) 633/78 I, EzAÜG § 1 AÜG Gewerbsmäßige Arbeitnehmerüberlassung Nr. 8 (zum Tatbestand des § 16 Abs. 1 Nr. 1 AÜG); OLG Düsseldorf, 07.04.2006 – IV-2 Ss (OWi) 170/04 u.a., NStZ 2007, 291 = NJW 2006, 2647 (zum Tatbestand des § 16 Abs. 1 Nr. 1a. AÜG).

mehrere Arbeitnehmer desselben Verleihers für einen konkreten Auftrag eingesetzt, handelt es sich grds. um eine einheitliche Tat durch dieselbe Handlung (§ 19 Abs. 1 OWiG).[22] Die Überlassung auf der Grundlage unterschiedlicher Einzelverträge oder auch die Überlassung von Arbeitnehmern an unterschiedliche Entleiher führt dagegen regelmäßig zur Tatmehrheit (§ 20 OWiG).[23]

15 Der Verstoß gegen § 16 Abs. 1 Nr. 1 AÜG und der **Vorwurf der Lohnsteuerverkürzung** (§§ 370, 378 AO) stehen nicht im Verhältnis der Tateinheit; ein rechtskräftig beendetes Bußgeldverfahren führt nicht zum Strafklageverbrauch hinsichtlich der Steuerstraftaten.[24]

2. Verstoß gegen § 1 Abs. 1 Satz 3 AÜG – Nr. 1b

16 Ordnungswidrig handelt, wer einen Arbeitnehmer entgegen § 1 Abs. 1 Satz 3 AÜG überlässt oder tätig werden lässt (**§ 16 Abs. 1 Nr. 1b AÜG**). Nach § 1 Abs. 1 Satz 3 AÜG ist die Überlassung und das Tätigwerdenlassen von Arbeitnehmern als Leiharbeitnehmer nur zulässig, soweit zwischen dem Verleiher und dem Leiharbeitnehmer ein Arbeitsverhältnis besteht. Sowohl § 1 Abs. 1 Satz 3 AÜG als auch der das **Verbot des Ketten-, Zwischen- oder Weiterverleihs**[25] von Arbeitnehmern flankierende Bußgeldtatbestand des § 16 Abs. 1 Nr. 1b AÜG wurden mit Wirkung zum 01.04.2017[26] neu in das AÜG aufgenommen. Der objektive Tatbestand des § 16 Abs. 1 Nr. 1b AÜG knüpft an die Tathandlungen des »Überlassens« oder »Tätigwerdenlassens« entgegen § 1 Abs. 1 Satz 3 AÜG an. Entscheidend für die Tatbestandsverwirklichung »in der Kette« ist das tatsächliche Überlassen durch den Zwischenverleiher, der nicht Vertragsarbeitgeber des Leiharbeitnehmers ist, und das tatsächliche Tätigwerdenlassen des Arbeitnehmers als Leiharbeitnehmer beim Endentleiher, d.h. **maßgebend sind die tatsächliche Überlassung und der tatsächliche Einsatz des Leiharbeitnehmers**, nicht ein geplanter Überlassungs- und Einsatzbeginn oder vertragliche Absprachen zwischen Zwischenverleiher und Endentleiher. **Taugliche Täter nach § 16 Abs. 1 Nr. 1b AÜG** sind der **Zwischenverleiher** (Überlassen entgegen § 1 Abs. 1 Satz 3 AÜG) und der **Endentleiher** (Tätigwerdenlassen entgegen § 1 Abs. 1 Satz 3 AÜG). Gegen den Erstverleiher kann

---

22 BayOLG, 29.06.1999 – 3 ObOWi 50/99, EzAÜG § 16 AÜG Nr. 12.
23 Ähnlich a. Thüsing/*Kudlich* § 16 AÜG Rn. 11.
24 OLG Brandenburg, 08.11.2006 – 1 Ss 37/06, OLGSt § 370 AO Nr. 11.
25 Dazu ausführlich § 1 Rdn. 199 ff.
26 Gesetz zur Änderung des Arbeitnehmerüberlassungsgesetzes und anderer Gesetze vom 21.02.2017, BGBl. I, 28.02.2017, 258.

hingegen kein Bußgeld nach § 16 Abs. 1 Nr. 1b AÜG festgesetzt werden, da nur der Zwischenverleiher »entgegen § 1 Absatz 1 Satz 3 einen Arbeitnehmer überlasst«. Der Erstverleiher ist ebenso wie der Leiharbeitnehmer notwendiger Beteiligter. Neben dem faktischen Einsatz »in der Kette« müssen die weiteren Voraussetzungen des § 10a AÜG nicht erfüllt sein, um den Tatbestand des § 16 Abs. 1 Nr. 1b AÜG zu verwirklichen.

▶ Praxistipp:

> § 10a AÜG regelt die arbeits- und zivilrechtlichen Rechtsfolgen des rechtswidrigen Kettenverleihs. Damit diese eintreten, müssen neben dem unzulässigen Einsatz des Arbeitnehmers »in der Kette« entgegen § 1 Abs. 1 Satz 3 AÜG weitere Voraussetzungen erfüllt sein.[27] Diese weiteren Voraussetzungen sind für die Verwirklichung des Bußgeldtatbestandes des § 16 Abs. 1 Nr. 1b AÜG ohne Bedeutung.

Die Ordnungswidrigkeit nach § 16 Abs. 1 Nr. 1b AÜG kann mit einem **Bußgeld von bis zu 30.000 €** geahndet werden (§ 16 Abs. 2 AÜG). **Tateinheit** besteht, wenn der Zwischenverleiher vereinbarungsgemäß mehrere Leiharbeitnehmer gleichzeitig an denselben Endentleiher überlässt und der Endentleiher diese in seinem Betrieb einsetzt; im Übrigen liegt **Tatmehrheit** vor (z.B. ein oder mehrere Leiharbeitnehmer werden an mehrere Endentleiher oder an einen Endentleiher überlassen oder es erfolgen mehrere – auch zeitgleiche – Überlassungen mehrerer Arbeitnehmer aufgrund mehrerer Einzelverträge/-aufträge zwischen Zwischenverleiher und Endentleiher).[28] Zuständig für die Verfolgung von Ordnungswidrigkeiten wegen Verstoßes gegen das Verbot des Kettenverleihs ist die BA (§ 16 Abs. 3 AÜG). 17

3. Verstoß gegen § 1 Abs. 1 Satz 5 AÜG – Nr. 1c

Verleiher und Entleiher haben die Überlassung von Leiharbeitnehmern in ihrem Vertrag ausdrücklich als Arbeitnehmerüberlassung zu bezeichnen, bevor sie den Leiharbeitnehmer überlassen oder tätig werden lassen. Diese in § 1 Abs. 1 Satz 5 AÜG normierte sog. **Konkretisierungs- und Offenlegungspflicht bei Arbeitnehmerüberlassung** (Zitiergebot) wird durch den Bußgeldtatbestand des § 16 Abs. 1 Nr. 1c AÜG flankiert. Mit den Neuregelungen 18

---

27 Dazu ausführlich § 10a Rdn. 2 ff.
28 Weiter zur Abgrenzung Rdn. 14.

§ 16 AÜG   Ordnungswidrigkeiten

in § 1 Abs. 1 Satz 5 und 6 AÜG will der Gesetzgeber[29] missbräuchliche Gestaltungsformen beim Einsatz von Fremdpersonal unterbinden.[30] Ziel ist insbesondere die Vermeidung von Scheinwerk- und Scheindienstvertragskonstellationen, die vor In-Kraft-Treten der Gesetzesänderung zum 01.04.2017[31] im Wesentlichen risikolos waren, wenn der Auftragnehmer – formal als vermeintlicher Werkunternehmer oder freier Dienstleister auftretend – zwecks Absicherung des Fremdpersonaleinsatzes im Besitz einer vorsorglichen Erlaubnis nach dem AÜG war (sog. Vorratserlaubnis oder Fallschirmlösung); vor der AÜG-Reform 2017 blieb der Fremdpersonaleinsatz auf Basis eines Scheinwerk- oder Scheindienstvertrages für die beteiligten Unternehmen de lege lata im Wesentlichen sanktionslos. Durch die neue Offenlegungspflicht in § 1 Abs. 1 Satz 5 AÜG kann unerlaubte verdeckte Arbeitnehmerüberlassung nun erstmals sanktioniert werden, eine Vorratserlaubnis schützt hiergegen nicht mehr.[32] Nach der Gesetzesbegründung[33] sollen die Rechtsfolgen bei Verstößen gegen die Offenlegungspflicht – auch die Bußgeldandrohung – angesichts der zu schützenden berechtigten Interessen der betroffenen Arbeitnehmer sowie der regelmäßig erheblichen Interessen der beteiligten Unternehmen sowie dem Allgemeininteresse an einem geordneten Arbeitsmarkt erforderlich und angemessen sein.[34] Sowohl bei einem vorsätzlichen als auch einem fahrlässigen Verstoß gegen die Offenlegungspflicht sei die Bußgeldandrohung ein geeignetes und angemessenes Mittel zur Missbrauchsbekämpfung durch verdeckte Arbeitnehmerüberlassung.

19   Der **Verstoß gegen § 1 Abs. 1 Satz 5 AÜG** stellt für den Verleiher (Auftragnehmer) und den Entleiher (Auftraggeber) eine mit einer Geldbuße von bis zu 30.000 € bedrohte Ordnungswidrigkeit dar, wenn die Arbeitnehmerüberlassung nicht, nicht richtig oder nicht rechtzeitig als solche konkretisiert wird (**§ 16 Abs. 1 Nr. 1c, Abs. 2 AÜG**). »**Nicht richtig**« ist die Offenlegung bspw. bei einem Verstoß gegen das strenge Schriftformerfordernis für Arbeitnehmerüberlassungsverträge nach § 12 Abs. 1 AÜG (§§ 126, 126a BGB). »**Nicht rechtzeitig**« erfolgt diese, wenn der zwischen den beteiligten Unternehmen

---

29   BT-Drucks. 18/9232, 14, 18.
30   Ausführlich zu den Tatbeständen § 1 Rdn. 277 ff.
31   Gesetz zur Änderung des Arbeitnehmerüberlassungsgesetzes und anderer Gesetze vom 21.02.2017, BGBl. I, 28.02.2017, 258.
32   Ausführlich zu den Rechtsfolgen § 9 Rdn. 33 f.
33   BT-Drucks. 18/9232, 18.
34   Vgl. BT-Drucks. 18/9232, 18.

geschlossene Vertrag nicht vor dem tatsächlichen Einsatzbeginn (Überlassung und Tätigwerdenlassen) im Kundenbetrieb als Arbeitnehmerüberlassungsvertrag bezeichnet wird; eine Vertragsänderung nach tatsächlicher Tätigkeitsaufnahme oder das »Rückdatieren« des zuvor nicht korrekt als Arbeitnehmerüberlassungsvertrag konkretisierten Vertrages heilen den Verstoß gegen § 1 Abs. 1 Satz 5 AÜG nicht.

Der unerlaubte Personaleinsatz wird durch die **Festhaltenserklärung** des entgegen § 1 Abs. 1 Satz 5 AÜG überlassenen Arbeitnehmers nicht legalisiert. Trotz »Widerspruchs« nach **§ 9 Abs. 1 Nr. 1a Halbs. 2 AÜG** bleibt es bei dem Verstoß gegen die gewerberechtliche Regelung des § 1 Abs. 1 Satz 5 AÜG. Da der Gesetzgeber nur die Rechtsfolgenanordnung des § 10 Abs. 1 Satz 1 AÜG bei einer Festhaltenserklärung des Arbeitnehmers ausgeschlossen hat, bedeutet dies im Umkehrschluss, dass es bei allen sonstigen Rechtsfolgen eines Verstoßes gegen das Verbot der unerlaubten verdeckten Arbeitnehmerüberlassung bleibt.[35] Der Einsatz bleibt also rechtswidrig und kann von den zuständigen Behörden der Zollverwaltung (§ 16 Abs. 3 AÜG) durch Festsetzung eines Bußgeldes sanktioniert werden. Da der Unwertgehalt einer Überlassung entgegen § 1 Abs. 1 Satz 5 AÜG aber sowohl in den Fällen einer Festhaltenserklärung des Leiharbeitnehmers als auch in den Fällen, in denen der Personaleinsatz auf der Grundlage eines Werk- oder Dienstvertrages erst während der laufenden Vertragsdurchführung in eine Arbeitnehmerüberlassung »kippt«,[36] geringer ist als bei dem von Vornherein geplanten – also wissentlich unerlaubten – Fremdpersonaleinsatz im Rahmen eines lediglich zum Schein als Werk- oder Dienstvertrag bezeichneten Vertragsverhältnisses, werden die zuständigen Behörden dies aus Gründen der Verhältnismäßigkeit bei der Bemessung der Bußgeldhöhe berücksichtigen müssen.

20

Bei jeder Überlassung ohne Offenlegung der Arbeitnehmerüberlassung im Vertrag zwischen Verleiher und Entleiher – auch bei mehreren Vertragsschlüssen zwischen denselben Vertragspartnern – handelt es sich jeweils um eine selbständige Tat, die zueinander im Verhältnis der Tatmehrheit stehen. Tateinheit kann hingegen zwischen fehlerhaft deklariertem Rahmenvertrag und darauf beruhenden Einzelverträgen bestehen. Werden die Einzelverträge – wie

21

---

35 § 9 Rdn. 33.
36 Zu den praktischen Abgrenzungsschwierigkeiten zwischen Werk-/Dienstvertrag und Arbeitnehmerüberlassung vgl. *Böhm* NZA 2016, 529 (»Lotteriespiel«); *Hamann* NZA-Beilage 2014, 3; *Seel* öAT 2016, 26; s.a. § 1 Rdn. 135 ff.

bei derartigen Konstellationen üblicherweise – nicht als Arbeitnehmerüberlassungsverträge bezeichnet, liegt eine einheitliche Tat vor; fehlerhaft deklarierte Rahmenverträge über ein Arbeitskräftekontingent werden über den Tatbestand des § 16 Abs. 1 Nr. 1d AÜG sanktioniert.

▶ Praxistipp:

Bei verdeckter Arbeitnehmerüberlassung (§ 1 Abs. 1 Satz 5 und 6 AÜG; § 16 Abs. 1 Nr. 1c und 1d AÜG) können Verleiher und Entleiher aufgrund der redaktionellen Folgeänderungen im **SchwarzArbG** zudem bis zu drei Jahre vom Wettbewerb um die **Vergabe öffentlicher Bauaufträge ausgeschlossen** werden (§ 21 Abs. 1 Nr. 3 SchwarzArbG).

4. Verstoß gegen § 1 Abs. 1 Satz 6 AÜG – Nr. 1d

22 Die Pflicht zur Offenlegung der Arbeitnehmerüberlassung im Vertrag zwischen den beteiligten Unternehmen (§ 1 Abs. 1 Satz 5 AÜG) wird durch die **Individualisierungspflicht des konkreten Leiharbeitnehmers** ergänzt. Nach **§ 1 Abs. 1 Satz 6 AÜG** haben Verleiher und Entleiher die Person des Leiharbeitnehmers vor der Überlassung unter Bezugnahme auf den Arbeitnehmerüberlassungsvertrag zu konkretisieren.[37] Wird die Person des Leiharbeitnehmers nicht, nicht richtig oder nicht rechtzeitig konkretisiert, verwirken Verleiher und Entleiher eine mit einem Bußgeld von bis zu 30.000 € sanktionierbare Ordnungswidrigkeit (**§ 16 Abs. 1 Nr. 1d, Abs. 2 AÜG**).

23 Die **Rechtzeitigkeit bei § 1 Abs. 1 Satz 6 AÜG** knüpft ebenso wie bei der Offenlegung nach § 1 Abs. 1 Satz 5 AÜG an den Zeitpunkt der Überlassung an, d.h. der Leiharbeitnehmer muss vor tatsächlichem Einsatzbeginn mindestens **namentlich mit Vor- und Zunamen konkretisiert** werden; Spitznamen oder Rufnamen genügen grds. nicht. Weitere Angaben wie Geburtsdatum und Wohnanschrift sind nicht erforderlich, soweit bereits aufgrund der Namensangabe eine Identifikation der Person des Leiharbeitnehmers hinreichend zuverlässig möglich ist. Ob eine korrekte und damit im Sinne des § 16 Abs. 1 Nr. 1d AÜG »richtige« **Konkretisierung** wie bei dem Arbeitnehmerüberlassungsvertrag selbst die **Einhaltung der gesetzlichen Schriftform (§§ 126, 126a BGB)** verlangt, wird uneinheitlich beantwortet. Nach dem Wortlaut von § 1 Abs. 1 Satz 6 AÜG muss die Individualisierung »*unter Bezugnahme auf diesen Vertrag*« – gemeint ist der Arbeitnehmerüberlassungsvertrag

---

37 Dazu § 1 Rdn. 291 ff.

gemäß § 1 Abs. 1 Satz 5 AÜG – erfolgen. Die Notwendigkeit gesetzlicher Schriftform ergibt sich aus dieser Formulierung nicht, diese ließe auch eine nur mündliche Konkretisierung oder eine solche in Textform nach § 126b BGB (z.B. per Telefax, E-Mails, SMS) zu. Aufgrund des systematischen Zusammenspiels zwischen § 1 Abs. 1 Satz 5 und Satz 6 AÜG bei Rahmen- und Einzelverträgen zur Arbeitnehmerüberlassung und mit Blick auf die Gesetzesbegründung[38] wird überwiegend auch bei der Konkretisierung der Person des Leiharbeitnehmers gemäß § 1 Abs. 1 Satz 6 AÜG die gesetzliche Schriftform verlangt.[39] Die Praxis wird sich deshalb vorsorglich darauf einstellen müssen, dass eine Individualisierung entgegen § 1 Abs. 1 Satz 6 AÜG auch dann »nicht richtig« erfolgt, wenn der Einzelauftrag zur Überlassung eines konkreten Leiharbeitnehmers entsprechend § 12 Abs. 1 AÜG nicht der gesetzlichen Schriftform nach §§ 126, 126a BGB genügt.

▶ Praxistipp:

Besondere Schwierigkeiten wird die Konkretisierungs- und Individualisierungspflicht in der Praxis bei einem unerwarteten Ausfall eines überlassenen Arbeitnehmers (z.B. bei krankheitsbedingter Arbeitsunfähigkeit, unentschuldigtem Fernbleiben) und einer entsprechend kurzfristig notwendigen Ersatzgestellung von Leiharbeitnehmern bereiten. Vielfach werden vor Einsatzbeginn, gerade im Helfer- oder gewerblichen Bereich, nicht alle notwendigen Originalunterschriften der Verantwortlichen auf Verleiher- und Entleiherseite eingeholt werden können. Eine denkbare Option besteht in der **Vollmachtserteilung durch den Verleiher** an einen für Fremdpersonaleinsätze auf Entleiherseite zuständigen Mitarbeiter, der diesen zur Unterzeichnung derartiger »Nachbestellungen« in seinem Namen bevollmächtigt. Der Vertreter des Entleihers kann dann in Eilfällen, kurzfristige Einzelneuaufträge sowohl für den Entleiher als auch den Verleiher rechtwirksam unterzeichnen. Aus Beweis- und Nachweisgründen sollte die an sich formlos mögliche Vollmachtserteilung (§ 167 Abs. 2 BGB) durch den Verleiher unbedingt schriftlich unter möglichst genauer Bezeichnung bzw. Einschränkung des Inhalts sowie Umfangs der zu erteilenden

---

38 Vgl. BT-Drucks. 18/9232, 18.
39 Vgl. *Bertram* AIP 12/2015, 6; *Zimmermann* BB 2016, 55; wohl auch: *Siebert/Novak* ArbR 2016, 393 (»im Überlassungsvertrag«); vorsichtiger: BeckOK ArbR/*Motz* § 12 AÜG Rn. 3.1; zum Streitstand § 1 Rdn. 292.

§ 16 AÜG Ordnungswidrigkeiten

Vollmacht sowie unter ausdrücklicher Befreiung von den Beschränkungen des § 181 BGB erfolgen.[40]

24 Sämtliche Verstöße gegen § 1 Abs. 1 Satz 6 AÜG stehen zueinander im Verhältnis der Tatmehrheit und stellen dementsprechend jeweils eine Ordnungswidrigkeit nach § 16 Abs. 1 Nr. 1d AÜG dar.

5. Verstoß gegen § 1 Abs. 1b Satz 1 AÜG – Nr. 1e

25 Der **Verstoß gegen** die zum 01.04.2017[41] wiedereingeführte gesetzliche **Überlassungshöchstdauer in § 1 Abs. 1b Satz 1 AÜG**[42] stellt für den Verleiher – nicht aber für den Entleiher – eine Ordnungswidrigkeit dar, die mit einer Geldbuße von bis zu 30.000 € geahndet werden kann (**§ 16 Abs. 1 Nr. 1e, Abs. 2 AÜG**). Zuständig sind die Behörden der Zollverwaltung (§ 16 Abs. 3 AÜG).

26 Gemäß § 16 Abs. 1 Nr. 1e AÜG handelt ordnungswidrig, wer vorsätzlich oder fahrlässig »entgegen § 1 Absatz 1b Satz 1 einen Leiharbeitnehmer überlässt«. Der Zusatz »tätig werden lässt« findet sich im objektiven Tatbestand des § 16 Abs. 1 Nr. 1e AÜG anders als bspw. in § 16 Abs. 1 Nr. 1b AÜG (Verbot der Kettenleihe) nicht. **Täter** kann damit **nur der Verleiher** sein. Ein Verstoß gegen die gesetzliche Überlassungshöchstdauer von 18 Monaten (§ 1 Abs. 1b Satz 1 AÜG) liegt vor, wenn die 18-Monats-Frist – und sei es nur geringfügig, etwa um ein paar Minuten, Stunden oder um einen Tag – überschritten wird; für die **Fristberechnung** gelten – ausgenommen § 191 BGB – die Regelungen der §§ 186 ff. BGB.[43] Der **Fristbeginn** entspricht dem Zeitpunkt des tatsächlichen Überlassungs- und Einsatzbeginns, das **Fristende** dem tatsächlichen Einsatzende. Abweichende vertragliche Vereinbarungen über den Tätigkeitsbeginn oder gegen die gesetzliche Überlassungshöchstdauer verstoßende Vertragsabreden zwischen den beteiligten Unternehmen über eine Einsatzdauer von mehr als 18 Monaten (etwa in Altverträgen), sind unerheblich.[44] Allein

---

40 Dazu § 1 Rdn. 294.
41 Gesetz zur Änderung des Arbeitnehmerüberlassungsgesetzes und anderer Gesetze vom 21.02.2017, BGBl. I, 28.02.2017, 258.
42 Ausführlich § 1 Rdn. 208 ff.
43 Vgl. dazu § 1 Rdn. 212.
44 BAG, 20.01.2016 – 7 AZR 535/13, NZA 2016, 1168 (zu § 9 Nr. 1 a.F.).

entscheidend sind die vom Willen von Verleiher und Entleiher getragenen tatsächlichen Verhältnisse.⁴⁵

▶ **Praxistipp:**

Auf das **Einsatz-Controlling und die Überwachung der Einsatzzeiten** jedes einzelnen Leiharbeitnehmers – entscheidend ist der Einsatz im Unternehmen (also beim Rechtsträger, z.B. AG, GmbH, GmbH & Co. KG, AöR), nicht im jeweiligen Einsatzbetrieb des Entleihers⁴⁶ – müssen Verleiher ab dem 01.04.2017 besonderes Augenmerk richten; erstmals am 01.10.2018 wird die gesetzliche Höchstdauer von 18 Monaten überschritten. Dies gilt nicht nur wegen der drohenden Verhängung von Bußgeldern bei Verstößen gegen die 18-Monats-Höchstdauer, sondern auch wegen möglicher erlaubnisrechtlicher Konsequenzen bis hin zum Widerruf oder der Nichtverlängerung der Erlaubnis nach dem AÜG wegen Unzuverlässigkeit des Verleihers (§ 3 Abs. 1 Nr. 1 AÜG).

Vom **Vorwurf des Verschuldens** (§ 16 Abs. 1 Nr. 1e AÜG) bzw. **der Unzuverlässigkeit** (§ 3 Abs. 1 Nr. 1 AÜG) können sich **Verleiher »exkulpieren«**, wenn sie nachweislich nichts von einem Voreinsatz des Leiharbeitnehmers in demselben Entleiherunternehmen innerhalb der letzten drei Monate vor Einsatzbeginn (vgl. § 1 Abs. 1b Satz 2 AÜG) wussten. Solche Konstellationen können insbesondere dann auftreten, wenn der Leiharbeitnehmer nach einem Wechsel seines Vertragsarbeitgebers von einem anderen Verleiher an einen Entleiher überlassen werden soll, bei dem dieser bereits zuvor von seinem verleihenden Vorarbeitgeber eingesetzt worden war. Den Nachweis des Nicht-Einsatzes des Leiharbeitnehmers innerhalb der letzten drei Monate bei demselben Unternehmen können Verleiher durch eine entsprechende schriftliche Erklärung des Leiharbeitnehmers bei Abschluss des Leiharbeitsvertrages bzw. vor der Zuweisung zu einem konkret bevorstehenden Einsatz erbringen; die Erklärung sollte von dem Leiharbeitnehmer gesondert abgegeben werden, ansonsten droht deren Unwirksamkeit analog § 309 Nr. 12 BGB. Liegt eine wirksame Erklärung

---

45 *Boemke/Lembke* § 1 AÜG Rn. 35; ferner *Boemke*, 1. Aufl. 2002, § 3 AÜG Rn. 96 (zu § 3 Abs. 1 Nr. 6 AÜG a.F.); a. § 1 Rdn. 212. Zur Berücksichtigung von Unterbrechungszeiten von weniger als drei Monaten sowie zu § 1 Abs. 1b Satz 2 AÜG vgl. § 1 Rdn. 225 ff.
46 *Urban-Crell/Schulz*, Arbeitnehmerüberlassung und Arbeitsvermittlung, 2003, Rn. 681 f. (zu § 3 Abs. 1 Nr. 6 AÜG a.F.).

des Leiharbeitnehmers über seinen Nicht-Einsatz beim Entleiher vor und erweist sich diese im Nachhinein als falsch, dürfte § 16 Abs. 1 Nr. 1e AÜG mangels Verschuldens bereits tatbestandlich nicht erfüllt sein. Auch von einer Unzuverlässigkeit des Verleihers im Sinne des § 3 Abs. 1 Nr. 1 AÜG kann dann keine Rede sein.

27 Nach dem Gesetzeswortlaut kann nur bei einem Verstoß gegen die gesetzliche Überlassungshöchstdauer (»*entgegen § 1 Abs. 1b Satz 1 AÜG*«) ein Bußgeld gegen den schuldhaft handelnden Verleiher festgesetzt werden. Im Umkehrschluss bedeutet dies, dass eine Bußgeldanordnung dann ausscheidet, wenn sich die Überlassungshöchstdauer nach einem der Ausnahmetatbestände in § 1 Abs. 1b Satz 3 bis 8 AÜG richtet. Ein Verstoß des Verleihers gegen die in einem Tarifvertrag der Einsatzbranche oder aufgrund eines solchen Tarifvertrages in einer Betriebs- oder Dienstvereinbarung festgelegten abweichenden Überlassungshöchstdauer erfüllt den objektiven Tatbestand der Ordnungswidrigkeit nach § 16 Abs. 1 Nr. 1e AÜG nicht.

28 Jeder Verstoß gegen die gesetzliche Überlassungshöchstdauer ist eine selbständige Tat, die als Ordnungswidrigkeit geahndet werden kann. Überlässt der Verleiher mehrere Leiharbeitnehmer auf der Grundlage desselben Arbeitnehmerüberlassungsvertrages an einen Entleiher und missachtet er dabei die einzuhaltende 18-Monats-Einsatzhöchstdauer, verwirkt er in jedem einzelnen Falle eine Ordnungswidrigkeit, die zueinander im Verhältnis der Tatmehrheit stehen. Treffen Ordnungswidrigkeiten nach § 16 Abs. 1 Nr. 1, Nr. 1c bzw. Nr. 1d AÜG mit einer Ordnungswidrigkeit nach § 16 Abs. 1 Nr. 1e AÜG zusammen, stehen diese zueinander im Verhältnis der Tateinheit.

6. Verstoß gegen § 1b Satz 1 AÜG – Nr. 1f

29 Nach **§ 16 Abs. 1 Nr. 1f AÜG** handelt ordnungswidrig, wer entgegen § 1b Satz 1 AÜG Arbeitnehmer überlässt oder tätig werden lässt. Der Tatbestand knüpft an das **sektorale Verbot** der **Arbeitnehmerüberlassung in Betriebe des Baugewerbes** an.[47] Als Täter kommen nur Verleiher und Entleiher in Betracht.

30 Setzt der Entleiher die ihm überlassenen Leiharbeitnehmer **entgegen der ursprünglichen Vereinbarung** mit dem Verleiher **im Überlassungsvertrag** in Betrieben des Baugewerbes ein, begeht auch der Verleiher eine

---

47 Vgl. § 1b Rdn. 6 ff.

Ordnungswidrigkeit nach § 16 Abs. 1 Nr. 1f AÜG, wenn er nicht für eine unverzügliche Beendigung dieses Zustandes sorgt.[48]

Unerheblich ist, ob der Verleiher im Besitz einer **Erlaubnis zur Arbeitnehmer-** 31 **überlassung** ist. Liegt eine solche nicht vor, konkurrieren die Tatbestände des § 16 Abs. 1 Nr. 1f und des § 16 Abs. 1 Nr. 1 und Nr. 1a AÜG.[49] Die begangenen Ordnungswidrigkeiten stehen in diesem Fall in Tateinheit.[50]

▶ Praxistipp:

Auch bei grds. erlaubnisfreier Arbeitnehmerüberlassung nach § 1 Abs. 3 AÜG können Verstöße gegen § 1b Satz 1 AÜG als Ordnungswidrigkeit geahndet werden. Dies stellt der Gesetzgeber in § 1 Abs. 3 AÜG einleitend klar.

7. Entleih eines ausländischen Leiharbeitnehmers ohne Genehmigung – Nr. 2

Lässt ein Entleiher einen ihm überlassenen **ausländischen Leiharbeitnehmer**, 32 der einen erforderlichen Aufenthaltstitel nach § 4 Abs. 3 AufenthG, eine Aufenthaltsgestattung oder eine Duldung, die zur Ausübung der Beschäftigung berechtigen oder eine Genehmigung nach § 284 Abs. 1 SGB III nicht besitzt, tätig werden, so kann dies als Ordnungswidrigkeit nach **§ 16 Abs. 1 Nr. 2 AÜG** geahndet werden. § 16 Abs. 1 Nr. 2 liegen dieselben Tatbestandsvoraussetzungen zugrunde wie dem Straftatbestand des § 15a AÜG.[51]

Nach ganz überwiegender Auffassung setzt der Ordnungswidrigkeitentatbe- 33 stand eine **legale Arbeitnehmerüberlassung** voraus.[52] Diese Auffassung überzeugt. Ist der Verleiher nicht im Besitz einer Erlaubnis, gilt der Entleiher als fiktiver Arbeitgeber (§ 10 AÜG). Er lässt dann keinen fremden Leiharbeitnehmer, sondern einen kraft Fiktion des § 10 Abs. 1 Satz 1 AÜG eigenen

---

48 BayOLG, 26.02.1999 – 3 ObOWi 4/99, EzAÜG § 16 AÜG Nr. 10.
49 Zur Fiktion eines Arbeitsverhältnisses bei unzulässiger Arbeitnehmerüberlassung in Betriebe des Baugewerbes vgl. BAG, 13.12.2006 – 10 AZR 674/05, AP AÜG § 1 Nr. 31 m. Anm. *Urban-Crell*.
50 Thüsing/*Kudlich* § 16 AÜG Rn. 20 m.w.N.
51 Vgl. insofern § 15a Rdn. 3 ff.
52 OLG Hamm, 14.11.1980 – 5 Ss OWi 1967/80, AP AÜG § 10 Nr. 3 = BB 1981, 122; BeckOK ArbR/*Motz* § 16 AÜG Rn. 26; ErfK/*Wank* § 16 AÜG Rn. 8; HWK/*Kalb* § 16 AÜG Rn. 12; a.A. *Ulber* § 16 AÜG Rn. 13.

Arbeitnehmer für sich tätig werden. In diesem Fall verwirklicht er durch das Entleihen eines nichtdeutschen Arbeitnehmers ohne den erforderlichen Aufenthaltstitel neben § 16 Abs. 1 Nr. 1a AÜG eine Ordnungswidrigkeit nach § 404 Abs. 2 Nr. 3 SGB III; diese Tatbestände treffen tateinheitlich zusammen.[53]

34 Die **fahrlässige Begehung** einer Ordnungswidrigkeit nach § 16 Abs. 1 Nr. 2 AÜG nimmt die überwiegende Auffassung bereits dann an, wenn sich der Entleiher von dem ausländischen Arbeitnehmer, der keine Arbeitnehmerfreizügigkeit genießt, vor Beginn des Arbeitseinsatzes nicht die erforderliche Arbeitserlaubnis hat zeigen lassen.[54] Lässt der Entleiher mehrere ausländische Leiharbeitnehmer desselben Verleihers ohne erforderliche Arbeitserlaubnis tätig werden, begeht er nur eine Ordnungswidrigkeit nach Abs. 1 Nr. 2; handelt es sich gleichzeitig um mehr als fünf Arbeitnehmer tritt die Ordnungswidrigkeit hinter die Straftat des § 15a Abs. 2 Nr. 1 AÜG zurück.[55]

▶ Praxistipp:

Dem Vorwurf der Fahrlässigkeit kann der Entleiher i.R.d. § 16 Abs. 1 Nr. 2 AÜG nur begegnen, wenn er sich vor Beginn des Arbeitseinsatzes des ausländischen Arbeitnehmers einen erforderlichen Aufenthaltstitel hat vorlegen lassen. Aus Beweisgründen sollte er eine Kopie anfertigen und diese zu den Akten nehmen.

Damit stehen die Anforderungen an den Entleiher bei der Beschäftigung ausländischer Leiharbeitnehmer im Widerspruch zu seinen Obliegenheitsverpflichtungen i.R.d. § 16 Abs. 1 Nr. 1a AÜG. Dort lässt es die überwiegende Auffassung genügen, wenn der Entleiher auf eine Erklärung des Verleihers nach § 12 Abs. 1 Satz 2 AÜG vertraut hat.

8. Verletzung der Anzeigepflicht nach § 1a AÜG – Nr. 2a

35 Nach § 16 Abs. 1 Nr. 2a AÜG handelt der Verleiher ordnungswidrig, der vorsätzlich oder fahrlässig eine **erlaubnisfreie Überlassung** nach § 1a AÜG

---

[53] BayOLG, 22.02.1995 – 3 ObOWi 13/95, EzAÜG § 16 AÜG Nr. 6.
[54] BT-Drucks. VI/2303, 15; BeckOK ArbR/*Motz* § 16 AÜG Rn. 27; ErfK/*Wank* § 16 AÜG Rn. 8; HWK/*Kalb* § 16 AÜG Rn. 12; krit. Thüsing/*Kudlich* § 16 AÜG Rn. 25.
[55] BeckOK ArbR/*Motz* § 16 AÜG Rn. 28; *Boemke/Lembke* § 16 AÜG Rn. 32; Thüsing/*Kudlich* § 16 AÜG Rn. 26.

nicht richtig, nicht vollständig oder nicht rechtzeitig anzeigt. Als Tathandlungen kommen nicht nur fehlerhafte materielle Angaben zur Überprüfung der Erlaubnispflicht, sondern auch formelle Verstöße gegen § 1a Abs. 2 AÜG in Betracht.[56]

▶ **Beispiel:**

Der Verleiher täuscht die zuständige Arbeitsagentur der BA über die Anzahl der bei ihm regelmäßig Beschäftigten. Im Antrag gibt er lediglich 45 Arbeitnehmer an, obwohl er seit geraumer Zeit mehr als 50 Mitarbeiter beschäftigt.

Unbeachtlich sind solche Falschangaben, die im Muster zur Anzeige nach § 1a 36 AÜG zwar abgefragt, jedoch vom Gesetz selbst nicht verlangt werden (z.B. Telefon- und Faxnummer des Verleihers).[57]

9. Missachtung von Auflagen – Nr. 3

Nach § 2 Abs. 2 AÜG kann die BA eine Erlaubnis mit **Auflagen** erteilen. 37 Handelt der Verleiher dieser Auflage zuwider, indem er dieser nicht, nicht vollständig oder nicht rechtzeitig nachkommt, begeht er eine Ordnungswidrigkeit nach **§ 16 Abs. 1 Nr. 3 AÜG**. Die Unanfechtbarkeit des Auflagenbescheides ist keine Voraussetzung für die Verhängung eines Bußgeldes, da die Anfechtung der Auflage nach § 86 Abs. 2 SGG keine aufschiebende Wirkung entfaltet. Aus verfahrensökonomischen Gründen wird die zuständige Behörde einen Bußgeldbescheid indes so lange nicht erlassen oder ein bereits eingeleitetes Bußgeldverfahren aussetzen, bis über die Rechtmäßigkeit der Auflage nach § 2 Abs. 2 AÜG bestandskräftig entschieden ist.[58]

10. Verstöße gegen § 7 AÜG – Nr. 4-6a

Nach **§ 16 Abs. 1 Nr. 4, 5 und 6 AÜG** werden **Verstöße des Verleihers** 38 **gegen seine Anzeige-, Auskunfts- und Aufbewahrungspflichten** nach § 7 Abs. 1, Abs. 2 Satz 1 und Abs. 2 Satz 4 AÜG sanktioniert. Ferner handelt der Verleiher ordnungswidrig, wenn er entgegen § 7 Abs. 3 Satz 2 AÜG der

---

56 Thüsing/*Kudlich* § 16 AÜG Rn. 29.
57 Sandmann/Marschall Art. 1 § 16 AÜG Anm. 29a; Thüsing/*Kudlich* § 16 AÜG Rn. 30.
58 Allg. Auffassung *Boemke/Lembke* § 16 AÜG Rn. 34; Thüsing/*Kudlich* § 16 AÜG Rn. 33 f.; Schüren/Hamann/*Stracke* § 16 AÜG Rn. 44.

Erlaubnisbehörde das Betreten seiner Grundstücke und Geschäftsräume und Prüfungsmaßnahmen nicht gestattet (§ 16 Abs. 1 Nr. 6a AÜG).[59]

39 Verweigert der Verleiher die **Vorlage geschäftlicher Unterlagen** nach § 7 Abs. 2 Satz 3 AÜG, kann die BA dieses Verhalten nicht als Ordnungswidrigkeit ahnden. Von § 16 Abs. 1 AÜG ist dieser Tatbestand nicht erfasst. Insofern kann die Erlaubnisbehörde den Verleiher lediglich durch Mittel des Verwaltungszwangs (§ 6 AÜG) oder durch die Androhung des Widerrufs der Verleiherlaubnis (§ 5 AÜG) zu gesetzeskonformem Verhalten anleiten.

40 Ausnahmsweise kein Verstoß gegen die Auskunftspflicht nach § 7 Abs. 2 Satz 1 AÜG liegt vor, wenn sich der Verleiher auf einen **Auskunftsverweigerungsgrund nach § 7 Abs. 5 AÜG** berufen kann. Bei Zweifeln über das Vorliegen eines Auskunftsverweigerungsrechts wird die BA nach den Grundsätzen des Opportunitätsprinzips im Ergebnis zugunsten des Verleihers entscheiden müssen und einen Bußgeldbescheid nicht erlassen.[60]

11. Verletzung von Mindestbedingungen, Lohnuntergrenze entgegen § 8 Abs. 1 Satz oder Abs. 2 Satz 2 und 4 bzw. § 8 Abs. 5 AÜG, § 3a AÜG – Nr. 7a und 7b

41 Mit Wirkung zum 01.12.2011 hat der Gesetzgeber die Verpflichtung des Verleihers zur **Gewährung von Mindestarbeitsbedingungen** (§ 10 Abs. 4 AÜG) ausdrücklich in das Gesetz eingefügt. Zugleich wurde mit **§ 16 Abs. 1 Nr. 7a AÜG** ein neuer Bußgeldtatbestand geschaffen.[61] Dieser Tatbestand wurde mit Wirkung zum 01.04.2017 redaktionell neu gefasst, nachdem der Grundsatz des Equal Pay und Equal Treatment – ebenso wie die Lohnuntergrenze (§ 8 Abs. 5 AÜG n.F., § 3a AÜG) – nun in **§ 8 AÜG n.F.** verankert sind. Objektive Tathandlung bei Nr. 7a ist die Nichtgewährung einer nach dem anzuwendenden Gleichstellungsgrundsatz geschuldeten Arbeitsbedingung. Erfasst sind damit Arbeitsentgelt und wesentliche Arbeitsbedingungen, wobei eine Verletzungshandlung **Fälligkeit der Leistung** voraussetzt. Der Abschluss einer unwirksamen Vereinbarung nach § 9 Abs. 1 Nr. 2 AÜG entgegen § 8 Abs. 1 Satz 1 oder Abs. 2 Satz 2 und 4 AÜG n.F. ist noch kein »Nichtgewähren« i.S.d. § 16 Abs. 1 Nr. 7a AÜG.[62] Der Verstoß gegen die Vorgaben des Gleich-

---

59 Zu den Einzelheiten § 7 Rdn. 2 f., 5 ff., 8 ff.
60 Thüsing/*Kudlich* § 16 AÜG Rn. 38a.
61 BT-Drucks. 17/4804, 10; ausführlich Thüsing/*Kudlich* § 16 AÜG Rn. 41 ff.
62 BeckOK ArbR/*Motz* § 16 AÜG Rn. 44; *Boemke/Lembke* § 16 AÜG Rn. 44.

stellungsgrundsatzes muss schuldhaft sein, **bloße Abrechnungsfehler** sind nicht tatbestandsmäßig.[63] Die **Schwere des Verstoßes** spielt für die objektive Tatbestandsverwirklichung keine Rolle, diese ist aber bei der Festsetzung der Bußgeldhöhe zu berücksichtigen.[64] Verstöße des Verleihers gegen den Gleichstellungsgrundsatz können mit einem Bußgeld von bis zu 500.000 € geahndet werden (§ 16 Abs. 2 AÜG). **Tateinheit** besteht, wenn der Verleiher mehreren, demselben Entleiher gleichzeitig überlassenen Leiharbeitnehmern Arbeitsbedingungen entgegen § 8 Abs. 1 Satz 1 oder Abs. 2 Satz 2 und 4 AÜG n.F. nicht gewährt; ansonsten (ein oder mehrere Leiharbeitnehmer an mehrere Entleiher oder an einen Entleiher nacheinander) liegt **Tatmehrheit** vor.[65] Zuständig für die Verfolgung von Ordnungswidrigkeiten wegen Verletzung des Gleichstellungsgebots ist die BA (§ 16 Abs. 3 AÜG).

Die Kontrolle der **Einhaltung der Lohnuntergrenze** hat der Gesetzgeber demgegenüber den Behörden der Zollverwaltung übertragen (§ **16 Abs. 1 Nr. 7b, Abs. 3 AÜG**). Die Nichteinhaltung der Lohnuntergrenze gem. § 8 Abs. 5 AÜG n.F. i.V.m. § 3a AÜG ist eine Ordnungswidrigkeit, die mit einem Bußgeld von bis zu 500.000 € geahndet werden kann (§ 16 Abs. 1 Nr. 7b, Abs. 2 AÜG). Der »Nichteinhaltung« der Mindeststundenentgeltgrenze ist die nicht rechtzeitige Zahlung des Mindeststundenentgelts gleichgestellt.[66]

12. Verletzung von Nachweispflichten und Nichtaushändigung des Merkblatts nach § 11 Abs. 1 oder 2 AÜG – Nr. 8

Nach § **16 Abs. 1 Nr. 8 AÜG** handelt ordnungswidrig, wer einer **Pflicht nach § 11 Abs. 1 oder Abs. 2 AÜG nicht nachkommt**. Nach § 11 Abs. 1 AÜG ist der Verleiher verpflichtet, die wesentlichen Arbeitsbedingungen des Leiharbeitsverhältnisses nach den Bestimmungen des NachwG und die zusätzlichen Angaben des § 11 Abs. 1 Satz 2 AÜG zu dokumentieren. Des Weiteren muss der Verleiher dem Leiharbeiter bei Vertragsschluss ein Merkblatt für Leiharbeitnehmer über den wesentlichen Inhalt des AÜG aushändigen; nichtdeutschen Leiharbeitnehmern ist dieses auf Verlangen in ihrer Muttersprache zu erteilen (§ 11 Abs. 2 AÜG).

---

63 BeckOK ArbR/*Motz* § 16 AÜG Rn. 45; *Boemke/Lembke* § 16 AÜG Rn. 45.
64 Wohl ebenso *Ulber* § 16 AÜG Rn. 21; a.A. BeckOK ArbR/*Motz* § 16 AÜG Rn. 45; *Boemke/Lembke* § 16 AÜG Rn. 42.
65 BeckOK ArbR/*Motz* § 16 AÜG Rn. 46; *Boemke/Lembke* § 16 AÜG Rn. 46.
66 Vgl. Tarifautonomiestärkungsgesetz vom 11.08.2014, BGBl. I 1348; dazu *Lembke* BB 2014, 1333.

13. Verstoß gegen das Streikbruch-Verbot entgegen § 11 Abs. 5 Satz 1 AÜG – Nr. 8a

44 Ordnungswidrig handelt ein **Entleiher**, der vorsätzlich oder fahrlässig »entgegen § 11 Absatz 5 Satz 1 einen Leiharbeitnehmer tätig werden lässt«. Die Tat knüpft an einen Verstoß gegen das zum 01.04.2017[67] eingeführte **Streikbruch-Verbot (§ 11 Abs. 5 Satz 1 AÜG)** an. Danach darf der Entleiher Leiharbeitnehmer vorbehaltlich § 11 Abs. 5 Satz 2 AÜG nicht tätig werden lassen, wenn sein Betrieb unmittelbar durch einen Arbeitskampf betroffen ist; der Einsatz von Arbeitnehmern im Rahmen privilegierter Überlassungen nach § 1 Abs. 3 AÜG unterfällt nicht dem Verbot des § 11 Abs. 5 Satz 1 AÜG und kann folglich nicht die Sanktionswirkung des § 16 Abs. 1 Nr. 8a AÜG auslösen. Die verwirklichte Ordnungswidrigkeit kann mit einem drakonischen Bußgeld von bis zu 500.000 € geahndet werden (**§ 16 Abs. 1 Nr. 8a, Abs. 2 AÜG**). Zuständige Verwaltungsbehörde ist die Bundesagentur für Arbeit (§ 16 Abs. 3 AÜG).

45 Jeder Einsatz eines Leiharbeitnehmers als Streikbrecher ist eine eigenständige Tat. Übernimmt der Entleiher mehrere Leiharbeitnehmer – gleichgültig, ob von demselben oder mehreren Verleihern – und setzt diese entgegen § 11 Abs. 5 Satz 1 AÜG in seinem Betrieb während einer Streikmaßnahme der zuständigen Gewerkschaft ein, so verwirkt er in jedem Einzelfall (»einen Leiharbeitnehmer«) eine Ordnungswidrigkeit, die zueinander im Verhältnis der Tatmehrheit stehen.

14. Verletzung von Informationspflichten und Zugangsrechten durch den Entleiher nach §§ 13a und 13b AÜG – Nr. 9 und 10

46 Nach § 13a Satz 1 AÜG muss ein Entleiher die bei ihm beschäftigten Leiharbeitnehmer über zu besetzende Arbeitsplätze informieren.[68] Unerheblich ist es, ob er die freie Stelle ansonsten intern für Stammarbeitnehmer seines Betriebes ausschreibt oder ausschreiben muss.[69] Tathandlung ist neben der Nichtunterrichtung, die nicht richtige oder unvollständige Information der Leiharbeitnehmer über freie Stellen (z.B. unzureichende Stellenbeschreibung, keine Mitteilung von Bewerbungsfristen, Aushang der Ausschreibung an

---

67 Gesetz zur Änderung des Arbeitnehmerüberlassungsgesetzes und anderer Gesetze vom 21.02.2017, BGBl. I, 28.02.2017, 258; ausführlich § 11 Rdn. 53 ff.
68 Ausführlich dazu die Kommentierung unter § 13a AÜG.
69 BeckOK ArbR/*Motz* § 16 AÜG Rn. 51; *Boemke/Lembke* § 16 AÜG Rn. 53.

einem für Leiharbeitnehmer nicht zugänglichem Ort im Betriebs). Bei einem **Verstoß gegen die Verpflichtung aus § 13a AÜG**, d.h. unterlassener, unrichtiger oder unvollständiger Information, droht ein Bußgeld von bis zu 2.500 € (**§ 16 Abs. 1 Nr. 9, Abs. 2 AÜG**).

Entsprechendes gilt bei einer **Missachtung der Verpflichtung aus § 13b Satz 1 AÜG**. Danach müssen Entleiher den bei ihnen beschäftigten Leiharbeitnehmern Zugang zu den Gemeinschaftseinrichtungen und -diensten unter den gleichen Bedingungen gewähren wie vergleichbaren Stammbeschäftigten im Entleiherbetrieb. Zu den Gemeinschaftseinrichtungen und -diensten zählen etwa Kinderbetreuungseinrichtungen, Gemeinschaftsverpflegung (Kantine) und Beförderungsmittel (Werksbus), Sportanlagen, Parkplätze, betriebliche Erholungsheime.[70] Verstöße stellen eine Ordnungswidrigkeit dar und können mit einem Bußgeld bis zu 2.500 € sanktioniert werden (**§ 16 Abs. 1 Nr. 10, Abs. 2 AÜG**). 47

15. Verletzung von Pflichten nach §§ 17a bis 17c – Nr. 11 bis 18

Den Zollbehörden sind nach § 17 Abs. 2 AÜG i.V.m. §§ 17a bis 18 AÜG weitreichende Befugnisse übertragen, um die **Einhaltung der Lohnuntergrenze** (§§ 8, 3a AÜG n.F.) zu überwachen. Die **Kontroll- und Sanktionsmöglichkeiten** sind den Vorschriften der §§ 16 ff. AEntG zur Prüfung der Einhaltung branchenspezifischer Mindestlöhne nachgebildet.[71] 48

Nach **§ 16 Abs. 1 Nr. 11 AÜG** handelt ein Verleiher ordnungswidrig, der entgegen § 17 AÜG i.V.m. § 5 Abs. 1 Satz 1 SchwarzArbG eine Prüfung nicht duldet oder bei dieser Prüfung nicht mitwirkt. Die Kontrollkompetenz der Zollverwaltung umfasst das Recht zur Einsichtnahme in Arbeitsverträge, Niederschriften nach § 2 NachwG sowie in andere Geschäftsunterlagen, welche – mittelbar oder unmittelbar – Auskunft über die Einhaltung der Arbeitsbedingungen nach § 10 Abs. 5 AÜG geben. **Verstöße gegen § 17a AÜG** erfüllen den Ordnungswidrigkeitentatbestand des § 16 Abs. 1 Nr. 11 AÜG und können mit einer Geldbuße bis zu 30.000 € geahndet werden. Des Weiteren muss der Verleiher das Betreten eines Grundstücks oder Geschäftsraumes dulden (**§ 16 Abs. 1 Nr. 12 AÜG**), Daten richtig, vollständig und in der vorgeschriebenen Weise rechtzeitig an die Behörden der Zollverwaltung übermitteln (§ 17a i.V.m. § 5 Abs. 3 Satz 1 SchwarzArbG). Bei Verletzung dieser Pflichten 49

---

70 Ausführlich dazu die Kommentierung unter § 13b AÜG.
71 Zu den Einzelheiten vgl. die Kommentierung zu §§ 17a bis 18a AÜG.

Urban-Crell

verwirkt der Verleiher die Ordnungswidrigkeitentatbestände des § 16 Abs. 1 Nr. 12 bzw. Nr. 13 AÜG. Diese Ordnungswidrigkeiten können ebenfalls mit einer Geldbuße bis zu 30.000 € geahndet werden (§ 16 Abs. 2 AÜG).[72]

50 Nach § 17b AÜG muss ein (inländischer) Entleiher, dem ein Verleiher mit Sitz im Ausland einen Leiharbeitnehmer überlässt, der zuständigen Behörde der Zollverwaltung bestimmte schriftliche Meldungen machen, und zwar vor Beginn der jeweiligen Überlassung; auch Änderungsmeldungen müssen unverzüglich, vollständig und in der vorgeschriebenen Weise erstattet werden (§ 17b Abs. 1 Sätze 1 und 2 AÜG). Handelt der Entleiher diesen Verpflichtungen entgegen, begründet dies die Ordnungswidrigkeitentatbestände des § 16 Abs. 1 Nr. 14 (Anmeldung) oder Nr. 15 AÜG (Änderungsmeldung). Auch diese Ordnungswidrigkeiten können mit einer Geldbuße bis zu 30.000 € geahndet werden (§ 16 Abs. 2 AÜG).

51 Ordnungswidrig handelt der Entleiher des Weiteren, wenn er seiner Anmeldung **entgegen § 17b Abs. 2 AÜG** keine Versicherung des Verleihers über die Einhaltung seiner Pflicht gem. § 10 Abs. 5 AÜG beifügt (**§ 16 Abs. 1 Nr. 16 AÜG**). Die Ordnungswidrigkeit kann mit einer Geldbuße bis zu 30.000 € geahndet werden (§ 16 Abs. 2 AÜG).

52 Soweit eine Rechtsverordnung nach § 3a AÜG auf das Arbeitsverhältnis Anwendung findet, erlegt **§ 17c AÜG** dem Entleiher bzw. Verleiher weitere Dokumentations- und Bereithaltungspflichten auf. Nach § 17c Abs. 1 AÜG sind Beginn, Dauer und Ende der täglichen Arbeitszeit des Leiharbeitnehmers durch den Entleiher aufzuzeichnen und diese Aufzeichnungen mindestens zwei Jahre aufzubewahren. Der Verleiher ist – längstens für zwei Jahre – zur Bereithaltung der für die Kontrolle erforderlichen Unterlagen für die gesamte Dauer der tatsächlichen Beschäftigung des Leiharbeitnehmers im Inland und in deutscher Sprache verpflichtet (§ 17c Abs. 2 AÜG). Handeln Entleiher bzw. Verleiher entgegen § 17c AÜG, stellt dies Ordnungswidrigkeiten nach **§ 16 Abs. 1 Nr. 17 bzw. Nr. 18 AÜG** dar. Diese können mit einer Geldbuße bis zu 30.000 € geahndet werden (§ 16 Abs. 2 AÜG).

---

[72] Thüsing/*Kudlich* § 16 AÜG Rn. 45g hält »jedermann«, nicht nur den Verleiher für tauglichen Täter.

II. Subjektiver Tatbestand

Die Ordnungswidrigkeiten des § 16 AÜG können sowohl vorsätzlich als auch fahrlässig begangen werden. **Vorsätzliches Handeln** setzt voraus, dass der Täter bei Begehung der Handlung alle Umstände kennt, die zum gesetzlichen Tatbestand gehören (vgl. § 11 Abs. 1 Satz 1 OWiG). Fehlt es an diesen Voraussetzungen, bleibt die Möglichkeit der Ahndung wegen **fahrlässigen Handelns** unberührt (§ 11 Abs. 1 Satz 2 OWiG). 53

Ein **vermeidbarer Verbotsirrtum** lässt die Schuld des Täters nicht entfallen (§ 11 Abs. 2 OWiG). Ein solcher wird regelmäßig vorliegen, wenn sich Verleiher und/oder Entleiher vor Durchführung der Arbeitnehmerüberlassung nicht haben rechtlich beraten lassen. Dabei kann auch schon eine Erkundigung über die Rechtslage bei der zuständigen Behörde ausreichen.[73] Als geeignete Auskunftspersonen kommen darüber hinaus insb. fachlich qualifizierte Rechtsanwälte in Betracht. Haben sich die Beteiligten bei diesen auskunftsfähigen Personen zuvor nicht oder nicht hinreichend erkundigt, ist ihr Irrtum über das Eingreifen des AÜG vermeidbar.[74] 54

C. Bußgeldhöhen – Abs. 2

Die **Höhe des zu verhängenden Bußgeldes** bestimmt sich nach **§ 16 Abs. 2 AÜG** i.V.m. § 17 OWiG. Die Geldbuße beträgt mindestens 5 € (§ 17 Abs. 1 OWiG); die Höchstbeträge ergeben sich aus § 16 Abs. 2 AÜG wie folgt: 55

Tatbestand	Bußgeldhöhe
§ 16 Abs. 1 Nr. 2, 7a, 7b, 8a AÜG	500.000 €
§ 16 Abs. 1 Nr. 1-1f, 6, 11-18 AÜG	30.000 €
§ 16 Abs. 1 Nr. 2a, 3, 9, 10 AÜG	2.500 €
§ 16 Abs. 1 Nr. 4, 5, 6a, 8 AÜG	1.000 €

---

73 AG Gießen, 13.04.1987 – 54 OWi 15 Js 22376/86, EzAÜG § 1 AÜG Gewerbsmäßige Arbeitnehmerüberlassung Nr. 24.
74 OLG Düsseldorf, 04.09.1979 – 5 Ss (OWi) 480/79-477/79 I, EzAÜG § 1 AÜG Gewerbsmäßige Arbeitnehmerüberlassung Nr. 10.

§ 16 AÜG Ordnungswidrigkeiten

56 **Fahrlässiges Handeln** kann im **Höchstmaß** nur mit der Hälfte des angedrohten Höchstbetrages der Geldbuße für vorsätzliches Handeln geahndet werden (§ 17 Abs. 2 OWiG).

57 Nach § 17 Abs. 3 OWiG sind Grundlage für die **Zumessung der Geldbuße** die Bedeutung der Ordnungswidrigkeit und der Vorwurf, der den Täter trifft. Auch die wirtschaftlichen Verhältnisse sind grds. zu berücksichtigen; lediglich bei geringfügigen Ordnungswidrigkeiten bleiben sie außer Betracht. Ordnungswidrigkeiten, die regelmäßig nur mit einer Buße von 5 € bis 35 € geahndet werden können, gelten regelmäßig als geringfügig (vgl. § 56 Abs. 1 Satz 1 OWiG).[75]

58 Die Geldbuße soll den **wirtschaftlichen Vorteil übersteigen**, den der Täter aus der Ordnungswidrigkeit gezogen hat (§ 17 Abs. 4 Satz 1 OWiG). Soweit das gesetzliche Höchstmaß dazu nicht ausreicht, kann es sogar überschritten werden (§ 17 Abs. 4 Satz 2 OWiG).

59 Die bis zum Inkrafttreten des Dritten Gesetzes für moderne Dienstleistungen am Arbeitsmarkt zuständigen **Landesarbeitsämter** haben bei der Bemessung der Bußgeldhöhe im Rahmen illegalen Verleihs und Entleihs (§ 16 Abs. 1 Nr. 1 und Nr. 1a AÜG) regelmäßig auf den **aus der illegalen Überlassung erzielten Reingewinn abgestellt**. In ständiger Verwaltungspraxis wurde bei einem illegalen Entleiher ein wirtschaftlicher Vorteil von 3 DM pro Arbeitsstunde und bei einem illegalen Verleiher ein solcher von 1 DM pro Arbeitsstunde angenommen.[76] Zu Recht wird diese **pauschalisierte Zumessung kritisiert**. Das Bußgeldhöchstmaß werden die zuständigen Behörden bei dieser Bemessung nur äußerst selten verhängen können.[77] Den Anforderungen des Einzelfalls besser gerecht wird eine Gewinnschätzung auf Grundlage der Bruttolohnsumme unter Berücksichtigung gezahlter oder zu zahlender ESt.[78]

---

75 Thüsing/*Kudlich* § 16 AÜG Rn. 52.
76 MünchArbR/*Marschall, 2. Aufl.,* § 176 Rn. 38; *Urban-Crell*/*Schulz* Rn. 880, jeweils m.w.N.
77 Thüsing/*Kudlich* § 16 AÜG Rn. 55 m.w.N.
78 BayOLG, 25.04.1995 – 3 ObOWi 11/95, NZA-RR 1996, 21 (zur Bestimmung des wirtschaftlichen Vorteils durch Schwarzarbeit); BGH, 13.01.1983 – 4 StR 578/82, AP AÜG § 1 Nr. 6; *Boemke*/*Lembke* § 16 AÜG Rn. 73; Thüsing/*Kudlich* § 16 AÜG Rn. 55.

In allen Fällen ist bei der **Gewinnabschöpfung** das verfassungsmäßige **Übermaßverbot** zu beachten. Dieses verbietet es, den Täter rückwirkend über lange Zeiträume nahezu einkommenslos zu stellen.[79] 60

Für die **Verjährung von Ordnungswidrigkeiten** gilt § 31 OWiG. Die Verjährungsfristen orientieren sich am Höchstmaß der Geldbuße (§ 31 Abs. 2 OWiG). 61

D. Verfolgung von Ordnungswidrigkeiten – Abs. 3 bis 5

I. Zuständigkeit – Abs. 3

Für die Verfolgung von Ordnungswidrigkeiten sind grds. die **Verwaltungsbehörden sachlich zuständig** (§ 35 OWiG). Im Anwendungsbereich des AÜG bestimmt **§ 16 Abs. 3 AÜG** die sachlich zuständige Behörde i.S.d. § 36 Abs. 1 Nr. 1 OWiG. Demnach sind für die Ordnungswidrigkeiten nach **§ 16 Abs. 1 Nr. 1, 1a, 1c, 1d, 1f, 2, 2a, 7b, 11-18 AÜG** die **Behörden der Zollverwaltung**, für die **übrigen Tatbestände** des § 16 Abs. 1 AÜG (Nr. 1b, 1e, 3-7a, 8-10) ist die **BA** sachlich zuständig. 62

▶ Praxistipp:

Zuständige Einsatzgruppe des Zolls zur Bekämpfung illegaler Beschäftigung und Schwarzarbeit ist die **Finanzkontrolle Schwarzarbeit (FKS)**. Die Beamten der Finanzkontrolle Schwarzarbeit gehören den Hauptzollämtern an. Bei Anfragen und Hinweisen von überregionaler Bedeutung ist die

Generalzolldirektion
Zentrale Auskunft
Carusufer 3-5
01099 Dresden

Telefon: 0351 44834-520
E-Mail: info.gewerblich@zoll.de
Telefax: 0351 44834-590

zuständig. Eine nach Bundesländern und Postleitzahlen geordnete Übersicht über alle Standorte der Hauptzollämter finden Sie unter:

www.zoll.de (Rubrik »Bekämpfung der Schwarzarbeit und illegalen Beschäftigung«/»Direkt zur Dienststellensuche«)

---

[79] BayOLG, 25.04.1995 – 3 ObOWi 11/95, NZA-RR 1996, 21.

63 Die **örtliche Zuständigkeit** der Verwaltungsbehörde folgt aus § 37 OWiG. Grds. örtlich zuständig ist die Verwaltungsbehörde, in deren Bezirk die Ordnungswidrigkeit begangen oder entdeckt worden ist (Abs. 1 Nr. 1) oder der Betroffene z.Zt. der Einleitung des Bußgeldverfahrens seinen Wohnsitz hat (Abs. 1 Nr. 2). Sind etwa wegen unterschiedlichen Begehungs-/Entdeckungsortes und/oder Wohnsitzes des Betroffenen an sich mehrere Verwaltungsbehörden örtlich zuständig, bleibt die Behörde zuständig, die den Betroffenen zuerst vernommen hat, ihn durch die Polizei zuerst hat vernehmen lassen oder der die Akten von der Polizei nach der Vernehmung des Betroffenen zuerst übersandt worden sind (§ 39 Abs. 1 Satz 1 OWiG).

II. Vollstreckung – Abs. 4

64 Die **Vollstreckung rechtskräftiger Bußgeldbescheide** richtet sich grds. nach **§§ 89 ff. OWiG**. Die Behörden der Zollverwaltung und die BA können demnach als Verwaltungsbehörden, die den Bußgeldbescheid erlassen haben, die Vollstreckung selbst betreiben (§ 92 OWiG). Darüber hinaus besteht die Möglichkeit der **Vollstreckung in entsprechender Anwendung des § 66 SGB X** (§ 16 Abs. 4 AÜG).[80] Nach § 66 Abs. 1 SGB X richtet sich die Vollstreckung nach dem VwVG (Bund); zuständig sind die Hauptzollämter als Vollstreckungsbehörden der Finanzverwaltung (§ 4 Buchst. b) VwVG). Die Zwangsvollstreckung kann darüber hinaus **auch in entsprechender Anwendung der §§ 704 ff., 803 ff. ZPO** stattfinden (§ 66 Abs. 4 Satz 1 SGB X).

65 Eine rechtskräftig festgesetzte Geldbuße darf nach Ablauf der **Vollstreckungsverjährung** nicht mehr vollstreckt werden (§ 34 Abs. 1 OWiG). Diese beträgt fünf Jahre bei einer Geldbuße von mehr als 1.000 €, drei Jahre bei einer Geldbuße bis zu 1.000 € (§ 34 Abs. 2 OWiG). Die Vollstreckungsverjährung beginnt mit der Rechtskraft der Bußgeldentscheidung (§ 34 Abs. 3 OWiG).

III. Verbleib der Geldbuße, Auslagen und Entschädigungspflicht – Abs. 5

66 Nach **§ 16 Abs. 5 AÜG** fließen die Geldbußen nach § 16 Abs. 2 AÜG entweder in die Kasse der Behörden der Zollverwaltung oder in die der BA als jeweils zuständiger Verwaltungsbehörde. Abweichend von § 105 Abs. 2 und § 110 Abs. 4 OWiG tragen diese dann aber auch die notwendigen Auslagen

---

80 Für parallele Zuständigkeiten nach §§ 89 OWiG ff. u. § 66 SGB X a. Thüsing/*Kudlich* § 16 AÜG Rn. 78 f.; wohl a. *Boemke/Lembke* § 16 AÜG Rn. 78; unklar HWK/*Kalb* § 16 AÜG Rn. 22.

(z.B. im Fall einer Verfahrenseinstellung) und sind entschädigungspflichtig für Vermögensschäden, die durch Verfolgungsmaßnahmen im Bußgeldverfahren verursacht worden sind (vgl. § 8 StrEG).

§ 17 Durchführung

(1) ¹Die Bundesagentur für Arbeit führt dieses Gesetz nach fachlichen Weisungen des Bundesministeriums für Arbeit und Soziales durch. ²Verwaltungskosten werden nicht erstattet.

(2) Die Prüfung der Arbeitsbedingungen nach § 8 Absatz 5 obliegt zudem den Behörden der Zollverwaltung nach Maßgabe der §§ 17a bis 18a.

Übersicht	Rdn.
A. Allgemeines	1
B. Zuständigkeit der BA	2
I. Durchführung des AÜG – § 17 Abs. 1 Satz 1	2
II. Verwaltungskosten – § 17 Abs. 1 Satz 2	6
C. Zuständigkeit der Behörden der Zollverwaltung – § 17 Abs. 2	7

A. Allgemeines

Bis zum 29.07.2011 regelte § 17 AÜG a.F.[1] ausschließlich die Kompetenz der BA für die Durchführung des AÜG. Eine besondere Prüfzuständigkeit der Behörden der Zollverwaltung ist erst zum 30.07.2011 in § 17 Abs. 2 AÜG n.F.[2] infolge der durch das Erste Gesetz zur Änderung des AÜG vom 28.04.2011[3] eingeführten und für die Verleiher verbindlichen Lohnuntergrenze (§ 3a i.V.m. § 8 Abs. 5 AÜG) geschaffen worden. Da den Behörden der Zollverwaltung bereits die Prüfung der Einhaltung der nach dem AEntG und MiArbG[4] vorgesehenen Mindestarbeitsbedingungen oblag, sollte die Kon-trolle der nach dem AÜG verbindlichen Lohnuntergrenze nach dem Willen des Gesetzgebers ebenfalls dort angesiedelt und – unter Berücksichtigung

1

---

[1] Entspricht § 17 Abs. 1 AÜG n.F.
[2] Gesetz zur Änderung des Arbeitnehmerüberlassungsgesetzes und Schwarzarbeitsbekämpfungsgesetzes vom 20.07.2011, BGBl. I, 1506.
[3] BGBl. I, 642.
[4] Das Gesetz über die Festsetzung von Mindestarbeitsbedingungen ist mit Wirkung zum 15.08.2014 außer Kraft getreten.

der Erfahrungen der Behörden der Zollverwaltung bei der effektiven Kontrolle der Einhaltung von Mindestarbeitsbedingungen – konzentriert werden.[5]

Um unnötige Doppelprüfungen der BA und der Behörden der Zollverwaltung sowie voneinander abweichende Entscheidungen zu vermeiden, wurden die Zuständigkeiten, Prüf- und Kontrollrechte sowie die Kompetenz für die Ahndung von Ordnungswidrigkeiten neu geordnet und aufeinander abgestimmt.[6]

Durch das Gesetz zur Änderung des Arbeitnehmerüberlassungsgesetzes und anderer Gesetze vom 21.02.2017[7] ist § 17 AÜG nur hinsichtlich der Verweisung auf § 8 Abs. 5 AÜG (vormals: § 10 Abs. 5 AÜG a.F.) redaktionell angepasst worden.

B. Zuständigkeit der BA

I. Durchführung des AÜG – § 17 Abs. 1 Satz 1

2 Die **Durchführung des AÜG** ist der **BA als Auftragsangelegenheit** übertragen (§ 17 Satz 1 AÜG). Sie unterliegt – über die allgemeine Rechtsaufsicht des Bundesministeriums für Arbeit und Soziales (BMAS) nach § 393 Abs. 1 SGB III hinaus – den fachlichen Weisungen des Ministeriums. Im Rahmen seiner **Fachaufsicht** kann dieses sowohl allgemeine als auch konkrete Weisungen im Einzelfall erteilen. Bei Ausübung seiner Fachaufsichtsbefugnis ist das BMAS an die Vorgaben des AÜG gebunden. Räumen einzelne Vorschriften der BA Ermessen ein, kann das Ministerium insoweit auch nur Ermessensrichtlinien aufstellen. Diese müssen der ausführenden Behörde Raum für Einzelfallentscheidungen lassen.[8]

▶ Praxistipp:

Die fachlichen Weisungen **der BA zum Arbeitnehmerüberlassungsgesetz (FW AÜG)** wurden auf Weisung des BMAS erlassen; diese haben die bis dahin gültige Geschäftsanweisung abgelöst. Die aktuellen FW AÜG sind in Auszügen im Anhang abgedruckt. Die vollständige Fassung ist auf der

---

5 BT-Drucks. 17/5761, 6 ff.
6 BT-Drucks. 17/5761, 6.
7 BGBl. I, 258.
8 BSG, 12.12.1990 – 11 Rar 49/90, NZA 1991, 951.

Homepage der BA abrufbar unter: www.arbeitsagentur.de → Veröffentlichungen (in die Suche FW AÜG eingeben).

Die fachlichen Weisungen der BA ist für den Rechtsanwender eine **wertvolle Orientierungshilfe**. Gleichwohl ist nicht zu verkennen, dass diese nur die Verwaltung binden, ggü. außenstehenden Dritten aber keine unmittelbare Rechtswirkung entfalten. So sind auch die Gerichte bei Rechtsstreitigkeiten nicht an die Interpretation des AÜG durch die BA gebunden. Gleichwohl bedienen sich auch die Gerichte regelmäßig der FW AÜG als Auslegungshilfe.

Die Kompetenz zur Durchführung des AÜG liegt bei der **BA**. Deren **interne** 3 **Organisation** bestimmt sich nach ihrer Satzung,[9] die vom Verwaltungsrat als deren Überwachungs-, Beratungs- und Legislativorgan erlassen wird (Art. 3 Abs. 1 der Satzung; § 373 Abs. 5 SGB III). Durch Runderlasse hat der Verwaltungsrat die Durchführung des AÜG bis zum 30.06.2012 den Regionaldirektionen der BA und in beschränktem Umfang auch den Arbeitsagenturen als den zuständigen Organen und Dienststellen der BA übertragen. Zum 01.07.2012 hat die BA das Aufgabengebiet »Durchführung des AÜG« neu organisiert. Zuständig für die Bearbeitung von Anträgen auf Erteilung einer Erlaubnis nach dem AÜG und allen weiteren Fragen im Zusammenhang mit dem Erlaubnisverfahren sind die Agenturen für Arbeit Düsseldorf,[10] Kiel[11] und Nürnberg.[12]

Für die Kontrolle der Erlaubnisinhaber wurden neue Prüfteams in den Agen- 4 turen für Arbeit Düsseldorf, Hannover und Stuttgart gebildet. Prüfungsschwerpunkte sind dabei u.a. die Beachtung des Gleichstellungsgrundsatzes bzw. die korrekte Anwendung der Tarifverträge i.S.d. § 8 Abs. 1, 4 AÜG sowie die korrekte Eingruppierung des Leiharbeitnehmers entsprechend der tatsächlich ausgeübten Tätigkeit, die korrekte Gewährung von Entgelt- und Entgeltersatzleistungen und von Urlaub bzw. Urlaubsabgeltung auch während Zeiten des Nichteinsatzes und die Abführung von Beiträgen zu allen Zweigen der Sozialversicherung.

---

9 Satzung der BA v. 13.07.2012, BAnz AT 20.09.2012 B7.
10 Zuständig für Hessen und Nordrhein-Westfalen.
11 Zuständig für Berlin, Brandenburg, Bremen, Hamburg, Mecklenburg-Vorpommern, Niedersachsen, Sachsen, Sachsen-Anhalt, Schleswig-Holstein und Thüringen.
12 Zuständig für Baden-Württemberg, Bayern, Rheinland-Pfalz und das Saarland.

§ 17 AÜG   Durchführung

▶ Praxistipp:

Eine Übersicht über die Geschäftsverteilung einschließlich der jeweiligen örtlichen Zuständigkeiten nebst sämtlichen Kontaktdaten der seit dem 01.07.2012 zuständigen Agenturen für Arbeit findet sich im Anhang.

5 Zentrale Aufgabe der BA ist – auch nach Einführung von § 17 Abs. 2 AÜG – weiterhin die Prüfung, ob und unter welchen Voraussetzungen Arbeitgebern die Erlaubnis zur Arbeitnehmerüberlassung zu erteilen ist, ob Versagungsgründe vorliegen oder eine bereits erteilte Erlaubnis zurückzunehmen oder zu widerrufen ist. Als Erlaubnisbehörde bleibt die BA zudem für die Ahndung und Verfolgung derjenigen Ordnungswidrigkeiten zuständig, von denen sie typischerweise selbst aus Anlass ihrer Prüfungen zur Erlaubniserteilung, zur Verlängerung einer befristeten Erlaubnis oder aus anderen wiederkehrenden oder anlassbezogenen Prüfungen Kenntnis erlangt. Hierzu gehört die Prüfung, ob ein Verleiher seine Pflicht zur Gleichstellung der Leiharbeitnehmer hinsichtlich des Arbeitsentgelts mit vergleichbaren Mitarbeitern des Entleihers im Einsatzbetrieb (Equal Pay) erfüllt oder inwieweit er unter Beachtung der gesetzlichen Voraussetzungen bei Anwendung eines Tarifvertrags hiervon abweichen darf.[13]

II. Verwaltungskosten – § 17 Abs. 1 Satz 2

6 Die bei der Durchführung des AÜG entstehenden **Verwaltungskosten hat die BA selbst zu tragen**; sie werden ihr nicht erstattet (§ 17 Abs. 1 Satz 2 AÜG). Ihre Aufgaben sollen aus Mitteln der Beitragszahler finanziert werden. Die Kosten werden teilweise durch die nach § 2a AÜG erhobenen Gebühren und Auslagen sowie den Einnahmen, die der BA aus der Verhängung von Geldbußen nach § 16 Abs. 1 AÜG zufließen (§ 16 Abs. 5 Satz 1, Abs. 3 AÜG), gedeckt.

C. Zuständigkeit der Behörden der Zollverwaltung – § 17 Abs. 2

7 Gegenstand der Prüfzuständigkeit der Behörden der Zollverwaltung nach § 17 Abs. 2 AÜG ist ausschließlich, ob ein Verleihunternehmen in Zeiten der Überlassung sowie in Zeiten ohne Überlassung zumindest die Vorgaben der Lohnuntergrenze nach §§ 3a, 8 Abs. 5 AÜG einhält. Im Rahmen ihrer ohnehin stattfindenden Prüfungen ist – wegen der erlaubnisrechtlichen Relevanz

---

13 BT-Drucks. 17/5761, 6.

bei Verstößen – aber auch die BA befugt, die Einhaltung der Verpflichtungen nach § 8 Abs. 5 AÜG zu überprüfen. Die Ahnung und Verfolgung einer Ordnungswidrigkeit bei Missachtung der Pflicht aus § 8 Abs. 5 AÜG fällt hingegen in den ausschließlichen Kompetenzbereich der Behörden der Zollverwaltung (§ 16 Abs. 1 Nr. 7b, Abs. 3 AÜG). Weitere Einzelheiten ergeben sich aus den §§ 17a bis 18a AÜG.

Nicht zur Zuständigkeit der Behörden der Zollverwaltung zählt die Prüfung, ob gem. § 8 Abs. 1 AÜG die Pflicht besteht, ein Arbeitsentgelt zu zahlen, das demjenigen eines vergleichbaren Arbeitnehmers des Entleihers in dessen Betrieb des entspricht. Diese Kompetenz verbleibt ausschließlich bei der BA.

§ 17a Befugnisse der Behörden der Zollverwaltung

Die §§ 2, 3 bis 6 und 14 bis 20, 22, 23 des Schwarzarbeitsbekämpfungsgesetzes sind entsprechend anzuwenden mit der Maßgabe, dass die dort genannten Behörden auch Einsicht in Arbeitsverträge, Niederschriften nach § 2 des Nachweisgesetzes und andere Geschäftsunterlagen nehmen können, die mittelbar oder unmittelbar Auskunft über die Einhaltung der Arbeitsbedingungen nach § 8 Absatz 5 geben.

§ 17a AÜG wurde durch das Gesetz zur Änderung des Arbeitnehmerüberlassungsgesetzes und des Schwarzarbeitsbekämpfungsgesetzes vom 20.07.2011[1] in das AÜG eingefügt und trat am 30.06.2011 in Kraft. Durch das Gesetz zur Änderung des Arbeitnehmerüberlassungsgesetzes und anderer Gesetze vom 21.02.2017[2] ist § 17a AÜG hinsichtlich der Verweisung auf § 8 Abs. 5 AÜG (vormals: § 10 Abs. 5 AÜG a.F.) lediglich redaktionell angepasst worden. 1

Zur Ausstattung der Behörden der Zollverwaltung mit umfangreichen Prüfrechten werden in § 17a AÜG die bereits in § 17 AEntG geregelten Befugnisse grds. übernommen und – soweit erforderlich – an das AÜG angepasst;[3] die Prüfrechte der Behörden der Zollverwaltung werden damit ggü. denjenigen der BA erheblich ausgeweitet. Allerdings beziehen sich 2

---

1 BGBl. I, 1506.
2 BGBl. I, 258.
3 Bei einer Überlassung in eine Branche, die dem AEntG unterfällt, sind die Behörden der Zollverwaltung unmittelbar aus § 17 AEntG zu einer entsprechenden Prüfung befugt; die Vorschrift verweist – wie § 17a AÜG – auf zahlreiche Vorschriften des SchwarzArbG.

diese – anders als die der Erlaubnisbehörde – und die damit korrespondierenden Vorlage-, Melde- und Aufzeichnungspflichten lediglich auf die Angaben, die erforderlich sind, um die Einhaltung der durch eine Rechtsverordnung festzulegenden Lohnuntergrenze (§§ 3a, 10 Abs. 5 i.V.m. § 17 Abs. 2 AÜG) prüfen zu können.[4]

Die Behörden der Zollverwaltung sind in diesem Zusammenhang berechtigt, Einsicht in die Arbeitsverträge, Niederschriften nach § 2 NachwG sowie sonstige Geschäftsunterlagen[5] zu nehmen, die – mittelbar oder unmittelbar – Auskunft über die Beachtung der Lohnuntergrenze nach § 8 Abs. 5 AÜG geben können. Entscheidend ist dabei mit Blick auf die effektive Umsetzung des Prüfauftrages der Behörden, dass i.R.d. Auswertung der entsprechenden Unterlagen eine Auskunft über die Einhaltung der Arbeitsbedingungen nach § 8 Abs. 5 AÜG zu erwarten ist.[6]

3 § 17a AÜG enthält einen Verweis auf zahlreiche Vorschriften des SchwarzArbG, aus dem sich u.a. die Prüfungsaufgaben der Behörde,[7] deren Befugnisse[8] sowie Duldungs- und Mitwirkungspflichten des Verleihers[9] ergeben.

▶ **Praxishinweis:**

Die durch § 17a AÜG in Bezug genommenen Vorschriften des SchwarzArbG sind im Volltext im Anhang abgedruckt.

4 Ein Verstoß gegen die dem Verleiher obliegenden Duldungs- und Mitwirkungspflichten gem. § 17a AÜG i.V.m. § 5 Abs. 1 Satz 1, 2, Abs. 3 Satz 2 SchwarzArbG stellt eine Ordnungswidrigkeit[10] dar, für deren Verfolgung die Behörden der Zollverwaltung zuständig ist.[11]

---

4 BT-Drucks. 17/5761, 8.
5 U.a. Unterlagen über Lohn und Abrechnung sowie Aufzeichnungen zu Beginn, Ende und Dauer der täglichen Arbeitszeit gem. § 17c AÜG, *Sandmann/Marschall/Schneider* Art. 1 § 17a AÜGRn. 2.
6 *Sandmann/Marschall/Schneider* Art. 1 § 17a AÜG Rn. 2: Irrelevant ist, ob die Geschäftsunterlagen tatsächlich eine Auskunft geben.
7 § 2 SchwarzArbG.
8 §§ 3, 4 SchwarzArbG.
9 § 5 SchwarzArbG.
10 § 16 Abs. 1 Nr. 11 bis 13 AÜG.
11 § 16 Abs. 3 AÜG.

§ 17b Meldepflicht

(1) ¹Überlässt ein Verleiher mit Sitz im Ausland einen Leiharbeitnehmer zur Arbeitsleistung einem Entleiher, hat der Entleiher, sofern eine Rechtsverordnung nach § 3a auf das Arbeitsverhältnis Anwendung findet, vor Beginn jeder Überlassung der zuständigen Behörde der Zollverwaltung eine schriftliche Anmeldung in deutscher Sprache mit folgenden Angaben zuzuleiten:
1. Familienname, Vornamen und Geburtsdatum des überlassenen Leiharbeitnehmers,
2. Beginn und Dauer der Überlassung,
3. Ort der Beschäftigung,
4. Ort im Inland, an dem die nach § 17c erforderlichen Unterlagen bereitgehalten werden,
5. Familienname, Vornamen und Anschrift in Deutschland eines oder einer Zustellungsbevollmächtigten des Verleihers,
6. Branche, in die die Leiharbeitnehmer überlassen werden sollen, und
7. Familienname, Vornamen oder Firma sowie Anschrift des Verleihers.

²Änderungen bezüglich dieser Angaben hat der Entleiher unverzüglich zu melden.

(2) Der Entleiher hat der Anmeldung eine Versicherung des Verleihers beizufügen, dass dieser seine Verpflichtungen nach § 8 Absatz 5 einhält.

(3) Das Bundesministerium der Finanzen kann durch Rechtsverordnung im Einvernehmen mit dem Bundesministerium für Arbeit und Soziales ohne Zustimmung des Bundesrates bestimmen,
1. dass, auf welche Weise und unter welchen technischen und organisatorischen Voraussetzungen eine Anmeldung, Änderungsmeldung und Versicherung abweichend von den Absätzen 1 und 2 elektronisch übermittelt werden kann,
2. unter welchen Voraussetzungen eine Änderungsmeldung ausnahmsweise entfallen kann und
3. wie das Meldeverfahren vereinfacht oder abgewandelt werden kann.

(4) Das Bundesministerium der Finanzen kann durch Rechtsverordnung ohne Zustimmung des Bundesrates die zuständige Behörde nach Absatz 1 Satz 1 bestimmen.

§ 17b AÜG Meldepflicht

Übersicht   Rdn.
A. Allgemeines 1
B. Meldepflicht – Abs. 1.. 2
C. Versicherung des Verleihers – Abs. 2 5
D. Rechtsfolge bei Verstößen 6
E. Verordnungsermächtigung – Abs. 3, 4.............................. 7

A. Allgemeines

1 § 17b AÜG wurde durch das Gesetz zur Änderung des Arbeitnehmerüberlassungsgesetzes und des Schwarzarbeitsbekämpfungsgesetzes[1] in das AÜG aufgenommen. Die Vorschrift ist zum 30.06.2011 in Kraft getreten. Sie lehnt sich dabei an die Regelungen in § 18 Abs. 3 bis 6 AEntG an, die – soweit erforderlich – an die Bedürfnisse des AÜG angepasst wurden.[2] Durch das Gesetz zur Änderung des Arbeitnehmerüberlassungsgesetzes und anderer Gesetze vom 21.02.2017[3] ist § 17b Abs. 2 AÜG hinsichtlich der Verweisung auf § 8 Abs. 5 AÜG (vormals: § 10 Abs. 5 AÜG a.F.) lediglich redaktionell angepasst worden.

B. Meldepflicht – Abs. 1

2 Die in § 17b Abs. 1 Satz 1 AÜG vorgesehene Meldepflicht trifft den Entleiher, wenn diesem von einem Verleiher mit Sitz im Ausland ein Leiharbeitnehmer überlassen wird und auf das betreffende Arbeitsverhältnis eine Rechtsverordnung nach § 3a AÜG Anwendung findet. Dabei sind nicht nur inländische Entleiher betroffen, sondern auch Entleiher mit Sitz im Ausland, die im Inland aus dem Ausland überlassene Arbeitnehmer einsetzen.[4]

3 Die Anmeldung muss schriftlich und in deutscher Sprache erfolgen. Die in § 17b Abs. 1 Satz 1 AÜG genannten Angaben, die die Anmeldung vollständig und inhaltlich richtig enthalten muss, sind abschließend. Die Anmeldung muss dabei bei der zuständigen Behörde der Zollverwaltung in zeitlicher Hinsicht vor dem Beginn jeder Überlassung erfolgen.[5]

---

1 BGBl. I, 1506.
2 BT-Drucks. 17/5761, 8.
3 BGBl. I, 258.
4 *Sandmann/Marschall/Schneider* Art. 1 § 17b AÜG Rn. 2.
5 *Sandmann/Marschall/Schneider* Art. 1 § 17b AÜG Rn. 3: Anmeldung muss der Behörde spätestens am Tag vor dem Einsatz des Leiharbeitnehmers zugehen.

Eine erneute Anmeldung ist erforderlich, wenn eine Überlassung erst beendet und sich sodann ein weiterer Einsatz – ggf. bei demselben Entleiher auf Grundlage eines neu abgeschlossenen Arbeitnehmerüberlassungsvertrags – anschließt.[6] Wenn sich lediglich die Überlassungsdauer bzw. der Zeitpunkt der Beendigung des Einsatzes verändert,[7] ist der Entleiher verpflichtet, eine entsprechende Änderungsmeldung nach § 17b Abs. 1 Satz 2 AÜG abzugeben. Diese hat – auch bei sonstigen Änderungen der meldepflichtigen Umstände nach § 17b Abs. 1 Satz 1 AÜG – unverzüglich zu erfolgen. Unter Berücksichtigung des Regelungszusammenhang mit § 17b Abs. 1 Satz 1 AÜG bedeutet dies, dass die Korrekturmeldung zu erfolgen hat, bevor die Änderung bereits eingetreten ist.[8]

C. Versicherung des Verleihers – Abs. 2

Die an § 18 Abs. 4 AEntG angelehnte Vorschrift des § 17b Abs. 2 AÜG sieht vor, dass der Entleiher seiner nach § 17b Abs. 1 AÜG vorzunehmenden Anmeldung eine Versicherung des Verleihers beizufügen hat, dass dieser seine Verpflichtungen nach § 8 Abs. 5 AÜG (Einhaltung der in einer Rechtsverordnung festgelegten Lohnuntergrenze) beachtet. Diese Erklärung ist zwingender Bestandteil der Anmeldung; ohne diese ist Letztgenannte unvollständig. Eine besondere Form für die Versicherung sieht § 17b Abs. 2 AÜG nicht vor. Als Teil der Anmeldung muss diese aber in deutscher Sprache verfasst sein. Die Wahrung der Schriftform gem. 126 BGB ist hingegen nicht erforderlich; Textform gem. § 126b BGB ist ausreichend.[9]

D. Rechtsfolge bei Verstößen

Verstöße gegen die in § 17b Abs. 1, 2 AÜG vorgesehenen Pflichten des Entleihers stellen eine bußgeldbewehrte Ordnungswidrigkeit nach § 16 Nr. 14-16 AÜG dar. Das Bußgeld kann bis zu 30.000 € betragen (§ 16 Abs. 2 Satz 1 AÜG). Für die Verfolgung sind die Behörden der Zollverwaltung nach Maßgabe von § 47 OWiG zuständig (§ 17 Abs. 3 AÜG). Verleihern mit Sitz im

---

6 *Sandmann/Marschall/Schneider* Art. 1 § 17b AÜG Rn. 3.
7 Z.B. durch eine Verlängerung, vorzeitige Beendigung oder eine Konkretisierung der im Vorfeld nur voraussichtlich zu bestimmenden Dauer des Einsatzes.
8 *Sandmann/Marschall/Schneider* Art. 1 § 17b AÜG Rn. 6.
9 *Sandmann/Marschall/Schneider* Art. 1 § 17b AÜG Rn. 8.

Ausland riskieren bei nicht hinreichender oder unterlassener Mitwirkung – in Abhängigkeit zur Schwere des Verstoßes – den Widerruf der für die Inlandsüberlassung notwendigen Arbeitnehmerüberlassungserlaubnis durch die zuständige Erlaubnisbehörde. Eine Unwirksamkeit der zwischen dem Entleiher und Verleiher sowie dem Verleiher und der Leiharbeitnehmer geschlossenen Vereinbarungen nach § 9 Abs. 1 AÜG wird durch die Verletzung der Meldepflichten hingegen nicht bewirkt.[10]

E. Verordnungsermächtigung – Abs. 3, 4

7   Entsprechend § 18 Abs. 5, 6 AEntG wird in § 17b Abs. 3, 4 AÜG das BMF zum Verordnungserlass ermächtigt.

8   § 17b Abs. 3 AÜG sieht vor, dass das BMF im Einvernehmen mit dem BMAS berechtigt ist, eine Rechtsverordnung zum Meldeverfahren nach § 17b Abs. 1, 2 AÜG und zu den Voraussetzungen, wann eine Änderungsmeldung ausnahmsweise entfallen kann, zu erlassen. Die Zustimmung des Bundesrates zur Rechtsverordnung ist nicht erforderlich.

9   In § 1 MiLoMeldV vom 26.11.2014, gültig ab dem 01.01.2015,[11] ist geregelt, dass für die Abgabe der Meldung nach § 17b Abs. 1 AÜG Entleiher den von der Zollverwaltung hierfür vorgesehenen Vordruck verwenden sollen. Mit Wirkung zum 01.01.2017 wurde die MiLoMeldV angepasst.[12] Die entsprechende Meldung nach § 17b Abs. 1 AÜG ist elektronisch zu übermitteln; dabei ist das Internetportal zu nutzen, das die Zollverwaltung dafür zur Verfügung stellt. Dies gilt im Übrigen auch für die Versicherung nach § 17b Abs. 2 AÜG. Für eine Übergangsfrist vom 01.01.2017 bis zum 30.06.2017 kann für die Meldung noch der von der Zollverwaltung bisher vorgesehene Vordruck verwendet werden (§ 4 MiLoMeldV). Ab dem 01.07.2017 gilt ausschließlich das elektronische Übermittlungsverfahren.

10 § 2 MiLoMeldV regelt in Abweichung zu § 17b Abs. 1 AÜG, dass ein Entleiher, der Leiharbeitnehmer an einem Beschäftigungsort zumindest teilweise

---

10 Vgl. *Sandmann/Marschall/Schneider* Art. 1 § 17b AÜG Rn. 11.
11 Verordnung über Meldepflichten nach dem Mindestlohngesetz, dem Arbeitnehmer-Entsendegesetz und dem Arbeitnehmerüberlassungsgesetz, BGBl. I, 1825.
12 BGBl. I 2016 Nr. 52 vom 09.11.2016.

vor 6 Uhr oder nach 22 Uhr oder in Schichtarbeit (Nr. 1), an mehreren Beschäftigungsorten am selben Tag (Nr. 2) oder in ausschließlich mobiler Tätigkeit beschäftigt (Nr. 3), eine Einsatzplanung vorzulegen hat. Bei einer ausschließlich mobilen Tätigkeit handelt es sich um eine solche, die nicht an Beschäftigungsorte gebunden ist. Diese liegt insbesondere bei der Zustellung von Briefen, Paketen und Druckerzeugnissen, der Abfallsammlung, der Straßenreinigung, dem Winterdienst, dem Gütertransport und der Personenbeförderung vor (§ 2 Abs. 4 MiLoMeldV).

In den Fällen des § 2 Abs. 1 Nr. 1, 2 MiLoMeldV hat der betreffende Entleiher in der Einsatzplanung für jeden Beschäftigungsort die dort eingesetzten Arbeitnehmer mit Geburtsdatum auszuweisen. Die Angaben zum Beschäftigungsort müssen die Ortsbezeichnung, die Postleitzahl und, soweit vorhanden, den Straßennamen sowie die Hausnummer enthalten. Der Einsatz der Arbeitnehmer am Beschäftigungsort wird durch die Angabe von Datum und Uhrzeiten konkretisiert. Die Einsatzplanung kann einen Zeitraum von bis zu drei Monaten umfassen (§ 2 Abs. 2 MiLoMeldV). In den Fällen des § 2 Abs. 1 Nr. 3 MiLoMeldV hat der Arbeitgeber in der Einsatzplanung den Beginn und die voraussichtliche Dauer der Überlassung, die voraussichtlich eingesetzten Arbeitnehmer mit Geburtsdatum sowie die Anschrift, an der Unterlagen bereitgehalten werden, zu melden. Die Einsatzplanung kann einen Zeitraum von bis zu sechs Monaten umfassen. Sofern die Unterlagen im Ausland bereitgehalten werden, ist der Einsatzplanung eine Versicherung beizufügen, dass die Unterlagen auf Anforderung der Behörden der Zollverwaltung für die Prüfung in deutscher Sprache im Inland bereitgestellt werden. Diesen Unterlagen sind auch Angaben zu den im gemeldeten Zeitraum tatsächlich erbrachten Überlassungen sowie den jeweiligen Auftraggebern beizufügen (§ 2 Abs. 3 MiLoMeldV). 11

Eine Abweichung der Beschäftigung von den in der gemeldeten Einsatzplanung nach § 2 Abs. 2 MiLoMeldV gemachten Angaben müssen Entleiher entgegen § 17b Abs. 1 Satz 2 AÜG nur melden, wenn der Einsatz am gemeldeten Ort um mindestens acht Stunden verschoben wird (§ 3 Abs. 1 MiLoMeldV). Eine Abweichung der Beschäftigung von den in der gemeldeten Einsatzplanung nach § 2 Abs. 3 MiLoMeldV gemachten Angaben müssen Entleiher nicht melden (§ 3 Abs. 2 MiLoMeldV). 12

Gem. § 17b Abs. 4 AÜG kann das BMF durch eine Rechtsverordnung ohne Zustimmung des Bundesrates die zuständige Behörde zur Anmeldung nach § 17b Abs. 1 Satz 1 AÜG bestimmen. Von dieser Ermächtigung hat der 13

Verordnungsgeber inzwischen Gebrauch gemacht. In der AÜGMeldStellV vom 26.09.2011[13] in der Fassung vom 03.12.2015[14] ist die Generalzolldirektion als zuständige Behörde festgelegt worden.

§ 17c Erstellen und Bereithalten von Dokumenten

(1) Sofern eine Rechtsverordnung nach § 3a auf ein Arbeitsverhältnis Anwendung findet, ist der Entleiher verpflichtet, Beginn, Ende und Dauer der täglichen Arbeitszeit des Leiharbeitnehmers spätestens bis zum Ablauf des siebten auf den Tag der Arbeitsleistung folgenden Kalendertages aufzuzeichnen und diese Aufzeichnungen mindestens zwei Jahre beginnend ab dem für die Aufzeichnung maßgeblichen Zeitpunkt aufzubewahren.

(2) ¹Jeder Verleiher ist verpflichtet, die für die Kontrolle der Einhaltung einer Rechtsverordnung nach § 3a erforderlichen Unterlagen im Inland für die gesamte Dauer der tatsächlichen Beschäftigung des Leiharbeitnehmers im Geltungsbereich dieses Gesetzes, insgesamt jedoch nicht länger als zwei Jahre, in deutscher Sprache bereitzuhalten. ²Auf Verlangen der Prüfbehörde sind die Unterlagen auch am Ort der Beschäftigung bereitzuhalten.

Übersicht	Rdn.
A. Allgemeines	1
B. Aufzeichnungs- und Aufbewahrungspflicht des Entleihers	2
C. Bereithaltungspflicht des Verleihers	6
D. Rechtsfolge bei Verstoß	8

A. Allgemeines

1 § 17c AÜG wurde durch das Gesetz zur Änderung des Arbeitnehmerüberlassungsgesetzes und des Schwarzarbeitsbekämpfungsgesetzes neu in das AÜG aufgenommen und trat am 30.07.2011 in Kraft. Eine vergleichbare Vorschrift findet sich im Anwendungsbereich des AEntG, nämlich in § 19 AEntG, an dem sich § 17c AÜG mit den erforderlichen Anpassungen orientiert. § 17c Abs. 1 AÜG begründet dabei eine Aufzeichnungs- und Aufbewahrungspflicht

---

13 Verordnung zur Bestimmung der zuständigen Behörde nach § 17b Abs. 4 AÜG, BGBl. I, 1995; Geltung ab dem 14.10.2011.
14 Gesetz zur Neuorganisation der Zollverwaltung vom 03.12.2015, BGBl. I, 2184.

des Entleihers,[1] § 17c Abs. 2 AÜG eine Bereithaltungspflicht des Verleihers. Mit Wirkung zum 16.08.2014 wurde die Vorschrift in Zusammenhang mit der Einführung eines gesetzlichen Mindestlohns hinsichtlich des Zeitpunkts der Aufzeichnung und zum Beginn der Aufbewahrungspflicht angepasst.

B. Aufzeichnungs- und Aufbewahrungspflicht des Entleihers

Nach § 17c Abs. 1 AÜG ist der Entleiher zur Aufzeichnung von Beginn, Ende und Dauer der täglichen Arbeitszeit des Leiharbeitnehmers verpflichtet, sofern eine Rechtsverordnung zur Lohnuntergrenze nach § 3a AÜG auf das Arbeitsverhältnis anzuwenden ist. Ihm obliegt auch eine zweijährige Aufbewahrungspflicht. 2

Die Aufzeichnungen müssen sich auf die tägliche Dauer der Arbeitszeit beziehen; aus dem Beginn und dem Ende lassen sich aufgrund der Unterbrechung der Arbeitszeit, u.a. bedingt durch Arbeitspausen, keine Schlüsse auf die tatsächliche Dauer ziehen. Die Lage und Dauer der Pausen und sonstiger Unterbrechungen müssen hingegen nicht dokumentiert werden. Neben der tatsächlich geleisteten Arbeitszeit müssen auch Bereitschaftsdienste sowie Reise- und/oder Wegezeiten erfasst werden, sofern es sich um Arbeitszeit nach dem ArbZG handelt.[2] Dabei mussten die Aufzeichnungen grds. am jeweiligen Arbeitstag des Leiharbeitnehmers erstellt werden, um den zuständigen Behörden bei einer ggf. am nächsten Tag erfolgenden Prüfung den Zugriff auf die Dokumentation gewähren zu können; seit dem 16.08.2014 sieht § 17 Abs. 1 AÜG vor, dass die Aufzeichnung spätestens bis zum Ablauf des siebten auf den Tag der Arbeitsleistung folgenden Kalendertag zu erfolgen hat.[3] Die Frist beginnt nach dem Tag, an dem die Arbeitsleistung erbracht wurde, und endet mit Ablauf des siebten Tages, selbst wenn dieser ein Samstag, Sonntag oder Feiertag ist.[4] § 193 BGB findet insoweit keine Anwendung.[5] Das Gesetz verhält sich nicht zu einer bestimmten Form, in der die Aufzeichnungen 3

---

1 Sonstige Aufzeichnungspflichten des Entleihers bleiben von § 17c Abs. 1 AÜG unberührt, z.B. § 16 Abs. 1 ArbZG i.V.m. § 11 Abs. 6 Satz 1 AÜG.
2 *Sandmann/Marschall/Schneider* Art. 1 § 17c AÜG Rn. 6 m.w.N.
3 Vgl. *Sandmann/Marschall/Schneider* Art. 1 § 17c AÜG Rn. 7.
4 *Sandmann/Marschall/Schneider* Art. 1 § 17c AÜG Rn. 7.
5 Vgl. *Sandmann/Marschall/Schneider* Art. 1 § 17c AÜG Rn. 7.

vorzunehmen sind. Regelmäßig wird es sich dabei aber um handschriftlich erstellte Unterlagen handeln; ausreichend sind jedoch Ausdrucke aus Zeiterfassungssysteme, sofern gesichert ist, dass Beginn, Ende und Dauer der täglichen Arbeitszeit erfasst werden.[6]

4 Der Entleiher kann die Pflicht zur Aufzeichnung auf den Leiharbeitnehmer übertragen; diese ist nicht als höchstpersönlich zu qualifizieren.[7] Dabei darf dieser grds. auch darauf vertrauen, dass die Angaben des Leiharbeitnehmers wahrheitsgemäß sind. Der Entleiher muss jedoch stichprobenhaft kontrollieren, dass die Aufzeichnungen erstellt werden, diese inhaltlich richtig sind und zeitnah nach der Erfassung bei dem Entleiher verfügbar sind.[8]

5 Die Aufbewahrungsfrist beträgt mindestens 2 Jahre; sie begann dabei an dem Tag, für den jeweils die Aufzeichnung erfolgte; seit dem 16.08.2014 knüpft § 17 Abs. 1 AÜG an »den für die Aufzeichnung maßgeblichen Zeitpunkt« an.[9] Aus dem Gesetz und dessen Begründung lässt sich nicht mit hinreichender Klarheit entnehmen, welcher Zeitpunkt gemeint ist (Tag der Arbeitsleistung, Tag der Erstellung der Unterlagen oder Tag des Fristablaufs). Maßgeblich muss dabei der Tag der Erstellung der Unterlagen sein, um dem Zweck der zweijährigen Aufbewahrungsfrist genügen zu können.[10]

C. Bereithaltungspflicht des Verleihers

6 Gem. § 17c Abs. 2 AÜG ist der Verleiher verpflichtet, die für die Kontrolle der Einhaltung einer Rechtsverordnung nach § 3a AÜG erforderlichen Unterlagen für die gesamte Dauer der tatsächlichen Beschäftigung des Leiharbeitnehmers im Geltungsbereich dieses Gesetzes, insgesamt jedoch nicht länger als 2 Jahre, bereitzuhalten. Zu den aufzubewahrenden Unterlagen zählen dabei insb.
– die Entgeltabrechnungen,
– entsprechende Stundennachweise,

---

6 *Sandmann/Marschall/Schneider* Art. 1 § 17c AÜG Rn. 8.
7 Str.: bejahend zum AEntG: OLG Jena, 03.05.2005 – 1 Ss 115/05, NStZ-RR 2005, 278; *Ulber* § 19 AEntG Rn. 12.
8 *Sandmann/Marschall/Schneider* Art. 1 § 17c AÜG Rn. 9.
9 Vgl. *Sandmann/Marschall/Schneider* Art. 1 § 17c AÜG Rn. 10.
10 *Sandmann/Marschall/Schneider* Art. 1 § 17c AÜG Rn 10.

– Aufzeichnungen zur Arbeitszeit, die der Entleiher nach § 17c Abs. 1 AÜG fertigen muss,
– Abrechnungsbelege in Form von Kontoauszügen und/oder Quittungen bei Barauszahlungen,
– der Arbeitsvertrag mit dem Leiharbeitnehmer bzw.
– der Nachweis nach § 2 NachwG.[11]

▶ **Praxistipp:**

Im Arbeitnehmerüberlassungsvertrag sollte ausdrücklich eine Verpflichtung des Entleihers vorgesehen werden, dem Verleiher Abschriften der Aufzeichnungen nach § 17c Abs. 1 AÜG – ggf. gegen eine Kostenerstattung für eine Vervielfältigung – zur Verfügung zu stellen; fehlt eine ausdrückliche vertragliche Abrede, ist eine entsprechende Verpflichtung des Verleihers aus Treu und Glauben herzuleiten (§ 242 BGB).[12]

Die Frist von 2 Jahren der Pflicht der Bereithaltung der Unterlagen beginnt dabei mit dem Zeitpunkt, an dem diese erstellt werden müssen.[13] Die Unterlagen sind – ebenfalls bei Verleihern mit Sitz im Ausland – im Inland, auf Verlangen der zuständigen Behörde auch am Ort der Beschäftigung bereitzuhalten. Dies kann im Zweifel zu einer doppelten Verpflichtung des Verleihers führen. 7

D. Rechtsfolge bei Verstoß

Verstöße gegen die in § 17c Abs. 1, 2 AÜG vorgesehenen Pflichten stellen eine Ordnungswidrigkeit nach § 16 Nr. 17 und 18 AÜG dar, für deren Verfolgung die Behörden der Zollverwaltung zuständig sind (§ 16 Abs. 3 AÜG). Das Bußgeld kann dabei bis zu 30.000 € betragen (§ 16 Abs. 2 Satz 1 AÜG). Der in Ordnungswidrigkeitenverfahren nach dem AÜG anwendbare § 47 OWiG stellt einen angemessenen Entscheidungsspielraum der Behörden der Zollverwaltung sicher. Danach liegt die Verfolgung von Ordnungswidrigkeiten u.a. in deren pflichtgemäßem Ermessen. In Abhängigkeit zur Schwere des Verstoßes muss der Verleiher mit dem Entzug der ihm erteilten Arbeitnehmerüberlassungserlaubnis durch die zuständige Erlaubnisbehörde rechnen. 8

---

11 *Sandmann/Marschall/Schneider* Art. 1 § 17c AÜG Rn. 13.
12 So auch: *Sandmann/Marschall/Schneider* Art. 1 § 17c AÜG Rn. 13.
13 *Sandmann/Marschall/Schneider* Art. 1 § 17c AÜG Rn. 14 m.w.N.

§ 18 Zusammenarbeit mit anderen Behörden

(1) Zur Verfolgung und Ahndung der Ordnungswidrigkeiten nach § 16 arbeiten die Bundesagentur für Arbeit und die Behörden der Zollverwaltung insbesondere mit folgenden Behörden zusammen:
1. den Trägern der Krankenversicherung als Einzugsstellen für die Sozialversicherungsbeiträge,
2. den in § 71 des Aufenthaltsgesetzes genannten Behörden,
3. den Finanzbehörden,
4. den nach Landesrecht für die Verfolgung und Ahndung von Ordnungswidrigkeiten nach dem Schwarzarbeitsbekämpfungsgesetz zuständigen Behörden,
5. den Trägern der Unfallversicherung,
6. den für den Arbeitsschutz zuständigen Landesbehörden,
7. den Rentenversicherungsträgern,
8. den Trägern der Sozialhilfe.

(2) Ergeben sich für die Bundesagentur für Arbeit oder die Behörden der Zollverwaltung bei der Durchführung dieses Gesetzes im Einzelfall konkrete Anhaltspunkte für
1. Verstöße gegen das Schwarzarbeitsbekämpfungsgesetz,
2. eine Beschäftigung oder Tätigkeit von Ausländern ohne erforderlichen Aufenthaltstitel nach § 4 Abs. 3 des Aufenthaltsgesetzes, eine Aufenthaltsgestattung oder eine Duldung, die zur Ausübung der Beschäftigung berechtigen, oder eine Genehmigung nach § 284 Abs. 1 des Dritten Buches Sozialgesetzbuch,
3. Verstöße gegen die Mitwirkungspflicht nach § 60 Abs. 1 Satz 1 Nr. 2 des Ersten Buches Sozialgesetzbuch gegenüber einer Dienststelle der Bundesagentur für Arbeit, einem Träger der gesetzlichen Kranken-, Pflege-, Unfall- oder Rentenversicherung oder einem Träger der Sozialhilfe oder gegen die Meldepflicht nach § 8a des Asylbewerberleistungsgesetzes,
4. Verstöße gegen die Vorschriften des Vierten und Siebten Buches Sozialgesetzbuch über die Verpflichtung zur Zahlung von Sozialversicherungsbeiträgen, soweit sie im Zusammenhang mit den in den Nummern 1 bis 3 genannten Verstößen sowie mit Arbeitnehmerüberlassung entgegen § 1 stehen,
5. Verstöße gegen die Steuergesetze,
6. Verstöße gegen das Aufenthaltsgesetz,

unterrichten sie die für die Verfolgung und Ahndung zuständigen Behörden, die Träger der Sozialhilfe sowie die Behörden nach § 71 des Aufenthaltsgesetzes.

(3) ¹In Strafsachen, die Straftaten nach den §§ 15 und 15a zum Gegenstand haben, sind der Bundesagentur für Arbeit und den Behörden der Zollverwaltung zur Verfolgung von Ordnungswidrigkeiten
1. bei Einleitung des Strafverfahrens die Personendaten des Beschuldigten, der Straftatbestand, die Tatzeit und der Tatort,
2. im Falle der Erhebung der öffentlichen Klage die das Verfahren abschließende Entscheidung mit Begründung

zu übermitteln. ²Ist mit der in Nummer 2 genannten Entscheidung ein Rechtsmittel verworfen worden oder wird darin auf die angefochtene Entscheidung Bezug genommen, so ist auch die angefochtene Entscheidung zu übermitteln. ³Die Übermittlung veranlaßt die Strafvollstreckungs- oder die Strafverfolgungsbehörde. ⁴Eine Verwendung
1. der Daten der Arbeitnehmer für Maßnahmen zu ihren Gunsten,
2. der Daten des Arbeitgebers zur Besetzung seiner offenen Arbeitsplätze, die im Zusammenhang mit dem Strafverfahren bekanntgeworden sind,
3. der in den Nummern 1 und 2 genannten Daten für Entscheidungen über die Einstellung oder Rückforderung von Leistungen der Bundesagentur für Arbeit

ist zulässig.

(4) *(aufgehoben)*

(5) Die Behörden der Zollverwaltung unterrichten die zuständigen örtlichen Landesfinanzbehörden über den Inhalt von Meldungen nach § 17b.

(6) ¹Die Behörden der Zollverwaltung und die übrigen in § 2 des Schwarzarbeitsbekämpfungsgesetzes genannten Behörden dürfen nach Maßgabe der jeweils einschlägigen datenschutzrechtlichen Bestimmungen auch mit Behörden anderer Vertragsstaaten des Abkommens über den Europäischen Wirtschaftsraum zusammenarbeiten, die dem § 17 Absatz 2 entsprechende Aufgaben durchführen oder für die Bekämpfung illegaler Beschäftigung zuständig sind oder Auskünfte geben können, ob ein Arbeitgeber seine Verpflichtungen nach § 10 Absatz 5 erfüllt. ²Die Regelungen über die internationale Rechtshilfe in Strafsachen bleiben hiervon unberührt.

Urban-Crell

§ 18 AÜG Zusammenarbeit mit anderen Behörden

Übersicht	Rdn.
A. **Allgemeines**	1
B. **Pflicht zur Zusammenarbeit – Abs. 1**	2
I. Pflicht zur Zusammenarbeit	2
II. Beteiligte Behörden	7
C. **Unterrichtungspflichten – Abs. 2 und Abs. 5**	8
I. Allgemeines	8
II. Unterrichtungsgegenstände	12
D. **Übermittlungspflichten**	14
I. Straftaten – Abs. 3	14
II. Ordnungswidrigkeiten – Abs. 4	18
E. **Europäische Zusammenarbeit – Abs. 6**	19

A. Allgemeines

1 Vorgängerregelung des heutigen § 18 AÜG war § 17a AÜG a.F., der mit Wirkung zum 01.01.1982 durch das Gesetz zur Bekämpfung der illegalen Beschäftigung vom 15.12.1981[1] in das AÜG aufgenommen wurde.[2] Zuletzt wurde § 18 AÜG durch das Gesetz zur Änderung des Arbeitnehmerüberlassungsgesetzes und des Schwarzarbeitsbekämpfungsgesetzes vom 20.07.2011,[3] durch das die neuen Abs. 5 und 6 eingeführt wurden, sowie durch Art. 7 des Tarifautonomiestärkungsgesetzes vom 11.08.2014, geändert.[4] Mit der **Regelung über die Zusammenarbeit der zuständigen Behörden** verfolgt der Gesetzgeber das Ziel, Formen illegaler Beschäftigung (illegale Arbeitnehmerüberlassung, Schwarzarbeit, illegale Ausländerbeschäftigung) und die damit oft in Zusammenhang stehenden Leistungsmissbrauchsfälle wirksam und effektiv zu bekämpfen.[5] Die Erfüllung dieser Aufgaben soll durch eine bessere Koordination der Zusammenarbeit der beteiligten Behörden, insb. eines besseren Informationsaustausches, erleichtert werden.[6] Durch das Gesetz zur Änderung des Arbeitnehmerüberlassungsgesetzes und anderer Gesetze vom

---

[1] BGBl. I, 1390.
[2] Ausführlich zur Entstehungsgeschichte Schüren/Hamann/*Hamann* § 18 AÜG Rn. 1 ff.; Thüsing/*Kudlich* § 18 AÜG Rn. 1.
[3] BGBl. I, 1506.
[4] BGBl. I, 1348.
[5] BT-Drucks. 9/847, 8.
[6] BT-Drucks. 9/847, 8, 10.

21.02.2017[7] ist § 18 Abs. 6 AÜG hinsichtlich der Verweisung auf § 8 Abs. 5 AÜG (vormals: § 10 Abs. 5 AÜG a.F.) redaktionell geändert worden.

B. Pflicht zur Zusammenarbeit – Abs. 1

I. Pflicht zur Zusammenarbeit

§ 18 Abs. 1 AÜG normiert eine Verpflichtung der BA und der Behörden der Zollverwaltung, insb. mit den in Nr. 1-8 genannten Behörden, zur Verfolgung und Ahndung von Ordnungswidrigkeiten nach § 16 AÜG zusammenzuarbeiten. Die **Aufzählung der genannten Behörden ist nicht abschließend** (»insbesondere«). Ausdrücklich aufgezählt sind lediglich die wichtigsten Behörden, mit denen sich üblicherweise Schnittmengen bei der Bekämpfung illegaler Beschäftigung ergeben. Darüber hinaus kommt aber auch eine Zusammenarbeit mit anderen Behörden in Betracht, etwa der Polizei, den Industrie- und Handelskammern, den Handwerkskammern, den Gewerbeämtern,[8] den Staatsanwaltschaften sowie Straf-/ArbG.[9]

Die **Pflicht zur Zusammenarbeit bezieht sich auf alle in § 16 AÜG genannten Ordnungswidrigkeiten**. Sie ist nicht auf die Tatbestände illegaler Überlassung (§ 16 Abs. 1 Nr. 1 AÜG) beschränkt.[10] Die erweiterte Pflicht zur Zusammenarbeit in allen Fällen des § 16 AÜG erklärt sich daraus, dass auch Verstöße von Verleiher und Entleiher bei legaler Arbeitnehmerüberlassung oftmals erste Anhaltspunkte für illegale Praktiken liefern.[11] Nicht ausdrücklich erwähnt ist eine Zusammenarbeit im Zusammenhang mit den Straftatbeständen der §§ 15, 15a AÜG. Diese bauen auf den Ordnungswidrigkeiten

---

7 BGBl. I, 258.
8 Die zum 01.01.2015 in Kraft getretene Verordnung zur Ausgestaltung des Gewerbeanzeigeverfahrens (Gewerbeanzeigeverordnung – GewAnzV) verpflichtet die zuständigen Gewerbebehörden, Gewerbeanzeigen auf Anhaltspunkte für Verstöße gegen die in § 14 Abs. 8 Satz 1 Nr. 7 GewO genannten Vorschriften – insbesondere Anhaltspunkte für Scheinselbständigkeit und Schwarzarbeit – zu prüfen und Verdachtsfälle an die Behörden der Zollverwaltung zu übermitteln (§ 3 Abs. 3 GewAnzV).
9 Schüren/Hamann/*Hamann* § 18 AÜG Rn. 28; Thüsing/*Kudlich* § 18 AÜG Rn. 3.
10 Für die Ahndung von Ordnungswidrigkeiten nach § 16 Abs. 1 AÜG sind die Behörden der Zollverwaltung zuständig (vgl. § 16 Abs. 3 AÜG).
11 *Boemke/Lembke* § 18 AÜG Rn. 9 m.w.N.

§ 18 AÜG Zusammenarbeit mit anderen Behörden

des § 16 AÜG auf; mittelbar erfolgt also auch eine **Zusammenarbeit bei der Verfolgung von Straftaten**.[12]

4 Über den Wortlaut hinaus begründet § 18 Abs. 1 AÜG nicht nur eine einseitige Verpflichtung der BA und der Behörden der Zollverwaltung, sondern eine **wechselseitige Pflicht zur Zusammenarbeit** dieser mit den in Nr. 1-8 genannten Behörden. Ein gegenseitiger Informationsaustausch soll erfolgen, sobald ein auf konkreten Anhaltspunkten beruhender Anfangsverdacht entsprechend § 152 Abs. 2 StPO besteht. Bloße Vermutungen der Begehung von Ordnungswidrigkeiten genügen nicht.[13]

5 Die konkrete **Art und Weise der Zusammenarbeit** ist im Gesetz nicht geregelt; den beteiligten Behörden steht deren Ausgestaltung mithin im Wesentlichen frei. § 18 Abs. 1 AÜG enthält allerdings keinen Erlaubnistatbestand zum Eingriff in den Datenschutz oder das Sozialgeheimnis (§ 35 SGB I).

6 Neben dem **wechselseitigen Informationsaustausch** kommen zur Ausgestaltung der Zusammenarbeit insb. **gemeinsame Veranstaltungen** (z.B. Schulungen, Gesprächskreise, Arbeitsgruppen) und **gemeinsame Aktivitäten** (z.B. Betriebsstättenprüfungen, Verkehrs-/Grenzkontrollen, Überprüfung von Arbeitnehmern auf Baustellen) in Betracht. Voraussetzung ist lediglich, dass eine der beteiligten Behörden für die konkrete Maßnahme zuständig ist.[14]

II. Beteiligte Behörden

7 Die Aufzählung der in § 18 Abs. 1 Nr. 1-8 AÜG genannten Behörden ist nicht abschließend; die Zusammenarbeit auch mit weiteren Behörden zur Bekämpfung illegaler Beschäftigung ist möglich.[15] Die **wichtigsten Behörden der Zusammenarbeit** nennt § 18 Abs. 1 AÜG beispielhaft wie folgt:
– **Träger der Krankenversicherung** als Einzugsstellen für die Sozialversicherungsbeiträge (**Nr. 1**): Ortskrankenkassen (§§ 143 ff. SGB V), Betriebskrankenkassen (§§ 147 ff. SGB V), Innungskrankenkassen (§§ 147 ff. SGB V), Landwirtschaftliche Krankenkassen (§ 166 SGB V), Deutsche Rentenversicherung Knappschaft Bahn-See (§ 167 SGB V), Ersatzkassen (§§ 168 ff. SGB V);

---

12 HWK/*Kalb* § 18 AÜG Rn. 2; Thüsing/*Kudlich* § 18 AÜG Rn. 5 m.w.N.
13 BeckOK ArbR/*Motz* § 18 AÜG Rn. 4; *Boemke/Lembke* § 18 AÜG Rn. 24 m.w.N.; HWK/*Kalb* § 18 AÜG Rn. 12.
14 *Boemke/Lembke* § 18 AÜG Rn. 25.
15 Vgl. bereits Rdn. 2.

- **Behörden gem. § 71 AufenthG (Nr. 2)**: u.a. Ausländerbehörden, Auslandsvertretungen des Auswärtigen Amtes, Polizeibehörden der Länder; die Einzelheiten ergeben sich aus dem jeweiligen Landesrecht;
- **Finanzbehörden (Nr. 3)**: Finanzämter, OFD, Bundesamt für Finanzen, Zollbehörden (insb. Zollämter), Länderministerien und Senatoren für Finanzen, Bundesfinanzministerium;[16]
- Nach Landesrecht für die Verfolgung und Ahndung von Ordnungswidrigkeiten **nach dem SchwarzArbG zuständige Behörden (Nr. 4)**: Behörden der Zollverwaltung, zuständige Leistungsträger, die jeweils für ihren Geschäftsbereich und die nach Landesrecht zuständigen Behörden (vgl. § 12 SchwarzArbG);[17]
- **Träger der Unfallversicherung (Nr. 5)**: Berufsgenossenschaften und Unfallkassen (vgl. § 114 SGB VII);[18]
- Zuständige **Landesbehörden für den Arbeitsschutz (Nr. 6)**: Zuständige Behörden ergeben sich aus dem jeweiligen Landesrecht, i.d.R. handelt es sich um die Gewerbeaufsichtsämter (vgl. § 21 ArbSchG);
- **Rentenversicherungsträger (Nr. 7)**: Regionalträger und Bundesträger der Deutschen Rentenversicherung, Bundesträger sind die Deutsche Rentenversicherung Bund und die Deutsche Rentenversicherung Knappschaft-Bahn-See, die knappschaftliche Rentenversicherung der Deutschen Rentenversicherung Knappschaft-Bahn-See und die landwirtschaftliche Alterskasse (vgl. § 23 Abs. 2 SGB I, § 125 SGB VI);

---

16 Mitteilungspflicht zur Bekämpfung der illegalen Beschäftigung und des Leistungsmissbrauchs ergibt sich a. aus § 31a AO.

17 Zum 01.01.2009 wurde zur Verbesserung der Bekämpfung der Schwarzarbeit und illegalen Beschäftigung eine **Sofortmeldepflicht** (§ 28a Abs. 4 SGB IV) sowie eine **Mitführungs- und Vorlagepflicht von Ausweispapieren** (§ 2a Abs. 1 SchwarzArbG) in bestimmten Branchen (Baugewerbe, Gaststätten- und Beherbergungsgewerbe, Personenbeförderungsgewerbe, Speditions-, Transport- und damit verbundene Logistikgewerbe, Schaustellergewerbe, Unternehmen der Forstwirtschaft, Gebäudereinigungsgewerbe, Unternehmen, die sich am Auf- und Abbau von Messen und Ausstellungen beteiligen und in der Fleischwirtschaft) eingeführt. Zur Ahndung von Ordnungswidrigkeiten bei Verstößen gegen § 2a Abs. 1, 2 SchwarzArbG sind die Behörden der Zollverwaltung zuständig (§§ 8, 12 Abs. 1 Nr. 3 SchwarzArbG). Die Spitzenverbände der Sozialversicherungsträger haben sich am 26.02.2009 darauf verständigt, die Zeitarbeitsbranche von diesen gesetzlichen Verpflichtungen auszunehmen.

18 Rechtspflicht zur Zusammenarbeit ergibt sich a. aus § 211 SGB VII.

- **Träger der Sozialhilfe (Nr. 8)**: Zuständige Behörden ergeben sich aus dem jeweiligen Landesrecht, i.d.R. handelt es sich um die kreisfreien Städte und Landkreise (vgl. § 3 SGB XII).

C. Unterrichtungspflichten – Abs. 2 und Abs. 5

I. Allgemeines

8 Explizite Unterrichtungspflichten der BA und der Zollbehörden sind in den Fällen des § 18 Abs. 2 AÜG sowie des 2011 neu eingefügten Abs. 5 geregelt. § 18 Abs. 2 AÜG begründet die Verpflichtung der BA und der Behörden der Zollverwaltung, die zuständigen Behörden bei Verstößen gegen die in Nr. 1-6 genannten Gesetze zu unterrichten, sobald sich bei der Durchführung des AÜG für diese konkrete Anhaltspunkte ergeben. Ausreichend ist mithin ein entsprechender **Anfangsverdacht**. Dieser muss weder hinreichend noch dringend sein. Die einen Anfangsverdacht begründenden Erkenntnisse müssen nicht im Zusammenhang mit der Verfolgung von Ordnungswidrigkeiten nach § 16 AÜG aufgetreten sein; auch sonstige Erkenntnisse, die etwa i.R.d. Verwaltungsverfahrens (§§ 1 bis 8 AÜG) gewonnen wurden, sind an die zuständigen Behörden weiterzugeben.[19] Rechtswidrig erlangte Erkenntnisse dürfen nicht weitergereicht bzw. vom Empfänger nicht verwertet (**Beweisverwertungsverbot**) werden.[20] Die Unterrichtung ist nicht formgebunden; sie kann schriftlich, darf aber auch in Textform z.B. per Telefax, E-Mail, SMS (§ 126b BGB), mündlich/telefonisch oder durch Aktenübersendung erfolgen.[21]

9 Für die ausdrücklich – und abschließend – in **§ 18 Abs. 2 AÜG** genannten **Unterrichtungsgegenstände** wird eine Weitergabe der Informationen und Erkenntnisse grds. nicht durch das Daten- und Sozialgeheimnis (§ 35 SGB I) und das Steuergeheimnis (§ 30 AO) eingeschränkt. Die Unterrichtungspflicht hat in diesen Fällen Vorrang.[22]

---

19 Thüsing/*Kudlich* § 18 AÜG Rn. 10; zur Behandlung von Zufallserkenntnissen vgl. *Sandmann/Marschall* Art. 1 § 18 AÜG Anm. 28; *Ulber* § 18 AÜG Rn. 19 ff.
20 BeckOK ArbR/*Motz* § 18 AÜG Rn. 14; *Boemke/Lembke* § 18 AÜG Rn. 39; Schüren/Hamann/*Hamann* § 18 AÜG Rn. 57.
21 BeckOK ArbR/*Motz* § 18 AÜG Rn. 15; *Boemke/Lembke* § 18 AÜG Rn. 49; Schüren/Hamann/*Hamann* § 18 AÜG Rn. 74.
22 *Boemke/Lembke* § 18 AÜG Rn. 30; Thüsing/*Kudlich* § 18 AÜG Rn. 11; HWK/*Kalb* § 18 AÜG Rn. 14.

Nicht zulässig ist die **Weitergabe von Einzelangaben**, die die BA i.R. statistischer Meldeverfahren (vgl. § 8 AÜG a.F.) erhält; insoweit besteht ein ausdrückliches Geheimhaltungsgebot (§ 8 Abs. 4 AÜG a.F.). 10

Nach Maßgabe des § 18 Abs. 5 AÜG trifft die Behörden der Zollverwaltung ggü. den zuständigen örtlichen Landesfinanzbehörden eine Pflicht zur Unterrichtung über den Inhalt von Meldungen nach § 17b AÜG. 11

II. Unterrichtungsgegenstände

Die Unterrichtungspflicht nach § 18 Abs. 5 AÜG besteht ohne konkreten Anlass, sobald den Zollbehörden eine Meldung nach § 17b AÜG vorliegt. Demgegenüber besteht die Unterrichtungspflicht des § 18 Abs. 2 AÜG nur in den in **Nr. 1-6** explizit **genannten Fällen**. Die Aufzählung ist abschließend. Dies gilt nicht nur für den Unterrichtungsgegenstand selbst, sondern auch die zu unterrichtenden Behörden.[23] 12

Liegen konkrete Anhaltspunkte vor, bestehen Unterrichtungspflichten in folgenden Fällen (§ 18 Abs. 2 AÜG): 13
– **Verstöße gegen das SchwarzArbG (Nr. 1)**: Zum Begriff der Schwarzarbeit vgl. § 1 SchwarzArbG.
– **Beschäftigung oder Tätigkeit von Ausländern ohne erforderlichen Aufenthaltstitel oder Genehmigung nach § 284 Abs. 1 SGB III (Nr. 2)**: Illegale Ausländerbeschäftigung stellt eine Ordnungswidrigkeit nach § 404 SGB III dar; die zur Ahndung dieser Ordnungswidrigkeiten zuständigen Behörden ergeben sich aus § 403 SGB III. Wird der ausländische Arbeitnehmer als Leiharbeitnehmer eingesetzt, sind zudem die Straftatbestände der §§ 15, 15a AÜG und der Ordnungswidrigkeitentatbestand des § 16 Abs. 1 Nr. 2 AÜG erfüllt. Zuständig für die Verfolgung von Straftaten ist die Staatsanwaltschaft, die Ordnungswidrigkeiten nach § 16 Abs. 1 Nr. 2 AÜG werden von den Behörden der Zollverwaltung geahndet.
– **Verstöße gegen Mitwirkungspflichten nach dem SGB I oder gegen die Meldepflicht nach § 8a AsylbLG (Nr. 3)**: Nach § 60 Abs. 1 Nr. 2 SGB I müssen Bezieher von Sozialleistungen Änderungen ihrer Verhältnisse, die für den Leistungsbezug erheblich sind oder über die im Zusammenhang mit der Leistung Erklärungen abgegeben worden sind, unverzüglich mitteilen. Diese Vorschrift und damit zugleich die Unterrichtungspflicht nach § 18 Abs. 2 Nr. 3 AÜG dienen der Bekämpfung des Leistungsmissbrauchs.

---

23 *Boemke/Lembke* § 18 AÜG Rn. 29 m.w.N.

Vom Wortlaut ausdrücklich nicht erfasst werden alle unrichtigen und falschen Angaben, die bereits im Zeitpunkt der Antragstellung – also entgegen § 60 Abs. 1 Satz 1 Nr. 1 SGB I – gemacht worden sind.[24] In diesen Fällen ist allerdings eine Information der zuständigen Behörde i.R.d. allgemeinen Zusammenarbeit nach § 18 Abs. 1 AÜG möglich;

▶ Beispiel:

Bedeutung erlangt die Unterrichtungspflicht nach § 18 Abs. 2 Nr. 3 AÜG bspw. dann, wenn die zuständigen Behörden bei Überprüfung von Arbeitnehmern auf dem Bau feststellen, dass unter den dort Beschäftigten Bezieher von Arbeitslosengeld I und/oder II sind.

Leistungsberechtigte nach § 1 AsylbLG unterliegen der Meldepflicht nach § 8a AsylbLG; sie müssen spätestens am 3. Tag nach Aufnahme einer unselbstständigen oder selbstständigen Erwerbstätigkeit eine Meldung bei der zuständigen Behörde abgeben;

– **Verstöße gegen die Vorschriften des SGB IV und SGB VII über die Verpflichtung zur Zahlung von Sozialversicherungsbeiträgen (Nr. 4)**: Erfasst werden Verstöße gegen die Pflicht zur Abführung des Gesamtsozialversicherungsbeitrages (§§ 28d ff. SGB IV) oder der Beiträge zur Unfallversicherung (§§ 150 ff. SGB VII); kumulativ muss zusätzlich ein Verleih ohne Erlaubnis nach § 1 AÜG und ein Verstoß gegen einen der Tatbestände der Nr. 1-3 des § 18 Abs. 2 AÜG vorliegen;

▶ Beispiel:

Bei Überprüfungen eines Auftragnehmers wegen illegaler Arbeitnehmerüberlassung unter dem Deckmantel eines *Scheinwerkvertrages* entdeckt die BA, dass Beiträge zur Sozialversicherung nicht oder nicht ordnungsgemäß abgeführt wurden. Dies wird sie der zuständigen Krankenkasse als Einzugsstelle für den Gesamtsozialversicherungsbeitrag mitteilen, die ihrerseits die Staatsanwaltschaft wegen des Verdachts des Vorenthaltens von Sozialversicherungsbeiträgen (§ 266a StGB) einschalten wird.

– **Verstöße gegen die Steuergesetze (Nr. 5)**: Der Begriff der Steuergesetze ist nach herrschender Auffassung weit zu verstehen; erfasst werden alle bundes- als auch landesrechtlichen Steuergesetze ungeachtet der

---

24 *Boemke/Lembke* § 18 AÜG Rn. 37; HWK/*Kalb* § 18 AÜG Rn. 17.

Steuerarten (z.B. Einkommen-, Umsatz-, Gewerbe-, Grunderwerbsteuer).[25] Ein Unterrichtsrecht der Finanzbehörden ergibt sich umgekehrt aus § 31a AO hinsichtlich solcher Tatsachen, die für die Erteilung, die Rücknahme oder den Widerruf einer Erlaubnis nach dem AÜG maßgeblich sind. In diesen Fällen besteht ein Ermessen der Finanzbehörden, ob sie dem Steuergeheimnis (§ 30 AO) Vorrang vor der Unterrichtung der BA einräumen. Kein Ermessen, sondern eine Mitteilungspflicht der Finanzbehörden besteht im Fall der Bekämpfung illegaler Beschäftigung (§ 31a Abs. 1 Nr. 1a, Abs. 2 Satz 1 AO);

– **Verstöße gegen das AufenthG (Nr. 6)**: Die Unterrichtungspflicht der BA und der Behörden der Zollverwaltung beschränkt sich bei Verstößen gegen das Aufenthaltsgesetz nicht auf solche im Zusammenhang mit illegaler Arbeitnehmerüberlassung; die Ausländerbehörden sind bei sämtlichen relevanten Verstößen zu unterrichten.[26] Umgekehrt ergibt sich eine Unterrichtungspflicht der Ausländerbehörden, wenn sie konkrete Anhaltspunkte für illegale Ausländerbeschäftigung erlangen (§ 90 AufenthG).

D. Übermittlungspflichten

I. Straftaten – Abs. 3

In **Strafsachen, die Straftaten nach den §§ 15, 15a AÜG zum Gegenstand haben**, sind die BA und die Behörden der Zollverwaltung zur Verfolgung von Ordnungswidrigkeiten über die in Nr. 1 und 2 des § 18 Abs. 3 Satz 1 und Satz 2 AÜG genannten Vorgänge zu unterrichten. Die Ordnungswidrigkeitentatbestände müssen nicht solche des § 16 AÜG sein, auch die Ahndung sonstiger Verstöße (insb. § 404 SGB III) ist erfasst.[27] 14

Die Unterrichtungspflicht entsteht mit Einleitung eines Strafverfahrens (Abs. 3 Nr. 1) und mit Anklageerhebung (Abs. 3 Nr. 2). Übermittlungsgegenstände nach § 18 Abs. 3 Satz 1 AÜG sind: 15

– bei Einleitung eines Strafverfahrens die Personaldaten des Beschuldigten, der Straftatbestand, die Tatzeit und der Tatort (**Nr. 1**),

---

25 *Boemke/Lembke* § 18 AÜG Rn. 46; Thüsing/*Kudlich* § 18 AÜG Rn. 13 a.E.
26 *Boemke/Lembke* § 18 AÜG Rn. 48.
27 Zum Streit, ob es sich um Ordnungswidrigkeiten handeln muss, die zur verfolgten Straftat in Tateinheit oder Tatmehrheit stehen, vgl. Thüsing/*Kudlich* § 18 AÜG Rn. 16 m.w.N.

– im Fall der Erhebung der öffentlichen Klage die das Verfahren abschließende Entscheidung mit Begründung (**Nr. 2**).

16 Bei Anklageerhebung ist das rechtskräftige Urteil zu übermitteln; im Fall der Verfahrenseinstellung der unanfechtbare Einstellungsbeschluss. Darüber hinaus ist nach **§ 18 Abs. 3 Satz 2 AÜG** in den Fällen der Nr. 2 auch die angefochtene Entscheidung zu übermitteln, wenn mit der abschließenden Entscheidung ein Rechtsmittel verworfen worden oder darin auf die angefochtene Entscheidung Bezug genommen worden ist.

17 **Originärer Zweck** der Übermittlung nach § 18 Abs. 3 AÜG ist die **Verfolgung von Ordnungswidrigkeiten**. Über diesen Zweck hinaus erlaubt § 18 Abs. 3 Satz 4 eine Verwendung der Daten auch für die in Nr. 1-3 genannten sonstigen Zwecke. Diese sind abschließend und beziehen sich auf folgende Vorgänge:
– **Daten der Arbeitnehmer für Maßnahmen zu ihren Gunsten (Nr. 1)**: Außer zur Verfolgung von Ordnungswidrigkeiten dürfen die Daten nicht zuungunsten der Arbeitnehmer Verwendung finden;
– **Daten des Arbeitgebers zur Besetzung offener Arbeitsplätze (Nr. 2)**: Die Datennutzung soll es der BA ermöglichen, ihr Vermittlungsangebot zu erweitern und ihre Vermittlungstätigkeit nach §§ 35 ff. SGB III zu verbessern;
– **Arbeitnehmer- und Arbeitgeberdaten für Entscheidungen über die Einstellung oder Rückforderung von Leistungen der BA (Nr. 3)**: Ziel ist die Verbesserung der Bekämpfung von Leistungsmissbräuchen. § 18 Abs. 3 Satz 4 Nr. 3 AÜG lässt eine Verwendung der Daten zuungunsten von Arbeitgeber und Arbeitnehmer zu. Bspw. kann zu Unrecht bezogenes Arbeitslosengeld zurückgefordert und der Leistungsbezug eingestellt werden.[28]

II. Ordnungswidrigkeiten – Abs. 4

18 Durch das Tarifautonomiestärkungsgesetz[29] vom 11.08.2014 wurde § 18 Abs. 4 AÜG a.F. ersatzlos gestrichen. Die Vorschrift begründete ein Recht von Gerichten und Staatsanwaltschaften (Strafverfolgungs- und Strafvollstreckungsbehörden, vgl. §§ 152, 451 Abs. 1 StPO), Erkenntnisse aus sonstigen Verfahren an die Behörden der Zollverwaltung zur Verfolgung von Ordnungswidrigkeiten nach § 16 Abs. 1 Nr. 1-2a AÜG a.F. zu übermitteln.

---

28 *Boemke/Lembke* § 18 AÜG Rn. 58; Schüren/Hamann/*Hamann* § 18 AÜG Rn. 84.
29 BGBl. I, 1348.

E. Europäische Zusammenarbeit – Abs. 6

§ 18 Abs. 6 AÜG wurde mit Wirkung zum 30.07.2011 neu in das Gesetz aufgenommen.[30] Die Vorschrift regelt die Zusammenarbeit auf europäischer Ebene zwischen den Behörden der Zollverwaltung und den übrigen in § 2 SchwarzArbG genannten Behörden (z.B. Finanzbehörden, BA, Bundesnetzagentur, Krankenkassen als Einzugsstellen, Rentenversicherungs-/Unfallversicherungs-/Sozialhilfeträgern) mit den Behörden anderer EWR-Vertragsstaaten. Voraussetzung der grenzüberschreitenden, europäischen Zusammenarbeit ist nach dem ausdrücklichen Gesetzeswortlaut des § 18 Abs. 6 Satz 1 AÜG, dass die Behörden anderer EWR-Vertragsstaaten nach dem für sie geltenden Recht,
– die dem § 17 Abs. 2 AÜG entsprechenden Aufgaben durchführen,
– für die Bekämpfung illegaler Beschäftigung zuständig sind oder
– Auskünfte geben können, ob ein Arbeitgeber seine Verpflichtungen nach § 8 Abs. 5 AÜG erfüllt.

19

Die Zusammenarbeit muss nach Maßgabe der einschlägigen datenschutzrechtlichen Bestimmungen erfolgen; weitere inhaltliche oder formelle Vorgaben macht das Gesetz nicht.[31] **Gesetzgeberisches Ziel** der Regelung zur europäischen Zusammenarbeit ist insb. die Ermöglichung einer effektiven Kontrolle ausländischer Entleiher.[32] § 18 Abs. 6 AÜG entspricht nahezu wortlautidentisch der Regelung in § 20 Abs. 2 AEntG.[33]

20

§ 18 Abs. 6 Satz 2 AÜG dient der Klarstellung einer Selbstverständlichkeit. Danach bleiben die Regelungen über die internationale Rechtshilfe in Strafsachen – etwa des IRG oder völkerrechtlicher Vereinbarungen – von den Befugnissen zur europäischen Zusammenarbeit nach Satz 1 unberührt.[34]

21

---

30 Gesetz zur Änderung des Arbeitnehmerüberlassungsgesetzes und Schwarzarbeitsbekämpfungsgesetzes vom 20.07.2011, BGBl. I, 1506.
31 Thüsing/*Kudlich* § 18 AÜG Rn. 25.
32 BT-Drucks. 17/5761, 8; Thüsing/*Kudlich* § 18 AÜG Rn. 25.
33 Dazu Thüsing/*Kudlich* § 18 AÜG Rn. 25 unter Hinweis auf Thüsing/*Reufels* § 20 AEntG Rn. 5.
34 Thüsing/*Kudlich* § 18 AÜG Rn. 26.

§ 18a (aufgehoben)

§ 19 Übergangsvorschrift

(1) § 8 Absatz 3 findet keine Anwendung auf Leiharbeitsverhältnisse, die vor dem 15. Dezember 2010 begründet worden sind.

(2) Überlassungszeiten vor dem 1. April 2017 werden bei der Berechnung der Überlassungshöchstdauer nach § 1 Absatz 1b und der Berechnung der Überlassungszeiten nach § 8 Absatz 4 Satz 1 nicht berücksichtigt.

Übersicht	Rdn.
A. Drehtürklausel – Abs. 1	1
B. Berechnung von Überlassungszeiten – Abs. 2	4

A. Drehtürklausel – Abs. 1

1   § 19 Abs. 1 AÜG wurde – ohne inhaltliche Änderungen – durch das Gesetz zur Änderung des Arbeitnehmerüberlassungsgesetzes und anderer Gesetze vom 21.02.2017[1] mit Wirkung zum 01.04.2017 redaktionell neu gefasst, indem dort nunmehr auf § 8 Abs. 3 AÜG (vormals: § 3 Abs. 1 Nr. 3 Satz 4, § 9 Nr. 2 AÜG a.F.) verwiesen wird.

2   Durch die Übergangsvorschrift wird angeordnet, dass die sog. Drehtürklausel (§ 8 Abs. 3 AÜG)[2] keine Anwendung auf Leiharbeitsverhältnisse findet, die vor dem 15.12.2010 begründet wurden. Diese bewirkt letztlich, dass Leiharbeitnehmer, deren Arbeitsverhältnis vor dem 15.12.2010 mit dem Verleiher geschlossen worden ist, in Abweichung zum Equal-Treatment-/Equal-Pay-Grundsatz überlassen werden können, selbst wenn sie in einem Zeitraum von 6 Monaten vor dem Einsatz aus einem Arbeitsverhältnis bei dem Entleiher oder einer Gesellschaft, die mit diesem einen Konzern bildet, ausgeschieden sind. Da der Gesetzgeber die Geltung der Übergangsvorschrift zeitlich nicht

---

1   BGBl. I, 258.
2   Die Drehtürklausel schließt aus, dass durch eine tarifliche Regelung vom sog. equal treatment/pay-Grundsatz abgewichen werden kann, wenn der Leiharbeitnehmer in den letzten 6 Monaten vor der Überlassung an den Entleiher aus einem Arbeitsverhältnis bei diesem oder einem Arbeitgeber, der mit dem Entleiher einen Konzern (§ 18 AktG) bildet, ausgeschieden ist.

befristet hat, ist die Drehtürklausel folglich dauerhaft auf die entsprechenden Arbeitsverhältnisse nicht anzuwenden.

Der Gesetzgeber hat dabei den Stichtag zum 15.12.2010 bewusst gewählt. Dieser liegt zwar noch vor dem Inkrafttreten der Drehtürklausel am 30.04.2011 (jetzt: § 8 Abs. 3 AÜG; vormals: §§ 3 Abs. 1 Nr. 3, 9 Nr. 2 AÜG a.F.), entspricht aber dem Tag, an dem die Bundesregierung über den entsprechenden Gesetzesentwurf zur Einfügung dieser Regelung in der AÜG entschieden hat.[3] Arbeitgeber mussten im Nachgang davon ausgehen, dass die Drehtürklausel Gesetzeskraft erlangen wird; durch die »Vorverlagerung« des Stichtages auf den Beschluss der Bundesregierung soll das bis dahin bestehende Vertrauen in den Fortbestand der alten Rechtslage geschützt werden.[4]

B. Berechnung von Überlassungszeiten – Abs. 2

In § 19 Abs. 2 AÜG findet sich eine Übergangsvorschrift, nach der bei der Berechnung der Überlassungszeiten für die maßgebliche **Höchstüberlassungsdauer** nach § 1 Abs. 1 Satz 4, Abs. 1b AÜG und für die Anwendung des zwingenden Equal-Pay-Grundsatzes gem. § 8 Abs. 1, 4 AÜG Einsatzzeiten bei dem Entleiher vor dem 01.04.2017 nicht berücksichtigt werden. Zunächst beschränkte sich die Übergangsvorschrift nach § 19 Abs. 2 AÜG ausschließlich auf die Berechnung der Vordienstzeiten bei der **Höchstüberlassungsdauer,** wurde jedoch bereits im außerparlamentarischen Abstimmungsverfahren über das Gesetz zur Änderung des Arbeitnehmerüberlassungsgesetzes und anderer Gesetze auf die maßgeblichen Zeiten für die Anwendung des zwingenden Equal-Pay-Grundsatzes erweitert.

Dies bedeutet, dass die gesetzliche Höchstüberlassungsdauer von 18 Monaten selbst bei einer Überlassung eines Leiharbeitnehmers, die vor dem 01.04.2017 begonnen hat, frühestens mit Ablauf des 30.09.2018 erreicht werden kann.[5] Die für die Anwendung des zwingenden Equal-Pay-Grundsatzes maßgebliche Einsatzdauer von neun Monaten kann – gerechnet wiederum vom 01.04.2017 – frühestens mit Ablauf des 31.12.2017 überschritten werden.[6] Zeiten vor dem 01.04.2017, die bei der Bestimmung der maßgeblichen

---

3 Gesetz zur Änderung des Arbeitnehmerüberlassungsgesetzes und des Schwarzarbeitsbekämpfungsgesetzes vom 20.07.2011, BGBl. I, 1506.
4 *Thüsing* § 19 AÜG Rn. 2.
5 FW AÜG zu § 1 Nr. 1.2.
6 FW WÜG zu § 8 Nr. 8.4 (2).

§ 19 AÜG Übergangsvorschrift

Einsatzdauer anzurechnen wären, bleiben daher außen vor. Die Übergangsvorschrift soll – so die Gesetzesbegründung – ermöglichen, dass sich Sozialpartner, Verleiher und Entleiher sowie die betroffenen Leiharbeitnehmer auf die geänderte Rechtslage einstellen einstellen können.[7]

▶ Hinweis:

Nicht abschließend geklärt ist bislang, ob § 191 BGB bei der Berechnung anzuwenden ist. Danach wird der Monat mit 30, das Jahr mit 365 Tagen berechnet, wenn ein Zeitraum nach Monaten oder nach Jahren in dem Sinne bestimmt ist, dass er nicht zusammenhängend zu verlaufen braucht. Wäre die Vorschrift einschlägig, würde – ausgehend vom 01.04.2017 – die **Höchstüberlassungsdauer** von 18 Monaten bereits mit dem 26.12.2018 und die neunmonatige Frist zur Gewährung von zwingendem Equal Pay mit dem 22.09.2017 ablaufen. Zwar sprechen in diesem Zusammenhang überzeugende Argumente gegen die Anwendung von § 191 BGB.[8] Um jedoch sämtliche Risiken, die sich aus dem Verstoß gegen die **Höchstüberlassungsdauer** und den zwingenden Equal-Pay-Grundsatz ergeben, rechtssicher ausschließen zu können, sollte vorsorglich mit den obigen Daten geplant und ein Einsatz mit Ablauf des 26.12.2017 unterbrochen bzw. nach dem 22.09.2017 unter Einhaltung von Equal Pay fortgesetzt werden. Über den Wortlaut hinaus erstreckt sich die Übergangsvorschrift nach § 19 Abs. 2 AÜG nicht nur auf § 8 Abs. 4 Satz 1 AÜG, sondern auch auf die in Zusammenhang mit der Anwendung des zwingenden Equal-Pay-Grundsatzes bzw. dessen tariflicher Abbedingung und relevanten Unterbrechungen maßgeblichen Fristbestimmung in § 8 Abs. 4 Satz 2 und 4 AÜG.[9] Dies ergibt sich draus, dass es vor dem 01.04.2017 an einem »Anrechnungssubstrat« fehlt, auf das § 19 Abs. 2 AÜG angewendet werden könnte.[10]

---

7 Vgl. BT-Drucks. 18/9232, 31.
8 Dazu: § 1 Rdn. 211; so auch: *Bauer* BD 11/2016, 8 f.; Bissels/*Falter* ArbR 2017, 36.
9 Vgl. *Ulrici* § 19 AÜG Rdn. 8 f.; *Lembke* NZA 2017, 8; zweifelnd: Henssler/Grau/ *Stamer* § 5 Rn. 407 ff.
10 *Lembke* NZA 2017, 8.

Anhänge

Anhang 1 Gesetze und Verordnungen (Auszüge)

A. Abgabenordnung

§ 30 AO Steuergeheimnis

(1) Amtsträger haben das Steuergeheimnis zu wahren.

(2) Ein Amtsträger verletzt das Steuergeheimnis, wenn er
1. Verhältnisse eines anderen, die ihm
    a) in einem Verwaltungsverfahren, einem Rechnungsprüfungsverfahren oder einem gerichtlichen Verfahren in Steuersachen,
    b) in einem Strafverfahren wegen einer Steuerstraftat oder einem Bußgeldverfahren wegen einer Steuerordnungswidrigkeit,
    c) aus anderem Anlass durch Mitteilung einer Finanzbehörde oder durch die gesetzlich vorgeschriebene Vorlage eines Steuerbescheids oder einer Bescheinigung über die bei der Besteuerung getroffenen Feststellungen
    bekannt geworden sind, oder
2. ein fremdes Betriebs- oder Geschäftsgeheimnis, das ihm in einem der in Nummer 1 genannten Verfahren bekannt geworden ist,
unbefugt offenbart oder verwertet oder
3. nach Nummer 1 oder Nummer 2 geschützte Daten im automatisierten Verfahren unbefugt abruft, wenn sie für eines der in Nummer 1 genannten Verfahren in einer Datei gespeichert sind.

(3) Den Amtsträgern stehen gleich
1. die für den öffentlichen Dienst besonders Verpflichteten (§ 11 Abs. 1 Nr. 4 des Strafgesetzbuchs),
1a. die in § 193 Abs. 2 des Gerichtsverfassungsgesetzes genannten Personen,
2. amtlich zugezogene Sachverständige,
3. die Träger von Ämtern der Kirchen und anderen Religionsgemeinschaften, die Körperschaften des öffentlichen Rechts sind.

(4) Die Offenbarung der nach Absatz 2 erlangten Kenntnisse ist zulässig, soweit
1. sie der Durchführung eines Verfahrens im Sinne des Absatzes 2 Nr. 1 Buchstaben a und b dient,

2. sie durch Gesetz ausdrücklich zugelassen ist,
3. der Betroffene zustimmt,
4. sie der Durchführung eines Strafverfahrens wegen einer Tat dient, die keine Steuerstraftat ist, und die Kenntnisse
   a) in einem Verfahren wegen einer Steuerstraftat oder Steuerordnungswidrigkeit erlangt worden sind; dies gilt jedoch nicht für solche Tatsachen, die der Steuerpflichtige in Unkenntnis der Einleitung des Strafverfahrens oder des Bußgeldverfahrens offenbart hat oder die bereits vor Einleitung des Strafverfahrens oder des Bußgeldverfahrens im Besteuerungsverfahren bekannt geworden sind, oder
   b) ohne Bestehen einer steuerlichen Verpflichtung oder unter Verzicht auf ein Auskunftsverweigerungsrecht erlangt worden sind,
5. für sie ein zwingendes öffentliches Interesse besteht; ein zwingendes öffentliches Interesse ist namentlich gegeben, wenn
   a) Verbrechen und vorsätzliche schwere Vergehen gegen Leib und Leben oder gegen den Staat und seine Einrichtungen verfolgt werden oder verfolgt werden sollen,
   b) Wirtschaftsstraftaten verfolgt werden oder verfolgt werden sollen, die nach ihrer Begehungsweise oder wegen des Umfangs des durch sie verursachten Schadens geeignet sind, die wirtschaftliche Ordnung erheblich zu stören oder das Vertrauen der Allgemeinheit auf die Redlichkeit des geschäftlichen Verkehrs oder auf die ordnungsgemäße Arbeit der Behörden und der öffentlichen Einrichtungen erheblich zu erschüttern, oder
   c) die Offenbarung erforderlich ist zur Richtigstellung in der Öffentlichkeit verbreiteter unwahrer Tatsachen, die geeignet sind, das Vertrauen in die Verwaltung erheblich zu erschüttern; die Entscheidung trifft die zuständige oberste Finanzbehörde im Einvernehmen mit dem Bundesministerium der Finanzen; vor der Richtigstellung soll der Steuerpflichtige gehört werden.

(5) Vorsätzlich falsche Angaben des Betroffenen dürfen den Strafverfolgungsbehörden gegenüber offenbart werden.

(6) ^{1}Der automatisierte Abruf von Daten, die für eines der in Absatz 2 Nr. 1 genannten Verfahren in einer Datei gespeichert sind, ist nur zulässig, soweit er der Durchführung eines Verfahrens im Sinne des Absatzes 2 Nr. 1 Buchstaben a und b oder der zulässigen Weitergabe von Daten dient. ^{2}Zur Wahrung des Steuergeheimnisses kann das Bundesministerium der Finanzen durch

Rechtsverordnung mit Zustimmung des Bundesrates bestimmen, welche technischen und organisatorischen Maßnahmen gegen den unbefugten Abruf von Daten zu treffen sind. ³Insbesondere kann es nähere Regelungen treffen über die Art der Daten, deren Abruf zulässig ist, sowie über den Kreis der Amtsträger, die zum Abruf solcher Daten berechtigt sind. ⁴Die Rechtsverordnung bedarf nicht der Zustimmung des Bundesrates, soweit sie die Kraftfahrzeugsteuer, die Luftverkehrsteuer, die Versicherungsteuer sowie Einfuhr- und Ausfuhrabgaben und Verbrauchsteuern, mit Ausnahme der Biersteuer, betrifft.

(7) Werden dem Steuergeheimnis unterliegende Daten durch einen Amtsträger oder diesem nach Absatz 3 gleichgestellte Personen nach Maßgabe des § 87a Absatz 4 über De-Mail-Dienste im Sinne des § 1 des De-Mail-Gesetzes versendet, liegt keine unbefugte Offenbarung, Verwertung und kein unbefugter Abruf von dem Steuergeheimnis unterliegenden Daten vor, wenn beim Versenden eine kurzzeitige automatisierte Entschlüsselung durch den akkreditierten Diensteanbieter zum Zweck der Überprüfung auf Schadsoftware und zum Zweck der Weiterleitung an den Adressaten der De-Mail-Nachricht stattfindet.

§ 31a AO Mitteilungen zur Bekämpfung der illegalen Beschäftigung und des Leistungsmissbrauchs

(1) Die Offenbarung der nach § 30 geschützten Verhältnisse des Betroffenen ist zulässig, soweit sie
1. für die Durchführung eines Strafverfahrens, eines Bußgeldverfahrens oder eines anderen gerichtlichen oder Verwaltungsverfahrens mit dem Ziel
   a) der Bekämpfung von illegaler Beschäftigung oder Schwarzarbeit oder
   b) der Entscheidung
      aa) über Erteilung, Rücknahme oder Widerruf einer Erlaubnis nach dem Arbeitnehmerüberlassungsgesetz oder
      bb) über Bewilligung, Gewährung, Rückforderung, Erstattung, Weitergewährung oder Belassen einer Leistung aus öffentlichen Mitteln

   oder
2. für die Geltendmachung eines Anspruchs auf Rückgewähr einer Leistung aus öffentlichen Mitteln

erforderlich ist.

(2) ¹Die Finanzbehörden sind in den Fällen des Absatzes 1 verpflichtet, der zuständigen Stelle die jeweils benötigten Tatsachen mitzuteilen. ²In den Fällen des Absatzes 1 Nr. 1 Buchstabe b und Nr. 2 erfolgt die Mitteilung auch auf Antrag des Betroffenen. ³Die Mitteilungspflicht nach den Sätzen 1 und 2 besteht nicht, soweit deren Erfüllung mit einem unverhältnismäßigen Aufwand verbunden wäre.

§ 370 AO Steuerhinterziehung

(1) Mit Freiheitsstrafe bis zu fünf Jahren oder mit Geldstrafe wird bestraft, wer
1. den Finanzbehörden oder anderen Behörden über steuerlich erhebliche Tatsachen unrichtige oder unvollständige Angaben macht,
2. die Finanzbehörden pflichtwidrig über steuerlich erhebliche Tatsachen in Unkenntnis lässt oder
3. pflichtwidrig die Verwendung von Steuerzeichen oder Steuerstemplern unterlässt

und dadurch Steuern verkürzt oder für sich oder einen anderen nicht gerechtfertigte Steuervorteile erlangt.

(2) Der Versuch ist strafbar.

(3) ¹In besonders schweren Fällen ist die Strafe Freiheitsstrafe von sechs Monaten bis zu zehn Jahren. ²Ein besonders schwerer Fall liegt in der Regel vor, wenn der Täter
1. in großem Ausmaß Steuern verkürzt oder nicht gerechtfertigte Steuervorteile erlangt,
2. seine Befugnisse oder seine Stellung als Amtsträger oder Europäischer Amtsträger (§ 11 Absatz 1 Nummer 2a des Strafgesetzbuchs) missbraucht,
3. die Mithilfe eines Amtsträgers oder Europäischen Amtsträgers (§ 11 Absatz 1 Nummer 2a des Strafgesetzbuchs) ausnutzt, der seine Befugnisse oder seine Stellung missbraucht,
4. unter Verwendung nachgemachter oder verfälschter Belege fortgesetzt Steuern verkürzt oder nicht gerechtfertigte Steuervorteile erlangt, oder
5. als Mitglied einer Bande, die sich zur fortgesetzten Begehung von Taten nach Absatz 1 verbunden hat, Umsatz- oder Verbrauchssteuern verkürzt oder nicht gerechtfertigte Umsatz- oder Verbrauchssteuervorteile erlangt.

(4) ¹Steuern sind namentlich dann verkürzt, wenn sie nicht, nicht in voller Höhe oder nicht rechtzeitig festgesetzt werden; dies gilt auch dann, wenn

die Steuer vorläufig oder unter Vorbehalt der Nachprüfung festgesetzt wird oder eine Steueranmeldung einer Steuerfestsetzung unter Vorbehalt der Nachprüfung gleichsteht. ²Steuervorteile sind auch Steuervergütungen; nicht gerechtfertigte Steuervorteile sind erlangt, soweit sie zu Unrecht gewährt oder belassen werden. ³Die Voraussetzungen der Sätze 1 und 2 sind auch dann erfüllt, wenn die Steuer, auf die sich die Tat bezieht, aus anderen Gründen hätte ermäßigt oder der Steuervorteil aus anderen Gründen hätte beansprucht werden können.

(5) Die Tat kann auch hinsichtlich solcher Waren begangen werden, deren Einfuhr, Ausfuhr oder Durchfuhr verboten ist.

(6) ¹Die Absätze 1 bis 5 gelten auch dann, wenn sich die Tat auf Einfuhr- oder Ausfuhrabgaben bezieht, die von einem anderen Mitgliedstaat der Europäischen Union verwaltet werden oder die einem Mitgliedstaat der Europäischen Freihandelsassoziation oder einem mit dieser assoziierten Staat zustehen. ²Das Gleiche gilt, wenn sich die Tat auf Umsatzsteuern oder auf die in Artikel 1 Absatz 1 der Richtlinie 2008/118/EG des Rates vom 16. Dezember 2008 über das allgemeine Verbrauchsteuersystem und zur Aufhebung der Richtlinie 92/12/EWG (ABl. L 9 vom 14.1.2009, S. 12) genannten harmonisierten Verbrauchsteuern bezieht, die von einem anderen Mitgliedstaat der Europäischen Union verwaltet werden.

(7) Die Absätze 1 bis 6 gelten unabhängig von dem Recht des Tatortes auch für Taten, die außerhalb des Geltungsbereiches dieses Gesetzes begangen werden.

§ 376 AO Verfolgungsverjährung

(1) In den in § 370 Abs. 3 Satz 2 Nr. 1 bis 5 genannten Fällen besonders schwerer Steuerhinterziehung beträgt die Verjährungsfrist zehn Jahre.

(2) Die Verjährung der Verfolgung einer Steuerstraftat wird auch dadurch unterbrochen, dass dem Beschuldigten die Einleitung des Bußgeldverfahrens bekannt gegeben oder diese Bekanntgabe angeordnet wird.

§ 378 AO Leichtfertige Steuerverkürzung

(1) ¹Ordnungswidrig handelt, wer als Steuerpflichtiger oder bei Wahrnehmung der Angelegenheiten eines Steuerpflichtigen eine der in § 370 Abs. 1 bezeichneten Taten leichtfertig begeht. ²§ 370 Abs. 4 bis 7 gilt entsprechend.

(2) Die Ordnungswidrigkeit kann mit einer Geldbuße bis zu fünfzigtausend Euro geahndet werden.

(3) ¹Eine Geldbuße wird nicht festgesetzt, soweit der Täter gegenüber der Finanzbehörde die unrichtigen Angaben berichtigt, die unvollständigen Angaben ergänzt oder die unterlassenen Angaben nachholt, bevor ihm oder seinem Vertreter die Einleitung eines Straf- oder Bußgeldverfahrens wegen der Tat bekannt gegeben worden ist. ²Sind Steuerverkürzungen bereits eingetreten oder Steuervorteile erlangt, so wird eine Geldbuße nicht festgesetzt, wenn der Täter die aus der Tat zu seinen Gunsten verkürzten Steuern innerhalb der ihm bestimmten angemessenen Frist entrichtet. ³§ 371 Absatz 4 gilt entsprechend.

§ 379 AO Steuergefährdung

(1) ¹Ordnungswidrig handelt, wer vorsätzlich oder leichtfertig
1. Belege ausstellt, die in tatsächlicher Hinsicht unrichtig sind,
2. Belege gegen Entgelt in den Verkehr bringt,
3. nach Gesetz buchungs- oder aufzeichnungspflichtige Geschäftsvorfälle oder Betriebsvorgänge nicht oder in tatsächlicher Hinsicht unrichtig aufzeichnet oder aufzeichnen lässt, verbucht oder verbuchen lässt,
4. entgegen § 146a Absatz 1 Satz 1 ein dort genanntes System nicht oder nicht richtig verwendet,
5. entgegen § 146a Absatz 1 Satz 2 ein dort genanntes System nicht oder nicht richtig schützt oder
6. entgegen § 146a Absatz 1 Satz 5 gewerbsmäßig ein dort genanntes System oder eine dort genannte Software bewirbt oder in den Verkehr bringt

und dadurch ermöglicht, Steuern zu verkürzen oder nicht gerechtfertigte Steuervorteile zu erlangen. ²Satz 1 Nr. 1 gilt auch dann, wenn Einfuhr- und Ausfuhrabgaben verkürzt werden können, die von einem anderen Mitgliedstaat der Europäischen Union verwaltet werden oder die einem Staat zustehen, der für Waren aus der Europäischen Union auf Grund eines Assoziations- oder Präferenzabkommens eine Vorzugsbehandlung gewährt; § 370 Abs. 7 gilt entsprechend. ³Das Gleiche gilt, wenn sich die Tat auf Umsatzsteuern bezieht, die von einem anderen Mitgliedstaat der Europäischen Union verwaltet werden.

(2) Ordnungswidrig handelt, wer vorsätzlich oder leichtfertig
1. der Mitteilungspflicht nach § 138 Abs. 2 nicht, nicht vollständig oder nicht rechtzeitig nachkommt,

1a. entgegen § 144 Absatz 1 oder Absatz 2 Satz 1, jeweils auch in Verbindung mit Absatz 5, eine Aufzeichnung nicht, nicht richtig oder nicht vollständig erstellt,

1b. einer Rechtsverordnung nach § 117c Absatz 1 oder einer vollziehbaren Anordnung auf Grund einer solchen Rechtsverordnung zuwiderhandelt, soweit die Rechtsverordnung für einen bestimmten Tatbestand auf diese Bußgeldvorschrift verweist,

1c. entgegen § 138a Absatz 1, 3 oder 4 eine Übermittlung des länderbezogenen Berichts oder entgegen § 138a Absatz 4 Satz 3 eine Mitteilung nicht, nicht vollständig oder nicht rechtzeitig (§ 138a Absatz 6) macht,

2. die Pflicht zur Kontenwahrheit nach § 154 Abs. 1 verletzt.

(3) Ordnungswidrig handelt, wer vorsätzlich oder fahrlässig einer Auflage nach § 120 Abs. 2 Nr. 4 zuwiderhandelt, die einem Verwaltungsakt für Zwecke der besonderen Steueraufsicht (§§ 209 bis 217) beigefügt worden ist.

(4) Die Ordnungswidrigkeit nach Absatz 1 Satz 1 Nummer 1 und 2, Absatz 2 Nummer 1 bis 1b und Nummer 2 sowie Absatz 3 kann mit einer Geldbuße bis zu 5 000 Euro, die Ordnungswidrigkeit nach Absatz 2 Nummer 1c mit einer Geldbuße bis zu 10 000 Euro und die Ordnungswidrigkeit nach Absatz 1 Satz 1 Nummer 3 bis 6 mit einer Geldbuße bis zu 25 000 Euro geahndet werden, wenn die Handlung nicht nach § 378 geahndet werden kann.

§ 380 AO Gefährdung der Abzugsteuern

(1) Ordnungswidrig handelt, wer vorsätzlich oder leichtfertig seiner Verpflichtung, Steuerabzugsbeträge einzubehalten und abzuführen, nicht, nicht vollständig oder nicht rechtzeitig nachkommt.

(2) Die Ordnungswidrigkeit kann mit einer Geldbuße bis zu fünfundzwanzigtausend Euro geahndet werden, wenn die Handlung nicht nach § 378 geahndet werden kann.

§ 384 AO Verfolgungsverjährung

Die Verfolgung von Steuerordnungswidrigkeiten nach den §§ 378 bis 380 verjährt in fünf Jahren.

B. Arbeitnehmerentsendegesetz

Abschnitt 1 Zielsetzung

§ 1 AEntG Zielsetzung

¹Ziele des Gesetzes sind die Schaffung und Durchsetzung angemessener Mindestarbeitsbedingungen für grenzüberschreitend entsandte und für regelmäßig im Inland beschäftigte Arbeitnehmer und Arbeitnehmerinnen sowie die Gewährleistung fairer und funktionierender Wettbewerbsbedingungen durch die Erstreckung der Rechtsnormen von Branchentarifverträgen. ²Dadurch sollen zugleich sozialversicherungspflichtige Beschäftigung erhalten und die Ordnungs- und Befriedungsfunktion der Tarifautonomie gewahrt werden.

Abschnitt 2 Allgemeine Arbeitsbedingungen

§ 2 AEntG Allgemeine Arbeitsbedingungen

Die in Rechts- oder Verwaltungsvorschriften enthaltenen Regelungen über
1. die Mindestentgeltsätze einschließlich der Überstundensätze,
2. den bezahlten Mindestjahresurlaub,
3. die Höchstarbeitszeiten und Mindestruhezeiten,
4. die Bedingungen für die Überlassung von Arbeitskräften, insbesondere durch Leiharbeitsunternehmen,
5. die Sicherheit, den Gesundheitsschutz und die Hygiene am Arbeitsplatz,
6. die Schutzmaßnahmen im Zusammenhang mit den Arbeits- und Beschäftigungsbedingungen von Schwangeren und Wöchnerinnen, Kindern und Jugendlichen und
7. die Gleichbehandlung von Männern und Frauen sowie andere Nichtdiskriminierungsbestimmungen

finden auch auf Arbeitsverhältnisse zwischen einem im Ausland ansässigen Arbeitgeber und seinen im Inland beschäftigten Arbeitnehmern und Arbeitnehmerinnen zwingend Anwendung.

Abschnitt 3 Tarifvertragliche Arbeitsbedingungen

§ 3 AEntG Tarifvertragliche Arbeitsbedingungen

¹Die Rechtsnormen eines bundesweiten Tarifvertrages finden unter den Voraussetzungen der §§ 4 bis 6 auch auf Arbeitsverhältnisse zwischen einem Arbeitgeber mit Sitz im Ausland und seinen im räumlichen Geltungsbereich dieses Tarifvertrages beschäftigten Arbeitnehmern und Arbeitnehmerinnen

zwingend Anwendung, wenn der Tarifvertrag als Tarifvertrag nach § 4 Absatz 1 Nummer 1 für allgemeinverbindlich erklärt ist oder eine Rechtsverordnung nach § 7 oder § 7a vorliegt. ²Eines bundesweiten Tarifvertrages bedarf es nicht, soweit Arbeitsbedingungen im Sinne des § 5 Nr. 2 oder 3 Gegenstand tarifvertraglicher Regelungen sind, die zusammengefasst räumlich den gesamten Geltungsbereich dieses Gesetzes abdecken.

§ 4 AEntG Branchen

(1) § 3 gilt für Tarifverträge
1. des Bauhauptgewerbes oder des Baunebengewerbes im Sinne der Baubetriebe-Verordnung vom 28. Oktober 1980 (BGBl. I S. 2033), zuletzt geändert durch die Verordnung vom 26. April 2006 (BGBl. I S. 1085), in der jeweils geltenden Fassung einschließlich der Erbringung von Montageleistungen auf Baustellen außerhalb des Betriebssitzes,
2. der Gebäudereinigung,
3. für Briefdienstleistungen,
4. für Sicherheitsdienstleistungen,
5. für Bergbauspezialarbeiten auf Steinkohlebergwerken,
6. für Wäschereidienstleistungen im Objektkundengeschäft,
7. der Abfallwirtschaft einschließlich Straßenreinigung und Winterdienst,
8. für Aus- und Weiterbildungsdienstleistungen nach dem Zweiten oder Dritten Buch Sozialgesetzbuch und
9. für Schlachten und Fleischverarbeitung.

(2) § 3 gilt darüber hinaus für Tarifverträge aller anderen als der in Absatz 1 genannten Branchen, wenn die Erstreckung der Rechtsnormen des Tarifvertrages im öffentlichen Interesse geboten erscheint, um die in § 1 genannten Gesetzesziele zu erreichen und dabei insbesondere einem Verdrängungswettbewerb über die Lohnkosten entgegen zu wirken.

§ 5 AEntG Arbeitsbedingungen

¹Gegenstand eines Tarifvertrages nach § 3 können sein
1. Mindestentgeltsätze, die nach Art der Tätigkeit, Qualifikation der Arbeitnehmer und Arbeitnehmerinnen und Regionen differieren können, einschließlich der Überstundensätze,
2. die Dauer des Erholungsurlaubs, das Urlaubsentgelt oder ein zusätzliches Urlaubsgeld,

Urban-Crell

3. die Einziehung von Beiträgen und die Gewährung von Leistungen im Zusammenhang mit Urlaubsansprüchen nach Nummer 2 durch eine gemeinsame Einrichtung der Tarifvertragsparteien, wenn sichergestellt ist, dass der ausländische Arbeitgeber nicht gleichzeitig zu Beiträgen zu der gemeinsamen Einrichtung der Tarifvertragsparteien und zu einer vergleichbaren Einrichtung im Staat seines Sitzes herangezogen wird und das Verfahren der gemeinsamen Einrichtung der Tarifvertragsparteien eine Anrechnung derjenigen Leistungen vorsieht, die der ausländische Arbeitgeber zur Erfüllung des gesetzlichen, tarifvertraglichen oder einzelvertraglichen Urlaubsanspruchs seines Arbeitnehmers oder seiner Arbeitnehmerin bereits erbracht hat, und
4. Arbeitsbedingungen im Sinne des § 2 Nr. 3 bis 7.

²Die Arbeitsbedingungen nach Satz 1 Nummer 1 bis 3 umfassen auch Regelungen zur Fälligkeit entsprechender Ansprüche einschließlich hierzu vereinbarter Ausnahmen und deren Voraussetzungen.

§ 6 AEntG Besondere Regelungen

(1) ¹Dieser Abschnitt findet keine Anwendung auf Erstmontage- oder Einbauarbeiten, die Bestandteil eines Liefervertrages sind, für die Inbetriebnahme der gelieferten Güter unerlässlich sind und von Facharbeitern oder Facharbeiterinnen oder angelernten Arbeitern oder Arbeiterinnen des Lieferunternehmens ausgeführt werden, wenn die Dauer der Entsendung acht Tage nicht übersteigt. ²Satz 1 gilt nicht für Bauleistungen im Sinne des § 101 Abs. 2 des Dritten Buches Sozialgesetzbuch und nicht für Arbeitsbedingungen nach § 5 Nr. 4.

(2) Im Falle eines Tarifvertrages nach § 4 Absatz 1 Nr. 1 findet dieser Abschnitt Anwendung, wenn der Betrieb oder die selbstständige Betriebsabteilung im Sinne des fachlichen Geltungsbereichs des Tarifvertrages überwiegend Bauleistungen gemäß § 101 Abs. 2 des Dritten Buches Sozialgesetzbuch erbringt.

(3) Im Falle eines Tarifvertrages nach § 4 Absatz 1 Nr. 2 findet dieser Abschnitt Anwendung, wenn der Betrieb oder die selbstständige Betriebsabteilung überwiegend Gebäudereinigungsleistungen erbringt.

(4) Im Falle eines Tarifvertrages nach § 4 Absatz 1 Nr. 3 findet dieser Abschnitt Anwendung, wenn der Betrieb oder die selbstständige Betriebsabteilung überwiegend gewerbs- oder geschäftsmäßig Briefsendungen für Dritte befördert.

(5) Im Falle eines Tarifvertrages nach § 4 Absatz 1 Nr. 4 findet dieser Abschnitt Anwendung, wenn der Betrieb oder die selbstständige Betriebsabteilung überwiegend Dienstleistungen des Bewachungs- und Sicherheitsgewerbes oder Kontroll- und Ordnungsdienste erbringt, die dem Schutz von Rechtsgütern aller Art, insbesondere von Leben, Gesundheit oder Eigentum dienen.

(6) Im Falle eines Tarifvertrages nach § 4 Absatz 1 Nr. 5 findet dieser Abschnitt Anwendung, wenn der Betrieb oder die selbstständige Betriebsabteilung im Auftrag eines Dritten überwiegend auf inländischen Steinkohlebergwerken Grubenräume erstellt oder sonstige untertägige bergbauliche Spezialarbeiten ausführt.

(7) [1]Im Falle eines Tarifvertrages nach § 4 Absatz 1 Nr. 6 findet dieser Abschnitt Anwendung, wenn der Betrieb oder die selbstständige Betriebsabteilung gewerbsmäßig überwiegend Textilien für gewerbliche Kunden sowie öffentlich-rechtliche oder kirchliche Einrichtungen wäscht, unabhängig davon, ob die Wäsche im Eigentum der Wäscherei oder des Kunden steht. [2]Dieser Abschnitt findet keine Anwendung auf Wäschereidienstleistungen, die von Werkstätten für behinderte Menschen im Sinne des § 136 des Neunten Buches Sozialgesetzbuch erbracht werden.

(8) Im Falle eines Tarifvertrages nach § 4 Absatz 1 Nr. 7 findet dieser Abschnitt Anwendung, wenn der Betrieb oder die selbstständige Betriebsabteilung überwiegend Abfälle im Sinne des § 3 Absatz 1 Satz 1 des Kreislaufwirtschaftsgesetzes sammelt, befördert, lagert, beseitigt oder verwertet oder Dienstleistungen des Kehrens und Reinigens öffentlicher Verkehrsflächen und Schnee- und Eisbeseitigung von öffentlichen Verkehrsflächen einschließlich Streudienste erbringt.

(9) [1]Im Falle eines Tarifvertrages nach § 4 Absatz 1 Nr. 8 findet dieser Abschnitt Anwendung, wenn der Betrieb oder die selbstständige Betriebsabteilung überwiegend Aus- und Weiterbildungsmaßnahmen nach dem Zweiten oder Dritten Buch Sozialgesetzbuch durchführt. [2]Ausgenommen sind Einrichtungen der beruflichen Rehabilitation im Sinne des § 35 Abs. 1 Satz 1 des Neunten Buches Sozialgesetzbuch.

(10) [1]Im Falle eines Tarifvertrages nach § 4 Absatz 1 Nummer 9 findet dieser Abschnitt Anwendung in Betrieben und selbstständigen Betriebsabteilungen, in denen überwiegend geschlachtet oder Fleisch verarbeitet wird (Betriebe der Fleischwirtschaft) sowie in Betrieben und selbstständigen Betriebsabteilungen, die ihre Arbeitnehmer und Arbeitnehmerinnen überwiegend in

Betrieben der Fleischwirtschaft einsetzen. ²Das Schlachten umfasst dabei alle Tätigkeiten des Schlachtens und Zerlegens von Tieren mit Ausnahme von Fischen. ³Die Verarbeitung umfasst alle Tätigkeiten der Weiterverarbeitung von beim Schlachten gewonnenen Fleischprodukten zur Herstellung von Nahrungsmitteln sowie deren Portionierung und Verpackung. ⁴Nicht erfasst ist die Verarbeitung, wenn die Behandlung, die Portionierung oder die Verpackung beim Schlachten gewonnener Fleischprodukte direkt auf Anforderung des Endverbrauchers erfolgt.

§ 7 AEntG Rechtsverordnung für die Fälle des § 4 Absatz 1

(1) Auf gemeinsamen Antrag der Parteien eines Tarifvertrages im Sinne von § 4 Absatz 1 sowie §§ 5 und 6 kann das Bundesministerium für Arbeit und Soziales durch Rechtsverordnung ohne Zustimmung des Bundesrates bestimmen, dass die Rechtsnormen dieses Tarifvertrages auf alle unter seinen Geltungsbereich fallenden und nicht an ihn gebundenen Arbeitgeber sowie Arbeitnehmer und Arbeitnehmerinnen Anwendung finden, wenn dies im öffentlichen Interesse geboten erscheint, um die in § 1 genannten Gesetzesziele zu erreichen.

(2) ¹Kommen in einer Branche mehrere Tarifverträge mit zumindest teilweise demselben fachlichen Geltungsbereich zur Anwendung, hat der Verordnungsgeber bei seiner Entscheidung nach Absatz 1 im Rahmen einer Gesamtabwägung ergänzend zu den in § 1 genannten Gesetzeszielen die Repräsentativität der jeweiligen Tarifverträge zu berücksichtigen. ²Bei der Feststellung der Repräsentativität ist vorrangig abzustellen auf
1. die Zahl der von den jeweils tarifgebundenen Arbeitgebern beschäftigten unter den Geltungsbereich des Tarifvertrages fallenden Arbeitnehmer und Arbeitnehmerinnen,
2. die Zahl der jeweils unter den Geltungsbereich des Tarifvertrages fallenden Mitglieder der Gewerkschaft, die den Tarifvertrag geschlossen hat.

(3) Liegen für mehrere Tarifverträge Anträge auf Allgemeinverbindlicherklärung vor, hat der Verordnungsgeber mit besonderer Sorgfalt die von einer Auswahlentscheidung betroffenen Güter von Verfassungsrang abzuwägen und die widerstreitenden Grundrechtsinteressen zu einem schonenden Ausgleich zu bringen.

(4) Vor Erlass der Rechtsverordnung gibt das Bundesministerium für Arbeit und Soziales den in den Geltungsbereich der Rechtsverordnung fallenden Arbeitgebern sowie Arbeitnehmern und Arbeitnehmerinnen, den Parteien

des Tarifvertrages sowie in den Fällen des Absatzes 2 den Parteien anderer Tarifverträge und paritätisch besetzten Kommissionen, die auf der Grundlage kirchlichen Rechts Arbeitsbedingungen für den Bereich kirchlicher Arbeitgeber zumindest teilweise im Geltungsbereich der Rechtsverordnung festlegen, Gelegenheit zur schriftlichen Stellungnahme innerhalb von drei Wochen ab dem Tag der Bekanntmachung des Entwurfs der Rechtsverordnung.

(5) [1]Wird in einer Branche nach § 4 Absatz 1 erstmals ein Antrag nach Absatz 1 gestellt, wird nach Ablauf der Frist nach Absatz 4 der Ausschuss nach § 5 Absatz 1 Satz 1 des Tarifvertragsgesetzes (Tarifausschuss) befasst. [2]Stimmen mindestens vier Ausschussmitglieder für den Antrag oder gibt der Tarifausschuss innerhalb von zwei Monaten keine Stellungnahme ab, kann eine Rechtsverordnung nach Absatz 1 erlassen werden. [3]Stimmen zwei oder drei Ausschussmitglieder für den Antrag, kann eine Rechtsverordnung nur von der Bundesregierung erlassen werden. [4]Die Sätze 1 bis 3 gelten nicht für Tarifverträge nach § 4 Absatz 1 Nummer 1 bis 8.

§ 7a AEntG Rechtsverordnung für die Fälle des § 4 Absatz 2

(1) Auf gemeinsamen Antrag der Parteien eines Tarifvertrages im Sinne von § 4 Absatz 2 sowie §§ 5 und 6 Absatz 1 kann das Bundesministerium für Arbeit und Soziales durch Rechtsverordnung ohne Zustimmung des Bundesrates bestimmen, dass die Rechtsnormen dieses Tarifvertrages auf alle unter seinen Geltungsbereich fallenden und nicht an ihn gebundenen Arbeitgeber sowie Arbeitnehmer und Arbeitnehmerinnen Anwendung finden, wenn dies im öffentlichen Interesse geboten erscheint, um die in § 1 genannten Gesetzesziele zu erreichen und dabei insbesondere einem Verdrängungswettbewerb über die Lohnkosten entgegenzuwirken.

(2) § 7 Absatz 2 und 3 findet entsprechende Anwendung.

(3) [1]Vor Erlass der Rechtsverordnung gibt das Bundesministerium für Arbeit und Soziales den in den Geltungsbereich der Rechtsverordnung fallenden und den möglicherweise von ihr betroffenen Arbeitgebern sowie Arbeitnehmern und Arbeitnehmerinnen, den Parteien des Tarifvertrages sowie allen am Ausgang des Verfahrens interessierten Gewerkschaften, Vereinigungen der Arbeitgeber und paritätisch besetzten Kommissionen, die auf der Grundlage kirchlichen Rechts Arbeitsbedingungen für den Bereich kirchlicher Arbeitgeber festlegen, Gelegenheit zur schriftlichen Stellungnahme innerhalb von drei Wochen ab dem Tag der Bekanntmachung des Entwurfs der Rechtsverordnung. [2]Die Gelegenheit zur Stellungnahme umfasst insbesondere auch die

Frage, inwieweit eine Erstreckung der Rechtsnormen des Tarifvertrages geeignet ist, die in § 1 genannten Gesetzesziele zu erfüllen und dabei insbesondere einem Verdrängungswettbewerb über die Lohnkosten entgegenzuwirken.

(4) ¹Wird ein Antrag nach Absatz 1 gestellt, wird nach Ablauf der Frist nach Absatz 3 der Ausschuss nach § 5 Absatz 1 Satz 1 des Tarifvertragsgesetzes (Tarifausschuss) befasst. ²Stimmen mindestens vier Ausschussmitglieder für den Antrag oder gibt der Tarifausschuss innerhalb von zwei Monaten keine Stellungnahme ab, kann eine Rechtsverordnung nach Absatz 1 erlassen werden. ³Stimmen zwei oder drei Ausschussmitglieder für den Antrag, kann eine Rechtsverordnung nur von der Bundesregierung erlassen werden.

§ 8 AEntG Pflichten des Arbeitgebers zur Gewährung von Arbeitsbedingungen

(1) ¹Arbeitgeber mit Sitz im In- oder Ausland, die unter den Geltungsbereich eines für allgemeinverbindlich erklärten Tarifvertrages nach § 4 Absatz 1 Nummer 1 sowie §§ 5 und 6 Absatz 2 oder einer Rechtsverordnung nach § 7 oder § 7a fallen, sind verpflichtet, ihren Arbeitnehmern und Arbeitnehmerinnen mindestens die in dem Tarifvertrag für den Beschäftigungsort vorgeschriebenen Arbeitsbedingungen zu gewähren sowie einer gemeinsamen Einrichtung der Tarifvertragsparteien die ihr nach § 5 Nr. 3 zustehenden Beiträge zu leisten. ²Satz 1 gilt unabhängig davon, ob die entsprechende Verpflichtung kraft Tarifbindung nach § 3 des Tarifvertragsgesetzes oder kraft Allgemeinverbindlicherklärung nach § 5 des Tarifvertragsgesetzes oder aufgrund einer Rechtsverordnung nach § 7 oder § 7a besteht.

(2) Ein Arbeitgeber ist verpflichtet, einen Tarifvertrag nach § 4 Absatz 1 Nummer 1 sowie §§ 5 und 6 Absatz 2, der durch Allgemeinverbindlicherklärung sowie einen Tarifvertrag nach §§ 4 bis 6, der durch Rechtsverordnung nach § 7 oder § 7a auf nicht an ihn gebundene Arbeitgeber sowie Arbeitnehmer und Arbeitnehmerinnen erstreckt wird, auch dann einzuhalten, wenn er nach § 3 des Tarifvertragsgesetzes oder kraft Allgemeinverbindlicherklärung nach § 5 des Tarifvertragsgesetzes an einen anderen Tarifvertrag gebunden ist.

(3) Wird ein Leiharbeitnehmer oder eine Leiharbeitnehmerin vom Entleiher mit Tätigkeiten beschäftigt, die in den Geltungsbereich eines für allgemeinverbindlich erklärten Tarifvertrages nach § 4 Absatz 1 Nummer 1 sowie §§ 5 und 6 Absatz 2 oder einer Rechtsverordnung nach § 7 oder § 7a fallen, hat der Verleiher zumindest die in diesem Tarifvertrag oder in dieser Rechtsverordnung vorgeschriebenen Arbeitsbedingungen zu gewähren sowie die der

gemeinsamen Einrichtung nach diesem Tarifvertrag zustehenden Beiträge zu leisten; dies gilt auch dann, wenn der Betrieb des Entleihers nicht in den fachlichen Geltungsbereich dieses Tarifvertrages oder dieser Rechtsverordnung fällt.

§ 9 AEntG Verzicht, Verwirkung

[1]Ein Verzicht auf den entstandenen Anspruch auf das Mindestentgelt nach § 8 ist nur durch gerichtlichen Vergleich zulässig; im Übrigen ist ein Verzicht ausgeschlossen. [2]Die Verwirkung des Anspruchs der Arbeitnehmer und Arbeitnehmerinnen auf das Mindestentgelt nach § 8 ist ausgeschlossen. [3]Ausschlussfristen für die Geltendmachung des Anspruchs können ausschließlich in dem für allgemeinverbindlich erklärten Tarifvertrag nach den §§ 4 bis 6 oder dem der Rechtsverordnung nach § 7 zugrunde liegenden Tarifvertrag geregelt werden; die Frist muss mindestens sechs Monate betragen.

Abschnitt 4 Arbeitsbedingungen in der Pflegebranche

§ 10 AEntG Anwendungsbereich

[1]Dieser Abschnitt findet Anwendung auf die Pflegebranche. [2]Diese umfasst Betriebe und selbstständige Betriebsabteilungen, die überwiegend ambulante, teilstationäre oder stationäre Pflegeleistungen oder ambulante Krankenpflegeleistungen für Pflegebedürftige erbringen (Pflegebetriebe). [3]Pflegebedürftig ist, wer wegen einer körperlichen, geistigen oder seelischen Krankheit oder Behinderung für die gewöhnlichen und regelmäßig wiederkehrenden Verrichtungen im Ablauf des täglichen Lebens vorübergehend oder auf Dauer der Hilfe bedarf. [4]Keine Pflegebetriebe im Sinne des Satzes 2 sind Einrichtungen, in denen die Leistungen zur medizinischen Vorsorge, zur medizinischen Rehabilitation, zur Teilhabe am Arbeitsleben oder am Leben in der Gemeinschaft, die schulische Ausbildung oder die Erziehung kranker oder behinderter Menschen im Vordergrund des Zweckes der Einrichtung stehen, sowie Krankenhäuser.

§ 11 AEntG Rechtsverordnung

(1) Das Bundesministerium für Arbeit und Soziales kann durch Rechtsverordnung ohne Zustimmung des Bundesrates bestimmen, dass die von einer nach § 12 errichteten Kommission vorgeschlagenen Arbeitsbedingungen nach § 5 Nr. 1 und 2 auf alle Arbeitgeber sowie Arbeitnehmer und Arbeitnehmerinnen, die unter den Geltungsbereich einer Empfehlung nach § 12 Abs. 4 fallen, Anwendung finden.

Urban-Crell

(2) Das Bundesministerium für Arbeit und Soziales hat bei seiner Entscheidung nach Absatz 1 neben den in § 1 genannten Gesetzeszielen die Sicherstellung der Qualität der Pflegeleistung sowie den Auftrag kirchlicher und sonstiger Träger der freien Wohlfahrtspflege nach § 11 Abs. 2 des Elften Buches Sozialgesetzbuch zu berücksichtigen.

(3) Vor Erlass einer Rechtsverordnung gibt das Bundesministerium für Arbeit und Soziales den in den Geltungsbereich der Rechtsverordnung fallenden Arbeitgebern und Arbeitnehmern und Arbeitnehmerinnen sowie den Parteien von Tarifverträgen, die zumindest teilweise in den fachlichen Geltungsbereich der Rechtsverordnung fallen, und paritätisch besetzten Kommissionen, die auf der Grundlage kirchlichen Rechts Arbeitsbedingungen für den Bereich kirchlicher Arbeitgeber in der Pflegebranche festlegen, Gelegenheit zur schriftlichen Stellungnahme innerhalb von drei Wochen ab dem Tag der Bekanntmachung des Entwurfs der Rechtsverordnung.

§ 12 AEntG Kommission

(1) ¹Das Bundesministerium für Arbeit und Soziales errichtet eine Kommission zur Erarbeitung von Arbeitsbedingungen oder deren Änderung. ²Die Errichtung erfolgt im Einzelfall auf Antrag einer Tarifvertragspartei aus der Pflegebranche oder der Dienstgeberseite oder der Dienstnehmerseite von paritätisch besetzten Kommissionen, die auf der Grundlage kirchlichen Rechts Arbeitsbedingungen für den Bereich kirchlicher Arbeitgeber in der Pflegebranche festlegen.

(2) ¹Die Kommission besteht aus acht Mitgliedern. ²Das Bundesministerium für Arbeit und Soziales benennt je zwei geeignete Personen sowie jeweils einen Stellvertreter aufgrund von Vorschlägen
1. der Gewerkschaften, die in der Pflegebranche tarifzuständig sind,
2. der Vereinigungen der Arbeitgeber in der Pflegebranche,
3. der Dienstnehmerseite der in Absatz 1 genannten paritätisch besetzten Kommissionen sowie
4. der Dienstgeberseite der in Absatz 1 genannten paritätisch besetzten Kommissionen.

(3) ¹Die Sitzungen der Kommission werden von einem oder einer nicht stimmberechtigten Beauftragten des Bundesministeriums für Arbeit und Soziales geleitet. ²Die Kommission kann sich eine Geschäftsordnung geben.

(4) ¹Die Kommission beschließt unter Berücksichtigung der in den §§ 1 und 11 Abs. 2 genannten Ziele Empfehlungen zur Festsetzung von Arbeitsbedingungen nach § 5 Nr. 1 und 2. ²Sie kann eine Ausschlussfrist empfehlen, die den Anforderungen des § 9 Satz 3 entspricht. ³Empfehlungen sind schriftlich zu begründen.

(5) ¹Die Kommission ist beschlussfähig, wenn alle Mitglieder anwesend oder vertreten sind. ²Ein Beschluss der Kommission bedarf jeweils einer Mehrheit von drei Vierteln der Mitglieder
1. der Gruppe der Mitglieder nach Absatz 2 Nr. 1 und 2,
2. der Gruppe der Mitglieder nach Absatz 2 Nr. 3 und 4,
3. der Gruppe der Mitglieder nach Absatz 2 Nr. 1 und 3 sowie
4. der Gruppe der Mitglieder nach Absatz 2 Nr. 2 und 4.

³Die Sitzungen der Kommission sind nicht öffentlich; der Inhalt ihrer Beratungen ist vertraulich.

(6) Mit Beschlussfassung über Empfehlungen nach Absatz 4 wird die Kommission aufgelöst.

§ 13 AEntG Rechtsfolgen

Eine Rechtsverordnung nach § 11 steht für die Anwendung der §§ 8 und 9 sowie der Abschnitte 5 und 6 einer Rechtsverordnung nach § 7 gleich.

Abschnitt 4a Arbeitsbedingungen im Gewerbe des grenzüberschreitenden Straßentransports von Euro-Bargeld

§ 13a AEntG Gleichstellung

Die Verordnung (EU) Nr. 1214/2011 des Europäischen Parlaments und des Rates vom 16. November 2011 über den gewerbsmäßig grenzüberschreitenden Straßentransport von Euro-Bargeld zwischen den Mitgliedstaaten des Euroraums (ABl. L 316 vom 29.11.2011, S. 1) steht für die Anwendung der §§ 8 und 9 sowie der Abschnitte 5 und 6 einer Rechtsverordnung nach § 7 gleich.

Abschnitt 5 Zivilrechtliche Durchsetzung

§ 14 AEntG Haftung des Auftraggebers

¹Ein Unternehmer, der einen anderen Unternehmer mit der Erbringung von Werk- oder Dienstleistungen beauftragt, haftet für die Verpflichtungen dieses

Unternehmers, eines Nachunternehmers oder eines von dem Unternehmer oder einem Nachunternehmer beauftragten Verleihers zur Zahlung des Mindestentgelts an Arbeitnehmer oder Arbeitnehmerinnen oder zur Zahlung von Beiträgen an eine gemeinsame Einrichtung der Tarifvertragsparteien nach § 8 wie ein Bürge, der auf die Einrede der Vorausklage verzichtet hat. ²Das Mindestentgelt im Sinne des Satzes 1 umfasst nur den Betrag, der nach Abzug der Steuern und der Beiträge zur Sozialversicherung und zur Arbeitsförderung oder entsprechender Aufwendungen zur sozialen Sicherung an Arbeitnehmer oder Arbeitnehmerinnen auszuzahlen ist (Nettoentgelt).

§ 15 AEntG Gerichtsstand

¹Arbeitnehmer und Arbeitnehmerinnen, die in den Geltungsbereich dieses Gesetzes entsandt sind oder waren, können eine auf den Zeitraum der Entsendung bezogene Klage auf Erfüllung der Verpflichtungen nach den §§ 2, 8 oder 14 auch vor einem deutschen Gericht für Arbeitssachen erheben. ²Diese Klagemöglichkeit besteht auch für eine gemeinsame Einrichtung der Tarifvertragsparteien nach § 5 Nr. 3 in Bezug auf die ihr zustehenden Beiträge.

Abschnitt 6 Kontrolle und Durchsetzung durch staatliche Behörden

§ 16 AEntG Zuständigkeit

Für die Prüfung der Einhaltung der Pflichten eines Arbeitgebers nach § 8, soweit sie sich auf die Gewährung von Arbeitsbedingungen nach § 5 Satz 1 Nummer 1 bis 3 beziehen, sind die Behörden der Zollverwaltung zuständig.

§ 17 AEntG Befugnisse der Behörden der Zollverwaltung und anderer Behörden

¹Die §§ 2 bis 6, 14, 15, 20, 22 und 23 des Schwarzarbeitsbekämpfungsgesetzes sind entsprechend anzuwenden mit der Maßgabe, dass
1. die dort genannten Behörden auch Einsicht in Arbeitsverträge, Niederschriften nach § 2 des Nachweisgesetzes und andere Geschäftsunterlagen nehmen können, die mittelbar oder unmittelbar Auskunft über die Einhaltung der Arbeitsbedingungen nach § 8 geben, und
2. die nach § 5 Abs. 1 des Schwarzarbeitsbekämpfungsgesetzes zur Mitwirkung Verpflichteten diese Unterlagen vorzulegen haben.

²Die §§ 16 bis 19 des Schwarzarbeitsbekämpfungsgesetzes finden Anwendung.
³§ 6 Abs. 3 des Schwarzarbeitsbekämpfungsgesetzes findet entsprechende

Anwendung. ⁴Für die Datenverarbeitung, die dem in § 16 genannten Zweck oder der Zusammenarbeit mit den Behörden des Europäischen Wirtschaftsraums nach § 20 Abs. 2 dient, findet § 67 Abs. 2 Nr. 4 des Zehnten Buches Sozialgesetzbuch keine Anwendung.

§ 18 AEntG Meldepflicht

(1) ¹Soweit die Rechtsnormen eines für allgemeinverbindlich erklärten Tarifvertrages nach § 4 Absatz 1 Nummer 1, § 5 Satz 1 Nummer 1 bis 3 und § 6 Absatz 2 oder einer Rechtsverordnung nach § 7 oder § 7a, soweit sie Arbeitsbedingungen nach § 5 Satz 1 Nummer 1 bis 3 vorschreibt, auf das Arbeitsverhältnis Anwendung finden, ist ein Arbeitgeber mit Sitz im Ausland, der einen Arbeitnehmer oder eine Arbeitnehmerin oder mehrere Arbeitnehmer oder Arbeitnehmerinnen innerhalb des Geltungsbereichs dieses Gesetzes beschäftigt, verpflichtet, vor Beginn jeder Werk- oder Dienstleistung eine schriftliche Anmeldung in deutscher Sprache bei der zuständigen Behörde der Zollverwaltung vorzulegen, die für die Prüfung wesentlichen Angaben enthält. ²Wesentlich sind die Angaben über
1. Familienname, Vornamen und Geburtsdatum der von ihm im Geltungsbereich dieses Gesetzes beschäftigten Arbeitnehmer und Arbeitnehmerinnen,
2. Beginn und voraussichtliche Dauer der Beschäftigung,
3. Ort der Beschäftigung, bei Bauleistungen die Baustelle,
4. Ort im Inland, an dem die nach § 19 erforderlichen Unterlagen bereitgehalten werden,
5. Familienname, Vornamen, Geburtsdatum und Anschrift in Deutschland des oder der verantwortlich Handelnden,
6. Branche, in die die Arbeitnehmer und Arbeitnehmerinnen entsandt werden sollen, und
7. Familienname, Vornamen und Anschrift in Deutschland eines oder einer Zustellungsbevollmächtigten, soweit dieser oder diese nicht mit dem oder der in Nummer 5 genannten verantwortlich Handelnden identisch ist.

³Änderungen bezüglich dieser Angaben hat der Arbeitgeber im Sinne des Satzes 1 unverzüglich zu melden.

(2) Der Arbeitgeber hat der Anmeldung eine Versicherung beizufügen, dass er seine Verpflichtungen nach § 8 einhält.

(3) ¹Überlässt ein Verleiher mit Sitz im Ausland einen Arbeitnehmer oder eine Arbeitnehmerin oder mehrere Arbeitnehmer oder Arbeitnehmerinnen zur

Arbeitsleistung einem Entleiher, hat der Entleiher unter den Voraussetzungen des Absatzes 1 Satz 1 vor Beginn jeder Werk- oder Dienstleistung der zuständigen Behörde der Zollverwaltung eine schriftliche Anmeldung in deutscher Sprache mit folgenden Angaben zuzuleiten:

1. Familienname, Vornamen und Geburtsdatum der überlassenen Arbeitnehmer und Arbeitnehmerinnen,
2. Beginn und Dauer der Überlassung,
3. Ort der Beschäftigung, bei Bauleistungen die Baustelle,
4. Ort im Inland, an dem die nach § 19 erforderlichen Unterlagen bereitgehalten werden,
5. Familienname, Vornamen und Anschrift in Deutschland eines oder einer Zustellungsbevollmächtigten des Verleihers,
6. Branche, in die die Arbeitnehmer und Arbeitnehmerinnen entsandt werden sollen, und
7. Familienname, Vornamen oder Firma sowie Anschrift des Verleihers.

²Absatz 1 Satz 3 gilt entsprechend.

(4) Der Entleiher hat der Anmeldung eine Versicherung des Verleihers beizufügen, dass dieser seine Verpflichtungen nach § 8 einhält.

(5) Das Bundesministerium der Finanzen kann durch Rechtsverordnung im Einvernehmen mit dem Bundesministerium für Arbeit und Soziales ohne Zustimmung des Bundesrates bestimmen,

1. dass, auf welche Weise und unter welchen technischen und organisatorischen Voraussetzungen eine Anmeldung, Änderungsmeldung und Versicherung abweichend von Absatz 1 Satz 1 und 3, Absatz 2 und 3 Satz 1 und 2 und Absatz 4 elektronisch übermittelt werden kann,
2. unter welchen Voraussetzungen eine Änderungsmeldung ausnahmsweise entfallen kann, und
3. wie das Meldeverfahren vereinfacht oder abgewandelt werden kann, sofern die entsandten Arbeitnehmer und Arbeitnehmerinnen im Rahmen einer regelmäßig wiederkehrenden Werk- oder Dienstleistung eingesetzt werden oder sonstige Besonderheiten der zu erbringenden Werk- oder Dienstleistungen dies erfordern.

(6) Das Bundesministerium der Finanzen kann durch Rechtsverordnung ohne Zustimmung des Bundesrates die zuständige Behörde nach Absatz 1 Satz 1 und Absatz 3 Satz 1 bestimmen.

§ 19 AEntG Erstellen und Bereithalten von Dokumenten

(1) ¹Soweit die Rechtsnormen eines für allgemeinverbindlich erklärten Tarifvertrages nach § 4 Absatz 1 Nummer 1, § 5 Satz 1 Nummer 1 bis 3 und § 6 Absatz 2 oder einer entsprechenden Rechtsverordnung nach § 7 oder § 7a über die Zahlung eines Mindestentgelts oder die Einziehung von Beiträgen und die Gewährung von Leistungen im Zusammenhang mit Urlaubsansprüchen auf das Arbeitsverhältnis Anwendung finden, ist der Arbeitgeber verpflichtet, Beginn, Ende und Dauer der täglichen Arbeitszeit der Arbeitnehmer und Arbeitnehmerinnen spätestens bis zum Ablauf des siebten auf den Tag der Arbeitsleistung folgenden Kalendertages aufzuzeichnen und diese Aufzeichnungen mindestens zwei Jahre beginnend ab dem für die Aufzeichnung maßgeblichen Zeitpunkt aufzubewahren. ²Satz 1 gilt entsprechend für einen Entleiher, dem ein Verleiher einen Arbeitnehmer oder eine Arbeitnehmerin oder mehrere Arbeitnehmer oder Arbeitnehmerinnen zur Arbeitsleistung überlässt.

(2) ¹Jeder Arbeitgeber ist verpflichtet, die für die Kontrolle der Einhaltung eines für allgemeinverbindlich erklärten Tarifvertrages nach § 4 Absatz 1 Nummer 1, § 5 Satz 1 Nummer 1 bis 3 und § 6 Absatz 2 oder einer entsprechenden Rechtsverordnung nach § 7 oder § 7a erforderlichen Unterlagen im Inland für die gesamte Dauer der tatsächlichen Beschäftigung der Arbeitnehmer und Arbeitnehmerinnen im Geltungsbereich dieses Gesetzes, mindestens für die Dauer der gesamten Werk- oder Dienstleistung, insgesamt jedoch nicht länger als zwei Jahre in deutscher Sprache bereitzuhalten. ²Auf Verlangen der Prüfbehörde sind die Unterlagen auch am Ort der Beschäftigung bereitzuhalten, bei Bauleistungen auf der Baustelle.

(3) Das Bundesministerium für Arbeit und Soziales kann durch Rechtsverordnung ohne Zustimmung des Bundesrates die Verpflichtungen des Arbeitgebers oder eines Entleihers nach § 18 und den Absätzen 1 und 2 hinsichtlich einzelner Branchen oder Gruppen von Arbeitnehmern und Arbeitnehmerinnen einschränken.

(4) Das Bundesministerium der Finanzen kann durch Rechtsverordnung im Einvernehmen mit dem Bundesministerium für Arbeit und Soziales ohne Zustimmung des Bundesrates bestimmen, wie die Verpflichtung des Arbeitgebers, die tägliche Arbeitszeit bei ihm beschäftigter Arbeitnehmer und Arbeitnehmerinnen aufzuzeichnen und diese Aufzeichnungen aufzubewahren, vereinfacht oder abgewandelt werden kann, sofern Besonderheiten der zu erbringenden Werk- oder Dienstleistungen oder Besonderheiten der Branche dies erfordern.

§ 20 AEntG Zusammenarbeit der in- und ausländischen Behörden

(1) Die Behörden der Zollverwaltung unterrichten die zuständigen örtlichen Landesfinanzbehörden über Meldungen nach § 18 Abs. 1 und 3.

(2) ¹Die Behörden der Zollverwaltung und die übrigen in § 2 des Schwarzarbeitsbekämpfungsgesetzes genannten Behörden dürfen nach Maßgabe der datenschutzrechtlichen Vorschriften auch mit Behörden anderer Vertragsstaaten des Abkommens über den Europäischen Wirtschaftsraum zusammenarbeiten, die diesem Gesetz entsprechende Aufgaben durchführen oder für die Bekämpfung illegaler Beschäftigung zuständig sind oder Auskünfte geben können, ob ein Arbeitgeber seine Verpflichtungen nach § 8 erfüllt. ²Die Regelungen über die internationale Rechtshilfe in Strafsachen bleiben hiervon unberührt.

(3) Die Behörden der Zollverwaltung unterrichten das Gewerbezentralregister über rechtskräftige Bußgeldentscheidungen nach § 23 Abs. 1 bis 3, sofern die Geldbuße mehr als zweihundert Euro beträgt.

(4) *(weggefallen)*

§ 21 AEntG Ausschluss von der Vergabe öffentlicher Aufträge

(1) ¹Von der Teilnahme an einem Wettbewerb um einen Liefer-, Bau- oder Dienstleistungsauftrag der in §§ 99 und 100 des Gesetzes gegen Wettbewerbsbeschränkungen genannten Auftraggeber sollen Bewerber oder Bewerberinnen für eine angemessene Zeit bis zur nachgewiesenen Wiederherstellung ihrer Zuverlässigkeit ausgeschlossen werden, die wegen eines Verstoßes nach § 23 mit einer Geldbuße von wenigstens zweitausendfünfhundert Euro belegt worden sind. ²Das Gleiche gilt auch schon vor Durchführung eines Bußgeldverfahrens, wenn im Einzelfall angesichts der Beweislage kein vernünftiger Zweifel an einer schwerwiegenden Verfehlung im Sinne des Satzes 1 besteht.

(2) Die für die Verfolgung oder Ahndung der Ordnungswidrigkeiten nach § 23 zuständigen Behörden dürfen öffentlichen Auftraggebern nach § 99 des Gesetzes gegen Wettbewerbsbeschränkungen und solchen Stellen, die von öffentlichen Auftraggebern zugelassene Präqualifikationsverzeichnisse oder Unternehmer- und Lieferantenverzeichnisse führen, auf Verlangen die erforderlichen Auskünfte geben.

(3) ¹Öffentliche Auftraggeber nach Absatz 2 fordern im Rahmen ihrer Tätigkeit beim Gewerbezentralregister Auskünfte über rechtskräftige Bußgeldentscheidungen wegen einer Ordnungswidrigkeit nach § 23 Abs. 1 oder 2 an

oder verlangen von Bewerbern oder Bewerberinnen eine Erklärung, dass die Voraussetzungen für einen Ausschluss nach Absatz 1 nicht vorliegen. ²Im Falle einer Erklärung des Bewerbers oder der Bewerberin können öffentliche Auftraggeber nach Absatz 2 jederzeit zusätzlich Auskünfte des Gewerbezentralregisters nach § 150a der Gewerbeordnung anfordern.

(4) Bei Aufträgen ab einer Höhe von 30 000 Euro fordert der öffentliche Auftraggeber nach Absatz 2 für den Bewerber oder die Bewerberin, der oder die den Zuschlag erhalten soll, vor der Zuschlagserteilung eine Auskunft aus dem Gewerbezentralregister nach § 150a der Gewerbeordnung an.

(5) Vor der Entscheidung über den Ausschluss ist der Bewerber oder die Bewerberin zu hören.

§ 23 AEntG Bußgeldvorschriften

(1) Ordnungswidrig handelt, wer vorsätzlich oder fahrlässig
1. entgegen § 8 Abs. 1 Satz 1 oder Abs. 3 eine dort genannte Arbeitsbedingung nicht oder nicht rechtzeitig gewährt oder einen Beitrag nicht oder nicht rechtzeitig leistet,
2. entgegen § 17 Satz 1 in Verbindung mit § 5 Abs. 1 Satz 1 des Schwarzarbeitsbekämpfungsgesetzes eine Prüfung nicht duldet oder bei einer Prüfung nicht mitwirkt,
3. entgegen § 17 Satz 1 in Verbindung mit § 5 Abs. 1 Satz 2 des Schwarzarbeitsbekämpfungsgesetzes das Betreten eines Grundstücks oder Geschäftsraums nicht duldet,
4. entgegen § 17 Satz 1 in Verbindung mit § 5 Abs. 3 Satz 1 des Schwarzarbeitsbekämpfungsgesetzes Daten nicht, nicht richtig, nicht vollständig, nicht in der vorgeschriebenen Weise oder nicht rechtzeitig übermittelt,
5. entgegen § 18 Abs. 1 Satz 1 oder Abs. 3 Satz 1 eine Anmeldung nicht, nicht richtig, nicht vollständig, nicht in der vorgeschriebenen Weise oder nicht rechtzeitig vorlegt oder nicht, nicht richtig, nicht vollständig, nicht in der vorgeschriebenen Weise oder nicht rechtzeitig zuleitet,
6. entgegen § 18 Abs. 1 Satz 3, auch in Verbindung mit Absatz 3 Satz 2, eine Änderungsmeldung nicht, nicht richtig, nicht vollständig, nicht in der vorgeschriebenen Weise oder nicht rechtzeitig macht,
7. entgegen § 18 Abs. 2 oder 4 eine Versicherung nicht, nicht richtig oder nicht rechtzeitig beifügt,

8. entgegen § 19 Absatz 1 Satz 1, auch in Verbindung mit Satz 2, eine Aufzeichnung nicht, nicht richtig, nicht vollständig oder nicht rechtzeitig erstellt oder nicht oder nicht mindestens zwei Jahre aufbewahrt oder
9. entgegen § 19 Abs. 2 eine Unterlage nicht, nicht richtig, nicht vollständig oder nicht in der vorgeschriebenen Weise bereithält.

(2) Ordnungswidrig handelt, wer Werk- oder Dienstleistungen in erheblichem Umfang ausführen lässt, indem er als Unternehmer einen anderen Unternehmer beauftragt, von dem er weiß oder fahrlässig nicht weiß, dass dieser bei der Erfüllung dieses Auftrags
1. entgegen § 8 Abs. 1 Satz 1 oder Abs. 3 eine dort genannte Arbeitsbedingung nicht oder nicht rechtzeitig gewährt oder einen Beitrag nicht oder nicht rechtzeitig leistet oder
2. einen Nachunternehmer einsetzt oder zulässt, dass ein Nachunternehmer tätig wird, der entgegen § 8 Abs. 1 Satz 1 oder Abs. 3 eine dort genannte Arbeitsbedingung nicht oder nicht rechtzeitig gewährt oder einen Beitrag nicht oder nicht rechtzeitig leistet.

(3) Die Ordnungswidrigkeit kann in den Fällen des Absatzes 1 Nr. 1 und des Absatzes 2 mit einer Geldbuße bis zu fünfhunderttausend Euro, in den übrigen Fällen mit einer Geldbuße bis zu dreißigtausend Euro geahndet werden.

(4) Verwaltungsbehörden im Sinne des § 36 Abs. 1 Nr. 1 des Gesetzes über Ordnungswidrigkeiten sind die in § 16 genannten Behörden jeweils für ihren Geschäftsbereich.

(5) Für die Vollstreckung zugunsten der Behörden des Bundes und der bundesunmittelbaren juristischen Personen des öffentlichen Rechts sowie für die Vollziehung des dinglichen Arrestes nach § 111d der Strafprozessordnung in Verbindung mit § 46 des Gesetzes über Ordnungswidrigkeiten durch die in § 16 genannten Behörden gilt das Verwaltungs-Vollstreckungsgesetz des Bundes.

Abschnitt 7 Schlussvorschriften

§ 24 AEntG Evaluation

Die nach § 7 festgesetzten Mindestentgeltsätze sind im Hinblick auf ihre Beschäftigungswirkungen, insbesondere auf sozialversicherungspflichtige Beschäftigung sowie die Schaffung angemessener Mindestarbeitsbedingungen, fünf Jahre nach Inkrafttreten des Gesetzes zu überprüfen.

§ 25 AEntG Inkrafttreten, Außerkrafttreten

Dieses Gesetz tritt am Tag nach der Verkündung in Kraft.

C. Einkommensteuergesetz

§ 41a EStG Anmeldung und Abführung der Lohnsteuer

(1) [1]Der Arbeitgeber hat spätestens am zehnten Tag nach Ablauf eines jeden Lohnsteuer-Anmeldungszeitraums
1. dem Finanzamt, in dessen Bezirk sich die Betriebsstätte (§ 41 Absatz 2) befindet (Betriebsstättenfinanzamt), eine Steuererklärung einzureichen, in der er die Summen der im Lohnsteuer-Anmeldungszeitraum einzubehaltenden und zu übernehmenden Lohnsteuer angibt (Lohnsteuer-Anmeldung),
2. die im Lohnsteuer-Anmeldungszeitraum insgesamt einbehaltene und übernommene Lohnsteuer an das Betriebsstättenfinanzamt abzuführen.

[2]Die Lohnsteuer-Anmeldung ist nach amtlich vorgeschriebenem Datensatz durch Datenfernübertragung zu übermitteln. [3]Auf Antrag kann das Finanzamt zur Vermeidung unbilliger Härten auf eine elektronische Übermittlung verzichten; in diesem Fall ist die Lohnsteuer-Anmeldung nach amtlich vorgeschriebenem Vordruck abzugeben und vom Arbeitgeber oder von einer zu seiner Vertretung berechtigten Person zu unterschreiben. [4]Der Arbeitgeber wird von der Verpflichtung zur Abgabe weiterer Lohnsteuer-Anmeldungen befreit, wenn er Arbeitnehmer, für die er Lohnsteuer einzubehalten oder zu übernehmen hat, nicht mehr beschäftigt und das dem Finanzamt mitteilt.

(2) [1]Lohnsteuer-Anmeldungszeitraum ist grds. der Kalendermonat. [2]Lohnsteuer-Anmeldungszeitraum ist das Kalendervierteljahr, wenn die abzuführende Lohnsteuer für das vorangegangene Kalenderjahr mehr als 1 080 Euro, aber nicht mehr als 4 000 Euro betragen hat; Lohnsteuer-Anmeldungszeitraum ist das Kalenderjahr, wenn die abzuführende Lohnsteuer für das vorangegangene Kalenderjahr nicht mehr als 1 080 Euro betragen hat. [3]Hat die Betriebsstätte nicht während des ganzen vorangegangenen Kalenderjahres bestanden, so ist die für das vorangegangene Kalenderjahr abzuführende Lohnsteuer für die Feststellung des Lohnsteuer-Anmeldungszeitraums auf einen Jahresbetrag umzurechnen. [4]Wenn die Betriebsstätte im vorangegangenen Kalenderjahr noch nicht bestanden hat, ist die auf einen Jahresbetrag umgerechnete für den ersten vollen Kalendermonat nach der Eröffnung der Betriebsstätte abzuführende Lohnsteuer maßgebend.

(3) ¹Die oberste Finanzbehörde des Landes kann bestimmen, dass die Lohnsteuer nicht dem Betriebsstättenfinanzamt, sondern einer anderen öffentlichen Kasse anzumelden und an diese abzuführen ist; die Kasse erhält insoweit die Stellung einer Landesfinanzbehörde. ²Das Betriebsstättenfinanzamt oder die zuständige andere öffentliche Kasse können anordnen, dass die Lohnsteuer abweichend von dem nach Absatz 1 maßgebenden Zeitpunkt anzumelden und abzuführen ist, wenn die Abführung der Lohnsteuer nicht gesichert erscheint.

(4) ¹Arbeitgeber, die eigene oder gecharterte Handelsschiffe betreiben, dürfen die gesamte anzumeldende und abzuführende Lohnsteuer, die auf den Arbeitslohn entfällt, der an die Besatzungsmitglieder für die Beschäftigungszeiten auf diesen Schiffen gezahlt wird, abziehen und einbehalten. ²Die Handelsschiffe müssen in einem inländischen Seeschiffsregister eingetragen sein, die deutsche Flagge führen und zur Beförderung von Personen oder Gütern im Verkehr mit oder zwischen ausländischen Häfen, innerhalb eines ausländischen Hafens oder zwischen einem ausländischen Hafen und der Hohen See betrieben werden. ³Die Sätze 1 und 2 sind entsprechend anzuwenden, wenn Seeschiffe im Wirtschaftsjahr überwiegend außerhalb der deutschen Hoheitsgewässer zum Schleppen, Bergen oder zur Aufsuchung von Bodenschätzen oder zur Vermessung von Energielagerstätten unter dem Meeresboden eingesetzt werden. ⁴Ist für den Lohnsteuerabzug die Lohnsteuer nach der Steuerklasse V oder VI zu ermitteln, so bemisst sich der Betrag nach Satz 1 nach der Lohnsteuer der Steuerklasse I.

§ 42d EStG Haftung des Arbeitgebers und Haftung bei Arbeitnehmerüberlassung

(1) Der Arbeitgeber haftet
1. für die Lohnsteuer, die er einzubehalten und abzuführen hat,
2. für die Lohnsteuer, die er beim Lohnsteuer-Jahresausgleich zu Unrecht erstattet hat,
3. für die Einkommensteuer (Lohnsteuer), die auf Grund fehlerhafter Angaben im Lohnkonto oder in der Lohnsteuerbescheinigung verkürzt wird,
4. für die Lohnsteuer, die in den Fällen des § 38 Absatz 3a der Dritte zu übernehmen hat.

(2) Der Arbeitgeber haftet nicht, soweit Lohnsteuer nach § 39 Absatz 5 oder § 39a Absatz 5 nachzufordern ist und in den vom Arbeitgeber angezeigten Fällen des § 38 Absatz 4 Satz 2 und 3 und des § 41c Absatz 4.

(3) ¹Soweit die Haftung des Arbeitgebers reicht, sind der Arbeitgeber und der Arbeitnehmer Gesamtschuldner. ²Das Betriebsstättenfinanzamt kann die Steuerschuld oder Haftungsschuld nach pflichtgemäßem Ermessen gegenüber jedem Gesamtschuldner geltend machen. ³Der Arbeitgeber kann auch dann in Anspruch genommen werden, wenn der Arbeitnehmer zur Einkommensteuer veranlagt wird. ⁴Der Arbeitnehmer kann im Rahmen der Gesamtschuldnerschaft nur in Anspruch genommen werden,
1. wenn der Arbeitgeber die Lohnsteuer nicht vorschriftsmäßig vom Arbeitslohn einbehalten hat,
2. wenn der Arbeitnehmer weiß, dass der Arbeitgeber die einbehaltene Lohnsteuer nicht vorschriftsmäßig angemeldet hat. ²Dies gilt nicht, wenn der Arbeitnehmer den Sachverhalt dem Finanzamt unverzüglich mitgeteilt hat.

(4) ¹Für die Inanspruchnahme des Arbeitgebers bedarf es keines Haftungsbescheids und keines Leistungsgebots, soweit der Arbeitgeber
1. die einzubehaltende Lohnsteuer angemeldet hat oder
2. nach Abschluss einer Lohnsteuer-Außenprüfung seine Zahlungsverpflichtung schriftlich anerkennt.

²Satz 1 gilt entsprechend für die Nachforderung zu übernehmender pauschaler Lohnsteuer.

(5) Von der Geltendmachung der Steuernachforderung oder Haftungsforderung ist abzusehen, wenn diese insgesamt 10 Euro nicht übersteigt.

(6) ¹Soweit einem Dritten (Entleiher) Arbeitnehmer im Sinne des § 1 Absatz 1 Satz 1 des Arbeitnehmerüberlassungsgesetzes in der Fassung der Bekanntmachung vom 3. Februar 1995 (BGBl. I S. 158), das zuletzt durch Artikel 26 des Gesetzes vom 20. Dezember 2011 (BGBl. I S. 2854) geändert worden ist, zur Arbeitsleistung überlassen werden, haftet er mit Ausnahme der Fälle, in denen eine Arbeitnehmerüberlassung nach § 1 Absatz 3 des Arbeitnehmerüberlassungsgesetzes vorliegt, neben dem Arbeitgeber. ²Der Entleiher haftet nicht, wenn der Überlassung eine Erlaubnis nach § 1 des Arbeitnehmerüberlassungsgesetzes in der jeweils geltenden Fassung zugrunde liegt und soweit er nachweist, dass er den nach § 51 Absatz 1 Nummer 2 Buchstabe d vorgesehenen Mitwirkungspflichten nachgekommen ist. ³Der Entleiher haftet ferner nicht, wenn er über das Vorliegen einer Arbeitnehmerüberlassung ohne Verschulden irrte. ⁴Die Haftung beschränkt sich auf die Lohnsteuer für die Zeit, für die ihm der Arbeitnehmer überlassen worden ist. ⁵Soweit die Haftung des Entleihers reicht, sind der Arbeitgeber, der Entleiher

und der Arbeitnehmer Gesamtschuldner. [6]Der Entleiher darf auf Zahlung nur in Anspruch genommen werden, soweit die Vollstreckung in das inländische bewegliche Vermögen des Arbeitgebers fehlgeschlagen ist oder keinen Erfolg verspricht; § 219 Satz 2 der Abgabenordnung ist entsprechend anzuwenden. [7]Ist durch die Umstände der Arbeitnehmerüberlassung die Lohnsteuer schwer zu ermitteln, so ist die Haftungsschuld mit 15 Prozent des zwischen Verleiher und Entleiher vereinbarten Entgelts ohne Umsatzsteuer anzunehmen, solange der Entleiher nicht glaubhaft macht, dass die Lohnsteuer, für die er haftet, niedriger ist. [8]Die Absätze 1 bis 5 sind entsprechend anzuwenden. [9]Die Zuständigkeit des Finanzamts richtet sich nach dem Ort der Betriebsstätte des Verleihers.

(7) Soweit der Entleiher Arbeitgeber ist, haftet der Verleiher wie ein Entleiher nach Absatz 6.

(8) [1]Das Finanzamt kann hinsichtlich der Lohnsteuer der Leiharbeitnehmer anordnen, dass der Entleiher einen bestimmten Teil des mit dem Verleiher vereinbarten Entgelts einzubehalten und abzuführen hat, wenn dies zur Sicherung des Steueranspruchs notwendig ist; Absatz 6 Satz 4 ist anzuwenden. [2]Der Verwaltungsakt kann auch mündlich erlassen werden. [3]Die Höhe des einzubehaltenden und abzuführenden Teils des Entgelts bedarf keiner Begründung, wenn der in Absatz 6 Satz 7 genannte Prozentsatz nicht überschritten wird.

(9) [1]Der Arbeitgeber haftet auch dann, wenn ein Dritter nach § 38 Absatz 3a dessen Pflichten trägt. [2]In diesen Fällen haftet der Dritte neben dem Arbeitgeber. [3]Soweit die Haftung des Dritten reicht, sind der Arbeitgeber, der Dritte und der Arbeitnehmer Gesamtschuldner. [4]Absatz 3 Satz 2 bis 4 ist anzuwenden; Absatz 4 gilt auch für die Inanspruchnahme des Dritten. [5]Im Fall des § 38 Absatz 3a Satz 2 beschränkt sich die Haftung des Dritten auf die Lohnsteuer, die für die Zeit zu erheben ist, für die er sich gegenüber dem Arbeitgeber zur Vornahme des Lohnsteuerabzugs verpflichtet hat; der maßgebende Zeitraum endet nicht, bevor der Dritte seinem Betriebsstättenfinanzamt die Beendigung seiner Verpflichtung gegenüber dem Arbeitgeber angezeigt hat. [6]In den Fällen des § 38 Absatz 3a Satz 7 ist als Haftungsschuld der Betrag zu ermitteln, um den die Lohnsteuer, die für den gesamten Arbeitslohn des Lohnzahlungszeitraums zu berechnen und einzubehalten ist, die insgesamt tatsächlich einbehaltene Lohnsteuer übersteigt. [7]Betrifft die Haftungsschuld mehrere Arbeitgeber, so ist sie bei fehlerhafter Lohnsteuerberechnung nach dem Verhältnis der Arbeitslöhne und für nachträglich zu erfassende Arbeitslohnbeträge nach dem Verhältnis dieser Beträge auf die Arbeitgeber aufzuteilen. [8]In den Fällen

des § 38 Absatz 3a ist das Betriebsstättenfinanzamt des Dritten für die Geltendmachung der Steuer- oder Haftungsschuld zuständig.

D. Schwarzarbeiterbekämpfungsgesetz

§ 2 SchwarzArbG Prüfungsaufgaben

(1) ¹Die Behörden der Zollverwaltung prüfen, ob
1. die sich aus den Dienst- oder Werkleistungen ergebenden Pflichten nach § 28a des Vierten Buches Sozialgesetzbuch erfüllt werden oder wurden,
2. auf Grund der Dienst- oder Werkleistungen Sozialleistungen nach dem Zweiten und Dritten Buch Sozialgesetzbuch oder Leistungen nach dem Altersteilzeitgesetz zu Unrecht bezogen werden oder wurden,
3. die Angaben des Arbeitgebers, die für die Sozialleistungen nach dem Dritten Buch Sozialgesetzbuch erheblich sind, zutreffend bescheinigt wurden,
   4. Ausländer nicht
   a) entgegen § 284 Abs. 1 des Dritten Buches Sozialgesetzbuch oder § 4 Abs. 3 Satz 1 und 2 des Aufenthaltsgesetzes und nicht zu ungünstigeren Arbeitsbedingungen als vergleichbare deutsche Arbeitnehmer oder Arbeitnehmerinnen beschäftigt werden oder wurden, oder
   b) entgegen § 4 Abs. 3 Satz 1 und 2 des Aufenthaltsgesetzes mit entgeltlichen Dienst- oder Werkleistungen beauftragt werden oder wurden
   und
5. Arbeitsbedingungen nach Maßgabe des Mindestlohngesetzes, des Arbeitnehmer-Entsendegesetzes und des § 10 Absatz 5 des Arbeitnehmerüberlassungsgesetzes eingehalten werden oder wurden.

²Die Prüfung der Erfüllung steuerlicher Pflichten im Sinne von § 1 Abs. 2 Nr. 2 obliegt den zuständigen Landesfinanzbehörden. ³Die Behörden der Zollverwaltung sind zur Mitwirkung an Prüfungen der Landesfinanzbehörden berechtigt. ⁴Die Behörden der Zollverwaltung prüfen zur Erfüllung ihrer Mitteilungspflicht nach § 6 Abs. 1 Satz 1 in Verbindung mit Abs. 3 Nr. 4, ob Anhaltspunkte dafür bestehen, dass Steuerpflichtige den sich aus den Dienst- oder Werkleistungen ergebenden steuerlichen Pflichten nicht nachgekommen sind. ⁵Grundsätze der Zusammenarbeit werden von den obersten Finanzbehörden des Bundes und der Länder im gegenseitigen Einvernehmen geregelt.

(1a) Die nach Landesrecht für die Verfolgung und Ahndung von Ordnungswidrigkeiten nach diesem Gesetz zuständigen Behörden prüfen, ob
1. der Verpflichtung zur Anzeige vom Beginn des selbstständigen Betriebes eines stehenden Gewerbes (§ 14 der Gewerbeordnung) nachgekommen

oder die erforderliche Reisegewerbekarte (§ 55 der Gewerbeordnung) erworben wurde,
2. ein zulassungspflichtiges Handwerk als stehendes Gewerbe selbstständig betrieben wird und die Eintragung in die Handwerksrolle vorliegt.

(2) ¹Die Behörden der Zollverwaltung werden bei den Prüfungen nach Absatz 1 unterstützt von
1. den Finanzbehörden,
2. der Bundesagentur für Arbeit,
2a. der Bundesnetzagentur für Elektrizität, Gas, Telekommunikation, Post und Eisenbahnen,
3. den Einzugsstellen (§ 28i des Vierten Buches Sozialgesetzbuch),
4. den Trägern der Rentenversicherung,
5. den Trägern der Unfallversicherung,
6. den gemeinsamen Einrichtungen und den zugelassenen kommunalen Trägern nach dem Zweiten Buch Sozialgesetzbuch sowie der Bundesagentur für Arbeit als verantwortliche Stelle für die zentral verwalteten IT-Verfahren nach § 50 Absatz 3 des Zweiten Buches Sozialgesetzbuch,
7. den nach dem Asylbewerberleistungsgesetz zuständigen Behörden,
8. den in § 71 Abs. 1 bis 3 des Aufenthaltsgesetzes genannten Behörden,
8a. dem Bundesamt für Güterverkehr,
9. den für den Arbeitsschutz zuständigen Landesbehörden,
10. den Polizeivollzugsbehörden des Bundes und der Länder auf Ersuchen im Einzelfall,
11. den nach Landesrecht für die Verfolgung und Ahndung von Ordnungswidrigkeiten nach diesem Gesetz zuständigen Behörden und
12. den nach § 14 der Gewerbeordnung für die Entgegennahme der Gewerbeanzeigen zuständigen Stellen.

²Die Aufgaben dieser Stellen nach anderen Rechtsvorschriften bleiben unberührt. ³Die Prüfungen können mit anderen Prüfungen der in diesem Absatz genannten Stellen verbunden werden; die Vorschriften über die Unterrichtung und Zusammenarbeit bleiben hiervon unberührt. ⁴Verwaltungskosten der unterstützenden Stellen werden nicht erstattet.

§ 3 SchwarzArbG Befugnisse bei der Prüfung von Personen

(1) Zur Durchführung der Prüfungen nach § 2 Abs. 1 sind die Behörden der Zollverwaltung und die sie gemäß § 2 Abs. 2 unterstützenden Stellen befugt, Geschäftsräume und Grundstücke des Arbeitgebers und des Auftraggebers

von selbstständig tätigen Personen sowie des Entleihers im Rahmen einer Prüfung nach § 2 Absatz 1 Nummer 5 während der Arbeitszeit der dort tätigen Personen zu betreten und dabei
1. von diesen Auskünfte hinsichtlich ihrer Beschäftigungsverhältnisse oder ihrer Tätigkeiten einzuholen und
2. Einsicht in von ihnen mitgeführte Unterlagen zu nehmen, von denen anzunehmen ist, dass aus ihnen Umfang, Art oder Dauer ihrer Beschäftigungsverhältnisse oder Tätigkeiten hervorgehen oder abgeleitet werden können.

(2) Ist eine Person zur Ausführung von Dienst- oder Werkleistungen bei Dritten tätig, gilt Absatz 1 entsprechend.

(3) [1]Die Behörden der Zollverwaltung und die sie gemäß § 2 Abs. 2 unterstützenden Stellen sind zur Durchführung der Prüfungen nach § 2 Abs. 1 ermächtigt, die Personalien der in den Geschäftsräumen oder auf dem Grundstück des Arbeitgebers, Auftraggebers oder des Dritten sowie des Entleihers im Rahmen einer Prüfung nach § 2 Absatz 1 Nummer 5 tätigen Personen zu überprüfen. [2]Sie können zu diesem Zweck die in Satz 1 genannten Personen anhalten, sie nach ihren Personalien (Vor-, Familien- und Geburtsnamen, Ort und Tag der Geburt, Beruf, Wohnort, Wohnung und Staatsangehörigkeit) befragen und verlangen, dass sie mitgeführte Ausweispapiere zur Prüfung aushändigen.

(4) Im Verteidigungsbereich darf ein Betretensrecht nur im Einvernehmen mit dem Bundesministerium der Verteidigung ausgeübt werden.

(5) [1]Die Bediensteten der Zollverwaltung dürfen Beförderungsmittel anhalten. [2]Führer von Beförderungsmitteln haben auf Verlangen zu halten und den Zollbediensteten zu ermöglichen, in das Beförderungsmittel zu gelangen und es wieder zu verlassen. [3]Die Zollverwaltung unterrichtet die Polizeivollzugsbehörden der Länder über groß angelegte Kontrollen.

§ 4 SchwarzArbG Befugnisse bei der Prüfung von Geschäftsunterlagen

(1) Zur Durchführung der Prüfungen nach § 2 Abs. 1 sind die Behörden der Zollverwaltung und die sie gemäß § 2 Abs. 2 unterstützenden Stellen befugt, Geschäftsräume und Grundstücke des Arbeitgebers und Auftraggebers von Dienst- oder Werkleistungen sowie des Entleihers im Rahmen einer Prüfung nach § 2 Absatz 1 Nummer 5 während der Geschäftszeit zu betreten und dort Einsicht in die Lohn- und Meldeunterlagen, Bücher und andere

Urban-Crell

Geschäftsunterlagen zu nehmen, aus denen Umfang, Art oder Dauer von Beschäftigungsverhältnissen hervorgehen oder abgeleitet werden können.

(2) Die Behörden der Zollverwaltung sind zur Durchführung der Prüfungen nach § 2 Abs. 1 befugt, Einsicht in die Unterlagen zu nehmen, aus denen die Vergütung der Dienst- oder Werkleistungen hervorgeht, die natürliche oder juristische Personen oder Personenvereinigungen in Auftrag gegeben haben. Satz 1 gilt im Rahmen der Durchführung der Prüfung nach § 2 Absatz 1 Nummer 5 entsprechend für Unterlagen, aus denen die Vergütung des Leiharbeitsverhältnisses hervorgeht.

(3) Die Behörden der Zollverwaltung sind zur Durchführung der Prüfungen nach § 2 Abs. 1 befugt, bei dem Auftraggeber, der nicht Unternehmer im Sinne des § 2 des Umsatzsteuergesetzes 1999 ist, Einsicht in die Rechnungen, einen Zahlungsbeleg oder eine andere beweiskräftige Unterlage über ausgeführte Werklieferungen oder sonstige Leistungen im Zusammenhang mit einem Grundstück zu nehmen.

§ 5 SchwarzArbG Duldungs- und Mitwirkungspflichten

(1) [1]Arbeitgeber, Arbeitnehmer und Arbeitnehmerinnen, Auftraggeber und Dritte, die bei einer Prüfung nach § 2 Abs. 1, sowie Entleiher, die bei einer Prüfung nach § 2 Absatz 1 Nummer 5 angetroffen werden, haben die Prüfung zu dulden und dabei mitzuwirken, insbesondere für die Prüfung erhebliche Auskünfte zu erteilen und die in den §§ 3 und 4 genannten Unterlagen vorzulegen. [2]In den Fällen des § 3 Abs. 1 und 2 sowie des § 4 Abs. 1 und 2 haben sie auch das Betreten der Grundstücke und der Geschäftsräume zu dulden. [3]Auskünfte, die die verpflichtete Person oder eine ihr nahe stehende Person (§ 383 Abs. 1 Nr. 1 bis 3 der Zivilprozessordnung) der Gefahr aussetzen, wegen einer Straftat oder Ordnungswidrigkeit verfolgt zu werden, können verweigert werden. [4]Ausländer sind ferner verpflichtet, ihren Pass, Passersatz oder Ausweisersatz und ihren Aufenthaltstitel, ihre Duldung oder ihre Aufenthaltsgestattung den Behörden der Zollverwaltung auf Verlangen vorzulegen und, sofern sich Anhaltspunkte für einen Verstoß gegen ausländerrechtliche Vorschriften ergeben, zur Weiterleitung an die zuständige Ausländerbehörde zu überlassen. [5]Werden die Dokumente einbehalten, erhält der betroffene Ausländer eine Bescheinigung, welche die einbehaltenen Dokumente und die Ausländerbehörde bezeichnet, an die die Dokumente weitergeleitet werden. [6]Der Ausländer ist verpflichtet, unverzüglich mit der Bescheinigung bei der Ausländerbehörde zu erscheinen. [7]Darauf ist in der Bescheinigung hinzuweisen.

⁸Gibt die Ausländerbehörde die einbehaltenen Dokumente zurück oder werden Ersatzdokumente ausgestellt oder vorgelegt, behält die Ausländerbehörde die Bescheinigung ein.

(2) ¹In Fällen des § 4 Abs. 3 haben die Auftraggeber, die nicht Unternehmer im Sinne des § 2 des Umsatzsteuergesetzes 1999 sind, eine Prüfung nach § 2 Abs. 1 zu dulden und dabei mitzuwirken, insbesondere die für die Prüfung erheblichen Auskünfte zu erteilen und die in § 4 Abs. 3 genannten Unterlagen vorzulegen. ²Absatz 1 Satz 3 gilt entsprechend.

(3) ¹In Datenverarbeitungsanlagen gespeicherte Daten haben der Arbeitgeber und der Auftraggeber sowie der Entleiher im Rahmen einer Prüfung nach § 2 Absatz 1 Nummer 5 auszusondern und den Behörden der Zollverwaltung auf deren Verlangen auf automatisiert verarbeitbaren Datenträgern oder in Listen zu übermitteln. ²Der Arbeitgeber und der Auftraggeber sowie der Entleiher im Rahmen einer Prüfung nach § 2 Absatz 1 Nummer 5 dürfen automatisiert verarbeitbare Datenträger oder Datenlisten, die die erforderlichen Daten enthalten, ungesondert zur Verfügung stellen, wenn die Aussonderung mit einem unverhältnismäßigen Aufwand verbunden wäre und überwiegende schutzwürdige Interessen des Betroffenen nicht entgegenstehen. ³In diesem Fall haben die Behörden der Zollverwaltung die Daten zu trennen und die nicht nach Satz 1 zu übermittelnden Daten zu löschen. ⁴Soweit die übermittelten Daten für Zwecke der Ermittlung von Straftaten oder Ordnungswidrigkeiten, der Ermittlung von steuerlich erheblichen Sachverhalten oder der Festsetzung von Sozialversicherungsbeiträgen oder Sozialleistungen nicht benötigt werden, sind die Datenträger oder Listen nach Abschluss der Prüfungen nach § 2 Abs. 1 auf Verlangen des Arbeitgebers oder des Auftraggebers zurückzugeben oder die Daten unverzüglich zu löschen.

§ 6 SchwarzArbG Unterrichtung und Zusammenarbeit von Behörden

(1) ¹Die Behörden der Zollverwaltung und die sie gemäß § 2 Abs. 2 unterstützenden Stellen sind verpflichtet, einander die für deren Prüfungen erforderlichen Informationen einschließlich personenbezogener Daten und die Ergebnisse der Prüfungen zu übermitteln, soweit deren Kenntnis für die Erfüllung der Aufgaben der Behörden oder Stellen erforderlich ist. ²Die Behörden der Zollverwaltung einerseits und die Strafverfolgungsbehörden und die Polizeivollzugsbehörden andererseits übermitteln einander die erforderlichen Informationen für die Verhütung und Verfolgung von Straftaten und Ordnungswidrigkeiten, die in Zusammenhang mit einem der in § 2 Abs. 1 genannten

Prüfgegenstände stehen. ³An Strafverfolgungsbehörden und Polizeivollzugsbehörden dürfen personenbezogene Daten nur übermittelt werden, sofern tatsächliche Anhaltspunkte dafür vorliegen, dass die Daten für die Verhütung und Verfolgung von Straftaten oder Ordnungswidrigkeiten, die in Zusammenhang mit einem der in § 2 Abs. 1 genannten Prüfgegenstände stehen, erforderlich sind.

(2) ¹Die Behörden der Zollverwaltung dürfen zur Wahrnehmung ihrer Aufgaben nach § 2 Abs. 1 sowie zur Verfolgung von Straftaten oder Ordnungswidrigkeiten die Datenbestände der Bundesagentur für Arbeit über erteilte Arbeitsgenehmigungen-EU und Zustimmungen zur Beschäftigung sowie über im Rahmen von Werkvertragskontingenten beschäftigte ausländische Arbeitnehmer und Arbeitnehmerinnen automatisiert abrufen; die Strafverfolgungsbehörden sind zum automatisierten Abruf nur berechtigt, soweit dies zur Verfolgung von Straftaten oder Ordnungswidrigkeiten erforderlich ist. ²§ 79 Abs. 2 bis 4 des Zehnten Buches Sozialgesetzbuch gilt entsprechend.

(3) ¹Die Behörden der Zollverwaltung unterrichten die jeweils zuständigen Stellen, wenn sich bei der Durchführung ihrer Aufgaben nach diesem Gesetz Anhaltspunkte ergeben für Verstöße gegen
1. dieses Gesetz,
2. das Arbeitnehmerüberlassungsgesetz,
3. Bestimmungen des Vierten und Siebten Buches Sozialgesetzbuch zur Zahlung von Beiträgen,
4. die Steuergesetze,
5. das Aufenthaltsgesetz,
6. die Mitwirkungspflicht nach § 60 Abs. 1 Satz 1 Nr. 1 und 2 des Ersten Buches Sozialgesetzbuch oder die Meldepflicht nach § 8a des Asylbewerberleistungsgesetzes,
7. die Handwerks- oder Gewerbeordnung,
7a. das Güterkraftverkehrsgesetz,
8. sonstige Strafgesetze,
9. das Arbeitnehmer-Entsendegesetz oder
10. das Mindestlohngesetz.

²Nach § 5 Abs. 1 Satz 4 in Verwahrung genommene Urkunden sind der Ausländerbehörde unverzüglich zu übermitteln.

(4) Bestehen Anhaltspunkte dafür, dass eine nach § 5 Abs. 1 Satz 4 in Verwahrung genommene Urkunde unecht oder verfälscht ist, ist sie an die zuständige Polizeivollzugsbehörde zu übermitteln.

§ 8 SchwarzArbG Bußgeldvorschriften

(1) Ordnungswidrig handelt, wer
1. a) entgegen § 60 Abs. 1 Satz 1 Nr. 1 des Ersten Buches Sozialgesetzbuch eine Tatsache, die für eine Leistung nach dem Sozialgesetzbuch erheblich ist, nicht richtig oder nicht vollständig anzeigt,
    b) entgegen § 60 Abs. 1 Satz 1 Nr. 2 des Ersten Buches Sozialgesetzbuch eine Änderung in den Verhältnissen, die für eine Leistung nach dem Sozialgesetzbuch erheblich ist, nicht, nicht richtig, nicht vollständig oder nicht rechtzeitig mitteilt,
    c) entgegen § 8a des Asylbewerberleistungsgesetzes die Aufnahme einer Erwerbstätigkeit nicht, nicht richtig, nicht vollständig oder nicht rechtzeitig meldet,
    d) der Verpflichtung zur Anzeige vom Beginn des selbstständigen Betriebes eines stehenden Gewerbes (§ 14 der Gewerbeordnung) nicht nachgekommen ist oder die erforderliche Reisegewerbekarte (§ 55 der Gewerbeordnung) nicht erworben hat oder
    e) ein zulassungspflichtiges Handwerk als stehendes Gewerbe selbstständig betreibt, ohne in die Handwerksrolle eingetragen zu sein (§ 1 der Handwerksordnung)
    und Dienst- oder Werkleistungen in erheblichem Umfang erbringt oder
2. Dienst- oder Werkleistungen in erheblichem Umfang ausführen lässt, indem er eine oder mehrere Personen beauftragt, die diese Leistungen unter vorsätzlichem Verstoß gegen eine in Nummer 1 genannte Vorschrift erbringen.

(2) Ordnungswidrig handelt, wer vorsätzlich oder fahrlässig
1. entgegen § 2a Abs. 1 ein dort genanntes Dokument nicht mitführt oder nicht oder nicht rechtzeitig vorlegt,
2. entgegen § 2a Abs. 2 den schriftlichen Hinweis nicht oder nicht für die vorgeschriebene Dauer aufbewahrt oder nicht oder nicht rechtzeitig vorlegt,
3. entgegen
    a) § 5 Abs. 1 Satz 1 oder 2 oder
    b) § 5 Abs. 2 Satz 1
eine Prüfung oder das Betreten eines Grundstücks oder eines Geschäftsraumes nicht duldet oder bei einer Prüfung nicht mitwirkt,
4. entgegen § 5 Abs. 1 Satz 4 ein dort genanntes Dokument nicht oder nicht rechtzeitig vorlegt oder
5. entgegen § 5 Abs. 3 Satz 1 Daten nicht, nicht richtig, nicht vollständig, nicht in der vorgeschriebenen Weise oder nicht rechtzeitig übermittelt.

(3) Die Ordnungswidrigkeit kann in den Fällen des Absatzes 1 Nr. 1 Buchstabe a bis c sowie Nr. 2 in Verbindung mit Nr. 1 Buchstabe a bis c mit einer Geldbuße bis zu dreihunderttausend Euro, in den Fällen des Absatzes 1 Nr. 1 Buchstabe d und e sowie Nr. 2 in Verbindung mit Nr. 1 Buchstabe d und e mit einer Geldbuße bis zu fünfzigtausend Euro, in den Fällen des Absatzes 2 Nr. 3 Buchstabe a und Nr. 5 mit einer Geldbuße bis zu dreißigtausend Euro, in den Fällen des Absatzes 2 Nr. 1 mit einer Geldbuße bis zu fünftausend Euro und in den übrigen Fällen mit einer Geldbuße bis zu tausend Euro geahndet werden.

(4) ^{1}Absatz 1 findet keine Anwendung für nicht nachhaltig auf Gewinn gerichtete Dienst- oder Werkleistungen, die
1. von Angehörigen im Sinne des § 15 der Abgabenordnung oder Lebenspartnern,
2. aus Gefälligkeit,
3. im Wege der Nachbarschaftshilfe oder
4. im Wege der Selbsthilfe im Sinne des § 36 Abs. 2 und 4 des Zweiten Wohnungsbaugesetzes in der Fassung der Bekanntmachung vom 19. August 1994 (BGBl. I S. 2137) oder als Selbsthilfe im Sinne des § 12 Abs. 1 Satz 2 des Wohnraumförderungsgesetzes vom 13. September 2001 (BGBl. I S. 2376), zuletzt geändert durch Artikel 7 des Gesetzes vom 29. Dezember 2003 (BGBl. I S. 3076),

erbracht werden. ^{2}Als nicht nachhaltig auf Gewinn gerichtet gilt insbesondere eine Tätigkeit, die gegen geringes Entgelt erbracht wird.

(5) Das Bundesministerium der Finanzen wird ermächtigt, durch Rechtsverordnung mit Zustimmung des Bundesrates Vorschriften über Regelsätze für Geldbußen wegen einer Ordnungswidrigkeit nach Absatz 1 oder 2 zu erlassen.

§ 9 SchwarzArbG Erschleichen von Sozialleistungen im Zusammenhang mit der Erbringung von Dienst- oder Werkleistungen

Wer eine in § 8 Abs. 1 Nr. 1 Buchstabe a, b oder c bezeichnete Handlung begeht und dadurch bewirkt, dass ihm eine Leistung nach einem dort genannten Gesetz zu Unrecht gewährt wird, wird mit Freiheitsstrafe bis zu drei Jahren oder mit Geldstrafe bestraft, wenn die Tat nicht in § 263 des Strafgesetzbuches mit Strafe bedroht ist.

§ 10 SchwarzArbG Beschäftigung von Ausländern ohne Genehmigung oder ohne Aufenthaltstitel und zu ungünstigen Arbeitsbedingungen

(1) Wer vorsätzlich eine in § 404 Abs. 2 Nr. 3 des Dritten Buches Sozialgesetzbuch bezeichnete Handlung begeht und den Ausländer zu Arbeitsbedingungen beschäftigt, die in einem auffälligen Missverhältnis zu den Arbeitsbedingungen deutscher Arbeitnehmer und Arbeitnehmerinnen stehen, die die gleiche oder eine vergleichbare Tätigkeit ausüben, wird mit Freiheitsstrafe bis zu drei Jahren oder mit Geldstrafe bestraft.

(2) [1]In besonders schweren Fällen des Absatzes 1 ist die Strafe Freiheitsstrafe von sechs Monaten bis zu fünf Jahren. [2]Ein besonders schwerer Fall liegt in der Regel vor, wenn der Täter gewerbsmäßig oder aus grobem Eigennutz handelt.

§ 10a SchwarzArbG Beschäftigung von Ausländern ohne Aufenthaltstitel, die Opfer von Menschenhandel sind

Mit Freiheitsstrafe bis zu drei Jahren oder mit Geldstrafe wird bestraft, wer entgegen § 4 Absatz 3 Satz 2 des Aufenthaltsgesetzes einen Ausländer beschäftigt und hierbei eine Lage ausnutzt, in der sich der Ausländer durch eine gegen ihn gerichtete Tat eines Dritten nach § 232 oder 233 des Strafgesetzbuchs befindet.

§ 11 SchwarzArbG Erwerbstätigkeit von Ausländern ohne Genehmigung oder ohne Aufenthaltstitel in größerem Umfang oder von minderjährigen Ausländern

(1) Wer
1. gleichzeitig mehr als fünf Ausländer entgegen § 284 Abs. 1 des Dritten Buches Sozialgesetzbuch beschäftigt oder entgegen § 4 Abs. 3 Satz 2 des Aufenthaltsgesetzes beschäftigt oder mit Dienst- oder Werkleistungen beauftragt,
2. eine in
    a) § 404 Abs. 2 Nr. 3 des Dritten Buches Sozialgesetzbuch,
    b) § 404 Abs. 2 Nr. 4 des Dritten Buches Sozialgesetzbuch,
    c) § 98 Abs. 2a des Aufenthaltsgesetzes oder
    d) § 98 Abs. 3 Nr. 1 des Aufenthaltsgesetzes
    bezeichnete vorsätzliche Handlung beharrlich wiederholt oder
3. entgegen § 4 Absatz 3 Satz 2 des Aufenthaltsgesetzes eine Person unter 18 Jahren beschäftigt,

wird mit Freiheitsstrafe bis zu einem Jahr oder mit Geldstrafe bestraft.

(2) Handelt der Täter in den Fällen des Absatzes 1 Nummer 1, Nummer 2 Buchstabe a oder Buchstabe c oder Nummer 3 aus grobem Eigennutz, ist die Strafe Freiheitsstrafe bis zu drei Jahren oder Geldstrafe.

§ 12 SchwarzArbG Allgemeines zu den Ordnungswidrigkeiten

(1) Verwaltungsbehörden im Sinne des § 36 Abs. 1 Nr. 1 des Gesetzes über Ordnungswidrigkeiten sind
1. in den Fällen des § 8 Abs. 1 Nr. 1 Buchstabe a bis c und Nr. 2 in Verbindung mit Nr. 1 Buchstabe a bis c die Behörden der Zollverwaltung und die zuständigen Leistungsträger jeweils für ihren Geschäftsbereich,
2. in den Fällen des § 8 Abs. 1 Nr. 1 Buchstabe d und e und Nr. 2 in Verbindung mit Nr. 1 Buchstabe d und e die nach Landesrecht zuständige Behörde,
3. in den Fällen des § 8 Abs. 2 die Behörden der Zollverwaltung.

(2) Die Geldbußen fließen in die Kasse der Verwaltungsbehörde, die den Bußgeldbescheid erlassen hat.

(3) ¹Die nach Absatz 2 zuständige Kasse trägt abweichend von § 105 Abs. 2 des Gesetzes über Ordnungswidrigkeiten die notwendigen Auslagen. ²Sie ist auch ersatzpflichtig im Sinne des § 110 Abs. 4 des Gesetzes über Ordnungswidrigkeiten.

(4) Die Behörden der Zollverwaltung unterrichten das Gewerbezentralregister über rechtskräftige Bußgeldbescheide nach § 8 Abs. 2 Nr. 3 Buchstabe a und Nr. 5, sofern die Geldbuße mehr als zweihundert Euro beträgt.

§ 14 SchwarzArbG Ermittlungsbefugnisse

(1) ¹Die Behörden der Zollverwaltung haben bei der Verfolgung von Straftaten und Ordnungswidrigkeiten, die mit einem der in § 2 Abs. 1 genannten Prüfgegenstände unmittelbar zusammenhängen, die gleichen Befugnisse wie die Polizeivollzugsbehörden nach der Strafprozessordnung und dem Gesetz über Ordnungswidrigkeiten. ²Ihre Beamten sind insoweit Ermittlungspersonen der Staatsanwaltschaft. ³In den Dienst der Zollverwaltung übergeleitete Angestellte nehmen die Befugnisse nach Satz 1 wahr und sind insoweit Ermittlungspersonen der Staatsanwaltschaft, wenn sie
1. das 21. Lebensjahr vollendet haben,

2. am 31. Dezember 2003 im Dienst der Bundesanstalt für Arbeit gestanden haben und
3. dort mindestens zwei Jahre lang zur Bekämpfung der Schwarzarbeit oder der illegalen Beschäftigung eingesetzt waren.

(2) Zur Bekämpfung von Schwarzarbeit und illegaler Beschäftigung können die Behörden der Zollverwaltung, die Polizeibehörden und die Landesfinanzbehörden in Abstimmung mit der Staatsanwaltschaft gemeinsame Ermittlungsgruppen bilden.

§ 15 SchwarzArbG Allgemeines

[1]Für die Wahrnehmung der Aufgaben nach diesem Gesetz durch die Behörden der Zollverwaltung gelten hinsichtlich der Sozialdaten die Vorschriften des Zweiten Kapitels des Zehnten Buches Sozialgesetzbuch. [2]Diese Aufgaben gelten in datenschutzrechtlicher Hinsicht auch als Aufgaben nach dem Sozialgesetzbuch. [3]Die Vorschriften des Vierten Abschnitts des Ersten Teils der Abgabenordnung zum Steuergeheimnis bleiben unberührt.

§ 16 SchwarzArbG Zentrale Datenbank

(1) Zur Durchführung dieses Gesetzes führt der Arbeitsbereich Finanzkontrolle Schwarzarbeit der Zollverwaltung eine zentrale Prüfungs- und Ermittlungsdatenbank.

(2) In der zentralen Datenbank sind folgende Daten zu speichern, wenn sich tatsächliche Anhaltspunkte für das Vorliegen von Schwarzarbeit (§ 1 Abs. 2) oder von illegaler Beschäftigung (§ 404 Abs. 1, Abs. 2 Nr. 3, 4, 20 und 26 des Dritten Buches Sozialgesetzbuch, §§ 15, 15a, 16 Absatz 1 Nummer 1, 1a, 1b, 2, 2a und 7b des Arbeitnehmerüberlassungsgesetzes, § 23 Abs. 1 Nr. 1 und Abs. 2 des Arbeitnehmer-Entsendegesetzes, § 21 Absatz 1 Nummer 1 und Absatz 2 des Mindestlohngesetzes, §§ 10, 10a und 11) ergeben:
1. Familienname, Geburtsname, Vornamen, Geburtsdatum, Geburtsort und -bezirk, Geschlecht, Staatsangehörigkeiten, bei Unternehmen Name und Sitz der Person, bei der Anhaltspunkte für das Vorliegen von Schwarzarbeit oder von illegaler Beschäftigung bestehen,
2. die Stelle der Zollverwaltung, die die Überprüfung durchgeführt hat, und das Aktenzeichen,
3. die Darlegung der tatsächlichen Anhaltspunkte für das Vorliegen von Schwarzarbeit oder von illegaler Beschäftigung,

Urban-Crell

4. der Zeitpunkt der Einleitung und der Zeitpunkt der Erledigung des Verfahrens durch die Behörden der Zollverwaltung, im Fall des § 19 Abs. 2 Satz 1 auch der Zeitpunkt und die Art der Erledigung durch das Gericht oder die Staatsanwaltschaft.

(3) Die Daten dürfen nur für die Durchführung von Prüfungen nach § 2 Abs. 1 sowie für die Verhütung und Verfolgung von Straftaten und Ordnungswidrigkeiten im Zusammenhang mit den Prüfgegenständen nach § 2 Abs. 1 und für die Besteuerung, soweit sie im Zusammenhang mit der Erbringung von Dienst- oder Werkleistungen steht, verwendet werden.

(4) Die Behörden der Zollverwaltung übermitteln die in Absatz 2 genannten Daten dem Arbeitsbereich Finanzkontrolle Schwarzarbeit der Zollverwaltung zu dem in Absatz 3 genannten Zweck.

§ 17 SchwarzArbG Auskunft an Behörden der Zollverwaltung, an die Polizeivollzugsbehörden des Bundes und der Länder, an die Finanzbehörden und an die Staatsanwaltschaften

(1) [1]Auskunft aus der zentralen Datenbank wird auf Ersuchen erteilt
1. den Behörden der Zollverwaltung für die Durchführung von Prüfungen nach § 2 Abs. 1 sowie für die Verfolgung von Straftaten und Ordnungswidrigkeiten, die in unmittelbarem Zusammenhang mit einem der in § 2 Abs. 1 genannten Prüfgegenstände stehen,
2. den Staatsanwaltschaften für Zwecke der Strafverfolgung,
3. den Polizeivollzugsbehörden des Bundes und der Länder für die Verhütung und Verfolgung von Straftaten und Ordnungswidrigkeiten, die im Zusammenhang mit einem der in § 2 Abs. 1 genannten Prüfgegenstände stehen,
4. den Finanzbehörden der Länder zur Durchführung eines Steuerstraf- oder Steuerordnungswidrigkeitenverfahrens und für die Besteuerung, soweit sie im Zusammenhang mit der Erbringung von Dienst- oder Werkleistungen steht.

[2]Soweit durch eine Auskunft die Gefährdung des Untersuchungszwecks eines Ermittlungsverfahrens zu besorgen ist, kann die für dieses Verfahren zuständige Behörde der Zollverwaltung oder die zuständige Staatsanwaltschaft anordnen, dass keine Auskunft erteilt werden darf. [3]§ 478 Abs. 1 Satz 1 und 2 der Strafprozessordnung findet Anwendung, wenn die Daten Verfahren betreffen, die zu einem Strafverfahren geführt haben.

(2) ¹Die Übermittlung der Daten erfolgt im Wege eines automatisierten Abrufverfahrens oder eines automatisierten Anfrage- und Auskunftsverfahrens, im Fall einer Störung der Datenfernübertragung oder bei außergewöhnlicher Dringlichkeit telefonisch oder durch Telefax. ²Die beteiligten Stellen haben zu Gewähr leisten, dass dem jeweiligen Stand der Technik entsprechende Maßnahmen zur Sicherstellung von Datenschutz und Datensicherheit getroffen werden, die insbesondere die Vertraulichkeit und Unversehrtheit der Daten Gewähr leisten; im Fall der Nutzung allgemein zugänglicher Netze sind dem jeweiligen Stand der Technik entsprechende Verschlüsselungsverfahren anzuwenden. ³Es gilt § 79 Abs. 2 bis 4 des Zehnten Buches Sozialgesetzbuch.

§ 18 SchwarzArbG Auskunft an die betroffene Person

¹Für die Auskunft an die betroffene Person gilt § 83 des Zehnten Buches Sozialgesetzbuch. ²Die Auskunft bedarf des Einvernehmens der zuständigen Staatsanwaltschaft, wenn sie Daten aus einem Verfahren betrifft, das zu einem Strafverfahren geführt hat.

§ 19 SchwarzArbG Löschung

(1) Daten in der zentralen Datenbank sind spätestens zu löschen,
1. wenn seit dem Abschluss der letzten von den Behörden der Zollverwaltung vorgenommenen Verfahrenshandlung ein Jahr vergangen ist, ohne dass ein Bußgeldverfahren eingeleitet oder die Sache an die Staatsanwaltschaft abgegeben wurde,
2. sofern ein Bußgeldverfahren eingeleitet oder die Sache an die Staatsanwaltschaft abgegeben wurde, fünf Jahre nach dem Zeitpunkt der Einleitung oder der Abgabe.

(2) ¹Wird den Behörden der Zollverwaltung bekannt, dass eine Person, über die Daten nach § 16 Abs. 2 gespeichert wurden, wegen der betreffenden Tat rechtskräftig freigesprochen, die Eröffnung des Hauptverfahrens gegen sie unanfechtbar abgelehnt oder das Verfahren nicht nur vorläufig eingestellt ist, teilen sie dies dem Arbeitsbereich Finanzkontrolle Schwarzarbeit der Zollverwaltung mit. ²Die betroffenen Daten sind zwei Jahre nach der Erledigung des Strafverfahrens zu löschen.

(3) § 84 Abs. 3 des Zehnten Buches Sozialgesetzbuch bleibt unberührt.

Anhang 1 Gesetze und Verordnungen

§ 20 SchwarzArbG Entschädigung der Zeugen und Sachverständigen

Werden Zeugen und Sachverständige von den Behörden der Zollverwaltung herangezogen, so erhalten sie auf Antrag in entsprechender Anwendung des Justizvergütungs- und -entschädigungsgesetzes eine Entschädigung oder Vergütung.

§ 21 SchwarzArbG Ausschluss von öffentlichen Aufträgen

(1) [1]Von der Teilnahme an einem Wettbewerb um einen Bauauftrag der in § 98 Nr. 1 bis 3 und 5 des Gesetzes gegen Wettbewerbsbeschränkungen genannten Auftraggeber sollen Bewerber bis zu einer Dauer von drei Jahren ausgeschlossen werden, die oder deren nach Satzung oder Gesetz Vertretungsberechtigte nach
1. § 8 Abs. 1 Nr. 2, §§ 9 bis 11,
2. § 404 Abs. 1 oder 2 Nr. 3 des Dritten Buches Sozialgesetzbuch,
3. §§ 15, 15a, 16 Abs. 1 Nr. 1, 1b oder 2 des Arbeitnehmerüberlassungsgesetzes oder
4. § 266a Abs. 1 bis 4 des Strafgesetzbuches

zu einer Freiheitsstrafe von mehr als drei Monaten oder einer Geldstrafe von mehr als neunzig Tagessätzen verurteilt oder mit einer Geldbuße von wenigstens zweitausendfünfhundert Euro belegt worden sind. [2]Das Gleiche gilt auch schon vor Durchführung eines Straf- oder Bußgeldverfahrens, wenn im Einzelfall angesichts der Beweislage kein vernünftiger Zweifel an einer schwerwiegenden Verfehlung nach Satz 1 besteht. [3]Die für die Verfolgung oder Ahndung zuständigen Behörden nach Satz 1 Nr. 1 bis 4 dürfen den Vergabestellen auf Verlangen die erforderlichen Auskünfte geben. [4]Öffentliche Auftraggeber nach Satz 1 fordern bei Bauaufträgen Auskünfte des Gewerbezentralregisters nach § 150a der Gewerbeordnung an oder verlangen vom Bewerber eine Erklärung, dass die Voraussetzungen für einen Ausschluss nach Satz 1 oder 2 nicht vorliegen; auch im Falle einer Erklärung des Bewerbers können öffentliche Auftraggeber Auskünfte des Gewerbezentralregisters nach § 150a der Gewerbeordnung jederzeit anfordern. [5]Für den Bewerber, der den Zuschlag erhalten soll, fordert der öffentliche Auftraggeber nach Satz 1 bei Bauaufträgen ab einer Höhe von 30.000 Euro vor Zuschlagserteilung eine Auskunft aus dem Gewerbezentralregister nach § 150a der Gewerbeordnung an. [6]Der Bewerber ist vor der Entscheidung über den Ausschluss zu hören.

(2) Eine Verfehlung nach Absatz 1 steht einer Verletzung von Pflichten nach § 241 Abs. 2 des Bürgerlichen Gesetzbuchs gleich.

§ 22 SchwarzArbG Verwaltungsverfahren

Soweit dieses Gesetz nichts anderes bestimmt, gelten die Vorschriften der Abgabenordnung sinngemäß für das Verwaltungsverfahren der Behörden der Zollverwaltung nach diesem Gesetz.

§ 23 SchwarzArbG Rechtsweg

In öffentlich-rechtlichen Streitigkeiten über Verwaltungshandeln der Behörden der Zollverwaltung nach diesem Gesetz ist der Finanzrechtsweg gegeben.

E. Strafgesetzbuch

§ 233 StGB Menschenhandel zum Zweck der Ausbeutung der Arbeitskraft

(1) [1]Wer eine andere Person unter Ausnutzung einer Zwangslage oder der Hilflosigkeit, die mit ihrem Aufenthalt in einem fremden Land verbunden ist, in Sklaverei, Leibeigenschaft oder Schuldknechtschaft oder zur Aufnahme oder Fortsetzung einer Beschäftigung bei ihm oder einem Dritten zu Arbeitsbedingungen, die in einem auffälligen Missverhältnis zu den Arbeitsbedingungen anderer Arbeitnehmerinnen oder Arbeitnehmer stehen, welche die gleiche oder eine vergleichbare Tätigkeit ausüben, bringt, wird mit Freiheitsstrafe von sechs Monaten bis zu zehn Jahren bestraft. [2]Ebenso wird bestraft, wer eine Person unter einundzwanzig Jahren in Sklaverei, Leibeigenschaft oder Schuldknechtschaft oder zur Aufnahme oder Fortsetzung einer in Satz 1 bezeichneten Beschäftigung bringt.

(2) Der Versuch ist strafbar.

(3) § 232 Abs. 3 bis 5 gilt entsprechend.

§ 263 StGB Betrug

(1) Wer in der Absicht, sich oder einem Dritten einen rechtswidrigen Vermögensvorteil zu verschaffen, das Vermögen eines anderen dadurch beschädigt, daß er durch Vorspiegelung falscher oder durch Entstellung oder Unterdrückung wahrer Tatsachen einen Irrtum erregt oder unterhält, wird mit Freiheitsstrafe bis zu fünf Jahren oder mit Geldstrafe bestraft.

(2) Der Versuch ist strafbar.

(3) ¹In besonders schweren Fällen ist die Strafe Freiheitsstrafe von sechs Monaten bis zu zehn Jahren. ²Ein besonders schwerer Fall liegt in der Regel vor, wenn der Täter
1. gewerbsmäßig oder als Mitglied einer Bande handelt, die sich zur fortgesetzten Begehung von Urkundenfälschung oder Betrug verbunden hat,
2. einen Vermögensverlust großen Ausmaßes herbeiführt oder in der Absicht handelt, durch die fortgesetzte Begehung von Betrug eine große Zahl von Menschen in die Gefahr des Verlustes von Vermögenswerten zu bringen,
3. eine andere Person in wirtschaftliche Not bringt,
4. seine Befugnisse oder seine Stellung als Amtsträger oder Europäischer Amtsträger mißbraucht oder
5. einen Versicherungsfall vortäuscht, nachdem er oder ein anderer zu diesem Zweck eine Sache von bedeutendem Wert in Brand gesetzt oder durch eine Brandlegung ganz oder teilweise zerstört oder ein Schiff zum Sinken oder Stranden gebracht hat.

(4) § 243 Abs. 2 sowie die §§ 247 und 248a gelten entsprechend.

(5) Mit Freiheitsstrafe von einem Jahr bis zu zehn Jahren, in minder schweren Fällen mit Freiheitsstrafe von sechs Monaten bis zu fünf Jahren wird bestraft, wer den Betrug als Mitglied einer Bande, die sich zur fortgesetzten Begehung von Straftaten nach den §§ 263 bis 264 oder 267 bis 269 verbunden hat, gewerbsmäßig begeht.

(6) Das Gericht kann Führungsaufsicht anordnen (§ 68 Abs. 1).

(7) ¹Die §§ 43a und 73d sind anzuwenden, wenn der Täter als Mitglied einer Bande handelt, die sich zur fortgesetzten Begehung von Straftaten nach den §§ 263 bis 264 oder 267 bis 269 verbunden hat. ²§ 73d ist auch dann anzuwenden, wenn der Täter gewerbsmäßig handelt.

§ 266a StGB Vorenthalten und Veruntreuen von Arbeitsentgelt

(1) Wer als Arbeitgeber der Einzugsstelle Beiträge des Arbeitnehmers zur Sozialversicherung einschließlich der Arbeitsförderung, unabhängig davon, ob Arbeitsentgelt gezahlt wird, vorenthält, wird mit Freiheitsstrafe bis zu fünf Jahren oder mit Geldstrafe bestraft.

(2) Ebenso wird bestraft, wer als Arbeitgeber
1. der für den Einzug der Beiträge zuständigen Stelle über sozialversicherungsrechtlich erhebliche Tatsachen unrichtige oder unvollständige Angaben macht oder

2. die für den Einzug der Beiträge zuständige Stelle pflichtwidrig über sozialversicherungsrechtlich erhebliche Tatsachen in Unkenntnis lässt

und dadurch dieser Stelle vom Arbeitgeber zu tragende Beiträge zur Sozialversicherung einschließlich der Arbeitsförderung, unabhängig davon, ob Arbeitsentgelt gezahlt wird, vorenthält.

(3) [1]Wer als Arbeitgeber sonst Teile des Arbeitsentgelts, die er für den Arbeitnehmer an einen anderen zu zahlen hat, dem Arbeitnehmer einbehält, sie jedoch an den anderen nicht zahlt und es unterlässt, den Arbeitnehmer spätestens im Zeitpunkt der Fälligkeit oder unverzüglich danach über das Unterlassen der Zahlung an den anderen zu unterrichten, wird mit Freiheitsstrafe bis zu fünf Jahren oder mit Geldstrafe bestraft. [2]Satz 1 gilt nicht für Teile des Arbeitsentgelts, die als Lohnsteuer einbehalten werden.

(4) [1]In besonders schweren Fällen der Absätze 1 und 2 ist die Strafe Freiheitsstrafe von sechs Monaten bis zu zehn Jahren. [2]Ein besonders schwerer Fall liegt in der Regel vor, wenn der Täter
1. aus grobem Eigennutz in großem Ausmaß Beiträge vorenthält,
2. unter Verwendung nachgemachter oder verfälschter Belege fortgesetzt Beiträge vorenthält oder
3. die Mithilfe eines Amtsträgers ausnutzt, der seine Befugnisse oder seine Stellung missbraucht.

(5) Dem Arbeitgeber stehen der Auftraggeber eines Heimarbeiters, Hausgewerbetreibenden oder einer Person, die im Sinne des Heimarbeitsgesetzes diesen gleichgestellt ist, sowie der Zwischenmeister gleich.

(6) [1]In den Fällen Absätze 1 und 2 kann das Gericht von einer Bestrafung nach dieser Vorschrift absehen, wenn der Arbeitgeber spätestens im Zeitpunkt der Fälligkeit oder unverzüglich danach der Einzugsstelle schriftlich
1. die Höhe der vorenthaltenen Beiträge mitteilt und
2. darlegt, warum die fristgemäße Zahlung nicht möglich ist, obwohl er sich darum ernsthaft bemüht hat.

[1]Liegen die Voraussetzungen des Satzes 1 vor und werden die Beiträge dann nachträglich innerhalb der von der Einzugsstelle bestimmten angemessenen Frist entrichtet, wird der Täter insoweit nicht bestraft. [2]In den Fällen des Absatzes 3 gelten die Sätze 1 und 2 entsprechend.

§ 291 StGB Wucher

(1) ¹Wer die Zwangslage, die Unerfahrenheit, den Mangel an Urteilsvermögen oder die erhebliche Willensschwäche eines anderen dadurch ausbeutet, dass er sich oder einem Dritten
1. für die Vermietung von Räumen zum Wohnen oder damit verbundene Nebenleistungen,
2. für die Gewährung eines Kredits,
3. für eine sonstige Leistung oder
4. für die Vermittlung einer der vorbezeichneten Leistungen

Vermögensvorteile versprechen oder gewähren lässt, die in einem auffälligen Missverhältnis zu der Leistung oder deren Vermittlung stehen, wird mit Freiheitsstrafe bis zu drei Jahren oder mit Geldstrafe bestraft. ²Wirken mehrere Personen als Leistende, Vermittler oder in anderer Weise mit und ergibt sich dadurch ein auffälliges Missverhältnis zwischen sämtlichen Vermögensvorteilen und sämtlichen Gegenleistungen, so gilt Satz 1 für jeden, der die Zwangslage oder sonstige Schwäche des anderen für sich oder einen Dritten zur Erzielung eines übermäßigen Vermögensvorteils ausnutzt.

(2) ¹In besonders schweren Fällen ist die Strafe Freiheitsstrafe von sechs Monaten bis zu zehn Jahren. ²Ein besonders schwerer Fall liegt in der Regel vor, wenn der Täter
1. durch die Tat den anderen in wirtschaftliche Not bringt,
2. die Tat gewerbsmäßig begeht,
3. sich durch Wechsel wucherische Vermögensvorteile versprechen lässt.

F. Baubetriebeverordnung

§ 1 BaubetrV Zugelassene Betriebe

(1) Die ganzjährige Beschäftigung im Baugewerbe ist durch das Saison-Kurzarbeitergeld in Betrieben und Betriebsabteilungen zu fördern, die gewerblich überwiegend Bauleistungen (§ 101 Absatz 2 des Dritten Buches Sozialgesetzbuch) erbringen.

(2) Betriebe und Betriebsabteilungen im Sinne des Absatzes 1 sind solche, in denen insbesondere folgende Arbeiten verrichtet werden (Bauhauptgewerbe):
1. Abdichtungsarbeiten gegen Feuchtigkeit;
2. Aptierungs- und Drainierungsarbeiten, wie zum Beispiel das Entwässern von Grundstücken und urbar zu machenden Bodenflächen, einschließlich der Grabenräumungs- und Faschinierungsarbeiten, des Verlegens

Gesetze und Verordnungen **Anhang 1**

von Drainage-rohrleitungen sowie des Herstellens von Vorflut- und Schleusenanlagen;
2a. Asbestsanierungsarbeiten an Bauwerken und Bauwerksteilen;
3. Bautrocknungsarbeiten, das sind Arbeiten, die unter Einwirkung auf das Gefüge des Mauerwerks der Entfeuchtung dienen, auch unter Verwendung von Kunststoffen oder chemischen Mitteln sowie durch Einbau von Kondensatoren;
4. Beton- und Stahlbetonarbeiten einschließlich Betonschutz- und Betonsanierungsarbeiten sowie Armierungsarbeiten;
5. Bohrarbeiten;
6. Brunnenbauarbeiten;
7. chemische Bodenverfestigungen;
8. Dämm- (Isolier-) Arbeiten (das sind zum Beispiel Wärme-, Kälte-, Schallschutz-, Schallschluck-, Schallverbesserungs-, Schallveredelungsarbeiten) einschließlich Anbringung von Unterkonstruktionen sowie technischen Dämm- (Isolier-) Arbeiten, insbesondere an technischen Anlagen und auf Land-, Luft- und Wasserfahrzeugen;
9. Erdbewegungsarbeiten, das sind zum Beispiel Wegebau-, Meliorations-, Landgewinnungs-, Deichbauarbeiten, Wildbach- und Lawinenverbau, Sportanlagenbau sowie Errichtung von Schallschutzwällen und Seitenbefestigungen an Verkehrswegen;
10. Estricharbeiten, das sind zum Beispiel Arbeiten unter Verwendung von Zement, Asphalt, Anhydrit, Magnesit, Gips, Kunststoffen oder ähnlichen Stoffen;
11. Fassadenbauarbeiten;
12. Fertigbauarbeiten: Einbauen oder Zusammenfügen von Fertigbauteilen zur Erstellung, Instandsetzung, Instandhaltung oder Änderung von Bauwerken; ferner das Herstellen von Fertigbauteilen, wenn diese zum überwiegenden Teil durch den Betrieb, einen anderen Betrieb desselben Unternehmens oder innerhalb von Unternehmenszusammenschlüssen – unbeschadet der Rechtsform – durch den Betrieb mindestens eines beteiligten Gesellschafters zusammengefügt oder eingebaut werden; nicht erfasst wird das Herstellen von Betonfertigteilen, Holzfertigteilen zum Zwecke des Errichtens von Holzfertigbauwerken und Isolierelementen in massiven, ortsfesten und auf Dauer eingerichteten Arbeitsstätten nach Art stationärer Betriebe; § 2 Nr. 12 bleibt unberührt;
13. Feuerungs- und Ofenbauarbeiten;
14. Fliesen-, Platten- und Mosaik-Ansetz- und Verlegearbeiten;

14a. Bauarbeiten an Bauwerken, insbesondere Verfugung von Verblendmauerwerk und von Anschlüssen zwischen Einbauteilen und Mauerwerk sowie dauerelastische und dauerplastische Verfugungen aller Art;
15. Glasstahlbetonarbeiten sowie Vermauern und Verlegen von Glasbausteinen;
16. Gleisbauarbeiten;
17. Herstellen von nicht lagerfähigen Baustoffen, wie zum Beispiel Beton- und Mörtelmischungen (Transportbeton und Fertigmörtel), wenn mit dem überwiegenden Teil der hergestellten Baustoffe die Baustellen des herstellenden Betriebes, eines anderen Betriebes desselben Unternehmens oder innerhalb von Unternehmenszusammenschlüssen – unbeschadet der Rechtsform – die Baustellen des Betriebes mindestens eines beteiligten Gesellschafters versorgt werden;
18. Hochbauarbeiten;
19. Holzschutzarbeiten an Bauteilen;
20. Kanalbau-(Sielbau-)Arbeiten;
21. Maurerarbeiten;
22. Rammarbeiten;
23. Rohrleitungsbau-, Rohrleitungstiefbau-, Kabelleitungstiefbauarbeiten und Bodendurchpressungen;
24. Schachtbau- und Tunnelbauarbeiten;
25. Schalungsarbeiten;
26. Schornsteinbauarbeiten;
27. Spreng-, Abbruch- und Enttrümmerungsarbeiten; nicht erfasst werden Abbruch- und Abwrackbetriebe, deren überwiegende Tätigkeit der Gewinnung von Rohmaterialien oder der Wiederaufbereitung von Abbruchmaterialien dient;
28. Stahlbiege- und -flechtarbeiten, soweit sie zur Erbringung anderer baulicher Leistungen des Betriebes oder auf Baustellen ausgeführt werden;
29. Stakerarbeiten;
30. Steinmetzarbeiten;
31. Straßenbauarbeiten, das sind zum Beispiel Stein-, Asphalt-, Beton-, Schwarzstraßenbauarbeiten, Pflasterarbeiten aller Art, Fahrbahnmarkierungsarbeiten; ferner Herstellen und Aufbereiten des Mischgutes, wenn mit dem überwiegenden Teil des Mischgutes der Betrieb, ein anderer Betrieb desselben Unternehmens oder innerhalb von Unternehmenszusammenschlüssen – unbeschadet der Rechtsform – der Betrieb mindestens eines beteiligen Gesellschafters versorgt wird;
32. Straßenwalzarbeiten;

33. Stuck-, Putz-, Gips- und Rabitzarbeiten einschließlich des Anbringens von Unterkonstruktionen und Putzträgern;
34. Terrazzoarbeiten;
35. Tiefbauarbeiten;
36. Trocken- und Montagebauarbeiten (zum Beispiel Wand- und Deckeneinbau und -verkleidungen, Montage von Baufertigteilen) einschließlich des Anbringens von Unterkonstruktionen und Putzträgern;
37. Verlegen von Bodenbelägen in Verbindung mit anderen baulichen Leistungen;
38. Vermieten von Baumaschinen mit Bedienungspersonal, wenn die Baumaschinen mit Bedienungspersonal zur Erbringung baulicher Leistungen eingesetzt werden;
38a. Wärmedämmverbundsystemarbeiten;
39. Wasserwerksbauarbeiten, Wasserhaltungsarbeiten, Wasserbauarbeiten (zum Beispiel Wasserstraßenbau, Wasserbeckenbau, Schleusenanlagenbau);
40. Zimmerarbeiten und Holzbauarbeiten, die im Rahmen des Zimmergewerbes ausgeführt werden;
41. Aufstellen von Bauaufzügen.

(3) Betriebe und Betriebsabteilungen im Sinne des Absatz 1 sind auch
1. Betriebe, die Gerüste aufstellen (Gerüstbauerhandwerk),
2. Betriebe des Dachdeckerhandwerks.

(4) Betriebe und Betriebsabteilungen im Sinne des Absatzes 1 sind ferner diejenigen des Garten- und Landschaftsbaues, in denen folgende Arbeiten verrichtet werden:
1. Erstellung von Garten-, Park- und Grünanlagen, Sport- und Spielplätzen sowie Friedhofanlagen;
2. Erstellung der gesamten Außenanlagen im Wohnungsbau, bei öffentlichen Bauvorhaben, insbesondere an Schulen, Krankenhäusern, Schwimmbädern, Straßen-, Autobahn-, Eisenbahn-Anlagen, Flugplätzen, Kasernen;
3. Deich-, Hang-, Halden- und Böschungsverbau einschließlich Faschinenbau;
4. ingenieurbiologische Arbeiten aller Art;
5. Schutzpflanzungen aller Art;
6. Drainierungsarbeiten;
7. Meliorationsarbeiten;
8. Landgewinnungs- und Rekultivierungsarbeiten.

(5) Betriebe und Betriebsabteilungen im Sinne des Absatzes 1 sind von einer Förderung der ganzjährigen Beschäftigung durch das Saison-Kurzarbeitergeld ausgeschlossen, wenn sie zu einer abgrenzbaren und nennenswerten Gruppe gehören, bei denen eine Einbeziehung nach den Absätzen 2 bis 4 in der Schlechtwetterzeit nicht zu einer Belebung der wirtschaftlichen Tätigkeit oder zu einer Stabilisierung der Beschäftigungsverhältnisse der von saisonbedingten Arbeitsausfällen betroffenen Arbeitnehmer führt.

§ 2 BaubetrV Ausgeschlossene Betriebe

Nicht als förderfähige Betriebe im Sinne des § 1 Abs. 1 anzusehen sind Betriebe
1. des Bauten- und Eisenschutzgewerbes;
2. des Betonwaren und Terrazzowaren herstellenden Gewerbes, soweit nicht in Betriebsabteilungen nach deren Zweckbestimmung überwiegend Bauleistungen im Sinne des § 1 Abs. 1 und 2 ausgeführt werden;
3. der Fassadenreinigung;
4. der Fußboden- und Parkettlegerei;
5. des Glaserhandwerks;
6. des Installationsgewerbes, insbesondere der Klempnerei, des Klimaanlagenbaues, der Gas-, Wasser-, Heizungs-, Lüftungs- und Elektroinstallation, sowie des Blitzschutz- und Erdungsanlagenbaues;
7. des Maler- und Lackiererhandwerks, soweit nicht überwiegend Bauleistungen im Sinne des § 1 Abs. 1 und 2 ausgeführt werden;
8. der Naturstein- und Naturwerksteinindustrie und des Steinmetzhandwerks;
9. der Nassbaggerei;
10. des Kachelofen- und Luftheizungsbaues;
11. der Säurebauindustrie;
12. des Schreinerhandwerks sowie der holzbe- und -verarbeitenden Industrie einschließlich der Holzfertigbauindustrie, soweit nicht überwiegend Fertigbau-, Dämm- (Isolier-), Trockenbau- und Montagebauarbeiten oder Zimmerarbeiten ausgeführt werden;
13. des reinen Stahl-, Eisen-, Metall- und Leichtmetallbaues sowie des Fahrleitungs-, Freileitungs-, Ortsnetz- und Kabelbaues;
14. und Betriebe, die Betonentladegeräte gewerblich zur Verfügung stellen.

2a BaubetrV

(weggefallen)

3 BaubetrV

(weggefallen)

4 BaubetrV In-Kraft-Treten, Außer-Kraft-Treten

¹Diese Verordnung tritt am 1. November 1980 in Kraft. ²Gleichzeitig tritt die Baubetriebe-Verordnung vom 19. Juli 1972 (BGBl. I S. 1257), geändert durch Verordnung vom 30. April 1975 (BGBl. I S. 1056), außer Kraft.

G. AÜKostV

§ 1 AÜKostV Gebühren- und auslagenpflichtige individuell zurechenbare öffentliche Leistungen

Die Bundesagentur für Arbeit erhebt für die Erteilung und Verlängerung der Erlaubnis nach Artikel 1 § 1 des Arbeitnehmerüberlassungsgesetzes Gebühren nach § 2 und Auslagen nach § 3 dieser Verordnung.

§ 2 AÜKostV Höhe der Gebühren

Die Gebühr beträgt für die

1.	Erteilung oder Verlängerung einer befristeten Erlaubnis	1.000 Euro,
2.	Erteilung einer unbefristeten Erlaubnis	2.500 Euro.

§ 3 AÜKostV Auslagen

Als Auslagen werden die in § 10 Absatz 1 Nummer 2 bis 4 des Verwaltungskostengesetzes in der bis zum 14. August 2013 geltenden Fassung bezeichneten Aufwendungen erhoben.

§ 4 AÜKostV *(weggefallen)*

§ 5 AÜKostV Inkrafttreten

Diese Verordnung tritt am Tag nach der Verkündung in Kraft.

Anhang 2 Tarifverträge

Stand: Dezember 2016

A. Tarifverträge der Zeitarbeitsbranche – Überblick

I. Entgelttarifverträge[1] iGZ/DGB und BAP/DGB

WEST					
Entgelt-gruppe (EG)	ab 01.06.2016	ab 01.03.2017	ab 01.04.2018	ab 01.04.2019	01.10.–31.12.2019
EG 1	9,00 €	9,23 €	9,48 €	9,79 €	9,96 €
EG 2	9,61 €	9,85 €	10,13 €	10,45 €	10,62 €
EG 3	11,23 €	11,51 €	11,83 €	12,19 €	12,19 €
EG 4	11,88 €	12,18 €	12,52 €	12,89 €	12,89 €
EG 5	13,41 €	13,75 €	14,13 €	14,55 €	14,55 €
EG 6	15,09 €	15,47 €	15,90 €	16,38 €	16,38 €
EG 7	17,62 €	18,06 €	18,57 €	19,12 €	19,12 €
EG 8	18,96 €	19,43 €	19,98 €	20,58 €	20,58 €
EG 9	20,00 €	20,50 €	21,07 €	21,71 €	21,71 €

---

[1] Der Bundesvorstand des DGB hat die bisherigen Entgelttarifverträge mit iGZ (m.W.v. 01.11.2013) und BAP (m.W.v. 01.01.2004) zum 31.12.2016 gekündigt. Die anschließenden Tarifverhandlungen für die Zeitarbeitsbranche endeten am 30.11.2016 mit einem neuen Tarifabschluss für den Entgelttarifvertrag, der von der Verhandlungsgemeinschaft Zeitarbeit (VGZ) inhaltsgleich für iGZ und BAP vereinbart wurde. Das Verhandlungsergebnis ist in der nachfolgenden Tabelle zusammengefasst.

OST[2]					
Entgelt-gruppe (EG)	ab 01.01.2017	ab 01.03.2017	ab 01.04.2018	ab 01.04.2019	01.10.–31.12.2019
EG 1	8,84 €	8,91 €	9,27 €	9,49 €[3]	9,66 €
EG 2	8,89 €	9,01 €	9,37 €	9,73 €	9,90 €
EG 3	10,12 €	10,52 €	10,95 €	11,33 €	11,33 €
EG 4	10,71 €	11,14 €	11,58 €	11,99 €	11,99 €
EG 5	12,10 €	12,58 €	13,09 €	13,55 €	13,55 €
EG 6	13,61 €	14,15 €	14,72 €	15,24 €	15,24 €
EG 7	15,88 €	16,52 €	17,18 €	17,78 €	17,78 €
EG 8	17,08 €	17,76 €	18,47 €	19,12 €	19,12 €
EG 9	18,03 €	18,75 €	19,50 €	20,18 €	20,18 €

II. Entgeltrahmentarifverträge

	iGZ/DGB	BAP/DBG
Inkrafttreten/ Kündigung	Inkrafttreten 01.01.2004 (erstmals kündbar zum 31.12.2016, Kündigungsfrist sechs Monate).	Inkrafttreten 01.01.2004; (erstmals kündbar zum 31.12.2016; Kündigungsfrist sechs Monate).
Entgeltgruppe (EG)		

---

2 Vereinbart ist eine Angleichung der Entgeltgruppen Ost und West ab dem 01.04.2021.
3 EG 1/EG 2 (Ost): Anhebung auf 9,49 € (EG 1) und 9,73 € (EG 2) bereits ab dem 01.01.2019, Anpassungsstufe zur Anpassung der Entgelte an den gesetzlichen Mindestlohn.

Anhang 2 Tarifverträge

	iGZ/DGB	BAP/DBG
EG 1	Tätigkeiten, die eine betriebliche Einweisung erfordern.	Tätigkeiten, die eine betriebliche Einweisung erfordern.
EG 2	Tätigkeiten, die eine Anlernzeit erfordern oder für die fachbezogene Berufserfahrung oder fachspezifische Kenntnisse oder eine fachspezifische Qualifikation erforderlich sind.	Tätigkeiten, die eine Anlernzeit erfordern oder für die fachbezogene Berufserfahrung oder fachspezifische Kenntnisse oder eine fachspezifische Qualifikation erforderlich sind.
EG 3	Ausführung von Tätigkeiten, für die im Regelfall eine abgeschlossene Berufsausbildung oder eine fachspezifische Qualifikation und mehrjährige aktuelle Berufserfahrung erforderlich sind.	Tätigkeiten, für die Kenntnisse und Fertigkeiten erforderlich sind, die durch eine Berufsausbildung vermittelt werden. Diese Kenntnisse und Fertigkeiten können auch durch mehrjährige Tätigkeitserfahrung in der Entgeltgruppe 2 erworben werden.

	iGZ/DGB	BAP/DBG
EG 4	Ausführung von Tätigkeiten, für die Kenntnisse und Fertigkeiten erforderlich sind, die durch eine mindestens dreijährige Berufsausbildung vermittelt werden und die eine mehrjährige Berufserfahrung voraussetzen. Arbeitnehmer mit einer Betriebszugehörigkeit von mehr als einem Jahr in der Entgeltgruppe 3 werden in die Entgeltgruppe 4 eingruppiert. Die Berechnung der Betriebszugehörigkeit beginnt am 01.01.2014.	Tätigkeiten, für die Kenntnisse und Fertigkeiten erforderlich sind, die durch eine mindestens dreijährige Berufsausbildung vermittelt werden, und die eine mehrjährige Berufserfahrung voraussetzen. Mitarbeiter mit einer Betriebszugehörigkeit von mehr als einem Jahr in der Entgeltgruppe 3 werden in die Entgeltgruppe 4 eingruppiert. Die Berechnung der Betriebszugehörigkeit beginnt am 01.01.2014.
EG 5	Selbstständige Ausführung von Tätigkeiten, für die eine abgeschlossene, mindestens dreijährige Berufsausbildung, entsprechende aktuelle Arbeitskenntnisse und Fertigkeiten und mehrjährige fachspezifische Berufserfahrung sowie Spezialkenntnisse erforderlich sind, die durch eine Zusatzausbildung vermittelt werden.	Tätigkeiten, die Kenntnisse und Fertigkeiten erfordern, die durch eine mindestens dreijährige Berufsausbildung vermittelt werden. Zusätzlich sind Spezialkenntnisse erforderlich, die durch eine Zusatzausbildung vermittelt werden, sowie eine langjährige Berufserfahrung.

Anhang 2 Tarifverträge

	iGZ/DGB	BAP/DBG
EG 6	Selbstständige Ausführung von Tätigkeiten, für die eine abgeschlossene, mindestens dreijährige Berufsausbildung, entsprechende aktuelle Arbeitskenntnisse und Fertigkeiten sowie zusätzliche spezielle Qualifikationsmaßnahmen wie Meister- oder Technikerausbildung erforderlich sind.	Tätigkeiten, die eine Meister- bzw. Technikerausbildung oder vergleichbare Qualifikationen erfordern.
EG 7	Ausführung von speziellen Tätigkeiten, für die eine Meister-, Techniker- oder Fachschulausbildung erforderlich ist, bei denen die Arbeitnehmer Verantwortung für Personal und Sachwerte zu tragen haben oder selbstständig komplexe Aufgabenstellungen bewältigen müssen.	Tätigkeiten, die zusätzlich zu den Merkmalen der Entgeltgruppe 6 mehrjährige Berufserfahrung erfordern.
EG 8	Ausführung von speziellen Tätigkeiten, für die ein abgeschlossenes Fachhochschulstudium erforderlich ist, bei denen selbstständig komplexe Aufgabenstellungen zu bewältigen sind.	Tätigkeiten, die ein Fachhochschulstudium erfordern.

	iGZ/DGB	BAP/DBG
EG 9	Selbstständige Ausführung von Tätigkeiten, für die ein abgeschlossenes Fachhochschulstudium mit mehrjähriger Berufserfahrung oder ein Hochschulstudium erforderlich ist.	Tätigkeiten, die ein Hochschulstudium, bzw. Tätigkeiten, die ein Fachhochschulstudium und mehrjährige Berufserfahrung erfordern.

III. Manteltarifverträge

	iGZ/DGB	BPA/DBG
Inkrafttreten/ Kündigung	MTV v. 29.05.2003; **Inkrafttreten 01.01.2004** i.d.F. des Änderungstarifvertrages zum 01.11.2013 (erstmals kündbar zum 31.12.2016; Kündigungsfrist sechs Monate).	MTV v. 22.07.2003 i.d.F. v. 17.09.2013; **Inkrafttreten 01.01.2004** (erstmals kündbar zum 31.12.2016; Kündigungsfrist sechs Monate).
Regelungsgegenstand		
Altersvorsorge	iGZ/DGB	Entgeltumwandlung.
Arbeitszeiten	Tarifliche Regelarbeitszeit: 151,67 h/Monat; 35 h/Woche. Variable Monatsarbeitszeit bei 20/21/22/23 Arbeitstagen von 140/147/154/161 h/Monat.	Tarifliche Regelarbeitszeit: 151,67 h/Monat; 35 h/Woche. Einzelvertragliche Verlängerung auf bis zu 40 h/Woche zulässig.

Anhang 2 Tarifverträge

	iGZ/DGB	BPA/DBG
Arbeitszeitkonten	Werden eingerichtet; Plusstunden: 150 h. Minusstunden: 21 h. Ausgleichszeitraum: (-). Ausgleich: grds. Freizeitausgleich; Auszahlung/Verrechnung nur bei Ausscheiden.	Werden eingerichtet; Plusstunden: max. 200 h; bei saisonalen Schwankungen 230 h. Minusstunden: unbegrenzt. Ausgleichszeitraum: 12 Monate. Insolvenzsicherung: über 150h hinausgehenden Plusstunden. Ausgleich: grds. Freizeitausgleich; Auszahlung/Verrechnung nur bei Ausscheiden.
Ausschlussfristen	3 Monate nach Fälligkeit außergerichtlich; bei Ablehnung innerhalb von 3 Monaten ab Zugang der schriftlichen Ablehnung gerichtlich.	3 Monate nach Fälligkeit außergerichtlich; bei Ablehnung innerhalb von 3 Monaten ab Zugang der schriftlichen Ablehnung gerichtlich.
Befristung	Nach TzBfG.	Sachgrundlose Befristung: Höchstbefristung 2 Jahre; Max. 4 Verlängerungen.
Urlaub	Urlaub/Arbeitstage pro Jahr:	Wie iGZ/DGB.
	im 1. Jahr: 24;	
	im 2. Jahr: 25;	
	im 3. Jahr: 26;	

	iGZ/DGB	BPA/DBG
	im 4. Jahr: 28;	
	ab 5. Jahr: 30.	
Jahressonderzahlungen	Urlaubs- und Weihnachtsgeld (Anspruch erstmals nach 6-monatigem ununterbrochenen Bestand des Arbeitsverhältnisses):	Wie iGZ/DGB.
	nach 6. Monat: je 150 € brutto;	
	3. + 4. Jahr: je 200 € brutto;	
	ab 5.Jahr: je 300 € brutto.	
Probezeit/Kündigungsfristen	Probezeit: 6 Monate.	Probezeit: 6 Monate.
	Kündigungsfristen:	
	bis 4 Wochen: 2 Arbeitstage;	bis 2 Wochen: einzelvertraglich Abkürzung auf 1 Tag bei Neueinstellung möglich;
	bis 2 Monate: 1 Woche;	bis 3 Monate: 1 Woche;
	bis 6 Monate: 2 Wochen;	bis 6 Monate: 2 Wochen;
	ab 7. Monat: Gesetz; beidseitig.	ab 7. Monat: Gesetz; beidseitig.
Zuschläge		
Mehrarbeit	25%	25 % (bei Überschreitung tarifl. Arbeitszeit um mehr als 15 %)

Urban-Crell

Anhang 2 Tarifverträge

	iGZ/DGB	BPA/DBG
Nachtarbeit	25 % (20 % bei rglm. Nachtarbeit; (-) bei typischer Nachtarbeit, z.B. Bewachungsdienste)	gem. Regelungen beim Entleiher, max. 25 %
Sonntagsarbeit	50 % (sofern keine Regelarbeitszeit)	gem. Regelungen beim Entleiher, max. 50 %
Feiertagsarbeit	100 % (sofern keine Regelarbeitszeit)	gem. Regelungen beim Entleiher, max. 100 %

B. Wichtige Mindestlohntarifverträge und -verordnungen – Überblick

Mindestlöhne und Lohnuntergrenzen aufgrund allgemeinverbindlicher Tarifverträge und RVO					
Branche	Laufzeit	Lohn-/ Entgeltgruppe	Mindestlöhne/€		
			Deutschland West	Berlin	Deutschland Ost
Abfallwirtschaft	01.06.2016-31.03.2017		9,10		
Aus- und Weiterbildung	01.01.–31.12.2016		14,00		13,50
	01.01.–31.12.2017		14,60		
Bauhauptgewerbe	01.01.–31.12.2016	1 (Werker)	11,25		11,05
		2 (Fachwerker)	14,45	14,30	

Mindestlöhne und Lohnuntergrenzen aufgrund allgemeinverbindlicher Tarifverträge und RVO

Branche	Laufzeit	Lohn-/ Entgeltgruppe	Mindestlöhne/€		
			Deutschland West	Berlin	Deutschland Ost
Dachdeckerhandwerk	01.01.–31.12.2016		12,05		
	01.01.–31.12.2017		12,25		
Elektrohandwerk (Montage)	01.01.–31.12.2016		10,35	9,85	
	01.01.–31.12.2017		10,65	10,40	
Fleischindustrie	01.12.2016-31.12.2017		8,75		
Maler- und Lackiererhandwerk	01.05.2016-30.04.2017	1 (ungelernter AN)	10,10		
		2 (Geselle)	13,10/12,90		11,30
	01.05.2017-30.04.2018[4]	1	10,35		
		2	13,10		11,85
Gebäudereinigungsleistungen	01.03.2016-31.12.2016	1 (Innen-/Unterhaltsreinigung)	9,80		8,70

---

4 Allgemeinverbindlichkeit nach § 4 AEntG noch nicht erteilt (Stand: 22.12.2016).

Anhang 2 Tarifverträge

Mindestlöhne und Lohnuntergrenzen aufgrund allgemeinverbindlicher Tarifverträge und RVO					
Branche	Laufzeit	Lohn-/ Entgeltgruppe	Mindestlöhne/€		
			Deutschland West	Berlin	Deutschland Ost
		6 (Glas-/Fassadenreinigung)	12,98		11,10
Pflegebranche	01.01.–31.12.2016		9,75		9,00
Sicherheitsdienstleistungen	01.01.–31.12.2016		8,60 – 9,74		
Baden-Wüttemberg			9,74		
Bayern			9,34 (Ortsklasse 1)		
Berlin			9,00		
Brandenburg			9,00		
Nordrhein-Westfalen			9,70		
Sachsen			9,00		
Mecklenburg-Vorpommern			9,00		
Sachsen-Anhalt			9,00		
Thüingen			8,60		
Hessen			9,00		
Niedersachsen			9,00		

Tarifverträge Anhang 2

Mindestlöhne und Lohnuntergrenzen aufgrund allgemeinverbindlicher Tarifverträge und RVO					
Branche	Laufzeit	Lohn-/ Entgeltgruppe	Mindestlöhne/€		
			Deutschland West	Berlin	Deutschland Ost
Bremen			9,00		
Hamburg			9,00		
Rheinland-Pfalz			8,80		
Saarland			8,80		
Schleswig-Holstein			9,00		
Zeitarbeitsbranche *(Mindeststundenentgelte/ Lohnuntergrenze)*	01.06.2016-31.12.2016		9,00	8,50	
	01.01.–28.02.2017[5]		9,00	8,84	
	01.03.2017–31.03.2018		9,23	8,91	
	01.04.2018–31.12.2018			9,27	
	01.04.2018–31.03.2019		9,48		
	01.01.2019–30.09.2019			9,49	
	01.04.2019–30.09.2019		9,79		

---

5 Allgemeinverbindlichkeit nach § 3a AÜG noch nicht erteilt (Stand: 22.12.2016).

Urban-Crell

Anhang 2 Tarifverträge

Mindestlöhne und Lohnuntergrenzen aufgrund allgemeinverbindlicher Tarifverträge und RVO					
Branche	Laufzeit	Lohn-/ Entgeltgruppe	Mindestlöhne/€		
			Deutschland West	Berlin	Deutschland Ost
	01.10.2019-31.12.2019		9,96	9,66	

Anhang 3 Materialien der Bundesagentur für Arbeit

A. Fachliche Weisungen zum Arbeitnehmerüberlassungsgesetz (AÜG) – Stand 01.04.2017

1. § 1 Arbeitnehmerüberlassung, Erlaubnispflicht

1.1 Grundsätzliches zur Erlaubnispflicht nach § 1

(1) § 1 verfolgt in erster Linie das Ziel, für die Arbeitnehmerüberlassung rechtliche Rahmenbedingungen zu schaffen, die den Anforderungen eines sozialen Rechtsstaats genügen (BT-Drs. 6/2303, S. 9f.). Arbeitnehmerüberlassung im Rahmen wirtschaftlicher Tätigkeit ist **grundsätzlich verboten**, es sei denn, der Verleiher verfügt über eine entsprechende Erlaubnis (präventives Verbot mit Erlaubnisvorbehalt).

(2) Die Arbeitnehmerüberlassung wird innerhalb eines Dreipersonenverhältnisses abgewickelt, an dem Verleiher, Entleiher und der zu verleihende Arbeitnehmer (Leiharbeitnehmer) beteiligt sind. Zwischen Verleiher und Entleiher wird der Arbeitnehmerüberlassungsvertrag geschlossen, mit dem sich der Verleiher verpflichtet, dem Entleiher vorübergehend (§ 1 Abs. 1 S. 4) einen geeigneten Arbeitnehmer zur Arbeitsleistung zu verschaffen (Gattungsschuld). Arbeitgeber des Leiharbeitnehmers ist der Verleiher, so bleibt es auch während der Überlassungszeit.

1.1.1 Geltungsbereich der Erlaubnispflicht nach dem AÜG

(1) Räumlich beschränkt sich der **Geltungsbereich der Erlaubnispflicht des AÜG** nach dem Territorialitätsprinzip auf die Bundesrepublik Deutschland. Hierzu gehören auch unter der Bundesflagge fahrende Schiffe und Luftfahrzeuge.

(2) Innerhalb Deutschlands gilt das AÜG für das Tätigwerden einheimischer wie ausländischer Verleiher gleichermaßen. Erfasst wird daher der Verleih in Deutschland, sowie nach Deutschland hinein und aus Deutschland heraus. Nicht erfasst ist der Verleih durch einen ausländischen Verleiher an einen inländischen Entleiher, wenn der Leiharbeitnehmer ausschließlich im Ausland eingesetzt wird.

(3) Deutsche Rechtsvorschriften sind jedoch nur dann anzuwenden, wenn die gesetzlich vorgeschriebenen Merkmale auf dem Territorium des betreffenden Staates gegeben sind. Beispiel: Besteht in Österreich kein Verbot des Verleihs in Baubetriebe, ist ein Verleih von Deutschland nach Österreich in Baubetriebe zulässig.

(4) Der gegenständliche Geltungsbereich ist vielfach eingeschränkt und durch wichtige Bereichsausnahmen gestaltet. Insoweit wird auf § 1 Abs. 1a und § 1 Abs. 3 verwiesen.

Urban-Crell

1.1.2 Begriffsbestimmungen

(1) Das Gesetz bezeichnet als **Verleiher** denjenigen, der Arbeitnehmer überlässt (§ 1 Abs. 1). Verleiher kann jeder sein, der auch Arbeitgeber sein kann, z. B. natürliche und juristische Personen, Personengesellschaften und -gesamtheiten. Ändert sich die Rechtsform eines Arbeitgebers, kann dies Auswirkungen auf eine erteilte Erlaubnis haben (FW 7.).

(2) Der legale Verleiher ist Arbeitgeber im arbeitsrechtlichen Sinne. Das Vorliegen eines Arbeitsverhältnisses ist nach den allgemeinen Grundsätzen des Arbeitsrechts zu beurteilen. Der Verleiher hat mit der Beschäftigung eines Leiharbeitnehmers das Arbeitgeberrisiko und die Arbeitgeberpflichten insbesondere nach dem Arbeits-, Steuer- und Sozialversicherungsrecht (FW 3.) zu übernehmen. Erfüllt er diese Pflichten nicht, kann die Vermittlungsvermutung nach § 1 Abs. 2 zutreffen. Unabhängig davon kann sich die Frage der Zuverlässigkeit im Sinne von § 3 Abs. 1 Nr. 1 stellen.

(3) Dem **Entleiher** (»Dritten«) werden die Leiharbeitnehmer vom Verleiher zur Arbeitsleistung überlassen. Als Entleiher kommt mit Ausnahme des Verleihers jeder in Betracht, der als juristische Person selbst Arbeitgeber sein könnte. Die rechtliche Organisationsform ist wie beim Verleiher für die Entleihereigenschaft ohne Belang.

(4) Als Entleiherbetrieb ist der **Betrieb** anzusehen, der aufgrund Aufgabenbereich und Organisation eigenständig handelt und zur selbständigen Einstellung und Entlassung von Arbeitnehmern der überlassenen Art berechtigt ist.

(5) **Leiharbeitnehmer** kann jeder sein, der auch Arbeitnehmer sein kann. Für das AÜG ist der allgemeine arbeitsrechtliche Arbeitnehmerbegriff maßgeblich (zur Gestellung von Mitgliedern einer DRK-Schwesternschaft siehe Beschluss des Bundesarbeitsgerichts vom 21.02.2017 – 1 ABR 62/12). Kennzeichnend für die Arbeitnehmereigenschaft ist die persönliche Abhängigkeit, also die Weisungsgebundenheit hinsichtlich Inhalt, Durchführung, Zeit, Dauer und Ort der Arbeitstätigkeit (vgl. § 611a Abs. 1 BGB). Auf die sozialversicherungs- oder steuerrechtliche Beurteilung kommt es nicht allein an, dennoch kommt der Abführung von Lohnsteuer und Sozialversicherungsabgaben Indizwirkung zu. Arbeitnehmer können auch in Teilzeit oder geringfügig Beschäftigte (§ 8 SGB IV) und Personen, die »Dienste höherer Art« leisten (z. B. Architekten) sein. Zur Abgrenzung des Einsatzes eines Arbeitnehmers als Leiharbeitnehmer oder als Erfüllungsgehilfe im Rahmen eines selbständigen Dienst- oder Werkvertrages siehe FW 1.1.6.

(6) Arbeitnehmer sind auch Personen, die formal wie Selbständige auftreten, tatsächlich aber abhängig Beschäftigte sind (Scheinselbständige). Zeigt die tatsächliche Durchführung des Vertragsverhältnisses, dass es sich um ein Arbeitsverhältnis handelt, kommt es auf die Bezeichnung im Vertrag nicht an (§ 611a Absatz 1 Satz 5 BGB). Der Arbeitgeber/Verleiher hat die Pflicht zu prüfen, ob ein Auftragnehmer als Arbeitnehmer bei ihm abhängig beschäftigt oder selbständig tätig ist. Im Zweifelsfall kann ein

Statusfeststellungsverfahren nach § 7a SGB IV beantragt werden (Clearingstelle der Deutschen Rentenversicherung Bund in 10704 Berlin). Im Gegensatz zu den »Scheinselbständigen«, die im Rechtssinn Arbeitnehmer sind, sind die »arbeitnehmerähnlichen Personen« selbstständig tätig. Sie beschäftigen in der Regel keine versicherungspflichtigen Arbeitnehmer und sind auf Dauer und im Wesentlichen nur für einen Auftraggeber tätig und daher wirtschaftlich abhängig (z. B. in Heimarbeit Beschäftigte).

(7) **Keine Arbeitnehmer** sind Beamte, Soldaten und Heimarbeiter. In der Regel stehen ebenfalls in keinem Arbeitsverhältnis:
– Mitglieder von Orden oder Schwesternschaften
– Genossen einer Genossenschaft und Vereinsmitglieder im Verhältnis zu ihrer Organisation
– behinderte Menschen in einer anerkannten Werkstatt für behinderte Menschen
– Freiwillige im Sinne des Jugendfreiwilligendienstegesetzes (JFDG) und des Bundesfreiwilligendienstgesetzes (BFDG).

(8) Mitarbeitende Gesellschafter einer GmbH mit einem Beteiligungsverhältnis von mindestens 50 % stehen nicht in einem abhängigen Verhältnis zu dieser Gesellschaft, wenn sie ihre Geschicke maßgeblich beeinflussen können. Einen maßgeblichen Einfluss übt der Gesellschafter in jedem Fall aus, wenn er durch sein Kapital mit mindestens 50 % am Kapital beteiligt ist und sein Stimmrecht bei der Beschlussfassung in der Gesellschafterversammlung nicht von dem Beteiligungsverhältnis abweicht (BAG 06.05.1998 – 5 AZR 612/97). Ein solcher Gesellschafter hat die Möglichkeit, ihm nicht genehme Beschlüsse zu Fall zu bringen.

(9) Die Bezeichnung eines Arbeitnehmers als »**freier Mitarbeiter**« ist für die rechtliche Bewertung der Vertragsbeziehung nicht entscheidend. Es kommt immer auf die tatsächliche Vertragsdurchführung an. Maßgebend ist, ob die überlassende Arbeitskraft im Betrieb des Entleihers eine Tätigkeit in persönlicher und weisungsgebundener Abhängigkeit wie ein Arbeitnehmer zu leisten hat, oder ob die Tätigkeit der überlassenden Arbeitskraft so frei und unabhängig vom Weisungsrecht des Entleihbetriebes auszuüben ist, dass nicht mehr von einer abhängigen Tätigkeit gesprochen werden kann. Werden so genannte »freie Mitarbeiter« zur Arbeitsleistung überlassen und beim Entleiher als Arbeitnehmer eingesetzt, liegt Arbeitnehmerüberlassung vor.

(10) **Überlassen** im Sinne des AÜG bedeutet die Zurverfügungstellung eines Arbeitnehmers **zur Arbeitsleistung** an Dritte. Der Dritte erhält durch den Überlassungsvertrag das Recht, den Leiharbeitnehmer wie ein Arbeitgeber anzuweisen.

(11) **Ketten**-, Zwischen- oder Weiter**verleih** liegt vor, wenn ein Entleiher die ihm von einem Verleiher überlassenen Leiharbeitnehmer wiederum anderen Entleihern zur Arbeitsleistung zur Verfügung stellt. Dies ist nicht gestattet, da ein Leiharbeitnehmer nach § 1 Abs. 1 Satz 3 nur verliehen und vom Entleiher eingesetzt werden darf, wenn ein Arbeitsvertragsverhältnis mit dem Verleiher besteht.

(12) Rechtsfolgen des Kettenverleihs: Nach § 16 Abs. 1 Nr. 1b und Abs. 2 kann ein Verstoß gegen § 1 Abs. 1 Satz 3 als Ordnungswidrigkeit verfolgt und mit einer Geldbuße von bis zu 30.000,- € geahndet werden. Die Regelung des § 10a stellt sicher, dass die Rechtsfolgen der §§ 9 und 10 nicht umgangen werden können, indem ein anderes Unternehmen ohne arbeitsvertragliche Beziehung zum Leiharbeitnehmer zwischengeschaltet wird. Kommt zu einem Verstoß gegen § 1 Abs. 1 Satz 3 hinzu, dass der Weiterverleih ohne Erlaubnis durchgeführt oder gegen die Überlassungshöchstdauer (vgl. FW 1.2) bzw. die Offenlegungspflicht (vgl. FW 1.1.6.7) verstoßen wurde, gelten § 9 Abs. 1 Nr. 1 bis 1b und § 10 entsprechend. Bei Erlaubnisinhabern können Verstöße zudem im Rahmen der Zuverlässigkeitsprüfung nach § 3 Abs. 1 Nr. 1 berücksichtigt werden und erlaubnisrechtliche Folgen haben.

(13) Arbeitnehmerüberlassung liegt nicht vor, wenn **Auszubildende** Dritten zu Ausbildungszwecken (z. B. im Rahmen eines Ausbildungsverbundes) überlassen werden.

1.1.3 Arbeitnehmerüberlassung im Rahmen der wirtschaftlichen Tätigkeit

(1) Der Anwendungsbereich des AÜG erfasst Verleiher, die Arbeitnehmer im Rahmen ihrer wirtschaftlichen Tätigkeit überlassen, unabhängig davon, ob sie Erwerbszwecke verfolgen oder nicht. Eine wirtschaftliche Tätigkeit liegt nach der ständigen Rechtsprechung des Europäischen Gerichtshofes (u. a. EuGH, Urteil vom 10.01.2006 – C-222/04) vor, wenn Güter oder Dienstleistungen auf einem bestimmten Markt angeboten werden. Davon ist zumindest bei der entgeltlichen Zurverfügungstellung von Personal auszugehen (siehe EuGH, Urteil vom 17.11.2016 – C-216/15).

(2) Für die Frage, ob die Arbeitnehmerüberlassung im Rahmen der wirtschaftlichen Tätigkeit stattfindet, ist unerheblich, ob diese für einen Betrieb **Haupt- oder Nebenzweck** ist oder die Arbeitnehmer sowohl in eigener Betriebsstätte beschäftigt als auch bei sich bietender Gelegenheit Dritten zur Arbeitsleistung überlassen werden (**Mischbetriebe**).

1.1.4 Arbeitnehmerüberlassung und spezialgesetzliche Normen

(1) Die zum Betrieb eines **Bewachungs**gewerbes **nach § 34a Gewerbeordnung** (GewO) erteilte Erlaubnis ersetzt nicht die für die Arbeitnehmerüberlassung erforderliche Erlaubnis nach § 1 (BAG, Urteil vom 08.11.1978 – 5 AZR 261/77; OLG Hamm, Urteil vom 14.12.1990 – 11 U 153/90). Es ist zu differenzieren, ob Bewachungsleistungen tatsächlich als selbständige Dienstleistungen erbracht oder die Arbeitnehmer in eine dritte Betriebsorganisation integriert, also überlassen werden (siehe FW 1.1.6).

(2) Bei der **Gestellung von Sicherungsposten bei Gleisbauarbeiten** durch ein Bewachungsunternehmen mit einer Erlaubnis nach § 34a GewO ist von erlaubnispflichtiger Arbeitnehmerüberlassung auszugehen (BAG, Urteil vom 08.11.1978 – 5 AZR 261/77), weil Sicherungsposten im Bereich der Deutschen Bahn AG (DB AG) nicht

wie bei echten Bewachungsaufgaben das Eigentum oder sonstige Rechte des Bewachten gegen Eingriffe Dritter schützen, sondern sie die Bediensteten der DB AG gegen die von den Einrichtungen der DB AG selbst ausgehenden Gefahren sichern.

Werden jedoch im Zusammenhang mit Bauleistungen im Rahmen eines Werkvertrages Sicherungsposten gestellt, findet das AÜG keine Anwendung, wenn dies eindeutig eine Nebenleistung des vereinbarten Werkvertrages darstellt. Die Gestellung von Sicherungsposten an Bauunternehmen durch Verleiher ist dagegen nur nach § 1b Satz 2 Buchstabe a zulässig.

(3) Der Inhaber einer Genehmigung für den **Güterverkehr** bzw. einer Erlaubnis für den Güternahverkehr bedarf für die Beförderung von Gütern mit einem Kraftfahrzeug für andere keiner Verleiherlaubnis nach dem AÜG, auch wenn diese Beförderung durch seine Arbeitnehmer vorgenommen wird und diese bei der Beförderung Weisungen der anderen unterliegen. Eine Genehmigung nach dem **Güterkraftverkehrsgesetz** (GüKG) erstreckt sich aber nicht auf den Verleih von Kraftfahrzeugführern ohne Kraftfahrzeug. Das Verbot der Arbeitnehmerüberlassung im Werksverkehr besteht nicht mehr.

(4) Mietwagenunternehmen, die Kraftfahrzeuge mit Fahrer vermieten, benötigen gemäß **Personenbeförderungsgesetz** (PBefG) für ihre Tätigkeit keine Erlaubnis nach dem AÜG. Eine Genehmigung nach dem PBefG erstreckt sich jedoch nicht auf den Verleih von Kraftfahrzeugführern ohne Kraftfahrzeug.

1.1.5 Besondere Fallgestaltungen/-beispiele

(1) Arbeitnehmerüberlassung liegt nicht vor, wenn die Träger der landwirtschaftlichen Sozialversicherung aufgrund der gesetzlichen Regelung (insbesondere §§ 10, 11 Zweites Gesetz über die Krankenversicherung der Landwirte, §§ 36, 37, 39 des Gesetzes über die Alterssicherung der Landwirte, §§ 54, 55 SGB VII) durch die Gestellung von Ersatzkräften Betriebs- und Haushaltshilfe in den landwirtschaftlichen Unternehmen leisten. Die landwirtschaftlichen Sozialversicherungsträger erbringen die Sozialleistung »Betriebs- und Haushaltshilfe« indem sie den Landwirten eigene Ersatzkräfte zur Verfügung stellen, Betriebshelferdienste damit beauftragen (**Maschinen- und Betriebshilfsring** (MR)) oder die Kosten für eine von dem Landwirt selbst beschaffte Ersatzkraft erstatten.

(2) Das Gleiche gilt auch in den Fällen, in denen in der Satzung des MR selbst Leistungen der sozialen Betriebshilfe vorgesehen sind, die sich zwar nach Sinn und Zweck an den gesetzlichen Leistungen orientieren, aber über diese hinausgehen. Voraussetzung ist, dass auch hier Ersatzkräfte eingesetzt werden, die nach ihrer Eignung und Ausbildung in der Lage sind, den Landwirt oder dessen mitarbeitenden Familienangehörigen selbständig und eigenverantwortlich zu vertreten. D. h., dass das Weisungsrecht nicht auf den Landwirt übergeht.

(3) Sofern der MR darüber hinaus (Saison-)Beschäftigte an seine Mitgliedsbetriebe überlässt, liegt regelmäßig erlaubnispflichtige Arbeitnehmerüberlassung vor.

(4) Bedingt sich der Auftraggeber (Besteller) eines Werkvertrages aus, eigene Arbeitskräfte an der Erstellung des Werkes auf seinem Betriebsgelände mitwirken zu lassen, kann diese **Beistellung** des Personals grundsätzlich Arbeitnehmerüberlassung sein. Bei Anwendung der für gemischte Verträge geltenden Grundsätze tritt jedoch die Beistellung von Arbeitskräften (d. h. Arbeitnehmerüberlassung) zurück, wenn der Auftraggeber sich überwiegend zur Zahlung von Werklohn in Form von Geld verpflichtet hat. In diesem Fall ist vom Vorliegen eines Werkvertrages auszugehen.

(5) Arbeitnehmerüberlassung im Sinne des AÜG liegt regelmäßig vor, wenn eine zentrale Personalverwaltung oder eine Personalführungsgesellschaft mehrerer rechtlich eigenständiger Arbeitgeber Personalausgleich durch Verleih betreibt (sog. »**Personalpool**«).

(6) Sofern im Rahmen von **Arbeitgeberzusammenschlüssen** (AGZ) Personal im Wege der Arbeitnehmerüberlassung unter den Mitgliedsunternehmen des AGZ verliehen bzw. überlassen wird, unterliegt dies der Erlaubnispflicht nach dem AÜG (BT-Drs. 16/8936). AGZ sind Zusammenschlüsse von vor allem kleinen oder mittelständischen Unternehmen einer Region, die sich Personal teilen. Die Beschäftigungsverhältnisse werden mit dem AGZ geschlossen. Es besteht ein gemeinsames Personalmanagement der Betriebe.

(7) Arbeitnehmerüberlassung liegt nicht vor bei einer Tätigkeit eines Arbeitnehmers in einem **Gemeinschaftsbetrieb**, an dem der Arbeitgeber beteiligt ist. Der Gemeinschaftsbetrieb ist nicht Dritter (Entleiher) im Sinne des § 1 Abs. 1 Satz 1. Ein Gemeinschaftsbetrieb mehrerer rechtlich selbständiger Unternehmen liegt vor, wenn sich die beteiligten Unternehmen zur gemeinsamen Führung des Betriebs rechtlich verbunden und einen einheitlichen Leitungsapparat zur Erfüllung der in der organisatorischen Einheit zu verfolgenden arbeitstechnischen Zwecke geschaffen haben. Insbesondere müssen die Arbeitgeberfunktionen in den sozialen und personellen Angelegenheiten des Betriebsverfassungsgesetzes institutionell einheitlich für die beteiligten Unternehmen sein (BAG, Urteil vom 3.12.1997 – 7 AZR 764/96).

(8) Der sog. **Selbstverleih** ist rechtlich nicht möglich, da die Arbeitnehmerüberlassung immer ein Dreiecksverhältnis (Verleiher, Leiharbeitnehmer und Entleiher) voraussetzt. Beim sog. Selbstverleih besteht Personenidentität zwischen Verleiher und Leiharbeitnehmer. In der Regel ist in dieser Konstellation der Betreffende entweder Arbeitnehmer des »Entleihers« (Arbeitgebers) oder Werkunternehmer, wenn er im Rahmen eines Werkvertrages für den Auftraggeber (»Entleiher«) tätig wird.

(9) Das **Makeln von Arbeitnehmerüberlassungsverträgen** stellt keine erlaubnispflichtige Tätigkeit im Sinne des AÜG dar.

(10) Arbeitnehmerüberlassung liegt nicht vor, wenn ein Arbeitnehmer ein **weiteres Beschäftigungsverhältnis** unter gleichzeitiger Ruhendstellung des ursprünglichen Beschäftigungsverhältnisses eingeht.

(11) Beim sog. »Verleih« von **Berufssportlern** liegt keine Arbeitnehmerüberlassung im Sinne des AÜG vor, wenn das Arbeitsverhältnis zwischen dem abgebenden Verein und dem Sportler gekündigt oder beendet und für die Zeit des sog. »Verleihs« ein neues Arbeitsverhältnis zwischen dem aufnehmenden Verein und dem »verliehenen« Sportler begründet wird. Eine vertraglich ausbedungene Rückkehrmöglichkeit zum abgebenden Verein ist dabei unschädlich. Keine Arbeitnehmerüberlassung liegt außerdem vor, wenn das Arbeitsverhältnis des Berufssportlers mit dem abgebenden Verein während des sog. »Verleihs« nicht vollkommen gelöst, sondern ruhend gestellt wird. Für die erlaubnisfreien Formen der »Sportlerleihe« ist der Wechsel des Vertragsarbeitgebers typisch. Der abgebende Verein verliert jede Weisungsgewalt über den »verliehenen« Sportler. Bei einer Arbeitnehmerüberlassung im Sinne des AÜG bleibt der Verleiher hingegen auch während der Überlassung Vertragsarbeitgeber. Die Arbeitgeberfunktion zwischen ihm und dem Dritten (Entleiher) wird aufgespalten. Auf den Entleiher wird nur ein Teil des (arbeitsplatzbezogenen) Weisungsrechts übertragen.

(12) Arbeitnehmerüberlassung liegt ferner nicht vor, wenn ein Arbeitgeber des Baugewerbes von der Möglichkeit des § 9 Bundesrahmentarifvertrag für das Baugewerbe (**BRTV Bau**) Gebrauch macht und einen Arbeitnehmer zur Arbeitsleistung in einer Arbeitsgemeinschaft, an der er beteiligt ist, freistellt. Während der Dauer der Freistellung ruht das Arbeitsverhältnis des Arbeitnehmers zum Stammbetrieb; mit der Aufnahme tritt der Arbeitnehmer in ein Arbeitsverhältnis zur Arbeitsgemeinschaft (s. auch FW 1.1.6.8).

(13) Kommt bei Maßnahmen nach SGB II und SGB III zwischen dem Träger und dem zugewiesenen Arbeitslosen ein Arbeitsverhältnis zustande und erbringt der Arbeitnehmer bei einem Dritten seine Arbeitsleistung nach dessen Weisungen, liegt grundsätzlich eine erlaubnispflichtige Arbeitnehmerüberlassung vor.

(14) Das AÜG findet keine Anwendung bei einer Beschäftigung auf ausgelagerten Arbeitsplätzen von in **Werkstätten** beschäftigten **behinderten Menschen**, die nicht in einem Arbeitsverhältnis, sondern zur Rehabilitation in einem arbeitnehmerähnlichen Rechtsverhältnis stehen. Auch wenn die Beschäftigung auf einem **ausgelagerten Arbeitsplatz** ausgeübt wird, geht es nicht um die Erbringung einer Arbeitsleistung nach Weisung des Betriebsinhabers wie bei der Arbeitnehmerüberlassung, vielmehr dient die Beschäftigung der Rehabilitation des behinderten Menschen im Rahmen des Rehabilitationsauftrags der Werkstatt. Das gilt auch, wenn es sich um eine Tätigkeit auf einem dauerhaft ausgelagerten Arbeitsplatz handelt, die nun aufgrund des Gesetzes zur Einführung Unterstützter Beschäftigung vom 22. Dezember 2008 zum Angebot der Werkstätten gehört. Die Werkstatt erfüllt ihren in § 136 Abs. 1 SGB IX festgelegten gesetzlichen Auftrag weiterhin auch gegenüber denjenigen Beschäftigten, die außerhalb

Urban-Crell

der Einrichtung arbeiten. Vom Anwendungsbereich des AÜG sind dagegen Personen erfasst, die in Ausnahmefällen als **Arbeitnehmer** in einer Werkstatt für behinderte Menschen oder als Arbeitnehmer in einem Integrationsprojekt beschäftigt sind.

(15) Bei **Kooperationen von Trägern öffentlicher Schulen oder Ersatzschulen mit außerschulischen Partnern**, insbesondere anerkannten Trägern der freien Jugendhilfe, liegt keine Arbeitnehmerüberlassung vor, wenn die beteiligten Arbeitgeber auf Grundlage einer abgestimmten pädagogischen Konzeption bei der Wahrnehmung ihrer jeweiligen Aufgabe eng zusammenarbeiten. Bei der Verfolgung eigener (Betriebs-) Zwecke werden keine eigenen Mitarbeiter zur Verfügung gestellt und damit überlassen (BAG, Urteil vom 25.10.2000 – 7 AZR 487/99). Die Erfüllung von originären oder vertraglich übernommenen Aufgaben des außerschulischen Partners bei der Bildung, Erziehung und Betreuung von Schülern ist nicht auf die Erbringung eigenständiger Angebote außerhalb der Unterrichtszeit beschränkt. Sie kann auch dann vorliegen, wenn der außerschulische Partner mit seinen Mitarbeitern im gesamten Schulalltag bei der Umsetzung des abgestimmten pädagogischen Konzepts (z. B. Ganztagsschulkonzept) eng mit dem Personal der Schule zusammenarbeitet.

1.1.6 Abgrenzung zu anderen drittbezogenen Personaleinsätzen

(1) Von der Arbeitnehmerüberlassung abzugrenzen ist das Tätigwerden von Erfüllungsgehilfen insbesondere im Rahmen von Werk-, Dienst-, Dienstverschaffungs- und Geschäftsbesorgungsverträgen.

(2) Hinsichtlich konkreter Abgrenzung im **Einzelfall** sind Fragesteller auf die Beratung durch Angehörige der rechtsberatenden Berufe sowie berufsständische Vereinigungen zu verweisen. Unabhängig davon ergeben sich aus dem »Merkblatt zur Abgrenzung zwischen Arbeitnehmerüberlassung und Entsendung von Arbeitnehmern im Rahmen von Werk- und selbständigen Dienstverträgen sowie anderen Formen drittbezogenen Personaleinsatzes« (AÜG 10) allgemeine Abgrenzungskriterien (siehe Internet: www.arbeitsagentur.de > Unternehmen > Merkblätter und Formulare).

(3) Bei der Unterscheidung zwischen Arbeitnehmerüberlassung und anderen Formen drittbezogenen Personaleinsatzes darf nicht schematisch vorgegangen werden. Das Vorliegen eines oder mehrerer Kriterien muss noch nicht für oder gegen einen bestimmten Vertragstyp sprechen; dies gilt insbesondere, wenn für ein solches Kriterium eine objektiv berechtigte Notwendigkeit bestand. Im Hinblick auf die Vielfalt der denkbaren Vertragsgestaltungen gibt erst eine (qualitative) Gewichtung der maßgeblichen Abgrenzungskriterien im Rahmen einer **wertenden Gesamtbetrachtung** zuverlässigen Aufschluss über die Zuordnung eines drittbezogenen Personaleinsatzes zu einer bestimmten Vertragsform.

(4) Grundsätzlich ist der Geschäftsinhalt der zwischen den Beteiligten vereinbarten **Verträge** entscheidend. Der Geschäftsinhalt kann sich sowohl aus den schriftlichen

Vereinbarungen der Beteiligten als auch aus der praktischen Durchführung der Verträge ergeben. Widersprechen sich allerdings schriftliche Vereinbarungen und tatsächliche Durchführung des Vertrages, ist die **tatsächliche Durchführung** für die Ermittlung des Vertragstyps maßgebend (§ 12 Abs. 1 Satz 2; vgl. auch BAG, Urteil vom 15.04.2014 – 3 AZR 395/11).

1.1.6.1 Werkverträge (§§ 631 ff. BGB)

(1) Der Abgrenzung zwischen Arbeitnehmerüberlassung und Werkvertrag dient der mit dem Gesetz zur Änderung des AÜG und anderer Gesetze neu eingefügte § 1 Abs. 1 Satz 2. Hiermit wird entsprechend der Rechtsprechung des BAG und ohne Änderung der bestehenden Rechtslage nunmehr gesetzlich bestimmt, dass Arbeitnehmer zur Arbeitsleistung überlassen werden, wenn sie in die Arbeitsorganisation des Entleihers eingegliedert sind und dessen Weisungen unterliegen. Der Entleiher setzt die Leiharbeitnehmer nach seinen Vorstellungen und Zielen wie seine eigenen Arbeitnehmer ein. Die Vertragspflicht des Verleihers gegenüber dem Entleiher endet, wenn er den Arbeitnehmer ausgewählt und dem Entleiher zur Arbeitsleistung zur Verfügung gestellt hat. Er haftet nur für Verschulden bei der Auswahl des verliehenen Arbeitnehmers.

(2) Im Gegensatz dazu wird beim Werkvertrag ein Unternehmer für einen anderen tätig. Er organisiert die zur Erreichung eines wirtschaftlichen Erfolges notwendigen Handlungen nach eigenen betrieblichen Voraussetzungen. Für die Erfüllung der vertraglichen Dienste und des vertraglich geschuldeten Werks bleibt er seinem Auftraggeber verantwortlich. Die zur Ausführung der vertraglich geschuldeten Leistung eingesetzten Arbeitnehmer unterliegen als Erfüllungsgehilfe des Werkunternehmers dessen Weisungsbefugnis. Der Werkbesteller kann dem Werkunternehmer oder dessen Erfüllungsgehilfen lediglich solche Anweisungen geben, die sich auf die Erfüllung des Werkes beziehen (§ 645 Abs. 1 S. 1 BGB).

(3) **Elemente des Werkvertrages** sind insbesondere:
– Vereinbarung und Erstellung eines qualitativ individualisierbaren und dem Werkunternehmer zurechenbaren Werkergebnisses
– unternehmerische Dispositionsfreiheit des Werkunternehmers gegenüber dem Besteller
– Weisungsrecht des Werkunternehmers gegenüber seinen im Betrieb des Bestellers tätigen Arbeitnehmern, wenn das Werk dort zu erstellen ist
– Tragen des Unternehmerrisikos, insbesondere der Gewährleistung durch den Werkunternehmer
– erfolgsorientierte Abrechnung der Werkleistung

(4) **Gegen einen Werkvertrag** können folgende Vertragsinhalte sprechen:
– wenn gleichzeitig oder über einen bestimmten Zeitraum eine Summe von Klein- und Kleinst-»Projekten« vergeben wird (Aufteilung des Gewerks bis zur »Atomisierung«, z. B. Schweißnähte, Verputzarbeit geringen Umfangs im Leistungslohn);

– wenn lediglich die Leistung (nicht erfolgsbezogener) einfacherer Arbeiten benötigt wird (z. B. Schreibarbeiten, Botendienste, einfache Zeichenarbeiten, Maschinenbedienung, Dateneingaben)

(5) Im Übrigen wird auf die Ausführungen unter FW 1.1.6 insbesondere zur Erforderlichkeit einer wertenden Gesamtbetrachtung aller Umstände verwiesen.

1.1.6.2 Dienstverträge (§§ 611 ff. BGB)

(1) Auch zur Abgrenzung zwischen Arbeitnehmerüberlassung und Dienstverträgen ist § 1 Abs. 1 Satz 2 heranzuziehen. Anders als bei Werkvertragsverhältnissen wird bei Dienstverträgen kein bestimmter Erfolg, sondern eine bestimmte Tätigkeit geschuldet. Ein Dienstvertrag liegt nur dann vor, wenn der dienstleistende Unternehmer die geschuldeten Dienste entweder in Person oder mittels seiner Erfüllungsgehilfen unter eigener Verantwortung und nach eigenem Plan ausführt (Organisation der Dienstleistung, zeitliche Disposition, Zahl der Erfüllungsgehilfen, Eignung der Erfüllungsgehilfen, usw.). Das bedeutet insbesondere, dass die Erfüllungsgehilfen in Bezug auf die Ausführungen der zu erbringenden Dienstleistung im Wesentlichen frei von Weisungen seitens des Arbeitgeberrepräsentanten des Drittbetriebes sind und ihre Arbeitszeit selbst bestimmen können (BSG, Urteil vom 23.06.1982 – 7 RAr 98/80).

(2) Im Übrigen wird auf die Ausführungen zur FW 1.1.6 insbesondere zur Erforderlichkeit einer wertenden Gesamtbetrachtung aller Umstände verwiesen.

1.1.6.3 Dienstverschaffungsvertrag

Da die Arbeitnehmerüberlassung eine Form der Dienstverschaffung, nämlich die Verschaffung von Arbeitsleistungen ist, kann ein von der Arbeitnehmerüberlassung **abzugrenzender** Dienstverschaffungsvertrag nur dann in Betracht kommen, wenn ein Vertragspartner die Verpflichtung übernimmt, dem anderen Vertragspartner nicht die Arbeitsleistung, sondern die selbständige Dienstleistung eines Dritten zu verschaffen. Voraussetzung hierfür ist, dass der Dritte in wirtschaftlicher und sozialer Selbständigkeit und Unabhängigkeit die Dienste (z. B. als Wirtschaftsprüfer) leistet. Arbeitsvertragliche Beziehungen bzw. aufgrund der tatsächlichen Verhältnisse gegebene persönliche Abhängigkeiten zu einem Vertragspartner schließen einen derartigen Dienstverschaffungsvertrag aus. Es liegt dann entweder Arbeitnehmerüberlassung oder Arbeitsvermittlung vor.

1.1.6.4 Geschäftsbesorgungsvertrag (§ 675 BGB)

Vom Werkvertrag zu unterscheiden ist der Geschäftsbesorgungsvertrag, der auf eine selbständige Tätigkeit wirtschaftlicher Art gerichtet ist und eine Geschäftsbesorgung zum Gegenstand hat (z. B.: Beauftragung eines Rechtsanwaltes zur Prozessführung, Auftrag an eine Werbefirma eine Werbeaktion mit eigenen personellen und sachlichen

Mitteln durchzuführen). Zu den **Abgrenzung**skriterien wird auch auf die Entscheidungen des BGH vom 16.07.2002 – X ZR 27/01 und vom 25.06.2002 – X ZR 83/00 verwiesen.

1.1.6.5 Personalgestellung als Neben-/Folgeleistung

(1) Wird als **Nebenleistung** eines Kauf- oder Mietvertrages über Anlagen, Geräte, Systeme oder Programme Bedienungs-, Wartungs-, Montage- oder Einweisungspersonal überlassen (z. B. Computer und Programme mit Einweisungspersonal, Spezialbaumaschinen mit Fahrer, Flugzeug mit Pilot), wird in aller Regel nicht von Arbeitnehmerüberlassung auszugehen sein. Sinn und Zweck eines gemischten Miet- und Dienstverschaffungsvertrages ist es primär, dem Dritten durch die Personalüberlassung überhaupt den Einsatz der Geräte und Maschinen zu ermöglichen, die im Rahmen des gemischten Vertrages zum Gebrauch überlassen werden (BAG, Urteil vom 02.08.2006 – 10 AZR 756/05). D. h. der Vertrag wird inhaltlich von der Gebrauchsüberlassung der Geräte oder der Maschinen geprägt (BAG, Urteil vom 17.02.1993 – 7 AZR 167/92). Das BAG folgt in seiner Entscheidung nicht der Auffassung, dass erlaubnispflichtige Arbeitnehmerüberlassung vorliegen würde, wenn die Personalüberlassung bei wirtschaftlicher Betrachtung kein unerheblicher Teil des Gesamtgeschäfts sei. Es heißt in der zitierten Entscheidung: »Maßgebend ist vielmehr, ob nach Sinn und Zweck des gemischten Vertrages die Gebrauchsüberlassung des Gerätes im Vordergrund steht und die Zurverfügungstellung des Personals nur dienende Funktion hat, indem sie den Einsatz des Gerätes erst ermöglichen soll, oder ob der Vertrag schwerpunktmäßig auf die Verschaffung der Arbeitsleistung des Personals gerichtet ist und die Überlassung des Gerätes demgegenüber nur untergeordnete Bedeutung hat.«.

(2) Wird schwerpunktmäßig die Beschaffung der Arbeitsleistung als Ziel verfolgt und hat die Überlassung des Gerätes dabei nur untergeordnete Bedeutung oder ist sie selbständiger **Hauptzweck**, liegt Arbeitnehmerüberlassung vor. Das Führen von LKW durch Fremdpersonal verfolgt nicht den primären Zweck, den vertragsgemäßen Gebrauch der gemieteten LKW zu gewährleisten, sondern verfolgt regelmäßig den Hauptzweck der **Personalgestellung** (BAG, Urteil vom 17.02.1993 – 7 AZR 167/92) und erfüllt damit den Tatbestand der Arbeitnehmerüberlassung. Ebenso muss bei der Vermietung eines Laptops mit Personal Arbeitnehmerüberlassung angenommen werden.

(3) Entsendet ein Unternehmen, das technische Produktionsanlagen, Einrichtungen oder Systeme herstellt und errichtet, eigenes Stammpersonal zu einem Betreiber derartiger Anlagen, Einrichtungen oder Systeme, um typische Revisions-, Instandhaltungs-, Inbetriebnahme-, Änderungs-, Erweiterungsarbeiten oder Ingenieurleistungen daran durchzuführen, so ist in der Regel nicht von Arbeitnehmerüberlassung auszugehen (**Personalgestellung als Folgeleistung**), wenn das entsendende Unternehmen das

Unternehmerrisiko trägt und seine unternehmerische Dispositionsfreiheit gewährleistet ist.

(4) Entsendet ein Unternehmen, das **Software-Programme** herstellt, eigenes Stammpersonal
– zu einem Anwender, um ein derartiges Programm auf dessen Anlagen ablauffähig zu machen oder zu entwickeln, oder
– zu einem anderen Hersteller (sog. Entwickler), um aus vom entsendenden Unternehmen erstellten Teilprogrammen ein Gesamtprogramm auf dessen Anlagen zu entwickeln oder zu erproben,

so ist in der Regel nicht von Arbeitnehmerüberlassung auszugehen, wenn das entsendende Unternehmen das Unternehmerrisiko trägt und seine unternehmerische Dispositionsfreiheit gewährleistet. Die kontinuierliche Anwendung eines Programms durch Fremdkräfte ist in der Regel Arbeitnehmerüberlassung.

(5) **Entsendet ein Unternehmen**, das **Material**, Teile oder Komponenten für Fertigungsprozesse des Bestellers liefert, eigenes Personal zu dem Besteller zum Einbau der Liefergegenstände, so ist in der Regel nicht von Arbeitnehmerüberlassung auszugehen, wenn der Einbau einen geschuldeten Teil – aber nicht den Hauptzweck – der vertraglich festgelegten Gesamtleistung darstellt.

1.1.6.6 Dienstleistungszentren/Agenturen

(1) Die allgemeinen Abgrenzungskriterien sind wegen der Dispositionsfreiheit auch auf die Tätigkeit von Dienstleistungszentren/-agenturen für Privathaushalte anzuwenden.

(2) Liegt das **Weisungsrecht** gegenüber dem entsandten Arbeitnehmer bei dem Dienstleistungszentrum (z. B. Festlegung, in welcher Reihenfolge zu arbeiten ist), spricht dies für Werkvertrag. Liegt dies hingegen beim Privathaushalt, spricht dies für Arbeitnehmerüberlassung. Allerdings ist es für die Annahme eines Werkvertrages unschädlich, wenn der Privathaushalt auf das Werk bezogene Anweisungen gibt, also z. B. Benutzung eines bestimmten Putzmittels.

(3) Bei der Arbeitnehmerüberlassung wird im Gegensatz zum sog. **Unternehmerrisiko** beim Werkvertrag keine Gewähr geleistet und keine Haftung für Ergebnisse getragen. Arbeitnehmerüberlassung liegt demnach vor, wenn der Privathaushalt auch bei fehlerhafter Reinigung zahlen muss und keine Gewährleistungsansprüche bei schlechter Arbeit der entsandten Kräfte geltend gemacht werden.

(4) Ein wichtiges Merkmal ist die **Abrechnung**. Nach der Rechtsprechung kann bereits aus der Art der Abrechnung abgeleitet werden, worauf es den Vertragspartnern ankam, nämlich die Abrechnung auf Stundenbasis für die zeitweise Überlassung eines Arbeitnehmers oder die Abrechnung nach Werkergebnissen (bspw. Reinigung pro qm Raumfläche, Fensterfläche, etc.).

1.1.6.7 Offenlegungspflicht (§ 1 Abs. 1 Satz 5 und 6)

(1) Zweck der Regelung ist es, die Transparenz bei Fremdpersonaleinsätzen zu erhöhen und missbräuchliche Gestaltungen des Fremdpersonaleinsatzes in Form der verdeckten Arbeitnehmerüberlassung zu vermeiden. Bereits vor der Überlassung müssen Verleiher und Entleiher die Überlassung eines Leiharbeitnehmers in ihrem Vertrag ausdrücklich als Arbeitnehmerüberlassung bezeichnen und die Person des Leiharbeitnehmers konkretisieren. Die Konkretisierung durch namentliche Benennung der zu überlassenden Person (Leiharbeitnehmer) kann im Überlassungsvertrag oder nach Satz 6 unter Bezugnahme auf diesen Vertrag erfolgen. Letzteres wird insbesondere relevant, wenn der Überlassungsvertrag als Rahmenvertrag über ein Arbeitskräftekontingent ausgestaltet ist. Die Offenlegungspflicht wird ergänzt durch die Pflicht des Verleihers, den Leiharbeitnehmer vor Beginn jeder Überlassung darüber zu informieren, dass er beim Entleiher als Leiharbeitnehmer tätig wird (§ 11 Abs. 2 Satz 4).

(2) Das Schriftformerfordernis des § 12 Absatz 1 Satz 1 AÜG, §§ 126, 126a BGB umfasst den gesamten Überlassungsvertrag einschließlich aller Nebenabreden. Je nachdem, wie Ver- und Entleiher den Überlassungsvertrag im Rahmen der Privatautonomie ausgestalten, kann auch die namentliche Benennung der zu überlassenden Leiharbeitnehmer und damit die **Konkretisierung** der Schriftform unterliegen. Dies gilt zum Beispiel dann, wenn die Überlassung bestimmter Arbeitnehmer wesentlicher Inhalt der vertraglichen Abrede ist. Die Konkretisierung unterliegt hingegen dann nicht der Schriftform des Überlassungsvertrages, wenn der Leiharbeitnehmer erst im Zuge der Erfüllung des Überlassungsvertrags durch den Verleiher unter Bezugnahme auf den Überlassungsvertrag namentlich benannt wird. Dies kann etwa der Fall sein, wenn der Überlassungsvertrag als Rahmenvertrag über ein Arbeitskräftekontingent ausgestaltet ist (vgl. Bundestagsdrucksache 18/9232 Seite 20). In jedem Fall ist ein geeigneter Nachweis über die Konkretisierung z. B. in Textform zu den Geschäftsunterlagen zu nehmen und aufzubewahren (vgl. § 7 Absatz 2 AÜG).

(3) Die Offenlegungspflicht gilt für Verträge, die vor dem 1. April 2017 geschlossen und danach fortgeführt werden. D.h. am 1. April 2017 müssen auch diese Verträge als Arbeitnehmerüberlassung bezeichnet sein und dem Schriftformerfordernis nach § 12 Abs. 1 S. 1 AÜG genügen. Dies gilt auch für die Konkretisierungspflicht, da die Überlassung kein punktuelles Ereignis ist, sondern als fortgesetzter Vorgang zu verstehen ist. D.h. in einem Kundenbetrieb eingesetzte Arbeitnehmer sind ab 1. April 2017 auch für bereits vor dem 1. April 2017 begonnene Überlassungen eindeutig dem Arbeitnehmerüberlassungsvertrag zuzuordnen, soweit dies nicht bereits geschehen ist.

(4) Ein Verstoß gegen die Offenlegungspflicht zieht die Rechtsfolgen der §§ 9 und 10 nach sich (vgl. FW 9. Abs. 5 und 10. Abs. 2). Beim Erlaubnisinhaber kann der Verstoß im Rahmen der Zuverlässigkeitsprüfung des § 3 Abs. 1 Nr. 1 berücksichtigt werden. Nach § 16 Abs. 1 Nr. 1c und 1d, Absatz 2 und 3 sind Verstöße gegen § 1 Abs. 1 Satz 5 und Satz 6 durch die Behörden der Zollverwaltung als Ordnungswidrigkeiten zu

verfolgen und mit einer Geldbuße von bis zu 30.000,- € zu ahnden. Erlaubnisinhaber, die gegen die Offenlegungspflicht verstoßen (indem sie z. B. Arbeitnehmer im Rahmen eines bloß formal als Werkvertrag bezeichneten Vertrages an Dritte überlassen) werden damit nicht besser gestellt als derjenige, der ohne die erforderliche Erlaubnis Arbeitnehmerüberlassung betreibt.

1.1.6.8 Arbeitsgemeinschaften (§ 1 Abs. 1a)

(1) Arbeitnehmerüberlassung liegt nicht vor, wenn Arbeitnehmer zu einer Arbeitsgemeinschaft (ARGE), die zur Herstellung eines Werkes gebildet wurde, abgeordnet werden. Eine ARGE ist der Zusammenschluss mehrerer Betriebe auf der Grundlage eines entsprechenden Vertrages. Die von der Arbeitsgemeinschaft gewählte Rechtsform, in der Regel eine Gesellschaft bürgerlichen Rechts (§§ 705ff. BGB), ist dabei ohne Bedeutung.

(2) **Voraussetzung** hierfür ist, dass
– der Arbeitgeber Mitglied der ARGE ist,
– für alle Mitglieder der ARGE Tarifverträge desselben Wirtschaftszweiges gelten und
– alle Mitglieder aufgrund des ARGE-Vertrages zur selbständigen Erbringung von Vertragsleistungen bei der Herstellung eines Werkes verpflichtet sind.

(3) Für alle Mitglieder der ARGE müssen **Tarifverträge** desselben Wirtschaftszweiges, d. h. fachlich dieselben Tarifverträge gelten; Voraussetzung ist Tarifgebundenheit im Sinne von § 3 Tarifvertragsgesetz (TVG) oder Allgemeinverbindlichkeit im Sinne von § 5 TVG.

(4) Unter **Wirtschaftszweig** ist nicht die sehr eng gefasste, in der Statistik und Arbeitsmarktforschung geltende Begriffsbestimmung zu verstehen. Vielmehr sind damit entsprechend dem allgemeinen Sprachgebrauch die großen Teilbereiche der Gesamtwirtschaft wie z. B. das Baugewerbe, die Chemische Industrie oder der Bergbau gemeint.

(5) Bei der Anwendung des § 1 Abs. 1a Satz 2 ist auch für die Unternehmen aus anderen Mitgliedsstaaten des **Europäischen Wirtschaftsraum** (EWR) weiter Voraussetzung, dass sie demselben Wirtschaftszweig wie die anderen Mitglieder der **ARGE** angehören. Entscheidend ist dabei, zu welchem Wirtschaftszweig sie nach ihrer Gesamttätigkeit im EWR angehören. Sollte die Zugehörigkeit zu einem Wirtschaftszweig nicht offenkundig sein, sind die Unternehmen zur Vorlage von Nachweisen aufzufordern, wobei § 17 Arbeitnehmer-Entsendegesetz (AEntG) eingreift.

(6) Die Verpflichtung zur **selbständigen Erbringung** von (Werk-) Vertragsleistungen muss tatsächlich erfüllt werden und darf nicht nur förmlicher Inhalt der vertraglichen Vereinbarung sein. Die alleinige **Personalgestellung** durch einen Gesellschafter einer zur Herstellung eines Werkes gebildeten Arbeitsgemeinschaft wird von der Erlaubnisfreiheit nach § 1 Abs. 1a Satz 1 nicht erfasst. Voraussetzung ist vielmehr, dass der Gesellschafter neben der Überlassung von Arbeitnehmern mindestens eine weitere

selbständige vertragliche Leistung schuldet. Das ARGE-Mitglied kann sich zur selbständigen Erbringung seiner Vertragsleistung aber Leiharbeitnehmern bedienen. Hierfür wären die Vorschriften des AÜG einschlägig.

(7) Die Vorschrift des § 1 Abs. 1a Satz 1 ist aber nicht so eng auszulegen, dass die Abordnung von Personal ausschließlich zur Erbringung der selbständigen geschuldeten Leistungen (z. B. Erstellung eines Teilwerkes) erfolgen darf. In diesem Fall wäre eine Ausnahmeregelung nicht erforderlich. Die Ausnahme berücksichtigt gerade die im Rahmen der ARGE mögliche arbeitsteilige Vorgehensweise, bei der es auch zu einer Vermischung des Personals kommen kann. Die Ausnahme ist daher so zu verstehen, dass sich die vertragliche Verpflichtung gegenüber der ARGE nicht in dem Überlassen von Arbeitnehmern erschöpfen darf, sondern zusätzlich eine selbständige Leistung zur Herstellung des Werkes erbracht werden muss (BT-Drs. 10/4211, S. 33).

(8) Nach dem Wortlaut des Gesetzes muss es sich darüber hinaus bei der zu erbringenden Leistung nicht zwingend um eine Werkleistung handeln. Vielmehr kann die Leistung auch als selbständige Dienstleistung, z. B. die Bauleitung erbracht werden. Voraussetzung ist aber, dass die zu erbringende Leistung auch tatsächlich entsprechend dem Vertrag zwischen der ARGE und dem Vertragspartner der ARGE abgewickelt wird. D. h. die zu erbringende Leistung muss Teil der werkvertraglich geschuldeten Leistung der ARGE sein.

(9) Bei einer Abordnung bzw. Personalgestellung unter Verwendung des Muster-Arbeitsgemeinschaftsvertrages des Hauptverbandes der Deutschen Bauindustrie (**Muster-ARGE-Vertrag Bau**) ist stets davon auszugehen, dass neben der Personalgestellung von dem Personal stellenden Mitglied der ARGE mindestens eine weitere vertragliche Verpflichtung gegenüber der ARGE übernommen bzw. erfüllt wird.

(10) Von der Abordnung zu unterscheiden ist die Freistellung nach § 9 BRTV (s. auch FW 1.1.5 Abs. 12).

1.2 Vorübergehende Überlassung bis zu einer Höchstdauer (§ 1 Abs. 1b)

Mit dem Gesetz zur Änderung des AÜG und anderer Gesetze wurde eine Überlassungshöchstdauer von 18 Monaten eingeführt und damit das bisherige Kriterium der vorübergehenden Arbeitnehmerüberlassung konkretisiert. Für die Berechnung der Überlassungshöchstdauer sind nur ab dem 1. April 2017 zurückgelegte Einsatzzeiten heranzuziehen (§ 19 Abs. 2). Die bei einem Verstoß vorgesehenen Rechtsfolgen (vgl. FW 1.2.4) können daher nicht vor dem 1. Oktober 2018 eintreten. Der Gesetzgeber hat mit der Neuregelung der Überlassungshöchstdauer auch die Rechtsprechung des Bundesarbeitsgerichts aus dem Jahr 2013 aufgegriffen, wonach die nicht mehr vorübergehende Arbeitnehmerüberlassung unzulässig ist (BAG, Entscheidungen vom 10.07.2013 – 7 ABR 91/11 und vom 10.12.2013 – 9 AZR 51/13).

1.2.1 Grundsatz und Berechnung

(1) Die Überlassungshöchstdauer (§ 1 Abs. 1b Satz 1) ist arbeitnehmerbezogen ausgestaltet. Die Überlassungsdauer eines Leiharbeitnehmers bei demselben Entleiher ist grundsätzlich auf 18 aufeinanderfolgende Monate begrenzt. Die Bestimmung des für die Überlassungshöchstdauer maßgeblichen Überlassungszeitraums richtet sich nach §§ 187 Abs. 2 Satz 1, 188 Abs. 2 2. Alt. BGB. Die nach Monaten bestimmte Frist beginnt mit dem ersten Tag der Überlassung und endet mit Ablauf desjenigen Tages des letzten Monats, welcher dem Tag vorhergeht, der durch seine Benennung oder seine Zahl dem Anfangstag der Frist entspricht. Beginnt die Überlassung bspw. am 3. April 2017, ist diese unter Beachtung der grundsätzlichen Überlassungshöchstdauer von 18 aufeinanderfolgenden Monaten bis zum Ablauf des 2. Oktober 2018 zulässig. Für die Beurteilung, ob es sich um denselben Entleiher handelt, ist auf den Entleiher als Arbeitgeber und juristische Person abzustellen, vgl. FW 1.1.2 Abs. 3. Maßgeblich ist somit nicht die Dauer des Einsatzes im einzelnen Betrieb des Entleihers sondern beim Entleiher als Arbeitgeber. Unter bestimmten Voraussetzungen können abweichende Höchstdauern festgelegt werden (vgl. FW 1.2.2).

(2) Für die Bestimmung der Überlassungsdauer ist die vertragliche Vereinbarung der Überlassung zwischen Verleiher und Entleiher maßgeblich. Auf die arbeitszeitliche Ausgestaltung der Tätigkeit des Leiharbeitnehmers im Betrieb des Entleihers kommt es dagegen nicht an. Wird ein Leiharbeitnehmer vertraglich bspw. für den Zeitraum 1. April 2017 bis 30. September 2017 mit einer Wochenarbeitszeit von 21 Stunden, verteilt auf drei Arbeitstage pro Woche, an einen Entleiher überlassen, legt er in diesem Zeitraum eine Einsatzdauer von 6 Monaten zurück. Es erfolgt in diesem Fall keine arbeitszeitanteilige Anrechnung (kein pro rata temporis).

(3) Im Rahmen der Bestimmung der zulässigen Überlassungsdauer sind vorherige Überlassungen an denselben Entleiher zu berücksichtigen, wenn
– es sich um Überlassungszeiten ab dem 1. April 2017 handelt (§ 19 Abs. 2) und
– Unterbrechungen zwischen zwei Überlassungen drei Monate nicht übersteigen (§ 1 Abs. 1b Satz 2).

Ob die vorherige Überlassung durch denselben oder einen anderen Verleiher erfolgte, ist dabei unerheblich. Mit der Regelung des § 1 Abs. 1b Satz 2 wird sichergestellt, dass kurzzeitige Unterbrechungen keinen Einfluss auf die Berechnung der Überlassungsdauer haben. Liegt zwischen zwei Überlassungen an denselben Entleiher dagegen ein Zeitraum von mehr als drei Monaten, erfolgt keine Anrechnung der vorherigen Überlassung. Eine solche Unterbrechung von mehr als drei Monaten bewirkt, dass der für die Überlassungshöchstdauer maßgebliche Zeitraum mit der nächsten Überlassung wieder neu zu laufen beginnt. Der Leiharbeitnehmer kann in diesem Fall (wiederum) für volle 18 Monate an denselben Entleiher überlassen werden. Die Prüfung der Anrechnung vorheriger Überlassungszeiten endet daher regelmäßig, sobald ein

Zeitraum von mehr als drei Monaten festgestellt wird, in dem der Leiharbeitnehmer nicht an denselben Entleiher überlassen war. Die Berechnung der Dauer einer vorherigen zu berücksichtigenden Überlassung und die Berechnung der Unterbrechungsdauer richten sich ebenfalls nach den in FW 1.2.1 Abs. 1 genannten Vorschriften des BGB. Sind mehrere Überlassungen zu berücksichtigen, ist die insgesamt zu berücksichtigende Überlassungsdauer durch Addition zu ermitteln. Für die Berechnung von Teilmonaten ist der Monat mit 30 Tagen anzusetzen (in Anlehnung an § 191 BGB).

Beispiel:

Verleiher V möchte den Leiharbeitnehmer L ab dem 01.04.2018 an Entleiher E überlassen (Einsatz 1). Wie lange ist eine Überlassung unter Beachtung der grundsätzlichen Überlassungshöchstdauer von 18 Monaten möglich?

Variante 1a:

L war im Zeitraum 01.12.2017 bis 31.03.2018 weder über V, noch über einen anderen Verleiher bei E eingesetzt. Damit ist ausgeschlossen, dass anrechenbare vorherige Überlassungszeiten vorliegen. V kann L für volle 18 Monate an E überlassen.

Variante 1b:

V hat L bereits vom 01.10.2017 bis 31.01.2018 an E überlassen (Einsatz 2). Zwischen Einsatz 1 und Einsatz 2 liegt ein Zeitraum von zwei Monaten. Die vorherige Überlassungszeit des Einsatzes 2 von vier Monaten ist damit auf die Überlassungsdauer anzurechnen. V kann L noch für 14 Monate an E überlassen.

Variante 1c:

V hat L bereits vom 01.10.2017 bis 31.01.2018 an E überlassen (Einsatz 2). Zuvor wurde L vom 01.03.2017 bis 31.08.2017 über einen anderen Verleiher an E überlassen (Einsatz 3). Der Zeitraum 01.03.2017 bis 31.03.2017 bleibt aufgrund der Übergangsregelung des § 19 Abs. 2 unberücksichtigt. Da zwischen den Einsätzen 1 und 2 sowie zwischen den Einsätzen 2 und 3 jeweils nicht mehr als drei Monate liegen, ist die vor der Unterbrechung zurückgelegte Einsatzzeit, der Zeitraum 01.04.2017 bis 31.08.2017 (5 Monate) mit der nach der Unterbrechung, der Zeitraum 01.10.2017 bis 31.01.2018 (4 Monate) zusammenzuzählen. V kann L damit noch für 9 Monate an E überlassen.

Variante 2:

V hat L bereits vom 01.10.2017 bis 31.01.2018 (Einsatz 2) und vom 01.04.2017 bis 31.05.2017 (Einsatz 3) an E überlassen. Da zwischen den Einsätzen 1 und 2 nicht mehr als drei Monate liegen ist die Überlassungszeit des Einsatzes 2 von vier Monaten auf die Überlassungsdauer anzurechnen. Zwischen den Einsätzen 2 und 3 liegen dagegen mehr als drei Monate. Die Überlassungszeit des Einsatzes 3 bleibt unberücksichtigt. V kann L noch für 14 Monate an E überlassen.

Urban-Crell

Variante 3:

V hat L bereits vom 01.10.2017 bis 15.01.2018 (Einsatz 2) an E überlassen. Da zwischen den Einsätzen 1 und 2 nicht mehr als drei Monate liegen, ist die Überlassungszeit des Einsatzes 2 (drei volle Monate -01.10.2017 bis 31.12.2017- und 15 Tage bzw. ein Teilmonat 15/30 -01.01.2018 bis 15.01.2018-) auf die Überlassungsdauer anzurechnen. V kann L noch für 14 Monate und 15 Tage an E überlassen.

Variante 4:

V hat L bereits vom 20.01.2018 bis 15.02.2018 (Einsatz 2) und vom 12.06.2017 bis 24.11.2017 an E überlassen (Einsatz 3). Da zwischen den Einsätzen 1 und 2 sowie zwischen den Einsätzen 2 und 3 jeweils nicht mehr als drei Monate liegen, sind sowohl Einsatz 2 (27 Tage bzw. ein Teilmonat 27/30) als auch Einsatz 3 (fünf volle Monate -12.06.2017 bis 11.11.2017 und 13 Tage bzw. ein Teilmonat 13/30 -12.11.2017 bis 24.11.2017-) und damit insgesamt ein Zeitraum von sechs Monaten und 10 Tagen zu berücksichtigen. V kann L noch für elf Monate und 20 Tage an E überlassen.

1.2.2 Abweichende Regelungsmöglichkeiten

(1) Durch Tarifverträge der Einsatzbranche kann für tarifgebundene Entleiher die gesetzliche Überlassungshöchstdauer von 18 Monaten verkürzt oder ausgedehnt werden (§ 1 Abs. 1b Satz 3). Tarifverträge der Einsatzbranche können auch sogenannte Haustarifverträge eines Einsatzunternehmens sein. Eine Abweichungsmöglichkeit durch tarifvertragliche Regelungen der Zeitarbeitsbranche besteht dagegen nicht. Die in § 1 Abs. 1b Satz 3 den Tarifvertragsparteien eröffnete Möglichkeit für abweichende Höchstdauern umfasst auch tarifvertragliche Regelungen, wonach der konkrete Zeitraum des jeweiligen Einsatzes dem Betriebsrat im Rahmen des Verfahrens nach § 99 BetrVG mitgeteilt und dokumentiert wird.

(2) Im Geltungsbereich eines solchen Tarifvertrages der Einsatzbranche können abweichende tarifvertragliche Regelungen zur Überlassungshöchstdauer in Betrieben oder Dienststellen nicht tarifgebundener Entleiher durch Betriebs- oder Dienstvereinbarungen inhaltsgleich übernommen werden (§ 1 Abs. 1b Satz 4). Der Tarifvertrag muss dazu räumlich, fachlich und zeitlich einschlägig sein. Die weite Formulierung »tarifvertragliche Regelungen« bedeutet, dass eine anderweitige Überlassungshöchstdauer nicht isoliert aus dem Tarifvertrag übernommen werden kann, sondern alle hiermit in einem Regelungszusammenhang stehenden Regelungen des Tarifvertrages übernommen werden müssen. Diese Regelungen können nur im Ganzen ohne Änderungen übernommen werden. Neben der zeitlichen Bestimmung der Höchstdauer können abweichende tarifvertragliche Regelungen z. B. Bestimmungen zu Angeboten zur Übernahme in die Stammbelegschaft oder Differenzierungen nach Einsatzzwecken oder -bereichen enthalten.

(3) § 1 Abs. 1b Satz 5 ist anwendbar, wenn ein Tarifvertrag der Einsatzbranche eine Öffnungsklausel enthält, die von der gesetzlichen Überlassungshöchstdauer abweichende Höchstdauern in einer Betriebs- oder Dienstvereinbarung zulässt. Ist dies der Fall, können in einer solchen Vereinbarung Regelungen zu einer anderweitigen Höchstdauer für Betriebe und Dienststellen tarifgebundener Entleiher getroffen werden.

(4) Unter den folgenden Voraussetzungen können auch nicht tarifgebundene Entleiher die in (3) beschriebene Öffnungsklausel eines Tarifvertrages der Einsatzbranche nutzen (§ 1 Abs. 1b Satz 6):
– Der Entleiher ist vom Geltungsbereich des Tarifvertrages erfasst.
– Die Vorgaben des Tarifvertrages werden eingehalten.
– Die gesetzliche Obergrenze von 24 Monaten wird eingehalten.

Die Begrenzung auf 24 Monate entfällt, wenn in der Öffnungsklausel des Tarifvertrages eine abweichende Überlassungshöchstdauer für Betriebs- und Dienstvereinbarungen festgelegt ist. In diesem Fall ist die in der Öffnungsklausel festgelegte Höchstdauer maßgeblich.

(5) § 1 Abs. 1b Satz 8 ermöglicht Kirchen und öffentlich-rechtlichen Religionsgesellschaften, die gesetzliche Überlassungshöchstdauer von 18 Monaten zu verkürzen oder auszudehnen. Auch deren karitative und erzieherische Einrichtungen (wie z. B. Caritas und Diakonie) haben danach die Möglichkeit abweichende Überlassungshöchstdauern in ihren Regelungen festzulegen.

(6) Im AÜG ist eine absolute Obergrenze für eine im Rahmen zulässiger abweichender Regelungen vereinbarte Überlassungshöchstdauer nicht ausdrücklich festgelegt. Um den vorübergehenden Charakter der Arbeitnehmerüberlassung (vgl. § 1 Abs. 1 Satz 4) zu gewährleisten, muss mit Tarifverträgen bzw. Betriebs- und Dienstvereinbarungen jedoch stets ein konkret bestimmter Zeitraum (z. B. 36 Monate) festgelegt werden. § 1 Abs. 1b Satz 2 ist auch auf eine nach § 1 Abs. 1b Satz 3 bis 8 festgelegte abweichende Überlassungshöchstdauer anzuwenden. Die Ausführungen unter FW 1.2.1 gelten entsprechend.

(7) Unterfällt der Betrieb eines nicht tarifgebundenen Entleihers bei Abschluss einer Betriebs- oder Dienstvereinbarung nach § 1 Abs. 1b Satz 4 oder Satz 6 den Geltungsbereichen mehrerer Tarifverträge, ist nach § 1 Abs. 1b Satz 7 auf den für die Branche des Entleihers repräsentativen Tarifvertrag abzustellen. Die Repräsentativität bestimmt sich vorrangig nach der Zahl der tarifgebundenen Unternehmen und der Zahl der tarifgebundenen Arbeitnehmer.

1.2.3 Feststellungspflicht des Erlaubnisinhabers

(1) Um seiner gesetzlichen Verpflichtung nachkommen zu können, muss der Erlaubnisinhaber feststellen, welche Überlassungshöchstdauer im konkreten Einzelfall zu beachten ist. Hierzu muss der Erlaubnisinhaber in Erfahrung bringen, ob für den Betrieb des

Entleihers Regelungen gelten, die von der gesetzlichen Überlassungshöchstdauer von 18 Monaten abweichen, und wie diese ausgestaltet sind.

(2) Der Erlaubnisinhaber muss des Weiteren im konkreten Einzelfall feststellen, ob und in welchem Umfang ab dem 1. April 2017 zurückgelegte Zeiträume vorheriger Überlassungen an denselben Entleiher auf die Einsatzdauer des Leiharbeitnehmers anzurechnen sind. Dies ist notwendig um beurteilen zu können, für welche Dauer der Leiharbeitnehmer tatsächlich an einen bestimmten Entleiher überlassen werden darf. Der Verleiher kann den üblichen Personalunterlagen entnehmen, für welche Zeiträume er selbst den Leiharbeitnehmer an denselben Entleiher überlassen hat. Vorhrige Überlassungszeiten über einen anderen Verleiher können sich ebenfalls bereits aus den üblichen Personalunterlagen (z. B. Bewerbungsunterlagen mit Lebenslauf, Personalbogen) ergeben sowie z. B. durch einen speziellen Fragebogen oder durch einen Zusatz im Personalfragebogen erfasst werden. Der Verleiher kann daneben über den Entleiher in Erfahrung bringen (z. B. aufgrund einer entsprechenden Vereinbarung im Überlassungsvertrag), ob vorherige Überlassungen über einen anderen Verleiher vorliegen. Ferner besteht die Möglichkeit, dass (ergänzend) im Arbeitsvertrag eine Regelung vorgesehen wird, nach der der Leiharbeitnehmer dem Verleiher Mitteilung machen muss, wenn er bei einem Entleiher eingesetzt werden soll bzw. wird, an welchen er innerhalb der letzten drei Monate vor Einsatzbeginn über einen anderen Verleiher überlassen war. Macht der Leiharbeitnehmer eine entsprechende Mitteilung, muss der Verleiher klären, ob es anrechenbare Überlassungszeiträume gibt.

1.2.4 Rechtsfolgen bei Verstößen

(1) Sowohl die Überschreitung der grundsätzlichen Überlassungshöchstdauer von 18 Monaten als auch die Überschreitung einer nach § 1 Abs. 1b Satz 3 bis 8 festgelegten abweichenden Überlassungshöchstdauer kann die Zuverlässigkeit des Erlaubnisinhabers in Frage stellen. Dies kann die Versagung (§ 3 Abs. 1 Nr. 1) oder den Widerruf (§ 5 Abs. 1 Nr. 3) der Erlaubnis nach sich ziehen. Eine geringfügige Überschreitung der Überlassungshöchstdauer in einem Einzelfall alleine begründet regelmäßig nicht die Unzuverlässigkeit. Es gelten die unter FW 3.1 dargestellten Grundsätze, insbesondere zur Verhältnismäßigkeit. Daneben treten die Rechtsfolgen der §§ 9 Abs. 1 Nr. 1b, 10 Abs. 1 ein (Nichtigkeit des Arbeitsverhältnisse mit dem Verleiher und Begründung eines Arbeitsverhältnisses mit dem Entleiher).

(2) Der Tatbestand einer Ordnungswidrigkeit nach § 16 Abs. 1 Nr. 1e wird verwirklicht, wenn gegen die grundsätzliche Überlassungshöchstdauer von 18 Monaten nach § 1 Abs. 1b Satz 1 verstoßen wird. Ein solcher Verstoß liegt auch vor, wenn eine nach § 1 Abs. 1b Satz 3 bis 8 mittels Tarifvertrag oder Betriebs-/Dienstvereinbarung festgelegte Höchstdauer überschritten wird. Die diese Höchstdauer übersteigende Überlassung ist dann nicht mehr aufgrund § 1 Abs. 1b Satz 3 bis 8 gedeckt. Diese Ordnungswidrigkeit kann mit einer Geldbuße bis zu 30.000,- € geahndet werden (§ 16 Abs. 2).

1.3 Vermutung der Arbeitsvermittlung (§ 1 Abs. 2)

(1) Die **Vermutung** der Arbeitsvermittlung gilt für alle Formen der Arbeitnehmerüberlassung. Sie kann durch den Nachweis **widerlegt** werden, dass der Schwerpunkt der arbeitsrechtlichen Beziehungen beim Verleiher liegt.

(2) Die **vermutete Arbeitsvermittlung** durch den Überlassenden kann gegen die Vorschrift des § 146 Abs. 2 Nr. 2 Gewerbeordnung (GewO) verstoßen, nach der die Nichtanzeige des Beginns eines Gewerbes mit einer Geldbuße bis 1.000,- € bedroht ist.

1.4 Nichtanwendung des AÜG (§ 1 Abs. 3)

§ 1 Abs. 3 nimmt sechs Fallgestaltungen von der Anwendung des AÜG aus. Auch in diesen Ausnahmefällen ist das Verbot der Arbeitnehmerüberlassung in das Baugewerbe gemäß § 1b zu beachten.

1.4.1 ANÜ zur Vermeidung von Kurzarbeit oder Entlassungen

(1) Durch die zeitweise Überlassung von Arbeitnehmern eines mit Absatz- oder Produktionsschwierigkeiten kämpfenden Unternehmens an ein Unternehmen desselben Wirtschaftszweiges mit besserer Beschäftigungslage sollen Entlassungen oder Kurzarbeit vermieden werden. Als Sondervariante – nicht als Regelfall – reicht es aus, wenn im aufnehmenden Betrieb Entlassungen oder Kurzarbeit vermieden werden, die nötig würden, wenn der abgebende Betrieb die entsandten Spezialkräfte nicht entsenden würde. Absatz 3 Nr. 1 greift nur ein, wenn ein Tarifvertrag die Möglichkeit der Arbeitnehmerüberlassung ausdrücklich vorsieht. Für Verleiher und Entleiher muss jedoch nicht derselbe Tarifvertrag gelten. Es müssen aber jeweils in dem Tarifvertrag des Verleihers und des Entleihers Regelungen zum Personalaustausch getroffen sein.

(2) Grundsätzlich ist durch die Dienststellen der BA **nicht zu prüfen**, ob die **Voraussetzungen** des Absatzes 3 Nr. 1 vorliegen. Nur bei begründetem Anlass für den Verdacht, dass die Regelung missbraucht wird, ist einem solchen nachzugehen. Nicht gesetzeskonform ist es, wenn grundsätzlich jede unter Bezugnahme auf einen entsprechenden Tarifvertrag erfolgende Arbeitnehmerüberlassung von vornherein als geeignet angesehen würde, Kurzarbeit oder Entlassungen zu vermeiden. Nicht erforderlich ist es, dass vor der Arbeitnehmerüberlassung Kurzarbeit beantragt wird oder die von der Entlassung bedrohten Arbeitnehmer namentlich benannt werden.

1.4.2 Arbeitnehmerüberlassung zwischen Konzernunternehmen

(1) Das AÜG findet bei einer Arbeitnehmerüberlassung zwischen Konzernunternehmen im Sinne des § 18 Aktiengesetzes (AktG) keine Anwendung, wenn der Arbeitnehmer nicht zum Zweck der Überlassung eingestellt und beschäftigt wird.

(2) Der Begriff »Konzernunternehmen im Sinne des § 18 des Aktiengesetzes« setzt nicht voraus, dass es sich bei den beteiligten Unternehmen um Aktiengesellschaften handeln muss. Die Verweisung ist vielmehr rechtsformneutral. § 18 Abs. 1 AktG definiert den **Unterordnungskonzern**, Absatz 2 den **Gleichordnungskonzern**. Das Aktiengesetz definiert die »einheitliche Leitung« nicht. Es begründet nur Konzernvermutungen: unwiderleglich, für den Fall, dass es zu einem Beherrschungsvertrag gemäß § 291 oder zur Eingliederung gemäß § 319 gekommen ist (vertraglicher Unterordnungskonzern) und widerleglich für den Fall der Abhängigkeit (faktischer Unterordnungskonzern).

(3) Die einheitliche Leitung beim **vertraglichen Unterordnungskonzern** beruht insbesondere auf dem Beherrschungsvertrag (§ 291 AktG) bzw. der Eingliederung nach § 319 AktG. Beim Beherrschungsvertrag wird die Leitung der Gesellschaft auf das herrschende Unternehmen übertragen. Die Geschäfte werden nicht mehr unter eigener Verantwortung, sondern primär entsprechend den verbindlich erteilten Weisungen geführt. Bei der Eingliederung befinden sich alle Aktien bzw. Geschäftsanteile der eingegliederten Gesellschaft in der Hand der Hauptgesellschaft.

(4) Der **faktische Unterordnungskonzern** ergibt sich aus § 17 AktG. Danach ist ein rechtlich selbständiges Unternehmen abhängig, auf das ein anderes Unternehmen (herrschendes Unternehmen) einen beherrschenden Einfluss ausüben kann. Maßgeblich ist stets die Sicht der abhängigen Gesellschaft. Aus ihrem Blickwinkel ist zu beurteilen, ob sie einem fremden unternehmerischen Willen untersteht. Für das Bestehen eines Abhängigkeitsverhältnisses ist entscheidend, dass das herrschende Unternehmen über Mittel verfügt, die es ihm ermöglichen, das abhängige Unternehmen seinem Willen zu unterwerfen und diesen bei ihm durchzusetzen. Als Beherrschungsmittel kommen vor allem Stimmrechte und Entsendungsrechte (vgl. § 101 AktG) in Betracht.

(5) Beim **Gleichordnungskonzern** nach § 18 Abs. 2 AktG kann sich die einheitliche Leitung aus vertraglichen Absprachen oder aus den faktischen Verhältnissen ergeben. Ein vertraglicher Gleichordnungskonzern liegt z. B. vor, wenn die Unternehmen sich der einheitlichen Leitung einer für diesen Zweck gegründeten Interessengemeinschaft, die für die Gesamtplanung und die Investitionen zuständig ist, unterstellen. Ein Gleichordnungskonzern kann auch infolge der faktischen Verhältnisse bei wechselseitigen Beteiligungen auf der Gesellschafterebene entstehen.

(6) Der Begriff »Konzernunternehmen im Sinne des § 18 des Aktiengesetzes« gilt auch für die Arbeitnehmerüberlassung innerhalb **multinationaler Konzerne**; damit fällt auch die grenzüberschreitende Entsendung innerhalb eines Konzerns unter die Ausnahme von § 1 Abs. 3 Nr. 2.

(7) Die Anwendung von § 1 Abs. 3 Nr. 2 ist nicht deshalb ausgeschlossen, weil ein Unternehmen von mehreren Unternehmen gemeinsam beherrscht wird und auf diese Weise in eine mehrfache Konzernzugehörigkeit eingebunden ist (gesellschaftsrechtlich sog. **Mehrmütterkonzern**). Entscheidend ist, ob für die Ausübung gemeinsamer

Herrschaft eine ausreichend sichere Grundlage besteht. Eine solche Grundlage können nicht nur vertragliche oder organisatorische Bindungen, sondern auch rechtliche und tatsächliche Umstände sonstiger Art bilden. Es muss sichergestellt sein, dass die »Muttergesellschaften« im Verhältnis zum abhängigen Unternehmen einheitlich handeln.

(8) Der Anwendungsbereich des Konzernprivilegs erstreckt sich ausschließlich auf die Überlassung solcher Arbeitnehmer, die nicht zum Zweck der Überlassung eingestellt und beschäftigt werden. Die Regelung in Absatz 3 Nr. 2 stellt klar, dass die Privilegierung des Konzernverleihs nicht für die Arbeitnehmerüberlassung durch **Personalführungsgesellschaften** gilt, deren Zweck die Einstellung und Überlassung von Personal ist.

(9) Auch Träger **öffentlich-rechtlicher Aufgaben** können ein **Konzernunternehmen** bilden. Sie sind dann auch unter den Voraussetzungen des § 1 Abs. 3 Nr. 2 erlaubnisfrei.

1.4.3 Gelegentliche Arbeitnehmerüberlassung

(1) Von der Anwendung des AÜG ausgenommen ist die Arbeitnehmerüberlassung zwischen Arbeitgebern, sofern sie nur gelegentlich erfolgt und der Arbeitnehmer nicht zum Zweck der Überlassung eingestellt und beschäftigt wird (§ 1 Abs. 3 Nr. 2a).

(2) Vor dem Hintergrund des Ausnahmecharakters des § 1 Abs. 3, aber auch im Hinblick auf den Schutzzweck der Norm, sind an das Erfordernis einer »nur gelegentlichen Überlassung« strenge Anforderungen zu stellen. Mit der Regelung sollen gelegentlich auftretende Überlassungsfälle ausgeklammert werden (z. B. Abdeckung eines kurzfristigen Spitzenbedarfs eines anderen Unternehmens), in denen Arbeitgeber ihre Arbeitnehmer nur gelegentlich Dritten zur Arbeitsleistung überlassen (BAG, Urteil vom 20.01.2016 – 7 AZR 535/13). Der Rechtsbegriff »gelegentlich« wird durch die Rechtsprechung zum Begriff der Gewerbsmäßigkeit (BAG, Urteil vom 02.06.2010 – 7 AZR 946/08) bestimmt. Das Merkmal bezweckt, Bagatellfälle von dem Erlaubniserfordernis zu befreien. Die Privilegierung ist vor dem Hintergrund des weiten Anwendungsbereichs des AÜG geboten, um zum Beispiel die gelegentliche Überlassung durch Handwerksbetriebe oder gemeinnützige Organisationen nicht unnötig zu erschweren.

1.4.4 Aufgabenverlagerung aufgrund eines Tarifvertrags des öffentlichen Dienstes

(1) Verschiedene Tarifwerke des öffentlichen Dienstes sehen sog. Personalgestellungen vor. Charakteristisch für diese Personalgestellungen ist, dass Aufgaben eines Arbeitnehmers auf einen anderen Arbeitgeber verlagert werden. Das Arbeitsverhältnis mit dem bisherigen Arbeitgeber der öffentlichen Verwaltung bleibt dabei bestehen, die arbeitsvertraglich geschuldete Leistung wird jedoch zukünftig bei dem anderen Arbeitgeber nach dessen Weisungen erbracht (z. B. § 4 Abs. 3 TVöD).

(2) Bis zur Einfügung des § 1 Abs. 3 Nr. 2b mit dem Gesetz zur Änderung des AÜG und anderer Gesetze bestanden Rechtsunsicherheiten, ob und inwieweit das AÜG auf

Urban-Crell

diese Personalgestellungen der öffentlichen Verwaltung Anwendung findet. § 1 Abs. 3 Nr. 2b soll ausweislich der Gesetzesbegründung diese Rechtsunsicherheiten beseitigen und stellt klar, dass das AÜG auf diese Personalgestellungen nicht anzuwenden ist. Die Regelung bezieht sich daher nur auf Arbeitgeber der öffentlichen Verwaltung, die unmittelbar an einen Tarifvertrag des öffentlichen Dienstes gebunden sind. Eine beiderseitige Tarifbindung im Sinne des § 3 TVG ist hingegen nicht erforderlich, sodass die Neuregelung auch zur Anwendung kommen kann, wenn im öffentlichen Dienst beschäftigte Arbeitnehmer nicht unmittelbar tarifgebunden sind, sondern der Tarifvertrag des öffentlichen Dienstes für sie über eine Inbezugnahme zur Anwendung kommt.

(3) Unabhängig von § 1 Abs. 3 Nr. 2b findet das AÜG keine Anwendung, wenn Personalgestellungen gesetzlich vorgesehen sind und Arbeitnehmer auf Grund dieser spezialgesetzlichen Regelung von einer juristischen Person des öffentlichen Rechts einer anderen juristischen Person zur Verfügung gestellt bzw. zugewiesen werden (z. B. § 5 Abs. 4 AsylG, § 44g SGB II).

1.4.5 ANÜ zwischen juristischen Personen des öffentlichen Rechts

(1) § 1 Abs. 3 Nr. 2c nimmt Überlassungen zwischen juristischen Personen des öffentlichen Rechts weitgehend vom Anwendungsbereich des AÜG aus, sofern sie Tarifverträge des öffentlichen Dienstes oder Regelungen der öffentlich-rechtlichen Religionsgesellschaften anwenden. Dabei muss es sich nicht um ein einheitliches Tarifwerk handeln, das auf beiden Seiten der Arbeitnehmerüberlassung zur Anwendung kommt.

(2) Die Regelung erfasst Überlassungen innerhalb des öffentlich-rechtlichen Bereichs und damit Überlassungen im Rahmen der Erfüllung öffentlicher Aufgaben. Prägend ist, dass auf beiden Seiten der Arbeitnehmerüberlassung juristische Personen des öffentlichen Rechts stehen, die verfassungsrechtlich in besonderem Maße an Recht und Gesetz gebunden sind und denen eine besondere verfassungsrechtliche Stellung zukommt. Die Ausnahme erfasst nur Überlassungen zwischen öffentlich-rechtlich organisierten Arbeitgebern, bei denen Tarifverträge des öffentlichen Dienstes bzw. Regelungen des kirchlichen Arbeitsrechts und damit Arbeitsbedingungen auf vergleichbarem Niveau gelten.

1.4.6 ANÜ zu deutsch-ausländischen Gemeinschaftsunternehmen

(1) Die Anwendung des AÜG ist in den Fällen ausgeschlossen, in denen ein Unternehmen mit Geschäftssitz in Deutschland einen oder mehrere seiner Arbeitnehmer in das Ausland in ein deutsch-ausländisches Gemeinschaftsunternehmen überlässt, an dem es beteiligt ist. Ein Verleih vom Ausland nach Deutschland ist über diese Ausnahmevorschrift nicht möglich.

(2) Ferner ist erforderlich, dass das deutsch-ausländische Gemeinschaftsunternehmen auf der Grundlage zwischenstaatlicher Vereinbarungen gegründet sein muss (z. B.

deutsch-chinesischer Investitionsförderungs- und -schutzvertrag vom 01.12.2003 – BGBl. 2005 II Seite 732).

(3) Auf die Staatsangehörigkeit des verliehenen Leiharbeitnehmers kommt es nicht an, ebenfalls nicht auf die Dauer des Verleihs an das Gemeinschaftsunternehmen. Auch die Größe des Anteils des deutschen Verleihers an diesem Unternehmen ist unbeachtlich. Es bedarf auch keiner konzernmäßigen Verflechtung des deutschen mit dem deutsch-ausländischen Gemeinschaftsunternehmen.

1a. § 1a Anzeige der Überlassung

1a.1 Anzeigepflichtige Überlassung

(1) § 1a privilegiert die sog. »Kollegenhilfe«. Statt der Erlaubnis genügt die vorherige schriftliche Anzeige, wenn ein Arbeitgeber mit weniger als 50 Beschäftigten zur Vermeidung von Kurzarbeit oder Entlassungen an einen Arbeitgeber einen Arbeitnehmer, der nicht zum Zweck der Überlassung eingestellt und beschäftigt wird, bis zur Dauer von zwölf Monaten überlässt. Dennoch liegt Arbeitnehmerüberlassung vor, so dass die Vorschriften des AÜG grundsätzlich zu beachten sind. Es gilt z. B. auch das Verbot der Arbeitnehmerüberlassung im Baugewerbe nach § 1b Satz 1.

(2) Der Begriff »**Beschäftigte**« umfasst alle bei dem Arbeitgeber Beschäftigten: Arbeiter, Angestellte, Auszubildende, Vollzeit- und Teilzeitbeschäftigte (auch Inhaber eines Mini-Jobs). Der maßgebliche Zeitpunkt für das Vorliegen der betrieblichen Voraussetzungen von weniger als 50 Beschäftigten ist der erste Tag der beabsichtigten Überlassung. Die überlassenen Arbeitnehmer sind mitzuzählen.

(3) Voraussetzung für die Anwendung des § 1a ist die konkrete und begründete **Gefahr** von **Kurzarbeit oder Entlassungen** im Verleiherbetrieb. Der Arbeitgeber, der sich auf diese Ausnahmevorschrift beruft, trägt die Darlegungs- und Beweislast für die materiellen und formellen Voraussetzungen. Das Vorliegen der Voraussetzungen muss auf Verlangen glaubhaft gemacht werden (beispielsweise bei einer Häufung der Anzeigen).

(4) Fehlt eine der in § 1a genannten Voraussetzungen oder wird die Anzeige unterlassen, liegt illegale Arbeitnehmerüberlassung mit den hierfür geltenden **Rechtsfolgen** vor. Das gilt sowohl hinsichtlich der arbeitsrechtlichen (u. a. §§ 9, 10) als auch der straf- und bußgeldrechtlichen Folgen gemäß §§ 15, 16.

1a.2 Anzeigeverfahren

(1) Die einzelne Überlassung eines Beschäftigten bis zur Dauer von 12 Monaten bedarf der vorherigen **Anzeige** bei der für den Geschäftssitz des Verleihers zuständigen Agentur für Arbeit. Die vorherige Anzeige ist auch gewahrt, wenn diese bei einer Dienststelle der Bundesagentur für Arbeit vor Beginn der Überlassung eingeht (§ 1a Absatz 1 a.

E.). Mehrere Beschäftigte können in einer Anzeige zusammengefasst werden, wenn sie demselben Entleiher überlassen werden. In diesem Fall ist für jeden Beschäftigten der Zeitraum der Überlassung anzugeben. Die Anzeige bedarf der Schriftform. Hierfür sollte der Vordruck AÜG 2b verwendet werden.

(2) Bei der **wiederholten Überlassung** wird ein und derselbe Arbeitnehmer mehrfach überlassen. Soweit für diesen Arbeitnehmer ein Einsatzplan für die Dauer von zwölf Monaten vorliegt, sind Überlassungen entsprechend dieses Planes für einen Zeitraum von zwölf Monaten unter vorheriger Anzeige bei der Erlaubnisbehörde zulässig. Fehlt dieser Einsatzplan, ist für jeden Einsatz des Arbeitnehmers gesondert zu prüfen, ob die Voraussetzung des § 1a vorliegen.

(3) Bei der **Mehrfachüberlassung** werden mehrere Arbeitnehmer des Unternehmens zeitgleich oder zeitlich gestaffelt verliehen. Grundsätzlich ist dieser Verleih nach § 1a zulässig. Die Überlassungszeiten werden insoweit nicht zusammengerechnet. Zu beachten ist aber, dass die Anwendung des § 1a die Abwendung einer vorübergehenden wirtschaftlichen Notlage voraussetzt. § 1a dient nicht dazu, an sich erlaubnispflichtige Arbeitnehmerüberlassung unter den erleichterten Voraussetzungen zu ermöglichen.

(4) Die Anzeigen sind bei Eingang auf Vollständigkeit und Plausibilität hin zu prüfen. Liegen die Voraussetzungen des § 1a nicht vor, ist der Anzeigende darauf hinzuweisen und es ist ihm anheim zu stellen, eine Erlaubnis zur Arbeitnehmerüberlassung zu beantragen; erforderlichenfalls ist die beabsichtigte Überlassung durch die Erlaubnisbehörde zu untersagen (§ 6) und das weitere Überlassen nach den Vorschriften des Verwaltungsvollstreckungsgesetzes zu verhindern.

(5) Der Eingang der Anzeige zur Überlassung nach § 1a ist schriftlich zu bestätigen. Weiterhin ist im IT-Verfahren VERA dies als sog. § 1a-Fall zu erfassen. Die Anzeigen nach § 1a sind für jeden Arbeitgeber chronologisch gesondert abzulegen.

(6) Ergibt sich der konkrete Anfangsverdacht einer bereits begangenen Ordnungswidrigkeit, ist die Anzeige unter Darstellung der Verdachtsmomente zur weiteren Bearbeitung an die Behörden der Zollverwaltung nach § 16 Abs. 3 abzugeben.

(7) Im Hinblick auf die Dienstleistungsfreiheit können sich auch **Verleiher aus einem Mitgliedsstaat der EU oder des EWR** auf § 1a berufen.

1b. § 1b Einschränkungen im Baugewerbe

1b.1 Einschränkung im Baugewerbe

(1) Der in § 1b verwendete Begriff »**Betriebe des Baugewerbes**« ist entsprechend den Vorschriften über das Saison-Kurzarbeitergeld auszulegen. In § 101 Abs. 2 Satz 1 Sozialgesetzbuch Drittes Buch (SGB III) findet sich eine Legaldefinition des Begriffs Betriebe

des Baugewerbes. Danach ist ein Betrieb des Baugewerbes ein Betrieb, der gewerblich überwiegend Bauleistungen auf dem Baumarkt erbringt. Bauleistungen sind alle Leistungen, die der Herstellung, Instandsetzung, Instandhaltung, Änderung oder Beseitigung von Bauwerken dienen (§ 101 Abs. 2 Satz 2 SGB III). Die Verordnung über die Betriebe des Baugewerbes, in denen die ganzjährige Beschäftigung zu fördern ist (Baubetriebe-Verordnung) bestimmt im § 1 und § 2, welche Zweige des Baugewerbes durch das Saison-Kurzarbeitergeld zu fördern und welche davon ausgenommen sind.

(2) **Überwiegend gewerbliche Bauleistungen** werden erbracht, wenn arbeitszeitlich mehr als die Hälfte der betrieblichen Tätigkeit auf Bauleistungen entfällt. Arbeitgeber sind in diesem Fall Arbeitgeber des Baugewerbes und ihre Betriebe solche des Baugewerbes.

(3) Bei Zweifeln, ob ein bestimmter Betrieb zum Zeitpunkt der beabsichtigten Überlassung ein Baubetrieb im Sinne des § 1b in Verbindung mit § 101 Abs. 2 SGB III in Verbindung mit § 1 Baubetriebe-Verordnung ist, sind die für das Saison-Kurzarbeitergeld bzw. die für die Heranziehung zur Winterbeschäftigungs-Umlage zuständigen Stellen zu beteiligen.

(4) Die **Dienststellen der BA** können lediglich bescheinigen, ob nach den ihnen zur Verfügung stehenden Unterlagen ein Betrieb als Baubetrieb erfasst ist. Soweit ein Betrieb nicht bekannt ist, kann jedoch nicht ausgeschlossen werden, dass es sich dennoch um einen Betrieb des Baugewerbes handelt. Die Dienststellen der BA sind grundsätzlich nicht verpflichtet, allein aus Anlass des Auskunftsersuchens und ohne konkrete Anhaltspunkte weitere Ermittlungen über den ihnen nicht näher bekannten Betrieb anzustellen.

(5) Ein Verleihbetrieb ist daher verpflichtet, alle Möglichkeiten der Auskunft über einen Betrieb auch bei anderen Stellen wie z. B. Handwerkskammern, Industrie- und Handelskammern, Gewerbeämtern und beim Entleiher auszuschöpfen und zu versuchen, die nötigen Schlüsse selbst daraus zu ziehen.

(6) Sofern einem **Baubetrieb eine Erlaubnis** zur Arbeitnehmerüberlassung erstmalig oder wiederholt erteilt wird, informieren die Teams Sachbearbeitung das Team Kurzarbeitergeld, Insolvenzgeld, Altersteilzeitgesetz (KIA) im Operativen Service, in dessen Bezirk der Erlaubnisinhaber seinen Sitz hat. Die Teams KIA benötigen die Information für die Prüfung der Baubetriebeigenschaft.

(7) **Abbruchbetriebe**, die überwiegend Abbrucharbeiten verrichten, sind ungeachtet der Anwendung des Rahmentarifvertrages für die Beschäftigten des Abbruchgewerbes Baubetriebe (vgl. § 1 Abs. 2 Nr. 27 Baubetriebe-Verordnung). Die Anwendung des Rahmentarifvertrages schließt nicht die Baubetriebeigenschaft aus, sondern nur die Mitgliedschaft zur SOKA-Bau und die Pflicht zur Erbringung der Winterbeschäftigungs-Umlage.

Urban-Crell

(8) Für **Auszubildende** gilt das Verbot des § 1b nicht. Es greift nur ein, wenn diese zu Arbeiten, die üblicherweise von Arbeitern verrichtet werden, verliehen werden. Die Übertragung von Verrichtungen, die nicht dem Ausbildungszweck dienen, würden jedoch § 14 Abs. 2 Berufsbildungsgesetz (BBiG) widersprechen.

(9) § 1b findet nach § 2 Nummer 4 Arbeitnehmer-Entsendegesetz (AEntG) auch Anwendung, wenn der **Verleih im Ausland** stattfindet und der Leiharbeitnehmer im Rahmen eines Werkvertrages vom Entleiher **grenzüberschreitend in Deutschland eingesetzt** wird. Für den mit § 1b verfolgten Schutz des Teilarbeitsmarktes Bau in Deutschland ist nicht entscheidend, wo der Verleih stattfindet und der Entleiher seinen Sitz hat, sondern ob der Arbeitnehmer in Deutschland eingesetzt wird. Der Einsatz des Leiharbeitnehmers ist nur gestattet, wenn für die Überlassung die Voraussetzungen nach § 1b Satz 2 und 3 vorliegen.

(10) Der **Verleih von Baubetrieben in andere Betriebe** wird vom Verbot des Verleihs nach § 1b nicht erfasst. Die Erlaubnisfähigkeit richtet sich nach den allgemeinen Vorschriften des AÜG.

1b.2 Ausnahmeregelung

(1) Die Ausnahme vom Verbot des Verleihs in das Baugewerbe greift bei Betrieben mit Geschäftssitz in Deutschland ein, wenn für allgemeinverbindlich erklärte und sowohl die aufnehmenden Betriebe des Baugewerbes als auch die Betriebe außerhalb des Baugewerbes erfassende Tarifverträge dies vorsehen (§ 1b Satz 2 Buchstabe a). Die Arbeitnehmerüberlassung ist somit aus Betrieben jeden Gewerbes in Betriebe des Baugewerbes zulässig, wenn Tarifverträge dies ausdrücklich zulassen. Es muss sowohl der verleihende Betrieb außerhalb des Baugewerbes als auch der entleihende Betrieb des Baugewerbes von einem allgemeinverbindlich erklärten Tarifvertrag erfasst werden, der die Ausnahme von der Einschränkung der Arbeitnehmerüberlassung zulässt (sog. Tariföffnungsklausel).

(2) Zwischen **Betrieben des Baugewerbes** ist die Ausnahme vom Verbot des **Verleihs** in das Baugewerbe dann möglich, wenn der verleihende Betrieb nachweislich seit mindestens drei Jahren von denselben Rahmen- und Sozialkassentarifverträgen oder von deren Allgemeinverbindlichkeit erfasst wird, selbst wenn in den maßgeblichen Tarifverträgen nichts über die Zulässigkeit der Arbeitnehmerüberlassung in Betriebe des Baugewerbes ausgesagt ist. Der Nachweis kann z. B. durch Vorlage einer Bestätigung der jeweils zuständigen Einzugsstelle für die Sozialkassenbeiträge erfolgen (Adressen, Anlage 1). Bei § 1b Satz 2 Buchstabe b ist entsprechend des Wortlautes des Gesetzes auf den Betrieb und nicht auf die Rechtspersönlichkeit des Verleihers und Betriebs- bzw. Erlaubnisinhabers abzustellen.

(3) Der Nachweis ist mit Beginn des Verleihs vom Verleiher vorzuhalten und auf Verlangen vorzulegen. Durch die nachzuweisende dreijährige Tätigkeit als Baubetrieb soll

vermieden werden, dass Betriebe unter dem Deckmantel eines Baubetriebes Arbeitnehmerüberlassung betreiben. Um einen solchen Umgehungstatbestand auszuschließen hat der Gesetzgeber daher normiert, dass der verleihende Betrieb nachweisen muss, dass er seit mindestens drei Jahren in seinem Betrieb überwiegend Bautätigkeiten ausführt. Folgende Umstände können dabei berücksichtigt werden:
– Eintragung des Unternehmens im Gewerberegister,
– Angabe zur Höhe der Jahresumsätze in den letzten drei Jahren bzw. zumindest zur Höhe des letzten Jahresumsatzes sowie Angaben dazu, inwieweit dieser Jahresumsatz mit Tätigkeiten erzielt wurde, die unter den Tätigkeitsbereich von Bautarifverträgen fallen,
– Angabe der Anzahl gewerblicher Arbeitnehmer und Angestellter,
– Angabe der Anzahl der Art der im Besitz befindlichen Geräte und Baumaschinen,
– Vorlage einer Bescheinigung über die ordnungsgemäße Teilnahme an einem Sozialkassenverfahren der Bauwirtschaft.

(4) Von **denselben Rahmen- und Sozialkassentarifverträgen** erfasst bedeutet, dass die beteiligten Betriebe dem fachlichen Geltungsbereich »desselben« Tarifvertrages angehören. Die Dauer der Tarifgeltung muss nur auf Seiten des Verleihers vorliegen. Die im Baubereich existierenden Tarifverträge der vier Tarifbereiche Bauhauptgewerbe, Dachdeckerhandwerk, Gerüstbau und Garten- und Landschaftsbau sind ausnahmslos für allgemeinverbindlich erklärt worden und daher auch für Nicht-Verbandsmitglieder bindend. Die Arbeitnehmerüberlassung ist nur innerhalb des jeweiligen Tarifbereiches zulässig, nicht beispielsweise zwischen Betrieben des Bauhauptgewerbes und des Garten- und Landschaftsbaus.

(5) Inwieweit ein sog. **Mischbetrieb** vom Geltungsbereich eines entsprechenden Rahmen- und Sozialkassentarifvertrages erfasst wird, ist anhand der jeweiligen überwiegenden betrieblichen Gesamtarbeitszeit der Arbeitnehmer zu prüfen.

(6) Die Ausnahmen vom Verbot des § 1b Satz 1 sind in § 1b Satz 2 geregelt, so dass beim **Konzernverleih im Baugewerbe** die Voraussetzungen des § 1b Satz 2, insbesondere ob für die Konzernbetriebe dieselben Rahmen- und Sozialkassentarifverträge gelten, zu prüfen sind. Bei Vorliegen der Voraussetzungen ist die Arbeitnehmerüberlassung zulässig.

(7) **Betrieben** des Baugewerbes mit Geschäftssitz in einem **anderen Mitgliedstaat des EWR** ist der Verleih in Betriebe desselben Bereiches des Baugewerbes in Deutschland nach § 1b Satz 3 auch gestattet, wenn sie nachweislich seit mindestens drei Jahren überwiegend Tätigkeiten ausüben, die unter den fachlichen Geltungsbereich derselben Rahmen- und Sozialkassentarifverträge fallen, von denen der Betrieb des Entleihers erfasst wird. Der Nachweis kann beispielsweise durch Vorlage einer Bestätigung der jeweils zuständigen Einzugsstelle für die Sozialkassenbeiträge des Herkunftslandes erfolgen. Die SOKA-Bau, Abteilung Europaangelegenheiten, stellt z. B. eine Bescheinigung über die ordnungsgemäße Teilnahme am Urlaubskassenverfahren der deutschen

Bauwirtschaft auch für ausländische Unternehmen aus. Ebenso kann sie eine Bescheinigung über die ordnungsgemäße Teilnahme an einer als vergleichbar anerkannten ausländischen Urlaubskasse ausstellen. Der Nachweis ist mit Beginn des Verleihs vom Verleiher vorzuhalten und auf Verlangen vorzulegen.

(8) Bei der Anwendung des § 1b Satz 3 sind Betriebe mit Geschäftssitz im EWR nur dann in Deutschland zum Verleih an Baubetriebe berechtigt, wenn sie über eine deutsche Verleiherlaubnis verfügen (siehe FW 3.5).

(9) Wie inländische Unternehmen sind die ausländischen Betriebe auf den Verleih zu deutschen Betrieben ihres Bereichs beschränkt, d. h. ein Dachdeckerbetrieb aus dem EWR kann an einen Dachdeckerbetrieb in Deutschland, aber nicht an einen Betrieb des Bauhauptgewerbes in Deutschland verleihen.

2. § 2 Erteilung und Erlöschen der Erlaubnis

2.1 Antragstellung (§ 2 Abs. 1)

2.1.1 Grundsätzliches

(1) Über die Bestimmungen des AÜG (z. B. die Erlaubnisvoraussetzungen) können **Auskünfte** allgemeiner Art erteilt werden. Es können aber keine Negativbescheinigungen ausgestellt bzw. verbindliche Auskünfte erteilt werden, ob das AÜG bei konkreten Sachverhalten anzuwenden ist, da das Verwaltungsverfahrensgesetz (VwVfG), anders als z. B. das Steuerrecht, dies nicht vorsieht. In der Regel ist in diesen Fällen auf die Beratung durch Rechtsanwälte etc. zu verweisen (vgl. Merkblatt zur Abgrenzung zwischen Arbeitnehmerüberlassung im Rahmen von Werk- und selbständigen Dienstverträgen sowie anderen Formen des drittbezogenen Personaleinsatzes – AÜG 10). Gegen eine unverbindliche Darlegung der Auffassung der Agenturen für Arbeit zur rechtlichen Einordnung eines Sachverhaltes bestehen im Einzelfall keine Bedenken.

(2) Ein **Antrag** ist jede schriftliche Erklärung, die den Antragsteller und seinen Willen erkennen lassen, eine Erlaubnis nach § 1 zu erhalten. Der Antrag ist vom Antragsteller oder seinem Vertreter (vgl. FW 2.1.3 Abs. 2 und 4) eigenhändig zu unterschreiben (§ 126 BGB). Für die Antragsbearbeitung sind die Agenturen für Arbeit Düsseldorf, Kiel und Nürnberg zuständig. Auch die Rücknahme eines bereits gestellten Antrages sollte aus Beweisgründen schriftlich erfolgen. Antragstellung und -bearbeitung sind **umgehend** im IT-Verfahren VERA zu erfassen.

(3) Für die Antragstellung soll der **Vordruck AÜG 2a** verwendet werden. Mit der Grundstruktur des Antragsvordrucks werden umfassend die bei einer Antragstellung möglichen Fragen erfasst und Nachweise aufgelistet. Die Nachweise werden in der Regel bei Erstantragstellern erforderlich, wobei die Beibringung bestimmter Unterlagen sich erübrigen kann (z. B. wenn keine Niederlassungen vorhanden sind oder wenn

natürliche Personen den Antrag stellen und demgemäß die Frage nach Gesellschaftern hinfällig ist). Ein ohne Verwendung des Vordrucks gestellter schriftlicher Antrag kann allerdings nicht als unwirksam zurückgewiesen werden, weil die Vordruckbenutzung nicht gesetzlich vorgeschrieben ist. Der Antragsteller ist aber in diesem Fall zur nachträglichen Ausfüllung des Antragvordrucks aufzufordern. Die im Vordruck näher bezeichneten Unterlagen sind einzureichen.

(4) Die **Amtssprache** ist deutsch. Werden Anträge und Unterlagen in fremden Sprachen eingereicht, ist der Antragsteller unverzüglich aufzufordern, innerhalb einer angemessenen Frist beglaubigte Übersetzungen vorzulegen. Gehen diese innerhalb der gesetzten Frist nicht ein, ist der Antrag abzulehnen.

(5) Für die Bearbeitung von Anträgen werden **Gebühren und Auslagen** erhoben. Die Antragsbearbeitung bei Neuanträgen erfolgt erst nach Zahlung des Gebührenvorschusses (vgl. FW 2a.).

(6) Das Erlaubnisverfahren nach dem AÜG ist im **IT-Verfahren VERA** zu dokumentieren.

2.1.2 Antragsbearbeitung

(1) Wird der Antragsvordruck nicht vollständig oder unrichtig ausgefüllt oder fehlen für die Prüfung **erforderliche Unterlagen**, ist der Antragsteller zur Ergänzung oder Berichtigung aufzufordern. Ihm ist gleichzeitig eine angemessene Frist (in der Regel nicht länger als 1 Monat) mit dem Hinweis zu setzen, dass der Antrag nach Ablauf der Frist ggf. wegen fehlender Mitwirkung abgelehnt werden kann.

(2) Kann der Antragsteller Unterlagen nicht beibringen, weil andere Stellen diese noch nicht ausgestellt haben, kann die **Erlaubnis unter dem Vorbehalt des Widerrufs** (vgl. FW 2.3) erteilt werden, sofern der Antragsteller ein berechtigtes Interesse an der unverzüglichen Erlaubniserteilung nachweist, die sonstigen Voraussetzungen vorliegen und zu erwarten ist, dass die abschließende Prüfung nicht zu einer Ablehnung führen wird.

(3) Grundsätzlich gilt im Verwaltungsverfahren der **Untersuchungsgrundsatz** des § 24 Abs. 1 VwVfG. Die Beteiligten sollen aber gemäß § 26 Abs. 2 VwVfG bei der Ermittlung des Sachverhaltes mitwirken. Sie sollen insbesondere ihnen bekannte Tatsachen und Beweismittel angeben. Verfahrensrechtliche Folgen werden an das Fehlen der Mitwirkung im Vergleich zum SGB I nicht geknüpft. Die Behörde ist aber, soweit ein Beteiligter es unterlässt, zur Klärung der für ihn günstigen Tatsachen beizutragen, obwohl ihm dies möglich und zumutbar wäre, in der Regel nicht mehr gehalten, insoweit von sich aus allen sonstigen denkbaren Erkenntnismöglichkeiten nachzugehen, um die Tatsachen aufzuklären. Die fehlende Mitwirkung kann dann bei der Beweiswürdigung zu ungünstigen Schlüssen für den Beteiligten führen.

2.1.3 Antragsteller

(1) **Antragsteller** können natürliche und juristische Personen (z. B. AG, GmbH), Personengesamtheiten (z. B. nicht rechtsfähige Vereine, Erbengemeinschaft) und Personengesellschaften (z. B. GbR, OHG, KG) sein.

(2) **Juristische Personen** werden durch das zur Vertretung berechtigte Organ (Vorstand, Geschäftsführer), **Personengesellschaften** durch die zur Vertretung berechtigten Gesellschafter vertreten. Eine GbR wird gemeinschaftlich durch alle Gesellschafter vertreten, es sei denn, dass die Vertretungsbefugnis einzelnen Gesellschaftern übertragen wurde.

Bei Inhaberwechsel oder Rechtsnachfolge vgl. FW 7.

(3) **Minderjährige** bedürfen für die Antragstellung der Einwilligung ihres gesetzlichen Vertreters, es sei denn, sie sind gemäß § 112 BGB zum selbständigen Betrieb eines Erwerbsgeschäfts ermächtigt. Die schriftliche Einwilligung des gesetzlichen Vertreters (§ 107 BGB) oder die Genehmigung des Vormundschaftsgerichtes ist vorzulegen.

(4) **Antragsteller** können sich bei der Antragstellung vertreten lassen. Aus Gründen der Rechtssicherheit ist jedoch stets die Vorlage einer schriftlichen **Vollmacht** zu verlangen.

(5) Bei **nichtdeutschen Antragstellern** ist zu prüfen, ob die Voraussetzungen nach § 3 Abs. 3 bis 5 erfüllt sind und der Aufenthaltsstatus die Ausübung des Gewerbes zulässt.

(6) Soweit **Niederlassungen** rechtlich unselbständig sind, werden die Tätigkeiten der Niederlassungen von der dem Verleiher erteilten Erlaubnis erfasst. Für mehrere Verleihunternehmen, die rechtlich selbständig sind, sind jeweils gesonderte Erlaubnisse erforderlich. Befindet sich der Hauptsitz bei grenzüberschreitender Arbeitnehmerüberlassung im EU/EWR-Ausland und wird die Niederlassung als unselbständige Niederlassung vom Amtsgericht eingetragen, ist Erlaubnisbehörde die für den Staat des Hauptsitzes zuständige Agentur für Arbeit. Stellt die im EU/EWR-Ausland gegründete Firma lediglich eine sog. »Briefkastenfirma« dar und findet die Geschäftstätigkeit dieser gegründeten Gesellschaft/Firma ausschließlich in Deutschland statt, so ist die Zuständigkeit dem deutschen Standort zuzuordnen.

2.1.4 Antragsunterlagen

2.1.4.1 Unterlagen für die erstmalige Erteilung einer Verleiherlaubnis

(1) Von den Antragstellern sind zusammen mit dem Antragsvordruck (AÜG 2a) grundsätzlich folgende Unterlagen vorzulegen:
a) bei anderen als natürlichen Personen **Gesellschaftsvertrag**/Satzung/Statut,
b) **Führungszeugnis** für Behörden (Belegart O) für den Antragsteller oder – bei anderen als natürlichen Personen – für die Vertreter nach Gesetz/Satzung/Gesellschaftsvertrag,

c) **Auskunft aus dem Gewerbezentralregister** (Belegart 9) für den Antragsteller und – bei anderen als natürlichen Personen – für die Vertreter nach Gesetz/Satzung/Gesellschaftsvertrag sowie für die juristische Person,
d) **Auszug aus dem Handelsregister**, soweit eine Eintragspflicht besteht; dann Verzicht auf Gewerbeanmeldung und Gesellschaftsvertrag,
e) **Bescheinigung der Krankenkassen**, bei denen die Mehrzahl der Arbeitnehmer versichert sind, soweit bereits Beiträge abzuführen waren,
f) **Bescheinigung der Berufsgenossenschaft** (Unfallversicherungsträger) – auf gesondertem Vordruck,
g) **Nachweis über liquide Mittel**, z. B. sofort verfügbare Guthaben oder Kreditbestätigungen über Kontokorrentkredit. Hinsichtlich der Bonität müssen mindestens 10.000,- € nachgewiesen werden. Dies gilt bei einer beabsichtigten Beschäftigung von bis zu fünf Leiharbeitnehmern. Bei mehr als fünf Leiharbeitnehmern sind für jeden 2.000,- € an liquiden Mitteln nachzuweisen;
h) **Muster eines Arbeitsvertrages** (bzw. Zusatzvereinbarung zum Arbeitsvertrag bei Einsatz eines Stammarbeitnehmers als Leiharbeitnehmer in sog. Mischbetrieben) und Muster eines Überlassungsvertrages.

Die Prüfung von Musterarbeitsverträgen/Musterüberlassungsverträgen beschränkt sich auf die Anforderungen nach § 11 in Verbindung mit § 2 Nachweisgesetz und § 12. Für die Bearbeitung ist die im IT-Fachverfahren VERA eingestellte Checkliste für Arbeits- und Überlassungsverträge zu verwenden. Inhaltliche Kontrollen von Tarif-/Arbeitsverträgen sind von der BA nicht vorzunehmen. Es ist auch nicht Aufgabe der BA eine rechtlich verbindliche, abschließende Vorabprüfung von Musterarbeitsverträgen vorzunehmen. Vorgelegte Verträge sind daher rechtlich nicht zu bewerten; hierzu ist an die rechtsberatenden Berufe zu verweisen. Gleiches gilt für die Vorlage des Arbeitnehmerüberlassungsvertrages. Bei klar erkennbaren Rechtsverstößen, die ohne tiefergehende Prüfung zu erkennen sind, empfiehlt es sich, auf solche Verstöße hinzuweisen. Unabhängig davon bleiben Arbeitsverträge und ihre Einhaltung Gegenstand von Prüfungen im Sinne von § 7.

(2) zu b) und c):

Antragsteller, die ihren Wohnsitz oder gewöhnlichen Aufenthalt in den letzten fünf Jahren überwiegend im Ausland hatten, haben zusätzlich zu den Unterlagen von deutschen Behörden auch die entsprechenden ausländischen Unterlagen mit beglaubigten Übersetzungen in die deutsche Sprache beizufügen.

(3) **Gebietskörperschaften** (z. B. Kommunen) müssen die Unterlagen lt. Buchstabe a), c), d) sowie g) im Antragsverfahren nicht vorlegen.

(4) Bei Vertretern von juristischen Personen des öffentlichen Rechts, die in einem **öffentlich-rechtlichen Dienstverhältnis** (z. B. Beamte auf Lebenszeit) stehen, kann auf ein Führungszeugnis der Belegart O (Vorlage bei einer Behörde) verzichtet werden.

2.1.4.2 Unterlagen für die (un-)befristete Verleiherlaubnis

(1) Bei der Beantragung einer befristeten Verlängerung bzw. unbefristeten Erteilung der Erlaubnis zur Arbeitnehmerüberlassung ist der Antragsvordruck zu verwenden (vgl. FW 2.1.1 Abs. 3).

(2) An Unterlagen sind bei reinen Verleihbetrieben insbesondere vorzulegen:
a) **Führungszeugnis** für Behörden (Belegart O) für den Antragsteller oder – bei anderen als natürlichen Personen – für die Vertreter nach Gesetz/Satzung/Gesellschaftsvertrag,
b) **Auskunft aus dem Gewerbezentralregister** (Belegart 9) für den Antragsteller und – bei anderen als natürlichen Personen – für die Vertreter nach Gesetz/Satzung/Gesellschaftsvertrag – GZR 3 – sowie für die juristische Person – GZR 4,
c) **Nachweis über liquide Mittel**, z. B. sofort verfügbare Guthaben oder Kreditbestätigungen über Kontokorrentkredit. Hinsichtlich der Bonität müssen mindestens 10.000,- € liquide Mittel nachgewiesen werden. Dies gilt bei einer beabsichtigten Beschäftigung von bis zu fünf Leiharbeitnehmern. Bei mehr als fünf Leiharbeitnehmern sind für jeden € 2.000,- € an liquiden Mitteln nachzuweisen. Der Nachweis der liquiden Mittel wird zusätzlich durch die Unbedenklichkeitsbescheinigungen der Sozialversicherungsträger und des Finanzamtes erbracht.
d) **Bescheinigung der Berufsgenossenschaft** – auf gesondertem Vordruck,
e) **Bescheinigung der Krankenkassen**, bei denen die Mehrzahl der Leiharbeitnehmer versichert sind.

(3) Bei **Mischbetrieben** kann im Zuge einer befristeten Verlängerung der Erlaubnis bzw. bei Erteilung der unbefristeten Erlaubnis auf Führungszeugnis und Gewerbezentralregisterauszug verzichtet werden. Ebenso sind Liquiditätsnachweise entbehrlich, wenn nach einer mehrjährigen unternehmerischen Tätigkeit des Antragstellers von einer ordentlichen Finanzierungsplanung ausgegangen werden kann. Im Einzelfall kann aus regionalen oder branchenspezifischen Gesichtspunkten auf die Vorlage einzelner Unterlagen verzichtet werden, um den Umfang der einzureichenden Unterlagen auf ein notwendiges Maß zu beschränken. Solche Ermessensentscheidungen sind allerdings kurz zu begründen. Im Übrigen sind die bei reinen Verleihbetrieben angegebenen Unterlagen beizubringen. Für notwendige im Antragsverfahren vorzulegende Unterlagen von Gebietskörperschaften wird auf FW 2.1.4.1 Abs. 3 verwiesen.

2.1.5 Entscheidung über den Antrag

(1) Auf die Erteilung/Verlängerung der Erlaubnis besteht ein Rechtsanspruch, wenn nicht einer der in § 3 aufgezählten gesetzlichen Versagungsgründe vorliegt. Anträge nach dem AÜG sollen in der Regel innerhalb von drei Monaten ab Antragstellung abschließend bearbeitet werden.

(2) Für die Erteilung/Verlängerung der Erlaubnis ist der vorgesehene Text zu verwenden (Text in BK-Funktionen des IT-Fachverfahrens VERA).

(3) Den **Bescheid** erhält der Antragsteller (vgl. FW 2.1.3). Die Erlaubnis ist personen- und nicht betriebsbezogen. Das bedeutet, dass sich die Erlaubnis auf die natürliche Person (Firmeninhaber), die juristische Person, die Personengesellschaft oder die Personengesamtheit bezieht. Wegen der Folge eines Inhaber- oder Gesellschafterwechsels bzw. einer Gesellschaftsumwandlung näher FW 7.2.

2.1.6 Zustellung von Entscheidungen

(1) Die Entscheidungen nach dem AÜG sind im **Inland** grundsätzlich als Brief zu versenden. Mit Postzustellungsurkunden (PZU) oder gegen Empfangsbekenntnis sind aber Ersterteilungen von Erlaubnissen, Ablehnungs-, Widerrufs-, Rücknahme- und (eigenständige) Auflagenbescheide zuzustellen. Für den Nachweis des Zugangs und seiner Datierung kann die Erlaubniserteilung auch mittels Faxübermittlung geschehen. Durch das Faxprotokoll ist der Zugang nachweisbar.

(2) Bei Undurchführbarkeit kommt die öffentliche Zustellung (§ 10 Verwaltungszustellungsgesetz (VwZG)) in Betracht.

(3) Bescheide im Rahmen des Antragsverfahrens (Erlaubniserteilung und Erlaubnisversagung, Widerruf und Rücknahme, Auflagen usw.) sind ins **Ausland** mittels Einschreiben mit Rückschein zu übersenden, soweit nicht an Bevollmächtigte im Inland (§ 7 VwZG) zugestellt werden kann. Es ist darauf hinzuwirken, dass ausländische Verleiher Empfangsbevollmächtigte im Inland benennen. Hat oder verspricht die Zustellung auf diesen Wegen keinen Erfolg, ist die förmliche Zustellung nach § 9 VwZG zu bewirken.

2.1.7 Rückgabe der Erlaubnisurkunden

(1) Die Erlaubnisurkunden sind entsprechend § 52 VwVfG im Interesse der Rechtssicherheit vom Verleiher zurückzufordern, wenn die Erlaubnis abgelaufen oder erloschen ist, rechtskräftig zurückgenommen (§ 4) oder widerrufen (§ 5) wurde oder der Verleiher auf ihren Fortbestand verzichtet hat. Ausnahmsweise kann von der Rückgabe abgesehen werden, wenn diese nur mit unverhältnismäßig hohem Verwaltungsaufwand möglich ist und davon ausgegangen werden kann, dass eine missbräuchliche Verwendung durch den ehemaligen Erlaubnisinhaber nicht zu erwarten ist.

(2) Die Rückgabeverpflichtung kann mit Hilfe des Verwaltungszwangs durchgesetzt werden.

(3) Auf begründetes Verlangen (z. B. zum Nachweis seiner bisherigen Rechtsposition) ist dem ehemaligen Erlaubnisinhaber zu bescheinigen, in welcher Zeit er im Besitz einer Erlaubnis zur Arbeitnehmerüberlassung war.

2.2 Bedingungen und Auflagen (§ 2 Abs. 2)

(1) **Bedingungen** sind Bestandteil des Verwaltungsaktes und können nicht selbständig erzwungen oder angefochten werden. Von der Erteilung einer Erlaubnis unter Bedingungen ist in der Regel abzusehen. Im Einzelfall ist oft nicht festzustellen, ob die Bedingungen eingetreten sind oder der Verleiher sie eingehalten hat. Es würde daher in vielen Fällen zweifelhaft sein, ob die in ihrem Bestand von den Bedingungen abhängige Erlaubnis wirksam ist. Ein Beispiel für eine Bedingung ist, dass einer GmbH auf Wunsch die Erlaubnis unter der Bedingung der Eintragung ins Handelsregister erteilt werden könnte. Die Erlaubnis wird dann erst mit der Eintragung wirksam und die GmbH hat ein volles Erlaubnisjahr zur Verfügung.

(2) **Auflagen**, mit denen die Erlaubnis verbunden wird, fordern von dem Adressaten ein bestimmtes Tun, Dulden oder Unterlassen. Auflagen stehen rechtlich selbständig neben der Erlaubniserteilung. Sie können daher selbständig angefochten werden. Die Erfüllung der Auflagen kann nach den Vorschriften des Verwaltungsvollstreckungsgesetzes (VwVG) erzwungen werden.

(3) Die Nichteinhaltung von Auflagen kann unter Berücksichtigung des Grundsatzes der Verhältnismäßigkeit zum Widerruf der Erlaubnis (§ 5 Abs. 1 Nr. 2) berechtigen. Zuvor ist zu prüfen, ob eine Ahndung als Ordnungswidrigkeit in Frage kommt (§ 16 Abs. 1 Nr. 3 und Abs. 2).

(4) Auflagen können auch nach Erlass des Erlaubnisbescheides in Betracht kommen. Auflagen sind als solche konkret zu bezeichnen und zu begründen. Werden Auflagen später erteilt, geändert oder ergänzt, ist der Auflagentext als gesonderter rechtsbehelfsfähiger Bescheid zuzustellen.

(5) Bestimmungen, die auf bestehende gesetzliche Verpflichtungen hinweisen oder sie lediglich wiederholen, sind nicht als Inhalt von Auflagen zulässig. Etwas anderes gilt allerdings, wenn eine gesetzliche Verpflichtung, deren Umfang umstritten ist, fall- bzw. fallgruppenbezogen mit potentieller Verbindlichkeit konkretisiert wird, um die Einhaltung der gesetzlichen Verpflichtung auch in diesen Fällen ggf. mit Zwangsmitteln durchsetzen zu können. Solche Auflagen erfordern allerdings nicht nur die bestimmte Angabe, was der Begünstigte zu tun oder zu unterlassen hat. Vielmehr muss zusätzlich genau angegeben werden, wann dies geschehen soll. Es muss daher der Fall oder die Fallgruppe nachvollziehbar abgegrenzt werden, für die das Tun, Dulden oder Unterlassen verlangt wird.

(6) Auflagen kommen u. a. zur Gestaltung der Betriebsorganisation eines Verleihers nach § 3 Abs. 1 Nr. 2 in Frage. Eine Auflage, die allein auf eine Gestaltung der vorgehaltenen Arbeitsvertragsformulare hinwirkt, ohne dass ein konkreter Verstoß gegen arbeitsvertragliche Pflichten vorliegt, ist rechtswidrig, weil die Gestaltung von Vertragsformularen ohne konkreten Verstoß gegen arbeitsrechtliche Pflichten die Versagung einer Erlaubnis nicht rechtfertigt (BSG, Urteil vom 06.04.2000 – B 11/7 AL 10/99 R).

(7) Wenn ausreichend bestimmte Auflagen wegen der Schwierigkeit der Rechtsmaterie nicht erlassen werden können, empfiehlt es sich dem Verleiher entsprechende schriftliche Hinweise/Beanstandungen zu geben, besonders, wenn Betriebsprüfungen konkrete Rechtsverletzungen ergeben haben (BSG, a.a.O.). Stellt sich heraus, dass der Verleiher diesen Hinweisen nicht nachkommt, so ist ggf. die Verlängerung der Erlaubnis zu versagen bzw. eine erteilte Erlaubnis zu widerrufen.

(8) Sofern die Behörden der Zollverwaltung für die Verfolgung und Ahndung von Ordnungswidrigkeiten zuständig sind (z. B. Lohnuntergrenze), ist es grundsätzlich sachgerecht vor der erlaubnisrechtlichen Entscheidung den Abschluss des Verfahrens beim Zoll abzuwarten. Dabei ist aber erforderlich, dass die BA den Sachstand beim Zoll konsequent und in angemessener Taktung nachhält. In eindeutigen Fällen, in denen aufgrund der Feststellungen der Teams Arbeitnehmerüberlassung der Sachverhalt zweifelsfrei feststeht, kann schon vor Abschluss des Verfahrens beim Zoll eine Auflage erteilt werden. Darüber sollte der Zoll im Rahmen der Zusammenarbeit informiert werden.

(9) Eine **Auflage bleibt bis zu ihrer Erfüllung wirksam**. Im Übrigen gilt sie bis zu ihrem ausdrücklichen Widerruf oder dem Ende der Befristung. Bei der Verlängerung der Erlaubnis ist aus Gründen der Rechtssicherheit auf den Fortbestand der Auflage hinzuweisen.

2.3 Widerrufsvorbehalt (§ 2 Abs. 3)

(1) Eine Erlaubniserteilung unter **Widerrufsvorbehalt** kommt im Einzelfall in Betracht, wenn die vollständige Sachverhaltsaufklärung längere Zeit in Anspruch nehmen wird, wenn Unterlagen nicht rechtzeitig vorgelegt werden können und wenn die Gründe für eine derartige Verzögerung nicht nur in der Person des Antragstellers liegen. Die abschließende Prüfung darf voraussichtlich nicht zu einer Versagung führen.

(2) Das Instrument des Widerrufsvorbehaltes ist dann unzulässig, wenn aufgrund der unvollständigen Unterlagen z. B. noch nicht ausreichend geklärt ist, ob der Antragsteller die Erlaubnis voraussichtlich erhalten kann. Dies gilt insbesondere dann, wenn Gründe in der Person des Antragstellers vorlagen, die eine Erlaubnis ausgeschlossen hätten. Wird eine Erlaubnis unter Widerrufsvorbehalt erteilt, muss aus den Erlaubnisakten erkennbar sein, warum dem Antragsteller keine Aufschiebung der Entscheidung zuzumuten gewesen wäre.

(3) Sind die Gründe für den Vorbehalt eines Widerrufs weggefallen, ist dies dem Verleiher durch einfachen Brief mitzuteilen.

2.4 Verlängerung der Erlaubnis (§ 2 Abs. 4)

(1) Die **Jahresfrist** des § 2 Abs. 4 **beginnt** mit dem Tag des Wirksamwerdens der Erlaubnis.

(2) Die **Antragsunterlagen** für die Verlängerung der Erlaubnis sind dem Verleiher in der Regel fünf Monate vor Ablauf der Erlaubnis – verbunden mit einem Hinweis auf die Antragsfrist – in geeigneter Form zu übersenden oder zugänglich zu machen.

(3) Bei der Frist zur Stellung des Verlängerungsantrages (§ 2 Abs. 4) handelt es sich um eine materiell-rechtliche **Ausschlussfrist**, gegen deren Versäumung eine Wiedereinsetzung in den vorigen Stand (im Gegensatz zu prozessualen Fristen) nicht möglich ist.

(4) Dem Antragsteller ist mit dem Anschreiben gleichzeitig ein Termin zu setzen (etwa sechs Wochen vor Ablauf der Erlaubnis), bis zu dem ggf. noch **fehlende Unterlagen** nachgereicht werden können. Eine Verlängerung dieses Termins kommt nur in Ausnahmefällen in Betracht und sollte auf jeden Fall so bemessen sein, dass genügend Zeit bleibt, über den Antrag noch vor Ablauf der Erlaubnis zu entscheiden.

(5) Über jeden **fristgerecht** gestellten **Verlängerungsantrag** ist vor Ablauf der Erlaubnis zu entscheiden. Insbesondere ein Versagungsbescheid ist dem Verleiher vor Ablauf der Erlaubnis förmlich zuzustellen.

(6) Geht ein Antrag auf **Verlängerung** der Erlaubnis **verspätet** ein, ist dieser Antrag als Neuantrag zu behandeln. Der Verleiher ist umgehend darauf hinzuweisen, dass er seine Tätigkeit zum Ende der Jahresfrist einzustellen hat, falls bis dahin über seinen Antrag nicht zustimmend entschieden wurde.

(7) Während der zwölfmonatigen **Abwicklungsfrist** (§ 2 Abs. 4 Satz 4) ist der Abschluss oder die Verlängerung von Überlassungs- oder Arbeitsverträgen unzulässig. Dies gilt auch dann, wenn der Verleiher zur Erfüllung seiner Verpflichtungen aus laufenden Überlassungsverträgen Neuabschlüsse oder Verlängerungen von Leiharbeitsverträgen vornehmen will und umgekehrt. Hierauf ist der Verleiher, sofern ihm eine Abwicklungsfrist zusteht, in dem entsprechenden Bescheid aus Gründen der Rechtssicherheit hinzuweisen.

(8) Nach dem Sinn der Abwicklungsfrist kann diese nicht für Rahmenüberlassungsverträge gelten. Die Abwicklungsfrist erstreckt sich nur auf die konkreten zum Zeitpunkt der Abwicklung gültigen Verträge, die zumindest die Dauer der Überlassung und die Zahl der Leiharbeitnehmer beinhalten. Entsprechende Überlassungen müssen auch tatsächlich erfolgen.

(9) Die Abwicklungsfrist von längstens zwölf Monaten gilt auch im Fall der Rücknahme und des Widerrufs einer Erlaubnis (vgl. § 4 Abs. 1 Satz 2 und § 5 Abs. 2). Im Falle der Fristversäumung nach § 2 Abs. 4 Satz 2 ist allerdings die Einräumung der Abwicklungsfrist nicht möglich.

2.5 Unbefristete Erlaubnis (§ 2 Abs. 5)

(1) Eine unbefristete Erlaubnis kann erteilt werden, wenn der Erlaubnisinhaber **drei aufeinanderfolgende Jahre eine Verleihtätigkeit** ausgeübt hat, d. h. in jedem Jahr der Gültigkeit der Erlaubnis muss mindestens ein Verleihvorgang erfolgt sein.

(2) Der Antragsteller muss **drei aufeinanderfolgende Jahre erlaubt tätig** gewesen sein. Eine Unterbrechung der Dreijahresfrist liegt nicht vor, wenn infolge verspäteter Antragstellung ein Verlängerungsantrag als Neuantrag zu behandeln war, die daraufhin erteilte Erlaubnis sich jedoch nahtlos an die zuvor erteilte anschließt.

(3) Die Erteilung einer unbefristeten Erlaubnis setzt voraus, dass das Gesamtbild der bisherigen Geschäftstätigkeit des **Antragstellers** (auch in Zeiten, in denen sie nicht als Verleiher erfolgte) die Gewähr dafür bietet, dass er sich künftig als Gewerbetreibender gesetzesgetreu verhält und seine Arbeitgeberpflichten **zuverlässig** erfüllt. Auch geringe Verstöße gegen die maßgeblichen Vorschriften während seiner bisherigen Geschäftstätigkeit – unabhängig davon, ob sie geahndet wurden – können gegen die Erteilung einer unbefristeten Erlaubnis sprechen.

(4) In den Fällen, in denen die Erteilung einer unbefristeten Erlaubnis nicht in Betracht kommt, muss stets geprüft werden, ob eine befristete Erlaubnis erteilt werden kann. Wird anstelle einer begehrten unbefristeten Erlaubnis nur eine befristete Erlaubnis erteilt, ist dies dem Antragsteller gegenüber im Bescheid zu begründen. Einer Begründung bedarf es nicht, wenn der Antragsteller sein Antragsbegehren dahingehend eingeschränkt hat, dass er nicht bzw. nicht mehr die unbefristete, sondern lediglich die befristete Erlaubnis begehrt.

(5) Die **Erlaubnis erlischt** durch Fristablauf, ferner mit dem Tod des Erlaubnisinhabers bzw. bei juristischen Personen oder Personengesellschaften mit deren Auflösung; außerdem in Fällen unbefristeter Erteilung, wenn der Erlaubnisinhaber von ihr drei Jahre lang keinen Gebrauch gemacht hat. Wegen Rücknahme und Widerruf der Erlaubnis vgl. FW 4. und 5.

(6) Die **Erlaubnis** erlischt auch, wenn der Verleiher auf sie **verzichtet** (vgl. § 43 Abs. 2 VwVfG – Erledigung auf andere Weise). Aus Gründen der Rechtssicherheit hat der Verleiher seinen Verzicht schriftlich zu erklären. Zuvor soll er in geeigneter Form auf die damit verbundenen Rechtsfolgen hingewiesen werden (z. B. fehlende Abwicklungsfrist).

2a. § 2a Gebühren und Auslagen

2a.1 Gebühren und Auslagen

Für die Bearbeitung von Anträgen auf Erteilung und Verlängerung der Erlaubnis zur Arbeitnehmerüberlassung werden Gebühren und Auslagen erhoben. Die Höhe im Einzelnen richtet sich nach der Arbeitnehmerüberlassungserlaubnis-Kostenverordnung (AÜKostV). Für die zu treffende Entscheidung gelten die Vorschriften des Bundesgebührengesetzes (BGebG). Gemäß § 23 Abs. 2 und Abs. 5 BGebG findet jedoch § 10 BGebG bis zum Erlass einer neuen Rechtsvorschrift für die Erhebung von Gebühren im Bereich Arbeitnehmerüberlassung keine Anwendung. Für die Ablehnung, Rücknahme oder Erledigung eines Antrags sowie für die Rücknahme oder den Widerruf eines Verwaltungsaktes ist § 15 des Verwaltungskostengesetzes (VwKostG) in der bis zum 14. August 2013 geltenden Fassung weiter anzuwenden.

2a.2 Gebühren

(1) Die Gebühr beträgt seit dem 1. Dezember 2015 für die Erteilung oder Verlängerung einer befristeten Erlaubnis 1.000,- € und für die Erteilung einer unbefristeten Erlaubnis 2.500,- €.

(2) Bei Ablehnung und Rücknahme von Anträgen sind entsprechend § 2a grundsätzlich ebenfalls Gebühren zu erheben; die gemäß § 23 Abs. 2 und Abs. 5 BGebG i.V.m. § 15 Abs. 2 VwKostG vorgesehenen Ermäßigungsvorschriften sind zu beachten.

(3) Gebühren können nach § 15 BGebG als Vorschuss erhoben werden.

2a.3 Verfahren

(1) Erstantragsteller sind aufzufordern, einen Gebührenvorschuss in Höhe der für die Erteilung einer Erlaubnis zu zahlenden Gebühr zu entrichten und darauf hinzuweisen, dass die Agentur für Arbeit die sachliche Bearbeitung von seiner Einzahlung abhängig macht. Wird der Vorschuss nicht binnen einer zu benennenden Frist entrichtet, ist dem Antragsteller mitzuteilen, die Agentur für Arbeit gehe davon aus, er habe an der weiteren Verfolgung seines Antrages kein Interesse und betrachte den Antrag daher als erledigt. Der Vorgang ist abzuschließen; eine Gebührenerhebung entfällt. Veranlasst die Mitteilung den Antragsteller, den Vorschuss nunmehr zu entrichten, ist die Bearbeitung wieder aufzunehmen und über den Antrag in der Sache zu entscheiden.

(2) Anlässlich der Übersendung der Unterlagen zur Verlängerung der Erlaubnis ist der Verleiher darauf hinzuweisen, dass die BA im Falle der Antragstellung von der Möglichkeit des § 15 BGebG Gebrauch macht und einen Gebührenvorschuss auf die fällige Gebühr erhebt. Zur beschleunigten Antragsbearbeitung liegt es im Interesse des Verleihers, neben der rechtzeitigen Antragstellung nach § 2 Abs. 4 Satz 2 auch die Gebühr nach Aufforderung durch die Erlaubnisbehörde zeitnah einzuzahlen.

(3) Für den Fall, dass der Antragsteller den Verlängerungsantrag rechtzeitig gestellt, nicht aber die Gebühr nach Aufforderung eingezahlt hat, ist er unter Fristsetzung zu verpflichten, den Gebühren**vorschuss** in entsprechender Höhe zu entrichten. Er ist darüber zu belehren, dass aus der Missachtung dieser Verpflichtung **mangelnde Zuverlässigkeit** im Sinne des § 3 Abs. 1 Nr. 1 geschlossen wird, so dass schon aus diesem Grund der Antrag auf Verlängerung abzulehnen wäre. Zahlt er nicht innerhalb der gesetzten Frist, ist er einer öffentlich-rechtlichen Verpflichtung nicht nachgekommen und kann daher nicht als zuverlässig im Sinne von § 3 Abs. 1 Nr. 1 angesehen werden. Ohne weitere Prüfung in der Sache erhält er einen gebührenpflichtigen Ablehnungsbescheid.

(4) Nimmt der Verleiher die ablehnende Entscheidung zum Anlass, den Gebührenvorschuss vor Bestandskraft zu zahlen, ist die ablehnende Entscheidung im Verwaltungswege aufzuheben und über den Antrag in der Sache zu entscheiden. Bei einem späteren Zahlungseingang steht es im Ermessen der BA entsprechend zu verfahren.

(5) Hat der Verleiher für den Antrag auf Erteilung der unbefristeten Erlaubnis einen Gebührenvorschuss in entsprechender Höhe entrichtet, ist ihm die Differenz auszuzahlen, wenn nur eine befristete Erlaubnis erteilt wird. Die Rücküberweisung erfolgt unverzüglich, nachdem der Verwaltungsakt bestandskräftig wurde. Schränkt der Antragsteller sein Antragsbegehren dahingehend ein, dass er nicht mehr die unbefristete Erlaubnis, sondern lediglich noch die befristete Erlaubnis begehrt, ist der zu viel gezahlte Gebührenvorschuss sofort zu erstatten. Durch die Änderung des Antrages ist nur noch die Gebühr für die Erteilung einer befristeten Erlaubnis angemessen. Der Antragsteller ist über die Erstattung zu informieren und darauf hinzuweisen, dass die Gebühr endgültig mit der Entscheidung über den Antrag festgesetzt wird.

(6) Ist wegen nicht eingegangener Gebühr der Antrag in der **Geschäftsstatistik** als Versagung (Spalte 7) oder anderweitige Erledigung (Spalte 8) gezählt worden und wird die Gebühr danach entrichtet, ist statistisch von einer erneuten Antragstellung auszugehen. Die abschließende Erledigung eines solchen Antrages ist ebenfalls statistisch zu erfassen.

(7) Sind **Auslagen** gemäß § 3 AÜKostV (bspw. für Übersetzungen und weitere Abschriften) zu erheben, sollen sie vom Antragsteller/Verleiher ebenfalls als Vorschuss gefordert werden.

(8) Nach § 13 BGebG soll die **Gebührenfestsetzung** zusammen mit der Sachentscheidung ergehen. Sind die Gebühren nicht im Zusammenhang mit einer Sachentscheidung festgesetzt worden, ist ein gesonderter Bescheid mit Rechtsbehelfsbelehrung über die Gebühren zu erlassen.

(9) Die Gebührenfestsetzung kann zusammen mit der Sachentscheidung oder selbständig angefochten werden. Der **Rechtsbehelf** gegen die Sachentscheidung erstreckt sich auch auf die Gebührenfestsetzung (§ 20 Abs. 1 BGebG). Auch für das Rechtsmittelverfahren gegen Gebührenfestsetzungen ist der Rechtsweg zu den Sozialgerichten gegeben.

(10) Die nach §§ 2 und 3 AÜKostV zu erhebenden Gebühren und Auslagen sind bei der **Finanzposition 1-11101-00-0031** zugunsten der Kostenstellen der Agentur für Arbeit Düsseldorf, Kiel und Nürnberg zu vereinnahmen, da diese für die Bearbeitung der Anträge nach dem AÜG zuständig sind. Nach § 23 Abs. 2 und Abs. 5 BGebG i.V.m. § 15 VwKostG zu erstattende Beträge sind von den Einnahmen abzusetzen.

2a.4 Sonderfälle

(1) Keine Gebühr ist zu erheben, wenn die Sachbearbeitung (nähere Prüfung der Unterlagen) noch nicht aufgenommen wurde. Generell ist mit der Bearbeitung erst zu beginnen, wenn der Antragsteller den Gebührenvorschuss entrichtet hat. Daher entfällt bei Erstantragstellern eine Gebührenerhebung, wenn der Antrag als erledigt betrachtet wird, weil der Vorschuss nach Fristsetzung nicht entrichtet wurde. Aus Gründen der Gleichbehandlung muss eine Gebührenerhebung auch dann – unabhängig von der Entrichtung des Gebührenvorschusses – entfallen, wenn bei Neu- oder Verlängerungsanträgen der Antrag zurückgenommen wird, bevor mit seiner Bearbeitung begonnen wurde.

(2) Wird ein Antrag, nachdem mit der Sachbearbeitung begonnen wurde, zurückgenommen oder abgelehnt, ist die **Gebühr** in Anwendung des § 23 Abs. 2 und Abs. 5 BGebG i.V.m. § 15 Abs. 2 VwKostG nach pflichtgemäßem Ermessen zu **ermäßigen**. Eine Ermäßigung kommt vor allem in folgenden Fällen in Betracht:

a) Gebühr bei Ablehnung wegen fehlender Mitwirkung
   Wenn zunächst nur die Antragsunterlagen auf Vollständigkeit durchgesehen sowie fehlende Unterlagen nachgefordert werden und der Antrag dann ohne weiteren Bearbeitungsaufwand wegen fehlender Mitwirkung abgelehnt wird (bzw. vom Antragsteller zurückgenommen wird), kommt eine Ermäßigung der Gebühr auf ein Viertel in Betracht.

b) Gebühr bei Ablehnung wegen Nichtentrichtung des Gebührenvorschusses
   Eine entsprechende Ermäßigung (ein Viertel) bietet sich an, wenn der rechtzeitig gestellte Verlängerungsantrag nur deshalb anzulehnen ist, weil der Gebührenvorschuss nicht entrichtet wurde.

c) Änderung des Antrages auf unbefristete Erlaubnis in einen Antrag auf Verlängerung der befristeten Erlaubnis
   Da die Höhe der Gebühr für die Erteilung einer unbefristeten Erlaubnis maßgeblich von ihrem wirtschaftlichen Wert bestimmt wird, entspricht es der Billigkeit, die Ermäßigungsmöglichkeit nach § 23 Abs. 2 und Abs. 5 BGebG i.V.m. § 15 Abs. 2 VwKostG voll auszuschöpfen und lediglich eine Gebühr in Höhe des Gebührensatzes für eine befristet zu erteilende Erlaubnis zu erheben, wenn der Antragsteller sein ursprüngliches Antragsbegehren auf Erteilung der unbefristeten Erlaubnis dahingehend einschränkt, dass nur noch die Erteilung einer befristeten Erlaubnis begehrt wird. Dieses Ergebnis ist auch im Hinblick auf § 25 VwVfG gerechtfertigt.

d) Ablehnung des Antrages auf unbefristete Erlaubniserteilung unter Erteilung einer befristeten Verlängerung
   In den übrigen Fällen, in denen eine unbefristete Erlaubnis beantragt wird, aber nur die Voraussetzungen für die Erteilung einer befristeten Erlaubnis gegeben sind, ist es angemessen, die Gebühr unter Berücksichtigung des Verwaltungsaufwandes entsprechend zu ermäßigen (Gebühr für befristete Erlaubnis).

e) Ablehnung des Antrages auf unbefristete Erlaubniserteilung ohne Erteilung einer befristeten Verlängerung
Der Billigkeit entspricht es, denjenigen, der zwar eine unbefristete Erlaubnis beantragt hat, aber weder diese noch eine befristete Erlaubnis erhalten kann, im Wesentlichen nicht schlechter zu stellen als den, dessen Antrag auf Erteilung einer befristeten Erlaubnis abgelehnt wird. In diesen Fällen ist deshalb die Ermäßigungsmöglichkeit bis zu einem Viertel voll zu nutzen.

(3) Ist eine **Verlängerung kraft Gesetzes** eingetreten, ist die Gebühr in voller Höhe zu erheben.

(4) Gleiches gilt, wenn das **Gericht** die Erlaubnisbehörde **verpflichtet**, dem Antragsteller eine Erlaubnis zu erteilen.

(5) § 23 Abs. 2 und Abs. 5 BGebG i.V.m. § 15 Abs. 2 VwKostG ist nicht dahingehend zu verstehen, dass für die **Rücknahme** oder den **Widerruf** eines Verwaltungsaktes eine ermäßigte Gebühr zu verlangen ist; in diesen Fällen entfällt überhaupt eine **Gebührenerhebung**. § 15 Abs. 2 VwKostG besagt vielmehr, dass sich bei Rücknahme oder Widerruf eines Verwaltungsaktes die Gebühr für die **Erlaubnis** nachträglich um mindestens ein Viertel ermäßigt. Zu Unrecht erhobene Gebühren sind im Rahmen des § 21 BGebG zu erstatten. Ist die Gebührenentscheidung für die Erteilung oder Verlängerung der Erlaubnis im Zeitpunkt der Rücknahme oder des Widerrufs bereits unanfechtbar geworden, kommt eine Erstattung des Ermäßigungsbetrages nur noch aus Billigkeitsgründen in Betracht. Derartige Billigkeitsgründe liegen in der Regel nur vor, wenn die Erlaubnisbehörde rechtswidrig eine Erlaubnis erteilt hat. Ist die Gebührenentscheidung noch nicht unanfechtbar, ist der Ermäßigungsbetrag unverzüglich zu erstatten. Wird mit dem Widerruf der Erlaubnis zugleich ein Verlängerungsantrag abgelehnt, ist für die Ablehnung eine Gebühr unter Berücksichtigung der unter FW 2a.4 Abs. 2 genannten Kriterien zu erheben.

3. § 3 Versagung

3.1 Gründe für die Versagung nach § 3 Abs. 1

(1) Die Vorschrift zählt die Gründe für eine Versagung der Erlaubnis auf. Liegt einer dieser Gründe vor, ist die Erlaubnis grundsätzlich zu versagen; andernfalls besteht auf die Erteilung der Erlaubnis ein Rechtsanspruch.

(2) Es ist nicht notwendig, mit letzter Gewissheit das Vorliegen von Versagungsgründen zu bejahen. Es reicht aus, wenn insofern konkrete, sich auf Tatsachen gründende Anhaltspunkte gegeben sind.

(3) In den Fällen des Absatzes 1 Nr. 1 bis Nr. 3 ist eingehend zu prüfen, ob mit einer Existenz bedrohenden Versagung der Erlaubnis noch der Grundsatz der Verhältnismäßigkeit gewahrt ist. Stets sind die Gesamtumstände eines Falles zu würdigen. Im

Allgemeinen wird es grundsätzlich ausreichen, für den Wiederholungsfall die Versagung der Erlaubnis anzudrohen. Dies gilt auch für die mit dem Gesetz zur Änderung des AÜG und anderer Gesetze erfolgte Ergänzung der Nr. 1 um die Überlassungshöchstdauer nach § 1 Abs. 1b.

(4) Jeder einzelne Tatbestand des § 3 Abs. 1 Nr. 1 bis Nr. 3 kann die Versagung der Erlaubnis rechtfertigen.

(5) Der **Grundsatz der Verhältnismäßigkeit** gilt nicht nur bei der Entscheidung über Erstanträge sondern auch für das Verfahren bei der Verlängerung der Erlaubnis. Bestehen Zweifel an der Zuverlässigkeit des Verleihers ist zu prüfen, ob die Erlaubnis zu versagen ist. Im Falle mangelnder Betriebsorganisation (§ 3 Abs. 1 Nr. 2) kann z. B. die Erteilung einer Erlaubnis mit Auflage in Betracht kommen.

3.1.1 Einhaltung rechtlicher Vorschriften durch den Verleiher

(1) Die BA ist Erlaubnisbehörde und nicht Instanz arbeitsrechtlicher Entscheidungsfindung. Deshalb soll sich die Vorgehensweise hinsichtlich arbeitsrechtlicher Beanstandungen gegenüber Verleihern auf solche Punkte erstrecken, denen gesicherte Rechtspositionen zugrunde liegen.

(2) Für die Verneinung der Zuverlässigkeit im Sinne des § 3 Abs. 1 Nr. 1 reicht es aus, wenn bestimmte Tatsachen vorliegen, die erwarten lassen, dass der Antragsteller sich nicht an die gesetzlichen Regelungen halten wird. Solche Tatsachen sind in der Nr. 1 beispielhaft aufgezählt. Dazu gehören u. a.:

(3) die Nichteinhaltung der gesetzlichen Bestimmungen des **Sozialversicherungsrechts**, insbesondere keine bzw. nicht richtige
– Anmeldung der Arbeitnehmer bei der zuständigen Krankenkasse,
– Abführung der Beiträge zur Kranken-, Renten- und Pflegeversicherung bzw. zur BA,
– Abführung der Beiträge zur Unfallversicherung,
– Einhaltung der Melde-, Anzeige- und Auskunftspflichten,
– Abführung von Sozialkassenbeiträgen an die Urlaubs- und Lohnausgleichskassen der Bauwirtschaft (z. B. SOKA-Bau).

(4) die Nichteinhaltung der Vorschriften des **Ausländerbeschäftigungsrechts** über die Arbeitsvermittlung und Ausländerbeschäftigung (insb. § 4 Abs. 2 und Abs. 3 Aufenthaltsgesetz).
– Drittstaatsangehörige Arbeitnehmer dürfen eine Beschäftigung im Bundesgebiet nur aufnehmen, wenn der Aufenthaltstitel sie dazu berechtigt. Grundsätzlich muss die BA dem Aufenthaltstitel zustimmen. Nähere Informationen zum Zustimmungsverfahren sind unter www.arbeitsagentur.de/arbeitsmarktzulassung veröffentlicht. Die Zustimmung der BA zur Beschäftigung ist zu versagen, wenn der Ausländer

als Leiharbeitnehmer nach § 1 Abs. 1 AÜG tätig werden will (§ 40 Abs. 1 Nr. 2 Aufenthaltsgesetz). Die Zustimmung zur Beschäftigung als Leiharbeitnehmer kann jedoch unter bestimmten Voraussetzungen erteilt werden, wenn der Ausländer eine Duldung oder eine Aufenthaltsgestattung besitzt (vgl. § 32 Abs. 3 i.V.m. Abs. 5 der Beschäftigungsverordnung).
– Für die Beschäftigung von Bürgern der EU/EWR-Staaten und der Schweiz gelten keine ausländerrechtlichen Beschränkungen.

(5) die Nichteinhaltung der **Überlassungshöchstdauer** nach § 1 Abs. 1b (vgl. FW 1.2).

(6) die Nichteinhaltung der Vorschriften des **Arbeitsschutzrechts**, insbesondere nach dem
– Arbeitszeitgesetz,
– Mutterschutzgesetz,
– Jugendarbeitsschutzgesetz,
– sonstigen öffentlich-rechtlichen Arbeitsschutzbestimmungen einschließlich der Unfallverhütungsvorschriften.

(7) die Nichteinhaltung der **arbeitsrechtlichen Pflichten**, insbesondere
– die Einhaltung der Bestimmungen des § 11 und des Nachweisgesetzes,
– regelmäßige Zahlung des Arbeitsentgeltes,
– Entgeltfortzahlung nach dem Entgeltfortzahlungsgesetz,
– Einhaltung der Fürsorgepflichten nach den Arbeitnehmerschutzgesetzen (u. a. Arbeitszeitgesetz, Arbeitsschutzgesetz, Arbeitssicherheitsgesetz),
– Urlaubsgewährung,
– Beachtung des Kündigungsschutzgesetzes und
– Erfüllung der Pflichten nach dem Neunten Buch Sozialgesetzbuch (SGB IX).

(8) Für das Leiharbeitsverhältnis nach dem AÜG gilt das Teilzeit- und Befristungsgesetz (**TzBfG**). Daraus ergeben sich insbesondere folgende Regelungen:
– Befristete Einsatzmöglichkeiten beim Entleiher sind kein sachlicher Grund im Sinne des § 14 Abs. 1 TzBfG.
– Eine Befristung ohne sachlichen Grund ist nur unter den Voraussetzungen des § 14 Abs. 2 TzBfG möglich. War ein Leiharbeitnehmer bereits schon einmal – unabhängig von der Dauer – bei einem Verleiher befristet oder unbefristet beschäftigt, ist eine Befristung ohne sachlichen Grund für drei Jahre nicht mehr möglich. Die 3-Jahresfrist beginnt mit dem Ende des vorangegangenen Arbeitsverhältnisses (BAG, Urteil vom 06.04.2011 – 7 AZR 716/09).

3.1.2 Zusammenarbeit mit anderen Stellen

(1) Die Prüfung der Zuverlässigkeit kann in vielen Fällen nur in Zusammenarbeit mit anderen Stellen der Arbeitsverwaltung oder mit den zuständigen Krankenkassen, Finanzämtern oder Gewerbeaufsichtsämtern erfolgen. Anfragen sind hier vor allem

dann erforderlich, wenn entsprechende Gesetzesverstöße bekannt werden oder die Erteilung einer neuen Erlaubnis beantragt wird.

(2) Auf **Ersuchen** der Dienststellen der BA stellen die **Finanzämter** für Arbeitgeber (Verleiher), die die Erteilung oder die Verlängerung der Erlaubnis zur Arbeitnehmerüberlassung beantragt haben, eine steuerliche Bescheinigung nach dem amtlichen Muster (BK-Vorlage im IT-Fachverfahren VERA) aus. Eine Einverständniserklärung des Antragstellers ist nicht erforderlich, da die Finanzbehörden nach § 31a Abs. 1 Buchstabe b) lit. aa) Abgabenordnung (AO) eine Offenbarungsbefugnis haben.

(3) Das zuständige Finanzamt erhält eine **Mitteilung** über die Erteilung der Erlaubnis. Anzugeben ist die Behörde, die die Erlaubnis erteilt hat, das Aktenzeichen, das Datum, Gegenstand und Umfang der Erlaubnis, Bezeichnung (Name, Vorname, Firma) und Anschrift des Erlaubnisinhabers, Steuernummer sowie (bei natürlichen Personen) Geburtsdatum (§ 6 Abs. 1 Nr. 7 i.V.m. § 8 der Mitteilungsverordnung). Die Mitteilung darf nicht durch Übersenden einer Durchschrift der Erlaubnisurkunde erfolgen.

(4) Darüber hinaus unterrichten die Dienststellen der BA die Finanzbehörden über jeden Antrag eines Unternehmens mit Sitz im Ausland.

(5) Die **Verwaltungs-Berufsgenossenschaft** ist grundsätzlich für alle reinen Verleiher sowie für Mischbetriebe, die überwiegend Verleih betreiben, zuständig. Die Tatsache, dass eine andere Berufsgenossenschaft die »Unbedenklichkeitsbescheinigung« ausgestellt hat, deutet nicht auf deren Zuständigkeit hin. In diesen Fällen ist zusätzlich ein Vordruck der Verwaltungs-Berufsgenossenschaft mit dem Zusatz »Die Unbedenklichkeitsbescheinigung wurde von der Berufsgenossenschaft ausgestellt.« zu übersenden.

(6) Zur **Zusammenarbeit mit den Behörden der Zollverwaltung** wird auf die Vereinbarung des Bundesministeriums der Finanzen und der BA über die Grundsätze der Zusammenarbeit zwischen der Finanzkontrolle Schwarzarbeit der Zollverwaltung und der Bundesagentur für Arbeit verwiesen (vgl. HEGA 12/14-07).

(7) Die **Dienststellen der BA** sollen einheitliche und zwischen den Fachabteilungen abgestimmte Entscheidungen treffen, die alle wesentlichen Erkenntnisse berücksichtigen. Dies setzt eine enge **Zusammenarbeit** zwischen den für die Vermittlung und Beratung und den für die Verfolgung und Ahndung von Rechtsverletzungen zuständigen Stellen in den Fachbereichen der RD und in den AA voraus. Intern und extern gewonnene wesentliche Informationen müssen unverzüglich ausgetauscht werden (u. a. HEGA 08/09-01 und HEGA 08/10-07). Informationsquellen innerhalb und außerhalb der BA zur Erlangung entsprechender Erkenntnisse sind konsequent zu nutzen (ggf. auch unter Nutzung anderer IT-Fachverfahren, deren Freischaltung in eigener Zuständigkeit zu erfolgen hat). Hierzu können auch die Informationen aus einer Festhaltenserklärung nach § 9 zählen, die vor ihrer Abgabe in einer Agentur für Arbeit vorgelegt werden muss. Gewonnene Erkenntnisse sind zu dokumentieren.

3.1.3 Persönliche Zuverlässigkeitskriterien

(1) Hat der Verleiher bereits mehrfach die in § 3 Abs. 1 Nr. 1 genannten Pflichten erheblich verletzt, so ist die Annahme gerechtfertigt, dass er sich auch künftig nicht an die einschlägigen gesetzlichen Regelungen halten wird und somit die erforderliche Zuverlässigkeit nicht besitzt. Bei einem Verstoß gegen berufsspezifische Pflichten (bspw. das anwaltliche Berufs- und Standesrecht) wäre es unbillig, auch die Zuverlässigkeit als Verleiher in Frage zu stellen.

(2) Im Rahmen der Zuverlässigkeitsprüfung ist nicht die **Fachkunde** des künftigen Verleihers zu prüfen. Der Antragsteller muss lediglich den Nachweis elementarster arbeits-, sozialversicherungs- und steuerrechtlicher Kenntnisse erbringen. Dieser wird insbesondere erbracht, wenn:
– der Antragsteller bereits früher längere Zeit als Gewerbetreibender im Wirtschaftsleben tätig war,
– der Antragsteller über eine abgeschlossene kaufmännische Ausbildung verfügt oder einen Meisterbrief besitzt,
– der Antragsteller mehrere Jahre im Personalbereich eines Unternehmens tätig war,
– der Antragsteller an einem Existenzgründerlehrgang der IHK oder einem vergleichbaren Lehrgang teilgenommen hat,
– es sich um einen Mischbetrieb handelt, der bereits längere Zeit besteht.

Wenn das Vorliegen der notwendigen Kenntnisse nicht anhand der beigebrachten Unterlagen erkennbar ist, ist der Nachweis im Rahmen eines Gespräches zu erbringen.

(3) Im Rahmen der Zuverlässigkeitsprüfung ist im Antragsverfahren die **Bonität** des Verleihers zu prüfen, da fehlende wirtschaftliche Leistungsfähigkeit einen Mangel der gewerberechtlichen Zuverlässigkeit begründen kann. In diesem Zusammenhang ist zu berücksichtigen, ob ungeordnete Vermögensverhältnisse, Insolvenzverfahren, Eintragungen in das Schuldnerverzeichnis oder sonstige Anhaltspunkte vorliegen.

(4) Da das Insolvenzverfahren auch dem Erhalt des Unternehmens dienen kann (§ 1 Insolvenzordnung -InsO-), ist allein die Eröffnung des Insolvenzverfahrens kein zwingender Grund die Erlaubnis zu widerrufen oder zu versagen. Sofern ein Insolvenzverfahren eröffnet wurde, ist der Insolvenzverwalter aufzufordern, nach Abschluss des Berichtstermins (§ 29 Abs. 1 InsO) mitzuteilen, ob das Unternehmen stillgelegt oder vorläufig fortgeführt wird. Für den Fall, dass das Unternehmen stillgelegt werden soll, ist die Erlaubnis zu widerrufen. Sofern das Unternehmen vorläufig fortgeführt werden soll, ist der Insolvenzverwalter aufzufordern unverzüglich mitzuteilen, falls zu einem späteren Zeitpunkt die Stilllegung beschlossen wird.

(5) Der Antragsvordruck sieht den Nachweis der Bonität u. a. durch Vorlage einer Kreditbestätigung vor. Es bestehen keine Bedenken dagegen, sich anstelle der **Kreditbestätigung** das Vorhandensein der erforderlichen liquiden Mittel auf andere Art glaubhaft nachweisen zu lassen (z. B. Vorlage eines aktuellen Kontoauszuges). Auf jeden Fall

muss sichergestellt sein, dass der Verleiher in der Lage ist, seinen Verpflichtungen zur Zahlung von Arbeitsentgelt, Abführung von Sozialversicherungsbeiträgen und Steuern nachzukommen. In der Regel sind liquide Mittel in Höhe von 2.000,- € je Leiharbeitnehmer, mindestens jedoch 10.000,- € erforderlich.

(6) Unzuverlässig ist der Verleiher, der in den letzten fünf Jahren vor Antragstellung wegen **Eigentums- oder Vermögensdelikten** (z. B. Steuerhinterziehung, Unterschlagung, Hehlerei, Betrug), wegen **Urkundendelikten, Verbrechen gegen die Sittlichkeit oder wegen Körperverletzung** und dergleichen **rechtskräftig verurteilt** wurde. Dabei ist nicht schematisch auf die Tatsache der Verurteilung abzustellen, vielmehr sind die Einzelumstände der Tat im Hinblick auf den besonderen Zweck dieses Gesetzes abzuwägen. Kann auf Grund der Eintragungen im Führungszeugnis keine Entscheidung über die Zuverlässigkeit getroffen werden, so sind im erforderlichen Umfang weitere Unterlagen (Strafakte, usw.) beizuziehen.

(7) Im Einzelfall können auch noch nicht rechtskräftig festgestellte Ordnungswidrigkeiten oder Straftaten herangezogen werden, sofern der zugrunde liegende Sachverhalt zweifelsfrei ermittelt wurde, so dass von einer rechtskräftigen Feststellung ohne Zweifel auszugehen ist.

(8) Soll die Erlaubnis widerrufen werden, muss die Tatsache der Verfehlung nachträglich eingetreten sein. Eine nachträglich bekannt gewordene Verfehlung, die zeitlich vor der Erteilung der Erlaubnis liegt, kann eine Rücknahme nach § 4 rechtfertigen.

(9) **Andere Umstände,** die zur **Verneinung der Zuverlässigkeit** führen, sind z. B. geistige Mängel (Betreuung nach § 1896 BGB) oder frühere Gewerbeverbote. Auch die Beschäftigung ungeeigneten Führungspersonals (z. B. mehrfach vorbestrafter Geschäftsführer) kann Grund für die Annahme fehlender Zuverlässigkeit sein. Ggf. kann in diesen Fällen die Auflage erteilt werden, die Person von der Arbeitnehmerüberlassung, insbesondere von der Personalführung auszuschließen.

(10) Bei **juristischen Personen** kommt es maßgeblich auf die Zuverlässigkeit des gesetzlichen Vertreters an. Bei mehreren gesetzlichen Vertretern sind alle zu überprüfen. Jeder Wechsel des gesetzlichen Vertreters bzw. der Geschäftsführung erfordert eine neue Überprüfung der Zuverlässigkeit.

(11) Sämtliche rechtskräftige Entscheidungen, durch die wegen Unzuverlässigkeit im Sinne des § 3 Abs. 1 Nr. 1 eine Erlaubnis versagt oder entzogen wird, sind dem **Bundeszentralregister** zur Eintragung in das Gewerbezentralregister mitzuteilen.

3.1.4 Betriebsorganisation nach § 3 Abs. 1 Nr. 2

(1) Der Verleiher muss nachweisen, dass er über die zur Erfüllung seiner Arbeitgeberpflichten erforderliche **Betriebsorganisation** verfügt. Die erforderliche Betriebsorganisation wird sich weitgehend nach dem Umfang der Verleihtätigkeit richten. Ein

größerer Betrieb wird eine eigene Personalverwaltung oder sogar Aufsichtspersonal benötigen. Auf jeden Fall muss die ordnungsgemäße Abrechnung des Arbeitsentgelts, die Abführung der Lohnsteuer und der Sozialversicherungsbeiträge, die Einhaltung der entsprechenden Melde-, Anzeige- und Auskunftspflichten und die Überwachung des Arbeitsschutzes in den Entleihbetrieben gewährleistet sein.

(2) Dazu bedarf es vor allem eines festen Betriebssitzes. Campingwagen, Untermietzimmer oder eine Baubude genügen nicht.

3.1.5 Nichtgewährung von Arbeitsbedingungen nach § 3 Abs. 1 Nr. 3

Der Verleiher muss dem Leiharbeitnehmer die ihm nach § 8 zustehenden Arbeitsbedingungen einschließlich des Arbeitsentgelts gewähren (vgl. hierzu FW 8.).

3.2 Arbeitnehmerüberlassung innerhalb der EU/des EWR

Die **Arbeitnehmerüberlassung innerhalb der EU/des Europäischen Wirtschaftsraumes** bedarf einer unterschiedlichen Bewertung:

Ein in einem anderen Mitgliedstaat des Europäischen Wirtschaftsraumes ansässiger Verleiher benötigt dann eine deutsche Verleiherlaubnis, wenn er Leiharbeitnehmer an einen Entleiher in Deutschland überlässt.

Wird ein Leiharbeitnehmer aber von einem Verleiher in einem anderen Mitgliedstaat an einen ebenfalls dort ansässigen Entleiher überlassen und von diesem tatsächlich im Rahmen der Erbringung von Dienstleistungen in Deutschland eingesetzt, so bedarf dies keiner gesonderten Erlaubnis nach dem AÜG (siehe jedoch FW 1b.1 Abs. 9 zur Geltung der Einschränkungen beim Verleih in das Baugewerbe).

3.3 Verleih aus Nicht-EU/EWR-Staaten

Entscheidend für den Tatbestand des § 3 Abs. 2 ist, dass von den in der Vorschrift genannten Betriebseinheiten unmittelbar Arbeitnehmer überlassen werden. Die Arbeitnehmerüberlassung ist vom Ausland außerhalb der EU/des EWR ausnahmslos untersagt, da eine wirksame Kontrolle der Verleiher nicht gewährleistet ist.

3.4 Antragsteller ohne deutsche Staatsangehörigkeit

Die Vorschrift des § 3 Abs. 3 stellt die Versagung der Erlaubnis in das Ermessen der BA. In diesem Zusammenhang wird auf § 3 Abs. 4 verwiesen, der eine Sonderregelung für EU/EWR-Verleiher vorsieht. Soweit nicht Sondervorschriften wie z. B. bilaterale Niederlassungsabkommen das Ermessen einschränken, ist bei der Ausübung grundsätzlich auf das arbeitsmarktpolitische Interesse an der Zulassung ausländischer Verleiher abzustellen. Hierbei sind die Verhältnisse der Branchen und des Wirtschaftsraumes zu berücksichtigen, in denen schwerpunktmäßig Arbeitnehmerüberlassung betrieben werden soll.

3.5 Antragsteller/Verleiher aus der EU/dem EWR

(1) § 3 Abs. 4 stellt **Verleiher aus der EU/dem EWR** deutschen Verleihern gleich. Sie erhalten die Erlaubnis grundsätzlich unter den gleichen Bedingungen wie deutsche Antragsteller. Ihnen obliegen als Arbeitgeber aufgrund ihres Heimatrechts teilweise andere Pflichten als den deutschen Arbeitgebern. Sie müssen jedoch nicht nur das deutsche AÜG beachten, sondern auch das einschlägige Recht ihres Heimatlandes für den Bereich der Arbeitnehmerüberlassung. Welches Sozialversicherungsrecht für deren Leiharbeitnehmer anzuwenden ist, regelt die EWG-Verordnung Nr. 1408/71 bzw. die VO (EG) Nr. 883/2004 bzw. das SGB IV.

(2) Die steuerrechtlichen Verpflichtungen der EU/EWR-Verleiher hinsichtlich der Abführung von Lohnsteuer für ihre im Inland tätigen Leiharbeitnehmer richten sich insbesondere nach den mit den EU/EWR-Staaten geschlossenen Doppelbesteuerungsabkommen. Danach gilt das Steuerrecht des Entsendestaates (d. h. des Staates, in dem der Verleiher seinen Betriebssitz hat), wenn der Leiharbeitnehmer nicht länger als 183 Tage im Kalenderjahr im Bundesgebiet arbeitet.

(3) Für die Erteilung einer Erlaubnis nach dem AÜG ist grundsätzlich allein das deutsche Recht maßgeblich. Das Nichtvorliegen einer im Entsendestaat notwendigen Verleiherlaubnis begründet jedoch regelmäßig die Annahme rechtfertigender Tatsachen, dass es an der nach § 3 Abs. 1 Nr. 1 erforderlichen Zuverlässigkeit fehlt. Dementsprechend ist die Erlaubnis grundsätzlich nur zu erteilen, wenn eine im Entsendestaat erforderliche Erlaubnis vorliegt.

(4) Sofern eine im Herkunftsstaat unzulässige, aber in Deutschland zulässige Verleihtätigkeit ausgeübt werden soll und die Tätigkeit sich nur auf diesen zulässigen Verleih nach Deutschland beschränkt, kann Zuverlässigkeit im Sinne des § 3 Abs. 1 Nr. 1 angenommen werden, es sei denn, es liegen anderweitige Anhaltspunkte für eine Unzuverlässigkeit vor. Anträge von Mischbetrieben mit Sitz im EU/EWR-Ausland auf Erteilung einer Erlaubnis können dementsprechend nicht automatisch wegen Fehlen der Erlaubnis im Herkunftstaat abgelehnt werden. In diesen Fällen ist die Zuverlässigkeit – ggf. in Zusammenarbeit mit den Behörden des Herkunftslandes – zu prüfen.

4. § 4 Rücknahme

4.1 Rücknahme von Erlaubnissen

(1) § 4 regelt die Rücknahme einer rechtswidrigen Erlaubnis, § 5 den Widerruf einer rechtmäßigen Erlaubnis.

(2) Ein Bestandsschutz für rechtswidrige Erlaubnisse wird nicht gewährt. Es gilt jedoch auch in diesen Fällen bei der Rücknahme nach § 4 Abs. 1 Satz 2 die **Abwicklungsfrist** des § 2 Abs. 4 Satz 4 entsprechend.

(3) **Rechtswidrig** ist eine Erlaubnis, wenn ihre Erteilung fehlerhaft ist, d. h. sie auf einer unrichtigen Anwendung des geltenden Rechts beruht. Dies ist insbesondere gegeben, wenn zum Zeitpunkt der Erlaubniserteilung Versagungsgründe des § 3 vorlagen. Dabei kommt es allein auf den zum Zeitpunkt der Erlaubniserteilung gegebenen bzw. vorliegenden Sachverhalt an. Die Kenntnis der Erlaubnisbehörde ist für die Feststellung der Rechtswidrigkeit nicht entscheidend. D. h. lagen zum Zeitpunkt der Erteilung der Erlaubnis Versagungsgründe vor, die der BA nicht bekannt waren, ist die Erlaubnis dennoch zurückzunehmen.

(4) Unrichtige Angaben des Verleihers sind nur dann ein Rücknahmegrund, wenn sie für die Rechtmäßigkeit der Erlaubnis erheblich sind (nicht erheblich ist z. B. die unrichtige Angabe des Geburtsdatums).

(5) § 4 Abs. 1 stellt die Rücknahme der Erlaubnis in das **Ermessen** der BA. Bei der Ausübung dieses Ermessens hat die Erlaubnisbehörde einen größeren Ermessensspielraum, da das Vertrauen des Erlaubnisinhabers am Fortbestand der Erlaubnis nicht schutzwürdig ist. Bei der Entscheidung ist in jedem Fall der Grundsatz der Verhältnismäßigkeit zu beachten. Danach ist zu prüfen, ob die Rechtswidrigkeit durch eine Auflage als milderes Mittel behoben werden kann. Sollte nur eine Rücknahme in Betracht kommen, so ist dem Verleiher Gelegenheit zu geben, sich vorher zu der beabsichtigten Maßnahme zu äußern (§ 28 VwVfG). Eine Rücknahme der Erlaubnis ist unzulässig, wenn zwischenzeitlich keine Versagungsgründe mehr vorliegen, wie etwa eine unzureichende Betriebsorganisation.

(6) Für den Fall, dass die Erlaubnis zum Zeitpunkt der Erteilung rechtswidrig war und sie auch für die Zukunft unter Beachtung des Verhältnismäßigkeitsgrundsatzes nicht erteilt werden dürfte, ist im Hinblick auf die Schutzfunktion des AÜG das **Ermessen in der Regel auf Null reduziert**. D. h. die Erlaubnisbehörde ist in diesem Fall zur Rücknahme der Erlaubnis verpflichtet (so auch Schüren, AÜG, 4. Auflage, § 4 Rn. 19).

(7) Für die **Zustellung** des Bescheides über die Rücknahme der Erlaubnis zur Arbeitnehmerüberlassung gilt FW 2.1.6.

(8) Nach § 4 Abs. 1 Satz 1 kann die rechtswidrige Erlaubnis nur mit **Wirkung** für die Zukunft (ex nunc) zurückgenommen werden. Die Entscheidung der Erlaubnisbehörde über die Rücknahme kann mit **Widerspruch** und **Klage** angefochten werden. Die Rechtsbehelfe haben entsprechend § 86a Abs. 4 Sozialgerichtsgesetz (SGG) keine aufschiebende Wirkung. Im Widerspruchs- und Klageverfahren kann auf Antrag die Aussetzung der sofortigen Vollziehung gemäß § 86a bzw. § 86b SGG angeordnet werden.

(9) Die durch Rücknahme ungültig gewordene **Erlaubnisurkunde** ist **zurückzufordern**. Zur Begründung ist § 52 VwVfG heranzuziehen. Die Rückgabe ist ggf. mit den Mitteln des Verwaltungszwangs durchzusetzen. Sofern der Betroffene allerdings ein schutzwürdiges Interesse an einem Fortbesitz der Erlaubnisurkunde haben sollte, kann die Urkunde nach Kennzeichnung der Ungültigkeit an den ehemaligen Erlaubnisinhaber ausgehändigt werden. Ein schutzwürdiges Interesse liegt vor, wenn durch den Fortbesitz die bestehende Rechtsposition bis zum Ablauf der Abwicklungsfrist nachgewiesen werden soll.

4.2 Ausgleich des Vermögensnachteils

(1) Der Verleiher hat nach § 4 Abs. 2 einen **Ausgleichsanspruch**, sofern sein Vertrauen auf den Bestand der Erlaubnis schutzwürdig ist. Ob sein Vertrauen im Einzelfall nach Abwägung mit dem öffentlichen Interesse schutzwürdig ist, bedarf einer sorgfältigen Prüfung. In § 4 Abs. 2 Satz 2 Ziffern 1 bis 3 finden sich Tatbestände, die das schutzwürdige Vertrauen des Verleihers in jedem Fall ausschließen. Zu den Einzelheiten des Ausgleichsanspruches wird auf § 4 Abs. 2 verwiesen.

(2) Der Anspruch nach § 4 Abs. 2 stellt einen Ausgleich für die Regelung des § 4 Abs. 1 dar, die dem öffentlichen Interesse an der Rücknahme der rechtswidrig erteilten Erlaubnis den Vorzug vor dem Interesse des Verleihers am Fortbestand der Erlaubnis gibt.

4.3 Frist für die Rücknahme

(1) Die Erlaubnisbehörde kann eine rechtswidrige Erlaubnis nur **innerhalb eines Jahres** von dem Zeitpunkt an zurücknehmen, zu dem sie von dem Rücknahmegrund Kenntnis erlangt hat. Dabei kommt es nicht nur auf die dienstliche Kenntnis der von der BA mit der Durchführung des AÜG beauftragten Bediensteten an, sondern auch auf die positive Kenntnis derjenigen Bediensteten der BA (z. B. Arbeitsvermittler, Sachbearbeiter für Ordnungswidrigkeiten), die in sonstiger amtlicher Eigenschaft von dem Rücknahmegrund positiv Kenntnis erlangen; der alleinige Verdacht ist nicht ausreichend.

(2) Entsprechende **Informationen** über mögliche Rücknahmegründe sind daher von allen Dienststellen (u. a. Agenturen für Arbeit) unverzüglich an die zuständige Agentur für Arbeit **weiterzugeben**.

5. § 5 Widerruf

5.1 Widerruf von Erlaubnissen

(1) § 5 regelt den Widerruf einer rechtmäßig erteilten Erlaubnis, § 4 die Rücknahme einer rechtswidrig erteilten Erlaubnis.

(2) Die Widerrufsgründe sind in § 5 Abs. 1 Nr. 1 bis 4 abschließend aufgezählt. Der Verleiher genießt im Falle des Widerrufs keinen Vertrauensschutz. Eine Ausnahme

bildet lediglich der Ausgleichsanspruch nach § 5 Abs. 1 Nr. 4 in Verbindung mit § 4 Abs. 2. Der Widerruf kann nur mit Wirkung für die Zukunft (ex nunc) erfolgen. D. h. die Erlaubnis wird erst mit Bekanntgabe des Widerrufs unwirksam.

(3) § 5 Abs. 1 ist wie § 4 Abs. 1 eine **Ermessensvorschrift**. Diese soll insbesondere verdeutlichen, dass der **Grundsatz der Verhältnismäßigkeit** zu beachten ist. Danach ist zu prüfen, ob mit der Auflage als milderes Mittel zum Widerruf dasselbe Ziel erreicht werden kann. Bei der Ausübung des pflichtgemäßen Ermessens ist auch das schutzwürdige Vertrauen des Verleihers in den Fortbestand einer rechtmäßig erteilten Erlaubnis zu berücksichtigen. Sollte nur ein Widerruf in Betracht kommen, so ist dem Verleiher Gelegenheit zu geben, sich vorher zu der beabsichtigten Maßnahme zu äußern (§ 28 VwVfG). Der Widerruf ist unzulässig, wenn zwischenzeitlich keine Versagungsgründe mehr vorliegen.

(4) Nach Nummer 1 kann ein **Widerruf** erfolgen, wenn er bei Erteilung der Erlaubnis vorbehalten wurde und die abschließende Beurteilung ergibt, dass ein Versagungsgrund vorliegt.

(5) Der Widerrufsgrund nach Nummer 2 ist gegeben, wenn der Verleiher einer **Auflage nicht oder nicht innerhalb** einer ihm gesetzten – angemessenen – Frist erfüllt hat. Enthält die Auflage ein Verbot bzw. ein Unterlassen, so hat der Verleiher der Auflage sofort nachzukommen. Eine Fristsetzung kommt nur in Betracht, wenn ein positives Tun (bspw. Vervollständigung der Betriebsorganisation) verlangt wird.

(6) Widerspruch und Anfechtungsklage gegen einen Auflagenbescheid haben keine aufschiebende Wirkung, sofern die sofortige Vollziehung nach § 86a Abs. 2 Nr. 5 SGG angeordnet wurde. In diesen Fällen kann die Erlaubnis unabhängig von der Rechtskraft der Auflage(n) widerrufen werden.

(7) Der Widerrufsgrund nach Nummer 3 ist gegeben, wenn nach Erteilung der Erlaubnis Tatsachen eintreten, die eine **Versagung** der Erlaubnis nach § 3 rechtfertigen. Zu den Einzelheiten wird auf FW 3. verwiesen.

(8) Auch eine **Änderung der Rechtslage** kann nach Nummer 4 zum Widerruf berechtigen, wenn nach neuem Recht ein Versagungsgrund gegeben ist. Die Bestimmung entspricht dem Rechtsgedanken der in § 4 Abs. 1 getroffenen Regelung. Auch hier wird dem Verleiher als Äquivalent der Ausgleichsanspruch nach § 4 Abs. 2 gewährt. Eine Änderung der Rechtslage kann nicht nur durch eine Gesetzesänderung, sondern auch durch die Rechtsprechung eintreten.

(9) Für die Abwicklung erlaubt geschlossener Verträge ist dem Verleiher eine Frist nach § 2 Abs. 4 Satz 4 zu setzen. Dabei ist zu berücksichtigen, dass der **Widerruf** nur mit Wirkung für die Zukunft erfolgen kann und erst mit Bekanntgabe wirksam wird.

(10) Für die **Zustellung** des Bescheides über den Widerruf der Erlaubnis zur Arbeitnehmerüberlassung gilt FW 2.1.6.

(11) Gegen die Entscheidung über den Widerruf der Erlaubnis sind **Widerspruch** und **Klage** zulässig. Im Widerspruchs- und Klageverfahren kann auf Antrag der Vollzug des Widerrufs ausgesetzt werden (§ 86a SGG). Die Aussetzung kann lediglich die Wirkung des ursprünglichen Erlaubnisbescheides wiederherstellen. Eine darüber hinaus gehende Verlängerung der Erlaubnis während der Dauer des Widerspruchs- bzw. Klageverfahrens hat die Aussetzung der Vollziehung nicht zur Folge. Ein Verleiher, dessen befristet erteilte Erlaubnis aufgrund der Aussetzung der sofortigen Vollziehung des Widerrufs zunächst bis zum Ablauf der Befristung erhalten bleibt, müsste also rechtzeitig einen Verlängerungsantrag stellen und den hierfür erforderlichen Gebührenvorschuss einzahlen.

(12) Die durch den Widerruf ungültig gewordene **Erlaubnisurkunde** ist **zurückzufordern**. Zu den Einzelheiten des Verfahrens wird auf FW 4.1 Abs. 9 verwiesen.

5.2 Ausschluss des Widerrufsrechts

Die Vorschrift des § 5 Abs. 3 soll ein widersprüchliches Verhalten der BA ausschließen. Sie untersagt einen Widerruf trotz Vorliegens eines Widerrufsgrundes, wenn die BA dem Verleiher nach dem Widerruf auf einen entsprechenden Antrag eine neue Erlaubnis zur Arbeitnehmerüberlassung gleichen Inhalts erteilen müsste.

5.3 Widerrufsfrist

Nach § 5 Abs. 4 ist der Widerruf nur innerhalb eines Jahres seit positiver Kenntnis der Widerrufsgründe durch die BA zulässig. Insoweit wird auf die Ausführungen in FW 4.3 verwiesen.

6. § 6 Verwaltungszwang

6.1 Voraussetzung für den Verwaltungszwang nach § 6

(1) Zur Durchführung des § 6 sind die §§ 6 bis 15 des **Verwaltungsvollstreckungsgesetzes** (**VwVG**) von wesentlicher Bedeutung.

(2) Vor Anwendung des Verwaltungszwangs nach VwVG muss eine **Untersagungsverfügung** entsprechend § 6 erlassen werden. Voraussetzung für die Untersagungsverfügung ist, dass Arbeitnehmerüberlassung ohne die erforderliche Erlaubnis nach § 1 Abs. 1 betrieben wird. Die Untersagungsverfügung ist ein Verwaltungsakt, der mit einer Rechtsbehelfsbelehrung zu versehen und mit Postzustellungsurkunde zuzustellen ist.

(3) **Juristische Personen** müssen sich das Handeln ihrer Vertreter nach Gesetz, Satzung oder Gesellschaftsvertrag zurechnen lassen. Eine Untersagungsverfügung ist daher an die juristische Person zu richten.

(4) Nach § 86a Abs. 1 SGG haben Widerspruch und Klage gegen Untersagungsverfügungen grundsätzlich **aufschiebende Wirkung**. Die aufschiebende Wirkung entfällt, wenn die **sofortige Vollziehung** gemäß § 86a Abs. 2 Nr. 5 SGG angeordnet wird. Die Regelung setzt eine gesonderte Entscheidung voraus, wenn die Untersagungsverfügung sofort vollzogen werden soll. Die Entscheidung muss eine schriftliche Begründung, die die jeweiligen Interessenlagen verdeutlicht, enthalten.

(5) Die aufschiebende Wirkung entfällt, wenn eine Erlaubnis nach § 1 geändert worden ist, aufgehoben oder nicht verlängert wird (§ 86a Abs. 4 SGG).

6.2 Anwendung des Verwaltungszwangs nach dem VwVG

(1) Vor der Anwendung eines **Zwangsmittels** nach § 9 VwVG muss dieses gemäß § 13 VwVG angedroht worden sein. Nach § 13 Abs. 2 VwVG kann die Androhung mit der Untersagungsverfügung verbunden werden. Sie soll mit ihr verbunden werden, wenn der sofortige Vollzug angeordnet ist. Zu den Einzelheiten wird auf die obigen Ausführungen unter 6.1 Abs. 4 verwiesen.

(2) Als Zwangsmittel gegen Verleihunternehmen kommen in erster Linie folgende in Betracht:
– das Zwangsgeld nach § 11 VwVG,
– hilfsweise der unmittelbare Zwang nach § 12 VwVG, wenn das Zwangsgeld nicht zum Ziel geführt hat oder untunlich ist.

Beispiele für den unmittelbaren Zwang sind die Betriebsschließung oder die Wegnahme der Geschäftsunterlagen.

(3) Für dieselbe Zuwiderhandlung können Zwangsgeld und Bußgeld nebeneinander festgesetzt werden. Das Zwangsgeld nach § 11 VwVG wirkt präventiv, das Bußgeld, mit dem die Begehung einer Ordnungswidrigkeit nach § 16 geahndet wird, repressiv.

(4) Nach der Androhung des Zwangsmittels ist ein weiterer Verwaltungsakt erforderlich: die Festsetzung des Zwangsmittels gemäß § 14 VwVG, hier insbesondere das Zwangsgeld. Auch bei unmittelbaren Zwang gemäß § 12 VwVG ist außer der Androhung noch die Festsetzung des Zwangsmittels erforderlich. Der **Festsetzungsbescheid** bei unmittelbarem Zwang sollte sinngemäß wie folgt formuliert werden:

»Die sofortige Schließung ihres Betriebes einschließlich der Zweigstellen wird hiermit angeordnet.«

(5) Die **Festsetzung des Zwangsgeldes** setzt kein Verschulden voraus. Das Zwangsgeld beträgt höchstens 25.000,- € (§ 11 Abs. 3 VwVG) und muss in bestimmter Höhe vorher angedroht worden sein. Ein Zwangsgeld ist bei jeder einzelnen Zuwiderhandlung gemäß der Festsetzung fällig, auch wenn nur ein einzelner Arbeitnehmer überlassen wurde. Eine Ermäßigung bei der Festsetzung mehrerer einzelner Zwangsgelder kommt nicht in Betracht.

(6) Der zuständigen Agentur für Arbeit obliegt als Erlaubnisbehörde im Rahmen des § 6 der Erlass der Untersagungsverfügung. Diese ist auch zuständig für das weiter sich anschließende Verfahren nach dem VwVG. Für die Vollstreckung von Zwangsmitteln sind nach § 7 VwVG in Verbindung mit § 4 Buchstabe b VwVG die Behörden der Zollverwaltung **zuständig**. Die Bekämpfung der illegalen Arbeitnehmerüberlassung obliegt gemäß § 16 Abs. 3 den Behörden der Zollverwaltung.

7. § 7 Anzeigen und Auskünfte

7.1 Anzeigen und Auskünfte

(1) Die Anzeige- und Auskunftspflichten treffen den Verleiher als Erlaubnisinhaber oder – ist dieser keine natürliche Person – seinen gesetzlichen Vertreter. Verletzungen der Anzeige- und Auskunftspflichten können die Unzuverlässigkeit des Verleihers begründen und zum Widerruf der Erlaubnis nach § 5 Abs. 1 Nr. 3 führen.

(2) Nach § 16 Abs. 1 Nr. 4 bis 6a und Absatz 2 sind Verletzungen der Anzeige- und Auskunftspflichten als **Ordnungswidrigkeit** zu verfolgen und mit einer Geldbuße bis zu 1.000,- € mit Ausnahme von Nr. 6 zu ahnden. Die Ordnungswidrigkeit nach § 16 Abs. 1 Nr. 6 kann mit einer Geldbuße bis zu 30.000,- € geahndet werden.

(3) **Niederlassungen** eines Verleihunternehmens sind grundsätzlich von der Agentur für Arbeit zu prüfen, in deren Bezirk sie liegen. Eine Prüfung von Niederlassungen erfolgt nur, wenn die für den Hauptsitz zuständige Agentur für Arbeit dies für erforderlich hält und einen entsprechenden Auftrag erteilt.

(4) Prüfungen beim Entleiher sind unzulässig, weil sich § 7 nicht auf den Entleiher bezieht.

7.2 Anzeigepflicht

(1) Die **Anzeige** nach § 7 Abs. 1 Satz 1 dient der Überwachung der erforderlichen Betriebsorganisation (§ 3 Abs. 1 Nr. 2). Sie ist unaufgefordert vor der Verlegung, Schließung und Errichtung von Betrieben, Betriebsteilen oder Nebenbetrieben zu erstatten. Wirkt sich die angezeigte Veränderung auf die bestehende Erlaubnis aus, so ist dies dem Verleiher mitzuteilen.

(2) Die Anzeige nach § 7 Abs. 1 Satz 2 dient der Überwachung der Zuverlässigkeit des Verleihers (§ 3 Abs. 1 Nr. 1). Sie erstreckt sich auf Änderungen in der Geschäftsführung oder Vertretung, wenn der Verleiher eine Personengesamtheit, -gesellschaft oder eine juristische Person ist.

(3) Die Erlaubnis ist personen- bzw. rechtsträgergebunden und nicht betriebsbezogen. **Personenbezogen** bedeutet, dass die **Erlaubnis** für die natürliche Person bzw. für die juristische Person erteilt wurde und weder übertragen noch in eine andere Gesellschaft eingebracht werden kann.

(4) In Fällen der **Änderung** einer Einzelfirma, einer KG oder GbR in eine GmbH ist in jedem Fall eine neue Erlaubnis erforderlich. Einzelfälle nach dem **Umwandlungsgesetz** (**UmwG**) sind differenziert zu betrachten. Das UmwG unterscheidet vier Arten der Umwandlung:

1. Verschmelzung
   Nach § 20 UmwG erlischt bei der Verschmelzung durch Aufnahme der übertragende Rechtsträger. Die ihm erteilte Erlaubnis erlischt wegen des höchstpersönlichen Charakters ebenfalls. Gleiches gilt bei der Verschmelzung durch Neugründung gemäß § 36 UmwG, der auf § 20 UmwG Bezug nimmt.
2. Spaltung
   a) Aufspaltung: Nach § 131 Abs. 1 Nr. 2 UmwG erlischt der übertragende Rechtsträger. Die ihm erteilte Erlaubnis erlischt wegen ihres höchstpersönlichen Charakters ebenfalls. Dies ist entsprechend § 135 UmwG auch auf die Aufspaltung zur Neugründung anzuwenden.
   b) Abspaltung: Da der übertragende Rechtsträger bestehen bleibt, bleibt auch die erteilte Erlaubnis wegen des höchstpersönlichen Charakters bei ihm bestehen und geht nicht über.
   c) Ausgliederung: Die Wirkung entspricht der Abspaltung.
3. Vermögensübertragung
   a) Die Vermögensübertragung und ihre Wirkung richten sich nach §§ 174 bis 189 UmwG.
   b) Vollübertragung: Bei einer Vollübertragung sind nach § 176 Abs. 1 UmwG die Vorschriften der Verschmelzung durch Aufnahme anzuwenden. Der übertragende Rechtsträger erlischt und mit ihm die Erlaubnis (§ 20 UmwG).
   c) Teilübertragung: Die Teilübertragung gliedert sich ebenfalls in Aufspaltung, Abspaltung und Ausgliederung. Auf die Teilübertragung sind gemäß § 177 UmwG die Vorschriften zur Spaltung anzuwenden. Insoweit wird zu den Auswirkungen auf den Fortbestand auf die Ausführungen zur Spaltung verwiesen.
4. Formwechsel
   Zum Formwechsel wird auf die Vorschriften der §§ 190ff. UmwG verwiesen. Bei einer formwechselnden Umwandlung einer juristischen Person ist eine besondere Situation gegeben. Durch Formwechsel nach §§ 190ff. UmwG können bestimmte Rechtsträger eine andere Rechtsform erhalten. Die Eintragung der neuen Rechtsform in das Handelsregister bewirkt, dass der formwechselnde Rechtsträger (z. B. eine GmbH) in der in dem Umwandlungsbeschluss bestimmten Rechtsform (z. B. GmbH & Co. KG) weiter besteht (§ 202 Abs. 1 Nr. 1 UmwG). Kraft gesetzlicher Fiktion ist Identität der betreffenden Rechtsträger anzunehmen. Es bleibt somit auch die Erlaubnis zur Arbeitnehmerüberlassung erhalten. Aus Gründen der Rechtssicherheit ist jedoch die Erlaubnisurkunde auf die neue Rechtsform umzuschreiben.

7.3 Auskunftspflicht

(1) Die **Erteilung von Auskünften** und die Vorlage von Unterlagen dient der Feststellung, ob die Arbeitnehmerüberlassung im Einklang mit den gesetzlichen Vorschriften erfolgt.

(2) Vor der ersten Verlängerung nach Aufnahme der Verleihtätigkeit, vor der Erteilung der unbefristeten Erlaubnis und im 5-Jahres-Rhythmus (seit der letzten **Betriebsprüfung**) sollen nach § 7 Abs. 2 Auskünfte eingeholt und Unterlagen geprüft werden. Beschwerden ist stets durch schriftliches Auskunftsverlangen und/oder örtliche Prüfung nachzugehen, soweit sie Indizien zu Rechtsverstößen enthalten. In diesen Fällen ist zu prüfen, ob eine unangemeldete Prüfung nach § 7 Abs. 3 in Betracht kommt.

(3) **Betriebsprüfung** bedeutet die Prüfung von Arbeitnehmer- und Arbeitgeberunterlagen (insbesondere Personalakten einschließlich der Lohnunterlagen, Überlassungsverträge) des Verleihers. Die Prüfung soll regelmäßig bei Einverständnis des Verleihers in seinen Geschäftsräumen (örtliche Betriebsprüfung) erfolgen. Für die Durchführung der Betriebsprüfung wird im Intranet unter Weitere Rechtsgebiete > Arbeitnehmerüberlassung > Arbeitsmittel u. a. ein Prüfbogen als Arbeitsmittel zur Verfügung gestellt. Für den Prüfbericht mit Entscheidungsvorschlag ist die BK-Vorlage »Prüfbericht« zu verwenden.

(4) Die BA braucht ihr Auskunftsverlangen nach Absatz 2 nicht zu begründen; sie kann es jederzeit ohne Anlass und Angabe der Rechtsgrundlage an den Verleiher richten.

(5) Die **Auskunft** ist schriftlich oder mündlich in deutscher Sprache wahrheitsgemäß, vollständig, fristgemäß und unentgeltlich zu **erteilen**.

(6) Im Einzelfall kann es sich empfehlen, vor einem Auskunftsverlangen eine andere Behörde (z. B. Gewerbeaufsichtsämter, Krankenkassen, Finanzämter, Einzugsstellen der Sozialkassenbeiträge für das Umlageverfahren im Baugewerbe) in die Überprüfung einzuschalten.

(7) Unter den Begriff der »**geschäftlichen Unterlagen**« fallen u. a. die vom Verleiher geschlossenen Verträge, seine Korrespondenz mit Vertragspartnern, Schriftwechsel mit anderen Behörden, Lohn begründende Unterlagen, Lohnabrechnungen. Auf Verlangen hat der Verleiher der Aufsichtsbehörde zur Durchführung des AÜG auch Auskünfte zu erteilen und geschäftliche Unterlagen vorzulegen, die Abgrenzungsfragen zur Arbeitnehmerüberlassung betreffen, insbesondere Verträge und Personalunterlagen zu drittbezogenen Personaleinsätzen wie z. B. Werk- und Dienstverträgen (vgl. BSG, Urteile vom 29.7.1992 – 11 RAr 57/91 und vom 12.7.1989 – 7 RAr 46/88; LSG Rheinland-Pfalz, Urteil vom 10.6.1988 – L 6 Ar 117/87).

(8) Art und Umfang der vorzulegenden Geschäftsunterlagen sowie die Art der Glaubhaftmachung sind von der Erlaubnisbehörde zu bestimmen. Dabei sind der Verhältnismäßigkeitsgrundsatz und der Gleichbehandlungsgrundsatz zu beachten. Die

geforderten Unterlagen sind unverzüglich vorzulegen; eine Weigerung kann u.U. Rückschlüsse auf die Zuverlässigkeit bzw. ordnungsgemäße Betriebsorganisation des Verleihers zur Folge haben.

(9) Die Einführung von **digitalen Personalakten** bei Erlaubnisinhabern ist grundsätzlich möglich. Zu beachten ist hierbei, dass die Einführung der digitalen Akten nicht zu einer verminderten Kontrollmöglichkeit der Erlaubnisbehörde führen darf. Weiter muss der Beweiswert der digitalisierten Dokumente durch die Digitalisierung bewahrt werden. D. h. die Anforderungen des Signaturgesetzes sind ggf. zu beachten. Andernfalls sind die Dokumente im Original aufzubewahren.

(10) Soweit erforderlich, sind der Erlaubnisbehörde Ausdrucke der digitalen Akte zu übergeben bzw. zu übersenden bzw. ist ihr ein lesender Datenzugriff auf die digitale Personalakte einzuräumen. Die Berechtigungskonzepte müssen dann auch bei der Nutzung elektronischer Daten durch Prüfer Datensicherheit und Datenschutz gewährleisten.

(11) Die Aufforderung, Auskünfte gemäß § 7 Abs. 2 zu erteilen, kann in Form eines Verwaltungsaktes ergehen; dieser ist anfechtbar und mit den Mitteln des Verwaltungszwanges durchsetzbar. Ein schlichtes Auskunftsersuchen trägt auch dann noch nicht den Charakter eines Verwaltungsaktes, wenn die Auskunftserteilung gesetzlich vorgeschrieben ist. Nur wenn das Ersuchen erkennen lässt, dass der Adressat zur Erteilung der Auskunft bindend verpflichtet werden soll, handelt es sich um einen Verwaltungsakt.

(12) Der Verleiher muss seine geschäftlichen Unterlagen vorlegen, braucht sie jedoch nicht zu erläutern. Er muss auch die Mitnahme von Unterlagen gegen Quittung dulden.

(13) Der Verleiher muss seine Angaben auf Verlangen glaubhaft machen, aber nicht beweisen. Zur Abnahme von Versicherungen an Eides statt ist die BA nicht befugt.

7.4 Betretungs- und Prüfungsrecht (behördliche Nachschau)

(1) Ein Betretungs- und Prüfungsrecht besteht nur in begründeten Einzelfällen. Diese sind z. B. dann gegeben, wenn der Erlaubnisbehörde konkrete Hinweise vorliegen (z. B. über eine Anzeige, eine Beschwerde oder frühere Beanstandungen), die den Anfangsverdacht begründen, dass der Verleiher die ihm nach § 3 obliegenden Pflichten missachtet haben könnte und zur Aufklärung dieses Sachverhaltes das Betreten der Geschäftsräume und die Prüfung der geschäftlichen Unterlagen ohne vorhergehendes Auskunftsersuchen erforderlich ist. Die Ausübung des **Nachschaurechts** erfordert nicht den vorherigen Erlass einer Duldungsverfügung. Duldet der Verleiher eine behördliche Nachschau nicht, ist dies gemäß § 16 Abs. 1 Nr. 6a als Ordnungswidrigkeit zu verfolgen und ggf. zu ahnden.

(2) Die Ausübung des Betretungs- und Prüfungsrechts (sog. Nachschaurecht) setzt nicht voraus, dass die Erlaubnisbehörde zunächst ein entsprechendes Auskunftsverlangen nach Absatz 2 an den Verleiher gerichtet hat (BSG, Urteil vom 29.07.1992 – 11 RAr 57/91).

(3) Verleiher mit einer befristeten Erlaubnis können keine Verlängerung ihrer Erlaubnis erhalten, wenn sie sich weigern, ihre Geschäftsräume besichtigen zu lassen. Für die Entscheidung über die jährlich neu zu erteilende Erlaubnis ist von Bedeutung, dass ordnungsgemäße Geschäftsräume und eine ordnungsgemäße Geschäftsorganisation vorhanden sind (§ 3 Abs. 1 Nr. 2).

(4) Der **Verleiher** hat die Prüfung und den **Zutritt** zu seinen Grundstücken und Geschäftsräumen durch Bedienstete der BA zu **dulden**. Das Recht der BA erstreckt sich auf das Betreten von Grundstücken und Geschäftsräumen des Verleihers auch außerhalb der Geschäftszeit. Dient ein Geschäftsraum zugleich Wohnzwecken, so darf er nur mit Einverständnis des Verleihers betreten werden.

(5) Wird bei einer derartigen örtlichen Prüfung, die nur aufgrund eines begründeten Einzelfalls erfolgen kann, ein Verstoß festgestellt, besteht auch das Recht zur umfassenden, nicht auf den konkreten Einzelfall bezogenen Prüfung.

7.5 Durchsuchungsrecht

(1) Die **Durchsuchung** kann nur durchgeführt werden, wenn Überwachungsmaßnahmen nach Absatz 2 und 3 zur wirksamen Kontrolle keinen Erfolg versprechen.

(2) Nach § 7 Abs. 4 in Verbindung mit Art. 13 Abs. 2 GG ist für eine Durchsuchung grundsätzlich eine **richterliche Anordnung** erforderlich.

(3) Die von der Erlaubnisbehörde beauftragten Personen können bei **Gefahr im Verzug** während der Geschäftszeit die erforderlichen Durchsuchungen ohne richterliche Anordnung vornehmen; eine nachträgliche Zustimmung des Amtsrichters ist nicht erforderlich. Gefahr im Verzug ist anzunehmen, wenn konkrete Anhaltspunkte vorliegen, dass der Verleiher Geschäftsunterlagen beiseiteschaffen, verfälschen oder vernichten wird.

7.6 Auskunftsverweigerungsrecht

(1) Ein **Auskunftsverweigerungsrecht** steht dem Verleiher zu, soweit es sich um eine natürliche Person handelt. Bei Personengesamtheiten, Gesellschaften und juristischen Personen kann der Geschäftsführer oder gesetzliche Vertreter von diesem Recht Gebrauch machen. Sind bei Gesellschaften mehrere Auskunftspflichtige vorhanden, ist bei jedem gesondert zu prüfen, ob die Voraussetzungen des § 7 Abs. 5 gegeben sind.

(2) Das **Verweigerungsrecht** setzt voraus, dass der Verleiher sich oder einen seiner Angehörigen wegen einer Straftat oder Ordnungswidrigkeit der Verfolgung aussetzen würde (§ 383 Abs. 1 ZPO). Der Verleiher ist auf sein Aussageverweigerungsrecht hinzuweisen.

(3) Bei der **Befragung von Leiharbeitnehmern** außerhalb eines Verfahrens nach dem Ordnungswidrigkeitengesetz sind die Befragten über die Freiwilligkeit der Teilnahme aufzuklären, da keine Verpflichtung zur Aussage besteht.

7.7 Prüfungsschwerpunkte

(1) Die Prüfaktivitäten der Erlaubnisbehörde sollen sich grundsätzlich auf Prüffelder konzentrieren, bei denen ein hohes Maß an Rechtssicherheit gegeben ist. Dies wird regelmäßig dann der Fall sein, wenn zu den Prüffeststellungen höchstrichterliche Entscheidungen existieren.

(2) Folgende **Prüfungsschwerpunkte** sind von der Erlaubnisbehörde insbesondere zu verfolgen:
– Anwendung von Tarifverträgen im Sinne des § 8 Abs. 2 und Abs. 4 Satz 2 sowie des Gleichstellungsgrundsatzes,
– Einhaltung der Überlassungshöchstdauer,
– korrekte Eingruppierung des Leiharbeitnehmers entsprechend der tatsächlich ausgeübten Tätigkeit,
– Gewährung von Mindestlöhnen einschließlich Lohnuntergrenze in der Arbeitnehmerüberlassung,
– Gewährung von Aufwendungsersatz,
– Vollständigkeit von Vertragsunterlagen (Arbeitsverträge, Zusatzvereinbarungen, Aufhebungsverträge, Arbeitnehmerüberlassungsverträge, Änderungen),
– Nachweis über Aushändigung des aktuellen Merkblattes der BA,
– Beachtung der Regelungen des TzBfG,
– korrekte Gewährung von Entgelt- und Entgeltersatzleistungen und von Urlaub bzw. Urlaubsabgeltung auch während Zeiten des Nichteinsatzes (Garantielohn),
– Auffälligkeiten hinsichtlich des Arbeitsschutzes, der Arbeitssicherheit, arbeitsmedizinischer Untersuchungen (vgl. FW 11. Abs. 11),
– Abführung von Beiträgen zu allen Zweigen der Sozialversicherung,
– Abführung der Lohnsteuer und
– Beachtung der Bestimmungen der Ausländerbeschäftigung.

(3) Unabhängig von dieser Aufzählung muss die Erlaubnisbehörde in der Lage sein, weitergehende Prüfaktivitäten situationsangepasst im Rahmen des gesetzlichen Auftrages durchführen zu können. Der Erlaubnisinhaber hat die Erlaubnisbehörde darin zu unterstützen, damit sie eine umfassende Bewertung seiner Zuverlässigkeit vornehmen kann. Auf die Ausführungen unter FW 7.3 Abs. 7 wird verwiesen.

Urban-Crell

(4) Ziel der unter (2) genannten Prüfschwerpunkte ist es, eine **einheitliche Prüfpraxis** der Agenturen für Arbeit zu gleichen Sachverhalten zu erhalten.

8. § 8 Grundsatz der Gleichstellung

Mit dem Gesetz zur Änderung des AÜG und anderer Gesetze wurde der bisher auf verschiedene Regelungen des AÜG verteilte Grundsatz der Gleichstellung systematisch in § 8 zusammengeführt. Inhaltliche Änderungen sind damit – mit Ausnahme des Absatzes 4 – nicht verbunden.

8.1 Gleichstellungsgrundsatz

(1) § 8 Abs. 1 Satz 1 bestimmt, dass Leiharbeitnehmer für die Zeit der Überlassung an einen Entleiher und damit ab dem ersten Tag der Überlassung grundsätzlich Anspruch auf die im Betrieb des Entleihers geltenden wesentlichen Arbeitsbedingungen eines vergleichbaren Stammarbeitnehmers des Entleihers haben. Nach der EU-Leiharbeitsrichtlinie und der Rechtsprechung des BAG ist die Gleichstellung tätigkeitsbezogen zu bestimmen (siehe BAG, Urteil vom 21.10.2015 – 5 AZR 604/14). Die wesentlichen Arbeits- und Beschäftigungsbedingungen der Leiharbeitnehmer müssen denjenigen entsprechen, die gelten würden, wenn sie vom entleihenden Unternehmen unmittelbar eingestellt worden wären. Ob der Entleiher tatsächlich einen vergleichbaren Stammarbeitnehmer beschäftigt, ist infolgedessen für die Gleichstellung nicht entscheidend.

(2) Die wesentlichen Arbeitsbedingungen sind insbesondere Arbeitsentgelt und Arbeitszeit (einschließlich Überstunden, Pausen, Ruhezeiten, Nachtarbeit, Urlaub, arbeitsfreie Tage). Das Arbeitsentgelt im Sinne des AÜG umfasst das, was der Leiharbeitnehmer erhalten hätte, wenn er für die gleiche Tätigkeit beim Entleiher eingestellt worden wäre (BAG, Urteil vom 19.02.2014 – 5 AZR 1046/12). Zum Arbeitsentgelt zählt nicht nur das laufende Entgelt sondern jede Vergütung, die aus Anlass des Arbeitsverhältnisses gewährt wird bzw. aufgrund gesetzlicher Entgeltfortzahlungstatbestände gewährt werden muss (BAG, Urteil vom 13.03.2013 – 5 AZR 294/12). Hierunter fallen insbesondere Urlaubsentgelt, Sonderzahlungen, Zulagen und Zuschläge, Ansprüche auf Entgeltfortzahlung sowie vermögenswirksame Leistungen (BAG, Urteile vom 19.02.2014 – 5 AZR 1046/12 und – 5 AZR 1047/12). Maßgebend sind daher sämtliche auf den Lohnabrechnungen vergleichbarer Stammarbeitnehmer des Entleihers ausgewiesene Bruttovergütungsbestandteile (BAG, Urteil vom 24.09.2014 – 5 AZR 254/13). Werden im Betrieb des Entleihers Sachbezüge gewährt, kann der Verleiher dem Leiharbeitnehmer einen Wertausgleich in Euro zahlen (§ 8 Abs. 1 Satz 3). Der Wertausgleich hat sich an dem monetären Wert zu orientieren, der in der Lohnabrechnung vergleichbarer Stammarbeitnehmer für die Sachbezüge angesetzt ist.

(3) Beim **Vergleich** der o.g. Arbeitsbedingungen ist kein summarischer Vergleich zu ziehen bzw. keine Gesamtschau vorzunehmen. Es sind jeweils die einzelnen

Arbeitsbedingungen zu vergleichen (Sachgruppenvergleich). Beim **Arbeitsentgelt** sind nicht die einzelnen Bestandteile (z. B. Zuschläge, Prämien, laufendes Entgelt) zu vergleichen, sondern es ist ein Gesamtvergleich der Entgelte im Überlassungszeitraum anzustellen (BAG, Urteil vom 23.03.2011 – Az. 5 AZR 7/10).

(4) Der Entleiher kann sich im Überlassungsvertrag verpflichten, die gleichartigen Arbeitsbedingungen für die Leiharbeitnehmer unmittelbar zu gewähren.

(5) **Vergleichbarer Arbeitnehmer** ist der mit gleicher Tätigkeit oder ähnlicher Tätigkeit beim Entleiher beschäftigte oder fiktiv zu beschäftigende Stammarbeitnehmer. Der Gesetzgeber geht vom Begriff der Tätigkeiten »vergleichbarer Arbeitnehmer« aus. Dabei kommt es insbesondere auf die Vergleichbarkeit der vom Arbeitnehmer auszuführenden Tätigkeiten an, eine in der Person (oder einzelner Personen) liegende Unter- oder Überqualifizierung kann kein Maßstab sein. Liegt der Tätigkeit z. B. eine Ausbildung zugrunde, kann die Vergleichbarkeit am Ausbildungsniveau gemessen werden. Sind z. B. aufgrund von Outsourcing keine vergleichbaren Arbeitnehmer (mehr) vorhanden, sind die Arbeitsbedingungen zu gewähren, die vergleichbaren Arbeitnehmern gewährt würden. Beim Vorliegen eines Tarifvertrages im Entleihbetrieb ist die den Tätigkeitsmerkmalen entsprechende Lohnstufe des Tarifvertrages maßgebend. Ohne Tarifbindung ist eine Einzelfallbetrachtung der wesentlichen Arbeitsbedingungen des Entleihbetriebes vorzunehmen. Die gesetzliche Regelung verlangt, dass dem Leiharbeitnehmer die Arbeitsbedingungen zustehen, die ihm bei einer direkten Einstellung beim Entleihbetrieb zukommen würden; Wartezeiten sind einzuhalten.

(6) Die Regelung des § 8 Abs. 1 Satz 2 dient der Erleichterung der praktischen Umsetzung der Gewährung von Equal Pay. Es wird vermutet, dass Equal Pay gewährt wird, wenn der Leiharbeitnehmer das für einen vergleichbaren Arbeitnehmer im Entleihbetrieb geschuldete tarifvertragliche Arbeitsentgelt erhält. Existiert ein solches Arbeitsentgelt beim Entleiher nicht, ist für die Vermutung das tarifvertragliche Arbeitsentgelt maßgeblich, das für einen vergleichbaren Arbeitnehmer in der Einsatzbranche gilt. Erhält der Leiharbeitnehmer ein entsprechendes tarifvertragliches Arbeitsentgelt, sind von der Kontrollbehörde keine weiteren Feststellungen zu treffen, soweit keine konkreten Anhaltspunkte für eine über den Tarifvertrag hinausgehende Entlohnung bestehen. Ohne solche konkreten Anhaltspunkte ist dann davon auszugehen, dass der Leiharbeitnehmer hinsichtlich des Arbeitsentgelts gleichgestellt ist.

(7) Der Grundsatz der Gleichstellung ist auch von Werkstätten für behinderte Menschen und gemeinnützigen Integrationsprojekten, sofern erlaubnispflichtige Arbeitnehmerüberlassung vorliegt, zu beachten. Für die Gleichstellung ist ein Vergleich mit vergleichbaren Arbeitnehmern des Entleihers maßgeblich. Den behinderungsbedingten Einschränkungen der Beschäftigten, sofern sie sich auf die Arbeitsleistung auswirken, kann damit hinreichend Rechnung getragen werden.

(8) Der Grundsatz der Gleichstellung ist auch bei einer erlaubnispflichtigen Arbeitnehmerüberlassung im Rahmen arbeitsmarktpolitischer Programme zu beachten.

(9) Das in **Zeiten des Nichtverleihs** zu zahlende Arbeitsentgelt unterliegt der Vereinbarung zwischen Verleiher und Leiharbeitnehmer. Der Gleichstellungsgrundsatz gilt insoweit nicht, jedoch ist zumindest die Lohnuntergrenze einzuhalten.

8.2 Ausnahmen vom Gleichstellungsgrundsatz

(1) § 8 Abs. 2 sieht zwei Ausnahmetatbestände für das Abweichen vom Gleichstellungsgrundsatz vor:
a) Abweichung durch Tarifvertrag, der auf das Arbeitsverhältnis kraft beidseitiger Tarifbindung anzuwenden ist, soweit er nicht die in einer Rechtsverordnung nach § 3a Abs. 2 festgesetzten Mindeststundenentgelte unterschreitet,
b) Rechtswirksame arbeitsvertragliche Inbezugnahme eines auf das Arbeitsverhältnis anwendbaren Tarifvertrages, soweit der Tarifvertrag nicht die in einer Rechtsverordnung nach § 3a Abs. 2 festgesetzten Mindeststundenentgelte unterschreitet.

Durch oder aufgrund eines Tarifvertrages im Sinne des § 8 Abs. 2 kann hinsichtlich des Arbeitsentgelts nur für die ersten 9 Monate einer Überlassung an einen Entleiher vom Gleichstellungsgrundsatz abgewichen werden (§ 8 Abs. 4 Satz 1). Nähere Ausführungen hierzu unter FW 8.4.

(2) Soweit ein solcher Tarifvertrag auf das Arbeitsverhältnis anzuwenden ist, hat der Verleiher die nach diesem Tarifvertrag geschuldeten Arbeitsbedingungen zu gewähren (§ 8 Abs. 2 Satz 2). Ein Verstoß hiergegen kann die Versagung (§ 3 Abs. 1 Nr. 3) oder den Widerruf (§ 5 Abs. 1 Nr. 3) der Erlaubnis zur Folge haben. Es sind die unter FW 3.1 dargestellten Grundsätze, insbesondere zur Verhältnismäßigkeit zu beachten. Daneben wird der Tatbestand einer Ordnungswidrigkeit nach § 16 Abs. 1 Nr. 7a verwirklicht, die mit einer Geldbuße bis zu 500.000,- € geahndet werden kann. Soweit ein Tarifvertrag Löhne unterhalb einer festgesetzten Lohnuntergrenze vorsieht, gelten die Rechtsfolgen des § 8 Abs. 2 Satz 4. Die Wirksamkeit des Tarifvertrages bleibt im Übrigen unberührt. Vergütet ein Verleiher seine Arbeitnehmer entsprechend dem Tarifvertrag unterhalb der festgesetzten Lohnuntergrenze, ist auch ein Verstoß gegen die arbeitsrechtlichen Pflichten nach § 3 Abs. 1 Nr. 1 zu prüfen.

(3) Zu (1) a): Besteht ein Tarifvertrag, der auf das Arbeitsverhältnis anzuwenden ist, sind die Tarifvertragsparteien daran gebunden. Voraussetzung dafür ist, dass das Arbeitsverhältnis unter den räumlichen, fachlich-betrieblichen und persönlichen Geltungsbereich des Tarifvertrages fällt (zu Mischbetrieben siehe FW 8.5 Nr. 5). Aufgrund eines solchen Tarifvertrages kann von dem Grundsatz der Gleichbehandlung zugunsten oder zu Ungunsten des Leiharbeitnehmers abgewichen werden. Die Ausnahme ermöglicht es den Tarifvertragsparteien die Arbeitsbedingungen flexibel zu gestalten und z.

B. Pauschalierungen beim Arbeitsentgelt zuzulassen und die Leistungen für Zeiten des Verleihs und Nichtverleihs in einem Gesamtkonzept zu regeln.

Zu (1) b): Unabhängig von der Tarifbindung kann im Geltungsbereich eines Tarifvertrages seine Inbezugnahme einzelvertraglich vereinbart werden. Andernfalls gilt der Gleichstellungsgrundsatz. Auch hier gilt, dass das betreffende Arbeitsverhältnis in den räumlichen, persönlichen und betrieblich-fachlichen Geltungsbereich des in Bezug genommenen Tarifvertrags fallen muss. Im Falle der Inbezugnahme ist der Tarifvertrag grundsätzlich vollständig und umfassend anzuwenden.

(4) Auch nachwirkende Tarifverträge können die Abweichung vom Gleichstellungsgrundsatz wirksam ermöglichen. Für im Nachwirkungszeitraum neu begründete Arbeitsverhältnisse gilt dies allerdings nur im Fall der einzelvertraglichen Inbezugnahme, wenn also der nachwirkende Zeitarbeitstarifvertrag mit der Abweichung vom Gleichstellungsgrundsatz ausdrücklich im Zeitarbeitsvertrag mit dem Leiharbeitnehmer in Bezug genommen wird.

(5) Aus tarifrechtlicher Sicht kann die Nachwirkung im Bereich des AÜG auch enden, sobald der Abschluss eines neuen Tarifvertrages nicht mehr in Aussicht steht. Ein Indiz dafür kann der Ablauf eines Jahres nach Auslaufen des vorherigen Tarifvertrages sein. Es bedarf dann einer weiteren Prüfung, ob nach Ablauf dieses Zeitraums noch eine realistische Aussicht auf eine Nachfolgeregelung besteht. Kommen die Agenturen für Arbeit zu der Auffassung, dass ein solcher Fall vorliegen könnte, ist der Zentrale zu berichten.

8.3 Die sog. »Drehtürregelung« nach § 8 Abs. 3

(1) Eine abweichende tarifliche Regelung kommt nicht für Leiharbeitnehmer in Betracht, die in den letzten sechs Monaten vor der Überlassung an den Entleiher aus einem Arbeitsverhältnis bei diesem oder einem Arbeitgeber, der mit dem Entleiher einen Konzern im Sinne des § 18 AktG bildet, ausgeschieden sind (sog. **Drehtürregelung**). In diesen Fällen ist der Erlaubnisinhaber verpflichtet, einem Leiharbeitnehmer Equal Treatment zu gewähren. Dieses Gleichstellungsgebot des Leiharbeitnehmers gilt für die gesamte Dauer der Überlassung an den Entleiher. Der Leiharbeitnehmer ist aus einem Arbeitsverhältnis im Sinne der Drehtürregelung ausgeschieden, wenn das Arbeitsverhältnis beendet (z. B. durch Kündigung oder Aufhebungsvertrag) oder er wegen Ablaufs eines befristeten Arbeitsvertrages nicht mehr weiterbeschäftigt wurde.

(2) Der Erlaubnisinhaber muss feststellen, bei welchen Arbeitgebern der Leiharbeitnehmer in den letzten sechs Monaten beschäftigt war. Dies kann sich bereits aus den üblichen Personalunterlagen (z. B. Bewerbungsunterlagen mit Lebenslauf, Personalbogen) ergeben sowie z. B. durch einen speziellen Fragebogen oder durch einen Zusatz im Personalfragebogen erfasst werden. Ferner besteht die Möglichkeit, dass (ergänzend) im Arbeitsvertrag eine Regelung vorgesehen wird, nach der der Leiharbeitnehmer dem Verleiher mitteilen muss, wenn er bei einem Entleiher eingesetzt werden soll bzw. wird,

bei dem er in den letzten sechs Monaten aus einem Arbeitsverhältnis ausgeschieden ist bzw. nicht weiterbeschäftigt wurde.

8.4 Equal Pay nach 9 Monaten

(1) Der mit dem Gesetz zur Änderung des AÜG und anderer Gesetze eingeführte § 8 Abs. 4 sieht vor, dass Leiharbeitnehmer – auch bei Bestehen eines Tarifvertrages im Sinne des Absatzes 2 – spätestens nach 9 Monaten einer Überlassung an einen Entleiher hinsichtlich des Arbeitsentgelts grundsätzlich gleichzustellen sind. Längere Abweichungen vom gesetzlichen Equal Pay-Grundsatz sind nur noch zulässig, wenn ein (Branchen-)Zuschlagstarifvertrag gilt, der die in Satz 2 bestimmten sozialen Leitplanken einhält.

Die Bestimmung des maßgeblichen Überlassungszeitraums richtet sich nach §§ 187 Abs. 2 Satz 1, 188 Abs. 2 2. Alt. BGB. Die nach Monaten bestimmte Frist beginnt mit dem ersten Tag der Überlassung und endet mit Ablauf desjenigen Tages des letzten Monats, welcher dem Tag vorhergeht, der durch seine Benennung oder seine Zahl dem Anfangstag der Frist entspricht. Beginnt die Überlassung bspw. am 3. April 2017, kann hinsichtlich des Arbeitsentgelts grundsätzlich nur bis zum Ablauf des 2. Januar 2018 nach Absatz 2 vom Gleichstellungsgrundsatz abgewichen werden. Eine längere Abweichung vom Equal Pay durch Tarifvertrag ist nur unter bestimmten Voraussetzungen möglich (siehe FW 8.4 Abs. 3).

(2) § 8 Abs. 4 Satz 1 beschränkt die Möglichkeit, durch einen Tarifvertrag im Sinne des § 8 Abs. 2 hinsichtlich des Arbeitsentgelts vom Gleichstellungsgrundsatz abzuweichen, auf die ersten 9 Monate einer Überlassung. Demnach haben Leiharbeitnehmer in Fällen, in denen durch Anwendung eines Tarifvertrages nach § 8 Abs. 2 vom Gleichstellungsgrundsatz abgewichen wird, nach Ablauf der ersten 9 Monate einer Überlassung an einen Entleiher Anspruch auf Equal Pay. Für die Berechnung des 9-Monats-Zeitraums sind nur ab dem 1. April 2017 zurückgelegte Überlassungszeiten maßgeblich (§ 19 Abs. 2). Gegen das Gebot gleicher Entlohnung nach 9 Monaten kann folglich erst ab dem 1. Januar 2018 verstoßen werden.

(3) Eine über 9 Monate Einsatzdauer hinausgehende Abweichung vom Gebot gleicher Entlohnung ist nur zulässig, wenn für das Arbeitsverhältnis ein (Branchen-)Zuschlagstarifvertrag gilt, der den gesetzlichen Anforderungen des § 8 Abs. 4 Satz 2 genügt:
– Die Tarifvertragsparteien der Zeitarbeitsbranche haben in dem Zuschlagstarifvertrag ein gleichwertiges Arbeitsentgelt im Sinne des § 8 Abs. 4 Satz 2 Nr. 1 festgelegt.
– Der Zuschlagstarifvertrag regelt, dass spätestens nach 15 Monaten einer Überlassung mindestens das im Tarifvertrag als gleichwertig festgelegte Arbeitsentgelt erreicht wird.
– Der Zuschlagstarifvertrag sieht vor, dass nach einer Einarbeitungszeit von höchstens 6 Wochen eine stufenweise Heranführung des Arbeitsentgelts an das als gleichwertig festgelegte Arbeitsentgelt erfolgt.

(4) Nicht tarifgebundene Arbeitgeber und Arbeitnehmer können einen Tarifvertrag im Sinne des § 8 Abs. 4 Satz 2 zur Geltung bringen, indem sie diesen im jeweiligen Arbeitsvertrag in Bezug nehmen (§ 8 Abs. 4 Satz 3).

(5) FW 1.2.1 Abs. 2 gilt entsprechend. Vorherige, ab dem 1. April 2017 zurückgelegte (vgl. § 19 Abs. 2), Überlassungszeiten an denselben Entleiher sind vollständig auf den 9- bzw. 15-Monats-Zeitraum anzurechnen. Dies gilt unabhängig davon, ob die vorherige Überlassung durch denselben oder einen anderen Verleiher erfolgte. Für die Beurteilung, ob es sich um denselben Entleiher handelt, ist auf den Entleiher als Arbeitgeber und juristische Person abzustellen, vgl. FW 1.1.2 Abs. 3. Voraussetzung für die Anrechnung vorheriger Überlassungen ist jedoch, dass zwischen zwei Überlassungen an denselben Entleiher jeweils nicht mehr als drei Monate liegen. Wird durch Addition der zu berücksichtigenden Überlassungszeiten der 9- bzw. 15-Monats-Zeitraum erreicht, besteht ein Anspruch des Leiharbeitnehmers auf Equal Pay (vgl. FW 8.4 Abs. 2) bzw. das in einem Zuschlagstarifvertrag festgelegte gleichwertige Arbeitsentgelt (vgl. FW 8.4 Abs. 3). Liegt zwischen zwei Einsätzen bei demselben Entleiher dagegen ein Zeitraum von mehr als drei Monaten, erfolgt keine Anrechnung der vorherigen Überlassung. Eine solche Unterbrechung von mehr als drei Monaten bewirkt, dass der 9- bzw. 15-Monats-Zeitraum wieder neu zu laufen beginnt. Die Prüfung der Anrechnung vorheriger Überlassungszeiten endet daher regelmäßig, sobald ein Zeitraum von mehr als drei Monaten identifiziert wird, in dem der Leiharbeitnehmer nicht an denselben Entleiher überlassen war. Die Berechnung der Dauer einer vorherigen zu berücksichtigenden Überlassung und die Berechnung der Unterbrechungsdauer richten sich ebenfalls nach den in FW 8.4 Abs. 1 genannten Vorschriften des BGB. Sind mehrere Überlassungen zu berücksichtigen, ist die insgesamt zu berücksichtigende Überlassungsdauer durch Addition zu ermitteln. Für die Berechnung von Teilmonaten ist der Monat mit 30 Tagen anzusetzen (in Anlehnung an § 191 BGB). Vgl. hierzu auch das Beispiel zur Überlassungshöchstdauer unter FW 1.2.1 Abs. 3.

(6) FW 1.2.3 Abs. 2 gilt entsprechend mit der Maßgabe, dass die Feststellung anrechenbarer Überlassungszeiten durch den Erlaubnisinhaber notwendig ist um beurteilen zu können, ab welchem Zeitpunkt dem Leiharbeitnehmer Equal Pay zu gewähren ist.

(7) Die Nichtgewährung der nach § 8 Abs. 4 geschuldeten Vergütung kann die Versagung (§ 3 Abs. 1 Nr. 3) oder den Widerruf (§ 5 Abs. 1 Nr. 3) der Erlaubnis zur Folge haben. Es sind die unter FW 3.1 dargestellten Grundsätze – insbesondere zur Verhältnismäßigkeit – zu beachten. Daneben wird der Tatbestand einer Ordnungswidrigkeit nach § 16 Abs. 1 Nr. 7a verwirklicht, die mit einer Geldbuße bis zu 500.000,- € geahndet werden kann.

8.5 Grundaussagen zur Anwendung von Tarifverträgen

1. Jeder Arbeitgeber kann grundsätzlich mit jedem Arbeitnehmer die Arbeitsbedingungen frei aushandeln. Es gilt der Grundsatz der Privatautonomie. Das ist die

durch die Rechtsordnung gewährte und gesicherte Möglichkeit des Einzelnen, seine rechtlichen Beziehungen und die ihn betreffenden Rechtsverhältnisse innerhalb der gesetzlichen Grenzen rechtsgeschäftlich zu regeln. Es steht dem nicht tarifgebundenen Verleiher daher grundsätzlich frei, einigen Leiharbeitsverhältnissen Tarifverträge (auch durch Inbezugnahme im Arbeitsvertrag) zugrunde zu legen und andere nach dem Gleichstellungsgrundsatz abzuwickeln.

2. Tarifvertragliche Regelungen können im Arbeitsverhältnis Anwendung finden aufgrund: einer Erstreckung durch Mindestlohnverordnung, beiderseitiger Tarifbindung (Arbeitgeber hat selbst einen Tarifvertrag abgeschlossen oder ist Mitglied im tarifvertragschließenden Arbeitgeberverband und Arbeitnehmer ist Mitglied der tarifvertragschließenden Gewerkschaft), Erklärung der Allgemeinverbindlichkeit oder einzelvertraglicher Inbezugnahme.

3. Eine Inbezugnahme bedarf wegen des Grundsatzes der Vertragsfreiheit nicht der Zustimmung der Tarifvertragsparteien. Sie entfaltet auch keine Tarifbindung über § 3 TVG.

4. Tarifgebundene Arbeitgeber sind im Verhältnis zu tarifgebundenen Arbeitnehmern (Gewerkschaftsmitglieder) verpflichtet, mindestens die Kraft beidseitiger Tarifbindung anwendbaren im Tarifvertrag festgelegten Arbeitsbedingungen zu gewähren. Von diesen kraft beidseitiger Tarifbindung geltenden Arbeitsbedingungen dürfen sie auch durch Inbezugnahme eines anderen Tarifvertrags nur zugunsten des Arbeitnehmers abweichen, also nur wenn der in Bezug genommene Tarifvertrag für den Arbeitnehmer günstiger ist.

5. Nach der Rechtsprechung des Bundessozialgerichts (Urteil vom 12.10.2016 – B 11 AL 6/15 R) setzt § 3 Abs. 1 Nr. 3 Satz 3 a.F. (§ 8 Abs. 2 Satz 3 n.F.) für die Bezugnahme auf einen Tarifvertrag der Zeitarbeit zur Abweichung vom Gleichstellungsgrundsatz kein Überwiegen der Arbeitnehmerüberlassung in einem Betrieb voraus. Demnach eröffnet das AÜG auch Betrieben mit unterschiedlichen Betriebszwecken (Mischbetriebe), die nicht überwiegend Arbeitnehmerüberlassung betreiben, die Möglichkeit, auf einen Tarifvertrag der Zeitarbeit zur Abweichung vom Gleichstellungsgrundsatz Bezug zu nehmen. Unternehmen und Betriebe mit unterschiedlichen Unternehmens- bzw. Betriebszwecken (Mischunternehmen bzw. – betriebe), die auch Arbeitnehmerüberlassung betreiben, können vom Gleichstellungsgrundsatz durch Anwendung eines Tarifvertrages der Arbeitnehmerüberlassung abweichen, wenn sie unter dessen Geltungsbereich fallen. Welche Betriebe, Unternehmen oder Arbeitnehmergruppen von einem Tarifvertrag umfasst werden, ist durch Auslegung des tarifvertraglichen Geltungsbereichs festzustellen. Das Bundessozialgericht hat für den von der DGB-Tarifgemeinschaft mit dem Bundesverband Zeitarbeit Personal-Dienstleistungen (BZA) vereinbarten Manteltarifvertrag vom 22.7.2003, geändert durch Änderungstarifverträge vom 22.12.2004, 30.5.2006 und 9.3.2010, für Recht erkannt, dass ihm nicht das Industrieverbandsprinzip zugrunde liegt, sondern dass der Manteltarifvertrag für Arbeitnehmerüberlassung im Sinne des AÜG gilt

(Urteil vom 12.10.2016, B 11 AL 6/15 R). Sein Geltungsbereich umfasst daher auch Arbeitnehmerüberlassung in Mischunternehmen oder Mischbetrieben, in denen nicht arbeitszeitlich überwiegend Arbeitnehmerüberlassung stattfindet. Diese Rechtsprechung des Bundessozialgerichts ist auf die aktuell für die Arbeitnehmerüberlassung bestehenden Flächentarifverträge, die zwischen der DGB-Tarifgemeinschaft und dem Bundesarbeitgeberverband der Personaldienstleister (BAP) sowie zwischen der DGB-Tarifgemeinschaft und dem Interessenverband Deutscher Zeitarbeitsunternehmen (iGZ) abgeschlossen worden sind, angesichts der inhaltlichen Ausgestaltung der Geltungsbereiche dieser Tarifverträge zu übertragen. Damit können auch Mischunternehmen bzw. Mischbetriebe, die nicht Mitglied in einem Arbeitgeberverband der Arbeitnehmerüberlassung und nicht überwiegend Arbeitnehmerüberlassung betreiben, durch Inbezugnahme der von der DGB-Tarifgemeinschaft mit dem BAP oder dem iGZ abgeschlossenen Flächentarifverträge vom Gleichstellungsgrundsatz (§ 8 Abs. 1 Satz 1) abweichen. Mischunternehmen bzw. -betriebe, die arbeitszeitlich nicht überwiegend Arbeitnehmerüberlassung betreiben und die ihre nicht verliehenen Arbeitnehmer nach dem für sie geltenden Branchentarifvertrag beschäftigen, können auch dann vom Gleichstellungsgrundsatz (§ 8 Abs. 1 Satz 1) abweichen, wenn dieser Tarifvertrag eine ausdrückliche Klausel enthält, wonach er im Falle des Verleihs des Arbeitnehmers ebenfalls anwendbar ist.
6. Der Verweis in § 11 Abs. 4 besagt, dass die gesetzlichen Regelungen des § 615 BGB nicht abbedungen werden können. Über die Höhe des in verleihfreien Zeiten zu zahlenden Arbeitsentgeltes besagen die Vorschriften nichts. Deshalb kann grundsätzlich in einem Tarifvertrag und auch bei Inbezugnahme von Tarifverträgen für verleihfreie Zeiten eine geringere Vergütung als in Verleihzeiten festgelegt werden. Bei der Vereinbarung einer Vergütung für die verleihfreien Zeiten muss eine nach § 3a erlassene Rechtsverordnung (Lohnuntergrenze) beachtet werden.
7. Bei Anwendung eines Tarifvertrages bzw. bei dessen Inbezugnahme gilt grundsätzlich die Richtigkeits- oder Angemessenheitsgewähr der tariflichen Regelungen; eine Inhaltskontrolle ist nicht vorzunehmen. Die Prüfkompetenz bei allen tariflichen Regelungen liegt ausschließlich bei den Gerichten.
8. Wird ein Leiharbeitnehmer mit Tätigkeiten beschäftigt, die in den Geltungsbereich eines im Anwendungsbereich des Arbeitnehmer-Entsendegesetzes (AEntG) für allgemeinverbindlich erklärten Tarifvertrages oder einer Rechtsverordnung nach dem AEntG fallen, so ist das dort vorgeschriebene Mindestentgelt zwingend zu zahlen (§ 8 Abs. 3 AEntG). Für die Zahlung des vorgeschriebenen Mindestentgeltes kommt es nicht darauf an, ob der Betrieb des Entleihers in den fachlichen Geltungsbereich dieses Tarifvertrages oder dieser Rechtsordnung fällt (§ 8 Abs. 3 a. E. AEntG). Ein Abweichen durch einen anderen Tarifvertrag ist dann nicht möglich. Die Vorschriften des AEntG haben insoweit Vorrang in der Anwendung. Sie gehen sowohl den Bestimmungen des AÜG als speziellere Norm als

auch abweichenden tariflichen Regelungen vor. Diese zwingende Regelung gilt unabhängig davon, ob der Verleiher seinen Sitz im In- oder Ausland hat.
9. Aus gemeinschaftsrechtlichen Gründen müssen Verleiher mit Sitz im EWR unter den gleichen Voraussetzungen von der Gleichstellungsverpflichtung abweichen können wie Verleiher mit Sitz in Deutschland. Ein ausländischer Tarifvertrag ist daher unter den gleichen Voraussetzungen wie ein inländischer Tarifvertrag geeignet von der Gleichstellungsverpflichtung abzuweichen. Dies bedeutet u. a., dass der betreffende Tarifvertrag bestimmte Mindestanforderungen erfüllen, insbesondere die Lohnuntergrenzenverordnung beachten muss. Nicht anerkannt werden könnten Tarifverträge (z. B. ein britischer Tarifvertrag), die keine gerichtlich einklagbaren Regelungen enthalten.
10. Ein Verleiher mit Sitz in der EU/im EWR kann auch ohne Betriebssitz in Deutschland einen deutschen Flächentarifvertrag unter den gleichen Voraussetzungen wie ein Verleiher mit Sitz in Deutschland einzelvertraglich in Bezug nehmen. Voraussetzung ist, dass der fachlich-betriebliche und der persönliche Geltungsbereich des betreffenden Flächentarifvertrages einschlägig und im Arbeitsvertrag die Inbezugnahme dieses Flächentarifvertrages für die Zeit der Überlassung nach Deutschland vereinbart ist.
11. Ein Tarifvertrag, durch den von der Gleichstellungsverpflichtung im Hinblick auf die beim Entleiher geltenden Arbeitsbedingungen abgewichen werden soll, muss die wesentlichen Arbeitsbedingungen (mehr oder weniger) umfassend regeln. Lässt ein Tarifvertrag wichtige Bereiche (bspw. Entgelt oder Urlaub) aus, suspendiert er nicht (vollständig) von der Gleichstellung. Im Hinblick auf die sonstigen wesentlichen Arbeitsbedingungen ist der Leiharbeitnehmer in diesen Fällen den Arbeitnehmern des Entleihers gleichzustellen.
12. Trifft ein Tarifvertrag dagegen im Wesentlichen Regelungen zu allen Arbeitsbedingungen und bleiben nur kleine Teile (bspw. Reisekosten, Verpflegungsmehraufwand) unerwähnt, so dürften nach Sinn und Zweck der in § 8 Abs. 2 und Abs. 4 Satz 2 geregelten Ausnahme vom Gleichstellungsgrundsatz durch Bezugnahme auf eine tarifliche Regelung für weitere Ansprüche die allgemein geltenden Bestimmungen (z. B. § 670 BGB) gelten und nicht die insoweit beim Entleiher geltenden Arbeitsbedingungen. Es wird sozusagen ein »Schlussstrich« unter die Gleichstellung gezogen. Andernfalls gäbe es für den Verleiher keine abschließende Sicherheit im Hinblick auf die zu gewährenden Arbeitsbedingungen. In vielen Betrieben werden andere Leistungen häufig aufgrund freiwilliger Arbeitgeberleistungen gewährt (bspw.: Jahreswagen beim Automobilhersteller, Freiflüge bei der Fluggesellschaft, u. a.).
13. Besitzt ein Unternehmen mehrere Betriebe verschiedener Wirtschaftsrichtungen (z. B. dadurch, dass eine Betriebsabteilung »Leiharbeit« ausgegliedert und verselbständigt wird), so gilt für jeden Betrieb der entsprechende Tarifvertrag seiner wirtschaftlichen Betätigung, also für den Betrieb »Leiharbeit« bei entsprechender Verbandszugehörigkeit des Arbeitgebers der Tarifvertrag mit dem Verband der

Zeitarbeit. Das Bundesarbeitsgericht hat in mehreren Entscheidungen Grundsätze für das Vorliegen einer Betriebsabteilung aufgestellt (z. B. Urteil vom 21.11.2007 – 10 AZR 782/06). Danach ist eine Betriebsabteilung nach dem allgemeinen Sprachgebrauch ein räumlich, personell und organisatorisch vom Gesamtbetrieb abgegrenzter Betriebsteil, der mit eigenen technischen Betriebsmitteln einen eigenen Betriebszweck verfolgt, der auch nur ein Hilfszweck sein kann. Eine selbständige Betriebsabteilung erfordert eine auch für Außenstehende wahrnehmbare räumliche und organisatorische Abgrenzung sowie einen besonders ausgeprägten spezifischen arbeitstechnischen Zweck.
14. Tarifverträge, die den Gleichstellungsgrundsatz verdrängen, sind solche, die nach dem 15.11.2002 im Hinblick auf den Gleichstellungsgrundsatz abgeschlossen oder angepasst wurden und auf Leiharbeitnehmer im Betrieb Anwendung finden können.

8.6 Lohnuntergrenze

Der Verleiher ist nach § 8 Abs. 5 verpflichtet, dem Leiharbeitnehmer sowohl in Zeiten der Überlassung als auch in verleihfreien Zeiten zumindest das verbindliche Mindeststundenentgelt zu zahlen, sofern nach § 3a eine Lohnuntergrenze durch Rechtsverordnung verbindlich geregelt ist. Das festgesetzte Mindeststundenentgelt ist auch dann zu zahlen, wenn das Entgelt eines vergleichbaren Stammmitarbeiters im Betrieb des Entleihers niedriger sein sollte. Die zuständigen Agenturen für Arbeit prüfen im Rahmen von § 7 Abs. 2 und 3 auch die Einhaltung der Verpflichtungen nach § 8 Abs. 5. Zudem prüfen die Behörden der Zollverwaltung die Arbeitsbedingungen nach § 8 Abs. 5 (§ 17 Abs. 2). Zur Zusammenarbeit wird auf FW 3.1.2 Abs. 6 verwiesen.

9. § 9 Unwirksamkeit/Festhaltenserklärung

(1) § 9 Abs. 1 ergänzt die gewerberechtlichen Vorschriften über die Erlaubnispflicht nach § 1 und die Versagungsgründe nach § 3 Abs. 1 Nr. 1 bis 3 durch zivilrechtliche Regelungen, um ein gesetzmäßiges Verhalten von Verleihern und Entleihern zu erreichen. Ferner werden Wettbewerbsabreden zum Nachteil des Leiharbeitnehmers für unwirksam erklärt.

(2) Die BA ist nicht befugt, sich hieraus ergebende Fragen zu klären. Anfragende sind auf die Möglichkeit, sich an die Angehörigen der rechtsberatenden Berufe sowie Gewerkschaften und Verbände zu wenden, hinzuweisen.

(3) Ergeben sich aus dem Auskunftsersuchen **Hinweise für Verstöße** gegen das AÜG, ist diesen nachzugehen. Gleiches gilt für Anhaltspunkte für Verstöße gegen das AÜG, die sich aus der Vorlage einer Festhaltenserklärung bei der Bundesagentur für Arbeit nach § 9 Abs. 2 ergeben.

(4) Nach § 9 Abs. 1 Nr. 1 sind die Überlassungs- und Leiharbeitsverträge unwirksam, wenn der Verleiher nicht die erforderliche Erlaubnis nach § 1 besitzt. Diese Vorschrift greift nur ein, wenn die Erlaubnis tatsächlich nicht vorliegt. Die Geschäftstätigkeit im Rahmen der Abwicklungsfrist wird hiervon nicht erfasst.

(5) Ein Verstoß gegen die Offenlegungspflicht (§ 1 Abs. 1 Satz 5 und 6) führt nach § 9 Abs. 1 Nr. 1a zur Unwirksamkeit des Leiharbeitsvertrages. Nach Nummer 1b werden Leiharbeitsverträge ab dem Zeitpunkt unwirksam, zu dem die zulässige Überlassungshöchstdauer nach § 1 Abs. 1b überschritten wird.

(6) In den Fällen des § 9 Abs. 1 Nr. 1 bis 1b wird dem Leiharbeitnehmer ein Widerspruchsrecht eingeräumt. Die Unwirksamkeit des Leiharbeitsvertrags tritt nicht ein, wenn der Leiharbeitnehmer schriftlich und fristgerecht gegenüber dem Verleiher oder dem Entleiher erklärt, dass er an dem Vertrag festhalten will (Festhaltenserklärung). Die Erklärung kann nach § 9 Abs. 3 Satz 1 erst während des Laufs der jeweiligen Monatsfrist wirksam abgegeben werden.

(7) Die Abgabe einer Festhaltenserklärung hat nur zivilrechtliche Folgen und kann eine rechtswidrige Überlassung weder für die Vergangenheit noch für die Zukunft legalisieren. Verstöße gegen § 1 Abs. 1 Satz 1, Satz 5 und 6 oder Abs. 1b können demzufolge auch bei Abgabe einer Festhaltenserklärung mit einer Ordnungswidrigkeit geahndet werden und erlaubnisrechtliche Maßnahmen begründen. Auch kommt es nach § 9 Abs. 3 Satz 2 trotz Abgabe der Festhaltenserklärung zu einer Unwirksamkeit des Leiharbeitsverhältnisses nach § 9, wenn die rechtswidrige Überlassung nach der Festhaltenserklärung fortgesetzt wird. Eine erneute Festhaltenserklärung ist nach § 9 Abs. 3 Satz 3 unwirksam.

(8) § 9 Abs. 2 beschreibt weitere Voraussetzungen für eine wirksame Festhaltenserklärung. Die Tätigkeit der Agentur für Arbeit beschränkt sich insoweit darauf, auf der schriftlichen Erklärung das Datum der Vorlage und die Feststellung der Identität des persönlich erschienenen Leiharbeitnehmers zu vermerken. Für die fristwahrende Übermittlung der Erklärung an den Verleiher oder den Entleiher ist der Leiharbeitnehmer selbst verantwortlich.

(9) § 9 Abs. 1 Nr. 1 bis 1b ist über § 10a entsprechend anzuwenden, wenn der Leiharbeitnehmer entgegen § 1 Abs. 1 Satz 3 von einem anderen als seinem vertraglichen Arbeitgeber verliehen wird (vgl. FW 1.1.2 Abs. 11f) und der Weiterverleiher dabei gegen die Erlaubnispflicht, die Überlassungshöchstdauer oder die Offenlegungspflicht verstößt.

(10) Nach § 9 Abs. 1 Nr. 2 sind Vereinbarungen unwirksam, die für den Leiharbeitnehmer schlechtere als die ihm nach § 8 zustehenden Arbeitsbedingungen einschließlich des Arbeitsentgeltes vorsehen. Die Unwirksamkeit einer solchen Vereinbarung führt nicht zur Unwirksamkeit des Arbeitsvertrages insgesamt, sondern zur Verpflichtung Equal Treatment zu leisten (§ 8).

(11) Nach § 9 Abs. 1 Nr. 2a sind Vereinbarungen, die den Zugang des Leiharbeitnehmers zu den Gemeinschaftseinrichtungen oder –diensten im Unternehmen des Entleihers entgegen § 13b beschränken, unwirksam.

(12) § 9 Abs. 1 Nr. 3 bestimmt, dass Vereinbarungen unwirksam sind, die dem Entleiher untersagen, den Leiharbeitnehmer zu einem Zeitpunkt einzustellen, in dem dessen Arbeitsverhältnis zum Verleiher nicht mehr besteht. Weiter sind auch vertragliche Abreden zwischen Entleiher und Verleiher unzulässig, die dem Entleiher verbieten, dem Leiharbeitnehmer anzubieten, im Entleihbetrieb tätig zu werden. Derartige Abreden würden das Überwechseln des Leiharbeitnehmers in ein normales Stammarbeitsverhältnis einschränken und faktisch damit die Einstellung verhindern. Rechtsfolge der Unwirksamkeit einer solchen Vereinbarung ist die Teilnichtigkeit des Arbeitnehmerüberlassungsvertrages. Diese bezieht sich auf die unzulässigen Verbotsklauseln im Vertrag.

(13) Zulässig sind Vereinbarungen einer angemessenen Vergütung zwischen Verleiher und Entleiher für die nach vorangegangenem Verleih oder mittels vorangegangenen Verleihs erfolgte Vermittlung. Bei der Entscheidung der Frage, ob die Vergütungsvereinbarung zwischen Verleiher und Entleiher angemessen ist, wird die Dauer des vorangegangenen Verleihs, die Höhe des vom Entleiher für den Verleih gezahlten Entgelts und der Aufwand für die Gewinnung eines vergleichbaren Arbeitnehmers zu berücksichtigen sein.

(14) Nach § 9 Abs. 1 Nr. 4 sind Vereinbarungen unwirksam, die dem Leiharbeitnehmer untersagen, mit dem Entleiher zu einem Zeitpunkt, in dem das Arbeitsverhältnis zwischen Verleiher und Leiharbeitnehmer nicht mehr besteht, ein Arbeitsverhältnis einzugehen. Unzulässig und damit auch unwirksam sind Vereinbarungen über eine Vermittlungsprovision, die der Leiharbeitnehmer an den Verleiher beim Wechsel zum Entleiher zahlen sollte. Rechtsfolge einer solchen unwirksamen Vereinbarung ist ebenfalls nur die Teilnichtigkeit des Vertrages bezogen auf die Verbotsklausel.

(15) Unwirksam sind nach § 9 Abs. 1 Nr. 5 Vereinbarungen, nach denen der Leiharbeitnehmer eine Vermittlungsvergütung an den Verleiher zu zahlen hat.

10. § 10 Rechtsfolgen bei Unwirksamkeit

(1) Abweichend von den Vorschriften des BGB regelt § 10 Abs. 1 bis 3 die zivilrechtlichen und besonderen arbeitsrechtlichen Folgen einer nach § 9 eingetretenen Unwirksamkeit des Arbeitsvertrages zwischen Verleiher und Leiharbeitnehmer.

(2) In Fällen der Unwirksamkeit des Arbeitsvertrages wegen fehlender Erlaubnis des Verleihers, verdeckter Arbeitnehmerüberlassung oder Überschreitens der Überlassungshöchstdauer (§ 9 Abs. 1 Nr. 1 bis 1b) wird ein Arbeitsverhältnis zwischen Entleiher und Leiharbeitnehmer fingiert. Es entsteht faktisch ein vollwertiges Arbeitsverhältnis zwischen dem Entleiher als Arbeitgeber und dem Leiharbeitnehmer. Auf

dieses Arbeitsverhältnis sind grundsätzlich alle Rechtsgebiete (Sozialversicherungsrecht, Arbeitsrecht) mit Ausnahme des Steuerrechts voll anzuwenden. Zu beachten ist in diesem Zusammenhang § 41 Abgabenordnung.

(3) Ist ein Arbeitsvertrag nach § 9 unwirksam, hat der Leiharbeitnehmer einen Anspruch auf Ersatz des dadurch entstandenen Vermögensnachteils (Schadenersatz) gegen den Verleiher. Neben dem Arbeitsentgelt können auch sonstige Ansprüche (Kündigungsschutz, Urlaubsanspruch, etc.) geltend gemacht werden, die der Leiharbeitnehmer aufgrund des fingierten Arbeitsverhältnisses mit dem Entleiher nicht erhalten kann.

(4) Zahlt der Verleiher trotz Unwirksamkeit des Vertrages nach § 9 (Teil-) Arbeitsentgelt, so hat er auch den hierauf fälligen Sozialversicherungsbeitrag an die Einzugsstelle zu leisten. Hinsichtlich der Zahlungpflicht gelten Verleiher und Entleiher als Arbeitgeber und haften somit gesamtschuldnerisch (vgl. § 28e Abs. 2 SGB IV). Die gesamtschuldnerische Haftung für die Lohnsteuer ergibt sich aus § 42d Abs. 6 Einkommensteuergesetz.

(5) Nach § 10a ist auch § 10 auf Fälle des unzulässigen Ketten-/Weiterverleihs entsprechend anwendbar (vgl. FW 9. Abs. 9).

11. § 11 Sonstige Vorschriften über das Leiharbeitsverhältnis

(1) § 11 enthält **sonstige Vorschriften** über das Leiharbeitsverhältnis, die abweichend vom allgemeinen Arbeitsrecht oder ergänzend zum Nachweisgesetz (NachwG) den arbeitsrechtlichen Schutz des Leiharbeitnehmers erweitern. Die Nichteinhaltung dieser Regelungen kann auch ein Indiz für die Unzuverlässigkeit des Verleihers im Sinne von § 3 Abs. 1 sein.

(2) In einer **Urkunde** bzw. einem schriftlichen **Arbeitsvertrag** ist der **wesentliche Inhalt** des Arbeitsverhältnisses aufzunehmen. In jedem Fall müssen die Angaben gemäß § 11 Abs. 1 und nach dem Nachweisgesetz enthalten sein. Die ausdrückliche Aufzählung in § 2 Abs. 1 NachwG ist nicht abschließend. Alle wesentlichen Arbeitsbedingungen sind zu dokumentieren. Die Pflicht, Leiharbeitnehmern einen Nachweis über den wesentlichen Inhalt des Arbeitsverhältnisses und ein Merkblatt der Erlaubnisbehörde auszuhändigen, resultiert aus der besonderen Schutzbedürftigkeit des Leiharbeitnehmers.

(3) Wenn über den Mindestkatalog hinausgehende Vertragsbedingungen vereinbart wurden, unterliegen diese ebenfalls der Nachweispflicht. Hierunter fallen insbesondere Angaben zum Aufwendungsersatz.

(4) Der **Verleiher** hat die **Urkunde** bzw. den Arbeitsvertrag dem Leiharbeitnehmer **auszuhändigen**. Grundsätzlich findet das NachwG auch bei einem zulässigerweise befristeten (Leih-)Arbeitsverhältnis mit kurzer Dauer Anwendung (Die Befristungsabrede bedarf in jedem Fall für ihre Wirksamkeit der Schriftform.). Die Ausnahme des § 1 NachwG ist eng auszulegen und betrifft nur Fälle echter Aushilfe.

(5) Der Verleiher muss den Leiharbeitnehmer nach § 11 Abs. 2 Satz 4 vor jeder Überlassung darüber informieren, dass er als Leiharbeitnehmer tätig wird. Diese Regelung ergänzt die zwingende Offenlegung der Arbeitnehmerüberlassung zwischen Verleiher und Entleiher nach § 1 Abs. 1 Satz 5 und 6.

(6) **Ordnungswidrig** handelt, wer vorsätzlich oder fahrlässig der in § 11 Abs. 1 und Abs. 2 normierten Nachweis-, Aushändigungs- und Informationspflicht nicht nachkommt (§ 16 Abs. 1 Nr. 8).

(7) Der Zweck des § 11 Abs. 4 besteht darin, die §§ 3, 9 und 10 zu ergänzen und sicherzustellen, dass der Verleiher das Beschäftigungsrisiko nicht auf den Leiharbeitnehmer abwälzt (**Leistungen bei Annahmeverzug**). Die Höhe des Vergütungsanspruchs berechnet sich grundsätzlich nach dem Lohnausfallprinzip. Es ist aber zulässig, dass die Höhe des Arbeitsentgelts in verleihfreien Zeiten niedriger als in Zeiten der Überlassung festgelegt wird. Dabei ist eine festgesetzte Lohnuntergrenze zu beachten, die auch für verleihfreie Zeiten gilt. Art und Höhe der Leistung für Zeiten, in denen der Arbeitnehmer nicht verliehen ist, sind im Nachweis der wesentlichen Vertragsbedingungen explizit zu benennen. Ein bloßer Verweis auf die Inanspruchnahme eines Arbeitszeitkontos genügt dem nicht.

(8) Die Vereinbarung von **Jahresarbeitsverträgen auf Abruf** ist nicht grundsätzlich unzulässig. Bei diesen sind die Voraussetzungen des § 12 TzBfG zu beachten. Bei der Vereinbarung der Arbeit auf Abruf ist zu berücksichtigen, dass der Arbeitgeber mit solchen Vereinbarungen abweichend von § 615 BGB einen Teil seines Wirtschaftsrisikos auf den Arbeitnehmer verlagert (BAG, Urteil vom 07.12.2005 – 5 AZR 535/04). Diese Möglichkeit lässt § 11 Abs. 4 AÜG ausdrücklich nicht zu.

(9) Das Verbot des § 11 Abs. 5 Satz 1 ist an den Entleiher gerichtet. Dieser darf Leiharbeitnehmer im Grundsatz nicht in einem bestreikten Betrieb einsetzen. Dies gilt unabhängig davon, ob der Leiharbeitnehmer von seinem Leistungsverweigerungsrecht (vgl. § 11 Abs. 5 Satz 3 und 4) Gebrauch macht. Das Einsatzverbot bezieht sich sowohl auf nach Beginn des Arbeitskampfes entliehene als auch auf Leiharbeitnehmer, die bereits zu Beginn des Arbeitskampfes bei dem Entleiher tätig waren. Unter den in § 11 Abs. 5 Satz 2 genannten Voraussetzungen darf der Entleiher Leiharbeitnehmer ausnahmsweise in einem bestreikten Betrieb einsetzen.

(10) Ein Verstoß des Entleihers gegen das Einsatzverbot in bestreikten Betrieben kann nach § 16 Abs. 1 Nr. 8a und Abs. 2 als Ordnungswidrigkeit verfolgt werden und mit einem Bußgeld von bis zu 500.000,- € geahndet werden. Wird festgestellt, dass der Entleiher den Leiharbeitnehmer in einem bestreikten Bereich seines Betriebes eingesetzt hat, ist der Fall dem zuständigen OWi-Team zuzuleiten (vgl. FW 16.2 Abs. 2). Erlaubnisrechtliche Konsequenzen über die Zuverlässigkeitsprüfung (§ 3 Abs. 1 Nr. 1) sind in Betracht zu ziehen, wenn dem Erlaubnisinhaber bekannt war, dass die überlassenen Leiharbeitnehmer in einem bestreikten Betrieb als Streikbrecher eingesetzt werden.

Findet eine tarifvertragliche Streikklausel für den betroffenen Betrieb Anwendung, ist dieser Umstand bei der erlaubnisrechtlichen Prüfung zu beachten.

(11) § 11 Abs. 6 stellt klar, dass die öffentlich-rechtlichen Arbeitsschutzvorschriften im Betrieb des Entleihers auch für den Leiharbeitnehmer gelten und dass der Entleiher neben dem Verleiher für die Einhaltung dieser Vorschriften verantwortlich ist. Zur Einhaltung der **Arbeitsschutz- und Gesundheitsbestimmungen** arbeitet die BA mit den dafür zuständigen Landesbehörden (in der Regel Gewerbeaufsichtsämter) zusammen. Werden bei örtlichen Prüfungen der Verleiher durch die Erlaubnisbehörde Verstöße gegen derartige Bestimmungen festgestellt oder anderweitig bekannt, so ist die Erlaubnisbehörde verpflichtet, solche Erkenntnisse an die zuständigen Landesbehörden weiter zu leiten.

12. § 12 Rechtsbeziehungen zwischen Verleiher und Entleiher

(1) Der **Überlassungsvertrag** bedarf der **Schriftform**. Alle Vereinbarungen müssen in ihm niedergelegt sein bzw. im Wege der Auslegungen zu erkennen sein. Leistung und Gegenleistung müssen klar aus der Urkunde hervorgehen. Er ist von beiden Vertragspartnern zu unterzeichnen.

(2) Schriftliche Vereinbarungen für den einzelnen Überlassungsfall, die auf einen ebenfalls schriftlich geschlossenen Rahmenvertrag Bezug nehmen, sind zulässig. Die **Nichtigkeit des Überlassungsvertrags** wirkt sich auf die rechtliche Stellung des Leiharbeitnehmers nicht aus. Für die Fiktion des § 10 Abs. 1 kommt es auf die Wirksamkeit oder Nichtigkeit des Überlassungsvertrags nicht an.

(3) Nach § 12 Abs. 1 Satz 2 ist für die rechtliche Einordnung eines Vertrages als Überlassungsvertrag die tatsächliche Durchführung des Vertragsverhältnisses maßgebend, falls sich der Vertrag und die Durchführung widersprechen (vgl. auch BAG, Urteil vom 15.04.2014 – 3 AZR 395/11).

(4) Der **Entleiher** hat in der Urkunde **anzugeben**, welche besonderen **Merkmale** die für den Leiharbeitnehmer vorgesehene Tätigkeit hat und welche berufliche Qualifikation dafür erforderlich ist. Diese Angaben sind auch von Bedeutung, um die angemessene tarifliche Eingruppierung des Leiharbeitnehmers überprüfen zu können.

(5) Damit der Verleiher seiner Verpflichtung zur Gleichbehandlung des Leiharbeitnehmers in Bezug auf die wesentlichen Arbeitsbedingungen vergleichbarer Arbeitnehmer des Entleihers nachkommen kann, bestimmt die Vorschrift des § 12 Abs. 1, dass der Entleiher verpflichtet ist, dem Verleiher die dazu erforderlichen Informationen mitzuteilen. Dies gilt nicht, soweit die Voraussetzungen der in § 8 Abs. 2 und Abs. 4 Satz 2 genannten Ausnahme vom Gleichstellungsgrundsatz vorliegen.

(6) In § 12 Abs. 2 sind die **Unterrichtungs- und Hinweispflichten des Verleihers** bei Wegfall der Erlaubnis geregelt. Zu den Einzelheiten wird auf die Vorschrift verwiesen.

13. § 13 Auskunftsanspruch des Leiharbeitnehmers

(1) Der Leiharbeitnehmer hat gemäß § 13 einen **Anspruch** gegen den Entleiher auf **Auskunft** über die im Betrieb des Entleihers für einen vergleichbaren Arbeitnehmer des Entleihers geltenden wesentlichen Arbeitsbedingungen. Dieser Anspruch soll dem Leiharbeitnehmer die Überprüfung ermöglichen, ob ihm die wesentlichen Arbeitsbedingungen gewährt werden.

(2) Der Anspruch auf Auskunft besteht nicht, soweit die Voraussetzungen der in § 8 Abs. 2 und Abs. 4 Satz 2 genannten Ausnahme vom Gleichstellungsgrundsatz vorliegen.

13a. § 13a Informationspflicht des Entleihers über freie Arbeitsplätze

(1) Der Entleiher hat den Leiharbeitnehmer über Arbeitsplätze des Entleihers, die besetzt werden sollen, zu informieren. Dadurch wird die Übernahme des Leiharbeitnehmers in die Stammbelegschaft unterstützt, da er über freie Arbeitsplätze informiert wird und sich auf diese Stellen bewerben kann.

(2) Satz 2 ermöglicht es dem Entleiher, die Informationen an geeigneter, dem Leiharbeitnehmer zugänglicher Stelle im Betrieb und Unternehmen allgemein bekannt zu geben. In Betracht kommt z. B. ein Aushang an einem sog. schwarzen Brett.

13b. § 13b Zugang des Leiharbeitnehmers zu Gemeinschaftseinrichtungen oder -diensten

(1) Der Entleiher ist verpflichtet, den ihm überlassenen Leiharbeitnehmer Zugang zu den Gemeinschaftseinrichtungen oder -diensten zu gewähren. Der Zugang ist dem Leiharbeitnehmer unter den gleichen Voraussetzungen und in der gleichen Weise zu gewähren wie den vergleichbaren Arbeitnehmern in dem Betrieb, in dem der Leiharbeitnehmer seine Arbeitsleistung erbringt.

(2) Etwas anderes gilt nur, wenn sachliche Gründe eine unterschiedliche Behandlung rechtfertigen. Ein sachlicher Grund kann z. B. dann vorliegen, wenn der Entleiher gemessen an der individuellen Einsatzdauer einen unverhältnismäßigen Organisations- und Verwaltungsaufwand bei der Gewährung des Zugangs hat. Sofern ein sachlicher Grund vorliegen sollte, hat der Entleiher zu prüfen, ob die Bedingungen für den Zugang so ausgestaltet werden können, dass dem Leiharbeitnehmer der Zugang ermöglicht wird.

(3) Das Recht des Leiharbeitnehmers auf Zugang zu den Gemeinschaftseinrichtungen oder -diensten besteht unabhängig von etwaigen tarifvertraglichen Regelungen im Sinne von § 8 Abs. 2.

(4) Beispiele für Gemeinschaftseinrichtungen oder -dienste sind Kinderbetreuungseinrichtungen, Gemeinschaftsverpflegung und Beförderungsmittel.

16. § 16 Ordnungswidrigkeiten

16.1 Ordnungswidrigkeiten

§ 16 regelt die Tatbestände von Ordnungswidrigkeiten im Bereich der Arbeitnehmerüberlassung. Die einzelnen Tatbestände beziehen sich nicht nur auf die illegale Arbeitnehmerüberlassung, sondern sanktionieren auch vielmehr Verstöße bei der Durchführung der Arbeitnehmerüberlassung. Zu den einzelnen Tatbeständen wird auf § 16 Abs. 1 Nr. 1 bis 18 verwiesen.

16.2 Zuständigkeit für die Verfolgung und Ahndung

(1) Für die Verfolgung und Ahndung der Ordnungswidrigkeiten nach § 16 Abs. 1 Nr. 1, 1a, 1c, 1d, 1f, 2, 2a und 7b sowie 11 bis 18 sind die **Behörden der Zollverwaltung** zuständig (§ 16 Abs. 3).

(2) Für die übrigen Tatbestände des § 16, also Absatz 1 Nr. 1b, 1e, 3 bis 7a sowie 8 bis 10, ist die **BA** für die Verfolgung und Ahndung zuständig. Mit dem Gesetz zur Änderung des AÜG und anderer Gesetze wurden die Ordnungswidrigkeiten in Nummer 1b, 1e und 8a neu eingefügt. Die Teams Arbeitnehmerüberlassung übersenden im Wege der Vollzuleitung jeden Fall, bei dem ein Verdacht einer Ordnungswidrigkeit nach § 16 Abs. 1 Nr. 1b, 1e, 3 bis 7a sowie 8 bis 10 besteht, an das zuständige OWi-Team. Die Prüfung von Verfolgungsbeschränkungen im Sinne von § 47 OWiG obliegt ausschließlich dem zuständigen OWi-Team, das auch über die Einleitung eines Ermittlungsverfahrens entscheidet (vgl. Information 201512008 vom 21.12.2015).

Anlage

Anlage: Anschriften der Einzugsstellen der Sozialkassenbeiträge
gemäß § 1 Abs. 1 bis 4 Baubetriebe-Verordnung

1.
SOKA-BAU
Urlaubs- und Lohnausgleichskasse der Bauwirtschaft (ULAK)
Zusatzversorgungskasse des Baugewerbes AG (ZVK)
Wettinerstraße 7
651.9 Wiesbaden
Telefon: 0611/707-0
www.soka-bau.de

2.
Sozialkassen des Dachdeckerhandwerkes
Rosenstraße 2
651.9 Wiesbaden
Telefon: 0611/16 01-0
www.lakdach.de

3.
Sozialkasse des Gerüstbaugewerbes
Mainzer Straße 98 – 102
651.9 Wiesbaden
Telefon: 0611/73 39-0
www.sokageruest.de

4.
Sozialkasse des Berliner Baugewerbes
Lückstraße 72/73
103.7 Berlin
Telefon: 030/51 53 9-0
www.sozialkasse-berlin.de

5.
Einzugsstelle Garten- und Landschaftsbau (EWGaLa)
Alexander-von-Humboldt-Straße 4
536.4 Bad Honnef
Telefon: 02224/77 07-0
www.ewgala.de

Anhang 3   Materialien der Bundesagentur für Arbeit

B. Merkblatt zur Abgrenzung der Arbeitnehmerüberlassung (AÜG 10 – 12/2011)

Bundesagentur für Arbeit
Zentrale

Merkblatt

zur Abgrenzung zwischen Arbeitnehmerüberlassung und Entsendung von Arbeitnehmern im Rahmen von Werk- und selbständigen Dienstverträgen sowie anderen Formen drittbezogenen Personaleinsatzes

Die Tätigkeit von Arbeitnehmern in Drittbetrieben kann auf unterschiedlichen Vertragsbeziehungen, z.B. Arbeitnehmerüberlassung, Werkverträgen, selbständigen Dienstverträgen, Dienstverschaffungsverträgen, beruhen. Für die Beurteilung sind grundsätzlich die zwischen den Beteiligten vereinbarten Verträge entscheidend. Der Geschäftsinhalt kann sich sowohl aus den (schriftlichen) Vereinbarungen der Beteiligten als auch aus der praktischen Durchführung der Verträge ergeben. Widersprechen sich schriftliche Vereinbarung und tatsächliche Durchführung des Vertrages, so kommt es auf die tatsächliche Durchführung an (vgl. Urteil des Bundesarbeitsgerichts (BAG) vom 15.06.1983 = Neue Juristische Wochenschrift (NJW) 1984, Seite 2912). Deshalb kann die Art der vertraglichen Beziehung nur aufgrund ihrer Durchführung festgestellt werden.

1. Arbeitnehmerüberlassung

Arbeitnehmerüberlassung ist gegeben, wenn ein Arbeitgeber (Verleiher) Arbeitnehmer (Leiharbeitnehmer) Dritten (Entleihern) zur Arbeitsleistung überlässt (vgl. § 1 des Arbeitnehmerüberlassungsgesetzes (AÜG) vom 7. August 1972 - BGBl. I S. 1393). Sie erschöpft sich also im bloßen Zurverfügungstellen geeigneter Arbeitskräfte, die der Dritte nach eigenen betrieblichen Erfordernissen in seinem Betrieb einsetzt.

2. Werkvertrag

Durch den Werkvertrag wird der Unternehmer zur Herstellung des versprochenen Werkes verpflichtet. Gegenstand des Werkvertrages kann sowohl die Herstellung oder Veränderung einer Sache als auch ein anderer durch Arbeit oder Dienstleistung herbeizuführender Erfolg sein (vgl. § 631 BGB).

Nach der höchstrichterlichen Rechtsprechung sind **grundsätzlich** für einen Werkvertrag folgende Merkmale maßgebend:

- Vereinbarung und Erstellung eines konkret bestimmten Werkergebnisses bzw. Veränderung einer Sache;

- Eigenverantwortliche Organisation aller sich der Übernahmeverpflichtung ergebenden Handlungen durch den Werkunternehmer (unternehmerische Dispositionsfreiheit, auch in zeitlicher Hinsicht; keine Einflussnahme des Bestellers auf Anzahl und Qualifikation der am Werkvertrag beteiligten Arbeitnehmer; in der Regel eigene Arbeitsmittel);

- Weisungsrecht des Werkunternehmers gegenüber seinen im Betrieb des Bestellers tätigen Arbeitnehmern; keine Eingliederung in die Arbeitsabläufe oder in den Produktionsprozess des Bestellerbetriebes;

- Tragen des Unternehmerrisikos durch den Werkunternehmer, insbesondere Gewährleistung für Mängel des Werkes, Erlöschen der Zahlungspflicht des Bestellers bei zufälligem Untergang des Werkes;
- Ergebnisbezogene Vergütung, grundsätzlich keine Abrechnung nach Zeiteinheiten.

3. Selbständiger Dienstvertrag

Ein selbständiger Dienstvertrag liegt nur vor, wenn der dienstleistende Unternehmer die Dienste unter eigener Verantwortung ausführt (Organisation der Dienstleistung, zeitliche Disposition, Zahl der Erfüllungsgehilfen, Eignung der Erfüllungsgehilfen usw.). Das bedeutet insbesondere, dass die Erfüllungsgehilfen in Bezug auf die Ausführung der zu erbringenden Dienstleistung im wesentlichen frei von Weisungen seitens des Arbeitgeberrepräsentanten des Drittbetriebes sind und ihre Arbeitszeit selbst bestimmen können (Urteil des BSG vom 23.06.1982 = Soz. Recht 4100 § 13 Nr. 6).

4. Dienstverschaffungsvertrag

Ein Dienstverschaffungsvertrag ist dann gegeben, wenn ein Vertragspartner die Verpflichtung übernimmt, dem anderen Vertragspartner nicht eine Arbeitsleistung, sondern eine selbständige Dienstleistung eines Dritten zu verschaffen. Voraussetzung dafür ist, dass der Dritte in wirtschaftlicher und sozialer Selbständigkeit und Unabhängigkeit die Dienste leistet.

Hinsichtlich der konkreten Abgrenzung im Einzelfall unter Berücksichtigung der tatsächlichen Durchführung wird auf die Beratung durch Angehörige der rechtsberatenden Berufe sowie durch berufsständische Vereinigungen verwiesen.

C. Informationen zur Arbeitnehmerüberlassung (12/2015)

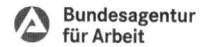

Informationen zur Arbeitnehmerüberlassung

1. **Verleiher** im Sinne des Arbeitnehmerüberlassungsgesetzes (AÜG) ist derjenige Arbeitgeber, der Arbeitnehmerinnen und Arbeitnehmer (Leiharbeitnehmerinnen und Leiharbeitnehmer) einem Dritten im Rahmen seiner wirtschaftlichen Tätigkeit zur Arbeitsleistung überlässt, unabhängig davon, ob er Erwerbszwecke verfolgt oder nicht.

2. Arbeiten im Rahmen von Werk-, selbständigen Dienst- oder Dienstverschaffungs- sowie Geschäftsbesorgungsverträgen werden nicht vom AÜG erfasst.

3. Die Arbeitnehmerüberlassung **im Rahmen der wirtschaftlichen Tätigkeit** ist grundsätzlich erlaubnispflichtig.

4. **Nicht erlaubnispflichtig** sind:

    a. Abordnungen zu einer zur Herstellung eines Werkes gebildeten Arbeitsgemeinschaft;

    b. Überlassungen im selben Wirtschaftszweig zur Vermeidung von Kurzarbeit oder Entlassungen aufgrund tarifvertraglicher Vorschriften;

    c. konzerninterne Arbeitnehmerüberlassung, sofern der Arbeitnehmer bzw. die Arbeitnehmerin nicht zum Zwecke der Überlassung eingestellt und beschäftigt wird;

    d. **gelegentliche Arbeitnehmerüberlassung** zwischen Arbeitgebern (§ 1 Absatz 3 Nummer 2a AÜG in der Fassung ab 01.12.2011), sofern der Arbeitnehmer bzw. die Arbeitnehmerin nicht zum Zwecke der Überlassung eingestellt und beschäftigt wird; mit der Regelung sollen gelegentlich auftretende Überlassungsfälle ausgeklammert werden, in denen Arbeitgeber ihre Arbeitnehmer und Arbeitnehmerinnen nur gelegentlich Dritten zur Arbeitsleistung überlassen. Der Rechtsbegriff „gelegentlich" wird durch die Rechtsprechung zum Begriff der Gewerbsmäßigkeit (u.a. BAG vom 02.06.2010 – 7 AZR 946/08, Rn. 19, 26) bestimmt. Das Merkmal bezweckt, Bagatellfälle von dem Erlaubniserfordernis zu befreien. Ein Beispiel für einen möglichen Anwendungsfall der Ausnahmeregelung wäre etwa eine einmalige Überlassung von Arbeitnehmerinnen und Arbeitnehmern, die nicht zum Zweck der Überlassung eingestellt wurden, an ein anderes Unternehmen, um bei einer kurzfristig aufgetretenen Auftragsspitze auszuhelfen. Jedoch kann auch die erstmalige Überlassung von Arbeitnehmerinnen und Arbeitnehmern erlaubnispflichtig sein, wenn die Überlassungstätigkeit des Arbeitgebers von vornherein auf Dauer angelegt ist;

    e. Verleih in das Ausland in ein aufgrund zwischenstaatlicher Vereinbarungen gegründetes deutsch-ausländisches Gemeinschaftsunternehmen.

Dazu sind im Einzelnen die Regelungen des AÜG zu beachten.

Bundesagentur für Arbeit

5. Wenn ein Arbeitgeber mit weniger als 50 Beschäftigten zur Vermeidung von Kurzarbeit oder Entlassungen Arbeitnehmerinnen und Arbeitnehmer, die nicht zum Zweck der Überlassung eingestellt und beschäftigt werden, bis zur Dauer von 12 Monaten einem Dritten zur Verfügung stellt, ist die Arbeitnehmerüberlassung nicht erlaubnispflichtig, sondern lediglich vorher **schriftlich anzuzeigen**. Das betreffende Formular kann bei der zuständigen Agentur für Arbeit angefordert bzw. im Internet unter www.arbeitsagentur.de abgerufen werden.

6. Arbeitnehmerüberlassung in **Betriebe des Baugewerbes** für Arbeiten, die üblicherweise von Arbeitern verrichtet werden, ist grundsätzlich unzulässig. Sie ist nur gestattet

   - zwischen Betrieben des Baugewerbes und anderen Betrieben, wenn diese Betriebe erfassende, für allgemeinverbindlich erklärte Tarifverträge dies bestimmen,

   - zwischen Betrieben des Baugewerbes, wenn der verleihende Betrieb nachweislich seit mindestens drei Jahren von denselben Rahmen- und Sozialkassentarifverträgen oder von deren Allgemeinverbindlichkeit erfasst wird.

7. Leiharbeitnehmerinnen und Leiharbeitnehmer haben während der Überlassung an einen Entleiher grundsätzlich Anspruch auf die gleichen wesentlichen Arbeitsbedingungen, einschließlich des Arbeitsentgelts, wie vergleichbare Arbeitnehmerinnen und Arbeitnehmer des Entleihers **(Gleichstellungsgrundsatz)**. Davon kann durch die Anwendung eines einschlägigen Tarifvertrages abgewichen werden, soweit der Tarifvertrag in Bezug auf das Entgelt nicht die in einer Rechtsverordnung nach § 3a Absatz 2 festgesetzten Mindeststundenentgelte **(Lohnuntergrenze)** unterschreitet.

   Eine abweichende tarifliche Regelung kommt nicht für Leiharbeitnehmerinnen und Leiharbeitnehmer in Betracht, die in den letzten sechs Monaten vor der Überlassung an den Entleiher aus einem Arbeitsverhältnis bei diesem oder einem Arbeitgeber, der mit dem Entleiher einen Konzern im Sinne des § 18 AktG bildet, ausgeschieden sind (sog. **Drehtürregelung**). In diesen Fällen ist der Erlaubnisinhaber verpflichtet, seiner Leiharbeitnehmerin bzw. seinem Leiharbeitnehmer die gleichen wesentlichen Arbeitsbedingungen, einschließlich des Arbeitsentgelts, wie einer vergleichbaren Arbeitnehmerin bzw. einem vergleichbaren Arbeitnehmer des Entleihers zu gewähren.

8. Der Verleiher muss über entsprechende Fachkenntnisse für die Beschäftigung von Arbeitnehmerinnen und Arbeitnehmer und über eine ausreichende Betriebsorganisation verfügen. Zur Sicherstellung der Lohn- und Gehaltszahlungen ist eine Liquidität/Bonität in Höhe von 2.000 € je beschäftigten Leiharbeitnehmer, mindestens 10.000 € erforderlich.

9. Für die Bearbeitung von Anträgen auf Erteilung und Verlängerung der Erlaubnis wird vom Antragsteller eine **Gebühr** erhoben. Sie beträgt **ab dem 01.12.2015** für die

   - Erteilung oder Verlängerung einer **befristeten** Erlaubnis **1.000 €**,

   - Erteilung einer **unbefristeten** Erlaubnis **2.500 €**.

   Die Erlaubnis wird auf ein Jahr befristet erteilt. Sie kann unbefristet erteilt werden, wenn der Verleiher drei aufeinander folgende Jahre lang erlaubt tätig war.

10. **Vor Erteilung der Erlaubnis darf keine Arbeitnehmerüberlassung ausgeübt werden!**

11. Die **Erlaubnis** wird von spezialisierten, überregional tätigen Teams in den Agenturen für Arbeit Düsseldorf, Kiel und Nürnberg je nach Zuständigkeit erteilt.

Anhang 3 Materialien der Bundesagentur für Arbeit

D. Antrag auf erstmalige Erteilung einer Erlaubnis zur gewerbsmäßigen Arbeitnehmerüberlassung

Bundesagentur für Arbeit
Agentur für Arbeit

Antrag auf	☐ erstmalige Erteilung	Eingangsstempel
	☐ befristete Verlängerung	
	☐ unbefristete Verlängerung [1] einer	

Erlaubnis zur Arbeitnehmerüberlassung

Die nachstehend erfragten Angaben werden für die Entscheidung über Ihren Antrag benötigt. Fehlende Mitwirkung kann zur Ablehnung des Antrages führen.	Betriebsnummer [2]

1. Antragsteller/in

Name, Vorname bzw. Firma Anschrift, Telefon, Telefax (falls abweichend vom Geschäftssitz)

2. Geschäftssitz

Straße, Hausnummer, Postleitzahl, Ort	Telefon
	Telefax
	E-Mail

3. Persönliche Angaben [3]

	Name, Vorname, Geburtsname	Geburtsdatum	Staatsangehörigkeit
1			
2	Name, Vorname, Geburtsname	Geburtsdatum	Staatsangehörigkeit
3	Name, Vorname, Geburtsname	Geburtsdatum	Staatsangehörigkeit
4	Name, Vorname, Geburtsname	Geburtsdatum	Staatsangehörigkeit

4. Zweigniederlassungen [4]

	Straße, Hausnummer, Postleitzahl, Ort	Telefon	Betriebsnummer
1		Telefax	
	Niederlassungsleiter/in: Name, Vorname, Geburtsname	Geburtsdatum	Staatsangehörigkeit
2	Straße, Hausnummer, Postleitzahl, Ort	Telefon	Betriebsnummer
		Telefax	
	Niederlassungsleiter/in: Name, Vorname, Geburtsname	Geburtsdatum	Staatsangehörigkeit

5. Steuerliche Angaben

zuständiges Finanzamt:		Steuernummer:
bei getrennter Veranlagung der Steuerarten: ggf. weiteres Finanzamt für Lohnsteuer		
Finanzamt:	Lohnsteuer:	Steuernummer:

---

[1] Eine unbefristete Erlaubnis kann frühestens nach 3 aufeinander folgenden Jahren tatsächlicher Verleihtätigkeit erteilt werden.

[2] Die Angabe einer Betriebsnummer ist nur erforderlich, wenn diese für den Beschäftigungsbetrieb bereits erteilt worden ist. Eine Betriebsnummer wird durch den Betriebsnummern-Service der Bundesagentur für Arbeit erst dann erteilt, wenn Sie nach Einstellung des ersten Beschäftigten erstmals eine Meldung an die Sozialversicherungsträger (Teilnahme am Meldeverfahren zur Sozialversicherung) abgeben müssen. Jeweils aktuelle Kontaktdaten und weitere Informationen des Betriebsnummern-Services erhalten Sie unter
http://www.arbeitsagentur.de/web/content/DE/Unternehmen/Sozialversicherung/index.htm

[3] Bei anderen als natürlichen Personen für alle Vertreter/innen nach Gesetz / Satzung / Gesellschaftsvertrag.

[4] Die entsprechenden Angaben zu weiteren Niederlassungen, die Arbeitnehmer verleihen, machen Sie ggf. bitte auf einem gesonderten Blatt.

AÜG 2a - 05/2016

6. Betriebsorganisation

6.1. Gegenwärtiger Personalstand

	Hauptsitz	NL 1	NL 2 [5]	Gesamt
Beschäftigte insgesamt				
Anzahl der Leiharbeitnehmer/innen [6]				

6.2. Umfang der Arbeitnehmerüberlassung seit der letzten Antragstellung

	Hauptsitz	NL 1	NL 2 [5]	Gesamt
Anzahl der Leiharbeitnehmer/innen, die verliehen wurden				
davon beendete Arbeitsverhältnisse				

6.3. Geschäftsräume

	Hauptsitz	NL 1	NL 2 [5]
Anzahl der Geschäftsräume			
Gesamtgröße (qm)			

6.4. Ist der Betriebszweck ausschließlich oder überwiegend auf Arbeitnehmerüberlassung ausgerichtet? [7]	☐ Ja	☐ Nein
6.5. Wenden Sie einen Tarifvertrag an? **Wenn ja**, welchen?	☐ Ja	☐ Nein
6.6. Wird die Betriebsorganisation teilweise ausgelagert? **Wenn ja**, welche Verwaltungsarbeiten werden nicht im eigenen Betrieb ausgeführt? Wo bzw. von wem werden sie ausgeführt? Name, Anschrift, Telefon, Telefax:	☐ Ja	☐ Nein
6.7. Arbeitnehmerüberlassung in Betriebe des Baugewerbes ist grundsätzlich unzulässig. Nur falls Sie selbst ein Baubetrieb sind, können Sie unter sehr engen Voraussetzungen von einer Ausnahmevorschrift Gebrauch machen. Beabsichtigen Sie das? **Wenn ja**, füllen Sie bitte den Vordruck "Angaben zur Baubetriebeeigenschaft" (AÜG 2c) aus.	☐ Ja	☐ Nein

7. Angaben zur Zuverlässigkeit [8]

7.1. **Vorstrafen / Straf- und Ermittlungsverfahren innerhalb der letzten fünf Jahre** Sind Sie vorbestraft? **Wenn ja**, welche Vorstrafen bestehen?	☐ Ja	☐ Nein
Sind Straf- bzw. staatsanwaltliche Ermittlungsverfahren gegen Sie anhängig? **Wenn ja**, welche?	☐ Ja	☐ Nein
7.2. Sind in den letzten fünf Jahren von Finanz-, Gewerbe- oder Sozialbehörden, Hauptzollämtern Geldbußen nach dem Ordnungswidrigkeitengesetz festgesetzt worden? **Wenn ja**, welche?	☐ Ja	☐ Nein
Sind entsprechende Ermittlungsverfahren nach dem OWiG anhängig? **Wenn ja**, welche?	☐ Ja	☐ Nein

---

[5] Die entsprechenden Angaben für weitere Niederlassungen machen Sie ggf. bitte auf einem gesonderten Blatt.

[6] Im Antrag auf erstmalige Erlaubniserteilung bitte die vorgesehene Anzahl angeben.

[7] Der Betriebszweck ist überwiegend auf Arbeitnehmerüberlassung ausgerichtet, wenn arbeitszeitlich mehr als die Hälfte der betrieblichen Tätigkeit auf Arbeitnehmerüberlassung entfällt.

[8] Bei anderen als natürlichen Personen beziehen sich diese Fragen auch auf die Vertreter/innen nach Gesetz / Satzung / Gesellschaftsvertrag und Niederlassungsleiter/innen. Ist eine Frage mit ja zu beantworten, geben Sie bitte dazu auf einem gesonderten Blatt die betreffende(n) Person(en) an.

7.3. Haben Sie in den letzten fünf Jahren eine Erlaubnis zur Arbeitnehmer-überlassung beantragt?	☐ Ja	☐ Nein
Wenn ja, bei welcher Dienststelle der Bundesagentur für Arbeit oder ausländischen Behörde?		
Wurde dieser Antrag abgelehnt?	☐ Ja	☐ Nein
Wenn ja, aus welchem Grund?		

7.4. Waren Sie in den letzten fünf Jahren im Besitz einer Erlaubnis zur Arbeitnehmerüberlassung und wurde diese aufgehoben, widerrufen, zurückgenommen, nicht verlängert oder nicht erneuert?	☐ Ja	☐ Nein
Wenn ja, aus welchem Grund und von welcher Dienststelle der Bundesagentur für Arbeit oder ausländischen Behörde?		

7.5. Gewerbeuntersagung		
Wurde Ihnen innerhalb der letzten fünf Jahre ein Gewerbe untersagt? [9]	☐ Ja	☐ Nein

8. Vermögensverhältnisse [10]

8.1. Wurde in den letzten fünf Jahren ein Insolvenzverfahren gegen Sie eingeleitet?	☐ Ja	☐ Nein
8.2. Haben Sie in den letzten fünf Jahren eine eidesstattliche Versicherung abgegeben?	☐ Ja	☐ Nein

9. Nur für Antragsteller mit Hauptsitz in einem anderen Staat der EU / des EWR

9.1. Zustellungsbevollmächtigter Vertreter in der Bundesrepublik Deutschland (Name, Anschrift, Telefon, Telefax):		
9.2. Die Arbeitnehmerüberlassung ist in meinem Staat lizenzpflichtig. [11]	☐ Ja	☐ Nein
Wenn ja: Die von mir vorgelegte Lizenz zur Arbeitnehmerüberlassung ist gültig.	☐ Ja	☐ Nein
Ich werde die Erlaubnisbehörde unverzüglich informieren, sobald die Lizenz ungültig wird.	☐ Ja	☐ Nein

Ich versichere / Wir versichern, dass die vorstehenden Angaben zutreffen. Mir / Uns ist bekannt, dass die Erlaubnis zurückgenommen oder widerrufen werden kann, wenn die Voraussetzungen zur Erteilung einer Erlaubnis von vornherein nicht vorgelegen haben oder später weggefallen sind. Mir / Uns ist auch bekannt, dass die Erlaubnis zurückgenommen oder widerrufen werden kann, wenn ich / wir wiederholt oder in schwerwiegender Weise gegen gesetzliche Bestimmungen oder eine Auflage der Erlaubnisbehörde verstoße(n).

Vom Inhalt des AÜG habe ich / haben wir Kenntnis genommen (http://www.gesetze-im-internet.de/a_g/index.html).

Ort, Datum	Unterschrift des Antragstellers / der Antragstellerin bzw. Unterschriften der Vertreter/innen nach Gesetz / Satzung / Gesellschaftsvertrag

Bitte Seite 4 beachten

Achtung! Anträge, die per E-Mail übersandt werden, können nicht akzeptiert werden!

---

[9] Wenn ja, bitte Kopie des Gewerbeuntersagungsbescheides beifügen.

[10] Bei anderen als natürlichen Personen: Diese Fragen beziehen sich auch auf die Vertreter/innen nach Gesetz / Satzung / Gesellschaftsvertrag und auf die Niederlassungsleiter/innen. Ist eine Frage mit ja zu beantworten, geben Sie bitte dazu auf einem gesonderten Blatt die betreffende(n) Person(en) an.

[11] Wenn ja, bitte eine beglaubigte deutsche Übersetzung der **gültigen Lizenz** beifügen. Wenn nein, bitte eine beglaubigte deutsche Übersetzung einer **Bestätigung der zuständigen staatlichen Stelle** beifügen, dass Sie dort keine Lizenz benötigen.

Materialien der Bundesagentur für Arbeit **Anhang 3**

Weitere vorzulegende Unterlagen

☐ Kopie des aktuellen **Handelsregisterauszuges** [12), 13)]

☐ Kopien des **Gesellschaftsvertrages** [12), 13), 14)]

☐ Kopie der **Gewerbeanmeldung** [12), 13), 14)]

☐ Nachweis über die Beantragung eines **Führungszeugnisses** zur Vorlage bei einer Behörde (Belegart 0) für den/die Antragsteller/in **oder** - bei **anderen als natürlichen Personen** - für die Vertreter/innen nach Gesetz / Satzung / Gesellschaftsvertrag sowie für Niederlassungsleiter/innen [15)]
zuständige Behörde: Einwohnermeldeamt oder unter https://www.fuehrungszeugnis.bund.de/

☐ Auskunft aus dem **Gewerbezentralregister - GZR 3 -** (Belegart 9) für den/die Antragsteller/in **oder** - bei **anderen als natürlichen Personen** - für die Vertreter/innen nach Gesetz / Satzung / Gesellschaftsvertrag sowie für Niederlassungsleiter/innen [13), 15)]
zuständige Behörde: Ordnungsamt oder unter https://www.fuehrungszeugnis.bund.de/

☐ Auskunft aus dem **Gewerbezentralregister - GZR 4 -** für juristische Personen oder Personenvereinigungen (z. B. GmbH) (Belegart 9) [13)]
zuständige Behörde: Zuständige Gewerbe- bzw. Meldebehörde oder unter https://www.fuehrungszeugnis.bund.de/

☐ Bescheinigung der **Berufsgenossenschaft** (Unfallversicherungsträger) [16)]
zuständig: VBG Hamburg, wenn **überwiegend** Arbeitnehmerüberlassung betrieben wird

☐ Bescheinigung(en) der **Krankenkasse(n)**. Bitte beachten Sie:
Es können mehrere Krankenkassenbescheinigungen erforderlich sein, da diese mindestens die Hälfte Ihrer Arbeitnehmer/innen umfassen müssen.

Aktuelle Liquiditätsnachweise:

☐ **Auszüge aller Geschäftskonten**, ggf. **Kreditbestätigungen** (hinsichtlich der Bonität müssen mindestens 10.000 € liquide Mittel nachgewiesen werden, bei Beschäftigung von mehr als 5 Leiharbeitskräften jedoch 2.000 € pro Leiharbeitnehmer/in) [13)]

☐ Muster eines **Leiharbeitsvertrages**, bzw. eines Arbeitsvertrages mit **Zusatzvereinbarung** für Leiharbeitnehmer/innen - gemäß § 11 AÜG [12)]

☐ Muster eines Überlassungsvertrages gemäß § 12 AÜG [12)]

Bitte Seite 5 beachten

[Formular drucken]   [Formular zurücksetzen]

[12)] Bei Anträgen auf Verlängerung der Erlaubnis nur, falls zwischenzeitlich Veränderungen eingetreten sind
[13)] Gilt nicht für Gebietskörperschaften
[14)] Nur, falls ein Handelsregisterauszug nicht in Betracht kommt bzw. noch nicht vorliegt
[15)] Antragsteller/Vertreter/Niederlassungsleiter/innen, die ihren Wohnsitz oder gewöhnlichen Aufenthalt in den letzten fünf Jahren überwiegend im Ausland hatten, fügen bitte zusätzlich zu den Unterlagen von deutschen Behörden auch die entsprechenden ausländischen Unterlagen mit beglaubigten Übersetzungen in die deutsche Sprache bei.
[16)] Bitte beiliegende Vordrucke verwenden

Anhang 3   Materialien der Bundesagentur für Arbeit

Zuständigkeiten für Antragsteller mit Sitz im Inland und Ausland			
Agentur für Arbeit	**Düsseldorf**	**Kiel**	**Nürnberg**
Bundesländer	Hessen Nordrhein-Westfalen	Schleswig-Holstein Mecklenburg-Vorpommern Hamburg Niedersachsen Bremen Berlin Brandenburg Sachsen-Anhalt Thüringen Sachsen	Bayern Baden-Württemberg Rheinland-Pfalz Saarland
Ausland	Polen Großbritannien Irland Niederlande Malta Rumänien Bulgarien alle nicht EU/EWR Staaten	Dänemark Norwegen Schweden Finnland Island Estland Kroatien Lettland Litauen Ungarn Slowakische Republik Tschechische Republik	Belgien Frankreich Luxemburg Spanien Portugal Italien Griechenland Österreich Liechtenstein Slowenien Zypern
Anschrift für Antragsteller / Erlaubnisinhaber	Großempfänger PLZ / Anschrift Agentur für Arbeit Düsseldorf 40180 Düsseldorf	Großempfänger PLZ / Anschrift Agentur für Arbeit Kiel 24131 Kiel	Großempfänger PLZ / Anschrift Agentur für Arbeit Nürnberg 90300 Nürnberg
Telefon	+49 (211) 692 4500	+49 (431) 709 1010	+49 (911) 529 4343
Telefax	+49 (211) 692 4501	+49 (431) 709 1011	+49 (911) 529 400 4343
E-Mail-Adresse	Duesseldorf.091-ANUE@arbeitsagentur.de	Kiel.091-ANUE@arbeitsagentur.de	Nuernberg.091-ANUE@arbeitsagentur.de

E. Anzeige der Überlassung nach § 1a AÜG (AÜG 2b – 10-2016)

Bundesagentur für Arbeit

Anzeige der Überlassung eines Arbeitnehmers

nach § 1a Arbeitnehmerüberlassungsgesetz - AÜG - [1)]

Eingangsstempel

Betriebsnummer [2)]

Hinweis:
Arbeitnehmerüberlassung **in Betriebe des Baugewerbes** für Arbeiten, die üblicherweise von Arbeitern verrichtet werden, ist **unzulässig**. Sie ist zwischen Betrieben des Baugewerbes und anderen Betrieben gestattet, wenn diese Betriebe erfassende, für allgemeinverbindlich erklärte Tarifverträge dies bestimmen. Sie ist weiterhin zwischen Betrieben des Baugewerbes gestattet, wenn der verleihende Betrieb nachweislich seit mindestens drei Jahren von denselben Rahmen- und Sozialkassentarifverträgen oder von deren Allgemeinverbindlichkeit erfasst wird (§ 1b AÜG). Dieser Nachweis ist mit Beginn des Verleihs vom Verleiher in geeigneter Weise vorzuhalten.

1. Arbeitgeber (Verleiher)

Firma, von der aus Arbeitnehmerüberlassung betrieben werden soll		
Straße, Hausnummer	Telefon	Telefax
Postleitzahl, Ort	E-Mail	

2. Angaben zur Person

Familienname (bei anderen als natürlichen Personen: Vertreter nach Gesetz / Satzung / Gesellschaftsvertrag)		
Geburtsname	Geburtsdatum	Staatsangehörigkeit
Vorname	Telefon	Telefax
Straße, Hausnummer (bei anderen als natürlichen Personen: Anschrift der Firma)		
Postleitzahl, Ort	E-Mail	

3. Entleiher

Firma		
Straße, Hausnummer	Telefon	Telefax
Postleitzahl, Ort, Staat	E-Mail	

4. Betriebliche Angaben

Zahl der Arbeitnehmer zum Zeitpunkt der beabsichtigten Überlassung	Wäre der anzeigende Betrieb ohne die Arbeitnehmerüberlassung zu Kurzarbeit oder Entlassung gezwungen? ☐ Ja ☐ Nein (Bitte kurze Schilderung des Sachverhaltes beifügen)

[1)] Für jeden Arbeitnehmer ist eine gesonderte Anzeige vor Beginn der Überlassung zu erstatten. Mehrere Arbeitnehmer können dann in einer Anzeige zusammengefasst werden, wenn sie demselben Entleiher überlassen werden sollen; in diesem Fall ist für jeden Beschäftigten der Zeitraum der Überlassung anzugeben.

[2)] Die Betriebsnummer wird von der Betriebsnummernstelle der Bundesagentur für Arbeit vergeben. D - 66121 Saarbrücken, Eschberger Weg 68; Tel: 01801 / 664466; E-Mail: betriebsnummernservice@arbeitsagentur.de; Fax: 0681 / 988429-1300

5. Arbeitnehmerüberlassung in Betriebe des Baugewerbes

Ist der Betrieb des Entleihers dem Baugewerbe zuzuordnen?	☐ Ja	☐ Nein
Wenn ja,		
- überlässt Ihr Baubetrieb Arbeitskräfte an andere Betriebe **außerhalb** des Baugewerbes?	☐ Ja	☐ Nein
- überlässt Ihr Baubetrieb Arbeitskräfte an andere Betriebe **innerhalb** des Baugewerbes?	☐ Ja	☐ Nein
- wird der Betrieb des Entleihers von denselben Rahmen- und Sozialkassentarifverträgen - ohne Berücksichtigung des räumlichen Geltungsbereichs - oder deren Allgemeinverbindlichkeit erfasst, wie der des Verleihers?	☐ Ja	☐ Nein
(Beachten Sie hierzu bitte den Hinweis auf Seite 1. Der Verleih ist **jeweils innerhalb** des Bauhauptgewerbes, Dachdeckerhandwerks, Gerüstbaus sowie des Garten- und Landschaftsbaus zulässig.)		

6. Überlassene(r) Leiharbeitnehmer

Angaben zu dem / den Leiharbeitnehmer(n) bitte auf dem dafür **vorgesehenen Vordruck** eintragen.

Ich versichere / Wir versichern, dass alle Voraussetzungen für die Anzeige(n) nach § 1a Arbeitnehmerüberlassungsgesetz (AÜG) vorliegen und dass die vorstehenden Angaben richtig und vollständig sind, insbesondere dass die Überlassung der jeweiligen Arbeitnehmer **nicht länger als 12 Monate** dauert.

Die Inhalte des AÜG (https://www.gesetze-im-internet.de/ag/index.html) und des Merkblattes 8a über Kurzarbeitergeld (https://www.arbeitsagentur.de) habe ich / haben wir zur Kenntnis genommen.

Ich habe / Wir haben insbesondere davon Kenntnis genommen, dass

1. die Arbeitnehmerüberlassungen unerlaubt erfolgen, wenn die Voraussetzungen für die Anzeige nach § 1a AÜG nicht vorliegen,

2. der Verleiher, der Leiharbeitnehmer ohne die erforderliche Erlaubnis an Dritte überlässt, nach § 16 Abs. 1 Nr. 1 AÜG ordnungswidrig handelt und mit einer Geldbuße bis zu 30.000 € belegt werden kann (§ 16 Abs. 2 AÜG),

3. der Verleiher mit Freiheitsstrafe bis zu drei Jahren (in besonders schweren Fällen bis zu fünf Jahren) oder mit Geldstrafe belegt werden kann, wenn er einen Leiharbeitnehmer, der einen Ausländer, der einen erforderlichen Aufenthaltstitel nach § 4 Abs. 3 des Aufenthaltsgesetzes, eine Aufenthaltsgestattung oder eine Duldung, die zur Ausübung einer Beschäftigung berechtigt, oder eine Genehmigung nach § 284 Abs. 1 des Dritten Buches Sozialgesetzbuch nicht besitzt, einem Dritten überlässt (§§ 15, 15a AÜG).

Ort, Datum	Unterschrift des Anzeigenden (bei anderen als natürlichen Personen: Vertreter nach Gesetz / Satzung / Gesellschaftsvertrag)

Bitte nicht vergessen:

Anlage mit Angaben zu dem / den Leiharbeitnehmer(n) beifügen!

Weitere Informationen sowie das auszuhändigende Merkblatt für Leiharbeitnehmer/innen und das Merkblatt 8a über Kurzarbeitergeld erhalten Sie unter (https://www.arbeitsagentur.de)

Bundesagentur für Arbeit

Anlage zur Anzeige der Überlassung eines Arbeitnehmers

Anzeigender:

Anzeige vom

Angaben zu dem / den Leiharbeitnehmer(n)

Name, Vorname	Geburtsdatum, Geburtsort	Straße, PLZ, Ort	Art der Tätigkeit	Beginn und Ende der Überlassung (Datum)	Pflicht, auswärtige Leistungen zu erbringen	
					☐ Ja	☐ Nein
					☐ Ja	☐ Nein
					☐ Ja	☐ Nein
					☐ Ja	☐ Nein
					☐ Ja	☐ Nein

[Formular drucken] [Formular zurücksetzen]

AUG 2b - 11/2016

Anhang 3   Materialien der Bundesagentur für Arbeit

Zuständigkeiten für Antragsteller mit Sitz im Inland und Ausland

Agentur für Arbeit	Düsseldorf	Kiel	Nürnberg
Bundesländer	Hessen Nordrhein-Westfalen	Schleswig-Holstein Mecklenburg-Vorpommern Hamburg Niedersachsen Bremen Berlin Brandenburg Sachsen-Anhalt Thüringen Sachsen	Bayern Baden-Württemberg Rheinland-Pfalz Saarland
Ausland	Polen Großbritannien Irland Niederlande Malta Rumänien Bulgarien alle nicht EU/EWR Staaten	Dänemark Norwegen Schweden Finnland Island Estland Kroatien Lettland Litauen Ungarn Slowakische Republik Tschechische Republik	Belgien Frankreich Luxemburg Spanien Portugal Italien Griechenland Österreich Liechtenstein Slowenien Zypern
Anschrift für Antragsteller / Erlaubnisinhaber	Großempfänger PLZ / Anschrift Agentur für Arbeit Düsseldorf 40180 Düsseldorf	Großempfänger PLZ / Anschrift Agentur für Arbeit Kiel 24131 Kiel	Großempfänger PLZ / Anschrift Agentur für Arbeit Nürnberg 90300 Nürnberg
Telefon	+49 (211) 692 4500	+49 (431) 709 1010	+49 (911) 529 4343
Telefax	+49 (211) 692 4501	+49 (431) 709 1011	+49 (911) 529 400 4343
E-Mail-Adresse	Duesseldorf.091-ANUE@arbeitsagentur.de	Kiel.091-ANUE@arbeitsagentur.de	Nuernberg.091-ANUE@arbeitsagentur.de

AÜG 2b - 11/2016

F. Bescheinigung der Bonität (AÜG 5 – 06/2016)

Bundesagentur für Arbeit
Agentur für Arbeit

Kreditinstitut: Name, Anschrift, ggf. Stempel	Geschäftszeichen	Tel.-Nr.

Bescheinigung der Bonität

Diese Bescheinigung ist nur im Original gültig!

Hinweis:
Die Bescheinigung der Bonität begründet keine Verpflichtung des Kreditinstituts.
Sie bescheinigt lediglich die aktuelle Kreditwürdigkeit.

Hinweis: Zutreffendes bitte ankreuzen oder ausfüllen

Wir bescheinigen hiermit, dass dem unten genannten Unternehmen von unserem Kreditinstitut ein Kredit

in Höhe von EUR _____ in Worten _____

☐ eingeräumt wurde.

In welcher Höhe wurde dieser in Anspruch genommen? _____ EUR

☐ eingeräumt werden könnte.

Daten des Unternehmens

Name, Rechtsform

vertreten durch (Geschäftsführer, Komplementär etc.)

Name und Anschrift des Gewerbetreibenden (Einzelfirma)

_____   _____
Ort, Datum   Unterschrift und Stempel des Kreditinstituts

[Formular drucken]   [Formular zurücksetzen]

AÜG 5 - 06/2016

Anhang 3 Materialien der Bundesagentur für Arbeit

G. Bescheinigung der Berufsgenossenschaft

Bundesagentur für Arbeit
Agentur für Arbeit

Bescheinigung der Berufsgenossenschaft

Diese Bescheinigung ist nur im Original gültig!

Name und Anschrift der Berufsgenossenschaft

An die
Agentur für Arbeit

Ihr Zeichen

Ihre Nachricht vom

Unser Zeichen (Bitte stets angeben)

Datum

Erlaubnis zur Arbeitnehmerüberlassung

Name und Anschrift des Antragstellers (Verleihers)

Der Antragsteller

- [ ] ist nicht gemeldet.
- [ ] ist gemeldet (Zuständigkeit wird zur Zeit geprüft).
- [ ] ist gemeldet bei
- [ ] ist gemeldet. Beiträge waren bisher nicht fällig.
- [ ] hat die fälligen Beiträge bzw. Vorschüsse bezahlt.
- [ ] hat die fälligen Beiträge bzw. Vorschüsse nicht bezahlt.
- [ ] hat seine gesetzliche Verpflichtung zur jährlichen Nachweisung nicht erfüllt.

Weitere Hinweise:

Datum und Unterschrift

Siegel/Stempel der Berufsgenossenschaft

Formular drucken

Formular zurücksetzen

AÜG 7 - 07/2013

Materialien der Bundesagentur für Arbeit **Anhang 3**

H. Bescheinigung der Krankenkasse

Bundesagentur für Arbeit
Agentur für Arbeit

Bescheinigung der Krankenkasse

Diese Bescheinigung ist nur im Original gültig!

Name und Anschrift der Krankenkasse

An die
Agentur für Arbeit

Ihr Zeichen

Ihre Nachricht vom

Unser Zeichen, Betriebs-/Beitragskonto-Nr.
(Bitte stets angeben)

Datum

Erlaubnis zur Arbeitnehmerüberlassung

Name und Anschrift des Antragstellers (Verleihers):

Der Antragsteller

- [ ] wurde bei uns bisher nicht als Arbeitgeber geführt.
- [ ] hat zur Zeit bei uns _____ (Anzahl) Arbeitnehmer gemeldet.
- [ ] ist zur Zeit mit der Zahlung der Gesamtsozialversicherungsbeiträge in Höhe von _____ EUR in Verzug.
- [ ] hat wegen rückständiger Gesamtsozialversicherungsbeiträge Säumniszuschläge nach § 24 Abs. 1 und 2 SGB IV in Höhe von _____ EUR zu zahlen.
- [ ] hat Gesamtsozialversicherungsbeiträge vorsätzlich hinterzogen.
- [ ] ist mit der Zahlung der Gesamtsozialversicherungsbeiträge innerhalb der letzten zwei Jahre wiederholt im Rückstand gewesen.

hat innerhalb der letzten zwei Jahre gegen sonstige Vorschriften und Bestimmungen [ ] Ja [ ] Nein
des Beitragseinzugs, wie Melderecht und ordnungsmäßige Beitragsabrechnung, verstoßen (Einzelheiten zu den Verstößen bitte ggf. auf der Rückseite erläutern).

Weitere Hinweise:

_____
Datum und Unterschrift

_____
Siegel/Stempel der Krankenkasse

Formular drucken

Formular zurücksetzen

AÜG 6 - 07/2013

Seite 1 von 1

Urban-Crell

Anhang 3 Materialien der Bundesagentur für Arbeit

I. Merkblatt für Leiharbeitnehmer

Bundesagentur für Arbeit
Zentrale

04/2014

If you are not a German citizen you can ask your employer to get this information sheet and the written conditions of employment issued in your native language.

Merkblatt
für Leiharbeitnehmerinnen und Leiharbeitnehmer

Sie sind Leiharbeitnehmerin oder Leiharbeitnehmer, wenn Sie von Ihrem Arbeitgeber (Verleiher) einem Dritten (Entleiher) zur Arbeitsleistung überlassen werden.

Wenn Sie nicht die deutsche Staatsangehörigkeit besitzen, können Sie vom Verleiher verlangen, dass er Ihnen dieses Merkblatt und den Nachweis über die wesentlichen Arbeitsbedingungen (siehe A. 2) in Ihrer Muttersprache aushändigt.

A. Arbeitsverhältnis

1. Ihr Verleiher muss eine Erlaubnis der Bundesagentur für Arbeit zur Arbeitnehmerüberlassung haben. Ihr Arbeitsvertrag ist unwirksam, wenn Ihr Arbeitgeber keine Erlaubnis besitzt und auch die Ausnahmen von der Erlaubnispflicht nicht zutreffen. In diesem Fall kommt es zu einem Arbeitsverhältnis zwischen Ihnen und dem Entleiher, und zwar ab dem Zeitpunkt, der zwischen Verleiher und Entleiher vereinbart wurde. Wenn die Erlaubnis im Laufe des Arbeitsverhältnisses wegfällt, muss der Verleiher Sie darüber sofort informieren. Der Verleiher muss Sie auf das voraussichtliche Ende der Abwicklungsfrist hinweisen. Die Frist zur Abwicklung des Vertrags beträgt höchstens 12 Monate. Unter Abwicklungsfrist versteht man die Frist, die dem Verleiher maximal bleibt, um mit dem Entleiher bereits geschlossene Verträge zu realisieren.

2. Der Nachweis der wesentlichen Vertragsbedingungen des Leiharbeitsverhältnisses richtet sich nach § 11 Absatz 1 Arbeitnehmerüberlassungsgesetz (AÜG) und den Bestimmungen des Nachweisgesetzes. Der Verleiher ist verpflichtet, die wesentlichen Inhalte des Leiharbeitsverhältnisses schriftlich festzuhalten. Der schriftliche Nachweis muss mindestens folgende Angaben enthalten:

- Ihren Namen und Ihre Anschrift sowie den Namen und die Anschrift des Verleihers,
- das Datum, an dem das Arbeitsverhältnis beginnt,
- bei befristeten Arbeitsverhältnissen die voraussichtliche Dauer des Arbeitsverhältnisses,
- den Arbeitsort oder, falls Sie nicht nur an einem bestimmten Arbeitsort tätig sein sollen, einen Hinweis darauf, dass Sie an verschiedenen Orten beschäftigt werden können,
- eine kurze Beschreibung Ihrer Tätigkeit,
- die Zusammensetzung, Höhe und Fälligkeit des Arbeitsentgelts einschließlich der Zuschläge, der Zulagen, Prämien und Sonderzahlungen sowie anderer Bestandteile des Arbeitsentgelts,
- die vereinbarte wöchentliche bzw. monatliche Arbeitszeit,
- die Zahl der Urlaubstage,
- die beiderseitigen Kündigungsfristen des Arbeitsverhältnisses,
- einen allgemeinen Hinweis auf die Tarifverträge, Betriebs- oder Dienstvereinbarungen, die für das Arbeitsverhältnis gelten,
- die Erlaubnisbehörde sowie Ort und Datum der Erteilung der Erlaubnis nach § 1 AÜG,
- Art und Höhe der Leistungen für Zeiten, in denen Sie nicht erwerbstätig sind.

Spätestens einen Monat nach Beginn des Arbeitsverhältnisses sind die wesentlichen Vertragsbedingungen von Ihrem Verleiher schriftlich festzuhalten, zu unterschreiben und Ihnen zu übergeben.

Achten Sie darauf, dass Sie den schriftlichen Nachweis immer vor Beginn der Beschäftigung erhalten, damit Sie rechtlich abgesichert sind; besonders wichtig ist dies bei befristeten Verträgen/Arbeitsverhältnissen.

3. Grundsätzlich haben Sie Anspruch auf Ersatz von Aufwendungen (z. B. Fahrt- und Übernachtungskosten) bei auswärtigem Einsatz. Zum Beispiel sind Ihnen die Fahrt-

kosten zu erstatten für die Fahrten zwischen dem Betriebssitz des Verleihers und dem Betriebssitz des Entleihers.[1]

Tarifvertraglich oder einzelvertraglich können jedoch abweichende Regelungen getroffen werden. Ob und gegebenenfalls in welchem Umfang diese Ausgaben auch vom Finanzamt erstattet werden können, ist von den steuerlichen Regelungen abhängig, die im jeweiligen Einzelfall zu beachten sind.

4. Die Beteiligungsrechte der Arbeitnehmervertretungen (Betriebsräte, Personalräte) nach dem Betriebsverfassungsgesetz bzw. Bundespersonalvertretungsgesetz sind auch von den Verleihern und deren Beschäftigten zu beachten.

5. Der Verleiher darf Ihnen nicht verbieten, nach Beendigung Ihres Leiharbeitsverhältnisses ein Arbeitsverhältnis mit dem Entleiher einzugehen. Steht ein solches Verbot in Ihrer Vereinbarung mit dem Verleiher oder in der Vereinbarung zwischen dem Verleiher und dem Entleiher dann ist ein solches Verbot unwirksam.

6. Der Verleiher hat Ihnen das vereinbarte Arbeitsentgelt auch dann zu zahlen, wenn er Sie nicht bei einem Entleiher beschäftigen kann.

Ihr Recht auf Zahlung des Arbeitsentgelts konnte bis 31.12.2011 aufgehoben werden, wenn Sie Kurzarbeit vereinbart hatten und Ihnen Kurzarbeitergeld nach dem Sozialgesetzbuch (SGB) III gezahlt wurde.

7. Sie sind nicht verpflichtet, bei einem Entleiher tätig zu werden, soweit dieser durch einen Arbeitskampf unmittelbar betroffen ist. Bei einem solchen Arbeitskampf muss der Verleiher Sie darauf hinweisen, dass Sie das Recht haben, die Leistung zu verweigern und nicht für diesen Entleiher zu arbeiten.

B. Grundsatz der Gleichstellung mit Arbeitnehmerinnen und Arbeitnehmern im Betrieb des Entleihers; Ausnahmen

1. Für die Zeit, in der Sie beim Entleiher arbeiten, haben Sie grundsätzlich Anspruch auf die wesentlichen Arbeitsbedingungen (wie Arbeitszeit, Urlaub usw.) und das Arbeitsentgelt wie eine vergleichbare Arbeitnehmerin bzw. ein vergleichbarer Arbeitnehmer im Betrieb des Entleihers[2]. Auskunft über die wesentlichen Arbeitsbedingungen und das Arbeitsentgelt können Sie von Ihrem Entleiher verlangen. Davon abweichende Vereinbarungen sind unwirksam.

2. Von diesem Gleichstellungsgrundsatz darf nur in folgendem Fall abgewichen werden:

Für Ihr Leiharbeitsverhältnis gilt ein Tarifvertrag, der die wesentlichen Arbeitsbedingungen regelt. Ein solcher Tarifvertrag ist zum einen anzuwenden, wenn zwischen einer Gewerkschaft und einem Arbeitgeberverband ein Tarifvertrag geschlossen wurde und Sie Mitglied der Gewerkschaft sind und Ihr Arbeitgeber Mitglied des beteiligten Arbeitgeberverbandes ist. Zum anderen kann im Arbeitsvertrag zwischen Ihnen und Ihrem Verleiher die Anwendung eines bestimmten Tarifvertrages vereinbart werden.

Anders verhält es sich, wenn Sie einem Entleiher überlassen werden, bei dem Sie schon einmal gearbeitet haben, und zwar in den letzten sechs Monaten, bevor Sie der Verleiher dem Entleiher überlassen hat. Dies trifft auch auf einen Entleiher zu, der mit diesem Entleiher einen Konzern bildet. In diesen Fällen hat Ihr Verleiher den Gleichstellungsgrundsatz sicherzustellen.

C. Lohnuntergrenze[3]

Der Verleiher ist verpflichtet, Ihnen mindestens das nachfolgend aufgeführte Bruttoentgelt pro Arbeitsstunde (Mindeststundenentgelt) zu zahlen:

1. vom 01.04.2014 bis 31.03.2015

a) in den Bundesländern Berlin, Brandenburg, Mecklenburg-Vorpommern, Sachsen, Sachsen-Anhalt und Thüringen

7,86 Euro

b) in den übrigen Bundesländern

8,50 Euro

2. vom 01.04.2015 bis zum 31.05.2016

a) in den Bundesländern Berlin, Brandenburg, Mecklenburg-Vorpommern, Sachsen, Sachsen-Anhalt und Thüringen

8,20 Euro

b) in den übrigen Bundesländern

8,80 Euro

---

[1] Vgl. § 670 des Bürgerlichen Gesetzbuches

[2] Vgl. § 3 Absatz 1 Nummer 3 und § 9 Nummer 2 AÜG

[3] Zweite Verordnung über eine Lohnuntergrenze in der Arbeitnehmerüberlassung vom 21.03.2014 (BAnz vom 26.03.2014)

3. vom 01.06.2016 bis zum 31.12.2016

c) in den Bundesländern Berlin, Brandenburg, Mecklenburg-Vorpommern, Sachsen, Sachsen-Anhalt und Thüringen
8,50 Euro

d) in den übrigen Bundesländern
9,00 Euro

Es ist Ihnen das Mindeststundenentgelt Ihres Arbeitsortes zu zahlen. Wenn Sie auswärtig tätig sind und das Mindeststundenentgelt an Ihrem Einstellungsort höher als am Arbeitsort ist, haben Sie Anspruch auf dieses höhere Mindeststundenentgelt.

Sie haben Anspruch darauf, dass Ihnen das Mindeststundenentgelt spätestens am 15. Bankarbeitstag (Referenzort ist Frankfurt am Main) gezahlt wird, der auf den Monat folgt, für den das Mindeststundenentgelt zu zahlen ist.

Diese Regelung gilt nicht, für die über die regelmäßige monatliche Arbeitszeit hinaus entstandenen Arbeitsstunden, wenn eine tarifvertragliche Regelung zur Arbeitszeitflexibilisierung mit einem Arbeitszeitkonto besteht. Dieses Arbeitszeitkonto darf höchstens 200, bei saisonalen Schwankungen im Einzelfall bis zu 230, Plusstunden umfassen. Sofern Sie mehr als 150 Plusstunden auf Ihrem Arbeitszeitkonto haben, muss Ihr Verleiher die über 150 Stunden hinausgehenden Plusstunden einschließlich der darauf entfallenden Sozialversicherungsbeiträge gegen Insolvenz sichern und diese Insolvenzsicherung Ihnen gegenüber nachweisen. Ohne diesen Nachweis, darf Ihr Arbeitszeitkonto höchstens 150 Plusstunden umfassen.

Wenn Ihre arbeitsvertraglich vereinbarte Arbeitszeit weniger als 35 Wochenstunden beträgt, wird die Obergrenze der Arbeitszeitkonten entsprechend angepasst.

Auf Ihr Verlangen werden Stunden aus dem Arbeitszeitkonto, die über 105 Plusstunden hinausgehen, Ihnen ausbezahlt. Bei Teilzeitbeschäftigten richtet sich die Anzahl der Plusstunden anteilig nach der jeweils arbeitsvertraglich vereinbarten Arbeitszeit.

D. Sozialversicherung

Der Verleiher als Ihr Arbeitgeber ist, wie jeder andere Arbeitgeber auch, verpflichtet, die Sozialversicherungsbeiträge zu zahlen. Kommt er dieser Verpflichtung nicht nach, so haftet dafür im Einsatzfall der Entleiher[4].

E. Arbeitsschutz und Unfallverhütung

Für Ihre Tätigkeit bei dem Entleiher gelten die öffentlich-rechtlichen Vorschriften des Arbeitsschutzrechts, die auch der Betrieb des Entleihers einzuhalten hat. Für die Einhaltung dieser Vorschriften sind Verleiher und Entleiher verantwortlich. Der Entleiher hat auch die notwendigen Unfallverhütungsmaßnahmen zu treffen, die gesetzlich vorgeschrieben sind. Sie sind verpflichtet, die entsprechenden Vorschriften zu befolgen.

Der Entleiher hat Sie ferner, insbesondere vor Beginn der Beschäftigung und bei Veränderungen in seinem Arbeitsbereich, über Folgendes zu informieren:

1. Gefahren für Sicherheit und Gesundheit, denen Sie bei der Arbeit ausgesetzt sein können, sowie über die Maßnahmen und Einrichtungen zur Abwendung

2. die Notwendigkeit besonderer Qualifikationen oder beruflicher Fähigkeiten oder einer besonderen ärztlichen Überwachung sowie

3. erhöhte besondere Gefahren des Arbeitsplatzes.

F. Ihre Pflicht sich rechtzeitig arbeitsuchend zu melden[5]

Wenn Ihr Arbeitsverhältnis beim Verleiher endet, sind Sie verpflichtet, sich spätestens drei Monate vorher persönlich bei Ihrer Arbeitsagentur arbeitsuchend zu melden. Erfahren Sie von der Beendigung weniger als drei Monate vorher, müssen Sie sich spätestens drei Tage, nachdem Sie von der Beendigung erfahren haben, arbeitsuchend melden.

Es reicht aus, wenn Sie Ihrer Arbeitsagentur innerhalb der genannten Fristen z. B. online (http://www.arbeitsagentur.de) oder aber telefonisch die Beendigung Ihres Arbeitsverhältnisses mitteilen und einen Termin zur persönlichen Arbeitsuchendmeldung vereinbaren.

Sie haben Ihre Pflicht, sich arbeitsuchend zu melden, erst dann vollständig erfüllt, wenn Sie den vereinbarten Termin mit der Agentur für Arbeit wahrnehmen.

Bitte beachten Sie, dass eine Sperrzeit von einer Woche eintreten kann, wenn Sie sich nicht rechtzeitig melden. Eintritt einer Sperrzeit bedeutet, dass trotz Anspruch auf Arbeitslosen-

---

[4] Vgl. § 28 e Absatz 2 Sozialgesetzbuch – SGB – IV)
[5] Vgl. § 38 Absatz 1 Sozialgesetzbuch (SGB III)

geld I, dieser Anspruch ruht und Sie für diese Woche, in der der Anspruch ruht, kein Arbeitslosengeld I erhalten.

G. Informationspflicht des Entleihers über freie Arbeitsplätze

Der Entleiher hat Sie über freie Arbeitsplätze, die in seinem Unternehmen besetzt werden sollen, zu informieren. Dies kann durch einen Aushang an einer für Sie zugänglichen Stelle im Betrieb oder Unternehmen des Entleihers geschehen.

H. Zugang zu Gemeinschaftseinrichtungen oder Gemeinschaftsdiensten

Zu den Gemeinschaftseinrichtungen oder -diensten eines Unternehmens - beispielsweise Kinderbetreuungseinrichtungen, Gemeinschaftsverpflegung und Beförderungsmittel - hat der Entleiher Ihnen Zugang zu gewähren, und zwar unter den gleichen Bedingungen wie vergleichbaren Arbeitnehmerinnen und Arbeitnehmern in seinem Betrieb. Es kann jedoch sachliche Gründe geben, die eine unterschiedliche Behandlung rechtfertigen. Ein solcher Grund kann vorliegen, wenn Sie nur kurz beim Entleiher beschäftigt sind und es für den Entleiher einen unverhältnismäßig hohen Verwaltungsaufwand bedeuten würde, Ihnen Zugang zu den Gemeinschaftseinrichtungen und -diensten zu verschaffen.

I. Wer hilft bei Streitigkeiten oder Fragen?

Für die Entscheidung von Streitigkeiten aus dem Leiharbeitsverhältnis zwischen Ihnen und dem Verleiher sind die Arbeitsgerichte zuständig. Nähere Auskünfte dazu erhalten Sie von den Arbeitnehmer- und Arbeitgeberverbänden, Rechtsanwältinnen und Rechtsanwälten sowie den für die Überwachung der Verleiher zuständigen Agenturen für Arbeit Düsseldorf, Kiel und Nürnberg.

Bei Zweifeln, ob der Verleiher die erforderliche Erlaubnis der Bundesagentur für Arbeit besitzt, können Sie sich an das jeweils zuständige Team Arbeitnehmerüberlassung in den Agenturen für Arbeit Düsseldorf, Nürnberg und Kiel wenden. Diese Teams nehmen auch Hinweise auf Rechtsverstöße von Erlaubnisinhabern entgegen und gehen diesen nach.

Die drei zuständigen Teams Arbeitnehmerüberlassung sind mittels folgender Kontaktdaten erreichbar:

- Agentur für Arbeit Düsseldorf, Josef-Gockeln-Straße 7, 40474 Düsseldorf (Tel.: 0211 692 4500);
- Agentur für Arbeit Kiel, Projensdorfer Straße 82, 24106 Kiel (Tel.: 0431 709 1010);
- Agentur für Arbeit Nürnberg, Richard-Wagner-Platz 5, 90443 Nürnberg (Tel.: 0911 529 4343).

Die Teams Arbeitnehmerüberlassung sind jeweils für Erlaubnisinhaber mehrerer Bundesländer zuständig. Das Team in der Agentur für Düsseldorf für die Bundesländer Nordrhein-Westfalen und Hessen. Das Team der Agentur für Arbeit Nürnberg für die Bundesländer Bayern, Baden-Württemberg, Rheinland-Pfalz und Saarland. Das Team in der Agentur für Arbeit Kiel für alle übrigen Bundesländer.

Die Informationen über die Arbeitnehmerüberlassung erhalten Sie unter folgender Internetadresse: www.arbeitsagentur.de > Unternehmen > Rechtsgrundlagen > Arbeitnehmerüberlassung.

Anhang 4 Arbeitshilfen

A. Muster

▶ Hinweis:

Die Muster sind mit der erforderlichen Sorgfalt erstellt. Eine kritische Prüfung und Anpassung an die Bedürfnisse des Einzelfalls und die sich stetig ändernde Rechtsprechung ist gleichwohl unvermeidlich. Eine Haftung ist ausgeschlossen.

I. Muster Leiharbeitsvertrag (ohne Tarifbezug)

Arbeitsvertrag

zwischen

_____, _____, _____,

– nachfolgend auch: »Gesellschaft« –

und

_____, _____, _____,

– nachfolgend auch: »Arbeitnehmer« –.

Vorbemerkung

[Abs. 1 und 2 nur bei Mischbetrieben:

Gegenstand des Unternehmens der Gesellschaft ist [_____]. Die Arbeitnehmer der Gesellschaft werden ganz überwiegend im eigenen Betrieb eingesetzt, gelegentlich aber auch bei Kunden (so genannter Mischbetrieb). Der Einsatz bei Kunden der Gesellschaft erfolgt vorübergehend zur Erledigung beim Kunden temporär anfallender Aufgaben.

Dieser Arbeitsvertrag regelt die für das Arbeitsverhältnis der Parteien geltenden Entgelt- und Arbeitsbedingungen während der Einsatzzeiten im Betrieb einerseits und während der Zeiten des Verleihs an einen Kunden andererseits.*]*

Die Gesellschaft versichert, im Besitz einer gültigen Erlaubnis zur Arbeitnehmerüberlassung gemäß § 1 AÜG zu sein. Die Erlaubnis wurde von der Bundesagentur für Arbeit, Regionaldirektion [_____] *(ab 1. Juli 2012: Agentur* *für Arbeit _____) am [__.__.____] unbefristet erteilt [befristet erteilt und zuletzt am __.__.____ verlängert].

§ 1

Tätigkeit und Aufgabengebiet

1. Der Arbeitnehmer wird als [____] eingestellt. Seine Tätigkeit umfasst insbesondere [____]. Er erbringt diese im Rahmen von Arbeitnehmerüberlassung. [*oder bei Mischbetrieben:* Die Gesellschaft beabsichtigt, den Arbeitnehmer je nach Auftragslage entweder im eigenen Betrieb oder bei Kunden (Entleihern) im Rahmen von Arbeitnehmerüberlassung einzusetzen. Die Gesellschaft wird den Arbeitnehmer jeweils vor Einsatzbeginn darüber informieren, ob er im Rahmen des bevorstehenden Auftrages als Leiharbeitnehmer zum Einsatz kommen wird.]
2. Die Gesellschaft behält sich unter Wahrung der Interessen des Arbeitnehmers vor, dem Arbeitnehmer auch andere seiner Vorbildung und seinen Fähigkeiten entsprechende gleichwertige und zumutbare Aufgaben zu übertragen. Der Vorbehalt gilt auch für künftig übertragene Aufgaben.[1]
3. Als Dienstsitz gilt der Sitz der Gesellschaft.
4. Der Arbeitnehmer wird bei verschiedenen Kunden (Entleihern) der Gesellschaft eingesetzt. Der Arbeitnehmer ist damit einverstanden, an wechselnden Einsatzorten auch außerhalb seines Dienstsitzes tätig zu werden. [*oder bei Mischbetrieben:* Der Arbeitnehmer ist verpflichtet, auch bei Kunden (Entleihern) der Gesellschaft tätig zu werden. Der Arbeitnehmer ist damit einverstanden, an wechselnden Einsatzorten auch außerhalb seines Dienstsitzes eingesetzt zu werden.]
5. Die Gesellschaft ist berechtigt, den Arbeitnehmer jederzeit von seinem Einsatzort abzuberufen und anderweitig einzusetzen. Während des Einsatzes bei einem Entleiher unterliegt der Arbeitnehmer dem Weisungsrecht des Entleihers, jedoch nur im Rahmen dieses Vertrages.
6. Der Arbeitnehmer wird darauf hingewiesen, dass der Entleiher ihn nicht tätig werden lassen darf, wenn der Einsatzbetrieb unmittelbar durch einen Arbeitskampf betroffen ist. Das Einsatzverbot gilt nicht, wenn der

---

1 Zur AGB-Kontrolle von Versetzungsklauseln vgl. BAG, 25.08.2010 – 10 AZR 275/09, NZA 2010, 1355; BAG, 11.4.2006 – 9 AZR 557/05, AP BGB § 307 Nr. 7 (kein Verstoß gegen das Transparenzgebot, wenn keine konkreten Versetzungsgründe genannt werden); ferner LAG Köln, 9.1.2007 – 9 Sa 1099/06, NZA-RR 2007, 343 (»Gleichwertigkeitsgarantie«).

Entleiher sicherstellt, dass der Arbeitnehmer keine Tätigkeit übernimmt, die bisher von einem streikenden oder einem einen streikenden Arbeitnehmer vertretenden Arbeitnehmer erledigt wurde (§ 11 Abs. 5 AÜG).

§ 2

Arbeitszeit

1. Die regelmäßige Arbeitszeit beträgt ____ Stunden wöchentlich. Wird der Arbeitnehmer bei einem Entleiher eingesetzt, so richtet sich seine regelmäßige Wochenarbeitszeit einschließlich der Pausenzeiten nach der für einen vergleichbaren Stammarbeitnehmer im Betrieb des Entleihers geltenden Arbeitszeit.
2. Die Verteilung der Arbeitszeit richtet sich nach den betrieblichen Erfordernissen der Gesellschaft; während der Überlassung an einen Entleiher bestimmt sich die Lage der Arbeits- und Pausenzeiten nach den im Kundenbetrieb geltenden Regelungen.
3. Der Arbeitnehmer wird auf Anordnung der Gesellschaft im Rahmen der betrieblichen Erfordernisse in gesetzlich zulässigem Umfang auch über die vorgenannte Arbeitszeit hinaus tätig werden.
4. Der Arbeitnehmer verpflichtet sich, wöchentliche Arbeitszeitnachweise vom Entleiher unterzeichnen zu lassen.

§ 3

Vergütung

1. Für Zeiten, in denen der Arbeitnehmer nicht bei einem Entleiher eingesetzt wird, erhält er eine Vergütung in Höhe von EUR _____ brutto/Stunde.
2. Für die Zeit der Überlassung des Arbeitnehmers an einen Entleiher ist die Gesellschaft verpflichtet, dem Arbeitnehmer die im Betrieb des Entleihers für vergleichbare Stammarbeitnehmer geltenden Arbeitsbedingungen einschließlich des Arbeitsentgelts zu gewähren (§ 8 Abs. 1 Satz 1 AÜG); die Gesellschaft wird dem Arbeitnehmer gesonderte Nachweise über die jeweils geltenden wesentlichen Entgelt- und Arbeitsbedingungen erteilen. Vorstehender Satz 1 gilt nicht, wenn die mit der Gesellschaft nach § 3.1 dieses Vertrages vereinbarten Arbeits- und Entgeltbedingungen für den Arbeitnehmer günstiger sind.
3. Die Vergütung wird die geltenden gesetzlichen und tariflichen Mindeststundenentgelte bzw. Mindestlöhne nicht unterschreiten.

4. Die Vergütung ist jeweils am letzten Werktag eines Monats unter Einbehalt der gesetzlichen Abzüge fällig und zahlbar. Die Auszahlung erfolgt bargeldlos.

§ 4

Sonderleistungen[2]

Jegliche Sonderleistungen, die nicht in diesem Arbeitsvertrag oder einer anderen individual- oder kollektivrechtlichen Regelung vereinbart sind, erfolgen freiwillig und ohne Rechtsanspruch für die Zukunft. Auch die wiederholte Gewährung begründet keinen Anspruch aus betrieblicher Übung; die Gesellschaft behält sich vor, jedes Jahr neu zu entscheiden, ob und in welcher Höhe solche Sonderleistungen erbracht werden. Der Vorrang der Individualabrede (§ 305b BGB) bleibt von den vorstehenden Regelungen unberührt.

---

2 Ob arbeitsvertragliche Freiwilligkeitsvorbehalte überhaupt noch wirksam vereinbart werden können, ist derzeit höchst fraglich. Das Bundesarbeitsgericht stellt unter Hinweis auf die AGB-Kontrolle zunehmend strengere Anforderungen an die Transparenz und Bestimmtheit formularmäßiger Vertragsklauseln, insbesondere an die Kombination von Freiwilligkeitsvorbehalten und Sonderzahlungen bzw. Bonusvereinbarungen (vgl. BAG, 03.08.2016 – 10 AZR 710/14, NZA 2016, 1334; BAG, 20.02.2013 – 10 AZR 177/12, NZA 2013, 1015; ferner LAG Hamm, 21.04.2016 – 15 Sa 1780/15, BeckRS 2016, 71263). Satz 3 ist im Hinblick auf die neuere Rechtsprechung notwendig, damit die Klausel nicht bereits wegen Verstoßes gegen den Vorrang der Individualabrede unwirksam ist (BAG, 14.09.2011 – 10 AZR 526/10, NZA 2012, 81; dazu *Preis/Sagan* NZA 2012, 687; zum Vorrang der Individualabrede BAG, 24.08.2016 – 5 AZR 129/16, BeckRS 2016, 74688). Ungeachtet dessen ob wegen der unklaren Rechtslage ein Freiwilligkeitsvorbehalt überhaupt noch in den Arbeitsvertrag aufgenommen werden sollte, kann Arbeitgebern nur dringend geraten werden, bei jeder Zahlung (nochmals) ausdrücklich darauf hinzuweisen, dass die Leistung einmalig und freiwillig erfolgt und ohne Begründung eines Anspruchs für die Zukunft. Ein solcher Vorbehalt bei der Zahlung nützt selbstverständlich dann nichts mehr, wenn ein Anspruch – sei es vertraglich oder aus betrieblicher Übung – bereits zuvor entstanden war (dazu etwa LAG Rheinland-Pfalz, 11.04.2016 – 3 Sa 489/15, BeckRS 2016, 71285, das einen wirksamen Vorbehalt im konkreten Fall ablehnte).

§ 5

Abtretung/Verpfändung/Überzahlung

1. Der Arbeitnehmer darf seine Vergütungsansprüche an Dritte nur nach vorheriger schriftlicher Zustimmung der Gesellschaft verpfänden oder abtreten. Die Zustimmung darf nur aus sachlichen Gründen verweigert werden.
2. Überzahlungen sind vom Arbeitnehmer unverzüglich zurückzuerstatten. Die Gesellschaft ist zur Verrechnung überbezahlter Bezüge im Rahmen folgender Gehaltsabrechnungen berechtigt. Der Einwand des Wegfalls der Bereicherung (§ 818 Abs. 3 BGB) ist ausgeschlossen.

§ 6

Spesen und Auslagen

1. Notwendige Reisekosten, Spesen und Auslagen werden dem Arbeitnehmer durch die Gesellschaft im Rahmen der steuerlichen Höchstbeträge erstattet.
2. Über die nachfolgend genannten Fahrtkosten hinaus sind Fahrtkosten und Anfahrtzeiten zum Entleiher durch die Vergütung abgegolten:[3]
   a) Für Tätigkeiten bei einem Entleiher werden dem Arbeitnehmer bei Benutzung des zeitlich günstigsten öffentlichen Verkehrsmittels die Fahrtkosten erstattet, wenn die tatsächlich aufgewendete Wegezeit (Hin- und Rückweg) 2 Stunden überschreitet; maßgeblich ist die planmäßige Fahrtzeit.

---

[3] Anfahrtzeiten zum Entleiher gelten, soweit diese die Anfahrt zum eigenen Vertragsarbeitgeber überschreiten, grundsätzlich als Arbeitszeit und sind als solche nach § 612 Abs. 1 BGB zu vergüten. Die Fahrtkosten sind dementsprechend grundsätzlich zu erstatten (§ 670 BGB), soweit diese die Kosten für die Anfahrt zum eigenen Arbeitgeber überschreiten; eine Klausel zur pauschalen Abgeltung von Aufwendungsersatz durch die Vergütung im Arbeitsvertrag benachteiligt den Arbeitnehmer daher unangemessen gemäß § 307 Abs. 1 Satz 1 BGB und ist daher unwirksam (vgl. LAG Hamm, 13.01.2016 – 5 Sa 1437/15, BeckRS 2016, 67439; LAG Niedersachsen, 20.12.2013 – 6 Sa 392/13, BeckRS 2014, 66085; LAG Hamm, 30.06.2011 – 8 Sa 387/11, BeckRS 2011, 76201; LAG Düsseldorf, 30.07.2009, 15 Sa 268/09, BeckRS 2009, 72888; LAG Köln, 24.10.2006 – 13 Sa 881/06, NZA-RR 2007, 345; a.A. LAG Rheinland-Pfalz, 08.09.2009, 1 Sa 331/09, BeckRS 2009, 73931; LAG Hamm, 16.07.2008 – 2 Sa 1797/07, BeckRS 2008, 29718 (Aufwendungen für Fahrten von der Wohnung zur Arbeitsstätte – auch bei wechselnden Einsatzorten – hat der Arbeitnehmer zu tragen).

b) Bei Benutzung des eigenen Kraftfahrzeugs wird die über 100 km hinausgehende Wegstrecke (Hin- und Rückweg zwischen Dienstsitz und Einsatzort) pauschal mit EUR 0,30 pro Kilometer vergütet.
3. Die Erstattung von Reisekosten, Spesen und Auslagen setzt den Nachweis durch Vorlage entsprechender Belege voraus. Die Abrechnung erfolgt monatlich. Erstattungsansprüche sind ausgeschlossen, wenn sie nicht innerhalb von drei Monaten nach Ablauf des Monats, in dem die Auslagen und Spesen angefallen sind, schriftlich unter Verwendung des dafür von der Gesellschaft vorgesehenen Spesenberichts geltend gemacht werden.
4. Reisekosten, Spesen und Auslagen finden bei der Berechnung von Mehr-, Nacht-, Sonntags- un-d Feiertagsarbeitszuschläge keine Berücksichtigung.

§ 7

Urlaub

1. Der Arbeitnehmer hat Anspruch auf einen Jahresurlaub von 30 Arbeitstagen (Montag bis Freitag). Dieser setzt sich zusammen aus dem gesetzlichen Mindesturlaub, der vorrangig zu nehmen und zu gewähren ist, und 10 weiteren Urlaubstagen. Der Zeitpunkt des Urlaubs ist rechtzeitig vorher mit dem Vorgesetzten abzustimmen. Dabei hat der Arbeitnehmer auf die betrieblichen Erfordernisse der Gesellschaft Rücksicht zu nehmen. Ein Urlaub von zusammenhängend mehr als drei Wochen bedarf der schriftlichen Zustimmung der Gesellschaft.
2. Der jährliche Erholungsurlaub ist grundsätzlich bis spätestens zum 31. Dezember des jeweiligen Kalenderjahres zu nehmen und zu gewähren. Bei der Gewährung von Urlaub wird zuerst der gesetzliche Urlaub eingebracht. Eine Übertragung des Urlaubs auf das folgende Kalenderjahr ist nur statthaft, wenn dringende betriebliche oder in der Person des Arbeitnehmers liegende Gründe dies rechtfertigen. Im Falle der Übertragung muss der Urlaub in den ersten drei Monaten des folgenden Kalenderjahres gewährt und genommen werden; andernfalls verfällt der Urlaub mit Ablauf des 31. März des Folgejahres. Dies gilt nicht für den gesetzlichen Mindesturlaub gemäß § 3 BUrlG, der aufgrund krankheitsbedingter Arbeitsunfähigkeit des Arbeitnehmers bis zum Ablauf des Übertragungszeitraumes nicht gewährt und genommen werden konnte; dieser geht 15 Kalendermonate nach dem Ende des Urlaubsjahres, mithin am 31. März des zweiten Folgejahres unter. Ein Anspruch auf Abgeltung des vertraglichen Zusatzurlaubs ist ausgeschlossen.

Urban-Crell

§ 8

Arbeitsverhinderung und Krankheit

1. Im Falle der Arbeitsverhinderung hat der Arbeitnehmer der Gesellschaft und dem Entleiher die Gründe und die voraussichtliche Dauer seiner Verhinderung unverzüglich mitzuteilen. Bei Arbeitsverhinderung durch Krankheit hat der Arbeitnehmer spätestens bis zum Ablauf des dritten Werktages nach Eintritt der Arbeitsverhinderung seine Arbeitsunfähigkeit und deren voraussichtliche Dauer durch ärztliches Attest nachzuweisen.
2. Ist der Arbeitnehmer wegen Arbeitsunfähigkeit infolge von Krankheit oder Unfall verhindert zu arbeiten, ohne dass ihn ein Verschulden trifft, wird die Gesellschaft dem Arbeitnehmer seine vertraglichen Bezüge nach Maßgabe der jeweils geltenden gesetzlichen Bestimmungen unter Anrechnung sämtlicher Leistungen, die dem Arbeitnehmer von einer gesetzlichen oder privaten Krankenversicherung für den Verdienstausfall gezahlt werden, fortzahlen.

§ 9

Nebenbeschäftigung

Der Arbeitnehmer wird seine ganze Arbeitskraft und seine fachlichen Kenntnisse und Erfahrungen ausschließlich der Gesellschaft widmen. Während der Dauer des Arbeitsverhältnisses darf der Arbeitnehmer ohne vorherige schriftliche Zustimmung der Gesellschaft weder eine entgeltliche noch unentgeltliche Nebenbeschäftigung ausüben. Der Arbeitnehmer wird der Gesellschaft die beabsichtigte Tätigkeit unter Angabe von Art, Ort und Dauer vorher schriftlich anzeigen. Die Gesellschaft wird die Zustimmung erteilen, soweit betriebliche Interessen nicht entgegenstehen. Die Zustimmung ist jederzeit widerruflich.

§ 10

Geheimhaltung und Rückgabepflicht

1. Der Arbeitnehmer wird sämtliche ihm aufgrund oder im Zusammenhang mit seiner Tätigkeit für die Gesellschaft bekannt werdenden Tatsachen und Umstände, insbesondere sämtliche Geschäfts- und Betriebsgeheimnisse sowie alle sonstigen Geschäfts- und Betriebsdaten, die die Gesellschaft, die mit der Gesellschaft verbundenen Unternehmen und Kunden der Gesellschaft oder deren Geschäftsbetrieb betreffen, streng vertraulich behandeln und geheim halten und Dritten nicht zugänglich machen. Dies

gilt auch für alle sonstigen Kenntnisse, die der Arbeitnehmer über Unternehmen und/oder Personen erwirbt, die als Vertragspartner oder in anderer Weise mit der Gesellschaft und den mit ihr verbundenen Unternehmen in Geschäftsbeziehung stehen. Diese Verpflichtung gilt auch nach Beendigung des Arbeitsverhältnisses.
2. Alle Geschäftsunterlagen, Kundenlisten, Aufzeichnungen und sonstige Unterlagen sowie sonstige Daten, gleich welcher Art, welche die Gesellschaft und die mit ihr verbundenen und/oder in Geschäftsbeziehungen stehenden Unternehmen und/oder Personen betreffen, sind und bleiben Eigentum der Gesellschaft. Sie sind von dem Arbeitnehmer so zu behandeln, als seien sie ihm als Geschäfts- und Betriebsgeheimnisse persönlich anvertraut. Auf Verlangen der Gesellschaft sind vorstehende Unterlagen und Daten, einschließlich aller wie auch immer hergestellten Kopien, der Gesellschaft jederzeit, spätestens jedoch bei Beendigung des Arbeitsverhältnisses oder einer Freistellung dieses Vertrages zurückzugeben. Die Geltendmachung eines Zurückbehaltungsrechtes ist ausgeschlossen.

§ 11

Dauer und Beendigung des Arbeitsverhältnisses

1. Das Arbeitsverhältnis ist auf unbestimmte Zeit geschlossen. [*alternativ sachgrundlose Befristung:*[4] Das Arbeitsverhältnis ist für einen Zeitraum von __ Monaten/Jahre(n) gemäß § 14 Abs. 2 TzBfG befristet bis zum __.__.____ geschlossen. Es endet, ohne dass es einer Kündigung bedarf.]
2. Während der ersten sechs Monate kann das Arbeitsverhältnis von beiden Seiten mit einer Frist von zwei Wochen gekündigt werden (Probezeit). Anschließend gilt für beide Parteien eine Kündigungsfrist von _____

---

[4] Bei geplanter sachgrundloser Befristung des Arbeitsvertrages sollte in Personalfragebögen eine sogenannte Neueinstellungsklausel aufgenommen werden. Bei wahrheitswidriger Beantwortung der Frage nach einer Vorbeschäftigung i.S.d. § 14 Abs. 2 S. 2 TzBfG kann der Verleiher wegen arglistiger Täuschung (§ 123 BGB) anfechten. Formulierungsbeispiel: »Der Arbeitnehmer erklärt, bisher in keinem Arbeitsverhältnis mit der Gesellschaft gestanden zu haben. Dem Arbeitnehmer ist bewusst, dass eine unrichtige Erklärung die Gesellschaft zur Anfechtung des Vertrages berechtigen kann.« Nach dogmatisch umstrittener Ansicht des BAG gilt das Vorbeschäftigungsverbot nicht uneingeschränkt, sondern nur, wenn die Vorbeschäftigung nicht länger als drei Jahre zurückliegt, vgl. BAG, 06.04.2011 – 7 AZR 716/09, NZA 2011, 905.

zum Monatsende. Jede gesetzliche Verlängerung der Kündigungsfrist zugunsten des Arbeitnehmers gilt auch zugunsten der Gesellschaft.
3. Das Recht zur außerordentlichen Kündigung aus wichtigem Grund bleibt unberührt.
4. Jede Kündigung bedarf zu ihrer Wirksamkeit der Schriftform.
5. Die Gesellschaft ist berechtigt, nach Ausspruch einer Kündigung – gleich von welcher Vertragspartei und aus welchem Rechtsgrund – den Arbeitnehmer bis zur Beendigung seines Arbeitsverhältnisses unter Anrechnung auf restliche Urlaubsansprüche sowie sonstige Ansprüche auf Freizeitausgleich von seiner Dienstverpflichtung freizustellen. Das gesetzliche Wettbewerbsverbot bleibt von der Freistellung unberührt. § 615 Satz 2 BGB findet Anwendung.
6. Das Arbeitsverhältnis endet auf jeden Fall mit Ablauf des Monats, in dem der Arbeitnehmer staatliche Regelaltersrente beanspruchen kann. Das Arbeitsverhältnis endet ferner mit Ablauf des Monats, in dem der zuständige Sozialversicherungsträger durch Bescheid feststellt, dass der Arbeitnehmer auf Dauer erwerbsunfähig ist, bei späterem Beginn des entsprechenden Rentenbezugs jedoch erst mit Ablauf des dem Rentenbeginn vorhergehenden Tages. Gewährt der Sozialversicherungsträger nur eine Rente auf Zeit, so ruht das Arbeitsverhältnis für den Bewilligungszeitraum dieser Rente, längstens indes bis zum Beendigungszeitpunkt nach den vorstehenden Bestimmungen.

§ 12

Ausschlussfristen[5]

1. Alle Ansprüche aus dem Arbeitsverhältnis sind innerhalb von drei Monaten nach Fälligkeit, spätestens drei Monate nach Beendigung des Anstellungsverhältnisses schriftlich (Textform genügt, § 126b) gegenüber der

---

[5] Zur AGB-Kontrolle bei Formularverträgen BAG, 12.03.2008 – 10 AZR 152/07, NZA 2008; BAG, 01.03.2006 – 5 AZR 511/05, AP BGB § 307 Nr. 10; BAG, 28.09.2005 – 5 AZR 52/05, NJW 2006, 795 (einstufige Ausschlussfrist); BAG, 25.05.2005 – 5 AZR 572/04, NZA 2005, 1111; zur Unwirksamkeit von arbeitsvertraglichen Ausschlussfristen, insbes. solche die nach Inkrafttreten des MiLoG am 16.08.2015 vereinbart wurden und den Anspruch auf das Mindeststundenentgelt (hier: § 2 PflegeArbbV) erfassen, vgl. BAG, 24.08.2016 – 5 AZR 703/15, BeckRS 2016, 73916; a. ArbG Berlin, 06.11.2015 – 28 Ca 9517/15, BeckRS 2016, 66758; zum Ganzen ErfK/*Franzen* § 3 MiLoG Rn. 3, 3a.

anderen Vertragspartei geltend zu machen. Nicht innerhalb der Frist geltend gemachte Ansprüche sind verwirkt.
2. Lehnt die andere Vertragspartei den Anspruch ab oder erklärt sie sich nicht innerhalb von drei Wochen nach Geltendmachung des Anspruchs, verfällt dieser, wenn er nicht innerhalb von drei Monaten nach Ablehnung oder nach Ablauf der drei Wochen im Falle des Schweigens gerichtlich geltend gemacht wird.
3. Absätze 1 und 2 gelten auch für Ansprüche, die mit dem Arbeitsverhältnis in Zusammenhang stehen.
4. Vorstehende Ausschlussfristen gelten nicht bei Haftung wegen Vorsatz. Die vorstehenden Ausschlussfristen gelten ausdrücklich nicht für solche Ansprüche, die nicht beschränkt oder ausgeschlossen werden können oder auf die nicht verzichtet werden kann (z.B. Ansprüche auf gesetzlichen oder tariflichen Mindestlohn, Mindeststundenentgelte, etc.).

§ 13

Unfallverhütung

1. Der Arbeitnehmer ist verpflichtet, sich über die Gefahren seines Arbeitsplatzes durch entsprechend qualifizierte Mitarbeiter der Gesellschaft und des Entleihers informieren zu lassen und an allen Maßnahmen der Unfallverhütung und Arbeitssicherheit mitzuwirken. Die allgemeinen Unfallverhütungsvorschriften, die in den Räumen der Gesellschaft und des Entleihers zur Einsicht aushängen, sind zu beachten und zu befolgen.
2. Sollte der Entleiher den Arbeitnehmer vor Beginn der Beschäftigung oder bei Veränderungen im Arbeitsbereich des Arbeitnehmers nicht über die Gefahren für Sicherheit und Gesundheit informieren, so hat der Arbeitnehmer die Gesellschaft darüber unverzüglich zu unterrichten. Die Gesellschaft sorgt in diesem Fall für Abhilfe.

§ 14

Merkblatt

Der Arbeitnehmer bestätigt, ein von der Gesellschaft unterschriebenes Exemplar dieses Vertrages sowie das Merkblatt für Leiharbeitnehmer der Bundesagentur für Arbeit erhalten zu haben.

§ 15

Einstellungsfragebogen/Mitteilungspflicht des Arbeitnehmers

1. Angaben des Arbeitnehmers in den Bewerbungsunterlagen oder im Einstellungsfragebogen sind wesentlicher Bestandteil dieses Arbeitsvertrages. Unrichtige Angaben berechtigen die Gesellschaft zur Anfechtung oder fristlosen Kündigung; die Geltendmachung von Schadensersatzansprüchen durch die Gesellschaft bleibt vorbehalten.
2. Der Arbeitnehmer ist verpflichtet, der Gesellschaft – auch unaufgefordert – mitzuteilen, falls er bereits zuvor im Unternehmen eines Entleihers als Leiharbeitnehmer tätig war. Die Mitteilung muss spätestens vor der geplanten Aufnahme der Tätigkeit bei einem konkreten Entleiher erfolgen und sich auf den genauen Zeitraum seiner Vorbeschäftigung in diesem Entleiherunternehmen erstrecken.

§ 16

Schriftformklausel[6]

Dieser Vertrag gibt die Vereinbarungen zwischen den Vertragsparteien vollständig und inhaltlich zutreffend wieder. Schriftliche oder mündliche Nebenabreden bestehen nicht. Die Aufhebung, Änderung und Erweiterung der vorstehenden vertraglichen Vereinbarungen bedürfen zu ihrer Gültigkeit grundsätzlich der Schriftform. Abweichende mündliche Vereinbarungen ändern diesen Vertrag nur, wenn eine umfassend zur Vertretung des Unternehmens berechtigte Person mit dem Arbeitnehmer nach Abschluss dieses Arbeitsvertrages zwar ohne schriftliche Bestätigung, jedoch ausdrücklich eine abweichende Vereinbarung trifft. Besteht keine Vereinbarung im Sinne des Satzes 2 oder 3, begründet auch die wiederholte Gewährung einer Leistung oder Vergünstigung keinen Rechtsanspruch für die Zukunft.

§ 17

Schlussbestimmungen

1. Dieser Vertrag unterliegt dem Recht der Bundesrepublik Deutschland.
2. Die Vertragsparteien sind sich darüber einig, dass durch diesen Vertrag sämtliche anderen Abmachungen, Zusagen und sonstigen vertraglichen

---

[6] Zur AGB-Kontrolle bei doppelten Schriftformklauseln BAG, 20.05.2008 – 9 AZR 382/07, NZA 2008, 1233.

Absprachen in der Vergangenheit aufgehoben und ersetzt werden. Rechte und Besitzstände aus und im Zusammenhang mit solchen Abmachungen, Zusagen oder vertraglichen Absprachen bestehen nicht.
3. Sollten einzelne Bestimmungen dieses Vertrages ganz oder teilweise unwirksam oder undurchführbar sein oder werden, so wird die Wirksamkeit der übrigen Bestimmungen dieses Vertrages hiervon nicht berührt. Anstelle der unwirksamen oder undurchführbaren Bestimmung tritt eine solche Regelung, die in rechtlich zulässiger Weise dem von den Vertragsparteien mit der unwirksamen oder undurchführbaren Bestimmung verfolgten wirtschaftlichen Zweck möglichst nahe kommt. Entsprechendes gilt für den Fall, dass dieser Vertrag Lücken enthalten sollte.

II. Leiharbeitsvertrag (mit Tarifbezug)

Arbeitsvertrag

zwischen

_____, _____, _____,

– nachfolgend auch: »Gesellschaft« –

und

_____, _____, _____,

– nachfolgend auch: »Arbeitnehmer« –.

Vorbemerkung

[Abs. 1 und 2 nur bei Mischbetrieben:

Gegenstand des Unternehmens der Gesellschaft ist [_____]. Die Arbeitnehmer der Gesellschaft werden ganz überwiegend im eigenen Betrieb eingesetzt, gelegentlich aber auch bei Kunden (so genannter Mischbetrieb). Der Einsatz bei Kunden der Gesellschaft erfolgt vorübergehend zur Erledigung beim Kunden temporär anfallender Aufgaben.

Dieser Arbeitsvertrag regelt die für das Arbeitsverhältnis der Parteien geltenden Entgelt- und Arbeitsbedingungen während der Einsatzzeiten im Betrieb einerseits und während der Zeiten des Verleihs an einen Kunden andererseits.]

Die Gesellschaft versichert, im Besitz einer gültigen Erlaubnis zur Arbeitnehmerüberlassung gemäß § 1 AÜG zu sein. Die Erlaubnis wurde von der

Bundesagentur für Arbeit, Regionaldirektion [_____] *(ab 1. Juli 2012: Agentur für Arbeit _____)* am [__.__.____] unbefristet erteilt [befristet erteilt und zuletzt am __.__.____ verlängert.]

§ 1

Tätigkeit und Aufgabengebiet

1. Der Arbeitnehmer wird als [_____] eingestellt. Seine Tätigkeit umfasst insbesondere [_____]. Er erbringt diese im Rahmen von Arbeitnehmerüberlassung. [*oder bei Mischbetrieben:* Die Gesellschaft beabsichtigt, den Arbeitnehmer je nach Auftragslage entweder im eigenen Betrieb oder bei Kunden (Entleihern) im Rahmen von Arbeitnehmerüberlassung einzusetzen. Die Gesellschaft wird den Arbeitnehmer jeweils vor Einsatzbeginn darüber informieren, ob er im Rahmen des bevorstehenden Auftrages als Leiharbeitnehmer zum Einsatz kommen wird.]
2. Die Gesellschaft behält sich unter Wahrung der Interessen des Arbeitnehmers vor, dem Arbeitnehmer auch andere seiner Vorbildung und seinen Fähigkeiten entsprechende gleichwertige und zumutbare Aufgaben zu übertragen. Der Vorbehalt gilt auch für künftig übertragene Aufgaben.[1]
3. Als Dienstsitz gilt der Sitz der Gesellschaft.
4. Der Arbeitnehmer wird bei verschiedenen Kunden (Entleihern) der Gesellschaft eingesetzt. Der Arbeitnehmer ist damit einverstanden, an wechselnden Einsatzorten auch außerhalb seines Dienstsitzes tätig zu werden. [*oder bei Mischbetrieben:* Der Arbeitnehmer ist verpflichtet, auch bei Kunden (Entleihern) der Gesellschaft tätig zu werden. Der Arbeitnehmer ist damit einverstanden, an wechselnden Einsatzorten auch außerhalb seines Dienstsitzes eingesetzt zu werden.]
5. Die Gesellschaft ist berechtigt, den Arbeitnehmer jederzeit von seinem Einsatzort abzuberufen und anderweitig einzusetzen. Während des Einsatzes bei einem Entleiher unterliegt der Arbeitnehmer dem Weisungsrecht des Entleihers, jedoch nur im Rahmen dieses Vertrages.
6. Der Arbeitnehmer wird darauf hingewiesen, dass der Entleiher ihn nicht tätig werden lassen darf, wenn der Einsatzbetrieb unmittelbar durch einen Arbeitskampf betroffen ist. Das Einsatzverbot gilt nicht, wenn der

---

[1] Zu Versetzungsklauseln vgl. Anmerkung zu Muster I., § 1.

Entleiher sicherstellt, dass der Arbeitnehmer keine Tätigkeit übernimmt, die bisher von einem streikenden oder einem einen streikenden Arbeitnehmer vertretenden Arbeitnehmer erledigt wurde (§ 11 Abs. 5 AÜG).

§ 2

Vergütung

1. Der Arbeitnehmer wird in Vergütungsgruppe [__] des [_____] (*Tarifvertrages*) eingestuft. Die Vergütung beträgt zurzeit EUR [_____] brutto/Stunde.
2. Die tarifliche Vergütung wird sowohl während Einsatzzeiten bei einem Entleiher als auch in verleihfreien Zeiten gewährt. Etwaige tarifliche Branchenzuschläge für Leiharbeitnehmer werden nach Maßgabe der im Einsatzbetrieb einschlägigen tariflichen Bestimmungen für Einsatzzeiten zusätzlich gezahlt.
3. Die Vergütung wird die geltenden gesetzlichen und tariflichen Mindeststundenentgelte bzw. Mindestlöhne nicht unterschreiten.
4. Die Vergütung ist jeweils am letzten Werktag eines Monats unter Einbehalt der gesetzlichen Abzüge fällig und zahlbar. Die Auszahlung erfolgt bargeldlos.

§ 3

Geheimhaltung und Rückgabepflicht

1. Der Arbeitnehmer wird sämtliche ihm aufgrund oder im Zusammenhang mit seiner Tätigkeit für die Gesellschaft bekannt werdenden Tatsachen und Umstände, insbesondere sämtliche Geschäfts- und Betriebsgeheimnisse sowie alle sonstigen Geschäfts- und Betriebsdaten, die die Gesellschaft, die mit der Gesellschaft verbundenen Unternehmen und Kunden der Gesellschaft oder deren Geschäftsbetrieb betreffen, streng vertraulich behandeln und geheim halten und Dritten nicht zugänglich machen. Dies gilt auch für alle sonstigen Kenntnisse, die der Arbeitnehmer über Unternehmen und/oder Personen erwirbt, die als Vertragspartner oder in anderer Weise mit der Gesellschaft und den mit ihr verbundenen Unternehmen in Geschäftsbeziehung stehen. Diese Verpflichtung gilt auch nach Beendigung des Arbeitsverhältnisses.
2. Alle Geschäftsunterlagen, Kundenlisten, Aufzeichnungen und sonstige Unterlagen sowie sonstige Daten, gleich welcher Art, welche die Gesellschaft und die mit ihr verbundenen und/oder in Geschäftsbeziehungen

stehenden Unternehmen und/oder Personen betreffen, sind und bleiben Eigentum der Gesellschaft. Sie sind von dem Arbeitnehmer so zu behandeln, als seien sie ihm als Geschäfts- und Betriebsgeheimnisse persönlich anvertraut. Auf Verlangen der Gesellschaft sind vorstehende Unterlagen und Daten, einschließlich aller wie auch immer hergestellten Kopien, der Gesellschaft jederzeit, spätestens jedoch bei Beendigung des Arbeitsverhältnisses oder einer Freistellung dieses Vertrages zurückzugeben. Die Geltendmachung eines Zurückbehaltungsrechtes ist ausgeschlossen.

§ 4

Dauer und Beendigung des Arbeitsverhältnisses

1. Das Arbeitsverhältnis ist auf unbestimmte Zeit geschlossen. [*alternativ sachgrundlose Befristung:* Das Arbeitsverhältnis ist für einen Zeitraum von [__] Monaten/Jahre(n) gemäß § 14 Abs. 2 TzBfG befristet bis zum __.__.____ geschlossen.² Es endet, ohne dass es einer Kündigung bedarf.]
2. Es gelten die tariflichen ordentlichen Kündigungsfristen.
3. Das Recht zur außerordentlichen Kündigung aus wichtigem Grund bleibt unberührt.
4. Jede Kündigung bedarf zu ihrer Wirksamkeit der Schriftform.
5. Die Gesellschaft ist berechtigt, nach Ausspruch einer Kündigung – gleich von welcher Vertragspartei und aus welchem Rechtsgrund – den Arbeitnehmer bis zur Beendigung seines Arbeitsverhältnisses unter Anrechnung auf restliche Urlaubsansprüche sowie sonstige Ansprüche auf Freizeitausgleich von seiner Dienstverpflichtung freizustellen. Das gesetzliche Wettbewerbsverbot bleibt von der Freistellung unberührt. § 615 Satz 2 BGB findet Anwendung.
6. Das Arbeitsverhältnis endet auf jeden Fall mit Ablauf des Monats, in dem der Arbeitnehmer staatliche Regelaltersrente beanspruchen kann. Das Arbeitsverhältnis endet ferner mit Ablauf des Monats, in dem der zuständige Sozialversicherungsträger durch Bescheid feststellt, dass der Arbeitnehmer auf Dauer erwerbsunfähig ist, bei späterem Beginn des entsprechenden Rentenbezugs jedoch erst mit Ablauf des dem Rentenbeginn vorhergehenden Tages. Gewährt der Sozialversicherungsträger nur eine

---

2 Tarifgebundene Verleiher sollten große dynamische Bezugnahmeklauseln vereinbaren, vgl. § 8 Rdn. 67 (Praxistipp); Formulierungsbeispiele vor dem Hintergrund der geänderten, aber für die Zeitarbeitsbranche derzeit kaum bedeutsamen BAG-Rechtsprechung zur Gleichstellungsabrede bei Böhm/Hennig/Popp/*Popp* Rn. 1099 ff.

Rente auf Zeit, so ruht das Arbeitsverhältnis für den Bewilligungszeitraum dieser Rente, längstens indes bis zum Beendigungszeitpunkt nach den vorstehenden Bestimmungen.

§ 5

Tarifgeltung

Im Übrigen finden auf das Arbeitsverhältnis die zwischen dem Arbeitgeberverband [_____] und der Gewerkschaft [_____] abgeschlossenen Mantel-, Entgelt-, Entgeltrahmentarifverträge nebst Ergänzungen in ihrer jeweils gültigen Fassung Anwendung.[3] Die Parteien vereinbaren die Inbezugnahme vorgenannter tariflicher Regelungen ausdrücklich auch für den Fall, dass dieser Arbeitsvertrag erst im Nachwirkungszeitraum der in Bezug genommenen Tarifverträge abgeschlossen wird.

§ 6

Einzelvertragliche Ausschlussfristen

1. Alle Ansprüche aus dem Arbeitsverhältnis sind innerhalb von drei Monaten nach Fälligkeit, spätestens drei Monate nach Beendigung des Anstellungsverhältnisses schriftlich (Textform genügt, § 126b BGB) gegenüber der anderen Vertragspartei geltend zu machen. Nicht innerhalb der Frist geltend gemachte Ansprüche sind verwirkt.
2. Lehnt die andere Vertragspartei den Anspruch ab oder erklärt sie sich nicht innerhalb von drei Wochen nach Geltendmachung des Anspruchs, verfällt dieser, wenn er nicht innerhalb von drei Monaten nach Ablehnung oder nach Ablauf der drei Wochen im Falle des Schweigens gerichtlich geltend gemacht wird.
3. Absätze 1 und 2 gelten auch für Ansprüche, die mit dem Arbeitsverhältnis in Zusammenhang stehen.
4. Vorstehende Ausschlussfristen gelten nicht bei Haftung wegen Vorsatz. Die vorstehenden Ausschlussfristen gelten ausdrücklich nicht für solche Ansprüche, die nicht beschränkt oder ausgeschlossen werden können oder

---

3 Tarifgebundene Verleiher sollten große dynamische Bezugnahmeklauseln vereinbaren, vgl. § 8 Rdn. 67 (Praxistipp); Formulierungsbeispiele vor dem Hintergrund der geänderten, aber für die Zeitarbeitsbranche derzeit kaum bedeutsamen BAG-Rechtsprechung zur Gleichstellungsabrede bei Böhm/Hennig/Popp/*Popp* Rn. 1099 ff.

auf die nicht verzichtet werden kann (z.B. Ansprüche auf gesetzlichen oder tariflichen Mindestlohn, Mindeststundenentgelte, etc.).

§ 7

Merkblatt

Der Arbeitnehmer bestätigt, ein von der Gesellschaft unterschriebenes Exemplar dieses Vertrages sowie das Merkblatt für Leiharbeitnehmer der Bundesagentur für Arbeit erhalten zu haben.

§ 8

Einstellungsfragebogen/Mitteilungspflicht des Arbeitnehmers

1. Angaben des Arbeitnehmers in den Bewerbungsunterlagen oder im Einstellungsfragebogen sind wesentlicher Bestandteil dieses Arbeitsvertrages. Unrichtige Angaben berechtigen die Gesellschaft zur Anfechtung oder fristlosen Kündigung; die Geltendmachung von Schadensersatzansprüchen durch die Gesellschaft bleibt vorbehalten.
2. Der Arbeitnehmer ist verpflichtet, der Gesellschaft – auch unaufgefordert – mitzuteilen, falls er bereits zuvor im Unternehmen eines Entleihers als Leiharbeitnehmer tätig war. Die Mitteilung muss spätestens vor der geplanten Aufnahme der Tätigkeit bei einem konkreten Entleiher erfolgen und sich auf den genauen Zeitraum seiner Vorbeschäftigung in diesem Entleiherunternehmen erstrecken.

§ 9

Schriftformklausel[4]

Dieser Vertrag gibt die Vereinbarungen zwischen den Vertragsparteien vollständig und inhaltlich zutreffend wieder. Schriftliche oder mündliche Nebenabreden bestehen nicht. Die Aufhebung, Änderung und Erweiterung der vorstehenden vertraglichen Vereinbarungen bedürfen zu ihrer Gültigkeit grundsätzlich der Schriftform. Abweichende mündliche Vereinbarungen ändern diesen Vertrag nur, wenn eine umfassend zur Vertretung des Unternehmens berechtigte Person mit dem Arbeitnehmer nach Abschluss dieses Arbeitsvertrages zwar ohne schriftliche Bestätigung, jedoch ausdrücklich eine

---

4 Zur Schriftformklausel vgl. Anmerkung zu Muster I., § 16.

abweichende Vereinbarung trifft. Besteht keine Vereinbarung im Sinne des Satzes 2 oder 3, begründet auch die wiederholte Gewährung einer Leistung oder Vergünstigung keinen Rechtsanspruch für die Zukunft.

§ 10

Schlussbestimmungen

1. Dieser Vertrag unterliegt dem Recht der Bundesrepublik Deutschland.
2. Die Vertragsparteien sind sich darüber einig, dass durch diesen Vertrag sämtliche anderen Abmachungen, Zusagen und sonstigen vertraglichen Absprachen in der Vergangenheit aufgehoben und ersetzt werden. Rechte und Besitzstände aus und im Zusammenhang mit solchen Abmachungen, Zusagen oder vertraglichen Absprachen bestehen nicht.
3. Sollten einzelne Bestimmungen dieses Vertrages ganz oder teilweise unwirksam oder undurchführbar sein oder werden, so wird die Wirksamkeit der übrigen Bestimmungen dieses Vertrages hiervon nicht berührt. Anstelle der unwirksamen oder undurchführbaren Bestimmung tritt eine solche Regelung, die in rechtlich zulässiger Weise dem von den Vertragsparteien mit der unwirksamen oder undurchführbaren Bestimmung verfolgten wirtschaftlichen Zweck möglichst nahe kommt. Entsprechendes gilt für den Fall, daß dieser Vertrag Lücken enthalten sollte.

III. Muster-Rahmenvertrag Arbeitnehmerüberlassung

Rahmenvertrag über Arbeitnehmerüberlassung

zwischen

_____, _____, _____,

– nachfolgend auch: »Verleiher« –

und

_____, _____, _____,

– nachfolgend auch: »Entleiher« –.

§ 1

Erlaubnis

1. Der Verleiher ist im Besitz einer Erlaubnis der Bundesagentur für Arbeit zur Arbeitnehmerüberlassung nach § 1 Abs. 1 AÜG. Die Erlaubnisurkunde

der Bundesagentur für Arbeit – Regionaldirektion [_____] *(ab 1. Juli 2012: Agentur für Arbeit)* – datiert vom __. _____ 200_ und hat eine [*unbefristete*] befristete Laufzeit vom __. _____ 200_ bis zum __. _____ 200_. Eine Kopie der Erlaubnisurkunde ist diesem Vertrag als **Anlage 1** beigefügt.
2. Der Verleiher wird den Entleiher unverzüglich über den Zeitpunkt eines etwaigen Wegfalls der Erlaubnis unterrichten. Sollte die Erlaubnis nicht verlängert, zurückgenommen oder widerrufen werden, wird der Verleiher den Entleiher auf das voraussichtliche Ende der Abwicklung und die gesetzliche Abwicklungsfrist hinweisen.
3. Der Verleiher erklärt, dass auf die Leiharbeitsverträge mit den zu überlassenden Arbeitnehmern während der Einsatzzeiten kraft einzelvertraglicher Inbezugnahme die Bestimmungen der Tarifverträge zwischen dem Arbeitgeberverband [_____] und der Gewerkschaft [_____] in ihrer jeweils geltenden Fassung Anwendung finden. [*alternativ*: Der Verleiher erklärt, auf die Leiharbeitsverträge mit den zu überlassenden Arbeitnehmern während der Einsatzzeiten keine Tarifverträge anzuwenden.] Der Verleiher trägt dafür Sorge, dass die gesetzlichen und/oder tariflichen Mindeststundenentgelte nicht unterschritten werden.

§ 2

Vertragsgegenstand/Einzelaufträge

1. Gegenstand dieses Vertrages ist die entgeltliche Überlassung von Arbeitnehmern durch den Verleiher an den Entleiher zur Arbeitsleistung auf Grundlage des Arbeitnehmerüberlassungsgesetzes (AÜG) in der jeweiligen Fassung.
2. Dieser Rahmenvertrag begründet keine Verpflichtung der Parteien, Arbeitnehmer zu verleihen oder zu entleihen. Für jeden konkreten Überlassungsauftrag werden gesonderte Verträge (nachfolgend: »Einzelverträge«) geschlossen. Die erforderlichen Qualifikationen für die Tätigkeit, die zu erbringende Tätigkeit (Tätigkeitsprofil) sowie Beginn und voraussichtliches Ende der vorgesehenen Tätigkeit sind in dem jeweiligen Einzelvertrag anzugeben. Sämtliche Überlassungen erfolgen vorübergehend, höchstens bis zur zulässigen Überlassungshöchstdauer nach § 1 Abs. 1b AÜG. Jeder Einzelvertrag bedarf der Schriftform. Das Muster eines Einzelvertrages ist dieser Vereinbarung als **Anlage 2** beigefügt.

§ 3

Vergütung/Vermittlungshonorar

1. Die vom Entleiher an den Verleiher zu entrichtende Vergütung für die Überlassung von Arbeitnehmern bestimmt sich nach den in der Preisliste des Verleihers genannten Verrechnungssätzen zuzüglich gesetzlicher Mehrwertsteuer in der jeweils gültigen Höhe. Die aktuelle Preisliste ist diesem Vertrag als **Anlage 3** beigefügt. [*alternativ*: Die vom Entleiher an den Verleiher zu entrichtende Vergütung für die Überlassung von Arbeitnehmern bestimmt sich nach den im jeweiligen Einzelvertrag vereinbarten Verrechnungssätzen zuzüglich gesetzlicher Mehrwertsteuer in der jeweils gültigen Höhe.]
Die Verrechnungssätze verstehen sich zzgl. etwaiger tariflicher Branchenzuschläge für Leiharbeitnehmer und zzgl. etwaiger Zuschläge für Mehr-, Samstags-, Sonn-, Nacht- und Feiertagsarbeit. Der Entleiher wird dem Verleiher die Branchenzugehörigkeit des Einsatzbetriebes und die dort anwendbaren Tarifverträge schriftlich mitteilen; soweit aufgrund der Regelungen des einschlägigen Branchenzuschlagstarifvertrages eine Deckelung des Zuschlags zulässig ist, muss der Entleiher – soweit er diese Deckelung geltend machen möchte – dies ausdrücklich vor Einsatzbeginn eines jeden einzelnen Leiharbeitnehmers schriftlich gegenüber dem Verleiher verlangen.[1] Soweit sich die Branchenzugehörigkeit oder die anwendbaren Tarifverträge ändern, wird der der Entleiher den Verleiher darüber unverzüglich schriftlich informieren.

---

1 Regelung vor Hintergrund der Darlegungs- und Beweislast für das Verlangen der Deckelung von Branchenzuschlägen empfehlenswert, vgl. zum TV BZ Metall + Elektro z.B. LAG Baden-Württemberg, 29.03.2016 – 8 Sa 55/15, n.v. (zitiert nach juris); Thüringisches LAG, 23.03.2015 – 3 Sa 200/14, n.v. (zitiert nach juris); LAG Hamm, 12.11.2014 – 2 Sa 1571/13, BeckRS 2015, 68334; LAG Hamm, 13.03.2014 – 17 Sa 1479/13, BeckRS 2014, 71841. Soll ein Anspruch auf zwingendes Equal Pay zwischen dem 10. und 15. Monat des Einsatzes bei einem Entleiher (§ 8 Abs. 4 Satz 2 und 3 AÜG) ausgeschlossen werden, scheidet eine Deckelung aus, da ansonsten die Voraussetzung der Heranführung an 100 % des Arbeitsentgelts des vergleichbaren Stammarbeitnehmers im Einsatzbetrieb nach spätestens 15 Monaten nicht erfüllt ist.

2. Vermittlungsprovisionen richten sich nach den Allgemeinen Geschäftsbedingungen (AGB) des Verleihers.

§ 4

Laufzeit und Kündigung

1. Dieser Vertrag wird auf unbestimmte Zeit geschlossen, er kann von jeder Partei mit einer Frist von [__] Wochen/[__] Monaten zum Monatsende gekündigt werden.
2. Wird dieser Rahmenvertrag gekündigt, gilt dies zugleich als Kündigung aller Einzelverträge nach vorstehendem § 2 dieses Vertrages zum gleichen Zeitpunkt wie der Rahmenvertrag. Der Entleiher ist verpflichtet, den Leiharbeitnehmer spätestens zwei Werktage vor Einsatzende über die Beendigung des Einsatzes zu informieren.
3. Das Recht zur außerordentlichen und fristlosen Kündigung dieses Vertrages aus wichtigem Grund bleibt unberührt. Der Verleiher ist zur außerordentlichen Kündigung insbesondere berechtigt, wenn:
   a) der Entleiher seine Zahlung einstellt oder über sein Vermögen die Eröffnung eines Insolvenzverfahrens beantragt wird;
   b) eine Verschlechterung der wirtschaftlichen Verhältnisse des Entleihers eintritt;
   c) der Entleiher mit der Erfüllung seiner Verbindlichkeiten aus einem Einzelvertrag Arbeitnehmerüberlassung oder aus einem anderen Vertragsverhältnis mit dem Verleiher in Verzug geraten ist und trotz angemessener Fristsetzung von zwei Wochen nicht leistet;
   d) der Entleiher seine Pflichten zur Sicherstellung der Arbeitssicherheit des Arbeitnehmers nicht erfüllt;
   e) für den Arbeitnehmer unzumutbare Arbeitsbedingungen gegeben sind;
   f) dem Arbeitnehmer die Arbeitsleistung im Betrieb des Entleihers aufgrund Streik, Aussperrung, höherer Gewalt oder anderer Gründe in der Sphäre des Entleihers unmöglich ist.
4. Jede Kündigung bedarf zu ihrer Wirksamkeit der Schriftform.

§ 5

Allgemeine Geschäftsbedingungen

Die Allgemeinen Geschäftsbedingungen des Verleihers sind Vertragsbestandteil. Diese sind diesem Vertrag als **Anlage** [_] beigefügt.

§ 6

Erfüllungsort und Gerichtsstand

Erfüllungsort und Gerichtsstand für beide Vertragsparteien ist der Sitz des Verleihers.

§ 7

Schlussbestimmungen

1. Dieser Vertrag nebst Anlagen unterliegt dem Recht der Bundesrepublik Deutschland.
2. Änderungen und Ergänzungen sowie die Aufhebung auch nur einzelner Bestimmungen dieses Vertrages oder seiner Anlagen bedürfen zu ihrer Wirksamkeit der Schriftform. Dies gilt auch für die Schriftformklausel selbst.
3. Die Anlagen zu diesem Vertrag sind wesentliche Bestandteile dieser Vereinbarung. Soweit sie zur Einbeziehung weiterer Arbeitnehmer fortgeschrieben oder sonst geändert werden, sind sie jeweils von Verleiher und Entleiher zu unterschreiben.
4. Sollten einzelne Bestimmungen dieses Vertrages nicht wirksam oder der Vertrag lückenhaft sein, berührt dies die Wirksamkeit der übrigen Bestimmungen dieses Vertrages nicht. Verleiher und Entleiher sind in einem solchen Fall verpflichtet, einander so zu stellen, als sei eine Ersatzregelung vereinbart, die den wirtschaftlichen Zweck der unwirksamen oder lückenhaften Bestimmung möglichst weitgehend in wirksamer Weise erfüllt, und eine solche Ersatzregelung zu vereinbaren.
5. Mit diesem Vertrag ist die Rechtsbeziehung zwischen Verleiher und Entleiher nach § 12 AÜG geregelt.

IV. Muster-Einzelvertrag Arbeitnehmerüberlassungsvertrag

Einzelvertrag Arbeitnehmerüberlassung[1]

zwischen

_____, _____, _____,

– nachfolgend auch: »Verleiher« –

---

[1] Anlage 2 zum Rahmenvertrag Arbeitnehmerüberlassung.

und

_____, _____, _____,
　　　　　　　　　　　　　　　　– nachfolgend auch: »Entleiher« –.

Zwischen den Parteien besteht ein Rahmenvertrag über Arbeitnehmerüberlassung vom __. ____ 200_ (nachfolgend auch: »Rahmenvertrag«). Auf Grundlage dieses Rahmenvertrages vereinbaren die Parteien die Überlassung des nachfolgend genannten Leiharbeitnehmers (nachfolgend auch: »Arbeitnehmer«) an den Entleiher nach Maßgabe der folgenden Bedingungen:

§ 1

Vertragsgegenstand

1. Der Arbeitnehmer

Name, Vorname:　　　　　　　　　　[_____]

Geburtsdatum:　　　　　　　　　　　[_____]

Anschrift:　　　　　　　　　　　　　[_____]

Staatsangehörigkeit:　　　　　　　　 [_____]

Einsatzbetrieb:　　　　　　　　　　　[_____]

wird dem Entleiher befristet für die Zeit vom __. _____ 200_ bis zum __. _____ 200_ (Überlassungszeitraum) zur Arbeitsleistung als Leiharbeitnehmer überlassen.

2. Der Arbeitnehmer übernimmt die Aufgaben als [_____]. Dafür sind folgende (besondere) berufliche Qualifikationen und Fähigkeiten erforderlich: [_____].
3. Die zu übertragenden Aufgaben entsprechen den Fähigkeiten und Kenntnissen des Arbeitnehmers und sind dem mit dem Verleiher arbeitsvertraglich vereinbarten Aufgabengebiet gleichwertig.

§ 2

Arbeitszeit[2]

Die regelmäßige wöchentliche Arbeitszeit des Leiharbeitnehmers beträgt [__] Stunden (Montag bis Freitag).

§ 3

Entleihererklärungen

1. Auf das Leiharbeitsverhältnis des zu überlassenden Arbeitnehmers finden kraft einzelvertraglicher Inbezugnahme die Bestimmungen der Tarifverträge zwischen dem Arbeitgeberverband [_____] und der Gewerkschaft [_____] in ihrer jeweils geltenden Fassung Anwendung finden. Nach Maßgabe dieser Tarifverträge können während des Einsatzes des Arbeitnehmers in dem Einsatzbetrieb des Entleihers tarifliche Branchenzuschläge zu zahlen sein. Vor diesem Hintergrund erklärt der Entleiher Folgendes:

   Branchenzugehörigkeit [_____]
   des Einsatzbetriebes/
   Branche:

   Hilfs-/ Nebenbetrieb: [__] nein   [__] ja, und zwar [_____]

   Einsatzbetrieb ist ein [__] nein   [__] ja (Bestätigung beifügen)
   Handwerksbetrieb:

   Der Einsatz des Leiharbeitnehmers im Einsatzbetrieb unterfällt damit dem jeweils geltenden Branchenzuschlagstarifvertrag zwischen dem Arbeitgeberverband [_____] und der Gewerkschaft [_____] für die Branche [_____]. [alternativ: Der Einsatz des Leiharbeitnehmers im Einsatzbetrieb unterfällt damit keinem Branchenzuschlagstarifvertrag.]

2. Im Einsatzbetrieb des Entleihers finden die [jeweils geltenden] Tarifverträge zwischen dem Arbeitgeberverband [_____] und der Gewerkschaft [_____] für die Branche [_____] Anwendung (nachfolgend: »Entleiher-Tarifvertrag]. Mit dem Leiharbeitnehmer vergleichbare

---

2 Arbeitsvertragliche Regelarbeitszeit/Woche und wöchentliche Einsatzzeit beim Entleiher sollten einander entsprechen, ansonsten drohen dem Verleiher für Nichteinsatzzeiten Verzugslohnrisiken (§ 615 BGB).

Stammbeschäftigte des Entleihers sind in Entgeltgruppe [__] des Entleiher-Tarifvertrages eingruppiert. [*alternativ statt Satz 1 und 2*: Im Einsatzbetrieb des Entleihers finden keine Tarifverträge Anwendung.] Die Höhe des Arbeitsentgelts und die sonstigen wesentlichen Arbeitsbedingungen eines mit dem zu überlassenden Leiharbeitnehmer vergleichbaren Stammarbeitnehmers im Einsatzbetrieb des Entleihers sind **Anlage 1** zu diesem Vertrag zu entnehmen.

§ 4

Vergütung und Abrechnung

1. Der Entleiher zahlt für die Überlassung ab dem 1. Einsatzmonat eine pauschale Vergütung in Höhe von EUR [_____] pro Monat, ab dem 10. Einsatzmonat von [_____] und ab dem 16. Einsatzmonat von [_____], jeweils zuzüglich gesetzlicher Mehrwertsteuer sowie zuzüglich etwaiger tariflicher Branchenzuschläge für Leiharbeitnehmer. Beginnt oder endet die Überlassung während eines Monats, ist die Vergütung zeitanteilig zu entrichten.
[*alternativ*: Der Entleiher zahlt für die Überlassung des Arbeitnehmers einen Stundenverrechnungssatz pro Stunde, zuzüglich gesetzlicher Mehrwertsteuer sowie zuzüglich etwaiger tariflicher Branchenzuschläge für Leiharbeitnehmer. Der Stundenverrechnungssatz beträgt
* ab dem 1. Einsatzmonat: EUR [_____]/ Stunde;
* ab dem 10. Einsatzmonat: EUR [_____]/Stunde; und
* ab dem 16. Einsatzmonat: EUR [_____]/ Stunde.]
2. Für Arbeitsstunden, die über die regelmäßige Wochenarbeitszeit gemäß vorstehendem § 2 hinausgehen (Überstunden/Mehrarbeit) sowie für Samstags-, Sonntags-, Nacht- und Feiertagsarbeit erhält der Verleiher eine zusätzliche Vergütung in Höhe von EUR [_____] pro Stunde, jeweils zuzüglich etwaiger tariflicher Zuschläge für Mehr-, Samstags-, Sonntags-, Nacht- und Feiertagsarbeit. Die Beträge verstehen sich zuzüglich gesetzlicher Mehrwertsteuer.
3. Die Rechnungsstellung erfolgt zum [__]. des der Arbeitsleistung nachfolgenden Monats. Der Entleiher ist verpflichtet, die vom Leiharbeitnehmer zu erstellenden Arbeitszeitnachweise zu kontrollieren und bis spätestens [__]. des der Arbeitsleistung nachfolgenden Monats gegenzuzeichnen.

§ 5

Laufzeit/Kündigung

1. Der Einsatz des Leiharbeitnehmers im Einsatzbetrieb des Entleihers erfolgt vorübergehend für die unter § 1 dieses Einzelvertrages vereinbarte Dauer. Krankheit oder Urlaub verlängern die vereinbarte Überlassungsdauer nicht.
2. Beide Parteien können die Überlassung unter Einhaltung einer Frist von zwei Wochen kündigen. Die Kündigung dieses Einzelvertrages lässt die Wirksamkeit des Rahmenvertrages über Arbeitnehmerüberlassung unberührt.
2. Das Recht zur außerordentlichen Kündigung bleibt unberührt.
3. Jede Kündigung bedarf zur Wirksamkeit der Schriftform.

§ 6

Schlussbestimmungen

1. Änderungen und Ergänzungen dieses Vertrages bedürfen zu ihrer Wirksamkeit der Schriftform. Dies gilt auch für die Änderung dieses Schriftformerfordernisses.
2. Sollten Bestimmungen dieses Vertrages ganz oder teilweise unwirksam sein, wird dadurch die Wirksamkeit des Vertrages im Übrigen nicht berührt. Für diesen Fall gilt diejenige wirksame Bestimmung als vereinbart, welche der unwirksamen Bestimmung nach Sinn und Zweck am nächsten kommt. Entsprechendes gilt für den Fall einer unbewussten Regelungslücke.
3. Im Übrigen gelten die Regelungen des Rahmenvertrages Arbeitnehmerüberlassung vom __. _____ 200_ nebst der Allgemeinen Geschäftsbedingungen des Verleihers.

V. Muster Allgemeine Geschäftsbedingungen Arbeitnehmerüberlassung

Allgemeine Geschäftsbedingungen für Leistungen der XY Personal Service GmbH[1]

Diese Allgemeinen Geschäftsbedingungen der XY Personal Service GmbH – nachfolgend auch »Verleiher« – sind Bestandteil des mit dem

---

1 Anlage 4 zum Rahmenvertrag Arbeitnehmerüberlassung; das Schriftformerfordernis nach § 12 AÜG erstreckt sich a. auf die AGB – vorsorglich sollten die Vertragsparteien a. diese separat unterschreiben, vgl. a. *Boemke/Lembke* § 12 AÜG Rn. 8.

Kunden – nachfolgend auch »Entleiher« – abgeschlossenen Arbeitnehmerüberlassungsvertrages nebst Anlagen (§ 12 AÜG) und gelten in Ergänzung dazu. Der Geltung von abweichenden Allgemeinen Geschäftsbedingungen des Entleihers wird ausdrücklich widersprochen. Diese Allgemeinen Geschäftsbedingungen des Verleihers gelten auch für Folgegeschäfte, selbst wenn bei deren Abschluss nicht nochmals darauf hingewiesen wird.

§ 1

Vertragsgegenstand und Durchführung

1. Der Verleiher stellt dem Entleiher auf der Grundlage des Arbeitnehmerüberlassungsgesetzes (AÜG), seiner Allgemeinen Geschäftsbedingungen und den Bestimmungen des abgeschlossenen Arbeitnehmerüberlassungsvertrages nebst Anlagen Leiharbeitnehmer (nachfolgend auch »Arbeitnehmer«) am vereinbarten Einsatzort zur Verfügung.
2. Der Verleiher hat den Arbeitnehmer gemäß dem von dem Entleiher beschriebenen fachlichen Anforderungsprofil ausgewählt und auf seine berufliche Eignung hin überprüft. Der Entleiher ist nur berechtigt, den Arbeitnehmer zur Durchführung der im Vertrag vereinbarten Tätigkeit einzusetzen. Er darf ausschließlich Geräte, Werkzeuge, Maschinen und sonstige Arbeitsmaterialien benutzen, die zur Ausführung dieser Tätigkeit erforderlich sind. Im Falle des Einsatzes ausländischer Arbeitnehmer sichert der Verleiher zu, dass die erforderlichen behördlichen Genehmigungen vorliegen.
3. Soweit der konkrete Personaleinsatz durch Abschluss eines Einzelvertrages Arbeitnehmerüberlassung beauftragt wird, bedarf neben dem Rahmenvertrag über Arbeitnehmerüberlassung auch der Einzelvertrag Arbeitnehmerüberlassung der gesetzlichen Schriftform. Der Personaleinsatz darf erst nach Vorliegen des von Entleiher und Verleiher im Original unterzeichneten Einzelvertrages Arbeitnehmerüberlassung erfolgen. Zwecks Erleichterung der Abwicklung erteilt der Entleiher dem Verleiher – unter Befreiung von den Beschränkungen des § 181 BGB – hiermit die Vollmacht, den Einzelvertrag Arbeitnehmerüberlassung auch in seinem Namen im Original zu unterschreiben, falls der Entleiher den Auftrag vorher in Textform (per E-Mail, Telefax etc.) erteilt hat. Die notwendigen Angaben zu Qualifikation und konkreter Tätigkeit des Leiharbeitnehmers (ggf. auch eines konkret namentlich bezeichneten Leiharbeitnehmers), Einsatzbetrieb, Einsatzzeitraum und Anzahl der benötigten Leiharbeitnehmer hat der Entleiher dabei anzugeben. Weitere bei Abschluss des Einzelvertrages

Arbeitnehmerüberlassung nicht zwingend benötigte Angaben – beispielsweise zur Branchenzugehörigkeit und zur Tarifanwendung im Einsatzbetrieb – hat der Entleiher unverzüglich und unaufgefordert schriftlich nachzureichen. Der Verleiher wird dem Entleiher ein von ihm unterschriebenes Original des Einzelvertrages Arbeitnehmerüberlassung unverzüglich nach Auftragserteilung in Textform durch den Entleiher per normaler Post zusenden.

4. Während der Beschäftigung im Entleiherbetrieb unterliegt der überlassene Arbeitnehmer der Leitung, Aufsicht und den Arbeitsanweisungen des Entleihers; dieser darf Mehrarbeitsstunden des Arbeitnehmers anordnen. Eine vertragliche Beziehung zwischen dem entsandten Arbeitnehmer und dem Entleiher wird nicht begründet.
5. Alle wesentlichen Merkmale der Tätigkeit sowie etwaige Neudispositionen sind ausschließlich mit dem Verleiher zu vereinbaren, wobei der Verleiher auf die besonderen Wünsche und Anforderungen im Entleiherbetrieb angemessen Rücksicht nehmen wird.
6. Soll der überlassene Arbeitnehmer mit anderen Tätigkeiten betraut oder an einem anderen Tätigkeitsort eingesetzt werden, so hat der Entleiher den Verleiher im Voraus darüber zu unterrichten und dessen schriftliche Zustimmung einzuholen.
7. Der Verleiher hat die zu überlassenden Arbeitnehmer auf die Wahrung der geschäftlichen Interessen des Entleihers, insbesondere auf Verschwiegenheits- und Geheimhaltungspflichten, zu verpflichten, soweit nicht berechtigte Interessen des Verleihers entgegenstehen.
8. Verleiher und Entleiher werden jeweils geeignete Personen benennen, die bei operativen, organisatorischen oder sonstigen für die Auftragsdurchführung relevanten Themen als Ansprechpartner zur Verfügung stehen.

§ 2

Arbeitssicherheit

1. Der Entleiher ist verpflichtet, den entsandten Arbeitnehmer vor der Arbeitsaufnahme über die in seinem Betrieb und dem jeweiligen Arbeitsplatz geltenden Unfallverhütungsvorschriften zu unterrichten, insbesondere aber dem Arbeitnehmer die für die Ausübung der jeweiligen Tätigkeit vorgeschriebene Sicherheitsausrüstung und Schutzkleidung unentgeltlich zur Verfügung zu stellen. Ebenso werden Einrichtungen und Maßnahmen der Ersten Hilfe durch den Entleiher unentgeltlich sichergestellt.

2. Sollten der entsandte Arbeitnehmer bei mangelhaften oder nicht vorhandenen Sicherheitseinrichtungen oder Ausrüstungen oder Schutzkleidung die Aufnahme oder Fortsetzung der Tätigkeit ablehnen, haftet der Entleiher gegenüber dem Verleiher für den dadurch entstandenen Lohnausfall. Die Leiharbeitnehmer sind durch den Verleiher bei der Berufsgenossenschaft versichert.
3. Arbeitsunfälle sind dem Verleiher und der Berufsgenossenschaft mittels schriftlicher Unfallanzeige unverzüglich zu melden. Eine Kopie der Unfallanzeige ist vom Entleiher gemäß § 193 SGB VII der für den Betrieb des Entleihers zuständigen Berufsgenossenschaft zu übersenden.
4. Der Entleiher gewährt dem Verleiher freien Zutritt zu den Arbeitsplätzen und Bereichen, in denen überlassene Arbeitnehmer eingesetzt werden.

§ 3

Abberufung/Austausch von Leiharbeitnehmern

1. Der Entleiher kann einen Arbeitnehmer binnen vier Arbeitsstunden nach Beginn der Überlassung durch schriftliche Erklärung (per Telefax oder E-Mail) gegenüber dem Verleiher zurückweisen, wenn dieser für die vereinbarte Tätigkeit offensichtlich ungeeignet ist. Der Verleiher wird sich im Rahmen seiner Möglichkeiten bemühen, eine geeignete Ersatzkraft zur Verfügung zu stellen. Stellt der Verleiher nicht spätestens mit Ablauf des übernächsten Werktages nach Zugang der schriftlichen Zurückweisung eine geeignete Ersatzkraft zur Verfügung, kann der Entleiher den der konkreten Überlassung zugrundeliegenden Einzelvertrag außerordentlich und fristlos kündigen; der Rahmenvertrag zur Arbeitnehmerüberlassung bleibt unberührt.
2. Der Verleiher ist berechtigt, aus innerbetrieblichen, organisatorischen oder gesetzlichen Gründen den überlassenen Arbeitnehmer auszutauschen und einen anderen für die konkrete Tätigkeit geeigneten Arbeitnehmer zur Verfügung zu stellen. Der Verleiher wird bei seiner Entscheidung die Interessen und besonderen Verhältnisse im Entleiherbetrieb angemessen berücksichtigen.
3. Ist der Verleiher mit der Überlassung eines Arbeitnehmers in Verzug, ist der Entleiher nur dann zum Rücktritt vom Einzelvertrag Arbeitnehmerüberlassung berechtigt, wenn er dem Verleiher eine angemessene Nachfrist von mindestens zwei Werktagen gesetzt hat.

§ 4

Haftung

1. Der Verleiher haftet nur für die fehlerfreie Auswahl und pünktliche Bereitstellung eines für die vereinbarte Tätigkeit qualifizierten Arbeitnehmers. Die Haftung für eine Verletzung der in Satz 1 genannten oder sich kraft Gesetzes ergebender Verpflichtungen ist auf Vorsatz und grobe Fahrlässigkeit beschränkt. Für weitergehende Schäden haftet der Verleiher nicht.
2. Der Verleiher haftet nicht für die Ausführung der Arbeiten durch den überlassenen Arbeitnehmer sowie für Schäden, die dieser in Ausübung seiner Tätigkeit verursacht. Der Entleiher ist verpflichtet, den Verleiher von allen Ansprüchen freizustellen, die Dritte im Zusammenhang mit der Ausführung und Verrichtung der dem überlassenen Arbeitnehmer übertragenen Aufgaben erheben.
3. Der überlassene Leiharbeitnehmer ist zum Inkasso nicht berechtigt. Der Verleiher haftet daher nicht für Schäden, die dadurch verursacht werden, dass der Arbeitnehmer mit Geldangelegenheiten, wie Kassenführung, Verwahrung und Verwaltung von Geld sowie Wertpapieren und ähnlichen Geschäften betraut wird.

§ 5

Rechnungslegung und Abrechnung/Vergütungsanpassung

1. Die Abrechnung der Leistungen erfolgt auf der Grundlage des im Arbeitnehmerüberlassungsvertrag bzw. Einzelvertrag vereinbarten Stundenverrechnungssatzes zuzüglich etwaiger tariflicher Branchenzuschläge sowie sonstiger Zuschläge und gesetzlicher Mehrwertsteuer in der jeweils geltenden Höhe.
2. Eine etwaige Überlassung von Werkzeugen und/oder sonstigen Arbeitsmitteln durch den Verleiher ist nicht im Stundenverrechnungssatz enthalten. Die Parteien werden insoweit eine gesonderte Vergütungsregelung treffen. Kommt eine gesonderte Vergütungsvereinbarung nicht zu Stande, gilt die übliche Vergütung und/oder der übliche Preis als vereinbart.
3. Der Verleiher behält sich eine entsprechende Erhöhung des Stundenverrechnungssatzes vor, wenn nach Vertragsabschluss gesetzlich und/oder tariflich bedingte Lohnerhöhungen eintreten, wenn Leiharbeitnehmer gegen andere mit höherer Qualifikation ausgetauscht werden, oder wenn Umstände, die der Verleiher nicht zu vertreten hat, eine Kostensteigerung verursachen. Entsprechendes gilt bei einer Änderung der vereinbarten

Tätigkeit eines bereits überlassenen Arbeitnehmers oder des Einsatzortes durch den Entleiher, wenn dem Verleiher dadurch höhere Entgeltkosten oder Aufwendungen entstehen; die höheren Entgelte und/oder Aufwendungen kann der Verleiher ersetzt verlangen.
4. Der Leiharbeitnehmer wird dem Entleiher wöchentlich Tätigkeitsnachweise vorlegen. Der Entleiher ist verpflichtet, diese Nachweise zu unterzeichnen und dem Arbeitnehmer eine Ausfertigung auszuhändigen. Eine Ausfertigung bleibt zur Rechnungskontrolle beim Entleiher.
5. Die Rechnungsstellung durch den Verleiher erfolgt monatlich bis zum 10. eines Monats für den Vormonat. Die Rechnung ist sofort nach Erhalt ohne Abzug zur Zahlung fällig. Der Verleiher kann angemessene monatliche Abschlagszahlungen verlangen.
6. Im Falle des Zahlungsverzugs, Scheck- oder Wechselprotests, der Lastschriftrückbelastung oder bei Beantragung des Insolvenzverfahrens werden die gesamten offenen Forderungen zur sofortigen Zahlung fällig. Die in Rechnung gestellten Forderungen sind ab Fälligkeit auf das Jahr mit 12 % über dem jeweiligen Basiszinssatz zu verzinsen.
7. Für die außergerichtliche bzw. gerichtliche Beitreibung der Forderungen berechnet der Verleiher eine Bearbeitungsgebühr in Höhe von EUR 80,00.

§ 6

Pflichten des Entleihers/Entleihererklärungen

1. Der Entleiher ist verpflichtet, den überlassenen Arbeitnehmern Zugang zu den im Einsatzbetrieb bestehenden Sozialeinrichtungen und – nach Maßgabe des § 13b AÜG – zu den im Unternehmen bestehenden Gemeinschaftseinrichtungen oder -diensten zu gewähren. Der Entleiher wird dem Verleiher auf Verlangen die für die Lohnbesteuerung erforderlichen Informationen für die gewährten Vorteile nach § 13b AÜG zur Verfügung stellen.
2. Der Entleiher wird auf seine Aufzeichnungs- und Aufbewahrungspflicht nach § 17c Abs. 1 AÜG hingewiesen; auf Verlangen sind dem Verleiher unentgeltlich Kopien dieser Aufzeichnungen zur Verfügung zu stellen.
3. Der Entleiher stellt sicher, dass die überlassenen Arbeitnehmer nicht unter Missachtung des Allgemeinen Gleichbehandlungsgesetzes (AGG) behandelt werden. Im Falle eines Verstoßes gegen das AGG stellt der

Entleiher den Verleiher von allen Ansprüchen des betroffenen Arbeitnehmers frei.
4. Der Entleiher ist verpflichtet, dem Verleiher jederzeit auf Verlangen – spätestens vor Beginn des 10. Einsatzmonats – schriftlich Auskunft über die wesentlichen Arbeitsbedingungen einschließlich des Arbeitsentgelts vergleichbarer Arbeitnehmer im Entleiherbetrieb zu erteilen. Während der Laufzeit des jeweiligen Einzelvertrages wird der Entleiher den Verleiher unaufgefordert, schriftlich über Veränderungen der Angaben nach Satz 1 informieren.
5. Der Entleiher versichert, dass der jeweils überlassene Arbeitnehmer in den letzten sechs Monaten vor der Überlassung an den Entleiher nicht aus einem Arbeitsverhältnis bei diesem oder einem Arbeitgeber, der mit dem Entleiher einen Konzern im Sinne des § 18 AktG bildet, ausgeschieden ist. Bei unzutreffenden Angaben hierzu hat der Entleiher den Verleiher von sämtlichen Ansprüchen des überlassenen Arbeitnehmers und Dritter freizustellen und dem Verleiher sämtliche damit im Zusammenhang stehende weitere Schäden zu ersetzen.
6. Der Entleiher wird dem Verleiher vor dem Einsatz von Arbeitnehmern schriftlich und unaufgefordert Auskunft darüber erteilen, ob und ggf. welcher Branche er angehört, für die ein Tarifvertrag über Branchenzuschläge bei Arbeitnehmerüberlassung (Zeitarbeit) gilt. Der Entleiher stellt den Verleiher von allen Ansprüchen der Arbeitnehmer frei, die diese über die bei Beginn des Einsatzes festgesetzte Vergütung hinaus deshalb verlangen können, weil der Entleiher seiner Auskunftspflicht nicht, nicht vollständig oder unzutreffend genügt hat.
7. Der Entleiher ist verpflichtet, dem Verleiher schriftlich und unaufgefordert mitzuteilen, falls ein Leiharbeitnehmer bereits zuvor in seinem Unternehmen als Leiharbeitnehmer tätig war. Die Mitteilung muss spätestens vor der geplanten Aufnahme der Tätigkeit erfolgen und sich auf den genauen Zeitraum der Vorbeschäftigung im Unternehmen des Entleihers erstrecken. Bei unzutreffenden Angaben hierzu hat der Entleiher den Verleiher von sämtlichen Ansprüchen des überlassenen Arbeitnehmers und Dritter freizustellen und dem Verleiher sämtliche damit im Zusammenhang stehende weitere Schäden zu ersetzen.
8. Der Entleiher sichert zu, weder einen Baubetrieb im Sinne der Baubetriebe-Verordnung zu unterhalten, sonst überwiegend Bauleistungen zu erbringen oder die überlassenen Arbeitnehmer auch nur vereinzelt oder vorübergehend in einer Baubetriebsabteilung im Sinne der Baubetriebe-Verordnung mit Arbeiten zu beschäftigen, die üblicherweise

von Arbeitern verrichtet werden. Bei einem verbotswidrigen Einsatz eines überlassenen Leiharbeitnehmers entgegen § 1b Satz 1 AÜG hat der Entleiher den Verleiher von sämtlichen Ansprüchen des überlassenen Arbeitnehmers und Dritter freizustellen und dem Verleiher sämtliche damit im Zusammenhang stehende weitere Schäden zu ersetzen.

9. Der Entleiher versichert, den überlassenen Leiharbeitnehmer nicht an eine weitere Person weiter zu verleihen (Verbot des Kettenverleihs). Verstößt der Entleiher gegen das Verbot des Kettenverleihs (§ 1 Abs. 1 Satz 3AÜG; § 10a AÜG), hat er den Verleiher von sämtlichen Ansprüchen des weiter überlassenen Arbeitnehmers und Dritter freizustellen und dem Verleiher sämtliche damit im Zusammenhang stehende weitere Schäden zu ersetzen.

10. Der Entleiher stellt den Verleiher von allen Ansprüchen der überlassenen Arbeitnehmer frei, die diese über die bei Beginn der Überlassung festgesetzte Vergütung hinausgehend nach § 8 AÜG deshalb erlangen, weil Angaben nach den vorstehenden Absätzen unterblieben sind und/oder unvollständig oder unrichtig sind oder waren.

§ 7

Arbeitszeit und Zuschläge

1. Soweit nichts anderes vereinbart ist, ist der Entleiher berechtigt und verpflichtet, eine Arbeitszeit des Arbeitnehmers von 40 Stunden/Woche (»regelmäßige Arbeitszeit«) abzunehmen. Kommt der Entleiher mit der Annahme der Arbeitsleistung in Verzug, ist der Verleiher berechtigt, die Vergütung für die nicht abgenommenen Arbeitsstunden zu berechnen. Änderungen der regelmäßigen Arbeitszeit können nur zwischen dem Verleiher und dem Entleiher vereinbart werden. Die Grenzen des Arbeitszeitgesetzes sind durch den Entleiher zu beachten.

2. Die Stundenverrechnungssätze gelten, sofern nicht ausdrücklich anders vereinbart ist, ohne Zuschläge für Mehr-, Nacht-, Sonntags- und Feiertagsarbeit sowie sonstige Zuschläge. Für Arbeitsstunden, die über die unter vorstehender Ziffer 1 genannte regelmäßige wöchentliche Arbeitszeit hinausgehen (»Mehrarbeit«), sowie für Nacht-, Sonntags- und Feiertagsstunden werden folgende Zuschläge[2] berechnet:

---

[2] Zuschlagshöhen nur beispielhaft; diese sind ggf. mit etwaig anwendbaren (Zeitarbeits-)Tarifverträgen abzugleichen.

- 25 % Mehrarbeit;
- 50 % Mehrarbeit (20.00 bis 6.00 Uhr);
- 25 % Nachtarbeit (23.00 bis 6.00 Uhr);
- 25 % 1. + 2. Arbeitsstunde an Samstagen;
- 50 % ab der 3. Arbeitsstunde an Samstagen;
- 50 % Arbeitsstunden an Sonntagen;
- 100 % Arbeitsstunden an gesetzlichen Feiertagen;
- 100% Heiligabend ab 14:00 Uhr;
- 100% Silvester ab 14:00 Uhr.

Beim Zusammentreffen mehrerer Zuschläge wird nur der jeweils höchste berechnet. Bei Einsatz in Wechselschicht wird ein Zuschlag von 10 % berechnet.

3. Zeiten für Rufbereitschaft und Reisezeiten des überlassenen Arbeitnehmers werden auf der Grundlage des vereinbarten Stundenverrechnungssatzes abgerechnet.
4. Der Entleiher ist verpflichtet, die vom Leiharbeitnehmer zu erstellenden wöchentlichen Arbeitszeitnachweise zu kontrollieren und spätestens bis Dienstag der auf die Arbeitsleistung folgenden Woche gegenzuzeichnen.

§ 8

Vermittlungshonorar/Personalvermittlung

1. Begründen der Entleiher und der überlassene Arbeitnehmer während der Überlassung ein Arbeitsverhältnis, so gilt dies als Arbeitsvermittlung durch den Verleiher. Entsprechendes gilt bei Begründung eines Arbeitsverhältnisses zwischen Entleiher und Arbeitnehmer in unmittelbarem zeitlichen Zusammenhang mit einer beendeten Überlassung. Ein Zeitraum von bis zu drei Monaten nach Ende einer beendeten Überlassung gilt als unmittelbar zeitlich zusammenhängend im Sinne des vorstehenden Satz 2.
2. In Falle der Arbeitsvermittlung hat der Verleiher Anspruch auf eine Vermittlungsprovision nach Maßgabe folgender Staffelung:
* Überlassung bis zu drei Monaten: 1,5-Fache des zwischen Entleiher und Arbeitnehmer vereinbarten Bruttomonatsfestgehalts;
* Überlassung von bis zu sechs Monaten: 1-fache des zwischen Entleiher und Arbeitnehmer vereinbarten Bruttomonatsfestgehalts.

Bei einer Überlassungsdauer von mehr als sechs Monaten fällt keine Vermittlungsprovision mehr an.
3. Vorstehende Absätze 1 und 2 gelten entsprechend bei Begründung eines Arbeitsverhältnisses zwischen überlassenem Arbeitnehmer und einem mit dem Entleiher verbundenen Unternehmen im Sinne des AktG.[3]
4. Die Vermittlungsprovision versteht sich zuzüglich gesetzlicher Mehrwertsteuer in der jeweils geltenden Höhe.
5. Die Vermittlungsprovision ist fällig mit Abschluss des Arbeitsvertrages zwischen dem Leiharbeitnehmer und dem Entleiher; entsprechendes gilt bei Arbeitsvertragsabschluss mit einem mit dem Entleiher verbundenen Unternehmen im Sinne des AktG. Der Entleiher wird den Verleiher hierüber und über die Höhe des vereinbarten Bruttojahresfestgehalts unverzüglich in Kenntnis setzen; er ist auf Verlangen zur Erteilung entsprechender Auskünfte verpflichtet.

§ 9

Sozialeinrichtungen

Der Entleiher ist verpflichtet, den überlassenen Leiharbeitnehmern Zugang zu den im Betrieb bestehenden Sozialeinrichtungen zu gewähren.

§ 10

Arbeitskampf

Im Falle eines legalen Streiks im Betrieb des Entleihers ist der Verleiher von seiner Verpflichtung zur Leistung frei. Bei einem Arbeitskampf im Entleiherbetrieb darf der Entleiher den Leiharbeitnehmer nicht einsetzen. Der Verleiher hat den Leiharbeitnehmer auf das gesetzliche und/oder tarifliche Streikbruchverbot hinzuweisen.

---

3 Ob eine derartige Konzernerweiterung der Vermittlungsklausel zulässig oder vielmehr ein unzulässiges Einstellungshemmnis im Sinne des § 9 Nr. 3 Halbs. 2 AÜG ist, ist zweifelhaft (s. § 9 Rdn. 62).

§ 11

Erfüllungsort/Gerichtsstand/Anwendbares Recht

1. Erfüllungsort für die Leistungen der Parteien ist bei dem Geschäftssitz des Verleihers. Ist der Entleiher Kaufmann gemäß § 38 Abs. 1 ZPO, so ist der ausschließliche Gerichtsstand für sämtliche Streitigkeiten aus und im Zusammenhang mit der mit ihm bestehenden Geschäftsverbindung, einschließlich etwaiger Wechsel- und Scheckforderungen, am Geschäftssitz des Verleihers. Der Verleiher ist berechtigt, den Entleiher auch an seinem allgemeinen Gerichtsstand zu verklagen.
2. Für das Vertragsverhältnis zwischen Verleiher und Entleiher gilt das Recht der Bundesrepublik Deutschland.
3. Sollten einzelne Bestimmungen des Arbeitnehmerüberlassungsvertrages oder dieser Allgemeinen Geschäftsbedingungen ganz oder teilweise unwirksam sein oder werden, wird dadurch die Wirksamkeit der übrigen Bestimmungen nicht berührt. Für diesen Fall gilt diejenige wirksame Bestimmung als vereinbart, welche der unwirksamen Klausel nach Sinn und Zweck am nächsten kommt. Entsprechendes gilt für den Fall einer unbewussten Regelungslücke.

B. Übersicht über Strafen und Bußgelder bei illegaler Beschäftigung

I. Illegale und unerlaubte Arbeitnehmerüberlassung

Verstoß	Tatbestand	Bußgeld	Strafe
Verleih von Leiharbeitnehmern ohne Verleiherlaubnis	§ 16 Abs. 1 Nr. 1 AÜG	bis zu 30.000 €	–
Tätigwerdenlassen eines von einem Verleiher ohne Verleiherlaubnis entliehenen Leiharbeitnehmers	§ 16 Abs. 1 Nr. 1a AÜG	bis zu 30.000 €	–

Anhang 4 Arbeitshilfen

Verstoß	Tatbestand	Bußgeld	Strafe
Überlassen oder Tätigwerdenlassen entgegen § 1 Abs. 1 Satz 3 AÜG (Kettenverleih)	§ 16 Abs. 1 Nr. 1b AÜG	bis zu 30.000 €	–
Nichtkennzeichnung des Vertrages als Arbeitnehmerüberlassung	§ 16 Abs. 1 Nr. 1c AÜG	bis zu 30.000 €	–
Nichtkennzeichnung des Arbeitnehmers als Leiharbeitnehmer	§ 16 Abs. 1 Nr. 1d AÜG	bis zu 30.000 €	–
Verstoß gegen die gesetzliche Überlassungshöchstdauer	§ 16 Abs. 1 Nr. 1e AÜG	bis zu 30.000 €	–
Entleih eines Ausländers ohne Aufenthaltstitel/ Genehmigung von einem Verleiher mit Verleiherlaubnis	§ 16 Abs. 1 Nr. 2 AÜG	bis zu 500.000 €	–

Verstoß	Tatbestand	Bußgeld	Strafe
Verleih eines Ausländers, der keine(n) Aufenthaltstitel/ Genehmigung besitzt, ohne Verleiherlaubnis	§ 15 Abs. 1 AÜG	–	Freiheitsstrafe bis zu drei Jahren oder Geldstrafe
→ in besonders schweren Fällen	§ 15 Abs. 2 AÜG	–	Freiheitsstrafe von sechs Monaten bis zu fünf Jahren
Tätigwerdenlassen eines von einem Verleiher mit Verleiherlaubnis entliehenen Ausländers ohne Aufenthaltstitel/ Genehmigung zu diskriminierenden Arbeitsbedingungen	§ 15a Abs. 1 S. 1 AÜG	–	Freiheitsstrafe bis zu drei Jahren oder Geldstrafe
→ in besonders schweren Fällen	§ 15a Abs. 1 S. 2 AÜG	–	Freiheitsstrafe von sechs Monaten bis zu fünf Jahren
Entleih mehrerer Ausländer ohne Aufenthaltstitel/ Genehmigung von einem Verleiher mit Verleiherlaubnis	§ 15a Abs. 2 S. 1 Nr. 1 AÜG	–	Freiheitsstrafe bis zu einem Jahr oder Geldstrafe

Urban-Crell

Anhang 4 Arbeitshilfen

Verstoß	Tatbestand	Bußgeld	Strafe
→ in besonders schweren Fällen	§ 15a Abs. 2 S. 2 AÜG	–	Freiheitsstrafe bis zu drei Jahren oder Geldstrafe
Beharrliche Wiederholung des Entleihers ausländischer Arbeitnehmer ohne Aufenthaltstitel/Genehmigung von Verleihern mit Verleiherlaubnis	§ 15a Abs. 2 S. 1 Nr. 2 AÜG	–	Freiheitsstrafe bis zu einem Jahr oder Geldstrafe
→ in besonders schweren Fällen	§ 15a Abs. 2 S. 2 AÜG	–	Freiheitsstrafe bis zu drei Jahren oder Geldstrafe
Entleih ausländischer Arbeitnehmer ohne Aufenthaltstitel/Genehmigung von Verleihern ohne Verleiherlaubnis	Über die Fiktion des § 10 Abs. 1 AÜG i.V.m. § 9 Nr. 1 AÜG wird der Entleiher Arbeitgeber der ausländischen Arbeitnehmer (str.). Es liegt illegale Ausländerbeschäftigung vor.	Je nach Art des Verstoßes kommt entweder ein Bußgeld bis zu 500.000 € (§ 404 Abs. 2 Nr. 3 SGB III)...	... eine Freiheitsstrafe bis zu fünf Jahren oder eine Geldstrafe in Betracht (§§ 10, 11 SchwarzArbG)
Verbotene Arbeitnehmerüberlassung in das Baugewerbe	§ 16 Abs. 1 Nr. 1f AÜG	bis zu 30.000 €	–

Verstoß	Tatbestand	Bußgeld	Strafe
Verstoß gegen Arbeitgeberpflichten (§ 3 Abs. 1 AÜG) → bei vermuteter Arbeitsvermittlung nach § 1 Abs. 2 AÜG ohne Anzeige der Gewerbeausübung nach § 14 GewO (str.)	§ 146 Abs. 2 Nr. 1 GewO	bis zu 1 000 €	–

II. Illegale Ausländerbeschäftigung

Verstoß	Tatbestand	Bußgeld	Strafe
Ausübung einer Beschäftigung ohne Aufenthaltstitel/Genehmigung	§ 404 Abs. 2 Nr. 4 SGB III	bis zu 5.000 €	–
Beschäftigung von Ausländern ohne Aufenthaltstitel/Genehmigung	§ 404 Abs. 2 Nr. 3 SGB III	bis zu 500.000 €	–
Mittelbare illegale Ausländerbeschäftigung	§ 404 Abs. 1 Nr. 2 SGB III	bis zu 500.000 €	–

Anhang 4 Arbeitshilfen

Verstoß	Tatbestand	Bußgeld	Strafe
Beschäftigung von Ausländern ohne Aufenthaltstitel/ Genehmigung in größerem Umfang	§ 11 Abs. 1 Nr. 1 SchwarzArbG	–	Freiheitsstrafe bis zu einem Jahr oder Geldstrafe
→ in besonders schweren Fällen	§ 11 Abs. 2 SchwarzArbG	–	Freiheitsstrafe bis zu drei Jahren oder Geldstrafe
Beharrliche Wiederholung der Beschäftigung von Ausländern ohne Aufenthaltstitel/Genehmigung	§ 11 Abs. 1 Nr. 2a SchwarzArbG	–	Freiheitsstrafe bis zu einem Jahr oder Geldstrafe
→ in besonders schweren Fällen	§ 11 Abs. 2 SchwarzArbG	–	Freiheitsstrafe bis zu drei Jahren oder Geldstrafe
Beharrliche Wiederholung der Ausübung einer Beschäftigung ohne Aufenthaltstitel/ Genehmigung	§ 11 Abs. 1 Nr. 2b SchwarzArbG	–	Freiheitsstrafe bis zu einem Jahr oder Geldstrafe
Diskriminierende Beschäftigung von Ausländern ohne Aufenthaltstitel/Genehmigung	§ 10 Abs. 1 SchwarzArbG	–	Freiheitsstrafe bis zu drei Jahren oder Geldstrafe

Verstoß	Tatbestand	Bußgeld	Strafe
→ in besonders schweren Fällen	§ 10 Abs. 2 SchwarzArbG	–	Freiheitsstrafe von sechs Monaten bis zu fünf Jahren
Menschenhandel zum Zwecke der Ausbeutung der Arbeitskraft	§ 233 StGB	–	Freiheitsstrafe von sechs Monaten bis zu zehn Jahren

III. Vorenthalten von Sozialversicherungsbeiträgen bzw. Steuern

Verstoß	Tatbestand	Bußgeld	Strafe
Nichtanmeldung eines Arbeitnehmers zur Sozialversicherung	§ 111 Abs. 1 Nr. 2 SGB IV	bis zu 25.000 €	–
Vorenthalten von Sozialversicherungsbeiträgen	§ 266a StGB	–	Freiheitsstrafe bis zu fünf Jahren oder Geldstrafe
→ in besonders schweren Fällen	§ 266a Abs. 4 StGB	–	Freiheitsstrafe von sechs Monaten bis zu zehn Jahren
Steuerhinterziehung	§ 370 Abs. 1 AO	–	Freiheitsstrafe bis zu fünf Jahren oder Geldstrafe
→ in besonders schweren Fällen	§ 370 Abs. 3 AO	–	Freiheitsstrafe von sechs Monaten bis zu zehn Jahren
Leichtfertige Steuerverkürzung	§ 378 Abs. 1 AO	bis zu 50.000 €	–

Urban-Crell

Anhang 4 Arbeitshilfen

Verstoß	Tatbestand	Bußgeld	Strafe
Steuergefährdung	§ 379 Abs. 1 AO	bis zu 5.000 €	–
Gefährdung der Abzugssteuern	§ 380 Abs. 1 AO	bis zu 25.000 €	–

IV. Schwarzarbeit

Verstoß	Tatbestand	Bußgeld	Strafe
Leistungsmissbrauch gegenüber der BA	§ 404 Abs. 2 Nr. 26 SGB III	bis zu 5.000 €	–
Leistungsmissbrauch im Zusammenhang mit der Erbringung von Dienst- oder Werkleistungen in erheblichem Umfang	§ 8 Abs. 1 Nr. 1a)–c) SchwarzArbG	bis zu 300.000 €	–
Erschleichen von Sozialleistungen im Zusammenhang mit der Erbringung von Dienst- oder Werkleistungen	§ 9 SchwarzArbG	–	Freiheitsstrafe bis zu drei Jahren oder Geldstrafe
Betrügerischer Leistungsmissbrauch	§ 263 Abs. 1 StGB	–	Freiheitsstrafe bis zu fünf Jahren oder Geldstrafe

Verstoß	Tatbestand	Bußgeld	Strafe
→ in besonders schweren Fällen	§ 263 Abs. 3 StGB	–	Freiheitsstrafe von sechs Monaten bis zu zehn Jahren
Unerlaubte Reisegewerbeausübung	§ 145 Abs. 1 Nr. 1 GewO	bis zu 50.000 €	–
Unrechtmäßige Gewerbeausübung	§ 146 Abs. 2 Nr. 1 GewO	bis zu 1.000 €	–
Unrechtmäßige (Reise-)Gewerbeausübung im Zusammenhang mit der Erbringung von Dienst- und Werkleistungen in erheblichem Umfang	§ 8 Abs. 1 Nr. 1d) SchwarzArbG	bis zu 50.000 €	–
Unerlaubte Handwerksausübung	§ 117 Abs. 1 Nr. 1 HandwO	bis zu 10.000 €	–
Unerlaubte Handwerksausübung im Zusammenhang mit der Erbringung von Dienst- und Werkleistungen in erheblichem Umfang	§ 8 Abs. 1 Nr. 1e) SchwarzArbG	bis zu 50.000 €	–

Verstoß	Tatbestand	Bußgeld	Strafe
Beauftragung mit Schwarzarbeit	§ 8 Abs. 1 Nr. 2 SchwarzArbG	bis zu 300.000 € (i.V.m. § 8 Abs. 1 Nr. 1 a)-c) SchwarzArbG); bis zu 50.000 € (i.V.m. § 8 Abs. 1 Nr. 1 d)-e) SchwarzArbG)	–

V. Illegale Arbeitnehmerentsendung

Verstoß	Tatbestand	Bußgeld	Strafe
Nichteinhaltung der nach § 8 AEntG von Arbeitgeber bzw. Verleihern mit Sitz im In- oder Ausland zu gewährenden Arbeitsbedingungen, insbesondere die Zahlung des tariflichen Mindestlohns	§ 23 Abs. 1 Nr. 1 AEntG	bis zu 500.000 €	–
Nichtabführung der nach dem AEntG von Arbeitgebern mit Sitz im In- oder Ausland zu leistenden Beiträge zu einer gemeinsamen Einrichtung der Tarifvertragsparteien	§ 23 Abs. 1 Nr. 1 AEntG	bis zu 500.000 €	–

Verstoß	Tatbestand	Bußgeld	Strafe
Ausführenlassen von Bauleistungen in erheblichem Umfang durch Unternehmen oder von diesen eingesetzten Nachunternehmen, die die nach dem AEntG zu gewährenden Arbeitsbedingungen, insbesondere die Zahlung des tariflichen Mindestlohns, nicht einhalten	§ 23 Abs. 2 AEntG	bis zu 500.000 €	–
Nichtanmeldung der nach Deutschland entsandten bzw. verliehenen Arbeitnehmer vor Beginn jeder in deutscher Sprache bei der zuständigen Behörde der Zollverwaltung durch Arbeitgeber bzw. Entleiher mit Sitz im Ausland gemäß § 18 Abs. 1 bzw. 3 AEntG	§ 23 Abs. 1 Nr. 5 und 6 AEntG	bis zu 30.000 €	–
Nichtabgabe einer Versicherung über die Einhaltung der Arbeitsbedingungen nach dem AEntG im Rahmen der von Arbeitgebern bzw. Entleihern mit Sitz im Ausland nach § 18 Abs. 2 bzw. 4 AEntG vorzunehmenden Anmeldung	§ 23 Abs. 1 Nr. 7 AEntG	bis zu 30.000 €	–

Anhang 5 Adressen der Erlaubnisbehörden

Arbeits-agentur	Zuständigkeit		Anschrift	Telefon	E-Mail
	Inland	Ausland			
Düssel-dorf	Hessen Nordrhein-Westfalen	Bulgarien, Polen, Groß-britannien, Irland, Nieder-lande, Malta, Rumänien, alle Nicht-EU/EWR-Staaten	Josef-Gockel-Straße 7, 40474 Düsseldorf	0211/692 4500	Duessel-dorf.091-ANUE@arbeitsagentur.de
Kiel	Schleswig-Holstein Mecklenburg-Vorpommern Hamburg Niedersachsen Bremen Berlin Brandenburg Sachsen-Anhalt Thüringen Sachsen	Dänemark, Norwegen, Schweden, Finnland, Island, Est-land, Lettland, Litauen, Ungarn, Slowakei, Tschechien, Kroatien	Projensdorfer Straße 82, 24106 Kiel	0431/709 1010	Kiel.091-ANUE@arbeitsagentur.de

Adressen der Erlaubnisbehörden **Anhang 5**

Arbeits-agentur	Zuständigkeit		Anschrift	Telefon	E-Mail
	Inland	Ausland			
Nürn-berg	Bayern Baden-Württemberg Rheinland-Pfalz Saarland	Belgien, Frankreich, Luxemburg, Spanien, Portugal, Italien, Griechenland, Österreich, Liechtenstein, Slowenien, Zypern	Richard-Wagner-Platz 5, 90443 Nürnberg	0911/ 529 4343	Nuern-berg.091-ANUE@ arbeitsagentur.de

Urban-Crell

Stichwortverzeichnis

Halbfett gedruckte Ziffern verweisen auf den Paragraph und mager gedruckte Ziffern auf die Randnummer der Kommentierung.

Abordnung zu einer Arbeitsgemeinschaft
– Voraussetzungen für Arbeitgeber in anderen Mitgliedsstaaten **1** 301 ff.
– Voraussetzungen für Arbeitgeber mit Sitz im Inland **1** 298 ff.
Abrufarbeitsverhältnis, Leiharbeitsvertrag 11 25
Absicherungs- oder Tarifwechselklauseln 8 108 ff.
Abwicklungsfrist, Nachwirkung 2 38
Agentur für Arbeit
– Festhaltenserklärung **9** 81
Aktives Wahlrecht (Entleiherbetrieb)
– betriebsverfassungsrechtliche Zuordnung von Leiharbeitnehmern **14** 54 ff.
Anzeige der Überlassung
– Abbau von Schulden **1a** 7
– Anzeige bei einer unzuständigen Dienststelle der Bundesagentur **1a** 15
– Anzeige mit bloß unvollständigem Inhalt **1a** 14
– Arbeitgeber mit weniger als 50 Beschäftigten **1a** 4 ff.
– Ausnahme von der Erlaubnispflicht **1a** 23
– Beschäftigte **1a** 5
– geringfügig Beschäftigte **1a** 5
– Höchstüberlassungsdauer **1a** 9
– Kollegenhilfe **1a** 1
– kollektivarbeitsrechtliche Erfordernisse **1a** 20 f.
– Mindestangaben **1a** 16 ff.

– nicht zum Zweck der Überlassung eingestellt oder beschäftigt **1a** 11
– örtlich zuständige Regionaldirektion **1a** 3
– Rechtsfolgen **1a** 22 f.
– Überlassung an einen anderen Arbeitgeber bis zur Dauer von 12 Monaten **1a** 9 ff.
– Verleiher aus den Mitgliedsstaaten der EU und des EWR **1a** 6
– Vermeidung von Kurzarbeit oder Entlassungen **1a** 6 ff.
– vor Beginn der Arbeitnehmerüberlassung **1a** 13
– Voraussetzungen **1a** 2 ff.
– Vordrucke **1a** 17
– vorherige Anzeige **1a** 12 ff.
– Zustimmung des Arbeitnehmers **1a** 19
Anzeigepflichten 7 2 f.
Arbeitnehmer, betriebsverfassungsrechtliche Zuordnung von Leiharbeitnehmern 14 12
Arbeitnehmer-Entsendegesetz
– in § 4 AEntG benannte Tätigkeiten **Einl.** 11
– rein inländische Sachverhalte **Einl.** 11
– Zeitarbeitsbranche Mindestlöhne **Einl.** 12
Arbeitnehmererfindungen 1 95; **11** 61 ff.
Arbeitnehmerfreizügigkeit Einl. 5
Arbeitnehmerüberlassung
– A1-Entsendebescheinigung **9** 7

1081

Stichwortverzeichnis

- Abgrenzung zu Werk-/Dienstverträgen 9 6, 30
- Abgrenzung zum Gemeinschaftsbetrieb 1 142 ff.
- Abgrenzung zum Werkvertrag 1 153 ff.
- Abgrenzungsfragen 1 135 ff.
- Arbeitnehmerfreizügigkeit Einl. 5
- AÜG Einl. 1 ff.
- Bedienungspersonal 1 171 ff.
- Begriff 1 6
- Darlegungs- und Beweislast 1 148 f.
- Dienstleistungsfreiheit Einl. 5
- Dienstvertrag 1 174 ff.
- drittbezogener Personaleinsatz 1 4
- Entsenderichtlinie Einl. 10 ff.
- Europäischer Dachverband der Zeitarbeit EUROCIETT Einl. 6
- Gemeinschaftsrecht Einl. 5 ff.
- Geschäftsanweisung der BA 1 197 f.
- Gesetz zur Änderung des Arbeitnehmerüberlassungsgesetzes und des Schwarzarbeitsbekämpfungsgesetzes Einl. 8
- Gestellungsverträge 1 17
- gewerbsmäßige Arbeitnehmerüberlassung Einl. 3
- grenzüberschreitende Arbeitnehmerüberlassung Einl. 1 ff.
- Grundgesetz Einl. 14 f.
- Illegale Überlassung 9 6
- Illegale Überlassung aus dem Ausland 9 7
- Indizien für das Vorliegen faktischer Arbeitnehmerüberlassung 1 141
- keine Legaldefinition Einl. 1
- kirchliche Arbeitgeber 1 15 ff.
- Leiharbeitsrichtlinie Einl. 1 ff.
- mehrere synonyme Bezeichnungen Einl. 4
- nicht gewerbsmäßige Arbeitnehmerüberlassung Einl. 3
- Niederlassungsfreiheit Einl. 5
- Offenlegungspflicht 9 30
- Onsite Management 1 11 ff.
- Organisationsgrad und Tarifbindung in der Zeitarbeitsbranche Einl. 48
- Personalgestellung im öffentlichen Dienst 1 7
- präventives Verbot mit Erlaubnisvorbehalt 1 131 ff.
- Rechtsfolge illegaler Überlassung ohne Verleiherlaubnis 9 6
- Regelungen in anderen Mitgliedsstaaten der EU Einl. 13
- Sondergesetze Einl. 39 ff.
- Sozialversicherungsrecht Einl. 1 ff.
- Steuerrecht Einl. 1 ff.
- Tarifverträge Einl. 1 ff.
- UNI-Europa Einl. 6
- Unterfall des sog. drittbezogenen Personaleinsatzes Einl. 1
- Verbreitung Einl. 46
- Verwirkung 1 150 ff.
- wirtschaftliche Tätigkeit 1 1 ff.
- Zeitarbeit Einl. 4
- zweite Belegschaft 1 14

Arbeitnehmerüberlassung außerhalb des EU-/EWR-Raums
- Ausstrahlung des inländischen Sozialversicherungsrechts Einl. 87
- illegale Arbeitnehmerüberlassung Einl. 95 f.
- konzerninterne Entsendung Einl. 87
- Sozialversicherungsabkommen Einl. 88
- Überlassung in einen Drittstaat Einl. 85 ff.

Arbeitnehmerüberlassung innerhalb des EU-/EWR-Raums
- Antrag auf Feststellung der einschlägigen sozialversicherungsrechtlichen Bestimmungen Einl. 81

Stichwortverzeichnis

- Beschäftigungsortsprinzip Einl. 79
- Bescheinigung über die anzuwendenden Rechtsvorschriften Einl. 81
- Haftungsbeschränkungen in der gesetzlichen Unfallversicherung Einl. 83
- Sozialversicherungsrecht Einl. 77 ff.
- Überschreitung der höchstzulässigen Entsendedauer Einl. 84
- Vermeidung von Doppelversicherungen Einl. 78
- Wohnortsprinzip Einl. 80

Arbeitnehmerüberlassungsvertrag
- Abführung von Sozialversicherungsbeiträgen 1 86
- Austauschrecht/Ersetzungsbefugnis 1 79 ff.
- Festhaltenserklärung 9 93
- Festhaltenserklärung bei verdeckter Arbeitnehmerüberlassung 9 94
- Festhaltenserklärung bei Verleih ohne Verleiherlaubnis 9 93
- Festhaltenserklärung bei Verstoß gegen die Überlassungshöchstdauer 9 94
- Hauptpflicht des Entleihers 1 73, 82 ff.
- Hauptpflicht des Verleihers 1 74, 76 ff.
- Inhalt 1 71
- Nachwirkung der Erlaubnis 2 39 ff.
- Nebenpflichten 1 86
- Pflichtverletzungen 1 87 f.
- Schriftformerfordernis 1 72

Arbeitsausrüstung 1 169 f.

Arbeitsentgelt
- Begriff 10 26
- fingiertes Arbeitsverhältnis zum Entleiher 10 23 ff.
- Mindestentgeltanspruch 10 23

Arbeitskampf
- im Entleiherbetrieb 11 48 ff.
- Leistungsverweigerungsrecht des Leiharbeitnehmers 11 49 f.

Arbeitsort 1 55
- Durchbrechung des Prinzips Einl. 91
- Gerichtsstand des Arbeitsortes 1 57 ff.

Arbeitsplatzsichernde Arbeitnehmerüberlassung
- Arbeitgeber desselben Wirtschaftszweiges 1 330 f.
- Geltung eines Tarifvertrags für Entleiher und Verleiher 1 336 f.
- praktische Bedeutung 1 328
- Vermeidung von Kurzarbeit und Entlassungen 1 332 ff.
- Voraussetzungen 1 329 ff.

Arbeitsschutzrecht
- Leistungsverweigerungsrecht des Leiharbeitnehmers 11 59
- Unterrichtungspflicht des Entleihers 11 58
- Verantwortung von Entleiher und Verleiher 11 57

Arbeitsunfall
- Anzeige bei der Berufsgenossenschaft Einl. 105
- Haftungsprivilegierungen der gesetzlichen Unfallversicherung gem. §§ 104 ff. SGB VII Einl. 106
- im Betrieb des Entleihers 11 60
- unverzügliche Unfallmeldepflicht des Entleihers Einl. 105

Arbeitsvermittlung 1 194

Arbeitszeit
- fingiertes Arbeitsverhältnis zum Entleiher 10 17 ff.
- Werkvertrag 1 167 f.

Stichwortverzeichnis

Aufhebungsvertrag, fingiertes Arbeitsverhältnis zum Entleiher 10 51
Auflagen
– Erlaubniserteilung 2 24 ff.
– Missachtung 16 37
Aufsatz- oder Anhangstarifverträge 8 93
Aufsichtsratswahlen (Entleiherbetrieb) 14 61 ff.
Aufspaltung der Arbeitgeberfunktion, betriebsverfassungsrechtliche Zuordnung von Leiharbeitnehmern 14 2
Aufzeichnungs- und Aufbewahrungspflicht des Entleihers
– Aufbewahrungsfrist 17c 5
– Rechtsfolge bei Verstoß 17c 8
– tägliche Dauer der Arbeitszeit 17c 3
– Übertragung der Pflicht zur Aufzeichnung auf den Leiharbeitnehmer 17c 4
AÜG
– Abschaffung der Personal-Service-Agenturen **Einl.** 34 f.
– Arbeitsmarktreformgesetze **Einl.** 31 f.
– Gesetz zur Neuausrichtung der arbeitsmarktpolitischen Instrumente **Einl.** 36
– keine abschließende Regelung **Einl.** 24
– räumlicher Geltungsbereich des AÜG **Einl.** 27
– sachlicher Geltungsbereich des AÜG **Einl.** 28
– Sozialversicherungs- und Steuerrecht **Einl.** 26
– Territorialitätsprinzip 3 77
– Verhältnis zu Sondergesetzen **Einl.** 38 ff.
AÜG-Reform 2017
– § 9 AÜG 9 5

Ausbeuterische Arbeitsbedingungen
– abstrakt-pauschalierte Betrachtung 15a 15
– auffälliges Missverhältnis 15a 12
– Begriff Arbeitsbedingungen 15a 10
– Lohndumping 15a 11
– objektive Bewertungsmaßstäbe im Einsatzland Deutschland 15a 14
– sittenwidriger Lohn 15a 13
– tatsächliche Arbeitsbedingungen 15a 11
– Vergleichsgegenstand 15a 9 ff.
– Vergleichsgruppe 15a 6 ff.
Auskunfts-, Vorlage- und Aufbewahrungspflichten
– Ordnungswidrigkeit 7 25
– Prüfungsschwerpunkte der Behörden 7 6
– Rechtsfolgen bei Verletzung 7 23 ff.
– weites Verständnis 7 4 ff.
– Widerruf der Erlaubnis 7 23 f.
Auskunftsanspruch des Leiharbeitnehmers
– Anspruch auf Gleichstellung 13 8
– Durchsetzung des Gleichstellungsanspruchs 13 3
– Entleiher im Ausland 13 6
– Gegenstandswert 13 11
– Hilfspersonen 13 7
– Inhalt 13 5
– keine besonderen Formerfordernisse 13 7
– Schadensersatzanspruch 13 9
– Stufenklage 13 12
– Verfahren 13 11
– Verjährung 13 13
Auskunftspflicht des Verleihers 10 56
Auskunftsverweigerungsrecht 7 19 ff.
Ausländische Leiharbeitnehmer ohne Genehmigung
– Anstifter oder Gehilfen 15 2

Stichwortverzeichnis

- Aufnahme einer Beschäftigung im Hoheitsgebiet der BRD 15 8
- Beispiele 15 2
- Bekämpfung illegaler Ausländerbeschäftigung 15 1
- Beweisschwierigkeiten 15 1
- Erlaubnis der BA 15 10
- gewerbsmäßiges Handeln 15 13
- Handeln aus grobem Eigennutz 15 14
- juristische Person 15 3
- Konkurrenzen 15 19 ff.
- Schweizer Staatsangehörige 15 10
- Staatsangehörige aus Staaten außerhalb des EU-/EWR-Raums 15 10
- Staatsangehörige der EU bzw. des EWR 15 10
- Staatsangehörige der MOE-Mitgliedsstaaten 15 10
- Strafhöhe 15 17
- Tatbestandsirrtum 15 16
- tatsächliches Vorliegen eines erforderlichen Aufenthaltstitels 15 11
- tauglicher Täter 15 2
- Überlassen eines ausländischen Arbeitnehmers 15 1, 7
- Überlassen ohne Aufenthaltstitel oder Genehmigung 15 9
- Verbotsirrtum 15 16
- Verknüpfung von zwei Ordnungswidrigkeitstatbeständen 15 5
- Versuch 15 4
- Vorsatz des Verleihers 15 15

Ausländische Verleiher
- aus Abkommenstaaten, Versagungsgründe 3 90
- aus EU- oder EWR-Staaten, Versagungsgründe 3 88 f.
- aus Nicht-EU- oder Nicht-EWR-Staaten, Versagungsgründe 3 84 ff.

Auslandsverleih
- auf Grundlage zwischenstaatlicher Vereinbarung 1 406 ff.
- Deutsch-ausländisches Gemeinschaftsunternehmen 1 403 f.
- Eingreifen des sektoralen Verbots des § 1b Satz 1 AÜG 1 402
- internationale Joint-Ventures 1 401
- keine Notwendigkeit eines Konzernbezugs 1 405
- Voraussetzungen 1 402 ff.

Ausschlussfristen
- Arbeitsvertrag 8 116 f.
- Entleihertarifvertrag 8 115
- fingiertes Arbeitsverhältnis zum Entleiher 10 30, 64
- Scheintarifvertrag 8 114
- sozialversicherungs- und steuerrechtliche (Nach-) Haftung 8 119

Außerordentliche Kündigung, fingiertes Arbeitsverhältnis zum Entleiher 10 48 ff.

Austauschrecht/Ersetzungsbefugnis 1 79 ff.

Baugewerbe, Einschränkungen
- Abordnung von Bauarbeitern zu einer Arbeitsgemeinschaft 1b 9
- Arbeiter 1b 25 ff.
- Arbeitnehmerüberlassung nach § 1 1b 7 f.
- Arbeitnehmerüberlassung zwischen Betrieben des Baugewerbes 1b 42 ff.
- Arbeitnehmerüberlassung zwischen Betrieben des Baugewerbes und anderen Betrieben 1b 39 ff.
- Ausländische Betriebe des Baugewerbes mit Sitz im EWR-Raum 1b 48 ff.
- Baumaschinen mit Bedienungspersonal 1b 11
- Betriebe des Baugewerbes 1b 12 ff.
- gewerberechtliche Folgen 1b 35 f.

Stichwortverzeichnis

- Kollegenhilfe im Baubereich **1b** 42 ff.
- Mindestgarantie des § 8 Abs. 3 AEntG **1b** 3
- Nichtigkeit des Arbeitnehmerüberlassungsvertrags **1b** 30
- Nichtigkeit des Leiharbeitsvertrags **1b** 31 ff.
- Ordnungswidrigkeiten **1b** 37
- Rechtsfolgen eines Verstoßes **1b** 29 ff.
- Territorialitätsprinzip **1b** 4 f.
- Voraussetzungen **1b** 6 ff.
- Werk- bzw. Dienstvertrag **1b** 10

Baugewerbe, grenzüberschreitende Arbeitnehmerüberlassung Einl. 58

Bedienungspersonal, Abgrenzung Arbeitnehmerüberlassung **1** 171 ff.

Bedingungen, Erlaubniserteilung **2** 21 ff.

Beendigung des Leiharbeitsverhältnisses
- Befristung **11** 1 ff.
- Befristung mit Sachgrund **11** 1 ff.
- Kündigung **11** 1 ff.

Befristung
- Befristung mit Sachgrund **11** 1 ff.
- Erlaubniserteilung **2** 33
- fingiertes Arbeitsverhältnis zum Entleiher **10** 37

Behörden der Zollverwaltung
- Ahnung und Verfolgung einer Ordnungswidrigkeit **17a** 4
- Auskunft über die Einhaltung der Arbeitsbedingungen **17a** 2
- besondere Prüfzuständigkeit **17** 1
- Einhaltung der Lohnuntergrenze **17a** 2
- Vorgaben der Lohnuntergrenze **17** 7

Bereithaltungspflicht des Verleihers von Dokumenten **17c** 6 ff.

Berufsgenossenschaft, Beiträge Einl. 98

Beschäftigungsortsprinzip Einl. 79

Beschäftigungspflicht **1** 45 f., 96

Beschäftigungsverhältnis Entleiher – Leiharbeitnehmer
- Arbeitnehmererfindungen **1** 95
- Aufspaltung der Arbeitgeberfunktionen **1** 92 ff.
- Beschäftigungspflicht **1** 96
- Einhaltung der öffentlich-rechtlichen Arbeitsschutzvorschriften **1** 94
- Entleiher als faktischer Arbeitgeber **1** 93
- Fehlen einer arbeitsvertraglichen Beziehung **1** 89
- Haftung des Entleihers **1** 97 ff.
- Haftung für nicht abgeführte Abgaben **1** 100 ff.
- Schädigung des Leiharbeitnehmers **1** 98 f.

Bescheinigung über die anzuwendenden Rechtsvorschriften Einl. 81

Beschwerderecht, betriebsverfassungsrechtliche Zuordnung von Leiharbeitnehmern **14** 24

Besteuerung im ausländischen Tätigkeitsstaat Einl. 93

Betretungs- und Prüfungsrecht **7** 7 f.

Betriebe des Baugewerbes
- arbeitszeitlich überwiegende Tätigkeit **1b** 19
- Auskunftsmöglichkeiten **1b** 16
- Baubetriebe-Verordnung **1b** 15 ff.
- Baubetriebsbegriff **1b** 14
- Begriff Betriebsabteilung **1b** 22
- Betriebe des Baunebengewerbes **1b** 15
- Betriebsabteilungen **1b** 21 ff.
- einzelne Baustelle **1b** 23
- Entleiherbetrieb **1b** 12
- in der Regel Beschäftigte **1b** 20
- Mischbetriebe **1b** 17
- Nichtaufklärungsrisiko **1b** 16

Stichwortverzeichnis

- überwiegender Betriebszweck **1b** 17 ff.
- **Betriebsbegriff** **14** 1
- **Betriebsrat**
- des Entleihers **14** 1 ff.
- des Verleihers **14** 1 ff.
- **Betriebsratswahlen (Entleiherbetrieb)** **14** 53
- **Betriebsübergang**
- grenzüberschreitende Arbeitnehmerüberlassung **Einl.** 48
- große Lösung **1** 375
- höchstrichterliche Rechtsprechung **1** 373
- kleine Lösung **1** 375
- Rechtsprechung des EuGH **1** 374
- Überlassen auch an andere Unternehmen **1** 375
- **Betriebsverfassungsrechtliche Individualrechte (Entleiherbetrieb)**
- Betriebsverfassungsrechtliche Zuordnung von Leiharbeitnehmern **14** 65 ff.
- **Betriebsverfassungsrechtliche Individualrechte (Verleiherbetrieb)**
- Betriebsverfassungsrechtliche Zuordnung von Leiharbeitnehmern **14** 22 ff.
- **Betriebsverfassungsrechtliche Stellung des Leiharbeitnehmers im Entleiherbetrieb**
- Anknüpfungspunkt der Sonderregeln für Tendenzbetriebe **14** 86
- Berücksichtigung bei privilegierter Überlassung **14** 84 f.
- Berücksichtigung bei Schwellenwerten **14** 69
- **Betriebsverfassungsrechtliche Zuordnung von Leiharbeitnehmern**
- aktives Wahlrecht (Entleiherbetrieb) **14** 54 ff.
- andere Formen des drittbezogenen Personaleinsatzes **14** 10
- Arbeitnehmer **14** 12
- Aufsichtsratswahlen (Entleiherbetrieb) **14** 61 ff.
- Aufspaltung der Arbeitgeberfunktion **14** 2
- Beschwerderecht **14** 24
- Betriebsbegriff **14** 1
- Betriebsratswahlen (Entleiherbetrieb) **14** 53
- betriebsverfassungsrechtliche Individualrechte (Entleiherbetrieb) **14** 65
- betriebsverfassungsrechtliche Individualrechte (Verleiherbetrieb) **14** 22 ff.
- betriebsverfassungsrechtliche Stellung im Entleiherbetrieb **14** 1 ff.
- doppelte Betriebszugehörigkeit **14** 13
- doppelte Zuordnung der Leiharbeitnehmer **14** 3
- Einsicht in Personalakte **14** 24
- Entleiherbetriebsrat **14** 1 ff.
- faktische Durchführung eines nach § 9 Nr. 1 AÜG unwirksamen Arbeitsvertrages **14** 7
- fingiertes Arbeitsverhältnis zum Entleiher **10** 52 ff.
- gewerbsmäßige und nicht gewerbsmäßige Arbeitnehmerüberlassung **14** 6
- ins Ausland entsandte Arbeitnehmer **14** 9
- passives Wahlrecht (Entleiherbetrieb) **14** 59
- persönlicher Anwendungsbereich **14** 10 ff.
- räumliche Ausdehnung **14** 8 f.
- Rechte des Leiharbeitnehmers **14** 16 ff.

1087

Stichwortverzeichnis

- sonstige betriebsverfassungsrechtliche Individualrechte (Entleiherbetrieb) **14** 66 ff.
- Teilnahme an Betriebs- und Abteilungsversammlungen des Verleiherbetriebes **14** 21
- Teilnahme an Sprechstunden und Versammlungen (Entleiherbetrieb) **14** 64
- Teilnahme an Sprechstunden und Versammlungen (Verleiherbetrieb) **14** 19 ff.
- Territorialitätsprinzip **14** 8
- Wahlrecht (Entleiherbetrieb) **14** 52
- Wahlrecht (Verleiherbetrieb) **14** 17 ff.
- Zugehörigkeit zum Verleiherbetrieb **14** 13
- Zuständigkeit des Verleiherbetriebsrates **14** 1 ff.

Bewachungsgewerbe Einl. 44

Bezugnahmeklauseln
- Tarifverträge **Einl.** 19
- unwirksame Tarifverträge **8** 108 ff.

Bundesagentur für Arbeit
- Durchführung des AÜG als Auftragsangelegenheit **17** 2
- Erteilung einer Erlaubnis **17** 4–5
- Geschäftsanweisung der BA **17** 2
- Kompetenz zur Durchführung bei BA **17** 3 ff.
- Kontrolle der Erlaubnisinhaber **17** 4
- Verwaltungskosten **17** 6
- Zuständigkeit der Behörden der Zollverwaltung **17** 7

CGZP **8** 95 ff.

Deutsch-ausländisches Gemeinschaftsunternehmen **1** 403 f.

Dienstleistungsfreiheit Einl. 5

Dienstvertrag
- Abgrenzung Arbeitnehmerüberlassung **1** 174 ff.
- Abgrenzung zur Arbeitnehmerüberlassung **9** 30
- Gruppenbildung **1** 181
- sonstige Indizien **1** 182
- spezifische Abgrenzungsmerkmale **1** 177 ff.
- Überlassung von Arbeitsmaterialien/Visitenkarten **1** 180
- vertragliche Ausgestaltung **1** 175
- Vertragsinhalt **1** 177 ff.

Doppelbesteuerungsabkommen Einl. 90

Doppelte Betriebszugehörigkeit **14** 13

Drehtürklausel **3** 2; **8** 8
- Gleichstellungsgrundsatz **9** 44
- Normzweck **8** 124 ff.
- Rechtsfolgen **8** 128
- Rückausnahme **8** 126 ff.
- Tatbestandsvoraussetzungen **8** 126
- Vereinbarung schlechterer Arbeits- und Entgeltbedingungen für Verleihzeiten **9** 44
- verfassungsrechtliche Rechtfertigung **8** 129

Duldungspflichten
- Auskunftsverweigerungsrecht **7** 19 ff.
- begründeter Einzelfall **7** 9
- Betretungs- und Prüfungsrecht **7** 7 f.
- Durchsuchungsrecht **7** 10 f.

Durchbrechung des Arbeitsortsprinzips Einl. 91

Durchsuchungsrecht
- Gefahr im Verzuge **7** 14 ff.
- Niederschrift **7** 18
- richterliche Anordnung **7** 12 f.

Dynamische Bezugnahmeklauseln **8** 67

Stichwortverzeichnis

Einsicht in Personalakte 14 24
Einstellung Arbeitsloser 8 17, 52 f.
Einzelvertraglich vereinbarte Ausschlussfristen 8 116 ff.
Entgeltfortzahlung an Feiertagen 1 69 f.
Entgeltfortzahlung im Krankheitsfall 1 66 ff.
Entleih von Ausländern ohne Genehmigung 16 32 ff.
– ausbeuterische Arbeitsbedingungen 15a 1 ff.
– beharrliche Zuwiderhandlung gegen § 16 Abs. 1 Nr. 2 15a 17 ff.
– besonders schwere Fälle 15a 20
– Entleiher als Täter 15a 2
– gleichzeitiger Entleih von mehr als fünf Ausländern 15a 16
– Konkurrenzen 15a 26 ff.
– Strafhöhe 15a 23 ff.
– tatsächliche Arbeitsaufnahme durch den ausländischen Leiharbeitnehmer 15a 4
– Vorsatz des Täters 15a 21 f.

Entleiher
– Eingliederung des Leiharbeitnehmers in den Betrieb 1 29
– Einsatz des Leiharbeitnehmers wie eigenes Personal 1 28
– Haftung 1 97 ff.
– Haftung für nicht abgeführte Abgaben 1 100 ff.
– Selbstverleih 1 30

Entleiherbetriebsrat
– allgemeine Aufgaben 14 91 ff.
– allgemeine personelle Angelegenheiten, 92 ff. BetrVG 14 112 ff.
– Arbeitszeit, § 87 Abs. 1 Nr. 2, 3 BetrVG 14 101
– Ausschreibungspflicht, § 93 BetrVG 14 116 f.
– Auswahlrichtlinien, § 95 BetrVG 14 119
– Auszahlung des Arbeitsentgelts, § 87 Abs. 1 Nr. 4 BetrVG 14 102
– Berufsbildung, § 96 bis 98 BetrVG 14 120
– Beschäftigungssicherung, § 92a BetrVG 14 114 ff.
– betriebliche Ordnung, § 87 Abs. 1 Nr. 1 BetrVG 14 99 f.
– betriebliches Vorschlagswesen, § 87 Abs. 1 Nr. 12 BetrVG 14 109
– freiwillige Betriebsvereinbarung über soziale Angelegenheiten, § 88 BetrVG 14 111
– Gesundheitsschutz, § 87 Abs. 1 Nr. 7 BetrVG 14 106
– Gruppenarbeit, § 87 Abs. 1 Nr. 13 BetrVG 14 110
– Informationsrecht 14 92 ff.
– Mitbestimmung bei Arbeitsentgelt, § 87 Abs. 1 Nr. 10 und 11 BetrVG 14 108
– Mitbestimmung in sozialen Angelegenheiten 14 96 ff.
– Personalfragebogen und Beurteilungsgrundsätze, § 94 BetrVG 14 118
– Personalplanung, § 92 BetrVG 14 113
– personelle Einzelmaßnahmen 14 121 ff.
– Sozialeinrichtungen, § 87 Abs. 1 Nr. 8 und 9 BetrVG 14 107
– technische Einrichtungen zur Überwachung, § 87 Abs. 1 Nr. 6 BetrVG 14 105
– Überprüfung der Einhaltung abgeschlossener Betriebsvereinbarungen 14 95
– Überwachung der Einhaltung der Arbeitnehmerschutzvorschriften 14 93

Stichwortverzeichnis

- Urlaub, § 87 Abs. 1 Nr. 5 BetrVG **14** 103 f.
- wirtschaftliche Angelegenheiten **14** 159

Entsendebescheinigung
- Illegale Arbeitnehmerüberlassung **9** 7

Entsenderichtlinie, Arbeitnehmer-Entsendegesetz Einl. 10

Equal-Pay- und Equal-Treatment-Grundsatz
- Auskunftsanspruch **8** 44
- Ausnahmen **8** 51 ff.
- Drehtürklausel **8** 8
- Einstellung Arbeitsloser **8** 17, 52 f.
- Entstehungsgeschichte **8** 5
- gemeinnützige Einrichtungen **8** 26
- gesetzliche Lohnuntergrenzen **8** 19
- gesetzliche Mindestarbeitsbedingungen für Leiharbeitnehmer **8** 25
- gleiches Geld für gleiche Arbeit **8** 15
- Gleichstellungspflicht **3** 75
- Grundkonzeption des Schlechterstellungsverbots **8** 28
- Hartz-Kommission **8** 7
- Job-AQTIV-Gesetz **8** 6
- Leiharbeits-Richtlinie **3** 1 ff.
- Rechtsfolgen bei Verstoß gegen den Gleichstellungsgrundsatz **8** 142
- Tariföffnungsklausel **3** 1 ff.
- umfassendes Diskriminierungsverbot von Leiharbeitnehmern **3** 75
- Vereinbarung schlechterer Arbeits- und Entgeltbedingungen für Verleihzeiten **9** 39
- vergleichbare Arbeitnehmer **8** 29 ff.
- Verhinderung von Missbrauch **8** 8
- verleihfreie Zeiten **3** 75
- wesentliche Arbeits- und Entgeltbedingungen **3** 1 ff.
- Zeitarbeitstarifverträge **3** 1 ff.

Erlaubnis
- Erlöschen **2** 1 ff.
- Erteilung **2** 1 ff.
- Rücknahme einer rechtswidrigen **4** 1 ff.
- Widerruf **5** 1 ff.

Erlaubniserteilung
- Antrag in deutscher Sprache **2** 4
- Antrag per Telefax oder E-Mail **2** 3
- Antragsteller **2** 8 ff.
- Antragsvordruck **2** 6
- Auflagen **2** 24 ff.
- Bedingungen **2** 21 ff.
- Befristung **2** 33
- Beibringung diverser Unterlagen **2** 6
- Bescheid **2** 17
- Erlaubnisinhaber Verleiher i.S.d. AÜG **2** 13
- förmlicher Antrag **2** 3 ff.
- juristische Personen **2** 9
- Kosten **2** 16
- Minderjährige **2** 10
- Mitwirkungsobliegenheit des Antragstellers **2** 5
- Nachwirkung **2** 1 ff.
- Nebenbestimmungen **2** 18 ff.
- nicht konzernbezogen **2** 13
- Personalkonzession **2** 12
- Personengesellschaften **2** 9
- sozialgerichtliches Verfahren **2** 1 ff.
- unbefristete Erlaubniserteilung **2** 48 ff.
- Verfahren und Rechtsbehelfe **2** 64 ff.
- Verlängerung **2** 34
- Verwaltungsverfahren **2** 65
- Vollmachtsurkunde **2** 11
- vorläufiger Rechtsschutz **2** 73 ff.
- Widerrufsvorbehalt **2** 30
- zuständige Behörde **2** 14

Stichwortverzeichnis

Erlöschen der Erlaubnis
– Auflösung des Rechtsträgers 2 62 f.
– Erlöschensgründe 2 53 ff.
– Nichtgebrauch 2 51
– Tod des Erlaubnisinhabers 2 59 ff.
– Verzicht 2 63
– Zeitablauf, Rücknahme und Widerruf 2 54 f.

Eröffnung eines Insolvenzverfahrens
– wirtschaftliche Leistungsfähigkeit 3 61

Europäischer Dachverband der Zeitarbeit EUROCIETT Einl. 6

Faktisches Arbeitsverhältnis 9 25 ff.

Fehlende Tariffähigkeit
– CGZP 8 95 ff.
– Gegnerfinanzierung **Einl.** 21
– Urteil des BAG vom 14.12.2010 8 97

Fehlende Verleiherlaubnis
– Bereicherungsausgleich 9 16 ff.
– bösgläubige Verleiher 9 18
– faktisches Arbeitsverhältnis 9 25 ff.
– fingiertes Arbeitsverhältnis zum Entleiher 9 1 ff.
– Gesamtschuldnerausgleich 9 21
– Haftung 9 15
– Leiharbeitsverhältnisse in Mischbetrieben 9 24
– nachträglich erteilte Erlaubnis 9 10
– nachträglicher Wegfall der Verleiherlaubnis 9 8
– Neuerteilung einer Erlaubnis 9 11
– Ordnungswidrigkeit 9 29
– Schadensersatzansprüche des Leihbeitnehmers 9 28
– Straftatbestand des § 15 AÜG 9 29
– Untersagungsverfügung 9 29
– Unwirksamkeit des Leiharbeitsvertrages 9 22 ff.
– Unwirksamkeit des Überlassungsvertrages 9 14 ff.

Festhaltenserklärung
– Adressat 9 77
– Agentur für Arbeit 9 81
– Blankoerklärung 9 90
– Erklärungsfrist 9 83
– Form 9 77
– Frist 9 83
– Höchstüberlassungsdauer 9 89
– illegale Arbeitnehmerüberlassung 9 85
– Inhalt 9 78
– Kenntnis des Unwirksamkeitsgrundes 9 86
– Ordnungswidrigkeiten 9 95
– Rechtsfolge Arbeitnehmerüberlassungsvertrag 9 93
– Rechtsfolge Arbeitsverhältnis 9 91
– Scheinvertrag 9 87
– Schriftform 9 77
– Sonstige Rechtsfolgen 9 95
– Sozialversicherungsbeiträge 9 92
– Unterrichtungspflicht 9 80
– Unterrichtungsrecht 9 80
– verdeckte Arbeitnehmerüberlassung 9 87
– Vereinbarung der Beteiligten 9 79
– vor Fristbeginn 9 90
– Widerspruchsrecht des Leiharbeitnehmers 9 76
– Wirksamkeitsvoraussetzung 9 81
– Wirkung ex-tunc 9 91
– Zeitpunkt 9 90

Fingiertes Arbeitsverhältnis zum Entleiher
– Anfechtung 10 50
– anrechnungsfreie Vergütungszahlungen 10 28
– Anspruch des Leiharbeitnehmers auf Mindeststundenentgelt 10 84
– Arbeitsentgelt 10 23 ff.

Stichwortverzeichnis

- Arbeitsgerichtliches Beschlussverfahren **10** 62 f.
- Arbeitsverhältnis aus anderen Gründen unwirksam **10** 7
- Arbeitszeit **10** 17
- Aufhebungsvertrag **10** 51
- Auskunftspflicht des Verleihers **10** 56
- Ausschlussfristen **10** 30
- außerordentliche Kündigung **10** 48 ff.
- Ausübung eines Widerspruchs **10** 9
- Beendigung des fingierten Arbeitsverhältnisses **10** 37 ff.
- Befristung **10** 37
- Beginn des fingierten Arbeitsverhältnisses **10** 12 ff.
- Begriff des Arbeitsentgelts **10** 26
- betriebsverfassungsrechtliche Zuordnung des Leiharbeitnehmers **10** 52 ff.
- Betriebszugehörigkeit **10** 25
- Dauer der Betriebszugehörigkeit **10** 33
- echte Dienst- und/oder Werkvertragsverhältnisse **10** 5
- Entfallen der Erlaubnis nach Aufnahme der Tätigkeit **10** 14
- Entfristungsklage nach § 17 TzBfG **10** 59
- Entgelthöhe **10** 24
- Fehlen der Erlaubnis zur Arbeitnehmerüberlassung **10** 3
- Festhaltenserklärung **10** 4
- Feststellungsinteresse **10** 58
- Feststellungsklage **10** 55
- Fortsetzung des Arbeitsverhältnisses über den vorgesehenen Beendigungszeitpunkt hinaus **10** 42
- fristlose Kündigung durch Arbeitnehmer **10** 10
- gesamtschuldnerische Haftung des illegalen Verleihers und Entleihers **10** 81 f.
- Günstigkeitsvergleich **10** 27
- Haftung des Verleihers auf Mindestvergütung und -arbeitsbedingungen, Gleichstellungsgebot **10** 83
- individualvertragliche Änderungsvereinbarung **10** 29
- Inhalt des fingierten Arbeitsverhältnisses **10** 15 ff.
- kein Unterschied zum normalen Arbeitsverhältnis **10** 36
- Klagefrist **10** 57
- Kontroll- und Selbstregulierungsfunktion **10** 2
- Kündigungsschutzgesetz **10** 45 ff.
- Lage der Arbeitszeit **10** 19
- Leistungsklage **10** 60 ff.
- Mindestentgeltanspruch **10** 23
- nachträglich erteilte Erlaubnis **10** 3–4
- ordentliche Kündigung **10** 45 ff.
- Recht zur außerordentlichen Eigenkündigung **10** 49
- Rechtsmissbrauch, Sachgrundlose Befristung TzBfG **10** 6
- Regelverjährungsfrist **10** 61
- rückwirkende Vertragsinhaltsänderung **10** 11
- sachlich rechtfertigender Grund **10** 39
- Schadensersatzanspruch gegen den illegalen Verleiher **10** 71
- Scheindienst- und/oder Scheinwerkverträge **10** 3
- sonstige Arbeitsbedingungen **10** 31 ff.
- sozialer Schutz des Leiharbeitnehmers **10** 2
- Überlassungshöchstdauer **10** 3
- Umfang der Arbeitszeit **10** 20

Stichwortverzeichnis

- Umgehungsgeschäfte **10** 11
- Umstandsmoment **10** 69 f.
- Vereinbarung verschlechternder Arbeitsbedingungen **10** 35
- Verfahren zur Geltendmachung von Ansprüchen **10** 55 ff.
- Verfall- und Ausschlussfristen **10** 64
- Verstoß gegen ein Verbotsgesetz **10** 8
- Verwirkung **10** 65
- Voraussetzungen der Fiktion **10** 3 ff.
- Vorschriften und Regelungen vergleichbarer Betriebe **10** 34
- Vorschriften und sonstige Regelungen i.S.d. § 10 Abs.1 Satz 4 Halbs. 1 AÜG **10** 32
- Zeitmoment **10** 68
- Zeitpunkt tatsächlicher Arbeitsaufnahme **10** 13
- zwingendes Recht **10** 9

Gelegentliche Überlassung
- Allgemeines **1** 383
- gelegentlich **1** 384 f.
- nicht zum Zweck der Überlassung eingestellt und beschäftigt **1** 386

Gemeinnützige Einrichtungen 8 26
Gemeinschaftsdienste 13b 8 ff.
Gemeinschaftseinrichtungen 13b 6 f.
Gerichtsstand des Arbeitsortes 1 57 ff.
Gesamthafenbetriebe Einl. 39 ff.
Geschäftsanweisung der BA 1 197 f.
Geschäftsbesorgungsvertrag 1 184 f.
Gesellschafterwechsel bei einer juristischen Person
- Zuverlässigkeit **3** 27

Gesetz zur Änderung des Arbeitnehmerüberlassungsgesetzes und des Schwarzarbeitsbekämpfungsgesetzes Einl. 8

Gestellungsverträge 1 17
Gewerbsmäßigkeit
- auf Dauer angelegt **1** 121 ff.
- Begriff **1** 111 ff.
- Gewinnerzielungsabsicht **1** 124
- Merkmale **1** 117 ff.
- nichtgewerbsmäßige Arbeitnehmerüberlassung **1** 114 ff.
- Selbstständigkeit **1** 118 ff.

Gewinnerzielungsabsicht
- Begriff **1** 125 ff.
- mittelbarer Gewinn **1** 128 f.

Gleichbehandlungsgrundsatz, Tarifverträge Einl. 17
Gleichstellungsanspruch, Auskunftsanspruch des Leiharbeitnehmers 13 1 ff.

Gleichstellungsgrundsatz
- Drehtürklausel **9** 44
- Einstellung eines zuvor arbeitslosen Arbeitnehmers **9** 40
- Lohnuntergrenze **9** 43
- Ordnungswidrigkeit **9** 50
- Rechtsfolgen **9** 45
- Sonstige Rechtsfolgen **9** 50
- Tariföffnung **9** 40
- Teilnichtigkeit des Leiharbeitsvertrages **9** 46
- Unwirksame Vereinbarungen **9** 45
- Unwirksamkeitsgrund **9** 39
- Unzuverlässigkeit **9** 50
- zwingendes Equal Pay **9** 40

Gleichstellungspflicht 3 1 ff.
Grenzüberschreitende Arbeitnehmerüberlassung
- Arbeitnehmerüberlassung außerhalb des EU-/EWR-Raums Einl. 1 ff.
- Arbeitnehmerüberlassung innerhalb des EU-/EWR-Raums Einl. 1 ff.

Stichwortverzeichnis

- aufenthaltsrechtliche Zulässigkeit Einl. 59
- Baugewerbe Einl. 58
- Besteuerung im ausländischen Tätigkeitsstaat Einl. 93
- Betriebsübergang nach 613a BGB Einl. 48
- betriebsverfassungsrechtliche Beteiligungsrechte Einl. 48
- Doppelbesteuerungsabkommen Einl. 90
- Durchbrechung des Arbeitsortsprinzips Einl. 91
- gewerberechtliche Zulässigkeit Einl. 50
- illegale Arbeitnehmerüberlassung Einl. 1 ff.
- Inbound-Überlassung Einl. 50
- internationales Privatrecht Einl. 1 ff.
- Internationalisierung des Mitarbeitereinsatzes Einl. 48
- kollisionsrechtliche Probleme Einl. 48
- konzerninterne Arbeitnehmerüberlassung 1 377
- Konzernprivileg Einl. 53
- Lohnsteuereinbehalt Einl. 94
- OECD-Musterabkommen Einl. 91
- Outbound-Überlassung Einl. 50
- Sozialversicherungsrecht Einl. 77 ff.
- Steueranrechnung nach 34c EStG Einl. 92
- Steuerrecht Einl. 90 ff.
- Steuerrecht des Ansässigkeitsstaats Einl. 91
- Territorialitätsprinzip Einl. 51 f.
- Verleih aus dem Ausland nach Deutschland Einl. 55 ff.
- Verleih aus Deutschland ins Ausland Einl. 53 f.
- Versagungsgründe 3 77 ff.
- Werkvertragsabkommen Einl. 58

Grenzüberschreitende konzerninterne Arbeitnehmerüberlassung 1 377
Große dynamische Bezugnahmeklausel 8 67
Große Lösung, Betriebsübergang 1 375

Haftung des Entleihers
- Haftung für nicht abgeführte Abgaben 1 100 ff.
- Haftungsprivilegierung 1 99
- Insolvenz des Verleihers 1 101
- Schädigung des Leiharbeitnehmers 1 98

Haftung des Leiharbeitnehmers
- Ansprüche des Entleihers 1 103
- Freistellungsansprüche 1 104
- Rechtsweg 1 105

Haftung für nicht abgeführte Abgaben 1 100 ff.
Haftungsprivilegierung, Haftung des Entleihers 1 99
Hauptpflicht des Entleihers 1 73, 82 ff.
Hauptpflicht des Verleihers 1 74, 76 ff.
Haustarifverträge Einl. 21
Höchstüberlassungsdauer
- Festhaltenserklärung 9 89
- Festhaltenserklärung bei Verstoß gegen Höchstüberlassungsdauer 9 89
- Rechtsfolgen Arbeitnehmerüberlassungsvertrag 9 37
- Rechtsfolgen Leiharbeitsvertrag 9 36
- Unwirksamkeitsgrund 9 35

Höchstüberlassungsdauer, Anzeige der Überlassung 1a 9

Illegale Arbeitnehmerüberlassung
- Arbeitnehmerüberlassung außerhalb des EU-/EWR-Raums Einl. 95 f.

Stichwortverzeichnis

- Begriff **9** 2
- Festhaltenserklärung **9** 85
- fingiertes Arbeitsverhältnis zum Entleiher **10** 1 ff.
- grenzüberschreitende Arbeitnehmerüberlassung Einl. 95 f.
- Inland Einl. 109 ff.
- Kenntnis des Unwirksamkeitsgrundes **9** 86
- Rechtsfolgen **9** 12 ff.

Inbound-Überlassung Einl. 50

Informationspflicht des Entleihers über freie Arbeitsplätze
- Bekanntgabe **13a** 9
- Einstellung durch den Entleiher **13a** 17 f.
- freie Arbeitsplätze **13a** 5 ff.
- geeignete Arbeitsplätze **13a** 7 ff.
- Inhalt der Informationspflicht **13a** 9 ff.
- Klebeeffekt **13a** 5
- konzern- bzw. unternehmensweit **13a** 5
- Ordnungswidrigkeit **13a** 13
- Prinzip der Gleichbehandlung **13a** 14
- Rechtsfolgen **13a** 12 ff.
- Schadensersatzanspruch **13a** 15
- Umsetzung der Richtlinie über Leiharbeit **13a** 1 ff.
- Verfahren **13a** 18
- Zustimmung des Betriebsrats **13a** 16
- zwingendes Recht **13a** 12

Inhaltskontrolle, Leiharbeitsvertrag **11** 22

Insolvenz des Entleihers, Schadensersatzanspruch gegen den illegalen Verleiher **10** 79
- Schadensersatzanspruch gegen den illegalen Verleiher **10** 80
- Sozialversicherungsrecht Einl. 98, 100

Insolvenzgeld **10** 79 f.
Insolvenzverfahrenseröffnung **3** 61
Interimsmanagement **1** 186 ff.
Internationales Privatrecht
- Arbeitnehmerüberlassungsvertrag Einl. 71 ff.
- Beschäftigungsverhältnis Entleiher - Leiharbeitnehmer Einl. 74 f.
- Eingriffsnormen (Art. 34 EGBGB; Art. 9 Rom I-VO) Einl. 67 ff.
- Leiharbeitsvertrag Einl. 61 ff.
- objektive Anknüpfung und Günstigkeitsvergleich (Art. 30 EGBGB; Art. 8 Rom I-VO) Einl. 62 ff.
- Ortsrecht (Art. 32 Abs. 2 EGBGB; Art. 12 Abs. 2 Rom I-VO) Einl. 66
- Rechtswahl (Art. 27 EGBGB; Art. 3 Abs. 1, 8 Abs. 1 Rom I-VO) Einl. 61

Juristische Personen
- Erlaubniserteilung **2** 9
- Zuverlässigkeit **3** 23

Kantinenessen **13b** 11
Karenzentschädigung **9** 70
Kettenverleih
- Rechtsfolgen **10a** 1

Kirchliche Arbeitgeber **1** 15 ff.
Klebeeffekt
- Informationspflicht des Entleihers über freie Arbeitsplätze **13a** 5
- Vereinbarung von Abwerbungs- und Einstellungsverboten im Überlassungsvertrag **9** 53
- Vereinbarung von nachvertraglichen Verboten zur Aufnahme eines Arbeitsverhältnisses zum Entleiher **9** 67

Kleine dynamische Bezugnahmeklausel **8** 67

1095

Stichwortverzeichnis

Kleine Lösung, Betriebsübergang 1 375

Kollegenhilfe
- Anzeige der Überlassung 1a 1
- Baubereich 1b 42 ff.

Konzerninterne Arbeitnehmerüberlassung
- Anwendungsbereich und Reichweite des Konzernprivilegs 1 339
- Betriebsübergangsproblematik 1 372
- Eingreifen des sektoralen Verbots des § 1b Satz 1 AÜG 1 342
- grenzüberschreitende konzerninterne Arbeitnehmerüberlassung 1 377
- individualarbeitsrechtliche Erfordernisse 1 380 f.
- kollektivarbeitsrechtliche Erfordernisse 1 382
- Konzernunternehmen 1 343
- nicht zum Zweck der Überlassung eingestellt und beschäftigt 1 347 ff.
- Personalführungsgesellschaften 1 1 ff.
- Voraussetzungen 1 341 ff.
- Vorübergehende Arbeitsleistung – Altfälle 1 350

Konzerninterne Personalführungsgesellschaften 1 108

Konzerninterne Personalservicegesellschaften, Leiharbeitsrichtlinie Einl. 9

Konzernprivileg 1 1 ff.; Einl. 53
- Anwendungsbereich und Reichweite 1 339 ff.
- Auslandsentsendungen Einl. 53
- Leiharbeitsrichtlinie Einl. 9

Konzernweite Vermittlungsgebührvereinbarungen 9 62

Kündigung des Leiharbeitsvertrags
- Änderungskündigung zur Entgeltsenkung 11 1 ff.
- betriebsbedingte Kündigung 11 1 ff.
- personen- und verhaltensbedingte Kündigung 11 1 ff.

Kündigungsfristen
- Verkürzung durch Tarifvertrag 11 37
- Verkürzung gem. § 622 Abs. 5 Nr. 2 BGB 11 36

Kurzarbeitergeld Einl. 107 f.
- Wiedereinführung 11 47

Leiharbeitnehmer
- Arbeitnehmerbegriff 1 32
- Arbeitsleistung im Betrieb eines Dritten 1 32
- Arbeitsort 1 55
- Haftung 1 103 ff.
- Leistungs-, Erfüllungs-, Arbeits- und Einsatzort 1 55
- Ort der Leistungserbringung 1 55
- Pflichten 1 51
- Weisungsrecht des Verleihers 1 52
- zeitliches Weisungsrecht des Verleihers 1 52

Leiharbeits-Richtlinie
- Kernaspekte der Richtlinie 8 11 ff.
- konzerninterne Personalservicegesellschaften Einl. 9
- Konzernprivileg Einl. 9
- nur gelegentlichen Überlassung Einl. 9
- Umsetzung der Richtlinie in nationales Recht 8 14
- Unterrichtung über Arbeitsplätze im Einsatzunternehmen Einl. 9
- vorübergehend Einl. 9
- wesentliche Arbeits- und Entgeltbedingungen 8 36
- Zugang zu den Gemeinschaftseinrichtungen oder -diensten im Entleiherunternehmen Einl. 9

Stichwortverzeichnis

Leiharbeitsvertrag
- Abbedingung des § 613 Satz 2 BGB 11 15 f.
- Abrufarbeitsverhältnis 11 25
- Aushändigung und Aufbewahrung 11 17 f.
- Beschäftigungspflicht 1 45 f.
- Festhaltenserklärung 9 76, 91
- Folgen einer Formverletzung 11 7 ff.
- Form 11 2
- freiwillige Angaben 11 19 f.
- Inhaltskontrolle 11 22
- Kündigung 11 1 ff.
- Leistungs-, Erfüllungs-, Arbeits- und Einsatzort 1 55
- Merkblatt für Leiharbeitnehmer 11 26
- Nachträge 11 6
- Nachweispflichten nach dem Nachweisgesetz 11 1 ff.
- Nachwirkung der Erlaubnis 2 42 ff.
- Nebenpflichten/Obliegenheiten des Verleihers 1 47
- Pflichtangaben 11 10 ff.
- Pflichten des Leiharbeitnehmers 1 51
- Pflichten des Verleihers 1 43 ff.
- Rechtsbeziehungen 1 40 ff.
- Teilzeitarbeitsverhältnis 11 24
- Unterrichtungs- und Hinweispflichten des Verleihers 11 1 ff.
- Unwirksamkeit wegen fehlender Verleiherlaubnis 9 22 ff.
- Weisungsrecht des Verleihers 1 52
- zusätzliche Angaben 11 14
- zwingende Informations- und Hinweispflichten 11 3 ff.

Leistungen der betrieblichen Altersversorgung 8 38

Leistungs-, Erfüllungs-, Arbeits- und Einsatzort 1 55

Lohnsteuerrechtlicher Arbeitgeberbegriff Einl. 113

Lohnuntergrenze
- Bekanntmachung, Veröffentlichungen, Inkrafttreten 3a 36
- echter Mindestlohn 3a 6 ff.
- Entstehungsgeschichte 3a 1 ff.
- Gesetzeszweck 3a 5
- Gleichstellungsgrundsatz 9 43
- Kontrolle und Sanktionen 3a 37 ff.
- Rechtsfolgen einer Nichteinhaltung 3a 41
- Rechtsverordnung 3a 1 ff.
- Systematik 3a 9
- Tariföffnungsklausel 8 120
- Unterschiede ggü. dem AEntG 3a 10
- Vereinbarung schlechterer Arbeits- und Entgeltbedingungen für Verleihzeiten 9 43
- Verfahren und Rechtsfolgen 3a 36 ff.

Mehrgliedriger Tarifvertrag 8 110

Meldepflichten
- Änderungsmeldung 17b 4
- des Entleihers 17b 2
- erneute Anmeldung 17b 4
- Rechtsfolge bei Verstößen 17b 6
- Verordnungsermächtigung des BMF 17b 7 ff.
- Versicherung des Verleihers 17b 5

Merkblatt für Leiharbeitnehmer 11 26

Minderjährige
- Erlaubniserteilung 2 10

Mindestlöhne
- Arbeitnehmer-Entsendegesetz Einl. 12

Mischbetriebe
- Anwendbarkeit des AÜG 1 23
- Ausnahme vom Überwiegensprinzip 8 74 ff.

1097

Stichwortverzeichnis

- Betriebe des Baugewerbes **1b** 17
- Fallgruppen **1** 26 f.
- Überwiegensprinzip **8** 73

Mischverträge, Abgrenzung Arbeitnehmerüberlassung **1** 189 ff.

Missachtung von Auflagen **16** 37

Mitwirkungs- und Mitbestimmungsrechte **14** 1 ff.

Nachvertragliche Wettbewerbsabreden **9** 70

Nachweispflichten nach dem Nachweisgesetz
- Angaben nach § 11 Abs. 1 Satz 1 AÜG i.V.m. § 2 Abs. 1 NachwG **11** 11 f.
- Nachweispflichten bei Tätigkeitserbringung im Ausland **11** 12 ff.

Nachwirkende Tarifverträge **8** 80 ff.

Nachwirkung
- Arbeitnehmerüberlassungsverträge **2** 39 ff.
- Fristversäumnis **2** 46 f.
- Leiharbeitsverträge **2** 42 ff.
- Rücknahme, Widerruf einer Erlaubnis **2** 46 ff.
- zwölfmonatige Abwicklungsfrist **2** 38

Nebenbestimmungen, Erlaubniserteilung **2** 18 ff.

Nebenpflichten, Arbeitnehmerüberlassungsvertrag **1** 47, 86

Nebentätigkeitsverbote **9** 72

Nichtgewerbsmäßige Arbeitnehmerüberlassung **1** 114 ff.

Nichtigkeit des Überlassungsvertrages
- Abwicklung nach bereicherungsrechtlichen Vorschriften **12** 9
- allgemeinübliche Vergütung **12** 9
- Auswirkungen im Fall der Insolvenz des Verleihers **12** 11
- eingesparte Aufwendungen **12** 9
- Einschränkung der Haftung nach Treu und Glauben **12** 10
- Sozialversicherungsbeiträge **12** 11

Niederlassungsfreiheit Einl. 5

OECD-Musterabkommen Einl. 91

Öffentlicher Dienst Einl. 45

Onsite Management **1** 11 ff.

Ordentliche Kündigung, fingiertes Arbeitsverhältnis zum Entleiher **10** 45 ff.

Ordnungsgemäße Betriebsorganisation **3** 68 ff.

Ordnungswidrigkeiten
- Auslagen und Entschädigungspflicht **16** 66
- Auswahl- bzw. Überwachungsverschulden **16** 6
- Bußgeldhöhen **16** 55 ff.
- Entleih eines ausländischen Leiharbeitnehmers ohne Genehmigung **16** 32 ff.
- erzielter Reingewinn **16** 59
- fahrlässiges Handeln **16** 53
- Finanzkontrolle Schwarzarbeit **16** 62
- Geltung des OWiG **16** 4
- Gewinnschätzung auf Grundlage der Bruttolohnsumme **16** 59
- grenzüberschreitende Bußgeld- und Strafvollstreckung **16** 11
- Handlung gleichzeitig Straftat und Ordnungswidrigkeit **16** 9
- juristische Personen oder Personengesellschaft **16** 5
- Leiharbeitnehmer nicht Täter **16** 4
- milderes Mittel **16** 2
- Missachtung von Auflagen **16** 37
- örtliche Zuständigkeit **16** 63
- Übermaßverbot **16** 60
- Verbleib der Geldbuße **16** 66
- Verbotsirrtum **16** 54

Stichwortverzeichnis

- Verjährung 16 61
- Verleih und Entleih bei fehlender Erlaubnis 16 10 ff.
- Verletzung der Anzeigepflicht nach § 1a AÜG 16 35 f.
- Verletzung von Aufsichtspflichten 16 6
- Verletzung von Informationspflichten und Zugangsrechten durch den Entleiher nach § 13a und § 13b AÜG 16 46
- Verletzung von Mindestbedingungen, Lohnuntergrenze nach § 8 AÜG n.F. 16 41
- Verletzung von Nachweispflichten und Nichtaushändigung des Merkblatts nach § 11 Abs. 1 oder 2 AÜG 16 43
- Verletzung von Pflichten nach § 17a bis 18a AÜG 16 48
- Verstoß gegen § 1 Abs. 1 Satz 3 AÜG 16 16 ff.
- Verstoß gegen § 1 Abs. 1 Satz 5 AÜG 16 18 ff.
- Verstoß gegen § 1 Abs. 1 Satz 6 AÜG 16 22 ff.
- Verstoß gegen § 1 Abs. 1b Satz 1 AÜG 16 25 ff.
- Verstoß gegen § 11 Abs. 5 Satz 1 AÜG 16 44 ff.
- Verstoß gegen § 1b Satz 1 AÜG 16 29 ff.
- Verstöße gegen § 7 AÜG 16 38 ff.
- Versuch 16 8
- Vollstreckung 16 64
- Vollstreckungsverjährung 16 65
- vorsätzliches Handeln 16 53
- zusätzliche Geldbuße auch unmittelbar gegen die juristische Person oder Personenvereinigung 16 7
- Zuständigkeit 16 62

Outbound-Überlassung Einl. 50

Passives Wahlrecht (Entleiherbetrieb), betriebsverfassungsrechtliche Zuordnung von Leiharbeitnehmern 14 59

Personalakte
- Einsicht 14 24

Personalführungsgesellschaften
- dauerhafter Einsatz bei anderen Konzernunternehmen 1 359 ff.
- gesetzgeberischer Wille 1 358
- kein generelles Verbot der Schlechterstellung 1 365 ff.
- Rechtsmissbrauch durch Überlassung im Konzern 1 362 ff.
- Scheinwerkvertrag 1 371 f.
- Strohmannkonstruktionen 1 369 ff.
- Umgehung durch geplante langfristige Überlassung 1 363
- Umgehung durch Zweckrichtung der Lohnkostenreduktion 1 364
- uneingeschränkte Anwendung des AÜG 1 357
- Unterlaufen von Gesetzes- und Tarifnormen 1 367
- vorübergehender Einsatz 1 359

Personalleasing 1 5

Personalvertretungsrecht
- Bundespersonalvertretungsgesetz 14 164
- Einstellung 14 166 ff.
- Rechte des Leiharbeitnehmers 14 169 ff.
- Rechte des Personalrates 14 172 f.
- Zuständigkeitsregelungen der jeweiligen Landesgesetzgebung 14 165

Personelle Einzelmaßnahmen (Entleiherbetriebsrat)
- Anwendbarkeit auf Unternehmen mit weniger als 20 Arbeitnehmern 14 124 ff.
- Beendigung des Einsatzes beim Entleiher 14 157 f.

1099

Stichwortverzeichnis

- Begriff der Übernahme eines Leiharbeitnehmers 14 1 ff.
- mehrfache Vorläufigkeitseinstellung gem. § 100 BetrVG 14 154 ff.
- Umfang der Unterrichtungspflicht des Arbeitgebers 14 134 ff.
- Zustimmungsverweigerungsgründe des § 99 Abs. 2 BetrVG 14 1 ff.

Personen- und Güterbeförderung Einl. 42

Personengesellschaften, Erlaubniserteilung 2 9

Pflichtangaben, Leiharbeitsvertrag 11 10 ff.

Präventives Verbot mit Erlaubnisvorbehalt 3 6 ff.
- Anspruch auf Erlaubnis 1 132
- Zuständigkeit für die Erteilung der Erlaubnis 1 134

Rechtsverordnung
- § 5 Abs. 1 Satz 1 Nr. 2 TVG (öffentliches Interesse) 3a 20
- Änderung der Rechtsverordnung 3a 35
- Anhörungs- und Beteiligungsrechte 3a 32 ff.
- Auswahl mehrerer Vorschläge 3a 29 ff.
- Bekämpfung von Arbeitslosigkeit 3a 25
- Bindungswirkung für alle im In- und Ausland ansässigen Verleiher 3a 16
- Eingriff in die Tarifautonomie 3a 19
- Einsatzzeiten und verleihfreie Zeiten 3a 16
- Frist zur Stellungnahme 3a 32
- Gesamtabwägung 3a 18 ff.
- kein Tarifgitter 3a 12
- öffentliches Interesse 3a 15
- Rechtsprechung des BVerfG 3a 22
- Repräsentativität der vorschlagenden Tarifvertragsparteien 3a 26 ff.
- Schutz des deutschen Lohnniveaus 3a 14
- Stabilität der sozialen Sicherungssysteme 3a 24
- Tarifausschuss 3a 32 ff.
- Vorschlag der Mindestlohntarifparteien 3a 11
- weitere Kriterien 3a 21 ff.

Rücknahme einer rechtswidrigen Erlaubnis
- Abwicklungsfrist 2 46 f.
- Begehung einer Straftat oder Ordnungswidrigkeit 4 5
- Bekanntgabe des Rücknahmebescheides 4 10
- Darlegungs- und Beweispflicht 4 7
- dienstliche Kenntniserlangung eines Mitarbeiters der BA 4 18
- Ermessensausübung 4 8
- freie Rücknehmbarkeit 4 2
- mildere Mittel 4 8
- Nachwirkung 4 11
- Rechtsfolgen 4 8 ff.
- rechtswidrige Erlaubnis 4 4
- Rücknahme 4 8 ff.
- Rücknahmefrist 4 17 ff.
- unrichtige Angaben des Antragstellers 4 6
- Verfahren und Rechtsbehelfe 4 20 ff.
- Vermögensnachteil 4 12
- Vertrauensschaden 4 15
- Vertrauensschutzgesichtspunkte 4 8
- Voraussetzungen 4 4 ff.
- Wirkung für die Zukunft 4 9

Sachgruppenvergleich, wesentliche Arbeits- und Entgeltbedingungen 8 42

Stichwortverzeichnis

Schadensersatzanspruch gegen den illegalen Verleiher
- entgangener Gewinn 10 78
- Ersatz des Vertrauensschadens 10 75
- Insolvenz des Entleihers 10 79
- Insolvenz des Verleihers 10 80
- Insolvenzgeld 10 79 f.
- Kenntnis vom Grund der Unwirksamkeit 10 73
- Nachteile aufgrund der Beendigung des Leiharbeitsvertrages 10 77
- Schaden 10 74
- Unwirksamkeit des Leiharbeitsvertrages nach § 9 AÜG 10 72
- Vertrauen auf die Gültigkeit des Leiharbeitsvertrages 10 76

Schädigung des Leiharbeitnehmers 1 98 f.

Scheindienstvertrag
- Abgrenzung zur Arbeitnehmerüberlassung 9 30

Scheingeschäfte 3 30

Scheinwerk- und Scheindienstverträge 1 196
- fingiertes Arbeitsverhältnis zum Entleiher 10 3
- Personalführungsgesellschaften 1 371 f.

Scheinwerkvertrag
- Abgrenzung zur Arbeitnehmerüberlassung 9 30

Schwellenwerte
- Berücksichtigung des Leiharbeitnehmers bei der Betriebsgröße, KSchG 14 81
- Berücksichtigung des Leiharbeitnehmers bei der Unternehmensmitbestimmung 14 69, 78
- Berücksichtigung des Leiharbeitnehmers bei Massenentlassungen 14 82
- Berücksichtigung des Leiharbeitnehmers bei sonstigen gesetzlichen Schwellenwerten 14 69
- Berücksichtigung des Leiharbeitnehmers bei sonstigen Schwellenwerte 14 81
- Berücksichtigung des Leiharbeitnehmers bei weiteren Schwellenwerten 14 83
- Berücksichtigung des Leiharbeitnehmers im KSchG 14 81
- Berücksichtigung des Leiharbeitnehmers in der Betriebsverfassung 14 71
- betriebsverfassungsrechtliche Stellung des Leiharbeitnehmers im Entleiherbetrieb 14 69

Schwerbehindertenrecht 1 63

Selbstverleih 1 30

Sozialgerichtliches Verfahren (Erlaubniserteilung)
- Erlaubnis mit Nebenbestimmungen 2 69 ff.
- Rücknahme und Widerruf 2 72
- Versagungsbescheid 2 68

Sozialleistungen 8 39

Sozialversicherungs- und steuerrechtliche (Nach-) Haftung 8 119

Sozialversicherungsrecht
- Abführung von Beiträgen 1 86
- anteilige Haftung für den jeweiligen Überlassungszeitraum Einl. 100
- Arbeitsunfälle des Leiharbeitnehmers Einl. 103 ff.
- Beiträge zur Berufsgenossenschaft Einl. 98
- fehlendes Verschulden des Entleihers Einl. 99
- Gesamtsozialversicherungsbeitrag Einl. 98
- grenzüberschreitende Arbeitnehmerüberlassung Einl. 77 ff.

Stichwortverzeichnis

- Haftung des Entleihers wie selbstschuldnerischer Bürge Einl. 98
- illegale Arbeitnehmerüberlassung Einl. 109
- Insolvenz des Verleihers Einl. 98, 100
- Kurzarbeitergeld Einl. 107 f.
- legale Arbeitnehmerüberlassung Einl. 97 ff.
- nicht gewerbsmäßige Überlassung von Leiharbeitnehmern Einl. 98
- Nichtigkeit des Überlassungsvertrages 12 11
- Subsidiärhaftung des Entleihers Einl. 98 ff.
- Subsidiärhaftung wegen Nachforderungen an Verleiher wegen Tarifunfähigkeit der CGZP Einl. 98
- Unfallversicherung Einl. 102
- Verleiher alleiniger Arbeitgeber Einl. 97

Statische Verweisungen 8 67
Steueranrechnung nach 34c EStG Einl. 92
Steuerrecht
- gewerbsmäßige Arbeitnehmerüberlassung Einl. 115
- grenzüberschreitende Arbeitnehmerüberlassung Einl. 90 ff.
- lohnsteuerrechtlicher Arbeitgeberbegriff Einl. 113
- Steueranrechnung nach 34c EStG Einl. 92
- Subsidiärhaftung des Entleihers Einl. 115 ff.
- Subsidiärhaftung des Verleihers Einl. 122 f.

Streik
- Streik im Entleiherbetrieb Einl. 23
- Streik im Verleiherbetrieb Einl. 22

Strohmanngeschäfte
- Personalführungsgesellschaften 1 369 ff.

- Zuverlässigkeit 3 29

Subsidiärhaftung des Entleihers
- Sozialversicherungsrecht Einl. 98 ff.
- Steuerrecht Einl. 115 ff.

Subsidiärhaftung des Verleihers
- Steuerrecht Einl. 122 f.

Tarifausschuss 3a 32 ff.
Tarifbindung 8 65 f.
Tariffähigkeit und -zuständigkeit
- Absicherungs- oder Tarifwechselklauseln 8 108 ff.
- Ausschlussfristen eines Entleihertarifvertrages 8 115
- Bezugnahmeklauseln und Ausschlussfristen 8 108 ff.
- einzelvertraglich vereinbarte Ausschlussfristen 8 116 ff.
- mehrgliedriger Tarifvertrag 8 110
- Rechtsfolgen unwirksamer Zeitarbeitstarifverträge 8 99 ff.
- sozialversicherungs- und steuerrechtliche (Nach-) Haftung 8 119
- Streitstand 8 95
- Transparenzgebot 8 110
- Urteil des BAG vom 14.12.2010 8 97

Tariföffnungsklausel
- Abweichung auch zuungunsten der Leiharbeitnehmer 8 54
- allgemein verbindlich erklärter Tarifvertrag nach dem AEntG 8 59 f.
- Altverträge 8 70
- ausländische Tarifverträge 8 85 ff.
- Drehtürklausel 3 1 ff.
- dynamische Bezugnahmeklauseln 8 67
- einschlägiger Tarifvertrag 8 68
- Globalverweisung 8 69
- große dynamische Bezugnahmeklausel 8 67

Stichwortverzeichnis

- Inbezugnahme von Tarifverträgen 8 67
- kein Zitiergebot 8 56
- kleine dynamische Bezugnahmeklausel 8 67
- Lohnuntergrenze 8 120
- Mischbetriebe 8 71
- nachwirkende Tarifverträge 8 80 ff.
- statische Verweisungen 8 67
- Tarifbindung 8 65 f.
- Tarifinhaltskontrolle 8 57 f.
- Teil-Inbezugnahme 8 69
- unwirksame Tarifverträge 8 62 ff.
- Vereinbarkeit mit Art. 9 Abs. 3 GG 8 55
- Wirksamkeit des Tarifvertrages 8 62 ff.
- Zeitarbeitstarifverträge 3 1 ff.

Tarifverträge
- Bezugnahmeklauseln Einl. 19
- fehlende Tariffähigkeit Einl. 21
- geltende Tarifverträge in der Zeitarbeitsbranche Einl. 20 ff.
- Gleichbehandlungsgrundsatz Einl. 17
- Haustarifverträge Einl. 21
- Streik Einl. 1

Teilnahme an Betriebs- und Abteilungsversammlungen des Verleiherbetriebes 14 21

Teilnahme an Sprechstunden und Versammlungen (Entleiherbetrieb)
- betriebsverfassungsrechtliche Zuordnung von Leiharbeitnehmern 14 64

Teilnahme an Sprechstunden und Versammlungen (Verleiherbetrieb)
- betriebsverfassungsrechtliche Zuordnung von Leiharbeitnehmern 14 19 ff.

Teilzeitarbeitsverhältnis, Leiharbeitsvertrag 11 24

Temporary Employment 1 5

Tendenzbetriebe 14 86

Territorialitätsprinzip
- Anwendbarkeit des AÜG Einl. 51 f.
- betriebsverfassungsrechtliche Zuordnung von Leiharbeitnehmern 14 8

Tod des Erlaubnisinhabers 2 59 ff.

Transparenzgebot 8 110

Übergangsvorschrift 19 1 ff.

Überlassungshöchstdauer
- Festhaltenserklärung 9 89
- Ordnungswidrigkeit 9 38
- Rechtsfolgen 9 38
- Rechtsfolgen Arbeitnehmerüberlassungsvertrag 9 37
- Rechtsfolgen Leiharbeitsvertrag 9 36
- Sonstige Rechtsfolgen 9 38
- Unwirksamkeit Leiharbeitsvertrag 9 35
- Unwirksamkeitsgrund 9 35
- Unzuverlässigkeit 9 38

Überlassungsvertrag
- Beendigung des Überlassungsverhältnisses 12 14
- Erklärung des Verleihers 12 15 ff.
- Heilung von Mängeln 12 7
- Hinweispflicht bei Nichtverlängerung, Rücknahme, Widerruf 12 26 ff.
- Inhalt 12 12 ff.
- Nichtigkeit des Vertrages 12 1 ff.
- Pflichtangaben des Entleihers 12 18 ff.
- Rechtsfolgen bei Pflichtverletzung 12 29
- Rechtsfolgen des Formmangels 12 8 ff.
- Regelungsfreiheit 12 12 ff.
- Schriftform 12 3
- Unterrichtungspflicht bei Erlaubniswegfall 12 24 f.

1103

Stichwortverzeichnis

- Unwirksamkeit wegen fehlender Verleiherlaubnis 9 14 ff.
- Vermittlungsentgelt 12 21

Übernahme eines Leiharbeitnehmers
- Austausch eines Leiharbeitnehmers 14 131 f.
- keine Flexibilisierung durch »Arbeitnehmerpool« 14 128 f.
- Wechsel des Verleihers 14 133

Unabdingbarkeit des § 615 Satz 1 BGB
- Annahmeverzug 11 40
- Darlegungs- und Beweislast 11 42 f.
- jede Verlagerung des Arbeitgeberrisikos 11 44
- Obliegenheit des Verleihers 11 39 f.
- Reichweite des Verbots 11 44 f.
- Verbot der Verlagerung des Wirtschaftsrisikos 11 46
- wegen Verstoßes gegen § 11 Abs. 4 AÜG unzulässige Klauseln 11 46

Unanwendbarkeit des § 622 Abs. 5 Nr. 1 BGB 11 35 ff.

Unbefristete Erlaubniserteilung 2 48 ff.

Unerlaubte Arbeitnehmerüberlassung
- Begriff 9 2
- Festhaltenserklärung 9 87, 89

Unfallverhütungsvorschriften Einl. 104

Ungeordnete Vermögensverhältnisse 3 60

UNI-Europa Einl. 6

Unlautere Abwerbeverbote 9 55

Unterrichtungs- und Hinweispflichten des Verleihers
- Form 11 30
- Hinweis bei Nichtverlängerung, Rücknahme, Widerruf 11 32; 12 26 ff.
- Unterrichtung bei Erlaubniswegfall 11 21 f., 31

Untersagungsverfügung
- Adressat 6 9 f.
- Form und Inhalt 6 7 f.
- unmittelbares Bevorstehen eines Verstoßes 6 6
- Voraussetzungen 6 6 ff.

Unwirksame Tarifverträge
- Bezugnahmeklauseln 8 108 ff.
- Rechtsfolgen 8 99 ff.
- Tariföffnungsklausel 8 62 ff.

Unwirksamkeitsgründe
- Entstehungsgeschichte 9 4
- fehlende Verleiherlaubnis 9 1 ff.
- fingiertes Arbeitsverhältnis zum Entleiher 10 1 ff.
- Gesetzeszweck 9 1 ff.
- Gleichstellungsgrundsatz 9 39
- Überlassungshöchstdauer 9 35
- Verbot einer Vermittlungsgebühr vom Leiharbeitnehmer 9 75
- Verdeckte Arbeitnehmerüberlassung 9 30
- Vereinbarung schlechterer Arbeits- und Entgeltbedingungen für Verleihzeiten 9 39 ff.
- Vereinbarung von Abwerbungs- und Einstellungsverboten im Überlassungsvertrag 9 53
- Vereinbarung von nachvertraglichen Verboten zur Aufnahme eines Arbeitsverhältnisses zum Entleiher 9 67 ff.
- Vermittlungsgebühr 9 1 ff.
- Zugang zu Gemeinschaftseinrichtungen oder -diensten 9 51 f.

Unzuverlässige Dritte 3 28

Verbot einer Vermittlungsgebühr vom Leiharbeitnehmer 9 75

Verdeckte Arbeitnehmerüberlassung
- Festhaltenserklärung 9 87
- Fiktionswirkung 9 33
- Individualisierungspflicht 9 31

Stichwortverzeichnis

- Offenlegungspflicht, kumulative Voraussetzungen 9 31
- Ordnungswidrigkeit 9 34
- Rechtsfolgen 9 33–34
- Sonstige Rechtsfolgen 9 34
- Unzuverlässigkeit 9 34
- Zitier- oder Deklarierungspflicht 9 31

Vereinbarung schlechterer Arbeits- und Entgeltbedingungen für Verleihzeiten
- AGB-Kontrolle bei Bezugnahmeklauseln 9 42
- Drehtürklausel 9 44
- Einheitstarifvertrag 9 42
- Einstellung eines zuvor arbeitslosen Arbeitnehmers 9 40
- Grundsatz des Equal Pay und Equal Treatment 9 39
- Inbezugnahme Tarifvertrag 9 40
- Inbezugnahme Tarifverträge DGB-Tarifgemeinschaft Zeitarbeit 9 42
- Lohnuntergrenze 9 40, 43

Vereinbarung schlechterer Arbeits- und Entgeltbedingungen für Verleihzeiten im Leiharbeitsvertrag
- gewerberechtliche Sanktionen 9 50
- Rechtsfolgen 9 45 ff.
- Teilnichtigkeit des Leiharbeitsvertrages 9 46

Vereinbarung von Abwerbungs- und Einstellungsverboten im Überlassungsvertrag
- Einstellungs- und Abwerbeverbote 9 54
- Klebeeffekt 9 53
- Rechtsfolgen 9 65 f.
- unlautere Abwerbeverbote 9 55
- Vermittlungsgebühr 9 1 ff.

Vereinbarung von nachvertraglichen Verboten zur Aufnahme eines Arbeitsverhältnisses zum Entleiher
- Bewerbung beim Entleiher 9 68

- Karenzentschädigung 9 70
- Klebeeffekt 9 67
- nachvertragliche Wettbewerbsabreden 9 70
- Nebenabreden 9 73
- Nebentätigkeitsverbote 9 72
- Rückzahlungsvereinbarungen 9 73
- Unwirksamkeit nur der Klausel 9 73
- vertragliches Wettbewerbsverbot 9 71

Vergleichbare Arbeitnehmer 8 29 ff.
Verkürzung der Kündigungsfristen
- durch Tarifvertrag 11 37
- gem. § 622 Abs. 5 Nr. 2 BGB 11 36

Verlängerung, Erlaubniserteilung 2 34
Verleih aus Deutschland ins Ausland Einl. 53 f.
Verleih ohne Verleiherlaubnis
- Festhaltenserklärung 9 85

Verleih und Entleih bei fehlender Erlaubnis 16 10 ff.
Verleiher
- Abführung von Sozialversicherungsbeiträgen 1 86
- Ausgleichsabgabe 1 63
- Begriff 1 20
- Beschäftigungspflicht 1 45 f.
- Betriebs- bzw. Arbeitgeberrisiko 1 20
- Entgeltfortzahlung an Feiertagen 1 69 f.
- Entgeltfortzahlung im Krankheitsfall 1 66 ff.
- Ersatz von Personenschäden 1 48
- Haftungsprivileg 1 48
- Mehrfachanrechnung schwerbehinderter Leiharbeitnehmer 1 64
- Meldung über Arbeitsunfall 1 48
- Mischbetriebe 1 22 ff.

Stichwortverzeichnis

- mit Sitz außerhalb des EU- oder EWR-Raums 3 80 ff.
- Nebenpflichten 1 86
- Nebenpflichten/Obliegenheiten 1 47
- Pflichten 1 21, 43 ff.
- Pflichtverletzungen 1 87 f.
- Schwerbehindertenrecht 1 63
- Vertragsarbeitgeber 1 19
- Weisungsrecht des Verleihers 1 52
- zeitliches Weisungsrecht 1 52

Verleiherbetriebsrat
- § 74 BetrVG 14 29
- § 75 BetrVG 14 30 f.
- § 77 BetrVG 14 32
- § 80 BetrVG 14 33 f.
- § 81, 82 Abs. 1, § 84, 85 BetrVG 14 35
- allgemeine personelle Angelegenheiten 14 43
- Anhörung bei Kündigung, § 102 BetrVG 14 48
- Berufsbildung (§ 96 bis 98 BetrVG) 14 44
- Grundsatz 14 25 ff.
- personelle Angelegenheiten 14 42 ff.
- personelle Einzelmaßnahmen 14 45 ff.
- soziale Angelegenheiten, § 87 BetrVG 14 36 ff.
- wirtschaftliche Angelegenheiten 14 49 f.

Verletzung der Anzeigepflicht nach § 1a AÜG 16 35 f.

Verletzung von Informationspflichten und Zugangsrechten durch den Entleiher nach § 13a und 13b AÜG 16 46

Verletzung von Mindestbedingungen, Lohnuntergrenze nach § 8 AÜG n.F., § 3a AÜG 16 41

Verletzung von Nachweispflichten und Nichtaushändigung des Merkblatts nach § 11 Abs. 1 oder 2 AÜG 16 43

Verletzung von Pflichten nach § 17a bis 18a AÜG 16 48

Vermeidung von Doppelversicherungen Einl. 78

Vermittlungsgebühr
- Angemessenheit 9 59
- Kausalität 9 60 ff.
- Klauselbeispiel 9 63
- Klauselgestaltung 9 59
- konzernweite Vermittlungsgebührvereinbarungen 9 62
- Rechtsfolge der Unwirksamkeit 9 64
- Überlassungsvertrag 12 21
- Verbot einer Vermittlungsgebühr vom Leiharbeitnehmer 9 75
- verbundene Unternehmen i.S.d. AktG 9 62
- Zulässigkeit 9 57 f.

Vermutete Arbeitsvermittlung
- Nichtübernahme der Arbeitgeberpflichten und des Arbeitgeberrisikos 1 305
- Rechtsbeziehungen zwischen Leiharbeitnehmer und Entleiher 1 311
- Rechtsbeziehungen zwischen Verleiher und Entleiher 1 313
- Rechtsbeziehungen zwischen Verleiher und Leiharbeitnehmer 1 312
- sonstige Sanktionen 1 314 ff.
- vermutete Arbeitsvermittlung bei Verleih mit Verleiherlaubnis 1 310
- vermutete Arbeitsvermittlung bei Verleih ohne Verleiherlaubnis 1 318 ff.
- Verwaltungszwang 1 321
- Voraussetzungen 1 305 ff.
- Widerlegbarkeit 1 306 ff.

Stichwortverzeichnis

Versagung der Erlaubnis
– allgemeine Versagungsgründe 3 13 ff.
– Anspruch und Ermessen der Erlaubnisbehörde 3 6 ff.
– Beurteilungszeitpunkt 3 9
– Beweiserleichterung 3 10 ff.
– enumerative Aufzählung der Versagungsgründe 3 11 f.
– Equal-Pay- und Equal-Treatment-Grundsatz 3 1 ff.
– Ermessensreduzierung auf Null 3 7 f.
– Gesetzeszweck und Entstehungsgeschichte 3 1 f.
– ordnungsgemäße Betriebsorganisation 3 68 ff.
– präventives Verbot mit Erlaubnisvorbehalt 3 6 ff.
– Verfahren und Rechtsbehelfe 3 92 ff.
– Versagungsgründe bei grenzüberschreitender Arbeitnehmerüberlassung 3 76 ff.
– Zuverlässigkeit 3 1 ff.

Versagungsgründe bei grenzüberschreitender Arbeitnehmerüberlassung
– ausländische Verleiher aus Abkommenstaaten 3 90
– ausländische Verleiher aus EU- oder EWR-Staaten 3 88 ff.
– ausländische Verleiher aus Nicht-EU- oder Nicht-EWR-Staaten 3 84 ff.
– besondere Zuständigkeitsregelungen 3 79
– Territorialitätsprinzip des AÜG 3 77
– Verleiher mit Sitz außerhalb des EU- oder EWR-Raums 3 80 ff.

Verstoß gegen § 1 Abs. 1 Satz 3 AÜG 16 16 ff.
Verstoß gegen § 1 Abs. 1 Satz 5 AÜG 16 18 ff.
Verstoß gegen § 1 Abs. 1 Satz 6 AÜG 16 22 ff.
Verstoß gegen § 1 Abs. 1b Satz 1 AÜG 16 25 ff.
Verstoß gegen § 1b Satz 1 AÜG 16 29 ff.
Verstoß gegen § 11 Abs. 5 Satz 1 AÜG 16 44 ff.
Verstöße gegen § 7 AÜG 16 38 ff.
Vertragliches Wettbewerbsverbot 9 71
Verwaltungsverfahren 2 65
Verwaltungszwang
– Durchsetzbarkeit und Vollstreckung 6 11 ff.
– Normzweck 6 3 ff.
– Präventivkontrolle 6 1
– Untersagungsverfügung 6 6 ff.
– Verfahren und Rechtsmittel 6 14 f.
– zuständige Erlaubnisbehörde 6 2

Verwirkung, fingiertes Arbeitsverhältnis zum Entleiher 10 65
Verzicht, Erlaubnis 2 63
Vorläufiger Rechtsschutz 2 73 ff.
Vorschlag der Mindestlohntarifparteien 3a 11
Vorübergehende Arbeitnehmerüberlassung
– Fiktion eines Arbeitsverhältnisses 1 268
– Rechtsfolgen bei Verstoß 1 267 ff.
– vorübergehender Einsatz 1 265
– Zustimmungsverweigerungsrecht des Betriebsrats 1 273

Vorübergehende Arbeitsleistung
– Altfälle 1 356
– Festlegung des Rückkehrtermins und zeitliche Höchstgrenze 1 351 f.
– Gewerbsmäßigkeit 1 355
– Wiederaufnahme der Tätigkeit 1 353 f.

Stichwortverzeichnis

Wahlrecht
- Entleiherbetrieb 14 52
- Verleiherbetrieb 14 17 ff.

Weisungsrecht
- des Entleihers 1 92
- des Verleihers 1 52

Werkvertrag
- Abgrenzung zur Arbeitnehmerüberlassung 1 153 ff.; 9 6, 30
- Arbeitsausrüstung 1 169 f.
- Arbeitszeiten 1 167 f.
- Ausgestaltung des Vertragsinhalts zwischen Besteller und Werkunternehmer 1 163 f.
- Ausgestaltung des Vertragsinhalts zwischen Werkunternehmer und Arbeitnehmer 1 165 f.
- Unschädlichkeit von Anweisungen gem. § 645 Abs. 1 Satz 1 BGB 1 158 ff.
- Vertragspflichten und Vertragszweck 1 156 f.

Werkvertragsabkommen
- Mindestarbeitsbedingungen des AEntG Einl. 58
- rechtspolitisch umstritten Einl. 58

Wesentliche Arbeits- und Entgeltbedingungen
- Arbeitsentgelt 8 37
- Arbeitsentgelt, Begriffsbestimmung 8 37
- Beispiele 8 43
- Definition in Art. 3 Leiharbeits-Richtlinie 8 36
- Günstigkeitsvergleich 8 42
- Leistungen der betrieblichen Altersversorgung 8 38
- Sachgruppenvergleich 8 42
- sonstige Arbeitsbedingungen 8 41
- Sozialleistungen 8 39

Wettbewerbsverbot
- vertragliches 9 71

Widerruf der Erlaubnis
- Änderung der höchstrichterlichen Rechtsprechung 5 19
- Ausschlussfrist 2 46 ff.
- Darlegungs- und Beweispflicht 5 6
- Ermessen 5 22
- geänderte Rechtslage 5 17 ff.
- Nachteilsausgleich 5 26
- nachträglich eingetretene Tatsachen 5 14 ff.
- Nachwirkung 5 25
- Nichterfüllung einer Auflage 5 9 ff.
- Rechtmäßige und rechtswidrige Erlaubnis 5 3 ff.
- Rechtswidrigkeit einer Auflage 5 12
- Unzulässigkeit 5 20 f.
- Verfahren und Rechtsbehelfe 5 29 f.
- Verhältnisse im Zeitpunkt der Erlaubniserteilung 5 4
- Verletzung der Anzeige-, Auskunfts-, Duldungspflichten 7 23 f.
- Widerruf 5 22 ff.
- Widerrufsfrist 5 27 f.
- Widerrufsgründe 5 5 ff.
- Widerrufsvorbehalt 5 7 f.

Widerrufsvorbehalt
- Erlaubniserteilung 2 30

Widerspruchsrecht
- Festhaltenserklärung des Leiharbeitnehmers 9 76

Wirtschaftliche Tätigkeit
- Begriff 1 107
- gemeinnützig tätige Gesellschaften 1 109
- konzerninterne Personalführungsgesellschaften 1 108
- seit dem 1.12.2011 1 106

Wohnortsprinzip Einl. 80

Zeitarbeitstarifverträge
- Aufsatz- oder Anhangstarifverträge 8 93

Stichwortverzeichnis

- Equal-Pay- und Equal-Treatment-Grundsatz **3** 1 ff.
- Rechtsfolgen unwirksamer Zeitarbeitstarifverträge **8** 99 ff.
- Tariffähigkeit und -zuständigkeit **3** 1 ff.
- Tarifverträge über Branchenzuschläge **8** 92
- Überblick **8** 88 ff.

Zugangsrecht des Leiharbeitnehmers
- eigenständiger Anspruch gegen den Entleiher **13b** 5
- Einsatzbetrieb **13b** 11
- Gemeinschaftsdienste **13b** 8 ff.
- Gemeinschaftseinrichtungen **13b** 6 f.
- Kantinenessen **13b** 11
- Leiharbeits-Richtlinie **Einl.** 9
- Rechtfertigung durch sachliche Gründe **13b** 12 ff.
- Rechtsfolgen **13b** 18
- Umsetzung der Richtlinie über Leiharbeit **13b** 1 ff.
- Verfahren **13b** 21
- Zugang **13b** 10 ff.
- Zugang zu den gleichen Bedingungen zu gewähren **13b** 10
- Zugangsrecht **13b** 4

Zustimmungsverweigerungsgründe des § 99 Abs. 2 BetrVG (Entleiherbetriebsrat)
- fehlende Verleiherlaubnis **14** 141 f.
- Verstoß durch Dauerverleih **14** 144
- Verstoß gegen Beschäftigungsverbote **14** 143
- Verstoß gegen den Equal-Pay-Grundsatz/Tarifregelungen **14** 142
- Verstoß gegen Vorschriften des Schwerbehindertenrechts **14** 145 f.
- Zustimmungsverweigerungsgrund des § 99 Abs. 2 Nr. 2 BetrVG **14** 147
- Zustimmungsverweigerungsgrund des § 99 Abs. 2 Nr. 3 BetrVG **14** 148 ff.
- Zustimmungsverweigerungsgrund des § 99 Abs. 2 Nr. 4 BetrVG **14** 151 ff.
- Zustimmungsverweigerungsgrund des § 99 Abs. 2 Nr. 6 BetrVG **14** 153

Zuverlässigkeit
- Anwerbung im Ausland **3** 40
- Arbeitgeberpflichten im Kernbereich **3** 48 f.
- Ausländerbeschäftigung **3** 41 ff.
- Beachtung der Lohnuntergrenze **3** 49
- Begriff **3** 17 ff.
- Drehtürklausel **3** 49
- einschlägige Straftaten und Ordnungswidrigkeiten **3** 62 ff.
- Eröffnung eines Insolvenzverfahrens **3** 61
- Gefahrenprävention **3** 20
- Gesellschafterwechsel bei einer juristischen Person **3** 27
- juristische Personen **3** 23
- Mindestmaß an Rechtskenntnissen **3** 56 ff.
- Nachweis eines Mindestmaßes liquider Mittel **3** 60
- natürliche Personen **3** 22
- Personengesellschaften und Personengesamtheiten **3** 24 f.
- persönliche Zuverlässigkeit des Antragstellers **3** 21
- private Arbeitsvermittlung **3** 38 f.
- Regelbeispiele **3** 31 ff.
- Scheingeschäfte **3** 30
- Strohmanngeschäfte **3** 29
- unbestimmter Rechtsbegriff **3** 19
- ungeordnete Vermögensverhältnisse **3** 60
- unzuverlässige Dritte **3** 28

Stichwortverzeichnis

- Verstoß gegen die Vorschriften über die Einbehaltung und Abführung der Lohnsteuer 3 35 ff.
- Verstöße gegen arbeitsrechtliche Pflichten 3 48 ff.
- Verstöße gegen Arbeitsschutzvorschriften 3 47
- Verstöße gegen das AEntG 3 54 f.
- Verstöße gegen das AÜG 3 53
- Verstöße gegen die Vorschriften des Sozialversicherungsrechts 3 33 f.
- Verwendung unzulässiger Arbeitsvertragsklauseln in Formulararbeitsverträgen 3 50
- Wechsel eines Vertretungsberechtigten 3 26
- weitere Umstände 3 65 ff.
- wirtschaftliche Leistungsfähigkeit 3 60 f.
- Zukunftsprognose 3 20
- Zuverlässigkeitsbegriff der Gewerbeordnung 3 18 f.